ISBN 978-1-5282-5734-3
PIBN 10941759

This book is a reproduction of an important historical work. Forgotten Books uses state-of-the-art technology to digitally reconstruct the work, preserving the original format whilst repairing imperfections present in the aged copy. In rare cases, an imperfection in the original, such as a blemish or missing page, may be replicated in our edition. We do, however, repair the vast majority of imperfections successfully; any imperfections that remain are intentionally left to preserve the state of such historical works.

1 MONTH OF
FREE
READING

at
www.ForgottenBooks.com

By purchasing this book you are eligible for one month membership to ForgottenBooks.com, giving you unlimited access to our entire collection of over 1,000,000 titles via our web site and mobile apps.

To claim your free month visit:
www.forgottenbooks.com/free941759

REVUE DES COURS

ET

CONFÉRENCES

Directeur : **N. FILOZ**
Officier de l'Instruction publique

ABONNEMENT, un an
- France . . . . **20 fr.**
- payables **10 francs** comptant et le surplus par **5 francs** les *15 février et 15 mai 1907.*
- Étranger. . . . . **23 fr.**

Le Numéro : **60 centimes**

Après *quatorze années* d'un succès qui n'a fait que s'affirmer en France et à l'étranger, nous allons reprendre la publication de notre très *estimée* **Revue des Cours et Conférences** : *estimée*, disons-nous, et cela se comprend aisément. D'abord, elle est *unique* en son genre : il n'existe point, à notre connaissance, de revue en Europe donnant un ensemble de cours aussi complet et aussi varié que celui que nous offrons, chaque année, à nos lecteurs. C'est avec le plus grand soin que nous choisissons, pour chaque Faculté, *lettres, philosophie, histoire*, etc., les leçons les plus originales des maîtres éminents de nos Universités et les conférences les plus appréciées de nos orateurs parisiens. Nous allons même jusqu'à recueillir dans les Universités des pays voisins ce qui peut y être dit et enseigné d'intéressant pour le public lettré auquel nous nous adressons.

De plus, la **Revue des Cours et Conférences** est à *bon marché* : il suffira, pour s'en convaincre, de réfléchir à ce que peuvent coûter, chaque semaine, la sténographie, la rédaction et l'impression de *quarante-huit* pages de texte composées avec des caractères aussi serrés que ceux de la *Revue*. Sous ce rapport, comme sous tous les autres, nous ne craignons aucune concurrence : il est impossible de publier une pareille série de cours, *sérieusement rédigés*, à des prix plus réduits. La plupart des professeurs dont nous sténographions la parole nous ont du reste réservé d'une façon exclusive ce privilège ; quelques-uns même, et non des moins éminents, ont poussé l'obligeance à notre égard jusqu'à nous prêter gracieusement leur bienveillant concours ; toute reproduction analogue à la nôtre ne serait donc qu'une vulgaire contrefaçon, désapprouvée d'avance par les maîtres dont on aurait inévitablement travesti la pensée.

Enfin, la **Revue des Cours et Conférences** est *indispensable* : indispensable à tous ceux qui s'occupent de littérature, de philosophie, d'histoire, par goût ou par profession. Elle est indispensable aux élèves des lycées et collèges, des écoles normales, des écoles primaires supérieures et des établissement libres, qui préparent un *examen quelconque*, et qui peuvent ainsi suivre l'enseignement de leurs futurs examinateurs. Elle est indispensable aux élèves des Universités et aux professeurs des collèges qui, licenciés ou agrégés de demain, trouvent dans la *Revue*, avec les cours auxquels, trop souvent, ils ne peuvent assister, une série de sujets et de plans de devoirs et de leçons orales, les mettant au courant de tout ce qui se fait à la Faculté. Elle est indispensable aux professeurs des lycées qui cherchent des documents pour leurs thèses de doctorat ou qui désirent seulement rester en relations intellectuelles avec leurs anciens maîtres. Elle est indispensable enfin à tous les gens du monde, fonctionnaires, magistrats, officiers, artistes, qui trouvent, dans la lecture de la **Revue des Cours et Conférences**, un délassement à la fois sérieux et agréable, qui les distrait de leurs travaux quotidiens, tout en les initiant au mouvement littéraire de leur temps.

Comme par le passé, la **Revue des Cours et Conférences** donnera les conférences faites au théâtre national de l'Odéon, et dont le programme, qui vient de paraître, semble des plus attrayants. Nous continuerons et achèverons la publication des Cours professés au *Collège de France*, à la *Sorbonne* et dans les *Universités* de province, par MM. Emile Faguet, Abel Lefranc, Alfred Croiset, Jules Martha, Augustin Gazier, Victor Egger, Charles Seignobos, Pfister, Desdevises du Dezert, etc., etc. — ces noms suffisent, pensons-nous, pour rassurer nos lecteurs, — en attendant la réouverture des cours de la nouvelle année scolaire. De plus, chaque semaine, nous publierons des sujets de devoirs et de compositions, des plans de dissertations et de leçons pour les candidats aux divers examens, des articles bibliographiques, des comptes rendus des soutenances de thèses.

QUINZIÈME ANNÉE (2ᵉ Série)   N° 18   14 Mars 1907

REVUE HEBDOMADAIRE

DES

COURS ET CONFÉRENCES

DIRECTEUR : N. FILOZ

La vie et les œuvres de Molière.

Cours de M. ABEL LEFRANC,
Professeur au Collège de France.

La querelle du théâtre au XVIIᵉ siècle (*suite*).

Dans notre précédente leçon, nous avons commencé l'histoire de la grande controverse morale dont le théâtre a été l'objet sous le règne de Louis XIV, et à laquelle les productions dramatiques de Molière ont été mêlées de très près.

Le curieux témoignage de Mᵐᵉ de Motteville, l'intervention si caractéristique de M. Olier et de Vincent de Paul, les données fournies par les *Mémoires* inédits de du Ferrier : tout cela a mis en lumière le rôle des spectacles à la cour durant la régence d'Anne d'Autriche. Il se produit alors, dans les milieux rigoristes, une campagne extrêmement active et habile contre la comédie et les comédiens. En réalité, ces milieux condamnent toute espèce de littérature : comédies, chansons, romans, histoires de galanterie. L'excommunication demeure permanente à l'égard des acteurs de profession. En somme, la plus grande partie du clergé n'avait pas accepté la déclaration de 1641. Mais la condamnation du théâtre, nous l'avons vu, n'avait pas été le monopole de l'Église catholique : beaucoup de protestants se montrent tout aussi opposés à l'art dramatique et engagent une polémique fort intéressante contre le théâtre (1). Même attitude chez leurs adversaires,

(1) Pour avoir quelque idée de la sainte horreur que le théâtre inspirait au Consistoire de Genève, il suffit de lire la mésaventure qui advint au *Cid* de Corneille, en 1681.

surtout dirigé contre les danses; mais le théâtre s'y trouve
dénoncé, en plusieurs endroits, comme le plus pernicieux, peut-
être, de tous les divertissements. « Il est évident, affirme le
cardinal de Milan, que ceux qui vont au bal, à la comédie et
autres lieux où on danse et où on se divertit avec des désirs
déréglés et avec des dispositions contraires à la loi de Dieu, se
rendent encore coupables de péché mortel. » Voilà le petit livre
qui fut publié à la fin de 1663, à Paris; il prouvait qu'un grand
évêque avait dénoncé comme autant de péchés mortels les divertissements qui occupaient davantage le Roi et la Cour, et dont
Molière, l'ancien pensionné du prince de Conti, était un des
agents les plus en vue.

Il faut croire que le poète, après les attaques directes qu'il subit
dans cette même année 1663, ressentit aussi celle-là, qui le
menaçait dans son art, et par la main, sans doute, de ses anciens
amis. En tout cas, quatre à cinq mois plus tard, le 12 mai de
l'année suivante, il donnait à Versailles les trois premiers actes
de *Tartuffe ou l'Hypocrite*.

La pièce fut interdite aussitôt. Quel motif primordial, quelle
raison profonde avait donc décidé Molière à frapper un si rude
coup, à affronter tant de fureurs et à s'attirer — il ne pouvait
l'ignorer — de si dangereuses représailles ? La question est là ;
il nous faut tenter de deviner son état d'esprit au moment où il
écrivit sa pièce, disons mieux : les sentiments et certainement
les inquiétudes qui l'agitèrent. On ne risque pas une si grosse
partie, sans y être en quelque sorte réduit par la nécessité. C'est
ce qui est arrivé pour Molière : il a donné cette œuvre pour se
défendre. *Tartuffe* n'est pas une attaque spontanée, comme on l'a
cru trop souvent. C'est une réponse, en effet, avant de devenir
une cause par la force des circonstances.

L'enchaînement des faits, de tous ceux que nous avons déjà
rapportés comme de ceux qui vont figurer dans le reste de cette
histoire, rattache de la façon la plus évidente cette œuvre
célèbre, aussi bien que celles qui l'ont immédiatement suivie, à
la grande controverse morale du théâtre. Dans *Tartuffe*, Molière
n'a visé en particulier ni les jansénistes, ni les jésuites, ni les
casuistes, ni les faux dévots, ni les hypocrites, ni les confrères
du Saint-Sacrement, ni une cabale précise de dévots, ni les
directeurs de conscience, ni tels autres encore, mais bien tous
ceux, groupés ou non, qui venaient de se poser comme adversaires de son art et de sa personne ; tous ceux, en un mot, qui,
répudiant la vieille liberté, la vieille joie françaises, avaient dit
anathème aux plaisirs les plus naturels et, en première ligne, à

laissé de dire, rapporte Tallemant, qu'elle ne concevait pas comment une honnête femme pouvait se masquer. » Or cette jeune veuve n'est autre que la future Mme de Maintenon. Le même historien nous apprend, d'après le *Journal* de d'Ormesson, que les dévots du dehors n'étaient pas seuls à blâmer les désordres du jeune roi : sa mère lui en témoignait son chagrin ; son confesseur, le P. Annat, réservé par nature et par politique, laissait percer sa désapprobation. Irrité de ces reproches plus tacites qu'ouverts, il prit le parti de ne plus communier à l'occasion des fêtes. Il s'était encore approché de la table sainte le jour de Pâques 1664 ; il s'en tint éloigné pour la Pentecôte suivante, et, rencontrant son frère, le duc d'Orléans, qui allait s'acquitter de ce devoir, il lui dit « qu'il ne ferait pas l'hypocrite pour plaire à la reine mère ». Ainsi, conclut notre auteur, le fait est certain : Louis XIV était plein de mauvaise humeur et fort animé contre les dévots, quand Molière lui communiqua la pièce dans laquelle il attaquait le faux zèle avec tant de force. Les traits vigoureux lancés par le comédien non seulement contre la dévotion hypocrite, mais aussi contre la dévotion indiscrète et gênante, durent par conséquent lui plaire.

Combien nous nous éloignons par cette conception de celle exposée par Sainte-Beuve dans son *Port-Royal* (tome III, livre XIII), lorsqu'il étudie *Tartuffe* et qu'il voit surtout dans cette pièce une attaque dirigée contre les casuistes ! Il ne semble pas, à beaucoup près, qu'il faille regarder exclusivement de ce côté. C'est trop ramener toute l'œuvre à un seul aspect, qui est loin de la résumer, de la dominer dans son ensemble. Molière est pénétré de cette idée, que la dévotion absolue, qui ne tient aucun compte des penchants de la nature, aboutit fatalement à une contradiction, c'est-à-dire à l'hypocrisie.

C'est pourquoi aussi la thèse soutenue naguère par un autre critique éminent, dont les lettres regrettent aujourd'hui la perte, paraît tout ensemble trop vaste et trop absolue. M. Brunetière, dans une étude sur *Tartuffe* parue dans la *Revue des Deux Mondes* du 1er août 1890 et recueillie dans ses *Etudes critiques sur l'histoire de la littérature française*, 4e série : *la philosophie de Molière*, voit dans l'auteur du *Tartuffe* un précurseur immédiat de Voltaire et de Rousseau, et dans sa pièce une des premières révoltes contre le christianisme. Sa conclusion formelle est que dans le *Tartuffe*, Molière a voulu attaquer non seulement la fausse dévotion, mais la vraie, et qu'il a voulu détruire, au profit de la nature, la religion de l'effort et de la contrainte. Sa pièce est un pamphlet antichrétien, et l'on a eu trop longtemps la candeur de prendre pour une simple dénonciation de l'hypocrisie religieuse ce qui était destiné à détourner les hommes de la religion elle-même.

Je ne vais pas aussi loin, vous venez de le voir, et je suis persuadé que l'explication naturelle, professionnelle, que je propose, se concilie rigoureusement avec tous les faits connus. Et qui pourrait mieux l'attester que Molière lui-même ? La préface de *Tartuffe*, publiée seulement en 1669, nous apporte un témoignage précieux, grâce auquel nous constaterons que la querelle du théâtre dominait, en réalité, toute la question, ainsi qu'il a pris soin de nous le dire lui-même :

« On doit approuver la comédie du *Tartuffe* ou condamner généralement toutes les comédies.

« C'est à quoi on s'attache furieusement depuis un temps, et jamai on ne s'était si fort déchaîné contre le théâtre. Je ne puis pas nier qu'il n'y ait eu des Pères de l'Eglise qui ont condamné la comédie, mais on ne peut pas nier aussi qu'il n'y en ait eu quelques-uns qui l'ont traitée un peu plus doucement. Ainsi l'autorité dont on prétend appuyer la censure est détruite par ce partage, et toute la conséquence qu'on peut tirer de cette diversité d'opinions en des esprits éclairés des mêmes lumières, c'est qu'il sont pris la comédie différemment, et que les uns l'ont considérée dans sa pureté, lorsque les autres l'ont regardée dans sa corruption et confondue avec tous ces vilains spectacles qu'on a eu raison de nommer des spectacles de turpitude.

« Et, en effet, puisqu'on doit discourir des choses et non pas des mots, et que la plupart des contrariétés viennent de ne se pas s'entendre et d'envelopper dans un même mot des choses opposées, il ne faut qu'ôter le voile de l'équivoque et regarder ce qu'est la comédie en soi pour voir si elle est condamnable. On connaîtra sans doute que, n'étant autre chose qu'un poème ingénieux, qui par des leçons agréables reprend les défauts des hommes, on ne saurait la censurer sans injustice.

« Et si nous voulons ouïr là-dessus le témoignage de l'antiquité, elle nous dira que ses plus célèbres philosophes ont donné des louanges à la comédie, eux qui faisaient profession d'une sagesse si austère et qui criaient sans cesse après les vices de leur siècle. Elle nous fera voir qu'Aristote a consacré des veilles au théâtre et s'est donné le soin de réduire en préceptes l'art de faire des comédies. Elle nous apprendra que de ses plus grands hommes et des premiers en dignité ont fait gloire d'en composer eux-mêmes ; qu'il y en a eu d'autres qui n'ont pas dédaigné de réciter en public celles qu'ils avaient composées ; que la Grèce a fait

et s'ils attaquent publiquement celui qui en est l'auteur, après l'expérience de tant de funestes chutes ?

« Toute la France a l'obligation à feu M. le cardinal de Richelieu, d'avoir purifié la comédie et d'en avoir retranché ce qui pouvait choquer la pudeur et blesser la chasteté des oreilles : il a réformé jusqu'aux habits et aux gestes de celte courtisane, et peu s'en est fallu qu'il ne l'ait rendue scrupuleuse ; les vierges et les martyrs ont paru sur le théâtre, et l'on faisait couler insensiblement dans l'âme, la pudeur et la foi, avec le plaisir et la joie. Mais Molière a ruiné tout ce que ce sage politique avait ordonné en faveur de la comédie, et d'une fille vertueuse, il en a fait une hypocrite. Tout ce qu'elle avait de mauvais avant ce grand cardinal, c'est qu'elle était coquette et libertine : elle écoutait tout indifféremment, et disait de même tout ce qui lui venait à la bouche ; son air lascif et ses gestes dissolus rebutaient tous les gens d'honneur, et l'on n'eût pas vu, en tout un siècle, une honnête femme lui rendre visite. Molière a fait pis : il a déguisé cette coquette sous le voile de l'hypocrisie, il a caché ses *obscénités* et ses malices. Tantôt il l'habille en religieuse et la fait sortir d'un couvent : ce n'est pas pour garder plus étroitement ses vœux ; tantôt il la fait paraître en paysanne qui fait bonnement la révérence, quand on lui parle d'amour : quelquefois c'est une innocente qui tourne, par des équivoques étudiées, l'esprit à de sales pensées ; et Molière, le fidèle interprète de sa naïveté, tâche de faire comprendre, par ses postures, ce que cette pauvre niaise n'ose exprimer par ses paroles. Sa *Critique* est un commentaire pire que le texte et un supplément de malice à l'ingénuité de son Agnès ; et, confondant enfin l'hypocrisie avec l'impiété, il a levé le masque à sa fausse dévote et l'a rendue publiquement impie et sacrilège. »

La question est ainsi portée sur son véritable terrain. Dans ce texte, comme dans les autres écrits dirigés contre la comédie, Molière se trouve porter tout le poids de la polémique. Vingt ans après sa disparition, Bossuet l'attaquera encore comme le représentant par excellence d'un art pervers. Aussi Molière défend-il le théâtre en se défendant lui-même dans *Tartuffe* et dans *don Juan*.

Et ainsi se trouve dégagée la cause générale de la première de ces pièces. Mais, vous n'avez pas oublié que l'attaque contre la comédie, qui précéda immédiatement l'apparition de la pièce de Molière, était partie de l'entourage du prince de Conti. Il n'est pas douteux que, dans les animosités, dans les rancunes et même dans les inquiétudes de Molière, — sentiments d'où naquit la pièce, — ce personnage a tenu une place exceptionnelle. Il ne

Devenu amoureux de Mlle Rochette, plus tard de Mme de Cal-
vière, il rompit avec la première dame et lui fit proposer, cyniquement, 600 pistoles par l'abbé de Cosnac. La belle ayant fait mine
d'hésiter, l'envoyé porta, de lui-même, la somme jusqu'à mille.
·Cette fois, la proposition fut acceptée, non sans quelques pleurs.
Quant à la grande tendresse du prince pour Mlle Rochette, elle
·continua comme une intrigue, pendant qu'il négociait son
mariage, et finit, paraît-il, comme une bagatelle.

Au milieu de sa cour, pleine d'intrigues et d'intrigants, Conti se
livrait à toutes les fantaisies de sa nature, se permettant, à l'égard
de ses familiers, des procédés tout à fait choquants, causant
même, par moments, de véritables malheurs, battant celui-ci,
chassant brutalement celui-là, faisant faire le bouffon à cet autre,
montrant une versatilité qui produisait, parmi ses courtisans, des
disgrâces perpétuelles, et les incitait aux plus basses flatteries. A
Montpellier, il courait les bals en masque, se permettant des
farces risquées et se livrant à des orgies scandaleuses. Il y gagna
une maladie que vous devinez, et qu'il fit plus tard contracter à
sa femme ; sa vie s'écoulait, dit un témoin bien informé, dans la
magnificence, le jeu, l'amour et les intrigues. Pour subvenir à
tant de luxe et de folies, le prince avait contracté des dettes
énormes (jusqu'à 800.000 livres) et souvent criardes.

En même temps, il écrivait ou inspirait des ouvrages licencieux,
tels que la *Carte géographique du pays de la Cour*, autrement dite
Description du pays de Braquerie, fantaisie plus que légère,
achevée, pendant l'hiver de 1654-1655, nous apprend Tallemant.
Lisez, au tome IV des *Historiettes* (pages 517-537), tous les renseignements que nous donne à ce sujet le médisant chroniqueur, et
vous serez édifiés. Il s'agit d'une fantaisie plus que scabreuse,
quand elle n'est pas obscène. Que Conti n'ait fait que le dessin
topographique et que la lettre soit de Bussy-Rabutin, peu
importe. La hardiesse de cette description du pays de galanterie
et de ces portraits de dames galantes, prouve assez jusqu'où
s'égara la liberté du prince de Conti. Ajoutez à cela qu'il avait
conservé, pendant toute cette période de folle jeunesse, c'est-à-
dire jusqu'à son mariage, son caractère ecclésiastique, — il avait
rêvé un moment la pourpre romaine, — et des bénéfices considérables. Ajoutez encore qu'il avait réalisé, au temps de la guerre
civile, avant ses plus grandes témérités de conduite, une première
conversion pendant une maladie très grave et très longue qu'il
avait faite. Il renonça alors à tous les divertissements : « Comme
l'humeur de ce prince, nous dit Cosnac, le portait à prendre toutes
·choses avec violence, sa dévotion était austère, et ses adroits

favoris jugèrent bien qu'ils étaient perdus s'ils ne suivaient la dévotion de leur maître. Dès lors, on vit .ces deux raffinés hypocrites blâmer hautement le vice qu'ils pratiquaient en secret, et servir chaque jour publiquement à la messe de Monsieur le Prince avec une dévotion aussi affectée que peu exemplaire. » Mais cet accès de ferveur ne dura pas chez Conti : ses favoris n'eurent pas beaucoup de peine à réveiller en lui ses premières inclinations pour les plaisirs.

Cette première conversion momentanée fut connue, les mémoires en parlent; Molière ne l'ignora pas, et, quand il fut plus tard personnellement victime de la seconde, il put croire, de bonne foi, que la sincérité avait été la même dans un cas comme dans l'autre.

Après tant de débauches avérées, le prince fit une fin : il épousa, par calcul uniquement, Anna Martinozzi, qui, des sept nièces de Mazarin, était la plus belle et la plus sage. A sa grande beauté, que relevait une magnifique chevelure blonde, elle joignait beaucoup de douceur, beaucoup d'esprit et de raison. « Ces qualités si agréables à un mari, dit Mᵐᵉ de Motteville, étaient perfectionnées par sa piété, qui était si grande qu'elle a eu l'honneur de suivre le sien dans la pratique de la plus sévère dévotion ; mais elle a eu cet avantage sur lui, qu'elle a donné à Dieu une âme toute pure et dont l'innocence a servi de fondement à ses vertus. Dès l'âge de vingt-six ans, elle avait commencé à suivre la vie sérieuse d'une femme de cinquante ans. »

Ce mariage fut donc aussi peu romanesque que possible ; il ne fut rien autre chose qu'une affaire de calcul politique. Le prince disait qu'il épousait le cardinal et non une femme ; il parut même, en quelque sorte, honteux de ce qu'il considérait comme une mésalliance, tout en se montrant pourtant fort jaloux. La princesse, amie de Nicole, garda toujours, comme sa belle-sœur la duchesse de Longueville, des relations avec Port-Royal. Elle devint veuve à vingt-neuf ans (1672) et mourut à trente-cinq, laissant derrière elle un regret universel.

Mais revenons un peu en arrière. Ce fut pendant la session des Etats de Languedoc, à Pézenas, du 4 novembre 1655 au 22 février 1656, c'est-à-dire pendant le séjour de Molière avec toute sa troupe dans cette ville, que le prince, au cours d'une maladie, accomplit sa seconde et définitive conversion, sur les instances de l'austère Pavillon, évêque d'Aleth, et à la grande joie de la princesse, sa femme, et de la duchesse de Longueville, sa sœur. Ce dut être une belle vengeance pour certains députés des Etats que le prince avait reçus, à leur grande humiliation, dans la

jeté dans une extrême dévotion ; il en avait quelque besoin, car, avant, *il ne croyait pas trop en Dieu*, à ce que l'on disait. Il était fort débauché. On dit qu'il avait beaucoup de pente à devenir jaloux. Les dévots se rendent fort maîtres des domestiques, quand ils sont jaloux. »

Quelques années plus tard, le 25 juin 1662, Racine écrivait d'Uzès : « M. le prince de Conti est à trois lieues de la ville et se fait furieusement craindre dans la province. Il fait rechercher les vieux crimes, qui sont en fort nombre. Il fait emprisonner bon nombre de gentilshommes et en a écarté beaucoup d'autres. Une troupe de comédiens s'étaient venus établir dans une petite ville proche d'ici ; il les a chassés et ils ont passé le Rhône pour se retirer en Provence. On dit qu'il n'y a que des missionnaires et des archers à sa queue. Les gens de Languedoc ne sont pas accoutumés à de telles réformes ; mais il faut pourtant plier. » M. Louis Lacour cite une curieuse lettre du missionnaire Le Jeune, qui, en 1662, prêchait depuis une quarantaine d'années, et principalement en Languedoc. Ce missionnaire donne un curieux exemple des abus que Conti dénonçait dans son gouvernement et auxquels il cherchait à remédier en proscrivant la comédie : « Vous ne croiriez pas les inventions et artifices dont le diable s'est servi ès missions de ce temps pour les combattre et contrecarrer. Quelquefois il a fait venir en la ville, un peu avant la mission, les charlatans et comédiens, et, quand on allait parler aux consuls : « Messieurs, comment permettez-vous que le diable fasse sa mission en même temps que Dieu fait la sienne ? » — « Nous ne saurions qu'y faire ; nous leur avons donné parole : ils ont déjà fait venir leur train et leur bagage en la ville. »

Entre le prince de Conti et la comédie et les comédiens la lutte est vive : Molière le sait. Nous ne toucherons pas, en ce moment, à la question des originaux du Tartuffe dans ses détails ; nous indiquerons seulement qu'ils ont été choisis justement dans l'entourage du prince de Conti : ce sera Roquette, évêque d'Autun, l'abbé de Pons, Pavillon, Langlade, secrétaire du duc de Bouillon et. ami de l'abbé de Cosnac, qui, par la protection du duc, l'avait fait entrer au service du prince de Conti. Ce personnage était fort amoureux de Mme de Saint-Loup, qui lui fit, un jour, accroire qu'une croix avait été gravée sur sa main par une intervention miraculeuse. Ils affectaient tous deux une grande dévotion. Une fois, ayant Gourville à dîner, bien que ce fût un jour de carême, ils firent cependant servir devant eux un potage gras et des volailles, faisant placer devant Gourville un potage maigre et de la morue. Ils citèrent force passages de saint Augustin et s'excu-

D mosť ne.

Cours de M. ALFRED CROISET,

Professeur à l'Université de Paris.

Le procès de la Couronne : la défense de Démosthène.

Dans nos derniers entretiens, nous avons étudié le discours
d'Eschine contre Ctésiphon. Nous allons examiner maintenant
comment Démosthène, en qualité de *synégore* (συνήγορος), y répondit. L'antiquité, déjà, faisait de sa défense un modèle d'éloquence, et, aujourd'hui encore, le plaidoyer *sur la Couronne* est
considéré, par la plupart des critiques, comme le chef-d'œuvre
d'un orateur qui n'a jamais eu d'égal. D'où vient son incomparable beauté ?

Il faut distinguer. D'abord, elle tient aux qualités de forme qui
s'y manifestent avec un éclat et une continuité inaccoutumées.
Nous y retrouverons toutes celles que nous avons eu déjà l'occasion de signaler à propos des *Philippiques* ou du discours *sur
l'Ambassade :* une passion forte qui se moque de la parade, qui
ne consent jamais à se dérider, qui se préoccupe uniquement de
prouver, de prouver encore, de prouver toujours ; une véhémence
qui emporte tous les développements et qui, à l'intérieur de chacun d'eux, anime toutes les périodes, précipitées ou longues (1) ;
enfin une liberté et une variété extraordinaires dans l'expression,
qui, selon les besoins, est familière ou relevée, métaphorique ou
abstraite, triviale ou sublime (2), mais toujours claire et toujours
forte. Ces dons d'orateur se retrouvent, dis-je, dans le discours
sur la Couronne ; mais ils s'y montrent d'une manière d'autant ·
plus frappante que le discours est plus long et que la verve
anime de plus en plus Démosthène au fur et à mesure qu'il
parle.

Le fond est encore plus admirable. Certes, je ne veux pas dire
que nous puissions affirmer que Démosthène a toujours raison :

---

(1) Voyez, notamment, le récit si émouvant de la prise d'Elatée (*Couronne*,
§§ 53, 54).

(2) Comparez la différence de ton des §§ 11, 24, 34, 51, 60, et surtout 78-82,
où Eschine est traité de « faussaire », de « singe tragique », de « renard à face
humaine », etc., et du § 60, où Démosthène expose son *paradoxe* sublime.

comme un autre, il donne parfois des entorses à la vérité ; il sait prêter aux événements une couleur particulière par la façon dont il les présente ; ses affirmations sont souvent contredites par celles d'Eschine, qui sont aussi tranchantes, aussi vraisemblables, en sorte que nous ne pouvons décider, en bien des cas, lequel a raison, et lequel a tort. Notre admiration pour Démosthène n'implique donc pas que nous acceptons comme vérité historique tout ce qu'il avance. Mais ce qu'il y a de certain, c'est que, lorsqu'on passe de l'attaque d'Eschine à la défense de Démosthène, on se sent à un étage supérieur de la pensée ; on s'aperçoit tout de suite que l'on est en face d'un homme de cœur, d'un patriote, d'un grand politique. Ici, plus de ces lieux communs d'avocat, de ces belles maximes générales qu'Eschine se plaisait tant à développer, mais en retour une connaissance précise de l'histoire d'Athènes, une conception grandiose du rôle qu'elle a joué et doit jouer encore, une psychologie pénétrante des âmes collectives ou individuelles, âmes de Thèbes ou de Lacédémone, de la Phocide ou d'Athènes, d'Eschine lui-même ou de Philippe (1) ; enfin une vue magnifique de son rôle et de son devoir d'orateur (2), rôle un peu embelli peut-être, devoir difficile à coup sûr, mais qui, à les entendre définir, attestent la supériorité politique et morale de Démosthène.

Le discours sur la Couronne mérite donc toute notre attention. Aussi je me propose de l'étudier en détail devant vous. Mais, avant d'aborder le texte même, je voudrais vous dire quelques mots du plan, qui a été souvent mal compris. Il s'est même trouvé un savant de grand mérite pour soutenir que ce discours était formé, dans son état actuel, de deux rédactions différentes maladroitement entremêlées (3). En réalité, le plan en est fort simple dans ses grandes lignes et conforme à la tradition grecque ; mais, comme toujours chez Démosthène, il est aussi fort libre et fort souple dans l'exécution, si bien que la mobilité des impressions de l'orateur semble parfois le briser.

Le plaidoyer de Démosthène peut se diviser en deux parties. Après un exorde religieux et grave, Démosthène aborde la *défense* proprement dite. Il répond à Eschine sur le fait et sur le droit : sur le fait, en examinant tour à tour d'abord les actes qu'on lui a reprochés et dont il n'est point l'auteur, puis les actes qu'il a réellement accomplis, mais qu'Eschine a méconnus ou défi-

(1) Démosthène, *Couronne*, § 67.
(2) Démosthène, *Couronne*, §§ 170 sqq., 189, 246, etc.
(3) Kirchhoff, *Mémoires de l'Académie de Berlin*, 1875, pp. 59 sqq.

nellement plus encore que de défendre Ctésiphon (1). Et, de fait,
son discours est une apologie de toute sa vie.

Comment cette apologie est-elle conduite? On s'attendrait à voir
Démosthène répondre aux attaques personnelles que contenait
la dernière partie du discours d'Eschine ; mais il s'en débarrasse
par une prétention aussi habile que digne. Eschine, vous vous en
souvenez, avait accusé Démosthène de n'être pas un Athénien de
vieille roche et d'avoir, du côté de son grand-père maternel, une
origine barbare :

« A ces invectives, à ces diffamations contre ma personne,
voici ma réponse, dit Démosthène : vous allez voir combien elle
est simple et solide. Si vous me connaissez tel que l'accusateur
m'a dépeint (et j'ai toujours vécu au milieu de vous), fermez-moi
la bouche, et, mon administration eût-elle été une merveille,
levez-vous et condamnez. Mais, si vous me considérez comme
meilleur que lui et de meilleure origine, si, pour parler modes-
tement, vous savez que moi et les miens ne le cédons à aucune
honnête famille, ne l'en croyez point, même sur le reste : évidemment, il a tout inventé. »

Comme vous voyez, on ne saurait répondre avec une dignité
plus parfaite et repousser mieux du pied, comme une ordure qui
salit, la calomnie haineuse d'un adversaire.

∗
∗ ∗

J'arrive, à présent, à la défense proprement dite. Eschine, je le
rappelle d'un mot, avait commencé par discuter le point de droit
et par établir l'illégalité du décret de Ctésiphon. Entre autres
arguments, il avait soutenu que, la loi défendant de rien insérer
de faux dans les actes publics, un décret où il était dit que
« Démosthène n'avait cessé par ses paroles et par ses actes de
contribuer au bien du peuple », était de ce seul fait illégal : en
effet, au lieu d'être le sauveur de la Grèce, Démosthène était son
fléau ; pour le démontrer, Eschine divisait en quatre périodes
la carrière politique de son adversaire et les examinait successivement en détail, pour arriver chaque fois à l'inévitable
conclusion : « Cet homme, Athéniens, n'a jamais commis que des
fautes. »

Que fait Démosthène pour réfuter son accusateur ? Tout d'abord,
il ne parle pas, comme on pourrait s'y attendre, de la question

---

(1) Voyez comment, dans le plaidoyer *contre Midias*, Démosthène donne de
même une couleur particulière aux lieux communs traditionnels de l'exorde.
Cf. *Revue des Cours et Conférences*, 24 mai 1906, pp. 490-491.

que, s'il se trouve être propriétaire justement en Béotie et en Macédoine, ce n'est pas par hasard, et que Philippe y est bien pour quelque chose.

Le second passage dont je vous parlais, est celui où Démosthène fait le triste tableau de l'inaction des Grecs devant les progrès de Philippe :

« Les républiques, dit-il, étaient malades : magistrats, orateurs, tout le monde était suborné et vendu ; particuliers et peuples ne prévoyaient rien, ou se laissaient amorcer, au jour le jour, par un indolent repos. Un mal étrange les travaillait tous : chacun se persuadait qu'il échapperait seul à la tempête, et qu'au milieu du péril des autres il trouverait sa propre sûreté. Aussi, en échange de cette incurie profonde et intempestive, les peuples ont eu la servitude, et les chefs, qui croyaient tout vendre, excepté eux-mêmes, sentirent qu'ils s'étaient vendus les premiers. Au lieu des titres d'hôtes et d'amis qu'ils recevaient avec de l'or, ceux d'adulateurs, d'impies, et mille autre noms trop mérités retentissent à leurs oreilles. Car ce n'est jamais dans l'intérêt du traître qu'on l'enrichit : une fois maître de ce qu'il a vendu, on ne le consulte plus ; autrement rien ne serait plus heureux qu'un traître. Mais non, cela n'est pas, cela est impossible. Loin de là, parvenu à dominer, l'ambitieux devient aussi le despote de ceux qui lui ont tout livré ; alors, connaissant leur scélératesse, il n'a pour eux que défiance, que haine, qu'avanies. Consultez les faits : emportés par le temps, ils peuvent toujours être étudiés par les sages. Lasthène (1) a été nommé l'ami de Philippe jusqu'à ce qu'il eût livré Olynthe ; Timolaos, jusqu'à la ruine de Thèbes... ; mais bientôt, chassés, honnis, abreuvés d'outrages, les traîtres ont erré par toute la terre. Aristrate, qu'a-t-il trouvé à Sicyone, Périlaos à Mégare? L'horreur et le mépris (2). »

Dans ce passage nous apparaît l'homme politique, qui analyse avec profondeur les événements de l'histoire, qui appuie toujours ses paroles sur des exemples précis et probants, et qui fait avec profondeur la psychologie collective des cités grecques. Il n'y a rien de cela ni dans Hérodote ni dans Xénophon : Démosthène procède ici de Thucydide. Sans doute, nous ne croirons pas qu'il ait copié huit fois de sa main l'histoire de la guerre du Péloponnèse, comme on le racontait au temps de Lucien (3) ; mais il est

---

(1) Lasthène et Eutycrate livrèrent à Philippe la ville d'Olynthe, dont ils étaient les magistrats (348). Timolaos n'est pas connu d'ailleurs.

(2) DÉMOSTHÈNE, *Couronne*, §§ 45 sqq

(3) LUCIEN, *Contre un ignorant*, 4. Cf. DENYS D'HALICARNASSE, *Thucyd.*, 53.

certain qu'il l'a lue et qu'il s'en est pénétré : nous en avons la preuve dans la perspicacité psychologique et dans l'intelligence politique que nous remarquons dans le morceau qui nous occupe.

Tout de suite après vient une nouvelle invective contre Eschine. C'était à propos de son adversaire que Démosthène avait fait une peinture générale des traîtres ; aussi est-ce à lui qu'il revient une fois cette peinture achevée :

« Vous savez, juges, quelle est sa vénalité. Voilà ce qu'il décore des beaux noms d'hospitalité, d'amitié ! *Je lui reproche d'être l'hôte d'Alexandre*, a-t-il dit. Moi, te reprocher l'amitié d'Alexandre ? Comment l'aurais-tu acquise, à quel titre ? Non, je ne te puis nommer ni l'ami de Philippe ni l'hôte d'Alexandre ; je ne suis pas un insensé. Les moissonneurs, les gens de salaire, s'appellent-ils les amis, les hôtes de qui les paye ? Il n'en est rien, absolument rien ! Mercenaire de Philippe d'abord, mercenaire d'Alexandre aujourd'hui, voilà comme je te désigne avec tous nos auditeurs. En doutes-tu ? Interroge-les... ou plutôt je le ferai pour toi. Citoyens d'Athènes, que vous en semble ? Est-il l'hôte d'Alexandre ou son mercenaire ?... Tu entends leur réponse (1). »

Ici évidemment, il nous faut supposer, de la part de la foule, des murmures d'approbation. Remarquons, du reste, que cet appel à l'auditoire, que risque ici Démosthène, pouvait être grave. Il fallait qu'il fût sûr du peuple pour lui poser une pareille question. Aussi peut-on se demander s'il l'a réellement posée ou si les dernières lignes de ce passage ont été ajoutées au moment de la publication. A mon sens, il l'a réellement posée. En somme, à Athènes pas plus qu'ailleurs, il n'était difficile, étant donné surtout le nombre des juges, d'obtenir des murmures de faveur. Quelques amis approuvaient bruyamment ; leurs approbations trouvaient çà et là un écho dans l'assemblée, et, sans peine, ils pouvaient se faire passer pour la majorité. Voilà ce qui dut arriver, quand Démosthène en appela à son auditoire.

*\
*

C'est par cet appel que se termine la réfutation des griefs présentés par Eschine sur là première période de la vie de Démosthène. L'accusé en vient ensuite à la période de Chéronée, qu'il divise en deux parties pour placer au milieu la discussion du point de droit : c'est cette période que nous étudierons la prochaine fois.   G. C.

(1) DÉMOSTHÈNE, *Couronne*, XVI.

c'était Plancius. Celui-ci, au lieu de le chasser, était allé au-
devant de Cicéron, à Dyrrachium, en habits de deuil, et l'avait
amicalement accueilli. Quand l'exilé s'était disposé à passer en
Asie, Plancius l'avait retenu : « Il ne voulut pas, dit Cicéron, consentir à se séparer de moi ; oui, Plancius me retint de force entre
ses bras ; il ne me quitta pas pendant plusieurs mois, et, déposant le rôle de questeur, il se fit le gardien de ma personne. »
(*Pro Plancio*, chap. XLI, *passim*.)

Mais, direz-vous, pourquoi tous ces détails devant les juges ?
Tout simplement pour *préparer* un petit jeu de scène qui est un
exemple frappant du pathétique dramatique que je vous défi-
nissais au commencement de ma leçon. Ce jeu de scène, on le sent
poindre peu à peu. Le procès dans lequel Cicéron défendait
Plancius était un procès de brigue : Latérensis, candidat malheureux à l'édilité, avait accusé son rival plus heureux d'avoir formé
des cabales. L'accusation était des plus graves : Plancius courait
un grand danger.

« Que puis-je autre chose, s'écrie alors Cicéron, que pleurer,
gémir, attacher ton sort au mien ? Ceux qui m'ont rappelé à
Rome, ceux-là seuls peuvent t'y retenir. Relève-toi cependant, je
t'en supplie ; je te soutiendrai sur ma poitrine. *Huc exsurge
tamen, quæso ; retinebo et complectar.* » (Chap. XLII.) Et, ce disant,
l'avocat et son client se jettent tous deux dans les bras l'un de
l'autre, et s'embrassent en sanglotant : c'est là le jeu de scène
pathétique que préparait Cicéron par le long récit des bons
offices de Plancius.

D'ailleurs, il ne s'en tient pas là. Il ne lui suffit pas d'implorer les
juges en soutenant son client qui chancelle, il faut encore qu'il appelle auprès de lui le père de Plancius. Celui-ci s'approche alors.
Il se place à la droite de son fils, pendant que l'avocat, placé à sa
gauche, s'écrie : « Les prières, les pleurs, la pitié, voilà nos
armes. Le père de Plancius, le meilleur et le plus infortuné des
pères, vous implore avec moi ; nous sommes deux pères qui vous
supplions pour un fils ! *Pro uno filio duo patres deprecamur.* »
(Chap. XLII.) Or ces paroles ne se comprennent qu'accompagnées
d'attitudes et de gestes, — en un mot, de pathétique scénique. La
péroraison du *pro Plancio* peut donc nous aider à nous en faire
une idée.

Autre exemple ; je le prends dans le *pro Fonteio.* Fontéius avait,
en qualité de préteur, gouverné pendant trois ans la province
narbonnaise. Plusieurs années après, M. Plétorius, sur la plainte
des Gaulois, qui avaient envoyé à Rome une députation dont le
chef était Induciomare, accusa Fontéius de concussion. Les

Mais, dira-t-on, où avons-nous les preuves que ces défilés de
témoins, ces murmures, se produisent ? Rien de tout cela n'est
indiqué dans le texte. Il est vrai, rien n'est indiqué dans le *pro
Fonteio*; mais nous avons des indications formelles dans d'autres
discours : de ceux-ci nous pouvons conclure à celui-là.

Reportez-vous à la péroraison du *pro Cluentio*, et vous y lirez :
« Les termes dans lesquels la ville de Larinum fait l'éloge de
Cluentius attestent les alarmes autant que l'opinion de tous les
habitants, et sont l'expression de leur douleur non moins que de
leur estime. » — Et, au moment de faire lire la *laudatio*, qui éma-
nait des décurions de la patrie de son client, Cicéron s'écrie, en
s'adressant aux Larinates qui l'avaient apportée à Rome : « Pendant qu'on va lire cet acte solennel, levez-vous, généreux amis,
vos, quæso, assurgite ». Puis, comme ils pleurent en s'avançant
dans l'enceinte : « Juges, les larmes que vous voyez couler vous
annoncent assez que les décurions n'ont pas écrit cet éloge sans
en verser eux-mêmes ». Enfin, une fois qu'ils sont tous debout
devant le tribunal, il les présente et les énumère : « Vous voyez
devant vous, *huc frequentes adesse et hunc* (*sc. Cluentium*) *præsen-
tes laudare*, les plus nobles citoyens de Ferentum et l'élite de la
ville de Marucca; vous voyez, accourus pour le louer de Téanum
et de Lucérie, des chevaliers romains de la première distinction.
Les éloges les plus honorables ont été envoyés et les personnages
les plus éminents sont venus de Boviano et de tout le Samnium.
Les plus riches négociants du pays de Larinum, les possesseurs
des domaines et des pâturages, tous hommes environnés d'une
juste considération, ressentent pour lui des alarmes et des
inquiétudes qu'il est difficile d'exprimer. » (*Pro Cluent.*, chap.
LXIX.)

Voici un autre passage, non moins typique : je l'emprunte à la
Divinatio in Q: Cæcilium. Pour prouver que les Siciliens l'avaient
choisi comme avocat, Cicéron invoque le témoignage des députés
de la province, venus à Rome à l'occasion du procès : « Vous
voyez ici présents, les hommes les plus distingués de la Sicile,
qui vous supplient et vous conjurent, ô juges, de ne point vous
écarter de leur choix dans celui que vous ferez d'un défenseur. »
(Chap. IV.) Ici encore, les paroles de l'avocat étaient forcément
accompagnées de gestes et de supplications de la part des
témoins.

Nous pouvons donc être certains que, toutes les fois que Cicéron
signale ou interpelle un groupe de personnes, ce groupe tout
entier se lève, se plaint, pleure, bref fait des gestes et prend une
attitude appropriés à la situation.

.*.

Ce n'est pas tout ; Cicéron fait mieux encore quelquefois : son pathétique, au lieu de rester dans la juste mesure dramatique, se rapproche du mélodrame.

A un moment donné, dans le *pro Fonteio*, il fait un geste pour défendre son client contre les menaces des témoins venus de Gaule : « S'ils l'osent, qu'ils viennent arracher Fontéius, même sous vos yeux, des bras d'une mère aussi respectable que malheureuse (*donc la mère s'était approchée du fils et probablement le tenait dans ses bras*) ; qu'ils viennent l'arracher à une vestale, sa sœur, qui *implore* votre protection et celle du peuple romain... *Elle vous tend ses mains suppliantes*, ces mêmes mains qu'elle élève chaque jour pour vous vers les dieux immortels... » (*Ici, comme vous voyez, les gestes sont avec précision indiqués dans le texte.*) Et, là-dessus, l'accusé pleure : « Vous le voyez, juges, le seul nom d'une mère et d'une sœur fait couler des larmes des yeux de Fontéius, de cet homme si renommé pour son intrépidité ! » (Chap. xx.)

A ce moment, chacun pleure évidemment. Nous avons donc là toute une scène d'un pathétique un peu forcé, de caractère un peu mélodramatique, efficace en tout cas, qui est en grande partie décrite par l'avocat lui-même. Les mouvements et les gestes qu'il n'indique pas sont faciles à reconstituer.

Encore, dans le *pro Fonteio*, Cicéron ne fait-il intervenir qu'une mère et qu'une sœur ; il est d'autres plaidoyers, assez nombreux, dans lesquels il fait avancer devant le tribunal tous les enfants de l'accusé, petits ou grands. Plus ils sont petits, mieux ils font, car ils pleurent alors plus facilement ; ils sont aussi plus aisés à porter, et l'avocat ne se fait pas faute de les prendre dans ses bras, de les promener en les faisant geindre et de les montrer aux juges pour exciter leur pitié.

Le moyen est un peu « gros ». Cicéron en a usé pourtant et même abusé. Dans le *pro Flacco*, il s'écrie en terminant : « C'est surtout, Romains, c'est ce jeune infortuné, votre suppliant et le suppliant de vos enfants, *vestro ac liberorum vestrorum supplex*, qui attend de vous aujourd'hui des règles de conduite. Si vous lui conservez son père, vous lui montrerez quel citoyen il doit être ; si vous le lui enlevez, vous lui apprendrez qu'une conduite sage, régulière, irréprochable, ne doit attendre de vous aucune récompense... Il vous conjure de ne pas redoubler la douleur du fils par les larmes du père ni la tristesse du père par les larmes du fils. Ses regards sont tournés vers moi ; son visage

Et ne croyez pas qu'il s'agisse de fausses larmes, mais de vraies larmes. Cicéron lui-même le dit dans le *pro Plancio*. Son adversaire lui reproche son pathétique et déclare aux juges qu' « il a vu lui-même de petites larmes couler sur ses joues ». Or Cicéron ne s'en défend pas ; tout au contraire, il renchérit sur le reproche, et répond que c'est un vrai déluge qu'il a versé.

*
**

Mais, pour arriver à ce résultat, l'avocat a dû commencer par vaincre bien des difficultés. Quintilien avoue lui-même que l'art du pathétique scénique exigeait une longue et laborieuse préparation.

Les scènes, en effet, dont j'ai essayé de vous donner quelque idée ne peuvent pas s'improviser. Dans un plaidoyer aujourd'hui perdu, nous savons qu'un adversaire de Cicéron voulait apitoyer les juges sur une prétendue victime : il la présentait les jambes ligotées par des bandages, et, au cours de sa narration, il avait bien soin, pour exciter la pitié de son auditoire, de défaire et de renouer tour à tour les bandages de son client. Mais, pour ce jeu de scène un peu macabre, l'avocat devait s'être assuré au préalable que la victime ne crierait pas trop, que les plaies ne seraient pas trop hideuses, de peur que les juges, dégoûtés ou écœurés, ne se détournâssent et ne s'en allassent. — Puis avec l'accusé ce sont les amis, les parents, à qui il faut faire la leçon et apprendre leur rôle. Dans certains procès, le pathétique mélodramatique est impossible, — c'est Quintilien qui en fait la remarque, — parce que l'accusé n'est pas assez intelligent pour comprendre et retenir ce que l'avocat lui dit de faire. De même, si c'est un enfant, on se risque à des mésaventures comme celle qui arriva à un certain Glycon et qui est rapportée par Quintilien (1) : « Il avait amené à l'audience un enfant, dans la pensée que ses larmes attendriraient les juges. Glycon venant à lui demander pourquoi il pleurait, l'enfant, mal stylé, répondit : « C'est mon précepteur qui me pince, *ex pædagogo se vellicari respondit.* »

« J'ai vu souvent des plaideurs, continue Quintilien, faire tout au rebours de ce que leur disait leur avocat : pleurer à contretemps, et prêter à rire par leur attitude ou leurs gestes maladroitement contrefaits. Il me souvient qu'un jour on plaidait la cause

(1) *Instit. Orat.,* VI, 1.

Les classes industrielles et commerçantes en France et en Allemagne, aux XIVᵉ et XVᵉ siècles.

Cours de M. PFISTER,

Professeur à l'Université de Paris.

Altération des monnaies sous Philippe le Bel. — Réduction du droit seigneurial de monnayage. — Développement des corporations.

Un autre expédient, peut-être encore plus fâcheux, fut l'altération des monnaies. Cette altération, suivant l'expulsion des Juifs et des Lombards ainsi que la honteuse affaire des Templiers, amènera le roi à prendre les mesures les plus fâcheuses et atteindra vivement le commerce. Il nous faut donc en parler.

Sous les Capétiens, on ne fabriquait plus d'espèces monnayées de grande valeur ; il ne restait plus que les deniers d'argent et l'obole. Louis IX, le premier, rétablit la monnaie d'or. Il fit frapper les « agnus », ainsi nommés parce qu'ils portaient sur une de leurs faces l'inscription *Agnus Dei qui tollis*, etc. L'agnus pesait 4 gr. 136. Sa valeur intrinsèque serait, aujourd'hui, de 14 fr. 25. Comme monnaie d'argent, le roi avait fait frapper une monnaie nouvelle, le gros tournois, qui pesait 4 gr. 22.

Le denier constitua la monnaie de billon, c'est-à-dire une monnaie de cuivre contenant un peu d'argent. Les espèces de billon furent de deux sortes : le tournois et le parisis.

Les pièces d'un poids à peu près égal se distinguaient par leur titre. Les parisis renfermaient un peu plus d'argent et valaient environ 0,08 centimes ; les tournois valaient 6 centimes (valeur intrinsèque).

Philippe le Bel fut accusé d'avoir fabriqué de fausse monnaie ; il n'en est rien. Il se livra à d'autres opérations. D'abord, il démonétisa les espèces en cours et les remplaça par d'autres. Chaque frappe nouvelle lui rapportait un gain.

Lors de ces émissions, il voulut se procurer le plus de lingots, le plus d'objets en or et en argent possible. Voilà pourquoi chaque émission était accompagnée de véritables lois somptuaires, défendant aux sujets qui n'avaient point un revenu déterminé de garder de la vaisselle d'or ou d'argent, et leur ordonnant de porter à la monnaie celle qu'ils possédaient. Mais surtout, à chacune de ces émissions, Philippe le Bel modifiait la valeur des pièces frappées ; ne pouvant en changer la valeur réelle, il en changeait la valeur de compte. Le gros tournois, qui était une monnaie réelle, valait au temps de saint Louis un sou en monnaie de compte ; Philippe le Bel décida tout d'un coup que cette pièce vaudrait trois sous : c'était affaiblir la monnaie.

De 1295 à 1305, le roi de France modifia de la sorte, à diverses reprises, la valeur de la monnaie. Pourquoi ces affaiblissements ? On a répété que Philippe avait beaucoup de dettes, de dépenses à payer. Pour payer une dette de 100 livres, il aurait dû avant 1295 présenter 2.000 sous tournois; après l'affaiblissement de la monnaie, il acquittait la même dette avec 666 sous tournois. Mais il faut observer que Philippe le Bel touchait les revenus des impôts et que ces impôts lui étaient payés en monnaie affaiblie ; il aurait donc perdu comme créancier, et l'on pourrait bien admettre que gains et pertes se balançaient. En réalité, ce raisonnement serait faux, car il semble bien que Philippe le Bel ait exigé ses impôts sur le pied de la monnaie forte. Philippe a surtout réalisé des gains immédiats sur le monnayage. On sait, par exemple, qu'en 1298-99, la frappe lui a rapporté 1.200.000 livres tournois, soit les 3/5 du revenu. Puis, avant que l'équilibre se fût rétabli entre la monnaie affaiblie et le prix des objets, il réalisait des bénéfices considérables pendant la période de fluctuation.

En 1306, il y eut un grave changement. Le 8 juin 1306, Philippe le Bel déclara qu'il revenait à la monnaie de saint Louis et que cette monnaie circulerait avec l'ancienne valeur nominale : le gros tournois valant de nouveau un sou.

Ainsi les monnaies étaient dépréciées des 2/3 au moins.

Les conséquences économiques ne tardèrent pas à se faire sentir.

Sous le régime de la monnaie faible, tout avait renchéri, notamment les loyers. Or voici que les propriétaires en exigèrent le paiement en monnaie forte,, c'est-à-dire demandèrent plus de trois fois le prix convenu.

Sans doute, le roi établira plus tard des comptes d'équivalence, mais le peuple ne comprenait pas. Etienne Barbette passait pour avoir conseillé la nouvelle mesure. Sa maison, située dans le quar-

de grands apanages, n'obtinrent pas le droit de monnayage. Les ducs de Bourgogne seuls purent battre monnaie.

Philippe V songea même à établir en France l'unité de monnaie, comme il voulait établir l'unité de poids et mesures ; c'était là une intention louable, qui fait honneur à l'intelligence de ce souverain. Les mesures et les poids variaient d'une province de la France à l'autre, d'une ville à l'autre. Chacune se servait de poids et mesures dont les étalons étaient déposés dans le manoir seigneurial ou à l'hôtel de ville. Parfois, dans la même cité, les poids et mesures variaient. A Paris, il y avait un muid spécial pour jauger les graines; un autre pour les liquides. Le setier d'avoine n'était pas le même que le setier de blé ou le setier de sel. On conçoit quelles perturbations ces différences apportaient dans les échanges. Il y avait là une source abondante de contestations et de procès. Dans chaque localité, il fallait faire mesurer à nouveau sa marchandise; c'étaient là pour les marchands de nouvelles dépenses, qui augmentaient le prix des denrées. A Paris, le poids-le-roi déposé dans la rue des Lombards constituait un fief héréditaire, et ce fief enrichissait son détenteur.

Quels services eût rendus le roi, s'il avait réussi à établir l'unité de poids et mesures ! En 1321, Philippe le Long soumit la question aux prélats, barons, communautés des villes, qu'il convoqua à Poitiers, en d'autres termes aux Etats généraux. Il leur demanda s'il ne serait pas convenable de procéder à la refonte et à l'unification des monnaies et des poids et mesures ; il sollicita en même temps une aide pour procéder à cette refonte, mais les députés voulurent en référer à leurs commettants. Les villes, consultées individuellement, répondirent que, comme à Paris, leurs mesures leur suffisaient. Ainsi, devant l'indifférence générale, devant l'hostilité même de certaines villes, la réforme échoua. La Révolution seule pourra faire ce qu'en 1321 avait heureusement, mais vainement, tenté Philippe le Long.

Nous en avons fini avec l'étude des faits extérieurs qui ont influé sur l'histoire de l'industrie et du commerce, de 1300 à 1336. Nous allons étudier, maintenant, le développement de l'industrie et du commerce pendant cette même période. Nous commencerons par l'industrie.

Le système corporatif se développe de plus en plus. — Il est bien entendu que nous supposons connue l'organisation de la corporation au XIIIe siècle; nous rechercherons surtout les faits nouveaux. — Si la corporation se développe, elle se développe

s'établir comme mercier à Montpellier, s'il n'avait fait son apprentissage dans cette ville, devait payer 5 sous à la corporation. — Les tisserands de Carcassonne n'admettaient pas d'étranger à la corporation : celui qui voulait s'établir dans leur ville devait acquérir la bourgeoisie, c'est-à-dire payer un marc d'or et acheter une maison valant au moins 20 livres tournois.

Durant cette période, les corporations étendirent également de plus en plus leur juridiction sur les affaires du métier. Elles avaient des jurés en plus ou moins grand nombre, et ces jurés jugeaient toutes les contestations ; ils imposaient des amendes qui étaient attribuées partie à la corporation, partie à l'autorité seigneuriale, — les statuts varient beaucoup à ce sujet. Ils se chargent de faire exécuter la sentence eux-mêmes ou la laissent exécuter par l'agent seigneurial.

A Troyes, la ville est partagée en plusieurs seigneuries ; néanmoins, les cordonniers de toute la ville élisent en commun quatre prudhommes de leur métier.

A ce moment, aussi, la corporation se double de plus en plus d'une confrérie. Ces confréries avaient été interdites en 1305 par Philippe le Bel ; mais l'interdiction ne fut pas maintenue : ses successeurs donnèrent des autorisations de créer des confréries à telle ou telle corporation, et aussitôt les confréries se multiplièrent. Les confréries ont plusieurs caractères. Ce sont parfois des sociétés de secours mutuels, en dehors de toute préoccupation religieuse. — Voir la société que forment les ouvriers corroyeurs de robes de vair à Paris (Fagniez, nº 19). — Les malades recevaient 3 sous par semaine de maladie et 3 sous pour la semaine où ils entraient en convalescence ; mais le secours ne leur était pas donné pour des blessures provenant de leur « diversité », c'est-à-dire de leur humeur querelleuse.

Cette dernière confrérie fut une véritable société de secours mutuels. D'autres se créèrent pour rendre les derniers devoirs aux confrères, pour les faire enterrer. Deux bourgeois de Paris, Raymondin le Monnoyer, huissier de salle du roi, et Jacques de Leuge, fondent, en juillet 1332, une confrérie en l'église de Saint-Paul au Marais. On admet dans cette confrérie non seulement des ouvriers, mais quiconque se présente. Il suffit d'être suffisamment « pelé », c'est-à-dire d'avoir un habit convenable, de payer 5 sous d'entrée avec 2 deniers pour le clerc et une cotisation de 12 deniers. La cotisation s'élève à 3 deniers pour quiconque veut assister au dîner annuel.

Cette confrérie donne pour les obsèques de ses membres les torches, les cierges et le poêle. Le lundi qui suivait le décès, la confrérie faisait chanter une messe de *Requiem* avec diacre et sous-diacre. On conçoit qu'à cette époque, où l'on se souciait fort d'être enterré religieusement pour aller au ciel, on se soit préoccupé de cette dernière messe funèbre. La confrérie assurait encore d'autres avantages : on était placé sous la protection spéciale du saint patron, et les confrères célébraient une messe spéciale en son honneur le jour de sa fête. Il en allait ainsi à la confrérie de Saint-Paul, par exemple; il était même stipulé que, ce jour-là, il y aurait un luminaire tout neuf. Ce jour-là aussi, on installait le chef de la corporation, le bâtonnier. Au moment où, aux vêpres, on chantait le verset du *Magnificat : Deposuit potentes de sede...* l'ancien bâtonnier sortait de charge, et aux mots suivants : ... *et exaltavit humiles,* on installait son successeur. C'était là ce qui s'appelait faire le *deposuit.* Le nouveau bâtonnier faisait généralement un don à la confrérie.

Ainsi, dans la première moitié du xiv⁰ siècle, la corporation devient de plus en plus étroite, exclusive; elle rend aussi ses règlements plus sévères. Elle veut procurer à la corporation le plus d'avantages possible; mais elle veut également maintenir entre les maîtres une sorte d'égalité moyenne : chacun d'eux doit faire à peu près les mêmes gains.

Voyons ce qui se passe pour l'achat des matières premières. La corporation veut les acquérir au meilleur compte possible. Les drapiers, par exemple, empêchent l'exportation de la laine pour pouvoir l'acheter à bon compte. Les tanneurs de Troyes s'entendent pour ne pas faire augmenter le prix des peaux sur lesquelles l'un d'eux a fait une offre. (Fagniez, n⁰ 37.)

Les maîtres cherchent à acquérir la marchandise au meilleur prix ; mais les corporations veillent en même temps à ce qu'un maître ne fasse pas personnellement de marchés trop avantageux : tout achat de matières premières doit profiter à la corporation entière. Aussi, en général, le maître ne tient-il pas à acheter lui-même sa matière première : la corporation se charge d'en faire l'achat, puis elle la partage entre les maîtres, et, pour éviter les protestations, les parts sont tirées au sort.

La corporation cherche ensuite à assurer le bon renom de sa fabrication : elle décide elle-même quelles conditions doit remplir un objet pour être mis en vente ; elle en détermine la longueur, la largeur, etc.; elle fixe, pour une pièce d'étoffe, le nombre de fils qui doivent entrer dans la trame. On veut, pour le renom de la corporation, ne mettre en vente que des produits reconnus bons : la camelote est inconnue au Moyen Age.

Thème grec.

Licence.

La Bruyère, chap. xvi, *Des Esprits forts*, depuis : « Cette même religion que les hommes défendent avec chaleur... », jusqu'à : «... et que chacun presque y a la sienne. »

Dissertation latine.

Licence.

M. Tullii imaginem adumbrabitis.

II

UNIVERSITÉ DE BESANÇON

LICENCE ÈS LETTRES.

Composition française.

1° Une héroïne romaine d'après Corneille : Cornélie, dans *Pompée*.

2° Un héros romain d'après Corneille : César, dans *Pompée*.

3° Psychologie du roi d'après le *Pompée* de Corneille.

Dissertation latine.

T. Livius Propertius, Ovidius, utpote qui romanas origines descripserint, inter se conferantur. (Properce, *Elég. div.*, surtout IV° liv. ; Ovide, *Fastes*.)

Thème latin.

Sainte-Beuve, *Nouveaux Lundis*(2° s.), t. VII, p. 48 : « C'est dans la jeunesse qu'il faut apprendre à lire les anciens... »

AGRÉGATION

Thème grec.

Chateaubriand, *Génie du Christianisme*, Ire Partie, v, 3 (au milieu du chap.) : « Quels ingénieux ressorts... plus ils dorment profondément. »

Grammaire.

Brutus, § 25 : « Hic ego : Laudare... existimari potest. » — Langue et syntaxe de ces deux passages.
Lamartine, *Chute d'un Ange*, VIe vision :
    « Un soir qu'ils reposaient... comme une ombre. »
Langue et versification.

Le gérant : E. FROMANTIN.

POITIERS. — SOCIÉTÉ FRANÇAISE D'IMPRIMERIE ET DE LIBRAIRIE.

QUINZIÈME ANNÉE (2ᵉ Série) N° 19 21 MARS 1907

REVUE HEBDOMADAIRE

DES

COURS ET CONFÉRENCES

DIRECTEUR : N. FILOZ

Les poètes du XIXᵉ siècle qui continuent la tradition du XVIIIᵉ siècle

Cours de M. ÉMILE FAGUET,

Professeur à l'Université de Paris.

Andrieux: ses « Contes ».

J'ai caractérisé, dans ma dernière leçon, le tour d'esprit et le goût général d'Andrieux. Vous savez déjà qu'Andrieux est un classique, non pas un classique égaré, ou, comme on dit encore, « dépaysé » en plein xixᵉ siècle, mais un écrivain né un peu trop tard. Je vous ai dit qu'Andrieux est, avec Arnault, le poète qui représente le mieux, au xixᵉ siècle, la tradition du siècle précédent. Il nous reste à vérifier cette vue générale par la lecture de ses œuvres.

Je ne parlerai pas de ses tragédies, qui n'ajoutent rien au trésor de la littérature dramatique française. Qui de nous se souvient de *Junius Brutus*, tragédie qu'Andrieux fit représenter au Théâtre-Français en pleine révolution romantique (1830) ?

J'aurai l'occasion de vous parler de ses comédies, qui sont de véritables « contes » ; et comme les « contes » sont la principale gloire littéraire d'Andrieux, c'est par eux que je vais commencer.

Les *Contes* d'Andrieux, vous les connaissez : je dirai même que vous en savez par cœur plusieurs passages, ou tout au moins des vers isolés. Le plus souvent même, il vous arrive de citer de ses vers, sans vous souvenir qu'ils sont de lui. Il y a ainsi, en litté-

REVUE HEBDOMADAIRE

DE

CRITIQUE ET CONFÉRENCES

Les poètes du XIXᵉ siècle qui continuent la tradition du XVIIIᵉ siècle

Le gardien de vos lois, l'appui d'un peuple libre.
Aux rives du Vulturne, ainsi qu'aux bords du Tibre,
On hait la servitude, on déteste les rois. »
Tout le peuple applaudit une seconde fois.
« Voici donc, citoyens, le parti qu'il faut suivre.
Parmi ces sénateurs que le destin vous livre,
Que chacun, à son tour, sur la place cité,
Vienne entendre l'arrêt qu'il aura mérité,
Mais avant qu'à nos lois sa peine satisfasse,
Il faudra qu'au sénat un autre le remplace,
Que vous preniez le soin d'élire parmi vous
Un autre sénateur, de ses devoirs jaloux,
Exempt d'ambition, de faste, d'avarice,
Ayant mille vertus, sans avoir aucun vice,
Et que tout le sénat soit ainsi composé.
Vous voyez, citoyens, que rien n'est plus aisé. »
La motion aux voix est soudain adoptée,
Et sans autre examen bientôt exécutée.
Les noms des sénateurs, qu'on doit tirer au sort,
Sont jetés dans une urne ; et le premier qui sort
Est aux regards du peuple amené sur la place.
A son nom, à sa vue, on crie, on le menace ;
Aucun tourment pour lui ne semble trop cruel,
Et peut-être de tous c'est le plus criminel.
« Bien, dit Pacuvius ; le cri public m'atteste
Que tout le monde ici l'accuse et le déteste ;
Il faut donc de son rang l'exclure, et décider
Quel homme vertueux devra lui succéder.
Pesez les candidats, tenez bien la balance.
Voyons, qui nommez-vous ? » Il se fit un silence ;
On avait beau chercher ; chacun, excepté soi,
Ne connaissait personne à mettre en cet emploi:
Cependant à la fin, quelqu'un, dans l'assistance,
Voyant qu'on ne dit mot prend un peu d'assurance,
Hasarde un nom ; encor le risqua-t-il si bas,
Qu'à moins d'être tout près, on ne l'entendit pas.
Ses voisins, plus hardis, tout haut le répétèrent.
Mille cris, à l'instant, contre lui s'élevèrent.
« Pouvait-on présenter un pareil sénateur ?
Celui qu'on rejetait était cent fois meilleur. »

— Vous reconnaissez tous, au passage, ce vers devenu proverbe ; on le cite un peu moins aujourd'hui qu'autrefois, mais
il est encore assez souvent rappelé...

Le second proposé fut accueilli de même ;
Et ce fut encor pis, quand on vint au troisième.
Quelques autres après ne semblèrent nommés
Que pour être hués, conspués, diffamés ..
Le peuple ouvre les yeux, se ravise ; et la foule,
Sans avoir fait de choix, tout doucement s'écoule.
De beaucoup d'intrigants ce jour devint l'écueil.
L'adroit Pacuvius, qui suivait tout de l'œil :

Et des hameaux voisins, les filles, les garçons
Allaient à Sans-Souci pour danser aux chansons.
Sans-Souci !... Ce doux nom d'un favorable augure,
Devait plaire aux amis des dogmes d'Epicure.
Frédéric le trouva conforme à ses projets,
Et du nom d'un moulin honora son palais.

Hélas ! est-ce une loi, sur notre pauvre terre,
Que toujours deux voisins entre eux auront la guerre ?
Que la soif d'envahir et d'étendre ses droits
Tourmentera toujours les meuniers et les rois ?
En cette occasion, le roi fut le moins sage :
Il lorgna du voisin le modeste héritage.
On avait fait des plans fort beaux sur le papier,
Où le chétif enclos se perdait tout entier.
Il fallait, sans cela, renoncer à la vue,
Rétrécir la façade et courber l'avenue.

Des bâtiments royaux l'ordinaire intendant
Fit venir le meunier et, d'un ton important :
« Il nous faut ton moulin : que veux-tu qu'on t'en donne ?
— Rien du tout ; car j'entends ne le vendre à personne.
Il vous faut est fort bon ! mon moulin est à moi,
Tout aussi bien au moins que la Prusse est au roi.
— Allons, ton dernier mot, bonhomme, et prends-y garde.
— Faut-il vous parler clair ? Oui, — c'est que je le garde.
Voilà mon dernier mot. » Ce refus effronté,
Avec un grand scandale, au prince est raconté.

— C'est vraiment fort bien conté. Andrieux a su exciter l'intérêt
en imaginant d'abord une première scène avec l'intendant ; voici
venir, maintenant, la scène II, avec le roi et le meunier :

Il mande auprès de lui le meunier indocile,
Presse, flatte, promet ; ce fut peine inutile :
Sans-Souci s'obstinait : « Entendez la raison ;
Sire : je ne peux pas vous vendre ma maison :
Mon vieux père y mourut ; mon fils y vient de naître,
C'est mon Potsdam à moi ; je suis têtu peut-être ;
Ne l'êtes-vous jamais ? Tenez, mille ducats,
Au bout de vos discours, ne me tenteraient pas.
Il faut vous en passer, je l'ai dit, j'y persiste. »
Les rois mal aisément souffrent qu'on leur résiste.
Frédéric, un moment par l'humeur emporté :
« Pardieu ! de ton moulin c'est bien être entêté !
Je suis bon de vouloir t'engager à le vendre !
Sais-tu que, sans payer, je pourrais bien le prendre ?
Je suis le maître. — Vous ? de prendre mon moulin ?
Oui, si nous n'avions pas des juges à Berlin. »

— Le mot est vraiment d'une naïveté charmante, si charmante
que je voudrais qu'Andrieux l'eût inventé...

Le monarque, à ce mot, revint de son caprice,
Charmé que sous son règne on crût à la justice.
Il rit ; et se tournant vers quelques courtisans :
« Ma foi, Messieurs, je crois qu'il faut changer nos plans.
Voisin, garde ton bien ; j'aime fort ta réplique. »
·Qu'aurait-on fait de mieux dans une république ?
Le plus sûr est pourtant de ne pas s'y fier ;
Ce même Frédéric, juste envers un meunier,
Se permit maintes fois telle autre fantaisie,
Témoin ce certain jour qu'il prit la Silésie ;
Qu'à peine sur le trône, avide de lauriers,
Epris du beau renom qui séduit les guerriers,
Il mit l'Europe en feu. Ce sont-là jeux de prince :
On respecte un moulin ; on vole une province.

Il faut reconnaître que l'anecdote est fort bien rapportée : c'est vraiment un chef-d'œuvre de narration. Andrieux y a déployé des qualités d'un tout autre ordre que dans le *Procès du Sénat de Capoue*, où il a parodié d'une façon piquante l'emphase révolutionnaire et les roueries parlementaires. Ni le meunier ni le roi ne sont des « types », comme Pacuvius ; mais la pièce est infiniment agréable et mérite sa réputation.

Ce sont là les deux chefs-d'œuvre d'Andrieux. Vous allez voir, par la lecture de quelques autres pièces, qu'Andrieux con-teur est, le plus souvent et avant tout, un faiseur d'épigrammes. Et, en cela, il se rattache encore très étroitement au xviiiᵉ siècle. Les poètes de cette époque, je vous l'ai déjà dit, font le conte ou la fable pour le mot de la fin. Ils mettent leur talent au service de leur esprit. La Fontaine, lui, est tout différent : il conte, et, par-dessus le marché, il a de l'esprit. Chez les poètes dont je vous parle, c'est l'esprit qui est le talent, comme Duclos le disait de lui-même. Ils prennent une épigramme, et ils mettent quelque chose autour. C'est le cas d'Andrieux, dans le joli conte de *la nouvelle Artémise*, par exemple. ·

Ce conte serait une note très agréable à mettre au bas de la page, dans La Fontaine, au-dessous de *La jeune Veuve*. L'idée est à peu près la même, et le rapprochement des deux pièces s'im-pose. Vous savez que *La jeune Veuve*, bien qu'étant une fable, est peut-être le plus joli des *Contes* de La Fontaine.

La perte d'un époux ne va point sans soupirs.
On fait beaucoup de bruit, et puis on se console ;
Sur les ailes du Temps la tristesse s'envole,

avait dit fort agréablement La Fontaine. Supposez que cette fable soit légèrement inversée, et vous aurez le conte de *La nouvelle Artémise*, d'Andrieux ; le poète, après quelques consi-

que celle du vieil archevêque de Cambrai. — (Vous le voyez,
la vieillesse a ses avantages : il est vrai que, pour ma part, je ne
les ai point encore aperçus. Attendons patiemment, nous verrons
bien.) — Voici donc ce que l'excellent Andrieux nous raconte du
bon Fénelon, dans cette pièce qui, nous dit l'auteur, fut « récitée
à la séance publique tenue par la classe de la langue et de la
littérature française de l'Institut, le 21 décembre 1808, pour
la réception de M. de Tracy, élu à la place de M. Cabanis » :

> Parler de Fénelon, c'est un titre pour plaire,
> Trop heureux si mes vers emportent ce salaire,
> Si de ce nom chéri le puissant intérêt
> Me fait obtenir grâce et vaincre mon sujet !

Je passe sur l'introduction, où Andrieux nous confie qu'il tient
de Cabanis lui-même le récit qu'il va nous faire ; où il parle, naturellement, de la tragédie de *Fénelon* par M.-J. Chénier, et de la
bonté de Fénelon, que lui, Andrieux, se propose de célébrer spécialement :

> Victime de l'intrigue et de la calomnie,
> Et par un noble exil expiant son génie,
> Fénelon, dans Cambrai, regrettant peu la cour,
> Répandait les bienfaits et recueillait l'amour,
> Instruisait, consolait, donnait à tous l'exemple ;
> Son peuple, pour l'entendre, accourait dans le temple ;
> Il parlait, et les cœurs s'ouvraient tous à sa voix.

— Notez la belle venue et la noblesse du dernier vers, qui est
digne d'un très grand poète...

> Quand, du saint ministère ayant porté le poids,
> Il cherchait, vers le soir, le repos, la retraite,
> Alors aux champs, aimés du sage et du poète,
> Solitaire et rêveur, il allait s'égarer ;
> De quel charme, à leur vue, il se sent pénétrer !
> Il médite, il compose, et son âme l'inspire ;
> Jamais un vain orgueil ne le presse d'écrire ;
> Sa gloire est d'être utile ; heureux quand il a pu
> Montrer la vérité, faire aimer la vertu !
> Ses regards, animés d'une flamme céleste,
> Relèvent de ses traits la majesté modeste ;
> Sa taille est haute et noble ; un bâton à la main,
> Seul, sans faste et sans crainte, il poursuit son chemin,
> Contemple la nature, et jouit de Dieu même.
> Il visite souvent les villageois qu'il aime,
> Et chez ces bonnes gens, de le voir tout joyeux,
> Vient sans être attendu, s'assied au milieu d'eux,
> Écoute le récit de peines qu'il soulage,
> Joue avec les enfants, et goûte le laitage.

> Il court dans l'herbe humide, il franchit un fossé,
> Arrive haletant ; et Brunon, complaisante,
> Loin de le fuir, vers lui s'avance et se présente ;
> Lui-même, satisfait, la flatte de la main.

Et le bon Fénelon, tout à la joie de faire des heureux, oublie sa fatigue et s'empresse de ramener la vache vers la triste chaumière. Surprise, transports, remerciements confus du père, de la mère, des enfants. Le bruit de l'histoire se répand au hameau, et les habitants, touchés d'un tel exemple, improvisent une civière agreste « de bois et de ramée » ; le prélat s'y place, un cortège se forme :

> Ainsi par leur amour Fénelon escorté,
> Jusque dans son palais en triomphe est porté.

Cette seconde partie du récit est un peu longue, à mon sens : elle eût gagné à être plus vigoureusement enlevée.

Le poète achève, ensuite, son récit par une invocation à Cabanis défunt, de qui il tient l'anecdote :

> O toi, de qui j'appris cette touchante histoire,
> Toi, dont nous honorons aujourd'hui la mémoire,
> Cher et bon Cabanis, ...
> Du divin Fénelon aimable imitateur,
> Comme lui cher au pauvre, et son consolateur,...
> Ton savoir, ton génie, éternisent ton nom ;
> Tu nous rendais ensemble Hippocrate et Platon ;
> O ciel, et tu n'es plus ! Ta mort prématurée
> Par tout ce qui t'aimait sera toujours pleurée.
> Hélas ! dans nos amis nous-mêmes nous mourons ;
> En leur donnant des pleurs, c'est nous que nous pleurons.

Le deuil récent (1) qui nous a frappés tous donne encore une triste actualité à ces vers touchants d'Andrieux, et je vous demande la permission de m'arrêter, car je sens qu'il me serait impossible de continuer cette lecture...

                                                        A. C.

(1) La mort de M. Brunetière.

Les classes industrielles et commerçantes en France aux XIV° et XV° siècles.

Cours de M. PFISTER,

Professeur à l'Université de Paris.

Développppement et rôle politique des corporations. — Les foires en France aux XIII° et XIV° siècles.

Nous avons indiqué les modifications qui s'opèrent dans l'intérieur de la corporation au début du xive siècle ; nous avons vu que, de plus en plus, elle tend à se fermer. Ses règlements deviennent plus étroits ; par le droit d'entrée qu'elle exige des novices, par le chef-d'œuvre qu'elle demande aux apprentis, par les difficultés qu'elle oppose aux ouvriers étrangers, elle rend l'accès de la maîtrise plus difficile. Enfin, elle cherche à s'assurer le monopole du métier.

La corporation, à ce début du xive siècle, prend de plus en plus part à la vie publique ; elle a sa place dans toutes les manifestations de la vie sociale. Dans les grandes villes, elle parade et défile à toutes les cérémonies ; elle fait des dépenses pour rehausser l'éclat des fêtes. Le 6 juin 1313, de grandes fêtes furent célébrées à Paris à l'occasion de la chevalerie des trois fils de Philippe le Bel ; la chronique rimée de Geoffroy de Paris nous en a laissé une description (Fagniez, n° 14). Les corporations défilèrent avec leurs insignes particuliers : les fabricants de courroies représentèrent les personnages du *Roman du Renard* ; les tisserands, représentaient des scènes de l'Ancien et du Nouveau Testament ; d'autres corporations, l'Enfer, le Paradis, etc.

Les corporations non seulement sont de toutes les fêtes, elles vont aussi jouer un rôle politique. — Quand la ville de Paris, pour payer l'aide au roi et pour ses besoins particuliers, eut imposé aux habitants, vers l'année 1301, une taille de 100.000 livres, 24 prud'hommes furent choisis dans divers métiers (boulangers,

à charge d'entretien. La royauté essaiera, pour augmenter ses revenus, de multiplier les jours de marché; elle les portera, le 13 octobre 1368, à 3 par semaine : mercredi, vendredi et samedi (*Ordonnances*, V, 147). Mais il y eut de violentes protestations, et l'on transigea : certaines corporations ne furent contraintes de fréquenter les halles que le samedi ; d'autres, deux jours : le samedi et le vendredi.

Ainsi la royauté s'efforçait pour des raisons fiscales de maintenir les marchés. Les marchands, au début, se rendaient volontiers à ces marchés, où ils étaient sûrs de trouver une clientèle ; mais cette clientèle déserta les Halles pendant la guerre de Cent ans. Les marchands, qui payaient les étaux et ne vendaient pas, ne voulaient plus y revenir, et il fallut que la royauté entreprît une lutte contre eux. (Cf. Léon Piollay, *Les anciennes Halles de Paris*, dans les *Mémoires de la Société de l'Ile-de-France*, t. III, 1876.)

Ce que nous avons dit de Paris était vrai des autres grandes villes. La vie se retire des marchés et il arrivera un moment où ils changeront de caractère. Ce qu'on y trouve d'abord, ce sont des étoffes, des joyaux, des fourrures, toutes denrées qu'en 1323 Jehan de Jaudieu note aux Halles de Paris ; mais, au xiv° siècle, on achetera ces denrées dans les magasins et c'est le commerce permanent qui les lancera dans la circulation. Le marché, sera dès lors, réservé aux marchands forains. Mais de quelles marchandises la ville aura-t-elle surtout besoin ? Il lui faudra avant tout des provisions de bouche. Le marché prendra donc surtout un caractère agricole et sera fréquenté par les paysans du voisinage. Et comme la vie se développe, comme les besoins de la consommation sont plus grands, ce marché deviendra quasi permanent. Il restera hebdomadaire seulement dans les petites cités, où les bourgeois font plus rarement leurs provisions. Puis, à certains jours du mois, il y aura des marchés spéciaux : marché aux grains, marché au bois, marché au vin, marché aux chevaux, aux veaux, aux cochons de lait.

Le droit du marché était devenu, au Moyen Age, un droit seigneurial ; le marché faisait partie du fief. Mais, dès le milieu du xiii° siècle, la royauté revendiqua le droit de marché parmi les *regalia*. Elle posa ce principe, que nul ne pouvait établir de marchés dans toute l'étendue du royaume de France sans le roi ; et ce que nous disons des marchés était vrai des foires. Si l'on demandait la permission au roi, il faisait faire une enquête par ses agents, baillis ou sénéchaux ; mais, si l'enquête était défavorable, il

qu'une fille, Jeanne. Celle-ci fut fiancée au second fils du roi de France, au jeune Philippe, qui, par la mort de son aîné, sera l'héritier de la couronne et deviendra le roi Philippe le Bel, en 1285. La Champagne, du reste, ne fut pas, pour cela, annexée au domaine royal. Jeanne de Navarre, jusqu'à sa mort, portera le titre de reine de Navarre et de comtesse de Champagne. Ces pays passeront à son fils aîné, Louis, le futur Louis X le Hutin ; puis à la fille de celui-ci, Jeanne, qui épousera Philippe d'Evreux.

Ce ne sera que par un arrangement survenu entre Philippe VI de Valois et Philippe d'Evreux que la Champagne et la Brie deviendront définitivement domaines royaux, — le roi de France reconnaissant à Philippe d'Evreux et à sa femme la possession de la Navarre. Mais, si la Champagne n'a été réunie au domaine qu'assez tard, dès le règne de Philippe le Bel l'influence du roi de France sur le comté est prépondérante ; et cette influence fut désastreuse. Philippe le Bel et ses fils cherchaient surtout à tirer des foires de Champagne des ressources. Ils multiplièrent les droits et aussi les officiers chargés de la surveillance. Les foires de Champagne avaient depuis longtemps leurs maîtres, gardes, *custodes nundinarum*, chargés de la surveillance et de la police ; ils réunissaient même au pouvoir administratif le pouvoir judiciaire. Ils prenaient connaissance de toutes les contestations auxquelles donnaient lieu les transactions conclues pendant les foires. Leurs sentences étaient mises à exécution dans tout le royaume; et l'on ne pouvait en appeler de ces sentences qu'aux Grands Jours de Champagne et de là au Parlement.

L'institution était bonne ; mais la royauté crée des offices nouveaux. Elle multiplie les clercs des foires, qui portent encore le nom de lieutenants des gardes des foires. Le 18 juillet 1318, Philippe V le Long institue un garde du sceau des foires : « Pour éviter les fraudes et malices qui se font sous les sceaux des foires de Champagne, l'on établira un prud'homme et loyal qui portera et gardera les sceaux et suivra les foires et y fera résidence et recevra l'émolument du dit sceau, et le remettra à la fin de chaque foire au receveur de Champaigne et recevra aussi les amendes et les exploits du sceau dessus dit et en rendra compte audit receveur. »

Enfin, les rois multiplièrent les sergents qui décidaient, au nom des maîtres, des ajournements et des contraintes, opéraient des saisies et des arrestations. En 1317, on fixa leur nombre à 140 : 120 à pied et 20 à cheval. Ce chiffre était vraiment excessif.

Les foires de Champagne furent encore frappées par de nombreux impôts nouveaux, qu'imagina Philippe le Bel. L'impôt d'un denier par livre sur les marchandises vendues entrava beaucoup les transactions. Les mesures prises par le roi contre les banquiers lombards, l'expulsion même de ces banquiers en 1311, portèrent également une grave atteinte aux foires. Mais, peut-être plus encore que la politique fiscale du roi, la politique générale explique-t-elle cette décadence.

En 1300, Philippe le Bel entre en lutte avec les Flamands et occupe la Flandre. De là, les colères des métiers qui se soulèvent et gagnent sur le roi de France la bataille de Courtrai (11 juillet 1302) ; tout commerce est rompu désormais entre la France et son grand fief du Nord, la Flandre. Les Flamands s'abstiennent de venir aux foires de Champagne et d'y apporter leurs draps. Sans doute, en 1305, une partie de la Flandre wallonne, Lille, Douai, Béthune, est réunie au domaine par le traité d'Athis-sur-Orges ; mais l'industrie de ces villes, séparées du reste de la Flandre, subit une crise terrible dont elle ne se releva pas, et les cités wallonnes ne suffirent pas à alimenter les foires de Champagne. Les Flamands manquant à Troyes et à Provins, les Italiens n'avaient plus de raison de venir en Champagne. Peu à peu, ils s'abstinrent ; et ces foires, jadis si prospères, devinrent insignifiantes. Puis, il faut le reconnaître, le système des foires était absolument suranné. Le commerce avait fait de grands progrès et demandait une institution nouvelle.

Ce n'est pas que Philippe le Bel et ses fils n'aient pris quelques mesures pour relever ou ranimer, en Champagne, la vie commerciale. Philippe le Bel forma le dessein de rendre la Seine navigable jusqu'à Troyes, et même de faire creuser un canal dans le lit de la Voulzie pour permettre aux marchandises d'atteindre Provins. (Voir un article de Boutaric dans *Notices et Extraits*, t. XIX, 2° partie.)

Dans sa grande ordonnance de réformes du 23 mars 1303, le roi s'engage à observer les anciennes coutumes des foires. Nous avons aussi un projet de réforme des foires de Champagne qui fut présenté entre 1315 et 1322. On y demande que ces foires soient franches comme autrefois. Les loyers de maisons, les halles et les étaux rapportaient plus au roi, disait-on, que tous les impôts sur les Italiens et les changeurs. On veut aussi que le règlement des foires soit exactement observé ; que les avocats jurent devant les gardes de ne soutenir que les bonnes causes, d'abréger les procès et de n'exiger pour leurs salaires que 30 livres, à peine d'amende, même dans l'affaire la plus compliquée. Ce projet semble avoir servi de base aux ordonnances de juin 1326 et de mai 1327 (*Ordonnances*, I, 794 et 800).

Racine et le théâtre français.

Cours de M. AUGUSTIN GAZIER,

Professeur à l'Université de Paris.

Eveil de la vocation dramatique de Racine.

J'ai cru devoir insister, dans ma dernière leçon, sur l'éducation reçue par Racine à Port-Royal. Ses maîtres, nous l'avons vu, l'ont traité, durant ces trois ans, comme les jeunes gens de bonne famille qu'ils avaient pour élèves, les Harlay, les Bignon, les Tillemont, et presque sur le même pied que leur écolier libre, le duc de Chevreuse. Désormais, et au sortir du collège d'Harcourt, maison amie du Port-Royal, le jeune Racine pouvait se suffire à lui-même. On l'avait mis à même de faire figure dans le monde.

Une seule chose avait été, jusque-là, interdite à Racine : je veux parler précisément de ce qui constitue la « mondanité », c'est-à-dire les bals, les jeux, les spectacles. Ses maîtres l'eussent abandonné sans le moindre scrupule, s'ils avaient pu, dès cette époque, soupçonner son avenir de poète dramatique, « d'empoisonneur public ». Peut-être, en y regardant de bien près, certains d'entre eux ont-ils pu avoir, dès 1658, le pressentiment de tout ce qui allait bientôt se passer dans l'esprit de ce jeune homme. Racine lit *Théagène et Chariclée*, et, Lancelot lui ayant pris son exemplaire, le jeune espiègle trouve le moyen de s'en procurer un autre. Sans doute, « le petit Racine », dans ses promenades à travers la capitale, s'arrêtait complaisamment aux boutiques des libraires : il pouvait voir et peut-être même feuilleter les livres pernicieux exposés à l'étalage ; il avait eu mille occasions, en ces échappées, de parcourir d'un œil curieux les pièces de théâtre, dont la production commençait alors à être abondante.

Et, d'autre part, comment se fait-il que Nicole, le grand latiniste qui, en 1658, était occupé à sa fameuse traduction des *Provinciales*, ait, en cette année même (la date est certaine), composé un petit traité *De la Comédie*, qui ne fut publié que plus tard ? On dit que ce traité a été composé par Nicole sur la demande du duc de Luynes : il s'agissait, paraît-il, de détourner des spectacles le duc

de Chevreuse. En tout cas, Racine
cet opuscule fut composé : et, c(
écriture, il ne serait pas imposs:
recopier le manuscrit. Si cette hy)
Racine a pu lire presque au début
« La comédie par sa nature mêr
de vice, puisque c'est un art où il
soi-même des passions vicieuses. Q
la vie des comédiens est occupée
passent à apprendre en particuli
ou à représenter devant des s(l'esprit que (
vice; qu'ils n'ont presque autre
folies : on verra facilement qu'   jible d'allier
métier avec la pureté de notre religion : et, ainsi, il faut avouer
que c'est un métier profane et indigne d'un chrétien ; que ceux
qui l'exercent sont obligés de le quitter comme tous les conciles
le leur ordonnent ; et, par conséquent, qu'il n'est point permis aux autres de contribuer à les entretenir dans une profession contraire au christianisme, ni de l'autoriser par leur
présence. »

Voilà en quels termes Nicole condamnait la comédie. Cependant, malgré tous les efforts des maîtres de Racine, ce qu'ils
voulaient éviter se produisit. A partir de 1660, l'ingrat et oublieux
Racine a les yeux tournés vers le théâtre. Voici, en effet, la lettre
qu'il adressait, le 5 septembre 1660, à Le Vasseur :

« Je vous envoie, Monsieur, une lettre que Laroque vous
écrit, qui vous apprendra assez l'état où sont nos affaires, et
combien il serait nécessaire que vous ne fussiez pas si éloigné de
nous. Cette lettre vous surprendra peut-être ; mais elle nous
devait surprendre bien davantage, nous qui avons été témoins de
la première réception qu'il a faite à la pièce. Il la trouvait tout
admirable, et il n'y avait pas un vers dont il ne parût être charmé.
Il la demanda après, pour en considérer le sujet plus à loisir ; et
·voilà le jugement qu'il vous en envoie ; car je vous regarde
comme le principal conducteur de cette affaire. Je crois que
mademoiselle Roste sera bien plus surprise que nous, vu la satisfaction que la pièce lui avait donnée. Nous en avons reçu d'elle
tout autant que nous pouvions désirer, et ce sera vous seul qui
l'en pourrez bien remercier, comme c'est pour vous seul qu'elle a
tout fait. Je ne sais pas à quel dessein Laroque montre ce changement ; M. Vitart en donne plusieurs raisons, [et ne désespère
de rien. Mais, pour moi, j'ai bien peur que les comédiens n'aiment à présent que le galimatias, pourvu qu'il vienne du grand

auteur, car je vous laisse à juger de la vérité de ce qu'il dit sur les vers de l'*Amasie.* »

Voilà ce que Racine écrit en 1660. Il a vingt et un ans, à cette date. Il est tout frais émoulu du collège d'Harcourt, et il occupe un modeste emploi, comme nous dirions aujourd'hui, dans les bureaux de l'intendance de Monseigneur le duc de Luynes. A peine émancipé, ce jeune homme oublie les leçons de ses maîtres. Que de choses nous voyons dans la lettre que je viens de vous lire ! Un acteur, une actrice, une pièce reçue d'abord grâce à une actrice qui voulait du bien à Le Vasseur, et ensuite refusée. Racine veut, à tout prix, faire du théâtre, et il se courrouce déjà contre les comédiens à cause de l'échec de sa première tentative. Qu'est devenu le studieux et docile « petit Racine » de Port-Royal ?

Au moment où ce jeune homme va se tourner vers cette carrière encore incertaine, nous avons à examiner la situation du Paris théâtral de 1660, et à nous demander ce que Racine pouvait en espérer à cette date.

Pour prendre contact avec le monde des théâtres, le jeune écolier a dû se transporter dans un milieu tout nouveau pour lui. Racine habitait alors la rive gauche, sans doute aux environs de la rue Gît-le-Cœur, non loin de l'hôtel de Luynes. Pour assister à des représentations théâtrales, il prit l'habitude de traverser les ponts et de passer sur la rive droite. Comme les étudiants du temps de Rabelais, il se mit à « déambuler par les compites de l'urbe et à transfréter la Séquane » ; et sa vocation dramatique s'éveilla peu à peu.

Paris, qui était alors une ville de 400.000 habitants, ne possédait que trois théâtres dignes d'être cités : le théâtre de l'Hôtel de Bourgogne, le théâtre du Marais et le théâtre du Petit-Bourbon. Il n'y avait pas même encore les théâtres de la foire (celui de la foire Saint-Laurent, près de la gare du Nord actuelle ; celui de la foire Saint-Germain, près de Saint-Sulpice).

Le théâtre de l'Hôtel de Bourgogne était le plus fréquenté et le mieux monté de ces trois théâtres. Il avait un répertoire de choix, des costumes magnifiques, des acteurs parfaits. Il était situé rue Montorgueil, non loin de Saint-Eustache ; et la tour de Jean sans Peur, que vous voyez encore aujourd'hui, se trouvait bâtie sur son emplacement.

Le théâtre du Marais s'élevait dans un ancien jeu de paume de la rue Vieille-du-Temple, dans un quartier d'où la vie parisienne se retirait de plus en plus, pour se porter principalement autour des « superbes abords du Palais-Cardinal ». Ce théâtre était passé par des alternatives de grandeur et de misère ; ses vastes dimensions lui permettaient l'emploi des « machines », et il allait de nouveau connaître des jours prospères, en 1661, avec la *Toison d'Or* de Pierre Corneille. Mais ce n'était pas à lui qu'était réservé l'avenir.

Restait le théâtre du Petit-Bourbon, situé entre l'église Saint-Germain-l'Auxerrois et la colonnade du Louvre (qui n'était pas encore construite, à cette époque). La salle du Petit-Bourbon était occupée simultanément par deux troupes, qui, chose curieuse, faisaient bon ménage ensemble : la troupe des comédiens italiens, dirigée par le fameux Scaramouche, et une autre troupe récemment arrivée de province, ayant le titre de « troupe de Monsieur », frère du roi, et dont le chef s'appelait Jean-Baptiste Poquelin de Molière.

Je n'entrerai pas dans de nombreux détails sur l'organisation de ces diverses troupes, cela nous entraînerait trop loin ; je vous renvoie, pour plus de renseignements à ce sujet, au très intéressant ouvrage d'Eugène Despois sur le *Théâtre au temps de Louis XIV*.

La clientèle de ces théâtres était sensiblement la même, sauf au théâtre italien, où l'on jouait en italien. Les représentations avaient lieu trois fois par semaine, le vendredi, le dimanche, le mardi ; le spectacle commençait à deux heures, ou même à trois heures, parfois à cinq heures de l'après-midi. On jouait « aux chandelles », à défaut d'électricité, et je n'ai pas besoin de vous dire toute l'importance de la besogne du « moucheur de chandelles. » — Quant aux spectateurs, c'étaient en général de riches oisifs, surtout pendant la semaine ; et, le dimanche, on voyait se presser aux spectacles hommes de loi, procureurs, magistrats, voire même étudiants.

Les acteurs étaient très distingués : il me suffira de nommer Mondory, Bellerose et les acteurs de la troupe de Molière, en commençant par Molière en personne, sans oublier Mlle du Parc, Mlle de Brie, Mlle Béjart, etc...

Théâtres très fréquentés, répertoire très abondant, acteurs de grande réputation : tel est l'état de l'art dramatique français en 1660. Comme un jeune homme bien doué devait s'estimer heureux de vivre à cette brillante époque, où les talents pouvaient facilement s'épanouir !

La Fronde est terminée. Le Parlement est bridé. Seul, le cardinal de Retz, loin de Paris et de la France, poursuit de ses tristes regards, selon le mot de Bossuet, « le favori victorieux ». Le roi de France va, enfin, être le maître chez lui. Mazarin meurt en 1661.

C'est av
gouver
cepend
s'est pa
(et, à ce
de la Se
tendan
fils d'u
petit-fi
ramène
— La c

améléon, peuple

dira la _____, ___ a soif de pla_____ s. La société e
la plus exquise et la plus raffinée qui se puisse concevoir ; et des
femmes de premier mérite y exercent une royauté incontestée.
Quelle différence avec le Paris de 1627, le Paris du début de la
carrière dramatique de Corneille!

Et les gens de lettres, que sont-ils en 1660 ? Pascal, que le jeune
Racine a pu voir à Vaumurier ou aux Granges, griffonne, à cette
époque, les petits bouts de papier qui constitueront les immor-
telles *Pensées*. — Bossuet prêche pour la première fois à Paris, à
l'église des Minimes de la Place Royale. Je serais étonné si
Racine ne s'était point transporté ce jour-là, le 15 février 1660,
premier dimanche du Carême, dans l'église des Minimes, lui que
nous avons vu se rendre avec Thomas Du Fossé au « catéchisme » de l'église Saint-Louis. Et, si mon hypothèse est vraie,
voici la péroraison du sermon que Racine a pu y entendre :

« Assez de bals, assez de danses, assez de jeux, assez de folies.
Donnons place à des voluptés et plus chastes et plus sérieuses.
Voici, mes frères, une grande joie que Dieu nous donne pour ce
carême. Cette fille du ciel ne devait point être accueillie par une
joie dissolue : il faut une joie digne de la paix, qui soit répandue
en nos cœurs par l'Esprit pacifique.

« Qui ne voit la main de Dieu dans cet ouvrage ? Que notre
grande reine ait travaillé à la paix de toute sa force, quoique ce
soit une action toute divine, j'avoue que je ne m'en étonne pas :
car que lui pouvait inspirer cette tendre piété qui l'embrase, et
cet esprit pacifique dont elle est remplie ? Nous savons, nous
savons il y a longtemps [qu'elle] a toujours imité Dieu, dont elle
porte sur le front le caractère ; elle a toujours « pensé des pensées de paix (1) ». Mais n'y a-t-il pas sujet d'admirer,de voir notre

(1) *Jérémie*, xxix, 2.

ste, s'arrêter au milieu de ses
on courage, pour laisser croître
: ses sujets; aimer mieux étendre
; trouver plus de gloire dans les
superbe appareil des triomphes ;
père de ses peuples qu'à être le
est Dieu qui a inspiré ce senti-

? Qui ne bénira tout ensemble la

ı (1) sage et ? etc... Parlons, parlons, et ne
gnons pas. Je ....o les prédicateurs doivent être
réservés sur les louanges : mais se taire en cette rencontre, ce ne
serait pas être retenu, mais en quelque sorte envieux de la félicité
publique... Elle viendra, elle viendra accompagnée de toutes ses
suites.

« Çà, çà ! peuples, qu'on se réjouisse ! et s'il y a encore quelque maudit reste de la malignité passée, qu'elle tombe aujour-
d'hui devant ces autels, et qu'on célèbre hautement ce sage
ministre, qui montre bien, en donnant la paix, qu'il fait son
intérêt du bien de l'Etat et sa gloire du repos des peuples. Je ne
brigue point de faveur, je ne fais point ma cour dans la chaire :
à Dieu ne plaise ! Je suis Français et chrétien : je sens, je sens le
bonheur public ; et je décharge mon cœur devant mon Dieu sur
le sujet de cette paix bienheureuse, qui n'est pas moins le repos
de l'Eglise que de l'Etat. »

Comparez cet admirable passage avec l'ode de Racine, *La
Nymphe de la Seine*, et vous verrez lequel des deux, du poète ou
du prédicateur, est le vrai poète.

Parmi les gens de lettres en vue aux environs de 1660, les
poètes les plus connus sont Benserade, Chapelle, Scudéry, La
Fontaine, Boileau, Pierre et Thomas Corneille, Quinault et,
enfin, Molière.

P. Corneille s'est laissé ramener au théâtre, après une longue
retraite, attiré par les beaux yeux de la cassette de Fouquet. Il
n'est plus le mâle auteur du *Cid*, d'*Horace*, de *Cinna*, de *Polyeucte*
ou de *Pompée*. Corneille sacrifiée au veau d'or. Il cherche à plaire
aux dames, tout comme les auteurs de romans à la mode : l'auteur d'*Œdipe* se met à peindre complaisamment les amours de
Thésée et de Dircé.

A côté de lui de jeunes audacieux, son frère Thomas et Quinault,

(1) Le cardinal de Mazarin, qui a préparé la paix des Pyrénées (1659).

·obtiennent des succès inouis. Lorsque Racine écrit à Le Vasseur que « les comédiens n'aiment à présent que *le galimatias*, pourvu ·qu'il vienne du grand auteur », il est probable qu'il songe à la *Mort de Cyrus*, de Quinault, et au *Timocrate*, de Thomas Cor-·neille.

Dans le genre comique, Molière vient d'affirmer sa supériorité, en faisant jouer les *Précieuses ridicules* (1659). Scarron et ses imitateurs sont détrônés. Molière peut, hardiment, se lancer dans la voie où il vient de s'engager : il a trouvé « la bonne et excellente comédie ».

· Tandis qu'en 1629, Corneille, auteur de *Mélite*, ne soupçonnait pas que l'art dramatique pût être soumis à des règles ; en 1660, il ·y a désormais une poétique du théâtre, poétique très complète et même tracassière. On a pu dire, non sans raison, que les héros de nos pièces classiques étaient contraints de marcher la montre et le compas à la main, pour ne point violer les fameuses unités. L'abbé d'Aubignac vient de donner, en 1657, sa *Pratique du Théâtre*. Nous savons que Racine avait soigneusement lu et médité cet ouvrage ; la preuve, c'est que la bibliothèque publique de la ville de Toulouse en possède un exemplaire ayant appartenu à Racine, et annoté de sa propre main. — Corneille lui-même vient, d'ailleurs, d'augmenter, en 1660, le recueil des lois de l'art dramatique, si l'on peut ainsi parler : à l'édition de ses œuvres soigneusement revue (et mise au courant de la langue de Vaugelas), qu'il donne en 1660, en 3 volumes, Corneille a adjoint les *Examens* des pièces antérieures à 1660 et ses intéressants *Discours sur le Poème dramatique*.

Ainsi, en 1660, lorsque Racine émancipé tourne ses regards vers le théâtre, les circonstances lui sont éminemment favorables. La littérature dramatique dispose de plusieurs chefs-d'œuvre, de pièces à succès, d'une poétique, d'une métrique (depuis Malherbe), d'une critique attentive à signaler les défauts plutôt que les beautés. Molière a fait œuvre de critique dans ses *Précieuses* ; Chapelain est toujours là, il ne mourra qu'en 1674. Et Boileau s'apprête à régenter le Parnasse. Racine peut venir. De quel côté va-t-il se tourner ?

Nous aurons répondu à cette question, si nous parvenons à savoir quels sont les acteurs auxquels il a présenté sa première pièce, l'*Amasie*, d'abord acceptée, puis refusée. Ce n'est évidemment pas à des acteurs de l'une des deux troupes du Petit-Bourbon. Racine, quoique connaissant parfaitement l'italien, — (sa correspondance nous le prouve ; il l'a sans doute appris dans la *Méthode italienne* de Lancelot) — ne paraît pas s'être intéressé aux représentations données par Scaramouche : la bouffonnerie des arlequinades lui déplaisait. — Quant à Molière, il ne semble pas que Racine songe encore, en 1660, à s'adresser à lui, bien que tous deux aient beaucoup pratiqué Térence. Molière est le fournisseur habituel de son propre théâtre, et il se charge d'écrire lui-même les comédies qu'il se propose de jouer.

D'ailleurs, les premières poésies de Racine ne semblaient pas le prédisposer à la comédie. Racine laisse courir, à cette époque, un sonnet, aujourd'hui perdu, à la louange du cardinal de Mazarin. Port-Royal s'en inquiète. Racine écrit que ce sonnet lui a causé de graves ennuis, lui a valu « lettres sur lettres, ou, pour mieux dire, excommunications sur excommunications ». C'est évidemment des reproches à lui adressés à ce sujet par ses anciens maîtres de Port-Royal, que Racine veut parler ici. Les jansénistes ne pouvaient oublier, en effet, que Mazarin était la cause de tous leurs maux, qu'il était le premier auteur du fameux Formulaire et le persécuteur de l'archevêque de Paris, leur supérieur respecté. Ils durent bien souffrir en voyant « le petit Racine », à peine sorti de leurs mains, chanter les louanges du « favori victorieux ».

Racine ne fut, d'ailleurs, guère ému des admonestations de Port-Royal, et en 1660, il fait imprimer *La Nymphe de la Seine,* ode sur le mariage de Louis XIV, avec Marie-Thérèse. Chapelain, tout en faisant remarquer au jeune poète que les Tritons sont des divinités marines, non des divinités fluviales, trouve la pièce « fort belle et fort poétique », et, sur sa recommandation, Colbert envoie cent louis à Racine. Peu après, Racine était couché sur l'état pour une pension de six cents livres, « en qualité d'homme de lettres. »

Mais l'*Amasie* ? Qu'allait devenir cette pièce, et par qui Racine allait-il essayer de la faire jouer ?

J'ai montré qu'il ne pouvait songer à la porter au Petit-Bourbon. Il est à peine besoin de vous dire qu'il ne la réservait pas davantage à l'Hôtel de Bourgogne : les « grands comédiens », qui jouaient les pièces des deux Corneille ou celles de Quinault, eussent repoussé avec dédain cette adaptation des *Tristes* ou des *Pontiques* d'Ovide faite par un jeune inconnu.

Restait le théâtre du Marais. C'est sur ce théâtre que Racine a jeté son dévolu. Que savons-nous de ce Laroque et de cette Mlle Roste, dont il est question dans la lettre de Racine à Le Vasseur, citée plus haut? J'ai cherché des renseignements sur Mlle Roste, et je n'ai rien trouvé. Mais Laroque? « Comédien du Marais chargé de recevoir les pièces », dit simplement une note de

mon édition de Racine. C'est un peu court. M. Paul Mesnard ne
nous fournit pas non plus de détails à son sujet. J'ai eu recours
alors au très précieux *Dictionnaire* de Jal, mine abondante de
renseignements précis et bien contrôlés ; car Jal a dépouillé avec
le plus grand soin, pour chaque article, les textes, les documents
utiles, les minutes de notaires, les archives des paroisses, etc...
Et voici ce que j'ai trouvé.

Jal cite un certain Pierre-Regnault-*Petit-Jean*, dit de Laroque,
né en 1595, mort en 1676, âgé de quatre-vingt un ans, comédien
au Marais. Laroque, après le départ de Floridor pour l'Hôtel de
Bourgogne, lui avait succédé au Marais comme *orateur* de la
troupe. — (Vous savez que l' « orateur » était un acteur chargé
de faire au public les communications qui pouvaient l'intéresser.
Lorsque les acteurs de l'Hôtel de Bourgogne furent fatigués de
jouer le *Timocrate* de Thomas Corneille, ils déléguèrent l' « orateur », qui parla au public à peu près en ces termes : « Messieurs,
vous ne vous lassez pas de voir représenter *Timocrate* ; nous
autres, nous sommes las de le jouer. Apprenez donc que nous ne
le jouerons plus. ») — Laroque, ajoute Jal, était un acteur médiocre, mais un juge excellent en matière de théâtre. En 1673, il
passa dans la troupe reconstituée avec les débris de la troupe de
Molière. Il put être témoin de tous les triomphes de Racine, sauf
de *Phèdre*, qui est de 1677, et il dut regretter sans doute d'avoir
refusé son *Amasie*.

Notez que ce Laroque porte le prénom de *Petit-Jean*. Ne
songez-vous pas aussitôt au Petit-Jean des *Plaideurs*, et Racine,
se souvenant de Laroque, n'a-t-il pas voulu, en donnant à l'un de
ses personnages le nom de Petit-Jean, satisfaire sa vengeance
d'auteur éconduit? La chose mérite, en tout cas, d'être signalée.

Voilà donc Racine repoussé au Marais. Où va-t-il porter son
Amasie? A l'Hôtel de Bourgogne? Il ne peut y songer. N'est-ce
pas alors que Racine a consulté Corneille pour la première fois?
Ou bien a-t-il mieux aimé soumettre à Molière ses premiers
essais, des projets de pièces pastorales, puis de tragédies?

Nous essaierons de répondre à ces questions au début de notre
prochaine leçon.

A. C.

L'Église et l'État en France de 1789 à 1848.

Cours de M. G. DESDEVISES DU DEZERT,

Professeur à l'Université de Clermont-Ferrand.

Le catholicisme pendant la Révolution.

La période de dix ans qui s'étend de 1791 à 1801 fut, pour l'Église française, un temps de persécution, dont le point initial doit être cherché dans la constitution civile du clergé.

Au mois de janvier 1791, quand le serment commença d'être requis, la constitution civile n'était pas encore condamnée par le pape ; mais on savait que le roi lui était contraire, que quatre évêques sur cent trente-cinq lui avaient donné leur adhésion, et que ceux qui avaient refusé le serment avaient déclaré la constitution entachée de schisme et d'hérésie.

Tout ce qui, en France, tenait encore pour l'ancien régime fit bloc contre le serment; tout ce qui tenait pour la Révolution poussa, de toutes ses forces, à l'acceptation de la nouvelle charte ecclésiastique.

Trente archevêques ou évêques l'avaient, dès le 30 octobre 1790, attaquée dans un livre qui fit grand bruit : *Exposition des principes sur la constitution civile.*

Dix-huit évêques constitutionnels répondirent par l'*Accord des vrais principes de l'Église de la morale et de la raison sur la constitution civile du clergé de France.* Ils offrirent leur ouvrage au pape et terminèrent leur lettre par une citation de Bossuet très habilement choisie : « Vous ne croirez, Très Saint-Père, que les « conseillers amis qui vous diront, avec Bossuet, qu'il faut con- « server inviolablement les droits primitifs donnés par Jésus- « Christ à son Église, maintenir de votre mieux ceux qui lui ont « été accordés dans la suite, et vous relâcher à propos de ces « droits acquis, et non primitifs, lorsque le bien et la paix de « l'Église le demanderont. »

Dans le Puy-de-Dôme, le curé de Vernines, Dufraisse, se fit l'avocat convaincu de la constitution civile (1).

(1) *Réflexions sur la constitution civile du clergé*, 1791.

Dans l'Indre, le curé de Mouhers, André Doreau (1), publia une des plus habiles et vigoureuses apologies que l'on connaisse de la constitution civile et du serment ecclésiastique.

La constitution eut une fortune bien différente suivant les régions. Elle échoua à peu près complètement en Flandre, en Artois, en Normandie, dans le Maine, l'Anjou et la Bretagne ; elle suscita des troubles en Poitou, à Bordeaux et en Lozère ; elle fut repoussée à Toulouse et à Toulon ; elle amena de graves désordres en Corse, en Provence, en Dauphiné, à Strasbourg (Sciout, *Hist. de la constit. civile*). Elle recueillit de nombreuses adhésions dans les grandes villes et dans le centre du royaume.

Dans l'Indre, sur 339 curés ou vicaires, 291 prêtèrent le serment constitutionnel.

Le Cher ne donna la majorité aux opposants que dans le district de Bourges ; dans les six autres districts, les constitutionnels l'emportèrent (2).

Le Puy-de-Dôme se partagea à peu près par moitié : 481 jureurs contre 434 opposants (3).

Quelques prêtres manifestèrent en signant une adhésion sincère et enthousiaste à l'Eglise constitutionnelle. Beaucoup prêtèrent le serment « sans phrases ». D'autres, en assez grand nombre, mirent des restrictions à leur acceptation, déclarant qu'ils n'entendaient pas, par ce serment, se séparer de l'Église ni rien faire de contraire à la foi. Bien des rétractations eurent lieu, lorsque le pape se fut prononcé.

On ne peut pas savoir exactement quel fut le chiffre total des adhésions. Il y eut probablement un peu plus du tiers du clergé, et un peu moins de la moitié, à accepter les faits accomplis (Debidour, *Rapports de l'Eglise et de l'État*) ; mais le malheur voulut qu'il y eût aussitôt, entre ces deux fractions du clergé, scission profonde et irrémédiable, contradiction exaspérée jusqu'à la haine et au mépris.

Il n'en faut pas faire un grief à l'Eglise : il ne pouvait pas en être autrement ; les passions politiques et religieuses, alors chauffées à blanc, devaient des deux côtés embraser les cœurs, les remplir de colère et d'indignation.

(1) *Réponse de M. André Doreau à une lettre que lui écrivait un curé pour le consulter sur les affaires présentes*, 1791.

(2) Marcel Bruneau. *Les Débuts de la Révolution dans les départements du Cher et de l'Indre*, Paris, 1906, in-8.

(3) Archives du Puy-de-Dôme. *Listes de fonctionnaires publics qui ont obéi à la loi du 26 décembre, qui ont refusé le serment ou qui l'ont prêté avec restriction.*

Mettons-nous, un instant, à la place d'un jureur consciencieux et patriote. La Révolution a proclamé les grands principes chrétiens de liberté, égalité et fraternité, qui ont toujours fait la base du droit ecclésiastique ; elle a déposé les puissants et exalté les humbles ; elle a tiré les pasteurs des villes et des campagnes de dessous le joug épiscopal ; elle leur a donné l'aisance et la dignité de la vie ; elle les invite à collaborer avec tous les magistrats du royaume au triomphe de la justice et au bonheur de la nation. La constitution a pour elle l'immense majorité des représentants, elle a été sanctionnée par le roi ; et le serment que la loi vient demander à ce simple prêtre, il ne se reconnaîtrait pas le droit de le refuser, car c'est le serment de fidélité aux lois de la patrie, et un prêtre ne peut être ni un fauteur de séditions ni un révolté.

Entrons, maintenant, dans les raisons d'un réfractaire également droit et honnête. A cet homme, hier encore attaché à sa maigre cure, comme le serf d'autrefois à la glèbe, la loi vient offrir une situation pécuniaire des plus enviables et les perspectives les plus brillantes ; mais, pour toucher ce traitement de 2 ou 3.000 livres, pour jouir de ces prérogatives, il faut sanctionner par son serment l'expropriation de l'Eglise, la destruction des ordres religieux, l'invasion des monastères et des églises, la mainmise de politiques ambitieux, et sur les droits les plus précieux de l'Eglise ; il faut se séparer de l'épiscopat français presque tout entier, s'exposer peut-être à l'excommunication comme schismatique, comme hérétique, comme scandaleux. Et le prêtre, détournant ses regards des présents qu'on lui offre, accepte la misère, la calomnie et la persécution pour rester fidèle à son devoir et à sa foi.

Est-il possible que deux hommes aussi différents se tolèrent, en un moment si solennel et si tragique ? N'est-il pas évident que, pour le jureur, le réfractaire n'est qu'un aristocrate et un mauvais citoyen, et que, pour le réfractaire, le jureur n'est qu'un renégat et un simoniaque ? — Traître ! s'écrie le premier — Judas ! répond l'autre — et ces deux hommes, qui eussent vécu en paix sous une loi plus libérale, vont se combattre par tous les moyens, comme des frères ennemis.

La foi exalte ceux qu'elle touche, comme fait l'amour de la patrie, comme fait la famille, comme font l'art, la science, la politique, comme fait tout ce qui passionne les hommes, tout ce qui les prend au cœur. Toutes les grandes idées ont leurs fanatismes, et, dans chaque homme de cœur, sommeille un fanatique, qu'un législateur prudent ne cherche pas à réveiller.

Ces tristes luttes ont laissé dans les esprits des traces encore vivantes. Les écrivains révolutionnaires se montrent généralement favorables au clergé constitutionnel ; les écrivains catholiques lui dénieraient volontiers toute vertu.

« Le gros de l'armée assermentée, dit Mortimer-Ternaux, se
« composait de curés timides et naïfs, qui ne voulaient pas, sur
« une question qu'ils regardaient comme assez indifférente, se
« séparer des ouailles qu'ils étaient habitués à conduire ; d'ecclé-
« siastiques qui convoitaient les places les plus élevées de la
« hiérarchie sacerdotale, que le suffrage populaire, si étrange-
« ment appliqué en pareille matière, allait attribuer désormais ;
« d'anciens moines défroqués qui ne sortirent de leur cloître
« que pour se jeter sur les biens terrestres avec d'autant plus
« d'avidité qu'ils avaient jadis fait profession de les mépriser, et,
« enfin, de prêtres interdits qui vinrent de toutes les parties de
« l'Europe s'abattre sur la France. » (Hist. de la Terreur, I,
p. 16.)

Qu'il y ait eu dans le clergé constitutionnel des timides, des cupides, des ambitieux, c'est chose certaine. Il y eut même des misérables, comme Lindet, évêque de l'Eure, qui osa faire dans un mandement l'apologie des massacres de septembre. Il y eut aussi parmi eux des patriotes hardis, qui ne désespérèrent jamais du salut de la France ni de la liberté, comme l'évêque de Coutances, Bécherel, qui s'accommodait d'une statue de la Liberté dans la nef de sa cathédrale : « Cette statue, mes frères, n'est point une
« déesse ni une idole : c'est uniquement l'emblème de la liberté
« française, qui présente la constitution de l'an III à laquelle
« nous avons juré attachement et fidélité ; c'est le signe de l'allé-
« gresse publique à l'occasion des triomphes de la République
« et de la paix qui les couronne. » Il y eut des braves, comme Grégoire, qui siégea en costume épiscopal sur les bancs de la Convention jusqu'à la fin de l'Assemblée.

Il y avait encore, en 1801, deux ou trois mille prêtres constitutionnels fidèles à leur serment civique et à leur foi.

Le clergé réfractaire montra dans la persécution une indomptable énergie, qui lui mérita l'estime de Carnot lui-même ; mais il y eut dans ses rangs, à côté de prêtres vraiment saints et apostoliques, des aristocrates effrénés, des conspirateurs sans vergogne, des aventuriers sans scrupules et sans merci.

Il y eut, dans chaque champ, du bon grain et de l'ivraie. Une sage culture eût tendu à les séparer ; on fit tout, au contraire, pour étouffer les plantes utiles sous les végétations malsaines et dévastatrices.

. La tactique uniforme dans les deux partis fut la même : pousser
sans relâche à la violence, aux excès, aux paroxysmes. L'histoire
religieuse de cette période n'est qu'une furieuse bataille de dix
ans, qui n'eut pas un jour de trêve.

L'Assemblée Constituante n'avait d'abord exigé le serment
civique que du clergé paroissial. Le 5 février 1791, elle l'imposa
aux simples prédicateurs. Le 4 avril, elle donna l'ordre aux municipalités de poursuivre tous les réfractaires qui se seraient avisés
de continuer leurs anciennes fonctions. Le 15 avril, elle soumit
au serment les aumôniers des prisons et des hospices.

Cependant, à côté du culte officiel qui s'exerçait dans les églises
paroissiales, les réfractaires tentaient d'organiser le culte orthodoxe dans des chapelles et des locaux loués par eux à des particuliers.

Des violences odieuses furent exercées par la populace contre
les femmes qui voulaient suivre ces offices.

A Paris, le 9 avril 1791, des dames furent fouettées en pleine
rue, sous les yeux narquois de la garde nationale. Des scènes
. du même genre se renouvelèrent, le 9 et le 17 avril. A Nantes,
les dames du parti révolutionnaire envahirent avec une troupe
de fouetteuses un couvent de religieuses qui se refusaient à
recevoir l'évêque de la Loire-Inférieure. A Lyon, une pauvre
jeune femme, fouettée à la porte de l'église et roulée dans la
. boue, mourut le lendemain des suites des mauvais traitements
qu'elle avait reçus. A Bordeaux, deux sœurs de charité furent,
· à plusieurs reprises, plongées dans la Garonne et retirées du
fleuve à demi noyées. Dans d'autres endroits, on faisait monter
sur des ânes les fidèles qui persistaient à aller à la messe
orthodoxe, et on les menait par les rues, la queue de la bête
dans la main, au milieu des lazzi et des huées.

Ces abominables excès tirèrent les autorités de leur torpeur.

Comme le roi avait été insulté à la chapelle des Tuileries par
un grenadier de service, qui lui reprochait d'entendre la messe
.d'un réfractaire, le directoire du département de la Seine déclara
licite le culte réfractaire dans des locaux loués par les fidèles, et
l'Assemblée approuva cette décision, le 7 mai 1791, tout en in-
terdisant aux évêques réfractaires tout exercice de leur ministère
et aux prêtres toute polémique.

La liberté des cultes n'en était pas moins officiellement
reconnue, et un *modus vivendi* tolérable enfin trouvé.

Si l'Assemblée avait persisté dans cette voie, la France se serait
peu à peu habituée aux mœurs de la liberté ; les deux Eglises
eussent fini par se tolérer, et, avec le temps, le schisme se

fût éteint de lui-même, ou l'Eglise nationale eût fini par triompher.

Le voyage de Louis XVI à Varennes et les colères qu'il suscita ravivèrent toutes les persécutions contre les prêtres réfractaires. L'Assemblée n'osa pas les attaquer directement, mais les laissa à la merci des autorités départementales qui commirent mille excès.

L'Assemblée législative se montra beaucoup plus anticléricale que la Constituante. Impatiente d'en finir avec l'opposition, elle ferma, dès le 27 novembre 1791, toutes les églises et chapelles aux prêtres réfractaires. Louis XVI refusa de sanctionner ce décret; les directoires de département l'appliquèrent cependant, comme s'il avait été sanctionné.

Le 6 avril 1792, les congrégations enseignantes, tolérées jusquelà, disparurent, et l'Assemblée prohiba le port du costume ecclésiastique en dehors des temples.

Le 13 mai, aux Jacobins, Legendre conseilla la noyade des réfractaires, comme le meilleur moyen d'en finir avec cette éternelle question.

Le 27 mai, l'Assemblée vota la première loi de persécution véritable. Les directoires de département étaient autorisés à déporter les réfractaires sur la seule demande de vingt citoyens actifs d'un canton. Le roi opposa son *veto* ; mais cette loi n'en fut pas moins appliquée dans beaucoup de départements, grâce à l'anarchie générale qui laissait toute liberté aux révolutionnaires.

L'Eglise constitutionnelle reçut elle-même le contre-coup de la mauvaise humeur de l'Assemblée. La procession de la Fête-Dieu sortit dans Paris comme d'habitude; mais la garde nationale ne fit point la haie sur son passage, et les autorités n'y assistèrent pas en corps. L'Eglise constitutionnelle, dix-huit mois après sa création, n'était déjà plus considérée comme une institution officielle.

Le 19 juillet, les évêchés furent mis en vente, et les évêques reçurent une indemnité de logement égale au dixième de leur traitement.

Dans ce même mois, eurent lieu à Limoges et à Bordeaux les premiers assassinats de prêtres.

Le 4 août, les derniers couvents furent licenciés, contrairement aux engagements pris par la Constituante à l'égard des religieux et religieuses qui avaient voulu continuer la vie commune.

L'internement du roi au Temple, après le 10 août, amena l'incarcération d'un grand nombre de prêtres dans les prisons de Paris et de la province.

Désespérant de les arrêter tous, l'Assemblée décréta, le 26 août, que tous les réfractaires devraient quitter le royaume dans le délai de quinze jours, sous peine d'être transportés à la Guyane. Tous les ecclésiastiques non assujettis au serment devaient être jugés d'après cette même loi, quand ils auraient occasionné des troubles, ou quand leur déportation serait réclamée par six citoyens domiciliés dans leur département.

Du 2 au 6 septembre, les massacreurs « nettoient » les prisons de Paris en égorgeant un millier de prisonniers, parmi lesquels beaucoup de prêtres et de religieux. « Ni Danton ni aucun des « gouvernants d'alors n'essayèrent de punir les meurtriers ; « on ne voulut pas risquer une guerre civile pour venger des « aristocrates. » Lavisse et Rambaud, *Hist. générale*, t. VIII, p. 156, *l'Ass. législative* par M. Aulard.)

Les 10 et 12 septembre, l'Assemblée ordonna la conversion en monnaie de tous les objets conservés dans les églises, à l'exception des vases sacrés et des ostensoirs.

Cependant la France restait, en majorité, catholique. La plupart des assemblées électorales qui nommèrent les députés à la Convention s'ouvrirent par une messe et se terminèrent par un *Te Deum*.

La Convention parut même, tout d'abord, moins hostile au clergé que l'Assemblée législative.

Le 30 novembre 1792 et le 11 janvier 1793, elle déclara qu'elle n'avait jamais eu l'intention de priver le peuple des ministres du culte catholique que la constitution civile du clergé lui avait donnés.

Le 30 mai 1793, la veille de la grande émeute qui balaya la Gironde, les processions de la Fête-Dieu sortirent librement dans Paris.

L'article 122 de la constitution du 24 juin 1793 garantit à chaque Français le libre exercice de son culte.

Le 27 juin, la Convention reconnut solennellement que le traitement des ecclésiastiques faisait partie de la dette publique.

Mais, si l'Assemblée acceptait le culte constitutionnel, elle menait toujours rude guerre contre les réfractaires.

Le 14 février 1793, elle octroyait une prime de 100 livres à quiconque arrêterait un prêtre déportable.

Le 18 mars, elle rappelait la loi en vertu de laquelle le prêtre exilé qui rentrait en France devait être exécuté dans les vingt-quatre heures.

Le 21 avril, elle déclarait déportable à la Guyane tout ecclésiastique séculier ou régulier qui aurait refusé de prêter le serment de fidélité à la liberté et à l'égalité républicaines. Ceux mêmes qui avaient prêté ce serment restaient passibles de la même peine pour *incivisme*.

Les vieillards et les infirmes devaient être reclus. Ceux qui ne se soumettraient pas à la loi seraient mis à mort dans les vingt-quatre heures.

L'Eglise constitutionnelle était à peine moins rudement traitée.

La Convention poussait au mariage des prêtres, conservait leur place et leur traitement aux prêtres mariés (19 juillet-12 août), ordonnait la fonte des cloches pour en faire des canons (22 juillet), faisait briser la Sainte-Ampoule de Reims (7 octobre), retirait à tout ecclésiastique et à toute religieuse le droit de tenir école (28 octobre), étendait enfin aux prêtres constitutionnels eux mêmes la terrible loi d'avril en cas d'incivisme (23 octobre). Il est aisé d'imaginer à quel arbitraire pouvait prêter une accusation aussi vague et aussi élastique.

Les représentants en mission profitèrent aussitôt de cette loi pour déclarer suspect tout prêtre qui ne consentait pas à se marier ou à se déprêtriser.

L'ex-bénédictin Laplanche, représentant en mission dans le Cher et le Loiret, se vante d'avoir mis partout la terreur à l'ordre du jour : « Je n'avais pas d'instructions, dit-il : mon seul guide « a été le génie révolutionnaire... Il faut couper des têtes... La « Révolution ne peut s'affermir qu'autant que son pied baignera « dans le sang. »

Ce que Laplanche fait dans le Cher, l'ex-théatin Lanneau le fait dans le diocèse d'Autun ; l'ex-oratorien Fouché, dans la Nièvre.

Il semble que l'Eglise n'ait pas de plus cruels ennemis que ces anciens fils, dont l'amour désabusé s'est tourné en haine furieuse.

Quand la commune de Paris se décide brusquement à jeter le masque, les esprits ont été partout préparés et la déchristianisation de la France s'opère en apparence avec une rapidité stupéfiante. Le vieil édifice, sapé par la base depuis de longs mois, s'écroule, en quelques jours, au milieu de la joie sauvage des foules. Des mascarades indécentes promènent par les rues des ânes affublés de chasubles et coiffés de mitres. La commune décrète la démolition des clochers « qui, par leur domination sur les autres édifices, semblent contrarier les principes de l'égalité ». Des évêques se déprêtrisent ; 2.000 prêtres se marient. Ceux qui s'obstinent à rester fidèles à leur foi sont suspects à l'autorité et deviennent bien vite les souffre-douleurs des tyranneaux de village.

L'abbé Glaize, curé constitutionnel de Glux, dans la Nièvre, est arrêté, dans la nuit du 8 au 9 brumaire, et emmené à Château-Chinon, où on le mène à l'auberge au milieu d'une soixantaine d'ivrognes. Il est à peine aperçu qu'on le traite de fanatique, de charlatan, de scélérat, sans le connaître, sans savoir de quoi il est accusé, sans aucun motif particulier d'animosité contre lui, uniquement par haine du prêtre et pour le plaisir de l'insulter. A Corbigny, mêmes invectives et mêmes menaces. Si, par hasard, il prononce le nom de Dieu, on lui dit « que le bon Dieu était trop « vieux et qu'on veut en faire un tout neuf ». Sur le chemin de Nevers, les passants complimentent les gendarmes qui le mènent : « Oh ! les bons chasseurs que vous êtes... le gibier est donc « bien commun dans votre pays ?... » Emprisonné à Nevers, il obtient des autorités de Glux un certificat de civisme ; deux de ses paroissiens viennent le réclamer à Fouché : « Vous demandez votre curé ?... S'il aime bien les femmes, nous « vous le rendrons, dit le représentant ; si c'est un cagot, nous le « guillotinerons ! » Il est, enfin, rendu à la liberté et renvoyé dans sa cure, avec défense de faire le moindre acte cultuel. Au printemps de 1794, il regagne l'Auverge, sa terre natale, déguisé en paysan. Il apprend en chemin que l'évêque constitutionnel Goutte vient d'être arrêté et sera guillotiné. On lui dit qu'un de ses amis, le curé de la Grande-Verrière, a été arrêté la nuit dans son lit, traîné à demi nu jusqu'à Autun, et est devenu fou de peur. Un commissaire de la Société populaire d'Autun se prend d'amitié pour lui dans une auberge et lui raconte, pour le divertir, qu'il vient de condamner huit prêtres à la déportation. Il ajoute, en riant : « Je crois qu'ils n'iront « pas loin ; les poissons en vont bientôt faire un *gueuleton.* » (*Mémorial de l'abbé Antoine Glaize,* publié par l'abbé Edouard Peyron, Le Puy, 1901.)

Cependant Robespierre s'était décidé à attaquer l'athéisme de la Commune. On l'entendit, le 1er frimaire an II, aux Jacobins, prendre la défense de la tolérance : « La Convention n'a point, « disait-il, proscrit le culte catholique... elle ne le fera jamais. « Son intention est de maintenir la liberté des cultes... On a « dénoncé des prêtres pour avoir dit la messe ; ils la diront plus « longtemps, si on les empêche de la dire. Celui qui veut les « empêcher est plus fanatique que celui qui dit la messe. »

Le lendemain, la Convention accorde des pensions de 800 à 1200 livres aux évêques, curés et vicaires déprêtrisés.

Le 16 frimaire, la Convention défend toutes violences contraires à la liberté. Le culte catholique se célèbre à huis clos dans des maisons particulières, cette tolérance n'impliquant, du reste, aucun respect des croyances chrétiennes.

Le citoyen Etienne Barry, de la section Guillaume Tell, se félicite de l'avènement de la Raison : « Nous ne nous battrons plus
« pour la religion de Jésus, fils de Dieu, Dieu lui-même et homme
« tout ensemble, né dans une étable d'une vierge mortelle,... mort
« sur une croix devant tout le monde et ressuscité trois jours
« après devant personne ; mais nous n'empêcherons pas que
« ceux à qui ces opinions paraissent claires, satisfaisantes, raison-
« nables, ne les conservent pour leurs menus plaisirs. » —
Voilà l'opinion d'un jacobin libéral et tolérant.

Les conventionnels considèrent la religion catholique comme
« une plaie du corps social, un danger permanent pour la
« république et le genre humain » (Mathiez, p. 24).

Les lois continuent donc à se montrer inexorables.

Le recéleur de prêtres est puni de mort comme le prêtre lui-même (22 germinal-11 avril 1794). Le prêtre reclus qui s'évade est puni de mort (2 floréal-11 mai).

La chute de Robespierre enraye la Terreur ; mais les thermidoriens continuent, en l'aggravant, la politique anticléricale de la Convention.

La loi du 2ᵉ jour complémentaire de l'an II 18 (sept. 1794) abolit les derniers vestiges de l'Eglise constitutionnelle. La république sert encore des pensions aux prêtres apostats et aux constitutionnels patriotes : mais elle ne salarie plus aucun culte et maintient néanmoins toutes les lois précédentes contre les prêtres. Ces lois sont rappelées à l'attention des autorités républicaines par les décrets du 22 nivôse an III (11 janvier 1795) et du 12 floréal (1ᵉʳ mai).

Les réfractaires restent proscrits pour avoir refusé d'adhérer à un culte qui n'existe plus.

Les constitutionnels restent déportables pour incivisme.

Dans ces jours terribles, le culte ne fut jamais totalement aboli.

Quelques paroisses isolées en Bretagne gardèrent leurs pasteurs.

Dans le diocèse de Bourges, le culte se perpétua çà et là.

Dans les Landes, les églises étaient fermées dans les villes ; les habitants se réunissaient dans les bois, au nombre de deux ou trois mille, pour assister à la messe d'un réfractaire.

On trouvait des prêtres avides de martyre, prêts à rentrer en France pour y ranimer le zèle des fidèles.

Voici des instructions données, à la fin de 1794, à six prêtres déportables qui voulaient revenir en Savoie : « Vous n'aurez ni
« bréviaire, ni papier, ni rien qui puisse déceler un ecclésias-

« tique. Vous ne direz pas votre nom sans nécessité ; vous ne
« ferez connaître ni le lieu d'où vous venez ni celui où vous
« allez. Vous pourrez, si vous le jugez prudent, vous présenter
« comme un petit marchand forain ou comme un ouvrier qui
« demande du travail. Vous ne cheminerez que la nuit et par des
« sentiers détournés. Vous logerez de préférence chez des per-
« sonnes pauvres, et, si les cas l'exigent, vous coucherez dans
« les granges, même à l'insu des propriétaires, pour ne pas les
« compromettre. Vous ne demeurerez auprès des malades que
« le temps nécessaire pour leur administrer les sacrements. Pour
« célébrer la sainte messe, il faudra nécessairement avoir un
« petit autel portatif, un [calice, une patène et du pain azyme ;
« mais vous pourrez, au besoin, vous passer de servant, en
« répondant vous-même, ou en permettant à une femme de
« répondre de sa place. »

Vint-il parfois à la pensée d'un de ces prêtres proscrits que son
Eglise avait jadis été bien dure pour les ministres protestants, qui
allaient, eux aussi, il n'y avait pas encore trente ans, sur
les routes de France, déguisés en colporteurs et en paysans, et
tenaient, eux aussi, leurs assemblées dans les clairières des bois ?

A Paris même, pendant tout l'hiver de 1795, l'office catholique
fut célébré à l'église de Chaillot et dans trois chapelles situées rue
d'Enfer, rue de Lourcine et rue Saint-Honoré. L'assistance remplissait souvent toute l'église et refluait jusque sur la chaussée.
Des gens des environs de Paris faisaient six lieues à pied pour
entendre la messe.

La loi du 3 ventôse an III (21 février 1795) amena une légère
détente. La République ne salariait aucun culte, ne reconnaissait
à aucun ministre le caractère public, ne fournissait aucun local
pour la célébration d'un culte quelconque, défendait tout signe
cultuel en dehors des temples, mais permettait le culte privé.

Aussitôt l'Eglise constitutionnelle se réorganisa à la voix de
quelques évêques dévoués, comme Grégoire, Saurine, Gratien,
Royer et Dubois, qui fondèrent la *Société de philosophie chrétienne*
et lui donnèrent un organe : les *Annales de la Religion*. Les réfractaires rentrèrent aussi de toutes parts, aigris par l'exil et la misère, et ne prêchèrent pas, on le comprend, l'amour de la République. Les populations, longtemps terrorisées, virent bien qu'il
y avait quelque chose de changé et que le joug se desserrait. En
maint endroit, les municipalités modérées remirent le clergé en
possession des églises paroissiales. Impuissante à les faire fermer de nouveau, la Convention essaya du moins de régulariser
la situation nouvelle.

Après la condamnation des derniers montagnards (1er prairial —
20 mai 1795), la Convention rendit au culte les églises non aliénées,
mais déclara qu'aucun prêtre ne serait reçu à y célébrer l'office
sans avoir promis de se soumettre aux lois de la République. Une
amende de 100 livres devait punir toute contravention à la loi
(11 prairial an III — 30 mai 1795).

Une circulaire du Comité de législation, en date du 29 prairial
(16 juin), interpréta cet acte de soumission à la loi dans l'esprit le
plus large : « Observez bien, disait-elle, que cette soumission du
« déclarant ne se reporte nullement au passé ; ainsi, il ne doit
« être question d'aucune recherche ou examen sur la conduite
« ou les opinions politiques du déclarant. La loi n'exige de lui, à
« cet égard, qu'une seule chose : c'est qu'il demande acte de sa
« soumission aux lois de la République. Cette formalité étant
« remplie, l'administration qui reçoit sa déclaration n'a rien à
« demander au delà. »

On croirait, à lire cette pièce, que la persécution est définitivement terminée et que la Convention est, enfin, revenue aux vrais
principes. Mais il ne faut pas perdre de vue que la loi de prairial,
pas plus que les précédentes, n'abroge les lois terribles portées
contre les réfractaires. Un membre de la Convention, Rewbel, a
pris soin de le dire : « Il faut poursuivre les prêtres réfractaires,
« non pas comme prêtres, mais comme séditieux, comme roya-
« listes, qui prêchent la révolte. Ce sont des bêtes fauves qu'il faut
« exterminer. »

Il n'y avait donc à pouvoir profiter de la loi que les anciens constitutionnels ou les prêtres nouvellement ordonnés. Les anciens réfractaires ne pouvaient légalement choisir qu'entre deux situations : l'exil ou la déportation.

Cependant l'esprit public avait bien changé depuis 1793, et la
loi de prairial marqua, en fait, une résurrection presque merveilleuse du sentiment religieux. Les églises se rouvrirent en grand
nombre. A Saint-Adjutory (Charente), la municipalité ayant refusé
d'ouvrir l'église, les habitants l'enfermèrent dans l'édifice et ne
consentirent à lui en ouvrir les portes que moyennant la permission officielle d'y célébrer le culte.

Dans le diocèse de Bourges, les municipalités rouvrirent partout les églises et demandèrent des prêtres.

L'arrondissement de Gaillac compta bientôt 110 églises ou
chapelles.

Le Lyonnais et le Dauphiné se remplirent de prêtres.

Les réfractaires rentrèrent de tous côtés appelés et défendus
par les populations. Les administrations locales en libérèrent un

grand nombre. Les prêtres âgés, reclus pendant la Terreur, sortirent de prison. Beaucoup de jureurs se convertirent et, très vite, l'armée sacerdotale se reforma.

Ses chefs avaient peine à contenir l'ardeur réactionnaire qui l'animait. Dès mars 1795, M. de Mercy, évêque de Luçon, réfugié à Ravenne, trouvait que trop de prêtres rentraient en France et craignait de voir leurs imprudences raviver la persécution.

Il y eut, en effet, parmi eux beaucoup de conspirateurs. On trouve la main du clergé dans l'insurrection de Bretagne (juin 1795), qui aboutit au désastre de Quiberon et aux horribles exécutions d'Auray, bientôt vengées par les massacres du camp de Belleville.

La perte de la République se tramait ouvertement. Dans le Midi, les *Compagnies de Jéhu* ou du *Soleil* couvraient de brigandages des provinces entières. Des massacres royalistes eurent lieu à Tarascon, à Arles et à Lyon.

Tous ces événements firent repentir la Convention de sa clémence.

Le 20 fructidor (6 sept. 1795), elle rappela que peine de mort avait été portée contre tous les prêtres rentrés sur le territoire français. Elle exigea la promesse du 12 prairial de tous les prêtres exerçant le culte, même dans les maisons particulières.

Le 7 vendémiaire an IV (29 sept. 1793), elle imposa à tous les prêtres un serment plus strict que celui de prairial : « Je recon- « nais que l'universalité des citoyens est le souverain, et je pro- « mets soumission et obéissance aux lois de la République. » Elle défendit à nouveau toute cérémonie religieuse en dehors des temples.

Le 13 vendémiaire (5 octobre 1795), les royalistes de Paris marchèrent contre la Convention. L'Assemblée victorieuse rappela aussitôt (3 brumaire — 25 octobre) les anciennes lois de persécution et légua son anticléricalisme au Directoire.

La plupart des membres du gouvernement directorial furent résolument antichrétiens et passionnément désireux d'extirper du sol français toutes les anciennes religions, pour les remplacer par une « religion purement civile, philosophique et nationale, « sans mystères, sans traditions et sans prêtres » (Debidour, p. 158), dont le culte décadaire offrit le type achevé.

Ces hommes considéraient les prêtres constitutionnels comme des niais, et les réfractaires comme « d'infâmes saltimbanques » (André Dumont) et les pires ennemis de la République.

A peine entré en charge, le nouveau gouvernement écrivait aux commissaires nationaux dans les départements : « Déjouez leurs

« perfides projets. Par une surveillance active, continuelle, in-
« fatigable, rompez leurs mesures, entravez leurs mouvements,
« désolez leur patience ; enveloppez-les de votre surveillance ;
« qu'elle les inquiète le jour, qu'elle les trouble la nuit ; ne leur
« donnez pas un moment de relâche ; que, sans vous voir, ils vous
« sentent à chaque instant. » (22 brumaire an IV — 13 nov.
« 1795.)

Le 23 nivôse (13 janvier 1796), le Directoire rappelait les lois
de persécution.

Le 8 ventôse (27 février), il ordonnait de payer la prime légale
de 100 livres à quiconque arrêterait un prêtre déportable.

Le 22 germinal (11 avril), il interdisait la sonnerie des cloches.
Mais les Conseils ne le suivaient que mollement, et le catholicisme regagnait chaque jour du terrain.

En floréal an IV (avril 1796), trois cents prêtres constitutionnels
ou « rétractés » exerçaient le culte catholique à Paris. Saint-Germain-l'Auxerrois avait 9 prêtres ; Saint-Eustache, 13 ; Notre-
Dame, 19. Trente-trois églises ou chapelles étaient rouvertes.

Les élections de 1797 donnèrent la majorité aux réactionnaires
dans les Conseils de la République.

La loi du 7 fructidor an V (24 août 1797) abolit des lois pénales
portées contre les prêtres. La séparation de l'Eglise et de l'Etat
fut alors un fait accompli, et la formule fameuse « l'Eglise libre
dans l'Etat libre » fut une vérité.

Mais ce régime libéral dura tout juste douze jours.

Les directeurs s'inquiétèrent des dispositions réactionnaires
témoignées par les Conseils, et tout porte à croire qu'ils ne s'inquiétèrent pas à tort. Sous couleur de modération, les royalistes
s'apprêtaient à renverser la République et à rappeler Louis XVIII.
Il n'est que juste de reconnaître que la plupart des réfractaires
étaient royalistes et poussaient énergiquement à la contre-révolu-
tion. M. de Talleyrand-Périgord, archevêque de Reims, se préparait à rentrer en France et était le confident attitré du roi. (Sicard,
La Restauration du culte avant le Concordat, Correspondant 10 et
25 avril 1900.)

Le coup d'Etat du 18 fructidor chassa Carnot et Barthélemy du
Directoire, cassa les élections de quarante-huit départements et
rendit la toute-puissance au vieux parti thermidorien,

Dès le lendemain, 19 fructidor, le Directoire rétablit toutes les anciennes lois contre le clergé, obligea les prêtres à prêter le serment
de « haine à la royauté et à l'anarchie » et ne permit de le prêter
qu'aux prêtres nouvellement ordonnés et à ceux qui se trouvaient
déjà en règle avec les anciennes lois. L'article 24, étendu à tous

les prêtres sans distinction, les déclara tous *déportables* par simple mesure administrative, sans jugement ni enquête préalable ; 7.213 prêtres belges et 1,756 prêtres français furent déportés par application de cette loi.

La loi de fructidor est certainement la plus terrible de toutes les lois anticléricales de la Révolution. Elle mettait réellement les prêtres hors la loi. Elle les soumettait au despotisme absolu de l'autorité politique. Elle violait à leur préjudice les principes les plus élémentaires du droit. C'est la force pure qui parle dans ce texte.

En même temps, les autorités commencent la guerre au dimanche et tentent d'imposer à tous les citoyens l'observance du décadi.

Les prêtres constitutionnels sont invités à transférer les offices dominicaux au décadi, et à faire de la cérémonie religieuse l'accessoire de la fête civique. Ils s'y refusent, et il y en a de déportés pour ce seul motif.

Quelques-uns offrent alors de fêter à la fois le décadi et le dimanche ; leur offre est repoussée.

Les administrations prennent le parti de fermer les églises le dimanche et de ne les rouvrir que le décadi.

Le 14 germinal an VI (3 avril 1798), la vente du poisson n'est plus permise que les jours gras et est défendue les jours maigres.

Cette loi absurde paraît si bien trouvée qu'elle fait l'objet d'un rappel le 17 thermidor (4 août) et le 29 fructidor (9 septembre).

Le 13 fructidor an VI (20 août), les églises sont accaparées chaque décadi par le culte civique pendant la plus grande partie de la journée.

Le 19 germinal an VII (8 avril 1799), le Directoire proclame « encore son désir d'opposer dans chaque commune au culte « chrétien le culte décadaire avec un ministre spécial, sur les « débris de la superstition qu'il écraserait par ses moyens et sur . « son autel ».

Le coup d'État de brumaire ne met point fin lui-même à la persécution. Les complices de Bonaparte appartiennent presque tous au parti thermidorien et entendent bien continuer la lutte contre le clergé : « Pour tous ces politiciens, ces préfets, ces « proconsuls, les gens d'Église sont des parias ; le clergé, un « gibier qu'on traque depuis dix ans et auquel on continuera à « faire la chasse. Les violences accumulées depuis si longtemps « ont amené une sorte de déviation du sens moral, éteint, avec « la notion et le goût de la liberté, tout respect de son semblable,

« surtout quand ce semblable est un prêtre. » (Sicard, *Correspondant*, t. CXCIX, p. 257.)

Cependant, peu à peu, l'influence de Bonaparte amène un adoucissement de la persécution.

Le 8 frimaire an VIII (29 nov. 1799), les ecclésiastiques constitutionnels détenus à Ré et à Oléron sont mis en liberté.

Le 7 nivôse (28 déc.), les consuls déclarent que la liberté des cultes est garantie par la constitution, qu'aucun magistrat n'y peut porter atteinte, qu'aucun homme ne peut dire à un autre homme : « Tu exerceras tel culte ; tu ne l'exerceras que tel jour. » La loi du 11 prairial, qui laisse aux citoyens l'usage des édifices sacrés, sera exécutée.

Mais les réfractaires restent toujours suspects au nouveau gouvernement comme à l'ancien. Fouché prend soin de le dire dans sa circulaire du 22 nivôse an VIII (13 janvier 1800) : « Faire « rentrer quelques prêtres déportés a été un acte d'humanité et « de morale. Le gouvernement a voulu consacrer la liberté des « opinions religieuses, mais non la résurrection du fanatisme. « Il a voulu ramener parmi le peuple les précepteurs d'une morale « antique et révérée, mais non des réacteurs sanguinaires et des « vengeurs superstitieux. »

Le 7 thermidor an VIII (29 juillet 1800), le décadi n'est plus obligatoire que pour les fonctionnaires ; mais les administrateurs continuent a taquiner les prêtres. On voit encore, le 17 janvier 1801, le curé de Villepassans condamné à un an de prison pour avoir fait sonner les cloches.

Ce ne sont donc pas les jacobins qui ont désarmé ; c'est la nation qui les a désarmés, l'opinion publique, qui, plus forte que leurs haines et leurs rancunes, a fini par prévaloir contre leur tyrannie.

Car, malgré la loi de fructidor, malgré les arrestations, les chasses au prêtre à travers les bois et les montagnes, malgré les déportations en masse, la renaissance du christianisme n'avait pu être arrêtée en France depuis 1795.

L'Eglise constitutionnelle, épurée par la persécution et réduite à 3.000 prêtres, se réorganisait sous la direction de ses meilleurs évêques. Elle tenait un concile national à Paris, au moment du 18 fructidor. Elle le continua après le coup d'État, prêta serment de haine à la royauté et à l'anarchie, et compléta, autant qu'elle le put, ses cadres disloqués par la Terreur et l'apostasie. Quinze départements ne purent être pourvus d'évêques, et, presque partout, les prêtres constitutionnels se trouvèrent en face de réfractaires, bien plus nombreux et bien plus forts.

Ces hommes avaient pour eux l'auréole de la persécution. On voyait en eux les représentants de l'orthodoxie pure, les héros que rien n'avait pu faire céder. « L'empire qu'ils exercent sur le « peuple est si fort, écrivaient les autorités du Doubs, qu'il n'est « pas de sacrifices qu'il ne fasse, pas de ruses, pas de moyens « qu'il n'emploie pour les conserver et éluder la rigueur des lois « qui les concernent.»

« Le peuple, mandait-on de la Dordogne, est si attaché au « culte catholique que les paysans font deux lieues entières pour « accourir à la messe. »

« Dans l'Orne, des présidents, des membres d'administrations « municipales, au lieu d'arrêter et de faire traduire devant les « tribunaux les prêtres réfractaires, les admettent à leur table, « les couchent et les rendent dépositaires des secrets de l'admi-« nistration. » (Sicard.)

En Alsace, l'arrivée des gendarmes mettait les bourgs en émoi, et les populations descendaient en armes dans les rues pour laisser aux réfractaires le temps de se sauver.

En Haute-Loire, les constitutionnels étaient insultés et battus, et les réfractaires, soutenus par des nuées de déserteurs, étaient les maîtres du pays.

Beaucoup de diocèses continuaient à être gouvernés par leurs anciens évêques, réfugiés à l'étranger, et représentés par des vicaires généraux ou des délégués.

L'archevêque de Vienne, M. d'Aviau, avait regagné la France dès 1797, et parcourait toute la région du Rhône déguisé en marchand, toujours traqué, jamais pris.

Le pape Pie VI, détrôné le 25 février 1798 par le gouvernement de la République romaine, enlevé de Rome, traîné à Sienne, à Florence, à Parme, à Turin, transporté en litière à travers les glaces du mont Genèvre, interné deux mois à Besançon et conduit enfin jusqu'à Valence, trouvait auprès des populations françaises du Dauphiné l'accueil le plus respectueux.

Les gens de Gap vinrent à sa rencontre et lui firent un accueil triomphal. A Vizille, il fut l'hôte d'un Génevois calviniste qui n'épargna rien pour lui témoigner sa vénération. A Grenoble, les habitants allèrent au-devant de lui jusqu'à une lieue de la ville, et obligèrent les autorités à permettre que le pape donnât au peuple sa bénédiction. Les dames se déguisaient en servantes, pour avoir l'honneur de servir les prélats qui l'accompagnaient. A Saint-Marcellin, les habitants lui offrirent des roses et lui souhaitèrent sa fête. L'affluence était si grande que les gendarmes. effrayés, le dirent malade pour éloigner le peuple. A Romans, la municipalité se porta au-devant du pape et le reçut avec distinction. Un jacobin farouche, qui devait le recevoir dans sa maison, s'attendrit à son aspect et tomba à ses genoux. Il arriva à Valence, le 14 juillet 1799, et y mourut le 29 août suivant ; les habitants se portèrent en foule vers la chapelle où son cercueil avait été déposé, et en firent bientôt comme un lieu de pèlerinage.. L'ordre d'inhumation ne fut donné que par Bonaparte, le 6 nivôse an VIII (27 déc. 1799).

La liberté et la sécurité relatives qui suivirent l'établissement du gouvernement consulaire ne purent que favoriser la renaissance du catholicisme. La France retourna d'elle-même à sa vieille foi nationale, redevenue compatible avec ses institutions.

Au moment où le Concordat fut signé, le culte catholique était exercé publiquement par 2.000 prêtres constitutionnels et par 18.000 réfractaires réconciliés avec les lois. Les deux communions n'étaient plus séparées que par une question d'amour-propre, et l'unité religieuse se serait probablement rétablie très vite si le régime eût duré plus longtemps.

La France s'habituait à la liberté, n'éprouvait ni le besoin ni le désir de rattacher l'Eglise à l'Etat ; ce fut l'ambition de Bonaparte qui lui imposa le Concordat.

G. Desdevises du Dezert.

Le gérant : E. Fromantin.

POITIERS. — SOCIÉTÉ FRANÇAISE D'IMPRIMERIE ET DE LIBRAIRIE

QUINZIÈME ANNÉE (2e Série)   N.° 20   28 MARS 1907

REVUE HEBDOMADAIRE

DES

COURS ET CONFÉRENCES

DIRECTEUR : N. FILOZ

Poètes français du XIXe siècle
qui continuent la tradition du XVIIIe

Cours de M. ÉMILE FAGUET,

Professeur à l'Université de Paris.

Andrieux (*suite*) ; ses comédies.

Je vous disais, la dernière fois, que j'examinerais avec vous aujourd'hui, les comédies d'Andrieux; bien qu'à proprement parler elles ne rentrent point dans notre cours, elles doivent nous arrêter cependant, parce qu'elles constituent de véritables contes, des anecdotes dialoguées, et, à ce titre, elles nous appartiennent un peu. Je me suis laissé aller à ce genre d'examens avec le *Méchant* de Gresset, où abondent les vers-épigrammes, et avec la *Métromanie* de Piron, où l'auteur faisait lui-même si joliment son propre portrait. Je vous demande la permission de faire de même pour Andrieux ; c'est le seul moyen de le bien connaître.

Mais, avant d'arriver à ses comédies, il faut que je vous dise un dernier mot de ses *Contes*. Je vous ai lu les meilleurs d'entre-eux, la dernière fois ; je serais incomplet, si je ne mettais pas sous vos yeux des contes moins bons, qui vous permettront de juger plus exactement cet agréable narrateur en vers que fut Andrieux.

Voici, d'abord, la *Visite académique*, qui est plutôt une petite fable qu'un conte. Andrieux, vous le savez, n'a pas écrit de

fables; mais beaucoup de ses anecdotes, qui ne valent que par
l'épigramme finale, ressemblent à des fables, je veux dire aux
fables de Lamothe, par exemple, où tout est mis savamment en
œuvre pour préparer et amener le trait, la *clausula*, comme
auraient dit les Latins. La *Visite académique*, par sa brièveté,
est un des modèles du genre :

> Pour entrer à l'Académie,
> Un candidat allait trottant,
> En habit de cérémonie,
> De porte en porte visitant,
> Sollicitant et récitant
> Une banale litanie
> Demi-modeste, en mots choisis.
> Il arrive enfin au logis
> D'un doyen de la compagnie ;
> Il monte, frappe à petits coups.
> « Hé, Monsieur, que demandez-vous ? »
> Lui dit une bonne servante
> Qui, toute en larmes, se présente.
> — « Pourrais-je pas avoir l'honneur
> De dire deux mots à monsieur ? »
> — « Las ! quand il vient de rendre l'âme... »
> — « Il est mort ? » — « Vous pouvez d'ici
> Entendre les cris de Madame ;
> Il ne souffre plus, Dieu merci. »
> — « Ah ! bon Dieu ! je suis tout saisi !
> Ce cher... ! Ma douleur est si forte.. ! »
> Le candidat, parlant ainsi,
> Referme doucement la porte,
> Et sur l'escalier dit : « Je vois
> Que l'affaire change de face :
> Je venais demander sa voix ;
> Je m'en vais demander sa place. »

La chose est assez vivement et assez agréablement contée, et
cela est tout à fait caractéristique de la manière d'Andrieux.

Je vous lirai encore une autre anecdote, un peu moins jolie
parce qu'elle est moins lancée, qui a pour titre la *Mistification
de Poinsinet*. — Andrieux écrit « mistification » avec un *i*, conformément au dictionnaire de l'Académie, et je lui en sais gré. —
Poinsinet, vous l'ignorez peut-être, a été le bouffon de la littérature au XVIIIe siècle. Ce n'était pas un imbécile : il a écrit des
opéras comiques, *Tom-Jone* et *le Sorcier*, qui n'ont rien d'extraordinaire; mais il a fait jouer au Théâtre-Français *Le Cercle* ou la
Soirée à la Mode, jolie comédie, intermédiaire, si vous voulez,
entre les *Femmes savantes* et le *Monde où l'on s'ennuie*, et où précieux et précieuses sont agréablement raillés. Poinsinet n'était
donc pas un imbécile ; mais c'était un niais. Il en faut un pour

chaque génération littéraire : Poinsinet a été celui-là. Les inventions les plus folles lui paraissaient toutes naturelles. Les choses désagréables que, par pudeur ou par politesse, on n'osait pas dire devant lui, *il les disait lui-même !* Bien entendu, la littérature actuelle possède, elle aussi, son Poinsinet, un Poinsinet absolument conforme à l'original... Que voulez-vous ? C'est un « type » nécessaire, placé là par la Providence. Il faut des Poinsinet en littérature. Vous me dispenserez, je suppose, de nommer le Poinsinet auquel je songe en ce moment. Ne nous occupons que du prototype et de ce qu'en dit Andrieux :

> Du petit Poinsinet on garde la mémoire.
> Au comique Opéra, théâtre de sa gloire,
> Les airs de Philidor embellirent ses vers ;
> Des *cercles à la mode* il peignit les travers,
> Mais les siens ont servi de texte à mainte histoire.
> On lui persuadait les contes les plus fous ;
> Il les tenait pour vrais, les contait après vous ;
> Il n'examinait rien : il était né pour croire.
> Pour son propre mérite, il n'avait pas besoin
> De l'en persuader que quelqu'un prît le soin.
> Volontiers, sur ce point, on s'en conte à soi-même.
> Dans les plaisants accès de son orgueil extrême
> *Zaïre* lui semblait une œuvre d'écolier,
> Et qui n'égalait pas *Tom-Jone* et le *Sorcier.*
> Des mistificateurs la malice ordinaire
> Lui mit en tête, un jour, de détrôner Voltaire ;
> Il ne tenait qu'à lui ; pour en venir à bout,
> Poinsinet manquait-il de génie et de goût ?
> Voltaire avait sur lui pourtant un avantage :
> C'était d'avoir appris l'anglais dans son jeune âge ;
> Le fripon avait mis cette étude à profit,
> Pillé Pope et Shakespeare, et n'en avait rien dit.
> Avec un tel secours, de combien de couronnes
> Se chargerait le front de l'auteur de *Tom-Jones* ?

— Voilà deux vers enflés et boursouflés, qui expriment très bien l'idée. Ce n'est pas un petit talent que de savoir accommoder le rythme et le ton à l'expression de la pensée...

> Sur la scène française il produirait Otway,
> Congrève le comique, et Rowe, et Wicherley ;
> Puis, se multipliant, son flexible génie
> Ferait voir la science avec le goût unie ;
> Il saurait, vers les cieux dirigeant son essor,
> Y rejoindre Newton, puis l'élever encor.
> Quel charme de pouvoir lire le sage Locke,
> Et l'ingénieux Swift, et le grand Bolingbroke !

— L'énumération est un peu longue : le récit eût gagné en vivacité à être écourté...

Il parviendrait à tout ; il pouvait y prétendre,
Et ce n'était pas lui que l'on ferait attendre.
On projetait d'avoir à Londre un résident,
Qui servit en secret les droits du prétendant,
Mission délicate, emploi diplomatique !
Grands dangers à courir ; traitement magnifique !
On lui gardait ce poste, et, dans son cabinet,
Le roi même avait dit : « Je songe à Poinsinet ;
Mais entend-il l'anglais ? S'il l'entend, je le nomme. »
Il n'en fallait pas tant pour décider notre homme.

— A la vérité, tout ce passage eût été beaucoup plus vivant et beaucoup plus animé, si Andrieux l'avait mis en dialogue. Il y avait là une jolie « scène à faire »...

L'orgueil, l'ambition, à la fois le poussant,
Au complot des railleurs le voilà qui consent ;
Aidant à le tromper, un bon ami lui prête
Une maison des champs, favorable retraite,
Où l'écolier nouveau, solitaire et caché,
Se renferme, au travail nuit et jour attaché.
Il ne sait pas d'anglais le premier mot ; n'importe.
De quoi ne vient à bout une volonté forte ?
Des livres !... c'est là tout ce dont il a besoin,
Et de l'en bien pourvoir ses amis ont eu soin.
On n'a rien néglige pour compléter la ruse ;
Mieux le tour réussit, plus la troupe s'amuse.
Il se fatigue ; il veille ; il apprend, lit, relit ;
Sa mémoire de mots se charge et se remplit ;
Il ne se donne pas un instant de relâche,
Impatient d'atteindre à la fin de sa tâche.
Enfin, après huit mois, content de ses progrès,
Il court à ses amis... mais Dieu sait les regrets !
Dieu sait s'il plaint le temps qu'il perdit à s'instruire !...
Car c'est... le bas-breton qu'il commence à traduire.
Le bas-breton ?... O ciel ! Messieurs, vous qui riez,
N'auriez-vous pas de même été mistifiés ?
Quant à moi, j'ai cru voir qu'en plus d'une rencontre
Ce qu'on doit nous montrer n'est pas ce qu'on y montre.
Sur maint grave sujet dissertants, disputants,
Savants, rhéteurs, docteurs, sophistes, charlatans,
Jaloux de soutenir l'homme de leurs écoles,
Etendent peu de sens dans beaucoup de paroles ;
Leur galimatias long-temps donna le ton.
Heureux le bon esprit qui sait n'y rien comprendre !
C'est l'anglais avec eux que vous croyez apprendre :
Que vous enseignent-ils ?... Hélas ! du bas-breton.

L'anecdote est jolie, et j'ai souligné, au passage, de très agréables vers de moraliste, qui nous montrent qu'Andrieux savait finement observer et aiguiser en trait son observation.

J'arrive maintenant aux comédies d'Andrieux ; et vous allez

voir que nous ne nous éloignons pas des contes en le suivant sur ce terrain.

J'appelle « comédie » la représentation des mœurs de la société moyenne. C'est la définition que donne Fénelon dans sa *Lettre à l'Académie*, et je la crois très juste. Par suite, la comédie s'attache tantôt à la peinture des mœurs proprement dites, — et nous avons alors la comédie de mœurs comme les *Femmes savantes*, par exemple, — tantôt à la peinture d'un type représentatif d'une certaine quantité de mœurs, si je puis dire, — et c'est alors la comédie de caractère comme l'*Avare*.

Eh! bien, Andrieux n'a fait ni l'un ni l'autre genre de comédie. Pas plus que Voltaire, il n'a réussi à « camper » un type ; ses comédies, comme celles de Voltaire, sont des contes sous forme de dialogue.

Voici, d'abord, les *Etourdis* ou le *Mort supposé*, « comédie en trois actes et en vers, représentée pour la première fois sur le Théâtre-Italien, le 14 décembre 1787, et reprise au Théâtre-Français, en 1792 ». C'est une pièce de jeunesse, — et il y paraît. Les scènes sont assez mal liées ; il y a, çà et là, beaucoup d'inexpérience. Mais nous y trouvons aussi un entrain et une effervescence juvéniles, qui donnent à la pièce une animation très vive par endroits.

Cette comédie a pour sujet, si vous me permettez une expression familière, une « carotte » d'étudiants à court de « pécune » et désireux d'en trouver. Il est vrai que la ruse est un peu forte : aussi Andrieux nous en demande-t-il pardon dans sa préface, en ajoutant que le faux commis par les jeunes gens, c'est en réalité le valet de l'un d'eux qui l'a commis. Voici l'histoire.

Daiglemont et Folleville sont deux étudiants parisiens fréquentant peu les salles de travail et les bibliothèques. Ils dépensent sans compter, comme ils l'ont toujours fait, et, naturellement, finissent par se trouver à bout. Le valet de Folleville imagine alors de faire passer le jeune Daiglemont pour mort, et il écrit à M. Daiglemont, oncle de l'étudiant soi-disant défunt, que les frais d'obsèques ont été considérables... La ruse n'est pas très adroite, car vous pensez bien qu'aussitôt cette lettre reçue, l'oncle s'est empressé d'arriver. Vous voyez d'ici les scènes possibles : créanciers qui se jettent aux pieds de l'oncle, réclamations de l'hôtesse chez laquelle habitent les deux jeunes gens, etc... Bref, l'oncle finit par tout découvrir, et tout s'arrange, comme il est naturel ; bien que la tromperie ait cette fois dépassé les limites permises, M. Daiglemont pardonne à son neveu, et même

lui donne sa fille en mariage, non sans avoir convenablement
« lavé la tête » aux deux étourdis :

> Vous fûtes jeunes, soit ; mais la raison exige
> Que jeunesse à la fin se passe et se corrige.

Cette pièce, dont le sujet n'est pas extraordinaire, comme vous
le voyez, abonde en jolis vers. Voici, par exemple, une tirade dans
laquelle Folleville nous explique la moralité du sujet : à Daiglemont, qui est indigné de voir Folleville tromper ainsi son oncle,
celui-ci répond longuement et nous montre ce que c'est que la
« carotte » :

> Oui, plains-toi ; j'aime assez cette délicatesse.
> Imbécile, sens donc ce que l'on fait pour toi !
> De Nantes à Paris, tu vins, ainsi que moi,
> Pour nous former dans l'art de Cujas et Barthole :
> Nos parents comptaient bien qu'en une bonne école
> Tous les deux avec fruit nous ferions notre droit ;
> Mais comment travailler dans un si bel endroit,
> Parmi les agréments dont cette ville abonde ?
> On s'y divertit mieux qu'en aucun lieu du monde ;
> On y trouve à choisir mille plaisirs divers ;
> Mais tous ces plaisirs-là, par malheur, sont fort chers.
> Nous le savons trop bien par notre expérience.
> Nous n'avons nullement épargné la dépense,
> Et depuis dix-huit mois que nous sommes ici,
> Nous avons bien mangé de l'argent, Dieu merci.
> Aussi, pour en avoir, que de ruses ourdies !
> Combien n'avons-nous pas compté de maladies,
> Tandis que nous étions en parfaite santé !
> Et des cours où jamais nous n'avons assisté !
> Et le maître d'anglais, les mois d'académie,
> Et de ce droit surtout la dépense infinie !
> Notre rare savoir devrait être envié
> Si nous avions appris tout ce qu'on a payé.

Le trait final est très agréable : c'est tout à fait le vers des
contes de Voltaire.

Je vous lirai aussi une assez jolie scène, qui fait songer aux
comédies les plus bouffonnes de Molière. Deschamps, le valet,
courtise la propriétaire de la maison garnie où logent les deux
étudiants, non que les appas de la dame soient irrésistibles ;
mais la bonne hôtesse est veuve, et Deschamps lui sait du bien :

> DESCHAMPS.
>
> Ah ! vous voilà, ma reine. A la fin, on vous trouve.
> Lisez-vous dans mes yeux le transport que j'éprouve ?
> De joie, en vous voyant, mon cœur est chatouillé.

L'HÔTESSE·

Le plaisir, près de vous, tient le mien éveillé.

DESCHAMPS.

Çà, quand épousons-nous ? Car, chez moi, cela presse.

L'HÔTESSE.

Et moi, je crains : je vais n'être plus ma maîtresse.

DESCHAMPS.

Pourquoi donc ? Nous ferons un ménage si doux,
Que dans notre maison... la maison est à vous,
N'est-ce pas ?

L'HÔTESSE.

Oui vraiment.

DESCHAMPS.

Ah ! vous êtes charmante.
Je crois qu'elle vaut bien vingt mille francs ?

L'HÔTESSE.

Oh ! trente,
Tout au moins.

DESCHAMPS.

Les beaux yeux ! qu'ils sont vifs et perçans

L'HÔTESSE.

Vous me flattez...

DESCHAMPS.

Qui ? moi ? Je dis ce que je sens.
Votre mobilier paraît considérable ?

L'HÔTESSE.

Il vaut dix mille francs.

DESCHAMPS.

Vous êtes adorable !... etc...

Vous voyez le procédé : c'est une imitation de Molière, imitation lointaine, comme il est naturel, mais tout à fait dans le ton et dans la manière de notre grand comique.

Nous trouvons encore une scène de ce genre vers la fin de la pièce, lorsque l'oncle, qui a découvert la ruse, s'emporte contre Deschamps :

M. DAIGLEMONT.

Viens, maraud, tu m'as fait une friponnerie.

DESCHAMPS.

Moi, Monsieur ? vous croyez ?

M. DAIGLEMONT.

                    La chose est éclaircie :
Mon neveu n'est pas mort.

DESCHAMPS.

                    Il n'est pas mort, Monsieur ?
En êtes-vous bien sûr ? Se peut-il ? Quel bonheur !

M. DAIGLEMONT.

Tu le sais mieux que moi, coquin, qu'il vit encore.

DESCHAMPS.

Si l'on vous a trompé, comptez que je l'ignore.

M. DAIGLEMONT

Maître fourbe, à l'instant, tu vas tout déclarer,
Ou bien sous le bâton je te fais expirer.

DESCHAMPS.

Puisque vous vous fâchez, Monsieur, je me retire.

M. DAIGLEMONT.

Non, non, pendard ; il faut demeurer et tout dire.
Je pénètre, à présent, votre complot caché.
Parle, ou tu n'en seras pas quitte à bon marché.

DESCHAMPS.

Monsieur, à deux genoux, je vous demande grâce.

M. DAIGLEMONT.

De tes mauvais discours, à la fin, je me lasse.

DESCHAMPS (*parle alternativement très bas et très haut*)
.   (*Bas.*)   (*Haut.*)

Monsieur, écoutez-moi. — Monsieur, en vérité,
                    (*Bas.*)
Je ne sais rien du tout. — Venez de ce côté.
    (*Haut.*)   (*Bas.*)
— Mon maître est bien défunt. — Il se porte à merveille.
— Rien n'est plus vrai. — J'ai peur qu'il ne prête l'oreille.
— Je dois bien le savoir, j'ai suivi son convoi.
— S'il entendait un mot, ce serait fait de moi.
— Faut-il, si jeune encor, que la mort nous l'arrache !
Ah ! — Dans ce cabinet, il est là qui se cache.
— Vous m'interrogeriez ainsi jusqu'à demain.
— Parlez à votre tour. — Non, Monsieur, c'est en vain ;
Je ne sais pas tromper. — Grondez-moi, je vous prie.

M. DAIGLEMONT.

Fourbe !

DESCHAMPS, *bas*.

Plus haut.

M. DAIGLEMONT.

Coquin !

DESCHAMPS, *bas*.

Bien, entrez en furie.

M. DAIGLEMONT.
(*Haut.*)   (*Bas.*)

Je m'en vais t'assommer. — Pour mieux cacher ton jeu,
N'est-il pas à propos que je te rosse un peu ?

C'est tout à fait l'allure de la scène classique, et le dernier vers,
si je me souviens bien, a même été longtemps cité en proverbe.
— Enfin, attendri par les supplications de sa fille Julie, qui aime
le jeune Daiglemont, l'oncle se laisse aller à l'indulgence. C'est
alors qu'il prononce le vers fameux dont je vous parlais l'autre
jour, vers qui fut dicté à Andrieux par son ami Collin d'Harle-
ville :

Mais qu'on le voie au moins, s'il veut qu'on lui pardonne !

En somme, Andrieux a déployé dans cette pièce une certaine
ingéniosité, et il a semé çà et là de jolis vers de moraliste ; mais
il n'y a point dans les *Étourdis*, à proprement parler, d'observation ni de peinture de mœurs.

Helvétius ou la *Vengeance d'un Sage*, comédie en un acte et ne vers, fut représentée, pour la première fois, sur le théâtre Louvois, le 19 juin 1802. Elle a, paraît-il, pour point de départ une anecdote vraie. Un pamphlétaire terrible, qui a insulté le philosophe Helvétius, croit que celui-ci va le poursuivre, et, redoutant sa vengeance, se retire à la campagne, chez des amis, non loin de Voré, dans le Perche, où demeure Helvétius. On le fait cacher à la cave ; il ose à peine se montrer. Il est raillé, houspillé par le jeune Saint-Edme, fils de Baudot, l'ancien secrétaire d'Helvétius. Il est même mis en présence d'Helvétius, qu'il n'a jamais vu ; il continue à médire du philosophe, qui l'écoute fort patiemment, et qui, pour toute vengeance, le marie et lui trouve une place. C'est la « vengeance d'un sage ».

Je glane au hasard de jolis vers, qui méritent de rester. A Mme Rolland, qui essaie d'excuser les violentes attaques de Terville contre Helvétius, Baudot, l'ancien secrétaire du philosophe, répond :

> Je lui pardonnerais, s'il était une bête.

Plus loin, à propos de Sophie, nièce — à marier — de Madame Rolland : Sophie est charmante ; elle a beaucoup d'esprit, dit Baudot. — Beaucoup, répond la tante :

> . . . . . mais, par malheur pour la pauvre petite,
> On ne prend point pour dot un grand fonds de mérite.

Les comédies d'Andrieux abondent en vers de cette nature : certes, je ne vois point dans de pareils vers une profondeur de pensée extraordinaire ; mais ils expriment, sous une forme élégamment ramassée, d'aimables observations de moraliste.

Voici un passage de la jolie scène où le jeune Saint-Edme, qui ne connaît Terville que sous le nom d'Albert, s'entretient avec lui du pamphlet et du pamphlétaire. La scène est amusante ; car Terville, houspillé, a peine à se contenir et finit par éclater, malgré les prudentes exhortations de Mme Rolland :

SAINT-EDME.

> Hier au matin, j'avais lu
> (Moi qui ne lis jamais, Monsieur, que le *Mercure*)
> Je ne sais quelle plate et mauvaise brochure
> Contre Helvétius, l'un de nos plus grands esprits,
> Et que je compte au rang de mes meilleurs amis.
> Le pamphlet, j'en conviens, m'a remué la bile.
> On le dit composé par un certain Terville....

TERVILLE.

Monsieur...

Mme ROLLAND, *bas à Terville.*

Contenez-vous.

BAUDOT, *de même.*

N'allez pas vous trahir.
Songez que vous fâcher serait vous découvrir.

SAINT-EDME.

Ce libelliste écrit avec une imprudence..!

TERVILLE.

Monsieur...

BAUDOT, *bas à Terville.*

Paix !

TERVILLE, *bas.*

Cependant... je crois...

Mme ROLLAND, *de même.*

De la prudence.

SAINT-EDME, *haut à Terville.*

Il a tort, n'est-ce pas ?

Mme ROLLAND, *bas.*

Dites donc comme lui.

SAINT-EDME.

C'est un mauvais sujet, enfin ?

BAUDOT, *bas.*

Dites que oui.

SAINT-EDME.

Hein ?... sans talent, d'ailleurs ; c'est mal écrit : le style...

TERVILLE, *éclatant.*

Le style ? Ah ! c'en est trop : c'est moi qui suis Terville.

La scène est jolie et vivement conduite. Il y a là beaucoup de dextérité, en même temps qu'une certaine finesse d'observation.

Je ne puis pas, non plus, passer sous silence une autre comédie en un acte et en vers, *Molière avec ses amis ou la Soirée d'Auteuil*, représentée au Théâtre-Français le 5 juillet 1804. Vous connaissez l'histoire. La Fontaine, Boileau, Chapelle, Lulli, Mignard, Armande Béjart (qu'Andrieux appelle Isabelle, je ne sais trop pourquoi), sont venus chez Molière, à Auteuil. On a bien soupé, et une légère ivresse s'est emparée de chacun des convives. Le vin aidant, Chapelle, en humeur de philosopher, improvise des vers où il dit que le grand bien est de mourir. Les compagnons sont prêts à avouer que ce serait, en effet, le parti le plus sage, lorsque La Fontaine intervient et propose de remettre la chose au lendemain :

> Soyons tous morts demain matin ;
> Demain matin, nous serons de grands hommes.

Le *Vieux Fat* (d'abord en cinq actes, puis en trois actes) fut joué en 1810. La pièce, très symétrique, est fort bien construite. Nous y voyons deux vieillards, l'un, Rollin, qui accepte son âge, qui « avoue », comme nous dirions aujourd'hui ; l'autre, Merville, qui, non seulement n'accepte pas son âge, mais qui ne se « l'avoue » même pas à lui-même.

La discussion entre les deux vieillards est assez amusante :

ROLLIN.

> Les femmes, sans nous dire une seule parole,
> Nous apprennent, mon cher, que nous devenons vieux :
> Nous lisons le déclin de nos ans dans leurs yeux ;
> Mais il faut, pour cela, ne pas fermer les nôtres.

MERVILLE.

> Je ne suis pas aveugle...

ROLLIN.

> Oh ! pas plus que bien d'autres,
> Je le sais ; mais enfin...

MERVILLE.

> Que diable ! épargne-moi ;
> Je pourrai, quelque jour, raisonner comme toi.
> Je n'y suis pas encor ; je conviens qu'à ton âge...

ROLLIN.

A mon âge, dis-tu ? quel est donc ce langage,
Merville, nous étions du même âge autrefois ?

MERVILLE.

Du même âge !

ROLLIN.

J'étais plus jeune de trois mois

MERVILLE.

Cela ne se peut pas.

ROLLIN.

Oh ! la chose est très sûre.
Souviens-toi du collège, et si, par aventure,
Tu vieillis tous les ans d'un an, comme je fais...

MERVILLE.

Les grâces et l'esprit ne vieillissent jamais.

Le mot est joli dans la bouche du vieux fat. — En voici un
autre, qui a fait fortune : Merville, qui ne doute de rien, confie à
Rollin que le célibat commence à l'ennuyer, et, tout de go, lui
demande sa fille Constance en mariage. Tête de Rollin !

Comment ! je t'en supplie,
Pour Constance peux-tu venir te proposer,
Et que t'a-t-elle fait pour vouloir l'épouser ?...

C'est le bon vers-épigramme, cher à Andrieux.
La pièce est précédée d'un prologue, dont je ne vous aurais
rien dit, s'il ne contenait une allusion sanglante à Geoffroy, le
critique des *Débats,* qu'Audrieux accuse de vénalité ; un « inconnu » demande à l'auteur :

. . . . Avez-vous fait visite
A nos censeurs fameux, surtout au grand journal ?
Envoyer un cadeau ne serait pas trop mal ;
Eux seuls font des auteurs les revers ou la gloire ;
Votre existence, enfin, sort de leur écritoire.

Le trait est intéressant à retenir : vous voyez qu'Andrieux
savait fortement égratigner à l'occasion.
Je ne vous dirai pas grand'chose de la *Comédienne,* jouée le

6 mars 1816. Le sujet n'est pas très intéressant. Il s'agit d'un jeune officier, Sainville, qui veut épouser Henriette, pupille du directeur du théâtre de Bordeaux. L'oncle de Sainville, M. de Gouvignac, ancien major d'infanterie, s'oppose à ce mariage. Il a été autrefois, à Lyon, le soupirant de Mme Belval, aujourd'hui première actrice du théâtre de Bordeaux. M. de Gouvignac la retrouve dans cette dernière ville ; mais il ignore qu'elle y est actrice, et il ne la connaît que sous son ancien nom de Mme de Courmon. De là des scènes de quiproquos pas toujours amusantes : par exemple, Mme Belval fait dîner M. de Gouvignac avec les principaux acteurs du théâtre de Bordeaux, et le naïf major les prend pour des gentilshommes, etc... Naturellement, à la fin, tout s'arrange, et le jeune Sainville pourra épouser Henriette, bien qu'elle soit fille d'un comédien, puisque M. de Gouvignac se décide lui-même à épouser une comédienne.

Cette pièce est de beaucoup inférieure aux précédentes. En somme, si l'on cherche à se rendre un compte exact du talent d'Andrieux, si l'on veut étudier sa grâce facile, son naturel piquant et ingénieux, son aimable raillerie, ce n'est pas de préférence à ses comédies qu'il faut s'adresser. Nous le trouvons tout entier dans ses *Contes*, et lui-même y est plus à son aise : il y déploie facilement d'heureuses qualités moyennes, — et, malgré quelques erreurs, qui complètent plutôt qu'elles n'altèrent sa physionomie, on peut dire avec Sainte-Beuve que le nom d'Andrieux restera dans les lettres « tant qu'un sens net s'attachera *au mot de goût* ».

A. C.

La vie et les œuvres de Molière

Cours de M. ABEL LEFRANC (1),

Professeur au Collège de France.

La querelle du Théâtre au XVII° siècle (*suite*).

Nous avons vu, dans la précédente leçon, comment l'*Ecole des Femmes* avait eu pour résultat d'exciter toutes les fureurs dévotes contre Molière. A dater de ce jour, il devint, pour plusieurs groupes religieux, une sorte de danger public.

(1) Au début de cette quatrième leçon, M. Abel Lefranc fait connaître à ses auditeurs qu'un précieux recueil vient d'être découvert et publié par M. Frédéric Lachèvre sous ce titre : *Les satires de Boileau commentées par lui-même. Reproduction du commentaire inédit de Pierre Le Verrier, avec les corrections autographes de Despréaux.* Dans ces notes, on trouve de curieux et utiles renseignements sur les rapports d'amitié qui existèrent entre le poète satirique et notre Molière : Boileau ne craint pas, une fois de plus, de mettre Molière au-dessus de Corneille et de son ami Racine même, comme étant celui qui a le mieux attrapé la nature. — Mais voici d'autres exemples de ces rapports entre Boileau et Molière tirés des autographes mêmes de Despréaux. Dans la satire II vers 92, Boileau avait écrit :

> Mais un esprit sublime en vain veut s'élever
> A ce degré parfait qu'il tâche de trouver :
> Et toujours mécontent de ce qu'il vient de faire,
> Il plaît à tout le monde et ne saurait se plaire.

L'auteur, ayant lu ce passage à Molière, nous rapporte que celui-ci en fut frappé et que, lui serrant la main, il lui dit : « Voilà une grande vérité, et, pour moi, je vous avoue que je n'ai jamais rien fait dont j'aie été content. »

La satire IV, sur les *Embarras de Paris*, plut si fort à Molière qu'il voulut obliger l'auteur à en donner lecture à Mlle Molière, — sa femme.

La satire IV à l'abbé Le Vayer, sur les *Folies humaines*, fit concevoir à Molière le dessein de mettre en comédie le même sujet et de faire des visionnaires plus naturels que ceux de Desmarets, qui sont tous des extravagants

Un petit livre publié à la fin de 1663, — traduction du *Traité contre les danses et les comédies* de saint Charles Borromée dédiée à la princesse de Conti — doit être considéré comme une manifestation caractéristique de cette hostilité. Après les attaques directes que le poète eut à subir dans cette même année 1663, il ressentit aussi celle-là, qui le menaçait dans son art et par la main de ses anciens amis ; quatre ou cinq mois plus tard, il donnait à Versailles les trois premiers actes de *Tartuffe*.

J'ai essayé ed montrer que cette œuvre n'était pas une attaque spontanée, comme on l'a cru trop souvent, mais une défense. C'est bel et bien un effet, avant de devenir, par la force des cir-

qu'on n'a jamais vus. « Il en a même donné quelques traits, son Trissotin ou les femmes savantes sont de véritables visionnaires. »

Mais cette espèce de collaborationl ittéraire se manifeste encore autrement. Boileau ayant écrit, satire II, vers 73 :

> Tous les jours, malgré moi, cloué sur un ouvrage,
> Retouchant un endroit, effaçant une page... etc.,

Molière s'empara de ce mot *cloué* et le reproduisit dans les *Femmes savantes*, acte I, scène III :

> De son étude enfin je veux qu'elle se cache,
> Et qu'elle ait du savoir sans vouloir qu'on le sache,
> Sans citer les auteurs, sans dire de grands mots,
> Et clouer de l'esprit à ses moindres propos.

Boileau, d'ailleurs, très franchement, écrit que l'emploi de ce mot a été fait par Molière *moins heureusement* que par lui-même.

Quand l'abbé Cotin, non content d'avoir attaqué Boileau dans une satire en vers et un discours en prose, se tourna contre Molière et l'eut traité avec tant de mépris qu'il l'obligea à faire les *Femmes savantes*, ce fut Boileau qui indiqua à Molière le sonnet et le madrigal de Cotin. — Et cela confirme bien l'opinion que nous exprimions l'an dernier que Molière n'avait pas le temps de prendre connaissance de ce qui s'écrivait autour de lui, et que, heureusement, ses amis veillaient pour lui.

Pour terminer, notons l'attitude assez curieuse de La Fontaine au sujet des « équivoques » de Molière.

« Tout le monde connoist l'histoire de Joconde, surtout depuis que La Fon-
« taine l'a contée avec tant d'art et tant d'agrément. Il disoit de luy-même
« qu'il n'entroit jamais dans une maison qu'il ne toussast dès la première
« porte :

> A quels discours malins le mariage expose !
> Je sçai que c'est un texte où chacun fait sa glose :
> Que de maris trompez tout rit dans l'Univers,
> Epigrammes, Chansons, Rondeaux, Fables en vers,
> Satire, Comédie : et, sur cette matière,
> J'ay veu tout ce qu'ont fait La Fontaine et Molière.

« On ne peut assez blâmer ces deux autheurs sur la liberté qu'ils se sont
« donnée d'exposer aux yeux du public des choses dont la pudeur ne permet
« pas même que l'on s'entretienne en particulier. Je ne sçay pas ce que
« Molière pensoit des contes de La Fontaine ; mais, pour celuy-ci, que j'ai fort
« connu, il estoit indigné contre certains caractères que Molière a mis sur le
« théâtre. Que ne disoit-il point des équivoques de ce poëte comique et avec
« quelle indignation parloit-il du ruban d'Agnès... »

Nous n'aurions point rangé La Fontaine parmi les adversaires de l'*Ecole des Femmes*.. Par ces divers exemples, on peut juger de l'importance et de l'intérêt du document retrouvé par l'auteur de l'excellente *Bibliographie des recueils de poésies*.

constances, une cause. Nous avons vu comment l'enchaînement des faits rattache, de la façon la plus évidente, cette œuvre, aussi bien que celles qui l'ont immédiatement suivie, à la grande controverse morale du théâtre. Dans *Tartuffe*, Molière a visé tous ceux qui, groupés ou non, venaient de se poser en adversaires de son art et de sa personne, tous ceux qui, répudiant la vieille liberté, la vieille joie françaises, prétendaient dire anathème aux plaisirs les plus naturels, et, en première ligne, à la comédie. Notre poète n'avait pas le loisir de concevoir de grandes visées philosophiques ou antichrétiennes. Il ne s'attaquait point à un groupe plutôt qu'à un autre : il se défendait tout simplement. Nous avons suivi, à la cour, les péripéties de la lutte engagée touchant les divertissements royaux. Cette enquête nous a révélé des faits vraiment singuliers et instructifs.

Notre conception des causes prochaines et éloignées qui provoquèrent l'apparition du *Tartuffe* diffère profondément des opinions naguère émises par Sainte-Beuve et plus récemment par M. Brunetière. Je suis persuadé que l'explication naturelle, proposée dans notre dernière leçon, est celle qui se concilie le plus rigoureusement avec tous les faits connus.

C'est alors que nous avons abordé l'étude du rôle joué par le prince de Conti et son entourage dans toute cette affaire ; cela nous a conduit à faire un certain nombre de rapprochements nouveaux et à tracer le portrait détaillé de Conti ainsi que l'esquisse de sa biographie. La ressemblance avec le type de don Juan dans Molière nous est apparue comme certaine. Nous avons suivi dans les détails ce que fut son attitude à l'égard de la comédie et des comédiens à partir de sa conversion, et ainsi nous en sommes arrivés à l'étude de son *Traité de la Comédie*, qui fut imprimé en 1666 et parut à la fin de cette année-là. Quelques exemplaires portent la date de 1666 ; mais la plus grande partie de l'édition offre celle de 1667. Une seconde édition parut en 1669, quelques mois après l'édition originale du *Tartuffe*. La coïncidence des dates, pendant toute cette période de polémique, est remarquable. Le *Traité de la Comédie* a été réédité par Karl Vollmöller, à Heilbronn, en 1881.

Sans doute, Molière s'est trompé sur la sincérité de la conversion du prince de Conti; nous n'en pouvons douter un seul instant, en lisant les *Devoirs des Grands*, les *Obligations d'un gouverneur de province*, et aussi son *Testament*. C'est par repentir qu'en cet état d'esprit nouveau il se tourne contre les comédiens et écrit son *Traité de la Comédie*, ainsi que nous l'expose son confident l'abbé Voisin : « Mais, après s'être donné tout

« entier à Dieu, il eut un si grand regret du temps qu'il avait perdu
« dans ces divertissements criminels que, pour réparer le mal
« qu'il avait fait et qu'il pouvait avoir causé par son exemple, il
« se crut obligé de donner aux peuples quelques avertissements
« qui puissent leur faire connaître le danger où s'exposent ceux
« qui fréquentent les comédies ; et, comme ce divertissement
« n'est autorisé que par la coutume qui le fait passer pour une
« chose indifférente dans l'esprit de la plupart du monde, il jugea
« que, pour détruire cette erreur, il ne fallait qu'opposer à cette
« coutume vicieuse la tradition perpétuelle de l'Église, qui a tou-
« jours condamné la comédie comme une chose tout à fait oppo-
« sée aux règles de l'Évangile et à la pureté de la religion chré-
« tienne... Cet illustre prince a fait voir évidemment par la tra-
« dition perpétuelle de l'Église que les comédies ont toujours été
« condamnées et que leurs auteurs ont été excommuniés et notés
« d'infamie. »

La seconde édition du traité du prince de Conti porte une approbation des docteurs, qui cette fois, ne semblent plus divisés
comme en 1647, mais se montrent au contraire d'une violence
contre la comédie qui est un symptôme.

Une remarque s'impose en passant, touchant les qualités de
style que montre dans cet ouvrage le prince de Conti : il s'exprime avec sobriété, précision, élégance, et montre une grande
finesse d'appréciation qui rappelle celle de Nicole ; mais ce qui
est bien plus curieux, c'est que cet ouvrage, dirigé contre la
comédie et contre Molière garde visiblement l'empreinte de l'initiation dramatique conférée au prince par Molière lui-même, au
cours de leurs entretiens pleins de confiance au château de la
Grange-des-Prés, près de Pézenas.

Et cette remarque est d'autant plus intéressante qu'elle est corroborée par le témoignage, déjà cité, de l'abbé Voisin dans sa
*Défense du Traité de Mgr le prince de Conti touchant la comédie et
les spectacles*, Paris, chez Billaine, 1671-4° : « Mgr le Prince de
« Conty avait eu dans sa jeunesse tant de passion pour la comédie
« qu'il entretint longtemps à sa suite une troupe de comédiens,
« afin de goûter avec plus de douceur le plaisir de ce divertis-
« sement. Et ne se contentant pas de voir les représentations, il
« conférait souvent avec leur chef, qui est (1671) le plus habile
« comédien de France, de ce que leur art a de plus excellent et
« de plus charmant. — (Cela est un curieux aveu.) — Et lisant
« souvent avec luy les plus beaux endroits et les plus délicats
« des comédies tant anciennes que modernes, il prenait plaisir à
« les luy faire exprimer naïvement, de sorte qu'il y avait peu de

« personnes qui puissent mieux juger d'une pièce de théâtre que
« ce Prince. »

On explique ainsi, grâce à ce témoignage sincère du défenseur
de l'œuvre du prince de Conti, la présence dans celle-ci des qualités littéraires vraiment remarquables dont nous parlions tout à
l'heure. Cette circonstance n'en donne, à nos yeux, que plus de
prix au *Traité de la Comédie*, qui, quoique dirigé avec une passion
singulière contre l'art et contre la personne de Molière, porte le
reflet de réflexions échangées, dix ans auparavant, entre le poète
et son protecteur... Conti commence son ouvrage en établissant
une distinction fondamentale qui l'amène à définir la critique
dramatique telle qu'on l'entendait de son temps. Par la clarté,
l'aisance et le naturel de ses termes, cette définition semble —
contraste véritablement incroyable — du Molière tout pur : « La
critique ordinaire de la comédie, nous dit-il, fonde ses jugements
sur l'application qu'elle fait des règles de la poétique aux ouvrages
particuliers, dont elle prétend découvrir les défauts ou les beautés.
Elle considère le choix historique, qu'il soit historique, fabuleux
ou mêlé. Elle en regarde le commencement, la suite et le dénouement ; si les passions y sont traitées avec délicatesse ou avec
force et véhémence, selon leur nature ou selon leur degré ; si les
caractères ou les mœurs des nations, des sexes et des personnes
y sont gardés ; si l'action, le temps et le lieu sont conformes aux
règles que les poètes se sont prescrites pour faire que l'esprit de
l'auditeur, n'étant point partagé, soit plus susceptible du plaisir ou
de l'instruction qu'on prétend lui donner ; si la versification en
est belle et pure, et si les vers aident par leur tour, par leur justesse, par leur son, par leur gravité, par leur douceur, par leur richesse et leur magnificence, par leur agrément, par leur langueur
ou par leur vitesse, à la fidélité de la peinture que les pensées
qu'ils expriment doivent faire dans les esprits, ou à l'émotion du
cœur qui doit être excitée par les sentiments qu'ils représentent.
Selon que ces choses se trouvent ou manquent dans la composition d'un poème dramatique, il est reçu avec applaudissement ou
avec mépris. »

Comme le prince rompit avec le théâtre dès 1656, qu'aucun
autre auteur que Molière ne vécut dans sa familiarité et que
Voisin, témoin autorisé entre tous, nous atteste ce commerce
littéraire du frère du grand Condé et de l'auteur de *l'Étourdi*, il
est certain que l'on possède, dans cette page et dans plusieurs
autres, un écho infiniment précieux des leçons du grand comique.
En tout cas, nous trouvons dans ce morceau, — vous voyez que
nous prenons notre bien partout où nous le rencontrons, — la

définition peut-être la plus exacte de la critique dramatique au
xvıı° siècle.

Au reste, on apprend aussitôt que la critique à laquelle prétend le prince n'est pas de cette nature ; elle laisse à la poétique
toute sa juridiction, mais aussi, nous dit-il, elle lui est beaucoup
supérieure ; elle a droit de corriger ce qui est même selon les lois
les plus sévères et les plus étroites de cet art. Comme c'est la
religion de Jésus-Christ qui est le guide, continue-t-il, elle suit
des règles infaillibles, et, pourvu qu'elle les applique avec justesse et avec fidélité, elle ne se trompe point dans ses jugements.

Il n'écrit pas pour ceux qui, ne croyant pas à la religion chrétienne, encore qu'ils la professent extérieurement, ne doivent être
regardés que comme des païens baptisés, qui désavouent par leur
irréligion et par leur impiété l'offre que leurs parents ont faite
d'eux à l'Église. Son discours n'est que pour ces chrétiens qui
partagent en quelque façon l'Evangile, en reconnaissant ses mystères parce qu'ils n'en sont pas incommodés et en ne reconnaissant pas ses maximes (au moins dans la pratique) parce qu'elles
condamnent leur vie et leur libertinage, corrompent les plus
solides vérités et cherchent à trouver innocent ce qu'ils ne
veulent pas cesser de faire. Conti espère leur prouver que la
comédie, en l'état qu'elle est au moment où il écrit, n'est pas un
divertissement innocent comme ils se l'imaginent, et qu'un chrétien est obligé de la regarder comme un mal. On en sera facilement persuadé, si on veut examiner la nature de la comédie, son
origine, ses circonstances, ses effets, et si on veut s'instruire de
la tradition universelle de l'Église sur ce sujet.

Il ne prétend pas, en parlant seulement de la comédie, traiter
exclusivement de cette sorte de poème qui a, en premier lieu
et plus proprement, porté ce nom ; mais, comme ce nom d'une
espèce particulière est devenu en France un nom général qui
convient à toutes les pièces de théâtre, qu'elles soient en effet
des comédies comme aussi des tragédies ou des tragi-comédies,
c'est sous ce nom qu'il a prétendu examiner toutes sortes de
poèmes dramatiques.

D'après Conti, — qui, en cela, continue à se montrer fidèle et
intelligent disciple de son ancien protégé, — l'idée générale qu'on
peut former de la comédie, c'est-à-dire du poème dramatique,
n'est autre chose que la représentation naïve d'une action, ou, pour
mieux dire, d'un événement, dans sa substance et dans ses circonstances. C'est une véritable peinture ; les paroles y peignent les
pensées, et l'action, les actions et les choses ; et, si cette définition
peut convenir en quelque sorte à l'histoire et à la fable, le poème

dramatique a cela de différent d'avec elles, qu'outre qu'elles ne lui servent que de matière, il nous fait voir les choses comme présentes que l'histoire et la fable nous racontent comme passées, et qu'il les représente d'une manière vive, animée, et, pour ainsi dire, personnelle, au lieu que l'histoire et la fable ne nous les font voir que d'une manière morte et sans action. Par l'histoire, nous rappelons les choses passées jusqu'à nous, et par le poème dramatique ce sont pour ainsi dire les choses qui nous font remonter jusqu'à elles. Dans cette idée générale, il n'est ni bon ni mauvais ; il est susceptible de toutes sortes de sujets et de toutes sortes de circonstances, et tant, qu'il demeure dans cette indétermination qui n'a d'existence que dans l'esprit des hommes et dans les livres de poétique, il n'est digne ni d'approbation ni de blâme. Au reste, il veut parler de la comédie comme on la joue, et point du tout comme on ne la joue pas. Son discours n'a rien à voir avec la métaphysique.

Après cette idée générale du genre, l'auteur nous fait voir ce qui est particulier dans chaque espèce, et étudie sa nature et son origine ; il montre que la comédie proprement dite traite presque toujours des sujets peu honnêtes, ou accompagnés d'intrigues scandaleuses ; que les expressions en sont sales ou du moins immodestes. Les Italiens, qui sont les premiers comédiens du monde, n'en remplissent-ils pas leurs pièces ? Les farces françaises — ceci pour Molière et ses confrères — sont-elles pleines d'autres choses, et, même de nos jours, ne voyons-nous pas ces mêmes défauts dans quelques-unes des comédies les plus nouvelles ? — Cette fois, l'attaque vise directement Molière, et probablement Molière seul ; car nous sommes, rappelons-le, en 1663.

Cependant il poursuit en ces termes : « Les Espagnols n'y ajoutent-ils pas l'application des choses saintes à des usages ridicules ? » A ce sujet, nous pouvons citer un curieux passage de Mlle de Montpensier écrit en 1660 : « Nous avions à Saint-Jean-de-Luz (à l'époque du mariage de Louis XIV) des comédiens espagnols ; la reine (Anne d'Autriche) allait les voir tous les jours et moi assez rarement. Ils dansaient et chantaient entre les actes et s'habillaient en ermites et en religieux, faisaient des enterrements et des mariages, et profanaient beaucoup les mystères de la religion. Aussi bien des gens en furent scandalisés. Les Italiens en faisaient de même lorsqu'ils vinrent en France, et on les en désaccoutuma. »

La comédie, en France, est donc exempte de ces vices ; mais les pièces qui s'y jouent sont dignes de blâme, la tragédie et la tragi-comédie tout autant que la comédie, pour la manière d'y traiter nos passions.

Nous voilà donc au cœur du sujet. Quels effets peuvent produire ces expressions accompagnées d'une représentation réelle, sinon de corrompre l'imagination, de remplir la mémoire et se répandre après dans l'entendement, dans la volonté et ensuite dans les mœurs? Il y aura, en cet endroit, beaucoup de personnes qui assureront qu'elles n'ont jamais reçu une impression mauvaise par la comédie ; mais notre moraliste soutient ou qu'elles sont en petit nombre, ou qu'elles ne sont pas de bonne foi, ou que la seule raison pour laquelle la comédie n'a pas été cause de la corruption de leurs mœurs c'est qu'elles les a trouvées corrompues et qu'elles ne lui ont rien laissé à faire sur cette matière.

La comédie ne peut être que très blâmable chez les chrétiens de tout temps, mais surtout chez ceux d'aujourd'hui. En effet, l'amour est présentement la passion qu'il y faut traiter le plus à fond, et quelque belle que soit une pièce de théâtre, si l'amour n'y est conduit d'une manière délicate, tendre et passionnée, elle n'aura d'autres succès — vous voyez que les temps ne changent guère — que celui de dégoûter les spectateurs et de ruiner les comédiens. Au temps de Conti, les différentes beautés des pièces consistaient déjà en différentes manières de traiter l'amour, soit qu'on le fasse servir à quelque autre passion ou bien qu'on le représente comme la passion qui domine dans le cœur. Il est vrai, déclare-t-il, que l'*Hérode* de M. Heinsius est un poème achevé et qu'il ne parle point d'amour, mais il est certain aussi que la représentation en serait fort ennuyeuse, car il faut avouer que la corruption de l'homme est telle depuis le péché que les choses qui l'instruisent ne trouvent rien en lui qui favorise leur entrée dans son cœur. Il les trouve sèches et insipides, tandis qu'il court, pour ainsi dire, au-devant de celles qui flattent ses passions et qui favorisent ses désirs. D'autre part, les portraits que nous voyons au théâtre, par un étrange renversement, deviennent souvent nos modèles. En peignant les passions d'autrui, la comédie émeut notre âme d'une telle manière, qu'elle fait naître les nôtres, qu'elle les nourrit quand elles sont nées, qu'elle les polit, qu'elle les échauffe, qu'elle leur inspire de la délicatesse, qu'elle les réveille quand elles sont assoupies et qu'elle les rallume même quand elles sont éteintes. Quel n'est pas l'empire naturel d'une représentation vive, jointe à une expression passionnée, sur le tempérament des hommes ? Chacun de nous est, tous les jours, ému par l'éloquence des orateurs ; il le doit être bien davantage par la représentation des comédiens. Ceux-ci y ajoutent tout ce qui les peut aider à ce dessein : leur déclamation, leur port, leurs gestes et leur ajustement. Les femmes ne négligent rien pour y paraître belles; elles y réussissent quelquefois, et s'il y en a quelqu'une qui ne le soit pas, il ne faut pas s'en prendre à la comédie ; rien n'est plus contre son intention, puisqu'elle lui fait tenir la place d'une personne qui a été l'objet d'une passion violente, qu'une comédienne sans beauté ne représente pas fidèlement ; mais ce qui est le plus déplorable, c'est que les poètes sont maîtres des passions qu'ils traitent, tandis qu'ils ne le sont pas de celles qu'ils ont émues ; ils sont assurés de faire finir celles de leur héros et de leur héroïne avec le cinquième acte et que les comédiens ne diront que ce qui est dans leur rôle... Mais le cœur ému par cette représentation n'a pas les mêmes bornes ; il n'agit pas par mesure ; dès qu'il se trouve attiré par son objet, il s'y abandonne selon toute l'étendue de son inclination, son esprit n'étant rempli que d'aventures agréables ou surprenantes, de vers tendres, délicats et passionnés. Et n'est-ce pas un terrible mal que cette idolâtrie que commet le cœur humain dans une violente passion ? N'est-ce pas, en quelque sens, le plus grand péché qu'on puisse commettre ? La créature chasse Dieu du cœur de l'homme pour y dominer à sa place, y recevoir des sacrifices et des adorations. Et l'auteur montre comment l'amour a été traité de cette manière si impie dans les plus belles tragédies et tragicomédies de son époque ; il rappelle les propos d'Alcionée mourant à Lydie, de Rodrigue à Chimène au moment où il va combattre don Sanche. En vérité, conclut-il de ces citations, peut-on pousser la profanation plus avant ? Pour être plus subtil et plus caché, le poison de la comédie moderne n'en est que plus dangereux. Il faut reconnaître les fausses vertus des Chimènes pour ce qu'elles valent, c'est-à-dire pour des vices véritables. Car la comédie moderne manque de franchise : autrement, il n'y aurait que les libertins qui pussent voir des pièces déshonnêtes. Les femmes de qualité et de vertu en auraient de l'horreur, au lieu que l'état présent de la comédie ne faisant aucune peine à la pudeur attachée à leur sexe, elles ne se défendent pas d'un poison aussi dangereux et plus caché que l'autre, qu'elles avalent sans le connaître et qu'elles aiment lors même qu'il les tue.

Le prince aborde alors l'examen de deux objections que les défenseurs de la comédie se plaisent à formuler : l'une que les actions des hommes étant mêlées de bien et de mal, il est par conséquent du devoir du poème dramatique de les représenter en cette manière. A cela, il nous répond : Telle est la corruption du cœur de l'homme. Mais telle est aussi celle du poète, qu'après avoir répandu son venin dans tout un ouvrage d'une manière agréable, délicate et conforme à la nature et au tempérament, il croit en être quitte en faisant faire quelque discours moral par un vieux roi, représenté pour l'ordinaire par un fort méchant comédien, dont le rôle est désagréable, dont les vers sont secs et languissants, quelquefois même mauvais, mais tout au moins négligés, parce qu'il se délasse dans ces mêmes endroits des efforts d'esprit qu'il vient de faire en traitant des passions... Et ici cette remarque vraiment curieuse : Y-a-t-il personne qui ne songe plutôt à se récréer, en voyant jouer *Cinna*, sur toutes les choses tendres et passionnées qu'il dit à Emilie, et sur celles qu'elle lui répond, que sur la clémence d'Auguste, à laquelle on pense peu et dont aucun des spectateurs n'a jamais songé à faire l'éloge en sortant de sa comédie ?

Je voudrais vous détailler toutes les remarques si intéressantes formulées sur *Polyeucte* et sur les comédies saintes. Y a-t-il personne qui ne soit mille fois plus touché de l'affliction de Sévère, lorsqu'il trouve Pauline mariée, que du martyre de Polyeucte ? La contradiction morale que présente le théâtre chrétien est ainsi fortement mise en relief. Il analyse, ensuite, le rôle de la vengeance et de l'ambition dans la comédie, et notamment dans le *Cid,* dans la *Mort de Pompée* et dans *Rodogune.*

En résumé, entre la comédie, dont le but est d'émouvoir les passions, et la religion chrétienne, dont le but est de les calmer, de les abattre et de les détruire autant qu'on peut en cette vie, l'opposition est absolue. Dans le même temps que la comédie nous propose ses héros livrés à leurs passions, la religion nous propose Jésus-Christ souffrant pour nous délivrer de nos passions. — Son traité n'est pas fait, déclare-t-il en terminant, pour ceux qui sont remplis des maximes de la chair et du monde et que Dieu, par un juste et terrible jugement, a abandonnés aux désirs de leurs cœurs.

Après cette introduction saisissante, Conti énumère en 250 pages tous les textes latins et français empruntés aux Pères et aux conciles et qui constituent la tradition de l'Eglise sur les spectacles. Dans l'avertissement qui précède l'énumération des sentiments unanimes des Pères contre la comédie, le prince a lancé la plus violente attaque que renferme son œuvre, et cette attaque vise nommément et uniquement Molière.

Voulant prouver l'immoralité de la comédie moderne, il nous dit ceci :

« Or il faut avouer de bonne foy que la comédie moderne est
« exempte d'idolâtrie et de superstition ; mais il faut qu'on con-
« vienne aussi qu'elle n'est pas exempte d'impureté ; qu'au con-
« traire, cette honnesteté apparente, qui avoit esté depuis
« quelques années le prétexte des approbations mal-fondées
« qu'on donnoit à la comédie, commence présentement
« à céder à une immodestie ouverte et sans ménagement, et
« qu'il n'y a rien par exemple de plus scandaleux que la cin-
« quième scène du second acte de l'*Ecole des Femmes*, qui est
« une des plus nouvelles comédies. Mais il faut qu'on convienne
« encore que, si l'idolâtrie et la superstition en sont bannies,
« l'impiété leur a succédé. Y a-t-il une Escole d'Athéisme plus
« ouverte que le *Festin de Pierre*, où, après avoir fait dire toutes
« les impiétez les plus horribles à un athée, qui a beaucoup
« d'esprit, l'Auteur confie la cause de Dieu à un valet, à qui il
« fait dire, pour la soutenir, toutes les impertinences du monde ;
« et il prétend justifier à la fin sa comédie si pleine de blasphè-
« mes à la faveur d'une fusée qu'il fait le ministre ridicule de la
« vengeance divine ; même pour mieux accompagner la forte
« impression d'horreur qu'un foudroyement si fidellement repré-
« senté doit faire dans les esprits des spectateurs, il fait dire
« en mesme temps au valet toutes les sottises imaginables sur
« cette aventure. »

Aucune des censures dirigées contre Corneille dans les pages
précédentes n'offre le caractère de virulence de celle-ci. Il suffit
de la lire pour se rendre compte que l'*Ecole des Femmes* a bien
été le point de départ de l'hostilité générale des dévots vrais ou
faux, et que l'ouvrage de Conti est bien une réponse à la fois à
Tartuffe et à *Don Juan*, mais surtout à *Tartuffe*. En effet, la concordance des dates est vraiment saisissante ; nous savons, par le
témoignage formel de l'abbé Voisin, que le prince avait achevé
la composition de son livre un an avant sa mort, qui arriva le 21
février 1666, donc en février 1665, ou environ. Or *Don Juan* a été
représenté, pour la première fois le 15 février 1665. Voici comment
s'explique cette concordance, selon l'hypothèse la plus naturelle.
Tartuffe fut une réponse aux clameurs du clan dévot dont Conti,
janséniste et membre de la Société du Saint-Sacrement, était un
des membres les plus qualifiés. Celui-ci, après avoir coopéré activement à l'interdiction, résolut de relever l'outrage ; il fit savoir
qu'il préparait une réponse. Aux yeux de Molière, témoin de son
ancienne vie et absolument sceptique sur la sincérité de sa conversion, une telle audace dépassait toutes les bornes permises
et il frappa le coup terrible du *Festin de Pierre*. De là, la réponse

directe au *Don Juan*, insérée, après l'achèvement de l'ouvrage de Conti, dans un troisième avertissement où l'on s'étonne un peu de la rencontrer. Ajoutons qu'il est possible que le prince ait connu le sens et la portée de *Don Juan* avant même la représentation de la pièce. En tout cas, nous le voyons, tous ces faits s'enchaînent étroitement, et il était indispensable d'y insister.

Il est si vrai que les condamnations comme les apologies du théâtre sont provoquées par les trois pièces de Molière, que les amis et défenseurs du théâtre résolurent, en cette même année 1666, qui vit paraître le traité de Conti, de publier l'ouvrage de l'abbé d'Aubignac qui répondait par avance à ces condamnations. C'est ainsi que paraît, le 23 août 1666, le livre resté jusque-là inédit de l'*Auteur de la Pratique du Théâtre*, sous ce titre : *Dissertation sur la condamnation des théâtres*, à Paris, chez N. Popingué, au bout du pont Saint-Michel, à l'entrée de la rue de la Huchette ; et en sa boutique, au premier pilier de la grande salle du Palais, vis-à-vis les consultations, au Soleil d'Or, 1666 ».

Le privilège était du 15 janvier 1656, et l'ouvrage fut achevé d'imprimer, pour la première fois, le 23 août 1666, en 250 petites pages. — Et la deuxième édition est de 1694. On peut encore remarquer ici la même concordance relevée plus haut. C'est le moment de la controverse à laquelle prit part Bossuet.

Mais revenons à Port-Royal. Pendant que Molière se trouvait en butte à tant d'attaques, quelques grands personnages, notoirement hostiles, comme Louis XIV lui-même, au clan dévot, contribuèrent généreusement à le protéger. Au premier rang sont Henriette d'Angleterre et Monsieur, et surtout le grand Condé, protecteur, dit Sainte-Beuve, de toute hardiesse d'esprit, et frère aîné du prince de Conti. Il semble bien que le vainqueur de Rocroi ait saisi toutes les occasions qui s'offraient d'affirmer sa sympathie pour Molière et pour *Tartuffe* notamment, voulant répondre par à aux procédés véhéments de son frère cadet. Il est difficile d'imaginer, à cet égard, un contraste d'attitude plus complet que celui qui éclate entre les deux frères.

Cependant le futur auteur de *Phèdre*, alors presque encore à ses débuts, subissait, lui aussi, d'assez rudes attaques, émanant non point, comme pour Molière, du clan dévot tout entier, mais du moins d'un de ses groupes les plus notables ; nous voulons parler des jansénistes, les anciens maîtres de Racine, que nous trouvons ici encore. Je le répète, ces faits, entre lesquels aucun lien n'a été établi jusqu'à présent, se tiennent visiblement. La controverse morale du théâtre se trouve, à cette époque, mêlée d'une façon continue à l'histoire de l'art dramatique. Voici la lettre que reçut le jeune Racine en 1664, un peu avant la représentation de la *Thébaïde*, de sa tante, la Mère Agnès de Sainte-Thècle, religieuse à Port-Royal et ensuite abbesse du monastère : « J'ai donc appris « avec douleur que vous fréquentiez plus que jamais des gens « dont le nom est abominable à toutes les personnes qui ont tant « soit peu de piété, et avec raison, puisqu'on leur interdit l'entrée « de l'église et la communion des fidèles même à la mort, à « moins qu'ils ne se reconnaissent. Jugez donc, mon cher neveu, « dans quel état je puis être, puisque vous n'ignorez pas la ten- « dresse que j'ai toujours eue pour vous, et que je n'ai jamais « rien désiré, sinon que vous fussiez tout à Dieu, dans quelque « emploi honnête. Je vous conjure donc, mon cher neveu, d'avoir « pitié de votre âme et de rentrer dans votre cœur pour y considé- « rer sérieusement dans quel abîme vous vous êtes jeté. Je souhaite « que ce qu'on m'a dit ne soit pas vrai ; mais, si vous êtes assez « malheureux pour n'avoir pas rompu un commerce qui vous « déshonore devant Dieu et devant les hommes, vous ne devez « pas penser à nous venir voir, car vous savez bien que je ne « saurais pas vous parler, vous sachant dans un état si déplorable « et si contraire au Christianisme. Cependant je ne cesserai point « de prier Dieu qu'il vous fasse miséricorde, et à moi en vous le « faisant, puisque votre salut m'est si cher. » (Sainte-Beuve, *Port-Royal*, VI, 105-6.)

On juge de la grande émotion produite dans ce milieu à la nou- velle de l'apparition de la *Thébaïde*, représentée sur le théâtre du Palais-Royal, le 20 juin 1664, et jouée par la troupe de Molière ; on a dit que Molière lui-même y aurait, en quelque sorte, collaboré, en indiquant le sujet de la pièce et en y faisant quelques corrections. *Alexandre le Grand*, le 4 décembre 1665, confirma aux yeux des solitaires de Port-Royal la honte de leur élève.

A partir de janvier 1664, de petites lettres anonymes ou feuilles volantes étaient sorties de Port-Royal sous le titre de *Lettres sur l'hérésie imaginaire*. Nicole en était l'auteur. Il y en eut jusqu'à dix-huit, comme les *Provinciales*. Racine y a fait une allusion ma- licieuse, en disant que l'auteur « avait impatience de servir de seconde partie » au plus éloquent défenseur de Port-Royal. Les huit dernières portaient le sous-titre de *Visionnaires*, parce qu'elles avaient été écrites contre Desmarets de Saint-Sorlin, auteur de la comédie des *Visionnaires* et violent ennemi du jansénisme, dont nous avons parlé il y a deux ans, et qui lui-même était un véri- table visionnaire, comme l'atteste son *Avis du Saint-Esprit au Roi*, libelle extravagant contre les jansénistes. Dans une de ces huit lettres, Nicole écrivait ceci :

« Chacun sait que sa première profession a été de faire des
« romans et des pièces de théâtre... Ces qualités, qui ne sont pas
« fort honorables au jugement des honnêtes gens, sont horribles,
« étant considérées selon les principes de la religion chrétienne
« et les règles de l'Evangile. Un faiseur de romans et un poète de
« théâtre est un empoisonneur public, non des corps, mais des
« âmes des fidèles, qui se doit regarder comme coupable d'une
« infinité d'homicides spirituels, ou qu'il a causé en effet ou
« qu'il a pu causer par ses écrits pernicieux. Plus il a eu soin de
« couvrir d'un voile d'honnêteté les passions criminelles qu'il y
« décrit, plus il les a rendues dangereuses et capables de sur-
« prendre et de corrompre les âmes simples et innocentes. Ces
« sortes de péchés sont d'autant plus effroyables, qu'ils sont tou-
« jours subsistants, parce que ces livres ne périssent pas, et qu'ils
« répandent toujours le même venin dans ceux qui les lisent. »
Racine, étant donnés ses précédents démêlés avec Port-Royal,
prit cela pour lui. Il fit et répandit dans le public sans nom d'auteur une lettre, où il « turlupinait », nous dit J.-B. Racine, ces
Messieurs de la manière la plus sanglante et la plus amère. Cette
lettre, lancée en janvier 1666, fit grand bruit. Les jésuites, un
moment, espérèrent la venue d'un digne adversaire de Pascal. On
chercha l'auteur. L'abbé Testu, comme personne ne se déclarait,
crut pouvoir se l'approprier et s'en proclama tout haut l'auteur.
Racine se nomma alors. On devine l'indignation de Port-Royal,
que Nicole traduisit plus tard en disant : « Tout était faux dans
« cette lettre et contre le bon sens depuis le commencement
« jusqu'à la fin. Elle avait néanmoins un certain éclat qui la ren-
« dait proportionnée aux petits esprits dont le monde est plein. »
Racine répondit à ce jugement avec une verve et une âpreté
dont on pourra juger par les courts extraits que nous allons
donner. Dans une première *Lettre à l'auteur des Hérésies imaginaires et des deux Visionnaires*, il s'adresse aux jansénistes :
« ...Mais nous connaissons l'austérité de votre morale. Nous ne
« trouvons point étrange que vous damniez les poètes : vous en
« damnez bien d'autres qu'eux. Ce qui nous surprend, c'est que
« vous prétendiez empêcher les hommes de les honorer. Hé !
« Monsieur, contentez-vous de donner les rangs dans l'autre
« monde: ne réglez point les récompenses de celui-ci. Vous l'avez
« quitté, il y a longtemps : laissez-le juger des choses qui lui ap-
« partiennent. Plaignez-le, si vous voulez, d'aimer les bagatelles
« et d'estimer ceux qui les font ; mais ne leur enviez point de
« misérables honneurs auxquels vous avez renoncé. » Et plus
loin: « Enfin je vous demanderais volontiers ce qu'il faut que

« nous lisions, si ces sortes d'ouvrages nous sont défendus. En-
« core faut-il que l'esprit se délasse quelquefois. Nous ne pouvons
« pas toujours lire vos livres, et puis, à vous dire la vérité, vos
« livres ne se font plus lire comme ils faisaient. Il y a longtemps
« que vous ne dites plus rien de nouveau. En combien de façons
« avez-vous conté l'histoire du pape Honorius ? Que l'on regarde
« tout ce que vous avez fait depuis dix ans, vos Disquisitions, vos
« Dissertations, vos Réflexions, vos Considérations, vos Observa-
« tions, on n'y trouvera autre chose sinon que les Propositions ne
« sont pas dans Jansénius. Hé ! Messieurs, demeurez-en là ; ne le
« dites plus. Aussi bien, à vous parler franchement, nous sommes
« résolus d'en croire plutôt le pape et le clergé de France que
« vous. »

Cette lettre provoqua deux réponses, qui furent attribuées par
la voix publique l'une à Goibaud du Bois, la seconde tantôt à
M. de Saci, tantôt au duc de Luynes, tantôt enfin à ce Barbier
d'Aucourt qui doit être aussi le sieur de Rochemont des *Observations pour le Festin de Pierre*. Quoi qu'il en soit, à ces deux vengeurs de Nicole, Racine riposta de bonne encre, ainsi qu'on en
peut juger par l'extrait suivant de sa *Lettre aux deux Apologistes
de l'auteur des Hérésies imaginaires :* « ...En effet, Messieurs, quand
« vous raisonnerez de la sorte, nous n'aurons rien à répondre :
« il faudra se rendre ; car de me demander, comme vous faites,
« si je crois la comédie une chose sainte, si je la crois propre à
« faire mourir le vieil homme, je dirai que non, mais je vous
« dirai en même temps qu'il y a des choses qui ne sont pas saintes
« et qui sont pourtant innocentes. Je vous demanderai si la
« chasse, la musique, le plaisir de faire des sabots, et quelques
« autres plaisirs que vous ne vous refusez pas à vous-mêmes
« sont fort propres à faire mourir le vieil homme ? S'il faut
« renoncer à tout ce qui divertit ; s'il faut pleurer à toute heure ?
« Hélas ! oui, dira le mélancolique. Mais que dira le plaisant ? Il
« voudra qu'il lui soit permis de rire quelquefois, quand ce ne
« serait que d'un jésuite ; il vous prouvera, comme ont fait vos
« amis, que la plaisanterie est permise, que les Pères ont ri, que
« Dieu même a raillé. Et vous semble-t-il que les *Lettres provin-
« ciales* soient autre chose que des comédies ? Dites-moi, Messieurs,
« qu'est-ce qui se passe dans les comédies ? On y joue un valet
« fourbe, un bourgeois avare, un marquis extravagant, et tout ce
« qu'il y a dans le monde de plus digne de risée. J'avoue que le
« Provincial a mieux choisi ses personnages : il les a cherchés
« dans les couvents et dans la Sorbonne ; il introduit sur la scène
« tantôt des jacobins, tantôt des docteurs, et toujours des

« jésuites. Combien de rôles leur fait-il jouer ! Tantôt il amène un
« bonhomme, tantôt un jésuite méchant, et toujours un jésuite
« ridicule. Le monde en a ri pendant quelque temps, et le plus
« austère janséniste aurait cru trahir la vérité que de n'en pas
« rire.

« Reconnaissez donc, Monsieur, que, puisque, nos comédies
« ressemblent si fort aux vôtres, il faut bien qu'elles ne soient
« pas si criminelles que vous dites. Pour les Pères, c'est à vous
« de nous les citer ; c'est à vous ou à vos amis de nous con-
« vaincre par une foule de passages que l'Eglise nous interdit
« absolument la comédie en l'état qu'elle est ; alors nous ces-
« serons d'y aller et nous attendrons patiemment que le temps
« vienne de mettre les jésuites sur le théâtre. »

Nicole réunit en deux volumes publiés à Liége, en 1667, chez
Adolphe Beyers, ses *Visionnaires*, ses *Imaginaires*, les deux
réponses dont nous venons de parler et son traité *de la Comédie*,
demeuré inédit. Cette publication concorde avec le moment où
Tartuffe (5 août 1667) était interdit par M. de Lamoignon et où
l'archevêque de Paris (11 août 1667) lançait un mandement contre
la représentation, la lecture ou l'audition du *Tartuffe*.

Racine, à la suite de la publication de Nicole, fut piqué de cette
provocation ; il se disposa à publier sa seconde lettre qui n'avait
circulé jusque-là que sous la forme manuscrite ; mais l'intervention de Boileau le fit revenir sur sa détermination, dans une
scène touchante que vous connaissez sans doute. Sur cette scène
et sur la réconciliation de Racine avec Port-Royal qui s'ensuivit,
nous possédons le témoignage de J.-B. Rousseau, lequel coïncide
d'ailleurs avec celui des fils de Racine.

Au cours de cette querelle avec Port-Royal, constate M. Paul
Mesnard dans sa belle édition de Racine, « celui-ci eut tout
l'avantage, en ce sens du moins qu'il y montra un talent supérieur,
une finesse de raillerie qui fait de ses deux lettres des chefs-
d'œuvre de polémique, et aussi que la cause du théâtre où il
sentait l'avenir de son génie si intéressé était bonne à défendre
contre l'exagération du rigorisme. Mais il eut raison sans mériter
d'être approuvé ; il devait reconnaissance et respect aux excellents maîtres sur qui il jetait si agréablement le ridicule. On le
fit bientôt rentrer en lui-même ; il reconnut que d'excellents
écrits peuvent être de blâmables actions, et il fut honorable pour
lui de s'être laissé désarmer au plus fort de la lutte, dans toute
la vivacité de l'âge et de la passion, et lorsqu'il se voyait déjà
victorieux. »

C'est après *Phèdre*, représentée le 1er janvier 1677, que Racine renonça au théâtre et qu'il revint définitivement à ses amis de Port-Royal. La Mère Agnès de Sainte-Thècle fut la première à recevoir l'expression de son repentir : « C'est elle, écrivait plus tard Racine à Mme de Maintenon, qui m'apprit à connaître Dieu dans mon enfance, et c'est elle aussi dont Dieu s'est servi pour me tirer de l'égarement et des misères où j'ai été engagé pendant quinze années. » Encouragé par elle, il osa rendre visite à Nicole. « Il ne lui fut pas difficile, raconte Louis Racine, de faire sa paix avec M. Nicole, qui ne savait pas ce que c'était que la guerre et qui le reçut à bras ouverts. »

La femme de Racine, après sa conversion, écrivait au sujet de Louis : « Le pauvre petit promet bien qu'il n'ira pas à la comédie, de peur d'être damné ». Quant à J.-B. Racine, son père, en lui écrivant il appelle les romans et les comédies des « niaiseries ». Il le supplie de ne pas aller à la comédie : « Je sais bien que vous « ne seriez pas déshonoré devant les hommes en y allant ; mais « ne comptez-vous pour rien de vous déshonorer devant Dieu ? « Pensez-vous même que les hommes ne trouveront pas étrange « de vous voir, à votre âge, pratiquer des maximes si différentes « des miennes ? Songez que M. le duc de Bourgogne, qui a un « goût si merveilleux pour toutes ces choses, n'a encore été à « aucun spectacle et qu'il veut bien en cela se laisser conduire « par les gens qui sont chargés de son éducation. »

Terminons par quelques témoignages de Port-Royal contre le théâtre. C'est Lancelot qui, étant précepteur depuis 1669 des enfants du prince de Conti, aima mieux, en 1672, renoncer à cette charge que de conduire ses élèves à la comédie.

Arnauld, à 82 ans, écrivant une lettre pour défendre Boileau et sa satire sur les femmes, écrase les romans, l'opéra, la comédie, que Perrault, à son gré, ne condamnait pas comme il convenait.

Baillet, ami des jansénistes, porte contre le théâtre les sentences les plus rigoureuses : « Si Tertullien a eu raison, écrit-il, « de soutenir que le théâtre est la seigneurie ou le royaume du « diable, je ne vois pas ce qui nous peut obliger, pour chercher « le remède à notre hypocrisie et à nos fausses dévotions, d'aller « consulter Béelzebut, tandis que nous aurons des prophètes « en Israël. »

C'est ce même Baillet qui écrit contre Molière lui-même la page caractéristique par laquelle nous terminerons aujourd'hui : « M. Molière est un des plus dangereux ennemis que le siècle ou « le monde ait suscités à l'Eglise de Jésus-Christ, et est d'autant « plus redoutable qu'il fait encore après sa mort le même ravage « dans le cœur de ses lecteurs qu'il avait fait, de son vivant,

« dans celui de ses spectateurs. La galanterie n'est pas la seule
« science qu'on apprend à l'école de Molière ; on y apprend aussi
« les maximes les plus ordinaires du libertinage contre les véri-
« tables sentiments de la religion, quoi qu'en veuillent dire les
« ennemis de la bigoterie, et nous pouvons assurer que son *Tar-*
« *tuffe* est une des moins dangereuses pour mener à *l'irréligion,*
« dont les semences sont répandues d'une manière si fine et si
« cachée dans la plupart de ses autres pièces qu'on peut assu-
« rer qu'il est infiniment plus difficile de s'en défendre que de
« celle où il joue pêle-mêle bigots et dévots le masque levé. »

Comme vous pouvez le voir après ces diverses citations, Port-
Royal eut, dans cette polémique, une part des plus actives. Et il
est vraiment surprenant que Sainte-Beuve n'ait pas cru devoir s'y
arrêter. Les documents que nous venons d'étudier permettent
amplement de donner aux jansénistes la large place qui leur est
due dans l'histoire de cette mémorable controverse, dont l'existence de l'art dramatique était l'enjeu.

Racine et le théâtre français.

Cours de M. AUGUSTIN GAZIER,

Professeur à l'Université de Paris.

Les débuts de Racine.

Nous avons vu, dans notre dernière leçon, comment Racine, âgé de vingt et un ans, avait tenté d'imiter Rotrou, Thomas Corneille et Quinault, et s'était décidé à travailler pour le théâtre. Le jeune homme, nouveau Rodrigue, espérait sans doute que son « coup d'essai » serait « un coup de maître ». Vous vous souvenez qu'il n'en fut rien, et que Racine vit sa pièce d'*Amasie* d'abord acceptée, puis refusée au théâtre du Marais.

Si cet ancien élève de Port-Royal avait eu encore, à ce moment, la même foi et le même attachement aux idées religieuses que par le passé, il aurait vu dans cet échec un avertissement du ciel, et il serait rentré dans ce que ses maîtres n'auraient point manqué d'appeler la « bonne voie ». Or vous vous rappelez que Racine, irrité, s'emporta contre les comédiens du Marais, les accusant de n'aimer que le « galimatias », et il se tourna d'un autre côté. Suivons-le donc à la trace, grâce à la précieuse correspondance dont nous possédons d'importants fragments. Celle-ci nous éclairera mieux que les *Mémoires* de Louis Racine; car il ne faut pas oublier que Louis Racine n'avait que sept ans à la mort de son père, et que, par suite, beaucoup de ses renseignements sont insuffisants ou sujets à caution.

Que devient Racine, auteur éconduit de l'*Amasie* ? Il paraît d'abord s'être rangé au jugement de l'acteur Laroque. Sa pièce étant refusée au Marais, Racine renonça à la faire jouer ailleurs, et il est probable qu'il l'anéantit, car il ne nous en reste pas un seul vers. On ne saurait dire si Amasie est une femme ou une ville, le Pirée ou un homme.

En cette même année 1660, Racine fait imprimer une ode, *La Nymphe de la Seine*, sur le mariage de Louis XIV avec Marie-Thérèse. Cette pièce, qui primitivement était de 250 vers, n'en compte plus que 190 dans l'édition définitive. Soumise à Chapelain et à Perrault, qui l'approuvèrent, elle valut au jeune poète honneur et profit. Colbert envoya à Racine une gratification de cent louis sur la recommandation de Chapelain. Cela n'empê-

9

chera pas Racine d'être, plus tard, le collaborateur de Boileau
dans la parodie de *Chapelain décoiffé* ; nous aurons, d'ailleurs,
l'occasion de rencontrer, plusieurs fois, des exemples de son
manque de cœur.

En 1661, Racine est gravement malade. Cela ressort de ses
lettres, notamment d'une lettre à La Fontaine, datée d'Uzès,
11 novembre 1661 :

> « J'ai bien vu du pays et j'ai bien voyagé
> Depuis que de vos yeux les miens ont pris congé ;

mais tout cela ne m'a pas empêché de songer toujours autant à
vous que je faisais lorsque nous nous voyions tous les jours,

> Avant qu'une fièvre importune
> Nous fit courir même fortune,
> Et nous mit chacun en danger
> De ne plus jamais voyager. »

Racine avait alors composé une sorte de petit poème mytholò-
gique, sans doute dans le genre de l'*Adonis* de La Fontaine,
auquel il l'avait probablement montré. La maladie vint, un instant,
interrompre ses travaux, et, pendant quatre mois, Racine cesse
de correspondre avec l'abbé Le Vasseur et avec La Fontaine. Du
moins, nous n'avons pas de lettre de lui durant cette période.
Puis, en juin 1651, Racine écrit, de Paris, à Le Vasseur une
lettre fort suggestive :

« ... Quant à cet enfant, dont vous me demandez des nouvelles
et que vous voudriez déjà entendre parler en beau langage,
songez donc que j'ai voulu, avant tout, pourvoir à son établissement ; que j'ai fait un beau plan de tout ce qu'il doit faire, et que,
ses actions étant bien réglées, il lui sera aisé, après cela, de dire
de belles choses ; car M. L'Avocat me le disait encore ce matin
en me donnant votre lettre : il faut du *solide*, et un honnête
homme ne doit faire le métier de poète que quand il a fait un
bon fondement pour toute sa vie, et qu'il se peut dire homme à
juste titre. C'est donc l'avis que j'ai donné à Ovide, ou, pour
parler plus humainement (car ce langage sent un peu trop le
poète), j'ai fait, refait et mis enfin dans sa perfection tout
mon dessein. J'y ai fait entrer tout ce que m'avait marqué
Mlle de Beauchâteau, que j'appelle la seconde Julie d'Ovide
dans la lettre que je lui ai écrite hier par M. Armand, qui
va à la cour, et, quand vous verrez ce dessein, il vous sera
malaisé de le reconnaître. Avec cela, j'ai lu et marqué tous les
ouvrages de mon héros, et j'ai commencé même quelques vers.

Voilà l'état où en est cette affaire. Au reste, je regrette si peu le temps que j'ai employé pour ce dessein, que je n'y aurais pas plaint encore quinze autres jours. M. Vitart (1), qui considère cette entreprise du même œil que celle de l'année passée, croit que le premier acte est fait pour le moins, et m'accuse d'être réservé avec lui ; mais je crois que vous me serez plus juste. » — Je ne vous lis pas la fin de cette lettre : elle est odieuse. Racine y plaisante à propos d'événements aussi considérables pour Port-Royal que le départ forcé de M. Singlin, la nomination d'un supérieur imposé et la dispersion des solitaires. Cette légèreté railleuse annonce déjà les fameuses lettres à Nicole.

Ainsi nous savons, par cette lettre, que Racine a écrit une nouvelle pièce ; que, sur cette pièce, il a consulté Mlle de Beau-château, comédienne de l'Hôtel de Bourgogne, et que Racine l'a remerciée par lettre de ses conseils. Mais là se bornent nos connaissances. La pièce était intitulée sans doute *Les Amours d'Ovide :* le plan, nous le voyons, se trouvait arrêté dès le mois de juin 1661, et déjà plusieurs vers étaient écrits. Qu'était-ce donc que cette pièce, et qu'est-elle devenue? M. Paul Mesnard, et tous ceux qui, après lui, se sont occupés de Racine, sont muets à ce sujet. Ils sont incapables de nous dire si Racine a jamais achevé et fait jouer cette pièce, à laquelle nous le voyons travailler dès 1661 ; et ils semblent considérer cette œuvre comme perdue.

Or il y a une pièce du XVIIe siècle qui nous est parvenue et qui est précisément intitulée *Les Amours d'Ovide.* En voici le titre exact : « *Les Amours d'Ovide,* pastorale héroïque, par M. Gilbert, secrétaire des commandements de la Reine de Suède, et son résident en France ». La pièce, imprimée en 1663, — remarquez bien cette date, voisine de 1661, — a été publiée à Paris « chez Guillaume de Luynes, libraire juré, au Palais, en la Galerie des Merciers, à la justice » ; le privilège du roi est du 19 juillet 1663. Voici la liste des acteurs : « Les Grâces ; — Ovide, chevalier romain ; — Corinne, maîtresse d'Ovide, dame romaine ; — Céphise, nymphe de l'île de Cypre ; — Hyacinthe, amant de Céphise ; — Maxime, confident d'Ovide ; — Caphnis, confident d'Hyacinthe ; — Aminte, confidente de Céphise ; — Célie, confidente de Corinne, — l'Amour, finit la pièce. — *La scène est en l'île de Cypre, dans les jardins d'Adonis* ». Pour vous donner une idée de cette pièce, qui n'est pas sans mérite, je vais vous donner lecture de la scène seconde de l'acte II, dans laquelle nous voyons Céphise exiger une rupture d'Ovide avec Corinne :

(1) Nicolas Vitart, cousin de Racine, intendant du duc de Luynes.

CÉPHISE.

Qu'avez-vous fait d'Ovide ? où l'avez-vous laissé ?
A vous suivre partout il faisait l'empressé.

CORINNE.

Depuis qu'il m'a conduite au bord de la fontaine,
Je ne l'ai point revu ni n'en suis point en peine.

CÉPHISE.

Quand il ne vous suit pas, c'est un fort grand hasard.

CORINNE.

Je viens de recevoir un billet de sa part...

CÉPHISE.

Où, sans doute, il vous peint son ardeur amoureuse ?

CORINNE.

Je veux vous le montrer.

CÉPHISE.

                Je suis peu curieuse
De savoir vos secrets.

CORINNE.

                Je n'en ai point pour vous ;
Vous aurez du plaisir à voir ce billet doux.

CÉPHISE.

Puisque vous le voulez, je m'en vais donc le lire.

AMINTE, à *Céphise tout bas.*

C'est ce que, par votre ordre, Ovide vient d'écrire.

CÉPHISE, *lisant.*

   Corinne, si votre mérite
   Est dans Rome admiré de tous,
   La nymphe pour qui je vous quitte
   Brille dans ces lieux plus que vous.
   Sans m'accuser d'être infidèle,
Pour aimer ce que Cypre a de plus glorieux,
Accusez seulement la nature et les dieux,
   Qui vous firent naître moins belle.

                    OVIDE.

CORINNE, *après que Céphise a lu le billet.*

Le procédé d'Ovide, eh ! bien, vous surprend-il ?

CÉPHISE.

Il est fort peu galant et beaucoup incivil.

CORINNE.

Il me donne congé d'assez mauvaise grâce.

CÉPHISE.

Ah ! je m'en vengerais, étant en votre place,
Et, quoi qu'il me pût dire après de pareils traits,
Avecque moi jamais il ne ferait sa paix :
On a de mauvais yeux alors qu'on vous méprise.

CORINNE.

De ce second billet vous serez plus surprise,
Que lui-même m'avait écrit auparavant.

CÉPHISE.

S'il est du même style, il écrit trop souvent.

CORINNE.

Vous verrez.

CÉPHISE, *lisant.*

Quand je vous écrirai que je manque de foi,
De ce billet forcé ne soyez pas surprise ;
Imputez ce crime à Céphise,
Et n'en blâmez l'Amour ni moi :
Plaignez un malheureux dans cette conjoncture,
Et de votre rivale accusez la rigueur ;
Je lui prêtai ma main pour vous faire une injure,
Mais, pour vous en venger, je vous donne mon cœur.
OVIDE.

Il nous joue, et sa galanterie,
A ne rien déguiser, passe la raillerie ;
Il faut, pour le punir, nous venger toutes deux,
Si Corinne y consent.

CORINNE.

De bon cœur je le veux ;
Mais, pour bien réussir, comment faudra-t-il faire ?

CÉPHISE.

Il faut dissimuler notre juste colère,
Et lui dire en raillant, pour tromper ce trompeur,

Que nous voulons savoir qui des deux a son cœur ;
Et que, prisant beaucoup un mérite si rare,
Pour l'une de nous deux, il faut qu'il se déclare.

CORINNE.

S'il s'explique pour vous ?

CÉPHISE.

S'il s'explique pour moi,
Vous pourrez l'accuser de vous manquer de foi ;
S'il s'explique pour vous, je pourrai tout de même
Le blâmer justement d'une inconstance extrême.
Ainsi, lorsqu'il prétend nous jouer aujourd'hui,
Toutes deux de concert nous nous jouerons de lui.

CORINNE.

Il vient tout à propos ; l'occasion est belle.

CÉPHISE.

De peur qu'il n'imagine une ruse nouvelle,
Ne perdons point de temps et le poussons à bout :
Raillons cet inconstant, qui se raille de tout.

Vous le voyez par cette longue citation, la pièce est loin d'être sans valeur. Les caractères sont bien observés. Ce style, généralement correct, est leste, pimpant, spirituel et léger.

Quel était ce Gilbert dont nous voyons le nom en tête de cette pièce ? Gabriel Gilbert, né vers 1610, mort vers 1680, avait alors une cinquantaine d'années. Il était protestant, ancien secrétaire de la duchesse de Rohan, et, depuis 1657, secrétaire des commandements de la reine de Suède et son résident en France. Richelieu n'avait pas dédaigné, dit-on, de collaborer à ses pièces. Gilbert avait composé notamment une *Rodogune*, qui fut représentée en 1644, la même année que celle de Corneille, et complètement éclipsée par elle. — Or c'est ici que la chose se complique : Louis Racine nous dit qu'en 1662, son père avait commencé une tragédie de *Théagène et Chariclée*, qu'il abandonna ensuite. D'autre part, nous savons que Gabriel Gilbert fit jouer, lui aussi, une tragédie de *Théagène et Chariclée*, qui ne fut pas imprimée. N'y a-t-il pas lieu de se demander si Racine n'aurait point, par hasard, cédé son manuscrit à Gabriel Gilbert ? En tout cas, ce qui est hors de doute, c'est que Gilbert a été connu de Racine et que Racine l'a imité. N'oublions pas qu'en 1646 Gilbert avait composé une tragédie d'*Hippolyte*, qui a peut-être fourni à Racine l'idée de *Phèdre*, et qu'en 1659 le même Gilbert avait fait jouer *Arrie et*

Pœtus ou les Amours de Néron, qui nous force, en quelque sorte, à songer à *Britannicus.* Il y a là un petit mystère, que je vous signale, mais qu'il n'est pas en mon pouvoir d'élucider.

Après le mois de juin 1661, Racine quitte momentanément le service du duc de Luynes : il renonce à la vie mondaine pour aller s'ensevelir à 180 lieues de Paris, à Uzès, dans le Languedoc, auprès de son oncle Sconin. Il se dispose à y recevoir la tonsure ecclésiastique ; il y prend l'habit blanc des Génovéfains, et dit à son cousin Vitart de lui envoyer un démissoire.

Nous voilà bien loin de l'*Amasie !* Racine a quitté les Muses pour lire la *Somme* de saint Thomas d'Aquin. Et cette retraite n'est pas la conséquence d'un retour offensif de l'esprit de Port-Royal : si Racine se fait, comme il le dit lui-même, « régulier avec les réguliers », c'est tout simplement par intérêt, comme l'a fait autrefois Paul de Gondi, futur cardinal de Retz. Racine aspire à jouir des biens de l'Eglise. Il courtise un vieux chanoine de soixante-quinze ans, qui possède un bénéfice de 5.000 livres. Racine ne songe donc pas à se livrer à des travaux d'exégèse ou à la prédication. Il veut suivre simplement les traces de l'abbé Le Vasseur, de l'abbé de Boisrobert et d'autres courtisans des Muses.

Mais l'oncle Sconin veut que Racine étudie, et il lui achète des livres. Il le fait habiller de noir : la vie de Racine à Uzès, c'est presque la vie monacale. Aussi la correspondance de Racine, à cette époque, n'est-elle pas très enjouée. Ses lettres sont semées de vers anodins et de citations d'un pédantisme inquiétant. Racine écrit peu : « C'est bien assez de faire ici l'hypocrite, écrit-il le 16 mai 1662 à son cousin Vitart, sans le faire encore à Paris par lettres ; car j'appelle hypocrisie d'écrire des lettres où il ne faut parler que de dévotion, et ne faire autre chose que se recommander aux prières. Ce n'est pas que je n'en aie bon besoin ; mais je voudrais qu'on en fît pour moi, sans être obligé d'en tant demander. Si Dieu veut que je sois prieur, j'en ferai pour les autres autant qu'on en aura fait pour moi. »

Malheureusement, les affaires ecclésiastiques ne marchent pas très bien, et Racine comprend vite qu'il ne doit rien attendre de ce côté, du moins à Uzès. Il cherche en Anjou ; de guerre lasse, il se console par ses travaux littéraires. Il écrit à Le Vasseur, le 4 juillet 1662 : « Je cherche quelque sujet de théâtre, et je serais assez disposé à y travailler ; mais j'ai trop de sujet d'être mélancolique en ce pays-ci, et il faut avoir l'esprit plus libre que je ne l'ai ; aussi bien, je n'aurais pas ici une personne comme vous à qui je pusse tout montrer à mesure que j'aurais fait quelque chose. » Ainsi Racine a déjà besoin d'un conseiller. Cela nous prépare au rôle que Boileau jouera, plus tard, auprès de lui.

En 1663, Racine renonce définitivement à tout espoir de canonicat, et il retourne à Paris, où nous le retrouvons chez le duc de Luynes. Désormais, il appartient tout entier à la littérature. Il compose une *Ode sur la Convalescence du Roi*, bientôt suivie d'une ode nouvelle, intitulée *la Renommée aux Muses*, qu'il porte à la cour. « *La Renommée* a été assez heureuse, écrit Racine à Le Vasseur en novembre 1663 ; M. le comte de Saint-Aignan l'a trouvée fort belle. Il a demandé mes autres ouvrages, et m'a demandé moi-même. Je le dois aller saluer demain. Je ne l'ai pas trouvé aujourd'hui au lever du roi ; mais j'y ai trouvé Molière, à qui le roi a donné assez de louanges, et j'en ai été bien aise pour lui ; il a été bien aise aussi que j'y fusse présent. » Le roi fit payer au jeune poète une gratification de six cents livres.

Dès le mois de décembre 1663, Racine avait terminé sa tragédie de la *Thébaïde ;* Racine parle de cette pièce à l'abbé Le Vasseur dans la lettre dont je viens de vous lire un fragment : « Pour ce qui regarde les *Frères* (1), ils ne sont pas si avancés qu'à l'ordinaire. Le quatrième acte était fait dès samedi ; mais, malheureusement, je ne goûtais point, ni les autres non plus, toutes ces épées tirées : ainsi il a fallu les faire rengaîner, et pour cela ôter plus de deux cents vers, ce qui est malaisé. » Et dans la lettre suivante, adressée au même Le Vasseur, et datée de décembre 1663 : « Je n'ai pas de grandes nouvelles à vous mander. Je n'ai fait que retoucher continuellement au cinquième acte, et il n'est tout achevé que d'hier. J'en ai changé toutes les stances avec quelques difficultés sur l'état où était ma princesse, peu convenable à s'étendre sur les lieux communs. J'ai tout réduit à cinq stances, et ôté celle de l'ambition, qui me servira peut-être ailleurs. On promet depuis hier la *Thébaïde* à l'Hôtel ; mais ils ne la promettent qu'après trois autres pièces. »

Racine s'est donc livré, avec la *Thébaïde*, à un travail sérieux et méthodique. Il a fait des additions, des modifications, des suppressions même. La pièce, terminée en décembre 1663, est acceptée à l'Hôtel de Bourgogne. Mlle de Beauchâteau, celle que Racine dans ses lettres appelle « la déhanchée », doit jouer le rôle d'Antigone. Comme trois autres pièces doivent passer avant la *Thébaïde*, Racine va donc être forcé d'attendre jusqu'à la fin de 1664 ou au début de 1665 pour faire représenter sa

_____
(1) *Les Frères ennemis*, sous-titre de la *Thébaïde*.

tragédie : c'est bien ennuyeux pour un poète désireux de prendre contact avec le public.

Que se passa-t-il au juste ? Nous ne le savons pas. Peut-être Racine ne craignit-il pas de prendre parti pour Molière, qui était alors en guerre ouverte avec les comédiens de l'Hôtel de Bourgogne, et dont l'*Impromptu de Versailles* venait d'obtenir un grand succès. En tout cas, ce qui est certain, c'est que la *Thébaïde* ne fut pas jouée à l'Hôtel de Bourgogne, mais au Palais-Royal, par la troupe de Molière, le 20 juin 1664.

Voilà donc Racine, âgé de 25 ans, au comble de ses vœux : il peut désormais se mesurer avec ses rivaux, les « grands auteurs » ; avec Corneille, qui vient de donner *Sertorius* en 1662 et *Sophonisbe* en 1663 ; avec Quinault, dont la tragédie d'*Astrate, roi de Tyr*, est également de 1663. Evidemment, l'attention de Racine en 1663 a été attirée sur eux. Vous savez tous, au moins par ce que je vous en ai dit, l'an dernier, à propos de Corneille, ce que sont les tragédies de *Sertorius* et de *Sophonisbe*. Je n'y reviens pas ; mais. peut-être, y aura-t-il quelque intérêt pour nous à nous demander ce que valait l'*Astrate* de Philippe Quinault.

Vous connaissez les vers de Boileau dans la satire III, sur le *Repas ridicule* :

> ... Avez-vous lu l'*Astrate* ?
> C'est là ce qu'on appelle un ouvrage achevé ;
> Surtout l'anneau royal me semble bien trouvé.
> Son sujet est conduit d'une belle manière,
> Et chaque acte, en sa pièce, est une pièce entière.

Eh ! bien, j'ai lu l'*Astrate*, et, quelque profond que soit mon respect pour Boileau, le fameux « anneau royal », qui est d'ailleurs renouvelé du *Don Sanche* de Corneille, ne me paraît point si mal trouvé.

Voici le sujet. Astrate, légitime roi de Tyr, a été dépossédé du trône par le père d'Elise, qu'il aime et dont il est aimé. Celle-ci veut le faire roi en l'épousant, et elle donne à Agénor, parent de la reine, un anneau, qui était la marque de la dignité royale, en le priant de le remettre à Astrate. Mais Agénor, qui avait été nommé par le père de la reine pour être son époux, ne veut point se dessaisir de l'anneau royal, et, comme il essaie de se servir de l'autorité souveraine que cet anneau lui donne pour faire arrêter son rival, il est lui-même mis en prison par ordre d'Elise.

Là-dessus, Astrate apprend qu'il est le légitime héritier du trône, et que le père d'Élise fut un usurpateur. Un complot s'est formé contre Elise pour rétablir le vrai roi sur le trône de ses ancêtres ; mais Astrate n'écoute que son amour, et il défend Elise contre lui-même. A la fin, celle-ci s'empoisonne pour ne point être un obstacle à l'élévation d'Astrate, et le nouveau roi tombe évanoui à la vue de son cadavre.

Evidemment, il y aurait beaucoup de choses à reprendre dans cette pièce. On peut reprocher à Quinault d'avoir, en réalité, placé dans cette tragédie deux pièces à la suite l'une de l'autre : une comédie héroïque (qui épousera Elise, sera-ce Agénor ou Astrate ?) et une tragédie (mort d'Elise). Les situations sont assez compliquées, et il y a quelque « brouillamini ». Mais les beaux vers n'y manquent point, surtout lorsque les personnages ont à exprimer la puissance de l'amour. Voici, par exemple, un couplet (acte II, scène III), dans lequel Elise expose à sa confidente Corisbe, étonnée, son amour pour Astrate :

CORISBE. |

Quoi donc ! un cœur si fier, si plein de fermeté,
Par l'effort de l'amour peut être surmonté !
Il en ressent l'atteinte ! Il s'y trouve accessible !

ÉLISE.

Crois-tu, pour être fier, qu'un cœur soit insensible ?
Et, quelque fermeté qu'on ait pu mettre au jour,
Qu'auprès d'un grand mérite on échappe à l'amour ?
Apprends que, dans une âme avec peine rendue,
Rien ne fait mieux aimer que la fierté vaincue ;
Qu'un cœur est plus touché, plus il a fait d'effort,
Et qu'où l'obstacle est grand, l'amour en est plus fort.
Au bonheur d'Agénor voilà ce qui s'oppose ;
Du choix d'Astrate, enfin, voilà la seule cause ;
Voilà ce que j'ai su trop bien dissimuler ;
Et si j'attends si tard à te le révéler,
Ne t'en étonne pas ; avec un soin extrême,
Je m'en suis fait longtemps un secret à moi-même.
Mon cœur d'abord, sans doute, aurait mieux résisté,
S'il n'eût été trahi par sa propre fierté :
C'est elle qui, du coup dont tu me vis atteinte,
M'a causé la surprise en m'en ôtant la crainte.
Oui, loin de me servir, mon orgueil, m'abusant,
M'a livrée à l'amour, en me le déguisant.
Je négligeai d'abord une langueur secrète ;
Je n'appelai qu'estime une estime inquiète ;
Et mon cœur, trop superbe et trop crédule aussi,
Crut, même en soupirant, qu'on estimait ainsi.
L'amour, faible toujours quand il ne fait que naître,
Caché sous cette erreur, a pris le temps de croître ;

Et contre mon orgueil ne s'est pas déclaré,
Qu'il n'ait de sa victoire été bien assuré.

Il y a là, il faut l'avouer, des vers qui valent ceux de la *Thébaïde*.

Racine, en présence de ces œuvres diverses des princes de la scène, dut être bien perplexe. Qui allait-il imiter ? Le Corneille du *Cid* et d'*Horace*, ou celui d'*Œdipe*, de *Sertorius* et de *Sophonisbe* ? Ou bien marcherait-il sur les traces de Quinault ?

Dans la *Thébaïde*, c'est Corneille auteur d'*Œdipe* que Racine a sans cesse sous les yeux. Il s'inspire aussi de Rotrou, qui a écrit une *Antigone*. Enfin, grâce à sa parfaite connaissance du grec et du latin, il remonte aux sources anciennes, à Sophocle et à Sénèque.

L'imitation de Corneille est évidente dans la *Thébaïde*. On y retrouve les grands sentiments chers à l'auteur du *Cid*, les antithèses, les maximes de gouvernement, les femmes sans grâce féminine (Jocaste et Antigone), les amours postiches et déplacées. De même que Corneille a cru bien faire en intercalant dans *Œdipe* les amours de Thésée et de Dircé, de même Racine a éprouvé le besoin de nous dépeindre, dans sa *Thébaïde*, les amours du fils de Créon, Hémon, et d'Antigone. La pièce se termine par une « tuerie » générale : Jocaste se tue, Hémon se tue, Antigone se tue.

Reconnaissons, toutefois, que Racine a fait un grand effort pour rester simple en traitant ce sujet si complexe. Le style est déjà d'une heureuse facilité. Vous pouvez en juger par le début des stances d'Antigone, qui forment la première scène du cinquième acte :

> A quoi te résous-tu, princesse infortunée ?
> Ta mère vient de mourir dans tes bras ;
> Ne saurais-tu suivre ses pas,
> Et finir, en mourant, ta triste destinée ?
> A de nouveaux malheurs te veux-tu réserver ?
> Tes frères sont aux mains, rien ne les peut sauver
> De leurs cruelles armes.
> Leur exemple t'anime à te percer le flanc ;
> Et toi seule verses des larmes,
> Tous les autres versent du sang...

Tout est de cette nature dans cette pièce élégante et distinguée. En somme, Molière fut assez bien inspiré en jouant cette tragédie d'un débutant ; il obtint double : profit « son bien premièrement, et puis le mal d'autrui » c'est-à-dire de l'Hôtel de Bourgogne, frustré d'une bonne pièce.

La même année, P. Corneille donnait *Othon* avec un grand succès. Dans les trois ministres qui figurent dans cette tragédie, Othon, Vinius et Lacus, on crut reconnaître Colbert, de Lionne et Louvois. Cette pièce fut appelée « le bréviaire des rois ». Le vieux poète, encouragé et réconforté par les applaudissements qui accueillaient *Othon*, ne dut sans doute point prêter grande attention au succès de la *Thébaïde*. Il était encore loin de soupçonner que le jeune Racine serait un rival avec qui, bientôt, il faudrait compter.

Désormais, les circonstances sont favorables à Racine : il a le vent en poupe ; son nom est déjà connu à la ville aussi bien qu'à la cour ; il est ou va être l'ami de Molière, de La Fontaine et de Boileau. Racine n'a plus qu'à se fier à son étoile.

A. C.

Bibliographie

AGRÉGATION D'ARABE (suite)

En Nâbighah Edz Dzobyâni.

EDITIONS

Il n'existe pas d'édition complète d'En Nâbighah renfermant les diverses recensions, entre autres celle d'El Asma'i, longtemps la seule connue, et celle qu'on peut attribuer à Es Soukkari.

La première est celle qui a été publiée avec une introduction, une traduction et des notes, par H. Derenbourg : le *Diwan de Nabiga Dhobydni*, Paris, Maisonneuve (Guilmoto), 1869, in-8°.

Les erreurs de la traduction doivent être rectifiées à l'aide du mémoire d'Ahlwardt : *Bemerkungen über die Aechtheit der alten arabischen Gedichte*, Greifswald, Bamberg, 1872, in-8°, p. 91-145.

La recension d'El Asma'i est aussi celle qui figure dans l'édition du *Diwân* d'En Nabighah donnée par Ahlwardt dans *The Divans of the six ancient Arabic Poets* (Londres, Trübner, 1870, in-8°), avec deux appendices composés des pièces recueillies chez divers auteurs et n'appartenant pas à cette recension. C'est la meilleure de toutes les éditions ; il est regrettable qu'elle ne soit pas accompagnée de notes (les variantes seules y figurent). On peut y suppléer par l'étude consacrée au poète par Ahlwardt dans les *Bemerkungen* (voir plus haut), p. 36-50.

Le seul commentaire de l'ensemble du *Diwân* qui ait été publié est celui d'El Batalyousi : il accompagne l'édition du *Diwân* dans les *Khamsah Dawâwin*, Boulaq, 1293 hég., in-8°, p. 1-79.

Ce commentaire forme la substance des notes que le P. Cheïkho a jointes à son édition (expurgée) du *Diwân*, dans les *Poètes arabes chrétiens*, Beyrout, 1889-90, p. 640-732.

La seconde recension est connue par le mémoire de D. de Günzburg dans *El Mozhaffaryah*, Saint-Pétersbourg, imprimerie de l'Académie des Sciences, 1897, p. 107-252 (d'après un manuscrit de Saint-Pétersbourg).

H. Derenbourg, *Nabiga inédit* (manuscrit de Paris), *Journal asiatique*, janvier-février 1899, p. 5-35 (texte et variantes).

On peut encore consulter les éditions suivantes des morceaux isolés, appartenant tous, sauf le dernier, à la première recension :

N° I (de l'édition Ahlwardt) : Guirgass et Rosen, *Arabskaia Khrestomatiia*, Saint-Pétersbourg, 1896,in-8°, 493.

Nœldeke et A. Müller, *Delectus veterum carminum arabicorum*, Berlin, 1890, in-12, p. 94-99.

Traduit en anglais par Lyall, *Ancient arabic Poetry*, Londres, 1885, in-8°, p. 92-102.

N° III : Nœldeke et Müller, *Delectus veterum carminum arabicorum*, p. 96-97.

Durand et Cheikho, *Chrestomathia arabica*, à la suite des *Elementa grammaticæ arabicæ*, Beyrout, 1897, in-8°, p. 387-388.

N° V : De Sacy, *Chrestomathie arabe*, 2ᵉ édition. Paris, 1826, 3 vol. in-8°, t. II, p. 143-149, avec une traduction française et des notes, p. 404-409.

Guirgass et Rosen, *Arabskaia Khrestomatiia*, p. 493.

Lyall, *A commentary of ten ancient arabic poets* (édition avec le commentaire de Tabrizi), Calcutta, 1894, in-4°, p. 152-158.

Traduit en allemand par Wolf, dans la *Zeitschrift der deutschen morgenländischen Gesellsshaft*, t. XIII, 1859, p. 701.

N° XIV : une partie dans Durand et Cheïkho, *Chrestomathia arabica*, p. 326-327.

Supplément n° XXVI : Iskander Abkarious Agha, *Teziin Nihâyat el 'Arab*, Beyrout, 1867, in-8°, p. 116.

Abou Zeïd El Qorâchi, *Djamharat ach'âr el 'Arab*, Boulaq, 1308 hég., in-4° (p. 52-56, avec des gloses).

BIOGRAPHIE.

La principale source pour la vie du poète est Abou'lfaradj El Isbahâni, *Kitâb el Aghâni*, Boulaq, 1285 hég., 20 vol. in-4°, t. IX, p. 161-177.

Elle a été traduite en partie par Perron, *Femmes arabes avant et après l'Islamisme*, Alger, 1858, in-8°, p. 210-218.

Iber Qotaïbah, *Liber poesis et poetarum*, éd. de Goeje, Leyde, 1904, in-8°, p. 70-81. (Il en existe une édition du Qaire, 1322 hég., par Mohammed El Ghassâni de Haleb, mais moins complète et bien inférieure.)

Es Soyouti, *Cherh' Chaoudhîd El Moghni*, le Qaire, 1322 hég., in-4°, p. 29-30.

El Abbâsi, *Mé'âhid et tensis*, Boulaq, 1274 hég., in-4°, p. 150-155.

El Baghdâdi, *Khizânat el Adab*, Boulaq, 1299 hég., 4 vol. in-4°, t. I, p. 134-139.

Les quatre volumes d'El Baghdâdi, ainsi que le *Maqâsid en*

Nah'ouyah d'El 'Aïni imprimé en marge, contiennent de nombreuses citations d'En Nàbighah avec un commentaire.

Iskender Agha Abkarious : *Raoudhat el Adab*, Beyrout, 1858, in-12, p. 166-173.

En Occident, l'introduction de H. Derenbourg, placée en tête de l'édition du *Diwân*, est ce que nous possédons, jusqu'à présent, de plus complet sur En Nabighah et son époque. C'est d'après elle qu'a été écrit l'article de J. Soury : *Nabiga et la poésie avant l'Islam* (*Etudes historiques sur les religions, les arts, la civilisation de l'Asie antérieure*. Paris, Reinwald, 1877, in-8°, ch. vii).

Les passages consacrés à ce poète par Brockelmann, *Geschichte der arabischen Litteratur* (Weimar, Felber, 1897, in-8°, fasc. I, p. 22), Huart, *Littérature arabe* (Paris, Colin, 1902, p. 11-12 et Pizzi, *Letteratura araba*, Milan, Hœpli, in-16 p. 31-32) sont trop sommaires.

On pourra consulter aussi Caussin de Perceval, *Essai sur l'histoire des Arabes avant l'islamisme*, Paris, Didot, 1847, 3 vol. in-8°, t. II, p. 502-514.

René BASSET,

Correspondant de l'Institut,
Directeur de l'Ecole supérieure des lettres d'Alger.

Histoire de la Langue française, des origines jusqu'à 1900, tome II, *Le Seizième Siècle*, 1 vol. in 8° de xxxii-504 pages, par FERDINAND BRUNOT, professeur d'histoire de la langue française à l'Université de Paris. (A. Colin.)

M. Brunot continue sa magistrale histoire de la langue française, et en voici le deuxième volume. Toutes les qualités de science et de méthode qu'on admirait déjà dans le premier volume se retrouvent ici. La troisième partie de l'ouvrage, le *mouvement de la langue,* avec ses quatre sections (vocabulaire, phonétique, morphologie, syntaxe), rassemble une masse prodigieuse de renseignements, que les philologues liront et consulteront avec le plus grand profit : nulle part ailleurs, ils ne les trouveront rassemblés aussi nombreux ni aussi sûrs. Mais la première et la deuxième partie, sans être moins savantes, offrent en outre, chacune, un intérêt particulier. La première, l'*émancipation du français,* est comme la biographie passionnante de notre langue. On voit les obstacles que rencontre le français, longtemps tenu en mépris par tous ceux qui alors représentent l'intelligence et le pouvoir spirituel. On le voit qui, protégé par la royauté, sort peu à peu de son humilité, devient la langue des médecins, des mathématiciens, des philosophes ; prend une place de plus en plus grande dans l'histoire, et, dans la littérature proprement dite, voit enfin sa valeur reconnue, célébrée par tous. On croirait assister à la naissance d'un être vivant, de jour en jour plus fort et plus beau. Quant à la deuxième partie, *tentatives des savants pour cultiver la langue*, par une rencontre assez curieuse, elle est d'actualité. Elle traite, en effet, de cette réforme de l'orthographe, au sujet de laquelle on discute si vivement — quelquefois même, par malheur, on s'injurie — de nos jours. Il faut lire, dans le livre de M. Brunot, l'exposé des systèmes parfois étranges proposés au xvi° siècle par de hardis et même de téméraires novateurs. Rien n'est plus curieux que d'y voir, il y a trois cents ans, les mêmes violences des novateurs à outrance et des conservateurs forcenés : cela devrait nous rendre, mais ne nous rendra pas sages. L'histoire de la grammaire française est, heureusement, plus pacifique, sans être moins curieuse. — Mais je ne puis analyser en détail tout ce que le livre de M. Brunot contient d'intéressant : pour les historiens de la littérature, comme pour les historiens de la langue, il est un instrument de travail indispensable.

G. MICHAUT,
Maître de conférences à l'Université de Paris.

Le gérant : E. FROMANTIN.

POITIERS. — SOCIÉTÉ FRANÇAISE D'IMPRIMERIE ET DE LIBRAIRIE

REVUE HEBDOMADAIRE

DES

COURS ET CONFÉRENCES

DIRECTEUR : N. FILOZ

Les poètes du XIXᵉ siècle qui continuent la tradition du XVIIIᵉ siècle

Cours de M. ÉMILE FAGUET,

Professeur à l'Université de Paris.

Le poète Arnault, sa vie.

Arnault est, après Fontanes, de tous les poètes du premier Empire, celui qui a laissé la réputation la mieux établie et la plus prolongée. Pour la génération de 1800 à 1830, Arnault a représenté d'une façon très exacte et très complète les qualités caractéristiques de l'esprit français, aussi bien dans ses *Fables* que dans ses poésies légères, dans ses épigrammes ou dans ses tragédies. Il convient donc de l'étudier avec quelque détail.

Antoine-Vincent Arnault est né à Paris en 1766 et mort à Goderville (Seine-Inférieure) en 1834. La plupart des dictionnaires donnent le 1ᵉʳ janvier comme date de sa naissance; d'autres le font naître le 15 janvier. Peut-être serait-il plus raisonnable et plus simple de s'en rapporter à Arnault lui-même, qui déclare être né le 22 janvier. Dans une de ses poésies légères, datée de 1790, *A*** *pour le jour de sa naissance*, Arnault fait allusion à ce mois de janvier, mois auquel il a vu le jour :

> Sans trop savoir comme et pourquoi,
> Je sortis de la nuit profonde,
> Et par pressentiment je croi,
> En pleurant j'entrai dans ce monde.

10

Montrer, dès lors, autant d'humeur
Prévint contre mon caractère.
Je devais être amant, auteur,
Avais-je si grand tort, ma chère?
Né sous le signe du Verseau,
Constellation taciturne,
Mes yeux ont plus répandu d'eau
Qu'il n'en a coulé de son urne.

Mais, fatale à plus d'un berger,
Toi qui, l'objet de nos hommages,
Devais fixer le plus léger
Et tourner la tête aux plus sages ;
Qui, déjà fille du bonheur,
Nous le ramenais sur la terre,
Lorsque tu reçus la lumière,
On te vit sourire à ta mère
Qui dut t'enfanter sans douleur ;
Sur des fleurs fraîchement écloses,
Dans nos bosquets reverdissants,
Tu parus avec le printemps,
Au beau mois où naissent les roses.

— Voilà, disons-le en passant, un madrigal très agréable et fort lestement troussé...

Donc Arnault est né en janvier, ce qui d'ailleurs n'a pas grande importance. Il fut élevé chez les Oratoriens de Juilly, où il eut des professeurs illustres et d'autres qui lui parurent assez niais. Parmi les professeurs illustres, il nous cite le Père Fouché et le Père Billaud. Ces deux noms ne vous disent peut-être rien ; mais, quand vous saurez que ce P. Fouché n'est autre que le fameux Fouché, futur duc d'Otrante, et ce P. Billaud le non moins fameux Billaud-Varennes, vous reconnaîtrez volontiers que ces deux personnages méritent d'arrêter un instant notre attention. Nous verrons, par leur exemple, comment l'homme ignore totalement l'avenir qui lui est réservé ; comment deux professeurs sages et modestes, vivant loin du bruit, soucieux de leurs seules études, peuvent brusquement se transformer en révolutionnaires farouches, pour peu que les circonstances..... j'allais dire « les favorisent ». Examinons ce qu'en dit Arnault dans ses intéressants *Souvenirs d'un sexagénaire,* ouvrage en quatre volumes publié par Arnault, en 1833, et où nous trouvons de curieux détails sur toute cette période de la Révolution, du Consulat et du commencement de l'Empire. — Sainte-Beuve, notamment, y a puisé une foule d'anecdotes qui sont aujourd'hui célèbres, depuis qu'il les a mises dans ses *Causeries du Lundi* ; et il a eu raison, puisque,

— et l'on a tort, — on ne lit guère plus les *Souvenirs d'un sexagénaire*. Voici les portraits de Billaud et de Fouché, des-sinés par ce malicieux observateur qu'était Arnault :

« Le P. Billaud, qui depuis est devenu si effroyablement fameux sous le nom de *Billaud-Varennes*, paraissait alors un très bon homme aussi, et peut-être l'était-il ; peut-être même l'eût-il été toute sa vie, s'il fût resté homme privé, si les évé-nements qui provoquèrent le développement de son atroce poli-tique et l'application de ses affreuses théories ne se fussent jamais présentés. Je pencherais à croire qu'au moral comme au physique nous portons en nous le germe de plus d'une maladie grave, dont nous semblons être exempts tant que ne s'est pas rencontrée la circonstance qui doit en provoquer l'explosion. Tel était l'état où se trouvait, en 1783, le P. Billaud. Plus mondain que ne le permettait le caractère de la modeste société dont il faisait partie, il était, à la vérité, quelque peu friand de gloire littéraire, et travaillait en secret pour le théâtre ; mais serait-il en horreur à l'humanité si la Révolution ne lui avait pas permis une ambition plus tragique ? »

Et voici pour Fouché : « Fouché, de la Convention nationale, offre la même disparate avec Fouché de l'Oratoire de Jésus. A Juilly, où il professait les mathématiques, le P. Fouché n'a mon-tré que cette indifférence qui, même au faîte du pouvoir, semblait former le trait caractéristique de sa physionomie morale. Capable de faire tout le mal qui pouvait lui être utile, mais n'ayant pas alors d'intérêt à en faire, il passait là pour bonhomme, et cela se conçoit. Il n'avait avec les élèves que des rapports agréables. L'étude des sciences exactes n'y étant pas obligatoire, et le régent qui les professait n'ayant affaire conséquemment qu'à des écoliers de bonne volonté et dont la raison était déjà formée,- le P. Fou-ché n'avait jamais occasion de se montrer terrible, et trouvait souvent occasion d'être agréable. De plus, comme s'il s'occupait beaucoup de physique et qu'il faisait souvent des expériences pu-bliques, les écoliers lui savaient autant de gré de ce qu'il entre-prenait pour sa propre utilité que s'il l'eût entrepris pour leur seul amusement. C'est des sciences qu'il attendait alors la célé-brité, qu'il obtint depuis par des moyens moins innocents ! En s'embarquant dans un aérostat, à Nantes, il prouva que, même sous la robe des Béruliens, il ne manquait ni d'ambition ni d'au-dace. »

J'ai cherché, dans ces *Souvenirs* d'Arnault, des renseignements sur Daunou, qui a été professeur à l'Oratoire à peu près à la même époque que Fouché et que Billaud. Arnault ne dit rien de lui ; je ne sais pas pourquoi. Le portrait de Daunou n'eût pas été moins intéressant que les précédents.

Arnault, ses études terminées, quitta l'Oratoire vers l'âge de dix-huit ans. Comme son père n'exerçait qu'une petite charge à la cour, Arnault, tout en se consacrant aux lettres, dut accepter le modeste emploi de secrétaire de la garde-robe de Monsieur, frère du roi, comte de Provence, le futur Louis XVIII. Le comte de Provence aimait beaucoup les hommes d'esprit ; il composait même de petits poèmes qu'il montrait à Arnault, tout comme Arnault lui montrait les siens. Les petits poèmes du comte de Provence étaient intéressants, surtout quand ils n'étaient pas de lui. Je vous ai raconté, il y a deux ans, l'histoire du célèbre poème de l'*Eventail*, que le comte de Provence se laissa attribuer sans protester, et qui, en réalité, est de Lemierre. Arnault ne manque pas de nous faire remarquer ce détail. En tout cas, il est sûr que le comte de Provence « taquinait la Muse », comme on disait à cette époque.

En mai 1787, Arnault écrit sa *Promenade à Montreuil* ou *les Jardins de la Bienfaisance* : il s'agit ici des jardins qu'avait fait faire à Montreuil, près Versailles, Marie-Joséphine-Louise de Savoie, épouse du comte de Provence, et dont Delille dit dans son poème des *Jardins* :

> Les Grâces, en riant, dessinèrent Montreuil.

Dans ces quelques pages, mêlées de prose et de vers, Arnault a voulu écrire quelque chose d'analogue au *Voyage en Limousin* de La Fontaine ou au *Voyage en Languedoc* de Chapelle et Bachaumont. Et cette œuvre, qui commença à le faire connaître, ne manque pas de charme.

Arnault devint secrétaire du cabinet de la comtesse de Provence, après le succès colossal de sa première tragédie, *Marius à Minturnes*, jouée au Théâtre-Français le 19 mai 1791. Cette pièce, qui consacra d'une manière éclatante la réputation d'Arnault, a été considérée comme un véritable chef-d'œuvre jusque vers 1830, jusqu'à l'arrivée des romantiques. Je dois reconnaître qu'elle renferme de très belles situations poétiques, et beaucoup de ces vers isolés qui passent la rampe et restent gravés dans toutes les mémoires.

Deux ans plus tard, et sur la même scène, *Lucrèce* n'obtint que cinq ou six représentations : cette pièce contient encore de grandes beautés oratoires, mais peu de situations dramatiques. Néanmoins, l'auréole d'Arnault demeurait aussi brillante : il était toujours le célèbre auteur de *Marius à Minturnes*.

Après la journée du 10 août, Arnault qui, déjà marié et père
de famille, avait dû, pour vivre, entrer comme employé à la
confection des assignats, se décida à émigrer. Il émigra très
gaiement. Il faut lire dans ses *Souvenirs* le récit humoristique de
sa fuite : ce fut avec beaucoup de difficulté qu'il put sortir de la
capitale ; il y parvint grâce à un ami complaisant qui lui indiqua
le moyen de tromper la vigilance des gardiens des portes; arrivé
à Calais, il ne put s'embarquer pour l'Angleterre, car les navires
ne prenaient pas de Parisiens à bord, et le gouvernement révolutionnaire s'ingéniait à empêcher la fuite des émigrants. Arnault
et ses compagnons louèrent donc un bateau de pêche qui devait
les transporter de l'autre côté du détroit. Mais, lorsqu'ils furent
en pleine mer, les matelots offrirent obligeamment aux voyageurs « de serrer leurs pistolets dans une armoire qui était à la
poupe, près du gouvernail, l'air de la mer pouvant les gâter,
disaient-ils ». Cela fait, les matelots prièrent fort poliment les
fugitifs de leur remettre leurs assignats, chiffons inutilisables en
Angleterre. Arnault et ses compagnons durent s'exécuter ; la
chose est joliment contée dans les *Souvenirs d'un sexagénaire.*

Arnault ne resta que quelques semaines à Londres. A son
retour, il fut arrêté à Dunkerque, et, traduit devant le tribunal
révolutionnaire, il ne dut son salut qu'à l'intervention de Fabre
d'Eglantine, de Tallien et de Roland. Il serait intéressant de s'arrêter aux souvenirs d'Arnault relatifs à la Révolution. Je me
borne à vous lire quelques passages qui ont trait à cette période.
Une définition de la Terreur : « gouvernement aux yeux duquel
c'était être suspect qu'être modéré, et criminel qu'être suspect. »
— Et voici quelle était l'attitude d'Arnault durant cette terrible
période : « Pour échapper aux dangers dont tout le monde était
menacé, le plus sage était d'en user comme dans les temps où la
foudre gronde, et de s'abstenir de mouvement autant que possible. »

Arnault ne manque pas de signaler la mesure ridicule par
laquelle la municipalité de Paris astreignait les habitants à con-
signer sur une affiche placardée à la porte de la rue leurs pré-
noms, surnoms *et leur âge* : « Quels mécontentements cette taqui-
nerie tyrannique ne provoqua-t-elle pas ! Je ne sache guère que
l'affiche où le général Santerre proposait la proscription des
chiens qui en ait provoqué d'aussi grands. — Malgré le danger
auquel on s'exposait en désobéissant à cet arrêté, peu de *dames*
s'y conformèrent exactement. Aucune n'en profita, il est vrai,
pour se donner, en vieillissant, un caractère plus respectable,
mais beaucoup en usèrent pour rapprocher leur âge de celui de

l'innocence et se rajeunir. Je me souviens qu'une femme fort jolie, et qui n'était pas, à beaucoup près, d'âge à avoir intérêt à mentir sur cet article, saisissant cette occasion pour réformer son extrait de baptême, se débarrassa de quelques années ; si bien que nous n'étions plus du même âge, quoique deux ans auparavant, dans un moment où elle n'avait rien de caché pour moi, elle se fût félicitée d'être née la même année, et, je crois aussi, le même jour que moi. Ainsi le temps ayant reculé de deux ans pour elle, tandis qu'il avait avancé de deux ans pour moi, nous nous trouvions à quatre ans de différence. Comme je la félicitais d'avoir rajeuni précisément dans la mesure où j'avais vieilli : « Mon ami, me dit-elle, je compte bien, si cette vilaine loi dure, en profiter tous les ans pour me rajeunir encore. Savez-vous bien que, dans dix ans, l'affiche de cette année fera autorité ? » — Le mot est très joli, et digne de ce merveilleux conteur qu'était Arnault.

Voici encore, à titre d'exemple, ce que nous dit Arnault du singulier et désobligeant Hérault de Séchelles. Arnault le vit dans la charrette qui le conduisait au supplice, à côté de Danton, de Camille Desmoulins, de Fabre d'Eglantine : « La tranquillité qui régnait sur la belle figure de cet ancien avocat général (Hérault de Séchelles) était d'une autre nature que la tranquillité de Danton, dont le visage offrait une caricature de celui de Socrate. Le calme de Hérault était celui de l'indifférence ; le calme de Danton, celui du dédain. La pâleur ne siégeait pas sur le front de ce dernier, mais celui de l'autre était coloré d'une teinte si ardente qu'il avait moins l'air d'aller à l'échafaud que de revenir d'un banquet. Hérault de Séchelles paraissait enfin détaché de la vie, dont il avait acheté la conservation par tant de lâchetés, par tant d'atrocités. L'aspect de cet égoïste étonnait tout le monde : chacun se demandait son nom avec intérêt, et, dès qu'il était nommé, il n'intéressait plus personne... Quelques semaines avant ce jour si terrible pour lui, sur la route qu'il suivait si douloureusement, Hérault avait rencontré dans cette charrette où il devait monter Hébert, Clootz et Ronsin, qu'elle menait où il est allé. « C'est par hasard que je me suis trouvé sur leur passage, disait-il à la personne de qui je tiens ce fait ; je ne courais pas après ce spectacle, mais je ne suis pas fâché de l'avoir rencontré ; *cela rafraîchit.* » — Cette anecdote a des chances d'être vraie, car Arnault n'a pas été le seul à la rapporter.

Je pourrais vous lire aussi les derniers moments de Danton, auxquels Arnault dit avoir assisté, derrière la grille des Tuileries qui ouvrait sur la place Louis XV (place de la Concorde actuelle). Les détails qu'il nous donne et les mots fameux de Danton qu'il nous rapporte sont ceux que l'histoire a conservés : c'est une preuve de plus en faveur de la véracité des *Souvenirs* d'Arnault, qui a su être sincère et exact, malgré son aversion pour les révolutionnaires.

Bientôt Arnault va faire une rencontre qui décidera presque de sa vie : celle du général Bonaparte. Il l'a vu pour la première fois à Marseille, où Arnault avait accompagné son ami l'acteur Lenoir, de la Comédie-Française, qui allait dans cette ville pour affaires. Voici ce que dit Arnault de cette rencontre : « C'est au chef-lieu de la commission que je fis connaissance avec deux membres de la famille qui devait donner un maître à la France, à l'Europe, au monde même. Je m'y trouvais journellement avec Lucien Bonaparte, alors commissaire des guerres, et j'y dînai une fois avec le général Bonaparte, qui, en allant prendre le commandement de l'armée d'Italie, s'arrêta vingt-quatre heures à Marseille, où demeuraient alors sa mère et ses trois sœurs. Lucien vivait assez solitairement ; la culture des lettres et un peu aussi l'étude de la musique absorbaient les loisirs que lui laissaient ses fonctions, et qu'il ne donnait pas aux dames, dont se composait la société dans laquelle il se renfermait. Poli mais peu communicatif avec les hommes, il ne voyait guère les commissaires que pour les intérêts de son service. Il fut dès lors obligeant, prévenant même pour moi. — Quant au général, on ne peut rien imaginer de plus grave, de plus sévère, de plus glacial que cette figure de vingt-sept ans, que ce front déjà rempli de tant de projets, déjà sillonné par tant de méditations. Il ne parla pas plus, pendant le dîner que lui donna le proconsul, qu'il ne parlait dans ceux qu'il donna quand lui-même fut consul, et comme on ne l'interpellait guère plus qu'on ne l'a fait depuis, tant il en imposait à tous, le dîner fut aussi sérieux qu'aucun de ceux qui ont été faits aux Tuileries : il n'y figura pas moins en maître qu'à ceux-là, quoiqu'il n'affectât pas de l'être. Il passa en revue la garnison de Marseille. En le voyant, les vieux soldats se demandaient si on se moquait d'eux de leur envoyer un enfant pour les commander... Un enfant ! »

C'est à Marseille également, et à la même époque, qu'Arnault connut le général Leclerc, qui devint plus tard le beau-frère de Bonaparte. Les deux hommes se plurent ; ils se retrouvèrent à Paris et se fréquentèrent. Arnault eut même l'occasion de donner à Leclerc un conseil que celui-ci ne dut point regretter d'avoir suivi : il engagea Leclerc à rejoindre Bonaparte en Italie, au lieu d'accepter le poste de commandant militaire du palais du Luxembourg (où siégeait le Directoire) qu'on lui offrait. Arnault se connaissait en hommes, et il pressentait, dès cette époque, tout l'avenir de gloire qui s'ouvrait devant le jeune chef de l'armée d'Italie. Arnault alla lui-même retrouver le général Bonaparte au milieu de ses victoires. Il le vit à Milan, et tous deux causèrent longuement. Bonaparte lui proposa même, assez brusquement, d'aller organiser le gouvernement des îles Ioniennes (1796) : tel Don Quichotte donnant à Sancho Pança l'administration de l'île de Barataria. Arnault eût mieux aimé ne pas avoir à accepter, et il se fût passé volontiers d'un tel honneur ; mais il n'osa pas refuser. Il gouverna donc les îles Ioniennes, puis il rentra. L'avait-on rappelé ? Je crois bien qu'il est revenu un peu tout seul. Il visita, en prenant bien son temps, Naples, Rome, Florence ; dans cette dernière ville, il tança vertement un cocher qui avait attaché des cocardes tricolores à la tête et à la queue de ses chevaux. Arnault avait à cœur de se préparer une bonne réception à Paris.

Ses relations avec Bonaparte furent toujours très étroites. Il eut l'occasion de fréquenter chez Mme Tallien et chez Joséphine, épouse de Bonaparte. « J'eus plus d'une fois, dit-il, l'honneur de servir de cavalier à Joséphine. Je me souviens, entre autres, d'avoir assisté à la première représentation du *Télémaque* de Le Sueur, au théâtre Feydeau, dans la loge de Mme Bonaparte, avec Mme Tallien. Ce n'était pas sans quelque orgueil, j'en conviens, que je me voyais entre les deux femmes les plus remarquables de l'époque ; ce n'est pas même sans quelque plaisir que je me le rappelle : sentiments naturels dans un jeune homme passionné pour la beauté et pour la gloire. Ce n'est pas Tallien que j'aurais aimé dans sa femme, mais c'était bien sûrement Bonaparte que j'admirais dans la sienne. »

Après l'expédition d'Italie, Arnault est au mieux avec le général Bonaparte et avec Joséphine. Arnault, homme clairvoyant, poussait même le jeune vainqueur à tenter un coup d'Etat contre le Directoire de jour en jour plus faible ; c'est Arnault lui-même qui nous le dit. Bonaparte refusa, aimant mieux attendre. Il ne croyait pas encore l'occasion assez propice. Pourtant les circonstances eussent été bien plus favorables à Bonaparte chargé des lauriers de la campagne d'Italie qu'au même Bonaparte rentrant d'Egypte, où, en somme, il avait échoué dans ses desseins.

Toujours est-il que Bonaparte, poursuivant son rêve grandiose, partit pour l'expédition d'Egypte. Il chargea Arnault de recruter et d'organiser ce fameux cortège de savants, cet Institut d'Egypte dont le jeune guerrier avait tenu à s'entourer, pour donner à sa campagne un caractère de conquête scientifique. Ce fut Arnault qui décida Monge notamment à suivre Bonaparte dans cette expédition.

Pendant le trajet, Arnault eut souvent avec Bonaparte de très intéressantes conversations littéraires à bord de l'*Orient*. Le général faisait, de temps en 'temps, des tournées pour voir à quoi chacun s'occupait durant les loisirs de la traversée. « Dans une de ces tournées, la fantaisie lui prit de savoir ce que chacun lisait. « Que tenez-vous là, Bessière? — Un roman !... — Et toi, Eugène ?... — Un roman ! — Et vous, Bourrienne?... — Un roman ! » M. de Bourrienne tenait *Paul et Virginie*, ouvrage que, par parenthèses, il trouvait détestable. Duroc aussi lisait un roman, ainsi que Berthier, qui, sorti par hasard dans ce moment-là de la petite chambre qu'il avait auprès du général en chef, m'avait demandé quelque chose de bien sentimental, et s'était endormi sur les *Passions du jeune Werther*. « Lectures de femmes de chambre », dit le général avec quelque humeur ; il était tracassé pour le quart d'heure par le mal de mer. « Ne leur donnez que des livres d'histoire ; des hommes ne doivent pas lire autre chose. — Pour qui donc garderons-nous les romans, général ; car nous n'avons pas ici de femmes de chambre ? »

« Le général passait quelquefois la matinée entière dans sa chambre, couché tout habillé sur son lit.

« Un jour, il me fait appeler par Duroc : « N'avez-vous rien à faire ? me dit-il. — Rien, général. — Ni moi non. plus (c'est peut-être la première et la dernière fois de sa vie qu'il ait dit cela). 'Lisons quelque chose ; cela nous occupera tous les deux. — Que voulez-vous lire ? de la philosophie ? de la politique ? de la poésie ? — De la poésie. — Mais de quel poète? — De celui que vous voudrez. — Homère vous conviendrait-il? C'est le père à tous. — Lisons Homère. — L'*Iliade*, l'*Odyssée* ou la *Batrachomyomachie ?* — Comment dites-vous ? — Le combat des rats et des grenouilles, ou la guerre des Grecs et des Troyens, ou les voyages d'Ulysse? Parlez, général. — Pas de guerre pour le moment : nous voyageons, lisons des voyages. D'ailleurs, je connais peu l'*Odyssée* ; lisons l'*Odyssée*. »

Et Arnault commença au commencement : « Me voilà donc lisant tout haut comme quoi les prétendants de Pénélope mangeaient, tout en lui faisant la cour, l'héritage du prudent Ulysse, le patrimoine du jeune Télémaque et son douaire à elle, égorgeant les bœufs, les écorchant, les dépeçant, les faisant rôtir ou bouillir, et s'en régalant ainsi que de son vin. Je ne puis dire à quel point cette peinture naïve des mœurs antiques égayait mon auditeur : « Et vous nous donnez cela pour beau ! me disait-il. Ces héros-là ne sont plus que des maraudeurs, des marmitons, des *fricoteurs* ! Si nos cuisiniers se conduisaient comme eux en campagne, je les ferais fusiller. Voilà de singuliers rois. »

Et Bonaparte se dédommageait en lisant Ossian. « Ossian est un poète, disait-il ; Homère n'est qu'un radoteur. »

Les opinions de Bonaparte sur la tragédie n'étaient pas originales : « Les intérêts des nations, des passions appliquées à un but politique, le développement des projets de l'homme d'Etat, les révolutions qui changent la face des empires : voilà, disait-il, la matière tragique. Les autres intérêts qui s'y trouvent mêlés, les intérêts d'amour surtout, qui dominent dans les tragédies françaises, ne sont que de la comédie dans la tragédie... ». *Zaïre*, d'après son opinion, ne serait qu'une comédie. »

Cela explique l'admiration de Bonaparte pour Corneille, qui estimait que « l'amour est une passion trop chargée de faiblesse pour être le principal d'une tragédie ». Et Arnault a raison de dire qu'en cela on ne saurait accuser Bonaparte d'hérésie littéraire.

Nous verrons, dans notre prochaine leçon, comment Arnault fut forcé de quitter Bonaparte à Malte et de rentrer à Paris.

A. C.

La Morale.

Cours de M. VICTOR EGGER,

Professeur à l'Université de Paris.

Résumé des thèses préliminaires. — Tableau des concepts moraux.

Je commencerai par résumer les principales thèses que j'ai
exposées dans les leçons précédentes, et j'en tirerai quelques
conséquences. Dans la deuxième partie de cette leçon, j'aborderai l'exposé méthodique de la morale par l'énumération des
concepts moraux et par quelques commentaires sur cette énumération.

Je commence donc par énoncer et commenter les thèses que
j'ai déjà développées et que je crois devoir résumer avant de
passer à l'examen d'autres questions.

1° La première thèse était celle-ci : les autres hommes, mes
semblables, me jugent mieux que je ne me juge moi-même, et je
juge mes semblables mieux que je ne me juge moi-même, chaque
homme se juge mal lui-même, mais est bien jugé par les autres,
et juge mieux les autres qu'il ne se juge lui-même. Ainsi l'individu ne trouve pas, en sa conscience personnelle, une règle sûre
pour se juger lui-même; il n'y trouve pas sa loi, au sens pratique
du terme. L'autonomie individuelle est féconde en erreurs, et il
convient d'y substituer une hétéronomie. L'individu est hétéronome, c'est-à-dire que c'est en regardant autrui et en
l'écoutant parler sur lui-même et sur autrui qu'il trouvera sa
loi, loi qui n'est pas seulement la sienne. Pour se juger lui-
même, il consultera l'humanité, abandonnant le point de vue
individuel ou personnel.

Mais, si cette façon de juger est une hétéronomie lorsqu'on se
juge soi-même, l'est-elle lorsqu'on juge ses semblables ? Non; car,
dans ce dernier cas, on limite l'humanité au groupe social qui
nous entoure, ou bien, cette limitation étant arbitraire et instable,
on franchit les limites du groupe, on le dépasse, et l'on se place
au point de vue de l'humanité. Ainsi l'individu est hétéronome,
l'humanité autonome.

Cette vérité, je la présente surtout comme relative à la manière
dont le jugement moral est porté. Que ce jugement porte sur des
faits accomplis ou sur des faits à accomplir, s'il est porté par

moi sur autrui ou par autrui sur moi, alors seulement il est
vraiment moral. Donc je puis dire que le jugement moral est
social dans sa forme, c'est-à-dire dans la manière dont il est porté;
mais il n'est pas social seulement dans sa forme. Quel est l'objet
des jugements moraux? Le caractère moral apparaît surtout dans
les jugements de chacun sur autrui, de chacun sur la conduite de
chacun. Or chacun porte le même jugement sur la conduite de
chacun. Mais pourrait-il en être ainsi, si ce que l'on en considère
était relatif à chacun? Non; ce que nous envisageons dans la conduite d'autrui quand nous le jugeons, c'est la manière dont il entend ses rapports avec ses semblables. C'est là-dessus que tous
les hommes sont d'accord. Donc le jugement moral n'est pas moral seulement dans sa forme, mais il l'est aussi dans sa matière,
et je puis dire provisoirement que la morale est l'opinion de
l'homme, être social, sur l'homme, être social, de l'homme, membre de l'humanité, sur l'homme, membre de l'humanité.

N'est-ce pas dire que la morale est l'opinion commune ou le
sens commun des hommes sur ce qui unit les hommes? Je défi-
nirai plus tard ce qu'il faut entendre exactement par sens commun. Je me borne à signaler, pour l'instant, qu'on peut le faire
intervenir ici.

2° En second lieu, l'observation morale cherche à saisir dans
l'individu non pas ce qui est individuel ou général, mais ce qui est
commun, collectif, social, ce qui unit les individus humains. Cela
peut être saisi quand on interroge les consciences, si elles sont
droites, morales, c'est-à-dire sociales, et aussi dans les actions
des hommes, et surtout dans leurs discours, où se manifestent les
jugements des hommes les uns sur les autres. De tous ces faits le
moraliste dégage des thèses générales relatives à cet objet spécial,
à savoir ce qui unit les hommes. Souvent, on les trouvera toutes
dans les discours ; quelquefois même, elles y seront nettement
formulées, car c'est là-dessus que l'homme généralise le plus
volontiers. D'ailleurs, un jugement moral, soit particulier à un
individu et à une circonstance, soit général, ne sera vrai que s'il
coïncide avec l'opinion commune, s'il la reflète et l'exprime. La
conscience morale est une conscience collective. Elle est en chacun, parce qu'elle est dans la totalité des hommes, qui tous vivent
en société.

C'est dire que la morale est chose de sens commun. Socrate le
pensait; un de ses interprètes les plus autorisés formule ainsi la
doctrine socratique : « Le sens commun est un guide très digne
de confiance, tant qu'il ne s'agit que de la conduite de la vie ; un
maître d'erreurs, s'il s'agit de la connaissance des lois de l'uni-

vers. » (Boutroux, *Socrate fondateur de la science morale.*) Nous
pensons comme Socrate : le sens commun n'a ni une métaphysique ni une psychologie ; en ces matières purement spéculatives,
il est incompétent ; mais il a une morale, laquelle s'est développée
peu à peu au cours des générations humaines avec une cohérence
logique, et constitue un véritable système. Et cette morale du
sens commun est la seule vraie ; car, si la morale est l'opinion de
tous sur ce que tous doivent penser de la conduite de tous à
l'égard de tous, comment ce que nous appelons *tous* pourrait-il
être dans l'erreur en pareille matière ? N'est-ce pas le cas de dire :
l'erreur de tous vaut la vérité, est la vérité ? (*Communis error
pro veritate est.*)

Mais comment le sens commun, ignorant et incompétent en
matière spéculative, a-t-il, en matière, morale cette compétence
parfaite, infaillible ? C'est par nécessité que l'humanité s'est fait
une morale. Avant tout, il faut vivre ; tout le reste est un luxe. Or
vivre, pour l'homme, c'est vivre en société. L'esprit de l'être
vivant est tourné vers l'avenir, vers l'idéal, le bien, le mieux,
ou tout au moins le moins mal, vers ce qu'il faut faire. Le réel,
c'est-à-dire le passé et le présent, n'est utile à connaître que
dans la mesure où il peut être utile à l'action. Il nous importe peu
de savoir ce que nous sommes, ce que sont les choses : ce sont là
des objets de pure curiosité. Les sciences, la physique par exemple, sont un luxe ; mais l'homme ne peut vivre sans savoir quel
est son devoir. Or vivre, pour lui, c'est vivre en commun ; le bien
ne peut donc être que social. Tous les hommes ont ainsi collaboré à la morale commune.

J'ai l'air de parler avec dédain de la science positive ou proprement dite : je veux dire seulement qu'elle est un luxe pour
l'homme pressé de vivre. L'homme primitif s'y est adonné, quand
il a eu du loisir et a pu être curieux. La richesse et le loisir ont
été une des causes de l'apparition des mathématiques et, en
général, de la science chez les Grecs. De notre temps, comment
la science s'est-elle justifiée aux yeux de tous ? C'est en prouvant
son utilité sociale. Les mathématiques trouvent leur justification
dans ce fait, que certaines théories spéculatives conduisent à
certaines applications pratiques. L'œuvre de Pasteur a justifié la
science des laboratoires, en montrant avec éclat que la spéculation pure peut être également bienfaisante. C'est en rattachant
la pratique à la spéculation que Pasteur a justifié la science expé-
rimentale, et le sens commun a pardonné à la science du jour
où il a compris qu'elle était bonne, c'est-à-dire morale.

3° En troisième thèse, j'ai soutenu que la moralité fait partie

de la nature humaine, de l'idée d'homme en tant qu'homme ; car
tous les individus la possèdent, mais ils la possèdent parce qu'ils
sont unis et savent qu'ils sont unis. La morale est commune aux
hommes en tant que lien des individus, avant de leur être commune en tant qu'essentielle à chacun, avant d'être un élément
constitutif de l'individu humain, et par suite de l'homme. L'enfant ne vient pas au monde avec l'idée de la société. Il naît
idéaliste solipsiste ; c'est une monade qui n'a pas encore de
fenêtres. Cette conscience fermée s'ouvre peu à peu. Il fait des
hypothèses, l'hypothèse de sa mère, de son père, de sa maison.
Puis l'expérience confirme ses hypothèses, et il arrive à croire
avec fermeté à l'existence des autres hommes. Ayant commencé
par être seul, il en vient ainsi peu à peu à se considérer comme
un individu qui fait partie d'une société d'êtres semblables à lui.
L'enfant ne peut donc pas naître en possession d'une morale
innée. Il devient moral, à mesure qu'il apprend qu'il est une
partie de l'humanité, qu'il se sent une partie d'un grand tout, et
il est d'autant plus moral qu'il est plus pénétré de cette vérité.

4° J'aborde maintenant la quatrième thèse : la morale est à la
fois une science d'observation, de fait, et une science pratique,
la science d'une fin contingente. Le devoir est un fait, fait social
et fait psychologique, d'abord social, ultérieurement psychologique. Le devoir, c'est l'obligation de faire le bien. C'est un fait
aussi que l'approbation du bien qui a été fait. Donc l'idée du
bien conçu comme à faire ou comme réalisé est un fait de
conscience.

De même — pour rattacher, encore une fois, la morale aux
sciences logique et esthétique — la vérité est un fait, puisque
l'affirmation est un fait, et le beau est aussi un fait, puisque
l'admiration est un effet. N'y a-t-il pas contradiction, si l'on
parle d'une vérité que personne n'affirme ou d'une beauté qui
n'a pas d'admirateur? Donc le vrai, le beau, le bien sont des
faits. Mais ce sont des choses idéales et irréelles, car, plus on
les possède, plus on les désire ; jamais l'âme n'est satisfaite de
la part de vrai, de beau ou de bien qu'elle porte en elle. Et nous
nous sentons capables de réaliser ces fins toujours davantage,
ou tout au moins d'y travailler.

Ainsi la morale est une science pratique. Quoique sa méthode
soit celle des sciences de faits, et consiste en cette observation
spéciale que j'ai décrite, elle ne se confond pas avec la sociologie.
Cette dernière science, qui est une vaste enquête sur les faits
sociaux de tous les pays et de tous les temps, et qui cherche à
atteindre les lois de ces faits, n'est pas chose de sens commun et

n'est pas directement pratique. D'ailleurs, la morale et la sociologie ont une relation étroite. L'homme social est, avant tout,
l'homme moral ; la morale est ainsi à la base ou au terme (peu
importe) de la sociologie. Elle la domine, parce que l'idéal domine
le fait.

Si l'homme est naturellement social, si c'est un fait qu'il est
toujours en société, fait dont les différents modes et les transformations sont étudiées par la sociologie, il peut être plus ou
moins social. Il peut même vouloir ne plus être social ; il peut
vouloir s'isoler, et cet isolement est possible, sinon en fait, du
moins en intention. Celui qui est immoral est insocial, ou même
antisocial, par l'intention avant tout, par le fait plus ou
moins.

C'est par une volonté implicite de ses membres que la société
existe ; naturelle assurément, normale pour l'homme, mais
naturelle chez un être qui peut vouloir et qui sait vouloir, elle se
maintient par la volonté des individus.

En réalité, la société est moins effective que voulue. Ainsi ce
que j'ai appelé l'opinion de l'homme en tant qu'être social
porte moins sur le fait que sur l'idéal et sur la tendance, sur
l'effort vers cet idéal, c'est-à-dire sur l'obligation de réaliser le
plus possible cet idéal.

5° De là résulte une cinquième thèse : la morale n'est pas à
construire.

Les philosophes anciens, sauf Socrate, et, à leur imitation,
Descartes et Spinoza, croyaient qu'il convenait de construire la
morale. Ils cherchaient à déterminer quel est le souverain bien,
la manière d'être et de vivre digne des âmes des philosophes.

A côté d'eux, il y avait la morale populaire, dont Socrate s'est
fait le théoricien et l'interprète : c'est la morale du sens commun ;
il ne faut pas la dédaigner, au contraire, c'est elle qu'il faut
constater et formuler. Faudra-t-il ensuite la fonder, la dériver ?
Peut-être sera-ce inutile. Une fois constatée comme chose sociale,
constitutive de l'humanité, de l'homme en tant qu'homme, elle
aura peut-être une telle autorité que toute divination d'une
source extérieure pourra sembler superflue. Si elle est telle, elle
se suffira à elle-même ; elle aura par elle-même une autorité
qu'aucune garantie étrangère ne saurait accroître.

Telles sont les thèses que je demande de considérer comme
acquises et sur lesquelles je ne reviendrai plus.

Il est temps, maintenant, d'exposer le système des idées morales. Si la morale est une chose de sens commun, il est naturel
qu'elle soit quelque chose d'assez simple. Volontiers, je la ramè-

nerai du ciel sur la terre. Elle est une très grande chose pour l'homme et pour l'humanité ; mais, peut-être, n'est-elle pas une très grande chose pour la pensée, j'entends par là une chose très extraordinaire, très mystérieuse. Je trouve beaucoup plus de mystères dans la psychologie, beaucoup plus de problèmes compliqués et insolubles. En exposant la morale, je la dégagerai d'idées que je considère comme d'inutiles complications, et je m'efforcerai de montrer qu'elle est, en réalité, un système cohérent d'idées très simples.

Je commence, comme on a coutume de le faire, par l'analyse des idées de la conscience morale. Je la donnerai, d'abord, sous la forme d'un tableau résumé des concepts moraux. Ensuite chaque idée sera étudiée à part :

Fin — Non-Fin — Anti-fin.
Bien — Ni bien ni mal — Mal.
Droit — Non-droit — Anti-droit.
(ou Devoir-être — Ne pas devoir être — Devoir ne pas être).
Obligation — Permission — Défense = Devoir
Acte bon — Acte indifférent — Acte mauvais.
(Bienfait)   (Méfait).
Vertu — Innocence — Vice.
Mérite — Irresponsabilité — Démérite = Responsabilité.
Récompense — Destinée — Punition =˙ Sanction.
Sanction — Non-sanction — Anti-sanction.

Les idées morales présentées sur le tableau sont là dans un ordre à peu près régulier d'extension décroissante et de compréhension croissante. L'idée la plus générale est, en effet, celle de bien.

Dans les leçons qui suivront celle-ci, je commencerai par établir que tout bien est une fin et que toute fin est un bien. Mais l'idée de bien peut recevoir une définition plus restreinte que celle de l'idée de fin, si l'on distingue trois fins dont une est le bien moral. L'idée de bien peut être considérée soit comme coextensive à l'idée de fin, soit comme une détermination spéciale de l'idée de fin. Donc l'idée de bien doit venir après l'idée de fin.

Le concept de droit est très équivoque ; le mot a plusieurs sens, et son emploi est très difficile : c'est donc un concept dangereux. Mais quelle est l'idée la plus simple et la plus générale recouverte par ce mot ? C'est celle-ci : tout ce qui est bien *est de droit*, *a le droit pour soi*. Mais, alors, le droit ainsi entendu est identique à ce que certains philosophes ont appelé le devoir-être. Le bien doit être parce qu'il est le bien. Si je conçois un bien, je conçois par cela même qu'il doit être ; mais il n'est pas. Dès lors, une question se pose : y a-t-il une force qui puisse le réaliser ? S'il n'y en a pas, ce bien *devrait être, doit être,* et rien de plus. S'il y a une volonté capable de faire le bien, elle est obligée à le faire, ce bien *doit être fait.* Donc l'obligation est spéciale aux volontés, n'appartient qu'aux agents. Chez eux, le *devoir-être* devient le *devoir-faire* ou l'obligation.

L'idée de droit ainsi entendue vient après l'idée de bien, car elle se superpose à celle-ci en lui ajoutant quelque chose ; elle a autant d'extension, mais plus de compréhension.

Il est évident que l'obligation, elle, a moins d'extension et plus de compréhension que l'idée précédente. De même, tous les actes obligatoires n'étant pas réalisés par les agents moraux, l'acte bon a moins d'extension et plus de compréhension que l'obligation.

L'acte bon a deux conséquences : la vertu et le mérite. La vertu, c'est l'habitude de faire le bien. Le mérite est autre chose que la vertu : il résulte à sa manière de l'acte bon ; il est proportionnel au nombre et à la valeur des actes bons, que ceux-ci soient ou non des actes habituels. On ne peut dire que le mérite a moins d'extension que la vertu et plus de compréhension. La vertu est placée après l'acte bon dans notre tableau, parce qu'elle en est la conséquence psychologique et comme le complément ; son idée ne contient aucun élément nouveau qui soit proprement moral. Le mérite, au contraire, est une idée nouvelle et purement morale, et son rapport avec la récompense est tel, qu'il fallait la placer immédiatement avant pour bien mettre en lumière ce rapport. D'ailleurs, vertu et mérite étant proportionnels au nombre et à l'importance des actes bons, l'extension de ces trois concepts est la même ; seule, leur compréhension varie, et elle s'accroît de l'un à l'autre.

Si le mérite est proportionnel au nombre des actes bons, la récompense n'est pas proportionnelle au mérite ; une partie seulement des actes bons sont récompensés ; c'est là un fait ; donc l'extension diminue et la compréhension s'accroît, l'idée de récompense supposant tous les concepts antérieurs.

Passons à l'examen de la deuxième et de la troisième colonne. Ce qui distingue ces deux séries de concepts, c'est que le mal n'est pas la négation ou le contradictoire du bien, mais son contraire, son opposé. Il faut donc distinguer le non-bien et le mal, et, par conséquent, poser le ni bien ni mal entre le bien et le mal. En fait, il est incontestable que certains faits ou actes ne sont ni moraux ni blâmables, ni bons ni mauvais. Il faut donc faire une place entre la colonne du bien et la colonne du mal à des idées intermédiaires. Nous en parlerons en dernier lieu.

De même que nous avons l'idée très générale de fin, de même nous avons l'idée générale du contraire de toutes les fins, idée qui comprend le faux, le laid, le mal moral, le malheur. Puisqu'il n'y a pas dans la langue vulgaire de mot pour exprimer cette idée, il faut en forger un : l'antifin.

Le bien est opposé au mal. Si le bien est de droit, c'est-à-dire s'il est affecté de cette qualité qui est le devoir-être, le mal est ce qui doit ne pas être, le mal est d'antidroit.

Lorsqu'un mal qui est d'antidroit apparaît à la conscience d'un agent, et que cet agent se trouve capable de ne pas faire ce mal, il juge que le mal lui est défendu. Le contraire de l'obligation, c'est la défense.

Ce qu'on appelle *devoir* est tantôt positif, obligation, tantôt négatif, défense. *Devoir* dit l'un et l'autre. Notre quatrième colonne comprend quelques termes synthétiques, qui expriment à la fois un terme de la colonne du mal. Tel est le devoir.

A l'acte bon s'oppose l'acte mauvais. Il n'y a pas pour eux de terme usuel simple. La langue française avait autrefois les mots *bienfait*, *méfait*, qui sont aujourd'hui spécialisés dans des significations plus restreintes.

Le vice est l'habitude d'accomplir des actes mauvais ; de même que la vertu est l'habitude d'accomplir des actes bons.

Le démérite est une autre conséquence des actes mauvais ; démériter, c'est mériter un châtiment, une punition, qui tantôt a lieu, tantôt n'a pas lieu.

Il y a, du premier au dernier de ces concepts, la même progression descendante, au point de vue de l'extension, qu'entre le premier et le dernier concept de la colonne du bien. Les rapports logiques du mal avec l'antifin, du mal avec l'antidroit, sont identiques aux rapports du bien avec la fin et avec le droit.

De même, le démérite a plus d'extension que la punition : c'est un fait d'expérience ; de même, pour les autres rapports.

Quelque chose doit nous arrêter ici : si la première colonne est celle du bien, la troisième celle du mal, comment juger le fait de la punition ? Elle est de droit et non d'antidroit : « C'est une expiation, une purification », disait Platon. La punition est donc un bien, comme la récompense. Donc la sanction est un bien. La sanction est un terme collectif qui réunit récompense et punition, placé dans la quatrième colonne à ce titre. Mais, si toute sanction est un bien, je dois, de plus, ajouter à la colonne du bien ce même

terme *sanction*. Dès lors, à la sanction s'oppose un mal. Si celui
qui a fait le bien est malheureux, il y a antirécompense. Si celui
qui a fait le mal est heureux, il y a antipunition; et l'antisanction,
mal à double forme, s'oppose au bien à double forme, la sanction.

Quant à la **responsabilité**, où est sa place ? La responsabilité,
c'est la faculté d'avoir du mérite et du démérite. C'est là un
terme commun à placer dans la quatrième colonne.

Il me reste à commenter la seconde colonne. Entre toutes les
idées de bien et de mal, il y a un monde intermédiaire. Comment
le concevoir exactement ? Rappelons la doctrine de Pyrrhon.
Pour lui, tout est indifférent ; rien n'est préférable : « pas plus
ceci que cela ». C'est la négation de toute morale. Si nous éten-
dons la formule pyrrhorienne à la totalité des faits et des actions,
Pyrrhon est satisfait. Selon lui, il n'y a pas de fin, puisque tout est
indifférent, tout est ni bien ni mal, tout est de non-droit, toutes
les actions sont permises, tous les actes accomplis sont indifférents. Il n'y a ni vertu ni vice, mais, un état intermédiaire :
l'innocence ; ni mérite ni démérite, mais l'irresponsabilité de
tous toujours. Enfin, après qu'on aura agi d'une façon quelconque, la destinée de chacun s'accomplira ; mais il n'y aura ni
sanction ni antisanction : il y aura donc non-sanction.

Pour l'ensemble des choses, le pyrrhonisme moral est faux ;
mais il a son domaine limité entre celui du bien et celui
du mal.

Il y a des faits là où il n'y a pas de fins. Les événements ni bons
ni mauvais existent réellement. Il y a des actes qui ne sont ni obligatoires ni défendus, mais permis : ce sont les actes indifférents ;
et, si tous les actes que l'on accomplit sont indifférents, on reste
innocent et irresponsable.

Il est indispensable, en morale, de parler de temps à autre de
cette région intermédiaire des actes permis. C'est pour cela que
la liste des idées morales n'est complète que si, aux idées positives et négatives, on ajoute les idées intermédiaires ou neutres.

Les concepts énumérés dans ce tableau ont entre eux des rapports logiques, lesquels s'énoncent par des jugements affirmatifs,
qui seront formulés et expliqués un à un dans les leçons suivantes.

Racine et le théâtre français.

Cours de M. AUGUSTIN GAZIER,

Professeur à l'Université de Paris.

« Alexandre ».

La fin de notre dernière leçon nous a montré Racine au lendemain de son premier triomphe. La *Thébaïde* venait d'être jouée avec beaucoup de succès chez Molière, sur le théâtre du Palais-Royal, le 20 juin 1664. Racine avait désormais trouvé sa voie.

Il est vrai que ce succès faisait perdre au jeune poète l'estime de ses maîtres de Port-Royal et de sa sainte tante, la sœur Agnès de Sainte-Thècle ; mais Racine s'en consola assez facilement. Il était tout à l'ivresse du premier triomphe, et se réjouissait de pouvoir se dire l'ami de La Fontaine et de Molière. Il avait atteint la grande notoriété.

Racine faisait alors partie de la société des quatre amis, que La Fontaine a fait revivre en un tableau charmant dans les *Amours de Psyché et de Cupidon*, roman publié en 1669. La Fontaine appellerait volontiers cette société « académie », dit-il, « si leur nombre eût été plus grand et s'ils eussent autant regardé les muses que le plaisir ». Les quatre amis s'appellent Polyphile, Ariste, Acante et Gélaste. S'ils ne constituent pas une académie de quarante personnes ayant de l'esprit comme quatre, ils sont peut-être bien quatre personnes ayant de l'esprit pour quarante. Polyphile, c'est La Fontaine, « qui aimait toutes choses » ; Ariste, c'est Boileau, l'homme d'excellent jugement ; Acante, qui « aimait extrêmement les jardins, les fleurs, les ombrages », n'est autre que Racine. Mais qui est Gélaste ? C'est ici que nous sommes arrêtés par une obscurité impénétrable.

On a dit que Gélaste n'était et ne pouvait être que Molière, « le rieur », comme l'indique l'étymologie grecque de Gélaste. A cette hypothèse, on peut faire beaucoup d'objections, bien qu'elle paraisse au premier abord très naturelle.

En 1663, en effet, l'académie des quatre écrivains ne pouvait pas être fondée, puisque Boileau et Racine ne se connaissaient pas encore. La Fontaine dit que les quatre amis « se donnaient des avis sincères, lorsque quelqu'un d'eux tombait dans la maladie du siècle, et faisait un livre, ce *qui arrivait rarement* ». Comment cette expression pourrait-elle s'appliquer à Molière, qui, depuis 1659, faisait imprimer toutes les pièces qu'il jouait ?

De plus, remarquons que La Fontaine a donné pour cadre à ce tableau les jardins de Versailles récemment construits. Nous voyons Gélaste y parler d'*Andromaque* avec éloge, ce qui ne s'accorde pas très bien avec ce que nous savons de Racine et de Molière, brouillés depuis 1665.

Il est donc plus vraisemblable d'admettre que Gélaste désigne Chapelle, puisque, selon La Fontaine, Gélaste « était fort gai » ; la gaîté ne pouvait être la caractéristique de l'hypocondriaque Molière. Néanmoins, quel que soit le personnage auquel La Fontaine a songé en dépeignant Gélaste, il n'en demeure pas moins probable que Molière, La Fontaine et Boileau ont eu, depuis 1664, l'occasion de s'assembler et de causer amicalement, tout en buvant.

Nous avons vu, par les lettres de Racine datées de 1661, que La Fontaine était l'ami intime du jeune Racine, quoique son aîné de dix-huit ans. La Fontaine, né à Château-Thierry, n'était pas seulement tout voisin de Racine par son origine : il était son allié par son mariage avec Mlle Héricart, apparentée à la famille Sconin. Le plus enfant des deux n'était pas le moins âgé, comme l'on pense. D'Uzès, Racine rappelait à La Fontaine qu'il avait été à Paris « loup avec lui et avec les autres loups ses confrères ». On peut appliquer à La Fontaine et à Racine la fable du *Loup et du Chien* : le loup n'est autre que La Fontaine, qui a inspiré à Racine l'amour de la liberté ; et Racine n'aura pas trop de peine à suivre dans les bois ce loup, qui lui fera mener joyeuse vie.

Quelle a été la vie de La Fontaine jusqu'à l'époque où nous sommes arrivés ? Il nous dit lui-même qu'il avait fait de son temps deux parts, « dont il voulait passer l'une à dormir et l'autre à ne rien faire ». En 1654, il avait donné une adaptation de l'*Eunuque* de Térence. Puis, pour mériter la pension du surintendant Fouquet, il avait composé des poésies fugitives. Le *Songe de Vaux* lui avait pris trois ans de labeur, et encore n'était-il point terminé. En 1661, La Fontaine comprend que la vraie littérature doit être naturelle, et il dira en parlant des *Fâcheux* :

> Nous avons changé de méthode :
> Jodelet n'est plus à la mode,
> *Et maintenant il ne faut pas*
> *Quitter la nature d'un pas.*

Pour le moment, La Fontaine est tout entier à Boccace, et il va donner en 1665 ses premiers *Contes*, l'année même où Racine fera jouer sa seconde tragédie.

Ce n'est donc pas La Fontaine qui pourrait servir de guide à Racine dans la carrière dramatique où il venait de s'engager. Dans le premier livre des *Amours de Psyché*, La Fontaine, parlant de lui-même et de Racine, dit qu'ils « penchaient tous deux vers le lyrique, avec cette différence qu'Acante avait quelque chose de plus *touchant*, Polyphile de plus *fleuri* ». La Fontaine avait donc bien compris, semble-t-il, le lyrisme qui est au fond de l'âme de Racine, et il paraît avoir pressenti, lui qui connaît et qui goûte

Jusqu'au sombre plaisir d'un cœur mélancolique,

toute la poésie que Racine serait, un jour, capable de répandre dans les chœurs d'*Esther* ou d'*Athalie*. — En somme, si La Fontaine a probablement détourné Racine du sentier de la vertu, on ne peut pas aller jusqu'à dire que son influence ait été nuisible à la formation du génie poétique et dramatique de Racine.

Venons à Ariste, celui que La Fontaine trouvait « sérieux sans être incommode ». Longue et profonde a été l'amitié d'Ariste et d'Acante, de Boileau et de Racine. Cependant il serait exagéré de soutenir, comme on l'a fait parfois, que Racine et Boileau avaient été camarades dès la jeunesse, au collège d'Harcourt ; c'est là une erreur complète. Boileau, plus âgé que Racine de trois ans, avait été obligé de quitter le collège d'Harcourt pour raisons de santé, étant en quatrième, vers 1652. Puis, vers 1656, il était allé terminer ses études au collège de Dormans-Beauvais, près de la place Maubert. Racine et Boileau se trouvèrent, pour la première fois, mis en présence l'un de l'autre en 1663, à l'occasion d'une poésie de Racine, peut-être *La Renommée aux Muses*, communiquée à Boileau, si nous en croyons Louis Racine, par l'abbé Le Vasseur. Boileau lut la pièce, la critiqua avec bienveillance, fit quelques réserves, émit de justes observations, où il associait la critique des beautés à celle des imperfections et des défauts. Racine, encouragé par cet accueil, fit à Boileau une visite de remerciements : ce fut le début d'une étroite amitié, qui devait durer 36 ans sans jamais se démentir, sans jamais être obscurcie par le moindre nuage. Les relations de Racine et de Boileau eurent toujours quelque chose de grave et de cérémonieux. Ces deux amis ne cessèrent jamais d'employer entre eux le *vous* de politesse. Leur amitié était fondée sur une solide admiration réciproque. Racine, auteur d'*Athalie*, en 1692, admira sincèrement les strophes de l'ode de Boileau *Sur la prise de Namur* : c'est tout dire ! Quelle différence avec l'amitié plus intimement fraternelle de Maucroix et de La Fontaine ! Celle de Racine et de Boileau serait plutôt comparable à l'amitié fameuse de Montaigne et de La Boétie. Tous deux pouvaient s'écrier avec La Fontaine :

Qu'un ami véritable est une douce chose !

. Sainte-Beuve a eu raison de dire que, sans Boileau, Racine ne serait pas ce qu'il a été. Boileau était plus réglé de conduite et de mœurs ; indulgent sans fausse complaisance, il savait à l'occasion se montrer ferme et de sang-froid. Son caractère avait quelque chose de mâle ; il avait moins d'imagination et de sensibilité que Racine, mais plus de volonté. — Racine était né plus féminin ; il flattait sans cesse ; il passait facilement d'un extrême à l'autre, de l'hésitation la plus timide à l'enthousiasme le plus ardent ou au désespoir le plus profond. Il avait besoin de toute la pondération de Boileau, qui, à la date de 1664, s'était déjà fait remarquer par la composition de deux de ses *Satires*. Boileau a vraiment été le bon génie de Racine.

Et Molière ? Quels sont ses rapports avec l'auteur applaudi de la *Thébaïde* ? C'est ici qu'il convient surtout de mettre les choses au point avec beaucoup d'exactitude. On a exagéré, on a fait fausse route en nous représentant le Molière de 1664 comme un mentor, un protecteur de Racine. Une tradition peu sûre, car elle n'a pour garant que Grimarest, veut que Molière ait indiqué à Racine le sujet de la *Thébaïde*, en lui promettant de jouer cette tragédie, après lui avoir refusé une *Théagène et Chariclée*. Il lui en aurait même tracé le plan. Rien n'est moins probable. Il ne faut pas oublier, en effet, que la *Thébaïde*, au début, ne devait pas être · jouée sur le théâtre de Molière, mais à l'Hôtel de Bourgogne, et qu'une comédienne de cet Hôtel, Mlle Beauchâteau, y avait même collaboré. Molière n'est arrivé à jouer cette pièce au Palais-Royal qu'en la volant, en la dérobant à ses rivaux.

D'autre part, en 1664, Molière n'était pas assez maître de lui pour servir de guide à un débutant dans la carrière. On n'insiste pas assez sur ce point dans les histoires de la littérature ; et pourtant il suffit, pour s'en convaincre, de tenir compte très exactement de la chronologie. Depuis 1662, en effet, date de la première représentation de l'*Ecole des Femmes*, Molière n'a pas connu un instant de repos. Il est sans cesse agité, courroucé, malheureux dans sa vie privée, et aussi, si l'on peut dire, dans sa vie publique. Les attaques dirigées contre l'*Ecole des Femmes* l'ont mis hors de lui. La *Critique de l'Ecole des Femmes* et l'*Impromptu de Versailles* sont le rugissement| d'un lion blessé qui fait tête aux chasseurs. Il s'en prend à tout le monde, et gare à qui encourt sa colère ! Les années 1664 et 1665 sont encore des années de lutte et d'épreuve : *Tartuffe* est interdit. *Don Juan*, substitué par Molière à *Tartuffe*, est encore interdit par Louis XIV, quoique avec moins de bruit. Le 20 mars 1665, après quinze représentations, *Don Juan* disparaît de l'affiche. Molière avait donc, à cette époque, bien autre chose à faire qu'à diriger les pas — très peu chancelants d'ailleurs — du jeune Racine. Il n'y a pas entre eux des relations de protecteur à protégé, mais plutôt des rapports de chef de troupe à auteur, tout simplement, avec cette nuance toutefois, que Molière, plus âgé, déjà riche et célèbre, pouvait être tenté de tenir la dragée haute au jeune débutant. Soyons donc très réservés sur cette question des rapports de Molière et de Racine, et, au lieu de plier les faits à nos goûts ou à nos désirs, tenons-nous-en scrupuleusement aux indications suffisamment claires de la chronologie.

A la fin de 1664, Racine travaillait à une tragédie qui devait succéder à la *Thébaïde* ; il ne savait pas encore comment il intitulerait cette pièce : peut-être *Porus*, peut-être *Alexandre le Grand*. Racine y travaille encore au début de 1665. En cette année 1665, avant le carême, Racine lut trois actes de sa pièce chez Mᵐᵉ du Plessis-Guénégaud, à l'hôtel de Nevers (la Monnaie actuelle), devant un cercle où figuraient La Rochefoucauld, Pomponne, Mᵐᵉ de La Fayette, Mᵐᵉ de Sévigné et sa fille. Cette lecture partielle fut fort goûtée, et Racine garda la pièce en portefeuille, attendant pour la faire représenter la venue de l'hiver, saison favorable aux spectacles. Le vendredi 4 décembre 1665, la tragédie d'*Alexandre le Grand* fut jouée chez Molière, au Palais-Royal, devant une assemblée particulièrement brillante, qui comprenait Monsieur, frère du roi, et sa femme, Henriette d'Angleterre, le grand Condé et le duc d'Enghien, Anne de Gonzague de Clèves, princesse palatine. La pièce obtint un succès complet et très mérité.

Nous pouvons nous en rendre compte en jetant un coup d'œil sur cette tragédie fort remarquable à tous égards. Le jeune poète, épris d'idéal, n'a pas cherché des voies extraordinaires en composant cette tragédie ; il n'a pas voulu, comme on dit de nos jours, lancer « un pétard » et « étonner le bourgeois ». Non, Racine a suivi le grand chemin ; il a essayé de faire simple. Peu de personnages dans cette pièce : trois rois : Alexandre, Porus et Taxile, rois dans les Indes ; deux princesses : Cléofile, sœur de Taxile, et Axiane, reine d'une autre partie des Indes ; — un ambassadeur, Ephestion. *Il n'y a pas un seul confident*, la chose est à noter. La scène est sur le bord de l'Hydaspe, dans le camp de Taxile.

La tragédie d'*Alexandre* est écrite avec une merveilleuse habileté : Racine excelle déjà à nous faire connaître, dès le début, les personnages, le sujet, la date des événements dont il va être question dans sa tragédie. A ce titre, l'exposition d'*Alexandre* est un véritable chef-d'œuvre.

Dès la première scène, le roi Taxile et sa sœur Cléofile parlent des exploits d'Alexandre, qui est épris de Cléofile, et que celle-ci ne déteste pas ; — de Porus, lequel est épris de la reine Axiane, dont les Etats sont voisins des siens, et qui est aussi courtisée par le roi Taxile. Tout cela est dit rapidement et, en quelque sorte, sans qu'il y paraisse. L'intrigue est fort bien conduite, les péripéties bien développées ; mais le dénouement est aussi peu tragique que possible : la pièce se termine, en effet, par le mariage de Porus, rétabli dans ses Etats, avec Axiane, en attendant l'union d'Alexandre et de Cléofile, décidée en principe, mais retardée par un deuil de famille. Ce deuil n'est que la conséquence de la mort de Taxile, frère de Cléofile, lequel, suspect de trahison, a été tué sur le champ de bataille par son rival Porus. Racine était bien forcé de faire périr l'un ou l'autre ; car deux maris pour Axiane, « c'eût été trop pour la coutume », si je puis employer une expression de Molière dans les *Femmes savantes*.

Il y a, dans cette pièce d'un jeune poète, beaucoup d'inexpérience. Alexandre et Porus, on a eu raison de le leur reprocher, sont de trop parfaits gentilshommes. Qui se douterait, à entendre leurs propos galants, qu'à cent pas de là se déroulent de très graves événements dont l'écho arrive à leurs oreilles ? Rien ne saurait troubler leur passion amoureuse : ils parlent de leur « flamme » avant, pendant et après une bataille qui va décider du sort de deux empires, et où chacun d'eux tue de sa main une vingtaine de guerriers ennemis.

On peut aussi relever une certaine mollesse dans le pinceau de Racine. Les caractères ne sont pas assez marqués ; le poète semble avoir manqué de souffle ; sa pièce ne comprend que 1500 vers, tandis que la moyenne des tragédies ont 1800 vers environ. — Mais, en revanche, quelle langue, quel style, quelle harmonie ! Louis Racine a raison de dire que, si on se fatigue de voir jouer cette tragédie, on la lit toujours avec beaucoup de plaisir. On comprend que les contemporains de Racine aient aimé l'entendre réciter par des acteurs d'abord médiocres, puis par des interprètes excellents. Je choisis, pour vous donner une idée de cette belle langue, déjà harmonieuse et flatteuse, le début de la scène vi, acte III, où Alexandre paraît pour la première fois. Alexandre déclare à Cléofile qu'il est prêt à favoriser l'amour de Taxile, son frère, pour la reine Axiane :

> Madame, à son amour je promets mon appui :
> Ne puis-je rien pour moi quand je puis tout pour lui ?
> Si prodigue envers lui des fruits de la victoire,
> N'en aurai-je pour moi qu'une stérile gloire ?
> Les sceptres devant vous ou rendus ou donnés,
> De mes propres lauriers mes amis couronnés,
> Les biens que j'ai conquis répandus sur leurs têtes
> Font voir que je soupire après d'autres conquêtes.
> Je vous avais promis que l'effort de mon bras
> M'approcherait bientôt de vos divins appas,
> Mais, dans ce même temps, souvenez-vous, madame,
> Que vous me promettiez quelque place en votre âme.
> Je suis venu : l'amour a combattu pour moi ;
> La victoire elle-même a dégagé ma foi ;
> Tout cède autour de vous : c'est à vous de vous rendre ;
> Votre cœur l'a promis, voudra-t-il s'en défendre?
> Et lui seul pourrait il échapper aujourd'hui
> A l'ardeur d'un vainqueur qui ne cherche que lui ?

Vous le voyez, ces vers ne sont pas d'un poète sans talent ; et l'auteur d'*Alexandre* était déjà, à juste titre, un auteur célèbre.

Cela nous amène à reprendre l'histoire de cette tragédie d'*Alexandre*, qui devait être l'origine de la brouille de Racine et de Molière.

Alexandre fut joué, avons-nous dit, le vendredi 4 décembre 1665. La Grange enregistra, pour ce jour-là, une recette de 1300 livres, ce qui était une somme considérable et annonçait une série de brillantes représentations.

Or, le 18 décembre, à la sixième représentation, cette même pièce d'*Alexandre* était jouée rue Mauconseil, dans la salle de l'Hôtel de Bourgogne. L'honnête La Grange relevait dans son registre, avec son habituelle modération de termes, le procédé d'un auteur « qui en usait si mal ». Le coup était rude pour Molière, car il semble que la troupe de l'Hôtel de Bourgogne avait de meilleurs acteurs pour la tragédie que celle du Palais-Royal. Molière essaya quelque temps de soutenir la concurrence. Mais, le 27 décembre, à la neuvième représentation, il lui fallut abandonner la partie. La victoire restait donc à l'Hôtel de Bourgogne, et l'on comprend facilement dès lors que Molière ait été exaspéré contre Racine. Molière put crier à l'ingratitude, et il rompit définitivement avec le peu délicat poète.

Quels sont, en cette affaire, les véritables coupables ? M. Paul

Mesnard nous apprend que, le lundi 14 décembre, la reine Marie-Thérèse, le duc d'Orléans, frère du roi, et sa femme Henriette d'Angleterre, soupant ensemble à l'Hôtel d'Armagnac, furent régalés d'une représentation d'*Alexandre* donnée par les comédiens de l'Hôtel de Bourgogne. Pourtant l'usage observé de tout temps entre les comédiens français était, selon les frères Parfaict, « de n'entreprendre point de jouer, au préjudice d'une troupe, les pièces dont elle était en possession et qu'elle avait mises au théâtre à ses frais particuliers ». Il faut donc que les comédiens de l'Hôtel de Bourgogne aient eu beaucoup de complices pour pouvoir jouer *Alexandre* à l'Hôtel d'Armagnac : d'abord Racine lui-même, qui avait dû donner au moins un manuscrit de sa pièce ; puis les comte et comtesse d'Armagnac, organisateurs de cette belle soirée ; la reine Marie-Thérèse, qui a chaleureusement applaudi cette tragédie ; Monsieur, enfin, frère du roi, qui eût pu et dû, semble-t-il, défendre les droits de sa propre troupe, puisque la troupe de Molière portait le nom de « troupe de Monsieur ». — Avec de tels complices, il faut avouer que Racine est quelque peu excusable de son manque de courtoisie, et l'on peut lui accorder des circonstances atténuantes.

D'ailleurs, Molière ne s'était pas montré plus scrupuleux, en 1664, à l'occasion de la *Thébaïde*. Il n'avait pas considéré Racine comme engagé envers l'Hôtel de Bourgogne, et pourtant c'est aux comédiens de ce théâtre, aux « grands comédiens », que la *Thébaïde* était primitivement destinée. Molière leur avait dérobé la *Thébaïde* : on lui rendait la monnaie de sa pièce, si je puis ainsi parler sans jeu de mots : c'est l'éternelle histoire du trompeur trompé, du dupeur dupé, du *Corbeau et du Renard*, du *Renard et de la Cigogne*. L'intérêt personnel seul a été en jeu dans cette affaire. — Dès lors, si les comédiens de l'Hôtel de Bourgogne ont pris la peine de charger leur mémoire des 1500 vers de la pièce de Racine, s'ils ont préparé des décors, s'ils ont acheté des costumes, il est évident que tout ce bel effort n'aura pas été produit pour une représentation unique. Les comédiens de l'Hôtel de Bourgogne, en montant une fois la *Thébaïde*, ont, à coup sûr, l'arrière-pensée de continuer à la jouer chez eux. Tant pis pour le voisin, s'il se trouve incommodé. Dans cette lutte, ce sont les comédiens de l'Hôtel de Bourgogne qui ont obtenu l'avantage. Mais comme l'on comprend bien le dépit de Molière contre Racine !

Racine paraît, d'ailleurs, s'être consolé assez facilement de ce contretemps ; mais il a toujours ménagé Molière, il ne l'a jamais attaqué comme il a fait Corneille ; il ne l'a jamais insulté comme il a fait ses anciens maîtres de Port-Royal.

Cette même pièce d'*Alexandre* a mis Racine en face de Corneille. On a dit que Racine, avant la représentation, était allé soumettre sa tragédie au vieux poète du *Cid* et de *Polyeucte* : c'est Louis Racine qui nous a transmis cette tradition, il la tenait de Valincour. Mais n'oublions pas que Valincour était un ami de la dernière heure, ce qui donne beaucoup moins de valeur à cette tradition. Pourquoi ce détail ne nous a-t-il pas été conservé par Boileau? Ce n'est point, semble-t-il, après le succès de la *Thébaïde* que Racine pouvait songer à consulter Corneille, son émule, son rival. En tout cas, ce qui est hors de doute, c'est le chagrin que dut éprouver le vieux Corneille en lisant *Alexandre* ou en assistant à une représentation de cette pièce. Nous en avons une preuve dans la lettre que Corneille écrivit, en 1666, à Saint-Evremond, et où il ne cache pas son « dominant chagrin » :

« *J'ai cru jusques ici,* dit Corneille, *que l'amour était une passion trop chargée de faiblesse pour être la dominante dans une pièce héroïque;* j'aime qu'elle y serve d'ornement et non pas de corps, et que les grandes âmes ne la laissent agir qu'autant qu'elle est compatible avec de plus nobles impressions. Nos *doucereux* et nos *enjoués* sont de contraires avis ; mais vous vous déclarez du mien : n'est-ce pas assez pour vous en être redevable au dernier point ?... »

Les *doucereux*, ce sont Racine, auteur de la *Thébaïde* et d'*Alexandre* ; Quinault, auteur de la *Mort de Cyrus* et de l'*Astrate* ; Thomas Corneille lui-même, auteur de *Timocrate*. Les *enjoués*, c'est probablement Molière, auteur de la *Princesse d'Élide*, et peut-être Scarron.

Qu'avait donc fait Saint-Evremond pour mériter ainsi la reconnaissance de Corneille ? Il avait écrit une *Dissertation sur l'Alexandre* de Racine, dans laquelle il regrettait la place dominante faite à l'amour et à la galanterie dans cette pièce ; il accusait Racine d'avoir quelque peu défiguré Alexandre et Porus. Mais beaucoup de passages de cet opuscule étaient très élogieux pour le jeune Racine, dont Saint-Evremond paraissait avoir deviné le génie. « Depuis que j'ai lu le *Grand Alexandre*, disait Saint-Evremond, la vieillesse de Corneille me donne bien moins d'alarmes, et je n'appréhende plus tant de voir finir avec lui la tragédie ; mais je voudrais qu'avant sa mort il adoptât l'auteur de cette pièce, pour former avec la tendresse d'un père son vrai successeur. »

C'était fort bien parlé ; mais Corneille ne voulait point de successeur.

> Il faut bien que l'on me succède,
> Et j'aime en vous mon héritier,

isait à Baculard d'Arnaud Voltaire, qui, d'ailleurs, n'en croyait pas un mot. — Corneille ne partageait pas les alarmes de Saint-Evremond ; il ne forma pas son successeur. Et c'est tant mieux : Racine formé par Corneille eût été à Corneille ce que Campistron ou Lagrange-Chancel ou même Voltaire sont à Racine.

Dès lors, Racine chercha à se consoler : il se vengea en poète. Il se décida à abandonner les sentiers battus, à revenir aux sources grecques, qui étaient à peu près entièrement fermées à Corneille ; et il imagina une tragédie où la passion dominante serait l'amour, mais un amour furieux, un amour fort comme la mort.

L'auteur d'*Alexandre* allait accomplir une véritable révolution avec *Andromaque*.

A. C.

L'Église et l'État en France, de 1789 à 1848

Cours de M. G. DESDEVISES DU DEZERT,

Professeur à l'Université de Clermont-Ferrand.

Le Concordat.

La première idée du Concordat vient de Bonaparte et remonte à l'année 1797. Au lendemain du traité de Tolentino, qui enlevait au pape ses trois plus riches provinces et les plus beaux chefs-d'œuvre de ses collections, Bonaparte offrit de s'employer à réconcilier le Saint-Siège avec le Directoire ; Pie VI nomma une commission de cardinaux pour étudier l'affaire. Bonaparte partit pour l'Egypte ; l'assassinat du général Duphot amena les Français jusqu'à Rome ; Pie VI mourut prisonnier du Directoire, et il ne tint pas à la France que le conclave ne donnât à la chrétienté le scandale de l'élection simultanée de plusieurs pontifes.

Le cardinal Barnabé Chiaramonti, élu pape en mars 1800 à Venise, sous le nom de Pie VII, vint, dès le mois d'avril, se réinstaller à Rome, sous la protection maussade de l'Autriche ; et, à peine était-il rentré au Quirinal, que la victoire de Bonaparte à Marengo et la retraite de Mélas jusque derrière le Mincio semblèrent remettre, encore une fois, en question l'existence des Etats de l'Eglise.

Au milieu des inquiétudes qui l'assiégeaient, Pie VII reçut du cardinal de Martiniana, évêque de Verceil, une lettre datée du 26 juin 1800, annonçant que Bonaparte s'était arrêté à Verceil, avait fait à l'évêque le plus grand éloge du Souverain Pontife et avait témoigné d'un très vif désir de rendre la paix religieuse à la France (1).

On peut imaginer quelle joie inonda l'âme douce et pacifique de Pie VII, lorsqu'il connut la résolution extraordinaire que venait de prendre le vainqueur de Marengo. En 1800, comme en 1797,

---

(1) Nous suivrons, pour l'historique de ces négociations, le livre de Mgr Mathieu, *Le Concordat de 1801 ; ses origines, son histoire*. Paris, Perrin, 1904.

c'était de lui que partait l'initiative de la manœuvre qui allait rapprocher l'Eglise et la République, depuis si longtemps ennemies.

Le cardinal de Martiniana s'offrait à commencer immédiatement les négociations avec le gouvernement français; mais on avait à Rome peu de confiance dans ses lumières, et le pape fit choix d'un diplomate plus avisé, le cardinal Spina, archevêque titulaire de Corinthe, auquel il adjoignit un théologien distingué, le P. Caselli.

Au premier bruit de la négociation, Louis XVIII s'alarma, sachant bien que le rétablissement de la paix religieuse en France allait ôter à la monarchie ses plus belles chances de restauration. Il essaya d'agir sur le pape, il demanda à l'empereur de Russie d'empêcher une négociation aussi déplorable et aussi scandaleuse. Pie VII, ne consultant que les intérêts de l'Eglise, avisa les évêques français exilés qu'il négociait avec le gouvernement consulaire (13 septembre).

Il avait espéré, tout d'abord, que les négociations pourraient avoir lieu en Italie; une lettre de Talleyrand, ministre des affaires étrangères de France, l'avertit que le premier consul les fixait à Paris.

Le 5 novembre, le cardinal Spina et le P. Caselli arrivèrent à Paris, en habits laïques, et descendirent à l'hôtel de Rome, où ils ne tardèrent pas à voir arriver un des conseillers les plus écoutés de Bonaparte, l'abbé Bernier.

Ancien curé de Saint-Laud d'Angers, ancien insurgé vendéen, Bernier avait aidé lui-même à la pacification de la Bretagne, quand l'existence de la religion ne lui avait plus paru être en jeu. Très prêtre et très patriote, il s'était rallié à Bonaparte et s'était voué à l'œuvre du Concordat avec toute l'ardeur de son tempérament militant et passionné. Il n'était point, sans doute, dénué de toute ambition; il y eut parfois chez lui un art trop savant de se mettre en valeur aux yeux des gouvernants; à tout prendre, ce fut le plus convaincu de tous ceux qui s'employèrent à la conclusion du traité de messidor.

Les difficultés étaient immenses.

Le premier consul avait un vif désir d'aboutir; mais il apportait dans la discussion toute la brusquerie — pour ne pas dire la brutalité — de ses habitudes militaires; ses moindres notes prenaient des airs d'ordres de marche et d'ultimatums; il semblait, à chaque instant, prêt à tirer sa montre et à donner aux gens cinq minutes de réflexion avant de lancer le signal de l'assaut.

Auprès de cet homme terrible et pressé, le ministre des relations extérieures, le citoyen Talleyrand, ci-devant évêque d'Autun, jureur et parjure, émigré devenu jacobin, avant de devenir impérialiste, voyait d'un mauvais œil son petit général renouer les relations avec Rome et jetait dans ses jambes, avec une adresse diabolique, tous les bâtons qui lui tombaient sous la main.

Tandis que Talleyrand engageait Bonaparte à se méfier de la duplicité romaine, Grégoire, le chef de l'Église constitutionnelle, lui soufflait ses passions gallicanes et essayait de le gagner à la cause perdue de l'Église nationale.

En face de ces quatre personnages, si peu faits pour s'entendre : un croyant, un politique, un impie déclaré, un janséniste, le pauvre cardinal Spina se sentait très mal à l'aise. Perdu dans ce grand Paris, de physionomie encore très révolutionnaire, il regrettait ses petites chambres et ses bonnes habitudes de Rome, et cherchait surtout à se conformer scrupuleusement aux instructions du pape, à bien regarder, à bien voir, à bien écouter et à insinuer adroitement quelques bonnes idées (*Ascolti, vegga, esplori e destramente insinui*).

Bonaparte demanda, tout d'abord, la démission en bloc de tous les évêques de l'ancien régime (8 novembre), puis la ratification par l'Eglise de toutes les ventes de biens ecclésiastiques. Il savait que c'était là un des points capitaux de la négociation ; il savait à quel point les acquéreurs de biens nationaux poussaient le respect féroce de *leur* propriété, et insistait avec une véhémence toute particulière pour la reconnaissance solennelle de ces acquisitions. « La nécessité les commande ; le besoin les exige ; la loi « de l'Etat les approuve ; la constitution les garantit. Le bien de « la paix, le repos de l'Etat, le rétablissement de la religion au « milieu de nous, en un mot la réunion de la France avec « l'Église de Rome dépendent essentiellement de la conservation « de ces acquisitions. » (12 novembre.)

Bonaparte songea, un moment, à donner au clergé une dotation territoriale ; mais les jacobins de son entourage le firent bien vite revenir à l'idée d'une Église salariée, et ce point fut encore une des conditions épineuses du traité.

Bonaparte demanda encore la réduction à 60 des 153 diocèses de la France et des diocèses de Belgique et de la rive gauche du Rhin. Il voulut avoir le droit de nommer les évêques. Il voulut leur imposer le serment de fidélité aux lois de la République.

Spina répondit à toutes ces demandes, sans jamais vouloir s'engager à fond et en réservant toujours les droits du Souverain Pontife.

Il fit observer que la déposition collective des évêques légitimes de toute une nation était un fait sans exemple dans les annales ecclésiastiques, et que le pape pouvait, tout au plus, promettre d'engager les évêques à se démettre de leurs charges.

Il fit entrevoir des possibilités d'entente sur presque tous les autres points, et examina, avec une patience qui ne se démentit jamais, toutes les pièces et tous les plans que lui soumit le gouvernement.

Du 8 novembre 1800 au 26 février 1801, Bonaparte ne fit pas rédiger moins de huit projets différents, dont quatre furent soumis au cardinal Spina. Ces projets témoignent d'une grande incertitude et d'une assez médiocre loyauté.

Le premier projet, présenté en entier le 26 novembre, reconnaissait le catholicisme comme religion d'Etat. Aucun des autres ne reproduisait plus cette mention, qui fut effacée par Talleyrand.

Le troisième projet, le plus large de tous, fut également retiré par l'évêque d'Autun.

L'attentat de la machine infernale (24 décembre 1800) augmenta beaucoup la popularité du premier consul, et aggrava du même coup ses exigences, l'influence de Fouché se faisant plus puissante auprès de lui.

Le quatrième projet fut présenté en janvier 1801, et Talleyrand en requit la signature immédiate par une lettre à Bernier d'une insolence polie, où l'on perçoit son vif désir de voir échouer la négociation : « Quand Mgr l'archevêque de Corinthe a été autorisé à
« venir en France, le gouvernement était loin de prévoir que son
« caractère se réduirait à celui d'un simple témoin, et que le
« résultat de son agence serait d'informer Sa Sainteté des sen-
« timents du gouvernement de la République. Si Mgr Spina
« persistait dans de telles dispositions, le gouvernement serait
« fondé à penser que le but du gouvernement pontifical n'a été
« que de lui tendre un piège, d'éloigner la guerre de ses Etats et
« d'endormir la France dans une fausse sécurité. Dans ce cas,
« le refus de l'agent de Sa Sainteté, dont vous me faites part,
« nous avertirait encore à temps du véritable motif de sa mission,
« et vous seriez aussitôt autorisé à l'informer que sa présence
« ici deviendrait désormais inutile. » (19 janvier 1801.)

Spina réclama, au nom du droit des gens, la permission de dépêcher un courrier à Rome pour demander de nouvelles instructions, et Bonaparte, se séparant pour une fois de Talleyrand, autorisa le départ du courrier ; mais Livio Palmoni ne partit que le 26 février, et avec un cinquième projet, donné comme tout à fait définitif et écrit tout entier de la main du premier consul. Pour preuve de sa bonne volonté, Bonaparte renvoyait à Pie VII la statue de Notre-Dame de Lorette, qui figurait au Louvre, depuis 1797,à côté d'une image d'Isis.

Par une concession plus importante encore, Rome vit arriver, le 8 avril, un ambassadeur de la République auprès du Saint-Siège, le citoyen Cacault, homme de cœur et de caractère, qui, avec Bernier, doit être considéré comme le sauveteur du Concordat en péril.

Le pape Pie VII, né à Césène en 1742, avait alors cinquante-neuf ans. Ancien moine bénédictin, ancien évêque de Tivoli et d'Imola, cardinal depuis 1785, il avait trouvé la papauté à peu près ruinée et sentait combien il lui était important de se réconcilier avec une puissance aussi riche et aussi formidable que l'était la France consulaire. Vraiment pieux dans le meilleur sens du mot, il était résolu à tous les sacrifices d'intérêts pour arriver à ce grand résultat et décidé à pousser la condescendance jusqu'aux extrêmes limites permises par les lois et les traditions de l'Eglise.

Il nomma, pour examiner le projet que lui envoyait Spina, une commission de douze cardinaux : Albani, doyen du Sacré Collège, octogénaire actif et aimable, très au courant des habitudes vaticanes; Braschi, cardinal neveu ; Carandini ; Doria Pamphili, un tout petit cardinal qu'on appelait le bref du pape; Gerdil, un savoyard que sa connaissance du français rendit précieux aux négociateurs ; Roverella ; della Somaglia, préfet de la Congrégation des rites ; Antonelli, qui avait refusé de quitter le costume ecclésiastique pendant l'occupation française ; Caraffa et Borgia. La réunion était présidée par le secrétaire d'Etat, le cardinal-diacre Consalvi, énergique travailleur de quarante-quatre ans, déjà connu pour son habileté diplomatique et confident de Pie VII. Mgr di Pietro, théologien consommé, fut le consulteur de l'assemblée.

Les cardinaux mirent près de deux mois à examiner le projet français. Ils crurent avoir déployé, dans cette circonstance, une célérité extraordinaire et avoir donné au premier consul une preuve indéniable de leur extrême bonne volonté.

Ils se montrèrent, en réalité, conciliants et désireux d'aboutir. On peut relever dans leur travail quelques puérilités : le pape demanda que Talleyrand ne fût point admis à signer le traité et que la convention ne fût point datée suivant le calendrier républicain ; mais, à côté de ces enfantillages, les cardinaux présentèrent plus d'une réflexion juste et sage, et firent observer avec raison que le gouvernement français se refusait à adhérer formellement au catholicisme et demandait néanmoins tous les privilèges d'un gouvernement catholique. Le projet pontifical reproduisit, en somme, les grandes lignes du projet français, mais en adoucit les angles, et le rendit moins choquant pour des yeux italiens.

Pour rendre le projet pontifical plus acceptable, Pie VII écrivit au premier consul et voulut rédiger de sa propre main toute la fin de la lettre : « Nous croyons nécessaire de vous protester, ô « notre très cher Fils, en présence de Notre-Seigneur Jésus-Christ, « dont nous sommes le Vicaire sur la terre, que, dans la con- « vention remise à l'archevêque de Corinthe, nous avons poussé « notre condescendance apostolique jusqu'où elle pouvait aller « et que nous avons accordé tout ce que la conscience pouvait « nous permettre. Nous devons vous dire avec la liberté aposto- « lique que, quoi qu'il puisse nous en coûter, nous ne pouvons « absolument pas accorder plus. A bien considérer nos conces- « sions, vous remarquerez que ce qui nous a été demandé est « accordé en substance. Mais, quant aux formes des concessions, « aux manières de les exprimer et à quelques circonstances qui « les accompagnent, nous n'avons pas pu nous dispenser de « quelques modifications, auxquelles nous ne pouvions renoncer « sans fouler aux pieds les lois les plus vénérables et les usages « les plus constants de l'Eglise catholique... Nous vous prions, « par les entrailles de la miséricorde du Seigneur, d'achever « l'œuvre de bon augure que, pour votre louange immortelle, « vous avez commencée, et de rendre libéralement à une « nation si illustre et si grande la religion de ses pères, « qu'en grande majorité elle vous demande à grands cris. » (12 mai 1801.)

Livio Palmoni quitta Rome le 13 mai, sans se douter qu'il arriverait à Paris en pleine tempête.

Le premier consul, furieux de ne pas recevoir de réponse de Rome, manda Spina à la Malmaison, le jour même où Pie VII lui écrivait à lui-même la belle lettre dont nous venons de citer un passage. Il reçut assez poliment le cardinal, mais éclata en reproches contre la cour de Rome, et, le lendemain même, envoya à l'ambassadeur français auprès du Saint-Siège l'ordre de se retirer immédiatement à Florence, si, dans un délai de cinq jours, le Saint-Siège n'avait pas adhéré purement et simplement au projet qui lui avait été soumis. Dans sa dépêche à Cacault, Talleyrand alla jusqu'à insinuer que l'élection du pape pourrait au besoin être contestée : « Cette nomination, faite sous l'in- « fluence immédiate et directe d'une seule puissance, a besoin « d'être reconnue par toutes les nations intéressées à sa légalité ;

« elle a été insolite quant au lieu, et son appareil et ses formes
« ne l'ont pas consacrée peut-être avec une suffisante authen-
« ticité. »

Ce fut le 29 mai que le courrier de France arriva à Rome. Consalvi, au désespoir, croyait avoir mal servi l'Eglise et .voulait
donner sa démission. Le pape refusait formellement toute concession nouvelle et faisait demander au roi d'Espagne de le recevoir dans ses Etats en cas d'invasion de Rome. Les révolutionnaires romains relevaient la tête ; Murat, beau-frère du premier
consul, songeait à marcher sur la ville, et Caroline Bonaparte, sa
femme, disait gaiement « qu'on ne voit jamais assez Rome et ses
« merveilles ».

La situation paraissait sans issue, lorsque Cacault puisa dans
son courage et la connaissance qu'il avait du caractère de Bonaparte une résolution originale et hardie qui sauva tout.

Il partit pour Florence, comme le lui ordonnait le premier consul ; mais son secrétaire Artaud resta à Rome pour continuer la
conversation, et la même voiture qui emmenait Cacault à Florence
emmena aussi Consalvi à Paris. Le pape ne s'était pas décidé
sans une vive douleur à se séparer de son confident, mais il avait
compris tout ce que le plan de Cacault avait d'ingénieux, et il lui
en témoignait sa reconnaissance par les expressions les plus
tendres et les plus touchantes : « Ami vrai, lui disait-il en pleu-
« rant, nous vous aimons comme nous avons aimé notre mère ! »

A Paris, la scène de la Malmaison avait été le signal d'une
reprise de la persécution religieuse. Fouché s'était remis avec
joie à faire arrêter des prêtres. Coupable d'avoir fait allusion
dans un sermon à la mort de Louis XVI, l'abbé Fournier avait
été arrêté et enfermé à Bicêtre pour *folie séditieuse.* Une députation du clergé de Paris vint implorer sa grâce, et Bonaparte lui
répondit cyniquement : « C'est un acte révolutionnaire, mais il
« faut bien agir ainsi en attendant qu'il y ait quelque chose de
« réglé ; j'ai voulu prouver que, si je mettais mon bonnet de tra-
« vers, il faudrait bien que les prêtres obéissent à la puissance
« civile. »

Cependant, celui que Cacault appelait *le petit tigre* se radoucit
un peu, quand il eut reçu les dépêches de Rome qui lui apportaient le travail des cardinaux. Il fut si charmé de la lettre du
pape qu'il voulait contremander immédiatement le départ de
Cacault. Talleyrand le calma et lui conseilla d'attendre les événements ; puis, quand il connut la prochaine arrivée de Consalvi,
il rédigea à la hâte un 6ᵉ projet et fit tous ses efforts pour le faire
signer à Spina avant l'arrivée du secrétaire d'Etat de Sa Sainteté.

Consalvi arriva à Paris le 20 juin, et fut aussitôt invité à se rendre chez le premier consul « dans le costume le plus cardi- « nalice possible ». Le vaniteux général eût été content de voir un « *porporato* » s'incliner devant lui.

Consalvi vint en habit noir, bas rouges, calotte rouge et chapeau à glands, à la mode romaine.

Bonaparte joua encore le rôle d'offensé, et, comme au pape, donna au cardinal un délai de cinq jours pour en finir.

Le 26 juin, Bernier présenta un septième projet au cardinal, et, trois jours plus tard, les évêques constitutionnels ouvrirent à Notre-Dame un concile national, uniquement destiné, dans la pensée de Bonaparte, à rendre les cardinaux plus traitables.

Le 30 juin, le départ de Talleyrand pour les eaux de Bourbon éloigna, pour un moment, le plus terrible des adversaires de la paix.

Bernier revint à la charge, et ses raisons firent un puissant effet sur l'esprit de Consalvi. Il comprit que la corde était tendue à se rompre, et il écrivit au cardinal Doria « qu'il y avait des « choses vraiment impossibles en France et que les raisons qu'on « lui avait données étaient vraiment irréfutables ».

Le 2 juillet, il alla encore à la Malmaison et obtint un nouveau délai.

Le 3, Bernier, Consalvi, Spina et Carelli s'enfermèrent à l'hô- tel de Rome et mirent sur pied un huitième projet, qui, revu, discuté et amendé, fut porté le 12 juillet à Bonaparte.

Le lendemain matin, le *Moniteur* portait la nomination de trois fonctionnaires français, les citoyens Joseph Bonaparte et Crétet, conseillers d'Etat, et le citoyen Bernier, délégués par le premier consul pour signer le Concordat avec les cardinaux Consalvi et Spina et le P. Caselli.

La séance de signature devait avoir lieu à 7 heures du soir, chez le citoyen Joseph Bonaparte, rue du Faubourg-Saint-Honoré.

Deux heures avant la conférence, Consalvi reçut un billet de Bernier et la minute du projet de Concordat approuvé par le gou- vernement français. Or ce projet était tout différent de celui que Consalvi avait remis à Bernier deux jours plus tôt, et tout semblait perdu ; mais Bernier ajoutait : « Voici ce qu'on vous proposera « *d'abord* ; lisez-le bien, examinez tout, ne désespérez de rien, je « viens d'avoir une longue conférence avec Joseph et Crétet. « Vous avez affaire à des hommes justes et raisonnables. Tout « finira bien ce soir. »

Tout finit bien, en effet, mais non sans peine.

Les plénipotentiaires français, qui n'étaient pas au courant, croyaient que la séance de signature durerait un quart d'heure à peine. Elle s'ouvrit à huit heures du soir, le 13 juillet, et ne prit fin que le 14, à onze heures du matin. Consalvi avait regagné le terrain perdu ; mais les Français n'osaient plus signer sans avoir consulté de nouveau le premier consul.

Bonaparte eut un véritable accès de fureur, jeta au feu le projet qu'on lui soumettait (le neuvième) et déclara péremptoirement que les Italiens devaient signer ou partir.

Le soir de ce même jour, au banquet de 250 couverts qui eut lieu aux Tuileries, Bonaparte revit Consalvi, et séduit par la bonne grâce du cardinal, peut-être un peu honteux de ses emportements du matin, il accepta comme tiers arbitre le baron de Cobentzel, ambassadeur d'Autriche.

Il finit par permettre une dernière conférence et n'interdit pas absolument toute modification au texte officiel.

La conférence, commencée le 15 à midi, ne se termina qu'à minuit ; mais, cette fois, le Concordat était signé, et le premier consul daigna dire le lendemain aux plénipotentiaires français « qu'il était content ».

Restait à obtenir la ratification du pape.

Ce fut le 26 juillet que Livio Palmoni rentra à Rome. Il alla droit au Quirinal, et Mgr di Pietro jugea la nouvelle de si grande conséquence qu'il n'hésita pas à monter immédiatement chez le Saint-Père, bien qu'il fût on ne peut plus contraire à l'étiquette de se présenter en habit court devant le pape.

Pie VII manifesta une grande joie et nomma une nouvelle commission pour l'examen du traité. Un peu plus tard, il se décida à soumettre l'affaire à tout le Sacré Collège. Il fit imprimer le texte du Concordat et l'envoya à chaque cardinal. Six théologiens renommés furent adjoints au collège des cardinaux, et le pape attendit, presque aussi impatient que Bonaparte, le résultat de leurs travaux. « Il était, dit Cacault, dans l'agitation, l'inquiétude « et le désir d'une jeune épouse qui n'ose se réjouir du jour de son « mariage. »

Le 7 août, Consalvi rentra à Rome, très fatigué par une chute de voiture à Bologne. Le pape vint s'installer à son chevet et recueillit de sa bouche ses impressions de France. Il se confirma ainsi dans l'idée qu'il fallait signer le traité, ou que l'occasion manquée ne se retrouverait plus.

La grande discussion eut lieu, le 11 août, au Quirinal. Deux articles seulement, le 1er et le 13e, faisaient difficulté.

Le premier ne fut accepté qu'à la majorité de 18 voix contre 11. L'article 13 ne rencontra que 6 ou 7 dissidents.

Quand le Sacré Collège eut ratifié le Concordat, Pie VII eut encore à adresser aux évêques français une bulle pour leur demander leur démission, et à Spina un bref indirect pour réclamer la démission des évêques constitutionnels.

Muni de toutes ces pièces, l'infatigable Palmoni quitta Rome le 18 août, pour arriver à Paris le 27.

Bonaparte semblait tout changé. Il avait reçu, cinq jours auparavant, une députation de la République cisalpine, chez laquelle dominait l'esprit jacobin, et avait lavé la tête aux députés comme eût pu le faire un roi très chrétien qui eût été très mal élevé : « On « attaque chez vous la religion et la propriété, qui sont les bases « sur lesquelles j'ai voulu fonder votre République. Prenez garde « à vous ; j'irai, s'il le faut, à Milan casser la tête à tous ces vau- « riens ! »

Le 10 septembre, le premier consul ratifia le Concordat ; mais le *Te Deum* d'actions de grâces, promis pour le lendemain, ne fut chanté que le 18 avril 1802.

Bonaparte n'était pas encore maître de rétablir officiellement l'Eglise catholique par simple décret. La constitution de l'an VIII lui imposait l'obligation de consulter le Corps législatif et le Tribunat. Talleyrand, qui se déclarait content de ce qu'il n'avait pu empêcher, travailla pendant ces quelques mois à enfermer l'Eglise de France dans une véritable « camisole de force » (cardinal Mathieu, p. 326).

Portalis, un des rédacteurs du code civil, un libéral à la mode du dix-huitième siècle, un gallican très convaincu, ajouta aux 17 articles du Concordat 77 *Articles organiques*, que le pape n'eût certainement pas acceptés, et que le Tribunat et le Corps législatif votèrent en bloc avec le Concordat, le 8 avril 1802.

On a discuté longtemps la question de savoir si le pape n'avait eu aucune connaissance des *Articles organiques*. Les documents publiés par le comte Boulay de la Meurthe attestent que le cardinal-légat Caprara en connaissait déjà quelques fragments, et en parlait à sa cour, le 27 mars 1801, et qu'ils lui furent lus, le 28 mars, à la Malmaison par le premier consul lui-même. « Il passa « ensuite, écrit Caprara à Consalvi, à me lire le système organique « relatif au culte et à ses ministres, rédigé par le conseiller Por- « talis. Il m'est, pour ainsi dire, impossible de vous en donner « autre chose qu'une légère idée. Tant à cause de la multiplicité « des objets qu'il embrasse que de la discussion que je viens de « vous raconter, je ne pouvais espérer me souvenir de tout. Tel « quel, cet acte me paraît constitué sur deux bases : les principes « gallicans et les maximes communes acceptées en pareille ma-

« tière par les souverains actuels. On accorde aux évêques une
« autorité convenable, peut-être plus grande que celle qu'ils
« avaient ici autrefois, et qu'ils ont ailleurs, mais au détriment du
« clergé du second ordre. La congrue des évêques n'est vraiment
« pas ce qu'elle devrait être, et il aurait bien fallu faire plus... Je
« l'ai relevé moi-même et il m'a répondu qu'ils recevront sous
« main des indemnités, mais qu'on ne pouvait les mettre officielle-
« ment à la charge de la nation, qui blâmerait le gouvernement
« d'épuiser le trésor national pour soutenir les ministres du culte.
« Mais, pour ce qui regarde la congrue des curés, des desservants,
« des vicaires généraux, des évêques, des chapitres des cathé-
« drales et métropolitaines, des séminaires, tout cela est fixé et
« établi à la charge du gouvernement, et c'est aussi lui qui paie
« les locaux d'habitation ; la chose m'a semblé arrangée avec
« assez de discrétion ; il n'était pas, comme il le dit lui-même,
« obligé à tout cela. » (4 avril 1802.)

Le pape fut donc averti ; mais le compte rendu de Caprara est
si inexact qu'on est obligé d'admettre ou que le projet qui lui
fut lu par Bonaparte, le 28 mars, n'est pas celui qui fut voté, onze
jours plus tard, par le Tribunat et le Corps législatif, ou que
Caprara, très troublé, comme il l'avoue lui-même, par une longue
discussion avec le premier consul, n'a pas compris ce qu'on
lui a lu.

L'adjonction des *Articles organiques* au Concordat conserve
donc le caractère d'une manœuvre subreptice. Passé entre
particuliers, un contrat de cette nature serait considéré comme
entaché de fraude et de dol, et le cardinal Mathieu nous paraît
être dans la vérité juridique, lorsqu'il dit « qu'on ne trouverait
« pas, à l'heure actuelle, en France un évêque, un prêtre, un
« catholique instruit qui attribue la moindre valeur canonique
« aux articles organiques » (p. 328).

Le Concordat reconnaissait le catholicisme comme religion de
la grande majorité des citoyens français ; les consuls déclaraient
en faire profession.

La religion catholique était librement exercée en France ; son
culte était public, en se conformant aux règles de police que le
gouvernement jugerait nécessaires pour la tranquillité publique.

Les évêques titulaires des évêchés français devaient donner
leur démission, et une nouvelle circonscription des diocèses était
établie.

Les évêques étaient nommés par le premier consul et recevaient
l'institution canonique du Saint-Siège.

Les évêques prêtaient entre les mains du premier consul un

serment de fidélité conçu en ces termes : « Je jure et promets à
« Dieu, sur les saints évangiles, de garder obéissance et fidélité
« au gouvernement établi par la constitution de la République
« française. Je promets aussi de n'avoir aucune intelligence, de
« n'assister à aucun conseil, de n'entretenir aucune ligue, soit au
« dedans, soit au dehors, qui soit contraire à la tranquillité
« publique, et si, dans mon diocèse ou ailleurs, j'apprends qu'il
« se trame quelque chose au préjudice de l'Etat, je le ferai savoir
« au gouvernement. »

Les ecclésiastiques du second ordre prêtaient le même serment
entre les mains des autorités civiles.

A la fin de l'office divin, on récitait dans toutes les églises la
prière : *Domine, salvam fac Rempublicam*; *Domine, salvos fac con-
sules.*

Les évêques nommaient aux cures, avec l'agrément du gouvernement.

Ils pouvaient instituer des chapitres et des séminaires, sans
que le gouvernement s'obligeât à les doter.

Les églises métropolitaines, cathédrales et paroissiales nécessaires au culte et non aliénées étaient mises à la disposition des
évêques.

Le gouvernement assurait un traitement *convenable* aux évêques
et aux curés, et permettait aux catholiques français de faire des
fondations en faveur des églises.

Le pape reconnaissait aux acquéreurs de biens ecclésiastiques
la propriété incommutable de ces mêmes biens, et accordait au
premier consul les mêmes droits et prérogatives dont jouissait
auprès de lui l'ancien gouvernement.

Les *Articles organiques*, divisés en quatre titres et 77 articles,
réorganisaient l'Eglise nouvelle sur un plan tout à fait gallican.

Tous les actes de la cour de Rome étaient soumis au visa du
gouvernement.

Aucun concile ou synode ne pouvait être tenu en France sans
l'autorisation du gouvernement.

L'appel comme d'abus au Conseil d'Etat était rétabli.

Tout privilège portant exemption de la juridiction épiscopale
était aboli.

L'institution de séminaires et de chapitres cathédraux était
permise ; mais tous autres établissements ecclésiastiques étaient
supprimés. Le clergé régulier était donc interdit. Le règlement
des grands séminaires devait être approuvé par le premier consul, et comporter l'enseignement de la déclaration du clergé de
France de 1682. Chaque année, les évêques devaient envoyer au

gouvernement le nom de tous leurs séminaristes. Ils ne devaient admettre aux ordres que les candidats qui justifieraient d'une propriété représentant au moins 300 francs de rentes.

Les évêques devaient résider dans leurs diocèses et ne pas s'absenter sans la permission du gouvernement.

Les curés étaient distingués des simples desservants. Ceux-ci étaient nommés par l'évêque, mais révocables à volonté.

Il n'y avait qu'une liturgie et qn'un catéchisme pour toute la France.

Aucune fête ne pouvait être établie sans la permission du gouvernement.

Les ecclésiastiques devaient être vêtus de noir, à la française ; les évêques avaient droit à la croix pastorale et aux bas violets. Ils pouvaient choisir entre le titre de *citoyen* et le titre de *monsieur*.

Il fallait une permission du gouvernement pour avoir une chapelle ou un oratoire dans sa maison.

Le territoire de la République, du Rhin aux Alpes et aux Pyrénées, était réparti en 10 provinces et 60 diocèses. Le traitement des archevêques était de 15.000 francs ; celui des évêques de 10.000 francs. Les curés étaient payés 1.500 et 1.000 francs. Les desservants et vicaires devaient être choisis parmi les ecclésiastiques pensionnés par les lois de l'Assemblée Constituante.

Les fondations ne pourraient consister qu'en rentes sur l'Etat.

« Les édifices anciennement destinés au culte catholique,
« actuellement dans les mains de la nation, à raison d'un édifice
« par cure et par succursale, seraient mis à la disposition des
« évêques par arrêtés des préfets de département. » (Art. 75.)

Telle qu'elle se présente ainsi dans son ensemble, la nouvelle constitution ecclésiastique apparaît, en bien des points, infiniment plus dure que la constitution civile du clergé.

L'acte de 1790 reconnaissait, dans le territoire de l'ancienne France, l'existence de 83 diocèses, tandis que le traité de messidor n'en admettait que 60 dans la France agrandie de la Belgique et des électorats ecclésiastiques de la rive gauche du Rhin.

L'acte de 1790 donnait 50.000 livres à l'évêque de Paris, 20.000 livres aux métropolitains, 15 et 12.000 livres aux simples évêques. Il payait les vicaires cathédraux remplaçant les chapitres et les vicaires mis à la tête des séminaires.

Il considérait tous les curés de paroisse comme égaux entie eux et leur donnait des pensions variant de 1.200 à 6.000 livres.

Il permettait l'ouverture de chapelles et d'oratoires privés.

Il soustrayait tous les ecclésiastiques à l'autorité arbitraire

de l'évêque, en organisant un système très simple et très judicieux de tribunaux ecclésiastiques de première instance et
d'appel.

Le serment qu'il imposait aux évêques et aux prêtres n'était
pas beaucoup plus compromettant que celui que demandait le
Concordat.

Les précautions si minutieuses prises par les *Articles organiques*
contre l'ingérence de la cour de Rome dans les affaires ecclésiastiques de Francs n'étaient pas moins humiliantes pour la
papauté que les omissions de la Constitution civile.

L'Eglise romaine avait donc lutté onze ans contre la France
pour subir, en dernière analyse, une loi beaucoup moins libérale. Elle y avait gagné la suppression des élections pour la
nomination des curés et des évêques et la reconnaissance de
son droit d'institution canonique. Il faut être théologien pour
savoir s'il y a vraiment équivalence entre ces résultats et
les malheurs de toute nature que déchaîna sur la France la
bulle de condamnation de la Constitution civile. Nous persistons
à penser, comme historien, que si la France eût réellement
voulu la Constitution civile en 1790, le pape la lui eût accordée,
et que, si la France de 1801 eût témoigné le désir d'aller plus
loin que le premier consul ne voulait aller, Pie VII n'eût pas
signé le Concordat.

Nous avouons n'éprouver aucune admiration pour ce document administratif.

Nous voyons bien que le catholicisme, sans cesse menacé de
persécution par les gouvernements d'opinion jacobine et par
Bonaparte lui-même, a trouvé la paix dans son assujétissement à
l'autorité politique ; mais nous croyons aussi que le catholicisme
pouvait fort bien cesser d'être persécuté et fort bien vivre, sans
être pour ainsi dire confisqué par l'Etat.

Rien n'empêchait les pouvoirs publics de favoriser le rétablissement de la paix religieuse dans la liberté, au lieu de la vouloir
dans le despotisme. Elle se fût peut-être rétablie un peu moins
vite ; mais elle eût été plus durable et eût porté de meilleurs
fruits.

Le cardinal Mathieu compare le Concordat à un contrat de
mariage qui aurait uni une personne très douce et très aimante,
l'Eglise, à un homme très exigeant et très autoritaire, le gouvernement français. Il nous sera, sans doute, permis de reprendre
à notre tour la comparaison, et de dire que l'idée de marier
l'Etat et l'Eglise a été et sera toujours une déplorable idée. Sans
rechercher ici de quel côté sont les douces vertus, et de quel côté

.le méchant caractère, on doit dire qu'il y a entre les deux con-
joints incompatibilité d'humeur presque absolue et vie commune
impossible.

L'Eglise et l'Etat ont besoin, l'un comme l'autre, de leur pleine
et entière liberté ; ils ont droit, l'un et l'autre, à cette liberté.

L'Etat doit, avant tout, assurer l'existence et l'intégrité de la
patrie et la paix entre les citoyens. Il ferait acte de profonde
sagesse en ne s'occupant pas d'autre chose et en abandonnant
tout le reste à l'initiative des citoyens. Mais ce n'est pas l'idée
actuellement dominante ; l'Etat veut encore être le tuteur légal
de tous les intérêts matériels et moraux de la nation, tâche
assurément fort belle, peut-être écrasante, légitime à la condition que l'Etat ne veuille pas penser pour les citoyens et
respecte leurs idées et leurs croyances, leur conscience et leur
liberté.

L'Eglise doit être, avant tout, une source d'idéal, toujours
prête à verser à l'âme la force et le courage, la patience et la
charité. Son royaume n'étant pas de ce monde, elle n'a que faire
de mêler les manteaux et les simarres de ses prêtres aux
robes des magistrats et aux uniformes militaires ; elle n'a que
faire des pompes officielles et des honneurs publics. Ne s'a-
dressant qu'aux âmes, ses succès doivent être tout spirituels,
et ses victoires toutes morales.

C'est par la parole et par l'exemple, par l'exemple surtout,
qu'elle doit agir. Et voilà pourquoi ces actions et cette parole
doivent toujours être si graves, toujours tendre à la paix entre
les hommes.

Bonaparte comprenait-il ainsi le rôle de cette Église, dont il
faisait un des services publics de l'Etat ? Etait-ce un sentiment
sincère qui le poussait vers le catholicisme, ou bien n'était-il
conduit que par des raisons politiques et par des motifs d'ambition ?

C'est à lui-même qu'il faut le demander, et l'examen de ses
propres discours ne laissera aucun doute à ce sujet.

Les instructions données à l'ambassadeur Cacault, en avril 1801,
reflètent très bien toutes ses idées sur le Concordat : « Le gouver-
« nement de la République a dû se convaincre, par la rapidité et
« l'étendue de l'insurrection de l'Ouest, que l'attachement de la
« grande masse de la population française aux idées reli-
« gieuses n'était pas une chimère. Il a sagement compris que de
« ce sentiment bien constaté naissaient des intérêts et des droits
« que les institutions politiques devaient respecter et avec les-
« quels la prudence et la justice voulaient qu'il se fît une trans-

« action, qui laissât aux uns la liberté dont ils ont besoin pour se
« garantir, et aux autres tous les moyens qui leur sont nécessaires
« pour maintenir leur indépendance. C'est de ce principe que sont
« nées toutes les mesures d'indulgence et de tolérance, qui ont
« tant contribué à affermir le pouvoir du gouvernement actuel de
« la République, à le faire chérir au dedans et considérer au
« dehors. Mais le bien qu'il a fait n'eût été que passager s'il
« n'avait en même temps conçu le projet de donner au système
« qu'il avait adopté un caractère de permanence et de publicité
« qui ne laissât aucun doute sur la pureté et la sincérité de ses
« vues. *Le gouvernement de la République a voulu mettre un terme*
« *aux discussions religieuses.* Il a voulu que les opinions théologi-
« ques ne fussent plus un sujet de discorde entre les ministres du
« même culte, ni un principe d'aliénation entre les citoyens et les
« autorités civiles, et il a compris que le seul moyen d'atteindre
« à ce but était de rétablir tout à la fois entre la République et le
« Saint-Siège *les liens religieux et politiques qui unissaient autre-*
« *fois la France et la cour de Rome.* »

Thibaudeau résume plus brutalement le plan de Bonaparte :
« On déclare que la religion catholique étant celle de la majorité
« des Français, on doit en organiser l'exercice. Le premier consul
« nomme 50 évêques. Le pape les institue. Ils nomment les curés.
« L'Etat les salarie. Ils prêtent serment. On déporte les prêtres qui
« ne se soumettent pas. On défère aux supérieurs pour les punir
« ceux qui prêchent contre le gouvernement. Le pape confirme
« la vente des biens du clergé. Il sacre la République ! »

La religion de Bonaparte est toute politique. On a dit qu'il avait
gardé dans un coin de son âme une petite chapelle corse avec
une madone et un chapelet : c'est possible. En vrai méridional, il
a gardé un fonds de superstition, quelque croyance aux talismans,
aux étoiles et aux formules : ce n'est point là de la religion.

« On dira que je suis papiste, disait-il, je ne suis rien ; j'étais
« musulman en Egypte ; je suis catholique ici, pour le bien du
« peuple !

« Quant à moi, je ne vois point dans la religion le mystère de
« l'Incarnation, mais le mystère de l'ordre social. La religion
« rattache au ciel une idée d'égalité qui empêche le riche d'être
« massacré par le pauvre.

« Comment avoir de l'ordre dans l'Etat sans une religion ? La
« société ne peut exister sans l'inégalité des fortunes et l'inégalité
« des fortunes sans la religion. Quand un homme meurt de faim
« à côté d'un autre qui regorge, il lui est impossible d'accéder à
« cette différence s'il n'y a pas là une autorité qui lui dise : Dieu

« le veut ainsi. Il faut qu'il y ait des pauvres et des riches
« dans le monde ; mais ensuite, et pendant l'éternité, le partage
« se fera autrement.

« Ce qui fait aimer le gouvernement, c'est son respect pour le
« culte. Il faut rattacher les prêtres à la République.

« Le gouvernement, s'il n'est maître des prêtres, a tout à
« craindre d'eux. Les métaphysiciens pensent qu'il faut laisser
« les prêtres de côté, ne pas s'occuper d'eux quand ils sont tran-
« quilles et les arrêter quand ils sont perturbateurs : c'est une
« erreur ! »

« Fontanes ! faites-moi des hommes qui croient en Dieu ;
« car les hommes qui ne croient pas en Dieu, on ne les gouverne
« pas, on les mitraille !... »

« Pour avoir une religion dans un pays impie et une royauté
« dans un pays républicain, il faut la meilleure !... »

Voilà, cette fois, la pensée de derrière la tête. Pour que la
France redevienne religieuse, il lui faut le Concordat ; pour que
la République redevienne une monarchie, il lui faut un empereur.

C'est si bien là la vraie pensée de Bonaparte, qu'il bondit comme
un tigre quand on la devine.

Discutant, un jour, la question du Concordat avec Volney,
il conclut en disant : « La France le veut, la France me le demande ». — « Si la France vous demandait les Bourbons, dit
« froidement Volney, les lui donneriez-vous ? » Bonaparte, saisi
d'un accès de rage, l'étendit par terre d'un coup de pied dans
le ventre, sonna un domestique et fit reconduire Volney à sa
voiture.

Le prétendu restaurateur de l'autel ne visait qu'à restaurer le
trône à son profit.

G. DESDEVISES DU DEZERT.

Sujets de devoirs

LICENCE ÈS LETTRES.

Composition française.

1° Décrire un site vue regardé pendant les vacances.

2° Rendre compte d'un ouvrage littéraire moderne (roman, poésie, pièce de théâtre, etc.).

Thème latin.

Montaigne, *Essais*, I, 25 : « Qui demanda jamais à son disciple... ? »

Thème grec.

Montesquieu, *Grandeur et Décadence*, chapitre IV : « Rome gouvernée par les lois... qu'elle n'aurait point imposée. »

Thème allemand.

Le Lièvre qui fait le brave (Fénelon).

Philosophie.

La matière de l'obligation est-elle immuable, et, si elle obéit aux lois de l'évolution, quel en est le progrès ?

Histoire.

Pisistrate et les Pisistratides.
L'*Apologie* de saint Augustin.

Cromwell.

Relations de la Russie et de la Suède (1762-1808).

AGRÉGATION.

Thème grec.

Voltaire, *Dictionnaire philosophique*, article « Goût » : « Le goût, ce sens... de ne pas sentir la belle nature. »

Le gérant : E. FROMANTIN.

POITIERS. — SOCIÉTÉ FRANÇAISE D'IMPRIMERIE ET DE LIBRAIRIE

QUINZIÈME ANNÉE (*2* *Série*)   N° 22   11 AVRIL 1907

REVUE HEBDOMADAIRE

DES

COURS ET CONFÉRENCES

DIRECTEUR : N. FILOZ

La vie et les œuvres de Molière.

Cours de M. ABEL LEFRANC,

Professeur au Collège de France.

La querelle du théâtre au XVIIᵉ siècle
(suite.)

Lorsque nous avons parlé du *Traité de la Comédie* du prince de Conti, vous avez pu vous rendre compte à quel point l'œuvre méritait une étude approfondie. Nous y avons reconnu un style souvent remarquable, une grande finesse d'appréciation et de réelles qualités de sobriété, de précision et d'élégance.

Les textes que nous avons cités prouvait que l'*Ecole des Femmes* a bien été le point de départ de l'hostilité générale des dévots, vrais ou faux, et que l'ouvrage de Conti est, en réalité, une réponse, tout ensemble à cette pièce, à *Tartuffe* et à *Don Juan*, mais surtout à *Tartuffe*.

L'ordre des dates nous a alors ramenés vers l'abbé d'Aubignac, puis vers Port-Royal et surtout vers Racine. Vous avez suivi les péripéties si intéressantes de la lutte du futur auteur de *Phèdre* contre ses anciens maîtres, dans la grande controverse de la moralité du théâtre, depuis la lettre de Mère Agnès de Sainte-Thècle, sa tante, jusqu'à la polémique retentissante avec Nicole, dont les *Visionnaires* de Desmarets de Saint-Sorlin fournissent le point de départ. J'ai essayé de vous montrer, en terminant, que les censures des Lancelot, des Arnaud, des Baillet surtout, si véhémentes à

13

l'égard des spectacles, prouvent avec éloquence la continuité de l'attitude de Port-Royal tout entier dans la querelle qui nous occupe.

Cependant les publications pour et contre le théâtre ne se ralentissent point. On se servira de tous les arguments. C'est ainsi que Samuel Chappuzeau écrira plus tard (1674) : « Saint Jean Chrysostome avait toujours un Aristophane sous le chevet de son lit ; saint Jérôme dit de soi-même, en une lettre qu'il écrit à Eustochius, qu'après avoir répandu des torrents de larmes que le souvenir de ses péchés lui faisait couler des yeux, il prenait son Plaute. » Chappuzeau aurait pu ajouter que le cardinal de la Valette portait toujours un Térence durant ses campagnes. L'abbé de Pure, auteur de *La Précieuse ou le Mystère de la Ruelle*, dédiée à telle qui n'y pense pas (1656), publie en 1668 l'*Idée des Spectacles*, où il fait l'apologie du théâtre. Cet ouvrage traite en deux livres du côté extérieur du théâtre, de la comédie, des bals, des feux de joie, joutes, courses, carrousels, mascarades, etc. ; il parle d'un certain nombre d'auteurs dramatiques, de Corneille, Desmarets, Molière, Quinault, Gilbert, Boyer, Racine et Mlle Desjardins.

Vers 1667, on publia le *Traité de l'éducation chrétienne des Enfants selon les maximes de l'Ecriture sainte et les instructions des Saints Pères de l'Eglise*. Il y a tout un chapitre touchant les comédies, qui en prohibe l'usage avec sévérité pour les enfants et adolescents. On y trouve des considérations fort curieuses sur l'élément chrétien au théâtre. La conclusion de l'auteur est qu'il faut inspirer aux enfants l'horreur de la comédie, bien qu'il ne doute point que ceux-ci n'aient des inclinations toutes contraires à ces pratiques.

La *Dissertation sur la condamnation des théâtres* de d'Aubignac avait causé dans les milieux dévots un grand scandale. On résolut d'y répondre, et c'est alors que fut élaboré ce respectable volume in-4° : « *La défense du traité de Mgr le Prince de Conti touchant la comédie et les spectacles, ou la réfutation d'un livre intitulé : Dissertation sur la condamnation des théâtres*, par le Sr de Voisin, prestre, docteur en théologie, conseiller du Roy. A Paris, chez Louis Billaine, au Grand César, 1671, 560 pages. »

Tout part de l'entourage du prince de Conti, et l'enchaînement de ces publications reste fort instructif. Voisin, ami et confident du prince, avait connu Molière ; son ouvrage, le plus considérable de toute la querelle, est partant infiniment utile. L'auteur le donne comme un supplément à celui du prince de Conti et nous fournit sur la vie du prince de précieux documents. Quant au plan, il reprend point par point, chapitre par chapitre, l'ouvrage de d'Aubignac et propose sur chacun d'eux ses réfutations ; il réimprime le traité de Nicole, le *Traité de l'éducation des enfants* et quantité de documents intéressants, notamment des lettres, entre autres celles d'un ecclésiastique à une dame de condition sur la conduite de ses filles.

C'est tout un arsenal de textes contre le théâtre élaboré avec une vaste érudition et qu'il est essentiel de connaître pour l'histoire de l'art dramatique. La réfutation des douze livres de d'Aubignac y est conduite avec méthode et illustrée d'une infinité de faits et de textes. L'auteur a groupé un ensemble de preuves pour chaque siècle jusqu'au xviie.

Nous signalerons plus spécialement les pages sur les femmes et le théâtre, et surtout les critiques formulées sur un grand nombre de pièces contemporaines. En un temps où la critique dramatique n'existait pas encore, de tels documents sont particulièrement précieux. Citons les critiques relatives à la comédie des *Soupçons sur les apparences*, à *Clarice*, à la comédie des *Fausses vérités*, à la *Suite du Menteur*, aux *Innocents coupables*, à la comédie de la *Sœur*, à la *Jalouse d'elle-même*, au *Dictateur romain*, à l'*Empereur Commode*, à *Cinna*, *Sertorius*, à la *Vraie Didon* de Boisrobert, etc.

Moins de deux ans après l'apparition du livre que nous venons d'étudier, le vendredi 17 février 1673, à dix heures du soir, Molière expira rue de Richelieu, à l'issue de la quatrième représentation du *Malade imaginaire*. Deux religieuses, auxquelles il donnait l'hospitalité, l'assistèrent. Mme Molière a raconté les circonstances qui ont accompagné la fin du poète en ce qui touche les sacrements : « Voulant, dit-elle, témoigner des marques de repentir de ses fautes et mourir en bon chrétien, il demanda un prêtre pour recevoir les sacrements et envoya par plusieurs fois son valet et sa servante à Saint-Eustache, sa paroisse, lesquels s'adressèrent à MM. Lenfant et Lechat, deux prêtres habitués en la dite paroisse, qui refusèrent plusieurs fois de venir ; ce qui obligea le sieur Jean Aubry, fils de Léonard, paveur des bâtiments du roi et époux de Geneviève Béjart, d'y aller lui-même pour en faire venir, et de fait, fit lever le nommé Paysant, aussi prêtre habitué au dit lieu. » Tout cela prit plus d'une heure et demie. Quand celui-ci arriva, Molière était mort.

La veuve demanda alors que le défunt fût inhumé dans le cimetière de l'église Saint-Eustache. Le curé refusa. Armande adressa aussitôt une requête à l'archevêque de Paris, M. de Harlay, qui, le 20 février, renvoya cette requête à son official pour infor-

mation des faits, les rituels étant formels. Le même jour,
Mme Molière alla se jeter aux pieds du roi à Saint-Germain;
celui-ci la renvoya à l'autorité épiscopale, juge de l'affaire, et il fit
avertir M. de Harlay de faire en sorte d'éviter l'éclat et le scandale. L'archevêque révoqua donc sa défense, à condition que l'en-
terrement serait fait sans pompe et sans bruit, avec deux prêtres
seulement et hors des heures du jour. Vous savez comment
le convoi se fit à neuf heures du soir, sans aucune cérémonie,
jusqu'au cimetière Saint-Joseph, où Molière fut enterré « au pied
de la croix ». Y fut-il laissé, ou bien, selon certains témoignage s, y
eut-il une exhumation nocturne et un nouveau transport pour
l'inhumer, cette fois, dans la partie du cimetière réservée à ceux
qui n'avaient pas droit à la terre sainte? Il y a eu, sur ce point, une
controverse plus d'une fois reprise. Il est certain qu'une tombe
d'un pied de haut fut élevée à Molière auprès de la croix. Mais,
deux ou trois ans après, sa veuve ayant fait allumer sur la pierre
un grand feu pour réchauffer les misérables pendant un hiver
fort rude, la pierre se fendit et resta dans cet état. La femme de
Molière eût-elle traité ainsi la sépulture véritable de son mari ?
Ma conviction est que le poète n'était plus sous cette pierre. Tous
les faits qui vous ont été exposés pendant les dernières leçons
confirment la vraisemblance, la probabilité de cette exhumation,
attestée d'ailleurs par des témoignages très dignes de foi. Ce fut,
sinon la dernière, du moins la plus éclatante vengeance du clan
dévot contre l'auteur des trois pièces qui tiennent une si large
place dans la querelle du théâtre. Rappelez-vous les vers de
Boileau (*Epître VII*) :

> Avant qu'un peu de terre obtenu, par prière,
> Pour jamais dans la tombe eut enfermé Molière...

Mais reprenons le récit de la controverse relative au théâtre et
à sa moralité, controverse à laquelle, du reste, se rattachait la
question même des obsèques de Molière.

Il faut croire que la mort du poète et les circonstances qui
l'avaient accompagnée, n'avaient fait qu'exciter davantage les rancunes des rigoristes contre les comédiens, car ceux-ci éprouvent,
précisément au lendemain de la mort de Molière, le besoin de
faire paraître une défense détaillée et documentée de leur corporation. Cette défense n'est autre que le livre de Samuel Chapp uzeau,
l'auteur de *Lyon dans son lustre* et de l'*Académie des Femmes*,
prototype de l'*Ecole des Femmes*, de famille protestante, né en
1625, mort en 1701 à Zell (Basse Saxe).

Il est curieux de noter, en passant, que ce panégyrique de la comédie et des comédiens est dû à la plume d'un réformé, qui, plus tard, sera chassé de France par la révocation de l'Edit de Nantes.

Son ouvrage, *Le Théâtre français*, est divisé en trois livres : dans le premier, il traite de l'usage de la comédie ; dans le second, des auteurs qui soutiennent le théâtre ; dans le troisième, de la conduite des comédiens.

Il parut à Lyon, en 1674, un an après la mort de Molière. Ce livre est encore un des ouvrages que l'enchaînement des faits, qu'on s'efforce de reconstituer ici, explique à merveille. Dans la controverse du théâtre, il vient à son heure, amené, nécessité même par les circonstances que, maintenant, nous connaissons.

Dans la préface de cet ouvrage, Chappuzeau s'exprime ainsi en parlant des détracteurs du théâtre :

« Ils prononcent souvent des arrêts selon leur tempérament et sans bien examiner les choses, comme ce juge sévère qui, s'étant endormi à l'audience pendant qu'une cause se plaidait, ne parlait, quand il fallut opiner, que de pendre ou de faucher, sans s'informer plus avant ni se soucier de savoir l'affaire. D'autres condamnent les choses sur de simples préjugés, sans vouloir prendre la peine de les éclaircir ; et il y en a enfin qui, pour sauver les dehors dans les conditions où ils se trouvent, blâment par maxime ce qu'au fond ils ne désapprouvent pas entièrement. Le théâtre français, dont j'ai entrepris d'écrire l'histoire dans ma solitude, n'est pas bien connu de la plupart de ceux qui se déclarent ses ennemis, et ils s'en font de fausses idées parce qu'ils les appuient sur de faux rapports. Ils méprisent l'original sur de méchantes copies qu'on leur en expose, comme, avant que d'avoir vu une ville que nous dépeint un voyageur chagrin à qui elle n'a pas plu, nous en formons une triste image que l'objet dément quand nous la voyons de nos propres yeux. On se hasarde à juger des choses sur la foi d'autrui ; il faut avoir un peu de bonne opinion de soi-même et ne rien approuver ou condamner qu'avec pleine connaissance et le discernement que notre raison sait faire du bien et du mal. A voir la comédie, à fréquenter les comédiens, on n'y trouvera rien au fond que de fort honnête, et ces enjouements, ces petites libertés, que l'on reproche au théâtre, ne sont que d'innocentes amorces pour attirer les hommes par de feintes intrigues à la solide vertu. C'est ce que j'espère de faire voir assez clairement, et, me dépouillant ici de tout intérêt, je m'éloignerai également de la flatterie et de la satire, et dirai les choses comme elles sont. »

Dès le livre Ier (ch. viii), il traite des réflexions sur les senti-

ments des Pères et des conciles, en faisant remarquer la différence
absolue qui sépare la comédie moderne de l'antique.

Le chapitre suivant (ch. ix) est fort piquant et assez audacieux : il fait de la guerre une profession illustre, bien qu'elle
cause beaucoup de maux. La guerre, observe-t-il, n'a jamais été
généralement condamnée entre les chrétiens, quoiqu'elle nous
produise les spectacles les plus sanglants et les plus affreux, une
campagne couverte de corps ou morts ou mourants..., et cependant la guerre est le noble métier des rois ; la guerre est juste et
louable, quand elle a pour fin la défense de leurs droits et le sou-
tien de leur gloire, et le mauvais usage qui s'en peut faire n'a
jamais porté les directeurs du Christianisme à la condamner entièrement. Disons, en un mot, qu'il n'y a rien de parfait au
monde ; qu'il n'y a point de profession qui n'ait ses défauts, et
que, sur ce pied-là, il faudrait les abolir toutes, ou une grande
partie, ce qui serait trop au désavantage de la société civile et à
quoi l'on ne pensera jamais.

Encore une fois, la comédie est bonne. Les choses les plus
saintes ne font nulle impression sur l'esprit d'un libertin. Il ne
dépend que de l'auditeur de tirer un bon usage de la comédie ;
s'il est sage et intelligent, il en fera son profit ; s'il est ignorant
et vicieux, il en sortira tout aussi bête et méchant qu'auparavant, et ce ne sera la faute ni du comédien ni du poète.

« D'autre part, l'esprit veut du relâche dans la piété et dans
les affaires. Ceux qui prétendent interdire absolument la comédie
comme une chose qui ne regarde pas directement le salut seraient
obligés d'en retrancher une infinité de cette nature, où il y aurait
plus à redire qu'à la comédie et que l'on souffre aisément ; la
plus solide piété a ses intervalles ; un dévot n'est pas toujours à
l'église ; il est homme, il demande du relâche et quelque honnête divertissement.

De ce que les courses de chevaux sont condamnées par un
célèbre docteur, faut-il condamner les courses de bagues et fermer tous les manèges?

« Mais quoi ? les temps sont changés, et le sont entièrement.
Et s'il faut aujourd'hui détourner les yeux des choses vaines, il
ne faut aller ni à la cour ni au cours, deux superbes spectacles,
et des plus dangereux, au compte de nos sévères censeurs ; il ne
faut pas sortir de sa maison et se montrer dans la rue, où il faut,
« comme un Tartuffe », tendre à la tentation, prendre un mouchoir à la main et baisser les yeux à toute heure devant mille
objets qui se présentent et qui peuvent plus émouvoir les sens
de l'homme qui ne s'en rend pas le maître que ce qui se voit au

théâtre, où ordinairement les oreilles sont plus attachées que les yeux. »

Vous pouvez juger aisément à quel point ce dilemme se rattache étroitement à la conception du *Tartuffe*, que j'ai développée devant vous depuis plusieurs leçons.

Chappuzeau nous montre ensuite que l'Italie et l'Espagne, contrairement aux apparences, sont moins scrupuleuses que la France dans leurs divertissements publics. On fait sonner bien haut, en Espagne, le zèle de la religion, et, toutefois, en Espagne, on voit introduire sur les théâtres publics des personnages en habit ecclésiastique, ce qui ne serait souffert en France en aucune manière que ce fût.

Il traite alors du goût du siècle pour le théâtre et du sentiment de quelques particuliers sur le theâtre comique. Il nous offre, en passant, quantité de remarques piquantes ; il fait observer, par exemple, que, de son temps, beaucoup de gens pensaient que le nom de Dieu dans un sens parfait ne devait jamais être prononcé à la comédie :

« Ha ! Dieu ! » « Mon Dieu! » « Bon Dieu ! » pourront être tolérés ; mais non pas : « Je priais Dieu. » « Dieu vous assiste ! » ou « Dieu vous le rende ! »

Après cela, il reconnaît — ce sont ses propres expressions, — que la bagatelle est un peu trop en vogue à la comédie. Il n'y a rien sous le ciel qui soit exempt de défauts. Il n'en reste pas moins évident, selon lui, que le théâtre a porté bien des gens à l'étude de la vertu. La Société des comédiens ne s'est établie que sur deux fondements : l'honnête divertissement et l'utile instruction des peuples, et cela est vrai surtout des comédiens français, ainsi qu'il peut le dire en raison des nombreuses comparaisons qu'il a pu faire dans ses voyages à travers l'Europe.

Le livre III a surtout pour but de nous présenter les comédiens comme constituant un des milieux les plus estimables du temps, et de nous les montrer comme les gens les plus corrects et les plus vertueux qu'on puisse rencontrer. Leur assiduité aux exercices pieux, leurs aumônes, les soins donnés à l'éducation de leurs enfants, leur scrupule de ne recevoir entre eux que des gens qui vivent bien, leurs belles coutumes, le gouvernement même, si sensé, de leurs petites républiques, tout indique que les préjugés qui règnent encore à leur egard sont d'une rare injustice. Leur vie familiale est d'une régularité bourgeoise ; quant aux comédiennes, il pourrait être imprudent de garantir leur vertu, mais beaucoup cependant sont mariées. Ce n'est que plus tard que s'implantera l'habitude du célibat. Mlle Beauval, qui joue d'ori-

ginal la Nicole du *Bourgeois gentilhomme* eut vingt-huit enfants!
C'est ainsi qu'on voit sur le registre de La Grange que, le 16
mai 1681, *Le Deuil*, qui devait être représenté à Versailles, « n'a
pu être joué à cause que Mlle Beauval est accouchée ». Cette
cause de relâche, fait observer Despois, se répète fréquemment.
L'actrice Baron eut seize enfants. C'est là, sans doute, ce qui
amène l'abbé de Pure à écrire : « Il serait à souhaiter que toutes
les comédiennes fussent jeunes et belles, et, s'il se pouvait toujours filles, ou du moins jamais grosses. Car, outre que la fécon-
dité coûte à la beauté de leur visage ou de leur taille, c'est un
mal qui dure plus depuis qu'il a commencé qu'il ne tarde à revenir depuis qu'il a fini. »

Depuis le milieu du xvie siècle, quelques rôles de femmes sont
tenus par des actrices; à cette époque, du moins, des femmes
figurent dans les troupes de comédiens italiens. Cependant la
polémique dure toujours. En 1675 paraît, à Dijon, un *Recueil des
raisons et motifs qui peuvent détourner les chrétiens d'aller à la
comédie et au bal*. En 1686, une ordonnance contre les théâtres
est rendue à Montpellier.

C'est peut-être le moment de nous demander ce que Corneille,
si souvent pris à partie, pensait de la controverse. Il n'y prit point
de part ostensiblement ; mais il répondit indirectement à certaines attaques avec autant de fermeté que d'habileté.

Dans son *Discours du poème dramatique* de 1660, il avance,
dès les premières lignes, que la poésie dramatique a pour but le
seul plaisir des spectateurs. Le but de l'art, c'est de plaire, et l'on
y réussit par l'imitation de la nature, par la vérité du portrait
qu'on présente de l'humanité. Sans doute, une certaine utilité
morale se rencontre dans le poème dramatique ; mais ce n'est là
qu'une conséquence, non point un but. Il est impossible, en effet,
de plaire selon les règles, sans qu'il se rencontre dans l'œuvre
beaucoup d'utilité :

« Ce que j'ay avancé dès l'entrée de ce discours, dit-il, que la
poésie dramatique a pour but le seul plaisir des spectateurs, n'est
pas pour l'emporter opiniastrement sur ceux qui pensent ennoblir
l'art en luy donnant pour objet de profiter aussi bien que de
plaire. » Et plus loin : « Quoyque l'utile n'y entre que sous la
forme de délectable, il ne laisse pas d'y être nécessaire. » — Il
distingue diverses sortes d'utilité de ces poèmes.

La première consiste aux sentences et instructions morales,
qu'on y peut semer presque partout; mais il en faut user sobre-
ment, les mettre rarement en discours généraux, ou ne les pousser guère loin, surtout quand on fait parler un homme passionné

ou qu'on lui fait répondre par un autre, car il ne doit non plus avoir de patience pour les entendre que de quiétude d'esprit pour les concevoir et les dire.

La seconde utilité se rencontre en la naïve peinture des vices et des vertus qui ne manque jamais à faire son effet quand elle est bien achevée, et que les traits en sont si reconnaissables qu'on ne peut confondre l'un dans l'autre ni prendre le vice pour vertu. Celle-ci se fait alors toujours aimer quoique malheureuse, et celui-là se fait toujours haïr, bien que triomphant.

Le troisième moyen est la naïve peinture des mœurs, c'est-à-dire la vérité où consiste le plaisir, si bien que, lorsqu'on plaît par le vrai, on peut être assuré de tenir toute la moralité permise à l'œuvre d'art.

Le quatrième consiste dans la purgation des passions par le moyen de la pitié et de la crainte, mais ce moyen est particulier à la tragédie.

Ainsi, la vérité étant le but, le vraisemblable sera la loi. Toutes les règles se réduisent à rendre les pièces aussi vraisemblables que possible.

Au point de vue de l'utilité morale, Corneille estime que le genre comique est plus fécond que la tragédie.

Examinons maintenant l'opinion de Boileau.

Il considérait en général la tragédie et la comédie comme aussi indifférentes que le sonnet et l'ode.

« Attaquez, dit-il, nos comédies et nos tragédies, puisqu'elles sont ordinairement fort vicieuses. Je vous abandonne le comédien et la plupart de nos poètes, et même M. Racine en plusieurs de ses pièces ; mais n'attaquez pas la tragédie et la comédie en elles-mêmes, en général. » Il existe une conversation tenue par le critique en 1707 pour défendre le théâtre. Boileau songea même à consacrer un ouvrage spécial à la défense de la comédie.

Dans le chapitre des *Ouvrages de l'Esprit*, La Bruyère écrit :

« Il semble que le roman et la comédie pourraient être aussi utiles qu'ils sont nuisibles. L'on y voit de si grands exemples de constance, de vertu, de tendresse et de désintéressement, de si beaux et de si parfaits caractères que, quand une jeune personne jette, de là, sa vue sur tout ce qui l'entoure, ne trouvant que des sujets indignes et fort au-dessous de ceux qu'elle vient d'admirer, je m'étonne qu'elle soit capable pour eux de la moindre faiblesse. »

Et ce texte, un peu obscur mais intéressant cependant : « Le comédien couché dans son carrosse jette de la boue au visage de Corneille qui est à pied. La condition des comédiens était infâme chez les Romains et honorable chez les Grecs. Qu'est-elle chez nous? On pense d'eux comme les Romains ; on vit avec eux comme les Grecs. »

Mais voici un passage qu'il est essentiel de noter : « Quelle idée plus bizarre que de se représenter une foule de chrétiens de l'un et de l'autre sexe, qui se rassemblent, à certains jours, dans une salle pour y applaudir à une troupe d'excommuniés, qui ne le sont que par le plaisir qu'ils leurs donnent et qui est payé d'avance? Il me semble qu'il faudrait ou fermer les théâtres ou prononcer moins sévèrement sur l'état des comédiens...

« Ce n'est point assez que les mœurs du théâtre ne soient point mauvaises : il faut encore qu'elles soient décentes et instructives. Il peut y avoir un ridicule si bas et si grossier, ou même si fade et si indifférent, qu'il n'est ni permis au poète d'y faire attention, ni possible aux spectateurs de s'en divertir.

« Certains poètes sont sujets dans le dramatique à de longues suites de vers pompeux qui semblent forts, élevés et remplis de grands sentiments. Le peuple écoute avidement les yeux élevés et la bouche ouverte, croit que cela lui plaît, et, à mesure qu'il y comprend moins, l'admire davantage; il n'a pas le temps de respirer ; il a à peine celui de se récrier et d'applaudir. J'ai cru autrefois, dans ma première jeunesse, que ces endroits étaient clairs et intelligibles pour les acteurs, pour le parterre et l'amphithéâtre, que leurs auteurs s'entendaient eux-mêmes et qu'avec toute l'attention que je donnais à leur récit, j'avais tort de ne rien entendre ; je suis détrompé. »

A travers l'œuvre de La Bruyère, cherchons maintenant son opinion sur l'opéra, d'origine toute récente et à un moment où l'Académie de musique avec Lulli prenait, tous les jours, plus d'importance. Or La Bruyère est peu favorable à l'opéra, qu'il considère comme un genre imparfait et dont il déclare qu'avec une musique impeccable et une dépense toute royale il ne réussit qu'à l'ennuyer ; il y voit quelque chose qui serait l'ébauche d'un grand spectacle et pourrait en donner l'idée.

Et cet avis fut aussi celui de Boileau et de Racine, de La Fontaine et de Saint-Evremond.

Cependant la polémique se poursuit sans interruption. En 1691 paraît la dissertation *In pestem theatralem*, et la liste des factums de ce genre pourrait être facilement allongée. Il vaut mieux en arriver tout de suite à l'épisode le plus caractéristique de notre controverse, à la fin du XVIIe siècle. Il s'agit de celui sur lequel plane toujours, dès qu'on l'évoque, le grand nom de Bossuet.

Vous savez que Bossuet a été plutôt sympathique à Port-Royal

et très opposé aux casuistes. Quand il parle de ces derniers, il
devient volontiers violent ; leurs subtilités sont pour lui des
ordures. Il aimait à flétrir cette pitié meurtrière des directeurs
indulgents qui portent des coussins sous les coudes des pécheurs,
ou qui, par de vaines distinctions, soufflent de la terre dans leurs
yeux.

Cela était utile à rappeler pour expliquer la genèse de la polémique retentissante, à laquelle il prit part, en 1694, au sujet de
la moralité des spectacles.

Vous connaissez les faits. Il parut, cette année-là, à la tête
d'une édition du théâtre de Boursault, une dissertation anonyme
soi-disant d'un « théologien illustre » qui soutenait que « l'on
peut innocemment composer, jouer, voir jouer des comédies ».
Le prétendu « théologien illustre » était un obscur religieux italien
des théatins, le P. Caffaro. Pour la première fois, un prêtre de
profession, un moine, osait se faire le défenseur du théâtre et de
ses pompes. A cette nouvelle, Bossuet ne put contenir une indignation extrême. Il écrivit aussitôt au P. Caffaro une lettre
terrible de reproches d'une vingtaine de pages et qui, à elle seule,
constitue presque un petit ouvrage. Datée de Germigny, 9 mai
. 1694, elle débute ainsi :

« C'est à vous-même, mon Révérend Père, que j'adresserai d'a-
bord entre vous et moi, selon le précepte de l'Evangile, mes
plaintes contre une lettre en forme de dissertation sur la
comédie que tout le monde vous attribue constamment et que,
depuis peu, on m'a assuré que vous aviez avouée. Quoi qu'il en
soit, si ce n'est pas vous qui en soyez l'auteur, ce que je souhaite,
un désaveu ne vous fera aucune peine, et, dès là, ce n'est plus à
vous que je parle. Que si c'est vous, je vous en fais mes plaintes
à vous-même, comme un chrétien à un chrétien et comme un
frère à un frère.

« Je ne perdrai point le temps à répondre aux autorités de
saint Thomas et des autres saints qui en général, semblent approuver ou tolérer des comédies. Puisque vous demeurez d'accord, et
en effet on ne peut nier que celles qu'ils ont permises ne doivent
exclure toutes celles qui sont opposées à l'honnêteté des mœurs,
c'est à ce point qu'il faut s'attacher, et c'est par là que j'attaque
votre lettre si elle est de vous.

« La première chose que j'y reprends, c'est que vous ayez pu
dire et répéter que la comédie, telle qu'elle est aujourd'hui, n'a
rien de contraire aux bonnes mœurs et qu'elle est même si épurée
à l'heure qu'il est sur le théâtre français qu'il n'y a rien que l'o-
reille la plus chaste ne pût entendre. Il faudra donc que nous

passions pour honnêtes les impiétés et les infamies dont sont
pleines les comédies de Molière, ou que vous ne rangiez pas parmi
les pièces d'aujourd'hui celles d'un auteur qui vient à peine d'expirer et qui remplit encore à présent tous les théâtres des équivoques les plus grossières dont on ait jamais infecté les oreilles
des chrétiens.

« Ne m'obligez pas à les répéter : songez seulement si vous
oserez soutenir à la face du ciel des pièces où la vertu et la piété
sont toujours ridicules, la corruption toujours défendue et toujours plaisante, et la pudeur toujours offensée ou toujours en
crainte d'être violée par les derniers attentats, je veux dire par
les expressions les plus impudentes à qui l'on ne donne que les
enveloppes les plus minces. » Ainsi, dès le début, l'attaque est
dirigée contre Molière qui, vingt ans après sa mort, reste l'ennemi
par excellence aux yeux des ennemis de l'art dramatique. D'après
Bossuet, c'est un crime pour un chrétien et pour un prêtre de
trouver honnêtes toutes les fausses tendresses, toutes les maximes
d'amour et toutes ces douces invitations à jouir du beau temps de
la jeunesse qui retentissent partout dans les opéras de Quinault,
« à qui j'ai vu cent fois, déclare le grand orateur, déplorer ces
égarements ». Et plus bas il insiste sur les repentirs de Racine et
de Corneille.

La plupart de nos poètes, dit Desprez de Boissy, se sont re-
pentis d'avoir travaillé pour le théâtre.

Lulli, le compagnon de Molière, se trouve accessoirement
dénoncé à côté de lui. C'est la réprobation complète de l'opéra :
« Si Lulli a excellé dans son art, il a dû proportionner comme il
a fait les accents de ses chanteuses à leurs récits et à leurs vers,
et ses airs tant répétés dans le monde ne servent qu'à insinuer les
passions les plus décevantes en les rendant les plus agréables et
les plus vives qu'on peut. Je vous prie, que fait un acteur, lorsqu'il veut jouer naturellement une passion, que de rappeler autant
qu'il peut celles qu'il a ressenties, et que, s'il était chrétien, il
aurait tellement noyées dans les larmes de la pénitence qu'elles
ne reviendraient jamais à son esprit ou n'y reviendraient qu'avec
horreur, au lieu que, pour les exprimer, il faut qu'elles lui
reviennent avec tous leurs agréments empoisonnés et toutes leurs
grâces trompeuses.

« Mais tout cela, dites-vous, paraît sur les théâtres comme une
faiblesse ; je le veux, mais comme une belle, comme une noble
faiblesse, comme la faiblesse des héros et des héroïnes, enfin
comme faiblesse si artificieusement changée en vertu qu'on
l'arme, qu'on lui applaudit sur tous les théâtres, et qu'elle doit

faire une partie si essentielle des plaisirs publics qu'on ne peut
souffrir de spectacle où non seulement elle ne soit, mais où elle
ne règne et n'anime toute l'action…

« Je crois avoir assez démontré que la représentation des passions agréables porte naturellement au péché, puisqu'elle flatte
et nourrit de dessein prémédité la concupiscence qui en est le
principe. Vous direz, selon vos maximes, qu'on purifie l'amour,
et que la scène, dans l'état où elle paraît aujourd'hui, ôte à cette
passion ce qu'elle a de grossier et d'illicite : c'est un chast e
amour de la beauté qui se termine au nœud conjugal. A la bonne
heure : du moins donc, s'il plaît à Dieu, à la fin vous bannirez
du milieu des chrétiens les prostitutions et les adultères dont
les comédies italiennes ont été remplies, même de nos jours, où
le théâtre vous paraît si épuré et qu'on voit encore toutes crues
dans les pièces de Molière. Vous réprouverez les discours où
ce rigoureux censeur des grands canons et des mines et des expressions de nos précieuses, étale cependant dans le plus grand
jour les avantages d'une infâme tolérance dans les maris, et sol-
licite les femmes à de honteuses vengeances contre leurs jaloux. »

C'est donc une nouvelle attaque, et d'une rare violence. Plus
loin il développe avec une énergie d'expressions incroyable cette
thèse que toute comédie veut inspirer le plaisir d'aimer ; on en
regarde les personnages non comme des censeurs, mais comme
des amants, et c'est amant qu'on veut être sans songer à ce qu'on
pourra devenir après. Il y a encore une autre raison plus grave
et plus chrétienne qui ne permet pas d'étaler les passions de
l'amour, même par rapport au licite. C'est que le mariage présup-
pose la concupiscence, qui, selon les règles de la foi, est un
mal dont le mariage use bien. Au reste, ces mariages qui se rom-
pent et se concluent dans les comédies sont bien éloignés de celui
du jeune Tobie et de la jeune Sarah. Qu'un mariage de cette
sorte, où les sens ne dominent pas, serait froid sur nos théâtres !

Je ne crois pas que Bossuet se soit élevé en aucun autre cas à
une pareille véhémence de ton. Le P. Caffaro, éperdu, s'empressa
de formuler un désaveu humble et solennel de son méfait. C'est
alors que Bossuet reprit et développa sa lettre dans un traité
étendu, à l'usage du public, sous le titre de *Maximes et Réflexions
sur les comédies,* — un de ses meilleurs, nous dit son plus récent
historien, M. Alfred Rebelliau, et de ses plus durables ouvrages. —
« Jamais, nous déclare le même auteur, jamais cette question de
la moralité du théâtre, qui devait préoccuper encore tant de
grands esprits depuis J.-J. Rousseau jusqu'à Alexandre Dumas
fils, n'a été traitée et résolue dans le sens rigoriste avec plus

de pénétration impitoyable ni en perçant à jour plus vaillamment toutes les conventions mensongères dont la tolérance sociale est obligée de se payer... C'est contre les vrais coupables, les auteurs dramatiques eux-mêmes, qu'il fonce tout droit. »

Bossuet commence par poser la question avec sa clarté ordinaire. Aussitôt il discute le point de savoir si la comédie de son temps est aussi honnête que le prétendait le P. Caffaro : troisième attaque contre Molière, attaque qui réédite la première, signalée plus haut.

« Qui que vous soyez, poursuit-il, prêtres ou religieux, quoi qu'il en soit, chrétiens, qui avez appris de saint Paul que ces infamies ne doivent pas seulement être nommées parmi les fidèles, ne m'obligez pas à répéter ce discours honteux ; songez seulement si vous oserez soutenir à la face du ciel des pièces où la vertu et la piété sont toujours ridicules, la corruption toujours excusée et toujours plaisante et la pudeur toujours offensée ou toujours en crainte d'être violée par les derniers attentats, je veux dire par les expressions les plus imprudentes à qui l'on ne donne que les enveloppes les plus minces... »

Il est impossible de vous résumer cet ouvrage mémorable, assurément le plus agressif et le plus éloquent qui eût paru depuis le début de la querelle du théâtre au XVIIe siècle. Tous les arguments dirigés depuis cinquante ans contre la scène s'y trouvent ramassés, développés et renouvelés avec une logique inexorable. Corneille, Racine, Quinault, Lulli s'y trouvent successivement pris à partie. Je vous demande plutôt de le lire dans une des éditions de Bossuet. Je me bornerai à vous rappeler la dernière et la plus rude attaque que l'ouvrage contient contre Molière :

« Il a fait voir à notre siècle le fruit qu'on peut espérer de la morale du théâtre qui n'attaque que le ridicule du monde, en lui laissant cependant toute sa corruption. La postérité saura peut-être la fin de ce poète comédien qui, en jouant son *Malade imaginaire* ou son *Médecin par force*, reçut la dernière atteinte de la maladie dont il mourut peu d'heures après, et passa des plaisanteries du théâtre, parmi lesquelles il rendit presque le dernier soupir, au tribunal de Celui qui dit : « Malheur à vous qui riez, car vous pleurerez ». Ceux qui ont laissé sur la terre de plus riches monuments n'en sont pas plus à couvert de la justice de Dieu : ni les beaux vers ni les beaux chants ne servent de rien devant Lui, et il n'épargnera pas ceux qui, en quelque manière que ce soit, auront entretenu la convoitise. Ainsi vous n'éviterez pas son jugement, qui que vous soyez, vous qui plaidez la cause de la comédie... »

Et lisez ensuite le *Traité de la concupiscence*, non publié de son vivant, et qui, dans les éditions modernes, précède à juste titre les *Maximes contre la comédie*, qu'il rattache à toute la philosophie de Bossuet : « C'est, comme on l'a dit, la plus franche déclaration qui peut-être ait jamais été faite du divorce que la raison mystique exige entre le monde et la religion, entre l'art et la piété, entre la joie de vivre et l'austère sainteté du chrétien. » La lecture de ces deux ouvrages apportera une nouvelle confirmation aux vues que je vous ai exposées durant ces cinq leçons ; ils aident à en dégager la conclusion naturelle et logique.

Au fond de toute cette polémique si vive, de ces attaques contre la comédie, se retrouve la lutte contre le paganisme renaissant ; ou plutôt toute cette polémique et toutes ces attaques ne sont qu'un épisode du vieux combat contre le paganisme indéracinable, que la Renaissance avait fait refleurir dans la société moderne, et que le christianisme, malgré tant d'efforts, n'avait pu réussir à extirper de l'humanité.

Résumons à très grands traits quelques conséquences de la querelle.

Certains curés, en 1695, refusent le mariage aux comédiens. En 1697 paraît un ouvrage de Lalouette intitulé *Histoire de la comédie et de l'opéra, où l'on prouve qu'on ne peut y aller sans péché* — et d'où nous extrayons les lignes suivantes :

« Un confesseur d'une paroisse de Paris ayant trouvé un pénitent qui coopérait directement à la comédie, quoiqu'il ne fût ni acteur, ni poète, ni spectateur, il lui voulut faire promettre de renoncer à cette collaboration. Sur le refus d'y renoncer, le confesseur se crut obligé de lui refuser l'absolution. Il consulta le cas en Sorbonne et les docteurs consultés crurent devoir examiner le cas de la comédie à fond.

« Pour y réussir, ils forment quatre demandes sur la comédie : la première, si la comédie est mauvaise, et ils font voir par l'antiquité qu'elle est mauvaise.

« La deuxième regarde les auteurs et généralement ceux qui y coopèrent ; — ils répondent à cette demande que tous ceux qui coopèrent à la comédie d'une manière prochaine et déterminée pèchent, et particulièrement ceux qui composent pour le théâtre les pièces que l'on y représente ordinairement, parce que leur action tend d'une manière déterminée à une chose mauvaise.

« La troisième, si l'on doit dire la même chose de l'opéra. On répond que l'opéra est d'autant plus dangereux qu'à la faveur de la musique, dont les tons sont recherchés et disposés exprès pour toucher l'âme, il est bien plus susceptible des passions qu'on y veut exciter, et particulièrement de l'amour qui est le sujet le plus ordinaire de cette sorte de comédie. On cite saint Basile, qui dit que la musique dont on se sert en ces rencontres doit être évitée comme une chose très honteuse.

« Enfin la quatrième demande est de savoir si quelqu'un peut aller à la comédie : on y répond que la comédie étant mauvaise, dans la pratique on n'y doit pas aller, même par complaisance pour ses parents. On rapporte l'exemple de la mère de sainte Macrine, sœur de saint Grégoire de Nysse, qui avait un si grand soin de sa fille qu'elle ne lui permettait pas de lire des fables ni des comédies, regardant comme une chose honteuse de gâter un esprit encore tendre par toutes ces histoires tragiques de femmes dont les fables des poètes sont remplies, ou par les idées mauvaises des comédies. Ces docteurs concluent que ces comédiens, par leur profession comme elle s'exerce, sont en état de péché mortel ; c'est pourquoi on ne doit pas les absoudre, s'ils ne promettent de quitter leur profession. Pour ceux qui coopèrent à la comédie d'une manière prochaine et déterminée, ou qui y assistent de leur plein gré, quoiqu'ils ne soient pas si coupables que les comédiens, néanmoins les mêmes docteurs ont décidé qu'on doit leur refuser l'absolution, si les uns et les autres ne veulent point se corriger et changer de conduite après avoir été suffisamment avertis. »

Au même moment paraissent les poésies de Gacon, le poète sans fard, qui fournissent encore des documents nombreux et significatifs, non signalés jusqu'à présent à l'historique de la querelle du théâtre. C'est, d'abord, la satire adressée à Mgr Bossuet, évêque de Meaux, à propos de la comédie :

Docte et sage prélat, dont le ciel a fait chois
Pour instruire et former la jeunesse des rois,
Et qui, par des discours vifs et pleins d'éloquence,
Sais confondre l'erreur et bannir l'ignorance,
Je conviens avec toi que des hommes pécheurs
Devraient avoir toujours les yeux baignés de pleurs.
Je sais que l'Evangile en ses leçons divines
N'offre pour le salut qu'un chemin plein d'épines
Et que, loin d'approuver les jeux et les plaisirs,
Il nous en interdit jusqu'aux moindres désirs.
Ainsi la comédie, étalant sur la scène
Les appâts séducteurs d'une pompe mondaine,
Sans doute est peu conforme à ces vœux solennels
Qu'en naissant un chrétien fait au pied des autels ;
Ces caractères fiers des héros du théâtre
Pouvaient être applaudis par un peuple idolâtre :
Mais, disciples d'un Dieu pour nous crucifié,
Nous devons n'estimer qu'un cœur mortifié,

Un cœur humble, sans fiel et dont la vertu pure
Se fasse un point d'honneur d'oublier une injure
Et préfère de voir des passions aux fers
A la fausse grandeur de dompter l'univers.
Cependant, *grand prélat*, d'invincibles obstacles
S'opposent au dessein d'abolir les spectacles ;
Auprès des souverains, l'oisiveté des cours
Malgré tous les sermons les maintiendra toujours,
Et les peuples, privés d'un plaisir excusable,
Peut-être, en chercheraient quelque autre plus coupable.
D'ailleurs tant qu'on verra des prélats fastueux
Elever à grands frais des palais somptueux ;
En fait de mets exquis ne rien céder aux princes ;
Et de leur train pompeux éblouir des provinces,
Contre la comédie en vain l'on écrira :
De ces moralités le public se rira.
Jésus-Christ, dira-t-il, aux riches de la terre
Pendant toute sa vie a déclaré la guerre.
Cependant un prélat se croit en sûreté
Avec vingt mille écus dont il se voit renté ;
Et l'on ne pourra pas, à l'Hôtel de Bourgogne,
Voir le rôle plaisant d'un sot ou d'un ivrogne,
Ou, charmé de Corneille au Théâtre-Français,
Aller plaindre le sort des princes et des rois ?
De quel front ces pasteurs vivant dans l'opulence
Viennent-ils nous prêcher l'esprit de pénitence ?
Et comment, en ce siècle, osent-ils se flatter
Qu'on subira le joug qu'ils savent éviter ?
Tels, dans l'ancienne loi, des Tartuffes sévères
Damnaient le peuple juif pour des fautes légères,
Eux qui, loin des témoins, en des réduits cachés,
S'abandonnaient sans crainte aux plus honteux péchés.
C'est ainsi, grand prélat, que le peuple raisonne
Et fait une leçon aux docteurs de Sorbonne.
Pour imposer silence, il faudrait réformer
Nombre d'autres abus que je n'ose rimer.

Puis une autre satire contre le sieur Pégurier pour son livre
contre la comédie, et une autre encore contre les faiseurs de
mauvais opéras, de mauvaises comédies et de mauvais livres. Et,
enfin, ces épigrammes :

Contre un mauvais auteur qui mit au jour un méchant livre contre la comédie.

L'Olivet, fils d'un bourrelier,
Contre la comédie a fait un mauvais livre
Qui ne vaut pas le relier
Et qu'on vend à deux liards la livre :
Puisqu'en veau cet auteur se voulait habiller
Il n'avait qu'à se faire faire
Un harnais par monsieur son père.

Et contre les faux dévots :

14

Contre les hypocrites qui blâment la comédie.

Vous qui prêchez sans cesse un Enfer aux chrétiens
Et goûtez cependant les plaisirs de la vie,
    Etant si bons comédiens,
    Laissez en paix la comédie,

Ce quatrain, aussi bien que la satire qui vient d'être citée, semblent résumer par avance une partie de notre démonstration.

Et la polémique de suivre son train. En 1695 paraît un mandement de Rollin sur les spectacles ; en 1700, les *Pensées sur les Spectacles* de Duguet ; en 1706, une satire sur les théâtres ; en 1709, un mandement de Fléchier contre les spectacles.

Et nous n'avons parlé ni de Fénelon, ni de Bayle, ni de Bourdaloue, ni de Massillon : vous voyez combien nous sommes encore loin d'avoir épuisé cette matière souple et féconde.

Ne voulant point perdre Molière de vue, nous ne suivrons pas la discussion pendant le cours du xviiie siècle, où elle prend un développement nouveau, grâce à la controverse soulevée entre d'Alembert et J.-J. Rousseau. Nous ne parlerons point de Riccoboni, de Desprez de Boissy, de l'abbé Gauthier ni de tant d'autres polémistes, pas plus que des excommunications d'acteurs et d'actrices. Vous n'ignorez pas que le xixe siècle n'est pas resté étranger non plus à cette controverse. Les noms des Dumas fils, des Veuillot, vous le rappellent suffisamment. En consacrant cinq leçons à la question de la moralité du théâtre au xviie siècle, nous avons cherché avant tout à montrer le rapport qui existe entre plusieurs des chefs-d'œuvre de Molière et la longue discussion qui a mis aux prises, pendant la plus grande partie du règne de Louis XIV, les rigoristes et les partisans de la nature.

Démosthène.

Cours de M. ALFRED CROISET,

Professeur à l'Université de Paris.

Le procès de la Couronne ; la défense de Démosthène.

(*Suite.*)

Nous avons vu Démosthène, après un exorde solennel et religieux, aborder l'accusation d'Eschine et, tout d'abord, écarter par une fin de non-recevoir les griefs relatifs à la première période de sa vie politique. Vous vous rappelez que cette période renfermait les événements compris entre le commencement de la guerre avec Philippe et la paix de Philocrate (346). Eschine, en substance, accusait Démosthène d'avoir, à ce moment, conclu la paix de concert avec Philocrate, sans attendre la réunion d'un congrès hellénique (1). Démosthène refuse de se défendre sur ce point : avant la paix, dit-il, j'étais sans influence ; on ne peut citer de moi aucun décret qui ait été suivi de quelque effet ; mieux encore, mon rôle personnel a été nul dans la préparation du traité ; j'ai purement et simplement rempli mon rôle d'ambassadeur. Voilà le raisonnement par lequel il élude la première partie de l'accusation. Ce raisonnement est surtout habile. Car, avant la paix de 346, on ne peut pas dire que Démosthène soit resté étranger aux affaires de la Grèce : ce fut alors qu'il prononça la première *Philippique*, les trois *Olynthiennes*, sans parler de discours moins importants, où il se révéla véritablement comme un homme d'Etat de premier ordre.

Comment se fait-il donc qu'il ne dise rien de cette époque déjà brillante de sa carrière ? Pourquoi reste-t-il muet sur les efforts qu'il tenta pour amener les Grecs à faire la guerre à Philippe avec prévoyance, avec suite, et à consacrer à cette guerre l'argent du théorique ? Remarquons que, parmi les services rendus au cours de la seconde guerre, il oublie de mentionner le plus grand, le plus honorable. Nous savons que Démosthène obtint

---

(1) Eschine, *contre Ctésiphon*, §§ 58-78.

enfin, après bien de vaines tentatives, que tous les fonds publics seraient consacrés à la guerre (1). Or il nous le laisse ignorer. C'est qu'il ne veut pas se vanter, devant le peuple, d'une victoire qu'il a remportée sur le peuple même. On peut expliquer de la même façon son silence sur les services qu'il avait rendus à Athènes avant 346. Il est vrai qu'il avait plutôt essayé de les rendre qu'il ne les avait réellement rendus. Les discours antérieurs à cette date, il ne les avait pas accompagnés de propositions formelles, ou ces propositions n'avaient pas été adoptées par l'assemblée; cela, Démosthène pouvait le répondre à Eschine ; mais il exagère un peu, quand il dit que son rôle politique avait été, dans cette période, à peu près nul.

**

C'est après avoir opposé cette fin de non-recevoir à son accusateur qu'il en vient aux griefs essentiels. La partie du plaidoyer où il les réfute est des plus belles. Tout de suite, il indique la différence qu'il y a entre la période qui précède et sur laquelle il n'a pas voulu se défendre, et celles qui vont suivre : « Je veux maintenant, dit-il, me justifier *sur l'accusation même;* je veux vous raconter *ce que j'ai véritablement fait* (2). »

Il annonce alors qu'il suivra l'ordre de l'accusation : « Je suivrai le même ordre que l'accusation ; chaque point sera discuté successivement, sans omission volontaire (3). » Son intention est donc, semble-t-il, de prendre une par une les époques distinguées par Eschine dans sa carrière politique et de répondre point par point à toutes ses accusations. Ceci est à remarquer ; car, si vous vous en souvenez, c'était justement là ce qu'Eschine avait prié les juges d'exiger de l'accusé. Démosthène avait même protesté contre cette exigence au commencement de son discours. Il avait revendiqué la liberté de choisir le plan qui lui semblerait le meilleur. Il semble donc qu'il y ait une contradiction entre cette protestation contenue dans l'exorde et la promesse qu'il fait ensuite de suivre « l'ordre de l'accusation ». En réalité, cette contradiction n'existe pas, parce que la promesse n'est pas tenue. Il ne suit l'ordre du discours d'Eschine que jusqu'à un certain point.

Je rappelle brièvement le plan suivi par Eschine, sans parler, bien entendu, de la première période que Démosthène a déclarée

(1) DENYS D'HALICARNASSE, *Lettre à Ammée*, I, 11.
(2) DÉMOSTHÈNE, *Couronne*, § 53.
(3) *Id.*, §§ 56-57.

hors du sujet. Les autres périodes sont les suivantes : la seconde va de la paix de Philocrate jusqu'à la reprise des hostilités (Eschine attaque surtout, ici, la politique de Démosthène en Eubée); la troisième va de la reprise des hostilités jusqu'à la bataille de Chéronée (Eschine déclare que, par sa conduite dans l'affaire d'Amphissa et sa conduite à l'égard du dieu de Delphes, Démosthène a attiré les plus grands malheurs sur la Grèce) ; enfin la quatrième comprend tous les événements qui ont suivi Chéronée (Eschine reproche, cette fois, à Démosthène d'avoir perdu toutes les occasions de combattre Alexandre) (1).

Or, au lieu de parler successivement de chacune de ces trois périodes, comme il l'avait promis, Démosthène pocède de la façon suivante. Il commence par étudier la deuxième période, pendant laquelle il est devenu un personnage influent et a même été sur le point de devenir chef de la politique athénienne: c'est l'époque où il prépare la guerre contre Philippe. Il aborbe ensuite la préparation de la guerre de Chéronée ; mais, subitement, il tourne court et, abandonnant la question de fait, répond à la question de droit. Il semble considérer la défense comme terminée ; car, ensuite, il passe de la défense à l'attaque. Mais prenons garde : c'est au début même de cette partie offensive que se trouve l'examen de la troisième et de la quatrième période. Par un artifice habile, Démosthène a voulu la placer à cet endroit.

Pourquoi donc a-t-il suivi cet ordre? La raison en est simple. Dans la dernière partie de sa vie politique, il rencontrait la question de Chéronée. Or il ne voulait pas, après avoir examiné cette période, laisser se ralentir l'attention des juges par l'admission d'un point de droit qui n'était pas d'une très grande importance et qui, au surplus, n'était pas en sa faveur. Il intercala donc cette discussion au milieu de l'examen de sa conduite politique, se réservant de frapper les grands coups un peu plus tard, et de terminer par la question de Chéronée, qui était le centre même du débat.

Voilà pourquoi il ne suit pas l'ordre qu'il indique au § 56.

* *

Cela dit, entrons avec l'orateur dans l'examen de sa conduite pendant les années 343-340 : c'est durant cette période qu'il prépare les événements de 338 et la bataille de Chéronée. Vous allez voir avec quelle fierté, avec quelle hauteur d'âme, il revendique toutes les responsabilités. Vous verrez aussi avec quelle

(1) ESCHINE, contre Ctésiphon, §§ 58-78, §§ 79-105, §§ 106-158, §§ 159-167.

franchise il évite les chicanes, les détails à côté, les subterfuges d'avocat, et place hardiment la question sur son vrai terrain, le terrain politique. A la place des querelles personnelles, des injures méchantes, des critiques de parti pris, des idées naïves ou inconsistantes qui encombraient le plaidoyer d'Eschine, nous trouvons chez Démosthène les idées fortes d'un grand politique et la conscience droite d'un honnête homme.

Dans cette période, Eschine avait surtout visé trois points : les affaires d'Eubée, dans lesquelles Démosthène aurait renversé des tyrans pour se faire payer ; les affaires de Byzance, que Démosthène avait défendue contre Philippe, sans regarder si cette ville était depuis quelque temps l'ennemie d'Athènes ; enfin l'affaire des Symmories, en vertu de laquelle l'organisation de la flotte athénienne était changée.

Démosthène répondra à cette triple attaque. Mais, auparavant, il fait un admirable résumé de la situation politique d'alors ; il demande à Eschine comment, d'après lui, on pouvait en sortir : voilà ce que j'ai fait, dit-il ; tu critiques ma conduite, c'est bien ; mais qu'aurais-tu fait à ma place? Dans le résumé historique, nous trouvons une hauteur de vues, une largeur d'argumentation, une pénétration psychologique des plus remarquables. Rien ne rappelle ici l'éloquence fastueuse et un peu guindée d'un Isocrate ou d'un Cicéron. Tout est en dialectique ; tout est serré ; tout est pressant.

« Dans la guerre entreprise contre Philippe, la Grèce elle-même, Athéniens, donnait à son ennemi un avantage immense. Chez tous les Hellènes indistinctement pullulaient des traîtres, âpres à la curée, ennemis des dieux, multitude qui n'eut point d'égale dans les souvenirs du passé. Voilà les auxiliaires, voilà les travailleurs que ramassait à son profit la Macédoine. Les Hellènes s'étaient précipités dans la discorde : il les y plonge plus avant, ici par le mensonge, là par des largesses, ailleurs par tous les moyens de corruption, et il déchire par lambeaux cette Grèce dont tous les peuples avaient un seul intérêt : l'empêcher de s'agrandir. Tandis qu'ils s'entrechoquaient, ne voyant pas encore l'orage qui s'étendait chaque jour, examinez, citoyens d'Athènes, ce que devait entreprendre la république, et demandez-m'en raison, car celui qui, dans le gouvernement, s'était mis à ce poste, c'était moi (1). »

Deux choses étaient possibles, dit-il : ou bien combattre Philippe, comme nous l'avons fait, ou imiter ces Thessaliens, ces

(1) DÉMOSTHÈNE, *Couronne*, §§ 61-62.

Dolopes, qui ont suivi le parti de Philippe, dans l'espoir de tirer leur épingle du jeu, de sortir de leur pauvreté misérable, sans prévoir d'ailleurs leur asservissement certain (1).

« Fallait-il encore, sans commettre cette évidente infamie, fallait-il qu'en face de malheurs pressentis depuis longtemps, elle jetât autour d'elle un regard d'indifférence? Oui, c'est à mon impitoyable adversaire que je le demande : quel parti voudrait-il que notre ville eût embrassé ? Le parti qui conspira pour la ruine et le déshonneur de la Grèce, et où l'on peut compter la Thessalie et ses adhérents ; celui qui laissa tout faire, espérant en profiter, et dans lequel je placerai l'Arcadie, Argos, Messène? Mais la plupart de ces peuples, disons mieux, tous, ont plus souffert que nous. Quand même Philippe vainqueur s'en serait retourné aussitôt, cessant les hostilités, n'insultant aucun de ses alliés, aucun des autres Hellènes, il y aurait encore contre ceux qui ne seraient pas opposés à ses entreprises matière à de graves reproches. Mais, s'il enlevait à tous également dignité, puissance, liberté, démocratie surtout, là où il le pouvait, n'avez-vous pas pris les résolutions les plus honorables en suivant mes conseils?

« Encore une fois, Eschine, que devait faire la république en voyant Philippe se frayer la voie à la souveraineté de la Grèce ? Quelles paroles, quels décrets, devais-je présenter, moi, le conseiller d'Athènes? Moi, intimement persuadé que, de tout temps jusqu'au jour où je montai à la tribune, ma patrie avait lutté pour la prééminence, pour l'honneur, pour la gloire, et, par une noble ambition, dépensé dans l'intérêt du reste de la Grèce plus d'hommes et plus d'argent que toute la Grèce ensemble pour sa propre cause? Moi, qui voyais Philippe en proie au désir de dominer, privé d'un œil, la clavicule cassée, la main et la jambe estropiées (2), jeter gaiement à la Fortune tout ce qu'elle voudrait de son corps, pourvu qu'avec le reste il vécût glorieux ? Toutefois, qui oserait dire qu'un enfant barbare de la chétive bourgade de Pella dût avoir l'âme assez haute pour aspirer à l'empire de la Grèce? Et que vous, Athéniens, vous, à qui, chaque jour, la tribune et le théâtre offrent des souvenirs de la vertu de vos pères, vous pussiez être pusillanimes au point de courir livrer à Philippe la Grèce enchaînée? Non ; un tel langage n'est pas possible. Restait donc forcément à opposer votre juste résis-

(1) Les Thessaliens s'étaient déjà soumis à Herpès, ainsi que les Dolopes, leurs voisins, et ils avaient combattu dans les armées perses contre les Hellènes. Cf. HÉRODOTE. VII.
(2) Philippe perdit un œil au siège de Méthone. Les autres blessures, il les reçut en 340, au retour d'une campagne contre les Thraces.

tance à toutes ses injustes entreprises. Vous le fîtes à l'origine,
par raison, par honneur; et tels furent mes décrets, mes conseils,
je le déclare, tant que je pris part au gouvernement. Si quelqu'un
trouve qu'il y avait mieux à faire, qu'il le dise : je suis prêt à
l'écouter et, s'il le faut, à lui donner raison (1). »

Vous sentez tout ce qu'il y a, dans ce passage, de vigueur dans
la dialectique, de grandeur dans la pensée, de crânerie dans le
courage. A ces interrogations pressantes, à ces raisonnements
irréfutables, Eschine n'avait rien à répondre. Remarquez, en
effet, qu'on chercherait en vain, dans tout son plaidoyer, l'exposé
de la politique qui aurait eu ses préférences. Nulle part, il ne
nous dit la conduite qu'il aurait tenue à la place de Démosthène.
Il se borne à critiquer celle de son adversaire. On conçoit, dès
lors, quelle devait être sa gêne, quand les *que fallait-il faire ?* de
Démosthène le mettaient impitoyablement au pied du mur.

٭٭

Après cette sorte de préface, large et puissante, dont il fait
précéder la discussion proprement dite, Démosthène examine les
trois griefs dont je vous parlais tout à l'heure.

Sur la question de l'Eubée, Eschine disait en substance :
« Athènes, suivant en Eubée la politique recommandée par
Démosthène, s'est engagée dans une série de difficultés. Il en est
résulté pour elle une plus grande haine de la part de Philippe.
Démosthène n'ignorait pas ces conséquences ; mais il a soutenu
cette politique, parce qu'il avait reçu de l'argent. » C'était tout.
De politique générale, pas un mot. Que répond Démosthène ?
Dédaigneusement, il repousse du pied l'accusation de corruption
qui ne repose sur rien, et il se place au cœur même du débat par
un exposé d'idées politiques. Est-ce une échappatoire ? Je ne le
crois pas. Sans doute, Démosthène avait dû toucher de l'argent.
Tous les orateurs, plus ou moins, en recevaient à Athènes. Lui-
même a probablement payé, dans chaque ville d'Eubée, les personnages influents qui étaient hostiles à Philippe. La chose était
admise, à cette époque. Le grief de corruption n'était donc peut-
être pas aussi grave qu'on pourrait le croire d'abord. Démosthène pouvait l'écarter. La véritable question était de savoir
quelle était la meilleure politique, de celle qu'on avait suivie ou
de toute autre qu'on aurait pu suivre. C'est à cela que Démosthène s'attache, et avec raison. Il s'écrie, dans un superbe
mouvement d'éloquence :

(1) DÉMOSTHÈNE, *Couronne*, §§ 63-69.

« Tu me reproches d'avoir précipité Athènes dans la haine de Philippe en proposant de défendre l'Eubée. Mais le roi qui s'appropriait cette grande île et en faisait un rempart pour inquiéter l'Attique ; le roi qui portait ses mains sur Mégare, prenait Oréos, rasait Porthmos, installait comme tyran à Oréos Philistide, Clitarque à Erétrie ; le roi qui soumettait l'Hellespont, assiégeait Byzance, détruisait les villes grecques ou y ramenait les bannis ; ce roi, dis-je, ne violait-il pas la justice et les traités ? Fallait-il que, dans la Grèce, un peuple se levât pour l'arrêter ? S'il ne le fallait point, si la Grèce devait devenir, comme on dit, une proie mysienne (1), tandis qu'il existait encore de dignes Athéniens, je l'accorde, nous nous sommes vainement agités, moi par mes conseils, vous en les suivant ; mais que tous les torts, toutes les fautes, retombent sur moi seul ! Au contraire, s'il fallait une barrière à l'envahisseur, à quel autre qu'au peuple d'Athènes appartenait-il de se présenter ? C'est à cette tâche que je travaillais alors, et c'est de m'y être employé que tu m'accuses. Voyant Philippe asservir tous les Grecs, je me fis son adversaire, toujours dévoilant ses projets, toujours conseillant aux peuples de ne pas courber la tête devant ce misérable Macédonien (2). »

Comme vous voyez, pas un mot sur le grief de corruption. Au lieu de prendre la question par ses petits côtés, comme faisait Eschine, il va droit à ce qui en est l'essentiel, c'est-à-dire à l'affirmation courageuse de sa pensée politique.

A propos de l'affaire de Byzance, l'accusation présentée par Eschine portait, aussi peu que la précédente, la marque d'un homme d'Etat. Je rappelle brièvement les faits. Philippe, vers l'année 340, assiégeait Byzance. Il avait mis le siège devant la ville avec l'espoir que de vieux griefs empêcheraient les Athéniens de la secourir. En effet, cette ancienne alliée d'Athènes avait été une des premières à secouer le joug au moment de la guerre sociale. Cependant Byzance, se voyant menacée, tenta une demande de secours auprès de son ancienne métropole et envoya immédiatement une ambassade à cet effet. Qu'allaient faire les Athéniens ? Eschine reproche précisément à Démosthène d'avoir oublié les anciens griefs contre Byzance et d'avoir décidé le peuple à venir à son aide.

Combien ce reproche était impolitique, Démosthène le montre

(1) On appelait proverbialement *proie mysienne* une possession livrée au pillage sans être défendue. Cette expression remonte, dit-on, à l'époque de Télèphe et à l'extrême faiblesse où étaient tombés les Mysiens pendant l'absence de ce prince.

(2) DÉMOSTHÈNE, *Couronne*, §§ 70-72.

en rappelant les résultats de l'intervention d'Athènes. A peine les
secours sont-ils envoyés que Philippe prend peur; il s'éloigne de
Byzance : « La ville était sauvée ».

« Et quel fruit vous revint-il d'avoir préservé l'Hellespont
d'une domination étrangère ? Ce n'est plus à la parole à vous
l'apprendre, c'est aux faits. L'échec de Philippe, si humiliant
pour lui, si glorieux pour nous, fit affluer ici toutes sortes de vivres
et en fit baisser le prix. De plus, Byzance et Périnthe couronnèrent
votre ville pour le bienfait que vous leur aviez rendu. Or combien
de fois un orateur a-t-il fait couronner une cité entière ?... Ainsi
la Chersonèse et Byzance sauvées, l'Hellespont préservé du joug
de Philippe, notre cité honorée pour ces succès, voilà l'œuvre de
mon système politique. »

Est-ce tout ? Pas encore. Jusqu'ici, Démosthène n'a fait que
parler en politique, comme un homme d'Etat qui connaît les
intérêts du peuple et qui voit les résultats positifs de ses décisions. Il n'a fait intervenir aucune notion morale dans sa défense ;
il n'a fait valoir aucune raison de sentiment. Aussi s'empresse-t-il
de parer de belles raisons morales son exposé d'abord utilitaire :

« En vous conseillant, Athéniens, de secourir votre ancienne
alliée, j'ai montré à tous les peuples la générosité d'Athènes et
la perfidie du Macédonien. Oui, à la face du monde, l'ami des
Byzantins assiégeait leur ville : quoi de plus infâme, de plus
abominable ? Et vous, malgré tant de reproches mérités par leur
conduite coupable envers vous, on vous a vus, non contents
d'étouffer vos ressentiments, de ne point repousser les opprimés,
les sauver, et devenir ainsi l'amour et l'admiration de la
Grèce (1) ! »

Ce développement est à remarquer : il révèle une disposition
d'esprit nouvelle à Athènes. Au vᵉ siècle, on est peu préoccupé de
juger les actions humaines au point de vue du juste et de l'injuste.
Thucydide le montre bien. Il ne croit pas que l'histoire soit
toujours une leçon de morale. Il est persuadé que c'est, le plus
souvent, l'intérêt et la force, bien plus encore que le droit qui
mènent les événements. Cette conviction va si loin chez lui que, là
même où les raisons purement morales sembleraient devoir être
principalement invoquées, ce sont les raisons d'intérêt qu'il aime
à faire valoir. Voyez le discours de Diodote sur les affaires de
Mytilène, ou celui de l'Athénien Euphémos à Camarine, pendant
la guerre de Sicile (2). Le seul principe invoqué pour sceller

(1) DÉMOSTHÈNE, *Couronne*, §§ 93-94.
(2) THUCYDIDE, III, 44 ; VI, 84-sqq.

une alliance ou pour provoquer une hostilité, c'est l'*intérêt;* peu importe la justice. C'est là ce qu'on trouve dans toute l'histoire de Thucydide, le grand historien réaliste, élevé à l'école des politiques tels que Thémistocle ou Périclès, des sophistes et des rhéteurs tels que Gorgias ou Protagoras.

Au IVe siècle, on aime, au contraire, à couvrir de beaux sentiments les intérêts politiques. Rappelez-vous, sans parler du passage que je lisais tout à l'heure, la part que tiennent le juste et l'honnête, dans l'éloquence de Démosthène, à côté de l'utile. Il ne les sépare pas : l'utile, c'est de faire ce qui est bien. La justice est comme le lest qui donne au navire son équilibre ; elle est le seul fondement solide des Etats. L'intérêt véritable d'Athènes est de soutenir son honneur, de rester fidèle à son caractère traditionnel, d'être la protectrice des faibles et l'adversaire de toutes les tyrannies (1).

D'où vient ce changement dans les dispositions d'esprit d'Athènes en moins d'un siècle ? Comment le réalisme politique a-t-il fait place à l'idéalisme ? A vrai dire, l'idéalisme n'était pas absolument absent de l'âme athénienne du temps de Thucydide. Thucydide a de belles paroles sur la vertu, sur la bonté, sur la générosité. Quand il parle de la démoralisation produite à Athènes par la peste, et surtout de l'effroyable corruption morale engendrée dans toute la Grèce par cette longue période de guerres et de révolutions, on sent à merveille que cette violation de toutes les lois divines et humaines lui semble un grand mal social et une cause de ruine pour les cités(2). De la même manière, les comédies d'Aristophane montrent les Athéniens accessibles déjà aux idées généreuses. Et, de fait, les tragédies sont pleines de belles maximes, qui n'étaient là sans doute que pour leur plaire. A tout prendre cependant, le sentiment idéaliste n'est pas très fort encore au Ve siècle, surtout dans le domaine de la politique.

S'il en est autrement au IVe, cela tient à l'adoucissement des mœurs. La littérature a contribué à développer dans la foule le goût de la noblesse, de la générosité. A ce point de vue, l'influence de Socrate, le grand politique de cabinet, a été considérable, surtout à partir de 380. Le fondement de sa politique est précisément l'idée morale de la nécessité de la justice. Après lui, cette idée devint une idée courante, presque banale. Il n'est donc pas étonnant que nous la retrouvions chez Démos-

---

(1) DÉMOSTHÈNE, *Olynth.,* II, 10 ; *Leptine,* 13 ; *Mégalop.,* 15 ; *Liberté des Rhod.,* 8-9, etc...

(2) THUCYDIDE, II, 53 ; III, 82-83.

thène, qui utilise dans ses discours, en vue d'entraîner les Athéniens à l'action, tous les lieux communs le plus communément admis à son époque.

J'arrête ici, pour aujourd'hui, l'étude du discours *sur la Couronne* ; nous la terminerons la prochaine fois.

G. C.

Les discours judiciaires de Cicéron.

Cours de M. JULES MARTHA,

Professeur à l'Université de Paris.

L'interrogatoire des témoins.

Jusqu'ici, au cours de l'étude que nous avons entreprise des discours judiciaires de Cicéron, nous avons considéré l'avocat dans ses deux rôles essentiels d'accusateur et de défenseur, en d'autres termes, d'après des réquisitoires et des plaidoyers. Dans les deux cas, l'avocat romain prononçait un - discours suivi, *oratio perpetua* ; mais là ne se bornait pas sa tâche. Faire un discours ne suffisait pas pour obtenir une condamnation ou enlever un acquittement. Il fallait encore procéder à l'interrogatoire des témoins, *interrogatio testium*, et engager une « dispute » ou « réplique », *altercatio*, dans laquelle l'avocat interpellait son adversaire (1).

Nous allons, aujourd'hui, parler du premier de ces devoirs.

* *

L'interrogatoire des témoins nous est attesté par une foule de textes, en particulier par les traités de rhétorique de Cicéron et de Quintilien. Mais, si nous sommes certains du fait lui-même, nous le sommes beaucoup moins du moment précis de l'audience où il avait lieu. Si l'on s'en rapporte à certains discours, il semble que l'interrogatoire des témoins ait tout précédé, même le réquisitoire de l'accusateur. Dans les *Verrines*, par exemple, Cicéron rappelle souvent les dépositions des Siciliens venus à Rome à l'occasion du procès. D'après d'autres textes, au contraire, on dirait que les témoins sont questionnés quand le demandeur et le défendeur ont prononcé chacun leur discours (2). Ce qu'il y a de

(1) Pour avoir une idée de la chose, on n'a qu'à relire une lettre de Cicéron (*ad. Attic.*, I, 16, 10) où il rapporte une *altercatio* entre Clodius et lui. La scène, il est vrai, a lieu au Sénat ; mais elle permet de deviner ce qui se passait quelquefois devant les juges au Forum.

(2) Voir *De Signis*, § 48 : « *Cum testes dabo, quem volet ille eligat quem ego interrogem...* » ; § 150 : « *Heius... adsit... ; mihi parati sint respondere... ; hæc sum rogaturus.*

sûr, c'est que, vers la fin de la République, on pouvait commencer l'audience ou la terminer, à volonté, par l'*interrogatio testium*. Pourtant, sauf des cas exceptionnels, on peut dire qu'elle venait en dernier lieu. Dans l'affaire du *pro Flacco*, par exemple, les juges entendirent d'abord le réquisitoire, puis le plaidoyer en faveur du prévenu, c'est-à-dire la réponse à l'acte d'accusation, et enfin les dépositions des témoins. C'est quand tous les discours sont finis qu'on les fait comparaître, *testes dantur*. On peut dire que c'était là l'ordre normal et typique, *tertius locus est testium*.

Comment se faisait cet interrogatoire et quels en étaient les caractères ? Pour répondre à cette question, nous sommes très embarrassés. Ni Cicéron ni les autres auteurs de traités ne nous donnent là-dessus des renseignements bien positifs. Nous en sommes réduits à nous servir de textes latéraux, à recueillir çà et là des anecdotes, et à en tirer de notre mieux des conclusions.

Or, ce qui ressort de tous les documents dont nous disposons, c'est que l'interrogatoire des témoins était absolument abandonné aux avocats. Il n'en est pas ainsi chez nous : dans nos tribunaux correctionnels, dans nos cours d'assises, les témoins sont interrogés par le président ; ils appartiennent au tribunal. Sans doute, il y en a deux catégories : ils sont à charge ou à décharge, les uns choisis par le ministère public, les autres par l'avocat de l'accusé. Mais, le jour de l'audience, les uns et les autres sont la propriété de la justice. C'est le tribunal même qui les fait comparaître, qui les questionne, qui les menace s'ils ne veulent pas parler, qui les poursuit en cas de faux témoignages. Dans l'antiquité, au contraire, le témoin reste toujours à la disposition exclusive de celui qui l'a fait venir. L'accusateur va chercher, à ses frais, des témoins à charge ; quelquefois, il entreprend tout exprès un long voyage pour les choisir ; de retour à Rome, il les reçoit chez lui au besoin : celui de Flaccus en avait fait venir d'Asie, les exonérant de tous les frais de déplacement, et il les avait logés et nourris dans des maisons qui lui appartenaient en ville. De son côté, le défenseur fait de même. On peut donc dire que le témoin antique est dans la main de l'avocat qui le paye.

Aussi n'a-t-il pas de scrupules quand il dépose : il dit complaisamment ce que son avocat veut qu'il dise. Il n'y a aucune autorité derrière lui qui l'oblige à respecter la vérité ; c'est un instrument passif à la discrétion de celui qui se l'est procuré. A proprement parler, il rend un service contre argent. Par suite, il n'est pas neutre, mais il est dans un camp. D'ailleurs, s'il profite de la victoire, il reçoit aussi les coups de l'adversaire. Il n'est point protégé, comme nos témoins modernes, contre les railleries, les invectives, les démentis des avocats : il est soldat dans la bataille ; et, à ce titre, il est bousculé à son tour, quelquefois même plus qu'à son tour.

*
* *

Ce caractère particulier du témoin antique explique la physionomie spéciale de l'interrogatoire dans les audiences romaines.

Evidemment, le témoin qui vient déposer ne se sent pas à son aise : cela ressort de tous les textes. Il se rend au tribunal comme à une corvée. Sans doute, il est soutenu par le défenseur, si c'est par exemple un témoin à décharge ; mais il craint, en ce cas, les interpellations de l'accusateur : il tremble ; il n'ose rien affirmer ; il mesure ses paroles, *omnia moderatur ;* il ne parle qu'avec prudence et circonspection.

Et cela, d'ailleurs, en pure perte ; car l'adversaire du défenseur a préparé l'interrogatoire : il n'a pas seulement travaillé le détail de son plaidoyer ; il a pénétré les dessous de l'affaire, il s'est appliqué à connaître tous les individus qui y étaient mêlés ; il s'est informé de l'origine, de l'âge, de la condition, des petites tares surtout des témoins aussi bien que de l'accusé. Si l'un d'eux a volé, s'il y a eu dans sa famille un scandale domestique, l'avocat le sait. Le jour de l'audience, il est au courant de tout ce qui peut gêner les malheureux qui comparaîtront. On a la preuve de cette préparation de l'interrogatoire dans le *pro Roscio Amerino :* « Mon adversaire pense me troubler, s'écrie Cicéron à un moment donné ; mais, quand nous questionnerons les témoins, il me trouvera tout aussi prêt que je le suis pour le plaidoyer. »

Ayant ainsi les témoins dans sa main, comment l'avocat va-t-il procéder pour les interroger ?

D'abord, c'est lui qui les interroge, *interpellat ;* mais il en use différemment selon qu'ils sont favorables ou défavorables à son client. Pour ce qui est des témoins à décharge, il importe — cela va de soi — de les présenter au public sous le meilleur jour possible : avant de les faire comparaître, ou au moment même où ils sont produits devant le tribunal, il convient de faire ressortir leurs qualités morales et de donner une impression excellente de toute leur vie passée. Cicéron, en particulier, s'y entend. On devait, chaque fois, étaler toutes les richesses de son arsenal de superlatifs. Le témoin, qui est devant le juge, est toujours le personnage le plus intègre qui se puisse imaginer, *sanctissimus*, l'homme de la vertu la plus sévère, *gravissima virtute vir*, le premier citoyen de sa cité et même le plus remarquable de son pays. Bref, il verse des fleurs, et par corbeilles, sur la tête de tous. Il va sans dire que le témoin, pendant ce temps, joue la comédie et prend un air des plus modestes : c'est son rôle, et cela fait bien. Sur ce point, je vous renvoie aux *Verrines*, où tant de témoignages sont apportés, et où vous verrez Lucceus, Diodore de Malte, bien d'autres encore, décorés des plus beaux noms et portés jusqu'aux nues. Sthénius de Thermes, qui comparait les cheveux épars, les habits déchirés, avait le premier rang dans sa patrie pour ses vertus et ses bienfaits, *in patria qua multis virtutibus et beneficiis floruit princeps* (*de Supplic.*, 49) ; L. Papirius est un chevalier romain distingué par son rang et par sa fortune, *vir primarius, locuples, honoratusque eques romanus* (*de Signis*, 21) ; Diodore est un homme économe, attentif, paisible, le moins fait pour être soupçonné non pas seulement d'une action criminelle, mais même de la faute la plus légère, *ab omni non modo facinoris, verum etiam minimi errati suspicione remotissimum* (*id*, 18 et 19, *passim*). Et ainsi de suite pour les autres : le procédé est constant, quel que soit le personnage qui soit produit devant les juges (1).

Quelquefois Cicéron descend jusqu'à l'artifice. Il arrive par une ruse à se servir de témoins dont il ne paraissait pas d'abord possible de tirer parti : il le fit dans les *Verrines*. Verrès avait pillé la fortune d'un orphelin de Sicile. Celui-ci, selon la loi romaine, avait un tuteur, qui, naturellement, vint déposer devant le tribunal en faveur de son pupille et témoigner contre l'accusé. Cicéron ne manqua pas de produire tous les papiers du personnage et tous ses comptes ; mais, pendant l'interrogatoire, il avait eu soin de faire placer l'enfant à côté de son tuteur. De temps à autre, il jetait sur lui un regard pitoyable et attendri ; l'enfant se mettait à pleurer, et la déposition du témoin se trouvait ainsi soutenue et corroborée par les larmes du jeune pupille.

Un autre artifice consiste, de la part de l'avocat, à reprendre le témoignage pour l'expliquer et le mettre en valeur. Ce n'est pas tout, en effet, d'avoir un témoin favorable et de l'interroger ; souvent il ignore l'art de bien parler ; il bredouille confusément quelques mots, qu'il prononce mal par surcroît ; son témoignage reste sans effet. L'avocat alors le lui fait répéter ou le répète lui-même, en lui donnant toute sa force : « Les habitants d'Etna sont venus eux-mêmes pour vous présenter les registres de leur ville et vous instruire des gains modestes qu'a faits un homme simple,

(1) Voyez notamment, dans le discours sur les blés, les chapitres 21 sqq.

le bon ami du préteur, Apronius ! Vous avez déjà entendu leur déposition. Ecoutez-la de nouveau, je vous prie. Lisez. » Là-dessus le chef de la délégation lit. Mais, au goût de Cicéron, il ne lit pas assez fort : « Que dites-vous ? parlez, je vous prie, parlez plus distinctement, *quid ais ? dic, dic, quæso, clarius* ; que le peuple romain entende ce qui intéresse ses revenus, ses laboureurs, ses alliés, ses amis. » Puis, se retournant vers les juges : « Vous entendez bien : *trois cent mille boisseaux* ont été exigés par Apronius, l'homme de Verrès; *cinquante mille sesterces* ont été prélevés sur les revenus d'une toute petite ville. Dieux immortels ! un seul territoire, une seule année produire à Apronius un bénéfice de *trois cent mille* boisseaux et de *cinquante mille* sesterces ? Les dîmes ont-elles donc été affermées beaucoup moins qu'elles ne pouvaient l'être ? Ou bien, si elles étaient affermées à un prix assez élevé, a-t-on enlevé de force aux cultivateurs tout ce blé, tout cet argent (1) ? » Vous avez là un exemple frappant du procédé que je vous indiquais tout à l'heure : l'avocat reprend le témoignage, fait un sort à chaque détail, appelle l'attention des juges sur les passages importants, et tout cela est accompagné de force gestes et de force exclamations. Par cet artifice, il donne toute sa force à une déposition qui serait peut-être restée sans effet.

Un autre consiste à choisir comme témoin à décharge une personne qu'on ne s'attend pas à trouver parmi les témoins favorables. Il s'agit, cette fois, de ménager une surprise. Cicéron a eu souvent recours à ce procédé, et notamment dans les *Verrines*. Quand tous les autres témoignages ont été recueillis, il annonce le dernier, le plus important : « C'est un ami de Verrès, un parent de Verrès, que dis-je un parent ? son propre beau-frère, qui va déposer. » Là-dessus, Cicéron tire du milieu de ses papiers et fait lire une lettre réellement écrite à Verrès par son beau-frère et dans laquelle lui était expliquée une excellente recette pour lever le plus d'impôts possibles sans trop faire crier ses administrés. La lecture fait, assurément, d'autant plus d'effet que la lettre émane du proche parent. — Dans le *pro Cluentio* se trouve un exemple analogue du même procédé. On accuse Cluentius d'avoir empoisonné le jeune Oppianicus. Toute une série de témoins ont déjà défilé devant les juges; ils ont déclaré que le fait était inexact. A la rigueur, ces dépositions suffisaient, aux yeux de Cicéron, pour prouver l'innocence de son client. Mais, afin d'enlever tous les soupçons et jusqu'au moindre doute, il fait

(1) 2ᵉ action *contre Verrès*, III, chap. XLIV-XLV.

comparaître un témoin d'une honnêteté sans égale, d'une sincérité parfaite, et dont le témoignage ne saurait être suspect : le propre père du mort, qui vient déposer en faveur de l'accusé. Voilà pour les témoins favorables.

.

Il nous reste à voir, maintenant, comment s'y prend Cicéron pour interroger les témoins à charge, ceux qui sont produits par l'accusateur de son client.

La tâche est, cette fois, plus délicate, et c'est là que se révèle toute la perspicacité psychologique de l'avocat (1) ; car il faut qu'il sache à qui il a affaire (2). Il ne conduira pas l'interrogatoire de la même façon, s'il a devant lui un témoin intelligent ou un niais : c'est de toute évidence. Aussi, en étudiant le procès, devra-t-il chercher à connaître le caractère des personnes que l'accusateur produira devant les juges. Il peut avoir à questionner un témoin qui a bec et ongles, qui riposte bien. De peur de courir le risque d'une fort désagréable mésaventure, il devra alors montrer beaucoup de prudence et de confiance dans les questions qu'il lui posera. Il peut se trouver en présence d'un homme d'esprit, d'un homme éloquent : en ce cas, il évitera le plus possible de l'exciter ; il fera semblant de professer pour lui un très grand respect et ne lui demandera que des choses insignifiantes.

Mais, à côté de ces témoins intelligents et capables de répliquer, il y en a de craintifs, de faibles, qui ne peuvent faire courir aucun danger à l'avocat qui les interroge. Ce sont les plus nombreux, et l'avocat profite de leur timidité naturelle pour les effrayer plus encore ou pour égayer son auditoire en se jouant d'eux.

L'intimidation est fréquente. Dans le *pro Roscio*, Cicéron, à un moment donné, voit s'avancer, pour témoigner, un brave homme d'apparence un peu niaise. Il l'interpelle : « Faites bien attention, lui dit-il, pesez bien vos termes ; ce que vous direz peut avoir pour vous des conséquences extrêmement graves ! » Résultat ? Le témoin reste muet ; il n'ose rien dire, de peur de se nuire à lui-même. L'avocat l'interroge : tel fait est-il vrai? *Arbitror*, répond-il, « peut-être bien » ; est-il faux ? *Arbitror*. On ne peut lui

---

(1) Sur ce point voir particulièrement Quintilien, *Instit. Orat.*, v, 7.
(2) Selon Quintilien, c'est par là qu'un avocat doit commencer : « *Primum est nosse testem* ».

arracher que cette réponse. Et pourtant, si l'accusateur avait
produit ce témoin, malgré son peu d'intelligence et sa timidité,
c'est qu'il devait connaître des faits intéressants et qui auraient
sans doute embarrassé le défenseur. Mais celui-ci s'en était douté
et, pour esquiver l'embarras, il avait effrayé le pauvre homme,
qui n'avait plus su que dire.

Un autre procédé auquel Cicéron a recours consiste à rendre
le témoin ridicule. Si, physiquement, il est difforme et prête à
rire, l'avocat, sans aucune charité, se moque de lui et amuse le
public à ses dépens. C'est ce que fit Philippes pour un tout petit
homme qu'il avait à interroger ; c'est ce que fit aussi Cicéron
pour un mauvais jurisconsulte, paresseux et ignorant, qui était
défavorable à son client. Mais, pour nous en tenir aux plaidoyers
qui nous restent, ouvrez seulement les *Verrines* et reportez-vous
au troisième discours de la seconde action. Vous y trouverez
(chap. ix) le portrait d'Apronius, le fameux personnage que
Verrès avait choisi pour tourmenter et dépouiller les malheureux
agriculteurs. Il est mi-plaisant mi-indigné :

« Vous connaissez les mœurs perverses de Verrès : imaginez-
vous un homme qui aille avec lui de pair dans toutes ses infamies,
dans ses honteuses dissolutions : vous aurez une idée de cet
Apronius, lequel, comme on en peut juger, non seulement par sa
conduite, mais encore par sa taille et tout son extérieur, est comme
l'abîme et le gouffre immense de tous les opprobres et de tous les
vices, *qui, ut ipse non solum vita, sed etiam corpore atque ore signi-
ficat, immensa aliqua vorago est ac gurges vitiorum turpitudi-
numque omnium...* La ressemblance des mœurs l'avait rapproché
de Verrès ; elle les avait unis au point que cet Apronius, qu'on
trouvait généralement grossier et rustique, Verrès le trouvait
agréable et disert, *commodus ac disertus ;* que celui-là même que
personne ne tenait à voir, Verrès ne pouvait s'en passer ; qu'un
homme, avec lequel on évitait de se rencontrer à la même table,
buvait dans la même coupe que Verrès ; qu'enfin l'odeur infecte
qu'exhalaient son corps et sa bouche, et que mêmes les bêtes,
comme on dit, ne pourraient souffrir, paraissait à Verrès un
parfum suave et doux, *suavis et jucundus videbatur !...* »

Autre exemple. Je l'emprunte au *pro Cælio*, où Cicéron caricature, avant qu'ils déposent, les témoins de Clodia. Celle-ci voulait
leur faire dire que Cælius avait tenté de l'empoisonner dans un
bain. Or voici comment l'avocat les présente :

« Eh ! bien, ces témoins, je les attends, je me fais même un
plaisir de les voir ! Oui, je suis impatient de connaître ces jeunes
élégants, ces favoris d'une femme noble et riche, ces vaillants

postés par leur commandante et retranchés dans un bain ! Je leur demanderai de quelle manière, en quel lieu, ils étaient cachés ; une baignoire a-t-elle été le cheval de Troie où se sont renfermés ces héros armés pour la cause d'une femme ? Je les forcerai surtout à répondre pourquoi tant d'hommes vigoureux n'ont point saisi, malgré sa résistance, ou arrêté dans sa fuite un homme seul et aussi faible que vous le voyez ? S'ils osent paraître, jamais ils ne se tireront d'embarras. Que dans les repas ils soient railleurs, plaisants, fertiles en propos, quand le vin commence à les échauffer, c'est possible, mais on ne parle pas au barreau comme dans un festin ; un juge sur son tribunal impose un peu plus que des convives à table ; enfin, la lumière du soleil n'est pas celle des flambeaux. Si donc ils se montrent, je ferai baisser le ton de ces agréables. Mais, s'ils daignent m'en croire, qu'ils rendent d'autres soins à Clodia, qu'ils cherchent à lui plaire par d'autres services, qu'ils réussissent auprès d'elle par leur galanterie et leurs dépenses, que sans cesse ils soient à ses genoux, rampent à ses pieds, et qu'ils respectent les jours et la fortune d'un citoyen innocent ! » (*Pro Cælio*, xxviii.)

Il est certain qu'après une pareille présentation toute le monde dut éclater de rire, quand les témoins parurent.

Enfin, il est un troisième et dernier procédé dont se sert Cicéron pour interroger les témoins : c'est celui qui consiste à les embarrasser par des questions insidieuses. Le *pro Cæcina* nous en offre un premier exemple : Cicéron y passe en revue les témoignages d'une foule de personnes venues pour déposer, Vétilius, Térentius, Cælius, Memmius, A. Attilius et son fils Lucius, Rutilius, Césennius, etc..., et, par toutes sortes de raisonnements et de roueries, il parvient à montrer aux juges que leurs dépositions se contredisent, sont absurdes, ou même sont favorables à Cæcina (*pro Cæc.*, ix-x, *passim*). Mais celui sur lequel il insiste le plus, c'est le fameux Falcula : « Le dixième témoin qui a parlé, témoin attendu, réservé pour le dernier, sénateur du peuple romain, la gloire de cet ordre, l'honneur et l'ornement des tribunaux, le modèle de l'antique sévérité, c'est Fidiculanius Falcula. Il avait montré d'abord beaucoup de véhémence et de chaleur ; non seulement il paraissait disposé à nuire à Cæcina par son parjure ; il paraissait même irrité contre moi : *je l'ai rendu si doux et si paisible, qu'il n'osa pas dire une seconde fois*, ainsi que vous vous le rappelez, de combien de milles sa terre était éloignée de Rome ; car, ayant dit qu'elle était bien à cinquante-trois milles, le peuple se mit à crier en riant que c'était justement le compte... Tout le monde, en effet, se rappelait qu'il avait reçu

CICÉRON AOVCAT . 229

autant de sesterces dans le jugement d'Oppianicus. » (*Id.*, x.) En fallait-il davantage pour que son témoignage fût nul et non avenu ?

Nouvel exemple, plus frappant encore. Il s'agit, dans le *de Signis*, du vol des statues qui ornaient l'oratoire d'un citoyen de Messine nommé Heius. Verrès nie le fait ; d'un autre côté, Heius se trouve chef de la députation envoyée à Rome pour louer Verrès (1) : « Organe de la reconnaissance publique, voudrait-il faire entendre ses plaintes personnelles ? Mon triomphe serait complet, mais peut-on souhaiter l'impossible ?... J'avais fait ces réflexions. Toutefois, j'ai osé me confier à la probité d'Heius ; je l'ai fait entendre dans la première action, et je n'avais rien à craindre. Quand il aurait été un homme sans principes, quand il aurait démenti son caractère honnête, que pouvait-il répondre ? Que les statues étaient chez lui et non chez Verrès ? L'imposture était trop grossière. Qu'on le suppose le plus vil des mortels, le plus audacieux des imposteurs, voici tout au plus ce qu'il pouvait dire : *J'ai voulu les vendre*, et j'en ai reçu le prix que je demandais. Mais ce citoyen respecté dans sa patrie et jaloux de nous donner une juste idée de sa religion et de sa probité a déclaré d'abord qu'il louait Verrès au nom de ses concitoyens, parce que telle était sa mission ; ensuite que ses statues n'avaient pas été à vendre, *neque se illa signa habuisse venalia*, et que, s'il avait été maître de les garder, les offres les plus séduisantes n'auraient pu l'engager à vendre des monuments religieux qui lui avaient été transmis par ses ancêtres. » (*Verrines*, IIe action, iv, 7.)

Comme on voit, ces procédés réussissaient. Ils se complètent par celui qui consiste à faire passer le témoin pour ce qu'il n'est pas : s'il ne dit rien, c'est qu'il est timide ; s'il n'est pas très catégorique, on doit conclure qu'il ne sait rien ; s'il est au contraire très affirmatif, c'est qu'il est malhonnête ; si deux témoins sont d'accord, c'est qu'ils se sont concertés ; s'ils prêtent serment, ils ne peuvent être que des parjures. Chaque fois, l'avocat s'en tire à bon marché, sans frais de dialectique : tout revient à contester la sincérité du déposant.

Passe encore quand le reproche ne dégénère pas en invective. La chose arrive quelquefois : voyez le long pamphlet contre Vatinius (2), resté célèbre dans l'antiquité. P. Vatinius était un des témoins qui chargeaient Sextius, client de Cicéron.

(1) Messine était la seule ville de Sicile favorable à Verrès : *omnibus ipse ceteris Siculis odio est ; ab his* (sc. les habitants de Messine) *solis amatur (de Signis*, VII).

(2) Voir Cic., *Epit. ad Q. fr.*, II, 4 ; *ad fam.*, I, 9, et II, 16.

Celui-ci, au lieu de l'interroger sur la cause, lui fit beaucoup d'autres questions, et, après avoir répondu à quelques reproches qui lui étaient personnels, il suivit presque toute la vie de Vatinius (1) ; il s'arrêta surtout à son tribunat et il montra toutes les.violences qu'il s'était permises pendant cette magistrature, toutes les lois injustes qu'il avait portées. Enfin, il termina par des questions relatives à la cause de Sextius. Et toute l'*interrogatio* fut d'une violence inouïe :

« Dans ma haine pour toi, dans cette haine où personne ne me devrait surpasser, où néanmoins je suis surpassé par tout le monde, j'ai senti que, quoique te méprisant plus que je ne te hais, je devrais te châtier par ma parole plutôt que te renvoyer à l'abri de mon mépris. Ne t'étonne donc pas, Vatinius, que je veuille bien ici t'interroger, toi que personne ne croit digne de son commerce, de son abord, de son suffrage, du titre de citoyen, de la lumière du jour ; non, je ne me serais jamais abaissé jusque-là, si je n'avais voulu mettre un frein à ton insolence, réprimer ton audace, et arrêter par un petit nombre de questions l'intempérance de ta langue ! »

Ce sont là les premières phases de l'invective : elles suffisent pour donner la note exacte. Le reste, jusqu'au dernier mot, est à l'avenant.

La violence n'est, d'ailleurs, pas toujours d'ordre intellectuel et oratoire ; elle se traduit quelquefois extérieurement par des coups. A cet égard, on cite César qui, plaidant contre le fils du roi Juba, alla secouer vivement un témoin de la famille royale. La chose est rare, exceptionnelle même; mais elle valait la peine d'être signalée. Elle montre bien que les témoins, comme nous le disions au commencement de la leçon, étaient des instruments passifs entre les mains de l'accusateur et du défenseur, que les avocats faisaient d'eux ce qu'ils voulaient, et qu'ils pouvaient user, pour entamer ou détruire leurs témoignages, du ridicule, de la ruse et même de la violence.

G. C.

(1) La discussion du témoignage fait ainsi l'objet d'un discours à part, *separatim editum*, dit Quintilien (*Inst. Orat.*, V, 7).

Les classes industrielles et commerçantes en France et en Allemagne, aux XIVᵉ et XVᵉ siècles.

Cours de M. PFISTER,

Professeur à l'Université de Paris.

Grandes routes commerciales du royaume. — Relations avec la Flandre.

Nous allons dans cette leçon, étudier, les principales voies de commerce de la France dans la première moitié du XIVᵉ siècle.

Nous en distinguerons trois principales : 1° la voie que suivaient les marchands italiens pour venir d'Aigues-Mortes aux foires de Champagne ; 2° la voie qui, de Flandre, menait à ces mêmes foires ; 3° la grande voie du Sud-Ouest, de Narbonne à Bordeaux. Enfin il y avait encore les voies fluviales de la Loire et de la Seine.

La royauté française fit de très grands efforts pour assurer à Aigues-Mortes le monopole du commerce sur la côte du Langue-doc. Saint-Louis y abolit l'aubaine et prit toutes sortes de mesures pour y attirer les vaisseaux. Malheureusement, ce port d'Aigues-Mortes était une œuvre artificielle.

N'oublions pas que Maguelone appartient à son évêque ; que Montpellier est au roi de Majorque. Philippe VI n'acquerra la possession directe de Montpellier qu'en 1349. Les rois de France essayèrent même par la force d'empêcher aux navires d'aborder à Maguelone et à Montpellier. Quand le guetteur découvrait une voile en mer, il sonnait du cor. Une barque toujours prête rejoignait le bâtiment signalé, le forçait à venir à Aigues-Mortes et à acquitter un droit de navigation d'un denier par livre. Aussi les capitaines cherchaient-ils à tromper la vigilance du guetteur. Ils naviguaient parfois la nuit, ce qui était absolument contraire aux habitudes du Moyen Age ; mais, puisqu'après tout ils étaient tenus d'acquitter ce droit, les capitaines préféraient encore débarquer leurs marchandises à Aigues-Mortes même. Un canal fit bientôt communiquer Aigues-Mortes avec le grand bras du Rhône ; plus tard, un autre canal établira une communication avec Montpellier. Ainsi toutes les importations se centralisaient à Aigues-Mortes ; beaucoup d'exportations ne pouvaient se faire que par ce port ; telles les laines et toutes les marchandises qui devaient acquitter le droit de haut passage (Cf. Germain, *Histoire du commerce de Montpellier*, 4 vol. in-8°).

Ce port d'Aigues-Mortes, disions-nous, était une œuvre artificielle ; le Rhône roule, en effet, des alluvions qui obstruent le chenal ; et, en 1336, il fallut provisoirement accorder aux navires la permission d'entrer par les autres canaux du Languedoc. Quand Montpellier devint ville du domaine, en 1349, le privilège d'Aigues-Mortes cessa : les navires furent autorisés à débarquer à Lattes, à condition d'y acquitter les mêmes droits qu'à Aigues-Mortes. Ce fut la décadence pour ce port.

On fera, plus tard, à Aigues-Mortes un second chenal, plus court, que parcourront, en 1538, les galères de Charles-Quint. Louis XV fera, enfin, creuser le chenal actuel, qui se termine au hameau du Grau-du-Roi.

Néanmoins, de 1300 à 1336, les importations et les exportations se font par Aigues-Mortes. Ces importations trouvent leur premier débouché aux foires de Beaucaire. Nous avons vu quelle était l'importance de ces foires, où les Italiens affluaient. — Une autre partie des importations prenait le chemin de Nîmes. Il y avait à Nîmes une colonie italienne très prospère. En l'année 1270, le roi de France Philippe le Hardi et Fulcone Cacia, citoyen de Florence, qui s'intitulait capitaine de l'Université des marchands lombards et toscans, et qui agissait comme mandataire des marchands de Gênes, Venise, Florence, Plaisance, Lucques, Bologne, Pistoia et Milan, signèrent un accord. Les Italiens s'engagèrent à transporter leurs colonies de Montpellier à Nîmes, à condition qu'ils jouiraient des mêmes privilèges que les marchands de Paris et qu'ils pourraient circuler librement dans la sénéchaussée de Beaucaire.

Quand, en 1292, Philippe le Bel établit sa maltote sur la vente des marchandises, les Italiens de Nîmes protestèrent. Pourtant, à la suite de négociations entre leur capitaine et Mouche, ils consentirent à payer, et le traité de 1278 fut confirmé ; mais voici que Louis X rétablit, en 1315, la maltote. Augmentant même le nombre des derniers réclamés, il en exige quatre au lieu d'un. Dès lors, les Italiens ferment leurs comptoirs, abandonnent la sénéchaussée de Beaucaire et se rendent à Montpellier sous l'autorité du roi de Majorque, ou à Avignon, en pays pontifical. On transigea ; ils revinrent, mais pour repartir de nouveau. On perd, bientôt, en effet, la trace de cette colonie italienne, qui semble avoir disparu à la fin du xiii° ou au début du xiv° siècle.

Beaucaire et Nîmes étaient la première étape de cette voie commerciale qui commençait à Aigues-Mortes. Avignon était la seconde.

En 1309, cette ville était devenue le siège de la papauté. La papauté achevait, précisément, sous le pape Jean XXII, d'établir sur toute l'Église chrétienne une véritable fiscalité. Elle leva de véritables dîmes dans toute la chrétienté. L'argent afflua,. et il y eut à Avignon une circulation intense de fonds. Le Pape s'y bâtit un palais magnifique ; les cardinaux élevèrent de riches demeures en ville et de belles maisons à la campagne. Avignon a donc, dans l'histoire de l'art comme dans celle du commerce, une place spéciale au xiv° siècle.

D'Avignon, la grande voie commerciale remontait le Rhône. Il ne faut pas oublier que cette voie est en terre d'empire sur la plus grande partie de son parcours. Mais, au début du xiv° siècle, cette voie devient, partiellement du moins, une voie française. Sous Philippe le Bel, la grande cité de Lyon est annexée à la France et même au domaine. En 1307, l'archevêque Louis de Villars reconnut la suzeraineté de la France ; le 10 avril 1312, son successeur Pierre de Savoie abandonna sa juridiction, à condition qu'on lui laissât une série de droits : justice dans le palais épiscopal, propriété et justice dans le château de Pierre-Seire. En 1316, le comte de Valentinois et Diois, avec Valence et Die sur la rive gauche du Rhône, déclara que ses terres relevaient du roi de France. Sous Philippe VI de Valois, le Dauphiné passera sous l'influence de la France et sera donné au second fils du roi par un premier traité, puis, par suite d'une convention, deviendra l'apanage de fils aîné (1333-1356).

La France remit l'ordre dans ces pays ; elle les débarrassa des brigands qui les infestaient, et rendit ainsi la route commerciale beaucoup plus sûre. Les marchandises remontaient ensuite la Saône. Il ne serait pas absolument exact de dire que cette rivière formait frontière entre le royaume et l'empire ; la ville de Mâcon même était, depuis saint Louis, ville du domaine royal. Les marchandises gagnaient par Mâcon, Chalon-sur-Saône et Saint-Jean-de-Losne, où se trouvait un port important, par où les laines françaises pouvaient sortir du royaume pour aller dans l'Est.

Mais, avec la décadence des foires de Champagne, cette route fut moins fréquentée. Dès 1320, les Italiens la délaissèrent. Ils abandonnèrent, en effet, Troyes et Provins, où ils ne rencontraient plus les Flamands. Aussi quelques-uns d'entre eux, au lieu de continuer leur route par la Seine, gagnaient-ils depuis Saint-Jean-de-Losne la vallée du Rhin par le Doubs et entraient-ils en relations directes avec les pays du Nord. Ce qui est plus grave, c'est qu'ils vont chercher à communiquer directement avec les Flandres par mer. Ils s'aventureront au delà du détroit de Gibraltar, rarement franchi jusque-là. En 1312, une galère vénitienne aborde à Anvers. En 1318, Venise signe un traité de commerce avec Bruges. A partir de 1325, une flotte vénitienne de 15 vaisseaux se dirigera annuellement partie vers l'Angleterre, partie vers la Flandre. La Champagne avait été un entrepôt au xiiie siècle; Bruges deviendra ce même entrepôt au xive siècle. Les Italiens y apportaient leurs produits, ceux du Levant et de l'Extrême-Orient ; ils emportaient ceux des Flandres et des pays du Nord.

Nous avons décrit la voie principale suivie par les Italiens ; nous avons dit aussi comment et pourquoi le courant commercial se détourna de cette voie; mais hâtons-nous d'ajouter que cette voie n'était pas la seule. Parfois les Italiens, au lieu de se rendre à Aigues-Mortes, préféraient franchir les Alpes et reprendre la grande voie en tel ou tel point. Le col le plus fréquenté est alors le Mont-Cenis. Sur le passage, dans la vallée de la Doria Riparia, les voyageurs trouvaient un refuge à l'hospice de Saint-Michel de la Cluse ; au sommet du col se dressait l'hospice même du Mont-Cenis, que les comtes de Savoie dotèrent richement; ils avaient, en effet, intérêt à attirer les marchands, parce que les droits de péage en étaient leurs plus sûrs revenus. Mais on préféra bientôt traverser le col de Largentière, au nord du massif de Champeaux.

Nous en avons la preuve dans un curieux document du 12 mai 1312 (Fagniez, n° 13.) : c'est un contrat signé entre un marchand italien et un voiturier de Paris, Guillaume Gascon, s'engageant à transporter à Savone 64 ballots de drap ayant une valeur de 10.000 livres. Pour chaque ballot, le prix convenu était de 10 livres et la route à suivre était Paris, Mâcon, la Savoie, le col de Largentière, puis les États du roi Robert de Sicile. La durée du trajet était fixée à 35 jours. Guillaume Gascon ne suivit pas cet itinéraire. Il prit le mont Cenis et atteignit ce pays au moment d'une guerre : il y perdit ses ballots. Guillaume Gascon fut traduit devant le prévôt de Paris par le marchand italien, qui réclama 20.000 livres, à savoir le prix des ballots et encore une fois ce prix pour indemnité. Mais la défense allégua les instructions données, soutint qu'en réalité il avait pris le chemin le plus court, qu'un valet du demandeur qui lui avait été adjoint avait approuvé, et que rien n'était advenu par sa faute. Il fut, en conséquence, renvoyé des fins de la plainte.

Nous avons décrit la voie que prenaient les Italiens pour venir en Champagne et qui resta longtemps une voie de commerce. Nous arrivons à la seconde grande voie, celle par où pénétraient en Champagne les draps de la Flandre et les marchandises du Nord. (Cf. Jules Finot, *Etudes historiques sur les relations commerciales entre la France et la Flandre*.) Toutes ces marchandises devaient aboutir à la petite ville de Bapaume, située à l'entrecroisement des voies romaines de Cambrai à Amiens et d'Arras à Reims. Un castrum s'y élevait au ix° ou au x° siècle. Il défendait un passage assez dangereux à une époque où la forêt de l'Argone s'étendait partout dans le voisinage.

Autour du castrum s'alignèrent quelques maisons, destinées primitivement à loger les voyageurs et les marchands, et qui, bientôt, donnèrent naissance à un bourg. A la fin du xi° siècle, un ermite arrivant d'Allemagne, Conrad d'Elsach, fonda dans la forêt voisine la célèbre abbaye de Saint-Nicolas qui fut un chef d'ordre. La localité appartenait aux comtes de Flandre, et, dès le xi° siècle, ceux-ci y levèrent un péage sur toutes les marchandises qui aboutissaient à ce carrefour. A la fin du xii° siècle, Bapaume fut réuni au domaine royal avec tout l'Artois, à l'occasion du mariage d'Isabelle de Hainaut avec Philippe-Auguste. Elle lui demeura, en 1200, par le traité de Péronne, et, vers 1202, le roi détermina après enquête les péages que devaient acquitter les marchandises passant par cette ville. Mais l'Artois avec Bapaume, après avoir été gouvernés par Louis VIII, furent cédés en apanage par lui à son fils Robert d'Artois. L'Artois appartint, de 1237 à 1330, aux descendants·de Robert. Ils passèrent, à cette date, dans la famille des comtes de Flandre, Louis de Nevers ayant épousé Marguerite de France, fille de Philippe V, héritier légitime de l'Artois et de la Franche-Comté.

Par les comtes de Flandre, ils arrivèrent à la deuxième maison de Bourgogne, restèrent définitivement à Marie de Bourgogne et ne revinrent à la couronne qu'après la conquête de 1640. Même Bapaume n'est redevenu ville française qu'après le traité d'Aix-la-Chapelle, en 1668.

Si nous avons insisté sur cette histoire de Bapaume, c'est que, à cause du péage, il fut bientôt décidé que toutes les marchandises venant de Flandre pour aller aux foires de Champagne devraient passer par cette ville et y acquitter les droits ; et non seulement celles qui allaient aux foires, mais encore celles qui étaient destinées à la Bourgogne, à la Provence, à l'Espagne, à l'Italie. De même, toutes les marchandises qui venaient de ces pays pour entrer en Flandre devaient passer par le péage. Toute autre voie leur était interdite dans un rayon assez étendu.

Pourtant, à cette règle générale, on fit deux exceptions : 1° en arrière de Bapaume, des bureaux de péage furent établis à Péronne, à Crépy-en-Valois et à Compiègne. Les marchands pouvaient acquitter les droits dans les bureaux secondaires pour éviter de faire des détours par Bapaume. Les péages appartenaient aux comtes d'Artois et étaient affermés en même temps que celui de Bapaume. — 2° Quelques villes du pays obtinrent d'être affranchies du péage de Bapaume par privilège spécial. (Cf. Fagniez, n° 18.) Cependant ce privilège était restreint aux objets de leur fabrication ou destinés à leur consommation. Il y eut à ce sujet des contestations, et, au temps de Philippe V le Long, l'affaire fut même portée devant le Parlement. Il fut décidé, le 29 novembre 1318 (Fagniez, n° 18), que toute marchandise allant de Flandre en France ou en Champagne ou en Bourgogne ou au delà des monts solderait le péage à Bapaume ; il en était de même pour les vins venant de France ou de Bourgogne, avec facilité cependant de payer dans les bureaux secondaires. Quant aux habitants qui jouiront des privilèges, ils pourront aller librement, sans payer de droits, par le chemin qu'ils choisiront, en acquittant seulement *rectas consuetudines*. Mais, dès qu'ils apporteront des marchandises, non de chez eux, mais d'ailleurs, dès qu'ils prendront une part quelconque au commerce des vins de Bourgogne, ils acquitteront les droits. Bientôt même, les péagers établiront dans des lieux privilégiés des bureaux auxiliaires. Dans ces bureaux, on vérifiait la provenance des marchandises, et les employés délivraient des certificats d'origine pour les marchandises qui avaient droit à l'exemption.

Nous possédons une série de tarifs pour le péage de Bapaume depuis 1202 jusqu'à 1442. Nous avons aussi un bail du fermage, qui était généralement mis en adjudication pour un certain nombre d'années. Nous connaissons, par les tarifs, les principaux objets de commerce du temps ; et, par les prix du bail, nous voyons quelles furent les fluctuations du commerce entre la France et la Flandre. Disons d'abord que les tarifs payés à Bapaume comprenaient quatre droits principaux : 1° un droit de travers ou de passage à travers l'Artois ; 2° un droit de conduite pour protection des marchandises ; 3° un droit de roulage pour l'entretien des routes dont se servent les marchands ; 4° enfin un droit pour les bêtes de somme qui portent les marchandises.

Les marchandises venant de France étaient les vins, les

laines, le lin, le chanvre, les avoir de poids, c'est-à-dire les épices qu'apportaient les Italiens aux foires. A la fin du XIII° siècle, on signale les croix émaillées de Limoges, les haubergeons (sorte de cottes de mailles), etc. Au XIV° siècle, le papier apparaîtra à côté du parchemin. On rapportait, au contraire, de Flandre des harengs, des maquereaux et toutes sortes de poissons ; les draps de Bruges, de Gand et d'Ypres étaient surtout recherchés.

Le prix du bail est assez élevé dans les années de paix entre la France et la Flandre ; il s'élève à 3.200 ou 3.250 livres par an. Il tombe de 1.500 ou 1.200 livres pendant les années de guerre. Certaines années, on ne trouve même pas d'adjudicataire, et les officiers de l'Artois sont obligés de percevoir directement l'impôt. Pourtant le commerce paraît, en règle générale, encore prospère ; mais, de plus en plus, les Italiens prennent la route de mer. Ils apportent directement les produits de l'Italie et de l'Ouest et remportent les draps, les bois et les métaux du Nord. Les commerçants de La Rochelle correspondaient aussi de plus en plus directement avec la Flandre. La route d'Aigues-Mortes aux Flandres allait désormais n'avoir plus qu'une importance secondaire.

Une troisième voie commerciale commençait à Narbonne, gagnait Toulouse par le col de Naurouze, puis le grand port de Bordeaux sur l'Atlantique. Mais, en 1320, le premier de ces ports fut cruellement atteint. La rivière de l'Aude, très capricieuse, rompit ses barrages et se répandit partout. L'étang, au fond duquel se trouvait le port fut envahi. Les armateurs de Narbonne luttèrent, au début du XIV° siècle, contre cette décadence irrémédiable ; ils réparèrent la digue de Salelles ; ils creusèrent le lit de la rivière : ce fut peine inutile. Le bras qui passait à Narbonne se desséchait de plus en plus ; le golfe ne fut bientôt plus qu'un marécage ; un moment, on songea à créer un port à Leucate pour remplacer celui de Narbonne. Une enquête fut faite ; on commença des travaux ; mais, après la catastrophe de 1320, on revint à Narbonne.

Les Italiens commencent déjà à entretenir par le détroit de Gibraltar des relations avec la Flandre et l'Angleterre ; mais, s'ils pouvaient débarquer leurs marchandises dans une rade de la Méditerranée, les expédier jusqu'à Bordeaux par la voie de terre, puis par le cours de la Garonne, ils éviteraient une longue traversée, et surtout les pirates de la côte du Maroc. Leucate aurait pu ainsi devenir l'entrepôt du commerce entre la Méditerranée et l'Atlantique. Or les délégués de la sénéchaussée ne voulurent rien faire ; les habitants de Narbonne s'adressèrent au roi et offrirent un don gratuit annuel de 10 sous tournois par habitant. Ils demandaient seulement qu'on fît contribuer aux frais tous les propriétaires de péages situés entre Leucate et La Réole, dont les revenus devaient, par suite de ce projet augmenter dans de fortes proportions. Mais la guerre de Cent ans éclata; le roi de France eut d'autres soucis, et, au xive siècle, Narbonne acheva de s'éteindre.

Pourtant, malgré l'ensablement de Narbonne, cette voie commerciale fut encore suivie dans les premières années du xive siècle. Narbonne était située à l'extrémité de ce que Strabon appelait l'isthme Gaulois : c'était le chemin le plus court de la Méditerranée à l'Océan Atlantique. Puis, cette voie, était bordée de pays industriels et agricoles. Le Languedoc n'écoulait pas tous ses draps dans les foires locales de Beaucaire et de Carcassonne ; il en envoyait beaucoup à Bordeaux, où se trouvaient des acheteurs anglais. Même les draps du Roussillon, où cette industrie était active, prenaient cette voie. De plus, ce pays produisait beaucoup de vin, et les crus du Toulousain ou même du comté de Foix allaient faire concurrence à ceux du Bordelais. Le commerce, du moins pour les produits de l'intérieur du Languedoc, se continua donc même après l'ensablement du port de Narbonne.

Sujets de devoirs

UNIVERSITÉ DE TOULOUSE

LICENCE ÈS LETTRES.

Histoire de la littérature française

I. L'esprit janséniste dans la littérature française du xviie siècle (l'œuvre de Pascal exceptée).

II. Exposer les idées d'André Chénier sur l'imitation de l'antique.

III. Vous montrerez, et, s'il y a lieu, vous distinguerez l'action de Chateaubriand et l'action de Mme de Staël sur le mouvement romantique.

Grammaire française.

I. Origine des prétérits en *ai*, *is* (*je chantai, je finis*). Forme des diverses personnes, du Moyen Age à nos jours.

II. Les parfaits forts en ancien français et en français moderne.

III. La déclinaison de l'adjectif en ancien français.

Dissertation latine.

I. Quomodo quartus *Æneidos* liber totius operis proposito « conducat et hæreat » ?

II. Quæritur an merito dictum sit M. T. Ciceronem, quamcumque rem aut ageret aut diceret, in eam semper suam causidici indolem et consuetudinem attulisse ?

III. Quæ causæ fuerint cur, inter eximios græcæ tragediæ auctores, Euripidem potissimum nostri poetæ, qui Ludovici XIV ætate floruerunt, imitandum sibi proposuerint ?

LICENCE PHILOSOPHIQUE.

Composition philosophique.

I. Préciser la part de la *convention* dans les théories scientifiques.

II. Quel usage le savant peut-il faire encore aujourd'hui de l'idée de *finalité* ?

III Que faut-il, selon vous, garder, que faut-il abandonner de l'*individualisme* ?

Antiquités greoques et latines.

Les tombeaux de l'Acropole de Mycènes.

Histoire du Moyen Age.

Règne de Charles le Chauve (840-877).

Histoire moderne et contemporaine.

La révolution de 1688 en Angleterre, ses causes, ses conséquences.

Bibliographie

Petit guide du candidat à la licence ès lettres et du jeune professeur, par J. CALVET, agrégé des lettres, 1 vol. in-16 cartonné. Prix : 1 fr. 50 ; franco, 1 fr. 75. Librairie BLOUD et Cⁱᵉ, 4, rue Madame, Paris (VIᵉ).

Beaucoup de jeunes gens, candidats à la licence ès lettres, perdent, à leur arrivée à la Faculté, plusieurs mois d'un temps très précieux, faute d'indications pratiques. D'autres, dans l'isolement, voudraient travailler déjà en vue de l'examen futur; mais ils manquent des notions les plus élémentaires. M. Calvet, qui a l'expérience de l'enseignement supérieur, leur offre ses conseils. Ils trouveront ici des renseignements et des exemples pour les devoirs écrits, pour l'explication des textes, pour la préparation des options, etc. Deux chapitres et un grand nombre d'observations dispersées s'adressent aux jeunes professeurs. Bref, ce petit livre peut rendre les plus grands services dans les facultés des lettres et dans les collèges.

Le gérant : E. FROMANTIN.

POITIERS. — SOCIÉTÉ FRANÇAISE D'IMPRIMERIE ET DE LIBRAIRIE

REVUE HEBDOMADAIRE

DES

COURS ET CONFÉRENCES

DIRECTEUR : N. FILOZ

Poètes français du XIXe siècle
qui continuent la tradition du XVIIIe

Cours de M. ÉMILE FAGUET,

Professeur à l'Université de Paris.

Arnault ; sa vie (*suite*).

Nous avons laissé Arnault en compagnie de Bonaparte, alors que celui-ci se dirigeait sur l'Egypte. Vous vous souvenez des conversations très intéressantes auxquelles Bonaparte et Arnault se livraient pendant la traversée, et qu'Arnault nous a rapportées dans ses *Souvenirs d'un Sexagénaire*. Arnault se fatigua assez vite de la vie qu'il menait à bord, et il n'accompagna l'armée française que jusqu'à l'île de Malte. Sous prétexte de mauvaise santé, il put en effet rentrer à Paris, au risque de mécontenter Bonaparte, qui, d'ailleurs, — nous le verrons par la suite, — ne lui tint aucune rigueur de cette petite défection.

Au retour de la campagne d'Egypte, Bonaparte retrouve Arnault à Paris, et il lui rend toute sa confiance et toute son intimité. Les *Souvenirs* d'Arnault sont, ici, particulièrement intéressants. Vous vous souvenez qu'avant le départ pour ce lointain pays d'Egypte, d'où Bonaparte espérait revenir auréolé d'une gloire quasi-divine, Arnault — c'est lui-même qui le dit — avait conseillé au jeune général de tenter un coup d'Etat. Bonaparte ne

16

l'avait point écouté, parce que, dans sa pensée, « le fruit n'était pas encore mûr ». — Revenu d'Égypte, et malgré l'échec de l'expédition, Bonaparte trouva le fruit mûr, cette fois. Le Directoire était de plus en plus faible ; la popularité du vainqueur d'Arcole et de Rivoli demeurait entière. Il fallait agir avant qu'un autre général plus audacieux essayât lui-même de profiter des circonstances et de tenter un hardi coup de main. Le complot est dans l'air, et rien n'est plus curieux à lire que ces « approches » du 18 Brumaire dans les *Souvenirs* d'Arnault. Celui-ci est toujours très bien reçu dans la maison de la rue Chantereine, qui est devenue la rue de la Victoire. Il dîne avec Bonaparte chez Gohier, président du Directoire. Il est de toutes les réunions et de tous les conciliabules. Et nous pouvons suivre, dans son ouvrage, toutes les phases de la préparation du coup d'Etat, en demi-lumière et en pénombre, en quelque sorte.

« Tout nous prouvait, dit Arnault, qu'en renversant le Directoire, c'était un besoin général qu'on satisfaisait, et que, dans cette conspiration, nous avions la France entière pour complice.

« Tels étaient les bruits de Paris, quand je reçus, ainsi que Regnauld [de Saint-Jean-d'Angély], une invitation à dîner chez le ministre de la police, chez Fouché, qui, depuis quelques mois, remplissait cette fonction. « Tous les deux ! la chose est singulière », dis-je à Regnauld. Elle me parut bien plus singulière encore, quand le général [Bonaparte], à qui je racontai le fait, me dit en riant : « Allez-y, vous y trouverez des amis ». Dans le fait, j'y trouvai Rœderer, Réal, Chénier, l'amiral Brueis et le général lui-même. Bref le choix des convives était tel que, sur vingt quatre, il n'y avait guère que le ministre qui ne fût pas des nôtres, et que la liste des invités semblait être un extrait de la liste des conjurés. « Si ce n'est pas un fait exprès que ceci, c'est l'effet d'un singulier hasard, dis-je à Regnauld ; le beau coup de filet qu'il ferait en fermant seulement ses portes. — Votre chanson est-elle faite ? me dit quelqu'un qui s'était approché de nous ; vous savez que nous touchons au dénouement. — Une chanson pour un dénouement de tragédie ! C'est trop piquant pour que j'y manque. — Ne perdez donc pas de temps, car nous n'avons pas plus de quatre jours devant nous. »

« Le dîner n'était pas un piège ; peut-être même avait-il été donné dans un but tout contraire à celui qu'on aurait pu supposer. « J'ai voulu, dit le ministre au général, vous faire rencontrer ici les personnes qui vous sont le plus agréables. » Poussant la galanterie jusqu'à la recherche, il fit suivre le dîner d'un concert dans lequel Laïs et Chéron chantèrent des poèmes d'Ossian, mis en vers par Chénier et en musique par Fontenelle. Cette réunion, que Réal égaya souvent par sa verve si spirituelle et si originale, n'eut rien de la gravité qui préside ordinairement aux banquets ministériels. A la liberté d'esprit qu'à l'exemple du général chacun montrait, on ne se serait pas douté qu'elle était formée de gens préoccupés d'intérêts si sérieux et engagés dans une entreprise si périlleuse.

« A demain soir, rue Taitbout (c'était là que demeurait le citoyen Talleyrand) : là, nous nous rendrons compte de ce que nous aurons appris, et nous conviendrons de ce que nous aurons à faire », dit M. Rœderer à Regnauld et à moi, quand nous nous séparâmes. La sécurité que nous inspirait Fouché n'allait pas, au fait, jusqu'à nous faire négliger toute précaution vis-à-vis de lui. Nous étions convenus d'éviter de nous trouver ensemble chez le général dont la maison devait être observée. Mais nous pensions, la nuit une fois tombée, pouvoir sans inconvénient nous rendre séparément chez le citoyen Talleyrand.

« En nous montrant prudents, nous ne faisions que suivre l'exemple du général. C'était tantôt dans un lieu, tantôt dans un autre qu'il donnait ses rendez-vous. Au Théâtre-Français, par exemple, il eut une longue conférence avec Garat (non pas le chanteur), pendant qu'on représentait *Les Vénitiens,* ce qui, à la vérité, me contrariait assez : ce n'était pas dans ce but que je lui avais procuré une loge ; j'étais, dans ce moment, auteur plus que conspirateur.

« L'affaire, qui avait été plusieurs fois remise, semblait devoir éclater définitivement le 16 brumaire ; tout était prêt le 15 au soir. Regnauld, Rœderer, attendaient chez le citoyen Talleyrand le mot d'ordre ; mais ce mot n'arrivait pas. Comme ma position et mes goûts appelaient moins l'attention sur moi que sur les autres, et que j'avais l'habitude d'aller tous les soirs chez le général : « Pendant que nous ferons une partie de whist, pour dérouter les gens qui pourraient survenir, vous devriez bien, me dit Regnauld, aller savoir du général si la chose tient pour demain ; à votre retour, un signe affirmatif ou un signe négatif nous mettra au fait. »

« Je cours chez le général. Son salon était plein. Un coup d'œil qui ne peut être compris que de moi m'indique qu'il comprend le motif qui m'amène et que je devais attendre : j'attendis donc. Cette fois, j'en conviens, je ne savais plus où j'en étais ; et je me disais, comme Basile : *Qui diable est-ce qu'on trompe ici? Ils sont tous dans la confidence.*

« Dans ce salon, dont Joséphine faisait les honneurs avec une

grâce singulière, se trouvaient pour lers des représentants de
toutes les professions, de toutes les factions ; des généraux, des
législateurs, des jacobins, des clichiens, des avocats, des abbés,
un ministre, un directeur, le président même du Directoire. A
voir l'air de supériorité du maître de la maison au milieu de
gens de robes et d'opinions si diverses, on eût dit qu'il était
d'intelligence avec eux tous : chacun déjà était à sa place.

« Fouché n'arriva qu'après Gohier. Sans trop reprendre l'air
de dignité qu'il avait échangé contre celui de la courtoisie, en
acceptant une place sur le canapé de la maîtresse de la maison :
« Quoi de neuf, citoyen ministre ? lui dit le citoyen directeur,
tout en humant son thé et avec une bonhomie assez piquante
dans la circonstance. — De neuf ? rien, en vérité, rien, répondit
le ministre avec une légèreté qui n'était pas tout à fait de la
grâce. — Mais encore ? — Toujours les mêmes bavardages. —
Comment ? — Toujours la conspiration. — La conspiration ! dit
Joséphine avec vivacité. — La conspiration ! répète le bon président en levant les épaules. — Oui, la conspiration, reprend le
malin ministre ; mais je sais à quoi m'en tenir. J'y vois clair,
citoyen directeur, fiez-vous à moi ; ce n'est pas moi qu'on
attrape. S'il y avait conspiration depuis qu'on en parle, n'en aurait-on pas eu la preuve sur la place de la Révolution ou dans la
plaine de Grenelle? et, ce disant, il éclatait de rire. — Fi donc,
citoyen Fouché, dit Joséphine, pouvez-vous rire de ces choses-
là ? — Le ministre parle en homme qui sait son affaire, reprit
Gohier; mais tranquillisez-vous, citoyenne : dire ces choses-là
devant les dames, c'est prouver qu'il n'y a pas lieu à les faire.
Faites comme le gouvernement, ne vous inquiétez pas de ces
bruits-là : dormez tranquille. »

« Après cette singulière conversation, que Bonaparte écoutait
en souriant, Fouché et Gohier levèrent le siège ; les étrangers
qui encombraient le salon firent successivement de même ; Joséphine monta dans son appartement, et je me trouvai enfin seul
avec le général.

— « Je viens, lui dis-je, de la part de vos amis, savoir si la
chose tient toujours pour demain, et recevoir vos instructions.
— La chose est remise au 18, me répondit-il le plus tranquillement du monde. — Au 18, général ! — Au 18. — Quand l'affaire
est éventée ! Ne voyez-vous pas que tout le monde en parle ? —
Tout le monde en parle et personne n'y croit. D'ailleurs, il y a
nécessité. Ces imbéciles du Conseil des Anciens n'ont-ils pas des
scrupules ? Ils m'ont demandé vingt-quatre heures pour faire
leurs réflexions. — Et vous les leur avez accordées ! — Où est

l'inconvénient ? *Je leur laisse le temps de se convaincre que je puis faire sans eux ce que je veux bien faire avec eux.* Au 18 donc. Venez demain prendre le thé ; s'il y a quelque chose de changé, je vous le dirai : bonsoir. » Et il alla se coucher avec cet air de sécurité qu'il conservait sur le champ de bataille, où il me semblait ne s'être jamais tant exposé qu'il s'exposait alors au milieu de tant de factions, par ce délai que rien ne put le déterminer à révoquer. »

Vous sentez, par cette longue citation, tout l'intérêt des *Souvenirs d'un Sexagénaire*. Arnault a d'abord l'avantage d'avoir *vu* les choses qu'il raconte, et, de plus, il les raconte avec beaucoup d'esprit et de malice. Ces *Souvenirs* sont pleins d'anecdotes vraiment très agréables.

En voici une, par exemple, sur Beaumarchais. L'auteur du *Barbier de Séville* n'est pas un personnage très sympathique, et il a été très méprisé. Arnault paraît l'avoir beaucoup aimé, et voici le récit qu'il nous fait d'un trait de générosité de Beaumarchais qui le rehausse en quelque sorte à nos propres yeux :

« Un auteur à qui l'on doit une des meilleures comédies qui n'ait pas été faite par Molière (1), et que, pour son malheur et pour le nôtre, la Révolution détourna de la culture des lettres et jeta dans une des factions qui usurpèrent un moment le pouvoir ; un auteur qui n'était rien moins qu'à son aise tant qu'il ne fut qu'homme de génie, dans un moment de détresse, avait écrit à Beaumarchais qui prospérait alors, et dont il n'était pas connu, pour le prier de prendre lecture d'une comédie qu'il lui apportait, et de lui prêter vingt-cinq louis qu'il venait chercher par la même occasion. Il attendait dans l'antichambre. On le fait entrer. « Vous êtes un singulier homme, lui dit Beaumarchais, d'un ton moitié sérieux moitié plaisant ; vous me demandez, à moi qui n'ai pas l'honneur de vous connaître, deux services qu'on ne rend pas toujours aux gens qu'on connaît ! Vous me demandez à emprunter vingt-cinq louis, et vous me proposez d'entendre ou de prendre lecture d'une comédie de vous ! Savez-vous, Monsieur, que cela demande réflexion. Pour en parler plus à l'aise, dînons ensemble. » Le demandeur, qui sur l'exorde ne s'attendait pas à cette conclusion, accepta le dîner : c'était cela de gagné. Pendant ce dîner qu'assaisonna la conversation la plus spirituelle, Beaumarchais témoigna à son hôte une extrême bienveillance, et lui promit de lire la comédie ; néanmoins, il le laissa partir sans lui répondre

(1) Arnault désigne, sans doute, ainsi Fabre d'Eglantine, auteur du *Philinte de Molière ou la Suite du Misanthrope.*

sur l'article de l'emprunt. Le pauvre diable, qui s'était retiré assez
déconcerté, ne fut pas peu surpris, en rentrant chez lui, d'y
trouver les vingt-cinq louis. Peu de jours après, le prêteur mit
le comble à son obligeance en renvoyant à l'emprunteur son
manuscrit, en marge duquel il avait jeté des observations qui
n'étaient pas toutes des critiques. »

Evidemment, ce trait est à l'honneur de Beaumarchais, et nous
réconcilie avec lui. Cependant je serais assez porté à croire qu'une
pareille générosité n'est peut-être pas dénuée de tout calcul.
D'ailleurs, Arnault lui-même reconnaît que le caractère de Beaumarchais se composait de beaucoup de malice. Il ajoute : « Bon
pour tout ce qui était bon, rendant à tout ce qui l'aimait affection
pour affection, il avait fait graver sur le collier de sa levrette :
« *Je m'appelle Florette; Beaumarchais m'appartient* ». N'y a-t-il pas
là autant de bonhomie que d'esprit ? »

Après le 18 Brumaire, Arnault devient un gros fonctionnaire,
et c'est à cette date que s'arrêtent ses souvenirs. Dès 1800, il est
chef de division au ministère de l'Instruction publique. Très probablement Arnault ne fut jamais un administrateur bien zélé.
Sainte-Beuve a dit joliment : « C'est l'administration qui lui fit
trouver sa voie. » Et, en effet, c'est pendant cette période de « bu-
reaucratie » qu'Arnault s'est surtout occupé de la composition de
ses *Fables*.

Quand 1815 arriva, Arnault, coté comme bonapartiste avéré,
et par suite plus que suspect au nouveau gouvernement, dut
prendre le chemin de l'exil. Sainte-Beuve cite une épigramme qui
ne figure pas dans les œuvres d'Arnault, mais qu'on s'accordait
à lui attribuer, et qui aurait, selon lui, attiré sur Arnault la colère
de Louis XVIII. Je vous la cite, de mémoire, aussi exactement
que possible :

> Les Bourbons vont rentrer, et, je dois bien le dire,
> Je ne le vois pas sans effroi.
> J'ai vu le Roi : le pauvre sire !
> J'ai vu Monsieur : vive le Roi !

Sans doute, cette épigramme a pu suffire pour valoir au poète
les honneurs, ou, si vous aimez mieux, les désagréments de l'exil.
Il ne faut pas oublier non plus qu'Arnault avait été, dans sa jeunesse, « domestique » du comte de Provence, futur Louis XVIII,
et que le roi a peut-être saisi avec empressement l'occasion qui
s'offrait à lui de se venger de la défection de son ancien secrétaire.

En tout cas, Arnault ne nous a pas dit pour quel motif exactement il avait été exilé, mais seulement pourquoi on croyait qu'il l'était. Voici, d'abord, ce que nous lisons dans un chapitre de ses œuvres mêlées, qui a pour titre : *Des Proscriptions non sanglantes* :

« Ce ne sont pas toujours les moins cruelles, dit Arnault... Malgré les droits consacrés par la charte, trente-huit Français sont poussés hors du royaume, sans avoir été jugés, non seulement par les tribunaux que la loi leur donnait, mais même par les Chambres que l'ordonnance fatale avait érigées, pour ce cas, en tribunal d'exception, en commission royale. » Et, dans ses *Souvenirs*, Arnault nous explique pourquoi on croyait qu'il avait été porté sur cette fameuse liste de trente-huit proscrits : on s'imaginait qu'Arnault était exilé *comme régicide* ! Le fait est amusant à noter, puisque Arnault n'avait pas fait partie de la Convention.

« On m'a imputé un grand grief, dit-il, pour disculper Louis XVIII d'une grande injustice, et parce qu'il était plus commode d'imputer un crime au persécuté qu'un tort au persécuteur. Mais ce crime je n'ai pas même eu occasion de le commettre, puisque je n'étais pas membre de l'Assemblée qui l'a commis.

« Quoi qu'il en soit, cette prévention à laquelle j'ai dû des compliments qui m'ont fait horreur et des reproches qui m'ont fait pitié, s'était tellement accréditée que c'est à elle qu'il faut surtout attribuer la fureur avec laquelle les royalistes se déchaînèrent contre le succès de *Germanicus* [tragédie d'Arnault]. Le fait suivant le démontre d'une manière assez plaisante.

« Quinze jours après cette représentation, qui du théâtre fit descendre la tragédie dans le parterre, et dont le bruit était parvenu jusque dans les Pays-Bas que j'habitais depuis mon exil, je fis un voyage en Hollande, où quelques affaires m'appelaient. Dans la diligence, où je ne connaissais personne et où personne ne me connaissait, se trouvait un officier français venant de Paris. De caractère communicatif, comme il nous avait mis au courant de sa marche, on l'accabla de questions sur ce qui se passait en France, et l'article de *Germanicus* ne fut pas oublié. Ce qu'il dit de la pièce littérairement n'était pas de nature à blesser l'amour-propre de l'auteur. « Les meilleurs royalistes, ajouta-t-il, se sont fait un devoir de rendre justice au mérite de cet ouvrage ; mais ils ont fait justice aussi de l'auteur, quand les jacobins ont osé le demander et quand ils ont voulu que le nom de ce régicide fût proclamé. — C'est donc un régicide que cet auteur ? dit un Hollandais en secouant sa pipe. — Si c'est un régicide ? un conventionnel ! autrement serait-il exilé ? » La conversation, dont je me gardais bien de me mêler, changea ensuite de sujet.

«Comme nous approchions de La Haye, « Messieurs, dit l'officier français en s'adressant à moi comme aux autres, mon séjour dans ce pays-ci ne sera pas long. Dans huit jours, je dois être de retour à Paris. Si quelqu'un de vous avait quelque chose à faire dire dans ce pays-là, qu'il dispose de moi. » Chacun l'ayant remercié, « Monsieur, dis-je, quand vint mon tour, j'userai, moi, de votre obligeance. J'ai quelque chose à faire dire dans ce pays-là. On n'y connaît qu'une partie de l'histoire de l'auteur de *Germanicus.* Permettez-moi de vous la faire connaître tout entière, afin que vous puissiez la raconter à votre retour. Personne mieux que moi ne sait ce qu'a fait et ce que veut faire cet homme-là. Il ne rêve qu'à des crimes, c'est la vérité, et non pas seulement à ces crimes qui n'ont pour objet que la ruine d'une famille ou la mort d'un homme : c'est du renversement des Etats, c'est de la mort des princes, c'est de ces grands complots qui bouleversent l'ordre social, qui détrônent les dynasties, qui changent le destin des empires, qu'il est incessamment occupé. Il a ourdi je ne sais combien de conspirations : tantôt c'est une république qu'il veut substituer à une monarchie, tantôt un empire qu'il veut substituer à une république. Faut-il se délivrer d'un prince, tous les moyens lui sont bons. Au moment même où je vous parle, ne prépare-t-il pas le poison qui, au premier moment, terminera les jours d'un personnage des plus illustres? — Que me dites-vous là ? — Rien qui ne soit exactement vrai. Notez toutefois que cet homme, si familiarisé avec les combinaisons les plus atroces, est d'ailleurs assez bon diable. Il n'est pas mauvais mari ; il est bon fils, bon père, bon ami, bon maître, même pour son chien. Il ne ferait pas de mal à un enfant. Il n'a jamais tué que des rois ; c'est sa manie, mais que des rois de théâtre. Voilà ce que je vous prie de vouloir bien dire à vos amis de Paris sur mon témoignage, et je parle en connaissance de cause, car cet homme et moi nous ne faisons qu'un. — Quoi ! Monsieur ?... — Oui, Monsieur, je suis l'auteur de *Germanicus.* »

« On se figure l'impression que cette explication produisit sur les auditeurs, et particulièrement sur le personnage qui l'avait provoquée. « Quoi ! vous n'avez pas voté la mort du roi ? — Aristocrate comme vous alors, je n'étais pas même membre de l'Assemblée qui l'a jugé. »

« Je dois le dire à l'honneur de cet officier, il parut profondément pénétré du désir de détruire une erreur qu'il se désolait d'avoir partagée. « A mon retour à Paris, je ferai connaître la vérité, dit-il, en me faisant affectueusement ses adieux. — Mais pourquoi donc êtes-vous exilé ? ajouta-t-il. — *Tâchez de le savoir,*

lui répondis-je, et, quand vous le saurez, vous me l'apprendrez ;
c'est encore une obligation que je vous aurai. »

Arnault, vous le voyez, est vraiment un maître dans l'art de
conter. La déclaration à double entente qu'il fait à son interlocuteur est un peu trop longue, à mon sens, et le récit eût gagné en
vivacité à être écourté; mais le trait final est infiniment agréable
et très adroitement amené. Toujours est-il que cette anecdote ne
nous donne pas les motifs de l'exil d'Arnault : il est probable que
c'est Louis XVIII lui-même, et non un de ses ministres, qui a tenu
à faire figurer le nom d'Arnault sur les tables de 1815. Mais
Arnault, par un sentiment de réserve facile à comprendre, n'a
pas voulu le déclarer expressément dans ses *Souvenirs*.

En 1812, Arnault avait donné un premier recueil de *Fables ;* il
en publia une nouvelle édition, considérablement augmentée,
en 1827.

Sa tragédie de *Germanicus* fut jouée au Théâtre-Français, le
22 mars 1817. Cette œuvre, bien que composée depuis plusieurs
années, souleva d'ardentes polémiques et de sanglantes altercations : on voulut y trouver, à tout prix, des allusions à la famille
impériale et au prisonnier de Sainte-Hélène. Evidemment, on
trouve toujours dans n'importe quel ouvrage toutes les allusions
qu'on veut bien y mettre. C'est ainsi qu'en 1875 *La Fille de Roland* d'Henri de Bornier parut fourmiller d'allusions à nos malheurs et à nos désastres de 1870, alors qu'en réalité — je tiens le
fait d'Henri de Bornier lui-même — la pièce était écrite dans les
dernières années de l'Empire, bien avant qu'il fût question d'une
guerre avec l'Allemagne.

Naturellement, la tragédie de *Germanicus* fut interdite : le pouvoir ne peut point faire autrement, quand une pièce provoque
des désordres.

Rappelé en novembre 1819, Arnault ne vit les portes de l'Académie française se rouvrir devant lui qu'en 1829 : le 24 décembre
de cette année, il vint prendre séance en remplacement de Picard ;
ce fut Villemain qui lui répondit. En 1833, il fut élu secrétaire
perpétuel, comme successeur d'Andrieux. Le 16 septembre 1834,
au retour d'une promenade, il s'éteignit subitement à Goderville (Seine-Inférieure), à l'âge de 68 ans. Son fauteuil échut à
Scribe.

Arnault était un homme aimable, gracieux, de peu de fond, pas
très chevaleresque sans doute, mais de fréquentation très
agréable, parce qu'il possédait au plus haut point les qualités de
l'homme de bonne compagnie. Ses mots ont été souvent cités ;
sans doute, il les préparait quelquefois, mais il trouvait souvent

aussi spontanément des ripostes pleines de malice et de causticité. « Eh ! bien, Arnault, lui disait un sot qui l'abordait, vous cherchez un sujet d'épigramme ? — Je l'ai rencontré. »

En pleine Terreur, le peintre David lui reprochant les fleurs de lis qu'il avait sur son gilet, Arnault lui donne une tape amicale *sur l'épaule* en disant : « Que voulez-vous ! nous autres, nous montrons ce que vous cachez. » A Bonaparte qui lui disait : « Nous devrions faire une tragédie ensemble. — Volontiers, quand nous aurons fait ensemble un plan de campagne. » Un cavalier le heurte ; querelle : le cavalier lui tend sa carte : « Voici mon adresse. — Gardez-la pour conduire votre cheval. » Le général Leclerc lui dit, un jour, en raillant : « Te voilà donc, toi qui te crois un poète après Corneille et Racine ? — Te voilà donc, répond Arnault, toi qui te crois un général après Turenne et Condé ! »

Arnault avait pour amis Andrieux, que vous connaissez ; Fontanes, qui se montrait quelque peu jaloux de l'amitié de Bonaparte et d'Arnault. C'est Arnault qui, conseiller, puis secrétaire général de l'Université, admit dans les bureaux un poète inconnu que lui avait recommandé Lucien Bonaparte et qui s'appelait Béranger. Arnault était honoré de l'estime de Ducis, de M.-J. Chénier, de Florian, de Siéyès, de l'abbé Maury.

C'est un homme qui a été très recherché de son temps et qui mérite vraiment de nous arrêter.

A. C.

La vie et les œuvres de Gœthe.

Cours de M. HENRI LICHTENBERGER

Professeur à l'Université de Paris.

Le second « Faust » (*Suite*): les grandes lignes de l'action.

On peut résumer comme il suit les données essentielles de la première partie du *Faust* :

1° Si nous envisageons le problème du salut de Faust, nous constatons que Faust 'n'a pas perdu le pari qu'il a fait avec Méphistophélès. Jamais il ne s'est complu dans les plaisirs inférieurs que le diable lui a procurés ; jamais il n'a dit à l'instant fugitif: « Verweile doch, du bist so schön ». Il ne s'est jamais laissé aller entièrement aux tentations de Méphistophélès. L'ivrognerie brutale de la taverne d'Auerbach n'a fait qu'exciter son dégoût. Et, s'il a cédé à la passion moitié idéale moitié sensuelle que lui inspirait Marguerite, il n'a pas trouvé dans la volupté une satisfaction complète ; au sein même du plaisir, il a été constamment tourmenté par l'inquiétude, par l'angoisse, par le remords.

Et de même que Faust n'a pas définitivement succombé à la tentation, il n'a pas non plus été brisé par la souffrance ou le remords. Sans doute, l'affreux dénouement de la tragédie de Marguerite l'a rempli du plus grand désespoir ; il s'est écrié dans son angoisse : « O wäre ich nie geboren ! » — Mais la douleur et le remords ne l'ont pas poussé à la mort, n'ont pas brisé en lui le ressort vital.

2° Mais, d'autre part, Faust n'est pas non plus parvenu, de lui-même, à la clarté. Indiciblement las de la science, il a tendu de toute son énergie vers la vie et la jouissance. Il a cherché la jouissance dans l'amour, — ce qui était légitime, car l'amour véritable est d'essence divine et peut conduire au salut. Mais il s'est trompé dans le choix de l'objet de cet amour. Il a aimé une créature exquise dans sa touchante naïveté et son charme ingénu, mais irrémédiablement *différente* de lui. Entre un Titan comme Faust et une humble bourgeoise comme Gretchen, l'écart était trop grand pour qu'il pût y avoir une union durable. Faust a ressenti pour Marguerite une passion où l'amour le plus pur se mélangeait avec le désir charnel le plus égoïste. Il n'a su ni vaincre ni purifier cette passion. Et elle a fini par provoquer l'effroyable catastrophe qui termine la première partie de la pièce.

« Wir sehen die Kleine dann die grosse Welt », avait dit Méphistophélès à Faust. La seconde partie de la tragédie nous montre la réalisation de ce programme. Elle peut, dans ses grands traits, se résumer ainsi :

1° Faust, de nouveau, résiste aux « tentations » que lui suggère Méphistophélès. Ce dernier le conduit à la cour de l'Empereur. Faust va-t-il succomber au désir de paraître, de jouer un rôle dans les hautes régions de la société comme ministre ou comme général ? La vanité n'a pas de prise sur l'âme du Titan : « Die That ist alles, nichts der Ruhm. » — Et, sans doute, il souhaite le pouvoir, sans doute aussi il se laisse entraîner même à un acte d'injustice (la dépossession de Philémon et Baucis) par sa volonté de puissance exaspérée et devenue un instant égoïstement despotique. — Mais il se ressaisit aussitôt après, regrette le mal qu'il a commis, et s'affranchit désormais de tout égoïsme coupable. Il traverse ainsi, sans y succomber, la tentation de la gloire et l'épreuve du pouvoir.

Et il n'est pas davantage brisé par ses échecs et ses erreurs. Il n'est ni terrassé par le désespoir après la mort de Gretchen, ni accablé par la douleur après la mort d'Euphorion et d'Hélène, ni accablé par le remords lorsque Méphistophélès a incendié la cabane de Philémon et Baucis et massacré les deux pauvres vieux. Bien que conscient de ses fautes, il ne sombre pas dans le pessimisme. Il résiste à l'assaut du souci. L'haleine empoisonnée du souci peut bien le rendre aveugle ; mais elle n'éteint pas en lui cette aspiration intérieure, ce « Streben » qui est le fond même de sa nature.

2° En même temps qu'il résiste victorieusement aux assauts de Méphistophélès, Faust s'élève de lui-même, par ses propres efforts, vers « la clarté » : il découvre le sens de la vie ; il arrive au salut vainement cherché dans la première partie de la tragédie ; il s'élance vers la solution de la vie par le travail et y trouve le véritable bonheur.

D'abord, il aime de nouveau. Mais, cette fois, ce n'est plus une humble créature dont il ne saurait faire sa compagne. C'est Hélène, c'est l'Eternel féminin, l'idéal souverain de la beauté physique et de la perfection spirituelle qui le séduit. Et il la conquiert lui-même, sans l'assistance de Méphistophélès. Seul, il va chercher chez les mères le trépied qui lui permettra d'évoquer Hélène. Seul, il descendra chez Perséphone pour obtenir d'elle le retour d'Hélène parmi les vivants. Méphistophélès n'est pour rien dans ce rêve merveilleux d'une idylle héroïque, que Faust *vit* sur le sol classique de la Grèce. Il est impuissant même à troubler par sa laideur cette éclatante vision de beauté.

De la contemplation de la beauté, Faust s'élève enfin à la conception de l'activité libre. Il a d'abord rêvé le pouvoir ; il s'est servi de la puissance magique dont dispose Méphistophélès pour vaincre les ennemis de l'Empereur et obtenir ainsi du souverain le fief qu'il convoite, pour mettre en train les grandes entreprises qu'il rêve d'accomplir. Mais, peu à peu, il comprend que l'aide surnaturelle de Méphistophélès, loin de lui être d'une utilité réelle, est au contraire un péril, un obstacle pour lui. Il renonce donc à ses services. Il veut maintenant ne plus être qu'un homme parmi d'autres hommes ; il n'a plus qu'un désir : diriger l'activité libre et *collective* de l'humanité vers un but utile. Il a pris conscience, ainsi, de la loi suprême de l'humanité ; il s'est émancipé du pouvoir de Méphisto ; il voit, dans cette vie d'activité féconde qui s'ouvre pour lui, la plus magnifique promesse de bonheur. Faust a vaincu. Il s'est élevé par ses propres efforts à la sagesse suprême. Il a trouvé le chemin du bonheur. Il est sauvé.

Une analyse sommaire des principaux motifs de la pièce va nous montrer maintenant, avec plus de détails, comment Gœthe a réalisé cette grandiose conception.

LE SOMMEIL DE FAUST.

La première scène du second *Faust* nous montre le héros endormi, bercé par Ariel et le chœur des Elfes dans un sommeil réparateur.

L'intention de Gœthe est clairement indiquée dans une conversation avec Eckermann du 12 mars 1826 : « Voici donc le début ! Comme vous me connaissez, vous ne vous étonnerez pas qu'il soit dans la note douce que j'affectionne ! Il semble que tout soit enveloppé comme d'un voile d'apaisement. Si l'on songe aux malheurs effroyables qui fondent sur Gretchen... et qui, par contre-coup, ont dû ébranler l'âme de Faust jusque dans ses profondeurs, on comprendra que je n'ai pu me tirer d'affaire autrement qu'en frappant, comme je l'ai fait, le héros de paralysie, en le considérant comme anéanti, puis en le tirant ensuite de

cette mort apparente pour le faire renaître à une vie nouvelle.
J'ai dû, à cette intention, avoir recours à des Esprits puissants
et bienveillants, tels que la tradition nous décrit les Elfes. Tout,
ici, n'est que miséricorde, pitié profonde. Faust n'est point jugé ;
on ne se demande pas s'il mérite ou non l'absolution, comme le
feraient des juges humains par exemple. Chez les Elfes, ces questions ne se posent pas. Peu leur importe qu'il soit un saint ou
un méchant ; un pécheur « ob er heilig, ob er böse, jammert sie
der Unglücksmann » ; ils poursuivent leur œuvre d'apaisement
et n'ont pas d'autre dessein que de le plonger dans un profond
et réconfortant sommeil, qui lui fera oublier les effroyables
catastrophes par lesquelles il vient de passer. Au sein de la nature
maternelle et bienfaisante, Faust trouve non point le pardon des
fautes commises, mais du moins l'apaisement, la force de recommencer une nouvelle vie, d'aborder de nouvelles épreuves.

Il semble que, primitivement, Gœthe ait songé à indiquer déjà
dans cette scène la nature des épreuves qui attendaient Faust
dans sa nouvelle vie. On lit, en effet, dans l'esquisse de 1816
(Paralip. n° 63) : « Zu Beginn des 2. Teiles findet man Faust
schlafend. Er ist umgeben von Geisterchoren, die ihm in sichtli-
chen Symbolen und anmutigen Gesängen *die Freuden der Ehre,
des Ruhms, der Macht und Herrschaft vorspiegeln*. Sie verhüllen
in schmeichelnde Worte und Melodien ihre eigentlich ironischen
Anträge. » Et dans le Paralip. n° 100 : « *Faust. Schlafend. Geister
des Ruhms der grossen That.* » On voit que, dans la conception
primitive de Gœthe, les Elfes ne sont pas uniquement les esprits
de la nature, mais aussi les serviteurs de Méphisto. Ils cherchent
à engager Faust dans une voie périlleuse : ils font miroiter
devant son esprit le mirage de la puissance et de la gloire. Faust
voudra-t-il tendre la main vers le pouvoir ? Trouvera-t-il à la cour
de l'Empereur des satisfactions capables de le contenter ? Les Elfes
cherchent à éveiller dans son âme l'ambition et la soif des gran-
deurs.

Dans l'exécution définitive, il semble que ce motif ait été
abandonné. Les Elfes se bornent à verser à Faust l'oubli réparateur. Et lorsque, finalement, ils l'exhortent à l'action : « Säume
nicht dich zu erdreisten wenn die Menge zaudernd schweift ;
Alles kann der Edle.leisten, Der versteht und rasch ergreift », il
ne semble pas qu'il y ait dans ce conseil aucune *ironie*. Ils ne
poussent pas le héros vers l'ambition de briller et de paraître,
vers un stérile désir de gloire : ils cherchent simplement à ranimer en lui le désir d'agir, de rentrer dans la vie.

Et Faust régénéré voit se lever devant lui l'aube d'un jour

nouveau et radieux. Devant la magnificence du soleil qui ranime la terre, il sent la volonté « zum höchsten Dasein immerfort zu streben ». Et, sans doute, ce souhait à peine formulé lui paraît irréalisable. Dès que le soleil a surgi victorieux de dernière les montagnes, le titan aveuglé est obligé de détourner les yeux, comme il a dû se détourner jadis devant l'apparition redoutable de l'Erdgeist. Du moins lui sera-t-il donné de contempler, au-dessus de la cascade qui jette en bruissant ses tourbillons d'écume, la splendeur diaprée de l'arc-en-ciel. Il n'est pas donné à l'homme de contempler le Divin, mais il peut du moins voir le reflet du divin sur terre, l'activité humaine : « Am farbigen Abglanz haben wir das Leben. »

Faust a la cour de l'Empereur.

I. *Motifs traditionnels.* — La légende ancienne déjà nous montre Faust et Méphistophélès se présentant comme des magiciens à la cour de l'Empereur. — Dans le Puppenspiel, il apparaît ainsi à la cour de Parme. — Dans le Volksbuch, il se rend à la cour de Constantinople, où il fait couler des rivières de feu devant l'empereur turc. Ce trait a pu suggérer à Gœthe le motif de la rivière d'or en fusion, que Faust montre à l'Empereur pendant le carnaval Faust se montre également à la cour d'Innsbruck, où il évoque devant Charles-Quint l'ombre d'Alexandre le Grand.

II. *Les esquisses.* — Il semble, à en juger d'après quelques Paralipomena anciens et fort obscurs (nos 70, 67, 68), que Gœthe ait songé primitivement à nous montrer Faust et Méphisto se présentant à la cour de l'Empereur pour y tenter fortune ; Méphisto serait devenu physicien de la cour et grand maître des plaisirs, tandis que Faust se serait fait donner le gouvernement d'une province. Peut-être reste-t-il des fragments d'une scène où Méphisto raillait Faust au sujet des déceptions que lui avait values cette expérience. (Voir M. Monis, *Fauststudien*, II, 122 ss.)

L'esquisse de 1816 (Paral. n° 63) nous permet de voir avec plus de netteté comment Gœthe avait d'abord conçu le motif de Faust à la cour de l'Empereur : « Méphistophélès entre chez lui et fait une description gaie et suggestive de la diète impériale à Augsburg, que l'Empereur Maximilien y a convoquée, en supposant que tout se passe sur la place sous les fenêtres, où Faust cependant ne peut rien voir. Enfin, Méphistophélès prétend voir à une fenêtre

de l'hôtel de ville l'Empereur parlant avec un prince, et assure à
Faust qu'on a demandé où il se trouvait et si l'on ne pourrait pas
le faire venir à la cour. Faust se laisse persuader, et son manteau
rend le voyage plus rapide. A Augsburg, ils abordent près d'une
grande salle déserte. Méphistophélès part à la découverte. Cependant Faust retombe dans ses spéculations abstruses de jadis et
dans ses habituelles pensées de sévérité envers lui-même; et,
lorsque son compagnon revient, Faust lui pose cette condition
bizarre : Méphistophélès ne doit pas entrer dans la salle, mais
rester sur le seuil ; ensuite, en présence de l'Empereur, il ne doit
rien se produire en fait de fantasmagorie et de fascination :
Méphistophélès cède. Nous sommes transportés dans une grande
salle, où l'Empereur, se levant de table, s'approche avec un prince
d'une fenêtre et lui confie qu'il convoite le manteau de Faust pour
chasser dans le Tyrol et être revenu le lendemain pour la session.
Faust est annoncé et accueilli avec bienveillance. Les questions
de l'Empereur portent toutes sur les difficultés d'ici-bas et sur le
moyen de les aplanir par la magie. Les réponses de Faust laissent
entendre des exigences et des moyens plus élevés. L'Empereur
ne le comprend pas; le courtisan, encore moins. L'entretien
devient embarrassé, pénible, et Faust, confus, cherche des
yeux Méphistophélès, qui se met aussitôt derrière lui et répond
en son nom (cf. 6400). Dès lors, la conversation s'anime ;
plusieurs personnes s'approchent et tous sont ravis de l'hôte
merveilleux. »

On distingue assez clairement encore, dans cette esquisse, les
intentions primitives du poète. Après que les Esprits ont allumé
dans l'âme de Faust l'ambition et le désir de gloire, Méphisto à
son tour cherche à le tenter : il le prend par la vanité, en lui
affirmant « qu'on s'est enquis de lui et qu'on a demandé où il se
trouvait et s'il n'y aurait pas moyen de l'amener à la cour » ; il lui
persuade qu'il pourra peut-être jouer un grand rôle auprès de
l'Empereur. — Et Faust, conscient de son génie, de la « magie
supérieure » dont il est investi, veut bien tenter l'aventure, espérant persuader à l'Empereur de faire appel à cette magie supérieure dont il détient le secret. Or son espoir est déçu : l'Empereur n'attend de lui que des tours de magie vulgaire. Et, dans sa
perplexité, il se voit obligé de recourir à l'assistance du charlatan
Méphisto, qui se substitue à lui et l'aide à satisfaire la curiosité
puérile du monarque. — Dans l'exécution définitive, le poète a
renoncé au motif de la tentation de Faust par les Esprits; et
il ne nous indique plus, expressément, le plan que Méphisto
poursuit en introduisant Faust chez l'Empereur. Par contre, il

LE « FAUST » DE GŒTHE 257

continue à opposer le *charlatan* Méphisto, qui propose de remédier à la pénurie du trésor à l'aide de richesses enfouies dans la terre, et crée une prospérité illusoire et artificielle en mettant en circulation du papier-monnaie, — et le *magicien* Faust qui, sous le déguisement de Plutus, offre en vain au peuple et à l'Empereur la magie supérieure de la poésie et de l'art, de la culture supérieure et du génie, mais ne parvient pas à se faire comprendre et ne produit de l'impression sur eux que lorsqu'il évoque la vision décevante de trésors illusoires.

III. *La rédaction définitive.* — Nous y distinguerons trois motifs : 1° Méphistophélès au conseil de l'Empereur ; 2° la mascarade ; 3° la fabrication des assignats.

1° *Méphistophélès au conseil de l'Empereur.* — Au moment où s'ouvre l'action du second *Faust*, l'empire présente les symptômes de dissolution les plus alarmants. Devant le conseil, que préside l'Empereur, le chancelier, représentant de la tradition féodale, se plaint que le royaume soit tout près de sombrer dans l'anarchie (« Wo Missgestalt in Missgestalten scheltet, das Ungesetz gesetzlich uberwaltet und eine Welt des Irrtums sich entfaltet »). Et, à sa suite, tous les fonctionnaires confirment l'état lamentable de l'empire : le connétable se plaint que personne ne respecte plus la puissance impériale ; ni les bourgeois abrités derrière leurs remparts, ni les chevaliers embusqués dans leurs donjons, ni les mercenaires mal payés, ni les rois tributaires qui oublient leurs obligations. Le trésorier montre dans le manque d'argent la source de tous les maux, et l'on se demande où l'on pourra bien trouver des ressources nouvelles pour alimenter le trésor : « Wir haben so viel Rechte hingegeben, Dass uns auf nichts ein Recht mehr übrig bleibt. » Le maréchal de la cour se plaint que l'ivrognerie des hauts seigneurs ait mis à sec les caves impériales, que l'argent manque pour les besoins de la cour, qu'on soit obligé d'emprunter chez les juifs à des taux exorbitants, et qu'ainsi les dettes s'accumulent, engageant l'avenir.

L'Empereur est foncièrement incapable de remédier à cette situation. Il n'est pas méchant, mais incurablement frivole. « Dans l'empereur, disait Gœthe à Eckermann (1er oct. 1827), j'ai cherché à peindre un prince qui a toutes les qualités pour perdre son pays, et qui finalement y parvient réellement. Le bien de ses sujets et de l'empire ne l'inquiète nullement ; il ne s'occupe que de lui-même, et ne pense qu'à trouver, pour chaque jour nouveau, une nouvelle manière de s'amuser. » — C'est un enfant gâté, un despote inconsistant, incapable d'avoir une idée personnelle, très persuadé toutefois de sa toute-puissance et con-

17

vaincu que tous les autres ne sont là que pour satisfaire ses caprices. Il n'a qu'une idée en tête : se divertir, bien profiter du carnaval. Les lamentations de ses conseillers l'ennuient profondément. Peu lui importe la détresse de l'État : tout ce qu'il demande, c'est qu'on trouve un expédient, bon ou mauvais, qui lui permette de continuer son insouciante vie de plaisirs.

Auprès d'un pareil Empereur, le bouffon est, bien entendu, un personnage important. Or l'ancien bouffon, ivrogne fieffé, manque aux côtés du monarque : il vient de s'écrouler dans l'escalier, ivre ou mort, on n'en sait trop rien. Et voici que Méphistophélès surgit, revêtu de la livrée du bouffon. Il est agréé par l'Empereur comme remplaçant de l'ancien, et il est consulté à son tour sur les maux de l'empire. Bien entendu, il ne songe pas, un instant, à y porter remède; mais, conformément à son caractère, il va suggérer un expédient, un palliatif, qui, en apparence, fera disparaître comme par enchantement toutes les causes de mécontentement et d'inquiétude, mais qui, en réalité, ne fera qu'aggraver la crise. Il a vite fait de démêler ce qu'il faut à l'empire et à son souverain : « Hier aber fehlt das Geld ! » Tout sera sauvé si l'on trouve de l'argent. Et Méphisto se fait fort d'en procurer. Où le prendra-t-il ? Dans la terre, où il est enfoui. Toutes les richesses naturelles qui dorment dans leurs retraites profondes, tous les trésors enfouis de temps immémorial dans le sol, appartiennent à l'Empereur. Il n'a qu'à vouloir et il sera riche. Malgré l'opposition du chancelier qui flaire là une dangereuse sorcellerie, malgré les murmures du peuple qui pressent une tromperie, malgré le scepticisme de l'Empereur qui sent bien qu'il a devant lui un effronté charlatan, Méphisto arrive à ses fins. Grâce au concours de l'astrologue, auquel il souffle adroitement ses réponses, — le charlatan qui exploite la crédulité et l'astrologue qui exploite la superstition sont naturellement compères, — il finit par l'emporter. De guerre lasse, l'Empereur renonce à toute réforme sérieuse ; il somme Méphisto de tenir ses promesses, de lui fournir l'argent au plus vite. Et, en attendant, il va se livrer aux joies du carnaval.

Une fois de plus, Méphisto triomphe de voir ainsi s'étaler la sottise humaine : « Wie sich Verdienst und Glück verketten. Das fällt den Toren niemals ein ; Wenn sie den Stein der Weisen hätten, Der Weise mangelte dem Stein. »

2° *Mascarade*. — Le carnaval, cependant, déroule son brillant cortège de figures allégoriques, que Gœthe décrit avec complaisance. Nous ne nous occuperons ici que du seul épisode qui soit intéressant pour la marche de l'action : l'entrée en scène de Faust et sa rencontre avec l'Empereur.

Faust prend part au cortège sous les traits du dieu Plutus. Il est monté sur un char tiré par quatre dragons ailés et précédé par un adolescent d'une merveilleuse beauté (Knabe Lenker); sur le char se trouve une caisse remplie de tous les trésors de la terre ; par derrière est accroupie une vieille hideuse, l'Avarice, représentée par Méphisto. Plutus, c'est le dieu de la Richesse *vraie*, par conséquent aussi le symbole du génie créateur humain qui enfante toute richesse ; et le Knabe Lenker qui conduit son char et qui est son fils bien-aimé (« Mein lieber Sohn, an dir hab'ich Gefallen »), c'est, comme il le déclare lui-même (« Bin die Verschwendung, bin die Poesie »), et comme Gœthe le confirme expressément à Eckermann (20 déc. 1829), la poésie, la fantaisie artistique qui crée la vision splendide de la beauté. Comme on l'indiquait plus haut, Méphisto s'est introduit à la cour en *charlatan*. Faust, au contraire, s'y présente en *magicien* authentique, capable de faire des miracles. — Mais la foule ne peut le comprendre ni lui ni son compagnon. Elle se dispute les joyaux étincelants que sème à profusion le Knabe Lenker ; mais, à peine les a-t-elle saisis, qu'elle les voit se métamorphoser en insectes ou en papillons : la poésie ne crée, en effet, que de belles fictions et non des réalités substantielles. — Et elle ne verra, dès lors, en Plutus aussi que le dieu du carnaval qui apporte des richesses imaginaires, les étale sous les yeux de la foule avide, excite et affole ainsi ses convoitises et les tient néanmoins en bride en protégeant d'un cercle magique infranchissable le fleuve d'or incan-. descent qui sort en bouillonnant de la caisse.

Sur ces entrefaites, cependant, l'Empereur survient en personne, sous le déguisement du grand Pan. Il accourt vers l'or de Plutus, contemple avec avidité le fleuve d'or rutilant, se penche pour mieux voir ses tourbillons. Sa barbe s'enflamme et tombe. En vain il cherche à dissimuler son visage. Tout le monde reconnaît l'Empereur sous le masque de Pan, et s'épouvante en voyant le monarque menacé de périr au milieu des flammes ; mais tout cela n'est qu'apparence et magie. Au moment où déjà la panique se déchaîne, les metteurs en scène de toute cette fantasmagorie, Faust et Méphisto, mettent fin au mirage, éteignent les flammes et apparaissent ainsi comme les sauveurs de l'Empereur.

3° *Fabrication des assignats.* — L'Empereur est enchanté de la fête et même de l'aventure qui lui est arrivée. Il n'a pas eu peur au milieu des flammes magiques qui s'arrondissaient en dôme au-dessus de sa tête (« Ich schien ein Fürst von tausend Salamandern »). Séduit par les flagorneries de Méphisto, il s'est laissé arracher, dans le tumulte joyeux de la fête, une mesure capitale.

Méphisto n'a pas oublié sa promesse de trouver de l'argent. Or,
bien entendu, il n'a rien produit au jour de ses fameux trésors cachés. L'Empereur n'a vu en fait d'or que les richesses imaginaires
exhibées par Faust. Mais, au cours de la mascarade, Méphisto
amène l'Empereur à donner, presque à son insu, la signature qui
crée le papier-monnaie gagé sur les trésors hypothétiques que
recèle la terre ; il a signé l'assignat-type, l'*Urschein*, où est gravée
cette fallacieuse promesse : « Zu wissen sei jedem der's begehrt :
Der Zettel hier ist tausend Kronen wert. Ihm liegt gesichert, als
gervisses Pfand, Unzahl vergrabnen Guts im Kaiserland. Nun ist
gesorgt, damit der reiche Schatz, Sogleich gehoben, diene zum
Ersatz. » Au lendemain de la fête, « des explications sont données
à l'Empereur qui ne sait pas encore ce qu'il a fait. Le grand trésorier lui présente les billets de banque et lui explique l'affaire.
L'Empereur s'irrite d'abord ; puis, pensant au gain qui résulte
pour lui de cet événement, il est rempli de joie et fait à son
entourage de riches présents avec ce papier-monnaie. » (Convers.
avec Eckermann, 27 déc. 1829.) L'argent, en effet, afflue partout.
Tout le monde accepte avec joie les assignats. Une prospérité
imaginaire fleurit dans tout le royaume. Et, au milieu du délire
universel, l'ancien fou seul, le vieux sac à vin qui était tantôt
ivre-mort dans l'escalier, conserve une lueur de bon sens : il
a ramassé un assignat de quelques milliers de couronnes que
l'Empereur a laissé tomber ; et, bien vite, il se hâte d'échanger ce
chiffon de papier contre de bonnes terres (« Heute Abend wieg'ich
mich im Grundbesitz »), justifiant ainsi le mot de Méphisto :
« Wer zweifelt noch an unsres Narren Witz. »

Racine et le théâtre français.

Cours de M. AUGUSTIN GAZIER,

Professeur à l'Université de Paris.

Racine en 1666 et 1667 ; sa querelle avec Port-Royal.

Nos deux dernières leçons nous ont montré Racine travaillant pour le théâtre avec un succès considérable pour un débutant. Vous vous souvenez que, le 20 juin 1664, *la Thébaïde* fut jouée par la troupe de Molière au Palais-Royal, et qu'en décembre 1665, *Alexandre le Grand* fut représenté simultanément chez Molière, puis à l'Hôtel d'Armagnac et à l'Hôtel de Bourgogne.

Racine, encouragé par ses amis, comme La Fontaine, et stimulé par la jalousie de Corneille et de Molière, va chercher à se distinguer, à frapper les esprits par un coup d'éclat. Il travaille avec facilité ; la chance semble le favoriser tout spécialement, et le public parisien peut, sans trop d'exigence, attendre de ce poète une tragédie par an. Or la troisième tragédie de Racine, *Andromaque*, ne voit le jour qu'en novembre 1667, c'est-à-dire deux ans après *Alexandre.*

A quoi donc Racine a-t-il employé ces deux ans ? Est-ce la recherche et la préparation du sujet de sa nouvelle tragédie qui l'ont absorbé tout entier ? Racine a-t-il tâtonné pour trouver un thème pouvant être développé en cinq actes ? C'est impossible. Racine n'a eu que l'embarras du choix : il connaissait trop bien l'antiquité, et notamment l'antiquité grecque, pour qu'il pût se perdre en des investigations sans fin. D'ailleurs, Racine n'était pas paresseux comme La Fontaine, et Boileau ne lui eût pas permis de flâner.

Dans la première Préface d'*Alexandre,* imprimée en 1666, Racine nous dit lui-même qu'il se proposait de « faire encore mieux dans la suite ». Il songeait donc à écrire une nouvelle pièce et à mériter plus justement les éloges qui n'avaient point manqué à l'auteur d'*Alexandre.* Pourtant l'année 1666 s'écoule et Racine n'écrit rien pour le théâtre. De même en 1667, et ce n'est qu'en novembre de cette année que l'on voit paraître *Andromaque.* Nous ne savons rien de la genèse, de l'histoire de cette pièce avant sa première représentation. Nous ignorons même la date exacte de cette représentation. *Andromaque* a-t-elle été jouée d'abord à la cour, dans l'appartement de la reine, puis à l'Hôtel de Bourgogne, ou bien d'abord à l'Hôtel de Bourgogne et ensuite chez la reine? Nous n'en savons rien. Il semble donc que nous devions arriver immédiatement, dans notre étude, à l'examen de la tragédie d'*Andromaque*, puisque Racine n'a rien écrit pour le théâtre en 1666 et pendant la plus grande partie de l'année 1667. Nous n'en ferons rien, car, vous allez voir que le Racine de 1666 et de 1667 nous appartient entièrement, et qu'on ne saurait, sans grave lacune pour l'histoire du théâtre français, négliger l'activité littéraire de Racine durant ces deux années. Les luttes qu'il soutient contre ses envieux, contre ses critiques, contre ceux que l'on peut déjà appeler ses ennemis, et aussi sa querelle avec Nicole et ses maîtres de Port-Royal, se rattachent d'une manière très étroite au titre général de nos leçons.

Lorsque le succès d'*Alexandre* commença à se ralentir, Racine, selon l'usage, fit imprimer sa pièce, qui tombait ainsi dans le domaine public et qui pouvait désormais être jouée par n'importe quelle troupe sur n'importe quel théâtre. Déjà, en 1663, il avait de même fait imprimer *La Thébaïde*, sans la faire précéder d'une préface. En 1666, dans son impression d'*Alexandre*, il crut devoir placer en tête du petit volume, après l'épître dédicatoire au roi, une préface apologétique. (La préface que l'on voit aujourd'hui en tête de *La Thébaïde* n'a été composée par Racine qu'en 1676.)

La préface d'*Alexandre* est une œuvre d'actualité au plus haut point : Racine y répond très vivement à ceux qui se sont permis de le critiquer, — si vivement même qu'en 1672, le même Racine, réimprimant sa pièce, supprima dans sa préface quelques passages jugés par lui trop violents, et qu'en 1676 il se décida à supprimer toute la première préface pour y en substituer une autre. Racine inaugure ainsi cette brillante série de préfaces, si curieuses, si suggestives, pour qui veut pénétrer les secrets du métier dramatique.

Dans la première préface d'*Alexandre*, Racine s'exprime ainsi : « Je n'ai pas prétendu donner au public un ouvrage parfait ; je me fais trop justice pour avoir osé me flatter de cette espérance. Avec quelque succès qu'on ait représenté mon *Alexandre*, et quoique les premières personnes de la terre et les Alexandres de notre siècle se soient hautement déclarés pour lui, je ne me laisse point éblouir par ces illustres approbations. Je veux croire qu'ils ont voulu encourager un jeune homme, et m'exciter à faire encore mieux dans la suite; mais j'avoue que, quelque défiance que j'eusse de moi-même, je n'ai pu m'empêcher de concevoir quelque opinion de ma tragédie, quand j'ai vu la peine que se sont donnée certaines gens pour la décrier : on ne fait point tant de brigues contre un ouvrage qu'on n'estime pas ; on se contente de ne plus le voir quand on l'a vu une fois, et on le laisse tomber de lui-même, sans daigner seulement contribuer à sa chute. Cependant j'ai eu le plaisir de voir, plus de six fois de suite, à ma pièce, le visage de ces censeurs ; ils n'ont pas craint de s'exposer si souvent à entendre une chose qui leur déplaisait ; ils ont prodigué libéralement leur temps et leurs peines pour la venir critiquer, sans compter les chagrins que leur ont peut-être coûtés les applaudissements que leur présence n'a pas empêché le public de me donner... » Et plus loin : « Mais ce qui me console, c'est de voir mes censeurs s'accorder si mal ensemble : les uns disent que Taxile n'est point assez honnête homme ; les autres, qu'il ne mérite point sa perte ; les uns soutiennent qu'Alexandre n'est point assez amoureux ; les autres, qu'il ne vient sur le théâtre que pour parler d'amour. Ainsi je n'ai pas besoin que mes amis se mettent en peine de me justifier ; je n'ai qu'à renvoyer mes ennemis à mes ennemis : je me repose sur eux de la défense d'une pièce qu'ils attaquent en si mauvaise intelligence, et avec des sentiments si opposés. »

Racine est là tout entier, susceptible et irritable, comme ces gens dont parle Nicole, qui sont « douloureux de partout ». Il n'admet pas la raillerie, même la plus légère, celle qui chatouille à peine l'épiderme ; il ne supporte aucune contradiction ; la moindre critique le met hors de lui et l'excite à la vengeance.

Racine donne, en 1666, une nouvelle preuve de son irritabilité dans sa lutte contre Nicole et Port-Royal.

Les Messieurs de Port-Royal n'étaient pas fiers de leur élève. Ils n'étaient pas tentés de s'attribuer le mérite de la réputation naissante de l'auteur de *La Thébaïde* et d'*Alexandre :* si la chose eût été possible, ils l'eussent plutôt désavoué, bien différents en cela des anciens maîtres de Corneille, les Jésuites de Rouen, qui avaient l'art de lever les scrupules du poète ; bien différents aussi de certain panégyriste moderne, qui, parlant en chaire, à la Ferté-Milon, a regretté publiquement la conversion de Racine et les cinq ou six tragédies que sa retraite a, sans doute, coûtées à la littérature.

Racine, en 1666, est, pour Port-Royal, un renégat, un enfant de perdition, un « ancien juste », auquel la grâce a manqué au moment où elle lui eût été le plus utile. Sa tante même a cru devoir le bannir de sa présence, sinon de sa pensée et de son cœur.

Et Racine donne à ses anciens maîtres tant de sujets de tristesse, juste au moment où Port-Royal est persécuté ! En 1666, M. de Saci est à la Bastille ; la plupart des solitaires sont exilés. Et les hasards de la lutte mettent l'un d'eux, Nicole, en présence d'un poète de théâtre, Desmarets de Saint-Sorlin, qui n'avait point ménagé les jansénistes.

Jean Desmarets, sieur de Saint-Sorlin, était né à Paris en 1595, et devait mourir dans cette même ville en 1676. Il avait d'abord mené une vie fort galante et fréquenté l'hôtel de Rambouillet. Son roman d'*Ariane* (1632) l'avait rendu célèbre ; bien vu de Richelieu, il fit partie de l'Académie française dès sa fondation ; donna en 1637 son agréable comédie des *Visionnaires*, son chef-d'œuvre, dont Molière s'est souvenu dans le rôle de Bélise des *Femmes savantes* et dans les *Fâcheux* ; il fut nommé par Richelieu conseiller du roi, contrôleur général de l'extraordinaire des guerres, secrétaire général de la marine du Levant.

Dans les trente dernières années de sa vie, Desmarets fut surtout un écrivain religieux, mystique, et quelque peu « visionnaire ». Déjà, avant la mort de Richelieu, il avait composé les *Psaumes de David paraphrasés et accommodés au règne de Louis le Juste*. A partir de 1645, il multiplie les publications pieuses : ce furent d'abord les *Prières et Instructions chrétiennes*, en prose. Desmarets est alors âgé de cinquante ans ; puis, en cette même année 1645, il traduit en vers l'*Office de la Vierge ;* il compose, en 1653, un poème en huit chants intitulé *Les Promenades de Richelieu ou les Vertus chrétiennes*. Il publie l'*Imitation* (1653), le *Cantique des Cantiques* (1656), le *Cantique des Degrés* (1657).

Vous connaissez tous de nom son poème épique de *Clovis*, en vingt-six livres (1654-1657), antérieur de deux ans à la *Pucelle* de Chapelain, et qui n'est pas plus mauvais que la *Pucelle*, l'*Alaric* ou le *Moïse sauvé*.

En 1658, cet écrivain extravagant, poussé plus que jamais par sa folie mystico-religieuse, composa un livre bizarre, — fort curieux et fort original, — intitulé *Les Délices de l'Esprit, entretiens d'un chrétien et d'un athée*, livre qu'un railleur appelait par dérision *Les « Délires »* de l'esprit. Puis, se croyant envoyé par le Très-Haut pour prophétiser, ce fou de Desmarets publia un *Avis du Saint-Esprit au Roi*, en 1665 : le Saint-Esprit, c'était lui, évidemment.

A la même époque, Desmarets exerce avec une véritable passion son zèle religieux contre les jansénistes. Vous savez qu'en 1665 les religieuses de Port-Royal avaient refusé de signer le fameux *Formulaire*, et qu'à cette occasion, le grand Arnauld et Nicole avaient écrit pour elles de remarquables *Apologies*. Des-

marets attaqua violemment Port-Royal dans un écrit intitulé :
*Réponse à l'insolente Apologie de Port-Royal, avec la découverte
de la fausse Eglise des jansénistes et de leur fausse éloquence*
(1666) (1).

Le doux Nicole riposta non moins vivement : il composa coup
sur coup huit lettres, qu'il appela *les Visionnaires*, et qui faisaient
suite à dix autres lettres précédemment écrites par lui sous le
titre de *Lettres sur l'Hérésie imaginaire*. Cette réponse était fort
judicieuse. Dès la première de ses *Visionnaires*, Nicole crut pouvoir relever chez Desmarets ce qu'il appelle « des contradictions
choquantes ». S'attaquant à Desmarets, et à Desmarets seul, il lui
rappelle son ancien métier de romancier profane et de poète de
théâtre.

Dans cette lettre, datée du mois de décembre 1665, c'est-à-
dire d'une époque où l'*Alexandre* de Racine se joue avec succès
dans toute sa nouveauté, Nicole s'exprime ainsi à propos de
Desmarets : « Son illusion est grossière, et il suffit presque de
considérer en gros ce que tout le monde sait de sa vie, et ce que
l'on peut connaître de son esprit, en jetant les yeux en passant
sur les livres qu'il a donnés au public.

« Chacun sait que sa première profession a été de faire des romans et des pièces de théâtre, et que c'est par où il a commencé
à se faire connaître dans le monde. Ces qualités, qui ne sont pas
fort honorables au jugement des honnêtes gens, sont horribles
étant considérées selon les principes de la religion chrétienne
et les règles de l'Evangile. *Un faiseur de romans et un poète de
théâtre est un empoisonneur public, non des corps, mais des âmes des
fidèles*, qui se doit regarder comme coupable d'une infinité d'homicides spirituels, ou qu'il a causés, en effet, ou qu'il a pu causer
par ses écrits pernicieux. Plus il a eu soin de couvrir d'un voile
d'honnêteté les passions criminelles qu'il y décrit, plus il les a
rendues dangereuses et capables de surprendre et de corrompre
les âmes simples et innocentes. *Ces sortes de péchés sont d'autant*

(1) Desmarets a pris aussi une part très active à la querelle des Anciens
et des Modernes. En 1669, il avait donné à la fois la théorie et la pratique
de sa nouvelle poétique chrétienne dans son poème de *Marie-Magdeleine*,
dont la préface est célèbre. Il publia, en 1670, sa *Comparaison de la langue
et de la poésie française avec la grecque et la latine* ; en 1673, un *Discours
pour prouver que les sujets chrétiens sont seuls propres à la poésie héroïque*
(en tête d'une nouvelle édition de *Clovis*) ; en 1674, il répond à Boileau par
sa *Défense du poème épique*, et compose un autre poème, le *Triomphe de
Louis le Juste et de son siècle*.
Il écrit enfin, en vers, sa *Défense de la poésie et de la langue française*
et il meurt peu après, en 1676, chez le duc de Richelieu.

plus effroyables qu'ils sont toujours subsistants, parce que ces livres ne périssent pas, et qu'ils répandent toujours le même venin dans ceux qui les lisent.

« Je ne parle point, du reste, de sa vie : elle ne m'est pas connue, et je n'ai nul dessein de m'en informer. Mais il avoue lui-même, en quelques endroits où il se décrit, qu'elle a été semblable à ses livres, et qu'il a été engagé dans le libertinage et dans le désordre. Cependant cet homme prétend s'être converti, et ce serait un sujet de joie pour l'Eglise, aussi bien que pour les Anges du ciel, si sa conversion avait été véritable et solide, et que l'on y eût vu les marques d'une pénitence sérieuse. Mais on peut dire sans témérité qu'en considérant les règles et l'esprit de l'Eglise, la conversion du sieur Desmarets n'est pas moins scandaleuse que sa vie. »

Nicole, vous le voyez, n'est pas tendre pour Desmarets. Mais aussi Desmarets avait traité Port-Royal d'étrange façon, et il s'agissait, dans la pensée de Nicole, de ruiner cet énergumène dangereux, d'autant plus dangereux qu'il était bien en cour et qu'il était appuyé dans sa lutte par Hardouin de Péréfixe, archevêque de Paris.

Mais, en attaquant violemment Desmarets et ses productions théâtrales, Nicole ne frappait-il point du même coup tous les poètes de théâtre ? — Sans doute ; d'ailleurs, poètes et comédiens étaient habitués à ces accusations. Il y avait longtemps que les effets corrupteurs des pièces de théâtre avaient été dénoncés, et que les comédiens étaient privés des sacrements. Les auteurs avaient parfaitement conscience qu'en travaillant pour le théâtre ils ne travaillaient pas à leur salut, et les comédiens n'avaient point cherché dans l'exercice de leur profession le plus sûr moyen d'arriver à la béatitude éternelle. Les uns et les autres supportaient les attaques dirigées contre eux, et tout se passait en somme assez pacifiquement.

Il n'y avait donc peut-être pas lieu de répondre aux accusations de Nicole. En tout cas, si quelqu'un pouvait croire qu'une réponse était nécessaire, ce n'était assurément pas Racine, alors âgé de 27 ans et encore peu célèbre, en somme, comme poète dramatique, puisqu'il n'avait fait jouer que *La Thébaïde* et *Alexandre.* Corneille, Molière, Quinault, Montfleury, Boursault, qui, semble-t-il, avaient plus que lui qualité pour répondre, gardaient un silence non pas dédaigneux, mais simplement prudent.

Racine prétendit être le vengeur « qui s'armait pour la querelle commune » ; mais ce geste ne prouvait point sa « sagesse ». Il s'empressa de répondre à la première *Visionnaire* de Nicole.

Il composa, à la fin de janvier 1666, une *Lettre à l'auteur des Hérésies imaginaires et des Visionnaires,* qu'il ne savait pas être Nicole. Cette lettre est un chef-d'œuvre en son genre : elle est vive et alerte de forme, digne en tout point d'être comparée aux *Provinciales* ; mais la défense du théâtre par Racine n'y est pas très solide. Ce n'est point cette lettre que l'on songera jamais à opposer aux attaques dirigées par Nicole, le prince de Conti, Bossuet ou Rousseau contre les spectacles. D'ailleurs, Racine ne pouvait pas et ne voulait pas entreprendre une apologie en règle de l'art dramatique. Il désirait simplement se venger et se faire un nom en même temps. Son attaque est impétueuse ; mais elle ne contient pas un seul argument sérieux en faveur du théâtre ou des romans. Pour un peu, il dirait comme Molière dans la Préface de *Tartuffe* : « J'avoue qu'il y a des lieux qu'il vaut mieux fréquenter que le théâtre ; et, si l'on veut blâmer toutes les choses qui ne regardent pas directement Dieu et notre salut, il est certain que la comédie en doit être, et je ne trouve point mauvais qu'elle soit condamnée avec le reste. » Au total, il n'y a pas, dans la lettre de Racine, plus de cinq lignes consacrées à l'apologie du théâtre.

Nicole ne répondit pas à cette lettre. Mais deux amis de Port-Royal, Dubois et Barbier d'Aucourt (ces attributions ne sont pas certaines), répondirent à sa place, l'un le 22 mars 1666, l'autre le 1ᵉʳ avril 1666.

Les deux lettres de Dubois et de Barbier d'Aucourt sont loin d'être des chefs-d'œuvre, surtout la deuxième ; mais elles ne sont pas non plus aussi méprisables que Racine veut bien le dire. Les deux amis des jansénistes ont lu attentivement la réponse de Racine à Nicole ; ils ignoraient que l'auteur de la lettre à Nicole fût un ancien élève de Port-Royal ; mais ils ont su trouver le défaut de la cuirasse ; ils ont su, dans leurs réponses très topiques, mettre le doigt sur la plaie. Voici la fin de la lettre de Dubois :

« Il paraît assez par la profession que vous faites, et par la manière dont vous écrivez, que vous craignez moins d'offenser Dieu que de ne plaire pas aux hommes, puisque, pour flatter la passion de quelques-uns, vous vous moquez de l'Écriture, des conciles, des saints Pères et des personnes qui tâchent d'imiter leurs vertus. Pour justifier la Comédie, qui est une source de corruption, vous raillez la pénitence, qui est le principe de la vie spirituelle ; vous riez de l'humilité que saint Bernard appelle la vertu de Jésus-Christ ; et vous parlez avec une vanité de païen des actions les plus saintes et des ouvrages les plus chrétiens.

Vous pensez qu'en nommant seulement les livres de Port-Royal vous les avez entièrement détruits, et vous croyez avoir suffisamment répondu à tous les anciens conciles en disant seulement qu'ils ne sont pas nouveaux.

« Désabusez-vous, Monsieur, et ne vous imaginez point que le monde soit assez injuste pour juger selon votre passion : il n'y a personne, au contraire, qui n'ait horreur de voir que votre haine va déterrer les morts, et outrager lâchement la mémoire de Monsieur Le Maistre (1) et de la Mère Angélique par des railleries méprisantes et des calomnies ridicules.

« Mais, quoi que vous disiez contre des personnes d'un mérite si connu dans le monde et dans l'Église, ce sera par leur vertu qu'on jugera de vos discours ; on joindra le mépris que vous avez pour elles avec les abus que vous faites de l'Écriture et des saints Pères ; et l'on verra qu'il faut que vous soyez étrangement passionné, et que ceux contre qui vous écrivez soient bien innocents, puisque vous n'avez pu les accuser sans vous railler de ce qu'il y a de plus saint dans la religion et de plus inviolable parmi les hommes, et sans blesser en même temps la raison, la justice, l'innocence et la piété. »

C'était frapper juste. Racine se trouve donc seul contre trois adversaires, Nicole, Dubois et Barbier d'Aucourt. Piqué au jeu, Racine voulut riposter à la riposte. Il écrivit une seconde lettre, datée du 10 mai 1666, et qui n'a été publiée qu'en 1722 ; elle est aussi vide d'arguments que la première, et encore plus vive et plus mordante de forme.

Est-ce alors que Boileau intervint ? On ne sait. Toujours est-il que Racine comprit que « cet ouvrage ferait honneur à son esprit, mais n'en ferait pas à son cœur », et, remettant la lettre en portefeuille, il revint à ses travaux ordinaires.

Mais l'on apprit bientôt à Port-Royal que Racine était l'auteur de la lettre à Nicole : on exigea de lui un désaveu, et Racine le donna par écrit. Mais Racine eut dans la suite la légèreté de se vanter d'être bien l'auteur de cette lettre, et ses maîtres de Port-Royal ne voulurent pas « s'aveugler » plus longtemps.

C'est pourquoi Nicole réimprima à Liége, en 1667, les dix *Lettres sur l'Hérésie imaginaire*, y joignit en appendice les deux lettres de Dubois et de Barbier d'Aucourt, ainsi que son petit traité *De la Comédie*, le tout formant un ravissant petit elzévir, d'un format très commode, et invitant en quelque sorte à la lecture. En tête

---

(1) Celui-là même qui, quelques années auparavant, écrivait au « petit Racine » : « N'oubliez pas votre cher *papa*. »

du volume, il plaça un avertissement de trente pages, très vigoureux, où il dit très énergiquement son fait au « jeune poète »
défenseur du théâtre, et dont voici le passage essentiel :

« Pendant qu'on démêlait cette querelle avec le sieur Desmarets, on en fit une à l'auteur des *Visionnaires* sur quelques
mots qu'il avait dits en passant, dans la première de ces lettres,
contre les romans et les comédies. Un jeune poète, s'étant chargé
de l'intérêt commun de tout le théâtre, l'attaqua par une lettre
qui courut fort dans le monde, où il contait des histoires faites à
plaisir, et il enveloppait tout le Port-Royal dans ce différend particulier qu'il avait avec l'auteur des *Visionnaires*. Car il y déchi-
rait feu M. Le Maistre, la feüe Mère Angélique, l'auteur des *Enluminures* et de la traduction de Térence (1). Tout était faux dans
cette lettre et contre le bon sens, depuis le commencement jusques à la fin. Elle avait néanmoins un certain éclat qui la rendait`
assez proportionnée aux petits esprits dont le monde est plein,
de sorte qu'il y eut deux personnes qui crurent à propos d'y répondre, et ils le firent en effet d'une telle manière, que ceux qui
avaient témoigné quelque estime pour cette lettre eurent honte
d'en avoir ainsi jugé. On a cru que l'on serait bien aise que l'on
conservât ces deux réponses en les insérant dans ce recueil...

« Si ces deux personnes n'avaient pris soin de répondre pour
l'auteur des *Visionnaires*, il était bien résolu de laisser ce jeune
poète jouir à son aise de la satisfaction qu'il avait de son ouvrage.
Mais, pour montrer néanmoins qu'il n'a rien dit contre les romans
et les comédies par le seul désir de rabaisser le sieur Desmarets,
et qu'il a toujours eu les mêmes sentiments à l'égard de ces divertissements dangereux, on a cru qu'il ne serait pas inutile de
faire imprimer dans ce recueil un petit traité *De la Comédie*, qu'il
fit, il y a quelques années, pour satisfaire au désir d'une personne
de très grande condition et d'une éminente piété, qui avait prié
qu'on écrivît sur cette matière. Et on espère que ceux qui le
liront demeureront persuadés que l'éloignement qu'il témoigne
pour la comédie et pour les romans n'est point fondé sur des
raisons frivoles et des principes bizarres, mais sur les lumières
du sens commun et sur les plus certaines maximes de la morale
chrétienne.

(1) Isaac Le Maistre de Saci, frère d'Antoine Le Maistre l'avocat. M. de
Saci avait répondu au pamphlet des Jésuites intitulé *La Déroute et la Confusion des Jansénistes* (décembre 1652) par une diatribe en vers médiocres,
Les Enluminures du fameux Almanach des Jésuites intitulé « la Déroute »...
(1654, in-4°). Il avait donné, en 1647, de mauvaises traductions rimées de
quelques comédies de Térence expurgées.

« On se sert, dans cet écrit, de quelques exemples tirés *du plus célèbre poète de ce temps,* parce que l'on l'a jugé le plus propre pour le dessein que l'on avait d'attaquer la comédie, non dans une vaine idée ou dans des défauts grossiers que l'on en peut facilement séparer, mais dans l'état même où elle a été mise par cet auteur, qui n'a pas seulement surpassé en esprit et en génie tous les poètes de son siècle, mais qui a tâché de plus de purifier le théâtre, autant qu'il a pu, des vices que l'on lui a le plus reprochés. Ainsi, comme il est certain que, si les comédies pouvaient s'accorder avec les règles du christianisme, ce seraient sans doute celles de M. de Corneille, on ne peut mieux prouver le danger qu'il y a en toutes, qu'en faisant voir que celles mêmes de cet auteur sont très contraires à l'Évangile, et qu'elles corrompent l'esprit et le cœur par les sentiments païens et profanes qu'elles inspirent. »

Cela était très habile de la part de Nicole, et il est aisé de se figurer la fureur de Racine à la lecture de cette notice où son rival Corneille était si élogieusement nommé. Hors de lui, Racine voulut se venger. Il reprit ses deux lettres (celle qu'il avait publiée et celle qu'il gardait en portefeuille), y joignit une préface pleine de verve haineuse, et se prépara à faire imprimer le tout. On prétend que ce fut encore Boileau qui l'en empêcha : « Cela est fort joliment écrit, lui dit-il, mais vous ne songez pas que vous écrivez contre les plus honnêtes gens du monde. » Racine supprima alors sa seconde lettre et sa préface, et « retira le plus qu'il put des exemplaires de la première », dit Jean-Baptiste Racine, son fils aîné.

Mais ce ne fut, sans doute, pas Boileau seul qui fit honte à Racine de son ingratitude envers ses anciens maîtres, et qui l'engagea à ne pas publier sa seconde lettre de polémique. Le cousin de Racine, Nicolas Vitart, dut vraisemblablement insister auprès de lui pour qu'il ne poussât pas plus loin sa vengeance : c'est ce qui résulte d'une lettre de Claude Lancelot à Vitart, retrouvée en 1872 (1), et qui est aujourd'hui conservée au musée de Port-Royal. Elle figure au tome VIII de l'édition des *Grands écrivains,* page 570. Lancelot, qui avait été le maître et était l'ami de Vitart, se servit de lui pour contraindre Racine à ensevelir à tout jamais sa seconde lettre et sa préface. Racine eut peur et, s'exécuta. Le dernier mot restait à Port-Royal.

Voici la lettre de Lancelot « *à Monsieur Vitart, intendant de*

(1) C'est M. Gazier qui l'a découverte dans une bibliothèque privée, et qui l'a communiquée à M. Paul Mesnard. (A. C.)

Monseigneur le Duc de Luynes, proche les petits Jacobins, à Paris :
Ce 8ᵉ mai 1667. Je n'ai point encore eu nouvelles de nos amis : ils
sont maintenant un peu loin d'ici ; et comme je ne puis me donner
l'honneur de vous aller voir encore si tôt, j'ai cru vous devoir
écrire ce mot, afin que vous ne vous imaginiez pas que je vous
aie oublié. Depuis notre entrevue, j'ai reçu un livre de Flandre
même, de la part de l'auteur, et comme il était venu tout relié, j'ai
voulu aussitôt y voir le lieu dont vous m'aviez parlé. Je vous avoue,
Monsieur, qu'il ne m'a pas paru si choquant que vous me l'aviez
représenté. Il me semble qu'il faut être un peu délicat pour s'offenser si fort de si peu de chose, et de ce qu'on appelle jeune poète
un jeune homme qui s'est joué des personnes de mérite pour qui
il devait avoir conservé plus d'estime ; qui a inventé des contes
faits à plaisir pour les rendre ridicules, et qui n'a point craint de
les nommer par leur propre nom : au lieu qu'on n'a jamais rien
fait d'approchant de tout cela pour ce qui le regarde. Je voudrais
que vous eussiez pu vous donner le loisir de considérer vous-
même ces différences : elles vous auraient sans doute paru [consi]
dérables, et vous auriez pu porter à prendre un autre biais pour
nous venir parler de cette affaire, que de nous menacer de votre
cousin comme de la plume qu'on a plus sujet de redouter. Si vous
ne vous étiez adressé qu'à moi, je m'en étonnerais moins : vous
savez que vous avez toujours eu liberté de me tout dire. Mais je
vous avoue que j'ai été surpris d'apprendre que vous ayez encore
tenu les mêmes discours, chez M. G.., à une personne à qui je
n'en avais pas même rien voulu dire, ce qui marque que vous êtes
un peu préoccupé là-dessus. Cela vous nuit plus que vous ne pensez dans le monde ; permettez-moi, je vous supplie, de vous le
dire, puisque je ne croirais pas être votre ami si je ne vous en
donnais avis. Quelque admiration que vous ayez de M. R., il a des
défauts qui ne sont pas à estimer, et l'on ne vous saura jamais
gré de le soutenir dans une chose si insoutenable. Et en vérité,
Monsieur, je ne sais si vous y avez bien pensé. S'il a tort, comme
vous l'avouez vous-même, puisqu'il a nommé les personnes et
qu'il a commencé le premier, où est la s[at]isfaction qu'il en a
faite et qu'il est obligé de faire, non seulement s'il veut mourir
en chrétien, mais même s'il veut vivre en homme d'honneur ?
Vous savez qu'on n'a jamais d'estime dans le monde pour ceux
qui déchirent des personnes à qui ils ont de l'obligation, et cependant c'est ce qu'a fait M. R., et ce que vous nous représentez vous-
même qu'il est encore résolu de faire. Quand on a répondu à sa
lettre, on a tenu tout un autre procédé ; on n'a point usé de fictions ni de mensonges, on a fait voir les défauts de la pièce sans

rien marquer de la personne. On vous a même accordé ce que vous aviez demandé, de ne le point nommer, et on s'est contenté de la parole que vous aviez donnée, après un billet de sa main qu'on garde encore, qu'il n'en était pas l'auteur. Quoiqu'on fût assez assuré du contraire, on a bien voulu s'aveugler, et on prévoyait néanmoins qu'il aurait la légèreté de s'en vanter lui-même dans la suite. Vous voyez que l'on ne s'est pas trompé et qu'on le connaissait bien. Ainsi l'auteur du recueil n'a pas pu ne point mettre les deux lettres qui lui servent de réponse, et, les mettant, il n'a pas pu n'en pas rendre raison dans sa préface. La suite de sa narration l'obligeait nécessairement à dire ce qu'il a dit. Encore a-t-il épargné beaucoup votre cousin, puisque, après un aveu si public, il n'a pas même voulu le nommer. Et si lui, de son côté, fût toujours demeuré dans la négative, cela ne lui aurait pu faire aucune peine. Mais, puisqu'il a assez peu d'honneur pour dire sans scrupule le *oui* et le *non* sur la même affaire, qu'il ne se plaigne que de lui, et qu'il prenne garde qu'en pensant si fort foudroyer les autres et faire sa fortune à leurs dépens, comme il s'en est vanté plus d'une fois, il ne se fasse plus de tort qu'il leur en saurait faire. Le vrai honneur ne s'acquiert point par cette voie. Et d'ailleurs, si on se mettait à faire l'anatomie des ouvrages où il se satisfait le plus lui-même, on y ferait voir des fautes de jugement qui assurément ne serviraient pas à relever cette vaine réputation dont il est si amoureux. C'est pourquoi, Monsieur, si vous aimez véritablement votre cousin, portez-le plutôt à demeurer dans le silence. C'est une affaire faite, dont apparemment on ne parlera plus, qu'autant qu'il en donnera sujet : qu'il s'en tienne là, s'il veut croire mon conseil. Ce n'est pas que je ne fusse très aise d'y pouvoir faire quelque chose de plus pour l'amour de vous ; mais j'apprends que c'est une impression dont on n'est pas maître, et dont l'imprimeur a déjà envoyé une partie de côtés et d'autres. M. R. aura toujours cette consolation, que dans les lieux éloignés, comme il n'est point nommé, on ne le connaîtra pas, au lieu qu'on ne peut pas dire la même chose de sa lettre. Mais, en vérité, il faut avoir un peu de présomption pour s'en faire tant accroire. Il faut être même bien aveugle pour se repaître des vaines idées de faire fortune aux dépens de ses amis, car il s'en vante, et d'entrer dans les charges ecclésiastiques par des voies si abominables ; et il faut avoir bien peu de conscience pour vouloir accorder Dieu et Bélial, et prétendre servir en même temps et l'Eglise et le théâtre. Je suis, nonobstant tout cela, tout à vous, et je souhaiterais que vous puissiez servir aussi véritablement M. R. en cette rencontre, que j'aurais désir de vous servir vous-même dans toutes les autres, au péril même de ma vie.

« ·Assurez, je vous supplie, Monseigneur et Monsieur de Çhe-vreuse de mes très humbles respects. »

On comprend qu'après une pareille lettre, Racine ait mieux aimé garder le silence.

Ainsi se termina cette querelle, dont plus tard Racine a dit en pleine Académie, répondant à un de ses ennemis, l'abbé Talle-mant, qui lui reprochait cette faute de jeunesse : « Oui, Monsieur, vous avez raison ; c'est l'endroit le plus honteux de ma vie, et je donnerais tout mon sang pour l'effacer. »

Désormais, le calme étant rétabli, Racine put tout entier se livrer à ses travaux ordinaires, et, en novembre 1667, il faisait jouer *Andromaque*, que nous étudierons dans notre prochaine leçon.

A. C.

L'Église et l'État en
- France de 1789 à 1848.

Cours de M. G. DESDEVISES DU DEZERT,

Professeur à l'Université de Clermont-Ferrand.

Napoléon et l'Église.

Le 18 avril 1802, les trois consuls de la République française et toutes les autorités civiles et militaires de Paris se rendirent en grand cortège à Notre-Dame, dans les voitures du sacre de Louis XVI. La foule, étonnée et indifférente, les regardait passer avec un sourire. Les soldats, qui faisaient la haie sur le passage du cortège, dissimulaient mal leur dédain pour cette « capuci-nade ». Beaucoup de hauts dignitaires avaient peine à s'empêcher de rire, comme avait ri, disait-on, le premier consul, quand on avait présenté le Concordat à sa signature.

Sur le seuil de Notre-Dame, le vieil évêque de Marseille, Mgr de Belloy, devenu archevêque de Paris, attendait les consuls au milieu de son clergé et les conduisit, à travers la nef de la glo-

rieuse basilique, jusqu'aux sièges d'honneur qui leur avaient
été préparés sous un dais, du côté droit de l'autel, en face du
trône élevé pour le cardinal Caprara, archevêque de Milan,
légat *a latere* de Sa Sainteté le pape Pie VII. Les grands corps de
l'Etat garnissaient les tribunes. Les femmes des grands fonctionnaires accompagnaient Mme Bonaparte ; l'État-major de
l'armée avait dû, malgré sa mauvaise humeur, se rendre à la
cérémonie.

M. de Boisgelin, archevêque de Tours, prononça un discours
sur le rétablissement du culte ; puis la messe commença.

Après la lecture de l'Evangile, le premier consul reçut le
serment de vingt-sept évêques présents.

Un *Te Deum*, accompagné par le Conservatoire de musique,
termina l'office.

Au sortir de Notre-Dame, Bonaparte demanda au général
Delmas ce qu'il avait trouvé de la fête : « C'était fort beau,
« répondit le général ; il n'y manquait que le million d'hommes
« qui se sont fait tuer pour détruire ce que vous rétablissez. »
Mot amer et profond, qui marque bien le caractère exclusivement
politique de l'acte qui venait de s'accomplir.

Douze ans séparent le *Te Deum* de Notre-Dame de la chute de
Napoléon. Ces douze ans n'ont été qu'une lutte incessante entre
l'Eglise humiliée et asservie et le despotisme sans frein de l'empereur.

Avec la nouvelle de la restauration officielle du culte, Pie VII
recevait le texte des articles organiques et protestait, dès le 24
mai, contre cette manière déloyale de commenter le Concordat.
Bonaparte affecta de ne voir dans la protestation du pape qu'un
acte sans importance, exigé par les convenances, et le fit publier
dans le *Moniteur*, pour bien montrer combien il la trouvait peu
dangereuse.

Les Jésuites, déjà rétablis en Russie et à Naples sous le titre
de Congrégation du Sacré-Cœur (1801), cherchaient à pénétrer en
France. Bonaparte prononça leur dissolution (24 janvier 1803).
Il accueillit, au contraire, 'l'Institut des Frères de la Doctrine
chrétienne, et permit l'installation de pensions libres auprès des
lycées. Quelques congrégations de femmes, vouées à l'assistance
des malades, furent autorisées à se reconstituer et placées sous
le protectorat de Mme Lætizia Bonaparte, mère du premier consul.

Mais le pape dut créer cinq cardinaux français, parmi lesquels
l'archevêque de Lyon, l'abbé Fesch, oncle du premier consul. Il
dut accepter pour la République cisalpine un concordat bientôt
complété par de nouveaux articles organiques. Il avait, dès 1804,

une telle peur du premier consul qu'il n'osa faire entendre la moindre protestation contre le meurtre du duc d'Enghien.

Quand la servilité des grands corps de l'Etat eut fait du premier consul un empereur, le nouveau Charlemagne songea à placer sa dynastie sous la protection divine, et crut rendre son pouvoir plus auguste en le faisant consacrer par le pape.

Dès le mois de mai 1804, des négociations s'engagèrent entre les Tuileries et le Vatican, et Pie VII finit par se résigner à venir à Paris assister au sacre de Napoléon.

L'empereur montra, dans cette circonstance, tout ce qu'il y avait de vanité mesquine au fond de son âme. Sa grande préoccupation fut de ne jamais accorder au Souverain Pontife aucun honneur qui parût entraîner la reconnaissance d'une suprématie quelconque : il le traita en souverain italien et ne parut pas vouloir le traiter en chef suprême de la religion.

La première entrevue eut lieu dans la forêt de Fontainebleau, au cours d'une partie de chasse. La voiture de Napoléon fut adroitement amenée au milieu du groupe que formaient les deux souverains et leur entourage, le pape se trouva du côté gauche du carrosse et l'empereur du côté droit ; les deux portières s'ouvrirent ensemble, et les deux puissances rivales se trouvèrent bientôt côte à côte et comme Napoléon l'avait voulu.

De mœurs très douces et d'abord extrêmement gracieux, le pape était déjà populaire en France On racontait de lui mille traits charmants. Paris se préparait à le recevoir avec cette sympathie un peu bruyante, mais si cordiale, qui effraie les gens d'étiquette et qui ravit les gens de cœur. Napoléon ne voulut pas que le souverain pontife eût l'entrée triomphale qu'on lui ménageait. Jaloux de la popularité du pape, il l'amena de nuit à Paris, et l'interna, pour ainsi dire, au pavillon de Flore.

Mais, dès le lendemain, l'arrivée de Pie VII était connue ; les quais, le pont Royal, la partie publique du jardin des Tuileries étaient couverts de monde, et la foule témoignait son impatience et sa curiosité en criant : « Vive le pape ! Vive le pape ! » sur le rythme scandé et agaçant si familier aux cohues parisiennes. Il fallut que Pie VII parût au balcon, saluât le peuple et le bénît. Cet incroyable peuple, qui, dix ans plus tôt, se ruait aux fêtes de la Raison, s'agenouillait maintenant devant le pontife de Rome, lui présentait ses enfants, l'acclamait à lui fendre la tête, et n'entendait pas qu'on manquât aux égards qui lui étaient dûs. Quelques irrespectueux furent houspillés sérieusement.

La veille du sacre, un incident des plus bizarres faillit brouiller le pape et l'empereur en plein Paris.

Napoléon et Joséphine n'étaient mariés que civilement ; Joséphine avait souvent demandé à son mari la régularisation canonique de leur mariage ; pensant peut-être déjà au divorce futur, Napoléon avait toujours refusé. La rusée créole imagina de mettre le pape au courant de la situation, et Pie VII, très vivement alarmé, déclara à l'empereur qu'il ne paraîtrait pas à Notre-Dame si le mariage religieux n'était pas célébré. Malgré sa rage, Napoléon dut s'exécuter. Le cardinal Fesch bénit le couple impérial dans la chapelle des Tuileries, et l'on remarquait, le lendemain, l'humeur massacrante de l'empereur et les yeux rouges de l'impératrice.

A Notre-Dame, l'empereur fit attendre le pape pendant une heure et demie.

Au moment du couronnement, Napoléon se leva, marcha à l'autel, y prit la couronne devant le pape ébahi, et, se retournant vers le peuple, se posa lui-même sur la tête le laurier d'or des Césars romains.

La cathédrale semblait crouler sous les applaudissements. Les soldats, jusque-là assez sombres, acclamèrent leur empereur, qui n'avait pas voulu se laisser couronner par un prêtre. Leurs cris profanes durent avoir un écho douloureux dans le cœur du pape, amené là pour rehausser l'éclat de la cérémonie, considéré comme un décor, comme un trophée, et rien de plus.

Aux époques de foi religieuse et de foi monarchique, le sacre était une cérémonie réellement auguste. Le monarque chrétien voyait l'Église élever en sa personne la royauté à la dignité d'un sacerdoce, et lorsque l'archevêque de Reims déposait la couronne sur le front du roi agenouillé, c'était le Roi des rois lui-même qui semblait déléguer au roi de la terre une partie de son autorité : c'était devant Dieu que s'inclinait le roi.

Au sacre de Napoléon, rien de semblable : plus de foi religieuse, plus de foi monarchique, ni chez le peuple ni chez le souverain. C'est le vainqueur qui s'installe au pouvoir en face de son peuple et de ses soldats ; ce n'est plus sur les anciennes croyances que repose le nouvel empire, mais sur la force. Le pape n'est plus là qu'un comparse, un figurant ; il ne représente plus l'idée divine : il représente l'Eglise concordataire, que le triomphateur traîne derrière son char.

Et, dès lors, la cérémonie perd son ancien caractère : c'est l'apothéose de la force; et tout ce qu'il y a de brutalité chez les hommes de guerre, tout ce qu'il y a de cupidité chez ces hauts dignitaires aux manteaux semés d'abeilles d'or, tout ce qu'il y a chez César de ruse et d'hypocrisie conspire à faire de cette grande scène un spectacle tragi-comique, triste à faire peur et grotesque à le siffler. Tout le monde tint son sérieux cependant; « mais, si un seul rire, dit de Pradt, eût donné le signal, « nous courions le risque de tomber dans le rire inextinguible « des dieux d'Homère. »

Pie VII aurait dû reprendre le chemin de l'Italie, au lendemain même du sacre. Il s'attarda à Paris dans le vain espoir que le successeur de Charlemagne lui rendrait les trois provinces qu'il lui avait enlevées en 1800. Il partit, le 4 avril 1805, sans avoir obtenu autre chose que la suppression du calendrier républicain à partir du 1er janvier 1806.

Rentré à Rome, le pape y retrouva la misère dorée à laquelle le condamnaient la diminution de ses Etats et la mauvaise administration de ses officiers. Sans industrie, sans commerce, sans chemins, sans police organisée, l'Etat pontifical suffisait à peine aux dépenses publiques. Rome était un merveilleux musée, mais une ville sordide, toujours à la merci d'un débordement du Tibre, décimée par la fièvre, menacée par la famine et rançonnée par les voleurs qui pullulaient dans ses rues étroites et tortueuses et dans les masures de ses faubourgs.

L'année 1805 finit sur le coup de tonnerre d'Austerlitz. Le royaume d'Italie s'augmentait de l'État vénitien, du Frioul, de l'Istrie et de la Dalmatie ; les Bourbons de Naples cessaient de régner, et leur royaume était donné à Joseph Bonaparte.

L'Etat pontifical se trouvait ainsi bloqué, au Nord et au Midi, par les Etats feudataires de l'empire français, et il était évident que, tôt ou tard, Napoléon supprimerait cette principauté gênante, qui l'empêchait de mouvoir ses troupes à travers l'Italie.

Dès le mois de février 1806, une armée de quarante mille hommes, commandée par Masséna, traversait l'Etat romain et allait faire la conquête de Naples.

Napoléon étendait le régime concordataire à ses nouvelles provinces italiennes, et nommait des évêques aux sièges vacants d'Adria et de Zara.

Pie VII protesta contre l'extension du Concordat, contre la nomination des évêques, contre les incessants passages de troupes qui ruinaient ses finances, contre la déchéance des Bourbons.

La colère de Napoléon s'en accrut ; et, quand la victoire de Friedland eut fait de lui le maître de l'Europe, il parla plus haut, et, par une voie indirecte mais sûre, il fit connaître au pape sa volonté.

De son camp impérial devant Dresde, le 31 juillet 1807, il écrivit à son beau-fils le prince Eugène, vice-roi d'Italie, une lettre foudroyante, avec ordre secret de la communiquer à Pie VII. La voici, telle que je l'ai lue aux Archives du Vatican :

« ... J'ai vu, par la lettre que Sa Sainteté vous a envoyée et
« qu'Elle n'a certainement pas écrite, qu'Elle me menace. Croi-
« rait-elle donc que les droits du trône sont moins sacrés aux
« yeux de Dieu que ceux de la tiare? Il y avait des rois avant qu'il
« n'y eût un pape. Les conseillers du pape veulent me dénoncer
« à la chrétienté ! Cette pensée ridicule ne peut venir que d'une
« profonde ignorance du siècle où nous vivons. C'est une erreur
« de mille ans de date. Un pape qui se porterait à un tel excès
« cesserait d'être pape à mes yeux ; je ne le considérerais plus
« que comme l'Antéchrist, envoyé pour soumettre l'univers et pour
« faire du mal aux hommes, et je rendrais grâces à Dieu de son
« impuissance... Je souffre depuis longtemps de tout le bien que
« j'ai fait ; je le souffre du pape actuel, que je cesserais de recon-
« naître, le jour où je serais persuadé que toutes ces intrigues
« viennent de lui ; je ne le souffrirais pas d'un autre pape.
« Que veut faire Pie VII en me dénonçant à la chrétienté ? —
« Mettre mon trône en interdit ? M'excommunier ? Croit-il donc
« que les armes tomberont des mains de mes soldats ? Pense-t-il
« mettre le poignard aux mains de mes ennemis pour m'assassiner?
« Oui, il y a eu des papes furieux nés pour le malheur des hommes,
« qui ont prêché cette infâme doctrine ; mais j'ai encore peine à
« croire que Pie VII ait l'intention de les imiter... Il ne lui reste-
« rait plus alors qu'à me faire couper les cheveux et à me renfer-
« mer dans un monastère. Croit-il donc que notre siècle soit
« retourné à l'ignorance et à la stupidité du huitième siècle ?
« Le pape actuel s'est donné la peine de venir à mon couronne-
« ment ; j'ai reconnu en lui, en cette circonstance, un saint prélat ;
« mais il eût voulu que je lui rendisse les Légations : je n'ai pu
« ni voulu le faire. Le pape actuel est trop puissant. Les prêtres
« ne sont pas faits pour gouverner... Jésus-Christ a dit : Mon
« royaume n'est pas de ce monde... Pourquoi le pape ne veut-il
« pas rendre à César ce qui est à César ?... Ce n'est pas d'aujour-
« d'hui que la religion est le dernier des soucis de la cour de
« Rome... Le temps n'est peut-être pas éloigné où je ne recon-
« naîtrai plus le pape que comme évêque de Rome, au même rang
« que les évêques de mes Etats. C'est la dernière fois que je dis-
« cute avec la cour de Rome ; mes peuples n'ont pas besoin d'elle
« pour rester constamment dans l'esprit de la religion et dans la
« voie du salut. Et, en fait, ce qui peut sauver dans un pays peut
« sauver dans un autre. Les droits de la tiare ne sont, au fond,
« que le devoir, l'humilité et la prière. Je tiens ma couronne de
« Dieu et de la volonté de mes peuples ; j'en suis responsable
« envers Dieu et mes peuples seulement. Je serai toujours pour

« la cour de Rome Charlemagne et jamais Louis le Débonnaire(1). »
Cette lettre extraordinaire fut suivie de dépêches encore plus
alarmantes de M. de Champagny, nouveau ministre des Relations
extérieures de l'empire français.

Le 21 août, le ministre déclarait que l'empereur était disposé
à mettre un terme « aux discussions fâcheuses et irréfléchies de
« quelques hommes sans lumières qui abusaient de leur crédit
« auprès du Saint-Siège... avaient laissé perdre la religion en
« Allemagne... tourmentaient par une funeste administration les
« peuples infortunés de l'Etat romain... cherchaient à perpétuer
« l'agitation dans le royaume de Naples et laissaient la ville de
« Rome remplie des ennemis de la France. Les malveillants
« répondraient devant Dieu, et peut-être devant les hommes, des
« malheurs où leur mauvais gouvernement exposait leur pays.
« L'intérêt et la sûreté de Naples, des Etats d'Italie et de l'armée
« exigeaient que tous les Anglais et les ennemis de la France
« fussent éloignés de Rome, ou qu'on mît ces deux royaumes à
« l'abri de tout événement en réunissant à l'un d'eux la marche
« d'Ancône, le duché d'Urbin et la province de Camerino. La
« fausse politique du Saint-Siège lui avait déjà fait perdre trois
« provinces ; Sa Majesté était loin de vouloir lui en enlever encore
« trois autres, mais la sûreté de ses Etats l'exigerait si le
« Saint-Siège persistait dans cet état d'irritation et d'animo-
« sité (2). »

Un mois plus tard, il y avait quelque espérance d'accommode-
ment. Le pape s'était décidé à négocier, et avait donné pleins
pouvoirs au cardinal de Bayanne. Mais les prétentions de l'empereur avaient grandi ; il ne s'agissait plus seulement d'expulser
de Rome quelques Anglais ennemis de la France, il fallait que
le pape « marchât désormais dans le système de la France, et
« que, placé au milieu du grand empire, environné de ses armées,
« il ne fût plus étranger à ses intérêts ni à sa politique... Si, seul
« sur le continent, le pape voulait rester attaché aux Anglais, le
« devoir du chef de l'empire ne serait-il pas alors de réunir immé
« diatement à l'empire cette partie de ses domaines qui se serait
« isolée par la politique, et d'annuler la donation de Charlemagne
« dont on faisait une arme contre son successeur. »

M. de Champagny réclamait au nom de l'empereur la suppression des ordres monastiques : « Il n'y en avait point du temps des
« apôtres ; il n'y en a pas en France ; l'Italie n'en a pas besoin,

---

(1) Arch. du Vatican, appendice, époque napoléonienne, vol. XII, *Francia.*
(2) Arch. du Vatican, *loc. cit.*

« mais dans ce temps de crise, il lui faut des soldats pour la dé-
« fendre contre les infidèles et les hérétiques. »

L'empereur voulait que les évêques italiens fussent dispensés
du voyage de Rome, que Venise et les pays conquis fussent compris dans le concordat d'Italie, que le tiers des cardinaux fût français et que l'Allemagne eût aussi son concordat. « L'empereur
« n'est-il pas aussi revêtu d'un sacerdoce qui lui impose le de-
« voir de défendre les catholiques des rives de l'Oder, de la Vis-
« tule et du Rhin contre l'influence des protestants et des luthé-
« riens, de ces sectes qui, nées des abus de la cour de Rome,
« voient, chaque jour, ses fautes accroître leur puissance (1) ? »

A la fin de décembre 1807, Napoléon étant en Italie, le pape
chargea le cardinal Caselli, évêque de Parme, et le cardinal Oppizoni, archevêque de Bologne, d'aller saluer l'empereur à Milan.
Les cardinaux répondirent que les lois du royaume d'Italie dé-
fendaient aux évêques de quitter leurs diocèses sans la permission du gouvernement, qu'ils avaient sollicité l'autorisation de se
rendre à Milan, et que, si elle leur était accordée, ils seraient
heureux d'obéir aux ordres du Saint-Père. La permission leur fut
donnée, et Oppizoni fut invité au lever de l'empereur. S. M. lui
adressa la parole, lui parla des affaires d'Italie, dont elle ne parut
pas trop contente, et dit qu'il faudrait s'arranger (arrangiarsi) et
que le pape, souverain temporel, ne pouvait se dispenser de
s'unir à l'empire contre les Anglais. Le cardinal Casoni, secrétaire d'Etat, trouva qu'Oppizoni s'était mal acquitté de sa commission et aurait dû profiter de l'occasion pour parler à l'empereur
des griefs du Saint-Siège. Oppizoni répondit que l'Empereur lui
avait parlé à l'improviste, devant toute la cour, et n'aurait probablement pas permis qu'on lui parlât de choses dont il ne parlait
pas lui-même. « Au surplus, ajoutait le cardinal, ma mission était
« toute de courtoisie, et je n'ai pas cru devoir engager de contro-
« verse. Je ne puis faire autrement que d'exprimer ma douleur
« sur un incident aussi désagréable et d'adresser ma fervente
« prière au Très-Haut, afin qu'il accorde au Saint-Père lumière
« et force pour savoir se conduire droitement dans des circons-
« tances si scabreuses, que le Seigneur ne permet que pour
« éprouver ses paternelles sollicitudes (2). »

On voit, par cette petite négociation, en quelle terreur Napoléon tenait les évêques italiens, et combien peu le pape pouvait
compter sur leur appui.

(1) Arch. du Vatican, loc. cit., 21 septembre 1807.
(2) Arch. du Vatican, loc. cit., 15 janvier 1808.

Le 9 janvier 1808, l'ambassadeur français Alquier transmettait à la Curie l'ultimatum de Napoléon. Pie VII n'ayant pas voulu déclarer la guerre à l'Angleterre, le général Miollis occupa Rome, sans coup férir, le 2 février.

Cette date marque le fond du gouffre.

Ce jour-là, Miollis aurait peut-être eu le pouvoir de faire capituler Pie VII, abattu par de longs mois de lutte, mais il n'avait pas d'ordres ; il s'installa à Rome à titre provisoire ; il laissa au pape le temps de se reconnaître, de protester, de compter ses partisans ; quinze jours plus tard, les Romains faisaient le vide autour du général, et le pape, sans soldats et sans canons, exerçait dans Rome une autorité que son vainqueur ne parvenait pas à conquérir (1).

La force morale de la papauté, chancelante depuis si longtemps et réputée morte, se réveillait.

Sur un ordre du pape, les grands de Rome désertèrent les salons du général Miollis ; les Romains refusèrent de s'enrôler dans les gardes civiques organisées pour réprimer le brigandage.

Miollis voulut que la fête de Noël 1808 éclipsât en magnificence toutes celles qu'on avait vues précédemment ; le pape défendit la fête, et elle n'eut pour acteurs et pour spectateurs que les dragons français.

Le 21 mars 1809, jour anniversaire de l'élection de Pie VII, les maisons de Rome s'illuminèrent comme par enchantement, elles qui étaient restées closes et noires le jour de la fête de l'empereur. — « L'ours danse au bâton, disait Pasquino, mais pas l'homme! »

L'annexion de Rome à l'empire français devenait fatale. Dès le 2 avril 1808, Napoléon avait réuni au royaume d'Italie les provinces d'Urbin, Ancône, Macerata et Camerino.

Le 17 mai 1809, de son camp impérial de Vienne, il décrétait l'annexion des Etats romains à l'empire français. « La ville de « Rome, premier siège du christianisme, était déclarée ville impé-« riale et libre; les revenus actuels du pape étaient portés à deux « millions de francs, libres de toute charge et de toute redevance.» Le 10 juin, le pape rejetait avec mépris l'aumône impériale et protestait contre la violence qui lui était faite : « Nous nous « couvririons tous d'opprobre à la face de l'Eglise, si nous con-« sentions à tirer notre subsistance des mains de l'usurpateur de « ses biens. Nous nous abandonnons à la Providence et à la « piété des fidèles, content de terminer ainsi dans la médiocrité « la carrière douloureuse de nos pénibles jours. »

(1) Cf. Louis Madelin, *la Rome de Napoléon*, Paris, Plon, 1906.

Il adressait, en même temps, au monde catholique une lettre indignée, où il annonçait sa résolution inébranlable de ne jamais céder sur le principe de sa souveraineté temporelle. « Nous nous « souvenions avec saint Ambroise que le saint homme Naboth « avait reçu l'ordre du roi de céder la vigne qu'il possédait, afin « qu'on l'arrachât, et qu'on la remplît de légumes, mais que « Naboth avait répondu : Dieu me garde de livrer l'héritage de « mes pères !... Si le Seigneur s'est un peu irrité contre nous, « pour nous châtier et nous corriger, il se réconciliera de nou- « veau avec ses serviteurs ; mais comment celui qui est l'auteur « de tous les maux dont l'Eglise est accablée évitera-t-il la main « de Dieu ? Oui, le Seigneur n'exceptera personne, et il ne res- « pectera la grandeur de qui que ce soit, parce qu'il a fait les « grands comme les petits, mais les plus grands sont menacés « des plus grands supplices... Si nous ne voulons être accusés de « lâcheté... il ne nous reste plus qu'à faire taire toute considé- « ration humaine et toute prudence charnelle, pour mettre en « pratique ce précepte de l'Evangile ; s'il refuse d'écouter l'Eglise, « qu'il soit à vos yeux comme un païen et un publicain. » Et le pape prononçait l'excommunication majeure contre tous ceux qui avaient violé le patrimoine de saint Pierre, avaient agi contre les droits, même temporels, du Saint-Siège, avaient donné l'ordre de ces violences, en avaient facilité l'exécution ou les avaient exécutés eux-mêmes.

A l'excommunication, Napoléon répondit par l'arrestation du pontife :

« Aucun asile, écrivait-il à Murat avant de connaître l'excom- « munication, ne doit être respecté si on ne se soumet à mes « décrets... Si le pape, contre l'esprit de son état et de l'Evan- « gile, prêche la révolte et veut se servir de l'immunité de sa « maison pour faire imprimer des circulaires, on doit l'arrêter. »

Quand il connut la bulle, sa colère n'eut plus de bornes : « Je re- « çois à l'instant la nouvelle que le pape nous a tous excommuniés. « C'est une excommunication qu'il a portée contre lui-même. *Plus* « *de ménagements : c'est un fou furieux qu'il faut renfermer.* Faites « arrêter Pacca et autres adhérents du pape. » (20 juin 1809.)

Dans la nuit du 5 au 6 juillet 1809, le jour même de Wagram, à une heure du matin, un détachement français escalada les murs du palais du Quirinal où le pape faisait sa résidence ; le général Radet se présenta devant le pape, qui ne s'était point couché, et le somma d'abdiquer tout pouvoir temporel. Pie VII, levant les yeux au ciel et le montrant de la main, répondit : « Je n'ai agi en « tout qu'après avoir consulté l'Esprit-Saint, et vous me mettrez

« en pièces plutôt que de rétracter ce que j'ai fait. » Le général
Radet lui déclara alors qu'il avait l'ordre de l'emmener hors de
Rome. Sans dire un mot, le pape se leva, prit son bréviaire, et,
soutenu par le cardinal Pacca, secrétaire d'Etat, descendit à la
porte du Quirinal où une voiture fermée l'attendait.

A la porte du Peuple, des chevaux de poste furent attelés à la
berline, le général Radet monta sur le siège à côté du cocher, et
à fond de train l'attelage prit la route de Florence. Le soir, on
atteignit Radicofani, premier village de Toscane. Le pape, malade
de chaleur et d'émotion, ne put se remettre en route que le lendemain à cinq heures du soir. Il arriva, le 8 juillet, à Florence et
fut logé à la Chartreuse, hors de l'enceinte de la ville. Le lendemain, on le sépara du cardinal Pacca et on le dirigea sur Gênes
par la route du littoral. A Chiavari, le général Montchoisy, qui se
trouva sur le passage du pape, fit observer que le mauvais état
des routes rendrait le voyage trop fatigant, et fit prendre à la
voiture la route d'Alexandrie et de Turin. Le pape passa, le 17
juillet, en vue de Turin sans s'y arrêter. Entre Rivoli et Suze, il
éprouva une défaillance et, revenu à lui, dit au colonel de gendarmerie Boissard qui l'accompagnait : « Si votre ordre est de me
« faire mourir, continuons la route ; s'il est contraire, je veux
« m'arrêter. » Le colonel lui accorda un peu de repos, mais
reprit le voyage le jour même et le mena jusqu'à l'hospice du
Mont-Cenis, où l'on s'arrêta deux jours. Le 21 juillet, Pie VII
entra à Grenoble, où il demeura onze jours à la préfecture de
l'Isère, recevant des marques de respect des habitants.

Le 1er août, le cardinal Pacca, qui s'était réuni de nouveau au
pape, fut emmené à la forteresse de Fenestrelle, et Pie VII fut
dirigé sur Aix, puis sur Nice.

Le séjour du pape dans cette ville fut un véritable triomphe.
Logé à la préfecture, il dut paraître au balcon pour bénir le
peuple. Le soir du 9 août, soixante-douze barques de pêcheurs,
toutes illuminées, se rangèrent devant les remparts, en face de la
demeure du pape, et de la mer, des remparts, des rues, montèrent
de longues et enthousiastes acclamations.

Le voyage de Nice à Savone ne fut de même qu'une ovation
continuelle ; le peuple se portait en foule au-devant du pontife ; on
acclamait en lui le droit méconnu et l'homme de paix outragé
par le conquérant sans scrupules. Dans les souhaits pieux que
l'on adressait au pape montait déjà la colère que l'on ressentait
contre l'empereur (1).

(1) *Correspondance authentique de la cour de Rome avec la France, depuis
l'invasion de l'Etat romain jusqu'à l'enlèvement du souverain pontife*. Paris, 1814.

L'année même qui suivit l'enlèvement du pape eut lieu le divorce de Napoléon.

L'officialité diocésaine de Paris cassa le mariage religieux de Napoléon et de Joséphine, comme atteint du vice de clandestinité. L'officialité métropolitaine l'annula pour défaut de consentement suffisant de la part de l'empereur.

Après ce coup d'Etat, Napoléon fit régler la situation du pape par les deux sénatus-consultes des 17 et 25 février 1810. Des palais à Paris, à Rome, et dans la ville qu'il choisirait pour résidence, deux millions de revenu, voilà les conditions, splendides à son avis, qu'il offrait au pape ; mais il fallait que le pape se reconnût son vassal : « J'ai la mission de gouverner l'Occident ; ne vous en « mêlez pas... Je vous reconnais pour mon chef spirituel, mais « je suis votre empereur. »

Il ne trouva personne pour porter cette lettre au pape. Il rassembla le Sacré Collège à Paris, et le Sacré Collège refusa de négocier avec le pape, pour lui faire accepter ces conditions.

Le 1er avril 1810, Napoléon épousa Marie-Louise de Lorraine-Habsbourg ; treize cardinaux sur vingt-sept s'abstinrent de paraître à la cérémonie. L'empereur, furieux, les chassa de sa cour, leur interdit la pourpre, et Fouché dispersa les *cardinaux noirs* dans les petites villes de province. Dix-neuf prélats des Etats romains furent internés comme eux en Italie et en France pour avoir refusé de prêter serment à l'empereur ; des centaines de prêtres italiens furent déportés en Corse. Le despote écumait et frappait à tort et à travers.

Le pape résistait toujours. Isolé de ses conseillers et du reste du monde, presque gardé à vue par le préfet du département de Montenotte, M. de Chabrol, ne recevant de visites qu'en sa présence, ne pouvant librement écrire à personne, il restait toujours aussi doux et aussi tenace, ne quittait sa petite chambre que pour faire un tour dans le jardin de l'évêché, protestait de son admiration pour l'empereur, en parlait même affectueusement, mais refusait toute concession. Vingt sièges épiscopaux étaient vacants dans l'empire, et le pape refusait l'investiture canonique à tous les candidats nommés par l'empereur. Ormond, nommé archevêque de Florence, Maury, archevêque de Paris, se voyaient accueillis par leurs chapitres comme des intrus.

Maître des journaux et de la correspondance des particuliers, Napoléon avait cru pouvoir dérober au public et la bulle d'excommunication qui l'avait frappé et l'enlèvement du pape et sa captivité. Il apprit avec rage que la bulle, imprimée clandestinement, courait toute la France, et qu'en dépit des meilleurs limiers de sa police, le clergé était au courant de tous ses démêlés avec le souverain pontife.

Une congrégation de gens du monde fort intelligents, instruits, bien apparentés, s'était créée en 1801 dans un but de piété et de charité ; la persécution dont l'Église était victime fit tout de suite de cette société un centre d'opposition. Sentant venir l'orage, elle se dispersa (10 septembre 1809) ; mais ses membres séparés continuaient à n'avoir qu'un cœur et qu'une âme (*cor unum et anima una*), et semèrent dans le clergé leur indignation passionnée et leur haine de la tyrannie impériale.

La colère de Napoléon fut terrible : les sœurs de charité furent inquiétées ; la communauté de Saint-Sulpice fut dissoute ; une douzaine de petits séminaires furent fermés ; un décret supprima toutes les congrégations particulières. Le clergé se tut ; mais l'empereur eut, en la personne de quelques évêques, de véritables ennemis personnels (1).

Au printemps de 1811, il résolut d'en finir. Après avoir reçu les rapports d'une commission ecclésiastique nommée par lui, il se décida à négocier encore avec le pape et réunit en même temps à Paris un concile où il convoqua environ la moitié des évêques français, un tiers des prélats italiens et quatre évêques allemands. Il croyait arriver, cette fois, à un résultat en faisant peur du concile au pape et en trompant le concile sur les intentions du pontife. Sa tentative échoua complètement.

Au mois de mai 1811, trois prélats impérialistes arrivèrent à Savone pour engager le pape à accepter la situation qui lui était faite par les sénatus-consultes de février 1810 et pour obtenir de lui qu'il réglât définitivement la question des institutions canoniques.

Pendant neuf jours, les quatre évêques et le préfet se relayèrent auprès du pape. Pie VII finit par tomber malade de chagrin. Il ne mangeait plus, ne dormait plus. Toujours intraitable sur la renonciation à ses droits, il finit, de guerre lasse, par accepter que l'institution canonique fût donnée aux évêques par les métropolitains, si le pape ne la donnait pas lui-même dans un délai de six mois. C'était une grande concession ; les négociateurs se retirèrent ; mais le pape, délivré de leur présence, comprit quelle arme il leur avait donnée contre lui. Le remords faillit le rendre fou ; il appela M. de Chabrol, lui déclara dans une surexcitation indicible qu'il se repentait de sa complaisance de la veille, qu'il n'avait pas

(1) Cf. J.-M. Villefranche, *Histoire et légende de la Congrégation*, Paris, 1901.

signé la note des évêques, qu'il ne la signerait jamais, qu'il la désavouait, et que, si on la donnait comme acceptée par lui, il ferait un éclat dont retentirait tout le monde chrétien. (Debidour.)

Au concile, Napoléon ne fut pas plus heureux. Les évêques se déclarèrent solidaires du pape, lui prêtèrent solennellement serment de fidélité et d'obéissance, sur l'invitation de l'oncle même de l'empereur, le cardinal Fesch.

Le message de Napoléon, lu par le ministre des cultes, fut très froidement accueilli. L'adresse qu'il prétendait dicter au concile fut âprement discutée, et le président eut toutes les peines du monde à écarter une motion en faveur de la mise en liberté du pape. Napoléon essaya de tromper le concile en lui laissant entendre que le pape avait cédé ; le concile demanda des preuves, et, le 11 juillet, Napoléon prononça la dissolution de l'assemblée. Le lendemain, trois évêques étaient arrêtés à leur domicile par les agents de Fouché et mis au donjon de Vincennes.

Napoléon essaya d'obtenir de chaque prélat pris à part ce qu'il n'avait pu obtenir du concile tout entier. Quatorze prélats refusèrent tout net de souscrire aux volontés de l'empereur. Quatre-vingt-huit signèrent un projet de décret admettant l'institution canonique par le métropolitain. Le concile, une dernière fois réuni le 5 août, enregistra le décret sans opposition.

Lorsque cette pièce eut été ainsi arrachée à la faiblesse des évêques, Napoléon la fit présenter au pape, et Pie VII, découragé, acquiesça au décret avec quelques restrictions destinées à rendre sa capitulation moins humiliante. L'empereur refusa à son tour de les admettre. Fidèle à sa tactique d'abandonner toute entreprise trop difficile, il déclara qu'il était las de ces « querelles de prêtres » et laissa l'affaire, comme il avait laissé Saint-Jean d'Acre et l'Egypte, comme il allait abandonner l'affaire d'Espagne, comme il allait abandonner son armée en Russie et au soir de Waterloo.

En juin 1812, au moment d'entrer en campagne, il ordonna d'enlever le pape de Savone et de le conduire en poste à Fontainebleau. Le 9 juin, le pape, dépouillé de ses ornements pontificaux, fut mis en voiture cadenassée et mené en France par Turin et le mont Cenis. Au passage des montagnes, il tomba si gravement malade qu'on crut sa fin prochaine, et qu'on lui administra les derniers sacrements (14 juin). On ne l'obligea pas moins à continuer son voyage. Il arriva mourant à Fontainebleau, le 20 juin, et dut garder le lit pendant plusieurs mois.

Par ses ministres, par les cardinaux et les évêques dévoués à sa politique, Napoléon faisait le siège de la volonté du moribond.

A son retour de Russie, sentant l'empire ébranlé, il comprit la nécessité d'une réconciliation avec le pape, et, laissant de côté ses rancunes et ses colères, il vint s'installer à Fontainebleau, avec l'impératrice et le roi de Rome, à côté du Saint-Père, comme dans l'intimité, comme en famille. Seul à seul, le grand comédien et le vieux pontife réglèrent leur querelle, et de leurs entretiens sortit le bizarre Concordat du 25 janvier 1813, vrai replâtrage mal venu et peu solide, qui n'accordait au pape que les conditions vingt fois repoussées par lui, et qui donnait à l'empereur le droit de faire instituer canoniquement les évêques par les métropolitains.

Pie VII n'avait cédé que par fatigue, pour gagner du temps et surtout pour obtenir la mise en liberté des cardinaux noirs, ses amis. Sitôt qu'il les vit, il connut par eux l'état de l'Eglise et l'état de l'Europe et se repentit de sa faiblesse.

Pour lui forcer la main, Napoléon publia le Concordat de Fontainebleau comme loi de l'Etat, le 13 février 1813. Le 25 mars, Pie VII le désavoua formellement. L'empereur feignit de ne pas l'entendre, déclara le nouveau concordat obligatoire pour tous les membres du clergé et nomma, le même jour, douze évêques. Le cardinal Pacca fut interné à Auxonne, l'évêque de Troyes à Beaune, les chanoines de Tournai furent arrêtés, les séminaristes de Gand incorporés dans l'artillerie (Debidour, p. 319). Mais ce sont les dernières convulsions de la tyrannie aux abois. Napoléon est vaincu à Leipzig, et, le 18 janvier 1814, il offre à Pie VII de traiter avec lui sur la base de la restitution de ses Etats. Le pape répond sans s'émouvoir « que la restitution de « ses Etats, étant un acte de justice, ne peut être l'objet d'aucun « traité, et que, d'ailleurs, ce qu'il ferait hors de ses Etats sem- « blerait l'effet de la violence et serait un objet de scandale pour « le monde catholique ».

Napoléon déçu ne savait que faire de son prisonnier. Ne voulant pas s'exposer à le voir tomber aux mains des Autrichiens, il lui fit quitter Fontainebleau le 24 janvier, et l'achemina à petites journées vers le midi de la France, par Limoges, Brive et Montauban. La campagne de France se poursuivant chaque jour plus désespérée, l'empereur laissa enfin le pape prendre la route des Alpes. Son voyage était un triomphe. « Que ferait-on de plus pour « l'empereur ? » dit, un jour, un magistrat impérial ennuyé de toute cette joie populaire : « Pour l'empereur ? répondit son « interlocuteur, s'il passait par ici, on le jetterait à l'eau ! »

Au commencement de mars, Pie VII était à Savone. Le 25 mars, il atteignait les avant-postes autrichiens. Quelques jours plus tard, il trouvait à Bologne le roi de Naples, Joachim Murat.

Le pauvre prince, caractère aussi médiocre que brave soldat, était passé à la coalition après Leipzig. Metternich lui avait promis Naples et l'Italie, et il avait occupé Rome, objet de ses secrètes ambitions. Le 10 mars 1814, le général Miollis et la petite garnison française avaient évacué le château Saint-Ange, et le drapeau napolitain flottait sur tous les édifices de Rome ; mais Rome, qui n'avait pas voulu de Napoléon, voulait moins encore de Murat : elle ne voulait que revoir son pape, qu'elle vénérait comme un saint et comme un martyr.

Murat comprit bien vite que le pape ne se laisserait pas duper, et que, dans cette question, l'Autriche serait du côté du Saint-Siège. Il se retourna aussitôt, et, avec une effusion et un lyrisme parfaitement joués, annonça aux Romains le retour imminent du souverain pontife.

Ce fut le 24 mai que Pie VII rentra dans sa capitale, dans le carrosse de gala du vieux roi d'Espagne Charles IV. A la porte du Peuple, la jeunesse romaine détela les chevaux du pape et le mena en triomphe à Saint-Pierre, puis au Quirinal, que Napoléon avait fait remettre à neuf pour en faire le palais impérial de la seconde ville de l'empire. Aussi modeste dans la victoire qu'il avait été patient dans l'adversité, Pie VII bénissait son peuple, souriait à ses amis et remerciait Dieu d'avoir pris pitié de lui et de l'Eglise.

En entrant au Quirinal, étincelant de dorures et paré de bas-reliefs et de tableaux assez païens, il regarda d'un œil amusé ces déesses et ces dieux qui s'étaient emparés de sa demeure, et dit avec bonhomie : « Ils ne nous attendaient pas. Si ces peintures « sont trop indécentes, nous en ferons des madones, et chacun « aura fait *suo modo*. » (L. Madelin, p. 679.)

Napoléon était déjà à l'île d'Elbe, Pie VII ne devait plus s'occuper de lui que pour donner, dans sa ville pontificale, asile à la famille désemparée de son ancien ennemi et pour intercéder en sa faveur auprès des souverains coalisés.

G. Desdevises du Dezert.

Le gérant : E. Fromantin.

POITIERS. — SOCIÉTÉ FRANÇAISE D'IMPRIMERIE ET DE LIBRAIRIE

REVUE HEBDOMADAIRE

DES

COURS ET CONFÉRENCES

DIRECTEUR : N. FILOZ

Racine et le théâtre français.

Cours de M. AUGUSTIN GAZIER,

Professeur à l'Université de Paris.

« Andromaque ».

Nous avons vu, dans notre dernière leçon, qu'en 1666 et en 1667, Racine avait travaillé pour le théâtre de deux manières : d'abord il avait commencé à s'occuper d'une tragédie nouvelle, et il annonçait cette tragédie dans la préface d'*Alexandre* ; mais cette préparation se faisait en silence, et Racine ne lut pas de fragments de sa pièce dans les salons littéraires du temps. Le secret de la préparation d'*Andromaque* a été si bien gardé que nous n'avons pas un seul témoignage contemporain pour nous renseigner à ce sujet. — Nous avons vu aussi que Racine s'occupa du théâtre, non sans présomption, en prenant en main la cause de Corneille, de Molière et des autres auteurs dramatiques contre Port-Royal : ce fut d'abord une petite lettre, puis une deuxième ; et Racine, vous vous en souvenez, se disposait à publier le tout avec une préface, lorsque la lettre de Lancelot le contraignit à reculer.

Voilà donc Racine enfin revenu à son métier de poète de théâtre ; l'auteur de *La Thébaïde* et d'*Alexandre* va faire représenter à la fin de cette même année 1667 son premier chef-d'œuvre, *Andromaque*.

49

Avant d'examiner cette tragédie, que vous connaissez tous, demandons-nous quel était l'état du théâtre au moment de son apparition.

Vous pensez bien que, malgré l'éloignement momentané de Racine, en 1666 et 1667, les théâtres n'avaient point chômé. Les grèves de spectateurs et d'acteurs sont rares. Tout le monde, public et artistes, veut du nouveau, « n'en fût-il plus au monde ». Les poètes « se travaillent » donc de leur mieux pour apporter des nouveautés.

C'est d'abord Pierre Corneille, qui, sous l'œil impitoyable de Racine, commet alors ces deux erreurs : *Agésilas* (1666), en vers libres, autant dire en prose rythmée, en style bourgeois, et *Attila* (1667), pièce à laquelle Molière eut le triste courage de faire un succès.

C'est aussi Philippe Quinault, l'auteur de la *Mort de Cyrus* (1656) et de l'*Astrate* (1664), dont le succès fut tel qu'il fallut doubler le prix des places pour cette dernière pièce. Quinault fera jouer, le 16 novembre 1668, *Pausanias*, la dernière de ses pièces de théâtre, — il le croyait du moins, car, récemment marié, il avait promis à sa femme de ne plus travailler pour les « histrions ». Cependant il reviendra encore au théâtre, mais sur l'ordre du roi, et à la fin de sa carrière, vers 1686, dix ans après la retraite de Racine, il commencera lui aussi à se repentir et à vivre dans la piété et la pénitence.

L'abbé Claude Boyer (né à Albi en 1618, mort en 1698), qui avait donné en 1663 *Oropaste ou le Faux Thomaxare*, fait représenter, en 1667, les *Amours de Jupiter et de Sémélé*.

Molière enfin joue successivement le *Misanthrope*, le *Médecin malgré lui*, *Mélicerte*, le *Sicilien ou l'Amour peintre*, et, le 5 août 1667, l'*Imposteur* (que le président de Lamoignon interdit après la première représentation).

Ajoutez, si vous voulez, à cette liste Montfleury, le fils de l'acteur de l'Hôtel de Bourgogne, de celui-là même qui devait mourir en décembre 1667 de la rupture d'une veine en jouant le rôle d'Oreste dans *Andromaque*. Vous savez que Montfleury le fils avait répliqué à l'*Impromptu de Versailles* de Molière (octobre 1663) par l'*Impromptu de l'Hôtel de Condé* ; c'est encore lui qui est l'auteur de la *Femme juge et partie*, et, en 1667, il faisait jouer l'*Ecole des Filles* à l'Hôtel de Bourgogne avec un succès voisin du scandale.

Le théâtre français est donc, vous le voyez, assez florissant lorsque paraît *Andromaque*.

Il serait fort intéressant pour nous de connaître en détail toutes les circonstances de la préparation et de la représentation d'*Andromaque*. Malheureusement, ici comme pour le *Cid*, nous restons dans l'ignorance la plus complète.

Nous savons par l'insipide *Gazette de France* qu' « une tragédie fort belle » a été représentée, le 17 novembre 1667, chez la reine au Louvre ; mais la *Gazette* ne se donne même pas la peine de nommer cette tragédie.

Robinet, plus explicite, parle deux fois d'*Andromaque* : il dit quelques mots de la représentation de cette pièce à la cour ; puis, plus longuement, il raconte la représentation à l'Hôtel de Bourgogne, en faisant même connaître les interprètes. Mais, malgré ces renseignements, il reste impossible de savoir si *Andromaque* fut d'abord jouée à l'Hôtel de Bourgogne, puis à la cour, ou bien si elle eut l'honneur d'être donnée dans l'appartement de la reine avant de paraître à l'Hôtel de Bourgogne. Tout ce que l'on sait, c'est que, vers la fin du mois de décembre 1667 et au début de 1668, cette pièce fut représentée avec un succès éclatant.

Examinons donc avec quelque détail cette œuvre que les contemporains aussi bien que la postérité, les Français aussi bien que les étrangers, ont profondément admirée, et essayons d'appliquer à *Andromaque* les grands principes de la critique, de cette critique qui se laisse volontiers « prendre aux entrailles », qui ne craint point d'admirer ce qui est admirable, mais qui, faisant la juste part de l'éloge et du blâme, sait aussi se ressaisir à l'occasion et ne point être dupe.

Il s'agit d'une œuvre de théâtre, destinée par conséquent à être jouée ; elle est d'abord soumise au jugement d'une foule impressionnable et mobile ; puis le poète la fait imprimer, et, dès lors, elle devient un simple livre de lecture ; ce livre n'appartient plus à son auteur :

> Il est l'esclave-né de quiconque l'achète,

pour employer les expressions de Boileau. Il va sans dire que, pour juger une pièce de théâtre, c'est au premier point de vue qu'il faut se placer, à celui du spectateur, non à celui du lecteur. Il faut tenir compte de ce que l'on appelle « l'optique de la scène » ; en un mot, il faut juger comme les gens du métier, c'est-à-dire envisager successivement la marche de l'action, la peinture des caractères, les qualités et les défauts du style.

Nous aurons l'occasion de reparler du style de Racine, qui mérite une leçon à part. Arrêtons-nous simplement, aujourd'hui, à l'action et aux caractères.

D'abord l'action. *Andromaque*, comme toute pièce de théâtre digne de ce nom, contient une exposition, un nœud et un dénouement. Racine a dû d'abord montrer de qui et de quoi il s'agissait, puis il a déroulé son action à travers un certain nombre de péripéties ; enfin, il a été forcé d'arrêter le cours de ces péripéties et de dénouer ce qu'il avait noué.

L'exposition, dans *Andromaque*, se déploie avec une merveilleuse aisance. C'est la simplicité, la clarté, la précision mêmes. Le spectateur est instruit de tout le plus tôt possible et sans la moindre fatigue. Dès le début, que voyons-nous ? Deux personnages. Qui sont-ils ? Ecoutons-les, nous serons vite fixés :

ORESTE.

Oui, puisque je retrouve un ami si fidèle,
Ma fortune va prendre une face nouvelle,
Et déjà son courroux semble s'être adouci,
Depuis qu'elle a pris soin de nous rejoindre ici.
Qui l'eût dit qu'un rivage, à mes yeux si funeste,
Présenterait d'abord *Pylade* aux yeux d'*Oreste* ?
Qu'après plus de six mois que je t'avais perdu,
A la cour de Pyrrhus tu me serais rendu ?

PYLADE.

J'en rends grâces au ciel qui, m'arrêtant sans cesse,
Semblait m'avoir fermé le chemin de la Grèce,
Depuis le jour fatal que la fureur des eaux,
Presque aux yeux de l'Epire, écarta nos vaisseaux.
Combien, dans cet exil, ai-je souffert d'alarmes !
Combien à vos malheurs ai-je donné de larmes,
Craignant toujours pour vous quelque nouveau danger
Que ma triste amitié ne pouvait partager !
Surtout je redoutais cette mélancolie
Où j'ai vu si longtemps votre âme ensevelie ;
Je craignais que le ciel, par un cruel secours,
Ne vous offrît la mort que vous cherchiez toujours.
Mais je vous vois, seigneur, et, si j'ose le dire,
Un destin plus heureux vous conduit *en Epire* :
Le pompeux appareil qui suit ici vos pas
N'est point d'un malheureux qui cherche le trépas.

Ce début, vous le voyez, fournit déjà au spectateur des indications de toute sorte. Il sait qu'il a affaire à deux amis, Oreste et Pylade ; que la scène se passe à la cour de Pyrrhus, roi d'Epire ; et, après les 75 premiers vers, le spectateur connaît déjà tous les personnages essentiels : Hermione, fille d'Hélène, qui, inexorable à Sparte, sera peut-être plus traitable en Epire ; Astyanax (1),

(1) Il ne faut pas oublier qu'Astyanax, quoique occupant dans cette pièce une place considérable, ne paraît pas en scène.

fils d'Hector et d'Andromaque ; Andromaque, veuve d'Hector et captive de Pyrrhus. Il ne manque à cette liste, pour être complète, que les noms de Cléone, confidente d'Hermione ; de Céphise, confidente d'Andromaque ; de Phœnix, gouverneur de Pyrrhus. Après tout, on peut s'en passer.

La situation des personnages et leurs sentiments sont aussi clairement exposés. Mais le premier acte n'y suffit pas, et cette exposition se poursuit jusqu'à la fin de la seconde scène de l'acte II, au vers 590 : elle occupe, par conséquent, un peu plus du tiers de l'œuvre complète. Nous savons tout ce qu'il faut savoir lorsque nous avons entendu Hermione dire à Oreste (acte II, sc. II) :

> Seigneur, je le vois bien, votre âme prévenue
> Répand sur mes discours le venin qui la tue,
> Toujours dans mes raisons cherche quelque détour,
> Et croit qu'en moi la haine est un effort d'amour.
> Il faut donc m'expliquer : vous agirez ensuite.
> Vous savez qu'en ces lieux mon devoir m'a conduite :
> Mon devoir m'y retient, et je n'en puis partir
> Que mon père ou Pyrrhus ne m'en fasse sortir.
> De la part de mon père allez lui faire entendre
> Que l'ennemi des Grecs ne peut être son gendre ;
> Du Troyen ou de moi faites-le décider ;
> Qu'il songe qui des deux il veut rendre ou garder ;
> Enfin qu'il me renvoie, ou bien qu'il vous le livre.
> Adieu. S'il y consent, je suis prête à vous suivre.

A quoi Oreste s'empresse de répondre :

> Oui, oui, vous me suivrez ; n'en doutez nullement.

Ici finit véritablement l'exposition ; nous savons quels sont les personnages essentiels, et les questions qui se posent sont les suivantes : Pyrrhus épousera-t-il Andromaque en sauvant Astyanax de la fureur des Grecs, ou bien se décidera-t-il à sacrifier Astyanax et à épouser Hermione, « accordée » avec lui ? Oreste reviendra-t-il en Grèce avec Hermione qu'il désire passionnément, ou bien doit-il renoncer à elle pour jamais ? Tel est le problème que le poète va résoudre devant nous.

Désormais les seules choses qui puissent faire avancer l'action, ce sont les sentiments, les passions, la volonté des personnages. Rien, ici, de semblable à la fatalité antique. Les personnages tiennent en quelque sorte leur sort entre leurs mains. Rien, au début de cette tragédie, ne nous permet d'entrevoir ni sang ni morts. On pourrait croire que l'on a affaire à une sorte d'élégie dramatique, et il ne serait pas impossible que tout se terminât par le salut d'Astyanax et le retour d'Hermione à Sparte avec Oreste. Voilà pour l'exposition.

Arrivons au nœud, c'est-à-dire aux péripéties plus ou moins nombreuses qui doivent nous faire passer de la joie à la tristesse, de l'espérance à la crainte.

Au début du deuxième acte, Pyrrhus, qui, à la fin du premier, avait refusé de livrer Astyanax, est décidé à l'abandonner à la fureur des Grecs et à épouser Hermione. On croit déjà toucher au dénouement, et nous sommes témoins de la joie d'Hermione, du désenchantement d'Oreste, du désespoir d'Andromaque. Mais, si Andromaque est veuve, elle est mère aussi, elle veut à tout prix sauver la vie de son enfant ; si bien qu'au troisième acte, après les grandes scènes, « les scènes à faire », entre Andromaque et Hermione, puis entre Andromaque et Pyrrhus, nous arrivons à un tournant de la tragédie ; et l'intérêt se trouve, une fois de plus, admirablement suspendu, lorsque nous entendons Andromaque prononcer ce vers qui termine le troisième acte :

> Allons sur son tombeau consulter mon époux.

Au quatrième acte, toujours en plein nœud, nous assistons à deux complots successifs. Andromaque a consulté son époux, et la réponse est venue du fond des abîmes : Andromaque épousera Pyrrhus ; mais, avant même de sortir du temple où s'accomplira la cérémonie nuptiale, elle se tuera, laissant à Pyrrhus devenu son époux le soin de veiller sur le petit Astyanax. — Autre complot : Hermione décide Oreste à immoler Pyrrhus. Sur ces entrefaites, arrive Pyrrhus : il est d'abord calme et soumis ; mais l'entrevue tourne mal ; Hermione lui crie sa jalousie furieuse :

> Ton cœur, impatient de revoir ta Troyenne,
> Ne souffre qu'à regret qu'une autre t'entretienne.
> Tu lui parles du cœur, tu la cherches des yeux.
> Je ne te retiens plus, sauve-toi de ces lieux ;
> Va lui jurer la foi que tu m'avais jurée ;
> Va profaner des dieux la majesté sacrée :
> Ces dieux, ces justes dieux n'auront pas oublié
> Que les mêmes serments avec moi t'ont lié.
> Porte au pied des autels ce cœur qui m'abandonne ;
> Va, cours, mais crains encor d'y trouver Hermione.

Au début du cinquième acte, nous voyons Hermione s'exaspérer au récit de la cérémonie nuptiale qui lui est fait par Cléone :

> Que je me perde ou non, je songe à me venger,

disait Hermione à Cléone, au quatrième acte, après avoir ordonné à Oreste de tuer Pyrrhus. Elle ne songe plus maintenant qu'à cette vengeance, trop tardive à son gré. Survient Oreste, qui lui annonce la mort du parjure. Désormais, il n'y a plus de revirement possible : c'est la dernière partie du drame qui commence.

Le sort de Pyrrhus est réglé ; ne nous en occupons plus. Mais que vont devenir Astyanax et Andromaque ? Andromaque se trouve veuve, une deuxième fois, par la mort de Pyrrhus : elle est reconnue reine d'Epire et elle cherche à venger la mort de son second époux. Hermione se tue sur le cadavre de Pyrrhus. Quant à Oreste, en proie à la fureur la plus terrible, il est emporté par Pylade et par ses soldats.

Voilà la solution du problème soumis au spectateur dans l'exposition. L'action a marché d'une manière très régulière. Ce sont les passions des personnages qui ont amené la seule issue logique ; à ce point de vue, la pièce est parfaitement bien conduite.

Est-ce à dire qu'*Andromaque* soit le type idéal de la tragédie ? Evidemment non, et le lecteur ne saurait s'y tromper ; car il a sur le spectateur l'avantage de pouvoir s'attarder et revenir en arrière. Des objections se présentent comme d'elles-mêmes. D'abord, on peut trouver que la situation d'Hermione à la cour de Pyrrhus est tout au moins étrange. Comment ! voilà une jeune fille d'une vingtaine d'années, ardente, passionnée au plus haut point, et on la confie à Pyrrhus ? Lui seul est destiné à être son gardien ? Il faut avouer que Ménélas n'a pas été très clairvoyant en laissant ainsi sa fille partir « à l'américaine », comme nous dirions aujourd'hui, et venir vivre à la cour de Pyrrhus.

Au deuxième acte, Pyrrhus a le tort grave d'être un peu trop indécis et de faire songer à un personnage de comédie : il est tour à tour Arnolphe de l'*Ecole des Femmes*, Alceste du *Misanthrope*, Chrysale des *Femmes savantes*. Il ne sait pas ce qu'il veut, et il a besoin des conseils de Phœnix pour prendre une résolution.

Les trois premières scènes du troisième acte sont encore de la haute comédie. Au quatrième acte, le subterfuge d'Andromaque est une nouvelle imperfection : il faut avouer que le procédé auquel elle a recours, « de son amour innocent stratagème », n'est pas d'une exquise délicatesse. Oreste est trop annihilé, et l'algarade de Pyrrhus à Hermione est fâcheuse.

Au cinquième acte, il est tout à fait invraisemblable de voir Andromaque devenir reine d'Epire après le meurtre de Pyrrhus. Supposons une suite d'*Andromaque* : trois mois après la mort du roi d'Epire, les Grecs, mis au courant de tout ce qui s'est passé, auront tôt fait d'envoyer une flotte qui ne mettra pas dix ans à réduire Andromaque et Astyanax.

Aussi bien ce dénouement n'a-t-il point été le premier qui se soit présenté à l'esprit de Racine. Il ne figure dans les éditions d'*Andromaque* que depuis 1676. Dans celle de 1668, Racine avait imaginé un cinquième acte tout différent de celui qui est définitivement resté. Afin d'obéir à Aristote et à l'abbé d'Aubignac, c'est-à-dire à la règle qui veut que tous les personnages essentiels soient de nouveau présentés au spectateur à la fin de la pièce, Racine montrait, à la scène III de l'acte V, Oreste ramenant avec lui Andromaque enchaînée et sans couronne. L'abbé Dubos a reproduit cette scène de l'*Andromaque* primitive dans ses *Réflexions critiques sur la poésie et sur la peinture*, au tome III; car les exemplaires de la première édition d'*Andromaque* étaient déjà très rares de son temps. Voici le début de cette scène ; je vous rappelle d'abord les deux premiers vers de la scène, telle que nous la lisons dans les éditions actuelles ; Oreste dit à Hermione :

> Madame, c'en est fait, et vous êtes servie :
> Pyrrhus rend à l'autel son infidèle vie.

Au lieu de cela, Racine avait écrit primitivement :

> Madame, c'en est fait. Partons en diligence.
> Venez dans mes vaisseaux goûter votre vengeance.
> Voyez cette captive. Elle peut, mieux que moi,
> Vous apprendre qu'Oreste a dégagé sa foi.

HERMIONE.

> O dieux ! c'est Andromaque.

ANDROMAQUE.

>   Oui, c'est cette princesse
> Deux fois veuve et deux fois l'esclave de la Grèce,
> Mais qui, jusque dans Sparte, ira vous braver tous,
> Puisqu'elle voit son fils à couvert de vos coups.
> Du crime de Pyrrhus complice manifeste,
> J'attends son châtiment. Car je vois bien qu'Oreste,
> Engagé par votre ordre à cet assassinat,
> Vient de ce triste exploit vous céder tout l'éclat.
> Je ne m'attendais pas que le ciel en colère
> Pût, sans perdre mon fils, accroître ma misère,
> Et gardât à mes yeux quelque spectacle encor
> Qui fît couler mes pleurs pour un autre qu'Hector :

. Vous avez trouvé seule une sanglante voie
De suspendre en mon cœur le souvenir de Troie ;
Plus barbare aujourd'hui qu'Achille et que son fils,
Vous me faites pleurer mes plus grands ennemis ;
Et, ce que n'avaient pu promesse ni menace,
Pyrrhus de mon Hector semble avoir pris la place.
Je n'ai que trop, Madame, éprouvé son courroux ;
J'avais plus de sujet de m'en plaindre que vous.
Pour dernière rigueur, ton amitié cruelle,
Pyrrhus, à mon époux me rendait infidèle.
Je t'en allais punir. Mais le ciel m'est témoin
Que je ne poussais pas ma vengeance si loin,
Et, sans verser ton sang ni causer tant d'alarmes...

HERMIONE.

Quoi ! Pyrrhus est donc mort ?

ORESTE.

Oui, nos Grecs irrités
Ont lavé dans son sang ses infidélités, etc...

Ici, nous revenons au texte actuel, que vous reconnaissez. Le fameux *Qui te l'a dit ?* d'Hermione, dans cette scène primitive, est adressé à Oreste en présence d'Andromaque. A la fin, Hermione dégage Andromaque de ses liens et sort avec elle pour se poignarder sur le cadavre de Pyrrhus. Ce dénouement romanesque et mélodramatique a pu rester au théâtre au moins dix ans, et les ennemis du poète n'ont pas, que je sache, songé à le critiquer. Racine a été bien inspiré en le modifiant.

Il nous reste à parler des caractères. On peut dire qu'ils sont véritablement peints en pied. Les quatre personnages principaux sont très distincts ; ce sont de vrais caractères, puisque caractère, d'après son étymologie, signifie « empreinte particulière ». Comme chacun d'eux est plus ou moins important, essayons de les classer.

Nous avons d'abord Andromaque : c'est une veuve inconsolable, et aussi une mère qui pousse aussi loin que possible son amour maternel. Andromaque, c'est d'abord la lutte, puis la fusion de l'amour maternel et de l'amour conjugal ; ajoutons que cette jeune veuve laisse paraître une pointe de coquetterie qui ne lui messied point. Au total, ce rôle est écrit avec une habileté vraiment exquise : aussi peut-on dire que c'est Andromaque qui mène toute la pièce. Le drame oscille au gré de ses refus, de ses atermoiements ; et le contre-coup de tous les sentiments d'Andromaque est subi par Hermione.

Hermione, elle, est en proie à un amour insensé, qui va jusqu'à

la fureur et à la rage, en attendant la crise finale. C'est encore un
rôle très important que le sien. Ainsi, vous le voyez, les principaux personnages sont des femmes dans cette pièce, et cela est
assez nouveau, surtout si nous songeons à Corneille qui donne la
prééminence (sauf dans *Rodogune*) aux rôles masculins.

Au troisième rang vient Pyrrhus. « Il aime trop sa maîtresse »,
disait de lui le malicieux duc de Créqui. Il est vrai que Pyrrhus
nous rappelle un peu trop Hercule aux pieds d'Omphale : il
manque d'énergie et de décision ; il n'est pas assez roi au second
acte, pas assez « honnête homme » au quatrième.

Quant à Oreste, il était, pour ainsi dire, impossible à peindre.
Racine n'a pu le mettre sur la scène que grâce à une espèce de
tricherie : je veux dire que, oubliant Eschyle, Sophocle et Euripide,
et le meurtre de Clytemnestre, et le jugement du meurtrier par
l'Aréopage, Racine a prié, en quelque sorte, le spectateur et le
lecteur de ne voir dans Oreste que le fils d'Agamemnon amoureux
de la fille d'Hélène et de Ménélas, en laissant de côté l'*Orestie* et
toute la légende mythologique. Cet Oreste amoureux de sa cousine n'est pas du tout le parricide dont la tragédie a dû « exprimer les alarmes » ; c'est un malheureux qui ne désespère point
d'atteindre au bonheur rêvé. Et il en vient, lui, ambassadeur
inviolable, à jouer le rôle d'un vulgaire assassin : dès le début, il
est sur le penchant qui le conduira à la fureur finale.

Tels sont ces quatre caractères que Racine a peints avec une
vérité et une puissance incomparables. C'est dans ces caractères
qu'il faut chercher les véritables ressorts de l'action : c'est à leur
développement que la marche de l'action est étroitement subor-
donnée, et, en ce sens, ils ont beaucoup plus d'importance que
dans les tragédies de Corneille. Voilà pourquoi *Andromaque* est
une grande date dans l'histoire du théâtre français, une date
aussi importante que celle de l'apparition du *Cid*. *Andromaque*
est la manifestation d'un art nouveau. L'auteur du *Cid* et de
Polyeucte excelle à peindre des entêtés, des cœurs de roc, des
héros inébranlables ; ils sont toujours prêts à répéter, quand ils
ont agi :

> Je le ferais encor, si j'avais à le faire ;

ils sont tout d'une pièce, comme Polyeucte :

> . . . . Perdez cette espérance
> Que deux fois, en un jour, *il* change de croyance.

Ils ne sauraient se modifier par le jeu normal de leur développement intérieur : dans une telle conception, l'action n'avance que sous l'influence et la pression des événements du dehors (combat de Rodrigue contre les Maures, etc...).

Racine emploie un procédé tout nouveau : chez lui, le drame est tout intime ; il se déroule au gré des fluctuations du cœur humain.

Andromaque a ravi les contemporains : ils ont crié merveille, et nous ne songeons point à nous en étonner. Tout en reconnaissant les défauts de la pièce, ils se sont abandonnés à leur émotion sans chercher à la « raisonner », parce que, selon le mot de Pascal, « le cœur a ses raisons que la raison ne connaît pas ». Un poète de trente ans, venant après le grand Corneille, a su trouver le chemin de leur cœur par une fortune analogue à celle de l'auteur du *Cid*.

De telles œuvres retiendront l'admiration des siècles : elles sont plus belles que des chefs-d'œuvre, comme la grâce est plus belle encore que la beauté.

A. C.

La Morale.

Cours de M. VICTOR EGGER,

Professeur à l'Université de Paris.

Les idées de fin et de bien; toute fin est un bien, tout bien est une fin.

J'ai donné la liste des concepts moraux, de façon à montrer les rapports de ces idées entre elles. C'était préparer « l'analyse des idées de la conscience morale », selon la vieille expression que je conserve comme titre général de la série de leçons que je commence aujourd'hui. Ces idées de la conscience morale, nous les étudierons une à une, ou plutôt deux à deux, de façon à bien montrer leurs rapports mutuels.

Je commence par l'idée de fin, ou plutôt par les idées de fin et de bien, voulant montrer que ce qu'on appelle fin est identique à ce qu'on entend par bien, au sens le plus général de ce dernier mot ; d'ailleurs, *bien* est susceptible d'une détermination restrictive que désigne sans équivoque le terme complexe *bien moral*.

L'identité du bien et de la fin, c'est là une thèse qu'affirme Aristote, et que les scolastiques ont également soutenue. Il y a lieu de reprendre cette théorie dont la place est au début même de la morale.

Si nous regardons en face, pour ainsi parler, l'idée de fin et l'idée de bien, nous constatons que ces deux idées ont la même extension et la même compréhension ; elles s'éclairent l'une l'autre. Elles semblent différentes pour une raison purement contingente : c'est que, dans l'usage ordinaire des termes philosophiques, elles se trouvent faire partie de deux séries différentes ; le bien fait partie de la série des idées morales ; la fin, de la série des idées métaphysiques.

Mais examinons ce que c'est que la cause finale en métaphysique. Une cause finale est efficace en vertu de sa perfection ; n'est-ce pas dire qu'elle est efficace parce qu'elle est un bien ? Elle exerce un attrait sur la réalité imparfaite, la provoque à se mouvoir dans sa direction. La fin, c'est donc le bien en tant qu'il est cause, et le bien est cause parce qu'il est le bien et il est cause d'une manière spéciale, car il n'est pas antécédent à l'action, comme la cause proprement dite ; il est conséquent à l'action. D'autre part il exige, pour être efficace, pour élever à lui la réalité inférieure, le concours de la cause efficiente, qui est l'antécédent nécessaire de l'acte. La cause finale excite la causalité en puissance (pouvoir, faculté, force) à agir, à être cause effective et efficiente dans une certaine direction ; elle provoque la cause à l'action. La cause finale ne peut donc se passer de la cause efficiente, tandis que la cause efficiente peut se passer de la cause finale ; on l'appelle alors force aveugle ou force brute. Si la cause et la fin concourent au même acte, la cause est le moteur, la fin est le résultat du mouvement ; la cause est avant, la fin après ; le moyen terme, c'est le mouvement qui va de l'une à l'autre.

Mais cette analyse ne suffit pas. S'il y a fin, la conscience intervient ; car le résultat de l'action en ce cas a été préconçu. On a agi en connaissant la direction et les effets du mouvement, et le résultat a été désiré ; donc il était estimé bon en même temps qu'on le concevait. C'est cette valeur du résultat qui a mis en jeu le moteur ou la cause efficiente.

Cette analyse ne fait que développer des vérités fort connues. Il est bon de les formuler en abrégé. Il est de l'essence du bien d'être cause de soi. Tout bien est une cause avant d'être réalisé. Il est cause de lui-même, et rien n'est cause de soi, sinon ce qui est bon, excellent, c'est-à-dire ce qui peut être estimé bon, excellent.

Il est donc évident que l'idée de fin, en métaphysique, est une idée morale. Mais, alors, elle prend le caractère des concepts métaphysiques ; on la considère comme cause, on l'assimile à la cause. Or, en métaphysique, la cause est toujours conçue comme une force, c'est-à-dire comme une chose permanente, une substance douée d'activité efficace ou de puissance. Lorsque la fin figure dans un système métaphysique, elle est considérée comme une substance, une réalité immuable douée de perfection. Dans Aristote, ce qui dirige vers soi la force, causalité efficiente, c'est une cause à sa manière, et cela est réalisé sous la forme d'une substance parfaite, qui est un acte achevé et dont la puissance causale consiste dans sa perfection. C'est ce qui attire à soi la réalité imparfaite. Si l'on craint d'employer ici le terme substance en raison de la réalité achevée, actuelle, que l'on attribue à la fin, on dira qu'il y a, en métaphysique, deux réalités permanentes, l'une imparfaite, l'autre parfaite. La première, c'est la force, qui est permanente dans la durée, et qui engendre des mouvements, lesquels, s'il y a une autre réalité permanente, et celle-là parfaite, se dirigent vers cette perfection. Ainsi, au point de départ, il y a la réalité imparfaite ; au terme, la réalité parfaite. Comme moyen terme, il y a une réalité intermédiaire, qui vit dans le temps et va d'un de ces deux termes à l'autre. Il y a ainsi deux causes : la cause, qui est efficiente ou motrice, et la fin, cause à sa manière, mais cause ; aussi l'appelle-t-on *cause finale*.

Il importe de dégager le prétexte, le principe de cette conception métaphysique. Le bien attire à soi la réalité imparfaite. Donc c'est une idée morale qui caractérise la métaphysique, quand l'idée de cause ou de fin y a une part. Sinon l'univers est le théâtre des forces aveugles, brutales, livrant au hasard la répartition du bien et du mal. Alors on a un monde sans moralité, un monde amoral, pour employer un néologisme très usité. Au contraire, avec la finalité, on introduit dans l'ensemble des choses la moralité et l'intelligence ; la moralité, puisque la fin, c'est le bien ; l'intelligence, puisqu'il faut connaître le bien pour pouvoir se diriger vers lui. Il ne suffit pas de le connaître par intuition ; mais il faut le juger bon, et l'estimation du bien comme bon est un jugement au moins implicite. Et du moment que l'intelligence est un moyen de se diriger vers le bien, elle devient un bien. Donc, si l'univers est un composé de moyens et de fins, l'univers est bon ; il est moral. La finalité, c'est la moralité pénétrant la métaphysique, c'est la métaphysique entendue du point de vue de la moralité.

Passons, maintenant, à un autre ordre de considérations. L'idée métaphysique de fin étant ramenée à l'idée morale de bien, ces deux idées s'éclairent réciproquement. L'idée unique qui a ces deux noms et ces deux aspects étant désormais enrichie par la fusion de deux ordres de considérations, nous la comprenons mieux, et, dès lors, elle nous apparaît comme étant, en dernière analyse, une idée psychologique.

Une fin, pour être digne d'être appelée fin, doit d'abord être conçue, représentée, puis estimée bonne ; mais dire qu'elle est estimée bonne, c'est dire implicitement qu'elle est désirée : car, du moment que la fin est aperçue comme un bien, avant qu'on ait jugé explicitement qu'elle est un bien, elle est désirée. Donc le bien représenté et jugé bon est désiré par cela même que la qualité de bien est sentie, vue, ou affirmée à propos de lui. Ainsi une fin ne peut exister comme fin que dans une conscience.

Analysons davantage : 1° l'idée de fin implique d'abord une prévision, c'est-à-dire l'hypothèse que ce qui est actuellement incomplet dans la conscience peut être accru dans l'avenir. En effet, on ne désire que ce que l'on possède déjà à quelque degré : *ignoti nulla cupido*.

Si l'on connaît ce que l'on désire, on le possède déjà un peu ; donc on ne désire que le posséder davantage ; l'image, l'idée, c'est la réalité à l'état faible. Ainsi, quand on désire, on désire le plus de ce dont on possède déjà le moins. D'autre part, il n'y a pas de désir sans prévision ; sinon on a devant soi l'idée de l'inaccessible et le désir cesse. Mais cela n'a lieu qu'à la suite de réflexions savantes. Le désir vient le premier ; la désillusion, plus tard. Voici donc un premier élément psychique impliqué dans l'idée de fin : c'est la prévision.

2° Du moment que nous trouvons en nous, à l'état faible, un bien duquel nous prévoyons l'accroissement dans la suite, nous portons un jugement d'estime, d'approbation, qui porte sur l'état actuel que l'on possède, et bien davantage sur l'état futur que l'on croit possible.

3° Mais ce n'est pas tout. Il y a un troisième élément : la tendance active vers cet état futur, qui sera identique, en essence, à l'état présent, mais plus fort. C'est une tendance active mais intérieure ; c'est le désir. La tendance, sous cette forme du désir, c'est la causalité psychique à l'état embryonnaire. Quand on désire, on ne sait par quel moyen on atteindra l'objet de son désir ; lorsque la représentation des moyens se précisera, le désir se transformera en volonté. Le désir est aveugle non à l'égard du but, mais à l'égard des moyens. Mais, déjà, il faut y reconnaître cette causalité psychique qui plus tard sera appelée volonté. Tout ce qui est jugé bon, tout ce qui fait plaisir est par là même aimé, désiré, entraînant cet effort vers le plus-être qui est le mouvement de la cause psychique vers la fin, l'effort pour que soit à un degré plus grand ce qui, même faible, fait déjà plaisir. Ce qui plaît est recherché par la conscience, provoque l'effort de la conscience ; c'est cet effort qui, dans le cas présent, s'appelle le désir.

Tous les éléments fondamentaux de la conscience sont en jeu ici. Quand on pose et que l'on commente le rapport intime du bien et de la fin, on pose et l'on développe une loi fondamentale de l'âme. Si je dis : tout bien est une fin et toute fin est un bien, il peut sembler que j'énonce une tautologie ; mais que veulent dire ces deux formules ? Apparemment, avant d'identifier fin et bien, nous les distinguons. A quel titre ? La tautologie disparaît si nous ramenons à une vérité psychologique fondamentale ce qui est caché sous ces deux formules. *Toute fin est un bien*, c'est dire que tout ce vers quoi l'activité de ma conscience se portera est un bien, quelque chose qui mérite d'être appelé un bien, qui est estimé un bien. D'autre part, *tout bien est une fin* signifie que tout ce qui est senti ou jugé bon est quelque chose vers quoi l'activité de la conscience se dirigera, c'est-à-dire que l'activité de la conscience se dirige naturellement vers ce qui est estimé bon. Donc il y a une loi psychologique au fond de ces deux formules : la relation entre le bien de la conscience et l'effort de la conscience. Du moment qu'il y a un bien pensé tel, l'effort sera éveillé et ira vers le bien. La liaison intime de ces deux faits, qui s'appellent l'un le bien et l'autre l'effort, est une loi psychologique fondamentale, une loi qui est à la racine de toutes les idées morales. Il n'y a rien de plus important; car, en morale, l'intention est beaucoup sinon tout. Lorsque l'on pense pour arriver à telle conclusion, à telle action, lorsqu'on se prépare à tel ou tel genre d'activité, on a une intention, on va vers quelque chose ; on a donc une fin, et cette fin est toujours un bien. Cela est propre à la conscience. L'idée exprimée par la préposition *pour* est une idée psychologique, l'idée de l'activité intérieure vers une fin.

Quand donc on introduit la finalité dans l'univers, on le pénètre non seulement de moralité mais de conscience, d'âme ; si la finalité est transcendante, c'est l'âme de Dieu ; si elle est immanente, c'est l'âme du monde.

Mais la finalité aveugle, inconsciente, est quelque chose que l'on comprend mal. Il n'y a pas de finalité sans conscience. Du moment que l'on introduit dans le monde la finalité, on y introduit avec la moralité les éléments essentiels de la conscience.

Résumons ce qui précède. Ce qui exerce un attrait, qui attire vers soi une activité, ne peut être qu'un bien. Donc toute fin est un bien. Réciproquement, tout ce qui paraît être un bien est désirable et désiré, est l'objet d'un mouvement de l'âme vers lui. Si le bien est actuel, si on le possède dans une certaine mesure, on tend à le maintenir. S'il est moins actuel que possible et à venir, on tend à le compléter, à le développer ; c'est ce qu'on appelle le *réaliser*. Ainsi tout bien exerce un attrait sur l'activité. L'idée d'un bien ne pouvant être que dans une conscience, et toute conscience étant active, il n'y a de fin que pour une conscience. Ainsi tout bien est une fin, de même que toute fin est un bien.

J'ai établi ma thèse. Je dois maintenant la confirmer en évoquant toutes les objections qui peuvent être élevées contre elle.

Voici, d'abord, deux petites objections.

On peut être tenté d'appeler fin exclusivement le bien praticable, accessible ; alors l'idée du bien déborderait l'idée de fin ; elle serait plus générale que l'idée de fin. Mais l'inaccessible, s'il est bon, sera souhaité, sera l'objet d'une activité dirigée vers lui, activité du moins intérieure, toute activité extérieure étant empêchée par la conviction de l'inaccessible. Donc la fin ne doit pas être considérée comme une espèce de genre bien.

D'autre part, on peut dire que le bien, une fois réalisé, n'est plus une fin. La délivrance d'Orléans par Jeanne d'Arc, par exemple, a été une fin, mais n'en est plus une. A cela je répondrai que le bien réalisé a été une fin et peut redevenir une fin. Tout bien accompli devient un exemple. Il doit, d'ailleurs, être maintenu ; sa réalité acquise doit être assurée. Donc tout bien qui a été réalisé doit être conçu par l'esprit d'une manière générale, ou, ce qui est une nuance de la même idée, dans sa constance, qui est comme sa généralité dans la durée. On doit le considérer comme le type d'un genre ; c'est une fin qui doit être désormais considérée comme générale.

J'aborde, maintenant, une difficulté un peu plus grave. Les deux objections précédentes, que j'ai sommairement examinées, tendaient à faire croire que l'idée de bien est plus générale que l'idée de fin. On peut soutenir, au contraire, que l'idée de fin dépasse l'idée de bien. En effet, elle la dépasse, si, par fin, on entend les destinées des choses. Or toute chose a une destinée, même l'étoile.

Je répondrai à cette objection que l'idée de fin ainsi entendue est équivoque ; elle n'est pas dégagée de son sens primitif, qui est *terme;* il se mêle à la signification nouvelle qu'elle a acquise, et qui est celle que je développais tout à l'heure. Non seulement cette ambiguïté est fâcheuse, mais l'idée d'une destinée terminale des choses est peu solide. On comprend bien le terme fatal d'une réalité restreinte passagère, par exemple la chute d'un projectile, le coucher du soleil. Dans ce sens, tout terme, étant la cessation d'une réalité, est plutôt un mal qu'un bien. Mais, s'il s'agit d'une réalité plus vaste, peut-on concevoir clairement le terme d'une telle réalité ? Peut-on comprendre ce que serait le terme de l'évolution des astres? L'indéfinité de l'avenir s'oppose à ce que l'évolution des grandes réalités ait un terme, une fin. Les destinées des mondes sont les termes de l'évolution des mondes ; mais comment les concevoir, puisque cette évolution ne peut être conçue que comme indéfinie, c'est-à-dire sans terme ? D'ailleurs, cela nous laisse indifférents; en effet, nous ne nous intéressons aux choses qu'autant qu'entre nous et elles nous saisissons un rapport. Le progrès ou le recul des glaces au pôle Nord nous laissera indifférents, jusqu'au jour où l'on établira que c'est un bien ou que c'est un mal pour l'humanité. Il faut donc craindre d'établir des rapports fantaisistes entre l'âme, seule capable de poser des biens et dés maux, et les choses, qui n'ont pas d'âme. Les systèmes finalistes sont pleins de conceptions de ce genre, aussi arbitraires les unes que les autres.

Cela m'amène à dire quelques mots d'un système où le bien et la fin sont associés : c'est le système de Jouffroy, que l'on trouve exposé principalement à la fin de son *Cours de Droit naturel :* « Tout a sa fin, dit-il en substance ; le bien est la fin spéciale de l'homme. Mais la réalisation de cette fin de l'homme dépend des caprices de son libre arbitre. Il peut ne pas faire le bien, il peut donc ne pas réaliser sa fin. »

Dans ce système, l'homme fait en quelque sorte tache dans la création. Le bien est là une espèce du genre fin, laquelle a l'imperfection de pouvoir ne pas être atteinte. Les réalités naturelles marchent vers leurs fins fatalement, inéluctablement. L'âme seule peut manquer le but. L'âme est ainsi ce qu'il y a de pire dans la nature.

Mais quelles peuvent être des fins qui ne sont pas conçues par une âme et pour une âme ? Les fins cosmiques sont arbitraires et chimériques. On dira que, dans une doctrine du progrès, la fin c'est à la fois un terme et ce que nous entendons par fin en psychologie et en morale. Supposons donc une doctrine de progrès. Le progrès des choses est fatal. En ce cas, le bien, la fin, est un terme provisoire où l'esprit s'arrête momentanément au cours de la marche vers la perfection qu'il contemple ; ce n'est pas absolument un terme. Ensuite le mouvement vers la perfection continue ; l'esprit espère encore mieux. Il veut aller toujours plus haut, et ne s'arrêtera satisfait que quand la perfection sera atteinte. Mais est-ce là autre chose qu'un idéal très vague ? Qu'est-ce que l'idée de perfection ? C'est l'idée d'un terme qui est une fin, ou d'une fin qui est un terme ; c'est la synthèse des deux sens du mot fin. Mais rien n'est plus contestable que cette synthèse ; le terme d'un progrès que l'on a commencé par concevoir comme indéfini, cela parle-t-il clairement à l'esprit ?

Qu'est-ce qu'une fin ? D'après l'analyse que je viens de faire, cela existe seulement pour une conscience. C'est un bien pour moi selon ma pensée, et par rapport à moi ou à mes semblables. Or la fin pour une conscience n'est jamais un terme. Une conscience c'est un devenir, et, par conséquent, l'idée de terme ne peut s'appliquer à ce qui la concerne. Le terme qui serait une fin est une idée que l'on ne peut saisir ; c'est une idée confuse et contradictoire.

Ainsi toute fin conçue est l'anneau d'une chaîne sans terme ; toute fin est provisoire : c'est un anneau d'une chaîne qui n'a pas de dernier anneau ; c'est dire que le désir est insatiable. La fin et le bien participent de la nature de l'âme, qui est toujours désir. L'âme rêve l'immobilité, contraire à sa nature. Elle rêve la perfection, la béatitude, le bonheur immuable. C'est là une des formes de son rêve. L'âme rêve de ce qui n'est pas elle, de l'intemporel, de l'immuable. L'âme désire toujours quelque chose, et, à force de désirer, elle oublie sa nature, sa loi. Elle rêve l'impossible, la perfection, la fin qui serait un terme, alors que toute fin est provisoire.

Ainsi l'idée de fin n'est pas l'idée de terme, et l'idée de terme s'évanouit quand on l'examine. L'idée de fin est identique à l'idée de bien et l'idée de bien est identique à l'idée de fin. Nous maintenons cette conclusion à la suite de l'examen des objections qui peuvent lui être adressées.

H.

Les poètes du XIXe siècle qui continuent la tradition du XVIIIe siècle

Cours de M. ÉMILE FAGUET,

Professeur à l'Université de Paris.

Arnault ; ses amis, son tour d'esprit ; ses œuvres.

Je vous donnais, en terminant ma dernière leçon, quelques indications sur les principaux amis d'Arnault, ce qui est encore un
des meilleurs moyens d'arriver à le bien connaître lui-même.
J'avais cité Andrieux, Fontanes, Béranger et Marie-Joseph
Chénier (qu'Arnault ne s'était point fait faute, d'ailleurs, d'égratigner cruellement pendant la Révolution).

Nous allons, aujourd'hui, compléter cette liste, en recourant,
bien entendu, à Arnault lui-même pour avoir des renseignements
intéressants sur ceux ou celles qu'il honora de son amitié.

Ce fut, en effet, une véritable amitié, — et rien de plus (il n'est
point téméraire de l'affirmer, si toutefois on peut affirmer quelque
chose en cette matière), — ce fut, dis-je, une sincère amitié
qu'Arnault éprouva pour Mlle Contat. Cette actrice célèbre avait
débuté toute jeune par la création du rôle de Suzanne dans le
Mariage de Figaro, et son succès avait été considérable. La
reine Marie-Antoinette l'avait distinguée et prise en affection.
Vers 1805 ou 1806, Mlle Contat avait épousé un neveu du poète
Parny. Elle quitta le théâtre à cause des violentes critiques dirigées contre elle par Geoffroy dans les *Débats*. Cela nous explique
la haine tenace d'Arnault contre Geoffroy, qui avait, à ses yeux,
le double tort (et je ne sais, en vérité, lequel était le plus grave,
dans la pensée d'Arnault) d'attaquer une de ses amies et de l'attaquer lui-même. Voici le portrait de Mlle Contat, tel que nous le
trouvons dans les *Souvenirs d'un Sexagénaire ;* c'est un portrait
tout intellectuel, et ne vous attendez pas à y trouver la description des charmes périssables de la célèbre actrice.

« Retournons chez Mlle Contat, dit Arnault. Si spirituelles que
fussent les personnes qui s'y sont réunies, il ne s'en trouva jamais
de plus spirituelles qu'elle. Cette intelligence si juste et si vive,
qui prêtait à son jeu tant d'esprit et de mouvement, se retrou-

vait dans ses discours. Comme l'acier fait jaillir le feu d'un caillou, elle tirait de l'esprit des gens qui en avaient le moins ; mais, rencontrait-elle un interlocuteur en état de faire sa partie, elle se surpassait elle-même, et sa conversation n'était pas moins abondante en traits et en saillies que le plus piquant de ses rôles. L'esprit, chez elle, n'excluait pas la raison ; la sienne était aussi solide que son esprit délié. On avait lieu souvent d'être surpris de la profondeur de ses pensées ; j'ai eu l'occasion de le reconnaître dans des entretiens particuliers qui roulaient sur des questions philosophiques, sur les questions les plus graves, et dont elle-même avait provoqué la discussion. Sa première éducation avait été peu soignée, mais il était imposible de s'en apercevoir, par suite des efforts qu'elle avait faits pour acquérir ce qui ne lui avait pas été donné. Elle comptait la lecture au nombre de ses plaisirs les plus vifs, et préférait à toute autre celle des livres sérieux. Elle s'exprimait avec une pureté sans pédantisme, avec une élégance sans recherche, et elle écrivait comme elle parlait, le plus spirituellement et le plus naturellement possible. Elle eût pris rang, si elle eût voulu, parmi les femmes poètes. Elle tournait fort bien les vers, à en juger par des essais qu'elle m'a montrés, mais qu'elle n'a jamais voulu publier : c'étaient des couplets fort gais et fort mordants... »

Savez-vous que c'est Arnault qui a eu la première idée des feuilletons dramatiques, et qui en a été une des premières victimes ? Un des fondateurs du journal *Le Propagateur*, sous le Directoire, avait chargé Arnault, moyennant un traitement fort honnête, de l'article *théâtre* dans cette feuille. « En ce temps-là, raconte Arnault, comme en celui-ci, la littérature était d'un bien faible intérêt pour les esprits dominés par des intérêts politiques. La politique, en conséquence, envahissait tout le journal, et, si courts que fussent mes articles, j'avais toutes les peines du monde à les y faire entrer sans amputations. Je tenais à payer largement mon contingent ; qu'imaginé-je à cet effet ? Comme au bas de la feuille était un feuilleton destiné à recevoir les annonces, je demandai que, deux fois par décade (nom qu'on donnait alors aux divisions du mois), le commerce cédât sa place à la littérature : ce que j'obtins. La méthode ayant paru commode, d'autres journaux, et particulièrement le *Journal des Débats*, prirent modèle sur le nôtre, et bientôt chaque feuille eut son feuilleton littéraire. Je puis donc me vanter d'être le créateur des feuilletons ; mais cette gloire m'a coûté cher. Comme Danton, qui fut condamné par le tribunal qu'il avait institué, ou, si l'on veut, comme Montfaucon qui fut accroché aux fourches patibulaires qu'il avait restaurées, victime de mon invention, ne suis-je pas le premier littérateur qui ait été exécuté dans le feuilleton devenu libelle, dès le lendemain de sa naissance, sous la plume de Geoffroy ? » Arnault, vous le voyez, ne manque pas une occasion de poindre ceux qui le poignent et d'égratigner ceux qui l'égratignent.

Il est intéressant de recueillir le jugement d'Arnault sur Florian, parce qu'Arnault a été un des premiers à dissiper l'illusion, alors assez courante, de ceux qui ne voulaient voir en M. de Florian qu'un berger à houlette, fade et douceâtre. Je vous ai montré l'année dernière, vous vous en souvenez, que Florian était, au fond, tout autre chose. Arnault l'a très bien observé : « A juger du caractère d'un auteur par ses ouvrages, dit-il, on se tromperait souvent. Après avoir lu *Estelle* ou *Galatée*, après avoir vu *Arlequin bon père* ou les *deux Jumeaux de Bergame*, je me figurais dans Florian l'homme le plus sensible et le plus langoureux qui existât et qui pût exister ; un véritable Céladon, qui, d'une voix douce et d'un accent pastoral, ne modulait que des madrigaux, ne soupirait que des élégies, et, comme l'imagination se plaît à faire concorder l'homme physique avec l'homme moral, je me le représentais blanc et blond comme Abel, et je n'oubliais pas de lui donner des yeux bleus. C'était justement l'opposé de la réalité. Ses traits n'avaient pas la dureté de ceux de Caïn ; mais l'expression de son visage, un peu basané et animé par des yeux noirs et scintillants, n'était rien moins que sentimentale : ce n'était pas ceux du loup devenu berger, mais peut-être ceux du renard ; la malice y dominait, ainsi que dans ses discours, généralement empreints d'un caractère de causticité qui me surprit un peu, et m'amusait beaucoup. Il excellait dans la raillerie ; mais il ne se la permettait que comme représailles, et il avait quelquefois occasion d'en prendre, car ses succès lui attirèrent plus d'une attaque. La malice de son esprit ne se révéla guère au public que dans ses *Fables*, qui ne parurent qu'en 1793. Plusieurs d'entre elles, et particulièrement *La Chenille et le Renard*, où il ripostait, m'a-t-il dit, à des critiques de Mme de Genlis, peuvent passer pour d'excellentes épigrammes. Bienveillant, d'ailleurs, envers ceux qui n'étaient pas malveillants pour lui, il le fut pour moi, et j'eus lieu de juger à ses prévenances qu'il aimait à encourager les jeunes gens. » Vous le voyez, Florian est ici plus « capitaine de dragons » que dans la légende qui s'était formée autour de lui.

Arnault a aussi connu Siéyès ; il en dit peu de chose, d'ailleurs, dans ses *Souvenirs* ; cependant il en dit assez pour rectifier un point d'histoire, et, à ce titre, je relève le renseignement que nous fournit Arnault. Vous savez que, selon la tradition, Siéyès passe pour avoir aggravé d'un mot atroce son vote de la mort de Louis XVI. Quand vint son tour, Siéyès, paraît-il, aurait déclaré : « *La mort sans phrases* ! » Arnault affirme que ce trait ne lui appartient pas. « Voici le fait, dit Arnault. Le *Moniteur*, dans l'article où il rend compte de la fatale séance où Louis XVI fut condamné, et dans lequel il tient note des considérations sur lesquelles plusieurs votants crurent devoir se fonder, dit, quand il en vient au tour de Siéyès : *Siéyès*, LA MORT (*sans phrase*). De cette réflexion, qui est d'un journaliste, on a fait un appendice du vote d'un juge. Siéyès a toujours protesté contre cette interprétation. » Il était bon de ne pas laisser échapper ce détail, qui atténue dans une certaine mesure l'horreur du crime de Siéyès.

Le cardinal Maury, le très amusant cardinal Maury, a été, lui aussi, connu d'Arnault. C'était un homme d'assez bon cœur et d'assez bon caractère, admirablement courageux, possédant ce courage vraiment français qui inspirait aux hommes de cette époque des calembours et des épigrammes au milieu des plus graves dangers.

Ajoutez à cela que Maury était doué d'une très forte éloquence, un peu sophistique et contournée parfois, mais très remuante et très originale ; ajoutez aussi qu'il était spirituel jusqu'au cynisme. Ce prêtre a l'effronterie du scepticisme, et il en fait parade ; il ne recule pas devant les expressions les plus crues, et l'on croirait entendre, en l'écoutant, un prédicateur du xvie siècle. Tel est l'homme qu'Arnault a pu connaître et sur lequel il nous raconte d'intéressantes anecdotes. En voici une qu'Arnault déclare tenir du général La Fayette :

« Attentif à se concilier tous les partis avant que sa fortune fût faite, et presque aussi souple alors qu'il s'est montré inflexible depuis, pendant la session de l'Assemblée nationale s'entend, Maury, même dans ses sermons, ne cherchait pas moins à plaire aux philosophes qu'à leurs antagonistes. Le moyen d'y réussir était de ne pas trop ménager la cour. Un jour que, préchant à Versailles, il ne l'avait pas ménagée assez, apercevant dans l'auguste auditoire des signes non douteux de mécontentement : « *Ainsi*, ajouta-t-il, *parlait saint Jean Chrysostome devant la cour de Constantinople.* » Ce mot raccommoda tout. Ce qui avait paru imperti - nent dans la bouche d'un prestolet parut sublime dans celle d'un Père de l'Eglise. On l'eût applaudi, s'il eût été permis d'applaudir devant le roi, même à la comédie. Fier de ce succès : « *Leur en ai-je donné, du saint Jean Chrysostome* ! disait-il en style de grenadier, quand ses amis vinrent le complimenter à l'issue de ce sermon, qui lui valut un bénéfice et sa nomination à l'Académie française. »

Les anecdotes d'Arnault sur l'abbé Maury sont toutes très amusantes, et achèvent de nous dépeindre cette curieuse figure de prêtre malicieux et spirituel : « *Vous croyez donc valoir beaucoup ?* lui dit, dans un moment d'humeur, un homme qui valait beaucoup lui-même. — *Très peu, quand je me considère ; beaucoup, quand je me compare,* répartit Maury. » C'est à Regnauld de Saint-Jean-d'Angély que Maury fit cette heureuse réplique, si nous en croyons Arnault.

Pendant la campagne d'Italie, Arnault songea, un jour, à revoir le cardinal Maury. C'était à Montefiascone. « Nous nous trouvions là, dit Arnault, dans le diocèse d'un de mes amis. J'eus, un moment, la fantaisie d'aller faire visite à Monseigneur ; c'était l'abbé, ou plutôt le cardinal Maury. Mes camarades m'auraient accompagné volontiers ; mais, à deux heures du matin, est-on bien sûr de ne pas contrarier, je ne dis pas la personne, mais l'homme avec qui l'on va renouveler connaissance ? Son Éminence, à qui je parlais depuis de cette velléité, me dit que j'avais eu grand tort de n'y pas céder. Au fait, Maury était bon diable. « Des Français ! prières, sommeil, j'aurais tout interrompu pour les recevoir. J'étais si altéré de voir des Français ! » disait-il avec un accent qui ne permettait pas de douter de sa sincérité. » Vous pouvez m'en croire, ajoutait-il, *je ne mens qu'en chaire.* »

Je pourrais vous lire encore des traits relatifs à Morellet, à Lemontey, à Chamfort... Il faut se borner, et je me contenterai de vous renvoyer une fois de plus à ces *Souvenirs d'un Sexagénaire,* dont la lecture est si atttachante.

Arrivons aux œuvres d'Arnault. Nous commencerons par examiner quelques-unes de ses œuvres en prose, — bien qu'elles ne soient pas de notre domaine, — parce que c'est dans ces œuvres, en général, que les poètes nous font des confidences sur leur tour d'esprit et sur leurs procédés.

<center> *</center>*

Dans une série de trois volumes, qu'il intitule *Mon Portefeuille,* Arnault a réuni les chroniques et les articles qu'il avait publiés pour la plupart dans le *Libéral* de Bruxelles, de 1815 à 1816, et il y a ajouté les notes qu'il avait dans ses tiroirs. Par suite, dans ce livre, comme dans les *Essais* de Montaigne, — toutes proportions gardées, bien entendu, — les choses les plus futiles voisinent avec les réflexions les plus dignes d'intérêt. Il y a un article sur les *Considérations sur la Révolution française* de Mme de Staël, et d'autres sur les gants, les singes, et même sur la lune. Il y en a un autre sur l'exhumation des cendres de La Fontaine et de Molière, qui, après avoir passé un siècle au cimetière de Saint-Joseph et vingt ans au Musée des Monuments français de Lenoir, furent transportées au cimetière de *Mont-Louis*, « établi dans les jardins qui ont jadis appartenu au P. La Chaise, confesseur du roi ». Cet article consiste tout entier en allusions fines et sournoises aux ennemis de La Fontaine et de Molière. Je ne vous en lis que la fin : « Les obsèques de La Fontaine et de Molière ne sont que commencées ; les dernières cérémonies n'auront lieu que lorsque leurs mausolées, qui suivaient, dans un tombereau, le corbillard où leurs corps étaient déposés, auront été réédifiés dans le *champ du repos,* où peut-être les laissera-t-on enfin tranquilles.

« Gravera-t-on sur le tombeau de La Fontaine l'épitaphe qu'il s'est faite :

Jean s'en alla comme il était venu ?

« Messieurs des Inscriptions ne la trouvent pas, dit-on, d'un style assez lapidaire : qu'ils fassent mieux.

« L'Eglise promet encore de l'eau bénite pour cette dernière solennité ; la littérature en promet aussi. Déjà plus d'un orateur funèbre songe à ce qu'il pourra dire de neuf au sujet de deux hommes sur lesquels on a tout dit. M. Hibou, qui, comme les carillonneurs, se croit obligé de faire du bruit dès qu'il y a quelqu'un de mort, parlera au nom de la basse littérature ; la haute s'exprimera par l'organe de M. Suard, à qui les éloges ne coûtent que quand ils portent sur ses contemporains. »

Arnault, vous le voyez, n'épargne pas plus Suard que Geoffroy. La prodigieuse mémoire d'Arnault, jointe à son érudition très étendue, lui inspire des rapprochements souvent très ingénieux, par exemple dans son article intitulé *les beaux esprits se rencontrent :* « Quand on retrouve dans un auteur une pensée, un sentiment qui se trouvait antérieurement dans un autre, on n'a pas toujours raison de crier au plagiat, dit Arnault, surtout si cet auteur est homme de conscience. » Et il le montre, en citant un passage de Molière qui n'est certainement pas imité de Shakespeare et qui pourtant ressemble étrangement à un passage d'une pièce du poète anglais.

« Dans le *Cocu imaginaire,* Sganarelle, se consultant pour

savoir si, dans l'intérêt de son honneur, il doit se battre avec
l'amant de sa femme, se dit, après avoir hésité quelque peu :

> Mais *mon honneur* me dit que d'une telle offense
> Il faut absolument que je prenne vengeance.
> Ma foi, laissons-le dire autant qu'il lui plaira ;
> Au diantre qui pourtant rien du tout en fera.
> Quand j'aurai fait le brave, et qu'un fer, pour ma peine,
> M'aura d'un vilain coup transpercé la bedaine,
> Que par la ville ira le bruit de mon trépas,
> Dites-moi, *mon honneur*, en serez-vous plus gras ?
> La bière est un séjour par trop mélancolique
> Et trop malsain pour ceux qui craignent la colique ;
> Et quant à moi, je trouve, ayant tout compassé,
> Qu'il vaut mieux être encor cocu que trépassé.
> Quel mal cela fait-il ? La jambe devient-elle
> Plus tortue, après tout, et la taille moins belle ?
> Puisqu'on tient à bon droit tout crime personnel,
> Que fait-là notre *honneur* pour être criminel ?
> N'allons donc pas chercher à faire une querelle
> Pour un affront qui n'est que pure bagatelle.
> On m'appellera sot de ne me venger pas ;
> Mais je serais plus sot de courir au trépas.

« Dans sa tragédie de *Henri IV*, Shakespeare fait raisonner
ainsi sir John Falstaff, qui est venu à la bataille, mais qui n'a
guère envie de se battre :

« L'*honneur* m'aiguillonne et me dit d'aller en avant. Oui ; mais,
si l'*honneur* allait me faire aller à la mort, que deviendrais-je
alors ? L'*honneur* peut-il me remettre une jambe, un bras ? non ;
m'ôter la douleur et le chagrin d'une blessure ? non. L'*honneur* ne
connaît donc rien en chirurgie ! Qu'est-ce que l'*honneur* ? un mot ;
et qu'est-ce que ce mot l'*honneur* ? Du vent. Un beau calcul
vraiment ! Et qu'est-ce que l'*honneur* ? Celui qui mourut hier le
sent-il ? non ; l'entend-il ? non. L'*honneur* ne veut-il pas vivre
avec les vivants ? non. Mais pourquoi ? C'est que l'envie ne le
souffrira jamais. L'*honneur* est donc une chose insensible ? Oui,
pour les morts. A ce compte, je ne veux pas d'*honneur*. L'*honneur* n'est qu'un vain écusson funèbre. Ainsi finit mon catéchisme. »

« Sganarelle et Falstaff raisonnent à peu près de même, comme
on le voit, en matière d'honneur. Les arguments de ces deux
dialecticiens se ressemblent beaucoup ; en conclura-t-on que l'un
les ait empruntés à l'autre ? »

Arnault termine cet article par une anecdote assez amusante,
que je relève en passant: « L'analogie d'esprit, dit-il, ne suffit
pas néanmoins pour expliquer ces sortes de rencontres, quand les

auteurs entre qui elle a lieu ne sont pas également irréprochables en matière de probité littéraire. Rivarol, abordant un jour Le Brun, celui qui s'était donné le sobriquet de *Pindare :* « Connaissez-vous, lui dit-il, le distique sur la vicomtesse de Beauharnais ? — Non. — Le voici :

> Eglé, belle et poète, a deux petits travers :
> Elle fait son visage et ne fait pas ses vers.

Comment trouvez-vous l'épigramme ? — Pas mauvaise. — Je le crois bien. — Et de qui est-elle ? — Ne devinez-vous pas ? — De vous peut-être ? — Est-ce que cela ne vous paraît pas possible ? — Pourquoi ne l'auriez-vous pas faite ? Je l'ai bien faite aussi, moi. »

Relevons aussi cette épitaphe, qui est évidemment de la composition d'Arnault lui-même, bien qu'il ne le dise pas expressément :

> Ci-gît le bon monsieur de Coudres,
> Renommé pour sa pesanteur :
> S'il eut un emploi dans les poudres,
> Ce ne fut pas comme inventeur.

Je continue à glaner çà et là. Notons cette définition de l'homme de lettres : « Qu'est-ce que monsieur un tel, qui n'est rien, qui n'a rien, qui ne fait rien ? Autrefois, c'était un abbé ; aujourd'hui, c'est un homme de lettres. — Il y a toujours dans la société des gens qui, n'ayant pas le courage de prendre un métier et le talent de cultiver un art, cherchent à déguiser sous un titre décent leur fainéantise, et se font un dignité à défaut d'un état. Le petit collet leur était d'une grande ressource. Avec quelques aunes de drap et de taffetas noir, ils se faisaient abbés en attendant qu'ils fussent quelque chose. A présent que le titre et l'habit d'abbé ne sont plus de mise, il a fallu une nouvelle dénomination pour désigner l'état de tant de gens qui n'en ont pas ; ils avaient eu, pendant quelque temps, la velléité de s'appeler philosophes ; mais cette qualification leur imposant quelques obligations, ils en ont cherché une plus vague ; et, aussi malheureusement pour la littérature qu'heureusement pour la philosophie, ils ont choisi celle d'*homme de lettres.* »

Voici, à propos des jeux de mots, des quolibets, etc..., une jolie anecdote que l'on pourrait intituler *Le Testament expliqué par le Duc* et mettre en note de la fable de La Fontaine qui a pour titre *Testament expliqué par Esope :*

« Un homme très opulent et trop dévot avait institué les

capucins ses héritiers, au détriment de son fils unique. Le testament portait cependant que ces pauvres frères donneraient à l'exhérédé, sur la succession, *ce qu'ils voudraient*. Mis en possession par l'autorité du juge, ils offrent une somme modique au jeune homme, qui recourt à l'autorité suprême : « Je ne suis pas étonné, dit le vice-roi au magistrat qu'il avait mandé ainsi que les parties, de voir ces bons pères requérir les avantages que le testament semble assurer à leur ordre ; mais je ne puis concevoir qu'un vieux juge comme vous ait pu se tromper sur le sens de ce testament. » Puis il ordonne que la lecture en soit faite, et quand on en vient à la disposition qui institue les capucins héritiers, à la charge de donner au fils *ce qu'ils voudraient:* « Mes Révérends, combien voulez-vous donner à ce jeune homme ? — Huit mille écus, Monsieur le duc, répondit le supérieur. — A combien monte la succession ? — A cinquante mille écus, monseigneur. — Ainsi, mes pères, sur cinquante mille écus vous en voulez quarante-deux mille ? — En vertu de notre droit, Excellence. — Et moi, je dis qu'en vertu du droit établi par le testament, vous devez donner ces quarante-deux mille écus au fils du testateur. — Comment cela ? — Le testament ne porte-t-il pas que vous lui donnerez de la succession *ce que vous voudrez ?* Or, *ce que vous voulez*, c'est quarante-deux mille écus, et non pas huit mille ; donc c'est au jeune homme qu'aux termes du testament, dont j'ordonne l'exécution, les quarante-deux mille écus seront délivrés. »

« C'est ainsi qu'Esope expliquait les testaments ; c'est ainsi que Sancho appointait les causes ; avouons qu'on a rendu quelquefois des arrêts moins plaisants et plus mauvais que les siens.»

Voici encore une satire qui pourrait s'appliquer à beaucoup d'acteurs modernes : nombreux sont les acteurs, — et aussi les actrices, — qui ne trouvent jamais leur rôle assez beau, qui s'estiment toujours mal partagés, et qui croient qu'un personnage, quel qu'il soit, ne doit être mis en scène avec eux que pour leur donner la réplique. Et Arnault imagine, à ce sujet, un dialogue entre un auteur et le secrétaire du théâtre. L'auteur déclare qu'il a trouvé un sujet de pièce admirable, capable de satisfaire les acteurs les plus acariâtres. « Et lequel, s'il vous plaît ? dit le secrétaire. — Celui de *Robinson dans son île*. — Je ne vois pas là un sujet de tragédie. — J'y vois un sujet de tragédie, et de tragédie en cinq actes. — Mais Robinson, dans sa solitude, n'avait pour toute compagnie que son chien et son chat. Ce ne sont pas là des interlocuteurs. — Aussi ne parlent-ils pas, mais son perroquet ! Voici mon plan :

« Robinson, après avoir contemplé la nature, fait l'éloge du printemps, monologue qui forme le premier acte. L'éloge de l'été remplit le second, celui de l'automne le troisième, celui de l'hiver le quatrième. — Et le cinquième, comment le remplissez-vous, et quel est votre dénouement, votre catastrophe ? — Dans le cinquième, mon solitaire, dont le cœur est exalté par les tableaux de la bonté et de la grandeur du Tout-Puissant, lui adresse une prière pleine de chaleur et de sentiment. « C'est toi, s'écrie-t-il avec enthousiasme, qui pourvois à tous nos besoins ; c'est toi qui nous donnes notre pain quotidien, qui le matin nous fournis *le déjeuner*... » Là il allait passer en revue les quatre repas et en donner une description en style romantique, quand il est tout à coup interrompu par cette interlocution : « *As-tu déjeuné, Jacquot?* » Le perroquet, dont l'attention a été éveillée par ce mot *déjeuné*, a pris la parole et s'obstine à la garder en dépit de son maître, qui, comme votre premier acteur, ne voulant pas, ce jour-là, souffrir d'interlocution, finit par tordre le cou à son interlocuteur pour le faire taire. Les remords de Robinson succèdent bientôt à ses fureurs et terminent ce drame, qui ne comporte pas moins de dix-huit cents vers. Qu'en pensez-vous ? »

C'est là de la satire un peu grosse, si vous voulez ; mais elle repose sur une juste observation et elle est exprimée en termes fort agréables.

Continuons. Vous vous souvenez peut-être de ces vers burlesques cités par Victor Hugo dans *Les Misérables* :

> Triton marchait devant, et tirait de sa conque
> Des sons si ravissants qu'il ravissait quiconque...

Eh ! bien, ces vers sont déjà dans Arnault, et voici le passage :
« A Venise, je crois, un professeur de poésie française avait composé les vers suivants, qu'il donnait pour modèles à ceux des écoliers qui le payaient pour être initiés dans les secrets de l'art de Racine. Ces vers faisaient partie de la description d'un triomphe de Téthys, ou de Neptune, ou d'Amphitrite :

> Triton marchait devant, qui tirait de sa conque
> Des sons si ravissants qu'il ravissait quiconque
> A ces aimables sons son oreille prêtait.
> Ah ! la charmante, hélas ! musique que c'était !

« Tout satisfaits qu'ils étaient de ces images, les Vénitiens ont, dit-on, trouvé ces vers inférieurs à ceux de l'Arioste et de Métastase quant à l'harmonie. »

Je terminerai cette revue rapide et quelque peu décousue par la lecture de ce qu'Arnault a fait de mieux comme œuvres lyriques. Vous savez qu'il a composé des cantates, des romances, des chœurs d'opéra ou d'opéra comique... Tout cela ne vaut rien, vous vous en doutez un peu. Cependant je trouve, à la fin de son recueil lyrique, une pièce intitulée *Les Regrets*, et qui mérite d'être tirée de l'oubli :

> Ils ne sont plus, ces jours que ma constance
> Aux plus heureux devait faire envier ;
> D'un bien perdu n'ai plus que souvenance ;
> Ferais bien mieux, hélas ! de l'oublier.
>
> Au temps passé malgré moi si je pense,
> De pleurs d'amour sens mes yeux se mouiller.
> Oh ! c'est malheur d'en garder souvenance,
> Et c'est malheur, hélas ! de l'oublier.
>
> Doux souvenir, tiens-moi lieu d'espérance,
> Et mon bonheur n'a pas fui tout entier.
> Sais bien qu'on meurt d'en garder souvenance,
> Mais comment vivre, hélas ! et l'oublier ?

Il y a là, vraiment, un accent de mélancolie sincère et doucement exprimée, qui donne à cette pièce une réelle beauté.

J'aborderai, dans ma prochaine leçon, l'examen des *Fables* d'Arnault, sa principale œuvre poétique, et la seule, en tout cas, qui mérite de retenir notre attention.

A. C.

L'Église et l'État en France de 1748 à 1789

Cours de **M. DESDEVISES DU DEZERT**

Professeur à l'Université de Clermont-Ferrand.

Les origines du parti prêtre.

L'année 1815 compte parmi les plus tristes de notre histoire, non seulement parce que la France y apparaît vaincue, envahie et rançonnée, mais parce qu'elle semble avoir perdu toute conscience nationale et tout sentiment d'honneur. Les partis, au comble de la rage, se dévorent sous les yeux de l'ennemi. C'est à qui, parmi les fonctionnaires, fera le plus tôt et le plus platement sa soumission au nouveau pouvoir. Le roi suit les conseils de Wellington; il a pour ministres Talleyrand et Fouché; il laisse exiler Carnot et fusiller le maréchal Ney. Paris scandalise les étrangers eux-mêmes par son luxe et par ses fêtes. On danse sur les ruines de la patrie. On chante les prouesses des uhlans « et des cosaques, nos bons amis les ennemis. » On insulte les vaincus de Waterloo. On annonce la représentation du « grand ballet des esclaves, dansant le pas redoublé en arrière « devant une entrée de Tartares, de la composition d'un « maître de ballet du Nord, déjà avantageusement connu par « des productions de ce genre ». Dans les provinces, Russes, Autrichiens, Prussiens, Anglais, Sardes, Espagnols vivent sur le pays, boivent, mangent, font ripaille, sans que les autorités royales osent rien dire, sans que le roi ose réclamer en faveur de son peuple.

La guerre civile ajoute ses horreurs à l'invasion. La terreur blanche ensanglante le Midi. Les cours prévôtales parodient la justice et servent les rancunes des partis.

Dans ce furieux chaos, les hommes honnêtes, les patriotes, car il en reste, semblent obéir à deux pensées bien différentes et se rangent sous deux bannières opposées.

Les uns restent fidèles à l'idéal révolutionnaire et napoléonien. Ils voient dans la défaite de la France l'écrasement de la Révolution par toutes les monarchies et les aristocraties confédérées; ils gardent, en général, une admiration très vive pour l'empereur qui fut en Europe le missionnaire armé de la Révolution; ils crient volontiers que sa chute est due à la trahison ; libéraux ou autoritaires, ils n'ont pour la dynastie restaurée que mépris et que haine; ils rêvent soit le rétablissement de l'empire, soit l'avènement de la République. Ils ont un sentiment commun : l'amour de la Révolution; et une commune religion : le culte du drapeau tricolore. C'est ce parti qui triomphera en 1830.

D'autres hommes sont restés fidèles à l'ancien idéal religieux et monarchique. Ils voient dans la défaite de l'usurpateur le digne châtiment de ses crimes et la punition providentielle de la France qui s'est faite sa complice. Ils abhorrent la mémoire de l'empereur, ami des régicides, bourreau du pape, tyran de ses peuples et tueur d'hommes. Ils voient dans sa chute une délivrance. La dynastie royale leur paraît incarner le salut de la France. Ils rêvent ou la reconstruction de l'ancienne monarchie, ou l'avènement d'une monarchie modernisée, qui fera régner la paix en France et rétablira la santé morale de la nation guérie de ses erreurs. Ils ont un sentiment commun : la haine de la Révolution; ils ont un symbole: le drapeau blanc.

Ces deux partis correspondaient en définitive aux deux factions fondamentales de toute société libre: l'un d'eux représentait l'élément progressiste; l'autre, l'élément conservateur. Ils avaient tous les deux leur légitimité, leur raison d'être, leur noblesse et leur grandeur. Un honnête homme, un bon Français, pouvait hésiter entre les deux bannières et se demander sous laquelle il servirait le mieux le droit, la liberté et la patrie. Beaucoup de Français se trouvaient engagés dans l'un ou dans l'autre de ces partis par les événements qui venaient de bouleverser la France, ceux qui pouvaient choisir allaient ici ou là, au gré de leurs idées ou de leurs instincts. L'Église ne pouvait guère choisir ; elle eût certainement fait preuve d'illogisme en se rangeant au parti de la Révolution ; elle ne pouvait manquer de saluer avec joie le retour de la vieille dynastie et de considérer la victoire de la monarchie de droit divin comme une victoire ecclésiastique. C'était là une idée tellement naturelle qu'il est impossible d'adresser au clergé, à cette occasion, le moindre reproche raisonnable. Il ne pouvait, en 1815, être que légitimiste.

Seulement il le fut avec intempérance, avec frénésie, sans mettre à sa joie rien de l'élégante discrétion que le pape sut mettre à la sienne.

Pendant près de dix ans, le clergé de France avait chanté des *Te Deum* pour toutes les victoires de l'empire, fêté la Saint-Napoléon, enseigné à tous les petits Français le catéchisme officiel où

il était dit : « Les chrétiens doivent au prince qui les gouverne,
« et nous devons en particulier à Napoléon notre empereur,
« l'amour, le respect, l'obéissance, la fidélité, le service militaire,
« les tributs ordonnés pour la conservation et la défense de
« l'empire et du trône... car c'est lui que Dieu a suscité dans des
« circonstances difficiles pour rétablir le culte public de la reli-
« gion sainte de nos pères et pour en être le protecteur. Il a ra-
« mené et conservé l'ordre public par sa sagesse profonde et
« active ; il défend l'Etat par son bras puissant ; il est devenu
« l'oint du Seigneur par la consécration qu'il a reçue du souve-
« rain pontife, chef de l'Eglise universelle... Selon l'apôtre saint
« Paul, ceux qui manqueraient à leurs devoirs envers notre
« empereur résisteraient à l'ordre établi de Dieu même et se
« rendraient dignes de la damnation éternelle. »

En 1815, l'oint du Seigneur est devenu l'usurpateur, le tyran,
l'ogre de Corse. On l'accuse en pleine chaire d'avoir frappé le
pape, de l'avoir foulé aux pieds et traîné par les cheveux. On
mène au sermon les généraux napoléoniens et les officiers en
demi-solde ; on leur lit le testament de Louis XVI, puis on
« tombe sur Buonaparte, qui avait porté le carnage chez toutes
« les puissances avec ses satellites, ces buveurs de sang, qui
« égorgeaient les enfants au berceau. » (*Cahiers du capitaine*
« *Coignet.*) On oublie les gloires du drapeau tricolore pour
ne plus voir en lui que l'emblème infernal du régicide et de la
rébellion.

Et tout de suite cette volte-face, si subite et si maladroite,
donne à l'Église l'apparence d'un parti politique, le cachet d'une
faction réactionnaire. Les *ultras* applaudissent à ce beau zèle ; le
peuple s'étonne et se souviendra.

C'est le souvenir, tout vivant encore, des épreuves passées qui
rend ces gens enragés, car la plupart sont de nature paisible et
ne demandent qu'à vivre en repos.

Sexagénaire et goutteux, Louis XVIII est un vieux seigneur
lettré et gourmet, un égoïste aimable, qui retrouve avec joie le
luxe ancestral, se plaît dans la société bariolée où il vit, s'amuse
des cancans du jour et des chansons nouvelles, et ne serait, en
somme, qu'un épicurien, s'il ne se savait roi de France et n'entendait jouer son rôle au sérieux.

Son frère, le comte d'Artois, n'a plus rien de l'étourdi cavalier
qu'il fut avant la Révolution ; il s'est rangé et est devenu terriblement dévot, mais il est aussi plus moral, plus charitable, et il n'y
a point en lui l'étoffe d'un fanatique dangereux.

Ses deux fils, les ducs d'Angoulême et de Berry, n'ont qu'une

21

personnalité bien effacée. Angoulême, dévot comme son père, bien intentionné, mais d'esprit assez borné, n'est, comme le dira malignement Béranger, « qu'une poire molle de bon chrétien ». Berry plus actif, plus fringant, un peu plus moderne aussi, joue au militaire, tire la moustache des grognards, mais gâte par sa brusquerie et ses caprices un fond très réel de générosité.

La duchesse d'Angoulême, fille de Louis XVI, est, suivant le mot de Napoléon, le seul homme de la famille. Sa démarche virile, sa voix rude et brève, ses traits durs, disent son âme revêche et volontaire. Le malheur lui a enseigné le mépris des hommes, et parfois un éclair de haine passe dans ses yeux froids. C'est elle qui, en 1815, essaie de soulever le Midi contre Napoléon. La garde nationale de Bordeaux veut lui jurer fidélité. Elle répond par ce mot amer : « Pas de serments ; j'en ai assez depuis six mois ! » C'est elle qui décidera sa famille à laisser exécuter le maréchal Ney. C'est la seule personne de la maison royale qui ait l'esprit sectaire, et c'est le malheur qui l'a faite ainsi.

Le monde politique est composé de bonapartistes ralliés, qui n'ont jamais eu pour l'Église qu'une sympathie fort médiocre, et d'émigrés rentrés d'exil, qui n'ont pas tous oublié combien il était de bon ton jadis de jouer au libertin. Tous ne se sont pas faits ermites comme Monsieur.

Les évêques concordataires, nommés par Napoléon, sont heureux de ne plus vivre en crainte perpétuelle de ses avanies et de ses algarades ; mais tous ne sont pas royalistes, et les princes eux-mêmes ne leur ménagent pas l'expression de leur méfiance. Monsieur se montre très dur avec l'archevêque de Besançon, Lecoz, ancien constitutionnel, accepté du bout des lèvres par Pie VII. A Coutances, Mme la duchesse d'Angoulême reçoit très froidement l'évêque Dupont, un autre constitutionnel ; et, quand celui-ci, son voisin de table, lui ramasse son mouchoir qu'elle a laissé tomber, elle le cingle d'un « Merci, l'abbé ! » si sec et si coupant que toute conversation s'arrête autour du banquet.

Le clergé du second ordre règle sa conduite sur celle de ses pasteurs, devenus par la grâce du concordat ses maîtres tout-puissants. L'évêque de l'ancien régime pouvait être contrecarré par son chapitre, partageait la collation des bénéfices de son diocèse avec le roi, avec des abbés, avec des prieurs, avec des patrons laïques. L'évêque moderne gouverne sans contrôle et est vraiment pape dans son diocèse. C'est lui qui nomme les vicaires et les desservants et qui les révoque à volonté ; c'est lui qui nomme les curés doyens, avec l'agrément de l'administration. Les curés sont inamovibles ; mais plus d'un évêque leur fait, en les nommant, signer leur démission préventive, et les a ainsi dans sa main et sous son autorité suprême. L'évêque est donc désormais le maître absolu de son clergé, comme le colonel l'est de son régiment ; il l'instruit dans son séminaire diocésain ; il le surveille et le contrôle par ses visites pastorales; il le conduit par ses mandements ; il le gouverne par le principe de l'obéissance inconditionnelle et absolue, qu'il lui a inculqué comme le premier de ses devoirs.

L'Eglise est désormais, comme l'a voulu le premier consul, une administration, un corps de fonctionnaires dirigés, réglés, contenus par leurs chefs hiérarchiques et salariés par le gouvernement.

Il y avait donc peu d'apparence qu'un corps ainsi constitué pût vivre d'une vie religieuse bien intense, et tout semblait annoncer que, quand les passions politiques se seraient assoupies, le clergé donnerait le spectacle d'une administration aussi régulière et aussi consciencieuse, aussi paisible et aussi neutre que pouvait l'être la magistrature ou le corps des finances.

Et cette religion officielle, toute prête à se contenter d'apparences, était bien celle qui paraissait convenir à la France d'alors, en majorité indifférente aux idées religieuses, toute à la joie de vivre et de se voir un lendemain, après avoir, pendant vingt-cinq ans, vécu dans l'insouciance des camps et les hasards des batailles.

Mais la France n'était pas faite pour rester longtemps enlizée dans ce calme honteux, et la paix matérielle était à peine assurée que la lutte des idées recommençait.

On se souvient combien pauvre a été l'histoire de la pensée religieuse au dix-huitième siècle ; on peut dire que, depuis la grande querelle de Fénelon et de Bossuet, aucune question spirituelle n'avait réussi à s'imposer à l'attention publique. La France avait feint de se faire janséniste pour fronder l'autorité royale ; elle n'avait été que philosophe avant la Révolution, et jacobine depuis 1793.

En l'année 1802 parut à Paris un ouvrage singulier, *Le Génie du Christianisme*. L'auteur, un gentilhomme breton de trente-trois ans, le vicomte de Chateaubriand, prétendait réhabiliter la vieille foi au nom du sentiment, de la poésie et de l'art.

C'était un dessein superbe et hasardé ; car on vivait, depuis Boileau, dans l'idée que la religion et la poésie étaient deux choses incompatibles. Chateaubriand prouva, au contraire, qu'il y a dans le christianisme plus de poésie et plus d'art, plus de beauté esthétique et plus de passion que dans les fades mythologies depuis si longtemps à la mode. Son livre, trop long et mal composé, fut à la fois une poétique nouvelle, une philosophie de l'art, une apologie de la religion, une collection merveilleuse de tableaux éblouissants, d'épisodes délicieux.

Nous sommes tentés, aujourd'hui, de le trouver faible dans sa partie dogmatique, et nous lui reprocherions volontiers de s'adresser à notre imagination plutôt qu'à notre raison ou à notre cœur. Au moment où il parut, il révéla à tous ses lecteurs des mondes inconnus. Quoi donc ? le dernier mot de l'art n'était point d'imiter les anciens ? Français et chrétiens, il ne nous était point défendu de penser et d'écrire en chrétiens et en Français ? La Bible valait comme poésie et Virgile et Homère ? C'étaient là de stupéfiantes découvertes, et les colères des classiques et des philosophes montrèrent tout ce qu'avaient d'audacieux les théories du novateur. Tous les hommes qui procédaient du dix-huitième siècle crièrent au scandale et à la folie. Porté aux nues par les uns, décrié par les autres, le livre fut lu par tous, et ramena plus d'une âme au christianisme par l'attrait de la beauté.

Quelques années plus tard, Chateaubriand voulut donner un exemple de ce que pouvait être la poésie chrétienne et publia ses *Martyrs*, épopée en prose, dont la première partie au moins comptera toujours parmi les chefs-d'œuvre de notre langue.

Le *Génie du Christianisme* et les *Martyrs* n'étaient que des œuvres littéraires ; elles réussirent là où avaient échoué tant d'ouvrages dogmatiques, tant de traités savants ; elles rompirent le charme qui avait rendu la religion muette depuis un siècle, elles lui rapprirent le chemin des cœurs et des volontés.

Châteaubriand s'était adressé à l'imagination de ses lecteurs : le comte Joseph de Maistre s'imposa aux méditations des hommes d'État. Né à Chambéry en 1753, d'une famille originaire du Languedoc, ce grand penseur, ce grand écrivain refusa de devenir Français quand son pays fut conquis par nos armes. Il resta fidèle à la maison de Savoie et occupa, de 1799 à 1817, les fonctions d'ambassadeur de Sardaigne auprès de la cour de Russie. Il revint en Sardaigne pour y mourir quatre ans plus tard (1821), laissant derrière lui des œuvres remarquables, qui devaient avoir une influence profonde sur l'esprit public et sur la politique de la Restauration.

Elevé dans un milieu très conservateur, fonctionnaire d'une des cours les plus aristocratiques de l'Europe, chassé de son pays par l'invasion française, privé de ses biens par les autorités révolutionnaires, représentant de la Sardaigne à la cour de l'autocrate de toutes les Russies, le comte de Maistre est l'ennemi personnel de la philosophie française du xviii° siècle et de la Révolution ; mais les grands spectacles auxquels il a assisté, les victoires inouïes de nos soldats, les gloires incontestables de la France révolutionnaire, le fascinent malgré lui. Il admire la France, même quand il la condamne ; il reconnaît l'influence prépondérante, le magistère moral qu'elle exerce dans le monde ; il hait la France rebelle à Dieu et au roi, mais il la hait d'une haine familiale, qu'on sent toute prête à se changer en amour passionné le jour où la France, coupable à son avis, reviendrait à la raison, au devoir, à la vérité.

Son premier ouvrage important fut publié, en 1796, sous le titre de *Considérations sur la France et sur la Révolution*. C'est une attaque à fond contre la France révolutionnaire, considérée comme un véritable Pandémonium, comme un pays voué, par on ne sait quel obscur jugement de la Providence, aux puissances d'orgueil et de ténèbres. « Ce qui, distingue la Révolution française, dit « l'auteur, ce qui en fait un événement unique dans l'histoire, « c'est qu'elle est mauvaise radicalement, c'est qu'aucun bien n'y « soulage l'œil de l'observateur. C'est le plus haut degré de cor- « ruption connu. C'est la pure impureté. »

Mirabeau est « le roi de la halle ».

Les Français ont cru, en tuant leur roi, prendre une mesure de salut public, et pour chaque goutte de sang du roi ont coulé des torrents de sang français.

Une fois déchaînée, la Révolution a passé sur la France comme un fleuve dévastateur, entraînant et engloutissant tour à tour tous ceux qui prétendaient la canaliser et l'endiguer. La tempête n'a connu aucune loi, et sa course paraît n'obéir qu'à une main divine.

Mais la République ne pourra se maintenir, par la raison très simple qu'on n'a jamais vu dans l'histoire une seule grande nation libre sous un gouvernement républicain.

La France n'a aucune confiance dans la République. « Personne « ne croit, par exemple, à la légitimité des acquisitions de biens « nationaux, et celui-là même qui déclame le plus éloquemment « sur ce sujet s'empresse de revendre pour assurer son gain. »

La République travaille « pour l'avantage de la monarchie « française ». Et la France ne trouvera de repos qu'après s'être réconciliée avec l'Église et avec la monarchie.

On ne peut s'empêcher d'admirer ici la pénétration du comte, qui, dès 1796, donnait la restauration des Bourbons comme épilogue naturel à la Révolution. Napoléon faillit bien, il est vrai, lui donner tort ; mais il faut remarquer qu'en 1796 de Maistre ne pouvait prévoir que Bonaparte serait, un jour, de taille à endiguer

le flot révolutionnaire, et il faut convenir aussi qu'à partir de
1809 la théorie de l'auteur reprit, chaque jour, plus de vraisemblance : « Vous êtes content, disait Decrès à Marmont, parce
« que l'empereur vous a fait maréchal ; je vous dis, moi, qu'il est
« fou, absolument fou, et que tout cela finira par une épouvan-
« table catastrophe. » En 1814, de Maistre donna au public un
nouvel ouvrage : *Essai sur les principes générateurs des constitutions politiques et des autres institutions humaines.* Il y attaquait
avec amertume et véhémence l'idée bourgeoise de l'efficacité des
constitutions écrites. Il montrait l'inanité des garanties qu'elles
paraissent offrir et leur refusait tout mérite, lorsqu'elles ne répondent point aux principes éternels de gouvernement des sociétés
et aux traditions du pays. Une constitution improvisée tout d'un
coup et de toutes pièces serait un monstre, comme un homme qui
naîtrait adulte. Elle ne pourrait être faite que pour un être de
raison, pour l'*homme*, comme disent les philosophes... « Or il n'y
« a point l'*homme* dans le monde ; j'ai vu dans ma vie des Fran-
« çais, des Italiens, des Russes. Je sais même, grâce à Montes-
« quieu, qu'on peut être Persan ; mais, quant à l'*homme*, je déclare
« ne l'avoir rencontré de ma vie ; s'il existe, c'est bien à mon
« insu. »
   L'idée d'écrire une constitution apparaît à de Maistre comme
une folie, comme une marque de stupidité : « L'écriture, dit-il, est
« constamment un signe de faiblesse, d'ignorance ou de danger.
« A mesure qu'une institution est parfaite, elle écrit moins. » Et il
opposait à la constitution écrite de la France la constitution
traditionnelle de l'Angleterre, bien plus souple, bien plus conforme au génie national, et plus favorable à l'initiative du gouvernement et des citoyens.
   En 1819, un nouvel ouvrage vint mettre le comble à la réputation du comte de Maistre et couronner sa théorie politique du
gouvernement providentiel. Dans son livre du *Pape*, il ne craignit
pas de se faire l'ardent apologiste de la papauté, et de présenter
la théocratie comme le gouvernement idéal.
   Il remarque que l'histoire de la France se distingue de
celle des autres peuples européens par un élément idéaliste
très marqué, et avec la tournure spéciale de son esprit, il y
voit une tendance providentielle : « Il y a, dit-il, dans le gou-
« vernement naturel et dans les idées nationales du peuple
« français je ne sais quel élément théocratique et religieux qui
« se retrouve toujours. » Il en conclut que la France manque
à sa mission et se mutile de ses propres mains, quand elle
relâche seulement le lien qui l'unit au chef de l'Église.

L'Église de Rome lui apparaît comme le chef-d'œuvre incomparable de la religion et de la politique, comme « la mère immor-
« telle de la science et de la sainteté ». Il en retrace à grands
traits l'imposante histoire, envisagée dans ses rapports avec les
souverainetés temporelles, avec la civilisation et le bonheur des
peuples, avec les Églises schismatiques. Dans un autre ouvrage,
il dressera en face de l'Église romaine l'Église gallicane, à laquelle il demandera de faire sa soumission à Rome.

Dans son ardeur apologétique, il ne s'embarrasse de rien ; il
touche aux sujets les plus brûlants ; il tranche les difficultés avec
la fermeté passionnée d'un politique doublé d'un théologien. La
bulle *Inter cætera*, par laquelle Alexandre VI partagea le monde
entre l'Espagne et le Portugal, lui apparaît comme « un noble
arbitrage ». La bulle *In Cæna Domini*, dont tous les gouvernements monarchiques interdisaient la publication dans leurs Etats,
n'est pour lui qu'un monument de la prévoyante sagesse des
pontifes. Il fait observer malignement que la bulle défend aux
princes d'augmenter les impôts sans l'autorisation du Saint-Siège,
que la Révolution a justement fait couler des torrents de sang
pour enlever aux princes le droit de taxer arbitrairement leurs
peuples, et qu'elle n'y a point réussi.

Le dogme et la discipline ecclésiastiques lui paraissent également admirables. Il loue le célibat des prêtres. Il va même jusqu'à
louer le latin des prières liturgiques : « Quant au peuple pro-
« prement dit, s'il n'entend pas les mots, *c'est tant mieux*. Le res-
« pect y gagne et l'intelligence n'y perd rien. Celui qui ne com-
« prend point comprend mieux que celui qui comprend mal. »

Il enseigne délibérément la supériorité de la foi sur la science ;
mais il ne reconnaît cette supériorité qu'à la foi catholique :
« La science est une espèce d'acide qui dissout tous les métaux,
« excepté l'or. Aucune religion ne peut supporter l'épreuve de la
« science, sauf une, celle qui, par son principe même, se met hors
« des atteintes de la science et de l'esprit d'examen. » Ce principe,
c'est le dogme tutélaire de l'infaillibilité pontificale, proclamé par
de Maistre cinquante ans avant le concile du Vatican.

On n'a qu'à choisir, dit le philosophe, entre la souveraineté du
pape ou la souveraineté des peuples ; « car, depuis que les peuples
« ne voient plus rien au-dessus des rois, ils s'y sont mis eux-
« mêmes », et leur souveraineté collective et irresponsable
comporte tous les excès et toutes les tyrannies.

L'infaillibilité pontificale est, au contraire « un magnifique et
« divin privilège de la chaire de saint Pierre ».

On est tenté de se récrier devant une pareille affirmation, et d'y

voir un de ces paradoxes auxquels se plaisait de Maistre. N'a-t-il
pas dit « que la guerre est divine » ? N'a-t-il pas appelé le bourreau « la pierre angulaire de l'édifice social » ? Mais il s'agit pour
lui, dans l'espèce, d'une vérité historique, dont il prétend faire
la démonstration scientifique. Il fait remarquer qu'en vertu des
seules lois sociales toute souveraineté se donne, en fait, comme
infaillible, et que les grands tribunaux revendiquent eux-mêmes
cette prérogative, sans laquelle nul gouvernement ne serait
possible. « Si vous êtes forcés de supposer l'infaillibilité dans les
« souverainetés temporelles, où elle n'est pas, sous peine de voir
« l'association se dissoudre, comment pourriez-vous refuser de
« la reconnaître dans la souveraineté spirituelle, qui a cependant
« une immense supériorité sur l'autre, puisque, d'un côté, ce
« grand privilège est seulement humainement supposé, et que,
« de l'autre, il est divinement promis. »

Le *Pape* de Joseph de Maistre ne rendra, sans doute, aucun
libre penseur ultramontain, mais on ne peut nier la belle ordonnance et le logique enchaînement de ce grand ouvrage, et l'on
s'explique l'impression profonde qu'il produisit sur les esprits
au moment de son apparition. Tous ceux qui, au lendemain de
la tempête révolutionnaire, cherchaient le principe sur lequel
on pourrait reconstruire la société saluèrent avec joie l'œuvre
de l'éloquent dialecticien.

La publication des *Soirées de Saint-Pétersbourg* (1821) contribua encore à populariser le nom du comte de Maistre et à répandre ses idées sur le gouvernement temporel de la Providence.
La lecture de cet ouvrage vous donne la sensation d'un voyage
vertigineux sur une route de montagne. A chaque pas, l'on s'é-
tonne, ou l'on s'effraie, souvent on rit, et l'on se laisse entraîner
loin des chemins battus par ce terrible raisonneur, dont l'audace
vous intéresse et dont le charme vous retient.

De Maistre, qui plaisante souvent, mais à froid, reproche à un
Français son ton léger et frivole : « Vous me glacez quelquefois
« avec vos *gallicismes*. Quel talent prodigieux pour la plaisanterie!
« Jamais elle ne vous manque, au milieu même des discussions
« les plus graves. »

Le dix-huitième siècle, qui sut traiter si plaisamment les sujets
les plus graves, est pour lui un siècle de rebut. « Le dix-huitième
« siècle, dit-il, n'a jamais aimé et loué les hommes que pour ce
« qu'ils ont de mauvais. » — Voltaire est pour lui « un fleuve de
« fange qui roulait des diamants ». Rousseau est un pervers,
et Montesquieu est plus noir encore que lui. « Le *Contrat social*
« s'adressait à la foule et les laquais mêmes pouvaient l'entendre.

« C'était un grand mal, sans doute ; mais, enfin, leurs maîtres
« nous restaient. Le livre de Montesquieu (l'*Esprit des Lois*) les
« perdit ! »

Ce vilain siècle a fini par une catastrophe, digne châtiment de
ses crimes ; mais les hécatombes de la Révolution présagent une
ère de paix et de pardon. De Maistre croit à la réversibilité des
douleurs de l'innocence au profit des coupables. Le christianisme
repose tout entier sur ce dogme agrandi de l'innocence payant
pour le c rime. C'est de ce sombre mysticisme qu'il tire toute son
espérance. Avais-je pas raison de dire que de Maistre donne le
vertige ?

Tandis que l'esprit conservateur et les rancunes politiques
entraînaient le diplomate savoyard jusqu'à l'affirmation de
l'infaillibilité pontificale, un prêtre français aboutissait aux mêmes
conclusions en suivant une route un peu différente.

Hugues-Félicité-Robert de Lamennais, né le 19 juin 1782 à
Saint-Malo, porta dans l'étude de la théologie toute la passion et
toute la ténacité de sa race. A douze ans, il avait déjà lu Plutarque, Tite-Live, Nicole et Rousseau ; il était déjà tourmenté de
tels scrupules qu'il ne se jugea pas digne de faire sa première
communion, et n'accomplit cet acte qu'à vingt-deux ans. L'influence de son frère le fit entrer dans les ordres, à vingt-neuf
ans ; mais, toujours assailli par le doute, il ne reçut l'ordination
qu'à trente-quatre ans, et ceux qui le virent dire sa première
messe conservèrent le souvenir étrange d'un homme de grande
foi terrorisé par les saints Mystères. Il resta longtemps à l'autel,
coupant son récitatif de longs silences, le front pâle et baigné de
sueur comme un agonisant.

Lamennais appartient à la classe des esprits nobles, épris de
vérité pure et de sincérité absolue. Il a aspiré de toutes ses
forces à posséder ces deux biens suprêmes, et n'a pas su voir
qu'ils ne sont pas faits pour l'humanité. Il s'est usé dans une
lutte sans merci contre les hypocrisies du monde et de l'autorité.
Il n'est pas de roman plus douloureux que le martyre de cette
grande âme aux prises avec la routine, la sottise et la méchanceté des hommes. Nous n'exagérerons rien en disant que nous
voyons en Lamennais un des grands hommes du dernier siècle.

Son premier livre est intitulé : *Réflexions sur l'état de l'Église
en France pendant le dix-huitième siècle et sur sa situation actuelle.*
Il parut en 1808 et fut supprimé par la police impériale.

C'était un livre très hardi et profondément pensé. Lamennais
voyait dans l'indifférence religieuse le mal secret dont mourait
l'Église. « On ne lutte plus contre la religion, disait-il, on s'en

« détache ». On ne s'en détachait que pour courir aux intérêts matériels ; gagner pour jouir, tel semblait être désormais le but de tous les hommes, et la barrière entre le pauvre et le riche, entre celui qui souffre et celui dont la vie est une fête, se faisait chaque jour plus haute et plus infranchissable. Pouvait-on du moins compter sur le clergé pour consoler les souffrants et pour crier aux riches : Justice et charité ? Non, le clergé-fonctionnaire, réduit par le concordat, touchait son salaire, végétait, remplissait sa fonction officielle et perdait de vue sa mission évangélique.

Il est probable que plus d'un évêque approuva le ministre de la police pour avoir fait disparaître un ouvrage aussi scandaleux.

En 1814, Lamennais attaqua l'Université napoléonienne, comme il avait attaqué le clergé concordataire. Refuge de moines sécularisés et de prêtres constitutionnels, l'Université était encore imbue de l'esprit du dix-huitième siècle ; Lamennais ne pouvait voir de bons éducateurs de la jeunesse dans ces philosophes plus qu'à demi païens, et demandait la liberté de l'enseignement.

En décembre 1817 parut le premier volume d'un nouveau livre sur l'*Indifférence en matière de religion*, où l'auteur protestait encore contre « le salaire insultant » que l'État accordait à la religion, comme s'il n'eût consenti qu'à la tolérer, sans la comprendre et sans l'honorer comme elle en était digne.

La deuxième partie de l'*Essai sur l'Indifférence*, publiée en 1823, annonça une nouvelle philosophie de la religion et prétendit rattacher la foi à la raison par des liens tellement étroits et tellement solides qu'il fût désormais impossible de les désunir.

Lorsque nous affirmons une idée que nous croyons évidente, nous n'entendons point dire que cette idée nous *paraît* vraie jusqu'à l'évidence, mais qu'elle l'*est*, et nous ne la donnons pas comme telle en vertu de notre sentiment particulier, mais en vertu de sa conformité avec une raison extérieure à nous, et plus haute que la nôtre, la raison universelle.

Si donc nous parvenons à découvrir une vérité plus générale que toutes les autres, tellement générale qu'on la rencontre partout tenue pour évidente, cette idée sera de toutes la plus sûre et la plus vraie.

Cette idée universelle est, pour Lamennais, l'idée de Dieu.

Dieu a créé l'homme, et, en lui donnant l'intelligence, la conscience et le langage, il s'est révélé à lui, et par lui à toute l'humanité.

Cette révélation, toujours une et identique en son essence, a pu être obscurcie, déformée et gâtée par les hommes ; elle n'en existe pas moins à travers toutes les folies qui la défigurent ; elle forme le fond uniforme et solide de toutes les religions. Considérée dans sa pureté primitive, elle constitue la religion adéquate à la réalité, qui doit de nécessité absolue être connue de nous pour nous conduire au salut.

Mais nous ne pouvons la connaître ni par le sentiment, principe de tous les fanatismes, ni par le raisonnement, principe de discussion et d'incertitude. Nous ne la pouvons connaître que par le moyen de l'autorité, de telle sorte que la vraie religion sera incontestablement celle qui reposera sur la plus grande autorité visible, c'est-à-dire qu'elle sera le catholicisme (1).

Lamennais prouve donc la vérité du catholicisme par l'autorité du Saint-Siège, et tout son raisonnement conclut à l'insuffisance, à l'impuissance de la raison. Il ne se sert de sa raison que pour l'humilier aussitôt devant l'autorité. Son critérium de la vérité n'est plus l'évidence philosophique, mais la parole du pontife romain. Il aboutit, comme de Maistre, à l'infaillibilité dogmatique du pape et fait de ce point, encore contesté à cette époque, la pierre angulaire de son édifice théologique.

Lamennais et de Maistre furent des penseurs de grand mérite, mais sans action directe sur la vie politique de la France ; de Bonald, moins profond et moins génial, eut part au gouvernement.

Né près de Milhau en 1753, le vicomte de Bonald émigra en 1791 et ne revint en France que sous le consulat. L'amitié de Fontanes lui valut une place de conseiller de l'Université impériale. La Restauration lui ouvrit la carrière des honneurs. Député en 1815, ministre, membre de l'Académie française (1816), pair de France (1823), il défendit jusqu'en 1830 la cause de la monarchie traditionnelle et de l'alliance étroite de l'autel et du trône.

Son éducation et son tempérament en faisaient l'ennemi-né de la Révolution. « La liberté et l'égalité, disait-il, ne sont que « l'amour de la domination et la haine de toute autorité qu'on « n'exerce pas. »

Il ne croyait pas à la liberté de la presse et professait nettement le principe d'une orthodoxie d'État : « Écrire et même parler « ne sont pas des facultés natives... mais des facultés sociales, « dont nous devons compte à la société... les choses morales et « le monde social n'ont pas été livrés à nos vaines disputes.

_____

(1) Albert Cahen, *Lamennais*, dans Petit de Julleville, *Histoire de la littérature française*, t. VII.

« Comme ils sont l'objet de nos devoirs, ils peuvent servir d'ali-
« ment à nos passions, et si, dans son orgueil ou la faiblesse de
« sa raison, l'homme méconnaît les lois de cet ordre moral, il
« peut livrer la société aux troubles et aux révolutions. »
    Il démontrait la révélation par l'existence du langage, dont il
faisait un don de Dieu. Il pensait que l'homme, abandonné à
lui-même, n'eût jamais parlé, et qu'en lui donnant la parole,
Dieu lui avait en même temps révélé ce qu'il avait besoin de
connaître pour assurer son salut. Son intelligence, faite de
logique serrée et pénétrante, étroite et profonde, ne lui permettait de voir la vérité que sous les apparences monarchiques et
catholiques, et il formulait son opinion avec une rigueur toute
mathématique.
    « En supposant l'existence des êtres sociaux, Dieu et l'homme,
« tel qu'il a été et tel qu'il est, le gouvernement monarchique
« royal et la religion chrétienne catholique sont nécessaires,
« c'est-à-dire qu'ils ne pourraient être autres qu'ils sont, sans
« choquer la nature des êtres sociaux, c'est-à-dire la nature
« de Dieu et celle de l'homme. »
    Nous nous trouvons ainsi en face d'un dogmatisme absolu, si
absolu qu'il nous paraît fou ; mais on conçoit quelle force devait
donner dans l'action une foi aussi entière et aussi voulue.
    Pour un esprit de cette trempe, toutes les questions se rame-
naient à la question religieuse. « La révolution qui agite l'Europe,
« disait-il, est beaucoup plus religieuse que politique, ou plutôt
« dans la politique on ne poursuit que la religion, et une rage
« d'antichristianisme impossible à exprimer, et dont de célèbres
« correspondances du dernier siècle ont donné la mesure,
« anime un parti nombreux à la subversion des anciennes
« croyances. »
    Il voulait reconstruire la société par la base et changer tout
d'abord l'esprit de l'Université : « Il faut, disait-il, prendre dans
« tous les ordres religieux tous ceux qui se sentiront de l'attrait
« et des dispositions pour embrasser ce nouvel état, *plier ensuite*
« *tous les esprits, tous les cœurs, tous les corps*, sous un institut
« approuvé de l'Église et de l'État. » Et il donnait comme
type à son Université idéale l'institut des Frères de la doctrine
chrétienne.
    Le pauvre clergé concordaire ne suffisait pas à ses ambitions
de renaissance religieuse. « Loin de pouvoir faire l'aumône aux
« pauvres, le clergé était obligé lui-même de la recevoir des
« paroisses qu'il desservait et où il n'était souvent regardé que
« comme le premier valet de la commune. » De Bonald voulait le

tirer de la misère et de la dépendance et se plaignait avec une rageuse amertume de sentir ses efforts paralysés « par les intri-« gues impénétrables d'un parti qui s'entrelace dans toutes les· « affaires pour les enrayer, quand il ne peut les conduire, et qui « fait servir à l'asservissement de la religion en France jusqu'aux « libertés de l'Église gallicane ». Depuis les grands jours de Louis XIV, le clergé n'avait pas entendu un pareil langage. Surprise, piquée au vif, la foule prêtait l'oreille, et il semblait bien que des hommes de ce caractère fussent capables de la ramener à la vieille foi. Ils avaient pour eux la conviction qui commande toujours le respect et l'éloquence. Les événements semblaient justifier leurs théories ; le pouvoir encourageait leurs ambitions. Tout paraissait leur promettre le succès, et le succès n'est point venu.

La France a refusé de se laisser conduire où ils voulaient la mener. Son vieil esprit d'indépendance s'est défié de l'ultramontanisme. Elle s'est cabrée devant les prétentions à l'infaillibilité du pontife romain. Les indomptables fiertés dont le gallicanisme n'était que le symbole se sont réveillées dans son âme ; elle a rejeté résolument le vasselage spirituel qu'on voulait lui imposer.

A l'autorité dogmatique, qui n'est point dans son génie, elle a préféré nettement le libre examen. Elle n'a pas voulu que sa culture scientifique fût gênée en quoi que ce fût par une préoccupation religieuse quelconque. Elle a voulu l'absolue indépendance de l'esprit. Et, en défendant son autonomie politique et intellectuelle, elle a, croyons-nous, fait œuvre courageuse et sage. Mais peut-être y a-t-il eu, dans sa résistance à la conquête catholique un autre élément moins noble, et qu'il est du devoir de l'historien de signaler comme il a signalé les autres. Il y eut peut-être dans cette résistance une part de faiblesse morale, une préférence pour le laisser faire, le laisser aller, pour la loi du moindre effort.

G. DESDEVISES DU DEZERT.

Sujets de devoirs

LICENCE ÈS LETTRES.

Dissertation française.

I. Vous exposerez les théories politiques et sociales de Pascal et vous les rattacherez aux idées générales des *Pensées*.

II. Vous apprécierez la poésie de Racine : a) d'après le premier acte d'*Andromaque* ; — b) d'après les chœurs d'*Athalie*.

III. Ne diminue-t-on pas la portée des *Maximes* de La Rochefoucauld en voyant dans ce livre « une œuvre de rancune » ? Ne peut-on pas, malgré l'amertume de l'accent dans de nombreux passages, dégager des *Maximes* une doctrine très noble et stoïcienne qui permet de rapprocher La Rochefoucauld de Corneille?

Histoire de la littérature latine.

I. La rhétorique à Rome. — Esquisser très rapidement son histoire et en indiquer les divers moments. Marquer son importance littéraire et sociale.

II. L'attitude politique de Cicéron d'après sa correspondance.

III. Le mouvement des idées au deuxième siècle après J.-C.

LICENCE PHILOSOPHIQUE.

Histoire de la philosophie.

I. Héraclite et les Stoïciens.

II. Malebranche d'après les *Entretiens métaphysiques*.

III. L'espace et le temps chez Kant et chez M. Bergson.

LICENCE HISTORIQUE.

Histoire ancienne.

Histoire et développement de la constitution politique d'Athènes, depuis Solon (inclus) jusqu'à Périclès (inclus).

H

UNIVERSITÉ DE PARIS

CONFÉRENCE D'ANGLAIS.

Commentaire grammatical.

John Ruskin, *Stones of Venice*, ch. IV : « We find ourselves in a paved alley... hanging from his roof in the darkness. »

Thème.

Ronsard, *Odes*, IV :

« Ma douce jouvence est passée...
... Comme à toi vaudra ton soc. »

Lecture expliquée.

J. Ruskin, *Stones of Venice*, IV :
« Between that grim cathedral... are together shut out by it. »

Composition française.

Comparer les trois héroïnes Juliet (*Romeo and Juliet*), Lucy (*The Bride of Lammermoor*) and Madeline (*The Eve of St Agnes*), qu'une haine de famille place dans une situation analogue.

⁎⁎

Commentaire grammatical.

Addison, *The Spectator*, n° 130 : depuis le commencement jusqu'à « and bid her go on ».

Thème.

Michelet, *La Mer*, la tempête d'octobre 1859 : « Nous habitions sur la plage.... le grenier, percé par places, versait des ondées. »

|Lecture expliquée.

Sir Walter Scott, *The Bride of Lammermoor*, ch. XX : « Craigengelt rose.... only the noose is but typical. »

Composition française.

Commenter cette pensée d'un critique :
« In John Keats there was a non-combatant's delicious sense
of all beauty that lies around, above, below the battle-field of
life. »

Commentaire grammatical.

Shakespeare, *Measure for measure*, III : « What's your will,
father ?... this well-seeming Angelo. »

Thème.

Montaigne, ch. xxv, *De l'Institution des Enfants :* depuis le
commencement jusqu'à : « et me fiert d'une plus vive secousse ».

Lecture expliquée.

J. Keats, *The Eve of St Agnes* : str. xxi,   xxii,   xxiii,
xxiv, xxv.

Composition française.

Discuter et apprécier cette pensée de Ruskin : « Each sex has
what the other has not ; each completes the other and is com-
pleted by the other ; they are in nothing alike, and the happi-
ness and perfection of both depends on each asking and recei-
ving from the other what the other only can give. »

Le gérant : E. FROMANTIN.

POITIERS. — SOCIÉTÉ FRANÇAISE D'IMPRIMERIE ET DE LIBRAIRIE

QUINZIÈME ANNÉE (2ª Série)   Nº 25   ·   2 MAI 1907

REVUE HEBDOMADAIRE

DES

COURS ET CONFÉRENCES

DIRECTEUR : N. FILOZ

Les discours judiciaires de Cicéron.

Cours de M. JULES MARTHA,

Professeur à l'Université de Paris.

L' « altercatio ».

Dans ma dernière leçon, je vous ai entretenus d'un épisode important des audiences romaines, l'*interrogatio testium*. Je vous ai dit que, à la fin de la République, cet épisode se plaçait ordinairement après le réquisitoire et le plaidoyer. Mais qu'est-ce qui venait après ? On pourrait penser que cet interrogatoire terminait les débats et précédait immédiatement la sentence : il n'en est rien cependant. Entre les dépositions des témoins et la proclamation du verdict avait lieu ce que les anciens appelaient l'*altercatio*.

*
* *

Que faut-il entendre par là ?
En réalité, nous sommes très embarrassés pour répondre à cette question. Chose curieuse, Cicéron ne nous dit presque rien, dans ses traités de rhétorique, sur cette partie de l'audience. C'est à peine si, dans le *Brutus*, il y fait deux ou trois fois allusion (1), notamment à propos de Crassus qui s'y montrait très habile : *in*

_____

(1) *Brutus*, §§ 159, 164, 173.

altercando inveniebat parem neminem. Heureusement pour nous, Quintilien, dans son *Institution oratoire*, eut l'idée de nous en parler, et assez longuement. Il lui consacra même tout un chapitre (1), qui contient à la fois des idées et des faits, et qui nous permet aujourd'hui de ne pas ignorer tout à fait ce qu'était une *altercatio* (2).

Cet épisode de l'audience judiciaire était très connu des anciens et, à leurs yeux, il était d'une grande importance. C'est ce qui ressort du livre de Quintilien. Représentez-vous, en effet, ces longues séances au milieu du Forum, au grand soleil, en plein vent : les débats durent quelquefois depuis quatre, dix, vingt heures, quelquefois même depuis plusieurs jours. L'accusateur d'abord a prononcé son réquisitoire : il a cherché à y accumuler le plus de preuves possible, et, naturellement, son discours n'a pas péché par la brièveté. Après lui, le défenseur s'est levé pour répondre, et il a parlé en faveur de l'accusé aussi longuement que son adversaire. Enfin, les discours terminés, des témoins ont été interrogés. Tout cela a pris bien du temps. Qu'arrive-t-il ? C'est que, après le plaidoyer et l'*interrogatio testium*, personne, dans le public et parmi les juges, ne se souvient ni des arguments employés par les avocats ni des faits rapportés par les personnes citées ; tout est dans la brume la plus intense. Par suite, l'impression définitive naîtra, pour le tribunal, de ce qui se dira dans la dernière partie de l'audience, c'est-à-dire dans l'*altercatio*. Celle-ci, précédant immédiatement la discussion et la proclamation de la sentence, décidera du sort de l'accusé, de son acquittement ou de sa condamnation. C'est sa place même dans les débats qui lui donne une très grande importance.

En quoi donc consiste-t-elle ? Le mot *altercari* veut dire proprement « disputer » : l'*altercatio* est donc une dispute ; mais de quel genre ? Tous les débats, par essence, consistent en disputes. Il faut, par suite, déterminer ce qui distingue l'*altercatio* du reste des débats. Or la différence, la voici : tandis que le reste est en monologues, l'*altercatio* est un dialogue. Au commencement de l'audience, chaque avocat, tour à tour, prononce d'une seule venue tout un discours, *oratio perpetua*. Sans doute, la continuité du plaidoyer comme du réquisitoire est brisée par des interruptions ; mais celles-ci sont passagères : ce ne sont que de petites mésaventures sans aucune portée. En réalité, l'accusateur et le défen-

---

(1) *Instit. orat.*, VI, IV, 1 sqq.
(2) Quintilien essaye d'expliquer le silence des traités sur l'*altercatio* : « *Hanc scriptores fortasse ideo reliquerunt, quia satis ceteris præceptis in hanc quoque videbatur esse prospectum.*

seur restent maîtres de leur parole pendant qu'ils parlent : leurs discours constituent, à peu de chose près, des monologues. L'*altercatio*, tout au contraire, est une discussion qui porte sur certains points déterminés, qui se rattache à l'interrogatoire des témoins, et au cours de laquelle les deux avocats s'interpellent l'un l'autre, se questionnent, se répondent, se répliquent.

C'est que, au moment même où les témoins faisaient leur déposition, les deux adversaires ne pouvaient pas discuter les témoignages. La parole était uniquement au personnage qu'on avait amené devant les juges pour y déposer. Quand Hortensius interroge, Cicéron n'a pas le droit de l'interrompre, ni lui ni le témoin qui est sur la sellette, et inversement. Cependant il faut bien que, à un moment ou à un autre, la discussion des témoignages se produise. De nos jours, cette discussion est contenue dans le réquisitoire et dans le plaidoyer, car les deux discours viennent après l'interrogatoire des témoins. Dans l'antiquité, elle avait lieu pendant l'*altercatio* : celle-ci se composait donc d'une série de petits monologues très courts, se succédant rapidement et sans arrêt à propos de chaque témoignage.

Mais comment se fait cette discussion? Est-elle abandonnée absolument aux avocats? Si l'on se souvient du formalisme romain, on sera porté à penser le contraire ; elle devait comporter des règles précises. Ce qu'il y a de sûr, par exemple, c'est que chaque avocat devait parler à son tour. Une allusion de Quintilien en est la preuve : « L'avocat, dit-il, aura soin de surveiller la marche de la dispute, et, au besoin, il interpellera les juges *ut loquendi vices serventur.* » Il y avait donc pour les deux adversaires des tours de parole, nous en sommes certains. Et, probablement, les avocats devaient être astreints encore à d'autres obligations. Leur dispute tout entière devait être surveillée et réglée, de manière qu'elle ne fût guère qu'un ensemble de répliques, plus ou moins longues, que l'accusateur et le défenseur se jetaient successivement à la tête l'un de l'autre.

Mais qui dit réglé semble dire calme et compassé; pas autant cependant qu'on pourrait le croire. Quand on l'étudie dans le détail, on s'aperçoit que l'*altercatio*, qui, en principe, devait être paisible et courtoise, dégénérait dans la pratique. Les deux avocats, sentant l'intérêt qu'ils avaient à laisser une impression favorable dans l'esprit des juges au moment même où ils allaient rendre leur sentence, essayaient d'avoir le dessus, chacun de son côté, par toutes sortes de moyens : ils essayaient de la ruse, de l'injure, de la mauvaise foi ou de la violence. Leur principal effort consistait à tâcher, comme on dit, de brouiller les cartes. Mais comment cela ? La chose était facile : l'avocat qui se sentait faible s'empressait, au cours de l'*altercatio*, de se fâcher. Le procédé était employé surtout par les jeunes défenseurs : remuants, pleins de passion et de fougue, ils prenaient un ton vif pour répliquer à l'adversaire ; au bout de quelques minutes, la dispute était des plus confuses, et les juges ne pouvaient plus la suivre, ne comprenaient plus rien au procès. L'avocat qui avait tort privait ainsi celui qui avait raison de sa dangereuse supériorité : les juges, indécis, ne savaient plus comment voter.

Voilà donc ce qu'était l'*altercatio* : théoriquement, c'était une discussion bien conduite, portant sur des faits précis, poursuivie avec loyauté ; pratiquement, elle dégénérait sans tarder et devenait une véritable querelle, où l'on se servait des plus mauvais comme des meilleurs arguments, où l'on usait de toutes les perfidies possibles, où l'on s'adressait les aménités les plus désobligeantes. Le but était d'obtenir la victoire : peu importaient les moyens employés. Quintilien dit à son élève : « Après l'*altercatio*, les juges se lèvent ; c'est le dernier acte de l'audience ; aussi est-ce un duel au couteau, qui s'engage *mucrone pugnant*. »

*
* *

Je voudrais pouvoir vous donner, maintenant, quelques exemples fameux d'altercations. Malheureusement, on ne nous en a pas conservé, et pour cause. Les *notarii* ne les ont pas enregistrées, et Cicéron, en publiant ses plaidoyers, les a négligées ou fondues dans le reste des discours. La seule chose que nous puissions faire, par suite, c'est de recueillir çà et là quelques débris d'altercations qui avaient fait du bruit dans l'antiquité et dont le souvenir, pour cette raison, nous est parvenu. Je vous les cite non pour vous en donner une idée complète, mais pour vous montrer surtout le ton auquel arrivaient insensiblement les deux avocats en présence. De la précision, ils tendaient au vague ; du calme, ils en venaient à la violence.

Un exemple célèbre est, d'abord, celui de Crassus, le prédécesseur de Cicéron. L. Crassus, l'interlocuteur bien connu du *de Oratore*, avait été élu censeur en 92, en même temps que Cn. Domitius Ahenobarbus. Mais les deux collègues firent ensemble fort mauvais ménage (1). Si l'on met à part l'expulsion des *rhetores latini* (c'est-à-dire des maîtres qui enseignaient la rhétorique en latin)(2), seul point sur lequel ils s'accordèrent, on peut dire qu'ils furent

(1) C'est ce que rapporte Pline l'Ancien, *H. N.*, xvii, 3.
(2) Voir le texte même de l'édit, conservé par Aulu-Gelle (XV, xi, 2).

constamment en querelle l'un avec l'autre. Crassus en vint même à attaquer Domitius en justice, et prononça contre lui sa fameuse *altercatio censoria*, un de ses discours les plus spirituels et les plus applaudis (1). Domitius affectait un caractère antique, fait d'abnégation et de rigidité, et méprisait le luxe de son temps; du moins il le disait. Crassus, au contraire, était, comme tous les aristocrates de son époque, ami du bien-être et de la dépense. Il possédait, dans Rome même, de nombreuses maisons ornées de portiques à colonnes de marbre ; il était propriétaire de magnifiques villas à Tusculum, où il avait fait construire d'immenses viviers pour y mettre des murènes : les murènes étaient le péché mignon des grands seigneurs d'alors. Mais Domitius Ahenobarbus ne pouvait souffrir cet excès de luxe : à ses yeux, Crassus n'était qu'un « dissipateur ». Celui-ci triompha de Domitius en faisant crouler son accusation sous le ridicule. Comme son collègue lui avait reproché de verser des larmes toutes les fois qu'il venait à perdre une murène, Crassus lui répondit : « J'en suis fier : mieux vaut pleurer ses murènes, à tout prendre, que de pas pleurer du tout, comme tu as fait, en enterrant tes trois femmes ! » Cette réplique peut, à elle seule, nous donner le ton de toutes les autres. D'ailleurs, on n'a qu'à se souvenir des mordants sarcasmes lancés par Crassus contre M. Junius Brutus, accusateur de métier, fils dégénéré d'un éminent juriste (2), ou contre les chevaliers, maîtres et tyrans des tribunaux (3), ou encore de la raillerie piquante, de la verve ironique sous laquelle il accabla son adversaire, le malheureux Scævola, dans l'affaire célèbre de M. Curius (4); d'après ce qu'on nous en dit, nous pouvons nous faire une idée de toutes les invectives et plaisanteries qu'il dut lancer contre le trop sévère Ahenobarbus.

Comme vous voyez, ce que nous savons de cette *altercatio* judiciaire est, en somme, fort peu de chose. Tout au plus pouvons-nous arriver, tant bien que mal, à en caractériser le ton.

Il en est une autre, sur laquelle nous sommes, il est vrai, mieux renseignés, mais qui eut lieu au Sénat, non au Forum. Le milieu devant lequel elle se produisit exigeait, semble-t-il, plus de calme, de retenue, de bienséance. Vous allez en admirer cependant le degré de courtoisie. Mais, auparavant, il me faut vous mettre, en quelques mots, au courant de la situation.

(1) *Brut.*, LIV, 164 ; *de Orat.*, XI, II, 45 ; LVI, 227.
(2) *De Off.*, II, XIV, 50 ; *Brut.*, XXXIV, 140.
(3) *Brut.*, XLIII, 161 ; XLIV, 164 ; *pro Cluent.*, LI, 140.
(4) *De Orat.*, I, XXIX, LVII, 180 ; , 242 ; II, VI, 24 ; XXXII, 140 sqq. ; *Brut.*, XXXIX, 144 ; LII, 194 sqq.

Au mois de décembre 62 avaient été célébrés, dans la demeure du grand Pontife, qui était alors Jules César, les mystères de la bonne Déesse, auxquels les femmes seules avaient le droit d'assister. Au mépris de la loi religieuse, Clodius avait osé cependant s'introduire en cachette dans la maison, la nuit même de la fête. Il avait une intrigue avec Pompeïa, femme de César, et, pour pénétrer jusqu'à elle, il s'était déguisé en joueuse de flûte. Mais il s'était égaré dans l'obscurité, avait été rencontré par un esclave, s'était trahi en parlant, et, après avoir été reconnu, s'était vu honteusement chassé (1). L'histoire, aussitôt colportée par les matrones présentes, avait fait grand bruit. Tous ceux qui avaient ou feignaient d'avoir encore le respect des traditions sacrées avaient crié à la profanation. Les ennemis de César s'é-taient agités, pensant avoir enfin trouvé l'occasion de le compro-mettre. Mais, le grand Pontife ayant immédiatement répudié sa femme, leur intervention n'avait eu d'autre effet que d'intéresser tout le parti démocratique, dont César était le chef, à la défense de Clodius. De religieuse, l'affaire était ainsi devenue politique. Aussi, quand le Sénat, sur l'avis du collège des Pontifes, eut soumis aux votes de l'assemblée du peuple une loi qui renvoyait le sacrilège devant un tribunal extraordinaire (2), avait-on vu accourir en foule sur le Forum les amis de César et de Clodius, « une troupe de jeunes gens à poil follet, toute la bande de Cati-lina » (3), qui, par toutes sortes de manœuvres et de violences, avait réussi à faire rejeter la loi. Pour en finir et après bien des négociations plus ou moins tumultueuses entre le Sénat et les me-neurs du parti démocratique, on avait dû se contenter de renvoyer Clodius devant les tribunaux ordinaires, plutôt que de le voir échapper à tout jugement. Au surplus, avaient dit les modérés, à quoi bon tant de disputes sur la forme du tribunal? Le crime est si patent que, de toute manière, Clodius est perdu : un poignard de plomb suffit pour le percer (4). L'accusé comparut donc ; mais ses partisans avaient si bien préparé les choses, si adroitement usé de l'intrigue et de l'intimidation, si largement répandu l'or mis par le riche Crassus à la disposition de César, que tout se termina par un acquittement (5).

---

(1) Plut., *Cic.*, 28 ; *Cæsar*, 9-10.
(2) Cic., *ad Att.*, I, xiii, 3 ; I, xiv, 1.
(3) Cic., *ad Att.*, I, xiv, 5 : *concursabant barbatuli juvenes, totus ille grex Catilinæ*.
(4) Cic., *ad Att.*, I, xvi, 2.
(5) Cic., *ad Att.*, I, xvi, 3. Par jalousie contre Pompée, Crassus s'était,

Cicéron, lors de l'affaire, avait, comme tout le monde, déploré le sacrilège; mais, dans la façon dont il en annonce la nouvelle à Atticus, rien n'indique une animosité personnelle contre l'auteur du scandale (1). Cependant, cité comme témoin dans le procès, il avait paru à l'audience, fort décidé à ne rien ménager. Sa déposition même avait été accablante. Clodius, dont l'impudence n'était jamais à court, invoquait un alibi : le jour de la fête de la bonne Déesse, il n'était pas, disait-il, à Rome, mais loin de la ville, en Ombrie. Cicéron déclara tout net que l'alibi était faux : peu d'heures, en effet, avant la profanation des mystères, il avait reçu lui-même, chez lui, la visite de Clodius (2). Or, quelque temps après, les deux adversaires, se trouvant face à face dans le Sénat, s'apostrophèrent avec violence, — éclat public qui acheva de les exaspérer l'un contre l'autre. C'est précisément là l'*altercatio* que je vous annonçais tout à l'heure. Cicéron nous en rend compte, dans une de ses lettres (3), avec force détails. Je vais vous mettre la scène sous les yeux, telle qu'il la relate :

« Le Sénat était réuni le jour des ides de mai ; quand vint mon tour de parler, je débutai par des généralités politiques, puis je m'écriai que, pour une blessure (*allusion à l'acquittement de Clodius*), les Pères conscrits ne devaient ni lâcher pied ni abandonner la place ; qu'il y aurait stupidité à s'endormir et trop de lâcheté à s'effrayer ; que, déjà, on avait vu Catulus acquitté deux fois lui aussi. « Tu te trompes, Clodius, les juges ne t'ont pas renvoyé libre ; ils t'ont donné Rome pour prison. » Courage, Pères conscrits, l'acquittement d'un misérable nous prouve seulement qu'il y a dans Rome d'autres misérables que lui... Alors notre beau jeune homme se lève, et me reproche d'être allé à Baïes (4) : « C'est faux, lui dis-je, et quand ce serait, Baïes n'est pas un lieu interdit aux hommes. » — « Qu'ont de commun, répondit-il, des eaux thermales et un paysan d'Arpinum ? » — « Demande à ton protecteur, s'il n'aurait pas voulu des eaux

depuis plusieurs années, détaché du parti aristocratique et rapproché de César. Il passait même pour n'avoir pas été étranger à la conjuration de Catilina. (Salluste, *Cat.*, 17.)

(1) Cic., *ad Att.*, I, xii, 3.
(2) Plutarque, *Cic.*, 29.
(3) Cic., *ad Att.*, I, xvi ; *Scholia Bobiensia*, éd. Orelli, pp. 325 sqq.
(4) Villégiature à la mode, sur le golfe de Naples, fréquentée en particulier par une société joyeuse et bruyante. Il y a entre le reproche adressé par Clodius à Cicéron et le terme de *pulchellus puer*, par lequel Clodius est désigné, un plaisant contraste.

d'Arpinum (1) ? Pour ce qui est des eaux de la mer, tu les connais. » — « Souffrirons-nous que cet homme tranche ici du *roi*? » — « Roi ? m'écriai-je, ah ! tu lui en veux(*à Rex*) (2) de t'avoir oublié dans son testament. » (*Il avait déjà dévoré sa succession en espérance.*) — « Mais tu as *acheté* une maison ! » — « *Acheté* (3) ? Est-ce que tu parles de juges ? » — « Les juges, du moins, n'ont pas voulu croire à ton serment. » — « Au contraire, il y en a vingt-cinq qui ont cru à ma parole, et trente et un qui n'ont pas cru à la tienne, car ils se sont fait payer d'avance (4) ». Accablé de huées, à ce mot, il se tut et se rassit... »

Vous voyez le ton ; et, je le répète, nous avons là une *altercatio* qui aurait dû être courtoise. Je vous laisse le soin d'imaginer quel était le ton de celles qui, ayant le Forum, et non la Curie, pour théâtre, manquaient forcément de calme et d'urbanité.

*
* *

Malheureusement, il ne nous en reste aucune. Nous n'en trouvons pas même un simple écho dans les traités de Cicéron. Il nous est donc impossible d'essayer de les reconstituer ; mais nous pouvons, du moins, nous demander ce qu'était l'*altercatio* entre les mains d'un avocat comme Cicéron, rechercher les qualités qu'elle comportait au sentiment de Quintilien (5), et voir si Cicéron les possédait.

La qualité fondamentale que doit montrer l'orateur, dans cette partie de l'audience, c'est le don de l'*invention*.

L'avocat doit avoir une connaissance suffisante des événements et des personnes en cause, des dessous de l'affaire, pour trouver sur-le-champ, *invenire*, toutes les ripostes utiles. Les paresseux échouaient toujours dans l'altercation : ils ne se rappelaient plus rien, ni l'âge, ni la nationalité, ni la condition, ni le caractère de leur client. Or cela n'arrivait pas à Cicéron, qui

---

(1) Allusion à Curion qui, à la faveur des proscriptions de Sylla, avait acquis la villa que possédait à Baïes Marius, citoyen d'Arpinum.

(2) Q· Marius Rex, beau-frère de Clodius, avait omis de le porter sur un testament que lui-même avait escompté d'avance. Cf. un calembour analogue, Horace, *Sat.*, I, vii, v. 34.

(3) Cicéron, qui, jusqu'à son consulat, ne semble avoir eu qu'une fortune assez modeste, vient d'acheter la maison de P. Crassus sur le Palatin pour une somme d'environ 900.000 francs ; ses ennemis lui demandent d'où il a tiré l'argent.

(4) Jeu de mots sur le double sens du verbe *credere !* « faire crédit » et « ajouter foi ».

(5) Quintilien, *Inst. orat.*, VI, iv.

s'attachait à connaître ses dossiers dans le plus grand détail, qui s'informait des individus et des choses, des tenants et des aboutissants, et qui, après avoir préparé une affaire, était en état de rappeler les scandales privés, les faiblesses politiques de tel ou tel accusé ou de tel ou tel témoin, et, pour tout dire en un mot, de recourir, dans l'intention de perdre son adversaire, aux injures méchantes ou aux allusions perfides. Cicéron pouvait donc exceller dans l'*altercatio*, puisqu'il avait la première qualité qu'exige Quintilien. A lire certains de ses discours, le *pro Fonteio*, par exemple, où il attaque les témoins gaulois produits par l'accusateur, les *Verrines*, où il confond les Siciliens cités en faveur de Verrès, on s'aperçoit qu'il est au courant de tout et qu'il ne se trouve jamais à court. Il devait donc, dans l'*altercatio* proprement dite, déployer les mêmes dons, se servir des mêmes connaissances, et les mettre en valeur en les présentant, cette fois, avec plus de précision et de violence.

En second lieu, Quintilien nous laisse entendre que, pour réussir dans l'altercation, l'avocat doit savoir discuter sans se mettre réellement en colère.

« J'estime que le sang-froid est indispensable à qui veut avoir l'avantage dans cette partie de la défense : nulle passion n'est plus ennemie de la raison que la colère ; nulle autre ne nous jette si loin hors de notre sujet ; le plus souvent, elle nous fait dire des injures grossières et nous en attire de méritées ; quelquefois même elle excite l'indignation des juges contre nous. La modération vaut mieux, et quelquefois même la patience ; il faut opposer l'audace à la turbulence, et à l'impudence la fermeté. »

Or Cicéron, quand il le veut, est d'un sang-froid extraordinaire. Il reste toujours maître de sa diversion. A tel point qu'il sait fort à propos embarrasser son adversaire, l'amener dans une situation gênante, le mettre en présence de dilemmes, lui fermer la bouche par des arguments subtils ou captieux. Cet art est signalé par Quintilien comme particulièrement difficile. Il consiste en finesses et en surprises : « Il y a beaucoup d'artifice à égarer l'adversaire en de longs détours, et à lui faire concevoir pendant quelque temps de fausses espérances. Ainsi nous feindrons habilement de n'avoir pas certaines pièces ; car il ne manquera pas de les demander avec importunité, et souvent il en fera dépendre le sort entier de la cause, croyant qu'elles nous manquent effectivement, et, leur donnant, par son insistance à les réclamer, plus d'autorité qu'elles n'en ont. Il est bon aussi d'abandonner à la partie adverse certains points comme un appât, pour lui en faire négliger de plus importants. Tantôt on lui proposera deux partis, entre lesquels elle ne puisse faire qu'un mauvais choix : ce qui réussit beaucoup mieux dans l'altercation que dans le plaidoyer, parce qu'ici nous nous répondons à nous-mêmes, et que là nous tenons notre adversaire par sa propre confession... » Suit toute une série de « roueries » soigneusement définies et détaillées. Celles que je vous ai signalées suffisent pour vous en indiquer la nature. Or, si vous vous reportez à ce que nous avons dit, dans le courant de l'année, sur les argumentations de Cicéron, vous conclurez qu'il devait exceller dans l'*altercatio*, où les subtilités de dialectique, les habiletés de métier suffisaient pour assurer le succès.

D'ailleurs Cicéron, vous le savez, avait fait, toute sa vie, de la philosophie, et il s'était attaché de préférence aux philosophes de l'Académie, non pas de l'Académie telle que l'avait instituée Platon, mais telle que l'avaient faite Arcésilas et Carnéade, c'est-à-dire la *moyenne* et la *nouvelle Académie*. Arcésilas avait fait sortir le doute des principes du fondateur. D'après Platon, en dehors des « Idées », il n'y a que des « opinions » plus ou moins vaines : de là était issu le *probabilisme*. Puisque nous vivons dans un monde d'apparences, rien n'est *vrai ;* mais aussi tout est *probable*, et, sur chaque question, on peut soutenir également le pour et le contre, *in utramque partem disputare*. L'Académie était par suite une école de contradicteurs (1). On comprend alors les ressources que cette doctrine offrait aux orateurs et pourquoi Cicéron, en particulier, était probabiliste (2). Façonné à la dialectique de l'école, il était très bien armé pour l'altercation et devait y avoir vite conquis une réelle supériorité.

Mais ce n'est pas tout encore cependant. Pour exceller dans l'altercation, il faut plus que des qualités d'*invention* et de *dialectique*, il faut aussi de l'*esprit :* c'est une condition essentielle aux yeux de Quintilien. Et cela se comprend : il ne nuit pas, pour faire croire qu'on a raison, de mettre les rieurs de son côté. Or vous ne doutez nullement, j'imagine, que Cicéron n'y réussisse et sans aucune peine. J'ai essayé, dans mes leçons sur « l'esprit » dans les plaidoyers, de vous montrer toutes les qualités de finesse, d'ironie, qu'il révélait à l'occasion : c'est, par essence, un homme *spirituel*, qui sait railler légèrement ou emporter le morceau, comme il lui plaît. Vous n'avez, pour vous en rendre compte, qu'à ouvrir un Quintilien (VI, III) ou un Plutarque, et vous trouve-

(1) *De Orat.*, I, XVIII, 84, *adversari semper omnibus in disputando ; — Acad.*, II, III, 7.
(2) *Tusc.*, II, II, 9 : « *Mihi semper Peripateticorum Academiæque consuetudo de omnibus rebus in contrarias partes disserendi placuit.* »

rez énumérés et classés une foule de mots aimables ou blessants, gais ou acerbes. Au surplus, reportez-vous à la lettre à Atticus dont je vous ai lu des extraits tout à l'heure : vous y remarquerez la promptitude et le mordant des répliques de Cicéron dans son altercation avec Clodius, et vous en tirerez la conclusion nécessaire que l'*esprit* n'était pas, à coup sûr, la qualité qu'il montrait le moins dans les altercations judiciaires.

*
* *

Voilà, à peu près, tout ce que nous savons sur l'*altercatio*. Comme vous voyez, nous sommes obligés de glaner par-ci par-là, dans les auteurs, quelques renseignements forcément incomplets. Nous ne pouvons nous faire de cet épisode de l'audience romaine qu'une idée approximative. En tout cas, nous devons être certains que Cicéron s'y montrait excellent, c'est-à-dire à la fois redoutable pour son adversaire et charmant pour son auditoire.

G. C.

Poètes français du XIX⁰ siècle
qui continuent la tradition du XVIII⁰

Cours de M. ÉMILE FAGUET,

Professeur à l'Université de Paris.

Arnault (*suite*) : ses « Épigrammes » et ses « Fables ».

Après la longue excursion que nous venons de faire à travers les œuvres en prose d'Arnault, — excursion fort instructive pour qui veut connaître le caractère et le tour d'esprit de ce poète, — nous arrivons maintenant à ses œuvres poétiques, qui sont le fond même de notre étude.

Je vous ai déjà introduits, en quelque sorte, dans cette étude, en vous lisant l'élégie intitulée *Les Regrets*, pièce fort curieuse, parce qu'elle est un exemple de ce goût ambigu entre le spirituel et le précieux, qui se rencontre si fréquemment chez Arnault et chez les poètes de transition comme lui. On hésite alors entre la sécheresse élégante et concise des représentants du XVIII⁰ siècle, et le sentimentalisme raffiné propre aux poètes qui ont écrit entre 1810 et 1820. A cet égard, l'élégie des *Regrets* est très intéressante pour l'historien de la littérature ; mais elle ne vous donne pas le ton général des poésies d'Arnault. Un rapide examen va suffire à vous en convaincre.

Glanons encore quelques pièces à travers les « œuvres mêlées » d'Arnault. Il y a là des épigrammes et des... badinages littéraires assez caractéristiques pour mériter de nous arrêter un instant.

Naturellement, parmi les épigrammes, nous viendrons d'abord à celles qu'Arnault a dirigées contre son principal ennemi, Geoffroy, le fondateur du feuilleton dramatique des *Débats*, la terreur des auteurs, des acteurs et des actrices, y compris Mˡˡᵉ Contat, la grande amie d'Arnault.

« Geoffroy, nous dit Arnault dans une note explicative, en répondant à des reproches un peu vifs qui lui avaient été adressés de plus d'une part, avait qualifié de *ministère* son infâme métier. » On se moqua de ce « ministre de la critique », et Arnault composa, à ce sujet, une épigramme intitulée *Il est ministre* :

Geoffroy ministre ! — Eh ! oui, vraiment.
— Parbleu, je ne m'en doutais guère.
Mais quel est son département ?
L'impôt, la marine ou la guerre ?
— C'est la justice, et sans quartier
Il veut, dans sa rigueur extrême...
— Ah ! tant mieux ; s'il fait son métier,
Il s'exécutera lui-même.

C'est encore Geoffroy qui est visé très probablement, bien qu'Arnault ne le nomme point, dans la seconde fable du livre IV, intitulée *Le Chien enragé* :

A.

Epargne ce pauvre animal.

B.

Un bâton fera son affaire.

A.

Mais il ne t'a fait aucun mal.

B.

A tant d'autres il vient d'en faire !

A.

La douleur se peint dans ses yeux.

B.

Ne t'y trompe pas, c'est la rage.

A.

Et puis regarde, il est si vieux !

B.

Les chiens enragés n'ont point d'âge.

C'est là de la satire très dure, très violente, qui rappelle les attaques de Voltaire contre Fréron. Mais, aussi, pourquoi Geoffroy n'avait-il point admiré *Les Vénitiens* de M. Arnault ? Pourquoi n'avait-il point parlé convenablement de Mlle Contat ?

Voulez-vous, maintenant, connaître un Arnault tout à fait différent de celui-ci, un Arnault écrivant une pièce dans le genre sentimental, précieux et même sophistiqué ? Lisez la curieuse pièce qui a pour titre *Les Questions*, dans les *Poésies mêlées*. C'est

une espèce de rébus métaphysique traité par un homme d'esprit,
qui veut bien condescendre à cet exercice :

> Me demander si du plus froid des cœurs
> J'ai cru fléchir la longue indifférence ;
> Au seul plaisir si, donnant quelques fleurs,
> J'ai cru jouir du prix de ma constance ;
> Si, me berçant d'un penser si flatteur,
> Avec la peine, un moment, j'ai fait trêve ;
> Me demander si je crois au bonheur,
>   C'est me demander si je rêve.

> Me demander si j'ai désespéré
> De voir fuir les chagrins que j'endure ;
> Me demander si mon cœur déchiré,
> A chaque instant, sent croître sa blessure ;
> Si, chaque jour, pour moi plus douloureux,
> Ajoute encore aux ennuis de la veille ;
> Me demander si je suis malheureux,
>   C'est me demander si je veille.

> Me demander si, fier de mon tourment,
> Je viens baiser la main qui me déchire ;
> Si je désire autre soulagement
> Que de mourir d'un aussi doux martyre ;
> Si, moins l'espoir en amour m'est donné,
> Plus constamment en amour je persiste ;
> Me demander si j'aime encor Daphné,
>   C'est me demander si j'existe.

La suspension est assez habile ; mais elle perd beaucoup de son
effet après la première strophe : dès la deuxième, on comprend
mieux, ou, si vous voulez, on attend mieux le moment de comprendre. Néanmoins cette pièce, volontairement entortillée, est
très agréable. C'est de l'amphigouri spirituel bien fait, et il est
très intéressant pour nous de voir, chez Arnault, chez cet homme
nourri de Voltaire, chez cet écrivain clair et lumineux avant tout,
quelque chose à rapprocher des énigmes et des rébus du poète
lyonnais Maurice Scève au xvi⁰ siècle. C'est là une particularité
de tempérament assez étrange, et qu'il valait la peine de noter.

Mais, comme il est bon de mettre, je ne dirai pas l'antidote à
côté du poison, mais, si vous voulez, le contraire près du contraire, lisons la petite villanelle qui suit ; c'est une pièce à la
chienne de Sophie, à *Brunette* :

> Objet si cher à ma Sophie,
> Toi que nourrit sa belle main,
> Toi qui passes toute ta vie
> Entre ses genoux et son sein ;

Que ton sort, heureuse Brunette,
Hélas ! est différent du mien !
En amant elle traite un chien,
En chien c'est l'amant qu'elle traite.

Et pourtant cette préférence,
Qui peut te l'obtenir sur moi ?
Ai-je moins de persévérance,
Moins de fidélité que toi ?
De mes fers loin que je m'échappe,
Enchaîné sans aucuns liens,
Toujours battu, toujours je viens
Baiser cette main qui me frappe.

Le pur sentiment qui m'enflamme
Vaut ton instinct, s'il ne vaut mieux ;
Et le feu qui brûle en mon âme
Vaut le feu qui brille en tes yeux.
Mais près de ma beauté suprême
Je suis trop coupable en effet,
Quand je hais tout ce qu'elle hait,
De n'aimer pas tout ce qu'elle aime.

Dans le dépit qui me transporte,
Souvent je ne connais plus rien.
Le grelot que Brunette porte
Serait mieux à mon cou qu'au sien.
Soins, constance, fleurs, sacrifice,
Je vous crois perdus sans retour :
Je n'espère plus de l'amour,
Mais j'espère encor du caprice.

C'est une très jolie petite bluette, d'un tour de main très heureux. Arnault fait ici songer à Dorat, à un Dorat plus sentimental et plus touchant que celui que vous connaissez. Vous voyez, par cette pièce et par celle des *Questions*, qu'Arnault sait faire preuve d'ingéniosité dans deux genres tout à fait différents.

Arnault a également réussi dans un genre un peu inférieur, voisin de la plaisanterie de table, peut-être même de table d'hôte. Lisons, par exemple, la pièce, qui figure dans une de ses chroniques, sur le *Diable* :

Tout atteste et reconnaît
Le pouvoir du Diable ;
Dans tout ce qu'on dit et fait
Est mêlé le Diable.
Certain auteur l'a prouvé
En vers à la Diable,
O gué !
Certain auteur l'a prouvé
En vers à la Diable.

L'homme d'esprit a, dit-on,
    Tout l'esprit d'un Diable.
Nous disons d'un bon garçon
    Qu'il est un bon Diable,
Et de l'honnête homme à pié,
    C'est un pauvre Diable
        O gué !
Et de l'honnête homme à pié,
    C'est un pauvre Diable.

Qui désire être cité
    Mène un train de Diable.
N'a pas qui veut pour beauté
    La beauté du Diable.
Plus d'un ouvrage vanté
    Ne vaut pas le Diable,
        O gué !
Plus d'un ouvrage vanté
    Ne vaut pas le Diable.

Je connais plus d'un censeur,
    Malin comme un Diable,
Après qui plus d'un auteur
    Fait des cris de Diable,
Et qu'en homme plus sensé,
    Moi, j'envoie au Diable,
        O gué !
Et qu'en homme plus sensé,
    Moi, j'envoie au Diable.

Quel est l'homme qui jamais
    Ne se donne au Diable ?
Les trois quarts de nos projets,
    Où vont-ils ? Au Diable.
Par la queue, ah ! que j'en sai
    Qui tirent le Diable,
        O gué !
Par la queue, ah ! que j'en sai
    Qui tirent le Diable.

Evidemment, cette pièce est très bien composée ; mais je me défie de ce genre : on la dirait faite comme avec un dictionnaire. L'auteur a voulu réunir et rimer sur un morceau de papier toutes les expressions françaises où entre le mot « Diable ». C'est là un véritable jeu de bilboquet : c'est de l'esprit artificiel. Néanmoins, il faut avouer que la pièce est d'un joli tour : il y a là une habileté technique, qui rappelle Désaugiers et qui annonce Béranger dans ses œuvres moyennes.

Arrivons maintenant aux *Fables*, le plus important — pour nous du moins — des ouvrages d'Arnault. Si nous estimons, en effet, que les *Fables* sont le principal titre de gloire d'Arnault, n'oublions pas que, pour ses contemporains, Arnault a été avant tout l'auteur de *Marius à Minturnes* et de *Lucrèce*. La génération suivante a oublié sa production tragique pour ne retenir que ses *Fables*, par suite du phénomène bien connu qui fait que, par delà le vaste abîme de la Révolution, nous considérons souvent comme très reculée et très lointaine l'époque immédiatement antérieure à 1789. Les hommes de 1830 se sont souvenus des *Fables* d'Arnault, parce qu'il les a publiées en 1812, et qu'il en a donné une dernière édition en 1825, c'est-à-dire en deçà de la Révolution.

On peut diviser les *Fables* d'Arnault en trois catégories : d'abord celles que j'appellerai les vraies fables, les contes zoologiques à intention morale, dans lesquels les animaux représentent des hommes. C'est là, selon moi, la vraie définition de la fable, depuis Esope jusqu'aux fabulistes modernes ou contemporains, — s'il en existe. De ces fables, qui sont des narrations, nous en trouvons chez Arnault, pas beaucoup, mais enfin il y en a. Ce sont des fables dans la manière de La Fontaine, — toutes proportions gardées, bien entendu.

En second lieu, nous pouvons distinguer chez Arnault la fable épigrammatique, la fable à trait satirique, telle que nous la rencontrons chez tous les fabulistes depuis La Motte. Mais beaucoup de ces fables sont très longues ; le mot final y est amené de très loin, et peut-être convient-il de placer ces fables dans une catégorie spéciale.

Nous ferions ainsi une troisième catégorie des fables épigrammatiques courtes, de celles qui joignent à l'ingéniosité ou à la profondeur du trait satirique la brièveté nerveuse du conte. Ce sont, à mon avis, les meilleures.

Voici quelques-unes de ces fables, que j'ai choisies pour caractériser ces différentes « manières » d'Arnault fabuliste. Je vous lis d'abord *Le Canard et le Lapin*, fable d'une invention psychologique très heureuse et fort agréablement contée ; vous allez voir qu'Arnault n'est pas un indigne successeur de La Fontaine et de Florian :

> « Plus j'y pense », disait un malheureux canard,
> Avec quelques dindons dissertant à l'écart,
>   « Plus j'y pense, et plus je m'étonne
> De mes talents. Que puis-je envier à personne ?
> Trois des quatre éléments sont ouverts à mon art :
>   C'est un de plus qu'à feu Dédale ;
>   Comme lui, si je crains un peu
>   Le feu,

Par une adresse sans égale
Sur l'eau, sur terre, en l'air, comme je me signale !
Courir, nager, voler, pour moi ce n'est qu'un jeu,
    Et j'y défierais le plus leste »,
    Ajoutait-il en barbotant.
    Un lapin qui, tout en trottant,
Avait prêté l'oreille à ce discours modeste,
L'arrête sur ce mot : « J'aime à voir, notre ami,
Que de toi tu n'es pas satisfait à demi ;
Pour tes talents aussi mon estime est profonde ;
Et juge les miens, les dieux m'en sont témoins !
Nager n'est pas mon fort, et voler encor moins :
S'il faut s'évertuer ou dans l'air ou sur l'onde,
    J'en conviens donc, de bonne foi,
    J'y suis moins habile que toi.
Mais d'autres, plus que toi, n'y sont-ils pas habiles ?
    Aidé de tes rames agiles,
Atteindras-tu, dis-moi, sous les flots transparents,
L'anguille tortueuse ou le brochet avide ?
Sais-tu, comme la truite, en ton élan rapide,
    Remonter le cours des torrents ?
Par ton essor, t'ouvrant des routes inconnues
    Dans les vastes champs de l'éther
(Jean lapin, quelquefois, se perdait dans les nues),
Peux-tu suivre en son vol l'oiseau de Jupiter,   .
    Ou seulement suivre les grues ?
    Est-ce franchement que tu crois
A la course égaler, en leur vitesse extrême,
    Le daim, le lièvre, le chamois,
    Ou bien Jeannot lapin lui-même ?
Voyons, prenons pour but ce chêne que tu vois,
    Et je veux perdre ma fortune,
Je veux perdre mon nom, si je ne fais cent fois
Ce chemin-là pendant que tu le feras une.
    Voici mon enjeu, mets le tien ;
Vous, dindons, jugez-nous. Tu restes coi, tu n'oses !
Qui se croit propre à tout le plus souvent n'est rien
    Que maladroit en toutes choses :
    N'en fais plus qu'une, et fais-la bien. »

Le discours de Jean lapin est un peu trop long, il faut en convenir ; mais le canard est parfaitement bien choisi pour représenter
la sottise prétentieuse, et la fable a vraiment belle allure. C'est
du La Fontaine un peu inférieur, mais encore plein de bonnes
qualités.

Voici une autre fable qui a très grand air, et que Sainte-Beuve
admire beaucoup. Je suis, naturellement, de l'avis de Sainte-
Beuve ; mais je reprocherais cependant à cette fable de n'être
point assez courte. C'est la fable qui a pour titre *Le Chêne et les
Buissons*. Vous devinerez, sans peine, qu'elle n'est qu'une allusion
développée à la gloire de Napoléon Ier ; et, en effet, elle a l'air un

peu impérial : l'idée inspiratrice est belle, et, bien qu'elle se déroule d'une manière un peu languissante, cette fable est d'une assez belle venue :

Le vent s'élève ; un gland tombe dans la poussière ;
Un chêne en sort. — Un chêne ! Osez-vous appeler
Chêne cet avorton qu'un souffle fait trembler ?
Ce fétu, près de qui la plus humble bruyère
    Serait un arbre ? — Et pourquoi non ?
Je ne m'en dédis pas, docteur ; cet avorton,
Ce fétu, c'est un chêne, un vrai chêne, tout comme
    Cet enfant qu'on berce est un homme.
Quoi de plus naturel, d'ailleurs, que vos propos !
Vous n'avez rien dit là, docteur, qu'en leur langage
    Tous les buissons du voisinage
Sur mon chêne, avant vous, n'aient dit en d'autres mots !
« Quel brin d'herbe, en rampant, sous notre abri se range ?
    Quel germe inutile, égaré,
    A nos pieds végète enterré
    Dans la poussière et dans la fange ?
— « Messieurs », leur répondait, sans discours superflus,
Le germe, au fond du cœur, chêne dès sa naissance,
« Messieurs, pour ma jeunesse ayez plus d'indulgence :
Je crois, ne vous déplaise, et vous ne croissez plus. »
    Le germe raisonnait fort juste :
Le temps, qui détruit tout, fait tout croître d'abord ;
    Par lui, le faible devient fort;
    Le petit, grand ; le germe, arbuste.
Les buissons, indignés qu'en une année ou deux
    Un chêne devînt grand comme eux,
    Se récriaient contre l'audace
De cet aventurier qui, comme un champignon,
Né d'hier et de quoi ? sans gêne, ici, se place,
Et prétend nous traiter de pair à compagnon !
L'égal qu'ils dédaignaient cependant les surpasse ;
D'arbuste il devient arbre, et les sucs généreux
    Qui fermentent sous son écorce,
De son robuste tronc à ses rameaux nombreux,
Renouvelant sans cesse et la vie et la force,
Il grandit, il grossit, il s'allonge, il s'étend,
    Il se développe, il s'élance ;
    Et l'arbre, comme on en voit tant,
    Finit par être un arbre immense.

Le développement, vous le voyez, est plein de mouvement et d'élan lyrique : sans doute, la comparaison n'est pas très neuve ; mais c'est au poète à la rendre originale, et vous vous souvenez de la pièce où Victor Hugo, se servant d'une image analogue, nous montre l'empereur, arbre grandiose que le malheur émonde, regardant « tomber autour de lui ses branches ».

L'inspiration est la même; mais l'image est développée avec une ampleur superbe chez Victor Hugo.

> De protégé qu'il fut le voilà protecteur,
> Abritant, nourrissant des peuplades sans nombre;
> Les troupeaux, les chiens, le pasteur,
> Vont dormir en paix sous son ombre;
> L'abeille dans son sein vient déposer son miel,
> Et l'aigle suspendre son aire...

— Je ne crois pas que l'aigle fasse son nid au sommet des grands chênes; mais cela importe peu...

> A l'un des mille bras dont il perce le ciel,
> Tandis que mille pieds l'attachent à la terre,
> L'impétueux Eurus, l'Aquilon mugissant,
> En vain contre sa masse ont déchaîné leur rage ;
> Il rit de leurs efforts, et leur souffle impuissant
> Ne fait qu'agiter son feuillage ;
> Cybèle aussi n'a pas de nourrissons,
> De l'orme le plus fort au genêt le plus mince,
> Qui des forêts en lui ne respecte le prince ;
> Tout l'admire aujourd'hui, tout, hormis les buissons.
> « L'orgueilleux ! disent-ils ! il ne se souvient guères
> De notre ancienne égalité ;
> Enflé de sa prospérité,
> A-t-il donc oublié que les arbres sont frères ? »
> — « Si nous naissons égaux, repart avec bonté
> L'arbre de Jupiter, dans la même mesure
> Nous ne végétons pas ; et ce tort, je vous jure,
> Est l'ouvrage de la nature
> Et non pas de ma volonté.
> Le chêne vers les cieux portant un front superbe,
> L'arbuste qui se perd sous l'herbe,
> Ne font qu'obéir à sa loi.
> Vous la voulez changer ; ce n'est pas mon affaire ;
> Je ne dois pas, en bonne foi,
> Me rapetisser pour vous plaire.
> Mes frères, tâchez donc de grandir comme moi. »

C'est vraiment très bien, et je comprends l'admiration de Sainte-Beuve; mais, encore une fois, la fable eût gagné à être écourtée. Quand on a frappé un vers énergique comme celui-ci : « Je crois, ne vous déplaise, et vous ne croissez plus », il faut s'en tenir là ; tout développement ne peut qu'affaiblir l'idée. Mon bon Monsieur Arnault, un peu moins de longueurs, s'il vous plaît : c'est là mon seul reproche.

La fable que j'aime le plus, c'est la première du livre II, parce qu'Arnault n'y est pas guindé, qu'il y est vraiment lui-même, et que je l'y retrouve tout entier, avec sa bonhomie fine et son aisance de bonne compagnie. Cette fable, intitulée *Les trois Zones*, est dédiée « à M. Andrieux, de l'Institut » :

Toi qui vis vraiment comme un sage,
Sans te montrer, sans te cacher,
Sans fuir les grands, sans les chercher,
Exemple assez rare en notre âge,
Pardonne-moi, cher Andrieux,
Dans ces vers qu'aux vents je confie,
De dévoiler à tous les yeux
Ta secrète philosophie.
Certain Lapon des plus trapus,
Certain Cafre des plus camus,
Equipaient, comme on dit, de la bonne manière
Un homme qui, fermant l'oreille à leurs raisons,
Vantait l'astre éclatant qui préside aux saisons,
Enfante la chaleur et produit la lumière.
   « Peut-il ériger, s'il n'est fou,
   En bienfaiteur de la nature
Un astre qui, six mois, nous cache sa figure,
   Et va briller je ne sais où,
   Tandis que je gèle en mon trou,
   Malgré ma femme et ma fourrure ? »
On conçoit que celui qui s'exprimait ainsi
N'était pas l'habitant de la zone torride.
« Pour moi, disait cet autre, en mon climat aride,
   Je ne gèle pas, Dieu merci,
   Mais je rôtis en récompense ;
Et, sans avoir l'honneur d'être Lapon, je pense
   Qu'un fou lui seul a pu vanter
   La douce et bénigne influence
Du soleil qui ne luit que pour me tourmenter ;
   Qui, d'un bout de l'année à l'autre,
   Embrase la terre, les airs,
Et porte en mon pays jusques au fond des mers
   La chaleur qu'il refuse au vôtre. »
Le fou qui, cependant, célébrait les bienfaits
   Du roi de la plaine éthérée,
   Fils de la zone tempérée,
N'était rien moins que fou, quoiqu'il fût né Français.
Sans se formaliser des vives apostrophes
   Du nègre et du nain philosophes :
« Seigneur Lapon, dit-il, votre raisonnement
   Est sans réplique en Sibérie,
   Comme le vôtre en Cafrerie,
   Monsieur le noir ; mais, franchement,
   Autre part c'est tout autrement.
En France, par exemple, on ne vous croirait guère ;
   L'astre à qui vous faites la guerre,
   Là, par ses rayons bienfaisants,
   De fleurs et de fruits, tous les ans,
   Couvre mes champs et mon parterre :

S'éloignant sans trop me geler,
S'approchant sans trop me brûler,
De mon climat qu'il favorise,
A la faucille, au soc, il livre tour à tour
Mes campagnes qu'il fertilise
Par son départ et son retour. »

Vous qui craignez le feu, vous qui craignez la glace,
Venez donc à Paris. Gens d'excellent conseil
Disent qu'un sage ne se place
Trop près ni trop loin du soleil.

Cette fable est encore un peu longue, elle aussi ; mais elle est vraiment d'une belle ligne : c'est une jolie fable, dont la fin est presque digne de La Fontaine.

Voulez-vous, maintenant, considérer la fable-épigramme chez Arnault ? Commençons par les plus longues : ce sont les moins agréables, et vous comprenez pourquoi. Arnault, ayant à sa disposition un trait d'esprit, une répartie amusante, une observation morale profonde, a voulu, coûte que coûte, les rattacher, les coudre à une anecdote : dès lors, il cherche une histoire qui puisse convenir à ce trait final préparé d'avance, au lieu de se laisser conduire par la fable même à ce trait final. Et vous sentez bien qu'un tel récit, surtout lorsqu'il traîne, peut être ingénieux, mais qu'il ne sera jamais vivant. Ecoutez plutôt *Le Serpent qui change de peau* :

Dans son antichambre un ministre,
Tendre à tout animal rampant,
Faisait élever un serpent.
Le reptile, en son air sinistre,
Portait l'empreinte des douleurs
Dont sa vie était travaillée,
Et qui de sa robe écaillée
Ternissaient les vives couleurs.
En nœud replié sur lui-même,
Sans énergie et sans ressort,
Il semblait plus qu'à demi mort
Dans son abattement extrême.
« Il ne faut pas s'en étonner,
Me dit un vieux naturaliste ;
Si le pauvre diable est si triste,
On peut bien le lui pardonner.
La belle saison va renaître ;
Pour reprendre un éclat pareil
A celui du nouveau soleil,
Il veut reprendre un nouvel être.
Pline et Lacépède l'ont dit :
Fuyant le bruit et la lumière,

C'est pour cela qu'en sa tanière
Tout serpent change alors d'habit.
Rajeuni comme la nature,
Bientôt sur la molle verdure
On le revoit parmi les fleurs
Déployer une autre parure,
Mais, hélas ! non pas d'autres mœurs. »
Cependant le ministre sonne :
Un valet vient nous annoncer
Que monseigneur ne voit personne,
Qu'à l'attendre il faut renoncer ;
Qu'il a le frisson, la migraine ;
Qu'il est aux portes du tombeau.
Songeant que certain phénomène
Observé dans certain château
Annonçait vers ce temps critique,
Sur notre horizon politique,
Le lever d'un soleil nouveau :
« L'état de Monseigneur s'explique
Par celui de ce serpenteau,
Dis-je à mon compagnon. Silence !
Retirons-nous, Son Excellence
Est en train de changer de peau. »

C'est vraiment très agréable, et il nous est assez facile d'appliquer cette fable à tel ministre contemporain d'Arnault, à M. de Talleyrand, si vous voulez. Mais vraiment, malgré tout l'art savant du fabuliste, le procédé apparaît trop ; la fable est trop faite pour le mot final, au lieu que ce soit le mot final qui découle naturellement de la narration même.

Je vous lirai, en terminant, une fable construite selon la même méthode, mais que je préfère de beaucoup à la précédente, parce qu'elle est plus courte et que l'artifice y est plus caché. C'est la fable qui a pour titre *Droit de Chasse* :

Un jour, le roi des animaux
Défendit, par une ordonnance,
A ses sujets, à ses vassaux,
De courir sans une licence
Sur quelque bête que ce soit ;
Promettant, il est vrai, de conserver ce droit
A quiconque en usait pour un motif honnête.
Tigres, loups et renards de présenter requête
A Sa Majesté : loups pour courir le mouton ;
Renards pour courir le chapon ;
Tigres pour courir toute bête.
Parmi leurs députés, qui criaient à tue-tête,
Un chien s'égosillait à force d'aboyer.
« Plaise à Sa Majesté, disait-il, m'octroyer
Droit de donner la chasse en toute circonstance
A tous les animaux vivant de ma substance. »

> — « Gentilshommes, permis à vous de giboyer,
> Dit, s'adressant au tigre, au loup, au renard même,
>   Des forêts le maître suprême ;
> Aux chasseurs tels que vous permis de déployer,
> Même chez leurs voisins, leurs efforts, leurs astuces,
>   Mais néant au placet du chien. »
> Que réclamait pourtant ce roturier-là ? Rien
>   Que le droit de tuer ses puces.

L'énigme est bien suspendue, et le mot final surprend le lecteur d'une manière tout à fait inopinée. Cependant il me semble que le tour serait plus vif, si le mot de l'énigme était placé dans la... bouche même du chien.

J'achèverai, dans ma prochaine leçon, l'étude des fables d'Arnault.

A. C.

Les classes industrielles et commerçantes en France aux XIVᵉ et XVᵉ siècles.

Cours de M. PFISTER,

Professeur à l'Université de Paris.

La navigation fluviale et le commerce maritime.

Nous avons étudié, dans la dernière leçon, les grandes voies commerciales du royaume de France, dans la première moitié du XIVᵉ siècle : il nous reste encore quelques détails à ajouter sur la navigation en Seine.

Dans l'année 1315, le monopole de la hanse de Rouen fut supprimé par Louis X le Hutin. La liberté du commerce était établie dans la région de la basse Seine : les marchands devaient seulement payer, entre Pont-de-l'Arche et la mer, un péage jusqu'à concurrence de soixante mille livres parisis. Mais le monopole de la hanse de Paris, entre Mantes et Villeneuve-Saint-Georges, subsistait : nul ne pouvait naviguer sur cette partie du fleuve sans se mettre sous le patronat d'un membre de la hanse parisienne, et en prenant, comme on disait alors compagnie française. Il y avait là, évidemment, une grande injustice ; il aurait fallu supprimer l'un et l'autre privilèges. C'est pour cette raison que l'ordonnance de Louis X resta lettre morte ; la hanse de Rouen réclama son monopole et finit par avoir gain de cause. En 1378, Charles V reconnaît que les Rouennais pourront intercepter la navigation de la basse Seine et confisquer les marchandises qui ne seraient pas transportées par des Rouennais. Les Parisiens réclamèrent ; ils s'adressèrent au roi, qui, revenant sur sa précédente décision, confirma, en 1379, l'ordonnance de Louis X. Mais, dès lors, les Rouennais prétendirent, eux aussi, naviguer librement passé le port de Mantes. Les Parisiens arrêtèrent les bateaux des Rouennais qui avaient pénétré dans leur zone ; il en résulta un procès qui fut porté devant le Parlement de Paris. Ce procès dura jusqu'en 1450 ; à cette date, Charles VII abolit les privilèges des deux compagnies normande et française et proclama la libre navigation du fleuve

sur toute son étendue ; le 11 janvier 1462, le roi Louis XI
confirma cette décision. Désormais, le cours de la Seine était
libre. Tous les documents sur cette question ont été réunis par
Chéruel dans son, *Histoire de Rouen pendant l'époque communale*, 1150-1382, t. II, p. 372 et suivantes.

Le commerce donc était libre, mais à condition de payer de
nombreux péages aux seigneurs riverains. Les péages étaient
acquittés, jusqu'en 1450, par les compagnons de la hanse ; à
partir de cette date, ils furent acquittés par les marchands libres.
M. Gustave Guilmoto a consacré sa thèse de l'École des Chartes
à l'étude des droits de navigation sur la Seine, de Paris à la Roche-
Guyon, du xie au xviiie siècle ; la Roche-Guyon est le dernier
village de l'Ile-de-France sur le fleuve. Les péages qu'il a relevés
sont au nombre de quinze. D'ailleurs, beaucoup d'exemptions de
ces péages étaient accordées à des abbayes, comme Saint-Wan-
drille et Jumièges ; de plus, beaucoup d'aumônes étaient faites
sur le produit de ces péages à l'Hôtel-Dieu de Poissy, à l'abbaye
de Cluny. Les droits se payaient quelquefois, mais rarement, en
nature : ils étaient alors exorbitants ; le plus souvent, ils
étaient perçus en argent. Seulement la taxe resta, de temps
immémorial, la même, et, comme l'argent perdit beaucoup de sa
valeur, le produit de ces péages tomba à rien.

*
* *

Abordons, maintenant, un nouveau chapitre de notre sujet, en
nous occupant du commerce maritime.

Ce commerce continue à être prospère ; sans doute, depuis
la chute irrémédiable du royaume de Jérusalem, les relations
avec l'Orient ont diminué ; il n'y a plus, de l'autre côté de la Méditerranée, une clientèle française à satisfaire. Pourtant, malgré les
dangers d'être pris par les pirates musulmans ou génois, des
navires se rendent encore en Egypte et dans l'Est de la Méditerranée, où ils vont chercher les épices de l'Orient.

Dans ce commerce maritime, Marseille tient la première place.
Elle est, encore à cette époque, hors du royaume de France ;
mais elle relève de princes qui sont des princes français ; et
l'histoire de la Provence, au xive siècle, se rattache étroitement
à celle de la France. Marseille a conservé sur la côte septen-
trionale de l'Afrique, à Alexandrie, à Bougie, à Ceuta, de véritables comptoirs, des fondiques. Chaque fondique comprend
des hôtelleries, des boutiques pour la vente des marchandises,
et Marseille y a des conseils à poste fixe. A l'origine, le vaisseau marseillais qui allait au loin emmenait un conseil nommé

par le maire de Marseille avec l'assentiment des syndics et des chefs de métier. Bientôt, même dans les pays étrangers, on nommera des conseils à poste fixe ; dès la fin du XIIIᵉ siècle, il y aura un conseil à Bougie pour juger les différends entre citoyens marseillais. Mais, si le port de Marseille a conquis une certaine autorité, les ports français sont en complète décadence : Aigues-Mortes s'ensable ; Narbonne n'a plus de communication facile avec la mer depuis que le barrage de l'Aude s'est rompu, en 1320; de ce côté, la décadence est donc certaine.

Par contre, il en est autrement sur l'Océan Atlantique. Les villes de Bordeaux et de Bayonne relèvent, au XIVᵉ siècle, de l'Angleterre. Nous sommes assez mal renseignés sur le port de Bayonne à cette époque (Cf. *Études historiques sur la ville de Bayonne*, par Jules Balarque, 3 vol., Bayonne, 1862-1895, qui ne nous conduisent qu'au milieu du XVᵉ siècle). Nous devinons pourtant qu'il y a eu un commerce actif avec l'Angleterre, où l'on envoie les vins et d'où l'on tire le blé. Les navires chargés de grains devaient arriver tout droit de Cap-Breton à Bayonne sans s'arrêter. Les grains étaient débarqués sur les quais de la Dive et aussitôt mis en vente. Personne ne pouvait acheter plus que la quantité nécessaire à l'entretien de sa maison.

Beaucoup plus important que le port de Bayonne est celui de Bordeaux. Ici encore, les vins expédiés en Angleterre sont le principal objet de commerce et restent soumis à des droits nombreux. A Bordeaux, il faut payer au roi d'Angleterre une taxe assez élevée, qu'on nomme la *grande coutume :* le navire acquitte à sa sortie des droits de quillage ; les barriques paient un droit de jaugeage. Le maître de vaisseau reçoit une branche de cyprès qu'il doit mettre sur le navire et que lui fournit, moyennant redevance, le seigneur de Cypressat. A l'arrêt de Cordouan, il faut payer une petite somme pour l'entretien du phare. Ce n'est pas tout : le roi d'Angleterre a le droit de prise. Il prend deux barriques par cargaison de trente, et, en plus, deux sous par barrique. Ainsi, dans le trajet de Bordeaux à Londres, le prix de la barrique se trouve doublé. Tous les efforts des bourgeois de Bordeaux tendent à diminuer ces droits et à rendre la perception moins intolérable. Toutes les autres coutumes sont perçues en bloc, au départ, au château de l'Ombrière. Le roi d'Angleterre promet de ne prendre que deux barriques par cargaison, et il s'engage à les payer suivant la coutume.

Les droits sur les vins ont été réduits et le commerce devient, presque chaque année, plus actif. Les vins sont transportés dans tous les ports de l'Angleterre, où parfois les Flamands viennent les chercher pour les revendre chez eux sous le nom de vins d'Angleterre. Le vin qu'on vendait à Bordeaux ne sortait d'ailleurs pas uniquement du Bordelais. La production était très intense autour de cette ville : les vins de Haut-Pays, du Quercy, de l'Albigeois, étaient recherchés sur les tables anglaises, et parmi les vins les plus célèbres étaient ceux de Gaillac et de Rabasteins.

Il était interdit de charger ces vins ailleurs que dans les deux ports de Bordeaux et de Bayonne ; ils ne devaient cependant pas faire une concurrence trop forte à ceux de Bordeaux : c'est pourquoi ils furent frappés de divers droits. De plus, ils ne pouvaient descendre la Garonne avant le 11 novembre, à la Saint-Martin. Les bourgeois de la ville avaient ainsi le droit de première vente, de banvin. Du 11 novembre, certaines années, la date fut reculée jusqu'à Noël. Néanmoins tout ce vin finissait par être bien vendu, car on buvait sec en Angleterre.

Outre le vin, on exportait à Bordeaux les draps fins du Langue-doc, les plantes servant à la teinture, comme le pastel ou la garance, et les armes. Bordeaux eut, au xiv⁰ siècle, une fabrique d'armes célèbre ; et Froissart, dans ses récits de bataille, parle à diverses reprises des épées de Bordeaux. Les navires qui emme-naient tous ces produits revenaient d'Angleterre avec de la laine. Plus tard, quand les Anglais se mirent à fabriquer eux-mêmes, ils rapportèrent des cargaisons de stockfisch, de morues, de harengs ; de sorte que, en ces années où les jours maigres étaient si nombreux, l'Angleterre nourrissait Bordeaux, qui était comme sa colonie continentale. D'Angleterre venait aussi en partie le blé ; car tout était vignoble autour de Bordeaux, et les habitants, sans ces arrivages, couraient le risque de mourir de faim au milieu de leurs richesses. Enfin, sur ces vaisseaux, prenaient place les dévots qui voulaient faire le pèlerinage de Saint-Jacques-de-Compostelle, et, dans l'*Histoire du commerce à Bordeaux*, M. Francisque Michel (2 vol. Bordeaux, 1867 et suiv.) a consacré un chapitre spécial à ce pèlerinage.

Il faut bien observer que les vaisseaux qui faisaient ce trafic n'étaient pas des vaisseaux bordelais. Les grandes familles borde-laises ne comptaient pas d'armateurs. Au xiii⁰ siècle, les Colon, ri-ches négociants de Bordeaux, avaient bien leur navire, *La Colombe;* mais, au xiv⁰ siècle, Bordeaux n'avait point de vaisseaux propres. Propriétaire foncier, vigneron avant tout, le Bordelais est pru-dent. Il emprunte les vaisseaux de la corporation des bateliers et mariniers de Bayonne ; mais c'est surtout par les vaisseaux anglais que se fait le commerce. En effet, sous Édouard I⁰ʳ et Édouard III, l'Angleterre tend à devenir une grande puissance maritime : elle veut que tout le commerce maritime se fasse sur des vaisseaux anglais. Elle tend déjà à ce monopole, qui sera proclamé, en 1651, par l'Acte de navigation. Ce sont ses vaisseaux qui, moyennant un prix élevé, vont chercher les vins bordelais. Ils naviguent ensemble, et souvent, surtout quand la France et l'Angleterre sont en délicatesse, des vaisseaux de guerre leur font escorte « pour salvation et garde de la flotte ». Ce voyage était le grand événement de l'année, et la flotte quittait Bordeaux avec le même appareil solennel. Voir Malvezin, *Histoire du commerce de Bordeaux jusqu'à nos jours*, 4 vol. in-8⁰, 1892. De cet ouvrage, inspiré en partie par celui de Francisque Michel, il existe un excellent résumé dans l'*Histoire de Bordeaux* de Jullian, 1895.

Quand, en 1453, Bordeaux fut annexé au domaine royal, les liens qui l'unissaient avec l'Angleterre furent brisés d'un seul coup, et il en résulta une grande crise. Bordeaux regretta la domination anglaise et se révolta. De tous les pays qui formèrent la France, le Bordelais est le seul qui se soit fondu avec regret et colère dans l'unité nationale.

La Rochelle, depuis 1224, fait partie du domaine de la couronne : Louis VIII a enlevé la ville à Henri III. La Rochelle, port français, entre en concurrence avec Bordeaux, demeuré anglais. Deux autres villes de la région communiquent avec la mer et peuvent être considérées comme des arrière-ports de la Rochelle : Saint-Jean-d'Angély sur la Boutonne et Niort sur la Sèvre. De ces villes partaient pour la Flandre les vins de l'Anjou, du Poitou et de la Saintonge, le sel de l'Aunis, le meilleur connu, et la laine dont les Flamands avaient besoin pour confectionner leurs draps. Les marchandises étaient importées par le port de Gravelines, et la comtesse de Flandre, Marguerite, avait, en 1262, donné d'importants privilèges à « ses amis les maires de la ville de Saint-Jean-d'Angély, de Niort, et à leurs marchands ».

Sans doute, au début du XIV⁰ siècle, les guerres entre les Flamands et les Anglais d'un côté, et avec la France de l'autre, jetèrent une certaine perturbation dans ces relations commerciales, qui n'étaient reprises qu'au moment des trêves ; mais, alors, se produisirent une foule de réclamations sur les marchandises saisies, de part et d'autre, au cours des hostilités. Cependant la paix fut faite sous le règne de Philippe VI et dura jusqu'au début de la guerre de Cent ans ; les relations entre la Flandre et la Rochelle prirent alors un très grand développement. En 1331, le comte Louis de Nevers accorda de nouveaux privilèges aux marchands de La Rochelle et de Saint-Jean-d'Angély qui amène-raient leurs vins à Damme. Ordre fut donné à tous les Flamands de respecter ces marchands et les gardiens de leurs marchan-dises. Cf. Jules Finot, *Etude historique sur les relations com-merciales entre la France et la Flandre au Moyen Age*, Paris, 1894.

En remontant le littoral, nous arrivons à la Bretagne, qui a un port prospère avec Nantes : c'est le grand débouché du commerce de la Loire ; c'est l'entrepôt du sel des marais de Guérande, des blés et des vins d'Anjou, des fruits de la Touraine. Le port est en relations suivies avec le Portugal et la Castille, avec l'Allemagne et le Danemark. Mais la ville de Nantes vit encore, au xive siècle, d'une vie isolée et sera troublée par une querelle de succes-sion. Elle n'a pas l'importance qu'elle devrait avoir : les marins de Vannes, Quimper, Tréguier, Saint-Malo, s'exercent surtout dans la dangereuse navigation des côtes de Bretagne. Voir Le Bœuf, *Histoire du commerce de Nantes*, 1857. Le commerce de Bretagne se réduit au cabotage des denrées de première né-cessité. — Ce fut durant la querelle entre la maison de Blois et de Montfort que le commerce de Nantes périclita, et c'était le seul port de Bretagne qui comptât !

En Normandie, Rouen a un port florissant. Depuis que Louis VIII a cédé aux bourgeois les quais de la Seine, ceux-ci ne cessent de resserrer le lit du fleuve ; les eaux gagnent en profondeur ce qu'elles perdent en étendue et les navires peuvent facilement remonter jusqu'à la ville. Sur les quais s'installent des mar-chés. Les navires affluent à Rouen. Le Havre n'existe pas encore. Harfleur n'a pas d'importance. Les Anglais apportent à Rouen l'étain de Cornouailles et de la laine pour les draperies. Les marchands hollandais sont nombreux également. Les villes han-séatiques envoient à Rouen des fourrures, des bois de construc-tion, le duvet de l'eider (édredon), la peau de martre, le faucon, que châtelaine et châtelain tenaient sur leurs poings. Quant aux marchands de Portugal et d'Espagne, ils apportaient leurs vins sucrés, les cuirs de Séville et de Cordoue que travaillaient les cordouaniers (cordonniers).

Les petits ports de Picardie avaient, eux aussi, une certaine activité; ils s'y pratiquait surtout la pêche du hareng, qu'on salait ensuite pour l'expédier à Paris, et même celle de la baleine qui pénétrait jusque dans la Manche.

Tel est le tableau du commerce maritime de la France au dé-but du xive siècle ; ce qu'il y a de plus important, c'est que les règles de commerce se fixent. Les recueils de jurisprudence maritime qui ont été compilés au xiii⁰ siècle, peut-être déjà au xii⁰, se répandent et sont universellement reconnus.

Les tribunaux d'amirauté, que nous voyons apparaître sous Charles V, attireront à eux toutes les affaires, criminelles ou civiles, se rapportant à la marine. Outre tous ces tribunaux spéciaux, gardes des foires de Champagne, cour des conventions royales de Nîmes pour jugement des affaires de la colonie italienne tribunaux de l'amirauté ou tribunaux royaux avec appel au Parlement, il se formera une jurisprudence civique nouvelle qui abandonnera les coutumes et législations locales.

D'autre part Philippe le Bel, dans divers traités avec l'Aragon, Gênes, Venise, a soumis la lettre de marque à certaines conditions : elle ne peut être délivrée qu'après plusieurs sommations adressées au gouvernement intéressé ; le concessionnaire doit faire constater qu'il a rempli toutes les formalités légales ; il doit faire publier sa lettre sur tout le territoire de l'Etat qui lui a refusé justice, pour que tout commerçant en soit dûment informé. Il ne peut en user qu'après un certain délai, qui permet aux intéressés de se mettre à l'abri. Puis la saisie faite doit être approuvée par les bureaux ordinaires. Notons que les marchands se rendant aux foires ne peuvent être inquiétés pour les fautes d'un de leurs compatriotes ; ils ne sont responsables que de leurs dettes personnelles. La lettre de marque est, de plus, garantie. Il est défendu de voyager sous un faux pavillon pour se mettre à l'abri des lettres de marque : au cas où la fraude est découverte, le vaisseau et la marchandise sont déclarés de bonne prise.

Enfin, de véritables traités de commerce commencent à être signés au début du xiv⁰ siècle. Il ne faut, sans doute, pas voir déjà un traité de commerce dans les privilèges que Philippe le Bel accorda en janvier 1310 à des marchands portugais qui s'établissaient à Harfleur : ce sont là des privilèges spéciaux pour attirer les marchands étrangers, et le roi de Portugal n'est pas intervenu. Mais Charles IV, comme nous le dit Guillaume de Nangis, signa une série de traités de commerce en 1327. Le 8 septembre 1308 (Fagniez, n⁰ 11, p. 17), un traité est passé entre Hakon, roi de Norvège, et le comte de Flandre Robert. Pendant cinq années, liberté de navigation et de commerce est stipulée entre les deux nations. Si le roi de Norvège ou une communauté ou un particulier ont contracté des dettes envers des sujets flamands, leurs biens peuvent être mis sous séquestre jusqu'à ce que la dette soit payée. Mais la liberté de commerce sera maintenue : en d'autres termes, il n'y aura plus de lettres de marque.

On voit donc que, au début du xiv° siècle, avant la guerre de
Cent ans, on s'efforce d'abolir les mauvaises coutumes du Moyen
Age qui entravaient la navigation et qui enlevaient toute sécurité
au commerce maritime. Les divers États cherchent à obtenir des
garanties pour leurs nationaux, qui naviguent sur les mers lointaines ou font du commerce à l'étranger. Des traités de protection sont signés.

Enfin, et ce sera notre dernier point, les procédés de commerce
se perfectionnent à ce début du xiv° siècle.

Déjà au xiii° siècle, et peut-être avant, on trouve la lettre de
change. On a beaucoup discuté sur l'origine de la lettre de change,
et les savants ne se sont pas mis d'accord. Quelques-uns prétendent que c'est là une pratique arabe qui s'est peu à peu imposée
au monde chrétien d'Occident, et, en effet, l'influence arabe a été
considérable. Beaucoup de mots de la langue commerciale, *trafic*,
magasin, fardeau, tarif, douane, sont des mots arabes (Cf. Gras-
shoff, *Das Wechselrecht der Araben*, Berlin, 1900); et, probablement, il y a une part de vérité dans cette thèse, la lettre de change
ayant d'ailleurs des origines multiples. Il y a lieu pensons-nous,
de croire que les lettres de change se sont formées à l'image des
lettres de paiement données par les rois à leurs trésoriers. Dans
les États anglo-normands, le roi ordonne à un préposé de payer
une certaine somme à une personne déterminée, en ces termes :
Liberate de the sauro nostro... ces brefs s'appelaient des *liberate*.
Quand saint Louis est parti pour la Croisade, il contracte des
emprunts ; il use alors d'une lettre patente pour ses emprunts ; mais cette lettre patente est accompagnée d'une lettre
close adressée à un officier de France et lui ordonnant de rem-
bourser telle ou telle somme : c'est donc une lettre de paiement
et c'est aussi une lettre de change. Les espèces du lieu de
paiement sont d'une autre monnaie que les espèces données
au départ. Néanmoins, ce ne sera qu'au xiv° siècle et même au
xv° que la lettre de change prendra sa forme moderne.

Racine et le théâtre français.

Cours de M. AUGUSTIN GAZIER,

Professeur à l'Université de Paris.

La querelle d' « Andromaque ». — Les « Plaideurs ».

Une des choses qui nous ont le plus frappés dans l'étude d'*Andromaque*, c'est l'analogie que nous avons pu noter entre l'histoire de cette pièce et celle du *Cid* : ce sont, de part et d'autre, les mêmes circonstances, le même enthousiasme, les mêmes qualités et les mêmes défauts de jeunesse. Les seules différences que nous observions entre ces deux chefs-d'œuvre viennent de ce que trente ans se sont écoulés entre l'apparition du *Cid* et celle d'*Andromaque*, et que le temps a marché dans cet intervalle. Le Louis XIV de 1667 n'est pas du tout semblable au pauvre malade royal de 1636, au faible Louis XIII dominé par son ministre Richelieu. Les lettres françaises se sont enrichies des chefs-d'œuvre de Descartes, de Pascal, de Bossuet, et même de Boileau. Enfin, dernière analogie, que Boileau ne manque pas de faire ressortir dans son *Epître à Racine*, les attaques des envieux ne font qu'exciter le génie :

> Au *Cid* persécuté *Cinna* doit sa naissance,
> Et peut-être ta plume aux censeurs de Pyrrhus
> Doit les plus nobles traits dont tu peignis Burrhus.

Comme le même Boileau le dit encore dans la satire IX « *à son Esprit* », « le dégoût d'un censeur » ne peut « décrier » un livre qui fait bel effet à l'étalage du libraire Bilaine :

> En vain, contre le *Cid*, un ministre se ligue :
> Tout Paris pour Chimène a les yeux de Rodrigue.
> L'Académie en corps a beau le censurer :
> Le public révolté s'obstine à l'admirer.

Il y aura donc, en 1668, une querelle d'*Andromaque*, comme il y a eu, trente ans plus tôt, une querelle du *Cid* : la seule différence, c'est que Richelieu et l'Académie ne s'en mêleront pas cette fois : Richelieu est mort depuis longtemps, et Séguier a mieux à faire

24

que d'engager la docte compagnie dans un débat ridicule. Comme la querelle d'*Andromaque* n'eut pas les conséquences fâcheuses de la querelle contre Corneille et qu'elle ne découragea pas Racine le moins du monde, nous ne nous y attarderons pas ; et j'espère terminer cette leçon en vous disant quelques mots des *Plaideurs*, après vous avoir parlé brièvement de la querelle d'*Andromaque*.

La tragédie d'*Andromaque*, vous vous en souvenez, avait été saluée par des applaudissements flatteurs. Elle avait reçu l'approbation sans réserve de l'exquise Henriette d'Angleterre, duchesse d'Orléans, arbitre du bon goût et protectrice éclairée des lettres et des arts. La princesse était jeune encore à l'époque d'Andromaque : elle avait vingt-quatre ans à peine. Cependant Racine s'était fié à son jugement délicat. Nous voyons par l'épître dédicatoire d'*Andromaque* que Racine a lu son manuscrit à la princesse, et qu'elle lui a donné des conseils fort utiles. Il y a eu comme une collaboration secrète entre la duchesse d'Orléans et le poète. Peut-être Henriette est-elle responsable de ce cinquième acte romanesque et mélodramatique, dont je vous ai lu les passages essentiels dans ma dernière leçon, et où l'on voyait reparaître Andromaque chargée de chaînes, Hermione prononçant devant elle son fameux « Qui te l'a dit ? » et délivrant ensuite, elle-même, sa prisonnière.

La reconnaissance du poète va même jusqu'à l'hyperbole dans cette dédicace ; et il y a là, en quelques lignes, une petite théorie de l'art dramatique assez paradoxale. Pour Corneille et pour Molière, la grande règle de toutes les règles est de « plaire ». A qui ? Ce n'est pas la faveur d'un public quelconque qu'ils ambitionnent, mais celle d'un public d'Athéniens incapables d'applaudir une sottise. Racine, lui, va plus loin. Arrière les « savants » : la grande règle, la « règle souveraine » est de plaire à Madame. Cette faveur le « console bien glorieusement de la dureté de ceux qui ne voudraient pas se laisser toucher » par *Andromaque*. Racine semble donc avouer, dans cette phrase, que l'enthousiasme ne fut pas universel, et qu'il y eut quelques notes discordantes dans ce concert d'approbations.

Que pense Pierre Corneille de la représentation d'*Andromaque* ? Nous n'en savons rien ; mais nous le devinons, car le silence qu'il garde, en cette occasion, est bien éloquent. Saint-Evremond, lui, admire *Andromaque*, mais à contre-cœur en quelque sorte, et il tient à ne rien sacrifier de la gloire du grand Corneille.

Les grands seigneurs eux-mêmes s'improvisèrent critiques dramatiques à l'occasion d'*Andromaque*, et Racine répondit par une épigramme cinglante à deux de ses détracteurs, le duc de Créqui et le comte d'Olonne :

La vraisemblance est choquée en ta pièce,
Si l'on en croit et d'Olonne et Créqui.
Créqui dit que Pyrrhus aime trop sa maîtresse ;
D'Olonne, qu'Andromaque aime trop son mari (1).

Le grand Condé jugea Pyrrhus « trop violent et trop emporté » ; et peut-être Racine songe-t-il à lui, lorsqu'il dit dans sa première préface : « Pyrrhus n'avait pas lu nos romans ; il était violent de son naturel, et tous les héros ne sont pas faits pour être des Céladons. »

Enfin la veuve du maréchal de l'Hospital accepta la dédicace de *La folle Querelle ou la Critique d'Andromaque*, comédie de M. de Subligny.

Perdou de Subligny est un personnage assez obscur. On ne connaît ni la date de sa naissance ni celle de sa mort. On sait seulement, — il le dit lui-même, — qu'il était jeune (à peu près de l'âge de Racine) quand il écrivit *La folle Querelle*. Cela le fait naître, par conséquent, vers 1640. Il débuta dans les lettres en 1666 par la *Muse dauphine*, chronique en vers libres dans le genre de celle de Loret, mort l'année précédente, et adressée au dauphin, fils de Louis XIV, c'est-à-dire à un enfant d'environ quatre ans ! Cette donnée, vous le voyez, est absurde. Cependant, grâce au vers libre, que La Fontaine venait de [mettre à la mode, cette gazette est la moins mauvaise des gazettes littéraires de l'époque. Elle va du 3 juin au 24 décembre 1666, et il en existe un numéro daté du 3 février 1667, qui ne figure pas dans les éditions précédentes. La *Muse dauphine* a été rééditée, il y a une vingtaine d'années, par M. le baron de Rothschild.

En 1668, Subligny, abordant le théâtre, écrivit *La folle Querelle ou la Critique d'Andromaque*, comédie en trois actes, en prose, qui fut représentée, le 18 mai 1668, au théâtre du Palais-Royal, par la troupe de Molière (2). La pièce fut jouée trente fois de suite avec beaucoup de succès. Puis Subligny la fit imprimer et la dédia à Mᵐᵉ de l'Hospital. L'œuvre fut jugée hardie, écrite d'une plume « délicate et facile » ; et, par elle, le nom de Subligny vivra

_____

(1) On connaît l'aversion du duc de Créqui pour les femmes ; quant à d'Olonne, il avait peu à se louer des procédés de la sienne.

(2) Plus tard, Subligny prendra la défense de Racine dans sa *Réponse à la critique de la Bérénice par l'abbé de Villars* (1675) et dans sa *Dissertation sur les tragédies de Phèdre et d'Hippolyte* (1677). — On a encore de Subligny un roman, la *Fausse Clélie* (1670), sorte de parodie de ceux de Mˡˡᵉ de Scudéry.

tant que vivra le nom de Racine, comme vivront les Zoïle, les Scudéry, les Pradon.

Quelle est la nature de cette pièce, et quel effet put-elle produire sur la sensibilité exquise de Racine ? Est-ce une pièce à prétentions littéraires, comme la *Critique de l'Ecole des Femmes* de Molière, ou la *Satire des Satires* et le *Portrait du Peintre* de Boursault, comme *La Métromanie* de Piron, comme *Les Philosophes* de Palissot, l'*Ecossaise* de Voltaire, *Le Monde où l'on s'ennuie* de M. Pailleron ?

On a dit que *La folle Querelle* était le premier modèle de la parodie dramatique en France : c'est absolument faux, car Richelieu, vous vous en souvenez, avait fait jouer le *Cid* par ses marmitons. On a beaucoup exagéré la portée de *La folle Querelle*; et il ne faut pas oublier que cette comédie est, avant tout, une comédie d'intrigues.

Voici le sujet en peu de mots. Deux jeunes blondins, Eraste et Lysandre, se disputent le cœur et la main d'Hortence, dont le père est mort, mais dont la mère, Sylviane, vit encore. Eraste se flatte d'épouser, grâce à la mère, l'ingénue assez gaillarde qu'est Hortence : il compte sur le zèle de son valet de chambre Langoumois et de Lise, femme de chambre d'Hortence. Mais Hortence ne veut pas de lui, et elle retarde de son mieux le moment de lui donner sa foi : de concert avec Lysandre, elle cherche à se faire enlever pendant la nuit. Eraste est averti de ces préparatifs et c'est lui qui se décide à procéder à l'enlèvement. Seulement, croyant enlever Hortence, il enlève une vicomtesse veuve, sa voisine, qui joue les rôles de Lucrèce offensée. Au troisième acte, Eraste, reconnu comme un personnage peu honorable, est éconduit, et Lysandre épouse Hortence.

Vous voyez que cette pièce est assez loin de ressembler à la *Critique de l'Ecole des Femmes* ou même au *Portrait du peintre*. Pourquoi donc Subligny a-t-il intitulé sa comédie *La folle Querelle ou la Critique d'Andromaque* ?

C'est qu'il y est question d'*Andromaque*, en effet. On en parle à tout propos et même hors de propos. Si Hortence n'aime point Eraste, c'est qu'Eraste a eu le grand tort, à ses yeux, de soutenir qu'*Andromaque* est « la plus belle chose du monde ». On parle tellement d'*Andromaque* dans la maison, que Lise, la soubrette, en a « la tête étourdie », et qu'elle s'écrie : « Cuisinier, cocher, palefrenier, laquais, et jusqu'à la porteuse d'eau, il n'y a personne qui n'en veuille discourir. Je pense même que le chien et le chat s'en mêleront, si cela ne finit bientôt. »

Il est vrai qu'Hortence est très sévère sur ce chapitre. Voici

comment on parle de la pièce de Racine dans son entourage :
« On demande quel métier Pylade faisait à la cour de Pyrrhus ;
on dit qu'Oreste était un plaisant roi, Pyrrhus un sot, Andromaque une bête, et Hermione une guenipe ». On estime que
Pyrrhus n'est pas un honnête homme, qu'il manque à sa parole
envers Hermione, et qu'il est insensé d'être venu au temple sans
escorte. Quant à Andromaque, elle est absurde d'avoir consenti à
épouser Pyrrhus sur sa seule promesse, « avant que d'avoir vu
son fils en sûreté » ; et puis il serait plus convenable qu'elle
attendît deux ou trois jours après la cérémonie pour se tuer : ce
retard imposerait plus fortement à Pyrrhus le devoir de veiller
sur Astyanax. — Oreste tutoie Pylade, et Pylade ne tutoie pas
Oreste ! Peut-on supporter pareille chose ? — L'enlèvement
projeté d'Hortence n'est qu'une allusion à l'enlèvement d'Hermione. — Subligny accuse même Racine de plagiat : « C'est, dit
Eraste, la scène où Hermione veut qu'Oreste aille tuer Pyrrhus.
Je l'ai conférée avec celle de Corneille. Il y a une Emilie qui dit
toute la même chose à un certain Cinna. » Et, par un procédé
assez grossier, Subligny place ces paroles dans la bouche
d'Eraste, qui, oublieux de la chronologie, reproche à l'auteur
de *Cinna* d'avoir volé cette scène à l'auteur d'*Andromaque*. Enfin
il y a, çà et là, quelques critiques de style, et c'est tout.

Voilà la portée de la pièce de Subligny. La critique littéraire y
est greffée maladroitement sur une intrigue qui a la prétention
d'être attachante. Supprimez ces observations pédantes sur
Andromaque, l'action n'est pas modifiée : la critique de la tragédie
de Racine est donc un véritable hors-d'œuvre.

D'ailleurs, les déclarations de certains personnages de *La folle
Querelle* atténuent singulièrement la portée des attaques de
Subligny. Alcippe, cousin d'Eraste, s'exprime ainsi, en s'adressant
à la vicomtesse (acte I, scène VII) : « Je ne dis pas, Madame, que
ce soit une très méchante pièce. Non, au contraire, cela ne va pas
tant mal pour un commencement, et l'auteur a assez bien imité
les savants en quelques endroits. Mais de vouloir qu'il soit vrai
qu'il ait surpassé tous ceux qui ont jamais écrit, hé ! Madame, le
bon sens peut-il souffrir qu'on se trompe de la sorte ? *C'est gâter
un homme à force d'encens*, et, sans cela, peut-être que nous
aurions vu, quelque jour, une bonne pièce de lui. »

Et les réflexions de Subligny dans sa longue préface ne sont
pas moins caractéristiques : « Cette comédie, dit-il, a diverti assez
de monde, dans le grand nombre de ses représentations, et elle a
même assez plu à ses ennemis, pour borner la vengeance qu'ils
en ont prise à publier que le plus habile homme que la France

ait encore eu en ce genre d'écrire en·était l'auteur, je veux dire
M. de Molière, et qu'il n'y avait rien de moi que mon nom. Je
sais combien cette erreur m'a été avantageuse ; mais je n'ai pas
le front d'en profiter plus longtemps, et, dût-on ne trouver plus
ma comédie si belle, je fais conscience d'exposer davantage
cet homme illustre aux reproches que méritent, à ce qu'on
dit, les faiseurs de critiques. C'est donc moi qui ai fait le crime.
J'ai tâché seulement à le commettre de l'air dont M. de
Molière s'y serait pris, parce que sa manière d'écrire me plaît
fort...

« Ce n'est pas qu'en critiquant l'*Andromaque* je me ,sois
imaginé faire une chose qui dût m'obliger à me cacher ; c'est une
petite guerre d'esprit, qui, bien loin d'ôter la réputation à quelqu'un, peut servir un jour à la lui rendre plus solide, et il serait
à souhaiter que la mode en vînt, pour défendre les auteurs de la
fureur des applaudissements, qui, souvent, à force de leur
persuader malgré eux qu'ils ont atteint la perfection dans un
ouvrage, les empêchent d'y parvenir par un autre qu'ils s'effor-
·ceraient de faire avec plus de soin. *Je fus charmé à la première
représentation de l'Andromaque;* ses beautés firent sur mon esprit
ce qu'elles firent sur ceux de tous les autres, et, si je l'ose dire,
j'adorai le beau génie de son auteur sans connaître son visage. Le
tour de son esprit, la vigueur de ses pensées et la noblesse de ses
sentiments m'enlevèrent en beaucoup d'endroits, et tant de belles
choses firent que je lui pardonnai volontiers les actions peu
vraisemblables ou peu régulières que j'y avais remarquées. Mais
lorsque j'appris, par la suite du temps, qu'on voulait borner sa
gloire à avoir fait l'*Andromaque*, et qu'on disait qu'il l'avait écrite
avec tant de régularité et de justesse qu'il fallait qu'il travaillât
toujours de même pour être le premier homme du monde, il est
vrai que je ne fus pas de ce sentiment. Je dis qu'on lui faisait tort,
et qu'il serait capable d'en écrire de meilleures. Je ne m'en dédis
point, et quelque chagrin que puissent avoir contre moi les partisans de cette belle pièce, de ce que je leur veux persuader
qu'elle les a trompés quand ils l'ont crue si achevée, je soutiens
qu'il faut que leur auteur attrape encore le secret de ne les pas
tromper, pour mériter la louange qu'ils lui ont donnée d'écrire
plus parfaitement que les autres. »

Et plus loin : « La France a intérêt de ne point arrêter au
milieu de sa carrière un homme qui promet visiblement de lui
faire beaucoup d'honneur. Elle devrait le laisser arriver à ce
point de pureté de langue et de conduite de théâtre qu'il sait bien
lui-même qu'il n'a pas encore atteint ; car, autrement, il se

trouverait qu'au lieu d'avoir déjà surpassé le vieux Corneille, il demeurerait toute sa vie au-dessous...

« Mais je ne prétends pas faire voir ici toutes les fautes que j'ai remarquées dans ce chef-d'œuvre du théâtre. Son auteur, qui a plus d'esprit que moi, les découvrira bien lui-même, s'il les veut reconnaître, et il s'en servira ensuite comme il lui plaira. Il suffit que j'en aie compté jusqu'à près de trois cents, et que l'on voie bien que je n'ai pas eu dessein de les exagérer, puisque je n'ai pas seulement gardé l'ordre des scènes ni marqué les endroits où sont celles que je viens de dire. Je me suis contenté d'en rapporter confusément quelques-unes, à mesure qu'elles me sont revenues dans la mémoire, pour prouver un peu ce que j'avais avancé. A cela près, l'auteur d'*Andromaque* n'en est pas moins en passe d'aller, un jour, plus loin que tous ceux qui l'ont précédé, et s'il avait observé dans la conduite de son sujet certaines bienséances qui n'y sont pas; s'il n'avait pas fait toutes les fautes qui y sont contre le bon sens, je l'aurais déjà égalé sans marchander à notre grand Corneille. Mais il faut avouer que si M. Corneille avait eu à traiter un sujet qui était de lui-même si heureux, il n'aurait pas fait venir Oreste en Épire comme un simple ambassadeur, mais comme un roi qui eût soutenu sa dignité. Il aurait fait traiter Pylade en roi à la cour de Pyrrhus, comme Pollux est traité à la cour de Créon, dans la *Médée*... M. Corneille aurait rendu Andromaque moins étourdie... Il aurait conservé le caractère violent et farouche de Pyrrhus, sans qu'il cessât d'être honnête homme, parce qu'on peut être honnête homme dans toutes sortes de tempéraments, et, donnant moins d'horreur qu'il ne donne des faiblesses de ce prince qui sont de pures lâchetés, il aurait empêché le spectateur de désirer qu'Hermione en fût vengée, au lieu de le craindre pour lui. Il aurait ménagé autrement la passion d'Hermione ; il aurait mêlé un point d'honneur à son amour, afin que ce fût lui qui demandât vengeance plutôt qu'une passion brutale...

« Pour conclusion, M. Corneille aurait tellement préparé toutes choses pour l'action où Pyrrhus se défait de sa garde, qu'elle eût été une marque d'intrépidité, au lieu qu'il n'y a personne qui ne la prenne pour une bévue insupportable. Voilà ce que je crois que M. Corneille aurait fait, et peut-être qu'il aurait encore fait mieux. Le temps amène toutes choses, et comme l'auteur d'*Andromaque* est jeune aussi bien que moi, j'espère qu'un jour je n'admirerai pas moins la conduite de ses ouvrages que j'admire aujourd'hui *la noble impétuosité de son génie.* »

Vous le voyez, c'est l'éloge qui domine dans toute cette préface.

Subligny ressemble à ce paysan d'Athènes qui se prononçait
contre Aristide, parce qu'il était fatigué de l'entendre appeler « le
Juste ». Subligny n'a rien, en somme, à reprocher à Racine ;
mais il est agacé de voir le jeune Racine préféré au grand Corneille, et, en outre, il n'est pas mécontent de se faire un peu de
« réclame » sur le dos de l'auteur d'*Andromaque*. Subligny se
serait bien gardé, par exemple, d'attaquer l'*Attila*, qui prêtait
suffisamment le flanc à la critique : il était bien plus habile de
s'en prendre à une pièce célèbre et regardée par la plupart des
gens comme un chef-d'œuvre. En somme, *La folle Querelle* n'a
nullement offusqué la gloire de Racine, et Subligny sera plus
tard un des défenseurs de *Bérénice*.

Quel effet la représentation de *La folle Querelle* produisit-elle
sur Racine ? L'auteur d'*Andromaque* sut garder un silence calme
et digne. Quand parut la pièce de Subligny, *Andromaque* était
déjà imprimée. On n'enlevait pas alors très rapidement les
nouveautés comme aujourd'hui, et la deuxième édition d'*Andromaque* ne parut que cinq ans plus tard, en 1673 : il eût été
trop tard pour répondre. D'ailleurs, la situation était délicate.
Corneille et Molière se trouvaient mêlés tous deux à ce débat.
Il eût fallu s'en prendre à eux, parler de la décadence de l'auteur
d'*Attila* et de l'indélicatesse du chef de la troupe du Palais-
Royal. Racine fit donc seulement semblant de mépriser les
attaques de Subligny, et, comme le dieu de Lefranc de Pompignan,
il « poursuivit sa carrière ». Il écrivit *Les Plaideurs* et prépara
Britannicus.

Les Plaideurs sont une charmante comédie. On la relit volontiers, et tout le monde en sait par cœur plusieurs passages. Petit-
Jean, L'Intimé, Dandin, Chicaneau, vous sont très familiers, sans
oublier la fameuse comtesse de Pimbesche, Orbesche *et cætera*.
Je ne veux donc point insister longuement sur l'étude de cette
comédie.

D'ailleurs, l'histoire littéraire des *Plaideurs* est courte et assez
mal connue. On ne sait pas la date de la première représentation.
Nous en sommes réduits, pour la déterminer, à faire un syllogisme, ou plus exactement un « sorite », c'est-à-dire un entas-
sement de syllogismes : le privilège des *Plaideurs* est daté du
5 décembre 1668 ; *donc* la pièce, à cette date, était jouée depuis
longtemps, et elle avait donné tout ce qu'on pouvait attendre
d'elle. D'autre part, nous savons que la pièce fut mal accueillie

tout d'abord ; mais, ayant été jouée à Versailles, peu après, elle
y plut beaucoup, et le roi y rit de tout son cœur. Alors seulement
on osa rire à la ville, puisque la cour avait bien voulu se réjouir ;
cela permettrait *donc* de reporter les premières représentations
des *Plaideurs* au mois d'octobre ou au début de novembre 1668.

La valeur littéraire de cette pièce est incontestable : elle est
franchement comique. L'intrigue est fort bien conduite ; les
caractères, quoique chargés, comme il était naturel, sont très
adroitement soutenus. L'auteur a répandu çà et là le sel attique,
plus que jamais de circonstance en cette occasion, puisque la
pièce est imitée d'Aristophane. Quant aux extravagances, — le
soupirail, les chiens, — c'est Aristophane qui en est responsable.
Les Plaideurs, en définitive, valent n'importe quelle petite comédie,
n'importe quelle farce de Molière. Le style est excellent, et, si j'en
avais le temps, je relirais avec vous la célèbre tirade de Dandin :

> Du repos ? Ah ! sur toi tu veux régler ton père ?
> Crois-tu qu'un juge n'ait qu'à faire bonne chère,
> Qu'à battre le pavé comme un tas de galants,
> Courir le bal la nuit, et le jour les brelans ?... etc.

Je ne puis que vous renvoyer à ce passage. Tout cela est bien
connu de vous, et il n'est nullement nécessaire de nous y attarder.

Philosophons un peu, si vous le voulez bien. *Les Plaideurs* sont
la seule comédie de Racine : c'est là un sujet que Molière n'a
jamais abordé. Racine imite Aristophane, que Molière n'a jamais
imité. La chose vaut d'être remarquée : Molière, élève des jésuites,
comme Corneille, était un bon latiniste : il lisait fort bien Plaute
et Térence ; mais il était incapable d'aller chercher son bien dans
la lecture de l'auteur des *Guêpes,* lecture qui, pour Racine, élève
de Lancelot, n'était qu'un jeu.

Pourquoi Molière, le contemplateur, le peintre par excellence,
n'a-t-il jamais mis en scène tout ce monde de plaideurs, de gref-
fiers et d'avocats ? La Fontaine ne leur a point épargné ses railleries dans les *Fables.* Comment expliquer l'abstention de Molière,
qui semble ignorer ces gens-là de parti pris ?

Ce n'est ni prudence ni circonspection de sa part ; car, dans
les *Fourberies de Scapin* (1671), Molière ne s'est point fait faute
de fustiger de belle manière magistrats et gens de justice. Ecoutez plutôt (acte II, scène VIII) :

SCAPIN.

« C'est un de ces braves de profession, de ces gens qui sont
tout coups d'épée, qui ne parlent que d'échiner, et ne font non

plus de conscience de tuer un homme que d'avaler un verre de vin. Je l'ai mis sur ce mariage, lui ai fait voir quelle facilité offrait la raison de la violence pour la faire casser, vos prérogatives du nom de père, *et l'appui que vous donneraient, auprès de la justice, et votre droit, et votre argent, et vos amis.* Enfin, je l'ai tant tourné de tous les côtés qu'il a prêté l'oreille aux propositions que je lui ai faites d'ajuster l'affaire pour quelque somme, et il donnera son consentement à rompre le mariage, pourvu que vous lui donniez de l'argent.

ARGANTE.

Et qu'a-t-il demandé ?

SCAPIN.

Oh! d'abord des choses par-dessus les maisons.

ARGANTE.

Et quoi ?

SCAPIN.

Des choses extravagantes.

ARGANTE.

Mais encore ?

SCAPIN.

Il ne parlait pas moins de cinq ou six cents pistoles.

ARGANTE.

Cinq ou six cents fièvres quartaines, qui le puissent serrer ! Se moque-t-il des gens ?

SCAPIN.

C'est ce que je lui ai dit. J'ai rejeté bien loin de pareilles propositions, et je lui ai bien fait entendre que vous n'étiez point une dupe, pour vous demander des cinq ou six cents pistoles. Enfin, après plusieurs discours, voici où s'est réduit le résultat de notre conférence. Nous voilà au temps, m'a-t-il dit, que je dois partir pour l'armée ; je suis après à m'équiper, et le besoin que j'ai de quelque argent me fait consentir, malgré moi, à ce qu'on me propose. Il me faut un cheval de service, et je n'en saurais avoir un qui soit tant soit peu raisonnable à moins de soixante pistoles.

ARGANTE.

Eh ! bien, pour soixante pistoles, je les donne.

SCAPIN.

Il faudra les harnois et les pistolets, et cela ira bien à vingt pistoles encore.

ARGANTE.

Vingt pistoles et soixante, ce serait quatre-vingts.

SCAPIN.

Justement.

ARGANTE

C'est beaucoup, mais soit : je consens à cela.

SCAPIN.

Il lui faut aussi un cheval pour monter son valet, qui coûtera bien trente pistoles.

ARGANTE.

Comment, diantre ! Qu'il se promène, il n'aura rien du tout.

SCAPIN.

Monsieur !

ARGANTE.

Non, c'est un impertinent !

SCAPIN.

Voulez-vous que son valet aille à pied ?

ARGANTE.

Qu'il aille comme il lui plaira, et le maître aussi.

SCAPIN.

Mon Dieu, Monsieur, ne vous arrêtez point à peu de chose. *N'allez point plaider, je vous prie, et donnez tout, pour vous sauver des mains de la justice.*

ARGANTE.

Eh ! bien, soit, je me résous à donner encore ces trente pistoles.

SCAPIN.

Il me faut encore, a-t-il dit, un mulet pour porter...

ARGANTE.

Oh ! qu'il aille au diable avec son mulet ! C'en est trop, et nous
irons devant les juges.

SCAPIN.

De grâce, Monsieur.

ARGANTE.

Non, je n'en ferai rien.

SCAPIN.

Monsieur, un petit mulet.

ARGANTE.

Je ne lui donnerais pas seulement un âne.

SCAPIN.

Considérez.....

ARGANTE.

Non, j'aime mieux plaider.

SCAPIN.

Eh ! Monsieur, de quoi parlez-vous là, et à quoi vous résolvez-
vous ? Jetez les yeux sur les détours de la justice. Voyez combien
d'appels et de degrés de juridiction ; combien de procédures em-
barrassantes ; combien d'animaux ravissants par les griffes desquels il vous faudra passer : sergents, procureurs, avocats, gref-
fiers, substituts, rapporteurs, juges, et leurs clercs. Il n'y a pas
un de tous ces gens-là qui, pour la moindre chose, ne soit capable de donner un soufflet au meilleur droit du monde. Un
sergent baillera de faux exploits, sur quoi vous serez condamné
sans que vous le sachiez. Votre procureur s'entendra avec votre

partie, et vous vendra à beaux deniers comptants. Votre avocat, gagné de même, ne se trouvera point lorsqu'on plaidera votre cause, on dira des raisons qui ne feront que battre la campagne et n'iront point au fait. Le greffier délivrera par contumace des sentences et arrêts contre vous. Le clerc du rapporteur soustraira des pièces, ou le rapporteur même ne dira pas ce qu'il a vu ; et quand, par les plus grandes précautions du monde, vous aurez paré tout cela, vous serez ébahi que vos juges auront été sollicités contre vous, ou par des gens dévots, ou par des femmes qu'ils aimeront. Eh ! Monsieur, si vous le pouvez, sauvez-vous de cet enfer-là. *C'est être damné dès ce monde que d'avoir à plaider*, et la seule pensée d'un procès serait capable de me faire fuir jusqu'aux Indes.

ARGANTE.

A combien est-ce qu'il fait monter le mulet ?...»

Vous voyez que Molière ne ménage pas les gens de justice dans tout ce passage. Pourquoi donc n'a-t-il pas écrit au moins un acte sur ce thème ?

La seule raison, c'est que Molière ne sait peindre que d'après nature : et, de même que Molière n'a commencé à attaquer les médecins que lorsqu'il a été malade et qu'il a eu l'occasion de les bien connaître, de même il n'a pas cru pouvoir construire une pièce, si courte fût-elle, sur les gens de justice, sans avoir eu affaire à eux.

Racine, lui, avait eu un procès, qui avait pour cause, semble-t-il, son prieuré de l'Épinay. Il s'en entretint avec ses amis au cabaret du *Mouton-Blanc,* au milieu du cimetière des Innocents. De ces conversations, agrémentées de saillies spirituelles, sortirent les premières ébauches des *Plaideurs.*

Racine songea d'abord à donner sa pièce à Scaramouche et aux comédiens italiens, « comme une chose qui leur appartenait de plein droit ». C'eût été un simple canevas à *lazzi,* en prose.

Mais le départ de Scaramouche pour l'Italie « interrompit son dessein », et Racine se décida alors à écrire une comédie en trois actes et en vers, destinée à l'Hôtel de Bourgogne.

Peut-être l'auteur d'*Andromaque* n'était-il point fâché de troubler Molière et de lui montrer que les « grands comédiens » pouvaient aussi jouer la comédie. Racine se félicite, dans sa préface, « d'avoir assez longtemps réjoui le monde » avec cette pièce. « Mais, ajoute-t-il, je me sais quelque gré de l'avoir fait, sans qu'il

m'en ait coûté une seule de ces *sales équivoques* et de ces *malhon-
nêtes plaisanteries*, qui coûtent maintenant si peu à la plupart de
nos écrivains et qui font retomber le théâtre dans la turpitude
d'où quelques auteurs plus modestes l'avaient tiré. » Il est infiniment probable que c'est à Molière que ce discours s'adresse.

Grâce à Louis XIV, *Les Plaideurs* ont réussi. Racine est encouragé ; comme l'Intimé, il a pu « prendre haleine » ; il est prêt
désormais à s'abandonner à des travaux plus sérieux. Nous le
verrons, dans notre prochaine leçon, revenir au théâtre avec
Britannicus.

A. C.

Bibliographie

Conseils généraux (*préparation à l'art d'écrire*), par
M. Roustan, *agrégé des lettres*, librairie Delaplane, Paris, 1907.

Sujets de devoirs

UNIVERSITÉ DE PARIS.

AGRÉGATION DE L'ENSEIGNEMENT SECONDAIRE DE JEUNES FILLES
Pédagogie.

Sur cette pensée de Spinoza : « L'homme n'est pas, dans la nature, comme un empire dans un empire, mais comme une partie dans le tout, et les mouvements de l'automate spirituel qui est notre être sont aussi réglés que ceux du monde matériel où il est compris. »

CERTIFICAT D'APTITUDE A L'ENSEIGNEMENT SECONDAIRE DES JEUNES FILLES.
Pédagogie.

On a prétendu que parler sans cesse à la masse de ses devoirs la rend timorée et impropre à résister à l'oppression. Dans quelle mesure le croyez-vous ? .

Littérature.

D'où vous paraît provenir l'indifférence à peine voilée d'admiration qui s'attache aujourd'hui aux œuvres de Voltaire, tandis qu'un intérêt passionné s'attache toujours à celles de Rousseau ?

Pédagogie.

De l'esprit de soumission et de l'esprit de discipline.

ÉCOLE NORMALE SUPÉRIEURE DE SÈVRES.
Pédagogie.

Appréciez cette pensée de La Rochefoucauld : « Celui-là n'est pas raisonnable à qui le hasard fait trouver la raison, mais celui qui la connaît, qui la discerne et qui la goûte. »

Littérature.

Influence des *Lettres philosophiques* de Voltaire sur le XVIII\ siècle.

Pédagogie.

Discutez cette pensée d'un contemporain : « C'est moins l'éducation qui explique les mœurs que les mœurs l'éducation... »

LICENCES ET CERTIFICATS D'APTITUDE A L'ENSEIGNEMENT DES LANGUES VIVANTES.

ALLEMAND.

Version.

TREITSCHKE, *Deutsche Geschichte im 19. Jahrhundert*, III, p. 690, depuis : « Schwerer, langsamer... », jusqu'à : « ...zurufen konnte ».

Thème.

LECONTE DE LISLE, la *Chanson du Rouet*.

Dissertation française.

« Je ne suis point né pour être un poète tragique ; ma nature est trop conciliante. » (GŒTHE.)

Dissertation allemande.

« Das Ziel der Volkspoesie ist das Herz der Nation. » (SIMROCK.)

ANGLAIS.

Version.

SHAKESPEARE, *Measure for Measure*, a. III, sc. I, jusqu'à. « That makes these odds all even. »

Thème.

TAINE, *Hist. Litt. ang.*, vol. IV, ch. VII, jusqu'à : « ...règlent le cours du génie humain » (pp. 175-176).

Composition française.

« There are none to whom these papers will be more useful than to the female world. » Que pensez-vous de ce mot d'Addison appliqué au *Spectator* ?

Composition anglaise.

« A little learning is a dangerous thing. » (POPE, *Essay on Criticism*, 215.) Explain.

Le gérant : E. FROMANTIN.

POITIERS. — SOCIÉTÉ FRANÇAISE D'IMPRIMERIE ET DE LIBRAIRIE

QUINZIÈME ANNÉE (2e Série)   N° 26   9 MAI 1907

REVUE HEBDOMADAIRE

DES

COURS ET CONFÉRENCES

DIRECTEUR : N. FILOZ

Poètes français du XIXe siècle qui continuent la tradition du XVIIIe

Cours de M. ÉMILE FAGUET,

Professeur à l'Université de Paris.

Arnault *(suite)*: ses « Fables ».

J'en finis, aujourd'hui, avec l'étude d'Arnault, et, sans préambule, puisqu'aussi bien je m'étais arrêté, la dernière fois, au milieu d'un développement, j'achève ce que j'avais à vous dire des *Fables* (1).

Je vous avais montré que la plus grande partie des fables d'Arnault ne sont que des épigrammes un peu allongées. Souvent elles sont *très* allongées, et c'est là leur principal défaut, selon moi ; parfois aussi, l'épigramme finale, brièvement préparée en

(1) J'ai cité comme étant *probablement* d'Arnault, dans une de mes dernières leçons, les vers suivants qu'Arnault citait lui-même sans nommer l'auteur :

> Nous tromper dans nos entreprises,
> C'est à quoi nous sommes sujets ;
> Le matin, je fais des projets,
> Et, le long du jour, des sottises.

Un de mes auditeurs m'a fait remarquer — et je l'en remercie — que ces vers se trouvent déjà cités dans l'avertissement placé par Voltaire en tête de sa petite nouvelle de *Memnon ou la Sagesse humaine*. Voltaire ne dit point qu'ils soient de lui ; mais ils sont bien dans sa manière, qui est aussi celle d'Arnault, ce qui m'avait permis de les lui attribuer.

25

quelques vers, éclate avec toute sa force, et, alors, la fable d'Arnault est un petit chef-d'œuvre.

Les deux Bambous vous donnent une idée assez exacte des inconvénients de l'épigramme trop longuement développée. Vous vous souvenez du mot très joli et très vrai d'Andrieux, que j'ai eu l'occasion de vous citer : « On ne s'appuie que sur ce qui résiste ». C'est cette formule, à la fois spirituelle et profonde, qui est le point d'aboutissement de la fable d'Arnault intitulée *Les deux Bambous* ; soit qu'Andrieux l'ait suggérée à Arnault, soit qu'Arnault ait eu le premier l'idée de la condenser en un aphorisme nerveux, toujours est-il que cette formule ingénieuse leur appartient à tous deux. Et l'on voit bien, dès lors, comment Arnault bâtit et compose sa fable : il a dans l'esprit cette belle formule épigrammatique; elle lui plaît ; il ne veut point la laisser perdre, et il fait effort pour nous raconter une histoire qui nous conduira tout doucement vers la maxime à effet: c'est pour elle que la fable est composée. La maxime est, comme diraient les philosophes, la cause finale de la fable. Ainsi Dumas fils se préoccupait d'abord de la fin de ses pièces, et faisait découler, — avec raison d'ailleurs, — les premiers actes du dernier. C'est un procédé géométrique, qui trouve un utile emploi dans les œuvres destinées à la scène, mais qui n'est pas sans inconvénients dans le genre qui nous occupe. Vous allez en juger :

> L'an passé, c'était l'an quarante,
> L'an passé, le Grand-Turc disait au grand-vizir :
> « Quand, pour régner, sous moi j'ai daigné te choisir,
> Rustan, je te croyais d'une humeur différente.
>   Rustan met son plus grand plaisir
> A me contrarier ; quelque ordre que je donne,
>   Au lieu d'obéir, il raisonne ;
>   Toujours des *si*, toujours des *mais* ;
>   Il défend ce que je permets ;
>   Ce que je défends, il l'ordonne.
> A rien ne tient qu'ici je ne te fasse voir
> A quel point je suis las de ces façons de faire.
> Tu frises le cordon sans t'en apercevoir.
> Va-t'en. Qu'on fasse entrer mon grand eunuque noir.
>   C'est celui-là qui connaît son affaire ;
>   C'est celui-là qui, toujours complaisant,
> Sans m'étourdir jamais de droit et de justice,
>   N'ayant de loi que mon caprice,
>   Sait me servir en m'amusant.
> Jamais ce ton grondeur, jamais cet air sinistre.
> Ainsi que tout désir m'épargnant tout travail,
> Il conduirait l'empire aussi bien qu'un sérail...

— Vous voyez qu'Arnault n'est pas uniquement préoccupé de

son épigramme finale, et qu'il trouve le moyen d'en semer quelques autres, chemin faisant. Arnault excelle à frapper de ces vers qui font fortune et qui restent dans la mémoire, des vers destinés à devenir, comme on l'a dit des *Maximes* de La Rochefoucauld, les « proverbes des gens d'esprit »...

> J'en veux faire un premier ministre »
> — « En fait de politique et de gouvernement,
> Sultan, dit le vizir, chacun a son système ;
> Te plaire est le meilleur : le mien conséquemment
> Est mauvais ; toutefois, ne pourrais-je humblement
>   Te soumettre un petit problème ? »
> — « Parle. » — « Ce n'est pas d'aujourd'hui
>   Que, péniblement, je me traîne ;
> Vieux et cassé, sultan, dans sa marche incertaine,
>   Ma faiblesse a besoin d'appui.
>   Or j'ai deux roseaux de la Chine :
> Plus ferme qu'un bâton, l'un ne sait pas plier ;
> L'autre, élégant, léger, droit comme un peuplier,
>   Est plus souple qu'une badine.
> Lequel choisir ? » — « Lequel, Rustan ? Je ne crois pas
> Qu'un flexible bambou puisse assurer nos pas. »
>   — « Tu le crois, lorsque tu m'arraches
>   Ton spectre affermi par mes mains
>   Pour le livrer à des faquins
>   Sans caractère et sans moustaches ? »
>
>   Rois, vos ministres sont pour vous
> Ce qu'est pour nous ce jonc dont l'appui nous assiste.
> Je le dis des vizirs ainsi que des bambous,
> *On ne peut s'appuyer que sur ce qui résiste.*

Les propos du sultan sont vraiment un peu trop longs ; mais la fable est solide et d'une belle tenue.

Parmi les autres fables de ce genre, je vous citerai encore le *Cerf-volant*, qui est une parabole très agréable, tout à fait comparable à celles de l'Ecriture au point de vue de la pensée à exprimer : dans les deux cas, le procédé est le même, et le récit n'est fait que pour la morale qui s'en dégage :

> Un cerf-volant aux ailes d'or,
> A la queue ondoyante, aux pendantes oreilles,
> En longueur, en grosseur, en pesanteur pareilles,
>   Dans les cieux avait pris l'essor.
> Emporté par les vents bien au delà des nues,
>   Dans les hautes plaines de l'air,
> Où se forge la foudre, où s'allume l'éclair,
>   Et de Garnerin si connues,
>   Tout voisin du séjour des dieux,
>   Il échappait aux meilleurs yeux.
> Sa tête n'y tint pas...

— Voilà l'inconvénient du genre épigrammatique : malgré l'ingéniosité du fabuliste, nous sentons percer ici la fin de l'apologue...

> ... Tous les jours, elle tourne.
> A gens montés moins haut ! « N'était ce maudit fil,
> J'irais plus haut encor ! J'irais, s'écriait-il,
> Jusqu'au trône éternel où Jupiter séjourne.
> Ne puis-je m'en débarrasser ! »
> Comme il disait ces mots, le fil vient à casser.
> Vous devinez le reste : il dégringole. En butte
> Aux outrages des vents qu'il croyait dominer,
> Nouvel Icare, il voit son vol se terminer
> Par la plus misérable chute.

— Oui, et le fabuliste aussi ; car ces deux derniers vers ne sont pas extraordinaires...

> Méditez la leçon que ce récit contient,
> Etourdis, dont la tête est parfois blanche et chauve :
> La puissance qui nous retient
> Est souvent celle qui nous sauve.

Cette conclusion exprime très vigoureusement la pensée du poète et l'image et l'idée s'y trouvent réunies avec beaucoup de bonheur.

Sainte-Beuve cite avec éloge la fin de la fable qui a pour titre *Les Vitres cassées*. Elle est dédiée « à M. le comte Regnault de Saint-Jean-d'Angély, de l'Institut, ministre d'Etat, etc... ». Je passe le prologue, et j'arrive immédiatement à la fable elle-même

> Dans son manoir gothique, en tourelle arrondi,
> Entre quatre vitraux noircis par la fumée,
> Un certain vieux baron n'y voyait, à midi,
> Qu'avec la chandelle allumée.
> Les barons sont mortels : le ténébreux donjon,
> Un beau soir, passe à d'autres maîtres.
> Ceux-là voulaient y voir. « C'est pour cette raison,
> Disait l'un d'eux, qu'à sa maison
> D'ordinaire on fait des fenêtres.
> D'un si beau privilège usons à notre tour.
> C'est trop longtemps souffrir qu'un importun nuage
> Ferme ce noble asile aux doux rayons du jour.
> Qu'on y mette ordre avant que je sois de retour. »
> Il dit et part. Il eût été plus sage,
> S'il en avait dit davantage ;
> Car il s'adressait à des gens
> Bien plus zélés qu'intelligents.
> Dans la ferveur qui les anime,

Les servantes et les valets
De s'armer aussitôt de manches à balais ;
Et Dieu sait comme on s'en escrime !
Vingt écoliers, dans le château,
N'auraient pas fait pis ni plus vite.
En moins d'un quart d'heure, en son gîte,
Le nouveau possesseur n'avait plus un carreau.
On y vit clair : d'accord ; mais la neige, la grêle,
Mais la pluie et le vent d'arriver pêle-mêle,
Dans le salon glacé d'où l'obscurité fuit.
Nos gens, en faisant à leur tête,
Ont changé l'antre de la nuit
En caverne de la tempête.
Aux maux produits par l'incrédulité,
Sur ceux qu'enfante l'ignorance,
Pourquoi donner la préférence ?
Entre ces deux erreurs cherchons la vérité.
Précepteurs de l'humanité,
Pour réponse à vos longs chapitres,
Au maître de ma fable il faut vous renvoyer.
Ce qu'il dit à ses gens sans trop les rudoyer,
Vous conviendrait à bien des titres :
« Il ne faut pas casser les vitres ;
Mais il faut bien les nettoyer. »

Les deux vers de la fin sont jolis ; mais que leur préparation est donc lente ! Il eût suffi d'un petit vers de raccord pour les introduire, et Arnault en emploie une dizaine. Pourquoi donc Arnault se refuse-t-il à comprendre les avantages de la brièveté ? Ces réserves faites, la fable est agréable, et je suis tout à fait de l'avis de Sainte-Beuve.

Vous connaissez le mot spirituel de Voltaire aux hommes de lettres de son temps : « O mes frères, aimez-vous les uns les autres ; sans cela, qui vous aimera ? » Arnault a fort ingénieusement mis en vers cette réflexion malicieuse dans la fable qui a pour titre *Les Querelles des Chiens :*

Un dogue se battait avec un chien danois,
. Pour moins qu'un os, pour rien ; dans le temps où nous sommes,
Il faut presque aussi peu, je crois,
Pour diviser les chiens que pour brouiller les hommes.
L'un et l'autre était aux abois ;
Ecorché par mainte morsure,
Entamé par mainte blessure,
L'un et l'autre eût cent fois fait trève à son courroux,
Si l'impitoyable canaille,
Que la querelle amuse, et qui jugeait des coups,
N'eût cent fois, en sifflant, rengagé la bataille.
Le combat de Titans dura, dit-on, trois jours :
Celui-ci fut moins long, sans être des plus courts.

> J'ignore auquel des deux demeura l'avantage,
> Mais je sais qu'en héros chacun d'eux s'est battu ;
> Et pourtant des oisifs le sot aréopage
> S'est moqué du vainqueur autant que du vaincu.
>
> Gens d'esprit, quelquefois si bêtes,
> Loin de prolonger vos débats,
> Songez que vos jours de combats
> Pour les sots sont des jours de fêtes.

Cette fable a, d'abord, le mérite d'être relativement courte, — *ad eventum festinat* ; — et la morale, fort spirituellement exprimée, ne s'y fait pas attendre. Il en résulte, — et c'est pour Arnault un second mérite, — que plusieurs vers, bien frappés, sont demeurés proverbes : ce qui constitue, en général, un assez bon critérium.

Il est remarquable, en effet, que les mots justes, les tours heureux et frappants, se rencontrent plus fréquemment dans les fables brièvement traitées. Une idée longuement développée et retournée, pour ainsi dire, en tous sens, finit par faire languir le lecteur : elle ne lui donne point le coup de fouet qui, seul, pourra l'exciter. Si le récit est bref, l'expression exacte et saisissante se présentera comme d'elle-même ; le poète aura des chances de trouver le mot définitif. Vous allez en juger par la comparaison de deux fables d'Arnault, qui développent la même idée sous des formes différentes ; je commence par la plus longue, qui a pour titre *Les Dents et les Griffes :*

> Au milieu des chiffons, vieux papiers et vieux linges,
>   Sans autres témoins que les rats...
> Et moi, qui par un trou..., mais je ne compte pas,
>   Deux amis prenaient leurs ébats :
> C'était Monsieur Jacot, le plus malin des singes ;
> C'était Monsieur Minet, le moins malin des chats,
> Indolent angora, dont l'âme était si bonne
> Qu'il n'avait jusqu'alors égratigné personne,
> Pas même en se fâchant : on ne m'a pas caché,
> Il est vrai, que jamais il ne s'était fâché
> Jusqu'alors. Pour Jacot, c'était une autre affaire.
> Jacot, très différent de son doux commensal,
> Tel qu'un vrai journaliste, eût vraiment cru mal faire
> Si, même en s'amusant, il n'eût pas fait du mal.
> Aussi, dans sa gaîté, cruel avec délices,
>   Comme il semblait se divertir
> Aux grimaces, aux cris qu'arrachaient ses malices
> A l'ami dont ses jeux faisaient un vrai martyr ;
> Et des mains, et des dents, en prestesse pareilles,
>   Le lutinant, le taquinant,
>   L'agaçant, le turlupinant
> De la tête à la queue et des pieds aux oreilles.

— On voit qu'Arnault est un lecteur assidu de La Fontaine ; il lui prend ses allitérations expressives, dont l'effet est toujours heureux. Vous vous souvenez, par exemple, de la fable de La Fontaine intitulée *L'Alouette et ses petits avec le maître d'un champ* :

> Et les petits, en même temps,
> Voletant, se culebutants,
> Délogèrent tous sans trompette.

Arnault emploie ici exactement le même procédé : il prend à La Fontaine ce qui peut lui être pris...

> « Jacot, un peu plus doucement »,
> Lui dit d'abord très poliment
> Minet d'une voix pateline,
> Mais qui d'un ton plus fier se fût peut-être armé,
> S'il eût su quel vengeur il portait enfermé
> Dans les doigts de ses gants d'hermine.

— Cette peinture du chat, qui ne se sait pas armé, est très ingénieuse et digne d'un bon élève de La Fontaine...

> « Tout doux ! est-ce ainsi qu'on badine ?
> Tout doux, Jacot ! » Chansons : Jacot, plus agaçant,
> N'y répond qu'en recommençant ;
> Narguant des doigts et de la langue
> Son moraliste à chaque mot,
> Comme de loin fait un marmot
> Au noir pédant qui le harangue.
> — « Jacot, mon ami, sur ma foi,
> Ce jeu ne me plaît pas. » — « J'en suis fâché pour toi »,
> Dit, en faisant une gambade,
> Le lutin à son camarade,
> « Car il me plaît beaucoup, à moi. »
> Nouveaux tours, nouvelles prières,
> Non moins vaines que les premières.
> Minet voit voltiger partout
> Le poil qui manque à sa fourrure.
> Minet menace : on rit ; il jure :
> « Jacot, Jacot, je sens ma patience à bout ;
> Pour la dernière fois, finis, je t'en conjure ;
> Je ne réponds de rien. » — « Moi, je réponds de tout »,
> Dit Jacot, sans finir. Il eut tort d'en répondre,
> Car de leur pacifique étui
> Les griffes du matou, s'échappant malgré lui,
> Sur le nez du magot tout à coup viennent fondre.

— Le vers est un peu lourd, au point de vue des sonorités : le geste du chat doit être vif, rapide et foudroyant ; le vers est loin de l'être...

« Des griffes ! dit Jacot, reculant de vingt pas ;
Des griffes ! *Pourquoi donc ne le disais-tu pas ?*
Traître ! Et puis fiez-vous à ces bons escogriffes ! »
— « Ne t'en prends, dit Minet, qu'à tes jeux imprudents.
Ami Jacot, ce sont tes dents
Qui m'apprennent que j'ai des griffes ! »

Autrement dit : je suis combatif ; mais je ne fais la guerre qu'à qui me la fait. Le mot de Jacot à Minet est très joli : « Des griffes ! Pourquoi donc ne le disais-tu pas ? » Il fait songer à celui de Voltaire rencontrant Lefranc de Pompignan à l'Académie (si toutefois la chronologie ne s'y oppose pas), et lui jetant en plein visage : « C'est vous, Monsieur de Pompignan ? Vous ne m'aviez pas dit que vous étiez un sot ! »

Voici, maintenant, la fable intitulée *La Pierre à Fusil*, qui a pour sujet une idée analogue. Elle a été, sans doute, inspirée à Arnault par ce qu'on disait de Beaumarchais : « Plus on tape sur lui, plus il étincelle. »

— Te voilà, dangereux cailloux (1)
Qui portes le feu dans tes veines !
Viens-tu donc répandre chez nous
Le fléau dont elles sont pleines ?
— Etourdi, ne t'en prends qu'à toi,
Si quelque étincelle m'échappe :
La faute n'en est pas à moi ;
Elle est à celui qui me frappe.

Vous le sentez tous, il n'y a rien de plus saisissant que cette épigramme courte, enveloppée dans une belle image.

Même mérite, même don de brièveté nerveuse dans la fable qui a pour titre *La Rivière et les Ruisseaux*, et dont vous devinez d'avance le sujet :

Un fleuve qu'enorgueillissait
Sa puissance presque royale,
Gourmandait les ruisseaux dont l'urne libérale,
En se vidant, le remplissait :
« Vos tributs se font bien attendre ;
Prenez-vous de nouveaux détours ?
Ils murmurent, je crois ? Trève à tous ces discours
Que je suis ennuyé d'entendre. »
Ces discours étaient donc bien sots ? — Un roi sensé
Ne s'en serait pas offensé.
Xerxès aux flots jadis donna les étrivières ;
Bien loin de l'imiter, Sire, avec vos vassaux

(1) Arnault, pour les besoins de la rime, a mis un *x* à caillou au singulier ; ne le chicanons pas là-dessus.

Prenez, lui disaient-ils, de plus douces manières ;
Au fleuve, avec le temps, chacun porte ses eaux :
Ne tarissez pas les ruisseaux,
Ce sont eux qui font les rivières.

La fable est très jolie : elle nous fait songer par le ton à la fable
de La Fontaine *Phébus et Borée*. Phébus parle à Borée sur un ton
protecteur et quelque peu dédaigneux :

... Je vous laisse obscurcir mes rayons.

C'est tout à fait le langage du fleuve aux ruisseaux. Décidément,
Arnault est pénétré de La Fontaine.
Je vous lirai encore *Le Hanneton*, fable de huit vers qui a toute
l'allure d'un petit chef-d'œuvre :

« Tu bourdonnes, n'es-tu pas libre ? »
Disait un écolier au hanneton fâché
D'avoir toujours un fil à la patte attaché.
Ainsi parlait Octave à ses sujets du Tibre.
Ainsi naguère encor j'entendais raisonner
D'honnêtes gens, qui tous n'étaient pas sur le trône :
La liberté pour eux, c'est un fil long d'une aune
Au bout duquel on laisse un peuple bourdonner.

Les souvenirs de La Fontaine sont encore évidents dans cette
fable : comme lui, Arnault entre immédiatement dans son sujet,
in medias res (Cf. « Va-t'en, chétif insecte », etc...) ; comme lui
encore, il use de ce demi-burlesque qui consiste à jeter brusquement le lecteur, à propos d'un fait vulgaire, dans des réflexions
grandioses, empruntées le plus souvent aux souvenirs de l'antiquité grecque ou latine. — (Cf. dans La Fontaine la fable des
Deux Coqs :

Deux coqs vivaient en paix ; une poule survint,
Et voilà la guerre allumée.
Amour, tu perdis Troie ; et c'est de toi que vint
Cette querelle envenimée
Où du sang des dieux même on vit le Xanthe teint...

C'est exactement le même procédé.) — Et vous voyez jusqu'où
peut s'élever la fable épigrammatique habilement traitée. On peut
dire que *Le Hanneton* est une épigramme lyrique, pleine de largeur et d'ampleur, par « l'envolée », — ou, pour parler en meilleur français, par l'essor des derniers vers.
La Cruche et la Bouteille, fable très courte aussi, ressemble fort
à une transposition de *La Cigale et la Fourmi*. Arnault l'a faite

courte, à dessein ; car, les deux personnages étant des êtres ina-
nimés, il eût été difficile d'entreprendre un long portrait qui les
rendit vivants. — C'est pour le même motif que La Fontaine s'est
bien gardé de trop allonger sa fable *Le Pot de terre et le Pot de
fer*. Le trait caractéristique du pot de fer, c'est d'être dur, et
celui du pot de terre, c'est d'être fragile, voilà tout : il n'y a rien
à ajouter.

LA BOUTEILLE.

> L'intérêt ne peut me guider ;
> Je n'ai rien à moi, ma cousine,
> Et, volontiers si je m'incline,
> Ce n'est que pour mieux me vider.

LA CRUCHE.

> Ma cousine, je le confesse,
> Un autre instinct me fait agir,
> Et, volontiers si je me baisse,
> Ce n'est que pour mieux me remplir.

Voici une autre petite fable, plus jolie, plus pittoresque, où tout
un drame de ménage est agréablement esquissé ; elle a pour titre
Les Taches et les Paillettes :

> « Au diable soient les étourdis
> Qui m'ont fait une horrible tache !...
> Qu'ai-je dit, une ? en voilà dix,
> Et c'est à mon velours pistache ! »
> Ainsi parlait Monsieur Denis,   .
> Marchand fameux dès l'ancien règne,
> Marchand connu de tout Paris,
> Marchand de soie à juste prix,
> Du moins si j'en crois son enseigne.
> « Conçois-tu bien tout mon malheur,
> Ma fille ! un velours magnifique,
> Un velours de cette couleur,
> Va donc rentrer dans ma boutique !
> L'art du dégraisseur n'y peut rien.
> L'eau de Dupleix, à qui tout cède,
> Est sans vertu ! » — « Mon père ! » — « Eh ! bien ? »
> — « Essayons un autre remède ;
> Envoyons l'étoffe au brodeur. »
> — « Elle a raison ! » — Notre grondeur
> Suit le conseil de la fillette.

> Amis, plus souvent qu'on ne croit,
> La tache est toujours à l'endroit
> Où l'on voit briller la paillette.

Comment se fait-il que Sainte-Beuve n'ait point remarqué cette
fable ? Les trois derniers vers, qui sont de la morale, si vous vou-

lez, sont aussi de la critique littéraire. Vous pouvez en faire une application constante : soyez sûrs que, dans la plupart des ouvrages, le faux brillant déguise un défaut du fond.

Lisons encore une de ces fables épigrammatiques très courtes, *Le Riche et le Pauvre* :

> Penses-y deux fois, je t'en prie :
> A jeun, mal chaussé, mal vêtu,
> Pauvre diable ! comment peux-tu
> Sur un billet de loterie
> Mettre ainsi ton dernier écu ?
> C'est par trop manquer de prudence ;
> Dans l'eau c'est jeter ton argent ;
> C'est vouloir... — Non, dit l'indigent,
> C'est acheter de l'espérance.

J'ai gardé pour la fin la fable qui a fait la gloire d'Arnault, *La Feuille*, et je ne manquerai point de la relire devant vous. Cette fable fut écrite en 1815, lorsque Arnault fut exilé : il passait en France, chez des amis, les dernières heures avant son départ, et, étant rentré un peu tard pour dîner, il lut à ses hôtes la très belle pièce qu'il venait de composer :

> — De ta tige détachée,
> Pauvre feuille desséchée,
> Où vas-tu ? — Je n'en sais rien.
> L'orage a frappé le chêne
> Qui seul était mon soutien.
> De son inconstante haleine
> Le zéphir ou l'aquilon,
> Depuis ce jour, me promène
> De la forêt à la plaine,
> De la montagne au vallon.
> Je vais où le vent me mène,
> Sans me plaindre ou m'effrayer ;
> Je vais où va toute chose,
> Où va la feuille de rose
> Et la feuille de laurier.

La pièce est admirable : le chêne frappé par l'orage, c'est évidemment Napoléon, et la feuille de rose est, si vous voulez, l'image du poète, chose légère que la tourmente emporte aussi bien que le zéphyr. Il y a là, dans une simplicité parfaite et avec un accent singulièrement pénétrant, tout un poème que l'inspiration d'Arnault a été de condenser et de réduire en quelques vers, comme on enferme un élixir en un flacon précieux.

« On ignora d'abord à Paris, dit Arnault, quel était l'auteur de *La Feuille*. A l'époque où elle fut publiée en France, les journaux

y étaient soumis à la censure, qui n'aurait pas permis qu'on y
insérât l'ouvrage d'un proscrit ; aussi cette fable y fut-elle
annoncée comme une pièce trouvée par les petits-enfants de
Mme de La Sablière, dans les papiers de leur aïeule. Loin de contester le fait, les oracles et même la sibylle du temps prouvèrent
que la pièce ne pouvait être que de La Fontaine, dont jadis on
avait retrouvé aussi la touche inimitable dans une fable de La
Mothe. »

Ces rapprochements étaient singulièrement flatteurs, et *La
Feuille*, célèbre dès sa naissance, répétée partout, mérite d'être
conservée.

Tel est Arnault. Ecrivain d'un esprit malicieux et caustique,
il s'est montré versificateur fin, élégant et ingénieux. On l'a
beaucoup oublié, peut-être à tort. L'éclat de l'école romantique
a nui à sa gloire. Il a vécu un peu trop tard. Sa réputation serait,
aujourd'hui, plus solide s'il eût vécu et écrit au siècle de Voltaire.
Toutefois n'oublions pas qu'il a été, un jour, véritablement inspiré: le poète de *La Feuille* est digne de figurer dans le chœur
des grands poètes, comme Arvers, qui, par son seul sonnet,
vivra dans la mémoire des hommes.

A.ˉ C.

Démosthène.

Cours de M. ALFRED CROISET,

Professeur à l'Université de Paris.

Le procès de la Couronne : la défense de Démosthène.

(Suite et fin.)

Nous arrivons, aujourd'hui, à la deuxième partie du plaidoyer de Démosthène, à la partie *offensive*. Je rappelle, en deux mots, ce qu'elle contient : c'est un examen comparé de la politique vénale d'Eschine et des efforts faits par Démosthène pour en prévenir les effets désastreux. Ici, les actes spécialement visés par l'accusation sont laissés de côté. C'est dans toute leur vie politique à tous deux que Démosthène cherche librement les exemples les plus décisifs. Cela demande quelque explication.

Dans la partie *défensive* de son plaidoyer, où l'orateur est censé répondre point par point aux attaques d'Eschine, il y a certaines périodes de sa vie dont il n'a rien dit : ce sont notamment les deux dernières, les deux plus importantes, au cours desquelles il avait conseillé l'alliance avec Thèbes et conduit Athènes au désastre de Chéronée. Démosthène entendait-il donc éluder les points essentiels de l'accusation ? Non, certes ; et il va les examiner justement dans la seconde partie.

Mais alors pourquoi ce déplacement ? Pourquoi enchaîner dans des développements ordinairement réservés aux représailles ou aux digressions une partie si importante de sa défense proprement dite ? La raison en est fort simple : Démosthène ne voulait pas laisser les juges sur l'impression d'une discussion juridique. A cette discussion, c'était Ctésiphon surtout qui se trouvait intéressé. Quant à Démosthène, il ne voyait d'intérêt que dans la question politique. Du reste, comme nous l'avons dit, le point de droit était fort discutable. Aussi, par un artifice très simple, Démosthène rejette-t-il dans la partie *offensive* sa réponse aux attaques sur le désastre de Chéronée. Sous prétexte d'accuser maintenant Eschine, il va parler de lui en même temps que de son adversaire ; il opposera à la conduite de celui-ci la sienne propre. Cela lui permettra de revenir sur les points qu'il n'a pas encore touchés. Cette seconde partie est d'ailleurs, par là même, la plus belle : elle est remplie de morceaux que l'on cite partout pour la grandeur de l'idéal politique et de l'idéal moral qu'ils expriment.

L'orateur débute cependant par des attaques personnelles de la plus grande violence. Eschine est maltraité, injurié, vilipendé de main de maître. Au fond, c'était fort bien fait. Il ne s'était pas fait faute de prodiguer lui-même des injures contre celui qu'il accusait. Il faut noter toutefois que sa manière était un peu différente. Démosthène ne procède pas par insinuations ; il frappe fort et il frappe juste. Il déclare quelque part que l'injure n'est pas dans ses cordes : avouons qu'il exagère. Tout au plus peut-on dire qu'elle n'est pas dans ses goûts ; il a plus volontiers recours à d'autres armes, et il préfère assurément le terrain des idées. Pourtant, quand il faut invectiver, user du sarcasme, il n'hésite pas et ne se montre nullement inférieur à son adversaire.

Je ne m'arrêterai guère à ce morceau injurieux. Cependant j'en signalerai un passage intéressant, dans lequel Démosthène porte une appréciation littéraire sur l'éloquence d'Eschine. Nous avons signalé déjà plusieurs observations de ce genre dans son plaidoyer. Celle dont je parle porte sur la péroraison du *contre Ctésiphon*. Eschine avait osé la terminer par l'invocation suivante: « O Terre ! ô Soleil ! ô Vertu ! et vous, Intelligence, et vous, Science, par qui nous discernons le bien et le mal, je vous prends à témoin que j'ai secouru la patrie! »

On ne saurait imaginer rien de plus déclamatoire, de plus froid, rien de plus mauvais goût. Démosthène n'oublie pas de relever cette invocation ridicule, et il le fait avec la justesse de sens d'un grand artiste et aussi avec la violence que la situation comportait :

« Il a hurlé, s'écrie-t-il, comme dans une tragédie : « O Terre ! ô Soleil ! ô Vertu ! » et autres choses du même genre. Il a apostrophé l'Intelligence, la Science, par qui nous discernons le bien et le mal. Quoi donc? Tu invoques la vertu, infâme ? Et qu'a-t-elle de commun avec toi et les tiens ! Le bien, le mal, as-tu jamais su les distinguer? Est-ce à toi de parler de la science, à toi qui n'es qu'un être inculte, un fanfaron grossier? Non, non, cesse de parler de la sorte : tu n'es qu'un cabotin grotesque, et tu ne réussis qu'à révolter tes auditeurs, au lieu de leur en imposer. »

Démosthène rappelle, ensuite, de quelle famille est sorti Eschine.

Celui-ci avait vanté l'intrépidité de son père et parlé en termes affectueux de sa mère Glaucothée. Démosthène réplique :

« Je ne suis nullement embarrassé pour te répondre. Je le suis seulement pour savoir qui doit avoir l'honneur de ma première attaque, d'abord Tromès, ton père, l'esclave d'Elpias, le maître d'école qui enseignait près du temple de Thésée ; et parlerai-je, pour commencer, de ses grosses entraves et de son carcan ? Faut-il d'abord dire quelques mots de ta mère, chaque jour nouvelle épousée, qui a fait de toi une belle statue et un parfait acteur... de troisième ordre ? Mais non ; tout le monde sait cela sans que j'insiste. Je crains, d'ailleurs, que ces détails ne m'avilissent à les énumérer. Je les laisse pour aborder l'histoire de ta vie.

« Eschine, juges, n'est pas un homme vulgaire : il sort de la classe de ces misérables que distingue l'exécration publique. C'est bien tard, que dis-je ? c'est d'hier qu'il s'est fait Athénien et orateur. Il a allongé de deux syllabes le nom de son père, et Tromès est devenu Atrométos (1). Pour sa mère, il l'a magnifiquement appelée Glaucothéa : tous savent qu'on la surnommait *le Lutin*, évidemment à cause de sa lubricité : c'est incontestable. Mais telles sont ton ingratitude et ta perversité innées : gueux et esclave, les Athéniens t'ont fait riche et libre, et, loin d'en être reconnaissant, tu te vends pour les trahir ! »

Si j'ai cité ce passage, c'est pour vous faire voir à quelle violence, à quelle brutalité, en arrive Démosthène lui-même dans ses invectives et dans ses sarcasmes. Sur le fond, d'ailleurs, on ne saurait dire dans quelle mesure sont justes les accusations qu'il lance contre Atrométos et contre Glaucothéa. Il est fort probable qu'elles sont exagérées.

J'ai hâte d'arriver à la très belle discussion relative à la bataille de [Chéronée, qui est pleine de grandeur tragique. Les évènements qui en sont l'objet sont tellement graves et la défense a quelque chose de si paradoxal dans la bouche de l'orateur qui a poussé à la guerre et qui a provoqué le désastre d'Athènes, que Démosthène redouble de solennité dans ses premières paroles. Après la virulente attaque contre Eschine dont nous parlions tout à l'heure, il se met à penser aux dieux et place, en quelque sorte, toute sa discussion sous le patronage des divinités qui protègent Athènes. Nous retrouvons donc ici le même caractère religieux que dans l'exorde.

(1) Tromès, c'est-à-dire *le Trembleur* ; Atrométos, c'est-à-dire *l'Intrépide.*

« Qui donc a provoqué la guerre ? s'écrie Démosthène. J'ose
dire, Athéniens; que c'est ce misérable. C'est Eschine qui a
déchaîné la guerre d'Amphissa ; c'est lui qui à ouvert à Philippe
les portes d'Elatée ; c'est lui encore qui l'a mis à la tête des
Amphictyons ; c'est lui, enfin, qui est la cause de tout ce qui a
suivi et qui a précipité la chute totale de la Grèce. Jamais,
Eschine, non, jamais tu ne te laveras de ce forfait; ta faconde
n'y réussira pas.

« J'invoque devant vous, citoyens d'Athènes, tous les dieux et
toutes les déesses tutélaires de l'Attique, surtout Apollon Pythien,
père de notre cité. Si je vous dis la vérité, puissent-ils m'accorder
salut et félicité ! Mais si, par haine, par animosité personnelle, je
porte une accusation fausse, qu'ils me privent de tous les biens. »
Vous voyez toute la solennité de l'invocation et la grandeur
religieuse de cette prière. Démosthène explique, tout de suite,
l'intensité de l'émotion qu'il y marque : « Pourquoi, dans ma
bouche, ces imprécations, cette véhémence? C'est que, malgré
mes preuves convaincantes, tirées de nos archives, malgré vos
propres souvenirs, je crains que vous ne considériez ce misérable
comme incapable de pareils attentats. Eh ! n'est-ce pas ce qui
arriva, lorsque, par des rapports mensongers, il perdit la malheureuse Phocide ? »

Mais tout ce que je viens d'analyser n'est qu'une sorte d'exorde.
Nous allons entrer, à présent, dans la discussion proprement dite.
Tout d'abord, nous rencontrons le récit de ce qu'a fait Eschine
devant le conseil des Amphictyons. Démosthène raconte avec
verve cette séance mémorable dont son accusateur, avec si peu
de raison, se montrait si fier : je veux parler de la séance où
Eschine, tout d'un coup, à la suite d'une parole un peu vive d'un
Locrien d'Amphissa, se mit à l'accabler d'outrages, lui et ses
concitoyens, déterminant ainsi la guerre sacrée qui devait entraîner pour la Grèce entière de si terribles malheurs. Vous
connaissez les événements ; je vous les ai racontés d'après le
discours d'Eschine. Démosthène raconte, à son tour, ces scènes
de fanatisme que provoquèrent les discours maladroits de son
adversaire. Je n'y reviens pas.

Une petite remarque cependant : Eschine, toujours fier de son
éloquence, avait, vous vous en souvenez, reproduit dans son
plaidoyer, sinon à la lettre, du moins retouché, la harangue qu'il
avait tenue devant les Amphictyons. Il déclarait, sans fausse
modestie, avoir parlé fort convenablement. Or Démosthène, qui
d'ailleurs ne s'attarde pas à critiquer cette harangue, la caractérise
néanmoins d'une façon intéressante. Il fait preuve, cette fois

encore, de ce sens littéraire dont je vous parlais au début de cette leçon. Il déclare que le discours d'Eschine n'est qu'une pompeuse *déclamation*, un tissu d'arguments *spécieux*, de *contes mythologiques*, qui n'en imposèrent aux Amphictyons qu'en raison de leur inexpérience et de leur imprévoyance (1).

Ces observations sont d'une justesse absolue. Elles ont, d'ailleurs, une portée plus générale. Elles peuvent s'appliquer à d'autres discours d'Eschine. Rappelez-vous que ce goût des légendes, ce tour d'esprit mystique, nous l'avons relevé déjà à propos du plaidoyer *Sur l'Ambassade*. Là, il racontait qu'il avait exposé doctement à Philippe l'histoire des fils de Thésée et de la dot d'Acamas, pour lui prouver qu'il fallait rendre Amphipolis aux Athéniens. A présent, c'est l'origine de la consécration de la plaine de Cirrha qu'il se flatte d'avoir racontée pour faire excommunier les Locriens (2). Cette habitude d'Eschine n'avait pas échappé au sens littéraire de Démosthène.

Il faut remarquer, d'autre part, que, sur un point du récit, Démosthène se sépare d'Eschine. « Même si les Locriens d'Amplissa, s'écrie-t-il, avaient tort, tu n'aurais pas dû faire ce que tu as fait. Il valait mieux supporter une injure que de parler à contre-temps. Mais la raison même que tu invoques pour légitimer ta conduite et pour t'excuser aux yeux du peuple, cette raison, dis-je, n'est qu'un prétexte... Il n'y a jamais eu de décrets portés contre Athènes par les Amphissiens. Ils ne nous ont jamais imposé d'amendes ; ils n'ont jamais songé à aucune de ces poursuites dont cet imposteur que voilà colore maintenant sa perfidie : vous allez le reconnaître. Sans nous citer en justice, ce peuple ne pouvait faire condamner notre ville. Or qui nous a cités ? Personne. Sous quel archonte ? Dis-nous qui le sait ? Impossible. Tu as donc menti. »

Et, immédiatement après cette sortie vigoureuse contre l'imprudence et le mensonge d'Eschine, il cite des textes de lettres d'où il ressort clairement que Philippe a fait la guerre *exclusivement* pour une raison *religieuse* ; il a voulu *venger le Dieu* de Delphes offensé par les Locriens ; il s'est fait le ministre du dieu. Et c'est sous ce prétexte qu'il s'est dirigé du côté d'Elatée. Il l'a eu vite prise.

Démosthène fait alors le tableau de l'affolement d'Athènes à la nouvelle de ce succès de Philippe. Ce récit célèbre à jamais, partout cité, est dans toutes les mémoires. Il le mérite

---

(1) DÉMOSTHÈNE, *Couronne*, § 149.
(2) ESCHINE, *Ambass.*, § 31 ; *Clésiphon*, § 123.

par son pathétique si sobre et si puissant. Ce que Démosthène veut surtout montrer, c'est la panique qui s'empare des
Athéniens, endormis jusque-là par les belles paroles d'Eschine :
« C'était le soir; arrive un homme qui annonce aux prytanes
qu'Elatée est prise. Ils soupaient. A l'instant, ils se lèvent de
table. Les uns chassent les vendeurs des tentes dressées sur la
place publique et brûlent les baraques (1). Les autres mandent
les stratèges, appellent le trompette : toute la ville est remplie de
tumulte. Le lendemain, au point du jour, les prytanes convoquent
le Conseil dans son local. Vous allez à l'Assemblée, et, avant même
que le Conseil ait discuté, préparé un décret, tous les citoyens
sont à leurs places. Bientôt entre le Conseil, les prytanes répètent
la nouvelle, introduisent le messager. Cet homme s'explique. Le
héraut crie : Qui veut parler? Personne ne se présente. Cet appel
est réitéré : personne encore! Là cependant se trouvaient tous
les stratèges, tous les orateurs; et la voix de la patrie réclamait
une parole de salut, car le héraut, prononçant les paroles dictées
par la loi, est la voix de la patrie. Toutefois, pour se présenter,
que fallait-il? Vouloir le salut d'Athènes! Vous tous, levés
aussitôt, vous seriez accourus à la tribune; tous, en effet, vous
désiriez voir Athènes sauvée. Compter parmi les plus riches? Les
Trois-Cents (2) auraient parlé. Réunir zèle et richesse? Ceux-là se
seraient levés qui, depuis, ont fait à l'Etat des dons considérables comme gage de leur patriotisme et de leur opulence. Ah !
c'est qu'un tel jour, une telle crise, appelaient un citoyen non
seulement riche et dévoué, mais un citoyen qui eût encore suivi
les affaires dès le principe et raisonné avec justesse sur la politique et les projets de Philippe. Quiconque ne les eût point
connus par une longue et attentive exploration, fût-il zélé, fût-il
opulent, ne devait ni discerner le parti à prendre ni avoir un
conseil à donner (3). »

Eh ! bien, qui fut l'homme de cette journée ?

« Ce fut moi, répond fièrement Démosthène. Je montai à la
tribune. Ce que je vous dis alors, le voici : « Ceux qui croient les
Thébains amis de Philippe et s'alarment si vivement, ignorent,
selon moi, l'état des affaires. S'il en était ainsi, ce n'est pas à Elatée
que serait ce prince, mais à nos frontières. Il ne s'avance que pour
s'assurer de Thèbes : j'en suis certain. Tous les Thébains qu'il a
pu corrompre ou tromper sont à ses ordres ; mais ceux qui lui ont

(1) Ils voulaient que la place fût libre immédiatement, pour que le peuple y
vint faire la garde pendant la nuit.
(2) La classe des 300 plus riches Athéniens.
(3) Démosthène, Couronne, §§ 169 sqq.

résisté toujours, et il y en a, lui résistent encore : il ne peut les ébranler. Que veut-il donc, et pourquoi a-t-il pris Elatée ? Par ses forces déployées ainsi près de Thèbes, il veut inspirer à ses partisans de la confiance et de l'audace ; il veut étonner ses ennemis, à qui la peur ou la violence arracheront ce qu'ils lui refusent maintenant. Si donc nous inclinons, aujourd'hui, vers le souvenir de quelques menues offenses des Thébains, si nous leur montrons de la défiance comme à l'égard d'ennemis, nous ne ferons que combler les vœux de Philippe. De plus, j'appréhende alors la défection de ses adversaires actuels ; je crains que, philippisant de concert, les deux partis ne s'élancent sur l'Attique. Mais, si vous m'écoutez, si vous venez à réfléchir et non à disputer sur mes paroles, j'espère qu'elles paraîtront opportunes, et que je dissiperai le péril qui nous menace. Qu'est-ce donc que je demande ? Avant tout, cette crainte qui vous agite aujourd'hui, reportez-la sur les Thébains : beaucoup plus exposés, c'est sur eux que fondra d'abord l'orage. Envoyez ensuite à Eleusis votre cavalerie, et tout ce qui est en âge de servir ; montrez-vous en armes à toute la Grèce. Par là, les partisans que vous avez dans Thèbes pourront, avec confiance, soutenir la bonne cause. Ils verront que, si les traîtres qui vendent la patrie à Philippe s'appuient sur ses troupes d'Elatée, vous aussi vous êtes prêts et résolus à secourir, à la première attaque, ceux qui veulent combattre pour l'indépendance. Je propose encore de nommer dix députés, qu'on investira du pouvoir de décider avec les stratèges et le jour du départ et les détails de l'expédition. Arrivés à Thèbes, comment les députés négocieront-ils cette affaire ? Donnez-moi toute votre attention. Ne demandez rien aux Thébains : quelle honte ce serait aujourd'hui ! Loin de là, promettez de les secourir, s'ils le demandent, car leur péril est extrême, et, mieux qu'eux, nous voyons l'avenir. S'ils acceptent nos offres et nos conseils, nous aurons atteint notre but, sans que la République ait quitté sa noble attitude. S'ils le repoussent, Thèbes n'accusera qu'elle-même de ses disgrâces, et nous n'aurons à nous reprocher ni honte ni bassesse. »

Ce discours, résumé comme Démosthène vient de le faire, est un des plus vigoureux qu'on puisse trouver dans toute l'éloquence grecque. Il faut y admirer cette hardiesse avec laquelle il revendique sa responsabilité. C'était là, à ses yeux, il le répète à maintes reprises, la qualité essentielle de l'orateur, du *conseiller du peuple* (σύμβουλος) (1). Aussi se garde-t-il, pour son

(1) DÉMOSTHÈNE, *Chersonèse*, §§ 69-72 ; *Couronne*, § 189.

compte, de manquer à cette règle, qu'il fixe pour les autres. Son *moi* s'étale dans tous ses discours (φημὶ ἐγώ), non par une vanité frivole, mais par un juste sentiment de ce qu'il fait et de ce qu'il doit. En second lieu, on ne saurait trop y louer le sens politique, l'intelligence historique, qui se manifestent dans le choix des arguments. Dans ce résumé que Démosthène nous donne de sa harangue, on ne saurait découvrir de développement purement oratoire, de phrases creuses, de mots à effets. Sa dialectique repose exclusivement sur la psychologie humaine, générale, sur la connaissance de l'histoire. Aussi a-t-il raison de terminer son argumentation par ces sarcasmes à l'adresse d'Eschine :

« Dis-moi, Eschine, veux-tu te représenter ton rôle et le mien dans cette mémorable journée? Tu prétends que j'ai été un Battalos (1); tu me donnes ce surnom pour te moquer de ma faiblesse d'esprit. Tu considères, au contraire, comme un héros non vulgaire un Cresphonte, un Créon, ou cet OEnomaüs que tu as si cruellement estropié dans le bourg de Colytos (2). Va, dis toujours. Dans cette crise, le Battalos de Pœania mérita mieux de la patrie que l'OEnomaüs de Cothoce ; car tu ne fis rien pour elle, et je fis, moi, tout ce qu'on peut attendre d'un bon citoyen. »

* *
*

Après ce développement sarcastique, Démosthène aborde de nouveau le terrain des idées. Et, tout de suite, il arrive à une hauteur de pensée tout à fait extraordinaire : je veux parler du paradoxe célèbre qu'il ne craint pas d'avancer pour répondre aux attaques d'Eschine :

« Tu me reproches notre défaite, Eschine, et tu m'en rends responsable. Eh! bien, j'accepte la responsabilité par laquelle tu crois m'écraser. Ecoute le paradoxe que j'ose soutenir. Au nom des dieux, puissent mes paroles n'étonner personne ! puissent-elles être pesées avec bienveillance ! Quand l'avenir se serait révélé à nous, quand tout le monde aurait prévu la défaite, quand toi-même, Eschine, quand toi-même tu l'aurais prédite, criée, hurlée, toi qui n'as pas ouvert la bouche, Athènes ne devait point agir autrement qu'elle a fait, pour peu qu'elle songeât à sa gloire, à ses ancêtres et à sa postérité. Le succès, certes, lui a manqué : ce sort est commun à tous les hommes, quand les dieux l'ordonnent ainsi. Mais, ayant prétendu au premier rang, elle n'y pou-

---

(1) *Battalos*, c'est-à-dire *homme fou*, *efféminé*.
(2) Eschine, qui jouait dans ce bourg le rôle d'OEnomaüs poursuivant Pélops, était tombé et avait été relevé tout meurtri par le chef des musiciens.

vait renoncer, sans être accusée d'avoir livré la Grèce entière à
Philippe. Si elle eût abandonné sans combat ce que nos ancêtres
ont acheté par tant de périls, quelle opprobre pour toi, Eschine !
Car le mépris ne m'aurait atteint, ni moi ni la République. De quel
œil, grands dieux ! verrions-nous affluer ici les étrangers, si
Philippe eût été nommé chef et maître de la Grèce, et si, pour
empêcher ce déshonneur, d'autres eussent combattu sans notre
appui ! Sans notre appui, nous dont la patrie a toujours préféré
d'honorables dangers à une sûreté sans gloire !... Non, jamais
Athènes n'a consenti à plier sous un injuste dominateur, à se
reposer sous un lâche esclavage. Combattre pour la prééminence,
braver les dangers pour la gloire, voilà ce qu'elle a fait dans tous
les temps. Donc, Athéniens, vous n'avez pas failli en bravant les
hasards pour le salut et la liberté de la Grèce : j'en jure par
nos ancêtres qui ont affronté les périls à Marathon, par ceux que
Platée a su ranger en bataille, par ceux qui ont combattu sur mer
à Salamine et à Artémisium, par tous les vaillants enfin qui
reposent dans les monuments publics (1) ! »

Tel est le paradoxe fameux que soutint Démosthène devant les
juges ; il enthousiasmait les Stoïciens. On connaît le mot du
philosophe Panétius rapporté par Plutarque (2) : il disait que la
plupart des discours de Démosthène reposaient sur l'idée de
l'honnête considéré comme étant la seule chose qui fût bonne en
soi. Evidemment, nul passage plus que celui que je viens de lire
ne pouvait lui inspirer plus d'admiration.

Après ce développement d'une morale si haute, je n'insisterai
pas sur la fin du plaidoyer *pour la Couronne*. On pourait y relever
encore le passage où Démosthène critique, une fois de plus, le discours d'Eschine au point de vue littéraire, lui reprochant la sécheresse de son cœur, qui n'est nullement ému devant les malheurs
de la patrie ; celui où il demande à ne pas être flétri, pour être
inférieur aux grands hommes du passé, comme Solon, et d'autres
passages encore où se marquent à la fois la dialectique puissante
et l'éloquence virile de Démosthène. Mais il faut savoir se borner
et faire un choix au milieu de tant de morceaux admirables, tant
il est vrai que le discours *sur la Couronne* est un chef-d'œuvre
d'art et un chef-d'œuvre de pensée.

G. C.

(1) Démosthène, *Couronne*, §§ 199 sqq.
(2) Plutarque, *Démosth.*, XIII, 4.

Racine et le théâtre français.

Cours de M. AUGUSTIN GAZIER,

Professeur à l'Université de Paris.

La représentation de « Britannicus ».

Je vous disais, en commençant le cours de cette année, que, désireux de rajeunir un sujet assez connu de vous, je m'attacherais à considérer Racine, non comme un auteur, mais comme un homme. Racine n'est pas un poète de cabinet, rêvant aux étoiles : c'est un homme comme les autres, qui veut sa place au soleil, et qui a beaucoup d'ambition. Il ne cherche pas la fortune ; car le théâtre, à cette époque, n'enrichit guère que les acteurs, non les auteurs. Molière a laissé, en mourant, une fortune relativement considérable ; mais Corneille et Racine n'ont pas retiré du métier dramatique d'immenses profits. Non ; ce que Racine désire avant tout, c'est la gloire, et la gloire la plus enivrante de toutes, au moins de son temps, celle de poète de théâtre.

Racine s'est défini lui-même, dans l'épître dédicatoire de *Britannicus* au duc de Chevreuse, « un homme qui ne travaille que pour la gloire » ; mais la gloire exige des sacrifices, et elle ne va pas sans quelques difficultés.

Racine se heurte à plusieurs obstacles. Le plus gênant pour lui est encore le vieux Corneille, qui n'est point du tout décidé à lui quitter la place. L'auteur du *Cid* est pour Racine, non pas seulement un Miltiade dont les lauriers l'empêchent de dormir, mais un adversaire redoutable qu'il est exposé à rencontrer sans cesse sur son chemin. Et Corneille n'est pas seul : il y a aussi ses partisans, ceux que j'appellerai, si vous voulez, les « cornéliens », non sans songer à Cornelius Sylla. Ce sont Saint-Evremont, Subligny, Molière, Mme de Sévigné, qui, tous, font effort pour décourager le jeune et triomphant auteur d'*Andromaque*. D'un mot, Corneille pourrait mettre fin à la querelle en s'écriant comme Don Diègue :

> Et, pour trancher enfin tout discours superflu,
> Vous êtes aujourd'hui ce qu'autrefois je fus.

Mais jamais Corneille ne consentira à parler ainsi à Racine. Il est persuadé que ses derniers ouvrages « n'ont rien qui dégénère »,

Rien qui les fasse croire enfants d'un autre père.

Il ne cessera jamais de poursuivre Racine de son animosité. Subligny lui-même, qui n'a pas, un seul instant, songé à contester le talent de Racine, n'admet pas qu'on exalte l'auteur d'*Andromaque* aux dépens de l'auteur du *Cid*. Enfin Nicole a, lui aussi, jeté le nom de Corneille à la face de Racine : c'est Corneille, selon lui, qui seul était qualifié pour prendre, s'il y avait lieu, la défense du théâtre attaqué par Nicole. Ainsi Corneille est partout. Lui, toujours lui ! Le duel était fatal entre ces deux hommes, que la postérité ne sépare pourtant pas l'un de l'autre.

L'histoire de *Britannicus* n'est qu'un épisode de cette longue rivalité. *Britannicus* est « la pièce des connaisseurs », a dit Voltaire. A ce titre, elle mérite de nous arrêter longuement. Nous parlerons, aujourd'hui, des circonstances de la composition et de la représentation de cette pièce ; et, dans notre prochaine leçon, nous ferons l'étude proprement dite de cette tragédie.

Après le franc succès d'*Andromaque* et le demi-succès des *Plaideurs*, Racine se met en quête d'un nouveau sujet de pièce de théâtre. Il revient à la tragédie, jugeant peut-être que ce genre est plus facile à traiter, parce que, selon les expressions de Molière dans la *Critique de l'École des Femmes*, « il est plus aisé de se guinder sur les grands sentiments » ; estimant peut-être aussi qu'il serait téméraire de rivaliser avec l'auteur du *Misanthrope*. Racine abandonne même la mythologie et l'histoire grecques, pour ne s'adresser qu'à l'histoire romaine. Et, dans l'histoire romaine, il laisse de côté la Rome des rois et la Rome républicaine, pour aller tout droit à la Rome impériale. Il se décide, enfin, à mettre sur la scène le premier des crimes de Néron, le meurtre, l'empoisonnement de Britannicus.

Est-ce le hasard qui lui a fait préférer Tacite aux poètes grecs, à Eschyle, à Sophocle, à Euripide, qu'il lisait dans le texte ? Evidemment, non. Il se peut que Racine, qui est un grand liseur, ayant été frappé de la sombre beauté du tableau tracé par Tacite de la Rome impériale, ait éprouvé un véritable désir de se mesurer avec celui qu'il appelle « le plus grand peintre de l'antiquité ». Mais Racine, admirateur de Tacite, ne perdait pas de vue non plus les peintres modernes de la décadence romaine ou de l'histoire romaine en général. Sans parler de Balzac et de Saint-Evremont, que les choses de Rome avaient attirés, nombreux étaient les poètes dramatiques qui s'étaient inspirés de l'histoire romaine. En 1634, Mairet avait fait jouer sa *Sophonisbe* ; en 1645, Tristan avait donné *La Mort de Sénèque*, pièce inspirée de Tacite ; en 1653, Cyrano de Bergerac avait ou publié ou fait jouer sa curieuse pièce d'*Agrippine*, dans laquelle il met en scène non la mère de Néron, mais la veuve de Germanicus. L'œuvre de Cyrano contient des passages d'un réalisme étonnant, où la figure du matérialiste et athée Sejanus est peinte avec beaucoup de vigueur. Enfin Gabriel Gilbert, ce poète qui nous a tant intrigués à propos de sa pièce des *Amours d'Ovide*, avait donné en 1660 une tragédie intitulée *Arrie et Pœtus ou les Amours de Néron*. Racine a certainement connu cette pièce, et je vous en donne rapidement le canevas.

Néron s'est épris subitement d'Arrie, femme de Pœtus ; il la presse avec insistance d'abandonner son mari, et elle refuse. Alors Néron prend une décision qui paraîtrait bizarre à un spectateur d'aujourd'hui, mais qui ne choquait point les Parisiens de 1660. Il exige d'Arrie qu'elle s'en remette à la décision d'un arbitre. — Soit, répond celle-ci ; mais je demande, à mon tour, que l'arbitre choisi soit la personne qui se trouve dans le cabinet voisin. Et alors la porte d'un cabinet s'ouvre, et nous voyons paraître Pœtus lui-même, qui, chargé de trancher ce cruel débat, se tire d'affaire en se tuant ; Arrie se tue aussi, et nous assistons, à la fin de la pièce, au désespoir et aux remords de Néron.

A coup sûr, Racine connaît la pièce de Gabriel Gilbert, comme celles de Cyrano et de Tristan. Mais, s'il a résolu de traiter le sujet de *Britannicus*, ce n'est point pour marcher sur les traces de ces poètes de deuxième et de troisième ordre. La vérité, c'est qu'il est exaspéré de se voir mis, sans cesse, en parallèle avec le vieux Corneille. Cette comparaison constante l'irrite ; et, dès lors, sans prétendre rivaliser avec les grands chefs-d'œuvre comme *Horace*, *Cinna*, et même *Polyeucte*, il se dit qu'il n'est peut-être point impossible de lutter contre des pièces telles que *Sertorius*, *Othon* ou *Attila*. Il prétend faire aussi bien, sinon mieux que Corneille. C'est l'entreprise audacieuse d'un conquérant qui porte la guerre en plein territoire ennemi.

Le moment est particulièrement bien choisi, il faut en convenir. Corneille, en 1668 et en 1669, se repose : il ne donne rien au théâtre entre *Attila* et *Tite et Bérénice*. Il est pauvre, découragé, et attristé par la mort d'un enfant. Racine, au contraire, âgé de vingt-neuf ans, est plein de force et en possession de tout son talent. Il se met à l'œuvre en silence, et commence par lire lentement, la plume à la main, le livre XIII des *Annales* de Tacite.

Quelles sont les données que cette lecture fournit à Racine ? Il y trouve d'abord l'histoire de l'empoisonnement de Silanus par Agrippine, et cet épisode lui fournira quelques vers, au début de sa pièce, lorsqu'Agrippine dit à Albine :

> Par moi seule éloigné de l'hymen d'Octavie,
> Le frère de Junie abandonna la vie,
> Silanus, sur qui Claude avait jeté les yeux,
> Et qui comptait Auguste au rang de ses aïeux.

Racine voit, ensuite, dans Tacite la disgrâce et le suicide de Narcisse, le portrait de Néron, celui de Britannicus, son demi-frère, celui de Sénèque et celui de Burrhus, Othon et Sénécion, les jeunes voluptueux, Agrippine, Acté, Octavie et Locuste. Tels sont d'abord les personnages qui se sont présentés à Racine d'une manière un peu confuse. Néron a dix-sept ans ; il est soutenu par les conseils de Sénèque et de Burrhus. Britannicus, fils de l'empereur Claude, a treize ou quatorze ans ; il est épileptique ; personne ne s'occupe de lui et il souffre beaucoup de cet abandon. Pallas, l'affranchi devenu maître du monde, est sur le point d'abdiquer. Acté nous est dépeinte comme l'indigne rivale d'Octavie. Quant à Agrippine, d'abord furieuse de voir son autorité diminuée, elle cherche ensuite à dissimuler sa rage, puis elle éclate de nouveau et soutient Britannicus contre Néron.

Y avait-il là tous les éléments d'une tragédie de 1800 vers environ ? Oui, mais à condition de savoir ajouter, retrancher et modifier.

Racine a conservé, à peu près intégralement, le personnage d'Agrippine ; de même, pour Néron, il a profité des indications précieuses fournies par Tacite. Mais Sénèque et Burrhus, tous deux « gouverneurs de la jeunesse de Néron », ne pouvaient être maintenus ensemble ; ils eussent fait double emploi. C'est pour la même raison que Corneille avait conservé seulement un seul des trois Horaces et un seul des trois Curiaces, ce que Shakespeare n'eût pas fait certainement. Racine a préféré sacrifier Sénèque, parce que ce philosophe subtil et sentencieux eût été ennuyeux sur la scène. Il a mieux aimé garder Burrhus, « fameux pour son expérience dans les armes et pour la sévérité de ses mœurs ». Tacite dit que Burrhus avait perdu un bras ; Racine le lui rendra, pour lui permettre de paraître sur la scène. Quant à Pallas, vraie doublure d'Agrippine, il eût été gênant : Racine le supprime ; il sera question de lui dans la pièce, mais on ne le verra pas. — Othon et Sénécion disparaissent, bien entendu ; Acté, la courtisane, pareillement ; Octavie, épouse outragée, doit aussi être laissée de côté ; quant à Locuste, possible sur la toile, elle ne l'était évidemment pas sur la scène. Ainsi Racine ne gardait qu'un seul rôle de femme. Mais, comme il fallait à tout prix une jeune fille ou une jeune femme dans une tragédie du xviie siècle, Racine fait subir aux données fournies par Tacite des additions et des modifications : il représente Britannicus, un peu plus âgé que dans l'histoire et amoureux de Junia, sœur de Silanus ; et, pour remplacer Pallas, Racine ressuscite Narcisse, qu'il fait gouverneur de Britannicus.

Ce travail préliminaire achevé, Racine pouvait se mettre à l'œuvre. La matière se réduisait, en somme, à peu de chose ; mais Racine allait montrer qu'il savait « faire quelque chose de rien » ou de presque rien.

Nous n'avons que peu de renseignements sur la composition de *Britannicus*. Tout ce que nous savons, c'est que Racine consulta Boileau, qui était alors en train de travailler à son *Art poétique*, et les indications de Boileau purent ne point lui être inutiles. Nous savons aussi, par l'épître dédicatoire, que Racine, avant la représentation, lut la pièce au jeune duc de Chevreuse, gendre de Colbert. Mais là se bornent nos connaissances.

Que purent être les répétitions de *Britannicus* à l'Hôtel de Bourgogne? Nous l'ignorons absolument. Peu s'en est fallu que Ja date même de la première représentation ne nous restât inconnue. Nous ne la devons ni à la presse ni à la critique du temps, mais bien à la littérature futile du xviie siècle. Tous nos renseignements proviennent d'une nouvelle de Boursault, qui a pour titre *Artémise et Poliante* (Paris, chez René Guignard, 1670, un vol. in-12).

Boursault, alors en assez fâcheuse posture, était brouillé avec Molière et aussi avec Boileau, qui se réconcilia plus tard avec lui et remplaça son nom par celui de Quinault dans ses *Satires*. Il n'était pas au mieux non plus avec Racine ; il ne savait, disait-il, pourquoi. En 1663, Molière, vous vous en souvenez, ne l'avait pas ménagé dans l'*Impromptu de Versailles*. On affecte (scène iii) de ne pas même savoir au juste son nom : « C'est un nommé Br... Brou... Broussaut. » Et, plus loin, Molière s'écrie, en l'appelant par son vrai nom cette fois : « Le beau sujet à divertir la cour que M. Boursault ! Je voudrais bien savoir de quelle façon on pourrait l'ajuster pour le rendre plaisant, et si, quand on le bernerait sur un théâtre, il serait assez heureux pour faire rire le monde. Ce lui serait trop d'honneur que d'être joué devant une auguste assemblée ; il ne demanderait pas mieux, et il m'attaque de gaîté de cœur pour se faire connaître, de quelque façon que ce soit. C'est un homme qui n'a rien à perdre, et les comédiens ne me l'ont déchaîné que pour m'engager à une sotte guerre, et me détourner, par cet artifice, des autres ouvrages que j'ai à faire... Mais, enfin, j'en ferai ma déclaration publiquement. Je ne prétends faire aucune réponse à toutes leurs critiques et leurs contre-critiques. Qu'ils disent tous les maux du monde de mes pièces, j'en suis d'accord... Je leur abandonne de bon cœur mes ouvrages, ma figure, mes gestes, mes paroles, mon ton de voix et ma façon de réciter pour en faire et dire tout ce qu'il leur plaira, s'ils en peuvent tirer quelque avantage. Je ne m'oppose point à toutes ces choses, et je serai ravi que cela puisse réjouir le monde ; mais, en leur abandonnant tout cela, ils me doivent faire la grâce de me laisser le reste, et de ne point toucher à des matières de la nature de celles sur lesquelles on m'a dit qu'ils m'attaquaient dans leurs comédies (1). C'est de quoi je prierai civilement *cet honnête monsieur* qui se mêle d'écrire pour eux, et voilà toute la réponse qu'ils auront de moi. »

Or, dans la petite nouvelle de ce même Boursault qui a pour titre *Artémise et Poliante*, cet « honnête monsieur » a eu l'heureuse inspiration de nous faire au début de son ouvrage, en une quinzaine de pages, le récit de la première représentation de *Britannicus*. On ne s'attendait guère à voir Burrhus en cette affaire !

Boursault nous apprend, d'abord, qu'il y avait peu de monde à l'Hôtel de Bourgogne, le vendredi 13 décembre 1669, jour de la première représentation de *Britannicus*. C'est que, ce jour-là, se déroulait, sur la place de Grève, une autre tragédie sanglante, capable d'intéresser bien plus vivement que *Britannicus* les bons bourgeois de Paris et, en particulier, les habitants du quartier Saint-Innocent. On décapitait, en effet, le marquis de Courboyer, gentilhomme huguenot, coupable de félonie, condamné à mort pour une dénonciation calomnieuse de lèse-majesté contre le sieur d'Aunoy ; et cette exécution avait disputé à la pièce de Racine l'affluence des spectateurs.

En revanche, la qualité des gens venus à l'Hôtel de Bourgogne rachetait amplement la quantité : dans une loge, on pouvait voir un spectateur, tout seul, qui n'était autre que le vieux Corneille. Pourquoi donc Corneille était-il venu, ce soir-là, dans la vieille salle de la rue Mauconseil ? Evidemment, ce n'était point Racine qui l'avait invité ; ce n'était même point Floridor, le chef de la troupe, qui lui avait envoyé un billet ; car il semble que Corneille,

(1) Molière se plaint, ici, du passage où Boursault cherchait à rendre sa religion suspecte.

dont l'*Attila* venait d'être joué chez Molière en 1667, était alors
en froid avec les comédiens de l'Hôtel de Bourgogne. Corneille est
donc entré, fort vraisemblablement, après avoir payé sa place,
tout comme un vulgaire spectateur, et son dessein, en assistant à
Britannicus, n'était point de montrer qu'il s'intéressait plus que
jamais aux choses de l'art dramatique, ni de se réjouir aux beaux
passages de la pièce de Racine ; non : Corneille venait là en
adversaire, en chef de cabale, avec l'intention bien arrêtée de critiquer sans réserve la nouvelle œuvre de son jeune rival. C'est le
cas, ou jamais, de s'écrier : pauvre Corneille ! pauvre Racine !
et aussi, n'est-ce pas, pauvre nature humaine !

La cabale des poètes envieux, qui d'ordinaire se tenait groupés
sur le même banc, « le banc formidable », s'était dispersée aux
quatre coins de la salle, pour mieux agir partout sans être reconnue. En face d'eux, Boursault nous dit qu'on pouvait voir
« M. de ***, admirateur de tous les nobles vers de M. Racine »,
lequel « fit tout ce qu'un véritable ami d'auteur peut faire pour
contribuer au succès de son ouvrage ». Quel était ce personnage,
que Boursault ne désigne pas autrement ? Les frères Parfait
disent que ce devait être Boileau ; peut-être aussi était-ce, tout
simplement, le duc de Chevreuse, auquel la pièce de *Britannicus*
était dédiée. Enfin Boursault nous donne les noms des acteurs :
Mlle des Œillets (Agrippine) ; — Lafleur (Burrhus) ; — Brécourt
(Britannicus) ; — Hauteroche (Narcisse) ; — Floridor (Néron),
tous artistes de premier ordre et qui se sont surpassés ce soir-là.

Malgré tous les efforts des comédiens, la pièce fut dénigrée : on
ne siffla pas, on ne se livra pas à des manifestations bruyantes ;
mais on organisa contre elle la conspiration du silence, et *Britannicus* « n'eut pas tout le succès qu'on s'en était promis ». C'est,
du moins, ce que nous dit Boursault.

Les représentations suivantes ne furent point triomphales non
plus. Cependant nous ne savons pas que la place de Grève ait fait,
encore ces jours-là, concurrence à l'Hôtel de Bourgogne. Toujours
est-il que l'accueil réservé à *Britannicus* fut à peu près glacial. Il
fallut s'arrêter : la pièce tomba, après cinq représentations, disent
les uns ; après huit représentations, disent les autres. C'était un
échec complet, car *Britannicus* méritait mieux qu'un petit succès
d'estime.

Racine, désolé, n'insista pas. Il demanda un privilège pour l'impression de sa pièce. Le privilège est daté du 7 janvier 1670. En
supposant (car il faut tenir compte des lenteurs de l'administration) qu'on ait mis une huitaine de jours à accorder à Racine le
privilège demandé, cela nous reporte donc à la fin du mois de

décembre 1669, c'est-dire que *Britannicus* dura quinze jours environ ; puis, la pièce ne donnant point ce qu'on en avait attendu, l'auteur l'abandonna au public immédiatement. A cette première édition de *Britannicus*, Racine a joint une petite préface fort instructive, que le public pourra lire, pendant six ans, en tête de la pièce (la 2ᵉ édition est de 1676). Cette première préface, écrite *ab irato*, est d'un très grand intérêt. Racine y répond d'abord aux principales critiques dirigées contre *Britannicus*, puis il ajoute des réflexions personnelles, suivies d'attaques directes contre ses détracteurs.

Il est bon de voir ce que l'on reprochait à la tragédie de Racine. Boursault se moque d'Agrippine, « ci-devant impératrice de Rome, qui, de peur de ne pas trouver Néron, à qui elle désirait parler, l'attendait à sa porte dès quatre heures du matin » ; de Britannicus, « qui avait quitté la bavette depuis peu et qui lui semblait élevé dans la crainte de Jupiter Capitolin... »

« Cependant, ajoute Boursault, les auteurs qui ont la malice de s'attrouper pour décider souverainement des pièces de théâtre, et qui s'arrangent d'ordinaire sur un banc de l'Hôtel de Bourgogne, qu'on appelle le banc formidable, à cause des injustices qu'on y rend, s'étaient dispersés, de peur de se faire reconnaître, et tant que durèrent les deux premiers actes, l'appréhension de la mort leur faisait désavouer une si glorieuse qualité ; mais, le troisième acte les ayant un peu rassurés, le quatrième qui lui succéda semblait ne leur vouloir point faire de miséricorde, quand le cinquième, qu'on estime le plus méchant de tous, eut pourtant la bonté de leur rendre tout à fait la vie. Des *connaisseux*, auprès de qui j'étais *incognito*, et de qui j'écoutais les sentiments, en trouvèrent les vers fort épurés ; mais Agrippine leur parut fière sans sujet, Burrhus vertueux sans dessein, Britannicus amoureux sans jugement, Narcisse lâche sans prétexte, Junie constante sans fermeté, et Néron cruel sans malice. D'autres, qui, pour les trente sous qu'ils avaient donnés à la porte, crurent avoir la permission de dire ce qu'ils en pensaient, trouvèrent la nouveauté de la catastrophe si étonnante et furent si touchés de voir Junie, après l'empoisonnement de Britannicus, s'aller rendre religieuse de l'ordre de Vesta, qu'ils auraient nommé cet ouvrage une tragédie chrétienne, si l'on ne les eût assurés que Vesta ne l'était pas... »

Un autre spectateur, qui assistait à la deuxième représentation de *Britannicus*, le dimanche 15 décembre, n'est pas moins sévère pour Racine : c'est Robinet. Il n'est pas content de l'économie de la pièce, de la conception du sujet, et, « quoiqu'il se récuse, dit M. Paul Mesnard, afin de n'être pas juge et partie, ayant lui-même

composé un *Britannicus*, il se déclare forcé d'avouer qu'il a plus
varié sa matière, mis plus de passion et de véhémence dans le
caractère de Néron et d'Agrippine, mieux préparé chaque incident,
et moins précipité la catastrophe ». Robinet, se décernant à lui-
même la supériorité sur Racine, ne manque pas d'outrecui-
dance.

Et nous comprenons bien la douleur de Racine, devant l'insuccès de celle de ses tragédies qu'il a, dit-il, « le plus travaillée ».
Lui qui se demandait sans cesse : « Que diraient Homère et Virgile, s'ils lisaient ces vers ? Que dirait Sophocle, s'il voyait représenter cette scène ? », ce travailleur consciencieux et probe s'entend railler par un Boursault, par un Robinet ! Certes, il avait le
droit d'être exaspéré. Et sa réponse, dans la première préface, fut
cinglante :

« Que faudrait-il faire, dit-il, pour contenter des juges si difficiles ? La chose serait aisée, pour peu qu'on voulût trahir le bon
sens. Il ne faudrait que s'écarter du naturel pour se jeter dans
l'extraordinaire. Au lieu d'une action simple, chargée de peu de
matière, telle que doit être une action qui se passe en un seul jour,
et qui, s'avançant par degrés vers sa fin, n'est soutenue que par
les intérêts, les sentiments et les passions des personnages, il
faudrait remplir cette même action de quantité d'incidents qui ne
se pourraient passer qu'en un mois, d'un grand nombre de jeux
de théâtre, d'autant plus surprenants qu'ils seraient moins vraisemblables, d'une infinité de déclamations où l'on ferait dire aux
acteurs tout le contraire de ce qu'ils devraient dire. Il faudrait (1),
par exemple, représenter quelque héros ivre qui se voudrait faire
haïr de sa maîtresse de gaîté de cœur (2), un Lacédémonien grand
parleur (3), un conquérant qui ne débiterait que des maximes
d'amour (4), une femme qui donnerait des leçons de fierté à
des conquérants (5). Voilà, sans doute, de quoi faire récrier tous
ces Messieurs... »

Et, plus loin, Racine s'en prend encore plus clairement et plus
vivement à Corneille, bien qu'il ne le nomme pas : « Je prie seulement le lecteur, dit-il, de me pardonner cette petite préface, que
j'ai faite pour lui rendre raison de ma tragédie. Il n'y a rien de

(1) Tout ce passage est bourré d'allusions à diverses pièces de Corneille.
(2) Allusion à l'Attila de Corneille, qui « avait accoutumé de saigner du
nez », et qui fut étouffé parce que « les vapeurs du vin et des viandes dont il
se chargea fermèrent le passage à ce sang ». Ainsi s'exprime Corneille lui-
même dans son *Avis au lecteur*.
(3) Agésilas ou Lysander, dans l'*Agésilas* de Corneille.
(4) César, dans le *Pompée* de Corneille.
(5) Cornélie, dans la même pièce.

plus naturel que de se défendre, quand on se croit injustement attaqué. Je vois que Térence même semble n'avoir fait des prologues que pour se justifier contre les critiques d'un vieux poète malintentionné, *malevoli veteris poetæ*, et qui venait briguer des voix contre lui jusqu'aux heures où l'on représentait ses comédies. »

Ce passage s'accorde très bien avec ce que nous dit Boursault de la présence du vieux Corneille à la première de *Britannicus*. Racine, vous le voyez, n'était pas homme à ménager ses adversaires. Il avait des griffes, et il en usait. Peut-être eût-il été plus sage pour lui de se modérer dans ses ripostes. Mais, vous le savez, la race des poètes est éminemment irritable. Racine avait conscience de la valeur de sa tragédie, et l'étude de *Britannicus*, à laquelle nous nous livrerons dans notre prochaine leçon, nous montrera, je l'espère, que l'indignation du poète était légitime.

A. C.

L'Église et l'État en France, de 1789 à 1848

Cours de· M. G. DESDEVISES DU DEZERT,

Professeur à l'Université de Clermont-Ferrand.

Le Concordat de 1817. — La Congrégation.

La dynastie était à peine restaurée que commença de s'affirmer, par les actes les plus significatifs, la nouvelle alliance de l'Église et de la monarchie. L'article 6 de la charte constitutionnelle de 1814 reconnut la religion catholique, apostolique et romaine comme la religion de l'Etat.

Le 7 juin 1814, le ministre de la police, Beugnot, rendit l'observation du dimanche obligatoire par une ordonnance dont le préambule considérait « que l'observation des jours consacrés « aux solennités religieuses est une loi qui remonte au *berceau du* « *monde*, qu'il y avait été pourvu par différents règlements de « nos rois qui ont été perdus de vue durant les troubles, et qu'il « importait d'attester à tous les yeux le retour des Français à « l'ancien respect de la religion et des mœurs, et à la pratique de « vertus qui peuvent, seules, fonder pour les peuples une pros- « périté durable. »

Le même jour, une seconde ordonnance défendit la circulation des voitures dans Paris les deux dimanches de la Fête-Dieu, de huit heures du matin à trois heures de l'après-midi, et obligea tous les habitants à tendre les façades de leurs maisons sur le parcours des processions.

Louis XIII avait jadis placé la France sous la protection spéciale de la Vierge. Louis XVIII annonça par une lettre aux évêques, qu'il renouvelait le vœu de son aïeul, et une procession montra aux Parisiens les princes de la maison royale suivant la statue de Notre-Dame un cierge à la main. C'eût été, en d'autres temps, un spectacle touchant : le Paris de 1814 s'en amusa.

En janvier 1815, une comédienne très aimée du public, Mˡˡᵉ Raucourt, vint à mourir, et le curé de Saint-Roch, qui avait souvent reçu pour ses pauvres les libéralités de l'actrice, fit

fermer son église au cadavre de l'excommuniée. La foule s'a-
massa, introduisit de force le cercueil dans l'église, et, pour
éviter de plus graves désordres, le roi envoya un de ses aumôniers réciter les dernières prières sur les restes de la pauvre
femme. Le peuple de Paris se montra, ce jour-là, plus chrétien
que le clergé.

Le 21 janvier, on transporta en grande pompe à Saint-Denis
les restes de Louis XVI et de Marie-Antoinette exhumés de la
couche de chaux vive qui les recouvrait depuis 1793. Cette cérémonie fournit aux feuilles royalistes l'occasion naturelle d'ana-
thématiser, une fois de plus, la Révolution.

Le retour triomphant de Napoléon prouva, peu de jours après,
combien la France était restée révolutionnaire.

Elle l'était à tel point que, même après Waterloo, la situation
de Napoléon n'eût peut-être pas été désespérée, s'il eût consenti
« à se coiffer du bonnet rouge » ; mais il eut peur de la foule qui
l'acclamait, et il préféra, par pudeur d'aristocrate et gloriole
d'empereur, se confier aux Anglais plutôt que de devenir le
César de la plèbe.

Lui disparu, la réaction fut toute-puissante. Les députés de la
Chambre introuvable entrèrent au pouvoir avec leurs rancunes
d'émigrés, les fureurs amassées pendant les Cent jours, et le
désir sincère de rendre à la France son âme des anciens jours.

Les plus violents criaient : « Des fers ! des bourreaux ! » Les
meilleurs songeaient à refaire l'éducation morale de la nation,
mais n'imaginaient rien de mieux que de la remettre sous la
férule du clergé, et semblaient, dans leur impolitique précipita-
tion, se faire les complices des sectaires qui ne rêvaient que
proscriptions et représailles.

Il y avait des talents chez les ultras. M. de La Bourdonnais, l'un
des plus fougueux, ne manquait dans ses discours ni d'élévation
ni de vigueur, mais avait toutes les passions d'un conventionnel
qui serait passé au drapeau blanc.

M. de Lalot avait un style plein d'images et d'une abondance
véhémente et colorée.

« M. Dudon était profondément versé dans l'étude de la légis-
« lation administrative ; son front haut ne pliait devant aucune
« objection ; il recevait à bout portant les coups de mitraille de
« l'opposition avec le flegme d'un Anglais. »

« M. de Castelbajac s'agitait sur son banc avec une vivacité
« toute méridionale, frappait du pied et du poing, criait, s'excla-
« mait et interrompait les députes incrédules à sa foi monar-
« chique. »

27

« M. de Salaberry, chaud royaliste, orateur pétulant, mar-
« chait, le pistolet au poing, à la rencontre des libéraux et ré-
« pandait sur eux, du haut de la tribune, les bouillantes impré-
« cations de sa colère. »

« M. de Marcellus, pour qui la royauté n'était pas seulement
« un principe, mais une divinité, se prosternait devant son idole
« avec la ferveur naïve d'un pèlerin et d'un chevalier. »
(Cormenin.)

Ces hommes naïfs, passionnés et honnêtes, tout à fait compa-
rables pour la candeur aux républicains de 1848, eurent, un
moment, une grande idée : ils songèrent à établir en France le
suffrage universel et à donner à la royauté restaurée la large base
du consentement populaire. Cette idée n'était pas seulement
grande, elle était de plus très politique. La population des grandes
villes n'était pas, en majorité, monarchique ; mais celle des campagnes l'était probablement, et si le gouvernement de Louis XVIII
eût accepté le suffrage universel, il eût certainement noyé le libéralisme bourgeois sous le flot irrésistible du loyalisme populaire. Il est bien à croire que la monarchie se fût trouvée ainsi
consolidée pour de longues années et peut-être pour toujours.

Mais ce ne fut chez les royalistes qu'une velléité. Ils ne surent
pas accomplir ce qu'ils révèrent jamais de plus grand, et ils
firent en revanche une foule de maladresses qui donnent la
mesure de leur inaptitude politique.

M. de Castelbajac demanda que la religion fût mise au-dessus
de la loi. La Chambre introuvable supprima le divorce comme
attentatoire à la loi religieuse des catholiques, sans penser que
les non-catholiques pouvaient s'en accommoder, et que le
divorce est parfois tellement justifié que l'Église elle-même admet
quatorze cas de nullité de mariage, ce qui équivaut, en fait, à
reconnaître le divorce dans quelques circonstances désespérées.

Le remaniement de l'Institut prit l'apparence d'une vengeance
politique par l'exclusion des académiciens régicides, et par la
suppression de l'Académie des sciences morales et politiques.

La dotation publique du clergé fut augmentée de cinq millions,
alors que tous les autres services de l'État se trouvaient réduits
au strict nécessaire.

Les prêtres mariés pendant la Révolution perdirent leurs
pensions, qui étaient parfois leur seul moyen d'existence, et qui
allèrent accroître les revenus des autres ecclésiastiques.

Le clergé reçut de nouveau le droit d'acquérir par donation,
legs ou testament, ce qui était de droit commun et de justice ;
mais il fallut que la Chambre des pairs refusât d'accepter les

donations faites au confesseur *in articulo mortis*, pour que ces libéralités si suspectes fussent interdites.

La Chambre vota, en outre, la conversion en rentes perpétuelles, inscrites au grand-livre, des 41 millions de francs qui faisaient alors la dotation de l'Église, et lui restitua *à titre de propriété incommutable* les biens, autrefois sa propriété, qui se trouvaient actuellement aux mains du gouvernement.

Cette loi, très équitable en son principe, eût rendu à l'Église la propriété de ses biens non encore aliénés et l'eût à peu près mise à l'abri de toute surprise dans l'avenir ; mais, votée par la Chambre des députés, elle ne put être présentée avant la clôture de la session à la Chambre des pairs. Pour un retard de quelques jours, par l'effet de l'incurable légèreté du parti, cette loi capitale resta à l'état de projet, et l'occasion manquée ne se retrouva plus.

Les hommes d'État de la Restauration ne montrèrent pas beaucoup plus d'habileté dans une autre affaire aussi importante, qui leur tenait fort à cœur, et qu'ils ne surent pas mener à bonne fin : le renouvellement du Concordat.

Nous savons comment avait été négocié le traité de 1801 entre Bonaparte et le Saint-Siège ; nous n'avons rien dissimulé des pressions, des violences, des fraudes, que l'on peut équitablement reprocher à cette nouvelle constitution civile de l'Église de France.

Le gouvernement de la Restauration, décidé à s'appuyer sur l'Église, devait désirer un remaniement du pacte de 1801 dans un sens plus orthodoxe et plus favorable aux intérêts ecclésiastiques : c'était là une œuvre éminemment politique, et une œuvre de justice à plus d'un égard.

Louis XVIII y pensa dès 1814 et envoya à Rome l'ancien évêque de Saint-Malo, Courtois de Pressigny, pour négocier un nouveau Concordat. Dans son ardent désir d'effacer les dernières traces du régime napoléonien, le roi ne demandait rien moins que l'abolition de l'acte de 1801 et la démission de tous les évêques.

La cour de Rome, à peine restaurée elle aussi, avait rapporté de l'exil une ferme résolution de gouverner à l'avenir dans un sens résolument catholique et venait d'en donner une preuve éclatante en rétablissant solennellement l'ordre des Jésuites (31 juillet 1814). Pie VII désirait, comme le roi de France, obtenir des avantages que le Concordat de 1801 lui refusait ; mais il lui semblait qu'il se serait diminué aux yeux du monde catholique en désavouant *ab irato* un acte qu'il avait souscrit douze ans auparavant, qu'il avait loué alors comme un acte glorieux, et qui avait rendu à l'Église de France son existence publique et légale au

« M. de Salaberry, chaud ~~~~~~~~~-être aussi Pie VII et ses
« chait, le pistolet au poⁱ ~~~~~~~~ la France que ne la connais-
« pandait sur eux, d» ~~~~~~~~~~~, et se rendaient-ils compte
« cations de sa cc' ~~~~~~~~ l'ancien régime y était impossible.
« M. de Marcr ~~~~~~~~~~aire d'Etat, refusa de déchirer le Con-
« ~~~~~~~~~~abilement les droits de l'infaillibilité
« avec la ~~~~~~~~~ de la légitimité monarchique. Loin de
(Cormen¹ ~~~~~~~~~~ aux évêques concordataires, il insista
Ces b ~~~~~~~~~~~ pour que le roi obtint la démission des
rable' ~~~~~~~~~ régime, qui n'avaient point voulu céder aux
mo' ~~~~~~~~~ en 1801.
si' ~~~~~~~~~ interrompirent la conversation, qui fut reprise,
~~~~~~~~~~~, par M. de Blacas.
~~~~~~~~~ 1816, un projet de Concordat était signé par le plé-
~~~~~~~~aire français et par le cardinal Consalvi.
On revenait au Concordat de 1516 ; les articles organiques
étaient abolis ; la nouvelle circonscription des diocèses était
renvoyée à une convention ultérieure ; la question du déplacement des évêques était réservée.

Le projet ne contenta personne et suscita bientôt une formidable opposition. Les prélats protestataires de 1801 refusaient de
se démettre. Les évêques concordataires ne voulaient pas
davantage abandonner leurs sièges ; le pape se montrait inquiet
des dispositions de la Charte qui garantissaient la liberté des
cultes. Le gouvernement, de son côté, manifestait des tendances
libérales depuis la dissolution de la Chambre introuvable (5 septembre 1816) et ne consentait plus à l'abolition pure et simple
des articles organiques.

Il fallut reprendre la négociation : elle aboutit à un second
projet, adopté le 11 juin 1817 par les représentants de la France
et du Saint-Siège.

Les articles organiques étaient supprimés « en ce qu'ils ont de
« contraire à la doctrine et aux lois de l'Église ».

Les diocèses supprimés en 1801 étaient rétablis en principe, sauf
à examiner combien il serait bon d'en rétablir en fait par la suite.

Les évêques concordataires gardaient leurs sièges, sauf exceptions.

Les évêchés devaient être dotés en biens fonds.

La tolérance religieuse établie par la Charte n'était et ne devait
être que purement civile.

Sans attendre les ratifications du traité par les Chambres
françaises, le pape érigea en France quarante-deux nouveaux
évêchés (6 août 1817).

C'était aller trop vite. Le gouvernement n'osa prendre sur lui exécuter le Concordat sans l'avoir soumis au Parlement, et l'on perçut bientôt que les difficultés ne faisaient que commencer. Portalis, Ravez, Beugnot, Royer-Collard et Camille Jordan furent chargés de préparer la loi qui devait déterminer les effets légaux du Concordat, et réglementer la forme des appels comme d'abus.

Les commissaires étaient loin d'être uniformément favorables au nouveau Concordat.

Portalis était le fils du rédacteur des *articles organiques* et ne pouvait manquer d'avoir hérité des idées si nettement gallicanes de son père.

Ravez, « l'aigle du barreau girondin, célèbre par la gravité de
« sa prestance et la beauté de son organe, maître de ses passions
« et de celles des autres, était un légitimiste constitutionnel
« qui s'accommodait de la Charte comme d'une nécessité plus
« forte que lui et que la royauté qui la subissait » (Cormenin). Il n'était pas vraisemblable qu'il sacrifiât la solidité de la Charte aux outrances hasardeuses d'un Concordat trop favorable aux intérêts ecclésiastiques.

Beugnot était le plus royaliste des libéraux ; mais on pouvait aussi l'appeler le plus libéral des royalistes : il avait été longtemps fonctionnaire impérial. Il est douteux qu'il ait été bien chaud partisan du Concordat de 1817.

Royer-Collard était aussi un libéral, et devait être, en 1830, un des 221.

Camille Jordan, « charmant homme d'esprit, un peu sentimental et provincial », religieux mais libéral, allait bientôt devenir un des chefs de l'opposition.

Tous ces hommes désiraient, sans doute, vivre en bonne intelligence avec l'Eglise et lui faire une situation forte et solide, mais aucun ne voulait la mettre au-dessus des lois.

Ils discutèrent longtemps ; quand ils eurent rédigé leur rapport, la situation politique avait changé. L'entrée au ministère du maréchal Gouvion Saint-Cyr et de Molé y donnait la majorité aux libéraux.

Au cours de la session de 1818, Lainé soumit à la Chambre le texte du Concordat, et plusieurs projets de loi relatifs à l'érection de quarante-deux nouveaux sièges épiscopaux et à la discipline du clergé. Les actes de la cour de Rome qui porteraient atteinte aux lois françaises devraient être vérifiés par les deux Chambres. Les cours royales auraient le jugement des appels comme d'abus et des délits commis par les ecclésiastiques.

sortir des temps de persécution. Peut-être aussi Pie VII et ses cardinaux connaissaient-ils mieux la France que ne la connaissaient Louis XVIII et ses ministres, et se rendaient-ils compte qu'un retour pur et simple à l'ancien régime y était impossible.

Consalvi, redevenu secrétaire d'Etat, refusa de déchirer le Concordat, et opposa très habilement les droits de l'infaillibilité pontificale aux droits de la légitimité monarchique. Loin de demander leur démission aux évêques concordataires, il insista au contraire avec force pour que le roi obtint la démission des évêques d'ancien régime, qui n'avaient point voulu céder aux instances du pape en 1801.

Les Cent jours interrompirent la conversation, qui fut reprise, l'année suivante, par M. de Blacas.

Le 25 août 1816, un projet de Concordat était signé par le plénipotentiaire français et par le cardinal Consalvi.

On revenait au Concordat de 1516 ; les articles organiques étaient abolis ; la nouvelle circonscription des diocèses était renvoyée à une convention ultérieure ; la question du déplacement des évêques était réservée.

Le projet ne contenta personne et suscita bientôt une formidable opposition. Les prélats protestataires de 1801 refusaient de se démettre. Les évêques concordataires ne voulaient pas davantage abandonner leurs sièges ; le pape se montrait inquiet des dispositions de la Charte qui garantissaient la liberté des cultes. Le gouvernement, de son côté, manifestait des tendances libérales depuis la dissolution de la Chambre introuvable (5 septembre 1816) et ne consentait plus à l'abolition pure et simple des articles organiques.

Il fallut reprendre la négociation : elle aboutit à un second projet, adopté le 11 juin 1817 par les représentants de la France et du Saint-Siège.

Les articles organiques étaient supprimés « en ce qu'ils ont de « contraire à la doctrine et aux lois de l'Église ».

Les diocèses supprimés en 1801 étaient rétablis en principe, sauf à examiner combien il serait bon d'en rétablir en fait par la suite.

Les évêques concordataires gardaient leurs sièges, sauf exceptions.

Les évêchés devaient être dotés en biens fonds.

La tolérance religieuse établie par la Charte n'était et ne devait être que purement civile.

Sans attendre les ratifications du traité par les Chambres françaises, le pape érigea en France quarante-deux nouveaux évêchés (6 août 1817).

C'était aller trop vite. Le gouvernement n'osa prendre sur lui d'exécuter le Concordat sans l'avoir soumis au Parlement, et l'on s'aperçut bientôt que les difficultés ne faisaient que commencer.

Portalis, Ravez, Beugnot, Royer-Collard et Camille Jordan furent chargés de préparer la loi qui devait déterminer les effets légaux du Concordat, et réglementer la forme des appels comme d'abus.

Les commissaires étaient loin d'être uniformément favorables au nouveau Concordat.

Portalis était le fils du rédacteur des *articles organiques* et ne pouvait manquer d'avoir hérité des idées si nettement gallicanes de son père.

Ravez, « l'aigle du barreau girondin, célèbre par la gravité de « sa prestance et la beauté de son organe, maître de ses passions « et de celles des autres, était un légitimiste constitutionnel « qui s'accommodait de la Charte comme d'une nécessité plus « forte que lui et que la royauté qui la subissait » (Cormenin). Il n'était pas vraisemblable qu'il sacrifiât la solidité de la Charte aux outrances hasardeuses d'un Concordat trop favorable aux intérêts ecclésiastiques.

Beugnot était le plus royaliste des libéraux ; mais on pouvait aussi l'appeler le plus libéral des royalistes : il avait été longtemps fonctionnaire impérial. Il est douteux qu'il ait été bien chaud partisan du Concordat de 1817.

Royer-Collard était aussi un libéral, et devait être, en 1830, un des 221.

Camille Jordan, « charmant homme d'esprit, un peu sentimental et provincial », religieux mais libéral, allait bientôt devenir un des chefs de l'opposition.

Tous ces hommes désiraient, sans doute, vivre en bonne intelligence avec l'Eglise et lui faire une situation forte et solide, mais aucun ne voulait la mettre au-dessus des lois.

Ils discutèrent longtemps ; quand ils eurent rédigé leur rapport, la situation politique avait changé. L'entrée au ministère du maréchal Gouvion Saint-Cyr et de Molé y donnait la majorité aux libéraux.

Au cours de la session de 1818, Lainé soumit à la Chambre le texte du Concordat, et plusieurs projets de loi relatifs à l'érection de quarante-deux nouveaux sièges épiscopaux et à la discipline du clergé. Les actes de la cour de Rome qui porteraient atteinte aux lois françaises devraient être vérifiés par les deux Chambres. Les cours royales auraient le jugement des appels comme d'abus et des délits commis par les ecclésiastiques.

sortir des temps de persécution. Peut-être aussi Pie VII et ses cardinaux connaissaient-ils mieux la France que ne la connaissaient Louis XVIII et ses ministres, et se rendaient-ils compte qu'un retour pur et simple à l'ancien régime y était impossible. Consalvi, redevenu secrétaire d'Etat, refusa de déchirer le Concordat, et opposa très habilement les droits de l'infaillibilité pontificale aux droits de la légitimité monarchique. Loin de demander leur démission aux évêques concordataires, il insista au contraire avec force pour que le roi obtînt la démission des évêques d'ancien régime, qui n'avaient point voulu céder aux instances du pape en 1801.

Les Cent jours interrompirent la conversation, qui fut reprise, l'année suivante, par M. de Blacas.

Le 25 août 1816, un projet de Concordat était signé par le plénipotentiaire français et par le cardinal Consalvi.

On revenait au Concordat de 1516 ; les articles organiques étaient abolis ; la nouvelle circonscription des diocèses était renvoyée à une convention ultérieure ; la question du déplacement des évêques était réservée.

Le projet ne contenta personne et suscita bientôt une formidable opposition. Les prélats protestataires de 1801 refusaient de se démettre. Les évêques concordataires ne voulaient pas davantage abandonner leurs sièges ; le pape se montrait inquiet des dispositions de la Charte qui garantissaient la liberté des cultes. Le gouvernement, de son côté, manifestait des tendances libérales depuis la dissolution de la Chambre introuvable (5 septembre 1816) et ne consentait plus à l'abolition pure et simple des articles organiques.

Il fallut reprendre la négociation : elle aboutit à un second projet, adopté le 11 juin 1817 par les représentants de la France et du Saint-Siège.

Les articles organiques étaient supprimés « en ce qu'ils ont de « contraire à la doctrine et aux lois de l'Église ».

Les diocèses supprimés en 1801 étaient rétablis en principe, sauf à examiner combien il serait bon d'en rétablir en fait par la suite.

Les évêques concordataires gardaient leurs sièges, sauf exceptions.

Les évêchés devaient être dotés en biens fonds.

La tolérance religieuse établie par la Charte n'était et ne devait être que purement civile.

Sans attendre les ratifications du traité par les Chambres françaises, le pape érigea en France quarante-deux nouveaux évêchés (6 août 1817).

C'était aller trop vite. Le gouvernement n'osa prendre sur lui d'exécuter le Concordat sans l'avoir soumis au Parlement, et l'on s'aperçut bientôt que les difficultés ne faisaient que commencer.

Portalis, Ravez, Beugnot, Royer-Collard et Camille Jordan furent chargés de préparer la loi qui devait déterminer les effets légaux du Concordat, et réglementer la forme des appels comme d'abus.

Les commissaires étaient loin d'être uniformément favorables au nouveau Concordat.

Portalis était le fils du rédacteur des *articles organiques* et ne pouvait manquer d'avoir hérité des idées si nettement gallicanes de son père.

Ravez, « l'aigle du barreau girondin, célèbre par la gravité de « sa prestance et la beauté de son organe, maître de ses passions « et de celles des autres, était un légitimiste constitutionnel « qui s'accommodait de la Charte comme d'une nécessité plus « forte que lui et que la royauté qui la subissait » (Cormenin). Il n'était pas vraisemblable qu'il sacrifiât la solidité de la Charte aux outrances hasardeuses d'un Concordat trop favorable aux intérêts ecclésiastiques.

Beugnot était le plus royaliste des libéraux ; mais on pouvait aussi l'appeler le plus libéral des royalistes : il avait été longtemps fonctionnaire impérial. Il est douteux qu'il ait été bien chaud partisan du Concordat de 1817.

Royer-Collard était aussi un libéral, et devait être, en 1830, un des 221.

Camille Jordan, « charmant homme d'esprit, un peu sentimental et provincial », religieux mais libéral, allait bientôt devenir un des chefs de l'opposition.

Tous ces hommes désiraient, sans doute, vivre en bonne intelligence avec l'Eglise et lui faire une situation forte et solide, mais aucun ne voulait la mettre au-dessus des lois.

Ils discutèrent longtemps ; quand ils eurent rédigé leur rapport, la situation politique avait changé. L'entrée au ministère du maréchal Gouvion Saint-Cyr et de Molé y donnait la majorité aux libéraux.

Au cours de la session de 1818, Lainé soumit à la Chambre le texte du Concordat, et plusieurs projets de loi relatifs à l'érection de quarante-deux nouveaux sièges épiscopaux et à la discipline du clergé. Les actes de la cour de Rome qui porteraient atteinte aux lois françaises devraient être vérifiés par les deux Chambres. Les cours royales auraient le jugement des appels comme d'abus et des délits commis par les ecclésiastiques.

Les projets de M. Lainé portent bien la trace des hésitations de ceux qui avaient été chargés d'étudier la question. Les textes relatifs à la discipline de l'Eglise étaient manifestement inspirés de l'esprit gallican. On peut même dire qu'ils constituaient une aggravation de l'état de choses ancien, dont s'étaient si souvent plaints les pontifes.

Les papes avaient réclamé contre le droit de *visa* que s'arrogeait l'autorité royale sur tous les actes de la chancellerie romaine, et ils voyaient ce droit transporté du roi au Parlement. Il ne s'agissait plus pour eux d'obtenir le consentement du seul souverain, presque toujours bien disposé à leur égard ; il leur fallait gagner les suffrages des deux assemblées. Leur situation se trouvait certainement plus mauvaise. Ils voyaient, d'autre part, la procédure des appels comme d'abus conservée et fortifiée. L'attribution des délits des prêtres aux cours royales n'était pas non plus pour leur plaire. L'Eglise avait toujours revendiqué le droit de juger elle-même ses ministres, et on les déférait à une juridiction civile, auprès de laquelle le scandale devait être d'autant plus grand que cette juridiction était plus élevée.

Si les catholiques se montraient peu favorables au projet, leurs adversaires s'y montraient, à plus forte raison, bien plus opposés. La création de quarante-deux évêchés d'un seul coup leur paraissait un luxe et un gaspillage ; la dévolution des délits des ecclésiastiques aux cours royales leur semblait créer un privilège contraire à l'esprit des lois nationales.

Au premier rang des opposants figurèrent l'ancien chef de l'Eglise constitutionnelle Grégoire, l'abbé de Pradt, ancien archevêque de Malines, et l'ancien girondin Lanjuinais.

La commission parlementaire tint dix-sept séances, sans pouvoir aboutir à une solution.

Le député royaliste de Marcellus sollicita l'avis du pape et reçut un bref où la loi et ses divers amendements étaient critiqués avec sévérité.

Le 20 mars 1818, le gouvernement retira son projet. Après trois ans de négociations, le succès du Concordat paraissait plus problématique que jamais. Les partis s'étaient rencontrés face à face devant cette question, et leur animosité réciproque semblait s'être encore accrue ; les cléricaux devenaient de plus en plus ennemis de la Révolution et les partisans de la Révolution se défiaient de plus en plus de l'esprit clérical.

En 1820, le ministère Richelieu résolut de reprendre les négociations avec Rome et envoya Portalis auprès du pape. Pie VII marqua très peu d'empressement à rouvrir la question. Il répondit aux avances de Portalis que c'était la France qui avait demandé la modification du Concordat de 1801 ; qu'un traité semblable, conclu entre deux puissances souveraines, n'aurait pas dû être soumis aux Chambres, et que le pontife romain devait à cette maladresse la mortification d'avoir nommé un grand nombre de prélats, qui attendaient depuis trois ans que le gouvernement français voulût bien rétablir leurs sièges.

Après avoir ainsi fait connaître son mécontentement, Pie VII se radoucit et consentit à diminuer le nombre des évéchés rétablis, et à régler par une nouvelle convention les points douteux du Concordat de 1817.

Mais, quoique l'on fût alors en pleine réaction, ni le duc de Richelieu ni le ministre Lainé n'osèrent soutenir le Concordat, et le pape se déclara de son côté fermement résolu à s'y tenir.

De nouvelles négociations furent entreprises. On crut qu'une démarche de l'épiscopat français pourrait amener la solution. Le 10 mai 1820 s'ouvrit à Paris une réunion d'évêques, qui vota une adresse au Souverain Pontife. Cette sorte de mémoire était malheureusement écrit dans le style chagrin dont l'Eglise s'est fait une si fâcheuse habitude. L'état de la religion en France y était dépeint sous de si tristes couleurs que le roi s'en montra offensé, et n'envoya la lettre au pape qu'en l'accompagnant d'observations et de restrictions qui disaient tout son mécontentement.

Irrité à son tour, Pie VII déclara en consistoire secret, le 23 août 1820, qu'il maintenait purement et simplement le Concordat de 1801.

La question ne fut reprise qu'en 1821, à l'occasion de la discussion d'une loi sur les pensions ecclésiastiques.

Le ministère proposa la création de douze nouveaux sièges épiscopaux.

On était loin des quarante-deux évéchés de 1817.

Les catholiques jetèrent feu et flammes ; de Bonald soutint que la création de douze évéchés était notoirement insuffisante. Il accusa le ministère d'avoir traduit la religion à la barre de l'Assemblée, de laisser discuter l'origine de sa créance sur l'Etat, et de la soumettre, chaque année, au vote du budget.

La gauche attaqua de son côté les ministres et leur reprocha de vouloir imposer au pays le Concordat de 1817.

Quarante députés demandèrent la parole.

On finit par voter l'érection de trente nouveaux sièges ; mais le Concordat de 1801 resta debout, et le clergé continua d'être salarié et assimilé à une administration d'État. L'œuvre d'émancipation de l'Eglise, à laquelle les catholiques avaient voulu travailler, restait interrompue par leur faute, par leur impéritie politique. C'était pour leur parti un échec lamentable, si grave qu'ils ne l'ont jamais réparé.

Les plus intelligents d'entre eux reconnaissaient que nul changement législatif ne serait possible aussi longtemps que la France garderait l'esprit de la Révolution. Ils voulurent essayer de reconquérir la France, de la ramener, par la persuasion et par l'exemple, à sa foi traditionnelle.

Disons, tout de suite, que cette prétention était absolument légitime et qu'aucun homme vraiment épris de liberté n'élèvera jamais la moindre objection contre l'exercice d'un droit aussi essentiel et aussi sacré que le droit d'exposer et de propager ce que l'on croit être la vérité.

Voyons, maintenant, si les moyens employés furent bien choisis ; s'ils marquent chez les catholiques d'alors une réelle entente de la situation sociale de la France ; s'ils ne révèlent pas chez eux un esprit d'imprudence et d'erreur, qui expliquerait à lui seul l'insuccès final.

Pour leur propagande les catholiques de la Restauration ont eu vraiment les plus grands avantages. Ils ont disposé de l'administration, du clergé, de la tribune, de la presse et du livre. Ils n'ont manqué ni de volontés ni d'intelligences, et ils n'ont jamais su trouver ce point d'appui qui leur eût permis de soulever le monde.

La grande raison de leur échec vient de ce qu'ils se donnèrent pour tâche de ressusciter une société parfaitement morte. On ne ressuscite le passé qu'en esprit, dans les livres. Dans la vie, il n'y a pas de revenants.

Le langage qu'ils parlèrent à la France ne manquait parfois ni de grandeur ni de noblesse ; mais il était alors trop sévère pour être entendu et goûté de la foule ; quand il se faisait plus simple et plus compréhensible, il blessait encore par son amertume, ou se rendait suspect de vues intéressées. La grande masse de la nation estimait la morale catholique trop dure, trop tyrannique, bonne pour des moines et des prêtres, mais intolérable pour l'homme de moyenne vertu. La France détestait en majorité les excès de la Révolution, mais avait le sentiment profond que cette époque restait en somme une des plus glorieuses de son histoire. Elle n'aimait pas que l'on insultât ses grands souvenirs. L'épopée révolutionnaire et impériale avait gardé pour elle tous ses prestiges. Elle voulait bien y voir un rêve, trop grand pour avoir été raisonnable ; elle ne souffrait pas sans impatience qu'on lui dît que ce rêve avait été criminel. Enfin le clergé, allié à la royauté légitime et à l'aristocratie, dirigé par ses prélats nobles, ne lui semblait pas assez désintéressé pour mériter toute sa confiance. Elle trouvait le nouvel ordre de choses si favorable aux intérêts matériels de la noblesse et du clergé qu'elle craignait d'avoir tout à perdre en les suivant. « Vous n'aurez jamais une « armée à vous en ce pays, disait Paul-Louis Courier à un gentil- « homme. — Nous aurons, répondait celui-ci, les gendarmes « et le procureur du roi. » Triste réponse, qui montre combien peu tous ces gens savaient aller au cœur du peuple.

Le chef-d'œuvre du parti fut une institution curieuse, restée légendaire dans notre histoire, à laquelle on attribue généralement plus d'importance qu'elle n'en eut, et qui rappelle étrangement la fameuse *Compagnie du Très-Saint-Sacrement* du dixseptième siècle.

La *Congrégation* fut fondée à Paris, le 2 février 1801, par le P. Delpuits, ancien jésuite sécularisé. Il avait réuni dans son salon transformé en chapelle sept jeunes gens, qui vinrent, l'un après l'autre, s'agenouiller devant l'autel et réciter en latin la formule suivante :

« Sainte Marie, mère de Dieu, je vous choisis pour ma dame, ma « patronne et mon avocate, et je me propose fermement et vous « promets de ne jamais vous abandonner, de ne jamais rien faire « ou dire contre votre honneur et celui de votre divin Fils, ni « permettre que rien soit fait ou dit contre ce même honneur par « ceux qui dépendent de moi. Je vous en supplie donc, recevez- « moi comme votre serviteur à jamais ; soyez-moi présente en « toutes mes actions, et surtout ne m'abandonnez pas à l'heure « de la mort. Ainsi soit-il. »

La société se développa peu à peu. Les réunions se tenaient tous les quinze jours et avaient uniquement, au début, un but de piété et d'édification. La cotisation des membres était fixée à trois francs par an, et le père directeur ne souffrait pas qu'elle fût augmentée.

Renforcée par des élèves des grandes écoles de l'Etat, par des membres de l'aristocratie, par quelques industriels et commerçants, la Congrégation comptait 180 adhérents lorsque Pie VII vint à Paris à la fin de 1805. Le P. Delpuits lui demanda « de « pouvoir admettre les congrégations de province à s'unir à celle « de Paris, et de les faire participer aux faveurs spirituelles « concédées par les papes aux anciennes congrégations établies « depuis si longtemps dans les maisons de la Compagnie de Jésus.»

En 1808, la Congrégation admit dans son sein deux savants du plus haut mérite, le géomètre Cauchy et le physicien Biot ;

en 1809, l'abbé Philibert de Bruillard, qui s'était conduit en héros pendant la Terreur, et qui devait devenir, en 1825, évêque de Grenoble.

Mais la Congrégation s'attira l'animadversion impériale en favorisant la publication de la bulle qui excommuniait les spoliateurs du Saint-Siège. Le 10 septembre 1809, le P. Delpuits engagea lui-même les congréganistes à se disperser.

Ils ne se réunirent de nouveau que le lundi de Pâques, 11 avril 1814, le jour même de la signature du traité de Paris, la veille de l'entrée de Monsieur dans la capitale.

Les adhésions vinrent en foule à la société reconstituée : les trois frères de Rigaudelle, employés à la trésorerie, le colonel de Gontaut, gouverneur des pages de Monsieur, Dubois de Montlignon, garde du corps, le prince Jules de Polignac, l'abbé Elissagaray, recteur de l'académie de Pau.

Au mois d'août 1814, la Congrégation passa sous la direction du P. Ronsin, qui devait la conduire pendant toute la période de la Restauration.

Né à Soissons, le 18 janvier 1771, le P. Ronsin appartenait à la Société des Pères de la foi, « qui avait recueilli les traditions de « la Compagnie de Jésus et suivait sa règle ». On ne le trouva pas d'abord « assez homme du monde » ; mais, on ne tarda pas à reconnaître et à apprécier son infatigable activité.

Tout en conservant le caractère d'une société d'édification mutuelle, la Congrégation se préoccupa de remédier au dénuement physique et moral dans lequel gémissait la population parisienne, et entreprit à la fois un grand nombre d'œuvres pieuses et charitables.

La *Société des bonnes œuvres*, présidée par Charles de Lavau, se consacra au soulagement des malades et des prisonniers et prit le patronage des petits Savoyards, qui venaient pendant l'hiver exercer à Paris de menus métiers.

L'*Œuvre de l'apprentissage des orphelins*, l'*Œuvre des prisonniers pour dettes*, l'*Œuvre des orphelins de la Révolution*, l'*Œuvre de la marmite des pauvres*, l'*Œuvre des maîtres d'école*, l'*Association de Saint-Joseph* pour le placement des ouvriers, la *Maison de Saint-Nicolas* pour les enfants abandonnés, vécurent et prospérèrent sous l'action personnelle des membres de la Congrégation.

On créa, plus tard, les sociétés des *Jeunes Économes*, de *Sainte-Anne*, des *Amis de l'Enfance*, de *Saint-François-Régis* pour la bénédiction des unions irrégulières, les Sociétés de l'*Adoration du Sacré-Cœur de Jésus* pour les hommes, et de l'*Adoration du Sacré-Cœur de Marie* pour les femmes.

L'*Œuvre de la propagation de la foi*, fondée à Lyon, le 3 mai 1821, compta bientôt ses adhérents par milliers.

La *Société des bons livres*, créée, en 1824, par Mathieu de Montmorency, distribua en deux ans 800.000 volumes élémentaires ou de vulgarisation pour ramener le public aux bonnes doctrines.

La *Bibliothèque des bons livres* formait les bibliothèques pour les personnes instruites, en vue de fortifier et d'accroître leur foi.

La *Société des bonnes lettres*, fondée en 1821, sous le patronage de Chateaubriand, organisait des lectures et des cours que l'on vit fréquentés par des pairs de France, des députés, des généraux, des banquiers, des fonctionnaires de tout ordre.

La *Société des bonnes études*, définitivement constituée en 1823, s'adressait aux étudiants des écoles, et eut surtout du succès auprès des étudiants en droit. Sous la direction d'un membre de la Congrégation, Laurentie, de Rémusat, Hennequin, Berryer, y soutenaient de brillantes joutes oratoires aux applaudissements de 300 jeunes magistrats, avocats et étudiants, venus là pour entendre discuter dans un sens orthodoxe les questions de droit public et privé les plus controversées et les plus palpitantes.

En 1821, le capitaine Bertrand du Coin, membre de la Congrégation, fonda à Notre-Dame des Victoires une *Congrégation militaire et chrétienne* dont les membres se donnaient pour but « de « se fortifier dans la foi et dans l'amour de leurs devoirs, de « s'animer et s'encourager les uns les autres, de faire aimer et « respecter la religion, et de montrer au monde qu'on peut être « militaire et chrétien. »

Le caractère de prosélytisme que la Congrégation revêtait, chaque jour, davantage, y attirait en grand nombre les ecclésiastiques. De 1815 à 1825, quarante-neuf prélats y entrèrent et fondèrent, à leur tour, dans leurs diocèses des congrégations provinciales.

« Nous avons appris, écrivait l'évêque de Montpellier, qu'il « existe à Paris une société pieuse et littéraire, qui produit des « effets merveilleux dans la classe des jeunes gens, et nous avons « formé le projet d'en établir une semblable dans notre ville « épiscopale, après avoir demandé des renseignements à M. Rou« sin, prêtre, directeur de cette nombreuse et fervente société. »

L'abbé Jean de Lamennais fonda des congrégations dans presque toutes les villes de Bretagne.

Dès 1820, la Société comptait en province quarante-sept congrégations affiliées et en compta jusqu'à soixante et onze en 1826.

Louis XVIII, le duc de Bourbon et le comte d'Artois s'étaient fait inscrire, dès 1814, sur les listes de la Congrégation ; mais, tandis que le roi et le duc ne lui avaient donné que leur nom, Monsieur lui donna vraiment son cœur, et, quand il fut roi, la Congrégation vit s'ouvrir devant elle une ère de prospérité indéfinie.

Ce fut, précisément, le moment où son influence commença à déchoir et où se déclara contre elle une hostilité qu'elle ne put parvenir à abattre.

Nous avons, jusqu'ici, résumé son histoire d'après les écrivains qui lui sont le plus favorables (1). Nous répétons qu'il n'y eut rien de plus légitime que le but moral que se proposa la Société. Elle eut le droit de se former ; elle eut le droit de se répandre ; elle eut le droit de manifester par tous les moyens légaux son activité, son zèle, sa charité. Elle sut grouper autour d'elle un grand nombre d'hommes de grand savoir et de haute vertu.

Elle a mérité, d'une manière générale. le superbe éloge qu'en fit un de ses membres, M. Gossin, conseiller à la cour royale de Paris :

« Je suis congréganiste ; je le dis hautement, et si ce titre, aux
« yeux de plusieurs de ceux qui m'écoutent, n'est pas un gage
« d'impartialité, au moins en est-il un de compétence. En vous
« parlant donc de ce que j'ai vu et entendu depuis huit ans, j'ai
« le droit d'être cru. Si vous ne me croyiez pas, je désespérerais
« d'une époque où un magistrat, affirmant à ses collègues des
« faits où il a été mêlé personnellement provoquerait le sourire
« de l'incrédulité. On vous a dépeint la Congrégation comme une
« assemblée délibérante... en état d'insurrection, occulte mais
« perpétuelle contre le trône et contre les libertés publiques.
« Mais que deviennent ces reproches si, depuis huit ans que j'en
« fais partie et que j'en suis assidûment les exercices, je n'ai
« pas entendu proférer dans son enceinte, je ne dis pas une
« phrase, mais un mot ayant trait à la politique et aux événe-
« ments du jour? Les congréganistes ne se voient qu'au pied des
« autels, dans une chapelle autorisée par Mgr l'archevêque ; ils
« s'y voient sans se parler, et ils ne se voient nulle part ailleurs.
« Ils entendent la messe ; ils prient de tout leur cœur, mais c'est
« tout... Ils ont un autel, point de tribune ; des livres d'heures,
« point d'ordre du jour. Le prêtre qui les dirige leur adresse,
« d'après le texte des saints livres, des exhortations propres à les

(1) G. de Grandmaison, La Congrégation, Paris, 1890 ; J.-M. Villefranche, Histoire et légende de la Congrégation, Paris, 1901.

« corriger de leurs défauts ; jamais il ne leur a suggéré même
« l'ombre d'une pensée relative à la direction de l'Etat ou à leur
« avancement personnel dans leur carrière. Ils n'ont pas de signe
« de reconnaissance ; pourquoi en auraient-ils ? Ils n'ont pas
« besoin de se reconnaître, ni même de se connaître. »

Nous croyons à la sincérité de M. Gossin ; nous croyons qu'il y
a eu effectivement des congréganistes pour lesquels la Congrégation n'a été qu'une école de piété et de désintéressement.

Nous croyons aussi qu'il y en eut d'autres pour lesquels elle
fut un instrument d'ambition. Le désintéressement est une vertu
excessivement rare, si rare même que beaucoup d'hommes n'y
croient pas. Ils ont tort ; mais ce n'est pas une erreur de croire
que, parmi ceux qui semblent désintéressés, il en est beaucoup qui
ne pensent qu'à leur avantage particulier. Il y eut des congréganistes d'âme évangélique. Il y en eut d'âme très mondaine. L'a-
pologiste le plus convaincu de la Congrégation, M. de Grandmaison, avoue lui-même « qu'un petit groupe de légitimistes s'efforça
« de mettre en commun ses relations pour recommander des
« hommes de mérite et d'une fidélité éprouvées ». Il prend soin
d'ajouter, il est vrai, que la Congrégation ignora toujours ces
agissements ; mais, comme il nomme parmi les légitimistes du
petit groupe ambitieux Mathieu de Montmorency, Alexis de
Noailles, le ministre de Lavau, Franchet d'Esperey, Ponton d'Amé-
court, Hennequin, tous membres de la Congrégation, il est difficile de soutenir qu'elle n'en sut rien.

Recommander ses amis est chose très légitime ; mais constituer
un comité de recommandation, délivrant, pour ainsi dire, des
certificats de mérite et de loyalisme, est déjà une chose très grave
et très dangereuse, — comme l'avenir devait le prouver.

La Congrégation s'est de même défendue d'avoir été une
société secrète, et, légalement parlant, elle a raison. Pratiquement, elle fut du moins une société tellement discrète que le
public ne connut jamais bien ni son but, ni son mode de recrutement, ni sa vie. On voyait, à de certains jours, la rue du Bac se
remplir de monde, une foule d'hommes graves, de hauts fonctionnaires, de membres de l'aristocratie, la fine fleur du parti
légitimiste, se rendre au couvent des missions étrangères. On
savait que les réunions étaient fermées très rigoureusement à
quiconque n'était pas membre de la Société, et personne ne
croyait que tant de gens de même opinion pussent se réunir si
régulièrement pour entendre la messe et le sermon qu'ils pouvaient ouïr devant tout le monde dans toutes les églises de Paris.
Le public voyait dans ces réunions mystérieuses une conspira-

tion, et contre quoi les légitimistes pouvaient-ils conspirer, si ce n'était contre les libertés si péniblement sauvées du grand naufrage de la Révolution ?

La multiplication des sociétés catholiques à Paris et en province était, elle aussi, parfaitement légitime ; elle ne laissait pas d'inquiéter l'opinion, qui voyait déjà tout le royaume pris dans un vaste filet dont les mailles allaient se resserrant chaque jour.

Dans un pays habitué aux mœurs de la liberté, le remède eut été bien vite trouvé. Aux associations catholiques et monarchistes se seraient opposées, avec le même droit et la même légalité, des associations protestantes, libres penseuses, libérales. Il y eut des tentatives de ce genre ; mais le gouvernement les voyait d'un mauvais œil et les tolérait impatiemment. Ne pouvant vivre au grand jour, les libéraux se répandirent dans les ventes du carbonarisme et dans les loges de la franc-maçonnerie, société alors presque identique à la Congrégation, prétendant n'avoir, comme elle, qu'un but philosophique et philanthropique, ralliant les libéraux comme la Congrégation ralliait les catholiques et les légitimistes, secrète dans le même sens que la Congrégation, puisque personne n'ignorait son existence, mais que les affiliés seuls participaient à sa vie intime, connaissaient ses statuts et ses forces.

Il y eut, en réalité, au-dessus de la grande France laborieuse, assez indifférente dès ce temps aux questions religieuses et politiques, deux petites Frances ennemies : l'une royaliste et cléricale, l'autre antiroyaliste et résolument libre penseuse. La première comprenait certainement la religion d'une manière étroite et formaliste ; mais la seconde comprenait également mal la liberté ; cependant ce mot magique devait lui assurer la victoire.

G. DESDEVISES DU DEZERT.

Sujets de devoirs

UNIVERSITÉ DE PARIS

AGRÉGATION D'HISTOIRE ET DE GÉOGRAPHIE.

I. — La situation légale des chrétiens et les persécutions jusqu'à la mort de Domitien

II. — Jérôme Savonarole.

III. — Comparer les principales régions désertiques du globe et expliquer les raisons générales de leur formation.

Agrégations des langues vivantes.

ALLEMAND.

Version.

TREITSCHKE, *Deutsche Geschichte im 19. Jahrhundert*, III, p. 684, depuis : « Gœthe selbst.... », jusqu'à : «.... nicht zurechtzufinden. »

Thème.

VICTOR HUGO, *L'Expiation*, depuis : « Il neigeait. On était vaincu par sa conquête... », jusqu'à : «... Et, chacun se sentant mourir, on était seul ».

Dissertation française.

« Le poème de *Faust*, œuvre de la vie entière de Gœthe, en est aussi l'image : il est décousu comme elle. » (STAPFER, *Etudes sur Gœthe.*)

Dissertation allemande.

« Die Manie unserer Romantiker für das Mittelalter war am Ende vielleicht nur eine geheime Vorliebe für den altgermanischen Pantheismus. » (HEINE, *Elementargeister.*)

ANGLAIS.

Version.

The Spectator, n° 388, depuis : « As when in Sharon's Field », jusqu'à : « With t'other press me in a chaste embrace. »

Thème.

TAINE, *Histoire de la Littérature anglaise*, vol. IV, ch. VII, depuis : « La prose est toujours l'esclave de la période », jusqu'à la fin du chapitre (p. 232-233).

Dissertation française.

L'interprétation de l'antiquité grecque dans Keats.

Dissertation anglaise.

Evelyn, just after the landing of William of Orange, speaks in his Diary of « the Presbyterians » as « our new masters » : how far was the Revolution of 1688 a Puritan reaction and what relations is there between this reaction and the subsequent change of tone in English manners ?

AGRÉGATION DE L'ENSEIGNEMENT SECONDAIRE DES JEUNES FILLES.

Pédagogie.

On parle beaucoup de nos jours du « droit au bonheur ». Qu'entendriez-vous par là ?

Littérature.

Les servantes de Molière et les soubrettes de Marivaux ?

Le gérant : E. FROMANTIN.

POITIERS. — SOCIÉTÉ FRANÇAISE D'IMPRIMERIE ET DE LIBRAIRIE

QUINZIÈME ANNÉE (2e Série   N° 27   16 MAI 1907

REVUE HEBDOMADAIRE

DES

COURS ET CONFÉRENCES

DIRECTEUR : N. FILOZ

La vie et les œuvres de Molière.

Cours de M. ABEL LEFRANC,

Professeur au Collège de France.

Le théâtre et le duel. — La troupe de Monsieur au Petit-Bourbon ; la représentation des « Précieuses »

Nous avons terminé l'étude de la controverse relative au théâtre, et nous en avons constaté l'extrême importance pour l'histoire de la littérature dramatique(1). Une simple remarque nous reste à faire avant de revenir à l'étude de l'œuvre de Molière : c'est que les attaques contre la comédie se sont trouvées, plus d'une fois, associées dans l'esprit des rigoristes avec la question du duel. Grosse question, vous le savez, puisqu'à certains moments l'abus du duel avait menacé la France dans ses parties vives. Un tel rapprochement ne pouvait être que fort dangereux pour la comédie.

C'est une journée mémorable que celle du 24 octobre 1658, où Molière débuta devant le roi par *Nicomède* de Corneille et le *Docteur amoureux*, pièce en un acte, dans la salle des gardes du Vieux-Louvre. Le succès fut éclatant pour cette petite comédie

(1) J'ai omis de signaler, en son temps, ce passage si instructif de la dédicace de la *Critique de l'École des Femmes* adressée à la reine-mère (7 août 1663) : « Votre Majesté, *qui prouve si bien que la véritable dévotion n'est point contraire aux honnêtes divertissements*; qui, aimant de ses hautes pensées et de ses importantes occupations. descend si humainement dans le plaisir de nos spectacles, et ne dédaigne pas de rire de cette même bouche dont elle prie si bien Dieu... »

28

ou farce dont nous parlerons en traitant des farces de Molière. Depuis longtemps, on ne parlait plus de petites comédies. L'invention en parut nouvelle, et le charme d'autant plus grand. Molière jouait le rôle du Docteur, et la manière dont il s'acquitta de ce personnage conquit tout particulièrement la faveur du jeune roi. Celui-ci donna des ordres pour faciliter l'établissement de la troupe à Paris.

Elle s'établit dans la salle du Petit-Bourbon, puis du Louvre, non loin de l'emplacement de la colonnade actuelle; cette salle faisait partie de l'ancien palais des ducs de Bourbon, dont la porte resta longtemps peinte en jaune, en souvenir de la trahison du connétable.

Le 2 novembre suivant, la troupe, qui porte le titre de Troupe de Monsieur, commence à représenter en public dans son nouveau local, où elle alterne avec les comédiens italiens, moyennant une redevance de 1.500 livres. Molière et chacun de ses compagnons devaient recevoir une pension de 300 livres qui ne fut jamais payée.

Les Italiens jouent le mardi et le dimanche ; nos comédiens, les lundi, mercredi, jeudi et samedi. La troupe est composée alors de dix personnes, — dix parts, comme on dit aujourd'hui, — et un gagiste. Le registre de La Grange nous les énumère; c'étaient : Molière ; Béjart l'aîné, mort le 26 mai 1659 ; Béjart cadet (Louis) ; du Parc, qui alla au Marais, puis revint après la mort de Jodelet ; du Fresne, qui se retira bientôt; de Brie ; Mlles Béjart, du Parc, de Brie, Hervé ; Croisac, gagistes à deux livres par jour.

Les sieurs l'Espy et Jodelet, son frère, vinrent bientôt du Marais ; le sieur du Croisy et sa femme et La Grange entrèrent aussi dans la troupe comme acteurs nouveaux : ce qui fit, au total, douze parts.

On jouait surtout le *Despit amoureux* et *l'Estourdy*, des farces de Molière, les *Visionnaires* de Desmarets, qui furent représentés, le 29 avril 1659, devant le roi, la *Mort de Crispe, Don Japhet, Scévole, Rodogune* qui fut sifflée, comme cela arrivait beaucoup plus souvent qu'aujourd'hui, le *Cid, Horace, Cinna*, le *Menteur*, etc., c'est-à-dire, comme on voit, beaucoup de Corneille, et encore *Héraclius*, la *Mort de Pompée* qui fut sifflée également. En tout, on peut compter 23 ou 24 pièces au répertoire.

Le registre de La Grange nous donne également de curieux détails de comptabilité, paiements d'arriérés, avances, frais d'auteur, aumônes aussi, dont une est singulière : « Donné 9 livres à un capucin révolté ou défroqué pour charité. » —

Il nous apporte aussi d'utiles renseignements sur la vie de la troupe et les événements principaux qui intéressent les associés.

En février 1659, la troupe joue devant Monsieur, à qui Molière adresse une harangue ; puis au Louvre, à différentes reprises, devant le roi. Goût marqué de çelui-ci pour les comédies et les farces. En octobre, naissance d'une fille aux de Brie ; naissance de neveux de Molière ; mort de Beys, etc. Molière alors habite sur le quai de l'Ecole, en la maison de l'image Saint-Germain.

En juillet, les Italiens retournent dans leur pays et laissent Molière seul maître du Petit-Bourbon. Il joue alors les mardi, vendredi et dimanche, les mêmes jours que les comédiens du Marais et de l'hôtel de Bourgogne, ses grands concurrents. Déjà existe une rivalité et même une certaine inimitié entre eux. — Le Marais s'intitule « Comédiens du Roy, entretenus par Sa Majesté », et l'hôtel de Bourgogne « seule troupe royale ».

A la fin de juillet, la cour et le roi quittent Paris. C'est le temps des négociations pour le mariage de Louis XIV avec l'infante Marie-Thérèse ; le 7 novembre suivant allait être signé, dans l'île des Faisans, le double traité de paix et de mariage.

La cour était donc absente de Paris, lorsque, le mardi 18 novembre 1659, furent joués « Cinna et les Pretieuses, à l'ordinaire 15 sols au parterre, troisième pièce de M. Molière », qui fit 533 livres, ainsi que nous l'indique toujours le registre publié par les soins de la Comédie-Française.

C'est une question très discutée que celle de savoir si c'était bien là une première. Nous l'avons posée l'année dernière ; pour mon compte, j'ai voulu en être éclairé et ai poursuivi, à ce sujet, de nouvelles recherches.

M. Mesnard, le plus récent des biographes de Molière, penche à croire que les Précieuses avaient été jouées en province d'abord, puis remaniées et jouées à Paris. Or il est très important d'être fixé sur ce point pour pénétrer le sens même et comprendre la portée de la pièce ; mais, contrairement à ce qui a été dit et répété si souvent, il n'y a pas de doute : les Précieuses ont été jouées seulement à Paris.

Les témoignages contraires sont du xviii° siècle ; nous avons celui de Grimarest, celui de la Serre et autres, et celui de Voltaire, tous d'ailleurs copiés l'un sur l'autre. On possède, au contraire, un texte décisif dans la préface de 1682 qui forme la pierre angulaire de toute cette biographie : « En 1659, M. de « Molière fit la comédie des Précieuses ridicules. Elle eut un « succès qui passa ses espérances ; comme ce n'estoit qu'une

« pièce d'un seul acte qu'on représentoit après une autre de
« cinq, il la fit jouer le premier jour au prix ordinaire; mais
« le peuple y vint en telle affluence, et les applaudissements
« qu'on luy donna furent si extraordinaires, qu'on redoubla le
« prix dans la suite, ce qui réussit parfaitement, à la gloire
« de l'auteur et au profit de la troupe. »

Reste un autre texte que nous devons commenter : le *Récit en
prose et en vers de la farce des Précieuses*, par Mlle Desjardins,
publié à Paris, chez Claude Barbin, en 1660, et à Anvers, chez
Guillaume Colles, la même année. Ce récit a eu quatre réédi-
tions modernes : la première de Fournier, *Variétés historiques et
littéraires*, tome IV, p. 285 ; la deuxième chez Baur, libraire,
1877, signée J. N. ; la troisième du bibliophile Jacob, chez Jouaust,
1879 ; la quatrième dans l'édition Garnier, tome III.

L'auteur déclare dans sa préface que la publication a été faite
contre son assentiment ; cela est une mode au XVIIe siècle, mais
il est fort possible qu'ici ce soit la vérité.

Le récit de Mlle Desjardins parle d'une farce, et il s'appli-
querait, nous dit-on, à une farce jouée en province, non
à la pièce des *Précieuses* que nous possédons ; il y aurait eu
remaniement. Telle est du moins la théorie de Rœderer, Lacroix
et autres. — En effet, le récit de la farce présente avec le texte
de la comédie des différences notables : les deux amants, La
Grange et du Croisy sont rebutés sur le théâtre même, dans la
seconde scène, alors que, dans la comédie que nous connaissons, la scène de rupture est simplement racontée par eux dans
la 1re scène, avant l'arrivée de Gorgibus, père et oncle des Précieuses, et celle de Marolte, leur servante.

Dans son récit, Mlle Desjardins suppose que la 1re scène se déroule entre Gorgibus et Marolte, le père interrogeant la servante
sur les occupations de ses maîtresses, d'où énumération des par-
fums qu'elles emploient et regrets de Gorgibus du temps où les
femmes portaient des escofions au lieu de perruques et des
pantoufles au lieu de patins :

> Où les parfums étaient de fine marjolaine ;
> Le fard, de claire eau de fontaine,
> Où le talque et le pied de veau
> N'approchaient jamais du museau ;
> Où la pommade de la belle
> Estoit du pur suif de chandelle.

Alors, faisant venir ses filles, il leur annonce l'arrivée de deux
galants qu'il entend leur donner pour maris. Et c'est ainsi qu'est

amenée, dans le récit de Mlle Desjardins, la scène de La Grange et du Croisy : il n'y a évidemment qu'une simple interversion. D'ailleurs, l'auteur du compte rendu nous dit qu'elle n'a pas vu la pièce au théâtre et que son récit n'en est fait que sur le rapport d'autrui : « Je croy qu'il est aisé de connoître cette « vérité par l'ordre que je tiens dans mon récit, car il est « un peu différent de celuy de cette farce. Cette seule « circonstance sembloit suffire pour sauver (préserver) ma « Lettre de la presse. » Elle reconnaît donc elle-même ses inexactitudes ; mais il reste, dans ce compte rendu, des choses intéressantes notamment les vers relatifs aux règles de l'amour :

> Premièrement les grandes passions
> Naissent presque toujours des inclinations ;
> Certain charme secret que l'on ne peut comprendre
> Se glisse dans les cœurs sans qu'on sache comment
> Par l'ordre du destin, l'on s'en laisse surprendre,
> Et, sans autre raison, l'on s'aime en un moment.

C'est l'équivalent du célèbre discours de Magdelon à son père : « Mon père, voilà ma cousine qui vous dira, aussi bien que moi, « que le mariage ne doit jamais arriver qu'après les autres « aventures... »

Je ne crois pas à l'hypothèse qui suppose Molière ayant écrit lui-même, dans une première rédaction de sa pièce, les vers parus sous le nom de Mlle Desjardins ; celle-ci a versifié simplement le discours des précieuses. Il s'agit certainement, dans le *Récit*, de la pièce des *Précieuses*, telle que nous la possédons ; il n'est pas surprenant qu'on l'ait d'abord qualifiée de « farce ».

La seconde représentation de la pièce n'eut lieu que le 2 décembre 1659, c'est-à-dire quatorze jours après la première. Comment expliquer cet intervalle, invraisemblable pour une pièce à succès ? Le *Grand Dictionnaire des Précieuses* de Somaize nous fournit une explication ; l'auteur, sous forme de prédiction, nous dépeint l'émoi des précieux, parle d'une interdiction possible : « Les précieuses intéresseront les galants à prendre leur parti. « Un alcôviste de qualité interdira ce spectacle pour quelques « jours. Nouveau concours au cirque, lorsqu'elles reparaîtront ». La prédiction est faite, bien entendu, après coup, et il est fort plausible qu'il y ait là une allusion à des faits réels, à une lutte d'influences près des autorités compétentes, qui d'abord auraient fait suspendre les représentations, et puis seraient revenues sur leur décision, peut-être en raison d'un ordre de la cour. Nous retrouverons une lutte semblable à propos de *Tartuffe*.

Le 5 décembre, est jouée la pièce d'*Alcionée* avec, pour la troisième fois, les *Précieuses*, à l'extraordinaire : 30 sols ; le 6 décembre a lieu la quatrième représentation, et, au même moment, Molière reçoit 500 livres pour ses droits d'auteur. Du 2 décembre 1659 à la clôture de Pâques 1660, les *Précieuses* occupent trente-deux représentations, ce qui est un chiffre considérable.

Il faut joindre à ces représentations sur le théâtre de nombreuses visites, c'est-à-dire des représentations données à l'hôtel de divers seigneurs, chez M. Le Tellier, chez Mme Sanguin, pour M. le Prince, chez M. le duc de Grammont, chez Mme la maréchale de l'Hospital, M. d'Andilly, etc.

Par la suite, en deux ans, le chiffre des représentations atteint encore cinquante-trois, et puis les *Précieuses* ne furent plus jouées que trois fois jusqu'à la mort de Molière. On les reprit en 1680, à un moment où se manifeste une recrudescence de l'esprit précieux.

Un témoignage intéressant du succès qu'eurent les *Précieuses ridicules* est celui du gazetier Loret, à la date du 6 décembre 1659 :

> Cette troupe de comédiens,
> Que Monsieur avoue être siens,
> Reprézentant sur leur téâtre
> Une action assez folâtre,
> Autrement, un sujet plaizant,
> A rire sans cesse induizant,
> Par des choses facétieuses,
> Intitulé les *Prézieuses*,
> Ont été si fort vizitez
> Par gens de toutes qualitez,
> Qu'on n'en vid jamais tant ensemble
> Qu'en ces jours passez, ce me semble,
> Dans l'hôtel du Petit-Bourbon,
> Pour ce sujet mauvais ou bon.
> Ce n'est qu'un sujet chymérique,
> Mais si bouffon et si comique
> Que jamais les pièces Du Ryer
> Qui fut si digne de laurier ;
> Jamais l'*Œdipe* de Corneille
> Que l'on tient être une merveille;
> La *Cassandre* de Bois-Robert,
> Le *Néron* de Monsieur Gilbert,
> *Alcibiade, Amalazonte,*
> Dont la cour a fait tant de conte,
> Ny le *Frédéric* de Boyer,
> Digne d'un immortel loyer,
> N'eurent une vogue si grande,
> Tant la pièce semble friande

A pluzieure, tant sages que foua.
Pour moy, j'y portay trente sous ;
Mais oyant leurs ûnes paroles
J'en ry pour plus de dix pistoles.

Désormais Molière est à la mode : plusieurs textes contemporains le constatent aussitôt (Préface des *Amours d'Alcippe et de Céphise*). Il en existe un autre, moins ancien, sur la véracité duquel il y a lieu de faire toutes réserves : c'est celui du *Segraisiana* de 1721, dans lequel on lit, page 212 :

« Ce furent les *Précieuses* qui mirent Molière en réputation. « La pièce ayant eu l'approbation de tout Paris, on l'envoya à la « cour, qui était alors au voyage des Pyrénées, où elle fut très « bien reçue ; cela lui enfla le courage. « Je n'ai plus que faire, « dit-il, d'étudier Plaute et Térence ni d'éplucher les fragments « de Ménandre ; je n'ai qu'à étudier le monde. »

Nous avons là, très vraisemblablement, un propos tout légendaire. Légende aussi, ce propos qu'aurait tenu un spectateur à la fin d'une représentation : « Courage, Molière, voilà de la bonne comédie ! »

Nous avons, du succès de la pièce, un autre témoignage dans le *Menagiana*, ouvrage paru en 1693 :

« J'étais à la première représentation, le 18 novembre 1659, des « *Précieuses ridicules* de Molière au Petit-Bourbon. Mlle de Ram- « bouillet y était, Mme de Grignan, tout l'hôtel de Rambouillet, « M. Chapelain et plusieurs autres de ma connaissance. La pièce « fut jouée avec un applaudissement général, et j'en fus si satis- « fait en mon particulier que je vis dès lors l'effet qu'elle allait « produire. Au sortir de la comédie, prenant M. Chapelain par la « main : Monsieur, lui dis-je, nous approuvions, vous et moi, « toutes les sottises qui viennent d'être critiquées si finement, et « avec tant de bon sens ; mais croyez-moi, pour me servir de ce « que saint Remi dit à Clovis, il nous faudra brûler ce que nous « avons adoré et adorer ce que nous avons brûlé. Cela arriva « comme je l'avais prédit, et, dès cette première représentation, « l'on revint du galimatias et du style forcé. » Il y a là des constatations faites après coup, auxquelles il ne convient pas d'attribuer trop d'importance.

Donnons ici, en quelques mots, un résumé des *Précieuses ridicules*, pièce en un acte et 17 scènes.

La Grange et du Croisy, évincés par les Précieuses, racontent leur disgrâce ; ils concertent une vengeance : La Grange a pour valet une espèce de bel esprit, Mascarille, qui leur servira.

Arrive Gorgibus, père et oncle des Précieuses ; à la figure des deux galants éconduits qui s'en vont, il devine le mauvais accueil qu'ils ont reçu. Il interroge Marotte, la servante.

Arrivent les Précieuses, Magdelon et Cathos : des explications sont échangées, au cours desquelles les deux jeunes filles exposent leurs prétentions et leurs idées : *creda* de leur préciosité ridicule sur le chapitre de l'amour et du mariage. Gorgibus, de son côté, affirme sa volonté. Doléances de Cathos et de Magdelon.

- Mais voici qu'on annonce une visite : c'est le marquis de Mascarille; il sera reçu dans la salle basse où elles se trouvent, plutôt que dans leur chambre ; elles se retirent un moment.

Entrée amusante de la chaise de Mascarille ; scène avec ses deux porteurs.

La conversation qui s'engage est trop célèbre pour que nous la résumions ici. Cette scène est la plus importante et la plus longue de la pièce; elle constitue un véritable chef-d'œuvre, dont tous les éléments sont condensés, ramassés.; peut-être seulement l'effet est-il, à nos yeux modernes, par moment, trop intense, et les Précieuses rendues un peu trop ridicules ; on a volontiers la tendance, en jouant la pièce aujourd'hui, à accentuer encore le côté grotesque de la scène, ce qui est probablement une exagération, car les Précieuses ne sont pas, ne doivent pas être des imbéciles, sous peine de devenir moins intéressantes ; il est une limite à leur sottise.

. Arrive le vicomte de Jodelet ; Mascarille le présente ; tous deux racontent leurs exploits. On envoie quérir des violons pour danser ; le bal commence, quand surviennent La Grange et du Croisy. Le faux marquis et le faux vicomte sont battus à la stupéfaction de nos Précieuses. Ce'a devient un effondrement, lorsque Mascarille et Jodelet sont dépouillés de leurs habits.

· C'est une humiliation sanglante qui leur est faite. Gorgibus est revenu; il se prend à morigéner les jeunes filles qu'il renvoie de sa présence, tout en battant les violons qui réclament leur dû : « Allez « vous cacher, vilaines, crie-t-il aux Précieuses ; allez vous « cacher pour jamais ! Et vous, qui êtes la cause de leur folie, « sottes billevesées, pernicieux amusements des esprits oisifs, « romans, vers, chansons, sonnets et sonnettes, puissiez-vous être « à tous les diables ! »

Il est piquant de voir, ici, Molière se déclarer contre les romans qui partageaient avec le théâtre les fureurs du clan dévot et rigoriste.

Les *Précieuses ridicules* furent éditées peu de semaines après leur première représentation, chez Guillaume de Luynes, libraire ; cette édition est de 1660. C'est la première publication faite par

Molière, — appelé Molier sur les registres. — Le privilège est du 19 janvier 1660, et l'achevé d'imprimer du 29 du même mois.

La préface de cette pièce, par Molière, est un texte qu'il est né-cessaire d'examiner de près, et qui est peu lu, comme toutes les pré-faces. Lui aussi déclare que l'impression aurait été faite malgré lui.

La publication des *Précieuses* se fit sans aucune dédicace, ce qui est fort remarquable, surtout de la part d'un jeune auteur. La plus ancienne des dédicaces de Molière est celle adressée au duc d'Orléans, frère unique du roi, en tête de l'*Ecole des Maris :* « L'honneur que j'ai d'être à V. A. R. m'a imposé une nécessité « absolue de lui dédier le premier ouvrage que je mets au jour « moi-même. »

M. Livet, le plus récent commentateur des *Précieuses,* donne cette interprétation : « Voulait-il dire (Molière) : « que je mets m''i-même et librement sous presse » ou : « que je regarde comme « ma première œuvre originale, l'*Etourdi*, le *Dépit amoureux*, les « *Précieuses ridicules* et le *Sganarelle* n'étant que des emprunts « faits aux Italiens ? » Nous penchons, déclare M. Livet, pour cette « dernière interprétation, parce que personne ne croira que la « publication des *Précieuses* ait été réellement faite malgré Molière, « ou que la rapidité de l'impression ne lui ait pas laissé le « temps d'écrire une dédicace. »

Cela est important, parce qu'il y aurait là comme un aveu du poète qui semblerait confirmer les accusations portées contre lui au sujet de ses irritations.

« Le premier ouvrage *que je mets au jour de moi-même* », cela n'a qu'un sens en français, et il est superflu d'y insister. Comment admettre que Molière se fût ainsi proclamé imi-tateur et plagiaire dans ses pièces précédentes? Ce serait un non-sens. Les pièces précédentes ont-elles une dédicace ? Ni les *Précieuses* ni *Sganarelle,* publiés avant l'*Ecole des Maris*, n'en offrent : c'est là un fait dont Molière devait s'expliquer ; d'où cette phrase si simple et si compréhensible.

Une autre question amusante est celle qui se pose touchant le personnage de Mascarille ; d'où vient ce nom ? Dans une de ses notes, M. Livet nous dit : « Mascarille : *mascara,* masque, « faux visage ; *mascarilla* demi-masque, loup. Molière avait « créé le nom et le type du Mascarille et, avant les *Pré-* « *cieuses,* avait déjà introduit ce personnage fourbe et rusé « dans l'*Etourdi* et dans le *Dépit amoureux*. Nous remarque-« rons même que c'est Philipin qui, dans la comédie de « Quinault, l'*Amant indiscret* ou le *Maître estourdy*, cette « ébauche ou cette imitation de l'*Estourdy* de Molière, jouée

« en 1654, tient le rôle réservé ailleurs à Mascarille. Pourquoi ce
« nom ? C'est, à nos yeux, parce que Molière jouait ce rôle avec
« la *mascarilla* de l'arlequin du Docteur, du Pantalon, etc. Cette
« opinion ressort clairement pour nous du passage de Villiers :
« Il contrefaisait, d'abord, les marquis *avec le masque* de Masca-
« rille ; il n'osait les jouer autrement. Mais, à la fin, il nous a fait
« voir qu'il avait le visage assez plaisant pour représenter *sans*
« *masque* un visage ridicule. » Opinions de MM. Fournel et Despois.

M. Livet fait de Molière un élève de Scaramouche : ce loup
permettait à Molière, qui, moins hardi que plusieurs de ses compagnons, avait déguisé son vrai nom, de cacher aussi son visage,
lors de son arrivée à Paris. Le succès vient ; il renonce bientôt
aux canevas italiens après ses trois premières pièces ; il renonce
en même temps au type de Mascarille, dont le nom lui était
infligé comme un sobriquet courant.

Comment se représenter Mascarille portant le masque devant
les Précieuses qu'il faut abuser? Rien de plus simple : tous ces
types conventionnels étaient acceptés par le public sous les
costumes les plus variés, sous leur masque habituel. Est-ce que
dans ses rôles de marquis, d'empereur, Arlequin n'avait pas
toujours son masque ?

Est-ce qu'il n'est pas admis par toute la critique moliéresque
que le vicomte de Jodelet paraissait dans les *Précieuses* sous
son masque de farine ? Le loup noir de Mascarille ne serait donc
pas plus invraisemblable que la farine de l'autre. Et M. Livet
croit que Molière a bien porté d'abord le masque.

Nous ne saurions admettre cette hypothèse sans la discuter. Sur
la scène, justement, la farine de Jodelet étonne Mascarille lui-même,
qui se croit obligé d'avertir les Précieuses : « Ne vous étonnez
« pas de voir le vicomte de la sorte ; il ne fait que sortir d'une
« maladie qui lui a rendu le visage pâle comme vous voyez. »

D'ailleurs, il est à noter que l'acteur Jodelet, qui tenait ce rôle,
mourut, en effet, peu de temps après, et qu'il est fort plausible
qu'il souffrît déjà de la maladie qui devait l'emporter : ce serait
une preuve qu'il ne portait pas le masque.

M. Livet relève un certain nombre de textes au sujet de l'emploi
du masque et de la farine dans les rôles d'acteurs. Un texte de
Scarron, d'abord, qui dit :

« La Rancune jouoit en fausset et *sous le masque* les rôles de
« nourrice. » (I, v.)

« La Rancune *se farinoit* aux farces... »

« Il fut instruit par la Rancune qui *s'enfarinoit* à la farce... »

« Il ne sauroit representer un Roi non plus qu'une confidente,

« car il auroit aussi mauvaise mine *sous le masque* qu'à visage
« découvert. »

Dans l'affirmation tout à l'heure citée de Villiers : « Il contre-
« faisait d'abord les marquis avec le masque de Mascarille ; il
« n'osait les jouer autrement, mais à la fin, il nous a fait voir
« qu'il avait le visage assez plaisant pour représenter sans
« masque un visage ridicule », le sens figuré est probable : d'abord
Molière a joué les marquis ; il s'est moqué d'eux en les représentant sous le personnage de Mascarille dans les *Précieuses*, — avec
le masque moral de Mascarille ; — puis il s'est enhardi jusqu'à
les jouer ouvertement sous l'aspect de véritables marquis : il
avait le visage assez plaisant, dans le sens ironique, pour
les représenter au naturel sans avoir recours à la contrefaçon, à
la charge que représente le rôle même de Mascarille. Toutefois,
il est à noter que, sur une gravure de l'édition de 1666, le marquis
de Mascarille semble porter un masque.

Mais donnons maintenant une idée rapide de la préface elle-
même, qui nous fournit sur les intentions de Molière et la signification vraie de sa comédie des déclarations utiles :

« C'est une chose étrange qu'on imprime les gens malgré eux.
« Je ne vois rien de si injuste et je pardonnerois toute autre
« violence plutôt que celle-là.

« Ce n'est pas que je veuille faire ici l'auteur modeste, et
« mépriser, par honneur, ma comédie. J'offenserois mal à propos
« tout Paris, si je l'accusois d'avoir pu applaudir à ma sottise.
« Comme le public est le juge absolu de ces sortes d'ouvrages, il
« y auroit de l'impertinence à moi de le démentir ; et, quand
« j'aurois eu la plus mauvaise opinion du monde de mes *Précieuses*
« *ridicules* avant leur représentation, je dois croire maintenant
« qu'elles valent quelque chose, puisque tant de gens ensemble
« en ont dit du bien. Mais, comme une grande partie des grâces
« qu'on y a trouvées dépendent de l'action et du ton de voix, il
« m'importait qu'on ne les dépouillât pas de ces ornements ; et
« je trouvois que le succès qu'elles avaient eu dans la représen-
« tation étoit assez beau pour en demeurer là. J'avois résolu,
« dis-je, de ne les faire voir qu'à la chandelle, pour ne point
« donner lieu à quelqu'un de dire le proverbe ; et je ne voulois
« pas qu'elles sautassent du théâtre de Bourbon dans la galerie
« du Palais. Cependant, je n'ai pu l'éviter et je suis tombé dans
« la disgrâce de voir une copie dérobée de ma pièce entre les
« mains des libraires, accompagnée d'un privilège obtenu par
« surprise. J'ai eu beau crier : O temps ! ô mœurs ! on m'a fait
« voir une nécessité pour moi d'être imprimé ou d'avoir un

« procès ; et le dernièr mal est encore pire que le premier. Il faut
« donc se laisser aller à la destinée, et consentir à une chose
« qu'on ne laisseroit pas de faire sans moi.

« Mon Dieu ! l'étrange embarras qu'un livre à mettre au jour,
« et qu'un auteur est neuf la première fois qu'on l'imprime !
« Encore si l'on m'avoit donné du temps, j'aurois pu mieux
« songer à moi, et j'aurois pris toutes les précautions que Mes-
« sieurs les auteurs, à présent mes confrères, ont coutume de
« prendre en semblables occasions. Outre quelque grand sei-
« gneur que j'aurois été prendre malgré lui pour protecteur de
« mon ouvrage et dont j'aurois tenté la libéralité par quelque
« épître dédicatoire, j'aurois tâché de faire une belle et docte pré-
« face; et je ne manque point de livres qui m'auroient fourni tout
« ce qu'on peut dire de savant sur la tragédie et la comédie, l'éty-
« mologie de toutes deux, leur origine, leur définition et le reste.

« J'aurois parlé aussi à mes amis, qui, pour la recommanda-
« tion de ma pièce, ne m'auroient pas refusé ou des vers françois
« ou des vers latins. J'en ai même qui m'auroient loué en grec ;
« et l'on n'ignore pas qu'une louange en grec est d'une merveil-
« leuse efficace à la tête d'un livre. Mais on me met au jour sans
« me donner le loisir de me reconnoître et je ne puis même
« obtenir la liberté de dire deux mots pour justifier mes inten-
« tions sur le sujet de cette comédie : j'aurois voulu faire voir
« qu'elle se tient partout dans les bornes de la satire honnête et
« permise ; que les plus excellentes choses sont sujettes à être
« copiées par de mauvais singes qui méritent d'être bernés ; que
« ces vicieuses imitations de ce qu'il y a de plus parfait ont été
« de tout temps la matière de la comédie, et que par la même
« raison les véritables savants et les vrais braves ne se sont point
« encore avisés de s'offenser du Docteur de la comédie et du
« Capitan, non plus que les juges, les princes et les rois de voir
« Trivelin ou quelque autre, sur le théâtre, faire ridiculement le
« juge, le prince ou le roi : aussi les véritables précieuses auraient
« tort de se piquer, lorsqu'on joue les ridicules, qui les imitent
« mal. Mais enfin, comme j'ai dit, on ne me laisse pas le temps
« de respirer, et M. de Luynes veut m'aller relier de ce pas : à la
« bonne heure, puisque Dieu l'a voulu. »

Or, lorsqu'il affirme ainsi que son intention n'est point d'attaquer les véritables précieuses, devons-nous le croire ? Est-ce
fausser le sens de sa pièce que d'en faire une satire même
contre les salons et les ruelles où fréquentait la brillante société
du moment ? Il affirme dans la préface des *Précieuses*, et il
revient avec insistance dans celle du *Tartuffe* sur cette idée que

rien n'est plus facile à fausser que l'intention d'un auteur :
« Et qu'est-ce que dans le monde on ne corrompt point tous les
« jours ? Il n'y a chose si innocente où les hommes ne puissent
« porter de crime ; point d'art si salutaire dont ils ne soient
« capables de renverser les intentions ; rien de si bon en soy
« qu'ils ne puissent tourner à de mauvais usages. »

Cherchons donc à définir le but avoué, et à découvrir la pensée
de Molière : c'est un point essentiel dans l'interprétation et
l'étude de sa comédie.

La controverse sur ce point date du xvii⁰ siècle même ; elle se
continue à travers le xviii⁰ siècle avec Voltaire, et, au xix⁰, elle prend
un lustre nouveau par l'œuvre d'un écrivain remarquable, Rœderer, qui, en 1835, publie chez Didot son *Mémoire pour servir à
l'histoire de la société polie*.

Cet ouvrage, tiré à un petit nombre d'exemplaires, n'a pas été
mis dans le commerce, ce qui a empêché plus d'un travailleur
d'y recourir. Pour Rœderer, la pièce de Molière ne visait nullement les véritables précieuses, l'hôtel de Rambouillet ni Mˡˡᵉ de
Scudéry, etc. Après Rœderer, Cousin reprend la même thèse.
(Cf. *la Société française au XVII⁰ siècle*, t. II, ch. xv.) De même
Livet, dans différentes études, se déclare absolument contre
toute généralisation et se refuse d'attribuer à la pièce une portée
générale. Ce n'est pas l'avis de Despois, qui ne distingue pas les
fausses précieuses des véritables. Vitu, lui, adopte une solution
intermédiaire.

En 1882, Brunetière, dans un article sur la société précieuse
au xvii⁰ siècle, paru dans la deuxième série des *Etudes critiques
sur l'histoire de la littérature française*, dit : « En réalité, les *Pré-
« cieuses* s'attaquaient à toutes les précieuses de Paris ou de la
« province, les illustres comme les ridicules, à fond et indistincte-
« ment. » Et, en 1897, dans l'*Histoire de la Littérature française* de
Petit de Julleville, au tome IV⁰, on lit : « C'est bien à la préciosité
« elle-même que s'attaquait Molière ». Ce jugement émane d'un
critique délicat, M. Bourciez.

Etudions à notre tour cette question, et, dans ce but, rendons-nous compte, d'après les recherches les plus récentes, de
ce qu'étaient les précieuses entre 1650 et 1660, du rôle qu'elles
jouèrent, des variétés qu'on peut distinguer parmi elles.

On possède pour cela des documents récemment publiés fort
utiles, par exemple ceux qui ont trait aux samedis de Mˡˡᵉ de Scudéry. Jusqu'ici, nous savions assez peu de chose des précieuses
provinciales : il existe, aujourd'hui, plusieurs bonnes études sur
ce sujet, notamment celle de M. Baldensperger. C. R.

La vie et les œuvres de Gœthe.

Cours de M. HENRI LICHTENBERGER

Professeur à l'Université de Paris.

Le second « Faust » (suite); évocation d'Hélène.

I. Motif traditionnel. — Ici, Gœthe rattache son drame à des motifs traditionnels de la légende.

Dans le *Faustbuch*, Faust évoque devant les étudiants la belle Hélène, pendant le carnaval. — Une autre fois, sur le désir de Charles-Quint, il évoque devant l'empereur, à Innsbruck, Alexandre le Grand et son épouse. A noter un trait dont Gœthe s'est peut-être souvenu : il empêche l'empereur de troubler l'évocation en rendant à Alexandre les honneurs qu'on rendrait à un vivant : « Der Keiser wolt auch uf stehn und jn (Alexandre) empfangen, aber Dr Faustus wolt jhm solches nicht gestatten. » — Dans le *Puppenspiel*, Faust apparaît comme magicien à la cour de Parme, et fait également des évocations.

Chez le poète anglais *Marlowe*, Faust évoque Alexandre et Darius devant Charles-Quint ; Alexandre tue Darius, et rencontre sa bien-aimée sur la tête de qui il pose sa couronne. — Charles-Quint veut embrasser Alexandre; mais Faust l'en empêche.

Un motif analogue se trouve également dans l'œuvre de *Hans Sachs* : « Historia : Ein wunderlich gesicht Keyser Maximiliani löblicher gedechnus von einem nigromanten. » (12 oct. 1564.) On y voit Hélène apparaître devant l'empereur Maximilien, puis Hector, et enfin l'impératrice morte, Marie de Bourgogne. Malgré les avertissements du magicien, Maximilien, enflammé de désir, veut saisir son épouse; mais, soudain, elle disparaît, au grand effroi de l'empereur, au milieu du tumulte et du fracas, dans un nuage de fumée :

Die schönen Königin Helena
her aus Lacedemonia
des Königs Menelai weib
die allerschönste Frau von leib,
die in Paris des Königs sun
von Troja hat entfüren tun etc...
Die Liebe tet sein (emper.) herz weg walten
und mocht sich lenger nit enthalten

fur auf mit herzlichem Verlangen
und wolt mit armen sie umfangen
und schrei gar laut : das ist die recht
von der mein herz all freud empficht.
In dem der Geist b... ....
mit eim greusch ausdem kreis verschwu..
mit eim dampf und lautem gebrü....
auch wurt vor dem Sal ein getü....
das der Keiser erschrak zu samt...

Enfin, dans le livre de *Hamilton*, *l'Enchanteur Faustus*,
Faust fait apparaître devant la reine Elisabeth Hélène, puis
Mariamne et Cléopâtre, enfin la belle Rosamunde. Cette dernière enchante tant la reine qu'elle veut la revoir ; elle est si
séduite qu'elle lui parle, mais aussitôt retentit un coup de
tonnerre, et Faust tombe à terre sans connaissance. Gœthe
connaissait la traduction de ce récit, faite par Mylius, qui avait
paru en 1778 dans Reichards, « Bibliothek der Romane », II.

II. GENÈSE DE LA SCÈNE : 1) *Première forme*. — Elle est constituée
par l'esquisse de 1816. Cf. *Paralipomena* n° 63 et 100, XV, II, 175
et 191.

L'empereur exige de Faust des apparitions ; on les lui promet.
Faust s'éloigne pour faire les préparatifs. A ce moment, Méphistophélès prend la figure de Faust pour entretenir dames et demoi-
selles. Il obtient aussitôt le plus vif succès : par un léger attou-
chement, il fait à l'une disparaître une verrue qu'elle avait à la
main ; par un coup un peu plus rude, cette fois, de son pied four-
chu qu'il déguise avec soin, il supprime un cor au pied d'une des
assistantes. Et une jeune fille blonde souffre qu'il lui passe ses
longs doigts maigres sur le visage, car son miroir lui montre
que ses taches de rousseur, qui la défigurent, disparaissent aussitôt. Le soir arrive. Un théâtre magique se bâtit de lui-même.
Bientôt la figure d'Hélène apparaît. Les remarques désobligeantes des dames présentes sur Hélène égayent une scène qui
donne le frisson (« diese fürchterliche Scene »). Pâris apparaît
alors et est, de son côté, assez malmené par les hommes. —
Faust, déguisé, survient et donne raison aux deux parties ; la
scène est « très plaisante ».

On ne tombe pas d'accord sur la troisième apparition. Les
esprits évoqués deviennent bientôt agités, et plusieurs esprits
illustres apparaissent en même temps ; des phénomènes étranges
se produisent. Finalement et théâtre et fantômes disparaissent en
même temps. Faust, le véritable Faust, éclairé par trois lampes,
apparaît inanimé et étendu sans connaissance au fond de la salle.
Méphistophélès n'a que le temps de disparaître, pas assez vite

cependant pour qu'on ne s'aperçoive pas de l'existence d'un double Faust. Il en résulte un malaise général.

La première scène de l'esquisse de 1816 (Méphistophélès à la cour sous les traits de Faust) est restée avec de légères modifications de détail dans l'exécution définitive, à cela près que Méphistophélès garde sa physionomie naturelle. La suite a subi de fortes modifications. — Lorsqu'on examine cette première esquisse, on se demande pourquoi c'est Faust lui-même qui se livre aux opérations magiques, et non Méphisto. Il semble bien, en effet, que l'évocation ait lieu par la magie ordinaire et non par cette magie supérieure dont Faust avait parlé à l'empereur. Dans l'esquisse, Faust ne descend pas chez les Mères ; donc Hélène doit être évoquée par la magie vulgaire, et l'on ne voit pas la raison de l'intervention de Faust. — D'autre part, la troisième apparition est peu motivée, et, enfin, on se demande pourquoi Faust tombe inanimé au milieu d'esprits affolés.

2) *Seconde forme*. — Elle est constituée par l'esquisse écrite en décembre 1826. Cf. *Paralipomena*, n° 123, XV, II, p. 200.

..Lors d'une grande fête qui se donne à la cour de l'empereur, Faust et Méphistophélès sont priés de faire apparaître des esprits. A contre-cœur, mais pressés par l'empereur, ils évoquent « die verlangten Idole von Helena und Pâris ». L'apparition de Pâris est admirée par les femmes et critiquée par les hommes. L'apparition d'Hélène produit les sentiments inverses. « Faust, enthousiasmé par cette vision de sublime Beauté, ose essayer de chasser Pâris qui se penche vers elle pour l'entourer de ses bras; un coup de tonnerre l'étend à terre, les apparitions s'évanouissent, la fête se termine dans le tumulte. »

Cette scène présente une grande simplification par rapport à la scène analogue de la première esquisse. La troisième évocation, inutile, a disparu. L'évanouissement de Faust, incompréhensible dans la version primitive, est très bien motivé : sa jalousie vis-à-vis de Pâris a troublé l'évocation. D'autre part, nous ne voyons encore aucune trace du motif des Mères.

3) *Forme définitive*. — On ne sait quand elle a été conçue ; mais elle a été exécutée fin 1829. Le 30 décembre 1829, la scène des Mères n'est pas encore terminée ; le 10 janvier 1830, Gœthe lit la scène à Eckermann. On sait comment est motivée la descente de Faust chez les Mères. Méphistophélès, qui n'a aucun pouvoir sur Hélène, la belle païenne, ne peut l'évoquer. Faust est donc obligé d'aller chercher chez les Mères le trépied merveilleux qui, seul, lui permettra d'évoquer l'héroïne. — Viennent ensuite les motifs déjà indiqués précédemment : l'évocation d'Hélène et de

Pâris, la jalousie de Faust, l'explosion qui met fin à cette fantasmagorie.

Une conversation de Gœthe avec Eckermann du 30 décembre 1829 nous renseigne sur la genèse et sur les intentions de la version définitive : « Maintenant que l'on a de l'argent à la cour impériale, on veut se divertir. L'empereur désire voir Pâris et Hélène; il veut même qu'ils lui apparaissent en personne, grâce aux artifices de la magie. Mais Méphistophélès n'ayant rien à faire avec l'antiquité grecque et ne possédant aucun pouvoir sur cette sorte de figures, cette tâche incombe à Faust, à qui elle réussit parfaitement du reste. Mais ce que Faust doit entreprendre pour rendre l'apparition possible n'est pas encore tout à fait terminé, et je vous le lirai la prochaine fois. Quant à l'apparition de Pâris et d'Hélène elle-même, vous l'entendrez aujourd'hui, » etc.

Le 10 janvier 1830, Gœthe fait à Eckermann la lecture des *Mères*. Nous lisons, à cette date, dans leur entretien : « Après avoir tout écouté, tout senti, bien des passages restaient pour moi énigmatiques, et je me sentis poussé à prier Gœthe de me donner quelques éclaircissements. Mais lui, selon son habitude, s'enveloppa de mystère, et, me regardant avec de grands yeux, me répète le vers : « Les Mères ! les Mères ! cela sonne d'une manière si étrange ! Tout ce que je puis vous confier, ajouta-t-il, c'est que j'ai trouvé chez Plutarque que, dans l'antiquité grecque, on parlait des *Mères* comme de divinités. C'est tout ce que je dois à la tradition, le reste est de mon invention. »

III. LA SCÈNE DES MÈRES. — L'empereur blasé désire voir Pâris et Hélène, le plus beau des hommes et la plus belle des femmes. Pour cela, des moyens magiques sont nécessaires. Or, Méphistophélès, peu désireux de se lancer dans cette aventure (le monde classique ne lui étant pas familier), cherche à échapper à Faust qui l'entraîne enfin dans une galerie sombre et le met en demeure de s'exécuter. Méphisto commence par refuser : « La race des païens ne me concerne pas ; elle habite son Enfer particulier. » Tout ce qu'il peut faire, c'est de fournir à Faust les moyens de chercher l'image de Pâris et d'Hélène :

M. A contre-cœur, je révèle les suprêmes mystères. — Des déesses trônent, formidables, dans la solitude ; autour d'elles, il n'est point de lieu, encore moins de temps ; pour parler d'elles, on ne saurait trouver de mots. Ce sont les Mères !

F. Les Mères !

M. Tu frémis ?

F. Les Mères ! les Mères ! cela sonne d'une manière étrange !

M. Etrange mystère, en effet. Déesses inconnues à vous autres mortels, par nous à regret nommées. Pour trouver leur demeure, plonge au plus profond des abîmes. C'est à toi la faute, si nous avons besoin d'elles.

F. Où s'ouvre le chemin ?

M. Point de chemin ! vers l'inexploré à jamais inexplorable, vers l'inobtenu à jamais inobtenable ! Es-tu prêt ? Point de serrures, point de verrous à repousser. Tu vogueras à travers les solitudes. As-tu l'idée du désert et de la solitude ?...

Et quand tu aurais passé à la nage l'Océan, et contemplé, là, l'immensité sans bornes, du moins là pouvais-tu voir, parmi l'épouvante de la mort, la vague succéder à la vague. Du moins pouvais-tu voir quelque chose ; voir, dans l'émeraude de la mer calme, bondir les dauphins ; voir les nuages qui passent ; voir le soleil, la lune et les étoiles. Mais, ici, tu ne verras rien dans le lointain éternellement vide ; le pas que tu fais, tu ne l'entendras point ; tu ne trouveras rien de solide là ou tu t'arrêteras.

F. Dans ce que tu appelles « Néant », j'espère trouver ce qui, pour moi, est « Tout ».

M. Je te félicite avant de me séparer de toi, et vois que tu connais bien le diable ; prends cette clef.

F. Cette petite chose ?

M. Commence par la prendre, avant de la dédaigner.

F. Elle grandit dans ma main, elle luit, elle jette des éclairs !

M. As-tu compris maintenant, ce qu'en elle on possède ? La clef saura découvrir la vraie place. Suis-la, elle te conduira chez les Mères !

— Méphistophélès lui donne alors des instructions précises...

M. Enfonce-toi donc dans l'abîme ! Je pourrais aussi bien dire : monte vers les hauteurs : c'est tout un. Quitte le monde créé pour fuir vers les espaces indéfinis des formes possibles ; goûte le spectacle de ce qui depuis longtemps n'est plus ; comme un fleuve de nuages serpente cette foule ; brandis la clef ; écarte-les de toi.

F. C'est bien ; je la saisis fortement et sens une vigueur nouvelle qui gonfle ma poitrine pour accomplir cette œuvre.

M. Un trépied ardent t'annoncera, enfin, que tu atteins le fond le plus reculé de l'abîme. A sa clarté, tu verras les Mères : les unes assises, les autres debout ou marchant, comme cela se trouve. Formation, transformation, voilà l'éternel entretien de

leur pensée éternelle. Autour d'elles planent les images de toute
créature ; elles ne te voient pas, car elles ne voient que des schè-
mes. Rassemble alors ton courage, car le danger est grand ; va
droit au trépied, touche-le avec ta clef.
— Faust, la clef en main, prend une attitude de commandement...
F. C'est bien ainsi ! Il viendra de lui-même; il te suivra comme
un docile serviteur ; sans t'émouvoir, tu remontes ; le bonheur te
soulève, et, avant qu'elles aient rien remarqué, tu es de retour
avec le trépied.

IV. *L'Evocation.* — Nous assistons ensuite à l'évocation d'Hélène. Faust est revenu du pays des Mères. Devant l'empereur et
la cour assemblée, il paraît, annoncé par un astrologue, sur la
scène qui a été dressée dans la salle des chevaliers ; en habits
de prêtre, il se présente au public, la tête couronnée, tenant le
trépied et la clef. Sur le trépied, il place une coupe remplie d'encens, et alors, aux sons d'une musique voluptueuse, se dégage
l'image du beau Pâris. Parmi les spectateurs, les femmes sont
enthousiasmées par le charme de cette éternelle jeunesse, qui les
remplit de désir et d'amoureuse langueur ; les hommes, au contraire, critiquent le héros, trouvent qu'on sent en lui le gardeur
de moutons, ou s'indignent du laisser-aller de ses poses noncha-
lantes. Pâris cependant s'endort. Alors apparaît Hélène dans tout
l'éclat de sa miraculeuse beauté ; elle s'approche de Pâris endormi, dépose un baiser sur ses lèvres, s'éloigne, se retourne
pour le regarder encore, s'abandonne enfin aux bras du jeune
homme qui va l'enlever. — Dans l'assistance, les hommes, maintenant enflammés à leur tour de désirs, célèbrent avec ardeur les
louanges de la belle Grecque; les femmes sont, au contraire, ani-
mées d'une haine et d'une envie terribles : elles proclament sa
tête trop petite, son pied trop lourd ; elles se révoltent contre ce
qu'elles appellent un impudent manège de coquetterie. Quant à
Faust, ébloui par le spectacle de cette divine beauté, envahi par
une passion toujours grandissante pour Hélène, il oublie son
propre rôle de magicien. En vain, Méphistophélès, du fond du
trou du souffleur, lui rappelle ce qu'il fait, qu'il a fait apparaître lui-même les esprits : Faust, ne désirant plus qu'une chose,
posséder Hélène, se précipite sur le fantôme merveilleux, le saisit ;
mais la vision se trouble pour finir dans une explosion. Faust
gît à terre, évanoui ; les esprits disparaissent dans la fumée.
V. *Origine et signification du motif des Mères.* — Où Gœthe a-
t-il pris l'idée de faire descendre le héros chez les Mères ? Et, tout

d'abord, où a-t-il pu trouver l'idée de ce motif des Mères? Gœthe lui-même, comme nous venons de le voir, disait à Eckermann avoir trouvé dans Plutarque que, chez les Grecs, les *Mères* étaient révérées comme des divinités. Dans une lettre à Riemer de décembre 1829 (Gräf, n° 1762), nous apprenons que Riemer et Gœthe, pendant la saison qu'ils passèrent ensemble à Karlsbad en 1811 et à Teplitz, lurent les écrits moraux de Plutarque dans la traduction de Kaltwasser. C'est probablement à ce moment que Gœthe aura fait connaissance avec les deux passages qui ont donné naissance au motif des *Mères*.

Le premier de ces deux passages se lit dans la *Vie de Marcellus*, au chapitre xxx. — Engyum, petite mais très antique ville de Sicile, est réputée pour l'apparition de déesses qui se nomment *Mères*. Elles y ont un temple, construit, croit-on, par les Crétois. — Nicias, ayant voulu gagner à la cause romaine la ville d'Engyum, favorable aux Carthaginois, est appréhendé comme traître, pour être livré aux mains des Carthaginois. Alors Nicias joue le rôle de possédé, déchire ses vêtements et s'écrie qu'il est poursuivi par les Mères ! La foule est saisie d'horreur à ce spectacle ; personne n'ose porter la main sur celui qui est désigné à la vengeance divine, et le traître peut s'échapper.

L'autre passage de Plutarque, qui a pu servir à la conception gœthéenne, se trouve au chapitre xxii du livre intitulé *Uber den Verfall der Orakel*. — Il y a, dit Plutarque, 183 mondes disposés en triangle ; on en compte 60 sur chaque côté du triangle et un à chaque extrémité. Le champ compris dans l'aire du triangle est la base commune à tous et se nomme le « champ de vérité ». « In demselben liegen die Gründe, Gestalten und Urbilder aller Dinge, die je existirt haben und noch existiren werden. Diese umgibt die Ewigkeit, won welcher die Zeit wie ein Ausfluss in die Welten hinübergeht. — Les âmes humaines, quand elles ont bien vécu, obtiennent, une fois tous les dix mille ans, de contempler ce spectacle, et les mystères les plus sacrés qui s'accomplissent et se célèbrent sur terre ne sont qu'un simple et pâle rêve de cette contemplation et de cette initiation. » (Traduction Kaltwasser, p. 285.)

Telles sont les sources du motif des Mères. Mais que signifie cette scène dans la pensée de Gœthe?

Les *Mères* ont, à coup sûr, beaucoup occupé les commentateurs. Eckermann découvrait en elles « le principe créateur d'où sort tout ce qui, sur la surface de la terre, a forme et existence ». Pour Riemer, elles sont les éléments d'où naît toute vie, spirituelle ou matérielle. On peut voir en elles les prototypes éter-

nels de toutes les choses (Düntzer), des créatures imaginaires
symbolisant l'origine inconnaissable des choses et plus spécialement l'origine de cet idéal éternel de Beauté, qui, pour l'artiste,
a plus de réalité que la réalité naturelle toujours imparfaite
(Schnetger) des divinités qui veillent sur le royaume des formes,
des puissances non point créatrices, mais surtout conservatrices
(Köstlin), les gardiennes du trésor des « types » éternels (Caro).
Le royaume des Mères est le royaume des idées (F. Horn), le
monde des idées platoniciennes (Rosenkranz, Kuno Fischer), le
royaume des formes pures tel que le définit Schiller (Kreyssig),
le lieu où subsistent les essences supérieures qui méritent d'être
conservées éternellement (Caro). — A travers la diversité des
formules auxquelles aboutissent les commentateurs, il est d'ailleurs aisé de voir qu'ils comprennent, à peu près de même, les
intentions de Gœthe. Il n'a point voulu que l'image d'Hélène, le
type éternel de la Beauté, fût évoquée par des procédés de vulgaire sorcellerie. Il a voulu qu'elle fût inaccessible à Méphisto ;
que Faust seul pût aller la chercher dans sa mystérieuse retraite,
— royaume de l'Être créateur, des Idées platoniciennes, des Formes pures ; — qu'il l'évoquât par un acte de magie supérieure,
par un effort de sa volonté, un élan d'enthousiasme ; qu'il l'aimât,
enfin, en vertu de cette attraction irrésistible qui pousse le moderne vers la Beauté classique. C'est là, à peu près, ce que
Gœthe a voulu exprimer à l'aide de ce symbole un peu énigma-
tique à coup sûr, mais, somme toute, assez clair et assez expressif
que lui avait suggéré la lecture de Plutarque.

Racine et le théâtre français.

Cours de M. AUGUSTIN GAZIER,

Professeur à l'Université de Paris.

Etude littéraire de « Britannicus ».

L'étude que nous poursuivons ensemble nous a mis en présence, en 1667 et en 1669, de deux tragédies admirables, *Andromaque* et *Britannicus*.

Nous ne nous sommes pas attardés à l'examen d'*Andromaque*, et je n'ai pas à m'en excuser ; car *Andromaque* est l'œuvre d'un poète encore jeune, et, par suite, elle contient des beautés de premier ordre mêlées à des défauts qui, d'ailleurs, ont le charme, la séduction et la grâce de la jeunesse.

Quant à *Britannicus*, c'est une pièce autrement forte. Racine, auteur de *Britannicus*, n'est plus un jeune homme. Il est âgé de trente ans ; et il y aurait impertinence à se contenter encore, cette fois, de lui décerner d'un ton protecteur un prix d'encouragement, comme l'avait fait Subligny à propos d'*Andromaque*. Racine, en 1669, est en possession de son admirable talent, et nous devons le juger en toute justice, avec impartialité.

Voltaire a appelé *Britannicus* « la pièce des connaisseurs ». — Boursault avait dit « connaisseux ». — Nous commencerons donc par nous demander ce qu'il faut entendre exactement par ce mot « les connaisseurs » ; nous chercherons ensuite à juger *Britannicus*, comme ont pu le faire les « connaisseurs » de 1669, Corneille seul dans sa loge, Boileau, et peut-être aussi, perdu dans la foule au fond de la salle, Molière.

Et d'abord, qu'est-ce qu'un « connaisseur » ? C'est celui qui, sans vanité, sans fatuité, peut porter sur les choses de la littérature un jugement éclairé et sincère, en disant avec confiance : « Je m'y *connais* ». C'est un homme de goût, capable de juger avec son cœur, — car le cœur a souvent ses raisons, que la réflexion ne peut comprendre ; — c'est aussi un homme instruit, capable d'expliquer ses sentences. Il ne dira jamais, comme le marquis ridicule de l'*Ecole des Femmes* : « La pièce est délestable,

morbleu !... parce qu'elle est détestable ! » Il saura toujours
donner les raisons déterminantes de son jugement. Et il n'est
point nécessaire, pour cela, que ce « connaisseur » soit du métier,
« du bâtiment », comme nous disons aujourd'hui : au contraire,
on ne juge que mieux si l'on n'est point intéressé à l'affaire. Les
gens du métier sont suspects ; ils sont enclins à la jalousie et à la
partialité ; ils connaissent trop les difficultés de l'art ; ils ont,
comme disait Pascal, des « pensées de derrière la tête » ; ils sont
aveuglés par les préventions. Se figure-t-on Ingres jugeant
Delacroix, ou l'auteur d'*Hernani* jugeant celui de *Britannicus* ?
Vous vous empressez, n'est-ce pas, de les récuser.

Si donc nous voulons savoir ce qu'est un véritable « connaisseur », adressons-nous à Dorante, de la *Critique de l'Ecole des
Femmes*. La bonne façon de juger, c'est, selon lui, « de se laisser
prendre aux choses, et de n'avoir ni *prévention aveugle*, ni *complaisance affectée*, ni *délicatesse ridicule* ». Dorante est un homme
plein de bon sens, car le bon sens est la source première du goût ;
mais c'est aussi un homme qui sait bien ce dont il parle ; il a
étudié en son particulier Aristote et Horace, mais sans admiration servile. Pour lui, les règles, ce sont « quelques observations
aisées que le bon sens a faites sur ce qui peut ôter le plaisir que
l'on prend à ces sortes de poèmes ; et le même bon sens qui a
fait autrefois ces observations les fait aisément tous les jours,
sans le secours d'Horace et d'Aristote ».

Ainsi les règles ont un caractère essentiellement négatif et
prohibitif. Elles disent, non pas : « Faites ceci ou cela », mais :
« Evitez ceci ou cela. » Et c'est ce que Boileau a très bien compris,
lorsqu'il a dit, au chant IV de l'*Art poétique* :

> Quelquefois, dans sa course, un esprit vigoureux,
> Trop resserré par l'art, sort des règles prescrites,
> Et de l'art même apprend à franchir *leurs* limites.

Boileau a dit « *leurs* limites », c'est-à-dire les limites des règles,
et non pas « *les* limites », ce qui voudrait dire les limites de l'art.
— On fait souvent cette faute en citant ce passage.

Donc, pour Boileau lui-même, les règles peuvent être fran-
chies.

Quel est donc leur rôle ? C'est de signaler les pentes dangereuses, les tournants brusques, les fondrières, si vous me permettez d'emprunter mes images à l'automobilisme. Le « connaisseur » n'ignore point ces règles ; mais ce ne sont point toujours
elles qui dictent son jugement.

Le « connaisseur », c'est, si vous voulez, « l'honnête homme »,
au sens du xviiᵉ siècle. C'est, comme on l'a défini, « un homme
instruit et qui sait vivre ». C'est un homme plein de bon sens, qui
ne parle ni de *protase* ni d'*épitase*, mais qui sait très bien qu'une
pièce doit avoir une exposition, un nœud et un dénouement. Et
ainsi de suite pour chacun des éléments qui entrent dans la composition d'une œuvre dramatique.

Voyons, maintenant, ce qu'un « connaisseur » peut exiger du
poète dans une tragédie comme celle que nous avons à juger.
Voltaire — grand « connaisseur » lorsqu'il oublie ses préventions — s'exprime ainsi dans ses *Commentaires sur Corneille*
(Remarques sur *Médée*) :

« Resserrer un événement illustre et intéressant dans l'espace
de deux ou trois heures ; ne faire paraître les personnages que
quand ils doivent venir ; ne laisser jamais le théâtre vide ; former
une intrigue aussi vraisemblable qu'attachante ; ne dire rien
d'inutile ; instruire l'esprit et remuer le cœur ; être toujours éloquent en vers, et de l'éloquence propre à chaque caractère ;
parler sa langue avec autant de pureté que dans la prose la plus
châtiée, sans que la contrainte de la rime paraisse gêner les
pensées ; ne se pas permettre un seul vers ou dur, ou obscur,
ou déclamateur : ce sont là les conditions qu'on exige aujourd'hui
d'une tragédie, pour qu'elle puisse passer à la postérité avec
l'approbation des *connaisseurs*, sans laquelle il n'y a jamais de
réputation véritable. »

Voilà, en quelques lignes, une merveilleuse condensation de
l'art de la tragédie. Mais quel programme effrayant ! Montesquieu
n'avait pas tort de dire qu'une bonne tragédie est un chef-d'œuvre
de l'esprit humain. Oui, certes, s'il est possible à un poète de
réaliser toutes ces conditions. Et ce n'est pas Montesquieu, c'est
Voltaire lui-même qui a proclamé *Britannicus* « la pièce des connaisseurs ». *Britannicus* répond donc d'une façon parfaite aux
idées de Voltaire sur la tragédie. Voyons si Voltaire, dans ce jugement, est d'accord avec lui-même.

« *Ut pictura poesis.* Il en est de la poésie comme de la peinture »,
nous l'avons souvent remarqué, et cela est surtout vrai de la
poésie dramatique.

Quand nous étudions un tableau, nous envisageons successivement trois choses différentes : la composition, le dessin, la
couleur. — La composition est un élément essentiel : si elle
pèche par quelque endroit, les plus brillantes qualités du dessin
et de la couleur sont sur nous sans effet. Voyez plutôt l'*En-
terrement à Ornans* de Courbet, qui est au musée du Louvre. —

Le dessin, pour reprendre le mot d'Ingres, c'est la probité de l'art : il n'est pas moins indispensable à l'artiste scrupuleux. — Sur la couleur, les opinions peuvent varier, et l'on conçoit très bien que la science de la couleur soit différente chez des artistes différents et d'ailleurs excellents.

Raisonnons de même pour la tragédie ; trois choses sont à considérer : la marche de l'action, la peinture des caractères, le style et la versification. Etudions *Britannicus* sous ces trois aspects.

Britannicus est une tragédie en cinq actes d'égale proportion, ou à peu près. La division par actes, vous le savez, a quelque chose d'artificiel : elle est surtout destinée à donner un peu de répit aux spectateurs et aussi aux acteurs. Mais il arrive souvent que cette division ne s'accorde pas très bien avec la division rationnelle de la pièce, qui doit comprendre une exposition, un nœud et un dénouement.

Dans *Britannicus*, Racine a consacré à l'exposition le tiers de la pièce : c'est dire que l'exposition se prolonge au delà du premier acte ; elle ne se termine qu'à la fin de la seconde scène du second acte. Pourquoi cette exposition est-elle si longue ? La raison en est simple : c'est que l'exposition doit présenter un énoncé aussi complet que possible du problème dramatique à résoudre.

Plaute et Térence faisaient cet énoncé dans un prologue spécialement destiné à cet usage, parce qu'ils avaient affaire à un public spécial, à des gens qui ne se faisaient point faute de planter là, en pleine représentation, poète et acteurs, pour aller contempler des montreurs d'ours ou des danseurs de corde installés dans le voisinage. L'auteur avait donc soin de leur donner d'avance un résumé de sa pièce, pour permettre aux déserteurs de bien se reconnaître et de suivre la représentation à leur retour.

Rien de pareil sur la scène française. Entre le poète et le public, il n'y a pas d'autre intermédiaire que les acteurs. Si la pièce est bien faite, l'exposition suffira pour donner au spectateur tous les renseignements dont il a besoin.

A ce titre, l'exposition de *Britannicus* est particulièrement admirable : c'est un modèle du genre.

Dès la première scène, nous voyons Agrippine veillant, à l'aube du jour, devant la porte de la chambre où Néron sommeille. Elle parle de Néron, de Britannicus, d'Octavie, de Burrhus. Nous apprenons que Néron cherche à secouer le joug de sa mère, à laquelle pourtant il doit l'empire ; que « Britannicus la gêne », et que Néron vient de faire enlever, au milieu de la nuit, Junie, que

Britannicus adore. Les scènes suivantes font défiler devant nous
Burrhus, Britannicus, Narcisse ; par eux nous sommes mis au
courant de bien des choses ; mais l'acte s'achève là-dessus, et il
nous manque encore certaines données indispensables. Narcisse,
gouverneur de Britannicus, est-il, oui ou non, son ami ? Néron
a-t-il vraiment, comme l'a dit la confidente de sa mère, Albine,
« toutes les vertus d'Auguste vieillissant » ? Les raisons politiques
suffisent-elles à expliquer l'enlèvement de Junie ? Nous ignorons
tout cela, lorsque s'ouvre le second acte.

Nous assistons, d'abord, à une sorte de conseil des ministres :
Néron, Burrhus, Narcisse sont en scène ; puis, Burrhus et les
gardes s'étant retirés, Néron et Narcisse se font de singulières
confidences. Alors, tout s'illumine à nos yeux : nous voyons d'une
part Néron et Narcisse, ourdissant leurs affreux complots ;
d'autre part, Agrippine et Britannicus se préparant à soutenir
la guerre intestine qui va éclater, et, entre les deux partis, la
pauvre Junie, qui a le malheur d'être aimée, d'être « idolâtrée »
par Néron. L'exposition est finie, lorsque Néron dit à Narcisse :

> Va retrouver ton maître et l'amener ici.

Aussitôt après, entrevue entre Néron et Junie, entre le vautour
et la colombe ; puis entrevue poignante de Britannicus et de
Junie, sous l'œil de Narcisse qui reste muet, et aussi sous l'œil de
Néron qui s'est caché pour voir sans être vu de Britannicus.
Néron reparaît, plein d'intentions terribles. Britannicus est en
danger. Quant à Agrippine, nous ne la voyons pas durant ce
second acte ; mais nous savons que son absence est très justifiée : elle agit de son côté, tandis que Néron agit sous nos yeux ;
et nous sommes certains qu'elle reparaîtra.

Au début du troisième acte, Néron se débarrasse de Burrhus,
qui l'engage à renoncer à son amour pour Junie. Agrippine
conspire ouvertement contre Néron : elle le déclare elle-même
à Burrhus. Survient Britannicus, qui, devant Narcisse, apprend à
Agrippine que la moitié du sénat est prête à soutenir leur cause.
Britannicus accuse ensuite de perfidie Junie, venue au-devant de
lui : celle-ci parvient à le convaincre de son erreur et à l'assurer
de son amour ; Britannicus, ému, se jette aux pieds de son amante.
Mais Néron arrive, le surprend dans cette attitude, le fait arrêter
ainsi que Junie et Agrippine, et Burrhus lui-même, « censeur
toujours prêt à contredire » Néron, se voit menacé.

Tout n'est pas fini. Au quatrième acte, Agrippine va pouvoir se défendre : elle se défend, en effet, dans une scène admirable, en accusant Néron d'ingratitude, et en déclarant que jamais elle n'a songé à faire Britannicus empereur. Les adversaires vont se réconcilier... Néron ne nous laisse pas le temps de le croire ; il avoue lui-même à Burrhus son « horrible dessein » :

> J'embrasse mon rival, mais c'est pour l'étouffer.

Les exhortations de Burrhus paraissent l'ébranler un moment. Mais Narcisse vient annoncer à Néron que Locuste a préparé un poison foudroyant : il ne reste plus qu'à agir ; Néron balance encore, puis sort, en disant :

> Viens, Narcisse ; allons voir ce que nous devons faire.

Ainsi finit ce quatrième acte, que les détracteurs de Racine se sont plu à condamner. Il est trop évident, disent-ils, que, dès ce moment, Britannicus est perdu : le poète ne tient pas l'intérêt suffisamment en suspens. Marmontel a même proposé d'intervertir les deux dernières scènes du quatrième acte, pour mieux laisser le spectateur dans l'incertitude, après les exhortations de Burrhus.

Prenons ces objections pour ce qu'elles valent : pour nous, n'essayons point de corriger Racine, et voyons ce qui se passe au dénouement.

Britannicus et Junie se retrouvent en liberté : Britannicus est radieux ; Junie, elle, est loin d'être optimiste, et ce banquet de réconciliation l'effraie. Agrippine, demeurée avec Junie, célèbre la victoire qu'elle vient de remporter sur Néron. Mais, tout à coup, Burrhus accourt, éperdu ; il ne dit, d'abord, qu'un seul mot :

> Madame, c'en est fait : Britannicus expire.

C'est le dénouement ; il le faut rapide. Le spectateur n'admettrait pas ici de longs discours et des développements pompeux. Racine, qui a consacré 525 vers à l'exposition, n'en accorde que 160 au dénouement. Après la mort de Britannicus, Agrippine maudit Néron : Junie se retire chez les Vestales, et Narcisse, qui a essayé d'arrêter la jeune fille, est massacré par le peuple. Néron se renferme dans un « silence farouche » ; Agrippine commence à craindre elle-même la fureur de son fils, et Burrhus, plein d'angoisse, s'écrie en terminant la pièce :

> Plût aux dieux que ce fût le dernier de ses crimes !

Avec un art parfait, Racine a substitué le récit de la mort de Britannicus au spectacle proprement dit.

Shakespeare, Schiller ou Hugo n'eussent point manqué de nous représenter sur le théâtre la scène même du festin tragique. Essayez vous-mêmes de reconstituer cette scène, et vous voyez ce qu'elle devient : le spectateur n'aura d'yeux que pour un seul personnage, Britannicus, qui va tomber mort au milieu des convulsions ; les autres seront fatalement réduits au rôle de figurants.

Racine, lui, commence par la fin. Il déclare d'abord, brutalement, que Britannicus est mort. Puis, quand l'émotion produite par cette horrible nouvelle est atténuée, il reprend les choses à l'origine et compose une suite de tableaux ; écoutez parler Burrhus :

> Ce dessein s'est conduit avec plus de mystère.
> A peine l'empereur a vu venir son frère,
> Il se lève, il l'embrasse, on se tait ; et soudain
> César prend le premier une coupe à la main :
> « Pour achever ce jour sous de meilleurs auspices,
> Ma main de cette coupe épanche les prémices,
> Dit-il. Dieux, que j'appelle à cette effusion,
> Venez favoriser notre réunion. »
> Par les mêmes serments Britannicus se lie.
> La coupe dans ses mains par Narcisse est remplie :
> Mais ses lèvres à peine en ont touché les bords,
> Le fer ne produit point de si puissants efforts,
> Madame, la lumière à ses yeux est ravie ;
> Il tombe sur son lit sans chaleur et sans vie.
> Jugez combien ce coup frappe tous les esprits :
> La moitié s'épouvante et sort avec des cris ;
> Mais ceux qui de la cour ont un plus long usage,
> Sur les yeux de César composent leur visage.
> Cependant, sur son lit, il demeure penché :
> D'aucun étonnement il ne paraît touché :
> « Ce mal dont vous craignez, dit-il, la violence,
> A souvent, sans péril, attaqué son enfance. »
> Narcisse veut, en vain, affecter quelque ennui,
> Et sa perfide joie éclate malgré lui.
> Pour moi, dût l'empereur punir ma hardiesse,
> D'une odieuse cour j'ai traversé la presse ;
> Et j'allais, accablé de cet assassinat,
> Pleurer Britannicus, César, et tout l'Etat.

Grâce à cette peinture fidèle, nous ne perdons pas un seul détail. Nous pouvons suivre sur le visage d'Agrippine le contre-coup des paroles de Burrhus, et l'attitude de chacun des personnages est vivement mise en lumière.

Dans la première édition de *Britannicus*, nous voyons une scène que Racine a supprimée dès la deuxième. édition, en 1676. Néron, après l'assassinat de Britannicus, cherchait à consoler Junie en lui débitant de véritables madrigaux. Vous trouverez cette scène dans la savante édition de M. Paul Mesnard. Racine a compris que cela était de trop, et il faut lui savoir gré d'avoir fait disparaître cette imperfection.

Cependant, malgré cette suppression, les « connaisseurs » estimèrent que le dénouement de *Britannicus* laissait à désirer. Ils eussent voulu voir la pièce finir plus tôt. Ils raillaient Racine d'avoir fait entrer Junie « au couvent ».

Reconnaissons que la malheureuse Junie a quelque peu embarrassé Racine au cinquième acte. Mais le poète, en somme, a fait pour le mieux, et son œuvre n'est ni déparée ni gâtée par la retraite de Junie chez les Vestales.

Quoi qu'en aient pu dire les détracteurs de Racine, les trois premiers actes de *Britannicus* sont écrits avec un art consommé ; la première partie du quatrième acte est encore très belle, quoique la deuxième prête à la critique ; quant au cinquième acte, ses légères imperfections ne sauraient faire oublier ses beautés de tout premier ordre.

Arrivons à l'étude des caractères. La peinture des caractères est, vous le savez, un élément essentiel dans une tragédie. Il y a des comédies d'intrigues et des comédies de caractères ; mais toutes les tragédies sont des tragédies de caractères. Si, selon l'étymologie du mot, peindre des caractères, c'est donner à chaque personnage des *marques* qui lui soient propres, Racine s'est montré particulièrement admirable comme peintre de caractères dans *Britannicus*.

Il a dignement rivalisé avec Tacite dans la composition de cette grave figure d'Agrippine, dont il a vigoureusement mis en relief les traits essentiels, l'égoïsme, l'ambition, l'absence de scrupules. C'est elle surtout que Racine s'est efforcé « d'exprimer » dans sa tragédie.

Néron, le « monstre naissant », est bien servi par Narcisse, type du vice et de la bassesse, que l'on peut rapprocher du personnage de Photin dans la *Mort de Pompée* de Corneille.

Burrhus, représentant de l'honnêteté et de la vertu dans une cour corrompue ; Britannicus, jeune, naïf, imprudent ; Junie, figure touchante de jeune fille mûrie par le malheur, sont les personnages sympathiques de la pièce.

Tous s'expriment avec le ton qui leur convient : ils parlent comme des princes, non comme des parvenus ; et jamais le parterre de rois devant lesquels cette pièce a été représentée n'a crié à l'invraisemblance.

Si donc nous pouvons faire quelques réserves sur la composition et sur l'intrigue de *Britannicus*, nous admirerons pleinement la peinture des caractères, qui est faite de main d'ouvrier.

Pour être justes, nous adresserons, si vous voulez, une seule critique, au personnage de Junie : comme Hermione dans *Andromaque*, on peut trouver que Junie dans *Britannicus* est bien seulette, bien abandonnée ; elle n'a ni mère ni gouvernante. Mais Racine en est-il responsable ? Le théâtre a horreur des mères en général, surtout lorsqu'il faut les mettre en scène à côté de leurs filles. Les mères sont gênantes : elles prêchent sans cesse la raison ; elles ne peuvent manquer d'ennuyer... à moins qu'elles ne soient une Cléopâtre ou une Philaminte. Je ne vois guère qu'une exception à cette observation : c'est le rôle de Mme Jourdain dans le *Bourgeois Gentilhomme*.

Quant à la forme, dans *Britannicus*, elle est racinienne ; c'est tout dire.

Nous aurons l'occasion d'étudier en détail le style et la versification de Racine à propos d'*Athalie*, que je prendrai pour exemple. Je n'insiste pas.

En résumé, *Britannicus* est bien la « pièce des connaisseurs ». C'est un véritable chef-d'œuvre, ce qui ne veut pas dire qu'elle soit une pièce parfaite. Il n'y a pas de pièces parfaites ; mais il y a des pièces voisines de la perfection, et c'est assez pour nous satisfaire.

Britannicus n'est pas indigne de figurer dans notre littérature à côté de l'*Avent* de Bossuet au Louvre, à côté de l'*Oraison funèbre d'Henriette de France*, du début de l'*Art poétique* de Boileau, des six premiers livres de *Fables* de La Fontaine, dont s'enrichit la langue française en 1669.

Racine eut toujours conscience de la valeur de sa pièce, et il a raison d'écrire dans sa deuxième préface de *Britannicus* :

« Voici celle de mes tragédies que je puis dire que j'ai le plus travaillée. Cependant j'avoue que le succès ne répondit pas d'abord à mes espérances : à peine elle parut sur le théâtre qu'il s'éleva quantité de critiques qui semblaient la devoir détruire. Je crus moi-même que sa destinée serait à l'avenir moins heureuse que celle de mes autres tragédies. Mais, enfin, il est arrivé de cette pièce ce qui arrivera toujours des ouvrages qui auront quelque bonté : les critiques se sont évanouies ; la pièce est demeurée. C'est, maintenant, celle des miennes que la cour et le public revoient le plus volontiers, et, si j'ai fait quelque chose de solide et qui mérite quelque louange, la plupart des *connaisseurs* demeurent d'accord que c'est ce même *Britannicus.* »

On conçoit les colères rentrées de Racine contre ses injustes rivaux, contre ses détracteurs envieux.

Et peut-être ce légitime ressentiment nous fera-t-il mieux comprendre le duel de *Bérénice*, dont nous aurons à nous occuper dans notre prochaine leçon.

A. C.

L'Église et l'État en France de 1789 à 1848.

Cours de M. G. DESDEVISES DU DEZERT,

Professeur à l'Université de Clermont-Ferrand.

Charles X et l'Eglise.

Les partis politiques sont un peu comme les voleurs : ils n'aiment pas qu'on leur demande leurs papiers, c'est-à-dire leurs programmes. Ils préfèrent se tenir dans le vague et dans le mystère; ils promettent le bonheur universel ; ils laissent entendre à qui veut bien les croire qu'ils ont retrouvé le secret de l'Age d'or, mais ils se dérobent quand on les presse de questions indiscrètes à ce sujet.

Le parti aristocratique et le parti prêtre de la Restauration ne connurent pas ces habiletés. Ils voulurent combattre bannières déployées et indiquèrent d'avance, avec l'enthousiasme le plus chevaleresque et la précision la plus téméraire, les positions qu'ils se proposaient de conquérir.

Chateaubriand avait dressé le programme politique du parti légitimiste. Le voici, tel que le général Foy le lut à la tribune de la Chambre des députés, le 1er juin 1820 :

« Une fois arrivés au gouvernement, les royalistes, au lieu de
« bâtir une démocratie, élèveraient une monarchie. Leur premier
« devoir, comme leur premier soin, serait de changer la loi des
« élections ; ils feraient en même temps retrancher de la loi sur
« le recrutement tout le titre VI (le titre de l'avancement); ils
« rétabliraient dans la loi sur la liberté de la presse le mot *religion*,
« qu'à leur honte éternelle de prétendus hommes d'État en ont
« banni ; ils aboliraient le système de centralisation, donneraient
« aux communes et à la Garde nationale la constitution la plus
« monarchique, rendraient aux Conseils généraux une puissance
« salutaire, et, créant partout des agrégations d'intérêts, ils les
« substitueraient à ces individualités trop favorables à l'établis-
« sement de la tyrannie ; en un mot, ils recomposeraient l'aristo-
« cratie, troisième pouvoir qui manque à nos institutions, et,
« dans cette vue, ils solliciteraient les substitutions en faveur de

« la pairie et chercheraient à arrêter par tous les moyens légaux
« cette division des propriétés qui, dans trente ans, en réalisant
« la loi agraire, nous fera tomber en démocratie forcée ; enfin, ils
« demanderaient aux Chambres, tant dans l'intérêt des acqué-
« reurs que dans celui des anciens propriétaires, une juste
« indemnité pour les familles qui ont perdu leurs biens dans
« la Révolution. »

Ce programme, très net et fort logique, fut accueilli du côté
droit de la Chambre par les exclamations les plus louangeuses :
« Il a raison ! Ce serait très bien ! Ce serait très juste ! C'est ce que
« nous voulons. » La gauche avait peine à contenir sa fureur :
« C'est l'ancien régime que vous voulez ! » criaient les libéraux
aux aristocrates.

Le programme du « parti prêtre » fut formulé, en 1823, par le
cardinal de Clermont-Tonnerre, archevêque de Toulouse, avec la
même intransigeance que celle dont avait fait preuve Chateaubriand. Il réclama, dans une lettre pastorale, une pleine indépendance pour les ministres de la religion, la restitution à l'Église des
actes de l'état civil, la libre convocation des synodes diocésains
et des conciles provinciaux, la suppression des Articles organiques, le rétablissement des juridictions ecclésiastiques et des
ordres religieux.

Le député royaliste de Bertier ajouta à ce programme l'octroi
d'une dotation territoriale à l'Église pour la rendre indépendante
de l'État.

Lamennais demanda énergiquement pour le clergé le monopole de l'enseignement ; Duplessis-Grenédan déniait à l'État le
droit, le pouvoir et la science d'enseigner, et répétait que l'enseignement n'appartenait qu'à l'Église. Il dénonçait à la Chambre
des députés les principes détestables de l'Université, son immoralité, son incurie, le désordre qui régnait dans tous ses services,
et concluait à sa suppression immédiate et radicale : « Il n'y a,
« disait-il, rien de bon à faire de cette institution ; tout est à
« détruire » (Juillet 1828.) Placé ainsi au-dessus des lois, propriétaire incommutable et maître de l'éducation de la jeunesse, le
clergé serait redevenu rapidement le premier ordre de l'État et
n'eût pas tardé, sans doute, à absorber l'État tout entier, si l'aristocratie restaurée l'eût laissé faire. C'est parce qu'il prévoyait une
opposition possible de la part de l'aristocratie qu'il tenait tant
à instruire les fils des grandes familles.

Les premiers actes de Charles X parurent lui présager un
triomphe prochain et complet.

En janvier 1825, le ministre Peyronnet déposa un projet de

30

loi destiné à punir les vols commis dans les églises et la profanation des vases sacrés et des hosties consacrées. Les peines portées
contre ces crimes sacrilèges étaient la reclusion, les travaux
forcés à perpétuité, la mort. Si la profanation de l'hostie consacrée était accomplie *volontairement et par mépris de la religion*,
le condamné était puni du supplice des parricides. Il était conduit à l'échafaud pieds nùs, la tête couverte d'un voile noir, et le
bourreau lui abattait le poing avant de le décapiter.

Cette loi était à la fois barbare et absurde ; barbare, parce
qu'elle étendait à un nouveau cas le seul vestige de l'antique torture qui fùt demeuré dans nos codes ; absurde, parce que le crime
qu'elle prétendait punir ne peut, par sa nature même, exister.
Il n'y a crime que là où existe l'intention criminelle. Or le profa-
nateur d'une hostie consacrée ne peut jamais, par définition, être
autre chose qu'un incroyant, pour lequel l'hostie n'est qu'un
fragment de pain azyme. Quel croyant, en effet, aurait jamais
l'idée de commettre un pareil crime de lèse-majesté divine ?
On se trouvait donc en présence de ce dilemme : ou l'homme
croit, et il ne profane pas ; ou il ne croit pas, et alors, s'il
profane, il n'y a de sa part qu'un outrage au culte et non un
sacrilège au sens vrai du mot.

Les débats furent longs et passionnés.

Les députés et les pairs cléricaux y firent preuve d'un fanatisme extraordinaire. De Bonald alla jusqu'à dire qu'après
tout, en tuant le coupable, la société *ne faisait que l'envoyer
devant son juge naturel* ; singulier raisonnement, qui, poussé
à l'extrême, aboutirait logiquement à punir de mort tous
les délits, par défiance de la justice humaine. Les pairs ecclésiastiques déclarèrent qu'ils ne croiraient pas avoir le droit
d'*appliquer* la loi, mais qu'ils se croyaient en droit de la *voter*.
A la Chambre, le député de Bertier déclara que la loi nouvelle
contre le déicide lui semblait encore trop douce. Le député
Duplessis-Grenédan protesta contre la tolérance, qui n'était
à ses yeux qu'un athéisme déguisé, et déclara que le catholicisme,
seule religion vraie, avait seul droit à la liberté.

On est heureux de rencontrer un orateur catholique qui se soit
opposé à ces fureurs. Royer-Collard s'éleva « contre un principe
« absurde, impie et sanguinaire, évoqué des ténèbres du Moyen
« Age, des monuments barbares de la persécution, faisant des-
« cendre la religion au rang des institutions humaines, armant
« l'ignorance et les passions du glaive terrible de l'autorité
« divine. » Il rendit aux idées religieuses l'hommage le plus éclatant qu'elles aient jamais reçu à la tribune française : « Ce sont

« les croyances religieuses, grandeur de l'homme, charme de la
« faiblesse et du malheur, recours invisible contre la tyrannie
« d'ici-bas, qui forment la plus noble partie de nous-mêmes.
« Reléguée à jamais aux choses de la terre, la loi humaine ne
« participe point aux croyances religieuses; elle ne les connaît ni
« ne les comprend ; au delà des intérêts de cette vie, elle est
« frappée d'ignorance et d'impuissance. Comme la religion n'est
« pas de ce monde, la loi humaine n'est pas du monde invisible...
« Les gouvernants sont-ils les successeurs des apôtres?... Ils n'ont
« pas reçu d'en haut la mission de déclarer ce qui est vrai en
« matière de religion et ce qui ne l'est pas... Si l'on met la religion
« dans la loi humaine, on nie toute religion... Si l'on met dans la
« religion la peine capitale, on nie la vie future. La loi proposée,
« qui fait l'un et l'autre, est donc à la fois athée et matérialiste.
« Elle ne croit pas à la vie future, cette loi qui anticipe l'Enfer et
« qui remplit sur la terre l'office des démons ! »

La loi fut votée à grand'peine par les pairs, mais réunit à la
Chambre une majorité de 115 voix. J'ai lu dans un cours d'histoire suivi dans les écoles ecclésiastiques « que les temps n'étaient
« malheureusement plus assez chrétiens pour en avoir permis
« l'application ».

La loi du sacrilège ne touchait qu'aux intérêts spirituels du
clergé. Une loi sur les congrégations religieuses de femmes permit
au roi de légaliser par simple ordonnance 1800 communautés
rétablies par tout le royaume. Ces communautés soignaient 14.000
malades, donnaient l'instruction secondaire à 10.000 élèves et
l'instruction primaire à 120.000 enfants. Ces services très réels
rendaient la mesure vraiment légitime ; mais les libéraux crai-
gnaient que les communautés d'hommes ne s'autorisassent bientôt de l'exemple des communautés de femmes pour demander
aussi leur reconnaissance par simple décret. L'opposition fit
remarquer que le droit d'autoriser une corporation religieuse
avait été considéré, de tout temps, comme un attribut du pouvoir
législatif, et le droit d'autoriser les communautés religieuses par
simple ordonnance royale fut restreint à celles qui existaient
déjà au 1er janvier 1825. Pour celles qui viendraient à se former
par la suite, elles ne pourraient obtenir la reconnaissance légale
qu'en vertu d'une loi.

Nous touchons, ici, un des points les plus faibles de la législation française, qui n'a jamais su se placer franchement sur le
terrain de la liberté.

La liberté nous paraît devoir rester, ici comme partout, le principe dominant et tutélaire. Des hommes ou des femmes, inspirés

de sentiments pieux ou charitables, ont incontestablement le
droit de se grouper, chacun de leur côté, en associations pour
prier en commun, pour enseigner, pour soigner les malades,
assister les pauvres et les infirmes.

Si on leur dénie ce droit d'association, ne sera-t-on pas bien
mal venu à le reconnaître aux partis sociaux ou politiques, aux
négociants, aux industriels, aux capitalistes ?

Peut-on soutenir qu'il sera loisible de se grouper et de s'associer en vue de la guerre des partis ou des classes, en vue de l'exploitation de telle ou telle source de richesse plus ou moins
hypothétique, en vue de la défense d'intérêts matériels plus ou
moins légitimes et recommandables, mais que l'association à fin
de piété ou de bienfaisance constituera, au contraire, un délit ?

Aucun esprit vraiment libéral n'admettra jamais une pareille
conclusion.

L'expérience nous apprend, d'autre part, que la multiplication exagérée des couvents emporte avec elle les inconvénients
les plus sérieux, et engendre les désordres les plus graves.

La liberté des associations religieuses est donc, comme toutes
les libertés, susceptible de limitations et sujette au contrôle, et
la loi, qui n'a point, à notre estime, le droit d'empêcher ces sortes
d'associations de se fonder, de vivre et d'agir dans les limites de
leur action légitime, est au contraire tout à fait dans son rôle, si
elle se borne à prévenir et à combattre les abus auxquels cette
action peut donner lieu.

La loi a, notamment, le droit de s'opposer à l'accaparement de
la propriété foncière par les institutions monastiques. Elle pourrait peut-être aller jusqu'à la leur interdire absolument.

Elle a encore le droit et le devoir étroit de surveiller et contrôler leur vie morale et matérielle. Elle doit empêcher que les supérieurs retiennent au couvent le moine ou la religieuse qui désirent rentrer dans le siècle ; empêcher que la discipline dégénère
en sévices et en tortures, soit contre les membres des congrégations, soit contre leurs élèves ; empêcher qu'on prêche à ceux-ci
la haine de la société et de l'Etat ; empêcher que la routine para-
lyse dans les hôpitaux l'autorité du médecin. La liberté des
congrégations ne peut s'étendre à l'emprisonnement arbitraire,
au rétablissement de la torture, à la conspiration contre l'autorité
publique, à la méconnaissance des lois de l'hygiène et de la médecine.

On n'a jamais su, en France, organiser sérieusement ce
contrôle ni protéger efficacement la liberté d'association, et la
thèse que nous soutenons ici est si peu populaire en ce pays que

les libéraux de 1825 n'auraient pas admis la liberté d'association, s'ils avaient été les maîtres, et que les cléricaux n'auraient
certainement pas reconnu à l'État le droit de surveillance qu'il
nous paraît indispensable de lui accorder.

Le 29 mai 1825 fut célébré, suivant l'antique rituel, en la splendide basilique de Reims, le sacre du dernier roi de France.
Charles X était bien vieux et bien laid pour une cérémonie qui
semblait requérir un beau jeune roi. Il y eut, comme dans toutes
les pompes humaines, des à-coups fâcheux, des détails comiques,
grotesques; dans l'ensemble, ce fut une noble fête, où la France
aurait pu se reconnaître si elle l'eût voulu. Au lieu de jurer
d'exterminer les hérétiques, Charles X avait juré « de gouverner
« conformément aux lois du royaume et à la charte constitu-
« tionnelle ». Il avait amnistié presque tous les condamnés politiques du dernier règne, donné le cordon bleu à six maréchaux
de l'Empire, visité avec intérêt une exposition de l'industrie
champenoise, et fait aux pauvres les abondantes charités dont il
était coutumier.

Mais, si le roi avait été personnellement raisonnable et gracieux,
beaucoup de ses amis se montraient fous et agressifs. Il semblait
que le sacre fût le triomphe du parti prêtre plutôt que celui de la
royauté. Les jésuites ne se donnaient plus la peine de se dissimuler sous un nom d'emprunt, ouvraient des collèges à Aix,
Billom, Bordeaux, Dôle, Forcalquier, Montmorillon, Saint-Acheul,
et Sainte-Anne-d'Auray (Debidour, p. 404). Leurs huit établissements avaient bientôt plus d'élèves que tous les collèges royaux
des provinces. L'archevêque de Rouen invitait ses curés à afficher
à la porte de leur église les noms des non-communiants et des
concubinaires, c'est-à-dire des personnes qui ne seraient mariées
qu'à la mairie. A chaque instant éclataient des affaires scandaleuses à propos des baptêmes, des mariages, des enterrements.
Beaucoup de prêtres refusaient de bénir les mariages mixtes entre
catholiques et protestants, ou exigeaient que les enfants à naître
fussent baptisés à l'église et élevés dans la religion catholique. Les
refus de sépulture ecclésiastique étaient fréquents et montraient
chez le clergé une persistance fâcheuse des vieux fanatismes qu'il
eût été sage d'oublier.

L'année 1825 avait été marquée à Rome par les cérémonies du
jubilé. Le successeur de Pie VII, le maladif et doux Léon XII,
avait voulu restaurer l'antique pèlerinage qui amenait jadis à
Rome, tous les vingt-cinq ans, les pèlerins du monde entier.
Malgré les timides observations des cardinaux, il avait ouvert, le
24 décembre 1824, la porte sainte de Saint-Pierre, restée close

depuis 1775, et, pendant plusieurs mois, des milliers d'étrangers
s'étaient pressés dans les rues étroites et dans les grandes basi-
liques de la ville pontificale (1). Les ressources extraordinaires
apportées au trésor du Saint-Siège avaient été suffisantes pour
permettre au pape de remettre à ses sujets le tiers de l'impôt
foncier.

A la demande de l'archevêque de Paris, la France obtint,
comme l'Espagne, l'autorisation de célébrer un jubilé particulier.
La bulle recommandait surtout au clergé « de combattre avec une
« ardeur nouvelle pour faire disparaître du milieu des fidèles les
« livres qui pervertissaient les mœurs et sapaient les fondements
« de la foi ». Mgr de Quélen, archevêque de Paris, en prit occasion
pour tonner dans un mandement « contre les doctrines pestilen-
« tielles, contre le poison des écrits pernicieux qui circulait dans
« toutes les veines du corps social, de manière à infecter plu-
« sieurs générations ». L'évêque de Strasbourg, Mgr Tharin,
dénonça au public « ces écrivains infâmes et pervers, ces jour-
« naux pleins de fiel et d'imposture, philosophes du mensonge,
« artisans de troubles et de révolutions, hypocrites effrontés,
« sacrilèges, pleins d'emportement, de violence et de rage, qui
« parlent quelquefois avec respect de la religion, qui même en
« avouaient la nécessité, mais chez lesquels on doit, à moins
« d'être stupide, reconnaître l'emploi des mêmes moyens que
« la Terreur (sic) pour arriver au même but, c'est-à-dire à la
« chute des trônes et à la mort des rois, à l'extinction de la
« noblesse et à la mort des nobles, à l'abolition du sacerdoce et
à la mort des prêtres ». Ce langage furieux valut au prélat l'honneur d'être choisi par le roi comme précepteur du jeune duc de
Bordeaux. (Sept. 1826.)

Lamennais publiait, à la même époque, son traité de la
Religion considérée dans ses rapports avec l'ordre politique et social
et y exposait en traits de flamme une politique si ultramontaine
qu'elle devait effrayer les prélats de France, les cardinaux romains
et le pape lui-même. Il ne voyait dans le gouvernement de
Charles X « qu'une république démocratique fondée sur
« l'athéisme », et, avec sa logique passionnée, il demandait que
l'on choisît entre Satan et Dieu, qu'on abolît franchement le
christianisme ou que l'État redevînt enfin chrétien.

Les missions prêchées dans tous les départements y portèrent
au comble l'enthousiasme fanatique des uns et la colère des
hommes restés attachés à la Révolution. Les missions eurent en

(1) Geoffroy de Grandmaison, *Le Jubilé de 1825*, Paris, 1902, in-12.

beaucoup d'endroits un très vif succès officiel ; ailleurs, elles
suscitèrent des polémiques très violentes. A Rouen, il y eut des
troubles, et la cavalerie dut charger la foule. Le jubilé ressembla
à une croisade contre l'esprit libéral, à une mobilisation générale
du parti prêtre. La France eut le sentiment très net qu'on cherchait à lui imposer une croyance et à restreindre ses libertés.
« L'armée, écrivait alors le général Sébastiani, est tourmentée
« par la délation et l'espionnage. Les aumôniers y exercent une
« influence turbulente et tracassière. Le soldat, asservi à toutes
« les pratiques religieuses, à des cérémonies trop nombreuses
« pour ne pas lui devenir importunes, murmure des nouveaux
« devoirs qu'on lui prescrit, et ne voit pas sans mécontentement
« prostituer les récompenses qui lui sont dues aux vains dehors
« d'une fausse piété. »

A Paris, la dévotion du roi fit du jubilé une série de manifestations cléricales, comme on n'en avait peut-être pas vu depuis
la Ligue. Il n'y eut pas moins de quatre processions solennelles, auxquelles assista le roi, en grand uniforme de lieutenant
général. La quatrième fut la plus magnifique et prit le
caractère d'une cérémonie expiatoire ; on la fit coïncider avec
la pose de la première pierre du monument de Louis XVI sur
la place Louis XV.

La procession partit de Notre-Dame et se rendit à la place
Louis XV, avec repos à Saint-Germain-l'Auxerrois et à l'As-
somption. Six mille hommes de troupes faisaient la haie sur le
parcours. Le parvis Notre-Dame était entièrement tendu de draperies bleues fleurdelisées, toutes les rues étaient tendues et
sablées. Un détachement de gendarmerie ouvrait la marche.
Derrière les gendarmes s'avançaient les élèves des séminaires en
surplis, le clergé de toutes les églises de Paris en chape, le chapitre de Notre-Dame, la châsse des reliques de Saint-Pierre et
Saint-Paul, l'archevêque de Paris, accompagné de ses grands
vicaires, les princesses de la famille royale et leurs dames d'honneur, le duc d'Angoulême et les officiers de sa maison, le roi et
ses grands-officiers encadrés par la compagnie des Cent-Suisses
et par les gardes du corps. Après le roi venaient les maréchaux,
150 officiers généraux, les pairs, les députés, la Cour de cassation
et la Cour des comptes, le Conseil royal de l'Université, la Cour
royale, les grandes administrations de l'État, de la ville de Paris
et du département de la Seine. Sur la place Louis-XV avait été
érigé un autel, abrité d'un dais de velours violet. « Une première
« salve d'artillerie, dit le *Moniteur*, annonça l'arrivée de la pro-
« cession ; son développement offrait alors le plus imposant

« tableau que l'on pût contempler. Cette vieille nation française,
« l'héritier de ses soixante rois en tête, marchait précédée des
« présents que Charlemagne fit à l'église de Paris et des con-
« quêtes religieuses que saint Louis rapporta des lieux saints.
« Les pontifes et les prêtres montent à l'autel. Trois fois de suite,
« ils élèvent vers le ciel le cri de pardon et de miséricorde. Tous
« les spectateurs tombent à genoux. Un silence profond, absolu,
« règne autour de l'autel et dans toute la place ; la même douleur
« accable le peuple et les grands ; les yeux du roi sont pleins de
« larmes. »

Le roi posa la première pierre du monument, et aux déto-
nations de l'artillerie, au chant des hymnes, la procession reprit
lentement le chemin de Notre-Dame.

Un curieux détail permet de voir combien le peuple de Paris
était loin de vibrer à l'unisson des fonctionnaires et de la cour.
Charles X avait revêtu pour la cérémonie un habit violet, couleur
de deuil pour les rois. Le peuple, qui avait oublié ce détail d'étiquette, se laissa persuader que le roi s'était fait évêque, avait
mérité ce nouveau grade par son dévouement à la Congrégation
et disait, chaque matin, la messe dans son oratoire.

Loin d'édifier la France, ces manifestations répétées l'indis-
posèrent. En s'affirmant si absolue, si turbulente, si tracassière,
si maussade, la domination du clergé choqua jusqu'aux royalistes
raisonnables et réveilla chez eux le vieil esprit d'indépendance de
l'Église gallicane.

Ce fut à partir de ce moment que l'opposition commença de
grandir et que l'esprit révolutionnaire se réveilla.

Ce fut un noble, très féru d'absolutisme, le comte de Montlosier,
qui prit l'initiative du mouvement.

Après avoir publié, en août 1825, deux lettres retentissantes
contre les jésuites dans le journal *Le Drapeau blanc*, il fit paraître,
au mois de février 1826, un ouvrage intitulé : *Mémoire à consulter
sur un système religieux et politique tendant à renverser la religion,
la société et le trône*. Il y attaquait ouvertement le parti prêtre au
nom de l'autorité royale, des libertés publiques, des mœurs et de
la religion.

L'ouvrage de Montlosier est très loin d'être un chef-d'œuvre de
méthode et de style. Il est très lourdement écrit et très pesam-
ment charpenté. L'auteur n'a pas pris le temps de se documenter
comme il aurait certainement pu le faire. Il lui échappe plus d'une
erreur et d'une contradiction. Cependant le livre est véhément,
intelligible et suggestif. Il se lit avec un intérêt soutenu ; il porte
la marque d'un esprit vigoureux et honnête ; il fait penser.

L'introduction pose le problème avec franchise et esprit :
« En même temps que la conspiration que j'ai à dénoncer est
« effrayante par ses progrès, elle est toute nouvelle par son
« caractère.. ; elle est ourdie par des hommes saints, au milieu
« des choses saintes... C'est la vertu que je vais accuser de crime;
« c'est la piété que je vais montrer nous menant à l'irréligion; c'est
« la fidélité que j'accuserai de nous conduire à la révolte...
« Ceux qui nous ont donné les congrégations, les jésuites, l'ultra-
« montanisme et la domination des prêtres ont imaginé, comme
« une chose merveilleuse, de commander pour ces inventions le
« même respect que pour la religion. Cette ineptie, exploitée
« avec beaucoup de talent, a obtenu ses fins : il en est résulté que,
« pour une grande partie de la France religieuse, la religion et
« les congrégations, la religion et les jésuites, la religion et l'ultra-
« montanisme, la religion et les refus de sépulture ont été une
« seule et même chose ; dès lors, ce qui restait d'impiété en France
« a conçu des espérances... »

Dans une première partie, intitulée *Faits*, Montlosier étudie la
Congrégation, dont il connaît assez mal l'organisation, mais dont
il ne laisse pas de bien concevoir l'esprit général. Il cite un mot
curieux de Louis XVIII, qui voyait surtout une arme dans la
Congrégation : « Les corporations de cette espèce sont excel-
« lentes pour abattre, incapables de créer. »

A côté de la Congrégation, il place les jésuites, pour lesquels
il a toute l'antipathie d'un monarchien du dix-huitième siècle.

L'ultramontanisme est la troisième plaie de l'Eglise. Son introduction en France date du Concordat de 1801. « Par l'article VI
« de cette transaction, le pape délie les évêques du serment de
« fidélité; par l'article VII, il en délie pareillement les ecclésias-
« tiques du second ordre; par l'article VIII, il en affranchit tous les
« Français. » Montlosier aperçoit parfaitement l'importance toute
nouvelle que le Concordat reconnaît au pape dans l'Eglise de
France. Il note également les débuts de la politique ultramontaine
après la chute de Bonaparte et ses rapides progrès grâce à la
complicité de l'épiscopat.

La superbe du pape a gagné les évêques, qui se mettent au-
dessus des lois, et par les évêques les simples prêtres, qui réclament aussi l'indépendance absolue du pouvoir civil. M. de Frayssinous reconnaît l'existence du sacerdoce et de l'empire et y voit
deux pouvoirs parallèles, chargés l'un et l'autre de gouverner les
hommes, l'un par les peines et les récompenses temporelles,
l'autre par les peines et les récompenses spirituelles. On devine
aisément lequel des deux pouvoirs lui paraît mériter la suprématie.

Dans la seconde partie de son livre, Montlosier traite des *dangers résultant des faits qui viennent d'être exposés*. Il voit très bien quels sont les points faibles de la monarchie : « Une Chambre « des pairs nouvellement et assez singulièrement composée ; « des corps judiciaires tout nouveaux, incertains partout de leur « sphère et de leurs attributions ; une noblesse qui voudrait « avoir un corps et qui n'est qu'une.ombre ; une classe moyenne « qui voit le monde entier dans le développement industriel ; « des institutions départementales et municipales sans organisa-« tion et, par conséquent, sans consistance. » Il montre quelle peut être, dans une société si nouvelle et encore si fragile, la puissance d'une association ambitieuse, religieuse dans son principe, et d'autant plus à redouter que son dessein paraît plus louable et plus conforme aux intérêts de la société, de la monarchie et de la religion.

Il signale les dangers du rétablissement de la Société de Jésus. Il rend hommage à la sagesse et aux vertus privées de ses membres ; mais il observe qu'ils sont dans toute l'ardeur de leur résurrection, et qu'après tout ils sont des jésuites, qui reproduisent l'ancien ordre, dont on connaît l'ancienne histoire et les anciennes traditions.

Il signale les dangers de l'ultramontanisme en termes extrêmement forts, qui sentent la rude franchise du montagnard :

« L'ultramontanisme révolte une grande partie de la France ? « Elle s'y fera. Un bon nombre de royalistes, bien dévoués, bien « ardents, bien bêtes, soutenus par un autre bon nombre de « royalistes pleins d'esprit, de vertus et d'absurdités, réunis sur « beaucoup de points, se partagent sur un seul : savoir s'il con-« vient d'ôter pleinement la couronne du roi de France pour la « donner au pape, ou s'il ne. faut pas les faire monter l'un et « l'autre sur le trône et les faire régner ensemble. »

Il signale avec la même verve les dangers résultant de l'esprit d'envahissement des prêtres : « Pour l'homme du monde emporté « vers les choses terrestres, le grand écueil, ce sont les faiblesses « de la chair ; pour le prêtre, qui a dompté la chair, la grande « tentation, c'est l'orgueil. » D'après le comte de Maistre, « la rage « de la domination est innée dans le cœur de l'homme. C'est là « le principe des deux sentiments de haine et de respect qu'on « porte diversement au prêtre, selon qu'on aperçoit en lui ce « zèle débonnaire et divin, suggestion de l'esprit de Dieu et qui « compose en lui un beau fanatisme d'amour, ou cet autre senti-« ment, suggestion de Satan, qui constitue en lui l'horrible fana-« tisme d'orgueil... Partout où le prêtre se présente avec l'esprit

« de charité qui compose son premier caractère, il trouve
« accueil et accès ; l'amour attire l'amour. Partout où il se pré-
« sente avec l'épée de Constantin ou avec le glaive de Pierre, il
« est repoussé. »

Montlosier montre l'orgueil sacerdotal s'imposant par la force
ou s'insinuant par l'habileté, gagnant le mari par la femme, les
parents par les enfants, le citoyen par le magistrat, le monarque
par le courtisan.

Il précise le but caché de toutes ces saintes entreprises :
« Employer la religion comme moyen politique et la politique
« comme moyen religieux ; faire obéir au roi par l'ordre de Dieu ;
« faire obéir à Dieu par l'ordre du roi ; avec l'autorité du roi
« étendre l'autorité des prêtres ; avec l'autorité des prêtres
« étendre l'autorité du roi. Ce système... a paru sublime. Je ne
« crois pas qu'il y ait, pour tous les hommes, et surtout pour le
« peuple français, rien de plus révoltant. Une obéissance spiri-
« tuelle imposée par une autorité laïque ; une combinaison d'au-
« torité spirituelle et temporelle pour arriver à une fin spirituelle,
« cet amalgame est, pour tous les hommes, antipathique ; ce n'est
« que par la terreur qu'on peut faire exécuter ce système poli-
« tico-sacerdotal. »

Montlosier dénonce, en patriote avisé, les dangers très réels,
très sérieux, que peut faire courir l'ultramontanisme à l'indépendance nationale.

« On connaît l'existence frêle et viagère des princes et des
« ministres... Comment pense-t-on qu'ils pourront lutter avec une
« puissance qui ne naît ni ne meurt... qui s'accroît sans cesse,
« qui dans ses relations embrasse le monde tout entier, qui,
« comme peuple particulier, a sa milice particulière, et avec cette
« milice un général et un souverain éloigné, avec lequel elle
« décide quand et comment elle doit obéir au souverain qui est
« auprès d'elle ? C'est une folie. »

La troisième partie de l'ouvrage présente le *plan de défense du
système et sa réfutation.*

L'auteur se demande si la société française peut s'accommoder
des institutions religieuses, telles que le système les entend. Il
reconnaît que la France est un État centralisé, et il voit dans cette
centralisation un fléau et une nécessité. Centralisée, la France
devient apoplectique et ingouvernable. Dieu le Père pourrait,
sans doute, la gouverner encore ; « mais, s'il n'avait qu'un ange
« à nous envoyer, cet ange pourrait se dispenser de quitter la
« demeure céleste : il ne ferait rien de nous ». La France s'est
aperçue, un jour, que les jésuites, dont elle avait oublié l'exis-

tence, étaient partout les maîtres chez elle, et se demande avec inquiétude si des moines sont bien qualifiés pour lui enseigner à faire la guerre, à cultiver les sciences et les arts, à fomenter son commerce et son industrie.

Le système congréganiste tend à altérer la religion au lieu de l'affermir ; Montlosier le prouve en critiquant vigoureusement le système des missions, auxquelles des arrière-pensées politiques donnent un air de tartuferie, et qui, par leur zèle indiscret, semblent menacer la liberté de conscience. Il proteste avec grande raison contre la morale sacerdotale, qui croit avoir tout fait quand elle a fait respecter les pratiques de la vie dévote, comme si l'assistance aux offices, les prières, les processions, l'abstinence et le jeûne pouvaient valoir la moindre vertu.

Le système congréganiste tend à altérer et à dégrader le sacerdoce, en lui inspirant le désir de se mêler aux choses du monde. Le prêtre est l'homme de Dieu ; il doit être doux et humble de cœur ; il ne doit penser qu'au royaume du ciel, et à prêcher la Bonne Nouvelle ; s'il veut se mêler aux choses de la terre, il s'avilit. « Vous voulez inspirer au peuple de France du respect pour « les prêtres. Au nom de Dieu, ne les mettez ni dans le monde ni « dans les affaires ! »

Le système congréganiste tend à altérer et à pervertir la morale. Il semble croire que, « pour ordonner un pays, il n'y a « qu'à y parler d'enfer et d'échafauds, de gendarmes et de prê- « tres ». Les prêtres se croient faits pour réformer les mœurs, et ils ont peu d'aptitude pour cette délicate besogne, qui exige du monde et des hommes une connaissance qu'ils n'ont point. Le sacerdoce est un ministère et ne doit pas se présenter comme une puissance ; la religion est un secours, et ne doit pas parler sur le ton de la menace. Elle ne doit pas vouloir occuper tout l'espace de la vie civile par ses rites, ses cérémonies et ses pratiques ; si elle condamne les arts et les lettres, elle se fera prendre en dédain et en haine.

Enfin le système congréganiste tend à renverser le trône et l'autorité royale en les rendant suspects à la nation. La France a beau voir le roi seul sur le trône, elle suppose toujours la coulisse pleine de prêtres tout prêts à lui dicter ses volontés. Si le roi voulait rétablir le gouvernement féodal, il n'est pas sûr que les Parisiens ne s'amusent pas beaucoup aux tournois, et que les dames n'adoptent pas les modes antiques, — si elles leur allaient bien, — mais jamais la France ne se pliera au gouvernement sacerdotal.

Et le danger qui pourrait se révéler, si on essayait de l'établir, paraît à Montlosier si grave et si pressant, qu'il étudie dans une quatrième partie les *moyens qui existent dans nos lois anciennes et dans nos lois nouvelles pour combattre le système et le réprimer.*

Le *Mémoire* de Montlosier répondait si bien aux préoccupations de tous, qu'on peut dire, sans exagération, qu'il fut comme le cri de l'opinion publique.

Lamennais lui répondit, tout aussitôt, par la seconde partie de sa *Religion considérée dans ses rapports avec l'ordre politique et civil*, où il pressait la papauté de condamner définitivement les quatre articles de 1682, principe et fondement des libertés gallicanes.

Le pape n'osa pas condamner les articles. Lamennais fut condamné par les tribunaux à une légère amende, et le ministère supprima à M. de Montlosier la pension dont il jouissait en récompense de ses services.

Mais, sentant l'opinion avec lui, Montlosier redoubla d'audace. Il adressa à la Cour royale de Paris une dénonciation en forme contre les jésuites, et demanda, comme citoyen intéressé à l'exécution des lois, que la loi leur fût appliquée comme à tous les autres Français. Quarante avocats du barreau parisien souscrivirent à ses conclusions.

La Cour royale se déclara incompétente, mais reconnut, en audience solennelle, toutes chambres réunies, que « l'état actuel de « la législation française s'opposait formellement au rétablisse- « ment de la Société dite de Jésus, sous quelque dénomination « qu'elle se présentât, que les arrêts et édits (qui condamnaient « la Société) étaient principalement fondés sur l'incompatibilité « reconnue entre les principes professés par cette Société et l'in- « dépendance de tous les gouvernements, principes bien plus « incompatibles encore avec la charte constitutionnelle qui « faisait le droit public des Français. »

Repoussé par la Cour de Paris, Montlosier s'adressa à la Chambre des pairs, et obtint d'elle, à la majorité de 113 voix sur 186, que sa pétition serait transmise au roi.

Charles X n'en fit aucun état ; mais la question des jésuites était posée devant la France et devenait la pierre de touche des partis.

C'est, désormais, la question dominante, le problème symbolique qui résume toutes les politiques.

Il s'agit de savoir si l'autorité nationale se reconnaîtra vassale de la puissance romaine, ou demeurera pleinement souveraine.

Il s'agit de savoir si les dogmes catholiques s'imposeront à toute la législation française, ou si cette législation continuera à vivre de sa vie indépendante.

Il s'agit de savoir si un Français aura le droit d'être protestant,
israélite ou libre penseur, ou s'il devra forcément être catholique;
— le droit de se marier devant le ministre, le rabbin ou le maire,
ou s'il devra nécessairement se marier devant le curé ; — le droit
de faire instruire ses enfants dans des écoles libérales, où s'il
sera contraint de les faire élever dans des écoles ecclésiastiques;
— le droit de lire le journal qui lui plaira le mieux, ou s'il sera
obligé de lire les seuls journaux agréés par la Congrégation ; —
le droit de parler et d'écrire suivant ses idées et ses principes,
ou seulement suivant les idées et les principes admis par les autorités catholiques ; — le droit, enfin, de reposer après sa mort autre
part que dans le terrain maudit réservé aux suicidés et aux sup-
pliciés, s'il n'a point appelé à son chevet un prêtre catholique.

La question, comme on le voit, était capitale, et il n'est pas
étonnant que la France se soit passionnée dans cette lutte. Le
maintien ou l'expulsion des jésuites n'était qu'un petit côté du
problème ; mais le mot avait toute la valeur symbolique d'un cri
de guerre. Quiconque était pour les jésuites était ultramontain
et partisan de la domination des prêtres. Quiconque était contre
les jésuites était pour la liberté.

Le parti prêtre avait pour lui le roi, presque tout le clergé, une
grande. partie de l'aristocratie et du peuple des campagnes...
peut-être la majorité de la nation, mais la moins agissante, la
moins pratique, la moins résolue.

Les libéraux avaient pour eux les clercs et les nobles gallicans,
la bourgeoisie et le peuple des villes ; tout ce qu'il y avait de plus
actif, de plus vivant, de plus politique dans la France.

La lutte dura quatre ans, sans que le roi ait jamais compris
qu'il jouait sa couronne, sans que le parti prêtre ait jamais senti
qu'il réclamait une suprématie injuste et inacceptable.

Charles X présenta aux Chambres, en 1827, un projet de loi sur
la presse tellement réactionnaire et draconien, qu'il dut le retirer
devant l'opposition de la Chambre des pairs.

Le roi, très froissé, attendit quelques mois sa vengeance, puis,
au mois de novembre 1827, nomma d'un seul coup soixante-seize
nouveaux pairs et prononça la dissolution de la Chambre des
députés.

Les électeurs envoyèrent au Palais-Bourbon une Chambre beaucoup plus libérale que la précédente ; et Charles X, la mort dans
l'âme, dut se séparer de M. de Villèle.

Le ministère Martignac (4 janvier 1828-8 août 1829) put inspirer
quelque espoir aux libéraux très naïfs; mais le roi ne s'était
séparé de M. de Villèle que malgré lui, et continua, pendant plu-

sieurs mois, à correspondre avec son ancien ministre. Quelques mesures légales ayant été prises contre les jésuites, soixante-treize évêques signèrent une protestation contre les ordonnances royales et déclarèrent ne pouvoir leur obéir. Une *Association pour la défense de la religion catholique* fut fondée pour donner une nouvelle impulsion à la politique ultramontaine. Le nouveau pape, Pie VIII, lança une encyclique contre la tolérance, la liberté des cultes, le mariage civil et l'enseignement laïque.

Enfin, le roi appela aux affaires un des hommes les plus bornés de sa cour et les plus inféodés au parti dévot, le prince Jules de Polignac.

L'avènement du cabinet Polignac fut salué par les cléricaux avec des applaudissements enthousiastes, qui mirent tout de suite en défiance le parti opposé.

La Chambre, convoquée le 2 mars 1830, déclara, quinze jours plus tard, à Charles X, par la mémorable adresse des 221, que le concours nécessaire entre les vues du gouvernement et les vœux de la nation n'existait plus. Le roi se plaignit qu'on eût méconnu « ses respectables intentions », prorogea la Chambre et en prononça bientôt la dissolution.

La France officielle, le pays légal, si restreint qu'il fût, réélut les 221 députés libéraux, et Charles X eut l'imprudence de briser, sans l'avoir même convoquée, la Chambre réélue par la France. Il prétendit supprimer la liberté de la presse, changer de sa propre autorité le système électoral. On comprit que la charte était violée, que l'absolutisme ressuscitait. Derrière l'absolutisme, on vit se dresser la tyrannie ultramontaine, et Paris se souleva. Après trois jours de combat (27, 28, 29 juillet), Marmont, vaincu et désespéré, abandonnait Paris. Le 31 juillet, le duc Louis-Philippe d'Orléans arrivait à Paris et embrassait La Fayette sur le balcon de l'hôtel de ville.

Le 9 août, il était proclamé roi des Français.

Le 16, Charles X s'embarquait à Cherbourg avec sa famille, et, en arrivant en Angleterre, disait aux officiers anglais qui venaient le saluer : « Voici, Messieurs, la récompense de mes efforts pour « rendre la France heureuse. Poussé à bout par les factions, « j'avais tenté un dernier moyen de rétablir dans le royaume « l'ordre et la tranquillité ; les passions ont été plus fortes : il « m'a fallu renoncer à la couronne en attendant de meilleurs jours « pour mon petit-fils. » (*Mémoires* de Dumont d'Urville.)

Le roi tombait, en réalité, victime d'une surprise et dépopularisé par sa politique religieuse. C'est le drapeau blanc, c'est la théocratie, que la France combattait et évinçait en sa personne.

La révolution de 1830 a été saluée par les contemporains avec un enthousiasme qui nous paraît, aujourd'hui, très exagéré. La France a été rejetée par elle dans la voie des révolutions et des violences. Peu s'en est fallu que la .révolution nous ait valu une guerre européenne, au moment où la nation, reconstituée par quinze ans de paix, remontait au rang de puissance de premier ordre.

Charles X et ses ministres ont eu tort de préparer cette révolution. Nous croyons fermement que la France a eu tort de la faire, C'est Chateaubriand qui avait raison en préférant Henri V à Louis-Philippe et en voyant, en lui, une « nécessité.de meilleur aloi ».

G. DESDEVISES DU DEZERT.

Le gérant : E. FROMANTIN.

POITIERS. — SOCIÉTÉ FRANÇAISE D'IMPRIMERIE ET DE LIBRAIRIE

REVUE HEBDOMADAIRE

DES

COURS ET CONFÉRENCES

DIRECTEUR : N. FILOZ

Poètes français du XIXᵉ siècle qui continuent la tradition du XVIIIᵉ

Cours de M. ÉMILE FAGUET,

Professeur à l'Université de Paris.

Charles Loyson.

Nous entrons, aujourd'hui, dans l'examen des œuvres du poète Charles Loyson, poète maintenant trop oublié, mais qui a joui, à son époque, d'une certaine célébrité. Loyson a été très discuté de son temps et même après sa mort : il a pris part à d'importantes polémiques politiques aussi bien que littéraires, et, à plus d'un titre, il a sa place marquée dans une étude de l'avènement du romantisme.

A vrai dire, il n'a pas grand'chose de commun avec le romantisme proprement dit ; mais, si nous suivons attentivement les avenues qui y conduisent, nous devons prendre garde à Charles Loyson. Puis ce poète se recommande encore à nous, parce qu'il est mort jeune, avant d'avoir pu donner toute la mesure de son réel talent.

Sainte-Beuve lui a consacré deux articles, l'un en 1840, dans la *Revue des Deux Mondes*, article recueilli dans le tome II des *Portraits contemporains*; l'autre, écrit en 1868, à l'occasion d'une édition des œuvres choisies de Loyson, et que vous trouverez à

31

la fin du tome II des *Nouveaux Lundis*. C'est le deuxième de ces articles qui est le plus significatif : le premier peut s'être présenté à l'esprit du critique en un moment d'oisiveté, au hasard d'une lecture ou d'une conversation ; le deuxième, évidemment réfléchi et voulu, a plus de poids et d'autorité.

Avant de vous retracer brièvement la biographie de Charles Loyson, je tiens à régler une petite question que je pourrais oublier en cours de route, et à laquelle Sainte-Beuve lui-même — avec raison — a consacré une note dans son second article.

Sainte-Beuve fait remarquer que Victor Hugo, dans le chapitre des *Misérables* qui est intitulé l'*Année 1817*, parle en ces termes de Charles Loyson : « L'opinion générale était que M. Charles Loyson serait le génie du siècle ; l'envie commençait à le mordre, signe de gloire, et l'on faisait sur lui ce vers :

> Même quand Loyson vole, on sent qu'il a des pattes. »

Sainte-Beuve ajoute : « M. Edmond Biré... n'a pas eu de peine à montrer (1) qu'en 1817 Loyson ne passait nullement pour un génie, et que le vers satirique qu'on lui lança ne fut décoché qu'un peu plus tard. J'avais toujours négligé, dans les deux articles que j'ai consacrés à Loyson, de rappeler cette mauvaise plaisanterie à laquelle son nom donna lieu. Je pense que ce qui est dû surtout aux mauvaises plaisanteries de ce genre, c'est d'être méprisées ou oubliées. Mais, puisque celle-ci est devenue décidément un objet de controverse, puisque c'est la première chose, et la seule, que cite plus d'un de nos beaux esprits du jour quand il s'agit de Loyson, force m'est bien d'en parler. C'est Delatouche qui en est l'auteur et qui trouva plaisant de parodier le vers de Lemierre (dans les *Fastes*, chant V, vers 40) :

> Même quand l'oiseau marche, on sent qu'il a des ailes.

La parodie parut, pour la première fois, dans les *Lettres normandes* (t. VIII, p. 238) sous ce titre : *Epigramme-quatrain sur un jeune doctrinaire qui fait de gros articles et de petits vers :*

> Au Pinde pourquoi voltiger,
> Lorsque toujours vous y rampâtes ?
> N'essayez plus d'être léger :
> Même quand l'oison vole, on sent qu'il a des pattes.

Voilà le vrai texte. La rime est mauvaise, le quatrain a des longueurs, et il n'est fait évidemment que pour amener le dernier

---

(1) Dans *Victor Hugo et la Restauration* (pages 251-255).

vers. La pointe finale est purement fortuite et due au hasard du nom ; elle porte à faux et n'atteint pas le faible du talent, car; si Loyson a un défaut, ce n'est pas la lourdeur, c'est la pâleur. » J'ai tenu à vous lire cette note de Sainte-Beuve ; car beaucoup d'entre vous ne connaissent peut-être Charles Loyson que par ce vers épigrammatique si injuste, et il est bon d'en laisser la paternité à son véritable auteur, ce Delatouche, qui a été une si mauvaise langue. Cela dit, nous arrivons à la biographie de notre poète.

Charles Loyson est né à Château-Gonthier, dans le département de la Mayenne, le 13 mars 1791, et il est mort à Paris, le 27 juin 1820. Il est l'oncle du célèbre Père Hyacinthe, né lui aussi Charles Loyson, et de Jules-Théodore-Paul Loyson, docteur en théologie et missionnaire apostolique, frère du Père Hyacinthe.

Charles Loyson fit ses études avec distinction au collège de Beaupréau, et montra dès lors un goût très vif pour la poésie. Il professa ensuite avec succès les humanités et la rhétorique dans plusieurs collèges des départements, puis obtint, en 1811, la faveur d'être admis à l'École normale, pour y compléter ses études. C'est là qu'il connut Victor Cousin, avec lequel il se lia étroitement. Nommé répétiteur à l'École normale, puis professeur au collège royal de Bourbon, Loyson, qui avait des opinions toutes monarchiques, entra peu après au *Journal des Débats*, où il se fit remarquer. Attaché à la direction de la librairie pendant la première Restauration, Loyson perdit sa place pendant les Cent-Jours. Au retour du roi, il fut nommé chef de bureau au ministère de la justice, et devint en même temps maître de conférences à l'École normale supérieure. Le 23 septembre 1815, il fit paraître une brochure contre le démembrement possible de la France par les alliés. Elle a pour titre : « *De la Conquête et du Démembrement d'une grande nation*, ou Lettre écrite par un grand d'Espagne à Bonaparte, au moment où celui-ci venait de faire arrêter Charles IV et Ferdinand VII dans les murs de Bayonne, où il les avait attirés sous prétexte de concilier leurs différends. »

En 1817, il obtint l'*accessit* du prix de poésie à l'Académie française, avec son poème sur le *Bonheur de l'Etude*. A ce concours avaient pris part Lebrun et Saintine, qui partagèrent le prix, et aussi Casimir Delavigne et Victor Hugo, bien jeune encore. Cette même année, Loyson publia un recueil de poésies dont le roi accepta la dédicace, et prit une part fort active à la rédaction d'une revue qui s'établit au mois de juillet, les *Archives philosophiques, politiques et littéraires*, revue qui parut pendant un an environ.

En 1818, il donna des articles politiques au *Spectateur*, et composa un ouvrage polémique qui obtint un brillant succès et trois éditions, sous le titre de « *Guerre à qui la cherche,* ou *Petites Lettres sur quelques-uns de nos grands écrivains, par un Ami de tout le monde, ennemi de tous les partis* ».

L'année suivante, Loyson publia encore quelques écrits politiques, et notamment une *Lettre à M. Benjamin Constant,* qui l'avait attaqué dans la *Minerve.* Il donna aussi un nouveau recueil de poésies, sous le titre d'*Epîtres et Elégies,* et, enfin, il contribua à la fondation d'un journal purement littéraire, le *Lycée français,* où il inséra de beaux vers et d'excellents morceaux de critique.

Atteint d'une maladie de poitrine, il sentit venir la mort et l'on remarque, dans ses derniers ouvrages, une teinte de mélancolie qui nous fait songer à Lamartine. La mort vint l'enlever prématurément aux lettres françaises en 1820, l'année même où paraissaient les *Premières Méditations.*

De 1810 à 1820, vous le voyez, Charles Loyson a fourni une carrière très considérable : ardent au travail, comprenant toute la gravité d'un mal qui ne pardonne guère, il semble avoir été impatient de dévorer, en quelque sorte, son règne d'un moment. Il avait donc à peu près tout publié, lorsque la mort l'emporta. En 1868, une édition de ses œuvres choisies fut donnée par les soins d'Émile Grimaud et du Révérend Père Hyacinthe ; elle contient tout ce qu'il est bon de connaître et de retenir de ce poète, qui aurait pu, s'il avait vécu, devenir un grand poète.

Charles Loyson avait pour amis des hommes considérables : Villemain, qui l'estimait beaucoup et qui fondait sur lui de grands espoirs ; Patin, qui était alors animé d'une véritable ardeur combattive, et qui a écrit sur Loyson une belle notice placée en tête des œuvres choisies ; Maine de Biran, ce très grand philosophe qui a été méconnu de presque tous ses contemporains, — sauf de Victor Cousin, — mais dont la gloire n'a fait que croître après sa mort, et que Loyson appréciait à sa juste valeur.

Charles Loyson est intéressant pour nous à un double titre, ou mieux parce que son caractère est double : d'abord, c'est un classique, un survivant du XVIIIe siècle qui se trouve un peu dépaysé au XIXe ; puis — et en même temps — il est si bien de son époque que nous saisissons en lui des infiltrations de l'esprit nouveau : il porte à son front des reflets parfois assez vifs des sentiments romantiques. Il a pu voir les premières pièces de Lamartine ; et voilà pourquoi il est intéressant de s'arrêter un instant à l'étude de ce poète de transition, qui pouvait dire, comme Ovide : *Vergilium vidi tantum.*

Toutefois, selon notre habitude, avant d'aborder l'examen des œuvres proprement poétiques de l'écrivain qui nous occupe, jetons un coup d'œil sur ses œuvres en prose, afin de nous rendre un compte exact de son tour d'esprit et de son talent en général.

Je trouve dans *Guerre à qui la cherche ou Petites Lettres sur quelques-uns de nos grands écrivains* (lettre IX), un admirable portrait de Benjamin Constant, d'une profonde observation et d'une parfaite justesse :

« M. Benjamin Constant est, assurément, l'écrivain politique le plus distingué que nous ayons aujourd'hui. Sa discussion est tout à la fois forte et subtile, profonde et claire, noble et populaire ; il a toujours à ses ordres unei ronie âpre et un sarcasme pénétrant. Nul n'excelle autant que lui à tirer parti à son avantage des opinions communes et raisonnables ; nul ne sait avec plus d'art conduire aux conséquences où il veut amener ses lecteurs, car toutes ses conséquences sont posées d'avance ; il sait ce qu'il veut, et ne craint pas de le faire entendre, alors même qu'il semble éviter de le dire. Les éloges que je pourrais donner à son style sont, sans doute, ceux qui le toucheraient le moins ; il est toutefois encore éminent sous ce rapport, et quoique sa diction ne soit pas entièrement exempte du goût que l'on appelle *réfugié*, elle a cette chaleur, cette force et cette originalité qui ne peuvent tomber en partage qu'à l'écrivain qui pense ses pensées et sent ses sentiments. » Cette phrase est très heureuse et très juste, et elle a l'avantage de reproduire assez exactement le tour et le mouvement de la phrase de Benjamin Constant lui-même.

Loyson ajoute : « Un écrivain de bonne foi et d'intentions sincères est grave dans les matières graves ; il s'occupe des choses plus que des hommes ; il aime à louer sans arrière-pensée ce qui est louable ; il blâme avec regret, mais sans faiblesse comme sans amertume, ce qui lui semble blâmable ; les demi-mots, les insinuations perfides, les phrases à double entente, ne sont point des armes à son usage ; où l'effet est bon, il ne cherche point à calomnier la cause, et, quand il approuve une action, ce n'est pas son affaire d'aller fouiller dans l'intention pour en tirer un motif qu'il puisse condamner. Telle n'est point la méthode de M. Benjamin Constant. Les hommes sans passion le trouveront trop habile investigateur du mal ; quelque peine qu'il ait à le découvrir, il lui en faut un peu partout, excepté dans son parti, où ses recherches seraient quelquefois moins laborieuses ; il loue rarement, sans que la censure sorte de dessous l'éloge et se substitue à sa place ;

rarement il caresse sans blesser, et alors on sent qu'il applaudit et qu'il rit d'un rire peu fait pour réjouir les âmes honnêtes ; en un mot, son jeu constant est d'élever pour abaisser, de flatter pour outrager, de se créer des idoles d'un moment pour avoir le plaisir de les briser et de les fouler aux pieds ; son pinceau ne commence que des figures agréables et ne finit que des monstres : *desinit in piscem mulier formosa superne.* Si, par hasard, M. Benjamin Constant avait sincèrement en vue la vérité et la raison, je le plaindrais d'avoir choisi précisément le ton le plus propre à nous persuader du contraire et à nuire à la cause qu'il voudrait servir.» — Vous le voyez, la page est écrite de main de maître : elle est d'un homme qui connaissait fort bien son Benjamin Constant, et elle valait la peine d'être citée.

Charles Loyson a vécu assez pour assister au triomphe des *Méditations* de Lamartine. A cette occasion, il écrivit dans le *Lycée français* un article d'une rare pénétration, où il porta en quelque sorte sur Lamartine le jugement de l'avenir, et où il fit preuve des meilleures qualités de critique.

Loyson déclare à ses lecteurs, en commençant, qu'il ne songe pas à leur présenter les *Méditations* comme un recueil sans défaut. « Le titre même, dit-il, n'est pas exempt d'une certaine affectation de singularité que je blâmerais volontiers. Pourquoi avertir ses lecteurs qu'on a médité? Est-ce donc là quelque chose de particulier, et faut-il déclarer expressément qu'on a rempli le premier devoir de quiconque se fait écrivain ? Discours, épîtres, odes, stances, élégies, tels sont les titres tout ordinaires que nos maîtres mettaient en tête de leurs ouvrages ; les vers étaient chargés de dire le reste. Ceux de l'auteur des *Méditations poétiques* me semblent assez dignes de cette tâche pour qu'il ne dût pas craindre de la leur laisser, et il a une originalité trop naturelle pour qu'on lui pardonne d'en chercher une d'emprunt. »

J'avoue que cette critique ne me paraît pas avoir grande valeur : ce n'est pas là-dessus que nous irons, aujourd'hui, chercher chicane à Lamartine. La suite de l'article est bien juste : « Cette légère affectation, poursuit Loyson, marque distinctive d'une école au-dessous de son talent, se montre trop souvent dans ses expressions, car ses pensées sont en général vraies et naïves. On peut aussi lui reprocher une négligence poussée jusqu'à l'excès dans les formes de la versification, et particulièrement dans l'assortiment des rimes, un grand nombre de termes impropres, des locutions incorrectes, des images dépourvues d'exactitude ou de précision, des imitations peu soigneuses de se déguiser, des morceaux où les idées paraissent avoir manqué à l'écrivain, enfin peut-être trop de ce vague qui plaît dans la poésie, dont il forme un de ses caractères essentiels, mais qui doit en être l'âme et non le corps, s'il m'est permis de parler ainsi. »

Cela est très exact. Loyson a très bien vu et très bien défini ce que l'on est en droit d'attendre du véritable poète : la poésie a pour sujet tout ce qui est vague, sans doute ; mais elle doit exprimer ce *vague* en *termes précis*. Comme Loyson le met très bien en lumière, le vague doit être « l'âme », et non « le corps ». Il faut avouer que Lamartine a excellé dans cette expression précise du vague ; lorsqu'il s'écrie :

> Objets inanimés, avez-vous donc une âme
> Qui... s'attache à notre âme et la force d'aimer?...

vous sentez tout ce que de pareils vers ont de lointain, de flottant et d'infini en quelque sorte, et, en même temps, de clarté et d'exactitude dans la forme. Ce sont de telles qualités qui font souvent — pas toujours, hélas ! — le mérite de Lamartine.

« C'est, en effet, là, poursuit Loyson, ce qui distingue proprement l'auteur de cet ouvrage : il est poète, voilà le principe de toutes ses qualités, et une excuse qui manque rarement à ses défauts. Il n'est point littérateur, il n'est point écrivain, il n'est point philosophe ; bien qu'il ait beaucoup de ce qu'il faut pour être tout cela ensemble, mais il est poète : *il dit ce qu'il éprouve, et l'inspire en le disant.* »

Jugement encore très exact. Le poète sent, il pense, et il a *le don de sympathie* dès qu'il nous parle. Et cela, c'était bien, en 1820, la nouveauté de la poésie de Lamartine. Pouvait-on dire de Chateaubriand qu'il avait le don de sympathie, que ses paroles allaient du cœur au cœur ? Non. Quand je lis Chateaubriand, je sens qu'il s'établit entre lui et moi un courant d'admiration, de crainte et d'agitation respectueuse, si vous voulez; mais je sais bien que je ne me donne point à lui, que je ne fais point un avec lui. Quand nous lisons Lamartine, au contraire, nous l'admirons à la fois et nous l'aimons; nous nous laissons invinciblement attirer, et le poète fait de nous, sans aucune contrainte, ses compagnons de douleur, de désespoir, d'espérance ou de mélancolie.

L'article de Loyson sur André Chénier ne manque pas non plus de pénétration : et Sainte-Beuve ne se trompait pas en reconnaissant dans Charles Loyson un écrivain de cœur et d'esprit.

Cependant Loyson, tout en admirant sincèrement ce poète mort jeune (comme s'il eût été assuré lui-même de sa mort prochaine), ne ménage pas les critiques à André Chénier. Il ne veut point chercher hors des *Elégies* et des *Idylles* ce que le talent

poétique d'André Chénier a « de beau, d'heureux et d'original,
ce qu'il y a de sage et de raisonnablement mis en pratique dans
les idées qu'il s'était faites sur le style, la composition et l'imitation des anciens ».

Ce jugement est un peu exclusif. Loyson oublie que les · *Iambes*
— (ils figuraient pourtant dans l'édition de Latouche) — constituent un des plus beaux chants lyriques qui soient sortis de lèvres
humaines ; il oublie que rares sont les poètes qui, comme Chénier
dans *Hermès* ou dans l'*Invention,* ont su composer des pièces admirables par le seul développement large et puissant d'une grande
idée.

Mais je sais gré à Loyson d'avoir blâmé le « pindarisme » de
Chénier dans l'*Ode sur le Serment du Jeu de paume,* et cela fait
honneur à la délicatesse de son goût.

Loyson adresse encore une critique intéressante à l'idylle intitulée *La Liberté* . il reproche aux écrivains de son temps — à
Chénier comme aux autres — d'avoir « un penchant invincible
à expliquer lorsqu'il faudrait peindre... Peu contents de nous
montrer les passions dans les actions et les discours qu'elles développent naturellement, il faut qu'ils en analysent les principes
et les ressorts secrets ; il faut qu'ils nous disent ou nous fassent
dire par leurs personnages ce que les choses seules auraient dû
nous dire. Le philosophe, par exemple, a remarqué que l'esclavage
rend dur, chagrin, insensible aux beautés de la nature, aux affections tendres et généreuses, méchant et haineux ; mais, si le poète
veut mettre en évidence cette vérité morale, il imaginera une
situation dans laquelle toutes les idées qui la composent se re-
produiront par des actions. L'esclave trahira le secret de son caractère et ne s'en doutera pas. Ainsi les anciens auraient traité
un pareil sujet. Chez nous, on aime mieux mettre en scène deux
bergers : l'un propriétaire de son troupeau, l'autre esclave. Le
maître demande au mercenaire s'il ne sent pas les charmes d'un
beau jour, les doux soins de l'amitié ; et celui-ci lui répond que ces
sentiments ne sont pas faits pour un homme comme lui. C'est le
résumé d'une idylle d'André Chénier qui a été fort vantée. Philo-
sophiquement, elle est vraie et plaît par ce côté ; poétiquement,
elle est fausse, et déplaît à ce titre. Il en résulte que la lecture
produit sur le goût un effet indécis et confus dont il est malaisé
de se rendre compte. J'en dirai autant d'une autre pièce, où des
détails charmants font une impression mêlée de peine et de plaisir, parce qu'ils sont mal présentés. La voici :

> Accours, jeune Chromis, je t'aime et je suis belle,
> Blanche comme Diane, et légère comme elle !

Comme elle grande et fière ; et les bergers, le soir,
Lorsque, les yeux baissés, je passe sans les voir,
Doutent si je ne suis qu'une simple mortelle,
Et, me suivant des yeux, disent : « Comme elle est belle !
Néère, ne va point te confier aux flots
De peur d'être déesse, et que les matelots
N'invoquent, au milieu de la tourmente amère,
La blanche Galatée et la blanche Néère. »

Que le poète nous raconte qu'une jeune fille modeste et simple passe à côté d'un berger les yeux baissés et sans le voir, rien de mieux, le poète a pu remarquer cette circonstance ; mais que cette jeune fille simple et modeste nous dise qu'elle passe les yeux baissés, sans voir les bergers qui la trouvent belle, cette vérité devient fausse dans sa bouche. Il me semble entendre la coquette du Palais de la Vérité faisant remarquer la jolie forme d'une jambe soigneusement découverte à son insu. Cependant le vers exprime parfaitement la chose prise en elle-même : supposez-le dans toute autre bouche, il devient délicieux. »

Vous le voyez, la critique de Loyson est assez fière et assez originale. Sans doute, on voudrait qu'il se laissât séduire davantage par la beauté de ces vers admirables comme un bas-relief antique, mais il faut avouer qu'il cherche leur point faible avec beaucoup d'ingéniosité.

Je voudrais, en terminant, vous donner une petite idée d'un opuscule de Loyson qui est tout à fait dans le goût du xviie siècle : c'est le *Voyage dans quelques départements de l'Ouest de la France* ; naturellement, cet ouvrage est mêlé de prose et de vers, et il imite, non sans grâce, le *Voyage en Limousin* de La Fontaine, ou, si vous voulez, celui de Chapelle et Bachaumont. Loyson suppose même, au début, que Chapelle en personne vient le haranguer : « Je ne vois pas trop, dit Chapelle à Loyson, ce que tu peux te promettre de ton invocation. Est-ce une pure formalité d'usage ? Figure surannée dont tu pouvais épargner les frais à ta Muse et l'ennui à tes amis. Aurais-tu par hasard la simplicité de croire aux inspirations ? Va, mon pauvre enfant, personne, ni vivant ni mort, ne peut inspirer ceux qui ne s'inspirent pas eux-mêmes, et, en notre particulier, mon compagnon ni moi nous ne nous occupons guère là-bas des rimeurs, qui, de temps immémorial, sont en possession de déraisonner sous notre invocation. D'ailleurs, ajouta-t-il en élevant la voix :

Nous avons de chez nous vu fuir la poésie :
Adieu l'éloquence et les vers !
Une nouvelle fantaisie
Règne aujourd'hui dans les Enfers.

N'avons-nous pas aussi nos affaires publiques,
    Nos libelles et nos journaux,
    Nos brochures périodiques,
    Nos magistrats, nos tribunaux,
Du sévère Pluton les actes despotiques,
    Et les sentences de Minos ?
    Quels amples sujets de critiques !
Le temps n'y suffit pas. Demoiselle Atropos
Parfois coupe son fil assez mal à propos,
Cerbère sans raison vient de mordre quelque ombre,
    Ou bien des coups de fouet légaux
Alecton s'est permis d'outrepasser le nombre ;
Il faut à ces gens-là qu'on dise un peu leur fait.
Moi-même en ce moment je médite un pamphlet
    Où je veux prouver que la Parque
    Brouille à dessein son peloton,
    Et me plaindre du vieux Caron,
Qui met à trop haut prix le passage en sa barque.

Tu vois bien que nous n'avons guère de loisir de reste pour
songer à faire des vers, ou à inspirer ceux qui en veulent faire.
Ne compte donc point sur nous, et tire-toi de presse comme tu
pourras. »

Vous le voyez, le morceau est agréable et tout à fait caractéristique de la poésie badine du xviii° siècle. Il pourrait être signé de
Voltaire ou d'un disciple de Voltaire. Il achève de vous faire connaître l'esprit ouvert et ingénieux de ce poète trop oublié qu'est
Charles Loyson.

Nous ferons plus ample connaissance avec son talent dans
notre prochaine leçon, en étudiant ses œuvres poétiques.

A. C.

La Morale.

Cours de M. VICTOR EGGER,

Professeur à l'Université de Paris.

Les idées de bien et de fin : le mal, les moyens ; la qualification morale.

Notre précédente leçon a été consacrée à démontrer que le bien et la fin ne sont qu'une seule et même idée, envisagée à deux points de vue différents : toute fin est un bien, tout bien est une fin. Après l'exposé de ces deux thèses, que je pense avoir établies définitivement, j'ai examiné les principales objections qui peuvent leur être opposées, et je crois les avoir réfutées. Une dernière difficulté se présente : il est de fait que le mal peut être une fin. En effet, il y a des méchants, et le méchant vise le mal ; le mal est pour lui une fin. Le méchant a été personnifié dans Satan, et, plus tard, d'une façon plus vivante, plus humaine, dans Don Juan. Ce sont là des personnages créés par l'imagination des hommes. Mais, en fait, ce type du méchant a été réalisé d'une façon moins parfaite plus d'une fois dans le cours des générations. Je citerai, à l'appui de cette thèse, un passage des mémoires du cardinal de Retz : Paul de Gondi, avant de prendre les ordres, fit une retraite à Saint-Lazare, alors maison religieuse. Voici ce qu'il dit à ce propos : « Je donnai à l'extérieur toutes les apparences ordinaires. L'occupation de mon intérieur fut une grande et profonde réflexion sur la manière que je devais prendre pour ma conduite... Je pris, après six jours de réflexion, le parti de *faire le mal par dessein*, ce qui est sans comparaison le plus criminel devant Dieu, mais ce qui est sans doute le plus sage devant le monde... Voilà la sainte disposition avec laquelle je sortis de Saint-Lazare. Elle ne fut pourtant pas de tout point mauvaise, car je pris une ferme résolution de remplir exactement tous les devoirs de ma profession, et d'être aussi homme de bien pour le salut des autres que je pourrais être *méchant* pour moi-même. » Et il exécuta cette seconde partie de sa résolution, aussitôt ordonné prêtre, par une prédication édifiante. Ainsi il travaillait au salut des autres en même temps qu'à sa propre damnation. Il était, il l'avoue, volontairement méchant.

Autre exemple : l'enfant méchant, l'enfant de quatre ou cinq ans qui a une crise de méchanceté : il veut le mal ; il veut souffrir et faire souffrir, être grondé, être frappé ; il se frappe lui-même, refuse les consolations et les apaisements qu'on lui offre. Si on le laisse tranquille, peu à peu il se calme et sa droiture naturelle revient assez vite.

Ce que tous les pères de famille ont pu observer chez les enfants se rencontre aussi chez les adultes. Il y a des égarés par accès, par crises, sous certaines influences plus ou moins durables. Pendant ces crises, ils se font mal à eux-mêmes et font mal à autrui, et cela très consciemment. Edgard Poë, qui avait de ces crises, les a nommées, dans un passage remarquable, du nom très exact de *perversité*. L'homme qui veut le mal est, en effet, perverti ; sa nature est comme renversée ; il vise l'antifin au lieu de la fin. Donc la tendance naturelle de l'âme peut momentanément se porter sur le contraire du bien. Le mal fascine, égare, attire, dans ce cas-là, les forces de l'âme.

Il ne faut, d'ailleurs, pas dire que ceux qui sont méchants se trompent, prenant le mal pour le bien ; non, ils font sciemment le mal pour le mal ; ils ne commettent pas une erreur ; il y a chez eux perversion, dépravation, déviation de la loi naturelle. Cette déviation est passagère dans l'individu, ou si elle dure, comme chez les don Juan, elle est individuelle.

La loi, la nature, c'est que le bien attire, suscite l'effort ; mais il est de fait que l'effort *peut* être attiré, suscité par le contraire du bien ; l'antifin peut être visée, prise pour fin ; le rapport légal, naturel, entre le bien et l'effort n'est pas absolument nécessaire ; quelque contingence s'y glisse ; vouloir le mal n'est pas impossible. La loi naturelle n'est donc pas absolue ; l'avenir est quelque peu ambigu. Nous sommes libres de choisir non seulement entre les biens, mais entre le bien et le mal. Nous pouvons vouloir le mal.

Remarquons bien, ici, que ce que je viens de dire du mal ne peut être dit du ni bien ni mal. Il n'a pas le pouvoir d'attraction du mal ; il n'émeut pas ; il ne provoque pas la tendance. Nous allons à ce qui est indifférent fatalement, par hasard ou conformément aux lois naturelles, non par nous-mêmes. Ou bien nous irons au ni bien ni mal en le considérant comme un moyen de bien ou comme un moyen de mal. C'est donc parce que le mal n'est pas indifférent qu'il peut provoquer ce mouvement anormal de l'âme, qui, normalement dirigée contre lui, est comme retournée, renversée, pervertie, lorsqu'elle se dirige vers lui.

Ainsi la loi naturelle de l'âme est, comme nous l'avons constaté, que l'effort va au bien et que le bien provoque l'effort en sa faveur. Mais l'effort est libre, ou paraît l'être, quand il obéit à cette loi, car il peut la violer. Est-ce là une objection contre la théorie que j'ai soutenue dans la dernière leçon ? Non ici est une sorte d'amendement à la loi. Le mouvement naturel de l'activité intérieure et essentielle de l'âme se porte vers le bien. Cette loi n'est pas nécessaire, et l'homme peut la violer. Dès lors, l'obligation se comprend mieux. La loi subsiste, car celui qui vise le mal comme tel le condamne en le visant et se condamne à titre de moyen du mal ; il se proclame mauvais et méchant, mais aussi *pervers*, c'est-à-dire hors de la loi. Mais il profite de la souplesse, de la contingence, de la liberté, qui sont en lui pour violer la loi de sa nature. Pour sa raison, la fin est toujours le bien. L'idée de fin et l'idée de bien restent associées.

Donc nous maintenons notre thèse ; mais nous constatons qu'il y a de la contingence au sein de la loi de la tendance. Cela nous conduit à des considérations nouvelles.

A la fin, qui est identique au bien, s'oppose l'antifin, qui est identique au mal ! Le contraire du bien est aussi le contraire de la fin, mais ce sont là des contraires et non des contradictoires. Je l'ai expliqué par le tableau des concepts moraux. Ce qui est contradictoire au bien, c'est le ni bien ni mal, qui n'est pas qualifié, qui est neutre, indifférent, qui n'est ni fin ni antifin ; c'est un simple fait, une rencontre, un accident, constaté, remarqué, mais qui nous laisse indifférents, et n'éveille de tendance ni pour lui ni contre lui ; tel un animal ni utile ni nuisible aux hommes, ni beau ni laid.

Je ferai, ici, une remarque qui servira de transition à ce qui va suivre. A l'égard du mal, l'attitude naturelle de la conscience n'est pas aussi simple qu'à l'égard du bien. Le bien attire, provoque l'effort, est visé. Quant au mal, une fois qu'on l'a vu, constaté, une fois qu'on a qualifié de *mal* la chose possible ou réelle aperçue dans le présent ou l'avenir, on peut : 1° s'en détourner, ne pas s'y associer, ne pas le favoriser en allant à lui, et ainsi ne pas l'accroître ; 2° aller à son contraire, et affaiblir ainsi l'importance de son domaine ; 3° aller vers lui pour le détruire, c'est-à-dire aller vers les moyens de sa destruction, de son anéantissement, vers ce qui fait obstacle au mal qui existe et qui devrait ne pas exister. Je prends un exemple très simple : à l'époque des élections politiques, un électeur estime que tel candidat est le candidat du mal. Il peut s'abstenir de voter pour lui, ou bien voter pour son concurrent, ou bien encore faire de la propagande contre lui.

Tout cela revient à un principe très simple : ce qui est bien doit être maintenu et accru ; c'est une fin pour l'effort de la con-science qui le voit ou le juge tel. De même, ce qui est mal doit n'être ni accru, ni maintenu ; c'est une antifin pour l'effort de la conscience qui le juge être un mal. C'est dire que son contradic-toire est bon par contraste ; que le non-mal, même s'il n'est pas un bien par lui-même, en lui-même, est un bien relatif, est un bien, dès lors que le mal a été aperçu et craint. Et réciproque-ment, si un bien a été aperçu présent, actuel, ou possible, à venir, sa destruction ou sa non-réalisation sera jugée un mal, surtout sa destruction. On aime le non-mal par haine du mal ; on déteste le non-bien par amour du bien. Puis tout non-mal est jugé bon par rapport au mal dont il est la négation ; tout non-bien est jugé mal par rapport au bien dont il est la négation. Par le contraste, l'indifférent n'est plus indifférent. C'est illogique, mais normal pour une conscience qui aime le bien, craint ou déteste le mal, c'est-à-dire est dans l'attitude normale vis-à-vis du bien et du mal, pour une conscience qui n'est pas indifférente, inactive, qui veut préalablement, essentiellement le bien, et proteste active-ment contre tout mal.

Ainsi, par le contraste, la finalité psychologique naturelle se trouve étendue aux dépens du ni bien ni mal. Les applications de ce phénomène sentimental et intellectuel sont très nombreuses.

Il y a un autre principe et un autre mode de cette extension, qui est d'une importance capitale. Le principe peut se formuler ainsi : la fin qualifie les moyens ; c'est le principe formel des déductions morales. A toute occasion, à tout propos, des faits indifférents en eux-mêmes sont déclarés bons à ce titre de moyens d'une fin et deviennent des fins provisoires.

Nous avons déjà employé cet axiome, quand nous avons dit que l'intelligence devait être considérée comme un bien, puisqu'elle est le moyen de juger du bien et du mal.

Ce principe ressemble à un principe souvent formulé : la fin justifie les moyens. Remarquons que je ne dis pas *justifie*, mais « *qualifie* les moyens indifférents ». Mais si, les moyens étant en eux-mêmes mauvais, la fin est excellente ? Il y a là un cas de conscience, un problème que nous ne traiterons pas aujourd'hui ; nous le retrouverons plus tard. Ainsi la fin qualifie les moyens, c'est-à-dire que les moyens indifférents sont qualifiés de bons du moment que la fin est bonne. Inversement, l'antifin disqualifie les moyens indifférents.

Grâce à ces deux principes, nous pouvons faire une série indé-finie de raisonnements déductifs, grâce auxquels le domaine de la morale absorbe peu à peu la région intermédiaire du ni bien ni

mal ; plus grande est la science, plus il y a de moyens ; pour
une pensée active, qui cherche à savoir de plus en plus, aucun
acte n'est indifférent : tout est fin ou antifin, bon ou mauvais. Et
la pensée elle-même est moralisée, justifiée par ce principe ; car
elle est le moyen de connaître et de trouver les moyens.

Donc il y a deux procédés par lesquels l'esprit et le sentiment
multiplient les biens et les maux autour de nous : l'envahissement
du ni bien ni mal se fait par le *reflet* du bien et du mal sur leurs
moyens et par le *contraste* du mal et du non-mal, du bien et du non-
bien. Mais ce travail de l'esprit, qui fait pulluler les biens et les
maux autour de nous, qui les fait, pour ainsi dire, sortir de terre,
suppose qu'il y a un premier bien et un premier mal qui ne sont
pas tels par reflet ou par contraste. Les biens et les maux indirects
voilent très souvent pour nous, dans l'exercice de la pensée pratique, le bien par soi, le mal par soi, mais les réclament. Ils les
voilent d'autant mieux que le bien par soi est le moins réalisé de
tous, puisqu'il est bien plus que tout, au suprême degré, qu'il est
la fin dernière, objet d'intention, et que l'intention de ce bien
elle-même est bonne comme moyen et risque ainsi de sembler le
suppléer. Mais une bonne conscience, noble, élevée, posera et
verra toujours le bien au delà et au-dessus des moyens, n'oubliera
pas la fin, qui est le bien véritable, et elle ne se prendra pas
elle-même pour fin.

. Il importe donc à la morale d'identifier le bien et la fin. On ne
comprend pleinement le bien que s'il est éclairé par son identifi-
cation avec la fin, et, en conséquence, fécondé par l'idée de
moyen. Toutes ces considérations sont indispensables pour poser
exactement l'idée du bien au début du système des idées morales.

*
* *

Abordons, maintenant, d'autres questions ; traitons : 1° de
l'idée du bien, du domaine auquel elle s'applique, de son extension ; 2° du rapport de l'idée du bien et de l'idée du droit,
droit étant pris dans le sens de devoir être ; 3° du passage du
devoir-être au devoir-faire, ou devoir au sens vulgaire.

A quoi s'applique l'idée du bien? J'aborde l'examen de cette
question, sans prétendre le terminer aujourd'hui. La qualification
morale est donnée aux choses ou aux faits par la conscience et
par rapport à elle. Mais qu'entendons-nous par une chose sinon
un groupe de faits qui sont toujours ensemble? Qu'est-ce que le
soleil, sinon une forme, une couleur, la lumière, la chaleur,
c'est-à-dire un certain groupe de phénomènes toujours réunis ?

Les choses sont des groupes de faits, et ce que l'on traite de bien ou de mal, ce sont des faits ou des phénomènes. Mais ce qui est qualifié de bien ou de mal, ce ne sont pas seulement les faits de la conscience, ce ne sont pas seulement les actes intentionnels.

Nous tenons à suivre sur ce point le sens commun, qui est notre critérium de la vérité morale; nous constatons ce qui est de sens commun, nous l'observons; il est notre objet d'étude et notre guide, par conséquent, pour nos conclusions personnelles.

Nous n'adopterons donc pas cette doctrine qui dit que la nature est indifférente au bien et au mal, et que, lorsque l'homme suit sa nature, il est indifférent au bien et au mal. La moralité, selon cette doctrine, est comme surnaturelle, ajoutée. Le bien et le mal ne sont ni dans la nature extérieure, ni dans notre nature psychique, en tant que celle-ci ressemble à la nature extérieure, en tant qu'elle consiste en phénomènes successifs régis par des lois. Mais quelque chose est en nous qui est bon, qui même est excellent : c'est la volonté, étrangère et supérieure aux phéno-mènes, à la succession, au temps, intemporelle. Par opposition au monde phénoménal, physique ou conscient, on l'appelle *noumène*. Liée par accident à une conscience phénoménale, tem-porelle, et par cet intermédiaire à un monde physique, elle est donc asservie. Elle est le bien ; ce monde n'est ni bon ni mauvais, mais par contraste n'est-il pas mauvais? Et aussi ne l'est-il pas parce que son union à la liberté met celle-ci en état d'esclavage? Mais elle peut s'employer à se libérer elle-même. Le bien terrestre, praticable, est la libération de la liberté ou son maintien ; le mal est son esclavage et son asservissement. La bonne volonté est la liberté qui se veut elle-même. La mauvaise volonté ou volonté dépravée est la volonté qui veut autre chose qu'elle-même.

Dans cette doctrine, la volonté n'est pas cause et moyen, mais fin et bien. Dès lors, tout le reste est indifférent en soi, mal par contraste et mal comme obstacle au bien, donc par reflet. Le devoir est donc de s'affranchir, de s'isoler, de ne pas vivre de la vie temporelle du monde, de se méfier des fins extérieures, appa-rentes, des tentations ; de vivre en soi, par soi, pour soi.

Mais le sens commun n'entend pas ainsi le bien et la volonté. D'une part, la volonté est pour lui une cause, donc un moyen, et non une fin. D'autre part, il qualifie de bien des choses extérieures: de bonnes récoltes, une bonne saison, un beau printemps. Il désapprouve, au contraire, un hiver rigoureux, la grêle, le tonnerre, la foudre, les épidémies. Tous ces phénomènes extérieurs sont qualifiés de bien ou de mal par rapport aux consciences qui en souffrent ou en jouissent; si ces jugements sont portés, c'est que ces phénomènes extérieurs sont causes de joie ou de souffrance ; nos volontés sont en dehors de tels jugements. Il y a aussi des jugements qui portent sur les volontés, sur les agents ; ils résultent de ce que ces agents sont des moyens pour la réalisation de ce qui par soi est bon. La personne n'a le droit de se qualifier de bonne qu'en tant qu'elle est le moyen de faire le bien. Or elle peut être le moyen de faire le mal, donc mauvaise. En attendant qu'elle ait agi, elle est indifférente, c'est à dire ni bonne ni mauvaise.

Ainsi la qualification morale s'applique aux phénomènes de la nature et aux phénomènes psychiques ; les qualifications relatives à la volonté sont ultérieures, et ne porteront sur elle qu'autant que ses efforts seront bons ou mauvais, ou pourront être considérés à l'avance comme devant être bons ou être mauvais.

Les classes industrielles et commerçántes en France aux XIV⁰ et XV⁰ siècles.

Cours de M. PFISTER,

Professeur à l'Université de Paris.

Procédés d'échange en usage au XIV⁰ siècle. — Causes économiques de la guerre de Cent Ans.

Nous avons vu, dans la dernière leçon, comment, durant la première moitié du xiv⁰ siècle, les procédés de commerce se perfectionnaient. Nous avons dit que la lettre de change se répandait : après avoir été un instrument de transport d'argent et de change véritable, puisqu'en général les monnaies touchées au loin n'étaient pas de même espèce que celles en usage au point de départ, elle était devenue un instrument de crédit. Nous devons signaler encore, comme procédé commercial, le système des compensations qui se pratiquait aux foires de Champagne.

A ces foires, lorsqu'on contractait une dette par achat de marchandises ou par emprunt, le débiteur donnait au créancier une lettre de change payable à la foire suivante (c'était le change de foire en foire), ou bien une lettre de change payable dans le pays d'origine des créanciers (change de retour ou rechange). Les lettres de change payables en une même foire par une même maison étaient mises ensemble, celles de telle autre maison étaient traitées de même ; si ces deux maisons étaient des relations réciproques de débit et de crédit, il s'établissait, entre les dettes et les créances, des compensations.

Ce n'est pas tout : à la fin de la foire, il y avait des compensations officielles et obligatoires, ce qu'on appelait la *generalis solutio*, le *pagamentum* ou paiement.

Supposons qu'un marchand doive à un autre, mais qu'il ait une créance sur un troisième ou sur un quatrième : il doit payer d'une part, recouvrer de l'autre ; les deux opérations se complètent. Il ne lui restera qu'un solde, c'est-à-dire la différence entre les opérations ; et ce solde, il le touchera en argent ou bien par une lettre de change payable à la foire prochaine ou par rechange. Ce système prouve à quel degré de perfectionnement en était arrivée la science du commerce. Cf. l'*Essai* d'Huvelin sur les *Courtiers des foires de Champagne*, dans les *Annales de droit commercial*, 1898, p. 376.

Nous devons aussi signaler, au xiv⁰ siècle, la formation d'associations commerciales, que nous trouvons, du reste, en Flandre dès le xiii⁰ siècle. Nous aurons à insister assez longuement sur ce point. Nous en trouvons en France dès le début du xiv⁰ siècle, dans le Midi surtout ; elles sont formées par les merciers grossiers, c'est-à-dire par les marchands de gros.

Ces merciers trafiquaient de toutes sortes de marchandises, depuis la coutellerie, la quincaillerie, jusqu'aux étoffes, draps ou soies; mais ils ne pouvaient vendre les couteaux et les ciseaux que par grosses de 12 douzaines, les épices en sacs, les étoffes et les toiles par balles entières, telles qu'elles arrivaient du pays de provenance. Les merciers grossiers essayèrent de se grouper, non plus par cités, mais bien par provinces ou diocèses. Ils rédigèrent des statuts, créèrent des confréries et eurent à leur tête un chef nommé le *roi des merciers*. Nous trouvons des associations semblables à Montpellier et dans le Languedoc. Une telle organisation reliait aussi entre eux tous les métiers de la Lorraine.

A la rigueur, on pourrait considérer ces associations comme des corporations plus étendues, mais présentant des caractères analogues. Pourtant, d'autres genres d'associations existaient encore au Moyen Age. Dans les *Coutumes du Beauvaisis* de Beaumanoir se trouve un chapitre intitulé *des Compagnies*, où l'auteur parle des compagnies qui se font par convenance, parmi lesquelles il range les sociétés en commandite. Nous trouvons, en effet, diverses formes de commande au Moyen Age : d'abord, la forme la plus simple, la commandite, qui se réalise par un simple dépôt ou prêt. On confie à un berger du bétail, qu'il doit faire reproduire et engraisser ; au lieu de le payer en argent, bailleur et preneur se partagent les profits du troupeau. Un marchand confie des marchandises à un colporteur qui se rend aux foires ou à un marin qui fait l'exportation ; les deux associés se partagent également les bénéfices.

Au lieu de marchandises, le commanditaire pouvait fournir de l'argent; au lieu d'un seul commanditaire, on pouvait en supposer plusieurs. Il se formait ainsi des sociétés de capitalistes pour une exploitation commerciale. Le fonds social était divisé en parts d'intérêts, analogues à nos actions, et les gains se partageaient en dividendes afférents à chaque action. Ces sociétés s'appelaient *communes*, ou, d'un nom italien, *colonna*.

Ces sociétés se formaient pour construire et équiper un navire ; elles commanditaient le patron du navire, qui leur assurait une part des bénéfices rapportés par les contrats de vente des marchandises transportées. Mais, en ce cas, le commandité seul reste responsable. Les tiers n'ont affaire qu'à lui.

Cependant, peu à peu, se dégage ce principe, que le commanditaire est responsable pour sa part d'action, mais d'une responsabilité limitée à cette part seule. Cette action peut aussi être vendue ; elle passe de main en main, et avec elle sont transmis les bénéfices et la part de responsabilité ; mais ces principes ne se dégageront que plus tard. Cf. : Saleilles, *Etudes sur l'histoire des sociétés en commandite*, dans les *Annales de droit commercial*, 1895.

Pendant longtemps, certains marchés et certaines ventes à terme furent interdits ; il fallait payer immédiatement le prix de la marchandise achetée. Nous voyons que les tanneurs de Troyes ne se conformèrent pas à cette prescription ; ils furent même poursuivis par le procureur du roi, et, après un débat assez long, il fut décidé que lesdits tanneurs pourraient acheter à tous marchands des lots de cuir « à créance et à terme ». Mais ils devaient fixer une échéance, et si, l'échéance venue, ils ne faisaient pas honneur à leur engagement, ils étaient condamnés par les quatre maîtres du métier à une amende de 10 sous tournois au profit du roi (Fagniez, p. 83, n° 32).

Nous constatons enfin qu'à ce début du xive siècle, les marchands inscrivent sur des livres leurs opérations commerciales ; et même ces livres de commerce doivent faire foi en justice jusqu'à concurrence d'une certaine somme. Nous avons conservé de cette époque un certain nombre de ces livres, qui ont été publiés et qui ont fait l'objet de commentaires. Il importe de les connaître.

En premier lieu, nous avons le livre de comptes des frères Bonis, marchands à Montauban, au quinzième siècle ; il se trouve aux archives de Tarn-et-Garonne, et a été publié par M. Edouard Forestié dans les *Archives historiques de la Gascogne*, à Auch, 1890, 1893 et 1894, 2 vol., chez Champion. Le registre (livre C) commence en 1339 et se continue jusqu'en 1369. Il faisait suite à deux autres livres, A et B, aujourd'hui perdus.

Les frères Bonis étaient des marchands en gros ; ils vendaient dans la rue de la Faurie les produits les plus divers, depuis les denrées agricoles jusqu'aux draps, aux épices, aux chaussures, aux armes et aux produits pharmaceutiques. Ils étaient encore marchands de poudre à canon et loueurs de chevaux ; ils étaient enfin entrepreneurs de pompes funèbres et louaient les différents objets nécessaires pour les funérailles.

Ce n'est pas tout : ils étaient banquiers et prêtaient de l'argent sur gages ou sur hypothèques ; ils prenaient à ferme les tailles communales et les dîmes ecclésiastiques. Leur livre de comptes est accompagné d'un livre de dépôts où ils inscrivaient les sommes confiées à leur banque et les comptes de successions qu'ils géraient. Toute cette comptabilité est très minutieuse. On y signale les ventes au comptant ou à crédit. C'est un document de tout premier ordre et une mine de renseignements précieux sur l'histoire du commerce au xivᵉ siècle.

Le livre des comptes des frères Boyssel, marchands à Saint-Antonin en Rouergue, a été découvert par le même érudit, Édouard Forestié, et publié dans le *Bulletin* de la Société archéologique de Tarn-et-Garonne, année 1892. Les Boyssel étaient aussi de grands marchands.

Le livre de comptes de Jacques Olivier, marchand béarnais, découvert à Narbonne par M. Alphonse Blanc, a été signalé en 1892 dans le *Bulletin* de la Société archéologique de Narbonne, et publié les années suivantes dans un appendice à ce bulletin, 2 vol., chez Picard, 1899. Les opérations indiquées sur ce livre vont de juillet 1391 à 1392.

J. Olivier fabrique des draps ; mais, bientôt, il se borne à acheter et à vendre des laines et des draps fabriqués à Narbonne et à Mazères. Il fait le commerce avec Alexandrie, Beyrouth, Damas et Rhodes ; il y envoie des draps et du miel, — le célèbre miel de Narbonne, — et il en reçoit des épices. Il a des correspondants à Montpellier, à Perpignan, à Barcelone ; il prête de l'argent ; il prend à ferme quelques-uns des impôts nouveaux ; il gère diverses successions. C'est, du reste, un des gros personnages de sa ville natale.

Les deux autres livres de comptes qu'on a retrouvés ont été rédigés en dehors de France, dans le royaume d'Arles ; mais ce royaume où l'on parle le français, se rattache bien à l'histoire du commerce français.

C'est, d'abord, le livre-journal de Ugo Teralh, qui est à la fois notaire et drapier à Forcalquier. Ce livre, édité par Paul Meyer dans les *Notices et Extraits des manuscrits* publiés par l'Académie des Inscriptions et belles-lettres (cf. 36, 1898), s'étend de 1330 à 1332. La première colonne indique le nom de l'acheteur, puis le montant de la dette et la désignation de la marchandise, ou indique la date de l'échéance (soit à l'entrée du carême, soit à la foire), le nom des cautions quand il y en a ; et, souvent, on trouve la date de la livraison et les acomptes versés. Parfois, au lieu de ces indications, qui sont de la main du négociant ou de son commis, Ugo Teralh rédige, sur son registre, une reconnaissance notariée. Il est notaire lui-même, et il authentique cette reconnaissance de son seing.

Dans le même royaume d'Arles, à Vesoul, dans la Franche-Comté, des juifs s'étaient associés et se livraient à des opérations de tous genres. Le chef de cette association était un certain Élie, de Vesoul. Les opérations dont nous avons conservé les comptes vont de 1300 à 1318 ; elles s'étendent à toute la Franche-Comté et même au delà, jusque dans les Vosges au nord et en Saône-et-Loire au sud. Nous trouvons inscrit le montant des prêts, en lettres hébraïques, et tout est en ordre.

Mais, en 1310, Philippe le Long expulsa les juifs, et l'édit fut appliqué à la Franche-Comté. Les biens d'Élie furent confisqués et donnés à la reine Jeanne. Les livres de commerce furent pris en même temps, et voilà pourquoi on les découvrit aux archives de la Côte-d'Or.

Nous avons ainsi, il nous semble, terminé l'étude de notre première période, celle qui précède la guerre de Cent Ans. Nous croyons avoir développé, en un ordre un peu différent, toutes les indications que donne M. Fagniez dans son introduction ; et cette introduction même peut servir de sommaire ou plutôt de memento à ce cours.

Nous avons vu les transformations qui se sont accomplies dans l'industrie et le commerce, de 1300 à 1340 environ. Malgré la politique oppressive de Philippe le Bel, cette industrie et ce commerce ont pris un grand essor ; et les historiens sont d'accord pour reconnaître que les années qui précédèrent la guerre de Cent Ans comptent parmi les plus heureuses que la France ait connues en sa longue histoire.

La population atteignait un chiffre élevé ; on peut l'évaluer, par des calculs plus ou moins ingénieux, à 20 ou 22 millions d'habitants ; et la France était beaucoup plus petite alors qu'aujourd'hui. La densité de la population devait être à peu près égale à celle de maintenant. Les grandes villes sont rares. Paris compte trois cent mille âmes, au plus ; Rouen, soixante-dix mille. Mais ce sont des exceptions : la majorité des villes ne dépasse pas dix mille habitants ; les villages sont plus peuplés que maintenant ; et, surtout, il y a beaucoup de groupes de maisons isolées, qui vont disparaître pendant la guerre de Cent Ans.

Les campagnes sont florissantes ; dans un grand nombre de contrées, toute trace de servitude a disparu ; le paysan est devenu libre. La culture est prospère et rémunératrice. Des villes neuves ou bastides se sont créées partout et ont fixé au sol la population nomade, toujours nombreuse au Moyen Age et souvent dangereuse. Dans les villes vit une bourgeoisie riche et qui aime le luxe.

Le luxe, en effet, se retrouve partout ; les vêtements son somptueux ; la soie et le velours voisinent, dans la garde-robe des bourgeois, à avec les draps fins de Flandre. La chemise, c'est-à-dire le vêtement de lin porté sur la peau, est devenue d'un usage courant, et bientôt le papier remplacera le parchemin si coûteux. Les maisons sont luxueuses et elles vont s'encombrer de bibelots, bahuts, hanaps, etc. L'art, qui, au xiii° siècle, exprimait les grandes aspirations de l'âme humaine et érigeait les belles cathédrales, satisfait maintenant les exigences du bien-être. La noblesse donne à tous l'exemple du luxe et de la dépense : elle aime les belles-lettres et les plaisirs, comme le roi chevalier qui vient de monter sur le trône. On ne saurait mieux conclure que ne le fait M. Fagniez, avec cette phrase de Froissard : « Le royaume était alors plein et dru, et les gens riches et puissants et de grand avoir. » — Consulter, à ce sujet, un chapitre curieux de l'*Histoire de Du Guesclin* par Siméon Luce.

***

Avec cette première période, celle de la guerre de Cent Ans forme un contraste absolu. Nous allons assister à la décadence profonde et de l'industrie et du commerce.

La lecture de certains livres est indispensable pour l'étude de cette période : ainsi, Pirenne, *Histoire de Belgique*, t. I, 1900, des origines au commencement du xiv° siècle ; t. II, 1903, jusqu'à la mort de Charles le Téméraire. L'ouvrage a été traduit en allemand dans la collection Heeren et Huchert. Il est de tout premier ordre pour la place qui y est faite au commerce et à l'industrie.

Funck-Brentano, *Philippe le Bel en Flandre*, thèse en Sorbonne, 1906. Dans la première partie un état de la Flandre assez intéressant, mais avec quelques erreurs.

Recueil de documents relatifs à l'industrie drapière en Flandre, publiés par Espinasse et Pirenne, Bruxelles, 1906.

Delpierre et Willems, *Collection des heures ou statuts de tous les métiers de Bruges*, Gand, 1862.

Huyttens, *Recherches sur les corporations gauloises*, in-8°.

La guerre de Cent Ans, qui va éclater a des origines multiples. C'est une guerre féodale, entre le roi de France et son vassal pour la Guyenne; c'est une guerre de succession : Edouard III, roi d'Angleterre, revendiquait les droits de sa mère Isabelle, fille de Philippe le Bel, au trône de France. Cependant la guerre a aussi des causes économiques, et ce sont des motifs économiques qui amenèrent l'alliance entre l'Angleterre et la Flandre. Voilà pourquoi il est nécessaire que, avant d'aller plus loin dans notre histoire industrielle et commerciale, nous exposions la situation économique de la Flandre au début du xive siècle. Cet exposé nous aidera à mieux comprendre la suite des faits et nous fera assister à l'évolution de l'industrie.

Nous avons signalé en France surtout de petites industries, le patron étant à la fois commerçant et fabricant; nous allons voir, en Flandre, une distinction nette entre les commerçants capitalistes et les industriels qui exécutent leurs commandes.

Le comté de Flandre faisait partie intégrante de la France ; le comte relevait directement du roi de France; une toute petite partie, la seigneurie d'Alost, le pays de Waës, les Quatre-Métiers, relevaient de l'Allemagne. La Flandre ne cessera d'être française qu'au traité de Cambrai, 1529. Elle s'étendait depuis l'Escaut au Nord et à l'Est jusqu'aux Neuf-Fossés et à la Lys au Sud.

Le pays, tout en étant français, avait une organisation industrielle assez différente de celle de France ; et M. Pirenne a pu écrire : « C'est l'industrie qui a donné à ces régions leur physionomie caractéristique et qui leur a assigné une place unique en Europe. Nulle part, pas même en Italie, ne se rencontrent sur un aussi petit espace autant de centres manufacturiers. » L'industrie principale de la Flandre est l'industrie drapière : on y fabrique des draps pour le monde entier. Philippe le Bel, bien qu'en guerre avec les Flamands, fut obligé de laisser passer toutes ces étoffes somptueuses dont la cour ne pouvait plus se priver. Ces draps vont aussi en Orient, depuis que le comte de Flandre est devenu empereur de Constantinople. Ils sont d'une variété surprenante : il y a des draps communs, blancs ou gris ; les brunettes, d'une belle couleur noire ; les tiretaines, draps rayés à couleurs changeantes. Chaque ville a ses produits, qui se reconnaissent à la longueur des pièces, à la marque de plomb qui y est appendue. A Ypres, on employait annuellement environ huit cent mille de ces marques. Le marché de Flandre était un marché mondial.

Ce n'est pas l'artisan qui peut vendre les draps qu'il fabrique ; aussi n'est-il qu'un simple salarié. Il s'organise en corporations ; mais il dépend d'une grande corporation, plus riche que les autres, celle des drapiers. Les ouvriers sont partagés en un grand nombre de spécialités. La laine doit d'abord être filée, puis tissée. Le drap est foulé, tendu et teint, d'où autant de groupes distincts d'artisans spécialistes.

Pour veiller à l'exécution des règlements, une série d'inspecteurs spéciaux sont nommés (rewards, espardeurs), non point par la corporation, mais par l'échevinage de la ville ou par la corporation des marchands. L'échevinage a intérêt à ce que la marque de la ville soit une garantie de bonne fabrique, et l'avantage des marchands est trop clair pour qu'il soit besoin d'y insister.

Tous les artisans, soumis à ces règlements minutieux, constituent une véritable classe de prolétaires ; car ils n'ont de travail qu'à la journée, et, s'il est interrompu, ils tombent dans la misère. Ils forment alors des bandes de sans-travail et parcourent le paysen mendiant. Les maîtres qui sont chefs d'atelier peuvent encore subsister ; mais leurs valets sont dans une situation misérable.

Il y a dans l'intérieur même de la corporation, des groupes ennemis : les petits maîtres et les valets ont des intérêts opposés ; chaque groupe de spécialistes jalouse l'autre.

Puis l'industrie drapière ne reste pas toujours aux mêmes endroits ; des déplacements se produisent. D'abord, elle était florissante en Artois; mais, bientôt, on ne fabriqua plus que de la tapisserie dans cette province. Après l'annexion de la Flandre par Philippe le Bel, l'industrie drapière se concentre de plus en plus au Nord, dans les trois centres d'Ypres, de Gand et de Bruges. Ces villes, sans être aussi importantes que le dit M. Funck Brentano, — qui parle de 200.000 habitants pour Ypres, — sont cependant très prospères. Ces trois villes arrivent, peu à peu, à constituer toute la Flandre ; elles règnent brutalement sur le plat pays et exigent des impôts. Elles vont même jusqu'à vouloir se réserver le monopole du tissage et de l'industrie des draps, et elles y réussirent dans une certaine mesure. Dès lors, on vit se développer toute une population de prolétaires dans ces cités toujours plus denses, où l'on ne vivait plus que de la fabrication des draps.

L'Église et l'État en France de 1789 à 1848

Cours de M. DESDEVISES DU DEZERT

Professeur à l'Université de Clermont-Ferrand.

L'Eglise et l'Université.

Le roi Louis-Philippe, trop sage pour être longtemps populaire en France, a été le plus libéral de nos souverains,
et, quoique l'Église ne lui ait jamais pardonné d'avoir accepté la
couronne, elle ne laissa pas de profiter largement de la complaisance du roi pour accroître sa puissance et développer ses
ressources.

Les sociétés catholiques prirent, sous la monarchie de Juillet,
une extension extraordinaire. MM. de Damas, de Vaublanc, Récamier et de Caumont fondèrent le *Cercle catholique*; Ozanam, la
Société de Saint-Vincent-de-Paul, qui fit bientôt sentir son action
charitable dans toute la France et dans une partie de l'Europe.
L'*Association pour la propagation de la foi*, fondée sous la
Restauration, comptait 7 ou 800.000 adhérents en 1840. L'*Institut
catholique* organisa des conférences dans les grandes églises de
Paris. Les *Amis de l'Enfance*, la *Société de Saint-François-Xavier*
s'adressèrent au public ouvrier. Les *Frères des Ecoles chrétiennes* virent leurs élèves passer de 87.000 à 175.000 en seize ans
(1830-1847). Les *Sœurs de Charité* comptèrent 6.000 religieuses.
Les Lazaristes eurent, en France, jusqu'à 400 établissements, dirigèrent des distilleries, ouvrirent une agence de remplacement
militaire.

A côté des congrégations autorisées, reparurent dans le
royaume une foule d'associations religieuses : trappistes, capucins, chartreux, bénédictins, dominicains, qui s'installèrent où
il leur plut de s'installer, comme en vertu d'un droit naturel et
imprescriptible.

Chassés par Martignac, ministre de Charles X, les jésuites rentrèrent en France sous Louis-Philippe, rouvrirent leurs maisons,
finirent par posséder une trentaine de collèges et de noviciats, et

trouvèrent un véritable protecteur dans le protestant Guizot. L'un de leurs membres les plus illustres, le P. de Ravignan, occupa avec un incomparable éclat la chaire de Notre-Dame.

L'Eglise s'enrichit chaque jour par des dons, des legs, des fondations pieuses. Dans la seule année 1840, elle acquit plus de 80.000 fr. de rentes. Les congrégations autorisées représentèrent bientôt une fortune de 100 millions. Les *Lazaristes* seuls possédaient 20 millions.

Il y eut, dans ce renouveau de la vie catholique, d'excellentes choses ; il y en eut de médiocres, il y en eut de pitoyables. A côté des grandes doctrines, dont nous parlerons prochainement, poussèrent, pullulèrent de pauvres dévotions parasitaires, dont l'Église eût fait très sagement de ne pas favoriser le développement. Un homme très pieux et très estimable nous dit, un jour, à ce sujet, que l'Église se doit à tous ; qu'il y a des intelligences si humbles, si indigentes, qu'elles ne peuvent comprendre la religion que sous sa forme la plus misérable, et qu'à l'aide de ces pratiques si puériles on arrive encore à faire filtrer dans les âmes simples un rayon de vie morale. Nous croyons sincèrement qu'il peut en être ainsi ; nous admettons l'excuse ; nous nous demandons cependant si une bonne vérité morale bien simple, bien impérative, ne ferait pas autant de bien que tous ces petits moyens, dont le moindre inconvénient est souvent de prêter à rire et qui, entre les mains de prêtres peu scrupuleux, peuvent donner lieu aux négoces les plus scandaleux. La religion a, selon nous, tout à perdre à voisiner avec la superstition.

La presse et les écrivains catholiques oublièrent trop souvent la charité fraternelle due au prochain et professèrent parfois de bien singulières théories. — Mgr Bouvier, évêque du Mans, enseigna qu'il était bon et sage de maintenir le peuple dans l'ignorance ; que l'esclavage était légitime ; qu'un prince légitime pouvait faire assassiner un usurpateur. — Le P. Humbert écrivait :
« Quand même un prêtre ne serait pas saint, et qu'il serait aussi
« indigne que Judas..... si vous touchez à son honneur, à ses
« droits légitimes, à son ministère ou à sa personne, Dieu est
« sensiblement offensé. » (*Instructions chrétiennes.*)

Nous avons pour la liberté un culte si passionné que nous ne pouvons refuser au clergé ni le droit d'étendre ses œuvres, ni le droit de recevoir les dons volontaires des fidèles, ni le droit d'exprimer ses opinions, si violentes ou si niaises qu'elles puissent paraître, ni même le droit de vendre des chapelets brigittés ; mais nous estimons que ce fut un grand bonheur pour la France de ne pas tomber sous sa domination exclusive et absolue, et nous sentons quelque fierté à penser que l'Université fut la seule puissance morale qni ait été capable de lutter contre lui.

L'Université française, entrevue par les humanistes de la Renaissance, par les magistrats philosophes du dix-huitième siècle et par la Convention, a été créée en 1806 par Napoléon, comme un « corps chargé exclusivement de l'enseignement et de l'éduca-« tion publique dans tout l'empire ». L'empereur a créé à son profit un monopole injuste, qui n'a point duré, qu'aucun universitaire libéral ne voudrait voir rétabli ; mais il lui a donné une constitution simple et forte, qui en a fait, depuis un siècle, un des organismes les plus actifs de la vie nationale.

Napoléon mit à la tête de l'Université un grand maître, assisté d'un conseil de l'Université. Il divisa l'empire en académies, régies par un recteur, assisté d'inspecteurs d'académie et d'un conseil académique. Il institua auprès de chaque académie des facultés des sciences et des lettres, chargées d'un haut enseignement public et investies du droit de conférer les grades. Il institua en outre 9 facultés de théologie catholique, 3 facultés de théologie protestante, 9 écoles de droit et 3 écoles de médecine. L'enseignement secondaire fut donné dans des pensions et institutions particulières agrégées à l'Université, dans des collèges communaux et dans des lycées impériaux. Un *Pensionnat normal*, embryon de l'École normale supérieure, eut pour mission de préparer à l'enseignement des maîtres instruits et distingués. L'enseignement primaire fut abandonné à l'initiative des municipalités et des particuliers. Son budget ne dépassait pas la modique somme de 4.250 francs.

Napoléon n'a fait que tracer le plan de l'édifice universitaire, mais la maison s'est faite bien plus grande qu'il ne la prévoyait, et l'esprit qui l'a animée n'est pas celui qu'il lui voulait donner.

Dans sa pensée, l'Université devait travailler, avec le clergé, à donner à l'empereur des sujets fidèles et de bons soldats. Il négligea presque entièrement l'enseignement primaire ; il borna le programme des lycées au latin et aux mathématiques ; il ne créa pas de personnel spécial pour les facultés des lettres et des sciences ; il se méfia toujours de l'esprit critique et de la spéculation philosophique. Ses idées, en matière d'enseignement, n'allèrent jamais jusqu'à préparer l'autonomie des intelligences. Son idéal fut mesquin et routinier.

Recrutée, en grande partie, parmi le personnel survivant des anciens collèges municipaux et parmi les anciens religieux sécularisés par la Révolution, l'Université impériale servit loyalement Napoléon et fut une forte école de patriotisme ; mais, si elle

répondit sur ce point à toute la pensée de l'empereur, elle la
dépassa par ailleurs, et créa, à l'ombre de son pouvoir, un milieu
philosophique et scientifique, qui se serait probablement attiré
bientôt les sévérités du maître si l'empire avait duré, mais qui
conserva, à travers toute la période de la Restauration, les traditions et le culte de la France révolutionnaire et de la liberté.

L'Université comptait six ans d'existence, lorsque les Bourbons
remontèrent sur le trône. Elle leur fut suspecte, dès le premier
jour, comme création de Bonaparte ; elle devait avoir déjà quelque force morale, puisqu'ils n'osèrent pas la détruire et se con-
tentèrent de la décapiter en supprimant l'office du grand maître
(1815), pour le rétablir d'ailleurs sept ans plus tard (1822).

L'Université conserva son conseil royal, sa hiérarchie, et même
son monopole. On essaya seulement de l'amoindrir, de l'humilier,
de la domestiquer. L'année 1816 vit supprimer trois facultés des
sciences et neuf facultés des lettres. L'enseignement de la philosophie et de l'histoire moderne disparut du programme des
facultés. Les lycées perdirent leur panache pour reprendre, avec
le nom de collèges royaux, de faux airs de couvents. Les élèves
changèrent le tricorne militaire pour le tuyau de poêle civil ; les
mouvements se firent au son de la cloche et non plus au bruit du
tambour. L'enseignement de la philosophie fut réduit à la logique.
L'enseignement de l'histoire fut relégué dans les classes inférieures et ne s'adressa qu'à la mémoire. L'aumônier devint le
premier personnage du collège (Jules Simon, *Mémoires des autres*).
Beaucoup d'ecclésiastiques occupèrent des chaires universitaires,
dirigèrent comme proviseurs ou principaux des collèges royaux
ou de petits collèges. Paris eut, un instant, un recteur ecclésiastique, l'abbé Nicolle. Pendant six ans (1822-1828), l'abbé Frayssinous, évêque *in partibus* d'Hermopolis, fut grand maître de
l'Université.

Cependant la Restauration elle-même réalisa quelques progrès.
En 1821, s'ouvrirent les premiers concours d'agrégation. Trois
agrégations furent alors fondées : celle de grammaire, celle des
lettres, celle des sciences. On leur ajouta, en 1825, celle de philosophie.

L'*Ecole normale*, un instant supprimée en 1822, fut rétablie en
1826 sous le nom d'*Ecole préparatoire* et comme une sorte d'an-
nexe du collège royal de Louis-le-Grand. En 1828, elle recouvra
son autonomie et eut pour directeur le savant Guignaut.

L'*Ecole des Chartes*, fondée en 1821, donna un puissant essor
aux études d'histoire du Moyen Age.

En dépit des tracasseries du pouvoir, l'Université garda, sous

Louis XVIII et sous Charles X, sa réputation libérale. Le duc d'Orléans lui confia l'éducation de ses fils, et, quand il fut devenu roi, l'Université vit cesser l'injuste défiance dont elle était l'objet.

Cependant ni Louis-Philippe ni ses ministres ne comprirent réellement la grandeur du rôle que devait jouer l'Université. Ils la maintinrent dans une médiocrité bourgeoise, conforme à leur génie, mais indigne d'elle et de la France.

Le nombre des collèges royaux passa seulement de 40 à 54 ; rien ne fut changé à la discipline générale, et les programmes ne furent qu'imparfaitement développés. L'enseignement des sciences, de l'histoire et de la philosophie devint bientôt l'honneur de l'Université. L'agrégation des sciences se scinda en sciences mathématiques et sciences physiques. L'*Ecole normale* fut installée dans un édifice construit pour elle et cessa d'être menacée par un pouvoir ombrageux.

M. de Salvandy rétablit la plupart des facultés des lettres et des sciences supprimées en 1816, leur assura un personnel indépendant ; et la France commença d'avoir quelque chose comme un enseignement supérieur.

Guizot rétablit l'*Académie des Sciences morales et politiques*.

En 1816 fut fondée l'*Ecole française d'Athènes*.

L'Université n'était point sans défauts ; nous en dirons loyalement notre sentiment, comme de toutes les autres institutions dont nous parlons.

Installés dans les anciennes écoles ecclésiastiques des xviiᵉ et xviiiᵉ siècles, les collèges étaient mal situés, médiocrement grands, mal aérés, sombres, parfois sordides et presque croulants. Le vieux lycée de Clermont en est, encore aujourd'hui, un exemple.

Napoléon avait conservé l'internat, faute que l'Université n'a jamais eu le courage de corriger et dont elle souffrira aussi longtemps qu'elle persistera dans cette erreur initiale. L'Etat peut et doit être, à notre estime, instructeur et éducateur, il ne peut pas se faire maître de pension. L'enfant n'est pas fait pour vivre en cage, pour être surveillé dès l'instant qu'il s'éveille jusqu'au moment où il s'endort. Le milieu naturel où doit vivre l'enfant, c'est sa famille ; à défaut de sa famille, une famille amie ; à défaut de famille amie, une société où il retrouvera quelque chose de la douceur et de l'affection du milieu familial. Cette atmosphère intime, chaude, nécessaire au développement moral de l'enfant, la nature même des choses défend à l'Université de la lui donner ; car, dans des maisons qui renferment des centaines de pensionnaires, une discipline étroite et sévère est indispensable.

L'internat n'avait pas seulement pour inconvénient de faire jouer à l'Etat un rôle qu'il ne peut remplir : il rendait encore indispensable l'autorité despotique des principaux et des proviseurs, et maintenait ainsi le corps enseignant dans la servitude la plus fâcheuse.

Tandis que, dans l'enseignement supérieur, chaque faculté élit son doyen et vit réellement en pleine liberté intellectuelle, dans l'enseignement secondaire tous les professeurs d'un même établissement : le philosophe, l'historien, le littéraire, le grammairien, le scientifique, vivent sous la férule du proviseur ou du principal, qui ne peut évidemment contrôler toutes les parties de l'enseignement, qui ne possédait, le plus souvent, que des grades médiocres, et dont la lourde et tracassière autorité arrêtait chez les maîtres toute velléité d'initiative.

La manie de l'automatisme était poussée si loin que les inspecteurs d'académie tyrannisaient à leur tour les proviseurs, l'étaient eux-mêmes par les recteurs et par les bureaux du ministre, qui prétendaient régler jusqu'à l'emploi du temps et à la longueur des leçons. On dit qu'un jour M. de Fontanes tira sa montre et dit avec un sourire d'orgueil : « Il est 8 heures du matin ; on dicte « le thème latin dans tous les lycées et collèges de l'empire. » Ce mot typique résume à merveille l'absurde idéal de l'administration d'alors.

On a souvent reproché aux universitaires leur pédantisme. Que plus d'un professeur se soit exagéré et sa valeur personnelle et la valeur de sa science, c'est certain ; que le pédantisme soit particulier à l'Université, nous ne le croyons pas. Le pédantisme, c'est le métier fait homme. L'armée, la magistrature, le sacerdoce n'ont-ils pas leurs pédants, tout comme les collèges ou les facultés ?

Un reproche plus grave est celui de scepticisme et de paradoxe, qui a souvent été fait aux professeurs de lettres et de philosophie, et même d'histoire. Il a pu être parfois fondé ; mais il faut observer que, sur le terrain scientifique, le professeur est presque toujours jugé par des gens incompétents, très disposés à crier au scepticisme si le maître ne partage pas tous leurs préjugés, et au paradoxe s'il s'écarte de leurs propres idées. La culture intellectuelle a pour principal résultat d'affiner le sens critique ; rien d'étonnant qu'un esprit critique n'ait pas tout à fait les mêmes dieux que la masse, qu'il en veuille moins et qu'il les veuille autres. Le scepticisme universitaire, bien rarement agressif et sectaire, ne conduit pas à l'indifférence, mais à la tolérance, et devient ainsi une des qualités les plus attiques et les plus aimables de l'éducateur.

Sainte-Beuve prétend « que les professeurs de l Université, « sans être hostiles à la religion, ne sont pas très religieux. Les « élèves le sentent, et, de toute cette atmosphère, ils sortent, non « pas nourris d'irréligion, mais indifférents. Quoi qu'on puisse « dire pour ou contre, en louant ou en blâmant, on ne sort guère « chrétien des écoles de l'Université. »

A ce jugement de Sainte-Beuve, qui fut lui-même un assez médiocre-chrétien, nous pouvons opposer les graves ou enthousiastes paroles de plusieurs maîtres éminents.

Michelet écrivait à la même époque : « Les choses les plus « filiales qu'on ait dites sur notre vieille mère l'Eglise, c'est moi « peut-être qui les ai dites. »

Villemain écrivait, le 14 janvier 1844, à Mgr Mathieu : « Je « connais la douceur du nom de Jésus-Christ, et je le fais « aimer à mes petits-enfants. Les âpretés de la vie publique, loin « de détourner de Celui qui console, y ramènent le cœur. »

Quinet commente La Vie de Jésus du Dr Strauss en homme tout à fait opposé à la négation absolue. Il termine son étude par une véritable prière : « Nous nous demandons les uns aux autres, « saisis de crainte, qui soulèvera la pierre de ce tombeau ; mais « cette pierre, qui nous opprime tous, sera à la fin brisée, fût- « elle plus pesante mille fois que tous les mondes ensemble. Du « sein de nos ténèbres, le Dieu éternellement ancien, éternelle- « ment nouveau, renaîtra vêtu d'une lumière plus vive que celle « du Thabor ! »

Ozanam était un catholique déclaré, et voici comment un ancien professeur de notre Université, M. Nourrisson, caractérise son enseignement : « Je n'oublierai jamais avec quelle bonté il « s'abaissait jusqu'à des enfants ; quel prestige exerçaient sur « nous ses brûlantes improvisations ; de quel souffle nous péné- « traient ses discours. Le respect profond que nous inspirait sa « présence suffisait seul à nous contenir. Il aurait fallu voir ces « vingt ou trente écoliers, si insouciants d'ordinaire et si légers, « avidement suspendus à la parole du maître, quand il expli- « quait quelque page d'Homère, de Virgile ou de Bossuet, pour « comprendre tout ce qu'il y avait de talent chez Ozanam et « de vivacité dans son talent. »

Nourrisson était lui-même le digne disciple de cet excellent maître. Sa délicieuse correspondance nous met en face de l'âme la plus ardente et là plus délicate qui soit. A vingt-deux ans, il

écrit à M. de Barante sa vie laborieuse de candidat à l'agrégation
de philosophie : « Si ma pensée s'élance parfois au delà des murs
« que j'habite, je ne la surprends jamais se mêlant aux amuse-
« ments du monde, enivrée de ses joies... Quand je serai agrégé,
« ma vie sera moins triste ; je prendrai part, enfin, à la vie pratique
« que j'appelle de tous mes vœux, car je crains fort que la vie
« spéculative ne soit qu'un contre sens. »

Tous ces hommes comptaient ou devaient compter, un jour,
parmi nos héros ; ils avaient dans les rangs profonds de l'Université beaucoup d'émules. J'ai encore connu des hommes de cette
génération ; j'en ai eu pour maîtres, et le souvenir ému et respectueux que j'en garde dit quelle douceur et quelle âme, quelle
honnêteté profonde et touchante ils savaient mettre dans leur
enseignement.

Le premier professeur d'histoire de cette Université, M. Olleris,
fut un modèle de conscience et de droiture. Travailleur acharné,
il conquit l'une des plus hautes récompenses que puisse ambitionner un savant, le grand prix Gobert, et resta professeur à la
faculté des lettres de Clermont. Pendant des années, il écrivit
sur sa notice individuelle cette mention pleine de sagesse et de
modestie : « Est content de sa situation et ne demande rien. »

Son collègue de littérature ancienne, M. Damien, avait pour les
lettres antiques le culte enthousiaste d'un érudit de la Renaissance. Atteint d'une grave maladie, jouissant du calme de la
retraite, il travaillait encore. Un jour, il ferma ses livres et ses
cahiers, rangea son bureau, et mourut peu de mois après, inconsolable de ne plus pouvoir travailler.

Combien d'autres pourrais-je citer, aussi épris de leur science,
aussi attachés à leurs fonctions, aussi exempts de toute vaine
ambition : Charma et Denis, de la faculté de Caen ; Duméril, de
Toulouse ; Charaud, de Grenoble ; Nicolas, de Rennes, qui surent
tous si bien allier le sens critique à l'enthousiasme, la jeunesse
de l'esprit à l'expérience des années.

Ecoutons Michelet parler de l'Université : « J'ai quelque droit
« d'en parler, dit-il ; je l'ai traversée tout entière à la sueur de
« mon front ; je n'ai pas fait de l'enseignement un marchepied,
« un passage d'un jour pour aller parader dans la presse ou
« dans le monde, monter aux places lucratives... L'Université
« est modeste et fait peu parler d'elle. Nos professeurs offrent à
« leurs élèves et aux parents mondains le type édifiant de la
« famille... J'ai connu parmi eux de véritables saints à mettre
« dans la légende d'or. Mais je parle plutôt de la masse de ce
« grand peuple, si modeste, obscur et voulant l'être, fort ibéral,

« quoique discret et timide, de formes excellentes et sans le
« moindre pédantisme... Corps très loyal, qui vit en pleine
« lumière... Dans l'Université, tout est transparent et cristal.
« Chacun la voit de part en part... Les petites hypocrisies que
« l'Etat ordonne et enjoint ne sont que ridicules, inutiles et peu
« obéies... Sauf des nuances assez légères, ses livres officiels et
« ses chaires de philosophie enseignent la même chose : la sou-
« veraineté du devoir, la primatie du juste, l'indépendance de
« la loi morale... Avec tous ses défauts, sa faiblesse timide, l'Uni-
« versité reste pourtant le seul gardien du grand principe de 89,
« du dogme de la justice, hors duquel nulle éducation. » (Michelet,
Nos fils.)

L'Université constituait, après tout, le corps le plus instruit de
la nation, et, si sa culture était restée parfois trop formaliste et
trop spéciale, la faute en était bien plus à l'administration qu'au
corps enseignant.

Il est de mode, chez ceux qui savent peu et ne lisent pas, de
railler « le fétichisme des grades ». On ne sait pas assez quelle
somme de travail représentent les concours d'entrée à l'Ecole
normale ou d'agrégation, les examens de licence et de doctorat.
Le diplôme n'est assurément pas un brevet de génie ; mais il est
un brevet de travail, et le travail est la base indispensable de
toute culture sérieuse et honnête. C'est l'amour du travail qui fait
proprement l'honneur de l'Université.

Les hommes qui se vouaient alors à l'enseignement savaient
que nulle autre carrière n'exigerait d'eux des efforts aussi considérables ni aussi soutenues ; ils savaient qu'ils ne pouvaient
espérer qu'un salaire dérisoire et une infime retraite, à peine
suffisante pour les mettre à l'abri du besoin ; ils savaient qu'ils
ne seraient même pas payés en honneurs et que leur chère Université, postérieure au décret de messidor, n'avait même pas de
rang dans les cérémonies publiques. Ils savaient tout cela, et
ils allaient résolus, souriants, enthousiastes, à la jeunesse, au
devoir, au labeur, à la science, la Grande Mère, la Bonne Déesse,
qui remplit la vie et console des hommes.

Ils vivaient en marge de l'action, en contact perpétuel avec la
jeunesse, gardant comme elle quelque chose des candeurs de
l'enfance. Presque toujours trop graves pour aimer beaucoup la
vie mondaine, trop fiers pour se plier à ses exigences, ils aimaient
la nature, les longues promenades, les causeries entre collègues,
les discussions à la mode hellénique, où leur esprit fin et alerte
se jouait à l'aise au milieu des subtilités de la dialectique.

A presque tous un mariage de sentiment ouvrait les joies de la famille ; et ces hommes, époux charmants, pères délicieux, en devenaient meilleurs éducateurs, plus tendres, plus patients, plus doux.

Nous laisserons de côté la gloire scientifique et littéraire de l'Université ; il y aurait tout un livre à faire sur la part qu'elle a prise au progrès de la culture française au siècle dernier. Nous avons surtout insisté sur son caractère moral, parce que c'est sur ce point qu'elle a été le plus souvent attaquée, et, à notre avis, très injustement.

Pourquoi les hommes dont je viens de parler, si probes, si désintéressés et si sympathiques, n'ont-ils jamais pu s'entendre avec le clergé, et ont-ils parfois trouvé en lui un véritable ennemi et un persécuteur ?

Il n'y a pas entre le prêtre et le philosophe hostilité profonde et nécessaire. Tous deux travaillent au même œuvre ; tous deux ont les mêmes qualités générales, et quelques-uns des mêmes travers. Pourquoi ces hommes, si bien faits pour se comprendre, se sont-ils méconnus et combattus avec acharnement ?

Je me suis bien souvent posé cette question, et je crois que la réponse doit être recherchée tout entière dans l'antinomie fondamentale qui existe entre l'esprit ecclésiastique et l'esprit laïque.

L'universitaire est presque toujours un rationaliste. Il peut être plein de respect pour la foi ; il peut avoir pour elle la sympathie la plus vraie : il la place bien rarement au-dessus de la raison ; il l'honore, il ne l'adore pas.

Le prêtre voit en elle, au contraire, le principe unique, vital et divin, de la vie intellectuelle et morale. Accordez-lui ce point et vous êtes son ami, mais il est votre maître. Refusez-lui cette concession, vous êtes libre de son joug, mais il ne voit plus en vous qu'un païen.

C'est à peine si quelques rarissimes esprits arrivent à concilier la plénitude de la foi avec le respect de l'opinion d'autrui. Le plus souvent, le croyant se montre exclusif et intolérant.

Tel est le point de départ de la lutte déjà presque séculaire de l'Église et de l'Université.

Le combat commença dès 1814, avec la rentrée des jésuites et l'ouverture des petits séminaires diocésains.

En 1815, la commission de l'instruction publique, rattachée au ministère de l'intérieur, élimina un tiers des recteurs, beaucoup de proviseurs et de professeurs, et fit tous ses efforts pour favoriser le recrutement ecclésiastique de l'Université.

En 1821, les évêques obtinrent le droit d'inspecter les collèges. Des médailles d'or furent offertes aux professeurs qui se distin-

gueraient le plus par leur conduite morale et religieuse. Tissot
se vit retirer la parole à la Sorbonne. Dans les petits collèges, le
professeur ne touchait son traitement d'avril que s'il avait fait
ses pâques.

L'année suivante, tout le corps enseignant passa sous la juridiction de l'abbé Frayssinous, évêque d'Hermopolis, orateur de
talent et catholique fervent, qui se donna pour tâche de mettre
l'Église dans l'Université. Dès son entrée en charge, il avertit les
recteurs « que celui qui aurait le malheur de vivre sans religion
« ou de ne pas être dévoué à la famille royale devrait bien sentir
« qu'il lui manque quelque chose pour être un digne instituteur
« de la jeunesse ». Trois mois plus tard (6 septembre 1822), il sup-
primait l'École normale, et, pendant quatre ans, « tout contrôle
« fut supprimé à l'entrée du professorat ; les places ne furent plus
« données qu'au zèle politique ou religieux ». (Paul Dupuy, l'*École
normale de l'an III.*) Frayssinous autorisa les évêques à fonder
de nouvelles écoles, suspendit le cours de Victor Cousin, supprima l'École de médecine de Paris, et élimina de l'École restaurée onze professeurs, parmi lesquels Jussieu et Vauquelin.

En 1826, au fort de la tempête déchaînée par Montlosier contre
les jésuites, Frayssinous parut se désintéresser de la question.
Il déclara qu'il existait dans le royaume 38 collèges royaux, 60
collèges communaux, 800 pensionnats, 100 petits séminaires et
80 séminaires théologiques, et qu'aucun de ces établissements
n'était dirigé par les Pères de la Société de Jésus. Ils étaient, il
est vrai, rentrés en France dès 1800, grâce à la protection de
l'abbé Fesch, oncle de Bonaparte. Ils avaient fondé sept collèges,
qui tous reconnaissaient l'autorité épiscopale. Les jésuites étaient
de bons chrétiens, d'excellents éducateurs, de fort honnêtes gens,
qui ne pouvaient causer à personne la moindre inquiétude.

Les pairs de France en jugèrent peut-être autrement, lorsque
M. Lainé leur eut dit, ce que s'était bien gardé de dire Frayssinous, que les sept collèges des jésuites avaient, à eux seuls,
autant d'élèves que tous les collèges royaux de la province (15
juillet 1826).

L'année 1826 vit du moins rétablir l'École normale, mais avec
un règlement tout ecclésiastique, qui lui donnait presque les
allures d'un séminaire. Les élèves devaient, chaque dimanche,
rédiger des compositions d'histoire religieuse sur les notes prises
au cours de l'aumônier ; ils étaient invités à se confesser tous les
mois, ou tous les deux mois au minimum. Les surveillants devaient s'appliquer à connaître le caractère des élèves et leur
degré de ferveur religieuse.

Martignac rouvrit la Sorbonne à Guizot et à Cousin, et voulut soumettre les collèges des jésuites au contrôle de l'autorité universitaire. Les Pères préférèrent fermer leurs établissements. Il voulut placer les écoles primaires sous l'autorité de comités de surveillance, où trois membres sur neuf étaient nommés par l'évêque. Le clergé cria à l'athéisme et à la persécution.

Avec Polignac, les jésuites rentrèrent paisiblement dans leurs collèges.

La révolution de juillet 1830 fut la défaite du parti prêtre ; mais la charte promit la liberté d'enseignement et la conquête de ce droit fut, dès lors, le but avoué de tous les efforts du clergé.

La cause était grande et juste; mais il la compromit en laissant trop voir que, sous couleur de liberté, c'était en réalité un privilège qu'il réclamait. Il la compromit surtout par le ton injurieux qu'il crut devoir prendre à l'égard de ses adversaires.

Les injures ne sont jamais des raisons, et, quand on voit un parti s'abaisser jusqu'à ce genre d'arguments, on peut hardiment conclure que ce parti n'est point mûr pour la liberté.

Au mois de mai 1840, parut un livre intitulé : *Le Monopole universitaire dévoilé à la France libérale, à la France catholique, par une société d'ecclésiastiques, sous la présidence de l'abbé Rohrbacher*. L'auteur, l'abbé Garot, de Nancy, déclarait l'enseignement universitaire « inconciliable avec les principes du catholicisme « et avec la liberté des cultes », voyait dans l'Université une coalition « des ennemis de l'Église représentée par le sacerdoce » et opposait à ces nouveaux païens les ordres religieux, et particulièrement les jésuites, dont il faisait une apologie sans réserves.

Un peu plus tard (1842), l'évêque de Chartres, Clausel de Montals, accusa l'Université de faire « un horrible carnage d'âmes ». Il prétendait que les doctrines de l'éminent et vertueux Jouffroy « autorisaient implicitement le vol, le bouleversement de la so- « ciété, le parricide et les voluptés les plus infâmes ». D'après lui, les professeurs de l'Université passaient leur temps à faire l'apologie des égorgeurs de 93, n'enseignaient que des systèmes sacrilèges et transformaient les enfants en animaux immondes et en bêtes féroces.

L'évêque de Belley appelait, dans un mandement, les établissements universitaires des *écoles de pestilence*.

L'archevêque de Toulouse dénonçait au ministre M. Gatien Arnoult, professeur de philosophie à la faculté des lettres, et coupable de professer le déisme.

Le journal l'*Univers* dénonçait d'un seul coup comme ennemis de la religion dix-huit professeurs, élite de l'enseignement d'État :

Cousin, Jouffroy, Charma, Nisard, Gatien Arnoult, Ferrari, Ch. Labitte, Francisque Bouillier, Lherminier, Jules Simon, Michelet, Joguet, Edgar Quinet, Philarète Chasles, Michel Chevalier, J.-J. Ampère, Patrice Larroque, Damiron.

En 1843, l'abbé Desgarets, chanoine de Lyon, publia un véritable réquisitoire contre l'Université. Le livre intitulé *Le Monopole universitaire* n'est qu'un haineux pamphlet. L'auteur déclare que les infâmes ouvrages du marquis de Sade n'étaient que des églogues auprès de ce qui se passait dans l'Université. L'enseignement officiel avait pour conséquences : « le suicide, le parri-
« cide, l'homicide, l'infanticide, le duel, le viol, le rapt, la séduc-
« tion, l'inceste, l'adultère, toutes les plus monstrueuses
« impudicités, les vols, les spoliations, les dilapidations, les
« concussions, les impôts et les lois injustes, les faux témoi-
« gnages, les faux serments, les calomnies. — Selon l'Université,
« il n'y avait pas plus de vice, d'injustice et de mal à faire toutes
« ces choses qu'il n'y en a pour le feu de brûler, pour l'eau de
« submerger, pour le lion de rugir, pour les boucs et les chèvres
« de Théocrite à servir de modèles à leurs frères du Collège de
« France et de l'Ecole normale. »

Edgar Quinet n'était pour le chanoine qu'un impur blasphémateur. Patrice Larroque était assimilé à l'assassin Lacenaire.

Le curé limousin Védrine trouva le moyen d'être encore plus injurieux dans son *Simple coup d'œil sur les douleurs et les espérances de l'Eglise aux prises avec le tyran des consciences et les vices du XIXᵉ siècle*. Il faisait de l'Université « l'Alger du monopole », un recueil de pirates et d'écumeurs. Il ne voyait dans les professeurs de l'Etat que des hommes « sans croyances, impure vermine, mirmidons de l'athéisme », enseignant à une jeunesse perdue de vices, la philosophie de Voltaire, la politique d'Hébert et l'histoire à la façon de Pigault-Lebrun. La liberté des cultes était pour l'abbé « une invention de Julien l'Apostat ». L'Église devait s'emparer de la presse et de l'enseignement. L'Université était incompatible avec le catholicisme ; il fallait qu'elle disparût, qu'elle rendît au clergé l'enseignement qu'elle avait usurpé, et que le clergé possédait par droit divin, le Seigneur ayant dit à ses disciples : « *Ite et docete omnes gentes* ».

Ces outrances de langage furent, il est vrai, désapprouvées par beaucoup de sages prêtres, à la tête desquels on est heureux de voir l'archevêque de Paris, Mgr Affre ; mais elles restèrent à la mode dans le camp clérical. Un prédicateur de talent, que nous nous rappelons avoir entendu dans notre jeunesse, l'abbé Combalot, adressa aux évêques de France et aux pères de famille un *Mémoire*

à *consulter* sur le péril universitaire. Il y disait que « l'Université
« forme des intelligences prostituées, qui vont chercher au fond
« des enfers la glorification du bagne, de l'inceste, de l'adultère
« et de la révolte. Elle pousse les jeunes générations au brutisme
« de l'intelligence. Elle double toute la puissance de l'homme
« pour le mal ; elle livre les écoliers aux seuls instincts de la
« bête. »

En face de ces attaques furibondes, l'Université ne trouva ni
chez ses chefs, ni chez les pouvoirs publics, aucune sympathie
vraie, aucun appui sérieux.

Louis-Philippe se croyait grand politique en faisant le Philinte
auprès de tous les partis. Il connaissait l'Université et l'estimait,
mais son bon vouloir n'allait pas jusqu'à la confiance entière ; il
se méfiait de l'indépendance d'esprit des professeurs. Il ne voulait pas de laisser dominer par le clergé ; mais il pensait que
« c'était encore quelque chose de très fort qu'un prêtre ». Il
disait à Cousin : « Ne me faites pas d'affaires avec la reine. » Il se
posait devant Mgr Affre comme le rempart de l'Église : « Ah ! si
« je n'étais pas là, tout serait bouleversé ! Que deviendriez-vous?
« Que deviendrait la religion ?... » Il causait publiquement avec
« son cher archevêque »; il le cajolait, et lui faisait des scènes
quand le cher archevêque ne se montrait pas assez docile. Il se
vantait à la reine « de lui avoir fait une peur de chien », et l'archevêque, bien autrement sérieux, disait avec raison : « Ces
« gens-là ne voient dans la religion qu'une affaire gouvernemen-
« tale. Ils ne se doutent pas que nous avons une conscience. »
(Thureau-Dangin.) Il n'y avait aucun fond à faire sur le roi.

Thiers ne voulait voir dans la question de la liberté de l'enseignement « qu'une querelle de cuistres et de bedeaux ».

Guizot, tout à la politique, négociait avec le clergé, fermait les
yeux sur ses empiétements et semblait tout près de lui livrer la
place.

Cousin tergiversait. Son scepticisme l'éloignait du clergé, son
esprit autoritaire l'en rapprochait. Il s'effrayait parfois de ses
audaces de jeune homme ; il recommandait aux professeurs de
philosophie de réserver leur première visite à l'évêque de leur
résidence, et de se bien garder de lui faire des affaires avec
l'Église. Il devait dire, après juin 1848 : « Il ne nous reste plus
« qu'à nous jeter dans les bras des évêques. » C'était, au vrai, un
assez triste personnage. Sainte-Beuve avait raison de traiter sa
politique de « *charlatanisme* » ; Henri Heine l'accusait de jésuitisme, et Proud'hon, moins académique et plus brutal, déclarait
sans ambages sa conduite « indigne et ignoble ».

Seul, Villemain montra quelque souci des intérêts de l'Université, intérêts que Sainte-Beuve appelait dédaigneusement « des anxiétés de pot-au-feu » et qui étaient, au fond, les intérêts du rationalisme, et, dans une large mesure, les intérêts de la science elle-même.

Mal défendue par ses chefs, il n'est pas étonnant que l'Université ait songé à se défendre elle-même. Les violences de l'attaque trouvèrent un contre poids nécessaire dans la vigoureuse défensive de quelques hommes, parmi lesquels se signalèrent surtout deux professeurs au Collège de France, Quinet et Michelet.

Ces deux grands penseurs combattirent, chacun à sa mode, en présence d'une foule vibrante, qui fit de leurs belles leçons autant de batailles et autant de triomphes.

Quinet revendiqua pour le professeur le droit absolu de libre examen et de discussion, le droit de toucher aux questions religieuses comme à toutes les autres. Sa profession de foi fut digne de sa haute intelligence et de son grand caractère : « Un homme « qui enseigne publiquement au nom de l'État devant des hom- « mes de croyances différentes est-il obligé de s'attacher à la « lettre d'une communion particulière ?... Poser la question, c'est « la résoudre. N'est-ce pas ici, dans ces chaires, que se sont « montrés tous ceux qui ont servi l'indépendance de l'esprit « humain, quand elle était le plus contestée ? C'est là notre « tradition. L'esprit de ces hommes est avec nous ?... Je crois « qu'il y a de l'esprit vivant de Dieu dans toutes les communions « sincères de ce pays. Je ne crois pas que, hors de mon Église, il « n'y ait pas de salut. »

Il s'attaqua non au christianisme, ni même au catholicisme, mais à cette forme particulière du catholicisme qui prétend, depuis trois siècles, le gouverner et l'absorber, au jésuitisme.

« Dans l'esprit de l'Évangile, dit-il, le maître se donne à tous, « pleinement, sans réserves, sans réticences. Chaque disciple « devient à son tour un foyer qui répand la vie, la développe « autour de lui, et jamais le mouvement ne s'arrête dans la tradi- « tion... Loyola, au contraire, ne communique à ses disciples que « la moindre partie de lui-même, l'extérieur ou l'écorce de sa « pensée. Il a connu, senti l'enthousiasme dans sa jeunesse; « mais dès qu'il vise à organiser un pouvoir, il n'accorde plus à « personne ce principe de liberté et de vie. Il garde le foyer, il ne « prête que la cendre. »

Quinet conclut à l'antinomie irréductible de l'esprit français et de l'esprit jésuitique : « Voyez ! tout ici le contredit et le heurte

« Si nous valons quelque chose dans le monde, c'est par l'élan
« spontané: il en est tout le contraire. C'est par la loyauté, même
« indiscrète, au profit de nos ennemis : il en est tout le contraire.
« C'est par la rectitude de l'esprit : il n'est que subtilité et détours
« d'intentions. C'est par une certaine manière de nous enflammer
« promptement pour la cause d'autrui : il ne s'occupe que de la
« sienne. C'est enfin par la puissance de l'âme, et c'est de l'âme
« qu'il se défie ! »

Michelet apporta dans la lutte toute la chaleur de sa grande
âme, tout son amour de la vérité, toute sa sincère et bouillante
éloquence. Un historien clérical, M. Thureau-Dangin, en fait une
sorte d'énergumène, enivré de passion révolutionnaire et à demi
fou de vanité. Nous avons relu de bout en bout les sommaires des
fameuses leçons du Collège de France, et nous n'y avons rien
trouvé qui ne fût digne du grand, du très grand maître que fut
Michelet.

Voici en quels termes magnifiques il oppose les jésuites et l'Université :

« Ce que sont les jésuites aujourd'hui et ce qu'ils font, qui le
« sait ? Nous aurions le droit de leur dire : la partie n'est pas égale
« entre vous et nous. Nous livrons toutes nos pensées au public ;
« nous vivons dans la lumière. Vous, qui vous empêche de dire
« oui le matin, non le soir ? On sait ce que nous faisons. Nous
« travaillons, bien ou mal. Chaque jour, nous venons tout appor-
« ter ici, notre vie, notre propre cœur... Nos ennemis peuvent y
« mordre. Et il y a longtemps (simples que nous sommes et labo-
« rieux) que nous les nourrissons de notre substance. Nous pou-
« vons leur dire, comme, dans le chant grec, le blessé dit au vau-
« tour : « Mange, oiseau, c'est la chair d'un brave ; ton bec croîtra
« d'une coudée. »

Michelet, qui devait en ses derniers jours faire cette belle
prière : « Merci, mon Dieu, de tant d'œuvres et de tant d'amitiés » ! Michelet avait l'âme profondément religieuse.

« Vous dites que tout est fini, disait-il à ses adversaires, vous
« ne voulez pas qu'on ajoute. Vous trouvez les tours assez hautes...
« Nous, nous disons qu'il faut toujours bâtir, mettre œuvre sur
« œuvre, et des œuvres vives ; que, Dieu créant toujours, nous
« devons suivre, comme nous pourrons, et créer aussi. Vous
« vouliez qu'on s'arrêtât... et nous avons poursuivi. Malgré vous,
« nous avons au XVIIᵉ siècle, découvert le ciel (comme la terre au
« XVᵉ). Vous vous êtes indignés ; mais il vous a bien fallu
« reconnaître cet immense accroissement de la religion. Avant le
« droit des gens, qui a mis la paix dans la guerre même ? Avant

« l'égalité civile, le christianisme lui-même était-il réalisé ? Qui a
« ouvert ces grandes voies ? Le monde moderne que vous accusez.
« L'égalité politique dont vous commencez à savoir le nom, pour
« l'employer contre nous, ce sera encore une pièce que nous
« ajouterons à notre grande construction... Nous sommes des
« maçons, des ouvriers ; laissez-nous bâtir, laissez-nous pour-
« suivre de siècle en siècle l'édification de l'œuvre commune, et,
« sans nous lasser jamais, exhausser de plus en plus l'éternelle
« Église de Dieu ! »

Voilà comment l'Université répondait à ses détracteurs ; voilà le
noble idéal qu'elle opposait, et qu'elle oppose encore, à leur
haine et à leurs injures.

G. Desdevises du Dezert.

Sujets de devoirs

AGRÉGATION DE PHILOSOPHIE.

Dissertation.

L'idée de substance dans les doctrines de Locke, de Berkeley et de Hume.

Les théories évolutionnistes impliquent-elles une conception particulière de la morale ?

AGRÉGATION DES LETTRES.

Composition française.

De l'idée de la perfectibilité humaine dans Pascal et dans Mme de Staël.

Thème latin.

Montesquieu, *Esprit des Lois*, XXIV, 10, depuis : « Les diverses sectes de philosophie chez les anciens... », jusqu'à : « .. il semblait que le seul bonheur des autres pût augmenter le leur. »

Version latine.

Perse, *Satire* V, du v. 19 au v. 51.

Thème grec.

Descartes, *Lettre V à la Princesse Palatine*, depuis : « La première est qu'il tâche... », jusqu'à : «... qui nous puisse empêcher d'être contents. »

Version grecque.

Eschyle, *les Euménides*, du vers 684 au vers 713.

Composition française.

Que peut nous apprendre une étude comparée du *Paysan du Danube* et du récit de Guevara sur l'art de l'imitation dans La Fontaine ?

Thème latin.

Montaigne, liv. III, chap. VIII, depuis : « Je viens de courre d'un fil l'histoire de Tacitus... », jusqu'à : «... vous diriez souvent qu'il nous peint et qu'il nous pince. »

Version latine.

Sénèque, *Lett. à Lucil., Ep.* XLVIII, § 6 et seq., depuis : « Mus syllaba est... », jusqu'à : «... sic hos philosophia in integrum restituit. »

Thème grec.

Rousseau, *Émile*, IV, depuis : « Je ne me lasse point de le redire : Mettez toutes les leçons des jeunes gens en action plutôt qu'en discours... », jusqu'à : «... pour les engager à favoriser ses désirs. »

Version grecque.

Thucydide, *Guerre du Péloponèse*, liv. VII, ch. LXXVI et LXXVII.

AGRÉGATION DE GRAMMAIRE.

Composition française.

Étudier, dans l'*Entretien avec M. de Sacy*, la façon dont Pascal interprète le stoïcisme.

Thème latin.

Diderot, *Plan d'une Université*, depuis : « La gloire littéraire est le fondement de toutes les autres... », jusqu'à : «... plus on les lira, plus ils feront de mal. »

Version latine.

Cicéron, *De Oratore*, liv. III, ch. XI, depuis : « Atque ut latine loquamur... », jusqu'à : «... et sono facile vincat. »

Composition française.

Comment Pascal comprend-il Montaigne ?

SUJETS DE DEVOIRS 525

. **Thème latin.**

Chateaubriand, *Génie du Christianisme*, liv. V, ch. xiv, depuis : « Cet instinct affecté à l'homme... », jusqu'à : « les abris et le soleil de la plaine le font mourir. »

Version latine.

Cicéron, *De Officiis*, l. III, ch. v, depuis : « Detrahere alteri aliquid... », jusqu'à «... illam vitam huic anteponit. »

II

UNIVERSITÉ DE BESANÇON

LICENCE ÈS LETTRES

Composition française.

I. Montesquieu précurseur et maître de la critique littéraire du xixe siècle dans l'*Esprit des Lois* (l. XIV-XVII).

II. Sur le passage du *Génie du Christianisme* (2e part., l. II, ch. viii) où Chateaubriand traite d'*Andromaque*.

Thème latin.

Molière, préface du *Tartuffe* : « Je ne puis nier que... »

Dissertation latine.

An Lucanus primo *Pharsaliæ* libro causas belli civilis ad ipsam rerum fidem exprompserit.

Philosophie.

Le devoir chez les Epicuriens et chez les Stoïciens.

Thème grec.

Bossuet, *Histoire universelle*, avant-propos : « Quand l'histoire ...au mérite. »

Grammaire.

Sophocle, *Antigone*, vv. 672-682 : langue, syntaxe, versification.

Littérature greoque.

Le caractère de Créon dans *Antigone*.

Dissertation allemande.

Gœthe als Lyriker.

Thème.

La Fontaine, *Le Loup et le Chien*.

Version.

Lessing, *Nathan der Weise* (III, vii), 50 vers à partir de : « Vor grauen Jahren lebt ein Mann... »

Histoire ancienne.

Les premiers établissements grecs de Sicile.

Histoire du Moyen Age.

Hincmar, archevêque de Reims.

Histoire moderne.

Le 18 Brumaire.

III

UNIVERSITÉ DE NANCY

AGRÉGATION ET LICENCE.

Version latine.

Agrégation de grammaire.

Cicéron, *Pro Sextio*, VIII, depuis : « Alter unguentis affluens... » jusqu'à : «... multos plane in omnes partes fefellit. »

Dissertation française.

Agrégation et licence.

1° Jusqu'à quel point peut-on dire que Régnier est « l'immortel devancier » de Molière ?

2° Quelle est l'importance de *Don Juan* dans l'œuvre de Molière ?

3° Du caractère des descriptions dans *Notre-Dame de Paris* (t. I, liv. III, ch. II).

Dissertation philosophique.

Licence.

Exposer et critiquer la théorie des expressions que donne Spinoza au 3e livre de l'*Éthique*.

Thème latin.

Licence.

Buffon, *Histoire naturelle de l'homme*, De la nature de l'homme (vers la fin), depuis : « Pourquoi craindre la mort, si l'on a assez bien vécu pour n'en pas craindre les suites ? », jusqu'à : «... a, pour le bonheur de l'homme, rendu ce sentiment plus fort que sa raison. »

Thème grec.

Licence.

La Bruyère (Edition Rébelliau), chap. viii, p. 206, *De la Cour*, depuis : « L'on se couche à la cour et l'on se lève sur l'intérêt »... : jusqu'à « On n'en appelle pas ».

Dissertation latine.

Licence.

Quid de immortalitate animorum veteres senserint Romani ad sextum *Æneidos* librum respicientes inquiretis.

BIBLIOGRAPHIE

Nouvelles glanures grammaticales, par M. J. Bastin, Riga (Russie), 1907.

Le gérant : E. Fromantin.

POITIERS. — SOCIÉTÉ FRANÇAISE D'IMPRIMERIE ET DE LIBRAIRIE

QUINZIÈME ANNÉE (2ᵉ Série)   N° 29   30 MAI 1907

REVUE HEBDOMADAIRE

DES

COURS ET CONFÉRENCES

DIRECTEUR : N. FILOZ

La vie. et les œuvres de Molière

Cours de M. ABEL LEFRANC

Professeur au Collège de France.

Les Précieuses avant Molière.

Nous avons à faire, au début de cette leçon, une addition, pour
compléter notre étude précédente sur la controverse du théâtre
et sur les rapports de la religion avec les représentations dramatiques ; c'est celle d'un texte curieux tiré des *Pensées choisies de
M. l'abbé Boileau, prédicateur ordinaire du Roi et l'un des quarante
de l'Académie française, sur différens sujets de morale* (à Paris,
chez Louis Guérin, rue Saint-Jacques, et à Liége, chez Jean-
François Broncart, marchand libraire en Souverain-Pont, 1712) :
« Les prédicateurs déclament avec véhémence contre les
« comédies; il ne faut pas s'en étonner : *la charité de Jésus-Christ
« les presse.* Mais, les irrévérences qu'on commet dans l'Église
« étant encore plus criantes et plus scandaleuses, ne doivent-elles
« pas animer *ce zèle dont Jésus-Christ brûloit pour la maison de*
« *son père ?*...
« Encore donne-t-on quelque attention aux spectacles : ici,
« à peine tourne-t-on les yeux vers le sacrifice. Au théâtre, on
« entre dans l'esprit de l'acteur et l'on tâche de suivre sa pensée.
« A la messe, on ne sait guère où en est le sacrificateur que pour

34

« faire un pli du genoüil au milieu et en attendre la fin avec impa-
« tience...

« Là (dans les Églises), comme dans des assemblées de théâtre,
« on juge de la beauté des pièces par l'argent que coûte la com-
« modité de les entendre... »

Il est assez piquant de constater qu'un prédicateur royal a fait
ce rapprochement hardi, désavouant presque les critiques auxquelles est en butte le théâtre, comme trop violentes et exagérées.
Ce texte est à rapprocher du sonnet de Godeau et de la réponse
qu'y firent les comédiens français.

.*.

Dans notre dernière leçon, nous avons continué l'histoire de
Molière depuis son retour à Paris et retracé l'histoire des *Précieuses* représentées le 18 novembre 1659, de leur suspension, de
leur succès. Nous avons posé la question de savoir si les *Précieuses*
avaient d'abord été jouées en province, en rappelant le *Récit de
la farce des Précieuses* de Mlle Desjardins et le texte de Loret.
Après avoir repris quelques anecdotes relatives à la pièce;
examiné le prétendu aveu de Molière au sujet de ses soi-
disant plagiats ; posé la question du masque dont se serait
servi Molière dans le rôle de Mascarille, nous avons recherché
la signification des affirmations de l'auteur sur la véritable
portée de sa pièce : visait-il seulement les fausses précieuses,
les ridicules ? La question date du xviie siècle; elle est discutée au xviiie siècle par Voltaire, au xixe par Rœderer,
Cousin, Livet, qui ne croient pas à l'attaque contre les vraies précieuses, alors que Despois, Brunetière, Larroumet, Bourciez,
tiennent pour l'assimilation des vraies et des fausses précieuses
dans la pièce de Molière.

Etudions à notre tour la question, et pour cela rendons-nous
compte de ce qu'étaient les précieuses entre 1650 et 1660, du
rôle qu'elles jouèrent, des variétés qu'on peut distinguer parmi
elles : on a mis au jour des documents sur les samedis de
Mlle de Scudéry; de plus, on connaissait jusqu'ici assez peu
de chose sur les précieuses en province. Une excellente étude
a été publiée récemment sur celles de Lyon.

Mais, avant de tracer cette esquisse, tâchons de découvrir les
véritables origines de la préciosité.

Les précieuses sont beaucoup plus anciennes qu'on ne le croit
généralement; les historiens ont généralement négligé cette

recherche intéressante. Or M. Vitu a découvert deux textes
du xiv⁰ siècle où est employé ce mot dans le sens même'qu'on
lui donnait au xvii⁰ siècle ; le premier est d'Eustache Deschamps :

> . . . . Vieille contagieuse,
> Voulez-vous donc couronner la contrée,
> En béguinant, *faire la précieuse*,
> Pour empêcher toute loi amoureuse ?...

L'autre texte est de Charles d'Orléans, de qui la muse connut
aussi l'affectation et la mignardise ; il dit dans un rondeau :

> Aussi bien laides que belles
> Contrefont les dangereuses
> Et souvent *les précieuses*.

L'idée et le nom même de *précieuses* sont donc, à certains
égards, très anciens en France ; le mot se trouve répandu
surtout à partir de 1650 ; il est employé en 1656 par Brébeuf,
dans son *Lucain travesti*, dont le privilège est du 3 décembre
1655 ; l'abbé de Pure l'emploie aussi dans son roman, dont le
privilège date du 14 décembre 1655. Rappelons qu'il ne s'agit
nullement d'une confrérie fermée.

Quant à la chose, elle se retrouve sans peine dans la civilisation de la Renaissance. On la pourrait trouver à la cour de
François Ier et à celle de Marguerite de Navarre ; les lettres
d'amour du temps sont loin d'être pures de préciosité. Dans
l'*Heptaméron*, dans la poésie de Marguerite de Navarre et surtout
dans celles de l'école platonisante : Heroët, Maurice Scève, les
poètes de l'École lyonnaise, etc., on rencontre déjà la vraie
préciosité. J'ai, ailleurs, raconté déjà l'histoire de ces œuvres.
Elles sont nées d'une tendance qui, dès ce moment-là, s'oppose
de la façon la plus sensible à l'esprit gaulois : on rencontre
toujours ces deux grands courants opposés, qui se manifestent
principalement dans la querelle des femmes.

Dans la seconde moitié du xvi⁰ siècle, la préciosité apparaît en
un texte beaucoup trop négligé aujourd'hui, l'*Amadis* ; elle est
dans Ronsard, dans les poètes du temps des derniers Valois, où
l'on relève une sorte de recrudescence de ce langage.

C'est, en Angleterre, l'euphuisme, le marinisme en Italie, le
gongorisme en Espagne. En France, la manifestation la plus éclatante de la préciosité avant la lettre se trouve dans l'*Astrée*, qui
marque une reprise de l'esprit précieux de la Renaissance ; la
paix établie par Henri IV favorise le rétablissement des relations

polies, dont le roman de d'Urfé apparaît comme le répertoire
général : c'est là que viendront s'inspirer en grande partie les
précieuses du xvii° siècle. Un tel livre est unique est d'une
importance extrême dans la littérature française.

D'autres poètes, d'autres romanciers, au début du xvii° siècle,
portent les traces de cet esprit précieux : Théophile, Cyrano,
Tristan, Beys, Voiture, Benserade, Chapelain, de Nervèze, etc.

Voici, par exemple, un échantillon du style précieux de ce
dernier, une phrase d'ailleurs à peu près inintelligible :

« C'est l'heure fatale de la mort de mes espérances ; l'amour et
« la discrétion, contestant le gouvernement de ma vie, m'avaient
« armé le cœur de désir et de crainte ; les armes de l'un étaient
« approuvées de mon repos ; celles de l'autre justifiées de ma
« raison ; laquelle prononce la sentence de . mon exil et me
« donne ce qui reste de ma liberté pour faire mon voyage. »

Ce serait une anthologie curieuse que celle qui serait composée
en recueillant les échantillons successifs de cette maladie du
style. (Voir par exemple le *Polyandre* de Sorel, les *Amours de
Lydian* de des Escuteaux.)

Quelles sont donc les causes de cette bizarre affectation ? Il faut
les chercher dans la sociabilité, dans le tempérament et dans
le caractère national ; l'influence des femmes y a beaucoup
participé également. Cela est si vrai que c'est une femme,
la marquise de Rambouillet, qui donne le branle. Ecoutons,
sur la question de l'influence féminine, le témoignage de Huet,
évêque d'Avranches :

« La politesse de notre galanterie, dit-il, vient, à mon avis, de
« la grande liberté dans laquelle les hommes vivent avec les
« femmes. Elles sont presque toutes recluses en Italie et en
« Espagne, et sont séparées par tant d'obstacles qu'on ne leur
« parle presque jamais : de sorte qu'on a négligé de les cajoler
« agréablement, parce que les occasions en étaient rares. L'on
« s'applique seulement à surmonter les difficultés · de les
« aborder, sans s'amuser aux formes. Mais, en France, les
« dames vivant sur leur bonne foi et n'ayant point d'autres
« défenses que leur vertu et leur propre cœur, elles s'en sont
« fait un rempart plus fort et plus sûr que toutes les clefs, que
« toutes-les grilles, que toute la vigilance des duègnes. Les
« hommes ont donc été obligés d'attaquer ces remparts par
« les formes, et ont employé tant de soins et d'adresse pour
« les réduire qu'ils s'en sont fait un art presque inconnu aux
« autres peuples. »

Il serait difficile de dire plus de choses en moins de mots. La galanterie et, partant, l'affectation et la préciosité sont donc un mal nécessaire dans notre pays, et un mal dont il ne faut sans doute pas se plaindre.

Un nom déjà plusieurs fois prononcé est celui de la marquise de Rambouillet, la première et la plus célèbre des précieuses. Disons un mot de son rôle.

Catherine de Vivone, fille unique de Jean de Vivone, marquis de Pisani, ambassadeur de France à Rome, et de Giulia Savelli, grande dame romaine, naquit à Rome pendant l'ambassade de son père, en 1588 ; on la maria en 1600, à l'âge de douze ans, à Charles d'Angennes, marquis de Rambouillet, vidame du Mans, capitaine d'une des compagnies de cent gentilshommes de la maison du roi.

Ce mariage ne resta pas stérile, puisqu'il en naquit sept garçons et cinq filles, dont plusieurs ont leur portrait dans le *Grand Cyrus*.

La marquise de Rambouillet habitait rue Saint-Thomas-du Louvre, entre le Louvre et les Tuileries, près de l'hôtel de Longueville ; c'est elle-même qui fit construire son hôtel et sur ses plans, ainsi que nous le rappelle Mlle de Scudéry qui représente la marquise sous le nom de Cléomire :

« Cléomire s'est fait faire un palais de son dessin qui est un
« des mieux entendus du monde, et elle a trouvé l'art de faire en
« une place d'une médiocre grandeur un palais d'une vaste
« étendue. L'ordre, la régularité, la propreté, sont dans tous ses
« appartements et à tous ses meubles ; tout y est magnifique chez
« elle, et même particulier ; les lampes y sont différentes des
« autres lieux ; ses cabinets sont pleins de mille raretés qui
« font voir le jugement de celle qui les a choisies. L'air est tou-
« jours parfumé dans son palais ; diverses corbeilles magnifiques,
« pleines de fleurs, font un printemps continuel dans sa chambre ;
« et le lieu où on la voit d'ordinaire est si agréable et si bien
« imaginé qu'on croit être dans un enchantement lorsqu'on y est
« auprès d'elle. »

On peut se rendre compte par cette page comme par beaucoup d'autres, de l'infinie séduction exercée par cette femme extraordinaire, et de la place exceptionnelle qu'elle tint dans l'histoire de la société polie de notre pays.

Nous avons encore le témoignage, sur la marquise, de la grande Mademoiselle qui, dans la *Princesse de Paphlagonie*, nous montre l'antre de la déesse d'Athènes, entouré de grands vases de cristal pleins des plus belles fleurs du printemps, qui durent toujours dans les jardins qui sont auprès de son temple, pour lui produire tout ce qui lui est agréable. Autour d'elle, il y a force tableaux de toutes les personnes qu'elle aime ; il y a aussi force livres sur des tablettes qui sont dans cette grotte : on peut juger qu'ils ne traitent rien de commun.

On pourrait relever certaines dispositions quasi modernes dans cet hôtel. Parlons donc un peu de la fameuse *chambre bleue* où se réunit le cercle des beaux esprits.

Cette chambre bleue était un grand cabinet ou salon (bien que ce dernier mot n'ait été employé que plus tard) ; elle était tapissée de velours bleu, encadré de bordures brochées en or. La mode était, jusque-là, aux chambres de couleur rouge ou tannée. Elle était située au rez-de-chaussée et éclairée du côté du jardin par de grandes croisées qui s'ouvraient dans toute la hauteur de l'appartement. A la suite de ce cabinet, il y en avait plusieurs autres qui s'ouvraient suivant l'affluence des personnes de la société, nous dit Fléchier. Ce genre de construction était alors extraordinaire. Ce fut aussi, paraît-il, la marquise de Rambouillet qui introduisit le goût des appartements à plusieurs pièces de plain-pied, de sorte que l'on entrait chez elle par une enfilade de salles, d'antichambres, de chambres et de cabinets.

On possède une description de l'hôtel de la marquise dans le *Grand Cyrus*, sous le nom de palais de Cléomire. Comme le dit Rœderer, il est important de ne pas confondre les cabinets de ce fameux hôtel avec les réduits, les ruelles, les alcôves, où plus tard s'assemblèrent les coteries, bourgeoises pour la plupart, qui copièrent les grandes dames.

Mais la marquise resta inimitable ; personne ne l'égala ; personne ne la remplaça ; ce fut une sorte de royauté qu'elle exerça, dans la première moitié du xviie siècle, avant celle de Louis XIV et de sa cour. Dès l'âge de vingt ans, elle avait renoncé aux bals, aux réunions, aux plaisirs bruyants ; elle s'était réservée pour le cercle choisi qui se réunissait chez elle. Elle était affligée d'une incommodité singulière, qui se manifesta surtout à partir de l'âge de trente-cinq ans : « Le feu, dit un contemporain, lui échauffait « le sang », puis le soleil produisit chez elle le même effet. Ces espèces de vapeurs lui furent très pénibles, « personne n'ayant « jamais autant aimé à se promener et à considérer les beaux « endroits du paysage de Paris », nous dit Tallemant. Elle est donc réduite à demeurer chez elle, et à ne pas se chauffer : c'est ce qui l'amène à emprunter aux Espagnols l'usage de l'alcôve et à provoquer ainsi une petite révolution dans les mœurs.

Il reste, de tout cela, de curieux témoignages ; entre autres celui de Mlle de Scudéry :

« Cléomire, parmi tant d'avantages qu'elle a reçus des dieux, a
« le malheur d'avoir une santé délicate que la moindre chose
« altère, ayant cela de commun avec certaines fleurs qui, pour
« conserver leur fraîcheur, ne veulent être ni toujours au soleil
« ni toujours à l'ombre, et qui ont besoin que ceux qui les cul-
« tivent leur fassent une saison particulière, qui, sans être froide
« ni chaude, conserve leur beauté par un juste mélange de ces
« deux qualités. Cléomire, ayant donc besoin de se conserver,
« sort beaucoup moins de chez elle que les autres dames de
« Tyr. »

Dans le monde des précieuses, les salles de réception étaient
au rez-de-chaussée; au premier étage étaient les chambres à
coucher ; sur une estrade se dressait le lit séparé du reste de la
chambre par une sorte de balustrade. Les dames souvent recevaient couchées ou, si elles étaient levées, devant leur lit, et
personne ne se trouvait choqué de cette liberté au xvııe siècle.
Les espaces compris de chaque côté du lit étaient appelés
ruelles : l'une de ces ruelles était réservée aux domestiques pour
le service ; l'autre, garnie de sièges, carreaux, placets, tabourets,
chaises, fauteuils, était réservée aux visiteuses ; les visiteurs, le
plus souvent, préféraient s'asseoir sur leurs manteaux ou sur
la balustrade qui séparait le lit du reste de la chambre. Il est
évident qu'on a dû donner aussi, par extension, le nom de ruelle
à l'espace qui s'étendait devant le lit.

Au temps de Molière, les ruelles les plus célèbres étaient
celles de Salmis, Mlle de Sully; de Sarraide, Mme de Scudéry ; de
Sophie ou Sapho, Mlle de Scudéry (samedi) ; de Célie, Mme de
Choisy ; de Stratonice, Mme Scarron, qui plus tard sera Mme de
Maintenon; de Sophronie, Mme de Sévigné ; de Tiridate, l'abbé
Testu, etc.

Des gravures du temps nous représentent exactement ce
qu'étaient ces ruelles, et, ici, nous pouvons exprimer un vœu :
qu'on reconstitue à Versailles une chambre de précieuses selon
le xvııe siècle.

Les véritables débuts du salon de Mme de Rambouillet remontent à 1617 ou 1618 ; la renommée ne lui vint què plus tard.
Dans une première phase, c'est-à-dire jusque vers 1629, l'hôtel
recevait de grands seigneurs et des hommes de lettres : le marquis de Vigean, le marquis de Sablé, le duc de la Trémoille,
Richelieu, le cardinal La Valette, Malherbe, Racan, Gombauld,
Chapelain, Vaugelas, Godeau, le cavalier Marini, et, un peu plus
tard, Voiture, Balzac, Segrais. Parmi les dames, Mlle Paulet,
surnommée la Lionne, à cause de ses cheveux d'un blond hardi ;

Mlle de Vigean, aimée du grand Condé, et les quatre filles de la marquise, dont la plus célèbre, Julie d'Angennes, fut plus tard Mme de Montausier, en 1645.

C'est vers 1630 que le salon de Mme de Rambouillet brille du plus vif éclat; le cercle s'est élargi. Dans les années qui suivent, le grand Condé, Saint-Evremond, Mlle de Scudéry, la présidente Aubry, Sarrazin, Patru, Conrart, Georges de Scudéry, Mairet, Colletet, Ménage, Benserade, Cotin, Desmarets, Rotrou, Scarron, P. Corneille y ont pris place ; le jeune Bossuet, à seize ans, s'y fait entendre et admirer.

Mais, à partir de 1640, commence le déclin, malgré l'arrivée de Mme de Sévigné et de Mme de La Fayette. Les habitués peu à peu disparaissent ; la solitude se fait autour de la marquise qui meurt en 1665, n'ayant plus qu'un petit cercle de fidèles. — Ce n'est guère à elle que pouvait songer Molière en écrivant les *Précieuses ridicules.*

L'influence du salon de Mme de Rambouillet ne se manifesta pas seulement dans le langage, mais aussi dans les mœurs, dans les idées, dans les sentiments : on y retrouve l'idéal de délicatesse et de politesse qui s'était éclipsé pendant la durée des luttes religieuses; l'art de la conversation renaît, et il est mené à sa perfection. — Toutefois, cela ne va pas sans quelques défauts. Il faut reconnaître pourtant qu'il n'y avait encore là rien de choquant, rien qui puisse provoquer la satire ; il est aisé de noter quelque maniérisme, quelque affectation ; on est « précieux », comme on sera plus tard distingué. L'exagération commence après la marquise : ses filles sont les coupables, Julie et Mme de Grignan, qu'il ne faut pas confondre avec la fille de Mme de Sévigné, et qui s'évanouissait quand elle entendait un méchant mot.

Après le déclin du salon de la marquise de Rambouillet, de 1645 à 1650, Mlle de Scudéry essaie de prendre sa succession en 1652. La Fronde a nui au développement de la préciosité ; après la paix, un nouvel effort est tenté vers la sociabilité et la vie mondaine. Mais la préciosité, après 1650 ou 1652, change sensiblement de caractère ; les milieux se font plus bourgeois ; c'est à ce moment que s'introduit la mode du jour. Mlle de Scudéry reçoit le samedi, chez elle, rue de Beaune. Cette dernière me semble avoir été mal jugée. Elle eut, sans contredit, le don de la conversation ; dans ses romans, on retrouve d'intéressantes idées, trop méconnues, par exemple sur l'éducation des femmes. On ne lui a pas pardonné ses ouvrages en dix volumes, son incroyable prolixité, mais c'est être bien injuste : il fallait sans doute cette diffusion avant d'arriver à la concision de La Bruyère. Larroumet,

notamment, se montre très sévère pour Mlle de Scudéry qu'il
accuse de fausse finesse, fausse délicatesse, fausse distinction,
fausse galanterie, de dédain du simple et du naturel, de pédante-
rie littéraire, d'affectation dans le langage et les sentiments.

M. Belmont a récemment retrouvé des documents inédits sur la
société et la littérature précieuses, publiés par lui dans la *Revue
d'histoire littéraire de la France* (octobre-décembre 1902), sous le
titre suivant : Extraits de la chronique du samedi, publiés d'après
le registre original de Pellisson (1652-1657) ; — et M. Belmont
nous annonce en préparation un ouvrage sur Mlle de Scudéry, sa
vie, son œuvre, son salon. Voici comment, déjà, il la caractérise :
«... Parmi tout cela, beaucoup de charme et de fadeur, des
« trésors de candeur, un grand fonds de délicatesse morale, un
« goût excessif de divertissement sentimental, et le désir qu'é-
« prouvent des gens prodigieusement inoccupés de développer un
« décor romanesque autour de la quiétude de la vie la plus
« bourgeoise et la plus doucement monotone qui fût. »

Les attaques contre les précieuses commencèrent dès 1652 et
bien avant la critique de Molière, car elles étaient devenues fort
nombreuses, et leur préciosité, s'étant répandue, s'était aussi
vulgarisée et gâtée ; le triage des habitués était devenu moins
sévère, et les nouveaux salons avaient prétendu renouveler les
cours d'amour du Moyen Age qui n'ont jamais existé. L'un des
premiers satiriques qui s'attaquèrent aux précieuses fut Scarron,
dans une *Epître chagrine* à Mgr le maréchal d'Albret :

> Mais revenons aux fâcheux et fâcheuses
> Au rang de qui je mets les précieuses,
> Fausses s'entend, et de qui tout le bon
> Est seulement un langage ou jargon,
> Un parler gras, plusieurs sottes manières,
> Et qui ne sont enfin que façonnières,
> Et ne sont pas précieuses de prix,
> Comme il en est deux ou trois dans Paris,
> Que l'on respecte autant que des princesses ;
> Mais elles font quantité de singesses
> Et l'on peut dire avecques vérité
> Que leur modèle en a beaucoup gâté.

En 1654 paraît la *Carte de Tendre*, et, la même année, la satire
de l'abbé d'Aubignac, sous ce titre : *Nouvelle histoire du temps,
ou relation du royaume de Coquetterie*, avec une carte du
royaume de Coquetterie qui n'offre aucune ressemblance avec
celui de Tendre. Presque tout l'effort des commentateurs a porté
sur Somaize, qui seul se trouve ainsi connu, beaucoup trop

exclusivement. L'abbé de Pure, en 1656, donne aux comédiens italiens *La Précieuse*, pièce aujourd'hui perdue ; il publie aussitôt un roman en quatre volumes que nous possédons et où il traite du même sujet. Quoi qu'on en ai dit, il y a bien un rapport sur ce point entre Molière et l'abbé de Pure, qui, trois ans avant le grand comique,a posé la question des précieuses.

La réputation qu'on lui a faite est vraiment imméritée. Larroumet, qui se montre très dur pour lui, commet une étrange confusion lorsqu'il voit dans le roman de l'abbé de Pure une apologie des précieuses, à cause d'un hommage rendu à Mlle de Scudéry. Le roman au contraire, écrit avec soin, contient de fines analyses et des aperçus remarquables : il tombe lui-même, il est vrai, dans la recherche et la préciosité ; mais le sujet le comporte et l'exige. On y trouve, enfin, les données les plus utiles et les plus véridiques sur les mœurs de l'époque. On a été effrayé, comme cela arrive souvent, par les quatre gros volumes de l'ouvrage, et on s'est dispensé de les lire.

Or le roman de l'abbé de Pure nous fait connaître précisément quelle était à peu près sa pièce perdue de *La Précieuse* par une analyse qui y est contenue.

Somaize déjà avait accusé Molière de plagiat au préjudice de l'abbé. M. Jules Couët, il y a quelques années, a montré dans *Le Moliériste* (II, 139) les rapports exacts des deux ouvrages : dans l'une et l'autre pièce, celle de l'abbé de Pure et celle de Molière, deux valets se déguisent pour plaire à deux femmes et sont, à la fin, rossés par leurs maîtres. Il y a seulement cette petite différence que, dans la première, les valets agissent à l'insu de leurs maîtres et que, dans la seconde, ils sont envoyés par eux.

C'est quelque chose déjà. Mais il y a plus. Le résumé de la pièce contenu dans le roman nous présente une jeune femme, Aurélie, courtisée par deux cavaliers à la fois. L'un est sur le point de la conquérir, l'emmène à la comédie, aux fêtes, fait des vers pour elle, la tient au courant des nouvelles de la cour et de la ville, des ouvrages nouveaux, etc., lorsqu'une de ses amies conduit l'aimable personne au théâtre des Italiens. Et, ici, le résumé de la pièce nous donne des renseignements précis dans le récit d'Aurélie :

« Vous savez la manière et l'air de ce théâtre, l'esprit et la liberté
« des acteurs. Véritablement, j'eus le repentir tout entier de ma
« curiosité. Car je n'eus pas plutôt vu paraître un poète contrefait
« que, sans avoir besoin de ces fréquents regards que celle qui
« me donnait la comédie m'adressait de temps en temps, je

« connus bien que l'on m'avait jouée sur le théâtre, et que ma
« passion avait été exposée au peuple pour m'en faire concevoir,
« par un conseil public, une honte particulière. J'avoue que le
« dépit et la colère s'élevèrent dans mon âme avec quelque sorte
« d'impétuosité, et je n'eus pas assez de force sur moi-même pour
« retenir cette indignation que j'avais de l'affront que je recevais
« de Gélasire tout ensemble et de ma parente. »

Donc, contrairement au dire de Somaize, nous ne voyons point
dans cette pièce deux femmes, deux valets, non plus que leurs
maîtres, mais seulement une précieuse, — prototype de Magdelon, — un faux poète, — quelque Mascarille, — et un galant
effectif et de condition, — un La Grange.

Cette comparaison nous fait constater, une fois de plus, les
services que peuvent rendre encore ces vieux romans si peu
lus...

Le roman de l'abbé de Pure est d'ailleurs, contrairement à ce
qu'on a dit et à ce qu'on pourrait croire, antérieur à la pièce.
Il parut en 1656, sous le titre suivant : « La Prétieuse ou le Mystère
de la Ruelle, dédiée à telle qui n'y pense pas, achevé d'imprimer le
15 juin 1656, privilège du 14 décembre 1655. » — Il est divisé
en quatre parties de 5 à 600 pages chacune.

Le frontispice nous présente un alcôviste et deux précieuses ;
les précieuses sont dans leur chambre ; le lit y est exhaussé de
deux marches, le chevet contre le mur, comme aujourd'hui nos
lits de milieu. Les personnages se tiennent devant l'extrémité
libre du lit ; le cavalier sur un tabouret ; les deux précieuses
assises, l'une sur une espèce de pliant à dossier, l'autre sur la
marche supérieure. Dans l'une des ruelles, on aperçoit une table
de toilette avec un flambeau, une glace, etc.

Dans le roman, les précieuses — pouvons-nous dire les fausses
précieuses ? — sont dénoncées avec une énergie non exempte de
rudesse. L'auteur donne dans son livre une description complète
de l'espèce des précieuses et de ses variétés ; il décrit leurs
occupations, leurs intrigues, leurs travers, les déchirant sans
pitié et sans scrupule. S'il ne les nomme point, il annonce qu'un
jour il fournira des clefs, et, vraiment, on peut dire que ce serait
un soin inutile, les allusions étant assez claires pour être
devinées sans aide.

Cousin fait de ce roman un libelle, un pamphlet qu'il prétend
plus méchant que spirituel. C'est une appréciation absolument
erronée, comme on le verra. Le roman débute par une conversation entre Philonime, homme du monde, poète à ses heures,
et Agathonte, femme bel esprit, à qui justement il a adressé

quelque production poétique. Sans s'occuper du sentiment qui y est exprimé, Agathonte en fait une curieuse critique et appuie sa sévérité de l'opinion d'Eulalie et de quelques-unes de ses amies : Eulalie, Mélanire et Sophonisbe, qui doivent justement se réunir le lendemain chez la docte Aricie. Agathonte offre de lui faire connaître le moyen d'établir sa réputation parmi les « précieuses ».

A ce mot ignoré, explications piquantes : « C'est un mot du « temps qui a cours aujourd'hui, comme autrefois celui de prude, « et depuis celui de feuillantine. Ainsi, aujourd'hui, on appelle « les prétieuses certaines personnes du beau sexe qui ont su se « tirer du profit commun des autres, et qui ont acquis une « espèce de rang particulier. » — « Font-elles corps parmi elles ? « demande Philonime. S'assemblent-elles en lieux et temps « réglés ? Ont-elles d'emploi et d'objet fixe ? Et, si j'ose pousser « plus avant ma curiosité, ont-elles du mérite ? Car de penser « qu'il y ait des femmes si épurées des sens et si fort attachées « aux intérêts de l'esprit, cela me fait grand'peine et surtout « quand j'entends les mettre en nombre, comme vous m'avez « fait entendre qu'elles sont plusieurs. »

C'est, dans tous ces développements, la question des femmes qui reparaît très nettement. La querelle de la préciosité s'y rattache directement et étroitement.

Agathonte promet, pour l'instruire, de le mener le lendemain à une assemblée de précieuses qui doit avoir lieu chez Aricie ; surviennent Mélanire et Sophonisbe, qui font un récit fort amusant de la réunion d'où elles arrivent et où elles ont passé l'après-midi : « Nous n'avons pas oüy dire une chose raison- « nable ; c'estoit la plus grande pauvreté du monde ; il n'y « avoit plus moyen d'y durer ; l'impatience nous a prise : « Sophonisbe, avec toute sa prudence, a pensé mille fois s'éva- « noüir ; il n'y avoit qu'un pauvre abbé assez bien intentionné « et qui s'efforçoit de dire de bons mots, les uns qu'il savoit « d'autruy, les autres qu'il tiroit avec assez de présence, mais « si grossièrement et par un effort si visible que la chose, « quoyque bonne, dégoustoit incontinent. Mais le bon de l'af- « faire, c'est que ce druide rendoit ces oracles dans une forest « où l'on ne voyoit que des troncs et des souches éternellement « muettes, si le vent du bureau n'y faisoit par secousses « quelque espèce de bruit... »

Et plus loin le récit de la réunion, avec d'abondants détails de toute sorte, d'une rare précision, qui éclairent de la façon la plus sûre la psychologie de l'époque.

C'est d'alors que date la mode du « jour », ainsi qu'il est prouvé par ce texte peu connu :

« Ils partirent tous deux pour aller chez Aricie, qu'ils trouvèrent très préparée à recevoir la compagnie ; car c'estoit son jour. Je dis que c'estoit son jour, parce que l'on observe maintenant, pour la commodité du public, cette manière de rendez-vous. Un jour est pris par l'une, et l'autre par l'autre ; de sorte que quiconque veut avoir une conversation ou la rencontre d'une dame n'a plus besoin de confident ny de poulet pour convenir du rendez-vous pour soulager sa peine. Il n'a qu'à scavoir un certain calendrier de ruelle et la liste de celles qui y ont séance, et sans se servir que des prétextes publics, aller rejoindre au gré de ses désirs les personnes chéries. Cette invention fut l'ouvrage d'une nymphe du siècle, qui, par le succès de son dessein, donna grand progrès à cette mode. Depuis, cela s'est tourné en obligation et depuis en nécessité. L'obligation estoit un peu sévère, car, outre que celle qui estoit de jour à recevoir la compagnie ne s'en pouvoit pas dispenser mesme par maladie de père ny de mère, encore moins de mary et d'enfans, mais seulement par la perte, l'absence ou l'affliction d'une chose aimée, elle estoit obligée de tenir la chambre, mesme un jour de divertissement, quand une entrée de quelque homme illustre, une joute, un feu d'artifice, un ballet ou une comédie extraordinaire, l'eût appelée ailleurs... »

« Les « doctes en ruelles » consultés ne peuvent se mettre d'accord sur les cas de dispense, mais rejetent d'un commun mouvement la maladie du mari ou des enfants comme une cause valable empêchant la précieuse, à son jour, de tenir ruelle. »

La satire, vous le voyez, est singulièrement vive et spirituelle.

La réunion a donc lieu chez Aricie : il y a là des pages fort curieuses sur le jargon philosophique et symbolique des précieuses ; un exposé d'une carte de l'empire d'Amour qui constitue une satire certaine de la carte de Tendre. Quand Cousin prétend qu'au lieu d'une satire, c'est là un panégyrique de Mlle de Scudéry, il commet une erreur qui fait douter qu'il ait seulement lu notre texte :

« Il y a d'un autre côté la vallée des Plaisirs, le marais des Coquettes et deux autres très petites îles détachées dont l'une s'appelle des Vertueuses, l'autre des Raisonnables ; mais encore sont-elles presque désertes. La latitude de cet empire se prend depuis la Protestation du Secret jusqu'à la Trahison du Babil. »

Et puis suivent encore un discours sur la Bonté, certaines données imprévues sur le théâtre contemporain, notamment sur celui de Corneille.   C. R.

Poètes français du XIX° siècle
qui continuent la tradition du XVIII°

Cours de **M. ÉMILE FAGUET**,

Professeur à l'Université de Paris.

Charles Loyson (*fin*).

Je vous ai déjà prévenus, dans ma dernière leçon, que Charles
Loyson était un poète intermédiaire, un poète de transition, classique avant tout et continuateur du XVIII° siècle, mais offrant
parfois, comme La Harpe, Colardeau ou Parny, des teintes et
comme des lueurs naissantes de la grande poésie romantique qui
va commencer. C'est, précisément, ce caractère d'ambiguïté et
d'incertitude, en quelque sorte, qui constitue pour nous le principal intérêt des œuvres poétiques de Charles Loyson.

Nous examinerons d'abord en lui, si vous le voulez bien, le
poète classique et *académique*, puisqu'aussi bien son poème *sur le
Bonheur de l'étude*, dont je vais lire quelques passages, a obtenu
l'accessit du prix de poésie décerné par l'Académie française,
dans sa séance du 25 août 1817. Le poème *sur le Bonheur de
l'étude*, ou plus exactement « sur le Bonheur que procure l'étude
dans toutes les situations de la vie », est écrit dans le goût du
XVIII° siècle : c'est une œuvre sage, réfléchie, rationnelle. Ce
poème pourrait tout aussi bien être signé de La Harpe ou de tel
autre de ses émules. Il ne manque point d'agrément, bien qu'il
soit composé comme une dissertation ; et les vers ont du tour, de
la précision et parfois de la force.

De ce poème, je vous citerai d'abord un passage sur l'astronomie, passage très caractéristique, ressortissant à toute cette
poésie didactico-scientifique, si fort en honneur à la fin du
XVIII° siècle et dont j'ai eu l'occasion de vous montrer de nombreux spécimens de Colardeau à Delille :

> Toutefois, ce sont là de vulgaires miracles ;
> La Nature m'invite à de plus grands spectacles.
> Quel sublime mortel, d'un vol audacieux,
> Avec lui, tout à-coup m'emporte dans les cieux ?
> C'est Newton : je le vois qui couronne sa tête
> De mille astres brillants devenus sa conquête.

— Newton, vous avez souvent pu le noter, est véritablement, je ne dirai pas la Muse, — ce serait bizarre, — mais, si vous voulez, le dieu de tous les poètes à prétentions philosophiques de notre xviiiᵉ siècle, y compris Voltaire...

Dans le centre du monde, un compas à la main,
D'un air tranquille et fier il s'assied, et soudain
Tous ces globes, errant sous d'éclatantes voûtes,
A sa puissante voix reconnaissant leurs routes,
L'un par l'autre attirés, accomplissant leur cours,
Toujours près de le rompre et le suivant toujours,
Bientôt à mes regards des cieux inconnus s'ouvrent,
Des régions sans fin devant moi se découvrent,
Carrière illimitée, où par les mêmes lois
Mille univers flottants se meuvent à la fois.
Je vois de tous côtés, dans ces plaines profondes,
Autour d'autres soleils graviter d'autres mondes ;
Et lorsque, pour peupler les espaces déserts,
Je suis las d'enfanter de nouveaux univers,
Le vide encor s'étend, et, dans son sein immense,
Par delà l'infini l'infini recommence.

— Beaux vers qui annoncent déjà Lamartine et la pièce de l'*Infini dans les cieux*. Loyson, vous le voyez, commence à prendre la science par son côté émotionnel, et c'est en cela qu'il se distingue de Delille, moins sensible que lui, et qu'il donne assez bien la note qui sera celle de la plupart des poètes romantiques...

Eperdu, je m'arrête, et j'aperçois partout
Dieu qui soutient, dirige, enferme et borne tout.
Mais au-dessus des cieux dans les degrés de l'être,
Et plus grand que les cieux, puisqu'il peut les connaître,
Mon esprit étonné lui-même s'offre à lui ;
Mystérieux abîme où mon œil ébloui,
Sous le voile sacré d'un éclatant nuage,
De la divinité découvre encor l'image.
Alors j'ose, en tremblant, contempler sa grandeur,
Et de l'éternité sonder la profondeur.
Mais ma faible raison se confond et succombe,
Et, dans un saint effroi, sur soi-même retombe.

La déclamation mise à part, ce passage nous fait songer aussi à la pièce de Victor Hugo intitulée l'*Abîme*, dans la *Légende des Siècles*. Annoncer Lamartine et Hugo n'est point un faible mérite pour un poète de l'école de Delille.

Je vous citerai encore dans ce même poème un autre passage, consacré, naturellement, au charme de l'étude dans la vieillesse : sans doute, les idées que Loyson y développe ne sont pas profondément originales ; le morceau était trop attendu ; mais, enfin, le vieux thème du *De Senectute* de Cicéron y est assez

agréablement renouvelé. — Heureux, ô Muses, dit le poète, celui
qui peut savourer vos délices dans son jeune âge ; mais heureux
aussi...

> Heureux encor, heureux, alors que les années
> De l'homme déjà mûr fixent les destinées,
> Celui qui dans vos bras cherchant un doux repos,
> Y vient de temps en temps oublier ses travaux,
> Son état, ses projets, les affaires publiques,
> Les soins, peut-être, hélas ! les chagrins domestiques !
> Plus heureux le vieillard, dans l'âge des dégoûts,
> Qui, de tout dépouillé, retrouve tout en vous.
> Seul, souffrant, sans appui, réduit à sa faiblesse,
> Quel baume adoucirait les maux de sa vieillesse ?
> Le temps jusqu'en leur source a tari ses plaisirs,
> Glacé son espérance et même ses désirs.

— Voilà d'excellents vers classiques, dans le goût de Boileau,
et qu'aurait corrigés, — légèrement, — La Fontaine...

> De ses sens tour à tour son âme abandonnée
> En elle-même, enfin, languit emprisonnée,
> Et même avant la mort semble déjà mourir.
> Oh ! que vienne l'étude alors le secourir !
> Pour lui le monde entier renaîtra dans un livre ;
> Insensible aux assauts que l'âge en vain lui livre,
> Il peut braver l'ennui, le temps et sa rigueur ;
> Son âme, en s'exerçant, entretient sa vigueur ;
> Dans ses veines toujours un jeune sang bouillonne,
> Et Sophocle, à cent ans, peint encore Antigone !

Il est douteux que Sophocle soit arrivé jusqu'à sa centième
année, et, par suite, qu'il ait peint Antigone à un âge aussi
avancé ; mais cela nous importe fort peu en cette circonstance,
et ces vers de Loyson ont vraiment belle allure.

La fin du poème est aussi très personnelle et vaut d'être citée :

> Infortuné ! que dis-je, et quel espoir m'abuse ?
> Reine des doux concerts, Calliope, ô ma Muse !
> O toi, qui d'un regard honores mon berceau,
> Que je veux invoquer jusqu'au bord du tombeau,
> Viens, ah ! viens, de tes sœurs emprunte tous les charmes.
> Vous avez, je le sais, essuyé bien des larmes ;
> Vous avez soutenu des grands dans leurs revers,
> Des sages dans l'exil et des rois dans les fers !
> Pour des maux plus cruels aurez-vous un remède ?
> Voyez ce malheureux que votre amour possède ;
> Jeune encor, et déjà de langueur accablé,
> Loin de vos bois chéris ses maux l'ont exilé.
> Souvent son sang s'allume et son œil étincelle ;
> Il prend encor son luth ; mais sa force infidèle
> De son enthousiasme a trahi les élans.

Ainsi le voyageur dans les déserts brûlants,
Couché près d'une source où sa soif peut s'éteindre,
Dans d'impuissants efforts meurt sans pouvoir l'atteindre.
Adieu, plaisirs divins ! adieu, charmants accords,
Qui de son âme ardente enflammiez les transports !
Adieu, chères erreurs ! adieu, douce fumée !
Songes de l'avenir, gloire, éclat, renommée,
Noble orgueil du talent qui croit sentir son prix ;
Et vous, ô ses travaux, vainement entrepris !
On arrache sa lyre à sa main affaiblie,
Et pour sauver ses jours on veut qu'il vous oublie.
Eh ! que lui font sans vous des jours infortunés,
Dans l'éternelle nuit en silence entraînés ?
Lâches avis ! non, non, qu'il brille et se consume !
C'est pour périr bientôt que le flambeau s'allume ;
Mais il brûle, un moment, sur les autels des dieux.

Ces deux derniers vers sont vraiment très beaux. Sainte-Beuve raconte que Guizot les cita, un jour, à Villemain, après un vibrant discours qu'il venait de prononcer et qui l'avait exténué de fatigue : « Pourquoi vous dépenser ainsi, lui dit Villemain, et compromettre imprudemment votre santé ? » — Guizot, immédiatement, répondit par cette simple citation de Loyson :

C'est pour périr bientôt que le flambeau s'allume ;
Mais il brûle, un moment, sur les autels des dieux.

Il faut reconnaître que ces vers sont dignes d'un grand poète. — Cependant quelque chose nous déroute un peu dans le passage que je viens de lire ; le morceau est un peu gauche, et je crois en deviner la raison : c'est que Loyson, dans ce poème personnel, n'a pas osé dire « *je* » ; il parle à la troisième personne ; il dit « *il* » ou « *le poète* » quand il devrait dire *moi*. Cela donne un peu d'incertitude et de froideur à ce poème, qui pourtant est loin d'être froid et qui est presque le meilleur de Charles Loyson.

Les poèmes qui suivent n'ont pas les mêmes élans ; je vous lirai pourtant un passage de l'ode intitulée *La Conjuration de 1812*. Il s'agit, comme vous le devinez, de la conspiration du général Mallet ; Charles Loyson avait vu périr un de ses amis, nommé Boutreux, dans cette conspiration contre Napoléon, contre cet empereur que le monarchiste Loyson appelait évidemment un usurpateur. C'est à cette occasion que le poète composa la pièce dont je vous lis quelques fragments :

L'avenir dirait donc : pour venger leur patrie,
Des Français d'un tyran bravèrent la furie ;
Le trépas fut le prix d'un dévouement si beau ;
Où sont les monuments de ces nobles victimes ?

35

> Leurs ombres magnanimes
> Méritaient des autels, et n'ont pas un tombeau !

— C'est tout à fait le lyrisme à la manière de Malherbe : Loyson construit la strophe en véritable classique...

> Non, nous ne voulons point qu'une telle souillure
> Aille flétrir nos noms dans la race future ;
> Vous serez honorés, mânes de nos vengeurs !
> Sous un marbre commun vos dépouilles sacrées,
>   A jamais révérées,
> Iront de siècle en siècle attester nos douleurs.

> Et si... mais loin de nous ces présages funestes !
> Si jamais, de ces feux ressuscitant les restes,
> La discorde attaquait et le trône et les lois ;
> Armés pour foudroyer ses lignes criminelles,
>   De vos cendres fidèles
> Nous viendrions apprendre à mourir pour nos rois.
> Ainsi vous recevrez nos éternels hommages ;
> Ainsi vos noms chéris vivront dans tous les âges,
> Des pleurs de la patrie à jamais honorés.
> Trop heureux qui n'a point d'autres pleurs à répandre
>   Ni de douleur plus tendre
> A porter sur la tombe où vous reposerez !

> O triste et cher objet de deuil et de tendresse,
> Infortuné Boutreux ! tes vertus, ta jeunesse,
>   De tes assassins même ont ému la pitié !
> Mais je dois consacrer d'autres chants à ta gloire ;
>   Au temple de mémoire,
> Puissé-je unir nos noms unis par l'amitié.

La préparation de la strophe finale est un peu longue ; le poète, qui était parti avec assez de vigueur, s'est ralenti en chemin. Cependant la pièce vaut par l'émotion et la sincérité des sentiments exprimés.

Avec les *Epîtres* à Royer-Collard et à Maine de Biran, nous rentrons dans le genre de la *Musa pedestris*, de cette poésie de conversation que j'appelle une poésie à mi-côte. On a souvent attaqué ce genre intermédiaire, où l'écrivain cherche à unir la grâce et le naturel de la prose à la régularité musicale du vers. Etant assez éclectique de mon naturel, je n'irai point jusque-là : j'estime que la poésie charmante d'un Théognis, les satires et les épîtres d'Horace (*Sermones*), les comédies en vers suffisent à justifier ce genre. En tout cas, il a toujours existé, et l'on peut montrer ses titres, sinon démontrer sa légitimité essentielle.

Dans l'*Epître à Royer-Collard*, je choisis un passage intéressant sur l'homme en général :

Quelle voix dans mon cœur, quelle voix éternelle
De franchir cette enceinte, où l'on veut me fixer,
Me commande, et plus haut m'invite à m'élancer ?
Cet éclatant flambeau qui luit sur la nature
Désira-t-il jamais une clarté plus pure ?
Ou, dédaignant son cours, d'un vol ambitieux
Jamais prétendit-il éclairer d'autres cieux ?
Dans ce vaste univers chaque pièce assortie
Adhère en paix au tout dont elle est la partie ; ⟶
D'où vient que dans ce but, malgré moi confiné,
Seul à m'en séparer je me sens obstiné ?
Atome imperceptible, égaré dans l'espace,
L'infini m'engloutit, mais mon âme l'embrasse.

— On voit que Loyson, bon étudiant en philosophie, connaissait bien « ses auteurs ». La destinée de l'homme est, en effet, selon Royer-Collard, d'adhérer à l'ordre universel ; et Loyson met ce système en excellents vers...

Non, non ; soit que, m'offrant ses célestes clartés,
La foi, dans les humains, ces rois déshérités,
Du vice originel me découvre l'empreinte ;
Soit que, fermant les yeux à sa lumière sainte,
Ma raison substitue aux oracles divins
L'altière autorité de ses oracles vains,
L'homme cherchant en lui la moitié de son être,
N'est point tout ce qu'il fut ou tout ce qu'il doit être.
Noble et vil, ignorant et fait pour tout savoir,
Rien par ce qu'il possède, et tout par son espoir,
De force et de faiblesse admirable mélange,
Tantôt moins que la brute et tantôt plus que l'ange,
Tout montre, en ce chaos et brillant et confus,
Ou les biens qu'il attend ou ceux qu'il a perdus.

Lamartine ne fera que résumer ces idées, lorsqu'il dira :

Borné dans sa nature, infini dans ses vœux,
L'homme est un dieu tombé qui se souvient des cieux.

Seulement, ce que Loyson développe en une dizaine de vers, Lamartine le condense en une formule admirable de brièveté expressive.

Dans l'*Epître à Maine de Biran*, Loyson, naturellement, va mettre en vers de la psychologie, puisqu'aussi bien Maine de Biran est le fondateur de la psychologie moderne. Le poète décrit avec beaucoup de bonheur la solitude lointaine au sein de laquelle le philosophe se livre à ses méditations :

Charmant asile, et digne en effet d'un vrai sage !
O Biran ! que ne puis-je, en ce doux ermitage,
Respirant près de toi la liberté, la paix,
Cacher ma vie oisive au fond de tes bosquets !

> Que ne puis-je à mon gré, te choisissant pour maitre,
> Dans tes sages leçons apprendre à me connaître.
> Et, de ma propre étude inconcevable objet,
> De ma nature enfin pénétrer le secret !

— Vous connaissez la boutade célèbre d'après laquelle la psychologie consisterait à se mettre à la fenêtre pour se regarder passer. Il y a, dans cette saillie, une critique juste et profonde de la psychologie, et c'est ce qu'expriment fort bien les vers de Loyson...

> Lorsque mon âme, en soi tout entière enfoncée,
> A son être pensant attache sa pensée,
> Sur cette scène intime où je suis seul acteur,
> Théâtre en même temps spectacle et spectateur...

— Vers admirable de précision et de justesse, qu'on pourrait mettre en épigraphe en tête de tout traité de psychologie...

> Comment puis-je, dis-moi, me contempler moi-même,
> Ou voir en moi le monde et son auteur suprême ?
> Pensers mystérieux, espace, éternité,
> Ordre, beauté, vertu, justice, vérité,
> Héritage immortel dont j'ai perdu les titres,
> D'où m'êtes-vous venus ? Quels témoins, quels arbitres,
> Vous feront reconnaitre à mes yeux incertains
> Pour de réels objets ou des fantômes vains ?
> L'humain entendement serait-il un mensonge ?
> L'existence, un néant ? la conscience, un songe ?
> Fier sceptique, réponds : je me sens, je me voi :
> Qui peut feindre mon être et me rêver en moi ?

— Ces vers sont dignes d'un psychologue de premier ordre : n'y a-t-il pas en nous, en quelque sorte, un trompeur, un être qui rêve le libre arbitre, qui nous jette aux yeux l'illusion de la liberté personnelle ? Loyson pose toutes ces questions avec beaucoup de netteté dans d'excellents vers philosophiques...

> Confesse donc, enfin, une source inconnue,
> D'où jusqu'à ton esprit la vérité venue
> S'y peint en traits brillants, comme dans un miroir,
> Et pour te subjuger n'a qu'à se faire voir.
> Que peut sur sa lumière un pointilleux sophisme ?
> Descarte, en vain, se cherche au bout d'un syllogisme ;
> En vain, vous trouvez Dieu dans un froid argument :
> Toute raison n'est pas dans le raisonnement.
> Il est une clarté plus prompte et non moins sûre
> Qu'allume à notre insu l'infaillible nature,
> Et qui de notre esprit enfermant l'horizon
> Est pour nous la première et dernière raison.

Voilà encore une excellente définition de la raison intuitive, qui fut, comme vous savez, un des grands chevaux de bataille de Cousin. Vraiment Loyson déploie dans ces deux *Epîtres* de solides qualités de poète-philosophe, et, en tant que prédécesseur de Lamartine ou, si vous voulez, de M. Sully-Prudhomme dans cette voie, il méritait de nous arrêter.

J'arrive, maintenant, à des œuvres de plus courte haleine. Loyson a composé de petites pièces satiriques, qui ne sont pas très fortes et dont voici un spécimen que je détache de l'*Epître aux Femmes* ; c'est un passage assez intéressant sur le féminisme littéraire :

Aspirez, j'y consens, au rang de bel esprit.
Sévigné, La Fayette, et Staël, et plus d'une autre,
Que par discrétion je ne veux point nommer,
Dans d'aimables écrits toujours sûrs de charmer,
Sans renier leur sexe ont égalé le nôtre.
Je veux même, après tout, que parmi les docteurs
Vous alliez d'une ardeur un tant soit peu gothique
Secouer des Latins la poussière classique ;
Vous n'y perdrez du moins que le temps et nos cœurs.
Mais, pour venir enfin au point de ma censure,
Pouvez-vous des partis aigrir les passions,
Et fomenter les maux que la patrie endure,
En soufflant parmi nous le feu des factions ?
Wighs, tories, sont-ce là des noms faits pour les belles ?
Régir la république, est-ce donc un emploi
    Qui leur convienne ? et doivent-elles
Juger entre Bussi, les Guises et le roi ?
Votre rôle est plus doux, soyez-en satisfaites :
Régnez dans les boudoirs ; gouvernez les toilettes,
Et laissez dans les mains du prince et du sénat,
Laissez flotter sans vous les rênes de l'Etat.
Tandis qu'à gouverner votre zèle s'empresse ;
Qu'à régler le budget, la milice et la presse,
    Vous perdez des soins superflus,
L'empire des salons est en proie aux abus.
Qu'êtes-vous devenus, temps heureux de nos mères,
Où les soupers charmants, voués aux doux propos,
N'usurpaient pas le soin des publiques affaires,
Au timon de l'Etat laissant les ministères,
Les princes sur le trône et l'Europe en repos ?
Le potage, en entrant, accordait tout le monde ;
On riait, on chantait, on disait de bons mots ;
Le vin et la gaîté circulaient à la ronde ;
On parlait de beaux-arts, on se moquait des sots ;
On louait *Mahomet, Zaïre* était sifflée,
Et, lorsqu'enfin minuit séparait l'assemblée,
Jusques au lendemain à regret se quittant,
Chacun prenait sa canne et s'en allait content.

Ces vers ont assez belle allure et ne manquent pas d'agrément ; ils sont d'un homme qui connaît bien les secrets de son art.

Voici une autre pièce, l'*Epître à Mlle Pauline ***,* où Loyson, en vrai disciple de Florian ou d'Arnault, fait un long développement destiné tout simplement à amener l'épigramme finale ; aussi je me contente de vous lire les premiers vers et les derniers, qui suffiront à vous éclairer :

> Quel noir chagrin, jeune et douce Pauline,
> Quelle langueur vous consume en secret ?
> C'est trop longtemps m'en cacher l'origine,
> Ne craignez rien : consolateur discret,
> Si je ne puis dissiper vos alarmes,
> Peut-être au moins de l'aimable pitié
> A vos douleurs je mêlerai les larmes.

Voilà le sujet posé ; je saute une centaine de vers qui n'en finissent plus, et voici la fin à tournure épigrammatique :

> Pauline, enfin, c'est trop longtemps nous taire.
> De mes chagrins vous savez le sujet :
> A mon aveu par un aveu sincère
> Il faut répondre ; il faut que, sans mystère,
> A votre tour, de votre ennui secret
> Vous me rendiez aussi dépositaire.
> Oh ! que mon sort me paraîtrait heureux
> Si même mal nous tenait l'un et l'autre !
> Mais plût au ciel, pour combler tous mes vœux,
> Que le mien fut le remède du vôtre !

C'est du Dorat, du bon Dorat, ni plus ni moins.

Et voici maintenant, — je l'avais gardé pour la fin, — après le Loyson poète classique, après le Loyson poète didactico-philosophique, après le Loyson poète épigrammatique à la Dorat, voici, dis-je, le Loyson poète du xixe siècle, Loyson poète romantique sentimental. Selon le mot très juste de Sainte-Beuve, Loyson prélude, « avec un peu de pâleur », à la sensibilité élégiaque du *Lac* ou du *Vallon.* En 1817, sentant sa fin prochaine, Loyson écrit une pièce fort touchante, le *Jeune poète au lit de mort*, pièce d'accent lamartinien, et qui a, avec telle pièce de Lamartine, autre chose de commun que la similitude du titre :

> Cessez de me flatter d'une espérance vaine ;
> Cessez, ô mes amis, de me cacher vos pleurs.
> La sentence est portée : oui, ma mort est certaine,
> Et je ne vivrai plus bientôt que dans vos cœurs.
>
> Pour la dernière fois, j'ai vu briller l'aurore ;
> Pour la dernière fois, ce beau soleil m'a lui :
> Votre ami, succombant au mal qui le dévore,
> Sur le déclin du jour va s'éteindre avec lui.

Mais demain, quand, paré d'une splendeur nouvelle,
Le soleil triomphant rentrera dans les cieux,
Votre ami dormira dans la nuit éternelle
Et l'éclat du matin n'ouvrira plus ses yeux...

Eh ! bien, ces noirs sentiers, ces régions obscures,
Cette nuit du trépas, n'étonnent point mon cœur.
Vers le Dieu qui m'attend je lève des mains pures :
Ennemi du méchant, il est mon protecteur.

— Il y a, ici, un souvenir évident de Gilbert...

Couvrez mon lit de fleurs ; couronnez-en ma tête ;
Placez, placez ma lyre en mes tremblantes mains.
Je saluerai la mort par un hymne de fête ;
Vous, de mes derniers chants répétez les refrains.

Mais quel trouble s'élève en mon âme affaiblie ?
Pourquoi tombent soudain ces transports généreux ?
Mes regards, malgré moi, se tournent vers la vie,
Et ma lyre ne rend que des sons douloureux.

Malheureux que je suis ! je n'ai rien fait encore
Qui puisse du trépas sauver mon souvenir !
J'emporte dans ma tombe un nom que l'on ignore,
Et tout entier la mort m'enlève à l'avenir.

Malfilâtre ! Gilbert ! trop heureuses victimes,
Vous mourûtes frappés dans la fleur de vos ans ;
Mais, ravie au tombeau par quelques vers sublimes,
Votre gloire survit et triomphe du temps.

Hélas ! plus jeune encore et bien plus déplorable,
Sans pouvoir m'illustrer par de nobles efforts,
Sans laisser après moi nulle marque durable,
Je vais me réunir à la foule des morts...

Eh|! bien, écoutez donc mes paroles dernières ;
Approchez : sur ce lit, témoin de mes tourments,
Jurez à votre ami d'accomplir ses prières !
Mais non, je vous connais ; retenez vos serments.

Au moment où la mort va frapper ma jeunesse,
Par ce coup imprévu, des parents adorés
Perdront l'unique appui qu'attendait leur vieillesse :
Je vous lègue le soin de ces gages sacrés.....

Qu'ai-je fait en quittant leur modeste chaumière ?
J'ai dérobé ma cendre à leurs justes douleurs.
Je suis venu chercher une tombe étrangère,
Qu'ils ne pourront, hélas ! arroser de leurs pleurs.

Ah ! je m'en séparai dans une autre espérance.
Je voulais quelque jour, près de leurs cheveux blancs,
Leur rendant tous les soins qu'en reçut mon enfance,
D'amour et de bonheur entourer leurs vieux ans.

> Pourquoi vous retracer à ma triste mémoire,
> Doux rêves dont mon cœur en vain fut occupé ?
> Et mes rêves d'amour, et mes rêves de gloire,
> Tout fuit : toi seule, ô mort, ne m'auras pas trompé !

Ces vers sont, assurément, moins grandioses et moins séraphiques que ceux de Lamartine sur le même sujet : la sensibilité de Lamartine est plus céleste et moins humaine. Cependant la pièce de Loyson nous émeut par la sincérité de son accent.

Je terminerai en vous lisant quelques fragments d'un *Hymne à la Lune*; ils suffiront à vous montrer que Loyson a eu, comme Lamartine, le culte et l'adoration de la pâle Phœbé. La pièce n'est pas exempte de quelques développements assez froids sur le règne de Phœbé dans l'antiquité et sur le rôle protecteur de Lucine ; mais le début et la fin sont d'accent véritablement romantique :

> Salut, astre des nuits. Tandis que dans les cieux,
>   Suivant ta course irrégulière,
> Tu guides lentement ton char silencieux,
> Laisse-moi t'adresser ma nocturne prière,
>   Et du charme mystérieux
> Que répand dans ces bois ta paisible lumière,
> Anime doucement mes chants religieux.
>
>   Déjà, sur la hauteur voisine,
> Tu ne me montres plus ta rougeâtre clarté,
> Comme un grand bouclier dont l'orbe ensanglanté
> S'élève et s'arrondit au haut de la colline.
> Mais, loin de l'horizon, t'élevant par degré,
> Plus pâle et plus étroit, tu luis sur la nature,
>   Comme une flamme blanche et pure
>   Suspendue au ciel azuré.

— C'est du Musset ; vous savez que Musset, après s'être moqué des « amants de la nuit » dans sa première *Lettre de Dupuis à Cotonet* et après avoir écrit la *Ballade à la Lune*, Musset, guéri par la douleur, a fait à son tour, dans le *Souvenir*, un « lever de la lune » sur la forêt de Fontainebleau...

> Astre sacré des nuits, je te salue encore,
>   Soit qu'un riche et brillant anneau
> Etale autour de toi les couleurs de l'aurore,
> Soit que, sous des vapeurs que ta splendeur colore,
> Tu plonges à demi ton céleste flambeau...
> Salut, astre des nuits. En tes belles demeures,
> Goûtant ainsi que moi de solitaires heures,
>   Peut-être un de tes habitants
> Sur ce globe où je suis attache aussi sa vue,

> Et, l'œil plongé dans l'étendue
> De ces champs lumineux peuplés d'astres flottants,
> Sondant de l'univers l'immensité profonde,
> Célèbre la nature et le maître du monde.

Il y a là un accent nouveau, des sentiments nouveaux, en un mot, une poésie nouvelle, qui nous transporte bien loin de Delille et de Dorat.

Millevoye lui-même est déjà bien loin ; et Loyson, qui vient entre Millevoye et Lamartine, selon Sainte-Beuve, est « beaucoup plus rapproché de ce dernier par l'élévation et le spiritualisme des sentiments ».

Tel fut Charles Loyson, poète plein de noblesse et de cœur, et qu'une mort trop prompte est venu enlever aux lettres françaises. Il avait toutes les qualités d'un excellent poète : le temps seul lui a manqué pour les développer. La tristesse de sa destinée achève de nous le rendre sympathique ; il était de notre devoir de donner place, en ces leçons, à cet ancêtre des romantiques, aujourd'hui trop injustement oublié.

A. C.

Les discours judiciaires de Cicéron.

Cours de M. JULES MARTHA,

Professeur à l'Université de Paris.

L' « action ».

J'ai terminé l'examen des principales questions relatives à Cicéron avocat. Nous avons vu, au cours de ces leçons, comment il s'y prend pour instruire, *docere*, pour plaire, *delectàre*, pour émouvoir, *movere*. Avant de finir, je voudrais vous parler avec quelque détail de sa tenue quand il prononce un plaidoyer, de son intonation, des qualités de son débit, de ses gestes, bref de son extérieur, ou, pour me servir du terme technique de la rhétorique, de son *actio* (1).

⁂

A cet égard, ni les critiques anciens ni Cicéron lui-même ne nous renseignent positivement. Cependant, en cherchant bien, en rapprochant toute une série de petits textes, nous pourrons arriver peut-être à nous faire une idée, lointaine sans doute, suffisante pourtant, de ce qu'était l'*actio* de Cicéron.

Tout d'abord, vous pouvez comprendre, d'ores et déjà, que son *débit* était extrêmement varié. Cette conclusion ressort de nos études mêmes. Un plaidoyer de Cicéron n'a pas un caractère académique ; il n'est pas dit tout entier sur la même note, avec une majesté monotone, comme un sermon ou un discours de distribution de prix. Il présente, au contraire, des mouvements variés. L'exode est insinuant : c'est dans cette partie du discours que l'avocat cherche à se faire bienvenir des juges et à capter leur faveur. Le ton approprié sera donc, en général, celui d'une timidité feinte. La narration, qui suit, est écrite en style simple, *tenue genus dicendi*, c'est-à-dire, comme nous l'avons vu, en un style qui imite celui de la conversation courante, *consuetudinem imitans*. Elle devra donc être débitée sur un ton calme, sans pose ni embarras, au besoin avec une certaine bonhomie. Puis le

(1) C'était la cinquième partie de la rhétorique : d'après la théorie de l'Ecole, elle se subdivisait en « geste », *gestus*, et en « voix », *vox*. Sur son importance, voir *Brutus*, §§ 141-142, 215, 227, 234-239, 276, 317.

plaidoyer passe du récit à la discussion des preuves ; ici, l'avocat s'en prend à son adversaire : ce qui convient alors, c'est la vivacité du geste, les éclats de voix, les cris perçants. Dans une autre partie, nous avons de grands développements, de vastes idées générales, exprimés en périodes de cinq, six, dix lignes, embellies de figures et de métaphores ; pour les débiter, il faut prendre un ton plus emphatique et plus enflé. Enfin, dans les passages pathétiques, dans les péroraisons notamment, l'avocat emploie encore une autre forme de débit : sa voix se fait alors suppliante et pitoyable. Une lecture attentive des discours judiciaires de Cicéron prouverait donc que l'avocat, au lieu de les débiter tout entiers d'une façon monotone, était obligé au contraire de varier son débit.

Une autre conclusion ressort de cette lecture : c'est que l'avocat, en parlant, faisait des gestes. Il y a des phrases, des mots, qui en supposent. Voyez le début du *pro Roscio :* quand Cicéron s'écrie : *judices, hujusce innocentia,* etc..., il montre du doigt son client, assis non loin de lui : c'est de son innocence qu'il parle ; — quand il 'dit ensuite : *audacia illorum,* etc..., « les personnages que voilà... », il fait un geste différent et montre le groupe des accusateurs et de leurs témoins, situé de l'autre côté de la barre. Donc le passage implique trois gestes : un regard et deux mouvements de la main. Il en est de même à chaque page. Les exemples seraient innombrables. Souvenez-vous que, dans mes leçons sur le pathétique, je vous ai cité des textes d'où il ressortait que Cicéron se croisait les bras d'indignation, embrassait son client pour lui montrer sa tendresse, serrait contre sa poitrine le jeune enfant de Sulla pour exciter la pitié des juges, ou se jetait dans les bras de Plancius pour lui témoigner sa reconnaissance. Dans tous ces passages, nous voyons, pour ainsi dire, derrière les mots la gesticulation de l'avocat.

Mais à cela se réduisent tous les renseignements que nous pouvons tirer des discours mêmes.

Consultons, maintenant, les traités de rhétorique. Que pouvons-nous y recueillir sur la question de l'*actio ?*

Tout d'abord, nous y constatons que Cicéron attache un prix énorme à cette partie de l'art oratoire. Sur ce point, tous les traités sont d'accord (1). D'ailleurs, tout le monde à son époque,

---

(1) *De Orat.,* III, 56 : *actio in dicendo una dominatur.*

les rhéteurs et les orateurs, pensaient de même. Avec l'élocution, l'*actio* passait pour avoir une valeur prépondérante. Dans le *Brutus* (38,142), Cicéron rapporte le mot resté fameux de Démosthène, à qui l'on demandait ce qui avait le plus d'importance dans l'éloquence, et qui répondit que c'était en premier lieu l'action, en second lieu l'action et en troisième lieu encore l'action : *Demosthenem ferunt ei, qui quæsivisset quid primum esset in dicendo, actionem ; quid secundum, idem ; et idem tertium respondisse.* Et ce mot, il aime à le redire : Crassus le répète dans le *de Oratore*, devant Sulpicius et Cotta qui l'écoutent (III, 56). Il le fait suivre aussi de celui qui était attribué à Eschine : « Après la condamnation déshonorante qui l'avait fait sortir d'Athènes, Eschine s'était retiré à Rhodes. Les Rhodiens le prièrent de leur lire la belle harangue qu'il avait prononcée contre Ctésiphon, avec Démosthène pour adversaire ; il y consentit. Le lendemain, on le pria de lire aussi la réponse de Démosthène en faveur de [Ctésiphon. Il la lut sur un ton plein de force et de grâce, et comme tout le monde se récriait d'admiration : « Que serait-ce, dit Eschine, si vous l'aviez entendu lui-même ! » Il montrait assez par là quelle puissance il attribuait à l'*action*, lui qui croyait que le même discours pouvait sembler tout autre, selon la personne qui le prononçait. » (*De Orat.*, III, 56.)

Ailleurs, il déclare que les discours lus ne sont pas aussi efficaces que les discours entendus, le débit et le geste donnant une valeur souveraine à l'éloquence ; il remarque qu'un orateur, qui n'a pour lui que le geste et la voix, pourra l'emporter sur celui qui n'a que du style. Dans l'*Orator*, il dit que l'action est l'« éloquence du corps, *eloquentia corporis* » ; dans le *Brutus*, qu'il ne suffit pas de bien composer son discours, mais qu'il faut encore le bien débiter et le relever par les gestes. Le geste agit sur les yeux comme les couleurs d'un tableau. Dans le *de Oratore*, il compare les acteurs et les orateurs, et regrette que ceux-ci aient abandonné l'*action* à ceux-là : c'est une faute, car les comédiens ne sont que des « joueurs de mensonges, *imitatores veritatis* », les avocats au contraire des « artistes de vérité, *veritatis actores* ». La vérité donc, qui l'emporte sur l'imitation, doit, bien plutôt que celle-ci, être mise en valeur par le geste et par la voix. L'action est, par suite, plus nécessaire à l'orateur qu'à l'acteur, c'est là une idée à laquelle il tenait depuis longtemps. Voyez son éducation : il n'a pas seulement étudié l'art de composer un discours et de faire de belles phrases ; mais il s'est perfectionné le plus possible au point de vue de l'*actio* même. C'est qu'il était le rival d'Hortensius, du bel Hortensius, célèbre pour le timbre agréable de sa

voix, surtout pour l'élégance de sa tenue et de son geste (1).
Aulu-Gelle rapporte (I, 5, 2) qu'un de ses adversaires l'appela un
jour *Dionyse*, du nom d'une fameuse danseuse du temps. Pour être
toujours bien drapé, il s'ajustait devant un miroir et fixait par des
nœuds cachés les plis de sa toge; un jour même, il voulut intenter
un procès à l'un de ses confrères, qui, en le frôlant dans un passage étroit, avait par mégarde dérangé l'harmonie de son costume (Macrobe, *Sat.*, II, 9). Aussi peut-on croire Valère Maxime,
qui raconte (VIII, 10, 2) que les grands acteurs allaient au forum
pour étudier le jeu du grand orateur. Voilà ce qu'était le rival de
Cicéron, au seul point de vue de l'*actio*. Mais Cicéron, qui n'entendait pas rester inférieur à son adversaire, s'empressa, peut-être
avec l'espoir de l'égaler, de prendre des leçons de « maintien », de
« geste » et de « voix » avec Roscius, le grand acteur comique du
temps, et Æsopus, le grand tragédien (2).

Voilà les conclusions que nous pouvons tirer de l'examen des
traités théoriques : ils nous enseignent tous l'importance extrême
de l'*actio*. Peuvent-ils, maintenant, nous donner quelque idée de
l'*actio* de Cicéron ? Sans aucun doute.

.*.

Cicéron, en effet, comme tous les grands artistes, n'a pensé,
en donnant des préceptes, qu'à enseigner sa propre pratique.
Il a réduit en théorie l'art qui lui avait réussi ; il a dit ce qu'il
avait fait, parce qu'il croyait que ce qu'il avait fait était ce
qu'il y avait de mieux. D'un mot, il a codifié son expérience. Les
conseils qu'il donne ne sont que le fruit de ses observations ;
mais, avant de les donner aux autres, il en avait lui-même
éprouvé la valeur.

Nous les grouperons sous trois rubriques principales, et nous
parlerons successivement de la *voix*, du *geste* et du *maintien*.

De la *voix* d'abord. Plutarque, dans la biographie qu'il nous a
laissée de Cicéron, nous dit qu'il l'avait très belle, « idoine », traduit Amyot, à sa fonction d'orateur. Nous sommes forcés de le
croire, puisque Cicéron a plaidé durant toute sa vie, et avec
succès. Seulement il se laissa aller, de trop bonne heure, à
donner sa voix tout entière. Il s'aperçut vite que, s'il parlait
longtemps, elle montait vers les notes aiguës et nécessitait un
effort épuisant. Après un óu deux ans, il était tombé malade ;

(1) *Brutus*. 88, 303 : *vox canora et suavis ; motus et gestus etiam plus artis
habebat quam oratori satis.*
(2) Plutarq., *Cic.*, XI ; Macrobe, *Sat.*, III, 14.

les médecins finirent par l'empêcher de plaider. Il partit alors pour la Grèce, comme il nous le raconte dans les dernières pages du *Brutus*, prit des leçons chez des rhéteurs pour diriger sa voix qu'il ne trouvait pas suffisamment souple ; et, quelque temps après, il revint à Rome avec une voix forte, bien timbrée, bien posée, qu'il maniait à son gré et sans aucune fatigue (1).

Après l'avoir ainsi disciplinée, il la soigne. Pour la conserver, il suit les préceptes d'hygiène qui étaient recommandés, dans l'antiquité, aux orateurs. Dans une lettre à son ami Atticus, il s'excuse de ne l'avoir pas écrite lui-même et il en donne la raison : « Voici, je crois, la première lettre que vous recevez de moi qui ne soit pas écrite de ma main. Jugez par là de mes occupations : tous mes moments sont pris. Mais j'avais besoin de me promener pour remettre ma voix, et je dicte en me promenant, *cum recreandæ voculæ causa necesse esset mihi ambulare, hæc dictavi ambulans* (2). »

Sachant ce que sa voix lui coûte de soins, il recommande aux futurs orateurs de la bien poser dès leur jeunesse. Pour cela, il s'agit de trouver le *medium* et de faire des exercices. « Toutes les voix, — dit Crassus, le porte-parole de Cicéron dans le *de Oratore*, — ont un médium qui est différent pour chacune d'elles ; c'est de ce point qu'il faut partir, pour montrer graduellement jusqu'aux tons les plus élevés. Cette méthode est à la fois utile et agréable : éclater en cris dans le commencement d'un discours a quelque chose d'étrange et de choquant, et, en même temps, cette ascension graduelle de la voix est propre à la fortifier... La voix, en s'abaissant, trouve aussi des sons graves auxquels il ne faut arriver que par degrés. Cette variété et ce passage successif de la voix par tous les tons la conservent, la soutiennent, et donnent de la grâce au débit (3) ». Il rapporte, à ce propos, l'anecdote de C. Gracchus, qui « faisait cacher derrière lui, lorsqu'il parlait en public, un musicien habile, lequel lui donnait rapidement le ton sur une flûte d'ivoire, pour relever sa voix si elle venait à baisser, ou pour la ramener à la suite d'éclats un peu vifs (4). » Ces conseils et ces anecdotes prouvent bien que Cicéron aimait une voix bien posée. D'ailleurs, Plutarque nous apprend qu'il avait l'habitude de se moquer des orateurs qui haussaient la voix sans utilité et qui criaient trop fort, qui aimaient, d'après le mot même d'Amyot, le *hault braire*.

(1) *Brut.*, 91, 316 : *contentio nimia vocis resederat*.
(2) *Ad Att.*, II, 23.
(3) *De Orat.*, III, 61, *passim*.
(4) *De Orat.*, III, 60, *in med*.

Une autre de ses préoccupations était de bien articuler. Sur ce point, il donne des préceptes très précis aux débutants. Il leur enseigne l'art minutieux de détacher les syllabes, de faire bien sonner les consonnes ; il recommande surtout d'éviter les moyens factices employés par certains orateurs, qui prononcent comme des paysans devant un auditoire populaire, et qui disent *vea* au lieu de *via*. D'autres apportent au Forum leurs accents locaux : ils ne sont pas moins désagréables. Ce que veut Cicéron, c'est l'*urbana appellatio* ; il demande qu'on combatte tout ce qui sent le terroir et qu'on acquière, pour la prononciation comme pour la langue, ce qu'on nomme l'*urbanitas*. A cet effet, il conseille aux provinciaux qui arrivent à Rome de prendre des leçons auprès des matrones de la ville ; auprès des femmes comme la mère, les tantes, les grand'mères, la belle-mère de Crassus, ils ne pourront que prendre rapidement le véritable accent de la capitale.

Mais ce n'est pas tout : Cicéron veut encore qu'on sache varier le ton de sa voix : « La colère a son accent, qui est prompt, vif et coupé... La douleur et la pitié s'expriment d'une manière pleine, touchante, qui n'exclut pas les gémissements... La crainte s'exprime d'un ton bas, tremblant, soumis... Le ton de la violence est énergique, impétueux, précipité, menaçant ; l'accent de la volupté est doux, tendre, et plein d'abandon ; il respire la joie et le calme. Quant à la douleur qui ne cherche point à exciter la pitié, elle s'énonce d'un ton grave et uniforme... bref, la nature a donné, pour ainsi dire, à chaque passion sa physionomie particulière, son accent et son geste... De là naissent les différents tons, doux ou rudes, rapides ou lents, entrecoupés ou continus, mous ou heurtés, affaiblis ou enflés : toutes ces inflexions diverses de la voix ont besoin d'être employées tour à tour avec ménagement, et l'art peut les régler (1)... » Cette art, nous pouvons affirmer que Cicéron le possédait lui-même : il l'a trop bien analysé. Il avait su, d'ailleurs, en éviter l'exès : certains · orateurs asiatiques, les Cariens, les Lyciens, les Phrygiens, sous prétexte de varier et moduler leur voix, en arrivaient presque à chanter leurs discours : Cicéron avait échappé à ce travers, et nous devons en croire Quintilien qui le dit formellement (2).

⁎
⁎

Mais la *voix*, pour produire tout son effet, doit être secondée par le *geste*. Si c'est la voix qui a le plus d'importance dans

(1) *De Orat*, III,57-58.
(2) *Inst. Orat.*, XI, 3.

l'action (1), le geste en est l'accompagnement nécessaire.
Comment donc l'orateur doit-il gesticuler ?

*
* *

Sur ce point, nous trouvons quelques renseignements dans le
de Oratore, le *Brutus* et l'*Orator*. Il y est question, à plusieurs
reprises, à propos de tel ou tel orateur, des gestes qui sont
permis à l'avocat. Celui qui parle avec véhémence donne plus
de force à son idée en étendant le bras, *brachium longius pro-
jectum :* c'est « comme un trait lancé sur l'auditoire ». Dans
certains cas, on peut se frapper le front, *ferire frontem*, voire
la cuisse ; mais, si Cicéron tolère ce geste, Quintilien trouve
qu'on pourrait s'en passer. Pour ce qui est des mouvements
des doigts, Cicéron ne nous donne pas de grands détails : les
rhéteurs en faisaient la théorie dans leurs écoles, et arrivaient
à exprimer à l'aide des doigts toutes sortes de sentiments.
A titre d'échantillon, voici quelques-uns de leurs préceptes ; je
les emprunte à Quintilien : « Lorsque les trois derniers doigts
sont fermés sous le pouce, le premier s'allonge ordinairement, et, dans cet état, il sert à réprimander ou à indiquer :
d'où son nom (*index*). Si la main est élevée et regarde
l'épaule, le doigt, un peu incliné, affirme ; tourné vers la
terre et comme penché en avant, il presse, insiste ; quelquefois
il signifie un nombre. Ce même doigt, quand on pose légèrement sur son extrémité le doigt du milieu et le pouce, en cour-
bant un peu les deux derniers, mais le plus petit moins que
l'autre, ce même doigt, dis-je, est propre à la discussion, etc...,
etc... » L'énumération est fort longue ; la partie que je vous en
ai lue suffira à vous montrer toutes les subtilités que les rhéteurs
avaient soigneusement codifiées. Quintilien les rapporte avec
complaisance. Disons, pour l'honneur de Cicéron, qu'il n'était
pas, pour sa part, tombé dans ces excès : bien au contraire, il
les blâme, *nimis argutiæ digitorum*. Aussi n'insiste-t-il pas dans
ses traités ; nous pouvons donc conclure qu'il ne pratiquait
pas, sur ce point, les préceptes des rhéteurs.
   Quelle était donc sa théorie générale sur le *geste* ?
   Les rhéteurs, à l'époque de Cicéron, se partageaient en deux
écoles : pour les premiers, quand l'avocat gesticulait, il devait
peindre par le geste la chose dont il parlait. C'était là une méthode
empruntée à l'art du théâtre ; c'était celle des acteurs dans les
cantica (2). Vous vous souvenez, en effet, que Livius Andronicus,

(1) *De Orat..*, III, 60 : *ad actionis usum atque laudem, maximam sine dubio
partem vox obtinet.*
(2) Cic., *de Orat.*, III, 59, 220.

sur ses vieux jours, avait eu l'idée de se charger seulement des gestes, pendant qu'un autre acteur, derrière lui, débitait ou chantait ; son rôle consistait, en quelque sorte, à faire la pantomime du texte. Par imitation, certains voulurent que l'orateur adoptât pour son propre usage le *gestus histrionalis* d'Andronicus. Il s'agissait, pour lui, de figurer les mots par une sorte de traduction plastique, *verba exprimere* (1). Par exemple, pour dire que telle personne était malade, il contrefaisait le médecin qui tâte le pouls ; pour dire que telle autre savait la musique, il remuait les doigts, comme s'il jouait de la cithare (2). Et ce n'était pas seulement avec la main qu'on traduisait ainsi aux yeux les idées et les mots, mais avec tout le corps : pour montrer les débauches de Verrès en Sicile, l'orateur singeait la posture du préteur au bord de la mer, la tête penchée sur le sein d'une courtisane ; en parlant d'un citoyen romain battu de verges sur la place publique de Messine, il imitait les mouvements convulsifs d'un corps déchiré par le fouet et les gémissements que la douleur arrache au patient. Quintilien désapprouvait cette méthode du « geste expressif » : « L'orateur, dit-il en rapportant les exemples que je vous ai cités, ne saurait trop fuir ce genre d'imitation, qui ne convient qu'à un baladin, et c'est au sens bien plus qu'aux paroles qu'il doit conformer son geste, *sit gestus ad sensum magis quam ad verba accommodatus.* »

Or, c'est là l'idée même de Cicéron. Tout comme Quintilien, qui, en cela comme pour tout le reste, n'est que son disciple fidèle, il repousse le geste descriptif. Il veut non dépeindre les mots, mais traduire le sens général des idées. Il l'écrivait déjà dans le *de Oratore* : « *Universam rem et sententiam non demonstratione, sed significatione declarat gestus* (3) » ; quelques anńes plus tard, il le répète dans le *Brutus*, et presque dans les mêmes termes : « *Non verba exprimat oportet gestus, sed cum sententiis congruat* (4). » Il se rattachait donc à l'école des rhéteurs qui ne voulaient pas de pantomime, et qui estimaient suffisant que le geste oratoire fût d'accord avec le sens général de la phrase prononcée.

*
* *

Ce n'est pas tout. Nous n'avons parlé, jusqu'ici, que du *geste*, c'est-à-dire des mouvements des bras, des mains ou des doigts.

(1) Cic., *Brut.*, 38, 141.
(2) Quint., xi, 3, 88-90.
(3) *De Orat.*, iii, 59, 220.
(4) *Brut.*, 38, 141.

Mais, à côté du *geste*, il y a ce que les auteurs de traités appellent *motus*, je veux dire l'attitude générale du corps, la *tenue*. Comment donc faut-il se tenir ?

Tout d'abord, Cicéron ne veut pas des avocats qui se dandinent : vous vous souvenez de l'habitude de Curion, dont le corps oscillait régulièrement de droite à gauche et qui avait l'air de plaider dans une barque. Cicéron la rappelle en se moquant. Il n'admet pas ce que nous appelons des attitudes intéressantes. Ce qu'il veut, il nous le dit dans l'*Orator* (1) : « L'orateur saura régler ses mouvements et s'interdira tout geste inutile. Son attitude sera droite et déployée, *status erectus et excelsus*. Point de laisser-aller dans les mouvements du cou. Point de mouvements dans les doigts ; qu'on ne les voie pas battre la mesure. Le buste doit conserver son aplomb ou s'incliner avec grâce, et, suivant que le débit est véhément ou calme, il faut que le bras se projette en avant ou s'arrête replié sur lui-même. » En résumé, l'avocat doit tenir la tête droite, et non penchée comme un malade, ou baissée comme un hypocrite ; il doit regarder son public en face, avec franchise. Quelquefois, il conviendra de frapper du pied par terre, en signe d'impatience ou d'assurance : c'est ce que Cicéron appelle *supplosio pedis* (2).

Maintenant, faut-il rester en place ou se déplacer en parlant ? Ici encore, Cicéron se trouvait en présence de deux théories. L'avocat ayant pour lui un assez large espace où il pouvait se promener, certains rhéteurs conseillaient à leurs élèves d'en profiter : il s'était donc formé une école d'orateurs *motorii*, qui ramassaient leur toge, la ramenaient sur les bras et faisaient ainsi quelques pas sur leur estrade. Quintilien ne les approuve pas (3), suivant Cicéron encore sur ce point : nous lisons, en effet, dans l'*Orator* (4) que l'orateur doit faire peu d'allées et venues, et, lorsqu'il en fait, les circonscrire le plus possible sans jamais les précipiter. Bref, il préférait les avocats « qui restaient en place » ou, comme on disait alors, les *statorii*. Crassus en était et Cicéron ne se faisait pas faute de l'en féliciter : dans le *de Oratore*, Crassus déclarait lui-même, non sans ostentation, que ses gestes étaient simples et modérés, et que, d'un bout à l'autre de son discours, il ne s'écartait guère de la place où il l'avait

(1) *Orator*, 18, 59. Cf. Quint., *Inst. Orat.*, xi, 3, 65 sqq.
(2) *Brut.*, §§ 158, 278 ; *de Orat.*, i, 53, 230 ; iii, 59, 220 ; Quintil., xi, 3, 122.
(3) *Inst. orat.*, xi, 3, 126 : *conveniet ambulatio quædam... quanquam Cicero rarum incessum neque ita longum probat.*
(4) *Orat.*, 18, 59 : *rarus incessus nec ita longus ; excursio moderata, eaque rara.*

commencé: *Quibus vestigiis primum institi, in iis fere soleo perorare* » (1). Cicéron, dans le *Brutus*, rappelle ce détail pour l'en louer (2).

Reste le visage, *vultus*, c'est un élément important de l'*actio*. « C'est sur le visage, dit Quintilien, que se fixent tous les regards, que se porte toute l'attention, avant même que l'orateur ait ouvert la bouche ; c'est le visage qui décide quelquefois de l'amour ou de la haine. Enfin, le visage fait entendre une foule de choses, et souvent en dit plus que tout le discours. » C'est pourquoi certains rhéteurs étaient partisans, comme pour le geste, du « visage expressif ». Et il y avait des avocats qui se conformaient à leur enseignement. « Ils regardaient alors avec des yeux effarés et démesurément ouverts, ou abattus et mornes, ou stupides, ou agaçants et mobiles, ou langoureux et comme voilés d'une teinte de volupté, ou obliques et amoureux. » Mais Cicéron ne voit là que grimaces. « Les yeux ont, sans doute, un grand rôle à jouer : ils sont les interprètes de l'âme, *indices animi*, la joie et la tristesse doivent s'y peindre » ; mais il ne faut pas que l'orateur dégénère pour cela en histrion : son tact devra lui indiquer la juste mesure, *modus*, dans les jeux de physionomie ; il devra les « régler », *temperare*. S'il dépasse la limite, il ne garde plus la dignité dont l'orateur ne devrait jamais se départir (3).

Pour ce qui est de Cicéron, nous pouvons être sûrs qu'il gardait cette dignité. D'après ce qu'il interdit aux débutants, nous pouvons voir ce qu'il s'interdisait à lui-même ; quant à ce qu'il leur conseille, nous n'avons aucune raison de croire qu'il ne le pratiquait pas. Nous aurons donc une idée approximative de son éloquence, si nous nous le représentons plaidant avec sa voix sonore et bien timbrée, son geste sobre et noble, son attitude grave et digne. C'étaient là déjà les qualités de Crassus; or c'était en Crassus qu'il se plaisait à reconnaître le type de sa propre éloquence, c'était à Crassus qu'en toutes choses il désirait ressembler, et c'était Crassus qu'il se flattait de continuer (4).

G. C.

(1) *De Orat.*, III, 9, 33.
(2) *Brut.*, 43, 158.
(3) *Orat.*, 18, 59, in *fine*.
(4) *Brut.*, §§ 143 et 162.

Racine et le théâtre français.

Cours de M. AUGUSTIN GAZIER,

Professeur à l'Université de Paris.

« Bérénice ».

Britannicus, la « pièce des connaisseurs », nous a conduits jusqu'aux derniers jours de janvier 1670. Après sept ou huit représentations, nous l'avons vu, la pièce fut retirée, et Racine l'imprima en la faisant précéder d'une préface. Le succès de la pièce ne fut pas plus vif qu'avant l'impression ; car la deuxième édition, après une reprise heureuse de *Britannicus*, se fait attendre jusqu'en 1676, et alors seulement Racine écrit une deuxième préface, plus modérée que la première. *Britannicus* a donc été un échec pour le jeune poète. Mais Racine est loin de se laisser démoraliser, comme Pierre Corneille après la chute de *Pertharite*.

Le 21 novembre 1670, l'hôtel de Bourgogne jouait, en effet, une nouvelle tragédie de Racine, *Bérénice*.

Huit jours après, c'est-à-dire le 28 novembre 1670, Corneille faisait représenter chez Molière, au Palais-Royal, sa tragédie de *Tite et Bérénice.*

J'ai eu l'occasion de vous parler des deux *Bérénice*, l'année dernière, en étudiant Pierre Corneille ; et, quel que soit mon désir d'introduire un peu de variété dans ces leçons, je ne saurais, pour le simple plaisir de ne point me répéter, vous exposer aujourd'hui, au sujet de *Bérénice*, des faits et des idées absolument en opposition avec ce que je vous disais il y a quelque mois. Loin de moi la pensée de reprendre le procédé de Massillon qui refit à plusieurs reprises son fameux *Sermon sur le petit nombre des élus*, parce qu'il avait obtenu la première fois un succès très considérable. Non : je suis d'avis qu'on doit apporter tous ses efforts à ne point se répéter ; mais les faits sont les faits, et il n'est point en mon pouvoir de les changer. Ce que je puis faire, c'est me placer à des points de vue différents pour les juger, et c'est ce que je vais essayer d'entreprendre pour les deux *Bérénice*. Quand vous assistez de la rive à une joute que l'on donne sur l'eau, si vous êtes placés sur la rive droite, il y a tout un camp de lutteurs que vous ne voyez que de dos ; pareillement pour le camp adverse, si vous êtes sur la rive gauche. Il en est de même pour la joute de *Bérénice* : nous l'avons contemplée, l'an dernier, de la rive droite ; si vous voulez, nous allons la contempler aujourd'hui de la rive opposée.

D'abord, comment Racine eut-il l'idée d'écrire une tragédie de *Bérénice* ? *Britannicus* ayant occupé Racine jusqu'à la fin de janvier 1670, on peut affirmer que *Bérénice* n'a pas exigé plus de neuf ou dix mois de préparation. Jamais Racine n'avait travaillé si vite.

Rien n'est plus connu, dit M. Paul Mesnard, que l'historique de cette tragédie. Les détails sur la composition des deux *Bérénice* nous ont été fournis par Fontenelle, dans la *Vie de Corneille*, en 1685, au lendemain de la mort de Corneille ; par l'abbé Dubos dans ses *Réflexions critiques* ; par Louis Racine dans ses *Mémoires* ; par Voltaire dans le *Siècle de Louis XIV* et dans son *Commentaire sur Corneille*. Ces quatre auteurs sont d'accord pour affirmer que les deux *Bérénice* ont été faites sur commande, à la même date ; c'est Henriette d'Angleterre, duchesse d'Orléans, cette princesse qui avait bien voulu accepter la dédicace d'*Andromaque*, c'est elle qui a mis les deux poètes aux prises à l'insu l'un de l'autre. On donne même des détails précis : Voltaire dit, sans citer sa source, que c'est Dangeau qui a servi d'intermédiaire entre Racine et Corneille ; c'est lui qui a transmis aux deux poètes la prière — autant dire l'ordre — d'Henriette d'Angleterre ; c'est lui qui leur a apporté le sujet de la composition à traiter ; c'est lui qui a fixé un délai aux deux rivaux. Voilà, certes, bien des détails. On n'a oublié que de nous dire quel prix on avait promis au vainqueur.

Les Anglais, dit-on, se plaisent fort aux combats de coqs : cette fois, c'était un combat d'aigles qu'organisait l'Anglaise Henriette, et encore, selon le P. Porée, Corneille seul était un aigle, et Racine une colombe. Nous avons vu que cette colombe ne roucoulait pas toujours...

Les deux poètes, dit-on, se mettent donc à l'œuvre, chacun de son côté, de façon à être prêts pour la fin de l'année 1670, au début de la campagne théâtrale d'hiver. Il est vrai que la princesse Henriette d'Angleterre, l'ordonnatrice du concours, meurt soudainement à 27 ans, le 30 juin 1670 ; mais cette mort ne ralentit pas l'ardeur des deux rivaux, qui continuent à travailler pendant quatre ou cinq mois encore, comme si rien n'était survenu. Tous deux sont prêts à peu près en même temps ; le plus jeune l'est le premier : *Johannes Apostolus cucurrit Petro citius.* Aucun d'eux, d'ailleurs, ne songe à dédier sa pièce à la mémoire de l'illustre princesse.

Telle est la version officielle, à peu près unanimement acceptée aujourd'hui. Essayons de nous demander ce qu'elle vaut.

Il y a, d'abord, un fait indiscutable : c'est que Corneille et Racine, en 1670, ont traité un même sujet de tragédie, et qu'ils se sont efforcés de faire jouer leurs pièces à la même époque. Quant aux autres circonstances, jusqu'à quel point pouvons-nous les accepter ? Sans doute, on invoque quatre témoignages ; mais remarquons bien que Louis Racine, l'abbé Dubos et Voltaire ne font, en somme, que répéter ce qu'avait dit Fontenelle. Or voici exactement ce que dit Fontenelle, dans la *Vie de Corneille* :

« Bérénice fut un duel, dont tout le monde sait l'histoire. Feu Madame, princesse fort touchée des choses d'esprit, et qui eût pu les mettre à la mode dans un pays barbare, eut besoin de beaucoup d'adresse pour faire trouver les deux combattants sur le champ de bataille, sans qu'ils sussent où on les menait. Mais à qui demeura la victoire ? Au plus jeune. »

C'est tout. Nous n'avons pas, sur la composition de *Bérénice*, d'autre renseignement. L'abbé Dubos lui-même ne nomme pas Henriette d'Angleterre. Il dit simplement « une grande princesse ». Tout le monde en sait l'histoire, selon Fontenelle, — qui, notez-le bien, n'avait que quatorze ans et habitait Rouen à l'époque où furent jouées les deux *Bérénice*, ce qui diminue singulièrement la valeur de son témoignage.

Comment se fait-il cependant que Thomas Corneille ne nous ait rien dit des circonstances dans lesquelles son frère composa *Tite et Bérénice* ? Pourquoi Louis Racine se contente-t-il de nous répéter ce que nous savons déjà par Fontenelle ? Pourquoi Boileau, qui n'est mort qu'en 1711, n'a-t-il pas raconté en détail au fils de son ami Racine, qui avait sept ans à la mort de son père, l'histoire de *Bérénice*, si glorieuse pour la mémoire de Racine ?

Autant de questions, autant de difficultés.

Interrogeons, maintenant, l'histoire proprement dite, et essayons de voir si elle ne pourra pas nous éclairer.

D'abord, à quelle époque Henriette d'Angleterre a-t-elle fait mettre les deux poètes au travail ? Évidemment, au plus tôt, au lendemain de *Britannicus*, c'est-à-dire vers la fin de 1669 ou au début de 1670. Corneille avait alors des loisirs (il ne donne rien au théâtre depuis 1667, date d'*Attila*). Mais Racine en avait-il suffisamment pour préparer une tragédie en cinq actes et en vers ? Racine était absorbé par les répétitions, les représentations et

l'impression de *Britannicus*. Il faut donc que le concours entre
les deux poètes ait été institué au mois de janvier 1670, au
plus tôt.

Ici commencent de nouvelles difficultés.

D'abord, l'institution d'un tel concours dénoterait chez la
gracieuse Henriette d'Angleterre ou bien un sentiment peu
délicat des beautés littéraires, ou bien un défaut absolu de générosité. Mais, laissant de côté toute question de sentiment, ne considérons que les faits eux-mêmes.

En janvier 1670, Henriette d'Angleterre était en deuil de sa
mère, Henriette de France, morte le 10 septembre 1669, et dont
Bossuet venait de prononcer l'oraison funèbre, le 16 novembre
suivant, en l'église des religieuses de Sainte-Marie de Chaillot,
peu avant la représentation de *Britannicus*, qui eut le lieu le 15
décembre 1669. — Il est inadmissible que la princesse ait vu jouer
Britannicus au lendemain de la mort de sa mère.

De plus, nous savons que, dans les premiers mois de 1670,
à son deuil venaient s'ajouter d'autres chagrins : elle était injustement et odieusement maltraitée par son mari, qui, en plein hiver,
n'hésita pas à la reléguer à la campagne, aux environs de. Soissons.

Enfin, elle quitta la France pour l'Angleterre, en juin 1670,
chargée d'une secrète mission diplomatique : vous savez avec
quel succès elle réussit à détacher son frère Charles II de l'alliance
hollandaise. De retour à Saint-Cloud, le 18 juin, elle y mourut
subitement, le 30 juin, dans les circonstances tragiquement mystérieuses que vous connaissez. Et cette mort n'empêcha pas
les deux poètes rivaux de travailler à leur pièce, chacun de son
côté ; mais, chose curieuse, aucun d'eux n'eut l'idée de la lui
dédier !

Ajoutez à cela que, durant les derniers mois de sa vie, la princesse, bouleversée par la mort de sa mère, avait fait un retour
sur les choses de la religion, et qu'elle avait, à ce sujet, des entretiens fréquents et *à heures fixes* avec Bossuet. Il est plus que probable qu'il n'était pas question de théâtre dans ces conversations
pieuses, et qu'Henriette ne songeait guère alors à fournir à deux
poètes le moyen de composer chacun une pièce où l'amour
occupe toute la place, et de lancer ainsi des allusions flatteuses
aux amours coupables de Louis XIV.

Telles sont les principales objections qui se présentent à notre
esprit. Mais, si ce n'est point Henriette qui a inspiré les deux
Bérénice, que s'est-il donc passé ? Faut-il faire intervenir une
autre princesse ? Laquelle ? Dans l'incertitude où nous nous trou-

vons, essayons d'expliquer ce petit problème d'histoire littéraire en recourant au seul moyen qui nous reste, l'hypothèse.

Il n'est pas rare, dans notre littérature, de voir deux poètes de théâtre traiter en même temps le même sujet. Je vous rappelle simplement la *Phèdre* de Racine et celle de Pradon en 1677, l'*Iphigénie* de Racine et celle de Leclerc et Coras en 1674, *Le Joueur* de Regnard et *Le Chevalier joueur* de Dufresny en 1696.

Comment Pradon, par exemple, a-t-il été amené à composer une *Phèdre* en 1677 ? Il a su, par des indiscrétions, que Racine préparait une tragédie sur ce sujet, et, pour faire concurrence à son rival, il a brûlé les étapes et composé une *Phèdre* à son tour. Pourquoi les choses ne se seraient-elles pas ainsi passées, en 1670, entre Corneille et le même Racine ? Ici encore, deux explications sont possibles.

On peut penser, d'abord, que la beauté de *Britannicus* avait exaspéré le vieux Corneille : ce n'était plus, cette fois, avec une pièce grecque, comme *Andromaque*, mais avec une pièce romaine, que Racine s'avisait de triompher ; Corneille se sentait battu sur son propre terrain. La préface de *Britannicus* le visait directement. Il est possible que Corneille, encore plein d'illusions, ait voulu se venger de Racine en écrivant une nouvelle pièce tirée de l'histoire romaine, *Tite et Bérénice*, destinée, dans sa pensée, à écraser son jeune rival ; — et que Racine, informé de ce dessein par des amis ou des comédiens indiscrets, se soit alors préparé à traiter le même sujet.

On peut aussi faire l'hypothèse contraire : c'est Racine qui, trouvant dans Suétone le court récit des amours de Titus et de Bérénice, aurait été frappé de la simplicité de ce sujet, et aurait songé le premier à en faire une tragédie. Et Corneille, ayant appris que son rival travaillait à une *Bérénice*, se serait mis à l'œuvre de son côté. Dans cette lutte, il avait un allié tout trouvé en Molière, qui était brouillé avec Racine, et qui venait de faire réussir *Attila*. Qui sait même si Molière ne serait pas allé chez Corneille, la bourse à la main, pour réveiller le courage du vieux poète et le prier de composer une tragédie ?

Ce ne sont là que des hypothèses. Mais, si la première est vraie, l'histoire de Racine, en 1677, s'éclairerait d'un jour nouveau. Pradon n'aurait fait que suivre l'exemple donné par Racine, et il pouvait dire à l'auteur de *Bérénice* et de *Phèdre* : « *Patere legem quam ipse fecisti* ». Ce souvenir aurait peut-être facilité la conversion de Racine en 1677.

En tout cas, ce qui est certain, c'est que la *Bérénice* de Racine obtint un franc, un beau succès, tandis que celle de Corneille disparut bientôt de la scène. Racine pouvait s'estimer vengé de l'échec de *Britannicus*. Le succès même de *Bérénice* amena les spectateurs à demander une reprise de *Britannicus*. Le malheureux Corneille était battu, bien battu, malgré les efforts de Molière pour le soutenir.

⁎⁎

C'est que *Bérénice* est un vrai chef-d'œuvre. L'action est d'une simplicité admirable. Peu de personnages ; si nous laissons de côté les confidents, trois personnages seuls nous intéressent : Bérénice, reine de Palestine ; Titus, empereur de Rome ; Antiochus, roi de Comagène. Ainsi, ni jalousies ni rivalités féminines : Bérénice est le seul grand rôle féminin de la pièce.

Il suit de là que l'exposition est rapide et claire : elle est complète à la fin du premier acte. Bérénice, aimée d'Antiochus, qui ne l'aime pas, et éprise de Titus qui est amoureux d'elle et qui règne depuis quinze jours, Bérénice sera-t-elle impératrice malgré le Sénat et malgré le peuple, *Senatus populusque Romanus ?* Telle est la question qui se pose, dès le premier acte.

Peu de péripéties : Bérénice est pleine d'espoir au premier acte ; au deuxième, le trouble de Titus ne présage rien de bon ; au troisième acte, Antiochus transmet à Bérénice l'ordre de départ donné par l'empereur : Bérénice, éperdue, accuse Antiochus de trahison et le bannit de sa présence ; Bérénice, en proie au plus profond désespoir, au quatrième acte, parle de se suicider ; quant à Titus, il est très malheureux, et il déclare à son confident Paulin :

> . . . Je ne sais, Paulin, ce que je dis :
> L'excès de ma douleur accable mes esprits.

Il ne peut que se lamenter :

> Ah ! Rome ! Ah ! Bérénice ! Ah ! prince malheureux !
> Pourquoi suis-je empereur ? Pourquoi suis-je amoureux ?

Malheureux prince, qui va être obligé de se résoudre à la séparation de l'amour et de l'Etat ! — Au cinquième acte, désespoir d'Antiochus et reproches de Bérénice à Titus. Titus lui déclare que « jamais elle ne fut aimée avec tant de tendresse », mais que jamais cependant il ne l'épousera. Si elle se tue, il se tuera lui aussi. Bérénice finit par se résoudre à l'inévitable sacrifice : elle promet de vivre, et elle part en disant son dernier adieu à Titus, qui ne trouve rien à répondre, et à Antiochus, qui prononce ce simple mot : « Hélas ! »

Et la pièce finit ainsi simplement, doucement, après avoir tiré bien des larmes. Il est vrai que peu s'en est fallu qu'il n'y ait eu

du sang versé : il eût suffi, pour cela, d'un geste un peu vif de l'un
des trois personnages essentiels. Mais ce geste n'a pas été fait,
car Racine n'a voulu écrire qu'une *élégie* tragique, non une tragédie proprement dite. Et cela nous explique pourquoi le poète
n'a introduit ni incidents ni fluctuations violentes destinés à
vivifier la pièce. Jamais Titus ne dit ou ne laisse croire qu'il
épousera Bérénice. Jamais Bérénice ne renonce à son amour et
à ses droits ; jamais elle n'exprime l'intention de se venger de
Titus en « couronnant » la fidélité et la « flamme » d'Antiochus.
Et cependant la pièce ne languit pas. L'intérêt croît de scène
en scène jusqu'au dénouement. Nous sommes en présence d'un
incomparable chef-d'œuvre : *Bérénice* me paraît être à la tragédie
française ce que le *Misanthrope* est à la comédie de Molière.

Qu'y a-t-il de plus touchant à la scène que le caractère de
Bérénice ? Racine a paré de toutes les grâces cette reine malheureuse : elle n'est agitée ni par l'ambition, ni par la cupidité, ni par
la vanité, ni par la jalousie, ni par l'inconstance. Elle brûle d'un
amour pur et désintéressé, fondé sur l'estime et l'admiration
qu'elle éprouve pour Titus, pour cet empereur qui a mérité
d'être appelé « les délices du genre humain ». Cet amour ardent,
passionné, domine tous ses autres sentiments ; il règne en maître
dans son âme. D'abord toute à la joie et à l'espérance, Bérénice
est ensuite en proie au trouble et à la fureur ; elle est désolée, et
plus désolée que furieuse. Puis, se sentant aimée plus que jamais,
elle se sacrifie. C'est la victoire de l'amour sur l'amour même.
Titus et Bérénice ne se verront plus, mais ils continueront à s'aimer ; leurs âmes seront toujours unies à travers les espaces ;
leur amour est « fort comme la mort ». Voilà « cette tristesse
majestueuse » qui, selon Racine, « fait tout le plaisir de la tragédie ».

Racine a fait de Bérénice un personnage plus élégiaque que tragique : il a, sans scrupules, altéré l'histoire ; car si, dans la réalité,
Titus avait épousé Bérénice, il aurait épousé une reine deux fois
veuve, Bérénice ayant été d'abord la femme d'Hérode de Judée
et ensuite celle de Polémon de Chalcis. Mais le poète avait le droit
de négliger ces détails, puisqu'il a réussi à tracer un caractère
d'une délicatesse exquise. Je ne vois pas quel rôle de femme on
pourrait choisir dans les tragédies de Corneille pour l'opposer à
Bérénice. Toute comparaison serait impossible. Autant vaudrait
demander à Michel-Ange, le peintre immortel des *Sibylles*, de
faire la *Joconde* ou la *Maîtresse du Titien*.

Bérénice obtint le grand succès dont elle était digne, et cela
honore singulièrement les gens du XVIIᵉ siècle. La pièce fut

jouée près de quarante fois pendant la campagne d'hiver de
1670, avec Mlle Champmeslé dans le rôle de Bérénice : c'était
un véritable triomphe pour l'époque. Au xviiie et au xixe siècle,
la pièce a été souvent reprise, sauf pendant le premier Empire,
après le divorce de Napoléon et de Joséphine, parce que *Bérénice*
aurait donné lieu à des allusions fâcheuses. Aujourd'hui encore,
la représentation de *Bérénice* est un véritable régal pour les délicats, surtout lorsqu'on a la bonne fortune d'entendre dans le
rôle de *Bérénice* l'exquise Mme Bartet.

Rien n'a donc manqué au triomphe de Racine, pas même les
clabauderies des sots. Racine n'a eu que le tort de s'en apercevoir, de s'en fâcher, et de le dire tout haut.

Il a dédié sa pièce à Colbert, excellent ministre, homme à la
mine renfrognée, académicien sans doute, mais incapable de
juger avec son cœur une tragédie toute remplie de tendresse.
Pourquoi Colbert ? C'est que Colbert était le beau-père du duc
de Chevreuse, protecteur du jeune Racine ; c'est que Colbert
était un membre influent de l'Académie française, et Racine
pouvait déjà ambitionner l'honneur de faire partie de la docte
compagnie ; c'est que Colbert était le rédacteur en chef de la petite
liste des pensions aux gens de lettres. Et toutes ces raisons réunies
suffisent, je pense, à expliquer le choix de Colbert par Racine.
D'ailleurs, le poète s'est acquitté de sa dédicace comme d'un
pensum, et elle n'a pas grand intérêt au point de vue littéraire.

Il en est tout autrement de la préface mise par Racine, en
1671, en tête de sa pièce. C'est une des plus importantes des
préfaces de Racine, si intéressantes à tous égards. Celle-ci n'est
ni un pamphlet ni un réquisitoire : c'est une préface définitive,
une préface-programme, sous la forme d'une causerie très
agréable à lire. On peut la diviser naturellement en trois parties.

Racine expose d'abord la nature du sujet, qui est la séparation de Titus et de Bérénice, ce qui signifie que « ce n'est point
une nécessité qu'il y ait du sang et des morts dans une tragédie.
Il suffit que l'action en soit grande... et que tout s'y ressente de
cette *tristesse majestueuse* » qui en fait tout le plaisir.

Dans un deuxième développement, Racine nous fait d'intéressantes confidences sur « cette simplicité d'action qui a été si fort
du goût des anciens ». C'est elle qui permet d'atteindre « le
vraisemblable ». Or « il n'y a que le vraisemblable qui touche
dans la tragédie... Il y en a qui pensent que cette simplicité est
une marque de peu d'invention. Ils ne songent pas qu'au contraire toute l'invention consiste à *faire quelque chose de rien* »...
et que le poète doit être un créateur.

Dans la dernière partie, Racine répond aux diverses critiques qui ont été adressées à sa pièce. Il répond d'abord avec tact, avec respect même, à des contradicteurs inconnus ; puis il s'en prend un peu plus vivement à un critique impertinent, l'abbé de Villars, qu'il ne nomme pas, mais qu'il désigne assez clairement. Il le serre à la gorge et le terrasse, oubliant même de terminer sa préface par quelques mots de conclusion sur *Bérénice*.

Examinons rapidement, si vous le voulez bien, ce que disait l'abbé de Villars dans sa *Critique de Bérénice*, imprimée à Paris en 1671, et dont vous retrouverez le texte complet dans le *Recueil* de l'abbé Granet donné en 1740. C'est un curieux spécimen de la critique théâtrale au xvii° siècle. Le « libelle » débute ainsi :

« Monsieur, nous avons été jusqu'ici les dupes de Corneille, et Corneille lui-même est la dupe des anciens prétendus maîtres du théâtre. Il lui sera permis de se rompre la tête à nous composer des pièces dans toutes les règles, et de s'acquérir notre admiration par les formes ; mais ni lui ni ses partisans (car il me semble qu'il en a beaucoup) ne trouveront pas mauvais, s'il leur plaît, que j'aie été enchanté à la seconde représentation que j'ai vue de la *Bérénice* de l'hôtel de Bourgogne, que j'y aie pleuré copieusement à l'exemple d'une femme de qualité, et enfin que je n'aie pas été d'avis que cette pièce n'est pas bonne, parce que les règles du théâtre y sont mal observées. Je veux grand mal à ces règles, et je sais fort mauvais gré à Corneille de me les avoir apprises dans ce que j'ai vu de pièces de sa façon. J'ai été privé, à la première fois que j'ai vu *Bérénice* à l'hôtel de Bourgogne, du plaisir que je voyais qu'y prenaient ceux qui ne les savaient pas, mais je me suis ravisé le second jour. J'ai attrapé M. Corneille ; j'ai laissé *Mesdemoiselles les règles* (1) à la porte ; j'ai vu la comédie, je l'ai trouvée fort affligeante, et j'y ai pleuré comme un ignorant... »

Et plus loin : « Je remarquai toutes ces beautés le second jour, parce que je ne m'attachai qu'à l'expression des passions. Je ne les avais pas remarquées à la première représentation, parce que Corneille m'avait dépravé le goût dans ses pièces, et m'avait accoutumé à chercher des caractères vertueux, ce que je n'avais garde de trouver ici. J'avais pourtant eu quelque

(1) Racine fait allusion à ce passage, lorsqu'il dit en parlant de Villars dans sa préface : « Croit-il réjouir beaucoup les honnêtes gens par ces *hélas de poche*, ces *Mesdemoiselles les règles*, et quantité d'autres basses affectations qu'il trouvera condamnées dans tous les bons auteurs, s'il se mêle jamais de les lire ? »

espérance que le caractère de Titus serait héroïque ; je lui voyais quelquefois des retours assez romains ; mais, quand je vis que tout cela n'aboutissait qu'à se tuer par maxime d'amour, je connus bien que ce n'était pas un héros romain que le poète nous voulait représenter, mais seulement un amant fidèle qui filait le parfait amour à la Céladon. De sorte que je vis alors l'inconvénient de cette règle, quoique fort commune, qu'il ne faut pas que l'amour domine dans le poème héroïque. S'il n'eût pas dominé dans celui-ci, il n'y eût point eu de catastrophe : c'eût été grand dommage ; tout le monde l'a trouvée admirable. L'amour fait que Bérénice, Titus et Antiochus veulent se tuer eux-mêmes ; le même amour fait que Bérénice veut vivre pour faire vivre Titus et Antiochus, et bien en prend à Titus que Bérénice ait rescindé son testament et ne lui ait pas envoyé ses cendres, car il se serait assurément tué, et eût apprêté à rire à la postérité... » Et il conclut : « C'est assez, Monsieur, je suis las de rire : l'envie m'en prendra peut-être quelque autre fois. Cependant je vous dis fort sérieusement que je voudrais avoir fait cette pièce, et que je suis, Monsieur, votre, etc... »

La semaine suivante, l'abbé de Villars fit la critique de la pièce de Corneille, et vous allez voir qu'elle est bien dure pour l'auteur de *Tite et Bérénice* : « Monsieur, dit-il, j'avais toujours cru la Muse du cothurne un peu moins coquette, et je n'eusse jamais pensé qu'elle se fût oubliée en faveur d'un jeune homme, au préjudice du grand Corneille, avec qui elle avait été si longtemps en si bon ménage. Elle avait toujours fort honnêtement pris soin de son domestique. Rotrou, du Ryer et Scudéry n'avaient jamais pu la débaucher ; qui n'eût dit qu'elle aurait été fidèle jusqu'au bout ? Il y avait même quelque apparence qu'elle se piquerait d'honneur, à cette fois, et qu'elle donnerait enfin toutes ses beautés à son favori après les lui avoir fait espérer si longtemps. L'infidèle ! Bien loin de contenter des désirs si justes, elle ne s'est presque pas laissé toucher le bout du doigt ; elle lui a même refusé ses faveurs accoutumées, au lieu de lui en accorder de nouvelles ; et, par un caprice impitoyable, elle l'a fait entrer en lice avec un aventurier qui ne lui en contait que depuis trois jours ; elle l'a abandonné à sa verve caduque au milieu de sa course, et s'est jetée du côté du plus jeune. »

Racine, qui n'en avait nul besoin, trouva un défenseur en Subligny, l'auteur de la *Folle Querelle*, qui fit imprimer en 1671 une *Réponse à la Critique de la « Bérénice » de Racine*. Il y a des passages assez curieux dans cet opuscule. Subligny rend hommage à Racine en termes très justes ; il a remarqué que « tout le monde pleure » à la représentation de *Bérénice*, et il pense qu' « on n'y pleure pas pour rien » ; il fait même allusion à l'*Iphigénie* d'Euripide, ce qui peut-être a donné à Racine l'idée de faire une *Iphigénie* à son tour.

Enfin, en 1673, parut à Utrecht une nouvelle critique de Racine et de Corneille sous le titre de *Tite et Titus, ou les Bérénices*, comédie en trois actes, en prose.

Tite se plaint à Apollon de l'injure que lui a faite un « usurpateur », qui a eu la hardiesse de lui prendre son nom et de se faire appeler Titus ; la Bérénice de la pièce de Corneille se plaint aussi d'une fausse Bérénice, qui se fait passer pour elle et « qui prétend être seule Bérénice ».

A la fin, Apollon rend son jugement contre Tite, en un style d'ailleurs déplorablement lourd : « A la vérité, dit-il *en se rassoyant*, il y a plus d'apparence que Titus et sa Bérénice soient les véritables que non pas que ce soient les autres ; mais pourtant, quoi qu'il en soit, et toutes choses bien considérées, les uns et les autres auraient bien mieux fait de se tenir au pays d'histoire, dont ils sont originaires, que d'avoir voulu passer dans l'empire de Poésie, à quoi ils n'étaient nullement propres, et où, pour dire la vérité, on les a amenés, à ce qu'il me semble, assez mal à propos. »

Racine finit par dédaigner les attaques de ses détracteurs. Il était désormais délivré du spectre de Corneille, qui l'avait surtout effrayé jusqu'alors. Et, voulant montrer que, s'il savait faire simple, il était capable aussi de varier ses effets, il se mit à préparer.une nouvelle tragédie, *Bajazet*.

A. C.

Sujets de devoirs

UNIVERSITÉ DE PARIS

AGRÉGATION DE PHILOSOPHIE.

Dissertation.

La théorie logique du jugement.

AGRÉGATION DES LETTRES.

Composition française.

Quels changements peut-on noter dans les idées de Molière de l'*Ecole des Maris* à l'*Ecole des Femmes* ?

Thème latin.

Buffon : *De l'Art d'écrire*, depuis : « Selon les différents sujets... »,. jusqu'à : «... des parties mortes et détachées. »

Version latine.

Pétrone, *Satiricon*, CXVIII, depuis : « Multos juvenes carmen decepit... », jusqu'à : « ...sub testibus fides. »

Thème grec.

Montaigne, *Essais*, liv. II, ch. XIII, depuis : « Quand nous jugeons de l'assurance d'autrui en la mort... », jusqu'à : « Le ciel et la terre vont même branle. »

Version grecque.

Aristophane, *La Paix*, v. 734 à 754.

AGRÉGATION DE GRAMMAIRE.

Composition française.

Etudier dans un morceau de la *Chute d'un Ange*, qu'il faudra choisir assez court, la langue, le style et la versification de Lamartine.

Thème latin.

Bossuet, *Histoire universelle*, IIIe partie, ch. II, depuis : « Car ce même Dieu... », jusqu'à : « J'ai tâché de vous préparer... »

Version latine.

Quintilien, *Instit. Orat.*, liv. II, ch. XII, depuis : « Ne hoc quidem negaverim... », jusqu'à : «... Sic laudari disertum. »

Thème grec.

Montaigne, *Essais*, livre III, ch. v, depuis : « Que l'enfance regarde devant elle ; la vieillesse derrière... », jusqu'à : «...jusques aux moindres occasions de plaisir que je puis rencontrer, je les empoigne. »

Le gérant : E. FROMANTIN.

POITIERS. — SOCIÉTÉ FRANÇAISE D'IMPRIMERIE ET DE LIBRAIRIE

REVUE HEBDOMADAIRE

DES

COURS ET CONFÉRENCES

DIRECTEUR : N. FILOZ

La constitution et l'état
social primitifs de Rome

Leçon de M. G. SMETZ (1)

Professeur à l'Université de Bruxelles.

Au moment où Rome entre dans l'histoire, vers le VIe siècle avant notre ère, c'est une cité à gouvernement monarchique et aristocratique.

C'est une cité : dans le territoire romain, dont les limites primitives se trouvent à quelques kilomètres de la ville, il n'y a qu'une seule agglomération d'habitations, groupée autour d'une forteresse, peut-être même enclose de murs. Pas de villages, mais quelques maisons isolées dans la banlieue (2).

C'est une monarchie : à la tête de l'Etat, il y a un homme qui détient, à titre viager, la plénitude du pouvoir. C'est lui qui interroge les dieux au nom de la communauté. C'est lui qui conclut les traités avec les Etats voisins. Il a l'*imperium*, c'est-à-dire qu'il commande l'armée et qu'en temps de paix comme en temps de guerre il punit ; devant lui marchent les licteurs, prêts à exécuter les condamnations qu'il prononce. Il est aussi l'arbitre des différends entre citoyens. Comme les rois grecs, les δωροφάγοι βασιλῆες, comme les princes germains, il a dû recevoir force

(1) Voir la *Revue de l'Université de Bruxelles*, mai-juin 1907.
(2) EDUARD MEYER, *Geschichte des Alterthums*, II, 520 ss.

37

présents de ceux qui voulaient se concilier sa faveur, surtout des plaideurs et des étrangers : de là sont sortis le *sacramentum* (l'amende judiciaire), les droits de part, les contributions des *aerarii* (non-citoyens) ; le roi a dû aussi s'assurer une grosse part du butin, réserver à sa disposition une grosse part de la terre cultivable. Son pouvoir est énorme ; le roi est vraiment le propriétaire de l'Etat (1).

Dans certains cas, pourtant, le roi ne peut se passer du concours de ses sujets, réunis en groupes appelés curies. Il en est ainsi lorsqu'il s'agit de créer par un acte solennel des relations qui ne découlent pas de la nature des choses, ou lorsqu'il faut rompre des relations établies dans les formes solennelles ou découlant de la nature des choses.

Au moment où il commence son gouvernement, le roi réclame de ses sujets la promesse de lui obéir, c'est la *lex de imperio ;* ce n'est pas une élection : le roi tient son autorité de sa naissance, de sa vaillance, de sa richesse, de l'appui de l'aristocratie ; mais cette autorité doit être formellement reconnue.

Faut-il rompre les traités conclus avec une nation voisine dans les formes du droit des gens, l'assemblée (les comices curiates) adhère explicitement à la déclaration de guerre ; elle n'intervient pas, s'il s'agit d'une défensive.

Un citoyen *sui juris*, indépendant de tout pouvoir paternel, ne peut être soumis à un père de famille, dont il n'est pas le descendant naturel, sans que l'assemblée constate cette anomalie : c'est l'*adrogatio*.

Un propriétaire ne peut transmettre son bien qu'en s'en dessaisissant immédiatement. Pour que le transfert puisse s'opérer à la mort du propriétaire, conformément à la volonté du défunt et contrairement à l'ordre des successions, il faut que l'assemblée intervienne : c'est la première forme du testament (2).

· Dans tous ces cas, l'assemblée s'engage ou constate. Le roi parle ; elle répond. La loi primitive est moins une règle obligatoire qu'un engagement ou une constatation solennelle.

Il semble que le tableau des institutions primitives de Rome soit achevé, lorsqu'on a défini le rôle du roi et celui de l'assemblée. Pourtant un troisième membre s'insère entre les deux premiers : c'est l'aristocratie, dont l'organe est le sénat.

(1) THEODOR MOMMSEN, *Römisches Staatsrecht*, 2, 9. Le même, *Römische Geschichte*, 8ᵉ édition, I, 62. ss., 146 ss. — MEYER, *l. c.*, 342, 525. — BENEDICTUS NIESE, *Grundriss der Römischen Geschichte*, 35.

(2) MOMMSEN, *Staatsrecht*, III, 318. — Le même, *Geschichte*, 1, 73 ss. — MEYER, *l. c.*, 511.

Il est certain que les rares fonctionnaires de l'Etat romain primitif, les questeurs chargés d'administrer le patrimoine public, les juges permanents qui poursuivaient les meurtriers (*quaestores parricidii*), les juges désignés pour connaître d'une cause déterminée, certainement aussi, au début, les officiers de l'armée (*tribuni militum, tribuni celerum*) ont dû être choisis par le roi dans l'aristocratie (1).

Mais le privilège principal de celle-ci, c'est de fournir au roi ses conseillers, qui forment le sénat ; ils ont plus d'autorité que de pouvoir ; ils donnent au roi les avis que celui-ci leur demande ; le sénat n'a aucun rôle judiciaire ou militaire : la *patrum auctoritas* (l'approbation des décisions des comices) appartient certainement à une période postérieure. L'accès au conseil a dû dépendre primitivement de la faveur du roi ; peu à peu, il est devenu la propriété incontestée de quelques familles. C'est ce qui fait que les sénateurs apparaissent comme nommés à vie et comme représentant chacun tout un groupe génétique, toute une. *gens*. Les sénateurs sont les *patres*, leurs descendants les *patricii*, les *gentes* patriciennes forment l'aristocratie. D'ailleurs, le roi ne perdit jamais le droit d'appeler au conseil des hommes nouveaux, non nobles, même étrangers : c'était créer une *gens* patricienne de plus. De là les *gentes minores* (2).

Néanmoins, les patriciens sont les vrais détenteurs de la puissance politique. Ils désignent, en fait, le nouveau roi. L'exercice du pouvoir passe en leurs mains, quand le roi disparaît. Jusqu'à la nomination de son successeur, les sénateurs, dans un ordre fixé par le sort, font l'intérim pendant cinq jours chacun (3).

Les patriciens sont constitués en *gentes*, en groupes familiaux, dont les membres admettent l'existence d'un ancêtre commun, sans pouvoir néanmoins établir leur degré de parenté. C'est l'organisation gentilice qui garantit aux patriciens le monopole des fonctions de sénateur ; c'est elle qui empêche les unions matrimoniales avec des membres des classes non nobles ; c'est elle qui maintient la cohésion et la discipline dans l'aristocratie (4).

Cette formation corporative de la noblesse a dû lui donner

(1) MOMMSEN, *Römische Geschichte*, 64. — MEYER, *l. c.*, 521. — Il n'est pas certain qu'il y ait eu des questeurs chargés de l'administration des finances avant le milieu du v⁰ siècle. NIESE, *l. c.*, 57, n. 3.

(2) MEYER, *l. c.*, 521. — NIESE, *l. c.*, 36.

(3) MOMMSEN, *Geschichte*, I, 76.

(4) MOMMSEN, *Gesehichte*, 60. — MEYER (*l. c.* 515-517) admet que l'idée de la *gens* n'a retrouvé sa réalisation complète que chez les patriciens, bien que des familles plébéiennes aient pu appartenir en droit aux *gentes*.

très tôt une force unifiée, qui vint limiter et régulariser le pouvoir
royal. La souveraineté ne fut plus tout entière dans la personne
du roi, sans être tout entière dans le corps des nobles. C'est par
l'action de l'aristocratie sur la royauté que l'Etat est devenu
une entité distincte d'un individu ou d'une collection d'individus.

*
* *

On a cru longtemps que tous les éléments de cette organisation
politique étaient du même âge, que cette constitution était en
quelque sorte d'un seul jet.

On ne considérait point le patriciat comme une noblesse, mais
comme le véritable peuple, par opposition aux clients et aux
plébéiens, population conquise ou étrangers fixés à demeure sur
le sol romain. Les *gentes* étaient les subdivisions naturelles de
la communauté : les anciens déjà croyaient qu'il y avait eu, dans
la Rome primitive, trois tribus, trente curies, trois cents *gentes*,
trois cents cavaliers, trois cents sénateurs, trois mille maisons ou
familles et trois mille fantassins. C'est dire que la tribu comprenait dix curies, la curie dix *gentes*, la *gens* dix familles, et que
chaque *gens* fournissait un cavalier et un sénateur, comme
chaque famille fournissait un fantassin. Non seulement ce
tableau, si ingénieusement combiné, donne à la société de la
Rome primitive une ordonnance régulière qui n'a pas pu répondre d'une façon durable à la réalité, mais il méconnaît encore
le caractère de ses institutions : la *gens* n'est pas une subdivi-
sion de la curie (1) ; celle-ci comprend patriciens et plébéiens, et
les *gentes* sont patriciennes.

Niebuhr, il est vrai, avait admis que les comices curiates étaient
exclusivement patriciens. Son école et celle de Mommsen ont
adopté cette théorie, tandis que l'école traditionaliste et conser-
vatrice, s'en tenant à la lettre des auteurs, ouvrait aux non-patri-
ciens les portes des curies. Soltau (2) a démontré que, sur ce
point, les deux plus illustres représentants de l'école critique
s'étaient laissé influencer par le désir de construire un système
cohérent, où l'évolution des institutions romaines apparût
linéaire. Le patriciat n'est pas tout le *populus* ; les plébéiens et
les clients votent dans les curies. Mais, étant donné le rôle très

(1) Cela n'empêche pas que tous les membres d'une même *gens* aient pu
être aussi membres de la même curie.
(2) *Entstehung und Zusammensetzung der altrömischen Volksversamm-
lungen*, 1880.

restreint de celle-ci et l'action prépondérante que le roi exerce sur elles, ce fait ne donne à la constitution aucune teinte démocratique.

Les tribus et les curies sont antérieures à la distinction des classes ; ce sont les subdivisions primitives du peuple, subdivisions locales et militaires. Un culte commun unit leurs membres, et le lien qui les rattache les uns aux autres est conçu comme identique aux relations familiales. La curie est une fraternité, une confrérie ; c'est le nom que porte l'institution correspondante du droit grec, la phratrie (1).

Cela explique qu'on ait pu songer à faire entrer le système des *gentes* dans le système des curies ; mais la différence est grande : les curies imitent la famille, les *gentes* l'étendent.

Celles-ci ne sont ni primitives ni générales. Dans les classes pauvres, comme l'observe excellemment Eduard Meyer (2), seule, la famille restreinte présente de la cohésion. Pour rester en relations avec des parents éloignés, il faut des loisirs ; le fermier et le journalier n'en ont guère. Il faut aussi que le maintien de ces relations présente quelque intérêt : les riches seuls ont des successions à espérer ou un patrimoine commun ; de plus, la considération dont jouit leur famille leur vaut une certaine influence politique. A Rome, l'extension du lien familial se produit, en quelque sorte, sous nos yeux ; elle est attestée par l'adoption des noms de famille. Mais la formation des *gentes* patriciennes est déjà un second stade de ce développement, puisqu'il arrive que les mêmes noms se trouvent chez les patriciens et chez les plébéiens : tous les membres d'une même famille n'ont pas été admis dans la noblesse (3).

Si l'on cherche quels sont les caractères qui distinguent la classe noble de Rome, on trouve que c'est à la fois la grande propriété foncière et la vie urbaine. L'Etat romain est un territoire rural dominé par une ville. Ne pas vivre dans la ville, c'est renoncer à prendre une part active à la politique. Mais, pour vivre dans la ville, il faut n'être pas absorbé par les travaux des champs. Il faut vivre, non des produits de la terre qu'on cultive, mais des redevances de ceux qui la cultivent à titre de tenanciers. Le patricien est un seigneur foncier fixé dans la ville, comme le noble des communes italiennes du Moyen Age.

Dans sa dépendance économique se trouvent les gens qui ont

(1) MEYER, *l. c.*, 510, 511.
(2) MEYER, *l. c.*, 516.
(3) MEYER, *l. c.*, 516, 517.

dû lui demander la jouissance précaire ou temporaire de la terre, les tenanciers. Il y a aussi probablement des journaliers sans tenure. Les uns et les autres semblent avoir eu la propriété d'un petit bien de deux jugères, l'*heredium*, rappelant (au point de vue économique) le *hofgarten* et le *feldgarten* du paysan allemand. Tous sont liés aux patriciens par un lien de dépendance personnelle : ce sont des clients.

Plus indépendants, bien que tenus, comme les clients, à l'écart de la politique, sont les paysans libres, qui se sont résignés à vivre à la campagne, et les petits propriétaires fixés en ville. Ce sont les plébéiens, au sens restreint, par opposition aux clients (1).

Le régime de la cité, pas plus que la constitution du patriciat en caste fermée, n'est primitif.

Il a dû être précédé d'un régime de villages disséminés ; la concentration des cantons en villes a détruit l'unité de la peuplade, jusque-là réunie périodiquement en assemblée générale, et gouvernée par des rois de canton. Il ne subsiste qu'une confédération de cités, — la Confédération latine (2). Des considérations de sécurité ont probablement amené la transformation, à laquelle le développement du commerce dans la mer Tyrrhénienne et sur la côte occidentale de la péninsule n'a pas dû être étranger. Les pillards de la montagne n'étaient pas moins à craindre que les pirates de la Méditerranée, et Rome était bien située pour faire quelques échanges avec la ville étrusque de Caere ou avec les marchands qui pouvaient débarquer à l'embouchure du Tibre.

La division des propriétaires en deux groupes : les paysans, pratiquant l'exploitation directe, et les seigneurs, vivant de redevances, va de pair avec cette modification dans le genre de vie des plus riches d'entre eux ; peut-être y eut-il une différenciation parallèle de l'armement ; il est significatif que le nombre des cavaliers est égal à celui des *gentes*.

L'étude de la constitution primitive de Rome révèle donc deux couches, deux ordres d'institutions bien distincts. L'un, qui comprend l'organisation en curies et le régime monarchique, date de la période de la peuplade et des villages, et suppose une égalité relative entre les propriétaires ; l'autre, qui comprend l'organisation gentilice et le système aristocratique, est liée à la concentration urbaine et suppose la distinction entre seigneurs fonciers et paysans libres.

(1) MEYER, *l. c.*, 520, 521.
(2) MEYER, *l. c.*, 519, 524.

Cette conception est celle de Meyer (1). Il y est arrivé par d'intéressants rapprochements avec l'histoire des cités grecques. Cette méthode comparative n'est pas seulement légitime ; elle est nécessaire dans le domaine de l'histoire ancienne, où les sources sont pauvres et obscures et ne peuvent être fécondées que par des éléments venus du dehors.

Je voudrais montrer que certains traits de cette évolution se retrouvent chez les Germains et chez les peuples de l'Europe médiévale.

L'égalité primitive de la propriété foncière est une hypothèse que nous devons aux illusions généreuses du libéralisme allemand. A l'époque où se fonda la science des antiquités germaniques, l'affranchissement des paysans n'était encore que partiellement réalisé, l'introduction du service militaire général passait pour une défaite de la réaction, et l'on réclamait de toute part, et trop souvent en vain, des institutions représentatives ; on se laissa naturellement entraîner à chercher dans la Germanie de Tacite le prototype de l'idéal politique que l'on voulait réaliser dans l'Allemagne moderne ; on crut y découvrir une organisation qui liait intimement à des devoirs militaires égaux des droits politiques égaux et une part égale dans la jouissance du patrimoine foncier de la communauté. Cette conception a prévalu pendant tout le siècle passé, et elle est encore aujourd'hui généralement admise. En 1896, Hildebrand, dans un livre d'une grande richesse d'aperçus (2), arrivait, par l'étude des analogies ethnographiques, à des conclusions toutes différentes. Dans une civilisation pastorale, l'agriculture apparaît d'abord comme une activité d'appoint. Elle est exercée par des appauvris, qui n'ont plus assez de bestiaux pour assurer leur subsistance ; par là, ils sont tombés dans la dépendance des riches, qui leur fournissent le laitage, fond de l'alimentation. Les pauvres leur cèdent une part des produits du sol, qu'ils se résignent à travailler en commun. Ils sont mal vus et exploités par les membres de la tribu qui ont conservé leur indépendance économique. Ceux-ci leur mesurent parcimonieusement le terrain que l'agriculture dérobe à la pâture et à la chasse, et le cultivateur

(1) MEYER, l. c., 510-526.
(2) RICHARD HILDEBRAND, Recht und Sitte auf den verschiedenen wirtschaftlichen Kulturstufen, Iéna, 1896.

doit se plier aux déplacements périodiques qu'impose l'exploitation pastorale extensive. Il est possible que cette organisation économique, qu'on observe aujourd'hui chez les nomades du Turkestan, ait été celle des Indo-Européens occidentaux au temps où, comme on est disposé à le croire aujourd'hui, leurs hordes voisinaient dans les plaines de la Russie du Sud. Les quelques indications de César nous permettent de supposer que les Germains n'avaient point dépassé ce degré de civilisation. Dans Tacite, lu attentivement et bien interprété, on trouve un caractère nouveau, la séparation des exploitations agricoles : la culture du sol joue un rôle plus grand dans l'économie de la peuplade, les redevances des agriculteurs ont pour les membres de la classe supérieure une importance croissante. On ne cherche pKus à restreindre la superficie cultivée. On procède à des partages périodiques ; celui qui a des clients réclame autant de parts qu'il a de familles de clients, et chacune de celles-ci a une tenure distincte. Quand les partages tomberont en désuétude, la propriété sera constituée au profit du maître, et la clientèle subsistera. En effet, il y a lieu, avec Wittich (1), de voir dans les *servi coloni* de Tacite les ancêtres des lites ; avec Hildebrand, on attachera moins d'importance au mot *servus* qu'à la nature même des rapports entre le *servus colonus* et son maître : les droits de celui-ci ne sont pas illimités ; — d'autre part, le lite est dans le droit pénal le plus ancien un sujet de droit et non une chose (2) ; — on peut voir en lui un membre de la tribu, mais de classe inférieure. Il répond au client romain, qui doit avoir la même origine : les Romains se souvenaient encore du temps où la terre n'était pas objet de propriété, et le fait que la matrone romaine tenait pour noble le travail de la laine et pour servile le travail du grain, est une survivance de l'organisation économique primitive (3).

Pour trouver l'équivalent du plébéien, il faut descendre beaucoup plus bas.

L'organisation agraire germanique n'avait pas eu de peine à se fondre avec celle de l'empire romain ; le colon ne différait

(1) WERNER WITTICH, *Die Grundherrschaft in Nordwestdeutschland*. Voir l'appendice. M. Wittich n'a pas maintenu sa théorie (*Die Frage der Freibauer. Zeitschrift für Rechtsgeschichte, Germanistische*, Abtheilung 22 (1901), 263, n. 2), mais je crois que c'est à tort.

(2) Il importe peu que le maître ait pu, au temps de Tacite (Germanie, (xxiv), tuer impunément son propre *servus colonus*. Nous ne savons pas si celui qui tuait le *servus colonus* d'autrui payait un *wergeld* ou une indemnité au maître, et c'est là le point décisif.

(3) MOMMSEN, *Geschichte*, 1, 57.

guère du lite ni du serf, c'est-à-dire de l'esclave pourvu d'une tenure. L'Europe est une société de seigneurs fonciers (1). Mais il y a entre ceux-ci des différences de fortune considérables. Dès l'origine, il y eut de grands propriétaires, les rois, les hommes de leur entourage. Or, la grande seigneurie foncière est nécessairement destinée à s'accroître ; la petite, au contraire, porte en elle-même les germes de sa décadence. Le grand seigneur foncier a des réserves qui lui permettent des défrichements ; dans une société où l'argent est rare, c'est aux mains des grands seigneurs fonciers qu'il s'accumule le plus facilement ; ils réclament de leurs clients le peu qu'ils en peuvent avoir ; eux seuls ont l'occasion de faire quelques ventes de produits agricoles ; cet argent ne peut servir qu'à acquérir de nouveaux clients et de nouvelles terres. La petite seigneurie foncière, au contraire, se morcelle par les partages ; en cas de crise, il n'y a de recours qu'auprès du grand propriétaire ; il faut lui vendre ou lui céder la terre.

Quand les progrès techniques et l'argent pénètrent petit à petit dans un pays où, jusque-là, l'économie naturelle avait prévalu, on peut consacrer son superflu à autre chose qu'à l'asservissement d'autrui. Un genre de vie plus dispendieux s'introduit. Le minimum de fortune qu'exige la vie noble devient plus élevé. Un certain nombre de petits seigneurs fonciers cessent d'appartenir à la classe supérieure ; ils en sont réduits, ou à se perdre dans la classe des clients, ou à cultiver la terre eux-mêmes. L'afflux du numéraire a rendu la dernière alternative possible ; le paysan trouve un marché et peut gagner de l'argent. Les clients, pour la même raison, peuvent s'affranchir ; le défrichement leur devient possible sans l'aide du seigneur. Ainsi se forme une classe de paysans libres.

La première moitié du Moyen Age est caractérisée par l'accroissement des seigneuries foncières. Petit à petit les progrès de l'armement, la prédominance de la cavalerie, plus tard le port de la broigne et du haubert, atteignent les petits seigneurs fonciers. A partir du xi⁰ siècle, le commerce renaît ; les métaux précieux reparaissent : la crise du grand domaine se produit. Seuls, les plus grands propriétaires la surmontent ; les moins résistants s'unissent aux serfs émancipés et aux hôtes pour former la classe des roturiers. En opposition avec celle-ci, la classe noble se forme et les préoccupations généalogiques passent au premier plan : tout noble veut dresser la liste de ses aïeux. Et l'on retrouve ainsi dans la noblesse du Moyen Age l'équiva-

(1) Cela n'est pas conforme à la théorie généralement admise. Je me réserve de reprendre la question dans un travail ultérieur.

lent du patriciat, et dans les roturiers l'équivalent des plébéiens, et l'on peut supposer que ceux-ci ont apparu beaucoup plus tard que les clients.

Par contre, le développement politique du Moyen Age offre beaucoup moins d'analogie avec celui de Rome que son évolution économique. Seul, le point de départ paraît identique : des deux côtés, c'est la peuplade, avec son assemblée générale et ses chefs locaux vivant des présents de leurs sujets. Même, quelque paradoxal que cela puisse paraître, la centaine germanique pourrait répondre à la curie romaine.

Mais la concentration en cités a donné à l'histoire de l'Italie, comme à celle de la Grèce, un caractère particulier. La vie en cité, c'est la vie en commun, le contact entre les citoyens, les idéaux politiques précisés, la possibilité de s'associer, l'amour-propre, l'ambition, la jalousie exacerbés, toutes les passions fermentant.

De là, l'âpreté des luttes sociales et politiques, le caractère radical des réformes réclamées et obtenues : c'est ainsi qu'à Rome, l'aristocratie a supprimé la royauté et que la lutte postérieure entre patriciens et plébéiens a été particulièrement violente; tandis que, dans nos contrées, le pouvoir royal affaibli ou le pouvoir comtal transformé en pouvoir territorial ont repris vigueur en s'appuyant sur les roturiers, qui ne sont pas entrés en lutte ouverte avec les nobles. La vie à la campagne, en fermes ou en manoirs isolés, atténue les oppositions, empêche les coalitions d'intérêts, rend l'action commune difficile. La première partie du Moyen Age n'offre guère de conflits sociaux aigus ; la vie urbaine en provoqua de violents dans la suite, — mais au sein d'une partie seulement de la population, au sein de la partie industrielle et commerçante. C'est ce qui fait que les luttes sociales du Moyen Age peuvent être plus justement comparées à celles qui se produisent sous nos yeux qu'à celles qui troublèrent la Grèce et Rome.

C'est l'histoire de ces luttes sociales qui nous arrêtera particulièrement au cours de ces leçons. Nous assisterons d'abord à la victoire de l'aristocratie, et nous verrons comment elle organisa la République à son profit. Nous chercherons ensuite quelles conditions ont été favorables à l'accroissement en nombre et en force de la classe des paysans, et nous verrons les plébéiens conquérir pas à pas cette République jusque-là exclusivement patricienne, sans aboutir à autre chose qu'à la constitution d'une aristocratie d'un autre caractère. Enfin, nous verrons se former la classe des capitalistes et des spéculateurs exploitant en grand des domaines ruraux, entreprenant des travaux publics, pratiquant le commerce maritime, et nous étudierons son action sur la politique.

C'est à l'avènement successif de ces trois classes sociales que se ramène l'histoire interne de la République romaine.

G. SMETZ,
Professeur à l'Université de Bruxelles.

La Morale.

Cours de M. VICTOR EGGER,

Professeur à l'Université de Paris.

Les idées de bien et de mal ; la qualification morale.

J'ai commencé à vous parler, à la fin de la dernière leçon, de l'idée de bien. Je crois devoir, pour la clarté des idées qui suivront, rappeler brièvement ce que j'ai dit.

Sur le bien en soi et par soi, sur ce qui est le bien non par reflet ou par contraste, mais le bien essentiel, primitif, il y a une doctrine que je tiens à écarter tout d'abord.

Selon cette doctrine, il n'y a de bien en soi et par soi que la personne, la volonté, que l'on peut appeler dès lors et à ce seul titre *bonne volonté*. La volonté qui est en nous sous la conscience temporelle changeante, la volonté qui est permanente, statique, est la fin. Mais cette volonté est, en fait, mêlée au devenir de la conscience ; la volonté temporelle est donc le moyen d'elle-même, étant le moyen de la volonté intemporelle qui est la fin. Si elle s'emploie à se maintenir et à se libérer, elle est *bonne volonté* en un autre sens, plus phénoménal ou plus pratique ; et l'habitude d'employer la bonne volonté temporelle au service de la volonté intemporelle, pour la maintenir intacte et indépendante, crée dans l'âme un état de bonne volonté constante qui est la vertu. Dans cette doctrine, la vertu est quelque chose d'intermédiaire entre la volonté temporelle et la volonté intemporelle, quelque chose de statique, de permanent. Ainsi envisagée, la volonté est sous un aspect le bien en soi, la fin ; sous un autre aspect, elle est le moyen de cette fin ; elle est donc le moyen d'elle. Entre ces deux formes de la volonté, comme intermédiaire, il y a la vertu qui est comme le reflet de l'acte bon sur le principe intemporel de la conscience. Il n'y a donc des faits et des actes bons que s'ils sont en rapport étroit avec la volonté qui est leur fin, que s'ils sont subordonnés à la volonté intemporelle, relatifs à elle, destinés à la sauver ou à l'affermir.

Telle est, sous sa forme extrême et dans toute sa rigueur, la doctrine qui, souvent masquée par des atténuations, a séduit plus d'un philosophe. Mais l'opinion morale commune, qui est notre guide, n'entend pas ainsi le bien; elle l'entend d'une manière beaucoup plus large et aussi plus modeste à certains égards. Le bien, c'est-à-dire le fait bon, objet de la qualification morale, le fait moral, c'est le fait qui est l'objet, dans l'opinion commune, d'une certaine louange, la louange morale; c'est le fait dont on dit : « Tant mieux! » ou : « C'est bien! », le fait auquel on applaudit.

Or les faits dont on parle ainsi sont de deux sortes :

1° Parfois, ce ne sont ni des personnes statiques, immobiles, ni des personnes agissantes, des volontés actives, ni même des actes de ces volontés, mais certains faits, de simples faits, quelle qu'en soit l'origine, qu'ils dérivent ou non de la volonté d'un agent, qu'ils soient ou non des actes, par exemple une belle saison, la pluie après la sécheresse, une belle récolte, etc. En sens inverse, nous désapprouvons comme mauvais, nous qualifions en mal une sécheresse prolongée, la grêle, un hiver rigoureux, des épidémies, des tremblements de terre. Il en a toujours été ainsi; l'homme primitif a toujours considéré l'orage et la tempête comme mauvais; la mythologie le prouve : ce sont de funestes génies, des dieux méchants, qui personnifient ces manifestations dangereuses de la nature. Au contraire, de tout temps on a adoré le soleil; il est apparu à l'homme non civilisé comme le principe de tout ce qui est bon. Mais le soleil n'est d'ailleurs pas le seul astre qui ait été considéré comme bon; il en est de même de la lune (amica silentia lunæ) et de l'étoile du soir (vers d'Alfred de Musset, dans le Saule).

Ainsi l'homme, à toutes les époques, porte des jugements qualificatifs sur des phénomènes qui n'ont pas d'auteurs. Mais, assurément, si ces jugements sont portés, si ces faits sont loués ou blâmés, proclamés bons ou mauvais, c'est par rapport aux hommes, êtres capables de jouir et de souffrir, aux consciences, non par rapport à la nature insensible, ni par rapport aux volontés des hommes, qui sont étrangères à ces sortes de qualifications morales. Et les consciences qui portent de tels jugements — je le rappelle — sont bonnes, sont morales, parce qu'elles portent de tels jugements. C'est leur pensée qui est bonne alors, non leur volonté, car leur volonté ne peut rien pour ou contre les faits.

2° Abordons un autre ordre de faits. Les consciences ne sont pas seulement des pensées qui jugent; elles sont aussi des volontés. Elles peuvent collaborer activement à l'œuvre de la nature aveugle, quand cette œuvre est bienfaisante; utiliser la pluie, la belle saison, la bonne récolte, en faire profiter les autres hommes, ou préparer ces faits, les prévoir, tout disposer pour que les hommes en-aient le profit s'ils se produisent; combattre enfin les fléaux naturels ou travailler à l'avance, après les avoir prévus, à en garantir les hommes, les prévenir ou atténuer leur malfaisance. Ces actions, ces efforts, ces prévoyances, tous ces actes de l'agent sont jugés bons; les actes contraires sont jugés mauvais; l'imprévoyance, l'inaction, la paresse, l'insouciance, tout cela aussi est jugé mauvais. Donc la bonne et la mauvaise volonté existent ainsi qualifiées dans l'opinion des hommes. Mais pourquoi? Parce que la volonté, et l'agent, et l'action, sont les moyens des faits bons et des faits mauvais, ceux-ci étant des moyens par rapport au fait de jouir et au fait de souffrir, au bonheur et au malheur des hommes.

3° De cela nous trouverons la preuve dans de nouveaux faits. La volonté humaine, si elle est bonne, est efficace ou non. Il y a trois cas à considérer : ou elle atteint sa fin, ou elle ne l'atteint pas, ou elle atteint la fin contraire (c'est alors le « pavé de l'ours »). Dans les trois cas, on loue ce qu'on appelle la bonne volonté au sens vulgaire, ou l'intention. Mais l'efficacité ou le résultat est-ce indifférent ? Nullement. Le résultat est ou loué ou blâmé, condamné, ou bien ni l'un ni l'autre, et le rapport de la volonté au résultat est loué ou blâmé; la bonne volonté efficace est louée à ce titre : on l'appelle habileté; on blâme la maladresse de l'ours; on pense que l'acte bien préparé est l'acte d'une volonté meilleure.

Il y a donc des degrés dans la bonne volonté : il y a la bonne volonté toute simple, toute nue, la bonne intention, et il y a une meilleure volonté, plus capable de réussir le bien, plus réfléchie, dès lors plus efficace, qui est peut-être meilleure même d'intention, puisqu'elle est plus réfléchie, et qui à l'intention bonne et ferme ajoute le résultat bon.

Inversement, si la volonté n'est pas bonne, il y a encore trois cas à envisager : un méchant peut faire du bien sans le vouloir, tel le voleur de La Fontaine; de même l'industriel égoïste, rapace, avare, âpre au gain, mais habile en affaires et actif, qui, ne voulant que s'enrichir, enrichit le pays où son activité s'exerce. Un autre méchant, voulant mal faire, ne fera ni bien ni mal. Un autre enfin voudra mal faire, et réussira à faire le mal qu'il a voulu. Dans tous ces cas, on blâme ou plus ou moins la volonté, l'agent, mais on qualifie le résultat de son acte sans s'occuper de lui, en pleine indépendance; on en dit : c'est mauvais, ou c'est indiffé-

rent, ou c'est heureux, c'est bien. Enfin, le rapport de la volonté à
l'événement contribue au jugement sur la volonté, ici encore : le
méchant habile, retors, pleinement conscient, est jugé plus sévèrement que le mal intentionné irréfléchi, léger, maladroit, peu
dangereux.

Ainsi les agents sont jugés à titre d'auteurs de faits même
quand l'événement s'est trouvé en désaccord avec leur intention.

4° Si la bonne volonté ou bonne intention est jugée en elle-
même bonne, si elle est louée, c'est qu'elle est présumée plus
efficace pour le bien que la mauvaise volonté ou l'indifférence.
La bonté, même naïve, est jugée bonne en elle-même ; on loue,
dans tous les cas, la bonne volonté ; si elle ne fait pas le bien,
c'est un accident. D'autre part, il faut qu'il y ait beaucoup de
moyens tout préparés pour que les fins soient réalisées ; il faut
beaucoup d'armes chargées pour que quelques coups réussissent
à atteindre le but.

Ainsi voilà quatre sortes de faits qualifiés de bien ou de mal :
d'abord les faits bons ; ensuite les actions bonnes; puis le
rapport entre la volonté et son résultat ; enfin la bonne volonté,
en tant que moyen du bien qu'elle tend à réaliser. Nous sommes
par suite conduits tout près de la doctrine que tout d'abord j'ai
tenu à écarter. Mais continuons notre analyse ; elle nous amènera à une cinquième considération.

5° En fait, il arrive que pour certains esprits la personne, la
volonté abstraite, l'agent moral comme tel sont considérés comme
bons en eux-mêmes. Un moyen de bien ou de mal ou d'actes
indifférents, voilà ce que la volonté est pour nous ; elle est donc
indifférente en soi, primitivement, comme tout moyen. Du moins
nous la jugeons ainsi; car, systématiquement, nous sommes des
psychologues sûrement spéculatifs, impartiaux. Mais d'autres,
par une vue élevée, généreuse, optimiste, considèrent la volonté
comme étant surtout le moyen du bien, comme étant, par rapport aux choses, aux phénomènes extérieurs, aux résultats de
son action, l'instrument privilégié du bien ; elle est ainsi moralisée, si on la considère de très haut. N'est-elle pas un moyen
de bien qui peut devenir lui-même bon, par conséquent un principe d'accroissement, d'agrandissement du bien primitif? Et si on
la considère dans ce qu'elle peut et doit, par une abstraction
hardie et généreuse, n'est-elle pas, même si elle est mauvaise,
le plus grand des biens ? Elle est donc respectable même chez le
pire criminel.

C'est là une erreur assurément, mais c'est une erreur explicable ; c'est une erreur de doctrine qui renferme une part de vérité, sans quoi elle ne serait pas possible, elle n'aurait pu séduire et égarer aucun esprit.

Résumons-nous. La volonté, si on l'entend bien, est une cause ou un moyen de bien, de mal, ou de ni bien ni mal. Mais elle peut être considérée avant tout comme un moyen de bien, et dès lors comme devenant à son tour un bien, même lorsqu'elle ne fait pas le bien, ce qui est une erreur, mais une erreur explicable.

Nous avons, en somme, distingué surtout deux sortes de qualifications : la qualification qui porte sur les faits et la qualification qui porte sur les actes et les agents. Cette seconde qualification suppose la première. Lorsque les agents sont qualifiés, c'est toujours par rapport aux faits, et c'est aussi en tant qu'ils sont en eux-mêmes des suites de faits, des consciences, lesquelles, en tant qu'elles sont des entraînements de phénomènes, ont une valeur, sont bonnes ou mauvaises.

Donc la qualification porte toujours sur des faits. Et toujours la première qualification, la qualification élémentaire est celle des faits d'où résulteront pour les hommes le bonheur ou le malheur.

Dans tout cela l'intelligence seule est en jeu, car la qualification morale est une sorte de jugement ; mais l'intelligence qui est en jeu, c'est l'intelligence morale, qui précède la volonté morale et l'enveloppe, qui est son antécédent et son milieu nécessaire. La qualification morale est la première forme de la moralité. Un tel jugement ne peut être porté par une intelligence pure, non émue, indifférente. Pourtant il est dans sa forme un jugement, pas autre chose ; ce qu'il contient d'émotionnel y est dissimulé, caché, voilé dans le concept ; ce qui n'est pas purement intellectuel le provoque ou l'accompagne seulement.

Ainsi le bien et le mal sont posés tout d'abord comme appartenant aux phénomènes, à tous les phénomèmes, sans exception, comme la qualification morale des phénomènes, et non pas seument des actions humaines ; ce sont des qualifications des actions en tant que phénomènes, et des phénomènes qui sont les éléments, les antécédents, les concomitants, les résultats des actions, ainsi que les phénomènes étrangers par leurs conditions à l'action humaine. Le passé, l'actuel accompli, reçoivent cette qualification comme l'avenir, — le nécessaire comme le contingent, contingent en apparence ou réellement contingent.

La moralité est donc intellectuelle avant d'être autre chose ; elle est active dans l'intelligence avant d'être active dans les tendances, avant de se manifester dans le désir et la volonté.

Cela nous conduit à une conclusion très importante : la moralité ne commence pas par l'obligation, mais par la qualification morale ou le jugement moral, et la qualification morale elle-même ne commence pas par s'appliquer aux personnes. Avant tout, le jugement moral est une opinion de l'intelligence, par laquelle les faits sont déclarés bons ou mauvais, et cette opinion est morale en ce sens qu'elle est un élément de la moralité ou de la valeur morale des individus. Cette opinion, qui a d'abord jugé des faits, juge ensuite des volontés. Ensuite la moralité, qui a commencé par être pensée, n'inspirera plus seulement le jugement, mais aussi le désir, c'est-à-dire la tendance sous sa forme inférieure, et la volonté, forme supérieure de la tendance.

Nous trouvons donc, d'abord, la moralité dans l'intelligence, sous forme de jugements. Ensuite elle s'applique à des volontés, au désir du bien, à la volonté du bien, et elle se manifeste par l'obligation.

Nous étudierons le passage de la qualification à l'obligation dans notre prochaine leçon.

Les classes industrielles et commerçantes en France et aux Pays-Bas aux XIVᵉ et XVᵉ siècles.

Cours de M. PFISTER,

Professeur à l'Université de Paris.

Les trois révolutions de Flandre et leurs conséquences économiques.

Nous avons montré, dans la précédente leçon, comment, au Moyen Age, était organisée en Flandre l'industrie de la draperie. Les ouvriers drapiers sont très nombreux ; mais ils ne peuvent s'entendre, à cause des jalousies de métier à métier, jalousies par exemple entre les tisserands et les foulons, jalousies de ville à ville, entre Ypres, Bruges et Gand. Mais surtout les ouvriers ne peuvent subsister seuls ; ils n'ont aucune fortune et constituent dans les grandes villes flamandes un véritable prolétariat. Par suite, ils sont obligés de s'adresser à des capitalistes, qui leur fournissent la matière première, la laine, et qui écoulent sur le marché du monde le drap de Flandre.

Dans cette première période, qui va jusqu'au début du XIVᵉ siècle, jusqu'à la bataille de Courtrai, la corporation des marchands, la gilde, comme on disait, représente l'ensemble de ces capitalistes. La gilde formait une société fermée : elle rejetait de son sein les « hommes aux ongles bleus », les travailleurs. Pour en faire partie, il faut renoncer au métier. Cette gilde de drapiers surveille les corporations ouvrières, et, sous prétexte d'assurer la qualité irréprochable des produits, elle les soumet à un contrôle incessant et tracassier. Bien plus, les marchands s'emparent des municipalités après s'être unis aux anciens nobles féodaux ; ils sont les véritables maîtres de l'échevinage. Ils dominent donc doublement les métiers, par les commandes et par l'autorité municipale qu'ils exercent.

En effet, de bien bonne heure, les laines indigènes, qui étaient du reste de qualité médiocre, ne suffirent plus à la fabrication. On fit venir alors des laines de l'Artois et on s'approvisionna aux foires de Champagne : ce fut encore insuffisant. On alla surtout chercher de la laine en Angleterre. Les moutons de ce pays étaient

renommés pour la longueur et la finesse de leur toison. Les
marchands flamands, qui venaient vendre leurs draps, établirent
à Londres et à Douvres des entrepôts, où s'entassèrent les laines
anglaises. Les grands propriétaires anglais, sûrs de vendre leurs
laines, développèrent les pâturages au détriment de l'agriculture,
enfermant de barrières de vastes prairies. Les abbayes, surtout
les abbayes cisterciennes, entretinrent d'innombrables troupeaux :
on connaissait les laines de chacune d'elles en Flandre et elles
avaient leurs cotes spéciales. Le roi lui-même avait ses bergeries
et des officiers qui portaient le titre de *captores, receptores lana-
rum regiarum.* Du reste, l'une des recettes les plus abondantes de
la couronne royale était le droit que les rois percevaient pour
l'exportation de la laine.

Les corporations de marchands des diverses villes flamandes
s'entendirent pour faire venir en commun les laines anglaises
dont elles avaient besoin. Bientôt, d'association en association, les commerçants flamands en Angleterre arrivèrent à ne
plus former qu'une association : la Hanse de Londres. Cf. : *La
Hanse flamande de Londres,* supplément à la *Revue de l'Instruction publique en Belgique,* 1899. — Van der Linden, *Les
Gildes marchandes dans les Pays-Bas.* — Le noyau de cette hanse
a été, en réalité, la gilde urbaine de Bruges ; la hanse fut d'abord
appelée la hanse brugeoise, et, toujours Bruges fournissait
le hansgraf, le maître de la hanse, qui était à la tête de la corporation. Quand Ypres fut affiliée à la corporation, on lui donna
le privilège de fournir le schildrake, c'est-à-dire le porte-
étendard. La hanse paraît s'être composée, dans la suite, des
gildes d'une quinzaine de villes. Toutefois Gand ne fit jamais partie de la hanse de Londres. Les marchands ligués arrachèrent
des privilèges au roi d'Angleterre : protection pour tous les marchands, promesse de n'être pas inquiétés en cas de guerre avec
la France, à moins que la Flandre ne prît une part directe aux
hostilités. La ligue s'efforce de se protéger. Si un confrère avait
acheté d'un Anglais de la marchandise contrefaite, il était interdit, sous peine de perdre la hanse, d'avoir compagnie avec ce frau-
deur : il était mis à l'index des marchands de la hanse.

On a parfois confondu la hanse de Londres avec la hanse des 17
villes ; ce sont là deux institutions différentes, comme M. Pirenne
l'a prouvé. La confédération des 17 villes se composait des cités
qui cherchaient à écouler aux foires de Champagne les produits
de leur industrie. Cette hanse des 17 villes comprenait surtout des
villes françaises, auxquelles s'étaient 'jointes des villes flamandes, Gand, Bruges, Ypres, et quelques villes du Hainaut, Valen-

ciennes et Cambrai. Ces villes avaient entre elles des relations commerciales ; ainsi, le marchand qui contrevenait aux ordonnances de la draperie ne pouvait vendre dans aucune des dix-sept villes. Le bourgeois d'une de ces villes ne pouvait être arrêté dans les autres ; il devait être jugé par l'échevinage de sa cité (Cf. Fagniez, n° 33, p. 85. C'est un extrait du livre de Roisin : *Franchises, lois et coutumes de la vie de Lille*, publié par Brun-Lavainne, Lille et Paris, 1862). Cette hanse des dix-sept villes, formée de localités qui avaient des princes différents, n'eut jamais une organisation solide, et la décadence des foires de Champagne lui enleva sa raison d'être. Elle avait certainement cessé d'exister à la fin du xive siècle.

Ces mêmes marchands écoulaient ensuite les draps fabriqués dans les foires locales, dont les plus célèbres, au début, étaient celles de Thourout. Des chemins y venaient aboutir d'Ypres, Gand et Bruges, et la ville n'était qu'à vingt-trois kilomètres du port de Damme. Mais cette foire tomba en décadence dès le milieu du xiiie siècle, et elle fut supplantée par la foire de Bruges. Cette ville avait deux foires, l'une au mois de janvier, la seconde le surlendemain de l'octave de Pâques. On cite encore les foires d'Ypres, de Gand et de Lille. La foire de Lille avait lieu au début du mois d'août ; elle tomba en pleine décadence après la réunion de Lille au domaine royal, et les autres ne tardèrent pas non plus à péricliter. Comme c'étaient là surtout des foires locales, les Italiens n'y venaient pas ; aussi les marchands flamands préféraient-ils se rendre aux foires de Champagne, où se faisait l'échange des produits du Nord et des produits du Sud. Puis, bientôt, Bruges eut un commerce permanent tellement considérable, qu'on ne fit plus attention à la foire. Il en fut ainsi pour les autres foires de Flandre.

Telle était la situation en Flandre, lorsque s'ouvrit le xive siècle. Le xive siècle jusqu'en 1385, époque où le comté de Flandre passa aux ducs de Bourgogne, est marqué par de grands événements politiques et sociaux. Dans aucun pays de France, peut-être dans aucun pays d'Europe, même en Italie, les questions économiques n'ont eu dans l'histoire générale une importance plus grande ; on ne saurait raconter l'histoire de la Flandre sans insister sur les artisans et la draperie. Trois grandes révolutions ont lieu dans cette période de 1300 à 1385, où les diverses forces en présence se groupent de façon différente. Dans la première phase, les artisans et le comte Gui de Dampierre sont alliés contre les marchands. La gilde est détruite ou à peu près, et les artisans forcent l'entrée de l'échevinage. Dans la deuxième révolution, qui est marquée par le grand nom de Jacques Arteveld, les artisans et les bourgeois sont d'accord contre le comte qui sacrifie à la France les intérêts industriels et commerciaux, les intérêts vitaux de la Flandre ; ils s'appuient sur l'Angleterre, qui leur fournit les laines. Enfin, dans la troisième révolution, de 1379 à 1385, les artisans se sont brouillés avec les bourgeois. Leurs exigences ont soulevé contre eux toutes les classes plus élevées (les bons) qui s'allient contre eux (les mauvais) avec les comtes. Les artisans sont vaincus. Nous avons dit que la Flandre était régie par trois villes, Ypres, Bruges et Gand, très jalouses les unes des autres. Dans la première révolution, Bruges fut à la tête du mouvement ; dans les deux autres, Gand tint la première place.

Nous n'allons pas étudier en détail ces trois révolutions ; pourtant, il nous faut au moins les caractériser. Surtout, il faut montrer que, si les révolutions amènent des crises terribles et paraissent arrêter l'essor national, le pays se relève bien vite de cette tourmente. Il rebondit, et jamais l'industrie drapière et le commerce flamand n'ont connu une telle prospérité. L'âge d'or de la Flandre est bien le xivᵉ siècle.

Les marchands avaient admirablement géré les villes au xiiiᵉ siècle. Ils avaient construit des murailles, élevé des halles et des églises paroissiales, des beffrois, creusé les canaux des rues. Ils les avaient soustraites aux juridictions ecclésiastiques et y avaient créé des écoles populaires. Ils les avaient dotées d'hôpitaux auxquels ils avaient souvent laissé par leurs testaments d'importantes fondations. Mais cette caste n'avait pas tardé à devenir oppressive ; elle ne voulait plus rendre compte de sa conduite à personne, et ses délibérations restaient secrètes. Puis les marchands exerçaient une surveillance étroite sur les artisans, fixaient le salaire, et l'artisan trouvait toujours son salaire trop peu élevé. Sans doute, il était interdit de payer en denrées au lieu de payer en argent comptant ; mais on trouvait d'autres moyens de limiter les salaires.

Dès lors, les artisans réclamèrent une part dans l'administration commerciale. Les *minores* s'opposèrent aux *majores*, comme, en Italie, le *popolo minuto* au *popolo grasso*. Il y eut des soulèvements populaires, pendant toute la seconde moitié du xiiiᵉ siècle. Longtemps, ces soulèvements furent isolés et localisés dans chaque ville ; mais ils devinrent généraux, à la fin du xiiiᵉ siècle. Dans toutes les villes, les artisans sont en révolte contre le patriciat. Le comte, qui veut briser la puissance de l'aristocratie, favorise les artisans. Alors les patriciens se souviennent que les rois de

France sont suzerains de la Flandre; ils en appellent au roi de
France lorsque leurs privilèges sont lésés; ainsi, les patriciens
forment en Flandre le parti des fleurs de lis, les liliarts. Les artisans forment au contraire le parti des *clauwaerts* (de *clauwen*,
griffer, par allusion au lion qui est dans les armoiries de
Flandre).

Après la démarche des liliarts, Philippe le Bel intervint en
Flandre, s'empara d'à peu près tout le comté, et fit prisonnier le
comte Gui de Dampierre. Toute la Flandre fut réunie au domaine
royal. En l'année 1301, le roi de France visita avec sa femme sa
nouvelle conquête; la reine, Jeanne de Champagne, fut éblouie
du luxe qu'elle trouva dans ces contrées. Mais le gouverneur
français, Jacques de Chatillon, manqua de souplesse et irrita les
métiers. Un soulèvement terrible eut lieu à Bruges, sous la conduite d'un tisserand, Pierre de Cöninck. Le 18 mai 1302, la garnison française fut massacrée. Ce furent les matines de Bruges
venant après les vêpres siciliennes; et les artisans, après s'être
formés en armée, défirent, le 11 juillet 1302, la noblesse française
à Courtrai.

En ce jour, ce n'est pas tant la France qui succombe que le
patriciat flamand; ce n'est pas la Flandre qui conquiert son
indépendance contre la France : c'est une guerre sociale, où les
artisans l'emportent sur les gildes. Les artisans s'emparent de
l'administration commerciale; les doyens des tisserands sont
à la tête des villes comme Gand, Ypres, Bruges. Les tisserands peuvent librement acheter leurs laines. Les corporations obtiennent droit de juridiction sur leurs membres, et
font des règlements spéciaux. Le métier s'est affranchi de la
gilde.

La bataille de Mons-en-Puelle en 1304, le traité d'Athis-sur-
Orges en 1305, par lequel les Flamands furent obligés de faire
amende honorable et qui livrait à la France les villes de Lille,
Douai et Orchies, mirent fin au gouvernement révolutionnaire
créé dans les villes par les tisserands. Mais les métiers ne perdirent pas les conquêtes qu'ils avaient faites : la gilde restait
vaincue; les corporations gardèrent le droit d'élire leur chef, et
un partage dans le gouvernement se fit entre les patriciens et
le peuple. Quant à la victoire économique de l'artisan, elle fut
plus apparente que réelle. En effet, les conditions économiques
ne changèrent point de façon brusque : l'artisan détient le pouvoir; mais il n'a pas la richesse, et pourtant il en a grand besoin;
il a besoin aussi d'écouler ses draps au loin. Il ne peut plus
s'adresser à la gilde; les marchands, ayant perdu leurs privi-

lèges politiques, deviennent des vendeurs au détail ou de petits entrepreneurs. L'artisan s'adresse alors à de riches capitalistes, qui n'ont ni privilèges politiques ni monopole légal. Ces capitalistes achètent la laine en masse et vendent le drap de même, si bien que les ouvriers drapiers dépendent d'eux étroitement et qu'ils n'ont peut-être rien gagné à changer de maîtres. Les capitalistes, pour faire de meilleurs marchés, s'associent parfois : ils forment pour leurs achats des associations temporaires, mais on ne verra plus d'associations permanentes. Il faut aussi noter que les capitalistes ne travaillent qu'avec leur argent. Ils ne font pas fructifier l'argent d'autrui, et il y a là une différence considérable avec le capitalisme moderne. En somme, l'artisan, qui voulait faire une révolution économique, n'a fait qu'une révolution politique.

Dans la deuxième révolution, le comte, ne sera plus l'allié des artisans ; bien au contraire, ces artisans avec quelques bourgeois, s'allieront contre lui. Depuis 1332, date de la mort de Robert de Béthune, le comté est gouverné par son petit-fils Louis, celui qu'on appelle Louis de Nevers. Il a été élevé à la cour de France, puis marié à une princesse française, Marguerite, fille de Philippe V le Long ; contrairement à ses ancêtres, c'est un vrai liliart ; il se considère comme un seigneur des fleurs de lis. Bientôt la reconnaissance l'attache au roi ; et ce n'est que par l'assistance de Philippe VI qu'il peut vaincre le grand soulèvement de la Flandre maritime de 1325-1328. La bataille de Cassel, gagnée le 23 août 1328 par la chevalerie française, obligea les rebelles à se rendre. Les villes de Bruges et d'Ypres, qui avaient accueilli les révoltés, durent ouvrir leurs portes sans résistance. Aussi, quand les premières difficultés se produisirent entre la France et l'Angleterre, Louis se déclara formellement pour Philippe VI ; dès 1336, il ordonna la cessation de tout commerce entre la Flandre et l'Angleterre, et fit arrêter les marchands anglais dans ses États. Edouard III, par représailles, arrêta les marchands flamands qui étaient en Angleterre et se saisit de leurs biens.

Il y eut plus. Edouard III, depuis le début de son règne, cherchait à introduire en Angleterre l'industrie de la draperie : il avait octroyé des privilèges considérables aux tisserands de Bristol ; il avait attiré des artisans de Flandre, et les métiers anglais fonctionnaient. Edouard III fit interdire l'exportation de laines anglaises pour la Flandre. Ainsi il frappait les Flamands et encourageait l'industrie drapière naissante en Angleterre. Du reste, pour bien montrer qu'il en voulait surtout aux Flamands, il permit aux

Brabançons d'acheter de la laine anglaise. Cette mesure eut, pour la Flandre, les conséquences les plus graves : faute de laine, les métiers cessèrent de travailler ; les ouvriers de la draperie, qui n'avaient que leurs salaires journaliers, ne pouvaient plus se nourrir ; par groupes, ils se répandirent dans les campagnes en tendant la main ; les petits patrons, à leur tour, furent atteints, et les commerçants de détail, qui vivaient des ouvriers, durent fermer boutique. Le mécontentement devint général. Pendant l'année 1337, on parlementa avec le comte : on lui demanda de reprendre les relations avec l'Angleterre ; mais il déclara qu'il ne voulait point se rendre coupable d'une félonie contre la France ; du reste, il pensait que l'Angleterre serait obligée de céder.

Edouard III sut profiter de ce mécontentement de la Flandre. Il noua des intrigues avec les villes flamandes, particulièrement avec Gand, qui tenait la première place ; car Bruges et Ypres avaient été ruinées pour avoir pris part au soulèvement de la Flandre maritime. A Gand, un citoyen de Courtrai entama des négociations avec le roi Edouard. Le comte, en ayant eu vent, fit saisir le coupable ; et aussitôt un soulèvement éclata dans la cité, le soir de Noël 1337.

A la tête de ce mouvement, le peuple se trouva représenté par l'un des siens, marchand de drap, — Froissart, à la suite de Jean le Bel, en a fait un brasseur, — Jacques van Artevelde, âgé d'une cinquantaine d'années. Un gouvernement révolutionnaire fut constitué avec les cinq capitaines de la ville (hoofmann), un par paroisse, et les trois doyens des tisserands, des foulons et des petits métiers. Artevelde exerçait sur tous son autorité à titre de capitaine général. Bientôt Ypres et Bruges consentirent à se soumettre. Alors Artevelde entama des négociations avec l'Angleterre. La bonne volonté d'Edouard leur permit d'aboutir ; et, quand on vit arriver les blanches toisons, ce furent partout des cris d'allégresse. On se remit de nouveau au travail, et Artevelde fut considéré comme un dieu.

Philippe VI comprit tout le danger de cette union de la Flandre avec l'Angleterre. Il offrit, en juin 1338, de reconnaître la neutralité de la Flandre dans le grand conflit qui allait s'engager ; mais ces concessions vinrent trop tard. Les Flamands abandonnèrent leur comte. Un scrupule les arrêtait : le roi de France était leur suzerain ; mais pourquoi Edouard III ne prendrait-il pas ce titre de roi ? Le 26 janvier 1360, sur le marché de Gand, le monarque anglais reçut le serment des échevins de Gand, Bruges et Ypres. Il jura de maintenir les droits du peuple de Flandre et lui reconnut de grands avantages commerciaux. Il s'engagea à rendre à la Flandre le pays wallon (Lille, Douai et Orchies), et même l'Artois, et à fournir aux trois villes cent quarante mille livres de subsides. La guerre de Cent Ans était ainsi commencée.

Un conflit économique, une question industrielle, fut la cause de cette lutte; certainement, Edouard III ne l'aurait point entamée, s'il n'avait trouvé un point d'appui en Flandre. La domination d'Artevelde fut, du reste, éphémère. Il se heurta bientôt aux résistances des petites villes, qu'il voulait empêcher de « draper » pour assurer le monopole de la fabrication aux trois villes de Gand, Bruges et Ypres. Il se heurta d'abord à Bruges et à Ypres, lassées de la domination de Gand; enfin, à Gand même, il se heurta aux tisserands, aux foulons et aux petits métiers, qu'il entendait dominer. Artevelde, élevé par une révolution, succomba dans une révolution, à la fin de juillet 1345, après avoir gouverné la Flandre durant sept ans. Une année plus tard, le comte de Flandre, Louis de Nevers, succombait à Crécy.

Louis de Male, son fils, n'était point lié à la France comme son père. Il put avoir une politique plus indépendante et tenir compte des intérêts économiques de ses sujets. Il s'allie aux bourgeois, aux négociants. Contre eux s'élèvent les artisans, et plus spécialement les tisserands, qui réclament plus que jamais l'égalité complète, absolue. Ils sont agités par des idées mystiques nouvelles. Des idées communistes se font jour ; elles sont, pour la plus grande partie, répandues par diverses sectes, comme celle des flagellants. Les bégards, les béguines, qu'on rencontre en grand nombre au XIVᵉ siècle, professent des idées hétérodoxes. Certainement, les doctrines que prêchera plus tard Wat Tyler ont commencé par être développées dans les faubourgs de Gand, d'Ypres et de Bruges, avant de l'être devant les travailleurs anglais. Les tendances démocratiques sont du reste générales : on les trouve non seulement en Angleterre et en Flandre, mais en France avec Etienne Marcel, et à Florence ; en Flandre, cependant, elles ont pris un développement plus grand qu'ailleurs. Les pauvres veulent faire la guerre aux riches ; nulle conciliation n'est possible : « Jamais, écrit M. Pirenne, les haines sociales ne se sont revélées sous une forme plus brutale et plus barbare. »

Plusieurs soulèvements partiels, celui de 1359 à Gand et à Bruges, ceux d'Ypres de 1366 et 1377, précédèrent le grand soulèvement qui eut lieu en 1377. Une querelle secondaire a mis aux prises Gand et Bruges. Bientôt les tisserands, profitant de la circonstance, s'emparent du pouvoir à Gand, à Bruges, à Ypres, s'allient entre eux, rançonnent le plat pays. C'est une guerre générale, et voici que les travailleurs se soulèvent dans tous les pays. A Paris, il y a la révolte des Maillotins ; révolte à Rouen ; révolte dans le Midi. En Angleterre, le comté de Kent s'insurge à la voix de Wat Tyler. Il semble que partout le principe d'autorité soit méconnu. Le comte de Flandre, Louis de Male, vient assiéger les Gantois ; mais la ville résiste à outrance et donne le pouvoir à Philippe Artevelde, fils de Jacques. Philippe exerce dès lors une autorité tyrannique, fait exécuter à Gand ses adversaires politiques et se procure de l'argent par tous les moyens.

Louis de Male, pour vaincre le soulèvement, s'adressa au dehors. Louis de Male n'avait qu'une fille ; en 1368, il avait marié cette fille au duc de Bourgogne, Philippe le Hardi, et la France avait consenti au retour à la Flandre des villes wallonnes de Lille, Douai et Orchies. En vertu de ce mariage, la Flandre et le duché de Bourgogne seront unis, un jour, ainsi que l'Artois et la Franche-Comté. Louis de Male demanda à son gendre de défendre son héritage ; et le duc de Bourgogne intervint contre son neveu, le roi Charles VI. Les révoltés furent vaincus par les Français, le 27 novembre 1382, à Rosebecque ; mais Gand opposa une résistance acharnée sous la direction de Frantz Ackermann. Louis de Male mourut avant que la question fût résolue, le 30 janvier 1384, et Philippe le Hardi, devenu comte de Flandre, traita à Tournai, le 18 décembre 1385. Il confirma les privilèges, franchises et usages de Gand ; il donna toute liberté au commerce et promit de n'instituer que des officiers nés dans le pays. Il permit même aux Gantois de tenir Urbain VI pour le vrai pape, leur garantissant la liberté de conscience. En apparence, la paix est tout à l'avantage de la ville ; mais, en fait, Philippe le Hardi resta le maître. Le mouvement démocrate était vaincu, comme il l'était à Paris à la même époque. Le duc de Bourgogne, devenu maître de la Flandre, veut établir l'unité en ce pays. Une nouvelle période commence.

Tels furent les trois mouvements révolutionnaires flamands. Il semblerait, au premier abord, que, pendant tous ces troubles, l'industrie et le commerce eussent dû être profondément atteints ; mais notons que ces mouvements ne durèrent pas longtemps et que même, de 1346 à 1379, il y eut une période de paix, sous le gouvernement habile de Louis de Male ; si bien que, en fait, nous pouvons dire que, malgré tout, au xive siècle, l'industrie continua de prospérer : ce fut même le moment de la splendeur de Bruges.

L'Église et l'État en France de 1789 à 1848.

Cours de M. G. DESDEVISES DU DEZERT,

Professeur à l'Université de Clermont-Ferrand.

La liberté de l'enseignement.

Nous avons dit que la cause de la liberté de l'enseignement était une cause grande et juste. Nous croyons, en le disant, exprimer une pensée chère à l'Université. Elle a subi plutôt qu'aimé le régime du monopole, et, depuis qu'elle vit sous un régime différent, ses progrès ont été assez marqués et assez soutenus, son renom a assez grandi pour qu'elle se soit, plus que jamais, attachée à la liberté.

La liberté de l'enseignement n'est qu'une extension légitime du droit de parler et d'écrire ; mais, comme l'exercice de ce droit comporte des responsabilités immédiates et peut entraîner des conséquences formidables, l'État méconnaîtrait, croyons-nous, son devoir social, s'il n'exigeait des maîtres de la jeunesse des garanties sérieuses de savoir et de moralité, et s'il n'exerçait sur eux un contrôle, à la fois très sévère pour les mœurs et très libéral pour les idées.

Telles sont les données du problème. Il n'a rien d'effrayant ni d'insoluble, quand on l'aborde sans parti pris et de bonne foi.

En fait, l'ancienne France avait vécu sous le régime du monopole ecclésiastique. La plupart des professeurs de l'ancien régime appartenaient au clergé. C'est à peine si, dans les dernières années du dix-huitième siècle, après l'expulsion des jésuites, on avait vu commencer timidement une forme nouvelle d'enseignement public, dans laquelle une part avait été faite à l'élément laïque.

Les Écoles centrales de la Révolution constituèrent une tentative très intéressante d'enseignement d'État. Les programmes furent très variés et très souples ; le régime de l'internat disparut, mais les autorités locales ne surent pas comprendre la valeur de l'institution qui leur était confiée, et, en face des Écoles centrales, mal dotées et mal recrutées, s'ouvrirent des pensions à l'ancienne mode, à programmes étroits, à discipline automatique, qui eurent toute la clientèle. Le législateur avait fait effort pour sortir de l'ornière ; le citoyen y retournait passivement, par la seule puissance de la routine.

Napoléon voulut un enseignement d'Etat, comme il avait voulu un clergé d'Etat. En instituant l'Université, il ne pensa pas un moment au progrès de la science, à l'émancipation des intelligences ; il pensa aux intérêts immédiats de l'empire et de la dynastie. Ses lycées impériaux ne furent que des pépinières de fonctionnaires et d'officiers. Il se trouva seulement, comme nous l'avons dit, que les hommes cultivés auxquels fut remis le soin de la jeunesse portèrent leur idéal un peu plus haut que ne le demandait l'empereur, derrière l'empire virent la patrie, et dans la patrie voulurent une place pour la science et la liberté. L'Université de Napoléon fut avant tout impérialiste, par reconnaissance et par éblouissement ; elle garda aussi quelque chose de l'esprit critique du dix-huitième siècle ; elle tendit vers le progrès scientifique et la pensée libre.

Et c'est précisément par ces tendances critiques et libérales qu'elle inquiéta le gouvernement ombrageux de la Restauration, qui pensa tout d'abord à la supprimer, puis trouva plus opportun de refaire à son profit ce que Napoléon avait fait au sien. « Si « Louis XVIII est sage, avait dit l'Empereur, il se contentera « de changer les draps, et couchera dans mon lit, car il est « bon. » La Restauration changea les draps et n'alla guère plus loin.

Mais l'Université, qui avait failli mourir de mort violente, faillit se transformer si complètement que cette métamorphose eût été une véritable mort. On voulut littéralement la *mettre en religion*. On lui nomma des directeurs ecclésiastiques ; on remplit ses rangs de clercs et de dévots. Elle ne sentit point venir la vocation. Elle resta ce qu'elle était : la fille légitime du dix-huitième siècle et de la Révolution.   .

Le gouvernement des Bourbons dut désespérer de changer son cœur, puisqu'il organisa lui-même, en face de l'Université royale, une véritable université ecclésiastique, celle-là toute aux mains du clergé, avec les sept collèges des pères jésuites, les 126 petits séminaires autorisés, les 53 institutions libres *simplement tolérées*, et les pensionnats qui s'ouvraient un peu partout. C'étaient là les écoles fidèles, d'où la monarchie tirerait ses meilleurs serviteurs ; les écoles universitaires resteraient ouvertes à la bourgeoisie frondeuse et suspecte, que le régime aristocratique tendait, de toutes ses forces, à éliminer des hautes fonctions publiques.

On sait avec quel chagrin Charles X vit M. de Martignac s'attaquer aux collèges des jésuites et aux petits séminaires ; sa prédilection pour les écoles ecclésiastiques ne peut faire le moindre doute.

Cependant, si les efforts de Mgr Frayssinous n'avaient pas réussi à réconcilier pleinement l'Université avec le roi, ils avaient suffi à rendre l'Université suspecte aux libéraux, et la marque de cette défiance se retrouve dans l'article 69 de la charte de 1830, qui promettait la liberté d'enseignement. Dans un pays de mœurs vraiment libres, cette promesse eût été considérée par tous comme un simple retour au droit. Dans la France de 1830, nous croyons qu'il y faut voir un acte de défiance. Le parti libéral n'avait plus foi dans le libéralisme de l'Université. Il ne tarda pas d'ailleurs à reconnaître son erreur, et sitôt qu'il eut compris que l'Université était restée, malgré tout, fidèle au drapeau tricolore, — je ne trouve pas de meilleur symbole pour exprimer ma pensée, — il se montra infiniment moins pressé d'accorder au pays une liberté d'enseignement, dont l'Eglise, à peu près seule, était en mesure de profiter.

Mais la liberté est une de ces choses que l'on ne peut pas donner à moitié. On peut refuser aux hommes ce mets divin ; sitôt qu'ils y ont goûté, ils ne veulent plus d'autre nourriture. Bon gré mal gré, en dépit du mauvais vouloir des libéraux eux-mêmes, la liberté s'établit, et, le jour où la République la proclama, elle ne fit pour ainsi dire que reconnaître le fait accompli.

La première application du principe de la liberté d'enseignement eut lieu en 1833. Ce fut la loi Guizot sur l'enseignement primaire. Après une enquête mémorable, qui révéla des faits inouïs, Guizot résolut de donner aux écoles primaires une organisation d'ensemble, qui leur avait manqué jusque-là. Chaque commune dut avoir une école, ou s'unir pour en avoir une avec la commune la plus voisine. L'instituteur dut être âgé de 18 ans au moins, pourvu d'un certificat de moralité et du brevet élémentaire ou supérieur. Il était proposé par le comité communal et le conseil municipal, nommé par le comité d'arrondissement et institué par le ministre. Les communes pouvaient choisir entre l'enseignement laïque et l'enseignement congréganiste. Le frère directeur d'école communale devait avoir son brevet, comme l'instituteur laïque ; mais ses auxiliaires en étaient dispensés, ce qui était un premier privilège à l'enseignement ecclésiastique. Un second privilège autorisait les sœurs, munies d'une *lettre d'obédience* de l'évêque diocésain, à tenir école publique sans les astreindre au brevet, que devait posséder l'institutrice laïque.

La loi Guizot doit donc être considérée non comme une loi de vraie·liberté, mais, dans une certaine mesure, comme une loi de privilège. Ce fut presque une victoire pour l'Eglise. Elle prit à l'enseignement primaire une part immense, qui eût été absolument légitime s'il y avait eu égalité de traitement entre elle et ses concurrents laïques. Les résultats de la loi n'en furent pas moins excellents. En quinze ans, le nombre des écoles primaires passa de quarante-deux à soixante-trois mille, et les écoliers de deux millions à trois millions et demi.

L'Église tenait bien davantage à la liberté de l'enseignement secondaire, qui lui eût permis d'attirer à elle la jeunesse ˏbourgeoise et de s'assurer l'avenir. Il y avait, sans doute, dans cette idée une forte dose d'illusion, car l'expérience a prouvé qu'il ne suffit pas de recevoir une éducation jacobine ou catholique pour demeurer toute sa vie un bon catholique ou un bon jacobin. Si la plupart des hommes conservent assez docilement l'empreinte qui leur fut donnée tout d'abord, beaucoup se modifient plus tard, ou changent même du tout au tout ; si bien que tel libéral se fera religieux et tel clérical jettera le froc aux orties. Tout ce qu'il est peut-être permis de dire, c'est que l'homme élevé dans le libre examen en garde généralement une certaine tendance à la tolérance et à l'indulgence, tandis que l'homme élevé dans le système autoritaire portera dans sa nouvelle foi politique, s'il vient à changer, quelque chose de la raideur et de l'intransigeance qu'il avait déjà dans son ancienne religion. Mais ces idées sont des idées de philosophe, et, pour la plupart des politiques, la maxime tenue pour vraie, aujourd'hui comme en 1830, est que qui tient la jeunesse tient l'avenir.

L'homme qui fit le plus, aux premières heures de la monarchie de Juillet, pour la cause de la liberté de l'enseignement, ce fut Lamennais. Déjà démocrate, Lamennais concevait l'Église comme une grande force mondiale, combattant le mal physique et le mal moral sous toutes ses formes, par tous les moyens légitimes, pour l'honneur et le progrès de l'humanité. Nous nous proposons de consacrer, plus tard, une leçon à ce grand homme; nous ne voulons, ici, que marquer son rôle dans la querelle qui nous occupe.

Dès le mois d'octobre 1830, Lamennais fonda un journal, *l'Avenir*, où écrivirent des prêtres comme Salinis, Rohrbacher, Gerbet et Lacordaire, des laïques comme de Coux et Montalembert, toute une pléiade de jeunes gens aussi profondément libéraux que franchement catholiques.

Au mois de décembre 1830, l'*Agence générale pour la défense de la liberté religieuse* se donna comme principale tâche la conquête de la liberté d'enseignement à tous les degrés.

Pour joindre l'exemple à la parole, l'Agence ouvrit, en avril 1831, une école secondaire libre à Paris ; et Montalembert, Lacordaire et de Coux y enseignèrent publiquement.

L'école, ouverte au mépris des privilèges de l'Université, fut fermée; mais, Montalembert appartenant à la pairie, ce fut devant la Chambre des pairs que fut jugé le procès. Le procureur général Persil, qui avait conclu, au mois de février précédent, contre Polignac et ses complices, occupait le siège du ministère public. La défense de l'école fut prononcée par Lacordaire. Le début de son plaidoyer fut plein de fermeté et de hardiesse: « Je re-« grette et je m'étonne. Je m'étonne de me voir au banc des « prévenus, tandis que M. le procureur général est au banc du « ministère public. De quoi m'accuse-t-il ? D'avoir usé, en « ouvrant une école libre sans autorisation, d'un droit écrit « dans la Charte, mais non encore réglé par la loi, et lui, sans « autre droit, demandait naguère la tête de quatre ministres! »

Lamennais, Lacordaire et Montalembert furent condamnés à cent francs d'amende; mais la question de la liberté de l'enseignement était posée avec éclat devant l'opinion publique.

Les difficultés intérieures qui marquèrent les premières années de la monarchie de Juillet retardèrent jusqu'en 1836 le dépôt du premier projet de loi sur la liberté de l'enseignement.

M. Guizot déclara, enfin, que « l'État acceptait la nécessité, le « devoir, de soutenir avec succès, avec éclat, une concurrence « infatigable ».

Le 15 juin, un universitaire, Saint-Marc-Girardin, présenta à la Chambre des députés le rapport légal sur le projet de loi.

Il rappela que, dès l'ancien régime, la concurrence des congrégations enseignantes, notamment des jésuites, avait été, de l'aveu même de Voltaire, un bienfait : « Le monopole de l'enseignement « accordé aux prêtres, disait-il, serait de notre temps un funeste « anachronisme ; l'exclusion ne serait pas moins funeste. La loi « n'est faite ni pour les prêtres ni contre eux. Elle est faite, en « vertu de la Charte, pour toutes les personnes qui voudront rem-« plir les conditions qu'elle établit. Personne n'est dispensé de « remplir ces conditions, et personne ne peut, s'il a rempli ces « conditions, être exclu de cette profession. Nous entendons « parler des congrégations abolies par l'État, et qui, si nous n'y « prenons garde, vont envahir les écoles. Nous n'avons point « affaire dans notre loi à des congrégations, nous avons affaire à

« des individus. Nous ne savons pas, nous ne pouvons pas savoir
« si ces individus font partie de congrégations, car à quel signe
« les reconnaître, et comment s'en assurer ?... quel code tracas-
« sier et inquisitorial il faudrait faire !... et il suffirait d'un men-
« songe pour l'éviter ! »

Saint-Marc-Girardin mettait ainsi la question sur le solide
terrain de la liberté. La Chambre refusa de l'y suivre. Un député,
M. Vatout, proposa d'obliger tous les directeurs d'établissements
libres à prêter le serment qu'ils n'appartenaient pas à une
congrégation non autorisée : la Chambre vota l'amendement.

Restait la question des petits séminaires, établissements réellement privilégiés, soustraits au contrôle de l'Université, exemptés
de la rétribution scolaire et de l'obligation de suivre les cours des
collèges de l'Etat. Les évêques nommaient les directeurs et les
professeurs, rédigeaient les programmes, inspectaient seuls les
études. L'obligation du costume ecclésiastique, imposée par
Martignac aux élèves âgés de plus de quatorze ans, était tombée
en désuétude. Les petits séminaires étaient, en fait, des collèges
diocésains d'enseignement secondaire.

Le ministre de l'Instruction publique, M. Sauzet, poussa la complaisance pour le clergé jusqu'à demander aux évêques de lui
donner leur avis sur la question. Voulaient-ils, pour leurs petits
séminaires, le régime du droit commun, ou préféraient-ils s'en
tenir au *statu quo* ?

Les évêques auraient voulu un régime mixte, qui leur eût conservé toute leur indépendance, et qui leur eût donné le droit,
qu'ils n'avaient pas encore, de recevoir des dons et des legs.

M. Guizot déclara que « l'Etat devait à l'Eglise, non seulement
« la liberté, mais la protection et la bienveillance ; l'autorité
« publique devait vouloir sincèrement et loyalement la durée, la
« dignité, l'extension, du pouvoir moral et social de la religion et
« de ses dépositaires ».

La Chambre ne voulut pas aller si loin : elle avait voté l'amendement Vatout ; elle n'accorda aux petits séminaires que le régime
du *statu quo*. La loi fut votée, à trente voix de majorité, le 29
mars 1837 ; mais, telle qu'elle sortait de la discussion, elle n'intéressait plus personne. Le clergé n'en voulait plus. M. Guizot la
trouvait antilibérale ; il quitta le ministère quelques jours après
le vote, et la loi ne fut jamais présentée à la Chambre des
pairs.

Quatre ans plus tard (1841), à la suite de longues négociations
entre Montalembert, Cousin et Villemain, ce dernier se décida à
présenter un nouveau projet de loi.

Villemain offrit à l'Eglise le régime pur et simple du droit commun. Quiconque voudrait ouvrir une école le pourrait, à la seule condition d'avoir les grades nécessaires et de se soumettre aux mêmes contrôles que l'Université. Les petits séminaires, assimilés en tout et pour tout aux autres écoles, pouvaient continuer à se développer librement; mais les professeurs auraient des grades et accepteraient le contrôle de l'Etat. Un délai de cinq ans leur était accordé pour se mettre en règle avec la loi.

Le clergé montra clairement, en cette occasion, que la liberté, telle qu'il l'entendait, n'était vraiment pas le *droit*, mais le *privilège*. Aux professeurs gradués de l'Université, il voulait opposer ses maîtres sans grades ; aux professeurs liés par les règlements, surveillés par une administration jalouse, contrariés à chaque instant dans leur initiative, il voulait opposer un enseignement absolument indépendant de l'autorité civile, maître souverain de ses allures, de sa discipline.

Il avait ainsi, à la fois, tort et raison.

Il avait tort de vouloir s'exempter des grades, garantie minima de compétence que l'Etat aurait dû lui imposer avec la plus inflexible rigueur.

Il avait raison de vouloir être autonome, et l'Université aurait dû demander à l'Etat la même autonomie, au grand bénéfice de la libre culture nationale et des progrès de la science. Il y avait autour d'elle trop de prêtres, de magistrats, d'administrateurs, de politiques, mauvais médecins qui, sous prétexte de la soigner, l'empêchaient de vivre. Le corps enseignant eût mérité se gouverner lui-même... mais il eût fait bon dire cela à M. Cousin !

Le projet Villemain était à peine connu que cinquante-six évêques réclamèrent contre les prétentions du ministre, et le projet mort-né ne vit même pas le feu de la discussion.

Aussi irrités du retrait qu'ils l'avaient été du projet même, les évêques rentrèrent en campagne et trouvèrent en Montalembert un polémiste de premier ordre, capable de les mener à la victoire. Si le clergé de France pouvait devenir libéral, c'était avec un tel guide, avec un homme de cette valeur morale et de ce caractère.

« Les catholiques de France, disait-il, sont nombreux, riches,
« estimés ; il ne leur manque qu'une chose, c'est le courage.
« Jusqu'à présent, dans la vie sociale et politique, être catholique
« a voulu dire rester en dehors de tout, se donner le moins de
« peine possible et se confier à Dieu pour le reste... Je ne suis
« qu'un soldat, tout au plus un chef d'avant-garde... Il y a deux
« espèces d'hommes : les hommes de bataille et les hommes de
« transaction ; les soldats qui gagnent les victoires et les diplo-

« mâles qui concluent les traités, qui reviennent, chargés de
« décorations et d'honneurs, pour voir passer les soldats aux
« Invalides. »

Ces paroles montrent bien quelle était son ardeur et
combien il connaissait à fond son parti, pavé de bonnes intentions, rêvant de triomphes extraordinaires et incapable d'une
action sérieuse et suivie au grand jour de la discussion
publique.

Montalembert et Lacordaire galvanisèrent ces hommes, qui
avaient comme perdu le sens de la vie. Ces muets se remirent
à parler ; mais leurs premiers mots furent semblables à des
colères d'enfants, et ce ne fut que peu à peu que leur esprit
s'éclaircit et que leur langage s'épura.

En 1843, Mgr Parisis, évêque de Langres, entreprit un voyage
en Belgique. Il en revint plein d'admiration pour l'activité de
cette petite nation : « Tout bien pesé, disait-il, les institutions
« libérales sont les meilleures, et pour l'Eglise et pour l'Etat...
« les catholiques doivent *accepter*, *bénir et soutenir*, chacun pour
« sa part, les institutions libérales qui règnent aujourd'hui sur
« la France... On s'obstine à répéter que nous ne défendons que
« la cause du clergé ; il faut bien voir que nous défendrons
« la cause de ceux contre qui nous réclamons. »

Après les grandes journées du Collège de France, un membre
de la Compagnie de Jésus, un émule de Lacordaire, le P. de Ravignan, présenta au public la défense des jésuites dans un discours
d'une forme parfaite et d'une grande fermeté :

« J'éprouve le besoin de le déclarer : je suis jésuite, c'est-à-
« dire religieux de la Compagnie de Jésus. Il y a d'ailleurs, en ce
« moment, trop d'ignominies et d'outrages à recueillir sous ce
« nom pour que je ne réclame point publiquement ma part d'un
« pareil héritage. Ce nom est mon nom : je le dis avec simplicité ;
« les souvenirs de l'Evangile pourront faire comprendre à plu-
« sieurs que je le dise avec joie... Si je devais succomber dans la
« lutte... je dirais avec tristesse qu'il y eut un jour où la vérité
« fut dite à ma patrie, une voix la proclama, et justice ne fut pas
« faite... le cœur manqua pour la faire... mais il y aura un jour
« meilleur. »

Il est permis, sans doute, de ne pas être de l'avis du P. de
Ravignan ; mais on ne peut pas ne pas voir en lui un homme
de cœur. Quinet et Michelet avaient, cette fois, un adversaire
digne d'eux. L'atmosphère s'éclairait et devenait respirable à
tous. La liberté soufflait a tous les partis son air frais et vivifiant.

En 1844, les évêques de la province de Paris, bientôt appuyés par 53 prélats, adressèrent au roi un mémoire sur la liberté de l'enseignement.

Dupin se fit, à la Chambre, l'avocat du monopole.

Montalembert lui répondit, à la Chambre des pairs, par un discours qui retentit comme un coup de canon.

Désavouant hautement toute arrière-pensée de monopole cléri- cal, il demanda la liberté de l'enseignement pour ceux qui se préoccupaient, avant tout, de conserver la foi de leurs enfants, et à l'inflexibilité des juristes gallicans comme Dupin, il opposa dramatiquement l'inflexibilité du croyant : « Savez-vous ce qu'il « y a de plus inflexible au monde ? Ce n'est ni la rigueur des lois « injustes, ni le courage des politiques, ni la vertu des légistes : « c'est la conscience des chrétiens convaincus. Permettez-moi de « vous le dire, Messieurs, il s'est levé parmi vous une génération « d'hommes que vous ne connaissez pas. Nous ne sommes ni des « conspirateurs ni des complaisants ; on ne nous trouve ni dans « les émeutes ni dans les antichambres ; nous sommes étrangers « à toutes vos coalitions, à toutes vos récriminations, à toutes « vos luttes de cabinet et de partis. Nous n'avons été ni à Gand « ni à Belgrave-Square ; nous n'avons été en pèlerinage qu'au « tombeau des apôtres, des pontifes et des martyrs ; nous y avons « appris, avec le respect chrétien et légitime des pouvoirs établis, « comment on leur résiste quand ils manquent à leurs devoirs, « et comment on leur survit... Nous ne voulons pas être des ilotes ; « nous sommes les successeurs des martyrs, et nous ne tremble- « rons pas devant les successeurs de Julien l'Apostat. Nous som- « mes les fils des croisés ; nous ne reculerons pas devant les fils « de Voltaire ! » (Séance du 16 avril 1844.)

Quelques jours plus tard, Villemain apportait à la Chambre des pairs un nouveau projet de loi sur la liberté de l'enseigne- ment. Il renonçait au certificat d'études. Tout bachelier pourvu d'un certificat de moralité pouvait ouvrir une école libre. Un Conseil supérieur de l'enseignement libre aurait la surveillance et le contrôle de cet enseignement, et partagerait avec le Conseil royal de l'Université le droit de présenter des candidats aux chaires des facultés.

Ce projet pouvait être un chef-d'œuvre bureaucratique ; il était réellement incohérent. L'État n'avait pas à organiser le contrôle de l'enseignement libre, mais à le contrôler lui-même, et par ses propres inspecteurs. Faire participer l'enseignement libre au choix des membres de l'enseignement supérieur était un vérita- ble non-sens.

Au courant de la discussion, M. Cousin présenta, pour la première fois, un argument que l'on a beaucoup répété depuis. Il s'attacha à défendre le monopole de l'Université comme garantie de l'unité morale de la France : « Dès l'enfance, dit-il, nous « apprendrons à nous fuir les uns les autres, à nous renfermer « comme dans des camps différents. Merveilleux apprentissage « de cette charité civile qu'on appelle patriotisme ! »

L'argument est spécieux ; nous avouons ne pas en être touché. Toute institution humaine a sa face et son revers ; mal pour mal, mieux vaut la diversité dans la liberté que l'unité dans le monopole. J'entends toujours parler de façonner les esprits, de modeler les intelligences... Quelle tâche est celle-là ? Est-ce là ce que doit faire un éducateur ? Point ! Il doit éclairer les chemins de l'esprit en formation, signaler les impasses et les fondrières, mais laisser l'esprit marcher où il veut, comme il l'entend, à ses risques et périls. L'idéal n'est point de créer des hommes tous semblables les uns aux autres, mais des hommes libres et autonomes, capables de se faire à eux-mêmes une règle de vie, une conscience, une raison. Nous ne sommes pas des abeilles ; les *neutres* n'ont que faire parmi nous. Et voilà pourquoi il ne faut pas s'effrayer de la concurrence et dire : cela fera deux Frances ! Il n'y a pas deux Frances : il y en a dix, il y en a cent ! Et toutes ces Frances n'en font qu'une : notre grande France ondoyante et diverse, au large esprit, au grand cœur, à la parole acérée et subtile, au geste prompt et vengeur, reine par la pensée et par l'art.

La Chambre des pairs n'écouta pas M. Cousin, mais sortit mal à propos du droit commun par une injuste défiance de l'Université ; elle voulut restreindre l'enseignement de la philosophie, et donna aux tribunaux ordinaires la juridiction sur l'enseignement libre, au lieu de la laisser aux conseils académiques et au Conseil royal de l'Instruction publique. Par une disposition très remarquable et vraiment libérale, elle supprima, en principe, tous les procès de tendance, en déclarant qu'il ne pourrait y avoir de poursuites pour enseignement séditieux, mais seulement pour enseignement immoral.

A la Chambre des députés, le libéralisme de la Chambre des pairs parut excessif et dangereux. Thiers fut nommé rapporteur de la loi.

Il se prononça pour la liberté dans le droit commun, mais en écarta résolument les congrégations non autorisées.

« L'esprit de notre Révolution, dit-il, veut que la jeunesse « soit élevée par ses pareils, par des laïques, animés de nos senti- « ments, animés de l'amour de nos lois. Les laïques sont-ils des « agents d'impiété ? Non encore ; car, nous le répéterons sans

« cesse, ils ont fait les hommes du siècle présent plus pieux que
« ceux du siècle dernier.

« Si le clergé, comme tous les citoyens, sous les mêmes lois,
« veut concourir à l'éducation, rien de plus juste, mais comme
« individus, à égalité de conditions, et pas autrement. Le veut-il
« ainsi? Alors plus de difficultés entre nous. Veut-il autre chose ?
« Il nous est impossible d'y consentir. »

La Chambre applaudit l'orateur, et, le 3 mai 1845, vota un
ordre du jour dirigé contre les jésuites.

Les Pères furent à la veille de revoir les mauvais jours de 1828.
Ils furent sauvés par Guizot, qui négocia sournoisement avec
Rome et berna l'opposition avec une désinvolture digne des
meilleurs politiques de la Compagnie.

Les jésuites possédaient alors, en France, une trentaine d'établissements. Ils fermèrent leurs trois maisons professes de Paris,
Lyon et Avignon, et leurs deux noviciats de Laval et de Saint-
Acheul. Les Pères appartenant aux établissements supprimés
furent répartis dans les instituts conservés, et, le 16 juillet 1846,
le *Moniteur* imprima effrontément que « le gouvernement du roi
« avait reçu des nouvelles de Rome, que la congrégation des jé-
« suites cesserait d'exister en France et allait se disperser d'elle-
« même; ses maisons seraient fermées et ses noviciats dissous ».
L'incident était clos, et l'opposition, distraite par d'autres sujets,
n'en demanda pas davantage.(Debidour, *L'Eglise et l'Etat*, p. 468.)

Cette courte campagne avait eu du moins pour résultat d'arrêter la loi. Les prélats n'en avaient plus voulu entendre parler,
sitôt qu'ils avaient connu l'ostracisme dont étaient frappées les
congrégations non autorisées : « Plutôt cent ans de guerre,
« disait Mgr Parisis, que la paix à ce prix. »

Plus naïf peut-être, mais plus sincère, et partant plus fort,
Montalembert releva le gant, et, au lendemain même de l'incident
d s jésuites, se jeta avec ardeur dans la polémique électorale. Il
engagea les catholiques à voter pour des protestants, pour des
républicains, pour des socialistes, s'ils se prononçaient pour la
liberté religieuse. Sa parole tombait comme une pluie de feu sur
ses adversaires : « Non! disait-il, vous ne dormirez pas tran-
« quilles! Les dents du dragon sont semées ; il en sortira des
« guerriers ! Nous sommes assez d'ultramontains, de jésuites, de
« néo-catholiques, pour troubler à jamais votre repos jusqu'au
« jour où vous nous aurez rendu notre droit. Nous avons mordu
« au fruit de la discussion, de la publicité, de l'action ; nous
« avons goûté son âpre et substantielle saveur; nous n'en démor-
« drons pas ! »

Le comité Montalembert fit élire, le 1er aout 1846, cent quarante-six candidats, presque le tiers de la Chambre ; et M. de Salvandy, le nouveau ministre de l'Instruction publique, présenta en 1847 un nouveau projet de loi sur la liberté de l'enseignement, dont la révolution de Février empêcha seule la discussion.

L'Eglise avait, en dix-sept ans, livré trois grandes batailles au monopole universitaire, et n'était point parvenue à le renverser ; mais de graves symptômes indiquaient que la place ne tarderait pas à succomber.

La garnison, mal encouragée par ses chefs, avait vu de nombreuses désertions éclaircir ses rangs. L'ennemi, en arborant l'étendard de la liberté, avait lui-même troublé la conscience d'un grand nombre de bons soldats de l'Université. Beaucoup souhaitaient sincèrement le démantèlement de la vieille bastille bâtie par Napoléon, et la libre concurrence au plein air de la grande vie nationale.

Au clergé de nous dire s'il y avait dans ses rangs beaucoup d'hommes assez libéraux et assez généreux pour ne réclamer, eux aussi, que les droits de la liberté.

Un homme qui ne peut être suspect de partialité envers l'Université, M. Guizot, a écrit « qu'il y avait, dans les attaques « dirigées contre elle, beaucoup d'injustice et quelque ingra- « titude. Le gouvernement de l'Université, grand maître ou « Conseil royal, ministre ou président, avait toujours usé de « son pouvoir avec une grande modération. A la fois rival « et maître des établissements particuliers d'enseignement « secondaire, il les avait surveillés sans jalousie et sans rigueur, « les autorisant partout où ils offraient des chances de légi- « time succès, et ne portant jamais, sans de puissants motifs, « atteinte à leur stabilité ou à leur liberté. C'était, au milieu du « despotisme général et d'une institution despotique en elle- « même, une administration juste et libérale. »

On peut se demander, également, si le clergé était en mesure de profiter des libertés qu'il réclamait si impérieusement.

Le clergé compte, aujourd'hui, dans son sein un grand nombre d'hommes instruits et distingués ; c'est à l'un des plus savants et des plus renommés, à M. Alfred Baudrillart, agrégé de l'Université, docteur en Sorbonne et directeur de l'Institut catholique de Paris, que nous emprunterons les détails que nous allons donner à ce sujet (1).

(1) *Le Renouvellement intellectuel du clergé de France au XIXe siècle,* Paris, Bloud, 1906.

« Le clergé, dit M. Baudrillart, n'étudiait alors (au commence-
« ment du xixᵉ siècle) que dans les grands séminaires, et l'on s'y
« contentait des éléments indispensables à l'exercice du minis-
« tère journalier. Toute la philosophie était pour lui renfermée
« dans un manuel latin, la *Philosophie de Lyon*, mélange habile-
« ment dosé et, somme toute, assez convenable, de cartésianisme
« et de scolastique... Toute la théologie tenait dans les volumes
« de Bailly, encore un *compendium*. »

Montalembert disait, en 1837 :

« Il n'y a peut-être pas cinq séminaires en France où l'on
« enseigne à la jeunesse ecclésiastique l'histoire de l'Eglise... »
L'Écriture sainte n'était considérée que comme un cours *accessoire*. L'apologétique était négligée : « En fait d'arguments, le
« clergé catholique brandissait avec trop de confiance de vieilles
« piques, de vieilles lances passablement rouillées et dont les
« coups ne faisaient pas grand mal. » (Baudrillart, p. 10.)

Et tout l'outillage scientifique était à refaire. Le clergé n'avait
plus ni écoles ni bibliothèques.

Mgr Frayssinous, sincèrement épris de science, et plus au courant que la plupart des évêques de ce qui se faisait à l'étranger,
eût voulu créer en France un haut enseignement des sciences
ecclésiastiques. En 1825, le roi proposa au clergé de lui donner
pour siège de cette école les magnifiques bâtiments du Val-de-
Grâce avec une dotation de 200.000 francs. Le clergé refusa, les
évêques tenant peu au progrès scientifique et tenant beaucoup
à l'autonomie de leurs séminaires et à leur autorité absolue dans
leurs diocèses.

C'est encore à Lamennais que revient l'honneur d'avoir réor-
ganisé le premier foyer de vie scientifique au sein de l'Église
française.

En 1828, une petite communauté s'installait au domaine de la
Chesnaie, en Bretagne, et constituait bientôt une académie chrétienne qui donnait des espérances ; mais Lamennais avait l'âme
trop farouche, trop ardente, pour s'astreindre à une discipline
quelconque : il donna bientôt de tels coups d'aile que ses disciples effrayés quittèrent sa maison, Rome le désavoua, et de sa
tentative presque rien ne resta.

En 1828, un ancien professeur au Collège royal et à la Faculté
des lettres de Strasbourg, Bautain, se fit prêtre et résolut de
travailler à son tour à la réconciliation de la science et de la foi,
au relèvement des études dans l'Église par l'enseignement oral
ou écrit. L'évêque de Strasbourg confia son petit séminaire à la
Société des prêtres de Saint-Louis, fondée par Bautain. Une

Ecole des hautes études ecclésiastiques, créée à Molsheim, sembla donner enfin au clergé le centre scientifique rêvé par ses plus nobles fils. En 1841, Bautain, à peu près brouillé avec son évêque et jalousé par beaucoup de ses collègues, émigrait à Juilly. Il essayait de réorganiser une école supérieure ecclésiastique, où de jeunes prêtres viendraient achever leurs études et préparer leurs grades universitaires. Il envoyait, en même temps, l'abbé de Bonnechose à Rome pour transformer *Saint-Louis-des-Français* en une maison de hautes études théologiques. Tous ces desseins échouèrent à Juilly et à Rome, comme à Strasbourg et à Molsheim. « Bautain fut victime de ces esprits étroits et jaloux, dont « la plus grande joie est de découvrir partout l'hérésie et d'étein-« dre autour d'eux les flambeaux qui brillent. »(Baudrillart,p.26.)

La première tentative d'enseignement supérieur ecclésiastique qui ait pu réussir date seulement de 1845. C'est l'école des Carmes, fondée à Paris par Mgr Affre « pour former des écrivains « capables de composer de solides écrits en faveur de la reli-« gion ». L'archevêque entendait les former par la préparation à la licence, au doctorat ès lettres et au doctorat ès sciences, « parce « que, depuis tantôt deux siècles, les luttes religieuses ont cessé « de se cantonner sur le terrain de la controverse théologique; le « champ de bataille, c'est la philosophie, c'est l'histoire, c'est la « philologie, ce sont les sciences physiques et naturelles, et, par « conséquent, ce qu'il s'agit de connaître, c'est l'histoire, la « philosophie, les sciences, telles que les enseignent les maîtres, « les directeurs de la pensée moderne, qu'ils soient ou non « nos adversaires ; ce qu'il s'agit d'acquérir, ce sont leurs « méthodes, afin de s'en bien servir, fût-ce contre eux; ce « qu'il faut encore, c'est se mettre en état de se faire lire; or nul « en France ne se fait lire s'il ne sait écrire... Voilà pourquoi « Mgr Affre exigea de ses futurs écrivains, prédicateurs et « apologistes la forte culture scientifique qu'il ne craignit pas « d'emprunter à l'Université. » (Baudrillart, p. 34.)

En 1848, l'école des Carmes avait déjà fait recevoir douze licenciés. Le premier reçu s'appelait Foulon, et est mort cardinal-archevêque de Lyon. Le premier docteur, reçu en 1850, s'appelait Lavigerie, et est mort cardinal-archevêque d'Alger.

L'idée de Mgr Affre était donc bonne et grande; mais pourquoi l'Eglise de France ne s'en est-elle avisée qu'en 1845, quand elle pouvait, dès 1815, s'engager résolument dans une voie si large et si féconde?

Plus instruite, n'eût-elle pas été en meilleure posture pour réclamer le droit à l'enseignement?

Avait-elle même, dans l'état intellectuel où elle se trouvait alors, le droit de le réclamer ?

Il est permis d'en douter, et nous invoquerons ici le témoignage indiscutable d'un prélat qui avait d'abord appartenu à l'Université.

Mgr Daniel, ancien proviseur du Collège royal de Caen et ancien recteur de l'Académie de Caen, disait, en 1854, à mon père : « L'empereur nous a offert l'enseignement secondaire « nous avons dû refuser, nous ne sommes pas prêts. »

L'aveu est précieux ; mais, si l'on n'était pas prêt, que venait-on donc réclamer ?

G. DESDEVISES DU DEZERT.

Bibliographie.

AGRÉGATION D'ARABE. (suite)

Kitâb el Aghâni, éd. de Beyrout, t. I, p. 1-50.

C'est le recueil d'extraits du *Kitâb el Aghâni* publié à Beyrout sous le titre de *Riwâryât el Aghâni*, Imprimerie catholique, 2 vol. in-12.

Sur la biographie de l'auteur, Abou'l Faradj el Isbahâni, cf. Ibn Khallikân, *Ouafaydt el A'yân*, Boulaq, 1299 hég., 2 vol. in-4°, t. I, p. 421-422 ; Ibn Abi Ya'qoub en Nadim, *Kitâb al Fihrist*, éd. Flügel et Rödiger, Leipzig, 2 vol. in-4°, 1871-72, t. I, p. 115 ; Wüstenfeld, *Die Geschichtschreiber der Araber*, Göttingen, 1882, in-4°, p. 44-45 ; Brockelmann, *Die Geschichte der arabischen Litteratur*, t. I, fasc. I, p. 146-147, Weimar, lib. Felber, 1897, in-8° ; Huart, *Littérature arabe*, Paris, Colin, s. d., in-12, p. 184-185.

Le *Kitâb el Aghâni* a été édité à Boulaq en 1285 hég., en 20 volumes in-4°, auxquels il faut ajouter le 21° publié par Brünnow, Leiden, 1888, et un index par Guidi, Leiden, 1895. Une réédition de l'ouvrage complet est sous presse en Egypte. Un supplément a été donné par M. Wellhausen, *Zeitschrift des deutschen morgenländischen Gesellschaft*, t. II, 1896, p. 146 et suiv.

Kosegarten avait commencé une édition de ce livre avec introduction, notes et traduction latine. Un seul volume, comprenant la préface et les premières biographies, a paru : *Liber cantilenarum*, Greifswald, 1840, in-4°.

Une traduction méthodique et abrégée en français fut entreprise par Quatremère (*Mémoire sur l'ouvrage intitulé Kitâb el Aghâni*, Journal asiatique, novembre 1835, décembre 1835, novembre 1838) et ne fut pas continuée.

Caussin de Perceval donna à son tour une traduction résumée de quelques vies de musiciens et de poètes de la période omayade et de la période abbasside : *Notices anecdotiques sur les principaux musiciens arabes*, Journal asiatique, novembre-décembre 1873.

Un certain nombre de biographies ont été publiées et traduites en français, en latin et en allemand ; d'autres ont servi de base à des études biographiques sur divers poètes (Ibrahim ben le Mahdi, le Seid himyarite, Moslim, Fadhl, etc.). C'est encore du *Kitâb el Aghâni* que Perron a emprunté la matière de son volume *Femmes avant et depuis l'islamisme* (Alger et Paris, 1853, in-8°) ; mais ses traductions sont loin d'être fidèles.

Comme complément, pour l'histoire des périodes auxquelles appartiennent les extraits indiqués au programme, les candidats devront lire les tomes V, VI, VII des *Prairies d'or* de Mas'oudi (Paris, lib. Leroux, 1869-1873), dans l'excellente édition accompagnée d'une traduction de M. Barbier de Meynard.

L'éditeur des morceaux choisis du Kitâb el Aghâni (le P. Cheikho) n'a pas indiqué les passages de l'édition de Boulaq à laquelle il a fait ses emprunts ; son texte a été constitué quelquefois d'après des manuscrits différents ; les notes et le commentaire n'existent pour ainsi dire pas. Il est indispensable de donner ces renseignements pour les vingt-trois morceaux contenus dans les pages 1-50.

*
* *

I, p. 1-2, Ibrahim el Maousili, son fils Ish'aq, et Ibn Djami'.
Texte : *Kitâb el Aghâni* (Boulaq), t. I, p. 6 ; Kosegarten, *Liber cantilenarum*, p. 8-9 du texte arabe.
Traductions : française, Quatremère, *Mémoire sur le Kitâb el Aghâni*, *Journal asiatique*, novembre 1835, p. 413-414 ; latine, Kosegarten, *Liber cantilenarum*, p. 213-314.
Sources pour la biographie d'Ibrahim el Maousili : *Kitâb el Aghâni*, t. V, p. 2-248 (résumé dans Caussin de Perceval, *Notices anecdotiques*, *Journal asiatique*, novembre-décembre 1873, p. 546-566) ; Ibn Khallikân, *Ouefayât el A'yân*, t. I, p. 10-11 ; Ahlwardt, *Diwan des Abu nowas*, Greifswald, 1881, p. 13-17.
Ish'aq ben Ibrahim : *Kitâb el Aghâni*, t. V, p. 56-130 (résumé dans Caussin de Perceval, *Notices anecdotiques*, *Journal asiatique*, novembre-décembre 1873, p. 569-592) ; Ibn Khallikân, *Ouefayât* t. I, p. 81-82 ; Ibn Abi Ya'qoub en Nadim, *Kitâb el Fihrist*, t. I, p. 140-142 ; Ahlwardt, *Diwan des Abu nowas*, p. 13-18.
Ibn Djâmi' : *Kitâb el Aghâni*, t. VI, p. 68-92 (résumé dans Caussin de Perceval, *Notices anecdotiques*, *Journal asiatique*, novembre-décembre 1873, p. 526-546).

II. p. 2-4, Conversion d'Abou' l'Atâhyah.
Texte : *Kitâb el Aghâni*, t. III, p. 180. Même récit dans El
'Abbâsi, *Me'âhid et tens'is'* (Boulaq, 1274 hég.), in-4°, p. 320-321.
Le *Diwân* d'Abou' l' Atâhyah a été publié en 1886 (1 vol. in 12)
à l'Imprimerie catholique de Beyrout.
Sources pour la biographie d'Abou 'l'Atâhyah : *Kitâb el
Aghâni*, t. III, p. 126-282 (résumé dans Caussin de Perceval,
Notices anecdotiques, Journal asiatique, novembre-décembre 1873,
p. 568 ; Ibn Khallikân, *Ouefaydt el A'ydn,* t. I, p. 89-92 ; Ibn
Qotaïba, *Liber poesis et poetarum,* éd. de Goeje, Leiden, Brill,
1904, in-8°, p. 497-501 ; El 'Abbâsi *Me'âhid et tens'is',* p. 315-323 ;
Von Kremer, *Kulturgeschichte des Orients,* Vienne, 2 vol. in-8°,
1877, t. II, p. 372-376 ; Ahlwardt, *Diwan des Abu nowas,* p. 21-
22 ; Brockelmann, *Geschichte der arab. Litter.,* t. I, fasc. I, p. 71-
74 ; Huart, *Littérature arabe,* p. 74-76.

III, p. 4-6, Ah'med ben Abi's Samh' et Hamzah ben Zyâdah.
Texte : *Kitâb el Aghâni*, t. IV, p. 168-169.
Sources pour la biographie d'Ah'med : *Kitâb el Aghâni*, t. IV,
p. 168-175 (résumé dans Caussin de Perceval, *Notices anecdotiques*, p. 497-500).

IV, p. 7-9, Ma'bad dans le bateau.
Texte : *Kitâb el Aghâni*, t. I, p. 24 ; Kosegarten, *Liber cantilenarum*, p. 38 du texte.
Traduction latine : Kosegarten, *op. laud.*, p. 278 de la traduction.
Sources pour la biographie de Ma'bad : *Kitâb el Aghâni*, I, 19-
29 ; Kosegarten, *Liber cantilenarum*, p. 29-45 du texte (résumé
dans Caussin de Perceval, *Notices anecdotiques, Journal asiatique,*
novembre-décembre 1873, p. 477-494).
Traduction latine : Kosegarten, *Liber cantilenarum,* p. 268-287
de la traduction.

V, p. 9-13, le poète Nos'aïb ben Riyâh' chez 'Abd el 'Aziz ben
Merouân.

Texte : *Kitáb el Agháni*, t. I, p. 130 ; Kosegarten, *Liber cantile-*
narum, p. 199 du texte.
Sources pour la vie de Nosaïb : *Kitáb el Agháni*, t. I, p. 129-
150 ; Kosegarten, *Liber cantilenarum*, p. 198-434 du texte (résumé
par Caussin de Perceval, *Notices anecdotiques, Journal asiátique*,
novembre-décembre 1873, p. 242-244) ; Ibn Qotaïbah, *Liber*
poesis, p. 242-244 ; El Baghdadi, *Khizánat el Adab*, le Qaire,
4 vol. in-4°, 1299 hég., t. III, p. 545-547.

IV, p. 12-13, Ma'bad à Médine.
Texte : *Kitab el Agháni*, t. I, p. 28-29 ; Kosegarten, *Liber canti-*
lenarum, p. 44 du texte arabe.
Traductions : latine, Kosegarten, *op. laud.*, p. 285-286 de la
traduction ; française, Caussin de Perceval, *Notices anecdotiques,*
Journal asiatique, novembre-décembre 1873, p. 479-481.

VII, p. 13-14, Ibn el Ahtamm et Hichâm.
Texte : *Kitáb el Agháni*, t. II, p. 13.

VIII, p. 15-16, Ma'bad et le nègre.
Texte : *Kitáb el Agháni*, t. I, p. 23 ; Kosegarten, *Liber canti-*
lenarum, p. 35-36 du texte.
Traductions : latine, Kosegarten, *op. laud.*, p. 275-276 de la
traduction ; française, Caussin de Perceval, *Notices anecdotiques,*
Journal asiatique, novembre-décembre 1873, p. 481-483.

IX, p. 16-17, Lutte de Hilâl contre deux hommes grossiers.
Texte : *Kitáb el Agháni*, t. II, p. 182.
Source pour la biographie de Hilâl : *Kitáb el Agháni*, t. II,
p. 181-190.

X, p. 18-20, Ibn Mish'adj, les Qoraïchites et 'Abd el Malik.
Texte : *Kitáb el Agháni*, t. III, p. 86-88.
Source pour la biographie d'Ibn Mish'adj : *Kitáb el Agháni*,
t. III, p. 84-88.

622   REVUE DES COURS ET CONFÉRENCES

**

XI, p. 20, Mousa Chahouat, Sa'id ben Khâled el Solaïmân, fils de 'Abd el Malik.
Texte : *Kitâb el Aghâni*, t. III, p. 119.
Autres versions : Ibn Qotaïba, *Liber poesis*, p. 366 ; El Ibchihi, *Mostat'ref*, Boulaq, 1292 hég., 20 in-4°, t. I, p. 195
Sources pour la vie d'Ibn Mish'adj : *Kitâb el Aghâni*, t. III, p. 117-124 ; Ibn Qotaïba, *Liber poesis*, p. 366-367.

**

XII, p. 21-25, Récompense d'Ibrahim el Maousili.
Texte : *Kitâb el Aghâni*, t. V, p. 13-15.

**

XIII, p. 25-28, Ish'aq el Maousili et Ibrahim ben el Mahdi.
Texte : *Kitâb el Aghâni*, t. V, p. 64-66.
Traduction française : Caussin de Perceval, *Notices anecdotiques*, Journal asiatique, novembre-décembre 1873, p. 574-580.
Sources pour la biographie d'Ibrahim ben el Mahdi : *Kitâb el Aghâni*, t. IX, p. 50-77 ; Barbier de Meynard, *Ibrahim fils de Mehdi*, Journal asiatique, mars-avril 1869, p. 201-242.

**

XIV, p. 28-31, Ruse de Moh'ammed ez Zaff pour dérober un air à Ibn Djâmi'.
Texte : *Kitâb el Aghâni*, t. V, p. 26.
Traduction française : Caussin de Perceval, *Notices anecdotiques*, Journal asiatique, novembre-décembre 1873, p. 544-546.
Source pour la biographie de Moh'ammed ez Zaff : *Kitâb el Aghâni*, t. XIII, p. 19-22.

**

XV, p. 31-35, 'Allawaih, Ish'aq et Yah'ya ben Khâled.
Texte : *Kitâb el Aghâni*, t. V, p. 31.
Source pour la biographie d'Allawaih : *Kitâb el Aghâni*, t. X, p. 120-132.

**

XVI, p. 35-37, Ibrahim el Maousili et le diable.
Texte : *Kitâb el Aghâni*, t. V, p. 36.
Autres recensions : *Mille et une nuits*, éd. du Qaire, 1302 hég., 4 vol. in-8°, t. III, p. 164 ; Daoud el Antâki, *Teziin el Asouâq*

(Boulaq, 1291 hég., 2 vol. in-4°), t. II, p. 115; El H'amaoui, *Thamarât el Aourâq* (le Qaire, 1300 hég., in-8°), p. 24 ; En Naouadji, *H'albat el Qomaït* (le Qaire, 1299 hég., in-8°), p. 183 ; El Itlidi, *I'lâm en Nâs* (le Qaire, 1297 hég., in-8°), p. 183. Autre version : Mas'oudi, *Prairies d'or*, t. VI, p. 340-342.

XVII, p. 38-39, El H'ot'ayâh, Sa'id ben el 'Asi et 'Otaïbah ben en Nah'as.
Texte : *Kitâb el Aghâni*, t. II, p. 47-48.
Autres recensions : Ibn Qotaïba, *Liber poesis*, p. 184 ; El Baghdâdi, *Khizânat el Adab*, t. III, p. 438.
Le *Diwân* d'El H'ot'ayâh a été publié avec une introduction et des notes par Goldziher : *Der Diwân des G'arwal ben Aus al H'ut'eja*, Leipzig, 1893, in-8°, et avec le commentaire d'Essokkari, le Qaire, 1323 hég., in-8°.
Sources pour la biographie d'El H'ot'ayah : *Kitâb el Aghâni*, t. II, p 43-62 ; Ibn Qotaïba, *Liber poesis*, p. 180-187 ; El Baghdâdi, *Khizânat el Adab*, t. I, p. 409-412, et l'introduction de Goldziher à son édition, p. 1-53.

XVIII, p. 39-41, 'Omar ben Abi Rabi'ah, Ibn Soraïdj et Yazid ben 'Abd el Malik.
Texte : *Kitâb el Aghâni*, t. I, p. 101-102 ; Kosegarten, *Liber cantilenarum*, p. 154 du texte.
Le *Diwân* d' 'Omar ben Abi Rabi'ah a été publié au Qaire en 1311 hég. ; quelques pièces ont été éditées avec traduction allemande par Schwarz (*Umar Ibn Abi Rabî'a, ein arabischer Dichter der Umajjadenzeit*, Leipzig, Harrassowitz, 1893, in-8°), qui a commencé une édition du *Diwân* complet (Leipzig, 1901-1902).
Sources pour la biographie de 'Omar : *Kitâb el Aghâni*, t. I, p. 30-97 ; Kosegarten, *Liber cantilenarum*, p. 46-147 du texte ; traduction incomplète, *loc. laud.*, p. 301-336 de la traduction ; Ibn Qotaïba, *Liber poesis*, p. 348-352 ; El Baghdâdi, *Khizânat el Adab*, t. I, p. 238-240 ; Brockelmann, *Geschichte der arab. Litteratur*, t. I, fasc. I, p. 46-47.

XIX, p. 31-52, Chant d'Ibn Soraïdj dans sa maladie.
Texte : *Kitâb el Aghâni*, t. I, p. 113-114 ; Kosegarten, *Liber cantilenarum*, p. 173 du texte.
Sources pour la biographie d'Ibn Soraïdj : *Kitâb el Aghâni*,

t. I, p. 97-129 ; Kosegarten, *Liber cantilenarum*, p. 149-197 (résumé par Caussin de Perceval, *Notices anecdotiques*, *Journal asiatique*, novembre-décembre 1873, p. 457-476).

XX, p. 42-43, Ibn Qaïs er Roqayyah et 'Abd el Malik.
Texte : *Kitâb el Aghâni*, t. IV, p. 157-158.
Autre recension : Ibn Qotaïba, *Liber poesis*, p. 344.
Le *Diwân* d'Er Roqayyah a été publié par Rhodokanakis : *Der Diwân des 'Ubaïd Allah ibn K'ais*, Vienne, 1902, in-8°.
Sources pour la biographie d'Er Roqayyât : *Kitâb el Aghâni*, IV, 165-168 (résumé dans Caussin de Perceval, *Notices anecdotiques*, p. 506-507) ; Ibn Qotaïba, *Liber poesis*, p. 343-345 ; l'introduction de Rhodokanakis à son édition du *Diwân*, p. 1-64.

XXI, p. 45-47, El Harith el Ghassani et Zuhair ben Djannâb.
Texte : *Kitâb el Aghâni*, IV, p. 175-176.
Sources pour la biographie de Zohair, *Kitâb el Aghâni*, t. XXI, p. 93-105 ; Ibn Qotaïba, *Liber poesis*, p. 223-225.

⁎

XXII, p. 47-49, T'ouaih' ben Isma'il et El Ouâlid ben Yàzid.
Texte : *Kitâb el Aghâni*, t. IV, p. 28-80.
Sources pour la biographie de T'ouaih' : *Kitâb el Aghâni*, t. IV, p. 78-80 ; Ibn Qotaïba, *Liber poesis*, p. 427.

⁎

XXIII, Partie d'El Ah'ouas et de'Abd el Hakem.
Texte : *Kitâb el Aghâni*, IV, 52.
Sources pour la biographie d'El Ah'ouas : *Kitâb el Aghâni*, t. IV, p. 40-56 (résumé dans Caussin de Perceval, *Notices anecdotiques*, *Journal asiatique*, novembre-décembre, 1873, p. 452 453): Ibn Qotaïba, *Liber poesis*, p. 629-352 ; El Baghdâdi, *Khizânat el Adab*, t. I, p. 231-234, 247-251, 294-295, 545-547 ; t. IV, p. 304-306.   René BASSET,
Directeur de l'Ecole supérieure des lettres d'Alger,
correspondant de l'Institut.

Le gérant : E. FROMANTIN.

POITIERS. — SOCIÉTÉ FRANÇAISE D'IMPRIMERIE ET DE LIBRAIRIE

QUINZIÈME ANNÉE (2ᵉ Série)   N° 31   13 JUIN 1907

REVUE HEBDOMADAIRE

DES

COURS ET CONFÉRENCES

DIRECTEUR : N. FILOZ

La vie et les œuvres de Molière

Cours de M. ABEL LEFRANC,

Professeur au Collège de France.

La société des Précieuses.

Dans notre dernière leçon, nous avons fait l'histoire du mot *précieux* et l'histoire de la préciosité que nous avons trouvée déjà au temps de la Renaissance ; nous en avons indiqué les variétés selon les pays : l'euphuisme, le marinisme, le gongorisme ; nous avons parlé de l'*Astrée* comme du premier monument de la préciosité, et nous avons donné quelques échantillons du style précieux dans les romans.

Nous avons trouvé comme causes de la préciosité l'esprit de sociabilité et l'influence des femmes, et nous avons montré que c'était là comme un besoin en France.

Nous sommes ensuite passés à l'étude de ce qu'avait été l'hôtel de Rambouillet ; nous avons présenté la marquise vivant dans sa belle demeure, se réservant pour son salon et le cercle de ses habitués. Jouissant d'une assez grosse fortune pour le temps, elle dépensait ses 100.000 livres de rentes en œuvres charitables, et très discrètes, ou à l'aménagement de son parc de Rambouillet et à l'embellissement de son hôtel : « Si elle eût été en état de « faire de grandes dépenses, dit Tallemant, elle eût bien fait de « plus chères galanteries. »

40

Nous avons rappelé les débuts de son salon après 1610, donné une description de son hôtel et de la fameuse chambre bleue ; Vous avez vu la marquise dans cet intérieur, occupant une place unique et exerçant une action extraordinaire sur la société de son temps. Les ruelles se multiplient : nous avons dit ce qu'elles étaient, comment elles se trouvaient disposées, et vous avez entendu une nomenclature des plus célèbres.

Nous avons bien marqué, dans l'histoire du salon de Mme de Rambouillet, qu'aucune exagération ridicule n'y avait été de mise tout d'abord et que, seules, ses filles purent être coupables de tomber parfois dans ce travers.

A partir de 1650, on a signalé un nouveau caractère parmi les précieux ; en se multipliant, les salons et les ruelles reçoivent des habitués moins choisis ; la préciosité se vulgarise. C'est alors que Mlle de Scudéry tient le sceptre. On a établi l'injustice des jugements portés à son égard au moyen de documents récemment découverts sur ses « samedis ».

Nous avons encore relaté les attaques dirigées avant Molière contre les précieuses par Scarron, l'abbé d'Aubignac et l'abbé de Pure, dont nous avons examiné la pièce, puis le roman, en montrant combien cet auteur était, lui aussi, injustement dédaigné, sans doute parce qu'il n'était pas lu. Cela nous a conduit à insister sur le caractère satirique et sur l'utilité de son roman ; nous avons retrouvé dans sa pièce le prototype des *Précieuses ridicules* et de très fines critiques même contre Mlle de Scudéry.

Nous en étions restés à la conversation tenue entre Gename et Parthénoïde : le premier n'est autre que Ménage ; le second, Chapelain, auteur de la *Pucelle* (παρθένος) ; ils nous donnent une définition de la prude et de la précieuse, qui ne manque pas de piquant :

« La PRUDE est une femme entre deux âges qui a toute l'ardeur « de ses premières complexions, mais qui, par le temps et le bon « usage des occasions, s'est acquis l'art de les si bien déguiser, « qu'elles ne paraissent point ou qu'elles paraissent correctes ; « de sorte qu'elle est tousiours la mesme dans la vérité, mais « néantmoins toute diférente dans l'aparence et dans l'opinion. « La COQUETTE est une espèce amphibie, tantost fille et tantost « femme ; qu'a pour objet d'attraper la dupe ou le galant et « faire enrager l'amant ou le mary. L'ESPRIT FORT est une capri- « cieuse revestuë d'un sérieux malin. Cette dernière espèce est « la plus rare, parce que quelque ridicule défaut qui se rencontre, « joint à ce genre d'esprits, il y a tousiours quelque sorte de « mérite, quelque talent extraordinaire qui la distingue des « autres. La prude suit après, et quoy que le nombre n'en soit

« pas fort grand, il n'est pourtant pas si petit que celuy des
« esprits. Pour la coquette, elle est commune et on en voit par
« tout et à tout prix. La Ruelle a les mieux faites ; le Marais en a
« d'assez passables ; mais enfin il n'y a rien de si commun, et on
« en trouve tant qu'on veut et mesme quelquefois plus qu'on
« n'en veut. Pour la prétieuse, c'est un animal d'une espèce aussi
« bizarre qu'inconnue. Les naturalistes n'en disent rien ; et nos
« plus anciens historiens, ny mesme nos modernes, n'en ont
« point encore fait de mention. Comme on descouvre tous les
« jours des astres au ciel et des païz inhabitez sur la terre, et, si
« vous voulez, des modes en France, la prétieuse fut introduite à
« peu près en vogue en mesme année qu'on eut déclaré permis
« de prendre la macreuse pour poisson et en manger tout le
« caresme. On fut surpris à l'abord d'une chose de si belle
« apparence et on la reçeut avec toute l'estime que notre nation
« a pour toutes les choses nouvelles. Chacun tâcha de s'en
« fournir, ou du moins d'en voir. On dit qu'elles ne se formaient
« que d'une vapeur spirituelle, qui, s'excitant par les douces
« agitations qui se font dans une docte ruelle, se forment enfin
« en corps et composent la PRÉTIEUSE. » — « Je croirais, interrom-
« pit Parthénoïde, cela assez faisable ou du moins possible après
« que nous avons leu de ces pages gelées qui ne laissèrent
« pas après le dégel de signifier et d'exprimer les choses pour
« lesquelles elles avaient été conceuës (1)... »

La précieuse, nous dit plus loin l'abbé de Pure, « n'est pas la
« fille de son père ni de sa mère ; elle n'est pas non plus l'ou-
« vrage de la nature sensible et matérielle ; elle est un extrait
« de l'esprit, un précis de la raison. »

On nous apprend ensuite le mécanisme de la formation de la
précieuse : « Comme la perle vient de l'Orient et se forme dans des
« coquilles par le ménage que l'huître fait de la rosée du ciel,
« ainsi la prétieuse se forme dans la ruelle par la culture des
« dons suprêmes que le ciel a versés dans leur âme ».

Suit une lettre de Gername à Niassare ; ce dernier n'est autre
que Sarrazin, secrétaire du prince de Conti, que Molière avait
failli remplacer, et vraiment une clef pour le reconnaître n'est
pas, ici, nécessaire.

L'abbé de Pure n'est pas un vulgaire chroniqueur ; il recherche
l'origine de cet esprit de sociabilité et d'élégance raffinée. Les premiers beaux jours, dit-il, que la paix nous a donnés ont fait cette
heureuse production et en ont embelli leur sérénité et enrichi nos

(1) Réminiscence curieuse d'un passage de Rabelais, IV, 55 et 56.

conversations. « Les nouveaux astres qui brillent sur la terre ont
« deux sortes de ciel, que la nouvelle philosophie a appelés
« Alcôve ou Ruelle. L'un et l'autre ne composent qu'une sphère
« et sont dans un même cercle que l'on appelle conversation. On
« voit, mais clairement, dans une ruelle, le mouvement de toute
« la terre, et trois ou quatre prétieuses débiteront dans une
« après-midi tout ce que le soleil peut avoir vu dans ses divers
« tours de différentes saisons. »

Evidemment, il n'y a là que de l'ironie ; on n'y saurait trouver
un panégyrique.

L'auteur nous présente ensuite un tableau fort piquant des
différentes espèces de précieuses : les fières, les sévères, les
journalières, les changeantes, les beautés d'encore, celles de plus
ou moins, celles de consolation, celles d'espoir.

Puis il trace les lois de ce beau monde : l'objet principal et qui
occupe tous ses soins, c'est la recherche des bons mots et des
expressions extraordinaires ; c'est à juger des beaux discours et
des beaux ouvrages, pour conserver, dans l'empire des conversations, un juste tempérament entre le style rampant et le pompeux.
Les précieuses se donnent encore charitablement la peine de
censurer les mauvais vers et de corriger les passables ; de travailler les dons de l'esprit et les mettre si bien en œuvre qu'ils
puissent arrêter les sens, élever le commerce de leurs plaisirs et
les rendre aussi spirituels que possible.

Il existe une espèce de religion parmi elles, sorte de vœux solennels et inviolables, qu'elles jurent de garder toute leur vie.
Ces vœux sont observés avec autant de foi qu'ils ont été jurés
avec respect. Le premier est celui de subtilité dans les pensées ;
le second est la méthode dans les désirs ; le troisième est celui
de la pureté du style. Pour avoir quelque chose de commun
avec les plus parfaites sociétés, elles en font un quatrième, qui
est la guerre immortelle contre le pédant et le provincial, qui
sont leurs deux ennemis irréconciliables. Mais, pour enchérir
encore par-dessus cette dernière pratique, elles en font un cinquième, qui est celui de l'extirpation des mauvais mots.

Cette lettre constitue, comme vous le voyez, un document
essentiel. On rencontre plus loin le récit d'une controverse bien
singulière de ces fausses muses. Il s'agissait de savoir la force
d'un mot dont on se sert ordinairement à table, et s'il faut dire :
« J'aime le fruit ; j'aime le melon ; je hay le sucre. »

L'auteur discute avec une précieuse. Il fait valoir la beauté de
la métaphore et la force de l'usage, autant qu'il le peut. Il montre
que le mot *aimer* était plutôt appliqué à l'action qu'à l'objet ;

que, comme cette action était pleine d'ardeur et de désir et suivie
de satisfaction et de plaisir, on l'avait confondue avec celle qui
nous emporte à chérir les bons morceaux, à aimer les bons fruits ;
et, voulant faire grâce à la liberté du bien dire, il s'échappa jusqu'à
dire que, si tous les mots dont on se sert dans le langage familier
étaient fondés en raison comme ceux des anciens Hébreux, on
pourrait bannir le mot d'*aimer* plutôt de la ruelle que de la table,
parce qu'il y a, dans l'une, des choses aussi peu aimables que dans
l'autre. Vous imaginez le scandale. La scène est caractéristique ;
la discussion continue. La précieuse tient qu'il est aussi extravagant d'appeler un bon morceau « aimé » que de l'appeler
« aimable » :

« Ah ! l'aimable citrouille ! l'adorable lard ! ô miracle d'amour !
saupiquet de gueules ! »

Nous apprenons que le mot d'*aimer* est infiniment au-dessus
de cette basse expression, que le peu de soin de dire laisse appliquer avec tant d'injustice et si peu de raison aux actions des sens
et du goût. Bref, nous finissons par savoir qu'il convient de dire :
« J'estime le melon ; j'aime le lard. » Livet, en prenant le mot
lard comme sujet de la discussion, détruit tout l'esprit et la
rend même inintelligible.

Ce roman de la *Prétieuse* nous donne, outre de nombreuses anec-
doctes, certains tableaux de la vie bourgeoise et constitue une véritable encyclopédie des mœurs du temps ; nous savons par lui que
les précieuses se donnèrent l'avantage l'attaquer l'Académie sur
le chapitre de la langue ; nous y trouvons la description de toutes
sortes de parures et d'ajustements. Dans la seconde partie, l'abbé
de Pure débute par un éloge de Paris. — Le soleil n'embellit pas plus
les cieux que Paris n'orne la terre, et ce bel astre ne contribue pas
plus à l'éclat de ces belles voûtes que cette grande ville ne donne
de lustre à ce bas élément. Ses richesses semblent avoir appauvri
le reste du monde... Sa magnificence a lassé l'art... Ce grand
nombre d'habitants, tant citoyens qu'étrangers, fait ce grand
désordre et cette confusion si surprenante et si condamnée par
les survenants. Mais toutefois, à mon sens, c'est aussitôt une protection obscure de la liberté qu'un embarras visible du commerce.
L'amour y a tous ses ébats ; la fortune, toutes ses richesses ; le
savoir, toutes ses lumières ; les vertus, tout leur espace ; les
plaisirs, toute leur liberté. L'amoureux a mille beautés et autant
de lieux de galanteries ; l'intéressé y trouve les plus belles occasions de faire fortune ; le savant y a le choix des bibliothèques et
des conversations. Bref, la vie éclatante et obscure y est également libre et adorable.

C'est dans cet endroit admirable que le sort conduisit une beauté que le ciel avait fait naître dans une terre éloignée et dans un climat de plus de réputation que de mérite. — Ici, une histoire d'amour, où nous devinons l'histoire de l'hôtel de Rambouillet, c'est-à-dire celle de la Marquise et de sa fille Julie, devenue Madame de Montausier.

Au tome second, je relève des pages spirituelles sur le mariage, la laideur, le bel esprit, des remarques très sensées, sur l'objet des conversations d'alors et sur les améliorations à y apporter. Chaque semaine, un nouveau livre apportera un nouveau sujet d'études.

« Nous en déchiffrerons les endroits déguisés ; nous éclaircirons les obscurs et nous satisferons par ce même moyen à notre intérêt et à notre curiosité ». C'est là, sans doute, un fort beau programme : veiller sur les conversations de manière qu'elles deviennent un peu plus pleines et plus fortes qu'à l'accoutumé. Qu'il y en ait parmi les dames qui prennent soin du choix des matières. Car, enfin, le plus bel esprit du monde échoue, s'il n'a des matières favorables... C'est un diamant au milieu de sa roche.

Il est malheureusement impossible de résumer tout le reste du roman, pourtant plein de détails intéressants, par exemple sur la question des domestiques ou sur les parentes des précieuses. Certaines d'entre elles ont un homme d'esprit pauvre et malheureux, auquel elles donnent un dîner par semaine et un habit par an, et le font travailler tout leur saoul sur toutes les pensées qui leur tombent dans l'esprit. D'autres en ont de riches qui ne leur coûtent rien ; et d'autres en ont de propres et de galants, qui font tout ce que leurs belles désirent (font des vers, donnent la comédie, l'assemblée et les marionnettes). On trouve encore des jugements sur différents écrivains : Corneille, Scudéry, Boisrobert, etc. ; une définition des quatre ordres d'amour :

L'amour d'oui ; — l'amour de non ; l'amour de mais ; — l'amour de hé ! bien !... qui sont le propre de la coquette, de la finette, de la discrète, de la bourgeoise.

Il y a aussi d'intéressantes identifications à tenter et relativement faciles à travers ce roman.

Tel qu'il est, quelle en sera donc la conclusion ? Elle est rapide et claire : « Sauf le respect dû à qui il appartient (et surtout à « la loi salique), il ne faut point de conclusion à ce roman ; « comme les rois ne meurent point en France, la prétieuse ne « doit pas avoir de fin. »

L'auteur, d'ailleurs, donne son épitaphe :

Epitaphe pour d'aujourd'hui en cent ans :

Ci-gît le muet Gelasire
Qu'une prétieuse en courroux
A fait mourir de rire
D'elle et de vous.

L'abbé de Pure a donné de la précieuse l'idée la plus juste : l'importance et la portée de son ouvrage sont beaucoup plus grandes qu'on ne l'a dit : en dehors des qualités de forme très réelles, du talent, de la finesse, de l'ingénuité, du charme qu'on y trouve, le roman de l'abbé de Pure, tout comme sa comédie, a posé la question des précieuses, qui sera le point de départ de la controverse et des attaques dirigées contre elles, et que Molière reprendra avec éclat. Cette question, sans doute, était dans l'air ; Molière la condensera, la grossira, en fera un chef-d'œuvre. L'abbé de Pure, moins frappant, moins puissant dans sa critique, est peut-être plus délié, plus fin. Il ne faut pas diminuer le rôle de cet écrivain secondaire : les textes sont là, qui affirment son influence. Il a ouvert une voie que le génie de Molière a transformée, élargie, rendue facile au grand public. Et il en a été de même dans une foule de cas.

Pour suivre la transformation que Molière fait subir à la matière empruntée à l'abbé de Pure, prenons dans les couplets de Philonyme le « quoy qu'autheurs » :

« Quoy qu'autheurs, s'écrie Agathonte : un passage de gens de « guerre n'est pas plus rude à de pauvres gens que celui de ce « mot. Il faut avoir humé l'air du Rhin et respiré à l'allemande « pour prononcer impunément ce « Quoy qu'autheurs ». »

Le « quoi qu'on die » de Molière, dans les *Femmes savantes*, rappelle trop vite à l'esprit ce « quoy qu'autheurs » pour ne lui rien devoir : c'est, en tous les cas, le même procédé.

Il est très important de constater que le roman de la *Prétieuse* fut dirigé contre Mlle de Scudéry, et que Molière l'a suivi. Il est aisé de le voir dans les *Précieuses ridicules* par la scène IV, où il est fait allusion à la carte de Tendre : « Je m'en vais « gager qu'ils n'ont jamais vu la carte de Tendre et que « Billets Doux, Petits Soins, Billets Galants et Jolis Vers sont « des terres inconnues pour eux. » Le titre du *Grand Cyrus* est cité aussi par Marotte, qui l'estropie. De même, allusion à *Clélie*. D'autres détails désignent encore Mlle de Scudéry, rebelle au mariage, comme les précieuses ; la discussion littéraire des samedis, les surnoms, etc. Tout cela heurtait le caractère de Molière tel que nous le connaissons, plein de respect pour les droits de la nature et la vérité en toute chose. Aussi voyait-il non seulement une coterie dans ces réunions de beaux esprits, mais un véritable danger pour le « naturel », en raison de tout ce que cette société avait de factice, d'artificiel. Il prépare déjà son public futur. Comme toujours, il va droit au but.

La controverse doit porter sur une question de dates et non sur une question de catégories.

Nous avons déjà vu que M. Brunetière voulait que Molière eût attaqué toutes les précieuses de Paris et de la province, les illustres comme les ridicules, à fond et indistinctement ; j'ai indiqué que je me séparais de cette opinion pour croire que Molière, comme l'abbé de Pure, et selon sa propre déclaration, ne critique que ce qu'elles étaient devenues par l'exagération et l'abus. Sa charge des *Précieuses ridicules* n'aurait pas de sens autrement. D'ailleurs, Molière fut, par la suite, invité à aller jouer chez la marquise de Rambouillet, où il donna l'*Ecole des Maris* et l'*Impromptu de Versailles*, ce qui prouve tout autre chose que des rapports hostiles.

Sur les rapports évidents beaucoup trop niés aujourd'hui, qui existent entre la *Prétieuse* de l'abbé de Pure et les *Précieuses ridicules*, nous possédons différents témoignages contemporains.

D'abord, dans la *Muse royale* du 3 mai 1660, on lit sur la comédie italienne de la *Prétieuse* par l'abbé de Pure et sur le roman *La Prétieuse* :

> Les curieux et curieuses
> Apprendront que les Prétieuses
> Ridicules, cela s'entend,
> Qu'un génie assez éclatant,
> Savoir le sieur abbé de Pure,
> En langue toscane fort pure,
> Fit, dans Bourbon, parler jadis
> Et qui depuis des mois, bien dix,
> En français, mais en simple prose,
> Au même lieu disoient leur glose,
> Vont maintenant jaser en vers...
> On doit ce bien au sieur Somaize.

Il existe, ensuite, un texte de Visé, de 1663, dans les *Nouvelles nouvelles* : « Pendant cela notre auteur (Molière) fit réflexion sur ce qui se passait dans le monde et surtout parmi les gens de qualité, pour en reconnaître les défauts ; mais, comme il n'était encore ni assez hardi pour entreprendre une satire, ni assez capable pour en venir à bout, il eut recours aux Italiens, ses amis, et accommoda les *Précieuses* au théâtre français, qui avaient été jouées sur le leur, et qui leur avaient été données par un abbé des plus galants. Il les habilla admirablement bien à la française, et la réussite qu'elles eurent lui fit connaître que l'on aimait la satire et la bagatelle... Il apprit que les gens de qualité ne voulaient rire qu'à leurs dépens, qu'ils voulaient que l'on fît voir leurs défauts au public, qu'ils étaient les plus dociles du monde et qu'ils auraient été bons du temps où l'on faisait pénitence à la porte des temples... Jamais homme ne s'est si bien su servir de l'occasion ; jamais homme n'a su si naturellement décrire ni représenter les actions humaines. »

On ne peut nier que ce texte ne soit, à la fois, un éloge très grand pour Molière et une preuve de la relation des deux ouvrages.

Il faut croire que des rancunes s'étaient amoncelées contre les précieuses ; car, du jour au lendemain, tout le monde se tourna contre elles, aussitôt qu'elles eurent subi l'attaque de Molière. Une pièce contemporaine nous éclaire sur les principaux griefs du grand public, que Molière venait de secouer, si l'on peut dire, si à propos : c'est la *Déroute des précieuses*, parue en 1659 chez Al. Lesselin, rue de la Vieille-Draperie, proche le Palais, d'un auteur inconnu. C'est comme la revanche de l'esprit gaulois et de l'amour dépité ; en voici le canevas.

L'Amour s'aperçoit que le pouvoir qu'il avait eu jusqu'ici sur tous les cœurs commence à diminuer, depuis que les précieuses s'étaient introduites dans les compagnies d'où elles avaient résolu de le bannir entièrement. Il entre alors dans une grande colère et jure de se venger d'elles à tout prix. Ses fidèles sujets s'associent à sa fureur et répandent parmi le peuple un almanach ridiculisant leurs figures grotesques et leurs belles occupations. Paraissent deux colporteurs, qui crient à plein gosier l'*Almanach des Précieuses*, dont ils font un grand débit. Pendant qu'ils vendent leur marchandise, passent trois de ces dames qui s'aperçoivent qu'on se moque d'elles, et prennent leurs buscs pour battre les colporteurs. Ceux-ci s'enfuient ; les précieuses se lamentent. Survient un poète, à qui elles font toutes les amitiés possibles pour l'obliger à se déclarer de leur parti et à faire des vers contre le fâcheux *factum*. Mais le poète, en guise de réponse, chante la chanson célèbre, qui fit alors le tour de Paris :

> Prétieuses, vos maximes
> Renversent tous nos plaisirs ;
> Vous faites passer pour crimes
> Nos plus innocents désirs.
> Votre erreur est sans égale.
> Quoy ! ne verra-t-on jamais
> L'amour et vostre cabale
> Faire un bon traité de paix ?

> Vous faites tant les cruelles
> Que l'on peut bien vous nommer
> Des jansénistes nouvelles,
> Qui veulent tout réformer ;
> Vous gâtez tout le mystère.
> Mais j'espère, quelque jour,
> Que nous verrons dans Cythère
> Une Sorbonne d'amour.

On retrouve, ici, le mot de Ninon à la reine Christine : « Les précieuses sont les jansénistes de l'amour. »
Pour le poète :

> Dieux, qu'une prétieuse est un sot animal !
> Que les autheurs ont eu de mal,
> Tandis que ces vieilles pucelles
> Ont régenté dans les ruelles !
> Pour moi, je n'oserais mettre au jour
> Ni stance, ni rondeau, sur le sujet d'amour ;
> Et je crois que, si ces critiques
> Eussent eu vogue plus longtemps,
> Je perdois toutes mes pratiques
> Et restois sans avoir à mettre sous mes dents.

Entrée V : les galants manifestent une joie extraordinaire, dans l'espérance qu'ils ont de rétablir bientôt leur commerce avec les coquettes, sans crainte que les précieuses, qui trouvaient toujours à redire à leur façon d'agir, osent dorénavant les censurer.

Enfin l'Hymen, voyant que l'on avait banni les prudes, qui, n'étant plus en état de donner dans le mariage, pour mieux dissimuler leur dépit, conseillaient de ne se mettre jamais en cet engagement, ne peut se tenir de sauter de joie à l'idée que ses autels vont être en leur première vénération, et que ses fêtes ne seront plus interrompues par les impertinents apôtres de ces ridicules réformations :

> Les belles qui m'en voulaient tant
> Et qui prétendaient me détruire
> Sont à présent en fuite et ne paraissent plus.
> Mais, puisque, comme moi, l'Amour a le dessus,
> Il faut nous deux nous joindre ensemble
> Pour unir mille amants avec mille beautés,
> Qui, par nos doux liens se voyant arrêtés,
> Béniront à jamais le nœud qui les assemble
> Et chanteront de tous côtés,
> Dedans cette heureuse journée :
> « Vivent le Dieu d'Amour et celui d'Hyménée !

C'était donc la revanche de l'esprit gaulois sur la préciosité ; et il n'y avait pas en jeu une simple querelle de mots, pas une simple mode, mais la question très importante de la suprématie des femmes et le sentiment d'un réel danger considéré avec inquiétude par beaucoup d'hommes.

Avant de parler de Somaize, dont le nom ne saurait être séparé de celui de Molière, citons quelques titres d'ouvrages traitant du même sujet que le sien.

C'est tout d'abord : *La Vraie et la fausse Précieuse*, comédie de Gilbert, jouée par Molière en 1660 ; c'est, ensuite, le *Recueil des pièces en prose les plus agréables de ce temps*, — 1658 et années suivantes, — contenant une carte du royaume des Précieuses ; le *Cercle des Femmes*, comédie en vers de Chapuzeau, représentée au théâtre du Marais en 1659 ; le *Cercle des Femmes savantes* de La Forge ; la *Galerie des Portraits* de Mlle de Montpensier, dont nous citons un extrait.

Nous arrivons, maintenant, à Baudeau de Somaize.

M. Larroumet, dans la Ire série de ses *Études de littérature et d'art*, lui consacre une étude qui est sûrement trop sévère ; le grand crime de l'historien des précieuses, à ses yeux, c'est d'avoir voulu être désagréable à Molière : c'est un grand tort, sans doute, mais il n'est pas inexpiable.

Les origines de Somaize sont ignorées ; il débute par une critique de *Théodore, reine de Hongrie*, de Boisrobert, en 1657. Une comédie en un acte, sans nom d'auteur, *Les Véritables précieuses* paraît en 1660. Dans la préface, il montra une grande jalousie contre Molière ; ce fut la première attaque dirigée contre lui : Somaize est son premier ennemi connu ; il en eut bien d'autres dans la suite. Dans cette préface, dirigée contre sa récente comédie, Molière est appelé « l'auteur prétendu des *Précieuses ridicules* ». Voici l'attaque :

« Cependant il cache sous cette fausse vertu tout ce que l'insolence a de plus effronté et met sur le théâtre une satire qui, quoique sous des images grotesques, ne laisse pas de blesser tous ceux qu'il a voulu accuser. Il fait plus que de critiquer : il s'érige en juge et condamne à la berne les singes, sans voir qu'il prononce un arrêt contre lui en le prononçant contre eux, puisqu'il est certain qu'il est singe en tout ce qu'il fait, et que non seulement il a copié les *Prétieuses* de M. l'abbé de Pure jouées par les Italiens, mais encore qu'il a imité par une singerie dont il est seul capable le *Médecin volant* et plusieurs autres pièces des mêmes Italiens, qu'il n'imite pas seulement en ce qu'ils ont joué sur leur théâtre, mais encore en leurs postures, contrefaisant sans cesse sur le sien Trivelin et Scaramouche. Mais qu'attendre d'un homme qui tire toute sa gloire des mémoires de Guillot

Gorgeu, qu'il a achetés de sa veuve et dont il s'adopte tous les ouvrages. »

Rassurons-nous : cette contrefaçon des *Précieuses ridicules* par Somaize est des plus maladroites ; elle tombe dans une exagération incroyable du style précieux, exagération que Molière avait su éviter. La pièce est d'ailleurs contrefaite scène par scène, presque ligne par ligne. — Deux bouffons du Pont-Neuf, Gilles le Nain et Picotin, jouent à Artémise et à Iscarie le même tour que Mascarille et Jodelet à Cathos et à Madelon ; et voici un échantillon de leur jargon : « Vraiment, ma chère, dit Iscarie à Artémise, je suis en humeur de pousser le dernier rude contre-vous. Vous n'avez guère d'exactitude dans vos promesses : le temps a déjà marqué deux pas depuis que je vous attends. Je crois que vous avez dessein de faire bien des assauts d'appas. Je vous trouve dans votre bel aimable. L'invincible n'a pas encore gâté l'économie de votre tête ; vous ne fûtes jamais mieux sous les armes que vous êtes. Que vos taches avantageuses sont bien placées ! Que vos grâces donnent d'éclat à votre col, et que les ténèbres qui environnent votre tête relèvent bien la blancheur de ce beau tout. »

Artémise répond : « Ah ! ma chère ! vous faites trop de dépense en vos discours pour me dauber sérieusement ; mais n'importe : tout vous est licite, et l'empire que vous avez sur mon esprit fait que je n'excite pas mon fier contre vous. »

La pièce, d'ailleurs, ne fut pas représentée.

Une autre contrefaçon de la pièce de Molière fut composée par Somaize et imprimée en 1660 : les *Précieuses ridicules* en vers, dédiées à Marie Mancini. Il y eut procès avec le libraire de Molière : l'accusation de plagiat est reprise contre celui-ci, qui est traité de « premier farceur de France ». En tout cas, l'auteur, dont la versification paraît singulièrement plate, constate l'immense succès de la pièce de son rival.

Une troisième pièce de notre auteur, le *Procès des précieuses*, en vers burlesques, paraît le 12 juillet 1660. En voici la matière. Un gentilhomme manceau, M. de Ribercour, fait le voyage de Paris, député auprès de l'Académie française par la noblesse du Maine pour se plaindre des ravages que fait dans cette province l'invasion de l'esprit précieux. Les données qu'elle nous apporte sont, en réalité, utiles et assez intéressantes.

Mais ce ne sont pas ces œuvres qui pouvaient gêner l'éclat du génie de Molière. Deux autres ouvrages retiennent davantage l'attention de la postérité : les *Dictionnaires*. Avant novembre 1660, avait paru la *Pompe funèbre de M. Scarron*, qui contient une critique de tous les écrivains contemporains et où se trouve aussi

celle de Molière, et qui déchaîna une controverse d'une violence
extrême. Le *Grand Dictionnaire des Précieuses* ou la *Clef du
langage des ruelles* est publié, le 12 avril 1660, par Somaize, qui le
fait suivre, le 26 juin 1661, du « Grand Dictionnaire des précieuses, historique, poétique, géographique, cosmographique,
chronologique et armoirique, où l'on verra leur antiquité, cous-
tumes, devises, éloges, études, guerres, hérésies, jeux, lois,
langage, mœurs, mariages, morale, noblesse, avec leur politique, prédictions, questions, richesses, réduits et victoires,
comme aussi les noms de ceux et de celles qui ont jusque ici
inventé des mots précieux. »

Le premier ouvrage est d'un prix inestimable pour l'histoire
de notre langue : on y trouve l'origine de beaucoup d'expressions
devenues courantes et une intéressante étude sur d'autres plus
anciennes.

On a beaucoup reproché aux précieuses l'abus des adverbes en
ment : furieusement, terriblement, etc. Cet usage ne provient pas
d'elles ; il est beaucoup plus ancien et se retrouve dès le xvie siècle.
Il y a à distinguer, lorsqu'on critique le langage des précieuses
entre leurs périphrases et leurs images.

Elles disent, pour : « Nous allons dîner », « Nous allons prendre les nécessités méridionales ; nous allons donner à la nature
son tribut accoutumé ». Le chapeau devient pour elles l' « affron-
teur des temps ; les chenets sont les « bras de Vulcain » ; les
femmes, « les sujets de la belle conversation ou l'agrément des
sociétés, la politesse du langage et les divinités visibles ». « Et
« l'on ne peut nier justement que les femmes n'aient pas toutes
« ces qualités, puisqu'il est certain que, sans elles, les conversa-
« tions sont sans agrément, les sociétés sans plaisir, que c'est
« chez elles que l'on apprend la délicatesse du langage, en un
« mot qu'elles sont les divinités de la terre, puisque les hommes
« les adorent. »

A côté de cela, certaines expressions sont restées : « Je vous ai
une grande obligation, je vous ai la dernière obligation », par
exemple, est une image que nous avons pu garder des précieuses,
comme aussi pour figurer la surprise : « Les bras me tombent. »

Dans l'ensemble, les documents et les données que nous fournit
Somaize sont exacts, et partant fort utiles. C'est surtout son
second dictionnaire, le plus étendu, qui nous apporte de multiples renseignements par les notices dont il accompagne les noms
qu'il cite par plusieurs centaines et pris dans toutes les classes ;
c'est ainsi qu'il nous fournit, a-t-on dit, les portraits de sept cents
précieux et précieuses. C'est une véritable encyclopédie, sans ordre

il est vrai, mais du plus haut intérêt cependant : M. Livet en a donné une remarquable édition, avec une clef historique et anecdotique représentant plus de cinq années de travail.

On ne saurait donner ici beaucoup d'exemples ; voici quelques lignes du portrait de Parthénie, c'est-à-dire Mlle Poulet, surnommée la Lionne à cause de sa chevelure rousse :

« Rousses, voicy votre consolation, et Parthénie dont je parle, et qui a eu les cheveux de cette couleur, est une prétieuse dont l'exemple suffit pour faire voir qu'elles sont autant capables de donner de l'amour que les brunes et les blondes. Cette beauté régnoit du temps de Valère, qui luy adressoit une partie de ses lettres et qui avoit un commerce de galanterie avec elle qu'on a rarement quand on est indifférent. Aussi, bien loin de l'être pour elle, il en estoit fort amoureux. Fulcinian, dont les écrits ont fait tant de bruit, cet illustre chronologiste qui tenoit académie chez luy, en a esté puissamment amoureux. Aussi, avoit-elle deux cordes à son arc, dont il est mal aisé de se parer : une extrême blancheur de teint et une extrême vivacité d'esprit, etc. »

Voici, maintenant, le portrait de Mlle du Fargis, sous le nom de Diophante : « Diophante est une prétieuse d'assez belle taille : elle est de celles qui s'expliquent par de grandes périphrases, et elle lit les romans autant que pas une autre. Voicy ce qui luy arriva dans le fameux Licée qui ne commence que devers le temps des Baccanales, et où elle se trouva avec Cléobuline, aussi prétieuse que ses amies : ces deux personnes, après en avoir considéré avec admiration toutes les richesses, Diophante voulut achepter des vases de pourcelaine, et, en effet, elle entra chez un marchand, et, comme elle les marchandoit, Cléobuline dit à celuy qui en estoit le maistre : « Monsieur, cela est bien fragile. » Et Diophante luy respondit : « Ah ! ma chère, cela est fragile comme la nature humaine. » Il est aisé de voir, par cet exemple, qu'elles parlent d'une façon toute singulière. »

Un tel livre constitue une véritable mine de renseignements piquants ; les surnoms qu'on y lit ne sont pas tous authentiques, ils sont habilement forgés :

Quinault y est appelé Quirinus ; Mlle de Gournay, Gadarie ; la petite Athènes désigne le faubourg Saint-Germain ; l'île de Délos, l'île Notre-Dame ; la Normandie, le faubourg Saint-Honoré ; l'Éolie, le Marais du Temple, etc.

Somaize, ami de précieuses vraies, exerce son ironie critique aux dépens des fausses précieuses ; sans doute, il affecte l'impartialité, mais on peut voir qu'il dit, en somme, des précieuses beaucoup plus de bien que de mal, et il nous rend un grand service en nous faisant connaître quantité de choses qui, sans lui, demeureraient ignorées ; il nous montre le goût des précieuses pour les sciences, l'astronomie, l'astrologie, la chimie et l'alchimie, les ravages du jeu, véritable fléau de cette société ; il nous rapporte mille faits divertissants sur les mésintelligences dans les ménages, la méconnaissance des devoirs naturels, les femmes séparées, les veuves consolées, les filles indépendantes, etc. ; il nous retrace la vie de ce demi-monde mêlé :

« Il y a eu longtemps de la froideur entre Mᵐᵉ de Saint-Ange et son mari ; mais ils sont parvenus à vivre dans une intelligence fort grande, puisqu'ils s'écrivent deux ou trois fois la semaine, ce qui ne peut partir que d'une union accompagnée d'une civilité et d'un esprit fort agréables. »

Mᵐᵉ de Moncontour : « La grandeur de son âme passe presque sur son visage, qui conserve, parmi les charmes naturels aux femmes, quelque chose de mâle ; aussi s'est-elle généreusement désunie d'avec son époux, trouvant quelque honte à ne pas commander. »

Le goût du célibat et l'état d'indépendance général chez les précieuses nous est retracé par Somaize ; elles prennent même leurs précautions contre l'amitié :

« L'amitié elle-même ne doit pas être poussée trop loin, afin de ne pas engager l'avenir ; selon la maxime du philosophe grec, les précieuses estiment qu'il ne faut jamais se lier si fort avec une personne, que la séparation et la mésintelligence puissent troubler l'âme ou altérer le divertissement nécessaire à la conversation. »

Dans le mouvement précieux, ce fut la tendance marquée au féminisme qui, sans doute, souleva l'animosité de Molière, car il semble méconnaître au premier chef les droits de la nature.

Avec Somaize, les précieuses apparaissent déjà en décadence ; c'est la dernière de trois périodes, qu'on peut caractériser chacune par un historien différent :

1° Avec Voiture, par les lettres ;
2° Avec Mˡˡᵉ de Scudéry, par les romans et les conversations ;
3° Avec Somaize, c'est la décadence.

L'idéal de la précieuse d'alors, c'est de voir beaucoup de monde et surtout des gens de lettres, parler de toutes choses, mettre au monde quelque auteur ; son étude sera un rien galant ; je ne sais quoi de fin et le beau tour des choses. C'est la guerre au vieux langage, le règne des esprits pédants. Et le tiendra pour hérétique toute précieuse qui ne s'habille pas à la mode, eût-elle cinquante ans passés, comme aussi tous ceux et celles qui n'estiment pas le *Cyrus* et la *Clélie* et généralement tout

ce que font M. de Scudéry et sa sœur et tous leurs cabalistes.
Elle sera pénétrée de la nécessité d'avoir un alcôviste particulier et de tenir ruelle. Elle sera fortement persuadée
qu'une pensée ne vaut rien, lorsqu'elle est entendue de tout
le monde ; elle aura pour maxime qu'il faut nécessairement
qu'une précieuse s'exprime autrement que le peuple, afin que ses
pensées ne soient entendues que de ceux qui ont des clartés au-
dessus du vulgaire. Elle parlera le plus possible, et, quand elle
sera obligée de garder le silence, elle se dédommagera par une
mimique expressive. « L'esprit étant le fondement de tout ce qui
regarde les précieuses, et le silence en dérobant la connaissance,
elles ont cette maxime de ne l'observer jamais sans l'accompagner
de gestes et de signes par où elles puissent découvrir ce qu'elles
ne disent pas, et qui mettent sur le visage des sentiments qu'elles
ont, ou de ce qui se dit ou de ce qui se fait devant elles. »

Mais, à travers toutes ces exagérations, il ne faut pas oublier
que, dans ces milieux, des débats fort intéressants se déroulaient
sur des questions intelligentes, comme la question, déjà débattue,
de l'orthographe. On s'y demandait lequel est le plus porté au vice
du savant ou de l'ignorant : ce qu'on retrouvera dans J.-J. Rousseau au siècle suivant ; si les maladies se guérissent par leurs
semblables ou leurs contraires : c'est déjà l'homœopathie
annoncée.

Enfin, tenons compte aux précieuses d'avoir érigé en noblesse
la supériorité de l'esprit, et d'avoir fait disparaître, comme le
dit Mlle de Scudéry, l'inégalité choquante qui séparait ceux dont
la plume était au chapeau de ceux qui la maniaient comme une
arme.

                                        C. R.

Poètes français du XIXᵉ siècle qui continuent la tradition du XVIIIᵉ

Cours de M. EMILE FAGUET,

Professeur à l'Université de Paris.

Fontanes ; sa vie.

J'entre, aujourd'hui, dans l'étude de la vie et des œuvres de Fontanes. C'est un écrivain très considérable par la place qu'il a occupée dans la littérature de son temps et aussi par les places très élevées qu'il a occupées dans l'administration. De plus, il a réussi à gagner les faveurs toutes spéciales, toutes particulières de Sainte-Beuve.

La chose peut étonner ; car Sainte-Beuve fait preuve, en général, d'un goût très juste, d'une pénétration profonde : en un mot, il a les meilleures qualités du vrai critique, et, pour mieux dire, du philosophe. Mais il faut avouer que Sainte-Beuve a eu, parfois, d'extraordinaires antipathies comme aussi d'inexplicables et mystérieuses sympathies. Vous n'ignorez pas qu'il n'a jamais pu souffrir Benjamin Constant, et qu'il l'a poursuivi d'une animosité tenace, d'une haine qui avait quelque chose d'étroitement personnel. J'ai cherché à savoir si cette haine ne s'expliquait pas par des faits ou des motifs quelconques, que l'on pourrait retrouver ; j'ai interrogé, à ce sujet, tous ceux qui ont eu à s'occuper de Benjamin Constant, de Mᵐᵉ de Staël, de Mᵐᵉ Récamier, etc..., bref de toutes les figures de ce groupe auquel a été mêlé cet homme que Sainte-Beuve poursuit avec acharnement : je n'ai pu arriver à aucun résultat, et Sainte-Beuve ne paraît avoir dénigré Benjamin Constant que par suite d'une haine, en quelque sorte, instinctive et personnelle.

Pour Fontanes, au contraire, Sainte-Beuve éprouve une affection véritablement exagérée et disproportionnée. Il lui consacre un grand article dans les *Premiers Lundis*, et Fontanes occupe encore une place fort considérable dans l'étude sur *Chateaubriand et son groupe littéraire*. Sainte-Beuve a un véritable faible pour Fontanes. A quoi cela tient-il ? Je ne sais. N'oublions pas, en tout cas, que Sainte-Beuve, bien qu'il soit un des premiers

41

pères du romantisme français, a toujours eu un fonds de goût classique, et que cette sorte d'école néo-classique du début du XIXᵉ siècle l'a toujours vivement intéressé. Mais pourquoi sa principale admiration s'est-elle portée sur Fontanes et non pas sur Andrieux ou tel autre néo-classique contemporain ? Je ne saurais vous le dire. Toujours est-il que, grâce à Sainte-Beuve, le problème de Fontanes est demeuré un problème attirant, et qu'il y a là, sinon un procès à reviser, du moins une affaire à regarder d'assez près et en toute impartialité.

**

Le marquis Louis de Fontanes est né à Niort, le 6 mars 1757, et mort à Paris le 17 mars 1821. Son père descendait d'une famille protestante originaire d'Alais, dans le Languedoc ; sa mère était catholique, et c'est dans cette religion que Fontanes fut élevé. L'éducation de son enfance fut confiée à un honnête curé des environs de Niort. De là, il passa au collège de Niort, tenu par les Oratoriens, et il y acheva ses études. Après la mort de son père, qui survint en 1774, Fontanes vint à Paris (vers 1777) ; et sa passion pour les lettres le fit rapidement apprécier des principaux écrivains du temps. Sa passion pour la poésie s'était déclarée de bonne heure. Il eut vite fait de marquer sa place dans les recueils littéraires à la mode.

Le premier littérateur auquel il s'adressa fut Dorat, ce dont, plus tard, il rougissait un peu. Dorat dirigeait alors (1777-1778) (1) les *Mélanges littéraires ou Journal des Dames*, fondé en 1759. Fontanes lui envoya le *Cri de mon Cœur*, élégie renouvelée de La Harpe et inspirée de la *Nouvelle Héloïse*; elle fut bien accueillie.

Dorat ne fut pas son seul patron. Fontanes connut aussi Ducis et d'Alembert. C'est par Ducis que Fontanes fut présenté à Jean-Jacques Rousseau. Le biographe de Fontanes, qui est aussi son exécuteur testamentaire, Roger, le dit dans sa notice. Et voici ce que rapporte Sainte-Beuve : « [Fontanes] aimait à raconter qu'à la seconde année de ce séjour [à Paris], se promenant avec Ducis, ils rencontrèrent Jean-Jacques, bien près alors de sa fin. Ducis, qui le connaissait, l'aborda, et, avec sa franchise cordiale, réussissant à l'apprivoiser, le décida à entrer chez un restaurateur. Après le repas, il lui récita quelques scènes de son *Œdipe chez Admète*, et, lorsqu'il en fut à ces vers où l'antique aveugle se rend témoignage :

(1) Dorat est mort le 29 avril 1780, à Paris.

> . . . . Ecoutez-moi, grands dieux !
> J'ose au moins sans terreur me montrer à vos yeux.
> Hélas ! depuis l'instant où vous m'avez fait naître,
> Ce cœur à vos regards n'a point déplu peut-être.
> Vous frappiez, j'ai gémi. J'entrerai sans effroi
> Dans ce cercueil trompeur qui s'enfuit loin de moi.
> Vous savez si ma voix, toujours discrète et pure,
> S'est permis contre vous le plus léger murmure ;
> C'est un de vos bienfaits que, né pour la douleur,
> Je n'aie au moins jamais profané mon malheur !

Jean-Jacques, qui avait jusque-là gardé le silence, sauta au cou de Ducis, en s'écriant d'une voix caverneuse : « Ducis, je vous aime ! » — M. de Fontanes, témoin muet et modeste de la scène, en la racontant après des années, croyait encore entendre l'exclamation solennelle. »

Quant à Voltaire, Fontanes ne le vit qu'une fois, et de loin, à la représentation d'*Irène*; mais il n'eut pas le temps de lui être présenté.

En revanche, Fontanes put voir d'Alembert tout à loisir, et voici le portrait qu'il a tracé de lui dans le *Mercure* (fructidor an VIII) : « Tout homme qui a fait du bruit dans le monde a deux réputations : il faut consulter ceux qui ont vécu avec lui pour savoir quelle est la bonne et la véritable. Linguet, par exemple, représentait d'Alembert comme un homme diabolique, comme le *Vieux de la Montagne*. J'avais eu le bonheur d'être élevé à l'Oratoire par un des amis de ce philosophe, et je l'ai beaucoup vu dans ma première jeunesse. Il était difficile d'avoir plus de bonté et d'élévation dans le caractère. Il se fâchait, à la vérité, comme un enfant; mais il s'apaisait de même. Jamais chef de parti ne fut moins propre à son métier. » Rien n'est plus exact que ce portrait ; et le témoignage de Fontanes est confirmé par tous les documents qui sont venus, depuis, éclairer cette curieuse figure de philosophe. D'Alembert avait un cœur excellent : c'était un homme d'esprit *extérieur* en quelque sorte, au fond naïf et « enfant », comme dit Fontanes avec beaucoup de justesse.

Fontanes connut aussi Barthe, Rivarol, Linguet, et beaucoup d'autres personnages illustres de l'époque. Il se mit à fréquenter les salons, où ses pièces étaient fort goûtées.

Son œuvre de début fut un poème descriptif, la *Forêt de Navarre*, écrit en 1778 et publié dans l'*Almanach des Muses* de 1780. La pièce eut un certain succès. A partir de 1783, la production de Fontanes devient régulière. Il donne, cette année même, sa traduction en vers de l'*Essai sur l'Homme* de Pope : La Harpe, qui avait beaucoup travaillé cette partie de la littérature anglaise et qui s'était occupé notamment des *Discours sur l'Homme* de Voltaire, fit l'éloge de l'œuvre de Fontanes.

En 1788, Fontanes publia le poème du *Verger*, qu'il refit depuis tout entier et en trois chants, au lieu d'un, sous le titre d'*Essai sur la Maison rustique*. — Fontanes a toujours eu la manie de recommencer ses ouvrages : il était de l'école de Boileau et remettait l'œuvre plus de vingt fois sur le métier. Victor Hugo, au contraire, dira : « Il ne faut jamais corriger ; on corrige un ouvrage en en faisant un autre »... ce qui serait plutôt mon avis.

Le talent poétique de Fontanes sembla s'être agrandi dans l'*Essai sur l'Astronomie*, publié en 1789. Même succès attendait son *Epître sur l'édit en faveur des non-catholiques*, couronnée le 25 août 1789 par l'Académie française.

Fontanes, qui, quoique catholique, descendait d'une famille calviniste, fait dans cette pièce l'éloge de l'édit de Louis XVI, qui, plusieurs années auparavant, avait rendu aux protestants les droits que leur avait fait perdre la Révocation de l'Edit de Nantes. Fontanes avait encore donné quelques autres poésies, qui lui avaient valu une très grande réputation : la *Chartreuse de Paris* (sans cesse retouchée de 1783 à 1800) ; le *Jour des morts dans une campagne*, pièce inspirée de Gessner, de Young et du *Cimetière de campagne* de Gray, tout à fait dans le goût du temps ; l'*Ode sur la violation des tombeaux de Saint-Denis*. Désormais, Fontanes se trouvait classé au premier rang des poètes contemporains.

De 1789 à 1800, la vie de Fontanes est très agitée. Lui qui, jusqu'alors, n'avait pas fait de politique, se jette dans le mouvement des esprits. Bien entendu, Fontanes se montra très modéré dans ses opinions, puisque, de concert avec Flins, auteur comique de l'époque, il entreprit en 1790 un journal qui s'appelait précisément *Le Modérateur*. Ce journal ne dura guère : dès 1793, Fontanes, décrété d'accusation, dut se retirer à Lyon, où il avait épousé, depuis un an, une femme aimable et spirituelle. Voici les détails que nous fournit Roger sur cette époque de la vie du poète :

« Fontanes vit bientôt ses jours en danger, au milieu de ses nouveaux compatriotes incendiés et décimés. Obligé de fuir, il erra longtemps sans asile, et sa femme accoucha de son premier enfant au milieu des vignes. Recueilli enfin chez un ami, il y reçoit ces mots écrits au crayon : « Allez trouver dans son camp le représentant du peuple Maignet ; il vous donnera un sauf-conduit. » Maignet ! L'incendiaire d'Orange ! Quelle ressource ! N'était-ce pas plutôt un piège ? Il s'achemine pourtant vers le camp du proconsul ; on l'arrête au premier poste et on le

conduit à Maignet. A peine lui a-t-il dit son nom que celui-ci
s'élance sur lui, comme un tigre prêt à dévorer sa proie, lui
secoue le corps avec violence et lui glisse furtivement un papier
sous ses vêtements, en lui criant : « Tu t'es bien fait attendre ; je
n'ai plus besoin de toi. Va-t'en. Gendarme ! qu'on le mène au lieu
convenu. » Ces paroles n'étaient pas rassurantes. Fontanes suit
en silence le gendarme, qui, à une lieue de là, le quitte et lui dit :
« Voilà ton chemin ; bonjour. » Resté seul, Fontanes retire le
papier mystérieux... C'était un passeport signé *Maignet*, excellente sauvegarde au moyen de laquelle Fontanes se crut, au
moins pour quelque temps, en sûreté. »

Fontanes, après cette aventure, se rendit à Paris et y fit venir
sa femme. Ils y étaient depuis un mois, quand, le 30 frimaire
an II (20 décembre 1793), « les Lyonnais envoient à la barre de
la Convention quatre hommes du peuple, quatre hommes grossièrement vêtus, qui (semblables au *paysan du Danube*, retraçant
au sénat de Rome les cruautés de ses préteurs et lui disant avec
l'autorité du désespoir : *Retirez-les*) viennent, dans un discours
énergique et adroit, demander au sénat régicide la cessation des
massacres et le rappel de Collot d'Herbois. Déjà les tyrans de la
France, d'abord étonnés d'un pareil langage, se sentent en dépit
d'eux émus de pitié pour leurs victimes. Le décret de rappel est
rendu. Mais Collot d'Herbois, instruit à temps du départ des
députés lyonnais, arrive lui-même à Paris et fait rapporter le
décret (séance du 21 décembre). Le chef de la députation est
arrêté ; l'écrivain qui lui avait prêté son éloquence est deviné et
menacé : c'était Fontanes. Il dut se dérober au danger. Mme de
Fontanes et lui se retirèrent à Sevran, près de Livry, chez
Mme Dufrénoy, leur amie, femme d'un talent poétique élégant
et naturel, où ils vécurent paisiblement jusqu'au 9 thermidor. »

Le 9 thermidor permet à Fontanes de rentrer à Paris. Il fait
partie de l'Institut à sa création. Il s'associe à La Harpe et à
Bourlet de Vauxcelles pour la rédaction d'un journal, *Le Mémorial*.
C'est là qu'il commence à persifler Mme de Staël et Benjamin
Constant, qu'il n'aimait pas. C'est aussi dans ce journal que
Fontanes fit paraître, le 15 août 1797, une lettre célèbre adressée
à Bonaparte, alors conquérant de l'Italie. Comme le dit Sainte-
Beuve, cette lettre est « trop piquante de verve et trop perçante
de pronostic » pour qu'on n'en reproduise pas au moins les
passages essentiels :

« Brave général, *tout a changé et tout doit changer encore,* a dit
un écrivain politique de ce siècle à la tête d'un ouvrage fameux.

Vous hâtez de plus en plus (1) l'accomplissement de cette prophétie de Raynal. J'ai déjà annoncé que je ne vous craignais pas, quoique vous commandiez quatre-vingt mille hommes, et qu'on veuille nous *faire peur* en votre nom. Vous aimez la gloire ; et cette passion ne s'accommode pas de petites intrigues et du rôle d'un conspirateur subalterne, auquel on voudrait vous réduire. Il me paraît que vous aimez mieux monter au Capitole, et cette place est plus digne de vous. Je crois bien que votre conduite n'est pas conforme aux règles d'une morale très sévère ; mais l'héroïsme a ses licences, et Voltaire ne manquerait pas de vous dire que vous faites *votre métier d'illustre brigand*, comme Alexandre et comme Charlemagne. Cela peut suffire à un guerrier de vingt-neuf ans... Savez-vous que, dans mon coin, je m'avise de vous prêter de grands desseins ? Ils doivent, si je ne me trompe, changer les destinées de l'Europe et de l'Asie. Toute mon imagination fermente depuis qu'on m'annonce que Rome a changé son gouvernement. Cette nouvelle est prématurée, sans doute ; mais elle pourra bien se réaliser tôt ou tard.

« Vous aviez montré pour la vieillesse et le caractère du chef de l'Eglise des égards qui vous avaient honoré. Mais, peut-être, espériez-vous alors que la fin de sa carrière amènerait plus vite le dénouement préparé par vos exploits et votre politique. Les Transtévérins se sont chargés de servir votre impatience, et le pape, dit-on, vient de perdre toute sa puissance temporelle ; je m'imagine que vous transporterez le siège de la nouvelle république lombarde au milieu de cette Rome pleine d'antiques souvenirs, et qui pourra s'instruire encore sous vous à l'art de conquérir le reste de l'Italie...

« Mais je soupçonne encore de plus vastes combinaisons. Le théâtre de l'Italie est déjà trop étroit pour la grandeur de vos vues. Je rêve souvent à vos correspondances avec les anciens peuples de la Grèce, et même avec leurs prêtres, avec leur pape ; car, en habile homme, vous avez soin de ne pas vous brouiller avec les opinions religieuses...

« Ainsi, je ne serais point étonné que vous eussiez conçu le projet hardi de planter à la fois l'étendard français sur les murs du Vatican et sur les tours du sérail, dans la capitale des Etats chrétiens et dans celle de Mahomet. Ce serait, il faut en convenir, une étrange manière de renouveler l'Empire d'Orient et celui

---

(1) « Le bruit venait de se répandre dans Paris qu'une révolution républicaine avait éclaté à Rome et y avait changé la forme du gouvernement. » (Sainte-Beuve.)

d'Occident. Mais vous m'avez accoutumé aux prodiges, et ce qu'il y a de plus invraisemblable est toujours ce qui s'exécute le plus facilement depuis l'origine de la Révolution française...

« En vérité, brave général, vous devez bien rire quelquefois, du haut de votre gloire, des cabinets de l'Europe et des dupes que vous faites.

« Vous préparez de mémorables événements à l'histoire. Il faut l'avouer, si les rentes étaient payées, et si on avait de l'argent, rien ne serait plus intéressant au fond que d'assister aux grands spectacles que vous allez donner au monde. L'imagination s'en accommode fort, si l'équité en murmure un peu.

« Une seule chose m'embarrasse dans votre politique. Vous créez partout des constitutions républicaines. Il me semble que Rome, dont vous prétendez ressusciter le génie, avait des maximes toutes contraires. Elle se gardait d'élever autour d'elle des républiques rivales de la sienne. Elle aimait mieux s'entourer de gouvernements dont l'action fût moins énergique et fléchit plus aisément sous sa volonté...

« Vous aimez les lettres et les arts. C'est un nouveau compliment à vous faire. Les guerriers instruits sont humains ; je souhaite que le même goût se communique à tous vos lieutenants, qui savent se battre aussi bien que vous. On dit que vous avez toujours *Ossian* dans votre poche, même au milieu des batailles. C'est, en effet, le chantre de la valeur. Vous avez, de plus, consacré un monument à Virgile dans Mantoue, sa patrie. Je vous adresserai donc un vers de Voltaire, en le changeant un peu :

J'aime fort les héros, s'ils aiment les poètes.

« Je suis un peu poète ; vous êtes un grand capitaine. Quand vous serez maître de Constantinople et du sérail, je vous promets de mauvais vers que vous ne lirez pas, et les éloges de toutes les femmes, qui vaudront mieux que les vers pour un héros de votre âge. Suivez vos grands projets, et ne revenez surtout à Paris que pour y recevoir des fêtes et des applaudissements. »

Si Bonaparte lut la lettre (comme c'est très possible), dit Sainte Beuve, son goût pour Fontanes doit remonter jusque-là. Ce qu'il y a de certain, c'est que le Directoire la lut et ne s'en amusa pas. Quinze jours après, arriva le 18 fructidor. Fontanes fut rayé de l'Institut et condamné à la déportation. Pour échapper à tout danger, Fontanes, laissant sa femme à Paris, quitta la France, et passa par l'Allemagne en Angleterre, où il retrouva Chateaubriand, qu'il avait déjà connu à Paris vers la fin de 1790.

L'exil, en général, est une excellente chose pour les écrivains :
leur génie se développe et s'élargit au contact des hommes et des
mœurs de l'étranger. Vous savez ce que Voltaire, Victor Hugo,
Chateaubriand et d'autres ont appris loin du sol de la patrie et
ce qu'ils en ont rapporté.

L'amitié de Chateaubriand et de Fontanes se consacra définitivement en Angleterre, au milieu des souffrances communes qu'ils
eurent à endurer ; car vous savez qu'ils connurent la misère plus
noire sur la terre d'exil. Il faut lire, dans les *Mémoires d'outre-
tombe,* les pages où Chateaubriand évoque ces tristes et lointains
souvenirs :

« Tandis que je faisais ces réflexions, dit Chateaubriand,
Fontanes obtenait une audience particulière de celui qu'il appelait plaisamment le *contrôleur général des finances* (1) : il en sortit
fort satisfait, car M. du Theil avait promis d'encourager la publication de mes ouvrages, et Fontanes ne pensait qu'à moi. Il n'était
pas possible d'être meilleur homme : timide en ce qui le regardait,
il devenait tout courage pour l'amitié; il me le prouva lors de
ma démission, à l'occasion de la mort du duc d'Enghien. Dans la
conversation, il éclatait en colères littéraires risibles. En politique, il déraisonnait ; les crimes conventionnels lui avaient donne
l'horreur de la liberté. Il détestait les journaux, la *philosophail·
lerie,* l'idéologie ; et il communiqua cette haine à Bonaparte,
quand il s'approcha du maître de l'Europe (2).

« Nous allions nous promener dans la campagne ; nous nous
arrêtions sous quelques-uns de ces larges ormes répandus dans
les prairies. Appuyé contre le tronc de ces ormes, mon ami me
contait son ancien voyage en Angleterre avant la Révolution, et
les vers qu'il adressait alors à deux jeunes ladies, devenues
vieilles à l'ombre des tours de Westminster, tours qu'il retrou-
vait debout comme il les avait laissées, durant qu'à leur base
s'étaient ensevelies les illusions et les heures de sa jeunesse.

« Nous dînions souvent dans quelque taverne solitaire, à Chel-
sea, sur la Tamise, en parlant de Milton et de Shakespeare : ils
avaient vu ce que nous voyions ; ils s'étaient assis, comme nous,
au bord de ce fleuve, pour nous fleuve étranger, pour eux fleuve
de la patrie. Nous rentrions de nuit à Londres, aux rayons défail-
lants des étoiles, submergées l'une après l'autre dans le brouil-
lard de la ville. Nous regagnions notre demeure, guidés par

(1) C'est-à-dire le libraire, pour lequel les exilés faisaient des traductions
ou des articles.
(2) Bonaparte n'avait guère besoin qu'on lui communiquât la haine de
l'idéologie : il se chargeait bien de la détester tout seul !·· · ·

d'incertaines lueurs qui nous traçaient à peine la route à travers
la fumée de charbon rougissant autour de chaque réverbère.
Ainsi s'écoule la vie du poète.

« Nous vîmes. Londres en détail : ancien banni, je servais de
cicerone aux nouveaux réquisitionnaires de l'exil, que la Révolution prenait, jeunes ou vieux : il n'y a point d'âge légal pour le
malheur. Au milieu d'une de ces excursions, nous fûmes surpris
d'une pluie mêlée de tonnerre et forcés de nous réfugier dans
l'allée d'une chétive maison, dont la porte se trouvait ouverte par
hasard. Nous y rencontrâmes le duc de Bourbon ; je vis, pour la
première fois, à ce Chantilly, un prince qui n'était pas encore le
dernier des Condé.

« Le duc de Bourbon, Fontanes et moi, également proscrits,
cherchant en terre étrangère, sous le toit du pauvre, un abri
contre le même orage! *Fata viam invenient.* »

A partir de cette époque, Fontanes et Chateaubriand n'ont pas
cessé d'être intimes. Fontanes a été le confident de tous les égarements de Chateaubriand. Il a été son « modérateur », et, si je
puis dire, son Boileau. Chateaubriand lui soumettait tous ses
ouvrages; et Fontanes, avec son goût tempéré et quelque·peu
timoré, admirait, puis s'effrayait. Il appelait Chateaubriand
« l'enchanteur », et cet « enchanteur » se laissait docilement
corriger par Fontanes, comme il se laissa plus tard corriger par
Bertin, quand il fut de la rédaction du *Journal des Débats*. Il faut
d'ailleurs reconnaître que, au point de vue du public et des succès, Fontanes était bien placé pour filtrer la prose bouillante de
Chateaubriand.

Le 18 brumaire, si attendu de tant de gens, arriva. Fontanes,
rentré en France peu de temps auparavant, ne fut plus réduit à
s'y cacher. « Quoique le décret de déportation pesât toujours sur
sa tête, dit Roger, il vivait à Paris, fort retiré mais paisible.
dans un petit logement de la rue Saint-Honoré, près de Saint-
Roch, lorsque, apprenant la mort de Washington, Bonaparte
résolut de faire prononcer son éloge funèbre... « Washington,
« dit le premier consul, est le seul homme qui soit sur ma
« ligne... J'ai été, un instant, sur celle de Cromwell.. . Je veux
« qu'il soit loué dignement et publiquement... Qui choisir ? »
M. Maret (depuis duc de Bassano), homme lettré, toujours prêt à
inspirer comme à concevoir des idées généreuses, répond sans
hésiter : « *Fontanes* ». Un troisième personnage ayant fait observer que Fontanes est sur la liste des déportés : « *N'est-ce que*
« *cela?* réplique vivement Bonaparte; *je le raye de cette liste;*
« c'est lui qui prononcera l'oraison funèbre, et je veux que ce

« soit le 20 de ce mois (1), dans le temple de Mars (la chapelle
« des Invalides). »

Fontanes prononça, en effet, l'oraison funèbre, et il obtint un
succès prodigieux : il y avait de tout dans son discours ; c'était
un mélange de républicanisme, de monarchisme, de souvenirs de
Montesquieu, avec une adroite allusion à la royale bonté de l'in-
fortunée Marie-Antoinette. Bref, le morceau était merveilleusement adapté à l'époque où il a été composé et prononcé : le sens
de l'opportunité n'a jamais fait défaut à Fontanes.

Naturellement, après l'éloge de Washington, les portes de
l'Institut s'ouvrirent, une seconde fois, pour Fontanes. Il travailla
alors à la reconstitution du *Mercure de France*. C'est là que parurent ses articles célèbres sur la *Littérature* de Mme de Staël et sur
le *Génie du Christianisme*, articles dont nous aurons l'occasion de
reparler.

Ici commence pour Fontanes une nouvelle carrière, tout un
manège de coquetteries réciproques entre lui, Bonaparte et
Chateaubriand, manège qui va finir par conduire Fontanes aux
charges et aux honneurs ; et c'est à ce point que nous repren-
drons sa biographie, dans notre prochaine leçon.

                                                A. C.

(1) 20 pluviôse an VII (9 février 1800).

La Morale

Cours de M. VICTOR EGGER,

Professeur à l'Université de Paris.

**Principes et axiomes de la morale. — L'axiome théorique :
le droit du bien ou devoir-être. — L'axiome pratique : le
devoir-faire ou devoir.**

La précédente leçon a été employée à dégager, développer et
commenter ce que je considère comme *principe*, le *moral fondamental*, et qui est le fait général de la qualification des phénomènes par l'esprit humain. Ce principe premier, fondamental,
peut être formulé ainsi : *les phénomènes sont bons, mauvais ou
neutres, indifférents;* ils sont moralement qualifiés (en bien ou en
mal) ou non. Puisque ce principe est tiré de l'observation des
hommes, il est empirique ; ce n'est donc pas un axiome.

Un second principe, dont j'ai dû parler avant de poser le
principe précédent, mais dont j'indique ici la vraie place, est
celui qu'on peut appeler l'*axiome formel de la morale*, car c'est
un principe caché dans tous les raisonnements moraux sur ce
qui est bien, mal, obligatoire, défendu, et qui joue en morale
le même rôle que les trois principes d'identité, de contradiction
et de tiers-exclus en logique formelle. Ce principe s'énonce
ainsi : *La fin qualifie les moyens.*

Ajoutons, pour mémoire, car nous en parlerons fort peu
dans nos prochaines analyses, ce principe complémentaire :
le bien et le mal qualifient de contraires leurs contradictoires.
J'ai déjà posé ce principe en montrant notre tendance irrésistible
à qualifier de bien le non-mal par contraste avec le mal, et de
mal le non-bien par contraste avec le bien. Ce principe est irra-
tionnel ; l'observation des jugements moraux le révèle : c'est donc
un principe empirique ; la formule ci-dessus n'est que l'expression exacte du fait que je viens de rappeler. Ce principe, appelons-le le *principe du contraste.*

L'axiome formel féconde le principe fondamental. Il s'applique,
avant tout, aux moyens indifférents ; le domaine de l'indifférent
est progressivement absorbé par les deux autres : il y a ainsi une
extension progressive de la qualification morale ; cette extension
est proportionnelle à la science de l'humanité, ainsi qu'au savoir

et à l'intelligence de chaque homme ; si bien que, de notre temps,
un adulte intelligent ne connaît plus rien d'indifférent.

Le principe du contraste contribue, à sa manière, à féconder
le principe fondamental ; grâce à lui, les phénomènes qui, par
eux-mêmes, sont indifférents se trouvent qualifiés en bien ou en
mal.

Tout cela (sous cette réserve, que le principe du contraste est
d'origine émotionnelle) est purement intellectuel. On peut y distinguer trois éléments : 1° Un jugement spontané de qualification
qui porte sur les biens et les maux qui sont tels par eux-mêmes,
en eux-mêmes, ou par contraste. Ce jugement est spontané
même dans le second cas, car c'est par une sorte d'impulsion
émotionnelle que nous appelons bien ce qui est simplement normal ou mal, ce qui n'est en réalité que non-bien ; 2° la science
inductive des moyens reliés aux fins ou aux antifins conformément à des lois, lois de nécessité ou de fréquence ; 3° la dialectique ou syllogistique morale, qui consiste à qualifier le moyen
d'après la fin, en appliquant l'axiome formel.

Du travail intellectuel résultent des jugements de qualification
de plus en plus nombreux, précis, exacts, et ainsi cette science
des biens et des maux et de leurs causes, qui est le fondement
indispensable de toute activité morale.   .

Il ne faudrait, d'ailleurs, pas dire que la moralité de l'agent est
hors de cause dans ce labeur intellectuel ; c'est, au contraire, la
première assise de la moralité. Penser, raisonner, c'est un acte.
Si l'on est sans moralité, pyrrhonien, indifférent, conscience
inerte, on ne fera pas la classification morale des phénomènes
dont on sera le témoin. Or il faut commencer par là ; c'est un
labeur préliminaire indispensable.

Ce bien et ce mal, objets du sens moral, visés dans la qualification morale, je m'abstiens provisoirement de les définir. Ils
demeureront à l'état de concepts vagues jusqu'à nouvel ordre ; et,
jusqu'à nouvel ordre, il nous suffit qu'ils soient tels. La définition
impliquée dans nos analyses et constatations faites jusqu'à présent se dégagera peu à peu ; et, le moment venu, nous l'éluci-
derons, nous en chercherons la formule.   .

Je passe, maintenant, à un nouvel ordre d'idées. Si nous disons
qu'une chose ou qu'un phénomène *doit être* ou *devrait être*, nous
disons quelque chose de nouveau ou quelque chose de plus que
quand nous disions : tel phénomène est bon.

C'est là un jugement, assurément, mais un jugement qui contient explicitement quelque chose de plus que la qualification et
qui dépasse le jugement attributif vulgaire ; d'ailleurs, il s'y

ajoute toujours, d'où cet axiome : *tout bien est de droit ;* c'est-à-dire : tout ce que nous qualifions de bien est en droit s'il n'est pas en fait, en droit comme en fait s'il est en fait.

Ce quatrième principe, nous l'appellerons l'*axiome théorique* de la morale. Ainsi énoncé, il nous présente l'idée du droit sous un premier aspect ; cette idée est équivoque, protéique, multiple ; elle n'a rien de propre ni de précis. A parler rigoureusement, il n'y a là qu'un même mot, qui exprime, selon les circonstances, selon le besoin, telle ou telle idée. Je n'en fais pas la critique complète aujourd'hui. Nous aurons l'occasion d'y revenir. Je rencontre cette idée aujourd'hui ; je me contente de la poser, en faisant toutes réserves sur ses autres aspects et sur sa compréhension exacte.

Voici une autre expression de la même idée : *tout bien, comme tel, implique devoir-être.* L'idée que nous avons, en ce moment, devant nos esprits étant difficile à exprimer, nous utilisons les termes de *droit* et de *devoir*, faute de mieux. Mais analysons un peu ce qui est dans l'esprit humain pour constater qu'une idée originale est là, que ces mots expriment comme ils peuvent. Tout ce qui est bien et est réellement, est avec raison, à bon droit, est et doit être. D'autre part, tout ce qui est bien et n'est pas, tout ce qui est bien et seulement conçu comme possible ou idéal, devrait être ; c'est à tort que cela n'est pas réellement. Et cela plus ou moins, selon le degré de bonté ou de perfection. Si plusieurs phénomènes sont comparés, la bonté du phénomène mesure son droit. D'une manière générale, tout bien doit être en proportion de son degré de perfection. Les biens réels doivent rester ; les biens possibles, être réalisés ; ils doivent cela plus ou moins, selon qu'ils sont plus ou moins parfaits, plus ou moins bons, selon qu'ils ont plus ou moins de valeur propre.

Cette vérité, que je développe, elle existe aussi sous forme métaphysique. N'est-ce pas là, en effet, ce que veut dire la célèbre proposition de Bossuet, qui est comme la découverte métaphysique de Bossuet : *la perfection est raison d'être ?*

L'abus même qu'on a fait de cette thèse en métaphysique prouve sa réalité mentale, sa présence dans l'esprit humain La perfection absolue qu'on ne peut réaliser par l'action, on la réalise par la foi. La perfection arrivera, Dieu sera, disent les hégéliens. C'est croire au terme chimérique et contradictoire d'un progrès sans arrêt ni recul, comme aussi sans terme, progrès fatal dont les volontés humaines sont les instruments irresponsables. Une doctrine plus courante et moins paradoxale consiste à actualiser la perfection, à faire passer l'être parfait, la perfec-

tion, du devoir-être à l'être. Par la pensée, les hommes ont fait
ce qu'ils ont pu pour réaliser l'être parfait ; ils l'ont rêvé, inventé,
affirmé sans preuves solides. Primos *in orbe deos fecit timor* (Pétrone), « la peur a fait les premiers dieux » ; ensuite les hommes
ont voulu estimer leurs dieux et ils les ont moralisés jusqu'à la
perfection.

Mais cette thèse, que j'ai appelée l'axiome théorique de la morale, n'a-t-elle pas une origine psychologique ? Quel est son sens
exact ? Si on la rattache à sa source psychologique, elle revient à
dire que le bien, dès qu'il est aperçu, entraîne le mouvement de
l'âme vers lui, le désir ou l'amour de lui, le vœu qu'il soit. On
peut dire que le désir est la mesure du droit, si le désir est
éclairé.

Perfection est raison d'être revient donc à notre loi psychologique : l'effort préfère, cultive, favorise ce qui est bon, ce qui
plaît, ce qui est approuvé. Cette préférence se traduit intellec-
tuellement par l'idée de droit ou de devoir-être.

Considérons, maintenant, la maxime opposée. On a trop l'habitude, lorsqu'on développe les idées morales, de les développer
uniquement du côté optimiste ; il faut aussi regarder l'autre côté,
les idées relatives au mal. Le bien est de droit ; c'est le rapport
de la tendance avec le bien, énoncé sous une forme purement
intellectuelle. Mais la contre-partie est : tout mal est d'antidroit,
tout mal doit ou devrait ne pas être. S'il est, il est contrairement
au droit ; s'il n'est pas, il doit ne pas être réalisé. Le mal suscite
donc la répulsion, le vœu contre lui. Quant au ni bien ni mal, il
est en fait ou il n'est pas, peu importe ; il nous laisse indifférents.

C'est cette présence du sentiment, toujours prêt à se porter
vers le bien ou le mal, qui explique les raisonnements illogiques,
irrationnels, dont j'ai déjà parlé : ce qui s'oppose au bien est mal;
ce qui s'oppose au mal est bien. La haine du mal fait aimer le
non-mal comme on aime le bien, et l'amour du bien fait détester
le non-bien comme le mal est détesté. C'est par contraste que le
non-bien prend l'aspect du mal et qu'inversement le non-mal
prend l'aspect du bien.

Il ne faut pas dire que le devoir-être affirme le vœu, le désir,
cela n'est pas moral. Le jugement moral est la première assise
de la moralité ; le désir du bien et la répulsion pour le mal, c'est
la seconde assise de la moralité. Il y a mérite à aimer le bien, à
détester le mal, à souhaiter le bien et le non-mal, comme auparavant à qualifier constamment et exactement les faits réels ou
possibles, car ce sont là des moyens psychologiques de l'action
bonne.

On pourrait être tenté de dire que le principe *tout bien est de droit* est un jugement analytique, le sentiment étant déjà dans l'idée de bien, le bien idée ou concept étant postérieur au bien sentiment. C'est là une opinion soutenable ; en effet, le bien est senti avant d'être pensé ; mais il s'agit alors d'un sentiment passif ; le bien est ce qui fait plaisir d'une manière quelconque, ce qui plaît, est agréable à voir, à rêver, à imaginer, à penser, ce qui est conçu comme pouvant plaire davantage encore, s'il est accru, manifesté, développé, pleinement réalisé. L'idée de bien, dans sa généralité, dérive donc de l'idée de *plaire* dans sa généralité. Le sentiment inclus dans l'idée de bien est le plaisir ou la joie. Mais, dans l'idée de droit, ce qui est inclus, c'est la tendance, le sentiment actif, le désir sous ses différentes formes.

Le jugement *tout bien est de droit* est donc synthétique ; l'attribut ajoute au sujet ; dire : tout bien est désiré, c'est dire : tout ce qui fait plaisir éveille le désir, éveille l'activité ; être actif, tendre, est autre chose qu'éprouver, sentir.

Le droit ou devoir-être est ainsi la transition nécessaire entre l'idée de bien et l'idée d'obligation. L'effort est d'abord désir, forme inférieure de l'activité, puis volonté, forme supérieure.

Du droit, qui implique désir, vœu, passons maintenant à l'action, à la volonté : alors nous trouverons l'idée du devoir ou du devoir-faire, nouvelle conception morale dont aujourd'hui je ne ferai que commencer l'étude.

Ayant appelé *axiome théorique* le principe : *tout bien est de droit*, j'appellerai *axiome pratique* le cinquième principe : *je dois le bien ; tout agent doit le bien*. Nous passons donc, maintenant, à l'obligation ; mais nous devons la rattacher aux faits précédemment analysés.

L'obligation est un fait complexe. *Je dois* est dans la conscience, mais *je dois* n'est pas primitif : c'est une résultante, un composé ou une combinaison. Je m'attacherai à le prouver, et à dire de quels faits préalables le devoir est la résultante. Auparavant, disons un mot sur les termes que je vais employer.

Le devoir a deux formes, l'obligation et la défense. La première est positive : fais ; la seconde négative : ne fais pas. Mais, dans l'usage de la langue philosophique, on confond très souvent le devoir en général et sa forme positive, l'obligation. Selon l'usage, il m'arrivera de dire indifféremment *obligation* ou *devoir*. Cette déclaration suffira, je pense, pour éviter tout malentendu.

Une distinction importante doit être faite ici. Le bien que je dois faire, c'est un certain bien, le bien moral. Mais ce serait compliquer inutilement le problème actuellement posé que de ne pas mettre à part la question de savoir quel bien il faut faire, quel bien mérite le nom de bien moral. Si donc on ajourne à plus tard l'examen de cette question, le devoir, considéré en général, mérite le nom de *devoir formel*, étant comme une forme à laquelle plusieurs matières pourraient être soumises. C'est de lui seul que je parlerai tout d'abord.

On peut donner plusieurs formules du devoir-être, parmi lesquelles celle-ci : tout bien doit être en proportion de sa bonté ; c'est-à-dire : le degré de perfection ou de bonté d'un possible, réalisé ou non, pur possible ou possible réalisé, mesure son droit à l'existence, son devoir-être.

Si quelqu'un s'avise de dire : oui, mais aussi tout bien doit être en proportion de sa possibilité ; la mesure du devoir-être résulte de la combinaison de deux facteurs, la bonté ou perfection et la possibilité ; je dis qu'il y a là une thèse toute nouvelle, que *doit* a dans la seconde proposition un sens tout nouveau, et que cette proposition est inexactement énoncée. Rectifions cette formule défectueuse : tout bien doit *être fait* en proportion de sa *praticabilité*. Car il s'agit ici d'action et d'agent, d'agent pour qui une fin est plus ou moins possible à atteindre par l'action qui lui est propre, dont il est capable, pour qui aussi le chemin qui mène à une fin est plus ou moins praticable. La possibilité spéculative ne mesure pas le devoir-être ; ce que nous appelons l'idéal, c'est ce qui est le plus loin du réel, c'est l'impossible, et c'est en même temps ce qui est le plus désirable, le moins imparfait, le meilleur, ou même le parfait. L'esprit et l'imagination, en créant l'idéal, donnent au désir un objet, un aliment, à la volonté créatrice, à l'agent, une invitation à l'inaction, au non-agir, que la contemplation remplacera.

Il faut se garder de confondre praticabilité et possibilité. Les degrés de la possibilité ne sont ni les degrés de la praticabilité ni les degrés du devoir-être. Le calcul des probabilités mesure les chances de réalisation des possibles ; il ne tient aucun compte de la perfection comparée des possibles ; la perfection, pour lui, n'est pas une raison d'être. Le droit à l'être et les chances d'être ne se mêlent aucunement. Une catastrophe n'a aucun droit à l'être, tandis qu'elle peut avoir beaucoup de chances de se produire.

Poursuivons la comparaison. Voici deux phénomènes : A qui vaut 10 et B qui vaut 5. Le droit à l'être de A est double du droit à l'être B. Supposons que A soit chimérique, irréalisable, tandis que B peut avoir lieu par un concours de circonstances qui n'est pas invraisemblable. A serait ainsi, théoriquement, fils du miracle, et B fils du hasard. Nous rêvons A ; nous espérons B.

Le droit à l'être et la possibilité sont, ici, en raison inverse l'un de l'autre. Ce point de vue est celui des fatalistes ; nous parlons leur langue. Y a-t-il des agents ? Peu importe ; car, s'il en est, nous en faisons abstraction.

Mais, s'il y a des agents, la perfection sera une raison d'être ; car les agents tiendront compte du devoir-être. Le fait qu'il y a des agents fait que l'action vers une fin peut s'exercer, et, dès lors, l'arrivée des catastrophes ne dépendra pas seulement de la possibilité des catastrophes, mais aussi de l'action des agents. Or le fait qu'il y a des agents paraît incontestable ; je sens que je suis quelque chose qui désire et veut. Et ce fait qu'il y a des agents change beaucoup le système des choses. Nous avions posé le devoir-être devant des agents ; grâce à eux, le devoir-faire s'ensuit. Mais l'agent ne peut pas tout, et l'analyse exacte du devoir limite le devoir à la capacité de l'agent, à la praticabilité pour lui des choses qu'il entreprend. C'est par ces considérations sur le pouvoir de l'agent que nous élucideerons l'idée du devoir et pourrons analyser tous les éléments dont elle se compose.

Racine et le théâtre français.

Cours de M. AUGUSTIN GAZIER,

Professeur à l'Université de Paris.

« Bajazet ».

La situation de Racine au lendemain de *Bérénice*, en 1671, était la plus favorable que pût rêver un poète dramatique au xvii⁰ siècle. Racine venait de remporter une victoire complète, une victoire d'autant plus décisive que les deux adversaires, « comme deux braves en champ clos », avaient combattu dans des conditions nettement déterminées. Le triomphateur pouvait désormais, semblait-il, tout oser impunément. Corneille n'avait plus le droit de le dénigrer. Il est vrai qu'à Racine auteur de *Bérénice* on pouvait toujours opposer le Corneille des grands jours, le Corneille du *Cid* ou de *Polyeucte* ; et celui-là, Racine ne pouvait espérer le surpasser. Racine était astreint à suivre la trace lumineuse de son illustre devancier

Or Corneille avait surtout fait preuve, au cours de sa carrière, déjà très longue à cette époque, d'une extrême souplesse et d'une extrême variété. Sa muse, essentiellement voyageuse, l'avait conduit — et avec lui les spectateurs parisiens — de la Grèce en Espagne, de l'Espagne en Italie, en Egypte et même en Asie Mineure. Corneille savait que la variété est « tout le secret de plaire », et, — différent en cela des peintres qui, comme Murillo, Rembrandt, Delacroix, Ingres ou Henner, n'ont qu'une manière, — Corneille avait soin de ne jamais se répéter. Plus que tout autre artiste, un poète dramatique doit s'efforcer de donner sans cesse du nouveau : tel est le principe que Corneille avait enseigné à Racine.

D'ailleurs, si l'on considère le petit nombre des théâtres et le petit nombre des spectateurs de cette époque, on comprend facilement que la variété des pièces était un élément du succès. En 1671, il y avait à Paris, en tout, *quatre* théâtres pour 500.000 habitants ! Et encore ne jouaient-ils pas toutes les semaines, encore moins toute l'année. Les spectateurs étaient toujours les mêmes : on était bien forcé de varier le répertoire. Aussi, lorsqu'une pièce avait été jouée 30 ou 40 fois, on estimait qu'elle avait obtenu un gros succès. Les 80 représentations du *Timocrate* de Thomas Corneille, le plus grand succès théâtral du xvıı° siècle, furent regardées comme un événement *inouï*. Tout cela nous explique pourquoi Racine, après *Bérénice*, a voulu faire *autre chose*, et donner à son public une pièce d'un genre tout à fait différent. Il abandonne, cette fois, l'histoire romaine et court chercher un sujet à Constantinople. Il en rapporte la tragédie de *Bajazet*.

Il est assez curieux de voir Racine, jusque-là soucieux uniquement des choses de la Grèce ou de Rome, diriger son activité du côté de la Turquie. Etait-il le premier auteur dramatique français qui se fût laissé tenter par les choses de l'Orient ? Vous savez que non.

Sans remonter jusqu'au xvı° siècle, et à la *Sultane* que Gabriel Bounyn fit jouer en 1554, nous avons, au xvıı° siècle, d'autres exemples de « turqueries » antérieures à celle de Racine. Je nommerai simplement *Osman*, tragédie de Tristan l'Hermite, jouée vers 1647 (et publiée seulement en 1656), et le *Grand Tamerlan et Bajazet* du poète Magnon, jouée en 1647.

Enfin, et surtout, je dois citer une pièce que Racine a connue certainement, car elle a eu du succès, je veux dire *Soliman ou la mort de Mustapha*, tragédie du « Besançonnais » Mairet, représentée sans doute vers 1630 (nous ne savons pas la date exacte).

Voici les noms de quelques personnages de cette tragédie : Soliman, « roi de Thrace ou de Turquie » (l'auteur ne le sait pas au juste) ; Mustapha, fils de Soliman ; *Acmat*, conseiller de Soliman et ami de Mustapha ; Rustan, grand vizir, gendre de Soliman, et ennemi mortel de Mustapha ; *Bajazet*, lieutenant et ami de Mustapha ; *Osman*, confident de Rustan ; *Roxelane*, sultane, femme de Soliman. N'êtes-vous point frappés de la ressemblance de la plupart de ces noms avec ceux de la pièce de Racine ? Il n'y a pas bien loin d'*Acmat* à *Acomat*, ni de *Roxelane* à *Roxane*.

Pour vous donner une idée de la pièce de Mairet, je vais vous lire le début, et vous comprendrez que Racine ait éprouvé le besoin de faire mieux (quoique, notez-le bien en passant, les vers de Mairet soient déjà d'une très grande facilité). La pièce commence par une assez longue scène d'exposition entre la sultane Roxelane et son esclave et favorite Hermine :

LA SULTANE.

Hélas ! comment veux-tu, chère et fidèle Hermine, Qu'au prince Mustapha je fasse bonne mine ?

Lui qui, de jour en jour, s'élève triomphant
Pour le dernier malheur de mon dernier enfant ;
Lui qui, presque en naissant, fut meurtrier d'un autre,
Et qui ne peut manquer d'être encore le nôtre.

HERMINE.

Madame, je sais trop que vous avez raison
De craindre pour vous-même et pour votre maison,
Puisque la loi d'Etat veut que les rois de Thrace
Commencent de régner par la fin de leur race,
Et que, pour s'établir, les barbares qu'ils sont
Perdent également tous les frères qu'ils ont :
Mais, comme jeune esclave, il est vrai que j'ignore
Le sort de l'autre fils que vous plaignez encore.

LA SULTANE.

Le vingtième soleil fait son cours maintenant,
Depuis qu'Ali-Bassa, ce fameux lieutenant,
Entra dans la Russie, et, l'ayant saccagée,
M'offrit à Solyman de trois lustres âgée.
Sans un plus long discours ma fortune suffit
A dire les honneurs et les biens qu'il me fit.
En ce commencement d'aventure prospère,
Il me fallait un fils pour un si digne père.
Je l'eus donc tôt après, mais avec un malheur
Qui m'est un vieux sujet de nouvelle douleur.
Le prince aimait aussi la sultane Circasse,
Qui portait comme moi les marques de sa grâce,
Si bien que notre gloire était à qui, plus tôt,
Mettrait hors de ses flancs son glorieux dépôt.
Enfin nous éprouvons à la nouvelle lune, .
Avec pareil hasard, différente fortune,
Elle accoucha d'un fils, et moi d'un fils aussi.

HERMINE.

Où donc votre malheur ?

LA SULTANE.

                              Ecoute, le voici.
Le fils, dont ma rivale accoucha la première,
Un jour avant le mien avait vu la lumière.
Or, sachant que par là cet enfant fortuné
S'était acquis le sceptre en qualité d'aîné,
De peur que quelque jour, venant à la couronne,
Il ne perdît le mien, comme la loi l'ordonne,
Ma sage prévoyance et mon affection
Me firent consentir à cette invention :
Je dis, la larme à l'œil, à mon fidèle Orcambre,
Qui par l'ordre du roi me servait à la chambre,
Le dessein que j'avais et qui l'étonna bien,
De mettre un enfant mort à la place du mien.

Il fut pour cet effet au quartier de Byzance,
Où ceux qui sont de nous séparés de créance
En un lieu séparé logent confusément :
Là, son triste dessein s'accomplit aisément ;
Car, à peine entrait-il dans la seconde rue,
Qu'une femme de peu se présente à sa vue,
Avec un enfant mort couché dans son giron,
Et du sexe du mien, et de l'âge environ.
Enfin, pour faire court, l'aventure fut telle,
Qu'avec beaucoup d'argent il eut parole d'elle
Qu'elle lui donnerait le mort quand il viendrait,
Et nourrirait le vif en tout lieu qu'il voudrait.
Cela fait, il revint d'une course légère,
Puis retourna de même à la même étrangère,
De qui, suivant l'échange, il retira le mort,
Sans dire du vivant la naissance ou le sort.

Evidemment, Racine a connu ces vers de Mairet, et il a senti qu'il était capable de les refaire avec une familiarité moins choquante.

J'ajoute qu'en 1641 avait paru un roman en quatre volumes de Madeleine de Scudéry, intitulé *Ibrahim ou l'Illustre Bassa*. La scène est à Constantinople : il y a une sultane qui s'appelle encore *Roxelane* ; il y a un grand vizir ; il y a des muets ; et je n'ai pas besoin de vous dire que ce roman avait été dévoré par ces grands « liseurs » qu'étaient nos ancêtres du XVIIᵉ siècle. Racine ne pouvait l'ignorer.

Ce qu'il y a de plus curieux et de plus intéressant pour nous, c'est que, en 1657 (quinze ans, par conséquent, avant *Bajazet*), un ennemi de Racine, Segrais (né en 1624, mort en 1701), avait publié une petite nouvelle, *Floridon ou l'Amour imprudent*, qui offre des rapports frappants avec la pièce de Racine. Vous trouverez des détails suffisamment abondants, à ce sujet, dans la petite édition très commode et très soignée de M. Bernardin, que j'ai eu l'occasion de vous recommander.

Segrais dit qu'il tient son histoire de *Floridon* d'un personnage de qualité, qui la racontait avec agrément en France, à son retour de Constantinople, où il avait été ambassadeur.

Nous retrouvons chez Segrais la plupart des noms qui figurent dans la pièce de Racine : chez Segrais, Bajazet est aimé par une femme d'un autre caractère que Roxane ; la propre mère d'Amurat est éprise de lui, et le jeune homme répond d'abord à son amour ; puis il la trahit pour reporter toute son affection sur la jeune esclave Floridon. A cette nouvelle, la sultane s'abaisse jusqu'à consentir à un partage ; à la fin, elle se décide à faire périr Bajazet et elle laisse la vie à Floridon.

Telle est la petite histoire turque de Segrais, que Racine a certainement connue lorsqu'il a commencé à composer *Bajazet*.

Peut-être aussi ne serait-il pas téméraire de prétendre que
Racine pourrait bien être redevable de *Bajazet* à Molière en personne. On parlait beaucoup des Turcs à l'époque qui nous occupe.
Les Turcs venaient d'enlever Candie aux Vénitiens après un siège
célèbre, le 6 septembre 1669. Et vous savez qu'avant la fin du
siège, Louis XIV avait reçu une ambassade turque, dont la ville
et la cour, intéressées par ce spectacle, avaient longtemps parlé.
Louis XIV avait même demandé à Molière de composer une
comédie-ballet avec une cérémonie turque, et Molière avait fait
le *Bourgeois gentilhomme*. Peut-être Louis XIV provoqua-t-il
ainsi, sans y songer et comme par contre-coup, la composition de
Bajazet.

Ainsi Racine trouva l'occasion d'écrire une pièce d'inspiration
nouvelle, qui fût en même temps une pièce d'actualité !

La tragédie de *Bajazet* fut composée à loisir, sans bruit ni
réclame, pendant l'année 1671. Elle ne fut pas terminée assez tôt
pour pouvoir être jouée au début de la campagne d'hiver de 1671.

La pièce dut attendre, pour paraître à la scène, jusqu'au mois
de janvier 1672. Pour quelles raisons ? Nous l'ignorons ; mais nous
n'en sommes point étonnés. Acteurs et auteurs sont souvent très
capricieux ; une discussion, un malentendu, une scène de coulisse,
peuvent tout remettre en question, à la veille même d'une première. Quoi qu'il en soit, *Bajazet* fut retardé, et ce fut probablement le 5 janvier que la pièce fut représentée.

Le succès fut complet : Mme de Sévigné elle-même dut le
reconnaître. La Champmeslé y remporta un véritable triomphe,
et le reste de la troupe se montra digne d'elle. Les acteurs, instruits, modestes et dociles, — chose rare, — avaient sagement
mis à profit les observations de Racine qui dirigeait lui-même
les représentations.

Bajazet fut même l'occasion de quelques innovations théâtrales.
Jusqu'à cette date, en effet, les spectateurs ne s'étaient pas montrés exigeants au sujet des décors et des costumes. Sauf pour les
pièces à grand spectacle et à machines, on ne faisait pas de grands
frais au xviie siècle pour « monter » une pièce de théâtre : non que
les directeurs de théâtre fussent effrayés par la dépense ; mais les
spectateurs n'attachaient aucune importance à l'exactitude matérielle et à la couleur locale.

Les acteurs jouaient Pyrrhus ou Polyeucte en costumes de
gentilshommes de la cour de Louis XIV, avec perruque, chapeau
et gants. Et, lorsque l'acteur chargé du rôle de Polyeucte arrivait

aux fameuses stances, il ôtait d'abord ses gants et ne les remettait qu'après avoir débité toutes les strophes. — Avec *Bajazet*, les choses changèrent un peu. Louis Racine dit que les hommes portaient, dans cette pièce, des robes orientales et des turbans. Cette modification nous sert d'indication pour comprendre certains reproches qui furent adressés à Racine à l'occasion de *Bajazet*.

Segrais raconte à ce sujet (le passage est tiré des *Segraisiana*) :. « Etant une fois près de Corneille, sur le théâtre, à une représentation de *Bajazet*, il me dit : « Je me garderais bien de le dire à d'autres que vous, parce qu'on dirait que j'en parlerais par jalousie ; mais, prenez-y garde, il n'y a pas un seul personnage dans le *Bajazet* qui ait les sentiments qu'il doit avoir et que l'on a à Constantinople ; ils ont tous, sous un habit turc, le sentiment qu'on a au milieu de la France. » Et Segrais, paraît-il, approuvait et commentait ainsi le jugement dont il avait reçu la confidence : « Il [Corneille] avait raison, et l'on ne voit pas cela dans Corneille ; le Romain y parle comme un Romain, le Grec comme un Grec, l'Indien comme un Indien, et l'Espagnol comme un Espagnol. »

De Visé pensait de même, et s'imaginait être fort spirituel en écrivant à propos de *Bajazet* : « Le sujet de cette tragédie est turc, *à ce que rapporte l'auteur dans sa préface.* »

Nous ne savons pas, au juste, le nombre des représentations de *Bajazet*. L'achevé d'imprimer de la pièce est du 20 février 1672 : cela nous permet de supposer que *Bajazet* eut un mois de succès environ, c'est-à-dire obtint au plus vingt-cinq représentations.

La première édition offre une particularité assez curieuse, qui a échappé, je crois, à presque tous les historiens de Racine : la pièce est intitulée « *Bajazet*, tragédie par M. Racine ; *et se vend pour l'auteur* à Paris, chez Pierre le Monnier. » Jusque-là, Racine avait fait imprimer ses pièces chez Barbin, le fameux Barbin dont il est question dans Molière et dans Boileau ; et les pièces suivantes (sauf *Esther* et *Athalie*), les pièces profanes, sont aussi imprimées chez Barbin. Pourquoi Racine, à l'occasion de *Bajazet*, a-t-il fait infidélité à son libraire habituel ? Que s'est-il donc passé ? Racine a-t-il eu à se plaindre de Barbin ? Pourquoi ces mots « et se vend pour l'auteur » ? Il semble que Racine ait cherché à tirer parti de la vente de son ouvrage, exemplaire par exemplaire, et il serait assez piquant de le rapprocher en cela de Corneille, qui, comme vous le savez, n'était pas indifférent aux questions d'argent et s'était fait son propre éditeur.

En tête de la première édition de *Bajazet*, Racine plaça une préface calme et digne (quelques mots seulement, et sans aucun titre, tel que *Préface* ou *Au lecteur*). Dans l'édition de 1676, Racine fit paraître un second avertissement, plus intéressant, et portant, cette fois, le titre de *Préface.*

Voici le début de la première préface :

« Quoique le sujet de cette tragédie ne soit encore dans aucune histoire imprimée, il est pourtant très véritable. C'est une aventure arrivée dans le sérail, il n'y a pas plus de trente ans. M. le comte de Césy était alors ambassadeur à Constantinople. Il fut instruit de toutes les particularités de la mort de *Bajazet*, et il y a quantité de personnes à la cour qui se souviennent de les lui avoir entendu conter lorsqu'il fut de retour en France. M. le chevalier de Nantouillet est du nombre de ces personnes. Et c'est à lui que je suis redevable de cette histoire, et même du dessein que j'ai pris d'en faire une tragédie. »

Ainsi, à en croire Racine, il est redevable de *Bajazet* à M. de Césy et à M. de Nantouillet. Or j'ai trouvé dans Tallemant des Réaux que M. de Césy (ou de Cézy, comme l'écrit Racine dans sa seconde préface), qui avait quitté Constantinople en 1641, était mort en 1652. Quant à M. de Nantouillet, j'ai compté qu'il devait avoir au plus dix ans, quand M. de Césy avait pu lui raconter l'histoire de Bajazet. Nous surprenons donc Racine en flagrant délit de tromperie Son subterfuge ne saurait nous en faire accroire. Racine eût été mieux inspiré en disant qu'il a tout emprunté à Segrais ; mais Segrais avait le grand tort, évidemment, d'être du clan de Corneille et de Mme de Sévigné...

Examinons, maintenant, la pièce elle-même. Les noms sont turcs, mais je n'ai pas besoin de vous dire que les principes dramatiques de Racine n'ont pas changé. La tragédie, qu'elle se nomme *Bajazet* ou *Bérénice*, demeure toujours le spectacle de l'âme, non le spectacle des yeux.

La pièce est d'une extrême simplicité ; quatre personnages principaux : Bajazet, frère du sultan Amurat ; Roxane, sultane favorite du sultan Amurat ; Atalide, fille du sang ottoman ; Acomat, grand vizir. Je laisse de côté les confidents : d'ailleurs, remarquez bien que Bajazet n'en a pas ; c'est Atalide qui lui en tient lieu.

L'exposition, claire et rapide, est complète à la fin du premier acte, bien que nous n'ayons pas encore vu Bajazet sur la scène. Et cette exposition nous met en présence du problème suivant : Bajazet, frère d'Amurat, régnera-t-il en consentant à épouser la sultane favorite Roxane, ou bien préférera-t-il, à ses risques et périls, demeurer fidèle à son amour pour Atalide ? Voilà ce que l'auteur nous dit en 400 vers, au début de sa pièce qui en a 1750.

L'acte second comprend deux scènes essentielles : l'une entre Roxane et Bajazet, l'autre entre Bajazet et Atalide. Roxane offre à Bajazet l'empire avec sa main : elle le presse d'accepter, sinon il a tout à craindre. Bajazet refuse. Il ne veut arriver au trône que par « un chemin légitime ». On ne soupçonne pas encore son amour pour Atalide. Dans la scène V, Bajazet, résigné, fait de touchants adieux à celle qu'il aime et dont il est aimé. Atalide lui répond : « Il faut me quitter et régner ». Elle espère sans doute que, par ce moyen, ils arriveront à se sauver tous les deux, probablement en supprimant Roxane. Durant toute cette scène, Bajazet, par sa franchise, attire tous les cœurs à lui et à Atalide, et rend Roxane odieuse.

Lorsque le rideau se lève sur le troisième acte, Bajazet a vu Roxane, et Atalide apprend que Bajazet va épouser la sultane. Elle oublie qu'elle-même lui a donné ce conseil, et croit que Bajazet a pu s'éprendre sincèrement de Roxane. Atalide exhale sa fureur. Bajazet arrive et parvient à se justifier : tout est remis en question. Roxane, déconcertée par le froid accueil de Bajazet, commence à soupçonner la vérité ; elle se déclare prête à agir : elle veut « ou couronner l'amant ou perdre le perfide ».

Au début de l'acte IV, Roxane a, de nouveau, reçu l'ordre de faire périr Bajazet. Elle montre cet ordre à Atalide qui s'évanouit. Tout se découvre, et Roxane, furieuse, se prépare à confondre Bajazet. La catastrophe semble prochaine ; cependant Acomat déclare que Bajazet « n'est pas condamné, puisqu'on veut le confondre », et nous gardons quelque espoir.

Acte V : Roxane a tout disposé : « Orcan et les muets attendent leur victime ». Si Bajazet sort, il est mort. Bajazet arrive devant Roxane : elle l'accable de reproches ; elle le somme de l'épouser. Bajazet s'indigne, et supplie Roxane d'épargner la jeune fille innocente. — « Sortez », répond Roxane.

Bajazet est perdu : il semble qu'il n'y ait plus de péripétie possible. Comment se fait-il que 200 vers nous séparent encore de la fin ? C'est que Racine a voulu, en quelque sorte, développer le dénouement : Atalide essaie d'intervenir en faveur de Bajazet et offre de périr à sa place ; pendant ce temps, une révolution de palais se produit, et nous apprenons que Roxane vient d'être mise à mort par Orcan, qui est au courant de l'infidélité de Roxane. Quant à Atalide, elle se tue en apprenant la mort de Bajazet.

Racine, on le voit bien, a voulu prolonger les illusions d'Atalide. Ne nous hâtons donc pas de critiquer la longueur de ce dé-

nouement, et n'oublions pas que, chez Racine, selon le mot très
juste de Joubert, tout est de choix et rien de nécessité.

Il faut reconnaître que la fin de cette pièce est aussi dramatique
que possible. « Le dénouement n'est point bien préparé, écrit
Mme de Sévigné à sa fille : on n'entre point dans les raisons de
cette *grande tuerie*. » Il me semble qu'en réfléchissant un peu,
on saisit très bien ces raisons. D'abord, il eût été impossible au
poète de dénouer sa pièce autrement ; car les faits étaient assez
récents, et il ne fallait guère songer à les modifier sensiblement.
Quant à Bajazet et à Atalide, à vrai dire, ils ne font qu'un : la
mort de l'un entraînait celle de l'autre. La mort de Roxane n'était
pas moins nécessaire, car la sultane a été odieuse d'un bout à
l'autre de la pièce. Et il n'est pas difficile de se représenter comme
assez naturelle la mort d'Orcan, mis en pièces par les révoltés, ou
celle des muets, tués par Bajazet, qui s'est défendu comme un
lion.

Bajazet est une pièce très émouvante ; et, si l'on songe que
Racine l'a écrite un an après avoir dit : « Ce n'est point une
nécessité qu'il y ait du sang et des morts dans une tragédie »,
on se demande si ce n'est point une gageure. Il semble que
Racine ait voulu refaire la *Rodogune* de Pierre Corneille.

Cependant la tragédie de *Bajazet* me paraît inférieure à *Bérénice :* Bajazet est une sorte de moribond dès le début de la pièce,
et Atalide est trop peu musulmane ; elle ne se montre pas assez
désintéressée. Mais cela est la faute du sujet, non celle du poète.
En revanche, Roxane est supérieurement peinte. C'est peut-être
le plus beau rôle de femme du théâtre de Racine. Il me suffit
de vous renvoyer au beau monologue de Roxane, au quatrième
acte :

> Ma rivale, à mes yeux, s'est enfin déclarée.
> Voilà sur quelle foi je m'étais assurée !... etc.

Vous vous convaincrez facilement qu'il est fait de main d'ouvrier.

Au lendemain de *Bajazet*, Racine pouvait ignorer les critiques
de Corneille et de Mme de Sévigné. Il se mit à préparer une
nouvelle tragédie.

Deux mois après environ, le 11 mars 1672, Molière représentait les *Femmes savantes* au Palais-Royal. Les deux Corneille
eux-mêmes reparaissent au théâtre. Pierre Corneille vient
d'achever *Pulchérie*, comédie héroïque, le jour de la première
représentation de *Bajazet*. La pièce ne sera jouée que dix mois
plus tard, au Marais, dans un quartier d'où la vie se retire de
plus en plus.

Quant à son frère Thomas, il donne à l'Hôtel de Bourgogne, à la fin de 1672, après le *Bajazet* de Racine, sa tragédie d'*Ariane*, composée, dit-on, en dix-sept jours, et qui obtient un très grand succès.

Mais il ne semble pas que le succès d'*Ariane* ait porté ombrage à Racine ; car, dès le mois de janvier 1673, il était en mesure de faire représenter sa tragédie de *Mithridate*.

A. C.

Sujets de devoirs.

LICENCE ÈS LETTRES.

Composition française.

« On croit trop souvent que la poésie est un mensonge, qu'elle altère tout ce qu'elle touche ; on se trompe : elle n'est pas un mensonge, elle est la vérité même, mais la vérité plus forte que celle de la vie vulgaire. » (Ernest Bersot, *Un Moraliste.*)

Composition latine.

Qua arte præcipuorum hominum effigies expresserit Tacitus in secundo *Annalium* libro.

Quomodo auctoribus usus sit Tacitus ad conscribendum secundum *Annalium* librum. (V. Fabia, *Les Sources de Tacite dans les Histoires et dans les Annales.*)

Thème latin.

Buffon, *Discours sur le Style :* « Rien n'est plus opposé au beau naturel... »

Philosophie

L'individu et la société : y a-t-il, entre ces deux termes, opposition ou conciliation possible ?

ALLEMAND.

Version.

Schiller, *Wallenstein's Tod.*, a. I, sc. IV, à partir de : « Könnt' ich nicht mehr ? » 50 lignes.

Thème.

Mérimée, *Colomba*, ch. XX, 50 premières lignes.

Composition.

Lessing und die französische Tragödie.

Histoire ancienne.

Le culte de Mithra.

Celse et sa polémique contre les chrétiens.

Les Grecs en Lydie.

Histoire moderne.

L'opposition royaliste sous le Consulat.

Russie et Pologne (1795-1885).

II

UNIVERSITÉ DE GRENOBLE

LICENCE ÈS LETTRES.

Composition française.

I. « Marot, par son tour et par son style, semble avoir écrit depuis Ronsard. » (La Bruyère, ch. *Des Ouvrages de l'Esprit.*) Apprécier ce jugement.

II. La Rochefoucauld a dit : « Le plus grand défaut de la pénétration n'est pas de n'aller point jusqu'au but, c'est de le passer. » Expliquer et apprécier cette maxime ; puis en faire l'application au livre même de l'auteur.

Littérature française.

I. Les « turqueries » dans le roman et dans le théâtre au xviie siècle (à propos de *Bajazet*).

II. Les ancêtres de Macette dans la littérature ; sa descendance.

Composition latine.

I. Quid de illa Senecæ philosophi sententia : « Ubicumque videris orationem corruptam placere, ibi mores quoque a recto descivisse non erit dubium » ?

II. Ostendetis qualem philosophiæ disciplinam et qua arte Horatius in carminibus suis illustraverit.

Littérature latine.

I. Comparer, dans leur composition et leur esprit, le 1er livre de Tive-Live et le XIe chant de l'*Énéide*.

II. Décrire les dispositions et le tempérament d'Horace vers l'an 20 av. J.-C., c'est-à-dire à l'époque de la publication du 1er livre des *Épîtres* et de la composition de la plupart d'entre ces *Épîtres*.

Philosophie.

I. La pensée et le changement.

II. Marquer les principaux moments du développement moral dans la vie normale de l'homme, et rechercher quels principes sont les ressorts de cette évolution.

Histoire de la philosophie.

I. Théorie de la cause finale dans Aristote.

II. Rapports de l'étendue et de la pensée chez Descartes et les philosophes qui se sont inspirés de lui directement.

III

UNIVÈRSITÉ DE TOULOUSE

LICENCE D'HISTOIRE.

Histoire ancienne.

I. L'œuvre de Solon.

II. L'assemblée du peuple à Athènes, à l'époque de Démosthène : composition, fonctionnement, pouvoirs, rapports avec le sénat et les tribunaux.

Histoire du Moyen Age.

I. Rapports de Louis VI et de Louis VII avec les rois d'Angleterre leurs contemporains (1108-1180).

II. La papauté, de la mort d'Innocent IV (1254) à l'avènement de Boniface VIII (1294).

Histoire moderne.

I. L'impôt du vingtième sous l'ancien régime.

II. L'unité italienne de 1815 à 1849.

Cours de vacances
de Boulogne-sur-Mer

AOÛT 1907

Pour la troisième année, auront lieu à Boulogne-sur-Mer, du 1er au 28 août, les cours de vacances organisés par l'*Université de Lille* avec le concours de l'*Alliance française*. Il est inutile de faire l'éloge de ces cours, qui ont réuni environ 60 auditeurs en 1905, et 120, *le double*, en 1906. Le directeur des cours, notre distingué collaborateur M. HENRI BORNECQUE, *professeur à l'Université de Lille*, 70, rue de Turenne, à Lille, se tient à la disposition de tous ceux qui voudront bien lui demander un programme ou des renseignements.

Le gérant : E. FROMANTIN.

POITIERS. — SOCIÉTÉ FRANÇAISE D'IMPRIMERIE ET DE LIBRAIRIE

QUINZIÈME ANNÉE (2ᵉ Série)   N° 32   20 JUIN 1907

REVUE HEBDOMADAIRE   ˋ

DES

COURS ET CONFÉRENCES

DIRECTEUR : N. FILOZ

Poètes français du XIXᵉ siècle qui continuent la tradition du XVIIIᵉ

Cours de M. ÉMILE FAGUET,

Professeur à l'Université de Paris.

Vie de Fontanes (*suite et fin*).

Nous avions laissé Fontanes au moment où il venait de prononcer, sur l'ordre de Bonaparte, dans le temple de Mars, c'est-à-dire à la chapelle des Invalides, le fameux *Éloge de Washington* (9 février 1800). Les portes de l'Institut se sont rouvertes devant lui, et nous avons vu Fontanes travailler alors à la reconstitution du *Mercure de France*. C'est dans ce journal qu'il a publié les articles célèbres sur *La Littérature* de Mᵐᵉ de Staël, et sur *Le Génie du Christianisme* de Chateaubriand. J'aurai l'occasion de vous en reparler.

Remarquons simplement que Chateaubriand, tout en reconnaissant que M. de Fontanes fut pour lui un conseiller précieux, n'a jamais dit expressément que *Le Génie du Christianisme* avait été mis tout entier sous les yeux de Fontanes, avant son apparition, — ce que nous avons pu, heureusement, apprendre par ailleurs. Voici ce que Chateaubriand écrit, à ce sujet, dans les *Mémoires d'Outre-Tombe* (édition Edmond Biré, tome II, page 288) :

« La littérature qui exprime l'ère nouvelle n'a régné que quarante ou cinquante ans après le temps dont elle était l'idiome.

43

Pendant ce demi-siècle, elle n'était employée que par l'opposition. C'est Mme de Staël, c'est Benjamin Constant, c'est Lemercier, c'est Bonald, c'est moi enfin, qui, les premiers, avons parlé cette langue. Le changement de littérature dont le xix° siècle se vante lui est arrivé de l'émigration et de l'exil ; *ce fut M. de Fontanes qui couva ces oiseaux d'une autre espèce que lui,* parce que, remontant au xvii° siècle, il avait pris la puissance de ce temps fécond et perdu la stérilité du xviii°. Une partie de l'esprit humain, celle qui traite de matières transcendantes, s'avança seule d'un pas égal avec la civilisation ; malheureusement, la gloire du savoir ne fut pas sans tache : les Laplace, les Lagrange, les Monge, les Chaptal, les Berthollet, tous ces prodiges, jadis fiers démocrates, devinrent les plus obséquieux serviteurs de Napoléon. Il faut le dire à l'honneur des lettres : la littérature nouvelle fut libre, la science servile ; le caractère ne répondit point au génie, et ceux dont la pensée était montée au plus haut du ciel ne purent élever leur âme au-dessus des pieds de Bonaparte : ils prétendaient n'avoir pas besoin de Dieu, c'est pourquoi ils avaient besoin d'un tyran.

« Le classique napoléonien était le génie du xix° siècle affublé de la perruque de Louis XIV, ou frisé comme au temps de Louis XV. Bonaparte avait voulu que les hommes de la Révolution ne parussent à la cour qu'en habit habillé, l'épée au côté. On ne voyait pas la France du moment ; ce n'était pas de l'ordre, c'était de la discipline. Aussi rien n'était plus ennuyeux que cette pâle résurrection de la littérature d'autrefois. Ce calque froid, cet anachronisme improductif, disparut quand la littérature nouvelle fit irruption avec fracas par *le Génie du Christianisme...* »

Quand je parle de moi, je n'y mets pas de haine,

a dit je ne sais plus qui. M. de Chateaubriand parle de lui-même avec quelque complaisance ; mais, peut-être, n'a-t-il pas dit suffisamment tout ce que son ouvrage doit aux observations judicieuses et aux retouches abondantes proposées par M. de Fontanes.

En 1800, commence pour Fontanes une nouvelle carrière. Fontanes est au mieux avec Bonaparte. Fontanes, s'il faut en croire Roger, espéra de bonne foi qu'il ne lui serait pas impossible de faire naître dans l'esprit de Bonaparte des idées d'ordre et de décence publique, dont la patrie avait tant besoin, et il espéra les développer par des conseils mêlés de louanges habiles. C'est ainsi que Fontanes se laissa séduire par la pensée de devenir le conseiller du Premier Consul.

En février 1802, Fontanes fut nommé membre du Corps législatif pour le département des Deux-Sèvres ; puis, porté sur la liste des·cinq candidats à la présidence annuelle, il fut choisi pour président au mois de janvier 1804. Dans l'exercice de ces hautes fonctions, il eut l'occasion de prononcer plusieurs discours, où Bonaparte put démêler sous les éloges les avis discrètement enveloppés, où il put sentir les nuances d'accent que Fontanes y glissait et dont le maître s'irrita plus d'une fois. Fontanes fit toujours preuve de la même franchise, à la fois adroite et courageuse, dans ses conversations particulières avec l'Empereur, conversations qui dégénéraient souvent en querelles, suivies de raccommodements.

La mort du duc d'Enghien amena entre Bonaparte et Fontanes un conflit assez violent. Voici le récit que nous en fait le consciencieux et honnête Roger, biographe de notre poète : « Le *21 mars*, avant le jour, le premier consul expédie à Fontanes l'ordre de se rendre auprès de lui, *à six heures du matin*. — Eh ! bien, lui dit-il avec un calme apparent, vous savez que le duc d'Enghien est arrêté ? — Je ne puis encore y croire, même en l'apprenant par vous. — Pourquoi cela ? — *C'est le plus grand malheur qui ait pu vous arriver* (1). — Que feriez-vous donc à ma place ? — Je me hâterais de le renvoyer libre. — Libre ! Quand je sais qu'il a pénétré plusieurs fois sur le territoire français et qu'il y conspirait contre moi ! — Cela fût-il vrai, c'est une raison de plus, pour un homme tel que vous, de le mettre en liberté. — Les lois veulent qu'il soit jugé, et je l'ai traduit à un conseil de guerre. — Non ! vous ne ternirez pas ainsi votre gloire. — Il faut qu'il porte la peine de son crime. — O ciel ! c'est impossible ! c'est vous livrer aux jacobins... C'est vous perdre !... Vous ne le tuerez pas ! Non ! vous ne le tuerez pas ! — Il n'est plus temps ! il est mort. »

Jamais Fontanes n'a cessé d'exprimer franchement à Bonaparte son opinion sur ce lâche assassinat. « *Pensez-vous toujours à votre duc d'Enghien* ? lui dit un jour l'empereur. — *Mais il me semble*, répondit-il, *que l'empereur y pense autant que moi.* » — « Faible politique que vous êtes, lui disait-il une autre fois, à propos du même crime : lisez cette note diplomatique, et voyez si le cabinet qui me l'envoie juge ma conduite aussi sévèrement que vous. » Fontanes lit la note et répond : « Cela ne prouve rien,

(1) Boileau avait fait une réponse analogue à Louis XIV à propos de l'emprisonnement du grand Arnauld.

sinon qu'on croit dans ce cabinet que vous serez, avant peu, le conquérant du pays. »

Le 24 mars 1804, — quatre jours par conséquent après l'assassinat du duc d'Enghien, — le Corps législatif, ayant reçu le complément du *Code civil*, décréta qu'il serait élevé dans le lieu de ses séances une statue de marbre à l'auteur de ce bienfait. Fontanes, orateur de la députation chargée d'annoncer cette décision au premier consul, s'exprima ainsi : « Citoyen premier consul, un empire immense repose depuis quatre ans sous l'abri de votre puissante administration. *La sage uniformité de vos lois* en va réunir de plus en plus tous les habitants,... etc... » Le discours parut dans le *Moniteur*, et, au lieu de *la sage uniformité* DE VOS LOIS on y lisait DE VOS MESURES. Le premier consul espérait, par cette fraude, confisquer l'approbation du Corps législatif et de son principal organe à la *mesure* qui avait consisté dans l'assassinat du duc d'Enghien. Fontanes, indigné, courut aux bureaux du *Moniteur*, et exigea impérieusement un *erratum* qui fut inséré le 6 germinal (27 mars), et qu'on y peut lire imprimé en aussi petits caractères que possible. Ces traits font honneur au caractère de Fontanes, et je me garderais bien de les négliger.

« Les hautes leçons données par Fontanes à Napoléon, dit Roger, étaient toujours sans doute assaisonnées de louanges. Il admirait et louait sincèrement en lui le restaurateur de l'ordre et de la religion, et cette volonté puissante, qui, disait-il, avait plus fondé qu'on n'avait détruit. Mais son encens n'avait rien de commun avec l'encens grossier et nauséabond de la plupart des orateurs auxquels il avait à répondre. C'était un hommage délicat, plein de convenance et de mesure ; c'était enfin l'hommage d'un homme de goût, supposant spirituellement que le personnage auquel il l'adresse est homme de goût comme lui. »

Soit ; mais, en vérité, on peut se demander pourquoi l'honnête Fontanes a consenti à jouer ce jeu dangereux : il faisait des discours officiels presque sans ombres,... puis il se rattrapait en exécutant Napoléon dans le silence du cabinet. « Quand on lit aujourd'hui, dit Sainte-Beuve, cette suite de vers où se décharge et s'exhale son arrière-pensée, l'*Ode sur l'assassinat du duc d'Enghien*, l'*Ode sur l'enlèvement du Pape*, on est frappé de tout ce qu'il dut par moments souffrir et contenir, pour que la surface officielle ne trahît rien au delà de ce qui était permis... »

Oui, il a dû beaucoup souffrir ; mais, enfin, personne ne lui imposait de souffrir. Fontanes n'avait pas absolument besoin, pour vivre, d'être président du Corps législatif. Pourquoi donc ne s'est-il pas contenté de demeurer tout simplement M. le marquis

de Fontanes, d'écrire des vers dans la retraite, loin de toute cérémonie officielle ?

Toujours est-il qu'il semble avoir pris un malin plaisir à
déconcerter Napoléon par sa présence d'esprit et par la vivacité
de ses réparties. Vous avez vu qu'il n'y a pas manqué comme
président du Corps législatif. Il n'y manqua pas non plus comme
grand-maître de l'Université. Çette institution avait été créée dès
1806. Toutefois le grand-maître ne fut nommé qu'en septembre
1808, et n'entra en fonctions qu'en 1809. Ici encore, Fontanes eut
souvent à braver les colères de son maître. « Le grand-maître
n'avait pu replacer, dans la nouvelle Université, ni tous les membres des anciennes universités de France ni ceux des autres corporations enseignantes, l'âge et les infirmités les ayant rendus
pour la plupart incapables de servir. Il fut donné à chacun d'eux
une pension proportionnelle suffisante pour exister. Parmi les
religieux pensionnés, se trouvait le père Viel, de la congrégation
de l'Oratoire, auteur de la traduction de *Télémaque* en vers latins,
et ancien professeur de Fontanes. Cet acte de justice fut dénoncé
à Napoléon comme un acte de faveur ; et celui-ci, dans une audience
publique, le reprocha au grand-maître comme un *abus de pouvoir*.
Fontanes lui répondit qu'il n'avait agi, dans cette circonstance,
qu'en vertu d'un *article* du *décret constitutif* de l'Université ; à quoi
Napoléon répliqua que *cela n'était pas vrai*. Le lendemain, Fontanes
devant retourner aux Tuileries, M. le chevalier de Langeac court
chez un imprimeur, y fait imprimer l'*article* séparément et en gros
caractères, et le remet au grand-maître avant son départ pour le
château. Attaqué de nouveau devant toute la cour et même plus
violemment que la veille, Fontanes soutient son droit, ou plutôt
celui de tous les anciens professeurs, fondé sur le décret impérial ;
puis, l'empereur s'obstinant dans ses dénégations, le grand-maître
tire de sa poche l'*article imprimé* et le lui présente. L'empereur,
furieux, le lui arrache des mains et lui tourne le dos. Alors tous
les courtisans de s'éloigner de Fontanes comme d'un pestiféré.
Lui, resté froidement jusqu'à la fin du lever, se retirait le dernier
et avait déjà gagné l'extrémité de la galerie, lorsqu'un huissier de
la chambre, courant après lui, l'invite à rentrer dans le cabinet de
l'empereur. L'orage était dissipé ; le despote le reçoit en souriant :
« Vous êtes une mauvaise tête, lui dit-il; *vous avez raison au fond;
mais vous avez le tort de vouloir avoir raison contre moi en public.*»
Ils causèrent ensuite, pendant plus d'une heure, de littérature et
de poésie. »

— Ici, j'ouvre une parenthèse, pour vous signaler le très grand
intérêt que pourrait présenter une étude sur les idées littéraires

de Napoléon Ier. Nous l'avons vu, naguère, parler d'Homère et d'Ossian avec Arnault ; le voici, maintenant, en train de disserter sur Voltaire avec Fontanes. Nous avons encore un écho de ses conversations avec Gœthe : il serait facile de réunir les éléments nécessaires à qui voudrait écrire un livre intéressant sur cette matière.

Les conversations littéraires plaisaient beaucoup à l'Empereur.

— « Vous aimez Voltaire, disait-il un jour à Fontanes ; vous avez tort ; c'est un brouillon, un boute feu, un esprit moqueur et faux... Il a sapé par le ridicule les fondements de toute autorité divine et humaine ; il a perverti son siècle et fait la Révolution qui *nous a deshonorés et ruinés...* »

Ici, Napoléon va vraiment un peu loin : il ne sied jamais de médire de celui dont on a hérité, même quand on l'a assassiné...

« Vous riez, Monsieur, continue l'Empereur ; mais rirez-vous encore quand je vous dirai que, sur vingt de mes jeunes officiers, il y en a dix-neuf qui ont un volume de ce démon dans leur portemanteau ?... Vous vous retranchez sur ses tragédies... Il n'en a fait qu'une bonne, c'est *Œdipe...* Défendrez-vous son *Oreste* et son *Brutus* ? Est-ce ainsi qu'on doit peindre les changements de dynastie et de gouvernement ? C'étaient pourtant deux beaux sujets... Je veux les refaire... cet été, j'aurai du loisir (1) ; je ferai la prose et vous les vers. »

Napoléon revit tout entier dans ces paroles. Voici encore une autre histoire intéressante, que ne manque pas de nous conter le biographe de Fontanes, l'académicien Roger : « Presque toutes les affaires de l'Empire se délibéraient en *Conseil d'Etat*. Les *conseils privés* étaient fort rares et réservés pour les grandes occasions : telles, par exemple, que le *mode du couronnement* de Napoléon, puis son *divorce* avec Joséphine. Fontanes fut appelé à l'un et à l'autre de ces conseils. On sait que, dans le premier, il opina pour un *sacre*, au grand scandale des philosophes du conseil, et que, dans le second, il opina pour le *divorce*, auquel d'ailleurs l'autorité ecclésiastique avait donné d'avance son assentiment. Dans cette délibération, qui n'était probablement qu'une vaine formule, le sacrifice de Joséphine à la nécessité d'un héritier du trône fut unanimement résolu. « Nous savons, dit Fontanes, tout ce que ce sacrifice doit vous coûter ; mais c'est par cela même qu'il est plus digne de vous, et *ce sera, un jour, une des belles pages de votre histoire. — Ce sera donc vous, Monsieur, qui l'écrirez !* » lui répondit à l'instant l'Empereur. Quel homme,

(1) Cet été, où Napoléon se promettait du loisir, était celui de 1809 !

et surtout quel écrivain, ajoute Roger, n'aurait été flatté d'une
louange si délicate, ajoutée à tant de bienfaits déjà reçus ? »
Il est vrai que Napoléon avait un vrai goût pour Fontanes, pour
sa personne et pour son esprit ; et Fontanes lui-même ne pouvait,
malgré tout, s'empêcher d'admirer le vainqueur d'Austerlitz e
d'Iéna. Mais, tôt ou tard, l'orage devait éclater. Et voici le récit
que nous fait Sainte-Beuve de l'intéressant conflit qui amena
l'Empereur à s'irriter des leçons que Fontanes ne craignait pas
de lui donner :

« Napoléon était en Espagne, et, de là, il eut l'idée d'envoyer
douze drapeaux conquis sur l'armée d'Estramadure au Corps
législatif, comme *un gage de son estime*. Fontanes, en tête d'une
députation, alla remercier l'Impératrice : celle-ci, prenant le
gage d'estime trop au sérieux [et aussi, sans doute, mal inspirée
par le ministre qui lui avait fait son discours], répondit qu'elle
avait été très satisfaite de voir que le premier sentiment de
l'Empereur, dans son triomphe, eût été pour *le corps qui représentait la nation...* »

Or, vous n'ignorez pas que le Corps législatif ne représentait
pas du tout la nation ; l'Empereur seul représentait la nation.
Et, par conséquent, tenir le langage qu'avait tenu l'Impératrice,
c'était parler en républicain ou, si l'on veut, en révolutionnaire.

Là-dessus, une note, arrivée d'Espagne, comme une flèche, et
lancée au *Moniteur*, fit une manière d'*erratum* à la réponse de l'Impératrice, un *erratum* injurieux et sanglant pour le Corps législatif, qu'on remettait à sa place de *consultatif*. Voici les principaux passages de cette incomparable note insérée au *Moniteur* du
15 décembre 1808, et qui résume, comme une charte, toute la
théorie politique de l'Empire :

« Plusieurs de nos journaux ont imprimé que Sa Majesté l'Impératrice, dans sa réponse à la députation du Corps législatif, avait dit qu'elle était bien aise de voir que le premier sentiment de l'Empereur avait été pour le Corps législatif, *qui
représente la nation*.

« Sa Majesté l'Impératrice n'a point dit cela ; elle connaît trop
bien nos constitutions [ah ! comme elle les connaissait !];
elle sait trop bien que le premier représentant de la nation, c'est
l'Empereur : car tout pouvoir vient de Dieu et de la nation.

« Dans l'ordre de nos constitutions, après l'Empereur est le
Sénat ; après le Sénat, est le Conseil d'Etat ; après le Conseil
d'Etat, est le Corps législatif ; après le Corps législatif viennent
chaque tribunal et fonctionnaire public dans l'ordre de ses attributions ; car, s'il y avait dans nos institutions un corps repré-

sentant la nation, ce corps serait souverain ; les autres ne seraient rien, et ses volontés seraient tout.

« La Convention, même le Corps législatif, ont été représentants. Telles étaient nos constitutions alors. Aussi le président disputa-t-il le fauteuil au roi, se fondant sur ce principe, que le président des assemblées de la nation était avant les autorités de la nation. Nos malheurs sont venus en partie de cette exagération d'idées. Ce serait une prétention chimérique, et même criminelle, que de vouloir représenter la nation avant l'Empereur.

« Le Corps législatif, improprement appelé de ce nom, devrait être appelé Conseil législatif, puisqu'il n'a pas la faculté de faire les lois, n'en ayant pas la proposition. Le Conseil législatif est donc la réunion des mandataires des collèges électoraux. On les appelle députés des départements, parce qu'ils sont nommés par les départements... »

Telle était la note par laquelle Napoléon s'était chargé de remettre, comme on dit, le Corps législatif à sa place.

« Fontanes sentit le coup, dit Sainte-Beuve, et, dans la séance de clôture du 31 décembre 1808, c'est-à-dire quinze jours après l'offense, au nom du Corps blessé, répondant aux orateurs du gouvernement, et n'épargnant pas les félicitations sur les trophées du vainqueur de l'Ebre, il ajouta : « Mais les paroles dont l'Empereur accompagne l'envoi de ses trophées méritent une attention particulière : il fait participer à cet honneur les collèges électoraux. Il ne veut point nous séparer d'eux, et nous l'en remercions. Plus le Corps législatif se confondra dans le peuple, plus il aura de véritable lustre ; il n'a pas besoin de distinction, mais d'estime et de confiance... » Et la phrase, en continuant, retournait vite à l'éloge ; mais le mot était dit, le coup était rendu. »

Cette petite manifestation ne fut pas tout à fait du goût de l'empereur. Et, dès ce moment, il résolut d'éloigner Fontanes de la présidence. Il en fit un sénateur.

Transporté du Corps législatif dans le Sénat, Fontanes, n'étant point obligé d'y parler et peut-être s'en félicitant, s'y montra prudent et réservé.

Dès lors, de 1810 à 1814, je ne vois plus grand'chose de bien intéressant dans la vie de Fontanes.

« Un jour, raconte Sainte-Beuve, dans un conseil présidé par l'empereur, Fontanes, en présence de conseillers d'Etat qu'il jugeait hostiles, eut une prise avec Regnault de Saint-Jean-d'Angély, et il s'emporta jusqu'à briser une écritoire sur la table du conseil. L'empereur le congédia immédiatement ; il rentra

chez lui, se jugeant plus que compromis et songeant déjà à Vincennes. La soirée se passa en famille dans des transes extrêmes,
dont on n'a plus idée sous les gouvernements constitutionnels.
Mais, fort avant dans la soirée, l'empereur le fit mander et lui dit
en l'accueillant d'un air tout aimable : « Vous êtes un peu vif,
mais vous n'êtes pas un méchant homme. » — Il se plaisait beaucoup à la conversation de Fontanes, et lui avait donné les petites
entrées. Trois fois par semaine, le soir, Fontanes allait causer
aux Tuileries. Au retour dans sa famille, quand il racontait la
soirée de tout à l'heure, sa conversation si nette, si pleine de
verve, s'animait encore d'un plus vif éclat. Il ne pouvait s'empêcher pourtant de trouver, à travers son admiration, que, dans
le potentat de génie, perçait toujours au fond le soldat qui trône ;
et il en revenait par comparaison dans son cœur à ses rêves
de Louis XIV et du bon Henri, au souvenir de ces vieux rois
qu'il disait formés d'un sang *généreux et doux.* »

A la vérité, et pour vous dire toute ma pensée, je crois saisir
ici la principale raison de la faveur que Napoléon a toujours
témoignée, malgré les querelles passagères, au grand-maître de
l'Université : c'est que Fontanes était un *marquis* authentique,
tout simplement. Et vous n'ignorez pas que le plan de Napoléon
était de donner du lustre et, en quelque sorte, une base solide à la
nouvelle noblesse créée par lui, en la fondant et en l'amalgamant
avec l'ancienne. C'est ainsi que, pour peu que Chateaubriand eût
voulu se prêter à ce manège, Napoléon l'eût accueilli avec empressement. Nous savons que l'empereur eût volontiers consenti
à bien des choses pour s'attacher un homme *né*, de la valeur de
M. le *vicomte* de Chateaubriand. Mais c'est Chateaubriand qui n'a
pas voulu céder ; après le meurtre du duc d'Enghien, il s'est
démis avec éclat des fonctions diplomatiques qui venaient de lui
être confiées, et, en face d'un caractère aussi intraitable, Napoléon ne pouvait décemment aller jusqu'à s'humilier.

Fontanes fut souple tout en restant digne, et il réalisa ce tour
de force, de servir Napoléon, tout en sauvegardant l'indépendance
de son jugement, et, dans une certaine mesure, de ses actes.

C'était un esprit délié dans un corps long et mince ; sa physionomie vive, fine et empreinte de malice, était de celles qu'on
n'oublie pas ; humain, compatissant, généreux, souvent jusqu'à
la munificence, Fontanes est le type du grand gentilhomme de
lettres, doué de toutes les qualités qui rendent l'homme sympathique. Il me fait souvent songer au regretté M. Gréard, qui possédait au plus haut degré sa finesse intellectuelle, sa noblesse et
sa bonté de caractère.

En 1814, Fontanes, las des agitations politiques, ne fit pas trop de difficultés pour adhérer aux Bourbons. Il n'aspirait qu'au repos, non aux charges et aux honneurs. Quand il partit pour aller à Compiègne porter au roi de France l'adresse et les vœux de l'Université, il eut un mot bien joli, qui exprime bien tout ce que Fontanes a de moyen dans le caractère : « J'aurais voulu, dit-il, qu'on me laissât du moins porter un deuil de quelques semaines. »

Ce deuil, il put le porter l'année suivante. Lorsque Napoléon reparut, il rechercha avec empressement tous ceux dont les intérêts plus ou moins froissés par la Restauration lui faisaient supposer quelque retour secret vers son autorité. Il n'oublia pas Fontanes ; mais celui-ci était fatigué de toujours aller de César à Pompée et de Pompée à César : il quitta Paris, et ne revint qu'après les Cent jours.

En 1820, Chateaubriand essaya de rétablir, en faveur de Fontanes, la grande-maîtrise de l'Université. Au moment où il partait pour son ambassade de Berlin, il reçut ce billet de Fontanes, le dernier qu'il lui ait écrit :

« Je vous le répète : je n'ai rien espéré ni rien désiré ; ainsi je n'éprouve aucun désappointement.

« Mais je n'en suis pas moins sensible aux témoignages de votre amitié : ils me rendent plus heureux que toutes les places du monde. »

Les deux amis s'embrassèrent, une dernière fois, et ne se revirent plus. Fontanes mourut chrétiennement le 17 mars 1821. Il fut remplacé à l'Académie française par Villemain.

Fontanes critique littéraire.

J'arrive, aujourd'hui, à l'examen des œuvres de M. le marquis de Fontanes, grand-maître de l'Université de France. Selon notre habitude, nous allons jeter d'abord un coup d'œil sur ses œuvres en prose, afin de nous rendre un compte plus exact de ses idées, de son tour d'esprit et, si je puis ainsi parler, de l'état général de son cerveau.

Commençons, si vous le voulez bien, par le fameux *Eloge de Washington*. C'est ce discours, vous vous en souvenez, qui a fait sortir Fontanes sinon de l'obscurité, du moins de la pénombre dans laquelle il avait vécu jusqu'à l'époque du Consulat. Fontanes adresse, d'abord, un hommage ému à la grande ombre qui vient de passer :

« La France, qui fut toujours assez grande et assez généreuse pour accueillir sans crainte et sans jalousie les vertus et la gloire étrangères, décerne un hommage public aux mânes de Washington. Elle acquitte, en ce moment, la dette des deux mondes. Nul gouvernement, quelles que soient sa forme et son opinion, ne peut refuser du respect à ce fondateur de la liberté. Le peuple, qui naguère appellait Washington rebelle, juge lui-même l'affranchis-, sement de l'Amérique comme un de ces événements consacrés par le suffrage des siècles et de l'histoire. Tel est le privilège des grands caractères. Ils semblent si peu appartenir aux âges modernes, qu'ils impriment, dès leur vivant même, je ne sais quoi d'auguste et d'antique à tout ce qu'ils osent exécuter...

« D'ailleurs, cette cérémonie funèbre et guerrière porte d'avance au fond de tous les cœurs, et mieux que toutes les paroles, des émotions fortes et profondes. Le deuil que le premier consul ordonne pour Washington annonce à la France que les exemples qu'il donna ne sont point perdus. C'est moins pour le général illustre, que pour le bienfaiteur et l'ami d'un grand peuple, que des crêpes funèbres ont couvert les drapeaux de la victoire et l'habit de nos guerriers. Elles ne sont plus enfin, ces pompes barbares, aussi contraires à la politique qu'à l'humanité, où l'on prodiguait l'insulte au malheur, le mépris à de grandes ruines, et la calomnie à des tombeaux. Toutes les pensées magnanimes, toutes les vérités utiles peuvent paraître dans cette assemblée. Je loue avec honneur, devant les guerriers, un guerrier, ferme dans les revers, modeste dans la victoire, toujours humain dans l'une et l'autre fortune. Je loue, devant les ministres de la

République française, un homme qui ne céda jamais aux mouvements de l'ambition et qui se prodigua toujours aux besoins de sa patrie ; un homme qui, par une destinée peu commune à ceux qui changent les empires, mourut en paix, et comme un simple particulier, dans sa terre natale, où il avait occupé le premier rang, et que ses mains avaient affranchie. »

— Vous le voyez, le ton est admirablement bien choisi : c'est le ton qui convient à un panégyriste, et à un panégyriste sincère. Fontanes parle, — je ne dirai pas en tribun, car Fontanes n'a rien d'un tribun, — mais enfin en homme libre, selon sa conscience et sans préoccupations politiques. Il continue ainsi :

« O temps des plus douces espérances ! O souvenirs de la première jeunesse ! Avec quelle inquiétude nous interrogions alors tous les navigateurs qui arrivaient des ports de Charlestown et de Boston ! Comme nous plaignions les revers de ces braves milices américaines, que leurs désastres, leurs fatigues et leurs besoins ne découragèrent jamais ! Comme tous nos vœux s'associèrent aux premiers triomphes de Washington ! Le sage négociateur qui l'aida dans une si noble cause, Franklin, ne fut-il pas environné de nos hommages, quand il vint montrer à Paris, et jusque dans Versailles, la noble simplicité des mœurs républicaines ? Il habita sur les rives du fleuve voisin, en face des lieux où nous sommes réunis. Plusieurs d'entre vous ont vu, comme moi, la physionomie vénérable de ce vieillard, qui ressemblait à l'ancien législateur des Scythes voyageant dans Athènes. Les opinions du négociateur et du héros des treize États unis furent quelquefois opposées ; mais leurs volontés se rencontrèrent toujours, lorsqu'il fallut travailler au bien commun de la patrie. Leurs deux noms, qui furent si souvent confondus dans les mêmes éloges pendant leur vie, ne doivent point être séparés après leur mort. Si l'âme de Franklin revient errer sur ces bords qu'il a chéris longtemps, elle applaudit sans doute aux honneurs que Washington reçoit de nouveau. »

Naturellement, et comme il convenait à un tel discours prononcé en un tel lieu, Fontanes n'a pas manqué de prodiguer les allusions au premier Consul vainqueur et supposé pacificateur ; il voit en lui un homme qui restaurera les Bourbons plus tard. Le passage est infiniment curieux :

« Quand un État ébranlé change de forme avec violence, tous les États voisins jettent sur lui des yeux d'inquiétude ou de crainte : ils ne se rassurent que lorsqu'il a repris des mouvements réguliers et constants. Un peuple en révolution n'a plus d'alliés et d'amis. Il réclame vainement les anciens traités ; tous ses vieux liens sont rompus avec les autres, comme avec lui-même : il est isolé au milieu du monde qu'il épouvante. On s'éloigne de lui comme des volcans. Il faut ordinairement qu'à la suite de ces grandes crises politiques, survienne un personnage extraordinaire qui, par le seul ascendant de sa gloire, comprime l'audace de tous les partis et ramène l'ordre au sein de la confusion. Il faut, si je l'ose dire, qu'il ressemble à ce dieu de la fable, à ce souverain des vents et des mers, qui, lorsqu'il élevait son front sur les flots, tenait en silence toutes les tempêtes soulevées. C'est alors que les gouvernements plus tranquilles se rapprochent de celui dont ils avaient d'abord redouté les convulsions et les atteintes.

« En effet, c'est lorsque Washington eut persuadé à ses ennemis qu'il avait assez de force pour gouverner tranquillement l'Amérique longtemps bouleversée, que la paix se conclut sous ses auspices, et que la liberté des Etats-Unis fut proclamée, des bords de la Delaware jusqu'aux bords de la Tamise. Ainsi tout est pour nous, dans son histoire, une suite d'instructions et d'espérances.

« Les caractères de la révolution d'Amérique se retrouvèrent, plus d'une fois, dans celle de la France. Les colonies s'étaient soulevées contre leur métropole pour faire déclarer leur indépendance. Cette indépendance était reconnue, et cependant les colonies n'étaient point heureuses. Tous les partis étaient encore en présence ; toutes les ambitions subalternes, toutes les haines fermentaient au fond des cœurs. Tant que la guerre étrangère est allumée contre un Etat qui change sa constitution, l'intérêt commun réunit toute l'activité des passions populaires dans la défense du territoire. C'est le seul moment où leur propre sûreté les force à reconnaître quelque subordination. Leurs rugissements se taisent au milieu du fracas des armes et des chants de la victoire. Mais, au retour de la paix, elles ne sont plus enchaînées par les mêmes craintes ou le même respect. Leur fougue aveugle se tourne quelquefois contre celui même qui sauva la patrie menacée. Washington avait prévu les dangers ; mais il avait préparé tous les remèdes. Il ne crut point que la paix, qu'il venait de conclure, suffît pour assurer la tranquillité intérieure. Il avait triomphé de l'Angleterre : il entreprit contre la licence des partis une lutte non moins pénible et non moins glorieuse. »

Il est inutile d'insister sur ces allusions, que vous reconnaissez bien : elles sont constantes sous la plume de Fontanes. La fin de l'*Éloge* exprime assez bien la pensée de l'orateur, au moment où la restauration religieuse se prépare et même a déjà reçu un commencement d'exécution ; Fontanes souhaite de voir s'ouvrir en France une ère de paix, analogue à celle qui a fait la prospérité de l'Amérique, et il expose ces idées en une éloquente péroraison :

« Mais les accents républicains et belliqueux que ces murs répètent de toutes parts doivent plaire surtout au défenseur de l'Amérique. Pourrait-il ne pas aimer ces soldats qui repoussèrent, à son exemple, les ennemis de leur patrie ? Il s'approche avec plaisir de ces vétérans, dont les nobles cicatrices sont le premier ornement de cette fête, et dont quelques-uns ont peut-être combattu avec lui près des fleuves et dans les forêts de la Caroline et de la Virginie. Il se promène avec joie au milieu de ces drapeaux enlevés sur les barbares de l'Asie et de l'Afrique étonnées de notre audace. Les dépouilles de la barbarie décorent noblement les funérailles d'un capitaine qui aima les lumières et la liberté. Mais il est encore un hommage plus digne de lui : c'est l'union de la France et de l'Amérique ; c'est le bonheur de l'une et de l'autre ; c'est la pacification des deux mondes. Il me semble que, des hauteurs de ce magnifique dôme, Washington crie à toute la France : « Peuple magnanime, qui sais si bien honorer la gloire, j'ai vaincu pour l'indépendance ; mais le bonheur de ma patrie fut le prix de cette victoire. Ne te contente pas d'imiter la première moitié de ma vie : c'est la seconde qui me recommande aux éloges de la postérité.

« Oui, tes conseils seront entendus, ô Washington ! ô guerrier ! ô législateur ! ô citoyen sans reproche ! *Celui qui, jeune encore, te surpassa dans les batailles,* fermera, comme toi, de ses mains triomphantes, les blessures de la patrie. Bientôt, — nous en avons sa volonté pour gage, et son génie guerrier, s'il était malheureusement nécessaire, — bientôt l'hymne de la paix retentira dans ce temple de la guerre ; alors le sentiment universel de la joie effacera le souvenir de toutes les injustices et de toutes les oppressions : déjà même, les opprimés oublient leurs maux, en se confiant à l'avenir ; les acclamations de tous les siècles accompagneront, enfin, le héros qui donnera ce bienfait à la France et au monde qu'elle ébranle depuis trop longtemps. »

Il faut convenir que ce discours est vraiment d'une très belle grandeur.

Nous arrivons maintenant aux articles célèbres, publiés par Fontanes dans le *Mercure de France,* sur Thomas, sur Mme de Staël et sur Chateaubriand. Ils méritent de nous arrêter assez longuement.

Thomas, aujourd'hui un peu oublié, n'a pas été considéré par ses contemporains comme un écrivain médiocre ; c'était un homme distingué, un excellent orateur académique, un philosophe parfois original ; mais il a vu, malheureusement, ses qualités diverses arrêtées dans leur développement par je ne sais quelle destinée jalouse ou, pour mieux dire, par sa demi-incapacité personnelle. De l'article de Fontanes sur Thomas, je vous citerai une page spirituelle, où Fontanes étudie Thomas auteur de l'*Essai sur les Femmes* :

« Quoiqu'il eût beaucoup d'aperçus divers dans l'esprit, [Thomas] savait rarement saisir, dans un sujet, les points de vue les plus simples et les plus féconds. *Il pensait en détail*, si on peut parler ainsi, et ne s'élevait point assez haut pour trouver *ces idées premières qui font penser toutes les autres*. On voit dans ses ouvrages le fruit de la plus vaste lecture, des conversations les plus choisies et d'un grand nombre de réflexions acquises par des études très variées. Mais on y chercherait en vain quelque chose de cet esprit original qui, loin des hommes et des livres, peut s'élever seul jusqu'à des conceptions nouvelles.

Si Thomas n'eut point cette espèce de force créatrice, il ne manqua pas moins de cette sensibilité vive ou douce, qui se communique de l'âme de l'écrivain à celle du lecteur. Il voulut pourtant écrire sur les femmes !

« Avant de composer sur elles un traité fort grave en prose oratoire, il nous avait dit en vers qu'il aimerait fort une beauté

> Qui sût tout voir, tout juger, tout connaître,
> Sût avec Locke *analyser son être*,
> Avec Montaigne épurer sa raison,
> Et, se trouvant toujours ce qu'on doit être,
> Sût *au besoin* goûter une chanson.

« J'avoue que ce goût n'est pas le mien. J'aimerais mieux une beauté qui chantât plus souvent, et qui n'*analysât* qu'*au besoin son être avec Locke*. Je souhaiterais même que ce besoin vînt rarement. Les chansons bercent l'enfance, inspirent l'amour et consolent la douleur. Elles sont, je crois, plus convenables aux mères, aux nourrices et aux amantes, que tous les systèmes sur l'entendement humain.

« Quoi qu'il en soit, Thomas analyse, dans son *Essai sur les Femmes*, toutes les vertus dont elles sont susceptibles ; il compte,

de siècle en siècle, toutes leurs grandes actions, tous leurs travaux, et jusqu'aux ouvrages publiés à leur gloire. Assurément, leur
apologiste n'oublie rien de ce qui peut accroître leur triomphe.
On ne peut les honorer davantage et leur rendre un culte plus
solennel. Mais les femmes ne sont bien louées que par les passions qu'elles inspirent. L'auteur s'épuise à leur prodiguer la
louange ; il multiplie les observations fines, les pensées ingénieuses et même les sentiments délicats. Mais ce n'est point
assez. Les femmes veulent avant tout de l'amour, et jamais elles
ne se sont méprises sur les torts secrets de Thomas, en dépit de
toutes ses flatteries.

« Et cependant, quelle reconnaissance ne lui doivent-elles pas!
Il soutient contre Montaigne, un peu trop naïf à la vérité, que
deux femmes peuvent s'aimer fort sincèrement. Le docte et vertueux orateur avait oublié ces jolis vers de Voltaire :

> Plus loin venaient, d'un air de complaisance,
> Lise et Chloé qui, dès leur tendre enfance,
> Se confiaient leurs plaisirs, leurs humeurs
> Et tous ces riens qui remplissent leurs cœurs ;
> Se caressant, se parlant sans rien dire,
> Et sans sujet toujours prêtes à rire.
> Mais toutes deux avaient le même amant :
> A son nom seul, ô merveille soudaine !
> Lise et Chloé prirent tout doucement
> Le grand chemin du Temple de la Haine.

« Cet amant-là, s'il avait su écrire, eût pu faire un livre moins
profond, mais plus agréable que l'*Essai sur les Femmes*. Elles se
sont contentées d'estimer Thomas; et l'on sait bien que leur
estime fait peu de bruit. »

Cette raillerie, narquoise et fourrée, est vraiment très
agréable.

L'article célèbre sur le livre de *La Littérature* de Mme de Staël
est beaucoup moins piquant ; mais il est déjà d'un vrai critique,
clairvoyant et avisé. Mme de Staël venait de publier, en 1800, son
livre *De la littérature considérée dans ses rapports avec les institutions sociales*. M. de Fontanes ne lui épargna point les épigrammes dans son article du *Mercure de France*. A la vérité, il y
avait ici une lutte de doctrines : dans le livre de *La Littérature*,
Mme de Staël développe avec une ampleur et un enthousiasme
extraordinaires la théorie fameuse de la perfectibilité, théorie
qu'elle n'a d'ailleurs pas inventée. Elle soutient que l'humanité
va, sans cesse, en progressant au point de vue des lumières : pour

elle, même dans les siècles de ténèbres, la marche graduelle de l'esprit humain n'a point été interrompue. C'était, en somme, la vieille querelle de Perrault, mais reprise d'une manière plus large et, en quelque sorte, plus complète.

Or, il est évident qu'une pareille théorie ne pouvait avoir l'agrément de M. de Fontanes. En matière littéraire, les principes de Fontanes sont ceux du xviie siècle, et Fontanes eût combattu avec Boileau contre Perrault dans la fameuse Querelle des anciens et des modernes. Fontanes sera donc, en cette affaire, le Boileau de Mme de Staël, avec cette différence, si vous voulez, que Boileau avait un tempérament plus rude ; tandis que Fontanes, au plus fort de la dispute, n'oublie jamais de se comporter en homme de bonne compagnie.

Fontanes commence, d'abord, par jeter un coup d'œil rapide sur les premiers ouvrages de Mme de Staël. Puis il arrive au livre de *La Littérature* :

« En parcourant ce livre, dit-il, on est surtout frappé du peu d'accord que Mme de Staël a mis entre le système qu'elle veut établir et les preuves dont elle veut l'appuyer. Ce système est la perfection successive et indéfinie de l'esprit humain ; et cependant elle se plaint, à chaque page, des progrès de la corruption universelle ! On l'entend même dénoncer plus d'une fois une conspiration toute récente, dirigée contre la supériorité de l'esprit et des lumières. Elle ressemble à ces philosophes, dont parle Voltaire,

Qui criaient *Tout est bien* ! d'une voix lamentable.

— Cela est d'un très bon escrimeur : Fontanes a raison de noter ainsi adroitement, dès le début, que les preuves données par Mme de Staël vont parfois contre elle-même. Il a vu tout de suite le défaut de la cuirasse, — du corset, si vous voulez...

« On dirait, continue-t-il, que cette *perfectibilité*, dont elle se fait l'apôtre, n'est qu'un jeu de son imagination, qu'une idée d'emprunt, ou du moins qu'une affaire de parti, mais qu'elle est toujours convaincue, quand elle s'exprime dans un langage différent. Elle ne cesse de faire entendre alors les plaintes d'une âme blessée dans ses affections, dans ses vœux les plus secrets, et jusque dans son amour-propre, qu'elle ne déguise point. Elle juge avec la plus grande rigueur ses contemporains, dont elle désespère en dépit de leurs progrès philosophiques : elle les enveloppe tous dans ses ressentiments contre ceux qui l'ont

44

méconnue ; et c'est ainsi qu'il règne *une contradiction perpé-*
tuelle entre les mouvements de son âme et les vues de son esprit. »

Cette formule très nette caractérise admirablement le génie
de Mme de Staël.

« Nous sommes, dit-elle, au plus affreux période de l'esprit
public : l'égoïsme de l'état de nature combiné avec l'active multiplicité des intérêts de la société, la corruption sans politesse, la
grossièreté sans franchise, la civilisation sans lumières, l'ignorance sans enthousiasme, etc... »

Elle ajoute plus bas : « Un tel peuple est dans une disposition
presque toujours insouciante, Le froid de l'âge semble atteindre
la nation entière... Beaucoup d'illusions sont détruites, sans
qu'aucune vérité soit établie : on est retombé dans l'enfance
par la vieillesse, dans l'incertitude par le raisonnement. L'intérêt mutuel n'existe plus ; on est dans cet état que le Dante
appelle l'*Enfer des tièdes.* »

« Mais quelle est donc cette époque *où nous sommes parvenus,*
selon l'auteur, *au plus affreux période de l'esprit public* ? C'est
précisément celle où, d'après le système de *perfectibilité*, les méthodes analytiques font disparaître toutes les erreurs, où la philosophie répand toutes les lumières, où la démonstration doit
passer enfin des sciences exactes dans l'art de gouverner les
hommes. Quoi ! Dans un monument élevé à la gloire de la philosophie moderne, on ose dire en sa présence qu'elle a détruit
toutes les illusions sans établir aucune vérité, et que l'excès du
raisonnement n'a produit que l'excès l'incertitude ! Ses plus terribles censeurs se permettraient à peine le langage de son nouveau panégyriste. »

Tout cela est très justement pensé et clairement exprimé. Fontanes arrive, ensuite, à l'idée de la perfectibilité elle-même au
point de vue historique :

« Quand, dit-il, des preuves de raisonnement on passe aux
preuves historiques, cette *perfectibilité* sociale, due aux méthodes
philosophiques, ne paraît pas avoir plus de fondement. Il semble,
en effet, que l'esprit du genre humain ressemble à celui des
individus : il brille et s'éclipse tour à tour. On suit les époques
de son enfance, de sa jeunesse, de sa maturité, de sa vieillesse
et de sa décrépitude. Une main cachée et toute-puissante ramène,
dans le monde moral comme dans le monde physique, des
événements qui renversent toutes nos méthodes et trompent
toutes nos combinaisons. Les Grecs du Bas-Empire étaient de
grands raisonneurs et de subtils métaphysiciens. Leurs opinions
métaphysiques, que nous méprisons aujourd'hui, ressemblaient

pourtant à quelques autres fort admirées. Ils étaient fiers d'avoir recueilli toutes les lumières de l'ancienne Grèce et celles de l'école d'Alexandrie. Dans les jours mêmes de leur décadence, ils avaient vu naître des personnages très savants, comme Photius; les empereurs qu'on appelait philosophes, comme Léon. Ils avaient enfin l'usage de quelques arts, que nous avons perdus et qui supposent une industrie perfectionnée. Eh! bien, ces peuples, qui se croyaient si éclairés, furent la proie des hordes du Nord ; et les plus grands ennemis de toutes les lumières, les descendants de Mahomet, sont venus répandre les ténèbres de l'ignorance sur ces mêmes contrées que les sciences et les arts avaient remplies de tant de merveilles.

Quel philosophe connaît la cause à laquelle tient la destinée de nos arts et de nos sciences ? Si une race de grands hommes ne s'était pas élevée dans le palais des rois fainéants, les Sarrasins, s'établissant au delà des Pyrénées, n'auraient-ils pas détruit les connaissances humaines dans les parties de l'Europe où elles sont aujourd'hui le plus répandues ? Si le génie de la France n'avait pas ramené des bords du Nil le héros qui doit la sauver, dans quelle barbarie l'aurait replongée le gouvernement abattu ! Que des faits semblables s'offrent en lisant l'histoire, que de conséquences on peut en tirer contre ces *progrès nécessaires de l'esprit humain*, qui a suspendu sa marche et qui a même rétrogradé à tant d'époques différentes ! »

Il y a là beaucoup de force de pensée, sinon d'expression. Je dirai même qu'il y a là, dans ces deux pages, — tout simplement, — la théorie de l'*évolution* substituée à celle du progrès indéfini : ces deux théories sont parentes, mais on peut voir entre elles la différence du presque faux au tout à fait vrai. Il est évident que Mme de Staël a été obligée de faire des efforts inouïs pour montrer que les Romains, étant postérieurs aux Grecs, leur sont, *par conséquent*, supérieurs. Auguste Comte sera plus sage et plus dans le vrai : il avouera que, parfois, il y a régression dans les progrès de l'humanité, et il soutiendra même que cette régression est nécessaire à ces progrès. Au fond, c'est la théorie que nous acceptons à peu près tous aujourd'hui ; nous lui faisons place dans la catégorie de l'espérance : autrement dit, je ne suis pas sûr que nous progressions ; mais *j'aime à le croire*.

Avec beaucoup de malice et d'habileté, Fontanes fait remarquer plus loin à Mme de Staël que c'est Voltaire qui a inventé la théorie de la perfectibilité. Fontanes, au fond, n'en croit rien, et il sait fort bien que cette théorie est déjà dans Perrault, peut-être dans d'autres avant lui. Mais il ne résiste pas au plaisir de taquiner Mme de Staël, grande admiratrice de Rousseau, et par suite aimant peu Voltaire ; — car il n'y a que des cerveaux très compacts qui puissent allier dans la même admiration et dans le même culte Voltaire et Rousseau.

« Il est temps, dit Fontanes, de prouver [à ceux que je réfute] que cette doctrine, qu'ils croient si *profonde*, ne fut point celle des philosophes qu'ils admirent le plus eux-mêmes. Elle n'est que l'opinion d'un poète dont les écrits philosophiques ont assez peu d'importance à leurs yeux, et que Mme de Staël caractérise en ces mots : *Il n'a fait dans la philosophie qu'accoutumer les hommes à jouer, comme les enfants, avec ce qu'ils redoutent. Il n'a point examiné les objets face à face, il ne s'en est point rendu le maître.* C'est pourtant cet homme qui n'a point vu les objets *face à face* (je rends à l'auteur ses expressions, qui lui sont toujours particulières, et qu'on ne peut contrefaire ou suppléer), c'est cet homme qui a répandu l'idée de la *perfectibilité*. Tout lecteur instruit a déjà nommé Voltaire. Condorcet, et ce témoignage n'est pas suspect, écrit lui-même que « Voltaire est un des premiers philosophes qui aient osé prononcer cette vérité si consolante, que, depuis plusieurs siècles, le genre humain en Europe a fait des progrès très sensibles vers la sagesse et le bonheur, et qu'il doit ces avantages aux progrès des sciences et de la philosophie. » Condorcet a pleinement raison en restituant à Voltaire ce genre de gloire. »

Vous voyez la malice ; elle est assez ingénieuse.

Pour terminer, je vous lirai la fin de l'article, où Fontanes s'en tire par une courbette et une pirouette :

« Le style de Mme de Staël a quelquefois de l'élévation et de l'éclat. On en connaît les défauts. Le naturel, la clarté, la souplesse, la variété ne s'y montrent pas aussi souvent qu'on aurait droit de l'attendre d'un esprit qui jette tant d'éclairs dans la conversation ; cela prouve que l'art de parler et l'art d'écrire sont très différents.

« Les conversations brillantes vivent de saillies ; les bons livres, de méditations. Quand on se trouve au milieu d'un cercle, il faut l'éblouir et non l'éclairer. On demande alors aux paroles plus de mouvement que de justesse, plus d'effet que de vérité ; on leur permet tout, jusqu'à la folie ; car elles s'envolent avec les jeux qui les font naître et ne laissent plus de traces. Mais un livre est une affaire sérieuse : il reste à jamais pour accuser ou défendre son auteur ; ce n'est plus à la fantaisie, c'est à la raison qu'il faut obéir, et ce qu'on peut dire avec grâce ne peut toujours s'écrire avec succès.

« Voilà ce qui explique les irrégularités qu'on a relevées dans l'ouvrage de Mme de Staël. En écrivant, elle croyait converser encore. Ceux qui l'écoutent ne cessent de l'applaudir : je ne l'entendais point, quand je l'ai critiquée ; si j'avais eu cet avantage, mon jugement eût été moins sévère et j'aurais été plus heureux. »

Il est évident que l'auteur de cet ingénieux article avait en lui l'étoffe d'un excellent critique littéraire.

(*A suivre.*)   A. C.

L'Église et l'État en France de 1789 à 1848

Cours de **M. DESDEVISES DU DEZERT**

Professeur à l'Université de Clermont-Ferrand.

Lamennais et Grégoire XVI.

Dépouillée et persécutée par la Révolution, asservie par Bonaparte, l'Eglise est sortie de ces terribles épreuves aigrie contre les hommes, maussade, menaçante et comme vieillie.

Elle n'a guère mis à profit les années de la Restauration que pour contrarier et taquiner ses adversaires jusqu'à les exaspérer.

Elle a trouvé, sous Louis-Philippe, des hommes d'action et de haute vertu, comme Montalembert et Lacordaire, pour la mener à la conquête de la liberté d'enseignement.

Elle a eu enfin un grand homme, qui eût été capable, s'il eût été compris et suivi par elle, de la mener à la conquête du monde ; mais elle l'a méconnu, calomnié, injurié, banni, et a, ce jour-là, fait la joie de tous ses ennemis.

Nous connaissons déjà Lamennais ; nous savons qu'il fut à la fois catholique fervent, savant philosophe, homme d'action. Esprit cultivé et lucide, âme de feu, embrasée du zèle de la cause de Dieu, il voyait dans la religion le secret du bonheur universel, la grande puissance seule capable d'établir la paix parmi les hommes, en dépit de l'orgueil et de la dureté des princes.

Très peu disposé à s'incliner devant les puissances de la terre, il avait, pendant longtemps, réservé toutes ses admiration pour le Saint-Siège apostolique, pour le suprême pontificat, qui lui apparaissait comme l'autorité la plus auguste et la plus bienveillante, comme le dernier recours et la suprême espérance du genre humain.

En 1824, il fit un voyage à Rome, et en revint déçu. Très aimablement accueilli par le pape Léon XII, écouté avec curiosité par les cardinaux, il ne trouva pas dans la cour pontificale le foyer d'ardente charité qu'il avait rêvé et se prit dès lors à penser que l'espoir de l'humanité ne résidait qu'en elle-même, que le peuple seul était capable de sauver le peuple. Son idéal chrétien le mena logiquement à la démocratie.

Il ne fut pas de ces clercs à courte vue, qui pleurèrent comme un deuil pour la religion la chute du vieux roi Charles X et de ses vieux conseillers. Leur catholicisme suranné et aristocratique n'eut pas de lui une minute de regret. Il vit dans la révolution qui venait de s'accomplir un accroissement de liberté, et il en ressentit une joie héroïque, comme en éprouvent les grands capitaines au matin d'une bataille décisive.

Dès le mois de septembre 1830, il avait associé à ses desseins les abbés Gerbet, Rohrbacher et Lacordaire, et des laïques de grand cœur et de ferme volonté : Charles de Coux, Ad. Bartels, le comte Charles de Montalembert, Daguerre, d'Ault-Duménil.

Le 16 octobre parut le premier numéro d'un journal catholique, *L'Avenir*, adressé au peuple de France et, par delà nos frontières, à tous les peuples de l'Europe affamés de liberté et de justice.

Au mois de décembre était fondée une *Agence générale pour la défense de la liberté religieuse*, qui se donna pour tâche de protéger le ministère ecclésiastique contre les attaques des impies, de soutenir la cause de la liberté de l'enseignement, de réclamer le droit d'association pour les catholiques, et de servir de lien entre toutes les sociétés locales qui pourraient se créer dans le même but.

Le langage des nouveaux prophètes était merveilleusement sonore et hardi.

Rien ne rappelait en lui la gronderie morose ni les colères vieillottes de la plupart des polémistes ecclésiastiques ; on y sentait passer comme une fière allégresse, une impatience d'action et de combat.

« Votre puissance se perd et la foi avec elle, disaient les nou-« veaux apôtres à l'Eglise elle-même. Voulez-vous sauver l'une « et l'autre ? Unissez-les toutes deux à l'humanité, telle que l'ont « faite dix-huit siècles de christianisme. Rien n'est stationnaire en « ce monde. Vous avez régné sur les rois, puis les rois vous ont « asservie. Séparez-vous des rois ; tendez la main aux peuples ; « ils vous soutiendront de leurs robustes bras, et, ce qui vaut « mieux, de leur amour. Abandonnez les débris terrestres de votre « ancienne grandeur ruinée ; repoussez-les du pied comme indi-« gnes de vous : aussi bien l'on ne tardera guère à vous en dé-« pouiller. Votre force n'est point dans l'éclat extérieur ; elle est « en vous; elle est dans le sentiment profond de vos devoirs pater-« nels, de votre mission civilisatrice ; dans un dévouement qui « ne connaisse ni lassitude, ni bornes. Reprenez, avec l'esprit qui

« les animait, la houlette des premiers pasteurs et, s'il le faut,
« les chaînes des martyrs. Le triomphe est certain, mais à ce prix
« seulement. »

C'était là prêcher la vérité ; mais, et c'est peut-être ce qu'il y a
de plus triste dans la condition humaine, prêcher la vérité, c'est,
aux yeux des sages de ce monde, rêver ; le bon prophète qui
voit le but, et qui du doigt montre la route, voit autour de lui
les pharisiens sourire, et les princes des prêtres le condamnent
comme séducteur de foules et artisan de séditions.

L'Avenir eut d'enthousiastes lecteurs, de merveilleux succès
individuels ; il eut contre lui tous les timides, tous les routiniers,
tous les hommes de la tradition et de l'étroite observance. Bien
peu nombreux furent les prêtres qui comprirent et levèrent les yeux vers la lumière. « *Homo homini lupus, sacerdos sa-*
« *cerdoti lupissimus* », nous disait un jour un prêtre, et
tout ce que nous avons appris depuis lors nous a prouvé qu'il
avait raison.

Attaques directes ou sournoises, persiflage, moqueries, injures,
calomnies, dénonciations à l'autorité civile ou religieuse, toute
la lyre de la haine et de la fureur, les rédacteurs de *L'Avenir* connurent tout cela, et leur candeur s'en alarma (1).

« S'ils avaient méprisé tant d'indignes attaques et continué
« hardiment leurs travaux, aucun acte de l'autorité ne serait
« venu les forcer de les interrompre.

« S'ils avaient pu savoir d'une manière positive que Rome
« désapprouvait leurs efforts, ils seraient aussitôt rentrés dans le
« silence et dans l'inaction, avec regret sans doute, mais sans
« hésiter un instant. »

Comme le pape ne parlait pas, ils résolurent d'aller l'interroger.
Ils suspendirent la publication du journal, et trois d'entre eux,
Montalembert, Lacordaire et Lamennais, partirent pour Rome.

« Des notes diplomatiques de l'Autriche, de la Prusse et de la
« Russie les avaient devancés. On y priait le pape de se pronon-
« cer contre ces révolutionnaires audacieux, ces impies séduc-
« teurs des peuples, qu'ils poussaient à la révolte au nom de la
« religion. »

Ils avaient contre eux les jésuites, « dont le principe est la
« destruction de l'individualité en chaque membre du corps pour
« augmenter la force et l'autorité de celui-ci ». Les jésuites étaient
les alliés naturels des princes ; car, « entre leur despotisme inté-

(1) Nous résumerons cette histoire d'après les *Affaires de Rome* de Lamennais.

« rieur et le despotisme politique, il existe une connexité et
« comme une sorte d'attraction mutuelle qui devait naturel-
« lement les rapprocher. »

Jamais personne, arrivant à Rome pour une importante affaire,
n'y rencontra de dispositions moins favorables.

L'Italie, qui venait de se soulever contre l'Autriche, avait été
remise à la chaîne et présentait l'aspect le plus mélancolique :
« La misère publique, dit Lamennais, s'y révélant sous mille
« aspects hideux, y forme un contraste presque général avec la
« richesse du sol. Le peuple, qui naît, vit et meurt sous le bâton
« de l'étranger, ou à l'ombre de la potence paternelle des souve-
« raînetés nationales, s'est fait du ciel, de l'air et du sommeil
« comme une autre patrie, semblable à la dernière, celle du
« tombeau. » Dans les contrées soumises à l'Autriche, « l'oppres-
« sion des esprits, refoulés sur eux-mêmes par un pouvoir brutal,
« qu'intimide la pensée, à quelque degré qu'elle se manifeste,
« l'absence absolue de garanties pour les propriétés et pour les
« personnes, la violence et la corruption, l'arbitraire dans le gou-
« vernement, toujours en défiance et en crainte, ont donné au
« peuple, condamné à végéter sous la baïonnette du soldat et
« l'œil de l'espion, une prodigieuse misère, physique, morale,
« intellectuelle, et un abaissement si profond qu'il a presque cessé
« de le sentir. »

. Il y a une université autrichienne à Padoue. « Il y existe un
« professeur d'histoire moderne ; mais, afin d'être bien sûr que
« sa parole sera ce qu'on veut qu'elle soit, on lui envoie ses
« cahiers de Vienne ; défense à lui d'y changer une phrase, d'y
« déplacer un mot. Et ces cahiers contiennent un long et pom-
« peux panégyrique de la maison de Lorraine. »

L'état des mœurs est généralement déplorable : . « Lorsque les
« facultés supérieures sommeillent, les vils instincts dominent. »

Rome n'est pas en meilleur état que le reste de la péninsule :
« Tout le passé est là dans sa pompe funèbre. Du haut de ces
« débris, regardez l'horizon : pas un signe qui annonce le lever
« de l'avenir !... »

Rome est la ville des couvents et des églises.

Les couvents ne manquent ni de grandeur ni de charme :
« Nous concevons très bien, dit Lamennais, le genre d'attrait qu'a
« pour certaines âmes fatiguées du monde et désabusées de ses
« illusions cette existence solitaire... Cependant telle n'est pas la
« vraie destinée de l'homme. Il est né pour l'action ; il a sa tâche
« qu'il doit accomplir. Qu'importe qu'elle soit rude ? N'est-ce pas
« à l'amour qu'elle est proposée ? »

Les églises aux dômes lourds, décorés de fresques, parfois admirables, sont riches en monuments et en marbres précieux ; mais absolument rien n'y saisit l'âme, ne l'émeut puissamment et ne la ravit dans un monde supérieur.

Le peuple paie et obéit.

La prélature et le Sacré-Collège, exclusivement investis de l'autorité politique, administrative et judiciaire, constituent tout l'Etat.

Le pape est l'homme le moins fait du monde pour comprendre les ardents Français qui viennent à lui.

Grégoire XVI, né en 1765, et âgé par conséquent de soixante sept ans, est un ancien camaldule, très versé en théologie, consulteur de plusieurs congrégations et vicaire général de son ordre. Elu pape le 2 février 1831, il a eu à lutter tout aussitôt contre une révolte de Bologne, des Marches et des Romagnes. Il l'a combattue avec les armes de l'Autriche, et son alliée a été si frappée elle-même des vices du gouvernement pontifical qu'elle lui a presque imposé des réformes. Il les a promises et ne tient pas ses promesses ; les provinces vaincues, mais frémissantes, ont été réoccupées par l'Autriche, et la France a débarqué des troupes à Ancône.

Grégoire XVI a peur de la révolution, peur de l'Autriche, peur de la France, songe à s'appuyer contre elles sur la Russie, victorieuse de la Pologne. Il est conservateur dans l'âme ; et sa politique ne peut être qu'une politique de réaction à outrance contre toutes les idées libérales.

« Vous faites beaucoup valoir les avantages de la liberté, dirent
« à Lamennais les prélats italiens ; mais vous devriez savoir qu'à
« nos yeux ces avantages, pour vous si certains, sont plus que pro-
« blématiques. Nous avons moins de confiance dans la discussion
« que dans les prohibitions, dans la persuasion que dans la con-
« trainte. Vos raisonnements ne sauraient prévaloir contre l'au-
« torité de l'expérience. Or une expérience de plusieurs siècles
« nous a convaincus de la nécessité d'une répression matérielle
« pour maintenir les peuples dans l'obéissance due à l'Eglise.
« Nous repoussons donc et la liberté civile, et la tolérance civile,
« et la liberté des cultes, et la liberté de la presse, et toutes ces
« nouveautés licencieuses que vous vantez si imprudemment,
« pour nous en tenir aux moyens de conservation que Rome et
« les conciles mêmes ont consacrés par des lois solennelles et
« des instructions spéciales. »

Il est évident que Lamennais ne pouvait s'entendre avec ces prélats sceptiques et diplomates. Il voulait savoir si le père commun des fidèles condamnerait la liberté de conscience, la liberté de la presse, la liberté des peuples ; et on cherchait à lui faire comprendre qu'il serait beaucoup plus prudent de ne pas parler de toutes ces choses, bien préférable de suivre les vieux errements, de continuer à maudire les hérétiques, à anathéma-tiser les mal pensants et à vivre en bon accord avec les princes.

Au bout de quelque temps de séjour à Rome, Lacordaire et Montalembert comprirent que la Cour romaine ne se laisserait pas convaincre. Ils partirent. Dans sa « candeur effrayante », Lamen-nais resta. Il espérait encore gagner le pape ; mais on ne voulut pas qu'il lui parlât. En grande grâce, on lui permit de le voir, en présence du cardinal de Rohan, et à condition qu'il ne serait pas parlé des affaires des catholiques de France.

De guerre lasse, Lamennais quitta Rome à son tour et reprit la route de France par le Milanais, le Tyrol et la Bavière.

Le 15 août 1832, Grégoire XVI parla. L'encyclique *Mirari vos* condamna implicitement les doctrines libérales de Lamennais et de ses amis.

Quand on vient de lire du Lamennais, et qu'on lit l'encyclique, il semble que l'on passe du plein soleil en une prison.

Le pape parle, sur un ton dolent et sénile, « des maux, des cala-« mités, des orages, qui l'ont assailli dès les premiers instants de « son pontificat. Il a été lancé tout à coup au milieu des tem-« pêtes... Si la droite du Seigneur n'avait manifesté sa puissance, « il y aurait été englouti, victime de l'affreuse conspiration des « impies... Il est accablé de tristesse... Il a dû, l'âme navrée « de douleur, arrêter, la verge en main, la fureur sauvage des « factieux... » Il dénonce avec indignation « ces sociétés conspira-« trices dans lesquelles les hérésies et les sectes ont, pour ainsi « dire, vomi comme dans une espèce de sentine tout ce qu'il y « a dans leur sein de licence, de sacrilège et de blasphème ». Il traite ses ennemis sans la moindre charité. Ce sont « des pervers, « des impies, d'une effrayante immoralité, des hommes superbes, « des insensés, dont les maximes absurdes sont la mort de « l'âme. »

Il pose en principe que « toute nouveauté bat en brèche l'Eglise « universelle... Le devoir des évêques est de rester inviolable-« ment attachés à la chaire de Pierre. Les prêtres doivent être « soumis aux évêques et les honorer comme les pères de leurs « âmes... Chercher à troubler en quoi que ce soit l'ordre ainsi « établi, c'est ébranler la constitution de l'Eglise. C'est un attentat « de blâmer par une liberté insensée d'opinion la discipline que « l'Eglise a consacrée. C'est le comble de l'absurdité et de

« l'outrage de prétendre qu'une restauration et qu'une régénéra-
« tion lui sont devenues nécessaires..... La liberté de conscience
« est une maxime fausse et absurde, ou plutôt un délire. Pour
« amener la destruction des Etats les plus riches, les plus puis-
« sants, les plus glorieux, les plus florissants, il n'a fallu que
« cette liberté sans frein des opinions, cette licence des discours
« publics, cette ardeur pour les innovations... La liberté de la
« presse est la liberté la plus funeste, une liberté exécrable pour
« laquelle on n'aura jamais assez d'horreur... » Les peuples doivent demeurer soumis aux princes « auxquels le pouvoir a été sur-
« tout donné pour l'appui et la défense de l'Eglise ». Il ne faut pas
recommander la séparation de l'Eglise et de l'Etat, « car c'est un
« fait avéré que tous les amateurs de la liberté la plus effrénée
« redoutent par-dessus tout cette concorde, qui a toujours été
« aussi salutaire et aussi heureuse pour l'Eglise que pour l'Etat ».
Enfin, le pape condamne les associations et réunions, qui, « sous
« les apparences, il est vrai, du dévouement à la religion, n'ont
« en réalité d'autre désir que de répandre partout les nouveautés
« et les séditions, proclamant toute espèce de liberté, excitant
« des troubles contre le pouvoir sacré et contre le pouvoir civil,
« et reniant toute autorité, même la plus sainte » (1).

Lamennais et ses amis n'étaient pas désignés ; mais, pour leur
enlever toute tentation de ne pas se reconnaître, le cardinal Pacca
écrivit à Lamennais, le 16 août 1832, une lettre beaucoup plus
explicite que l'encyclique, où les idées du pape étaient précisées
de la manière la plus formelle.

Le 10 septembre, Lamennais et ses amis décidaient la suppression du journal L'Avenir et de l'Agence générale pour la défense
de la liberté religieuse, convaincus « qu'ils ne pourraient con-
« tinuer leurs travaux sans se mettre en opposition avec la
« volonté formelle de celui que Dieu a chargé de gouverner son
« Eglise ».

Le 27 octobre, le cardinal Pacca écrivit à Lamennais une lettre
d'affectueuses félicitations pour son acte de soumission.

Mais on ne tarda pas à insinuer que Lamennais ne s'était pas
véritablement soumis, et, dans un bref adressé à l'archevêque de
Toulouse, Grégoire XVI condamna encore, à mots couverts, les
doctrines de L'Avenir.

Lamennais écrivit au pape (4 août 1833) et déclara se soumettre « à toutes les décisions émanées ou à émaner du Saint-

(1) Lettres apostoliques de Pie IX, Grégoire XVI, Pie VIII, Paris, Roger et
Chernoviz, in-8°.

« Siège apostolique sur la doctrine, la foi et les mœurs, ainsi
« qu'aux lois de discipline portées par son autorité souveraine ».

Grégoire XVI ne trouva pas cette formule suffisante et, dans
un bref adressé à l'archevêque de Rennes, exigea une adhésion
inconditionnelle et illimitée aux doctrines contenues dans l'encyclique *Mirari vos*.

Le 5 novembre, Lamennais répondit « que sa conscience lui
« faisait un devoir de déclarer que, selon sa ferme persuasion, si
« dans l'ordre religieux le chrétien ne sait qu'écouter et obéir, il
« demeure à l'égard de la puissance spirituelle entièrement libre
« de ses opinions, de ses paroles et de ses actes dans l'ordre
« purement temporel ».

Le 28 novembre, le cardinal Pacca lui répondit en lui de-
mandant encore une approbation « simple, absolue, illimitée ».
Et Lamennais soumit à l'archevêque de Paris un mémoire destiné
au pape et où il indiquait, avec plus de précision que jamais, la
frontière qu'il prétendait marquer entre l'obéissance due par le
catholique au Saint-Siège et le libre arbitre du citoyen.

Il se refusait à maudire la liberté civile et la liberté de la presse,
à conseiller la soumission absolue aux princes, à croire que le
Concordat fût le meilleur régime sous lequel pût vivre l'Eglise. Il
demandait si, « pour être catholique, il faut abjurer tout ensem-
« ble et sa raison et sa conscience, et si, pour avoir la paix, il
« devait déclarer que le pape est Dieu ».

Il s'engageait, en même temps, à ne plus rien écrire sur la
religion ni sur l'Eglise.

L'affaire allait peut-être s'assoupir. Mis en présence d'une conscience aussi haute et aussi fière, les prélats romains allaient
peut-être trouver quelque biais courtois qui pût ménager à la
fois Lamennais et l'encyclique, quand le terrible Breton publia,
sans dire gare, son chef-d'œuvre : Les *Paroles d'un Croyant*.

Lamennais a certainement cru tenir parole au Saint-Siège ; il
avait promis de n'écrire ni sur la religion ni sur l'Eglise ; il écrivit pour le peuple, dans un style d'une admirable simplicité et
d'une force merveilleuse, un livre où sa grande âme apparut tout
entière. Il n'était question, cette fois, ni de pape, ni d'évêques, ni
d'encyclique, ni de brefs, ni de mémoires ; mais le grand homme
démasquait toutes les tyrannies qui pèsent sur les peuples, et
conviait toutes les nations à s'affranchir des vieilles servitudes,
pour vivre la vie fraternelle et pacifique qui réaliserait sur terre
le royaume de Dieu.

En imprimant ce petit livre, les ouvriers imprimeurs avaient
peine à contenir leur enthousiasme. Il fut populaire dès sa nais-

sance. En quelques mois, 100.000 exemplaires en furent distribués. On le traduisit dans presque toutes les langues de l'Europe. Jamais livre n'eut succès plus rapide, plus éclatant ni plus pur.

Les *Paroles d'un Croyant* sont ce que Lamennais a écrit de plus vigoureux et de plus beau. Il a retrouvé parfois l'éloquence de la Bible, et parfois il a atteint à la souveraine douceur de l'Evangile. C'est un des plus beaux livres du xixᵉ siècle et un des plus nobles de toute notre littérature ; un de ces livres comme nous en avons si peu en France, absolument sincère, issu d'une conviction profonde et devenu poétique par la seule force de la pensée, par l'intensité même du sentiment.

Les rois sont les mauvais génies de l'humanité. Ils abolissent la religion, la science, la pensée, emmurent les peuples dans leurs frontières, divisent pour régner, terrorisent et avilissent la foule et corrompent les prêtres pour s'en faire des bourreaux.

Le czar Nicolas et l'empereur d'Autriche ont certainement inspiré à Lamennais ces versets vengeurs : « Deux hommes « rêvent de supplices, — car, disaient-ils, où trouverons-nous quel« que sûreté ? Le sol est miné sous nos pieds ; les nations nous « abhorrent ; les petits enfants mêmes dans leurs prières deman« dent à Dieu, soir et matin, que la terre soit délivrée de nous. — « Et l'un condamnait à la prison dure, c'est-à-dire à toutes les « tortures du corps et de l'âme et à la mort de la faim, des mal« heureux qu'il soupçonnait d'avoir prononcé le mot de patrie ; « et l'autre, après avoir confisqué leurs biens, ordonnait de jeter « au fond d'un cachot deux jeunes filles coupables d'avoir soigné « leurs frères blessés dans un hôpital.

« Qui s'assemble autour de ces puissants du monde, qui ap« proche d'eux ? Ce n'est pas le pauvre : on le chasse ; sa vue « souillerait leurs regards. On l'éloigne avec soin de leur pré« sence. Qui donc se rassemble autour des puissants du monde ? « Les riches et les flatteurs qui veulent le devenir, les femmes « perdues, les baladins, les fous qui distraient leur conscience et « les faux prophètes qui la trompent. Qui encore ? Les hommes « de violence et de ruse, les agents d'oppression, les durs « exacteurs, tous ceux qui disent : Livrez-nous le peuple et nous « ferons couler son or dans vos coffrets et sa graisse dans vos « veines. »

Les despotes s'appuient sur leur armée, et, pour s'assurer de leurs soldats, ils leur ont forgé de faux dieux, qu'ils adorent et qui les rendent sourds à la loi du Christ.

« Et l'on voit des enfants du peuple lever le bras contre le « peuple, égorger leurs frères, enchaîner leurs pères et oublier

« jusqu'aux entrailles qui les ont portées. Quand on leur dit : Au
« nom de tout ce qui est sacré, pensez à l'injustice, à l'atrocité de
« ce qu'on vous ordonne, ils répondent : Nous ne pensons point,
« nous obéissons ! Et quand on leur dit : N'y a-t-il plus en vous
« aucun amour pour vos pères, vos mères, vos frères, vos sœurs ?
« ils répondent : Nous n'aimons point, nous obéissons ! Et quand
« on leur montre les autels du Dieu qui a créé l'homme et du
« Christ qui l'a sauvé, ils s'écrient : Ce sont là les dieux de la
« patrie ; nos dieux à nous sont les dieux de ses maîtres. La
« fidélité et l'honneur ! — Je vous le dis en vérité, depuis la sé-
« duction de la première femme par le serpent, il n'y a point eu
« de séduction plus effroyable que celle-là. »

Il n'a pas plus de confiance dans les lois humaines que dans la
clémence des tyrans : « Il n'y a guère que de mauvaises lois dans
« le monde. — Quand vous voyez un homme conduit en prison
« et au supplice, ne vous pressez pas de dire : Celui-là est un
« homme méchant, qui a commis un crime contre les hommes.
« Car, peut-être, est-ce un homme de bien qui a voulu servir les
« hommes et qui en a été puni par leurs oppresseurs. »

Il déteste l'intolérance religieuse, et a trouvé pour la condamner
des expressions d'une force singulière : « L'esprit de Jésus est
« un esprit de paix, de miséricorde et d'amour. Ceux qui persé-
« cutent en son nom, qui scrutent les consciences avec l'épée,
« qui torturent les corps pour convertir l'âme, qui font couler
« les pleurs au lieu de les essuyer, ceux-là n'ont pas l'esprit de
« Jésus. Malheur à qui profane l'Evangile en le rendant pour les
« hommes un objet de terreur ! Malheur à qui écrit la bonne
« nouvelle sur une feuille sanglante !... Fuyez l'impie ; mais ne le
« haïssez point, car qui sait si Dieu n'a pas déjà changé son
« cœur ? L'homme qui, même de bonne foi, dit : Je ne crois
« point, se trompe souvent. Il y a, bien avant dans l'âme,
« jusqu'au fond, une racine de foi qui ne sèche point. »

Il ne croit pas à la science humaine, dont il a mesuré le peu de
valeur en face de l'immensité de l'univers : « Les savants se trou-
« bleront dans leur science, et elle leur apparaîtra comme un petit
« point noir quand se lèvera le soleil des intelligences ! »

Et l'humanité tout entière lui apparaît comme un seul homme :
« Et cet homme avait fait beaucoup de mal et peu de bien, avait
« senti beaucoup de douleurs, peu de joies. Et il était là, gisant
« dans sa misère sur une terre tantôt glacée, tantôt brûlante,
« maigre, affamé, souffrant, affaissé d'une langueur entremêlée
« de convulsions, accablé de chaînes forgées dans la demeure des
« démons. Sa main droite en avait chargé sa main gauche, et la

« gauche en avait chargé la droite, et, au milieu de ses rêves mau-
« vais, il s'était tellement roulé dans ses fers que tout son corps en
« était couvert et serré. »

« Prêtez l'oreille, et dites-moi d'où vient ce bruit confus, vague,
« étrange, que l'on entend de tous côtés ? Posez la main sur la
« terre et dites-moi pourquoi elle a tressailli ? Quelque chose que
« nous ne savons pas se remue dans le monde ; il y a là un travail
« de Dieu. »

C'est en Dieu qu'est le salut des peuples ; c'est vers le Christ
qu'ils doivent revenir : « La miséricorde du Christ est sans exclu-
« sion. Il est venu dans ce monde pour le sauver, non pas quel-
« ques hommes, mais tous les hommes ; il a eu pour chacun d'eux
« une goutte de sang. Mais les petits, les faibles, les humbles, les
« pauvres, tous ceux qui souffraient, il les aimait d'un amour de
« prédilection. Son cœur battait sur le cœur du peuple et le cœur
« du peuple battait sur son cœur. Et c'est là, sur le cœur du Christ,
« que les peuples malades se raniment et que les peuples opprimés
« reçoivent la force de s'affranchir. »

Dieu veut que les hommes soient libres : « Il n'a point formé
« les membres de ses enfants pour qu'ils soient brisés par des
« fers, ni leur âme pour qu'elle soit meurtrie par la servitude. Il
« les a unis en familles et toutes les familles sont sœurs. Il les a
« unies en nations et toutes les nations sont sœurs, et quiconque
« sépare les familles des familles et les nations des nations divise
« ce que Dieu a uni et fait l'œuvre de Satan. »

« Vous n'avez qu'un père qui est Dieu et qu'un maître qui est
« le Christ. Quand donc on vous dira de ceux qui possèdent une
« grande puissance : Voilà vos maîtres ! ne le croyez point. S'ils
« sont justes, ce sont vos serviteurs. S'ils ne le sont pas, ce sont
« vos tyrans. J'ai vu dans un berceau un enfant criant et bavant,
« et autour de lui étaient des vieillards qui lui disaient : Seigneur!
« et qui s'agenouillaient et l'adoraient. Et j'ai compris toute la
« misère de l'homme... Si donc quelqu'un vous dit : Vous êtes à
« moi, répondez : Non, nous sommes à Dieu qui est notre père et
« au Christ qui est notre seul maître. »

Lamennais revient sans cesse sur l'idée de liberté. Il en avait
réellement soif et faim : « La liberté, disait-il, n'est pas un placard
« qu'on lit au coin de la rue. Elle est une puissance vivante qu'on
« sent en soi et autour de soi : le génie protecteur du foyer do-
« mestique, la garantie des droits sociaux et le premier de ces
« droits... La liberté est le pain que les peuples doivent gagner à
« la sueur de leur front. » La liberté exige des peuples de grands
sacrifices ; mais « croyez-vous que le chapon à qui l'on jette du

« grain dans la basse-cour soit plus heureux que le ramier qui,
« le matin, ne sait pas où il trouvera sa pâture de la journée ?...
« La liberté luira sur vous, quand vous aurez dit au fond de votre
« âme : Nous voulons être libres ; quand, pour le devenir, vous
« serez prêts à sacrifier tout et à tout souffrir. Pour être libre,
« il faut avant tout aimer Dieu ; car, si vous aimez Dieu, vous
« ferez sa volonté, et la volonté de Dieu est la justice et la charité,
« sans lesquelles point de liberté. La violence qui vous mettra en
« possession de la liberté n'est pas la violence féroce des voleurs
« et des brigands, mais une volonté forte, inflexible, un courage
« calme et généreux. D'esclave, l'homme de crime peut devenir
« tyran, mais jamais il ne devient libre. »

Libres, « les hommes sont égaux entre eux, car ils sont nés
« pour Dieu seul, et quiconque dit une chose contraire dit un
« blasphème. Que celui qui veut être le plus grand parmi vous
« soit votre serviteur, et que celui qui veut être le premier parmi
« vous soit le serviteur de tous. La loi de Dieu est une loi d'amour,
« et l'amour ne s'élève point au-dessus des autres, mais il se
« sacrifie aux autres. »

Egaux entre eux, les hommes doivent s'aimer les uns les autres
comme des frères. « Celui qui n'aime pas son frère est maudit
« sept fois, et celui qui se fait l'ennemi de son frère est maudit
« septante fois sept fois. C'est pourquoi les rois et les princes et
« tous ceux que le monde appelle grands ont été maudits : ils n'ont
« point aimé leurs frères et les ont traités en ennemis. Aimez-vous
« les uns les autres, et vous ne craindrez ni les grands, ni les
« princes, ni les rois. Ils ne sont forts contre vous que parce que
« vous n'êtes point unis... Ne soyez pas comme les moutons qui,
« lorsque le loup a enlevé l'un d'eux, s'effraient un moment et puis
« se remettent à paître. Car, pensent-ils, peut-être se contentera-
« t-il d'une première ou d'une seconde proie, et qu'ai-je affaire
« de m'inquiéter de ceux qu'il dévore ? Qu'est-ce que cela
« me fait à moi ? Il ne me restera que plus d'herbe... Et si l'on
« vous demande : Combien êtes vous ? Répondez : Nous sommes
« un, car nos frères c'est nous, et nous c'est nos frères. »

Même parmi l'humanité régénérée, le travail restera une nécessité : « L'homme fit le mal, et comme il s'était révolté contre
« Dieu, la terre se révolta contre lui. Il lui arriva ce qui arrive à
« l'enfant qui se révolte contre son père ; le père lui retire son
« amour et il l'abandonne à lui-même ; et les serviteurs de la
« maison refusent de le servir, et il s'en va cherchant çà et là sa
« pauvre vie et mangeant le pain qu'il a gagné à la sueur de son
« visage. Depuis lors, donc, Dieu a condamné tous les hommes au

« travail, et tous ont leur labeur, soit du corps, soit de l'esprit, et
« ceux qui disent : Je ne travaillerai point sont les plus miséra-
« bles... les vices les dévorent, et, si ce ne sont les vices, c'est
« l'ennui. Et quand Dieu voulut que l'homme travaillât, il cacha
« un trésor dans le travail, parce qu'il est père, et que l'amour
« d'un père ne meurt point. »

L'homme qui accepte franchement la loi du travail et qui vit
suivant l'ordre de Dieu, n'a point, en général, à craindre la
misère ; la pauvreté n'en reste pas moins un des grands fléaux
de l'humanité, mais c'est lui faire maladroitement la guerre que
de s'attaquer violemment à la propriété. « Ce n'est pas en prenant
« ce qui est à autrui qu'on peut détruire la pauvreté ; car comment,
« en faisant des pauvres, diminuerait-on le nombre des pauvres ?
« Chacun a droit de conserver ce qu'il a, sans quoi personne ne
« posséderait rien. Mais chacun a droit d'acquérir par son tra-
« vail ce qu'il n'a pas, sans quoi la pauvreté serait éternelle.
« Qu'est-ce qu'un pauvre ? C'est celui qui n'a pas encore de pro-
« priété. Que souhaite-t-il ? De cesser d'être pauvre, c'est-à-dire
« d'acquérir une propriété. Or celui qui dérobe, qui pille, que
« fait-il, sinon abolir, autant qu'il est en lui, le droit même de pro-
« priété ? Piller, voler, c'est donc attaquer le pauvre aussi bien
« que le riche, c'est renverser le fondement de toute société
« parmi les hommes. L'ordre est le bien, l'intérêt de tous...
« Affranchissez donc votre travail, affranchissez vos bras, et la
« pauvreté ne sera plus parmi les hommes qu'une exception per-
« mise de Dieu, pour leur rappeler l'infirmité de leur nature et le
« secours mutuel et l'amour qu'ils se doivent les uns aux autres. »

Sa vie matérielle une fois assurée, le premier besoin de l'homme
est la paix ; mais, cette paix, il faudra la conquérir contre ceux qui
veulent perpétuer l'asservissement. Lamennais croit que la paix
ne s'établira qu'au prix de grandes luttes, et autant il déteste le
soldat du despotisme, autant il aime le soldat de la liberté : « Jeune
« soldat, où vas-tu ? Je vais combattre pour que tous aient au ciel
« un Dieu et une patrie sur la terre. — Que tes armes soient
« bénies, sept fois bénies, jeune soldat. »

Le secret de la paix entre les hommes est dans l'amour : « Vous
« n'avez qu'un jour à passer sur la terre ; faites en sorte de le
« passer en paix... Nul n'est parfait... Chaque homme pèse sur
« les autres et l'amour seul rend ce poids léger. Si vous ne pouvez
« supporter vos frères, comment vos frères vous supporteront-ils ?
« Celui qui aime, son cœur est un paradis sur la terre : il a
« Dieu en soi, car Dieu est amour.... Oh ! si vous saviez ce que
« c'est qu'aimer !... »

Il le savait, lui dont la grande âme brûlait de sympathie pour tous les êtres, et il comprenait mieux que n'avait fait aucun des siens la sublime beauté de l'amour terrestre, que le sacerdoce lui interdisait à lui-même. Est-il en aucun poème rien de plus doux, de plus chaste et de plus pénétrant que cette strophe : « Et les jeu-
« nes hommes diront aux jeunes filles : Vous êtes belles comme
« les fleurs des champs, comme la rosée qui les rafraîchit, comme
« la lumière qui les colore. Il nous est doux de voir nos pères, il
« nous est doux d'être auprès de nos mères ; mais, quand nous
« vous voyons et que nous sommes prés de vous, il se passe en
« nos âmes quelque chose qui n'a de nom qu'au ciel. »

Et ayant ainsi exposé tous les principes qui doivent régir la vie de l'homme, étant monté de l'indignation à la révolte, pour la justice, de la révolte à la liberté, de la liberté à l'union, à la fraternité, à la sympathie universelle, du haut de la montagne sacrée qu'il a su gravir d'un cœur si vaillant, le poète contemple au loin la cité humaine devenue enfin la cité de Dieu. Il l'entend palpiter harmonieusement dans le travail, dans l'allégresse et dans l'amour. Il en fixe les grands traits ; il la voit vivante sous ses yeux : « Dans la cité de Dieu, chacun aime ses frères comme soi-même,
« et c'est pourquoi nul n'est délaissé, nul n'y souffre, s'il est un
« remède à ses souffrances. Dans la cité de Dieu, tous sont égaux,
« aucun ne domine ; car la justice seule y règne avec l'amour.
« Dans la cité de Dieu, chacun possède sans crainte ce qui est
« à lui et ne désire rien de plus, parce que ce qui est à chacun est
« à tous, et que tous possèdent Dieu, qui renferme tous les biens.
« Dans la cité de Dieu, nul ne sacrifie les autres à soi ; mais chacun
« est prêt à se sacrifier pour les autres. Dans la cité de Dieu, s'il
« se glisse un méchant, tous s'unissent pour le contenir ou le
« chasser ; car le méchant est l'ennemi de chacun, et l'ennemi de
« chacun est l'ennemi de tous. »

Et, par delà son rêve terrestre, le poète voit encore la patrie céleste : « Dégagé des entraves de la terre, je m'en allais de
« monde en monde, comme ici-bas l'esprit va d'une pensée à une
« pensée, et, après m'être plongé, perdu, dans ces merveilles de la
« puissance, de la sagesse et de l'amour, je me plongeais, je me
« perdais dans la source même de l'amour, de la sagesse et de la
« puissance. »

On ne saura jamais tout le bien que fit ce livre, sur combien d'âmes il a passé comme un souffle purifiant et vivifiant.

Le 7 juillet 1834, le pape Grégoire XVI le condamna.

G. Desdevises du Dezert.

Racine et le théâtre français.

Cours de M. AUGUSTIN GAZIER,

Professeur à l'Université de Paris.

« Mithridate. »

Nous voici arrivés, de proche en proche, au point culminant de la vie dramatique de Racine. Malgré les attaques des envieux et des jaloux, le succès de ce poète encore jeune n'a fait que s'affirmer. On était bien forcé, au lendemain de *Bérénice* et de *Bajazet*, de reconnaître la puissance et la souplesse du génie de Racine ; et il n'était pas douteux que ce poète, suivant les expressions de Boileau, « de Corneille vieilli *savait* consoler Paris ». Monté sur le faîte, Racine n'aspirait pas à descendre. Toutes les cimes ne sont pas en pointe, comme le Mont-Blanc ; et il est de très hauts sommets qui sont de vastes plateaux, longs à parcourir. Racine, il l'espérait du moins à cette date, allait pouvoir se tenir durant de longues années sur ces hauts sommets. Et, en 1673, il faisait représenter la tragédie de *Mithridate*.

Le *Mercure galant*, dans ses nouvelles du 30 juillet au 6 août 1672, annonçant pour l'hiver de cette même année la *Pulchérie* de Pierre Corneille, destinée aux comédiens du Marais, et le *Théodat* de Thomas Corneille, qui devait être représenté à l'Hôtel de Bourgogne, ajoutait : « Ensuite de cette pièce, on verra sur le même théâtre (l'*Hôtel de Bourgogne*) le *Mithridate* de M. Racine. Cet ouvrage réussira, sans doute, puisque les pièces de cet auteur ont toujours eu beaucoup d'amis. »

Pourtant *Mithridate*, annoncé dès le mois d'août 1672, ne fut joué qu'en janvier 1673, probablement le vendredi 13 janvier. Comment se fait-il que cette pièce, qui était prête évidemment à l'automne de 1672, ait été retardée jusqu'au début de l'année suivante ? C'est que, le jeudi 12 janvier 1673, veille de la première représentation de *Mithridate*, des spectateurs d'élite, triés, comme l'on dit, sur le volet, avaient assisté à une représentation d'un tout autre genre, au Louvre, dans la salle où vous voyez aujourd'hui le *Milon de Crotone* et le *Persée délivrant Andromède* de Puget. Ce jour-là, en effet, Racine avait été reçu à l'Académie française par l'archevêque de Paris, Harlay de Champvallon.

Cette réception de Racine à l'Académie a retardé de plusieurs mois l'apparition de *Mithridate*, et la chose peut aisément s'expliquer. Un auteur dramatique, en effet, quels qu'aient pu être les soins donnés par lui à la composition de sa pièce, quelque favorables que soient les jugements de ses amis, ne sait jamais d'une façon certaine comment les choses tourneront. Le succès d'une pièce, surtout au xviiᵉ siècle, est à la merci d'un incident imprévu et futile : il me suffira de vous rappeler l'histoire d'une tragédie ayant justement pour titre *La Mort de Mithridate*, qui fut jouée avant celle de Racine, et qui tomba, tout simplement parce qu'elle fut jouée le jour des Rois et qu'un mauvais plaisant, au cours de la représentation, s'avisa de s'écrier : « Le roi boit ! » Le poète dramatique ne peut jamais tout prévoir : comme un général le jour d'une bataille, il doit compter avec une infinité de petites circonstances qui peuvent tout compromettre. Aussi, nous comprenons que Racine n'ait pas voulu s'exposer à un échec dramatique toujours possible, avant d'entrer à l'Académie, et qu'il ait mieux aimé retarder la représentation de la pièce prête depuis longtemps, plutôt que de s'offrir aux suffrages de la docte compagnie avec une réputation un peu endommagée.

Vous savez maintenant pourquoi *Mithridate* ne fut joué qu'en janvier 1673. En réalité, la pièce était écrite bien avant l'entrée de Racine à l'Académie ; et je puis donc, sans donner une entorse à l'histoire et à la chronologie, vous parler aujourd'hui de *Mithridate*, quitte à remettre à notre prochaine leçon tout ce que j'ai à vous dire sur la réception de Racine à l'Académie française.

L'histoire littéraire de *Mithridate* n'est pas bien longue. Racine est, sans doute, redevable de son sujet à un poète romancier contemporain, La Calprenède.

Vous connaissez les vers de Boileau, dans l'*Art poétique* :

Tout a l'humeur gasconne en un auteur gascon :
Calprenède et Juba parlent du même ton.

Cette appréciation n'est pas très juste : non que je veuille exalter La Calprenède ; mais il faut reconnaître que cet écrivain gascon a fait preuve parfois d'un véritable talent, surtout dans ses tragédies. Or La Calprenède est l'auteur d'une tragédie intitulée *La Mort de Mithridate*, imprimée en 1637, et qui avait probablement été jouée en 1635, un an avant le *Cid*. Racine l'a certainement connue, bien qu'il n'en dise rien ; et il serait intéressant pour nous, si nous en avions le temps, de nous reporter à la pièce de La Calprenède et de la rapprocher de celle de Racine.

M. Paul Mesnard n'en dit pas un mot dans son édition de Racine ; mais vous trouverez une analyse très bien faite de la pièce de La Calprenède dans l'excellente petite édition de Racine, donnée chez Delagrave par notre collègue du lycée Charlemagne, M. Bernardin, édition commode, facilement maniable et très soignée, que je ne saurais trop vous recommander.

Vous y verrez que, si l'auteur de *Bajazet* avait voulu, comme on le lui avait reproché, accumuler une fois de plus les « tueries » à la fin de sa nouvelle tragédie, il n'aurait eu qu'à suivre de très près La Calprenède. Il y a, si je compte bien, cinq cadavres à la fin de *La Mort de Mithridate*. La Calprenède a été plus fidèle que Racine aux données de l'histoire : il a pourtant créé le rôle touchant de Bérénice, femme du traître Pharnace, qui est indignée de la trahison de son mari, et qui aime mieux mourir avec Mithridate que régner avec Pharnace ; et La Calprenède a su mener vigoureusement plusieurs scènes, notamment celle où le vieux roi reproche à son fils son indigne conduite : Racine pourrait bien avoir emprunté à l'écrivain gascon et le sujet et le titre de sa pièce.

Mais il est évident qu'il a puisé surtout aux sources anciennes. Entouré de tous les documents nécessaires, il composa *Mithridate* lentement, paisiblement, sans éprouver le besoin de prendre pour confidents de son travail la ville et la cour et tout l'univers, comme cela ne se voit que trop de nos jours. Nous avons même à ce sujet une amusante anecdote, qui est racontée dans une lettre de Valincour à l'abbé d'Olivet : Racine avait l'habitude de déclamer des fragments de ses tragédies, dans ses promenades matinales, pour juger de l'effet que pouvaient produire ses vers ; pendant l'été de 1672, il déclamait avec force gestes des passages de *Mithridate* sous les ombrages du jardin des Tuileries, lorsque des ouvriers qui travaillaient près de là vinrent à l'entendre ; ils se précipitèrent vers lui, croyant avoir affaire à un fou, à un désespéré... L'anecdote est jolie, et nous aimons à nous représenter par la pensée cette petite scène.

La pièce fut achevée avant l'automne. Mais, comme je vous le disais tout à l'heure, la *Pulchérie* de Pierre Corneille et le *Théodat* de Thomas Corneille furent joués avant *Mithridate*. *Pulchérie*, vous le savez par ce que je vous en ai dit l'année dernière, ne put être représentée qu'au théâtre du Marais, dans un quartier d'où la vie se retirait de plus en plus ; quant au *Théodat*, il fut donné à l'hôtel de Bourgogne, sur cette même scène où, l'année précédente, l'*Ariane* du même Thomas Corneille avait balancé le succès de *Bajazet*.

Racine ne s'émut pas trop de ces manifestations de l'activité dramatique des deux frères : il leur laissa jeter leur feu ; puis, le champ restant libre, et tout souci du côté de l'Académie étant dissipé, il se décida enfin à faire jouer *Mithridate*, en janvier 1673.

La pièce obtint un beau, un magnifique succès, à la ville aussi bien qu'à la cour (où *Mithridate* fut joué plusieurs fois, tantôt à Saint-Germain, tantôt à Saint-Cloud, à Fontainebleau et à Versailles : le royal élève de Bossuet assista à l'une de ces représentations, mais on ne nous dit pas que son précepteur l'y ait accompagné). Les ennemis de Racine étaient réduits au silence. De Visé lui-même, tout en essayant de marquer ses intentions ironiques, fut contraint de reconnaître que la pièce *avait plu* :

« J'aurais longtemps à vous entretenir, écrivait-il dans le *Mercure* de 1673, s'il fallait que je vous rendisse un compte exact des jugements qu'on a faits du *Mithridate* de M. Racine. Il a plu, comme font tous les ouvrages de cet illustre auteur ; et, quoiqu'il ne se soit quasi servi que des noms de Mithridate, de ceux des princes ses fils et de celui de Monime, il ne lui est pas moins permis de changer la vérité des histoires anciennes pour faire un ouvrage agréable, qu'il lui a été d'habiller à la turque nos amants et nos amantes. Il a adouci la grande férocité de Mithridate, qui avait fait égorger sa femme, dont les anciens nous vantent et la grande beauté et la grande vertu ; et, quoique ce prince fût barbare, il l'a rendu en mourant un des meilleurs princes du monde : il se dépouille en faveur d'un de ses enfants de l'amour et de la vengeance, qui sont les deux plus violentes passions où les hommes soient sujets ; et ce grand roi meurt avec tant de respect pour les dieux, qu'on pourrait le donner pour exemple à nos princes les plus chrétiens. Ainsi M. Racine a atteint le but que doivent se proposer tous ceux qui font de ces sortes d'ouvrages ; et les principales règles étant de plaire, d'instruire et de toucher, on ne saurait donner trop de louanges à cet illustre auteur, puisque sa tragédie a plu, qu'elle est de bon exemple et qu'elle a touché les cœurs. »

Après vingt-cinq ou trente représentations, la pièce fut imprimée. Il n'y eut qu'une seule édition séparée, jusqu'au premier recueil des œuvres de Racine en 1676. Puis la pièce fut reprise et jouée plusieurs fois à la fin du xviiᵉ siècle.

Il nous reste, maintenant, à étudier rapidement cette tragédie de *Mithridate*.

Et d'abord, je me hâte de vous dire que nous n'irons pas chicaner Racine au sujet des libertés qu'il a pu prendre avec l'histoire. Aussi bien, n'était-ce pas à un public d'historiens ou d'archéologues qu'il destinait sa pièce. Il lui suffisait simplement de trouver le chemin du cœur ; il s'adressait à ces « honnêtes gens » qui, selon le mot de Molière dont les *Femmes savantes* venaient d'être jouées l'année précédente, ont « des clartés de tout » ; le spectateur idéal que Racine désirait, ce n'était pas Philaminte ou Bélise, ni même Chrysale, qui « vit de bonne soupe et non de beau langage », mais l'intelligent Clitandre et l'exquise Henriette. Racine voulait plaire à de véritables Athéniens, d'esprit large et éclairé : dès lors, peu nous importe que, dans l'histoire, Monime ne soit guère qu'une sultane favorite et qu'elle soit contrainte à se tuer pour ne pas tomber vivante entre les mains des Romains ; que Xipharès ait été mis à mort sur l'ordre de Mithridate, parce que sa mère, Stratonice, autre femme du roi de Pont, avait livré une forteresse aux Romains ; et que Pharnace soit, surtout après la mort de Xipharès, le fils aimé d'un père qu'il n'a pas encore abandonné. Tout ce que Racine a voulu, c'est faire une tragédie *poignante;* et nous avons à nous demander simplement s'il y a réussi.

De l'histoire, Racine a accepté la donnée essentielle, je veux dire le caractère de *Mithridate*, auquel il ne pouvait rien changer sans choquer les connaissances, même superficielles, des spectateurs intelligents. Mithridate sera donc, chez Racine comme dans la réalité, le despote asiatique, jaloux, perfide, entêté dans sa haine des Romains, qui, forcé de céder après bien des luttes, tentera en vain de s'empoisonner et en sera réduit à se faire tuer par un esclave.

L'exposition de *Mithridate* est fort belle et fort simple. La scène est à Nymphée, port de mer sur le Bosphore Cimmérien, dans la Chersonèse Taurique. Mithridate vient d'être vaincu par les Romains, et on annonce qu'il est mort. Xipharès, son fils, ennemi de Rome comme lui, le pleure sincèrement ; son autre fils Pharnace, créature des Romains, ne cache pas sa joie, car il espère que cette mort va lui livrer la fiancée de son père, Monime, « accordée avec Mithridate, et déjà déclarée reine », et dont il est follement épris. Mais Monime le déteste et implore contre lui Xipharès, qu'elle aime en secret. Tout à coup, on annonce que Mithridate n'est pas mort et qu'il est de retour. Voilà les deux jeunes gens en danger, et Monime aussi. Rien de plus net que cette exposition.

Or, Mithridate apprend par son fidèle confident Arbate, gouverneur de Nymphée, tout ce qui s'est passé en son absence. Il apprend que ses deux fils ont osé lever les yeux sur Monime. Grande est sa fureur. Nous tremblons pour Xipharès et Monime, ces deux jeunes amants qui nous rappellent si bien Britannicus et Junie, Bajazet et Atalide.

Mithridate, dans un grand discours qui doit mettre les sentiments de ses fils à l'épreuve, leur expose ses projets contre Rome.
Pharnace se prononce pour la paix avec les Romains, Xipharès
proteste. Mithridate, furieux contre Pharnace, le fait arrêter ; mais
celui-ci déchire le cœur du vieux roi en lui révélant l'amour mutuel de Xipharès et de Monime. Mithridate, par une ruse indigne
(il feint de vouloir unir Monime à Xipharès), arrache la vérité à
Monime elle-même.

Aussi Monime se révolte-t-elle désormais à l'idée d'épouser le
vieux roi. Tout à coup, on annonce la trahison de Pharnace, complice des Romains. Mithridate va au-devant des ennemis, tout en
se promettant de se venger.

Monime, croyant que Xipharès est mort, se désespère ; et elle
va boire avec joie le poison que lui a fait porter Mithridate, lorsqu'Arbate vient lui arracher la coupe des mains. Il lui annonce
que Mithridate, menacé à la fois par Pharnace et par les Romains,
s'est percé de son épée ; mais que Xipharès l'a secouru et a mis en
fuite l'ennemi. Mithridate est apporté mourant sur la scène ; et,
oubliant toute jalousie, il unit Monime à Xipharès et lui laisse le
soin de venger sa mort.

La tragédie de *Mithridate*, dit M. Paul Mesnard, est toute
cornélienne. Essayons de voir si ce jugement, universellement
répandu, est vrai, en nous défiant des préjugés et des théories
à priori qui traînent dans tous les manuels.

Oui, cette tragédie est cornélienne. Mais, peut-être, serait-il
plus exact de ne point l'affirmer d'une manière absolue, et de
dire simplement : *Mithridate* diffère de *la plupart* des tragédies
de Racine ; *Mithridate* est analogue à *la plupart* des pièces de
Corneille.

Nous avons vu, en effet, que, chez Racine, ce qui fait avancer
l'action, ce ne sont point en général les événements extérieurs ;
l'action se déroule par le seul jeu des passions, au gré des revirements et des fluctuations des sentiments intimes des personnages. Prenez Andromaque, prenez Hermione : elles disent oui,
puis elles disent non ; elles avancent, puis elles reculent ; elles
consentent, puis hésitent, et reviennent sur leurs intentions. Un
véritable combat se déroule dans leur âme, et c'est ce combat qui
est proprement la tragédie.

Chez Corneille, au contraire, ce sont, en général, les événements du dehors qui viennent modifier l'état d'esprit et les
dispositions des personnages ; ce sont les répercussions de ces
événements que le poète développe sous nos yeux ; ce sont les
événements qui font avancer l'action.

Or, que se passe-t-il dans *Mithridate* ? Nous n'assistons plus à
des fluctuations et à des revirements. Mithridate va droit devant
lui avec un implacable sang-froid ; il ne fait pas un seul retour
en arrière. Ce héros est de la lignée des plus célèbres héros de
Corneille.

Mais n'oublions pas que, si Racine s'est montré cornélien dans
la peinture de Mithridate, Corneille, en 1640, s'était montré
racinien en écrivant *Cinna*. En effet, comment l'action avance-
t-elle dans cette pièce ? Ce n'est point, comme il arrive d'ordinaire chez Corneille, sous la pression d'événements extérieurs :
tout dépend ici de la seule volonté d'Auguste, de ses fluctuations
et de ses revirements. Auguste, en découvrant le complot qui le
menace, veut d'abord punir impitoyablement les coupables ; puis
il se souvient qu'il a été Octave, et le remords s'empare de son
esprit ; de nouveau, il prend la résolution d'agir :

> Oui, je vous unirai, couple ingrat et perfide !...

Enfin, il se décide à pardonner. La tragédie de *Cinna* n'est pas
autre chose que le tableau des incertitudes d'Auguste, de ses
crises de volonté. Et, en ce sens, on peut dire que cette pièce a
quelque chose de racinien.

Mais il est évident que, même dans celles de leurs pièces qui
ont le plus d'analogies, bien des différences notables subsistent
entre les deux poètes. C'est ainsi que Racine, par exemple, ne
peut se défaire de sa tendance au romanesque. Nous avons déjà
eu l'occasion de remarquer que Racine, si simple et si naturel en
général, ne déteste pas le drame. Souvenez-vous du premier
texte d'*Andromaque* et de ce cinquième acte, où la veuve d'Hector
et de Pyrrhus reparaît chargée de chaînes, dénouement que
Racine a eu le bon goût de modifier ensuite ; souvenez-vous des
déclarations galantes que Néron éprouve le besoin de faire à
Junie, après le meurtre de Britannicus.

C'est ce même Racine qui n'hésite pas à ramener sur la scène,
à la fin de *Mithridate*, le vieux roi qui vient de se transpercer de
son épée. Mithridate reparaît, soutenu par des gardes, et débite
un long discours d'une voix forte. Il est permis d'affirmer que
Corneille s'y serait pris autrement.

Geoffroy a dit que *Mithridate* est une tragédie de caractères.
N'oublions pas que *toutes* les tragédies sont des tragédies de
caractères. Que l'auteur veuille mettre à la scène l'ambition, la
haine, l'amour filial, l'amour fraternel, la passion religieuse, etc.,
il est toujours forcé d'écrire une tragédie de caractères, c'est-à-

dire que ce sont les caractères, et non l'intrigue, qui doivent donner à la pièce son intérêt.

Ici, dans *Mithridate*, Racine a peint quatre caractères : au premier plan, en pleine lumière, Mithridate et Monime ; — au deuxième plan, les deux frères, Xipharès et Pharnace. Les deux derniers sont subordonnés aux deux premiers. On peut dire que Pharnace et Xipharès, quoique peints en pied, sont un peu sacrifiés ; cependant leurs traits demeurent encore assez accusés.

Mithridate se retrouve chez Racine tout entier, avec son implacable haine des Romains, qui est la dominante de son caractère ; nous l'y voyons revivre avec sa fermeté dans le malheur, son audace infatigable, sa dissimulation profonde et cruelle, ses soupçons, ses jalousies, ses défiances. On a eu tort de reprocher à Racine d'avoir dédoublé le caractère de Mithridate, et d'avoir présenté en lui le roi et le père de famille. Les deux caractères se complètent : et puis, il ne faut pas oublier que nous sommes en Orient, et que Mithridate nous paraîtra d'autant plus amoureux, passionné et jaloux, que nous aurons vu en lui un père sans grande tendresse.

Quant à Monime, peut-on imaginer situation plus délicate que la sienne ? Cette jeune femme a trois amants à la fois, et quels sont-ils ? Un père et ses deux fils ! On n'a point manqué de s'en scandaliser. Un littérateur italien, Louis Riccoboni (né à Modène en 1674, mort à Paris en 1753), qui avait été lui-même un acteur applaudi, et qui, vers la fin de sa vie, sous l'influence de scrupules religieux, avait renoncé à l'art dramatique, s'est montré bien dur pour Racine dans un ouvrage intitulé *La Réformation du Théâtre*, qu'il publia à Paris en 1743. Riccoboni a classé les principales tragédies françaises en trois catégories : 1° tragédies que lui, Riccoboni, conserverait telles qu'elles sont ; 2° tragédies qu'il conserverait à condition de les corriger ; 3° tragédies qu'il rejetterait entièrement.

Parmi les pièces de Racine, il admet sans changement la *Thébaïde*, *Andromaque*, *Iphigénie*, *Esther* et *Athalie ;* une seule tragédie pourrait être corrigée, *Britannicus* ; les autres, à savoir *Alexandre*, *Bérénice*, *Bajazet*, *Mithridate* et *Phèdre*, sont à rejeter.

Et voici comment Riccoboni s'exprime au sujet de *Mithridate :* « Il n'y a que la corruption du siècle qui ait pu faire tolérer sur la scène la passion d'amour traitée de la manière dont elle l'est dans *Mithridate*. Deux frères amoureux de la fiancée de leur père ! Je ne m'arrête pas au mérite de l'auteur pour avoir bien traité un sujet si épineux ; je ne regarde que le sujet en lui-même,

car il est bien moins question, au Théâtre de la Réformation, de
savoir si les auteurs ont de l'esprit que d'être assuré que leurs
pièces sont extrêmement correctes pour les mœurs, et ne peuvent
causer aucune mauvaise impression dans le cœur des spectateurs.
Si donc l'auteur de *Mithridate* a fait paraître dans cette pièce
beaucoup d'esprit et d'imagination, je dis qu'il les a employés en
pure perte, puisque, au lieu de corriger et d'instruire, il ne nous
présente que de mauvais exemples, et qu'il donne de mortelles
atteintes aux bonnes mœurs et à la bienséance. Je ne crois
donc point que la tragédie de *Mithridate* puisse, en aucune façon,
être conservée. »

Cette simple lecture suffit à vous montrer que Louis Riccoboni n'a rien compris à *Mithridate*. Assurément, la situation de
Monime est délicate : mais c'est précisément ici qu'éclatent
l'ingéniosité et la délicatesse du poète. Lorsque les deux fils de
Mithridate songent à lever les yeux sur Monime, accordée avec
Mithridate, *ils croient leur père mort*, ce qui n'est pas à négliger,
si l'on veut porter sur eux un jugement équitable. Et vous
pouvez voir que, lorsque le vieux roi qu'on croyait mort est de
retour, Monime refoule immédiatement son amour ingénu pour
Xipharès. Reportez-vous à la belle scène entre Xipharès et la
jeune femme au second acte (sc. vi), où Monime laisse entendre
à Xipharès que c'est lui qu'elle aime, mais où elle l'adjure en
même temps de renoncer à elle et de la fuir, et vous saisirez
l'analogie de cette situation avec celle de Pauline en face de
Sévère dans *Polyeucte*.

Au quatrième acte, alors que Monime peut croire que Mithridate renonce à l'épouser, nous assistons à une nouvelle entrevue
entre les deux amants. Mais, cette fois, l'entrevue n'est plus un
tête-à-tête : à côté de Xipharès et de Monime, il y a la confidente
Phœdime ; et ni l'un ni l'autre des jeunes amants ne songe à se
débarrasser de Mithridate. Même sur le point de périr, Monime
conserve toute sa pudeur et son exquise délicatesse.

De toutes les jeunes filles que Racine a peintes jusqu'à
Mithridate, celle-ci possède la physionomie la plus pure et laisse
l'impression la plus complète de beauté physique et morale.
Monime est une païenne, sans doute ; mais elle a toutes les vertus
de la femme antique.

En somme, Racine a traité fort délicatement ce sujet épineux
de la rivalité amoureuse de Mithridate et de ses deux fils,
sujet qui n'est pas sans rapports avec la rivalité d'Harpagon et
de Cléante, tous deux épris de Marianne, dans *L'Avare* de
Molière.

On peut dire que Racine, avec *Mithridate*, paraissait être monté au comble de son art. Une fois de plus, il se montrait le digne rival du grand Corneille ; et, en le recevant le 12 janvier 1673, l'Académie française ne pouvait faire un meilleur choix.

A. C.

Sujets de devoirs

UNIVERSITÉ DE RENNES.

Philosophie.

1. La notion de cause.

2. Le raisonnement au point de vue psychologique.

3. La perception de l'espace par le toucher.

Littérature latine.

DISSERTATION.

De Lucani genere dicendi.

VERSION.

Virgile, *Géorgiques*, I, 311-335.

THÈME.

Boileau, *Discours sur la Satire*, depuis : « Que répondre à cela, mes censeurs ? » jusqu'à : «... où l'on n'osera toucher sans profanation. »

DISSERTATION.

De Vergilio Ennii et Lucretii imitatore.

VERSION.

Virgile, *Géorgiques*, I, 287-311.

THÈME.

Pascal, *Pensées*, première partie, art. VII, III, depuis : « Tel homme passe sa vie sans ennui... », jusqu'à : «... mais le divertissement nous trompe, nous amuse et nous fait arriver insensiblement à la mort. »

Dissertation française.

1. La question d'argent dans le théâtre d'Emile Augier.

2. Salammbô.

3. Leconte de Lisle : l'inspiration védique et la pensée pessimiste.

Littérature anglaise.

THÈME.

G. Sand, *La Petite Fadette*, IV, depuis : « Le père Caillaud, voyant que des deux bessons on lui amenait le plus fort... », jusqu'à : « Voilà les bessons de la Bessonnière. »

DISSERTATIONS.

a) Agrégation. — Les comédies de Vanbrugh.

b) Licence. — *Tom Jones.*

c) Certificat. — Ruskin's Prose.

VERSION.

Rossetti, *House of Life*, X et XI.

DISSERTATIONS.

a) Agrégation. — English Society as seen through the Restoration Drama.

b) Licence. — Tennyson's Versification.

c) Certificat. — Sir Roger de Coverley.

Géographie.

1. Définir et analyser la notion de pénéplaine.

2. Pour quelles raisons les plateaux de la Nouvelle-Angleterre forment-ils, aux Etats-Unis, une région physiquement bien individualisée ?

3. La répartition de la population au Canada.

Histoire moderne.

1. La doctrine absolutiste en France au xvii° siècle.

2. La Charte de 1814.

3. La Russie à l'avènement d'Alexandre II.

Thème grec.

1. Busiris établit pour les Egyptiens des pratiques religieuses nombreuses et de toute espèce. Il rendit des lois qui ordonnaient d'adorer et d'honorer même quelques-uns des animaux qui sont méprisés chez nous, non qu'il ignorât leur valeur, mais parce qu'il pensait qu'il fallait habituer la foule à s'en tenir aux prescriptions des chefs et qu'il voulait en même temps essayer de trouver dans les choses apparentes quelle opinion elle avait des choses invisibles. Il pensait, en effet, que ceux qui négligeraient ces choses-là en mépriseraient peut-être aussi de plus importantes, mais que ceux qui pour toutes s'en tiendraient à l'ordre établi auraient prouvé que leur piété serait solide. — Pense à ceux qui savent ce qu'ils disent et ce qu'ils font, et tu trouveras, comme je le crois, que dans toutes les actions les hommes estimés et admirés sont du nombre des plus instruits, et que les hommes décriés et méprisés sont du nombre des plus ignorants. Si tu veux donc être estimé et admiré, essaie d'arriver à savoir le mieux possible ce que tu veux faire.

2. Fénelon, *Lettre à l'Académie*, Projet de rhétorique : « De même les Arcadiens. . ces mêmes prisonniers. »

Bibliographie

Œuvres choisies d'Alfred de Musset, avec études et analyses, par P. MORILLOT, professeur à l'Université de Grenoble. — Un vol. in-16 br., 3 fr. 50 ; mouton, 5 fr. (Librairie Ch. Delagrave, 15, rue Soufflot, Paris.)

Un esprit à la fois large et sévère a présidé au choix des Œuvres de Musset, dans tout ce qu'il a de meilleur et dans tous les genres où s'est exercé son vaste et clair génie : poésie, théâtre, roman, critique. — L'ouvrage peut être mis entre toutes les mains, mais, comme le dit l'auteur dans sa préface, on n'a pas cherché à rapetisser l'originalité essentielle du poète et de sa poésie. « Qu'on s'attende donc à trouver ici toute la tendresse et la passion de Musset, ses élans d'imagination et de cœur, sa soif dévorante de bonheur, sa belle ardeur de vie ; et aussi, comme salutaires correctifs, ses nobles angoisses et ses admirables cris de douleur, les plus admirables qui soient sortis d'une poitrine humaine. »

C'est le livre où ceux qui l'ignorent pourront apprendre à le connaître et où ses vrais amis aimeront à le retrouver.

Le gérant : E. FROMANTIN.

POITIERS, — SOCIÉTÉ FRANÇAISE D'IMPRIMERIE ET DE LIBRAIRIE

QUINZIÈME ANNÉE (*ᵉ Série)   N° 33   27 JUIN 1907

REVUE HEBDOMADAIRE

DES

COURS ET CONFÉRENCES

DIRECTEUR : N. FILOZ

Poètes français du XIX° siècle qui continuent la tradition du XVIII°

Cours de M. ÉMILE FAGUET,

Professeur à l'Université de Paris.

Fontanes : le critique littéraire (fin) ; ses premières œuvres en vers.

Pour en finir avec Fontanes critique littéraire, il me reste à vous parler de ses articles sur le *Génie du Christianisme* de Chateaubriand.

Fontanes, juge de Chateaubriand, est intéressant à tous égards. D'une part, il a très bien compris l'essence même, le but et le dessein de Chateaubriand dans le *Génie du Christianisme*, et, d'autre part, il a eu quelque répulsion pour l'attitude prise par Chateaubriand vis-à-vis de la mythologie païenne et de la « mythologie » chrétienne. C'est à ce double point de vue que nous devons examiner les articles de Fontanes.

Quel était le fond même de la doctrine de Chateaubriand dans le *Génie du Christianisme* ?

Chateaubriand demandait qu'on arrêtât l'imitation indéfinie des anciens ; que la France eût une littérature à elle et non d'emprunt ; que, puisqu'elle n'était point païenne, elle n'eût pas une poésie mythologique ; que, puisqu'elle était moderne, elle n'eût pas une littérature ancienne ; que, puisqu'elle existait, elle eût une littérature nationale.

46

Et Fontanes sent bien tout ce qu'il y a de neuf et de juste dans cette théorie. Il comprend, plus que tout autre, les beautés de la religion chrétienne. Mais il est trop fervent disciple de Boileau pour ne point faire quelques réserves, lorsque Chateaubriand vient dire qu'il faut rompre avec la tradition du XVIIIᵉ siècle : car, rompre avec le XVIIIᵉ siècle, c'est rompre du même coup avec toute la tradition classique depuis 1550, et avec Racine tout autant qu'avec Voltaire, et avec Boileau tout autant qu'avec Ronsard. Or cela, pour M. de Fontanes, était un peu dur à accepter.

Fontanes note avec beaucoup d'exactitude et de précision ce qu'il y a de nouveau dans l'œuvre de Chateaubriand : « Le génie audacieux de Pascal, dit-il, voulait abattre l'incrédule sous les luttes du raisonnement. Sûr de lui-même, il osait se mesurer avec l'orgueil de la raison humaine ; et, quoiqu'il sût bien que cet orgueil est infini, l'athlète chrétien se sentait assez fort pour la terrasser. Mais le seul Pascal pouvait exécuter le plan qu'il avait conçu, et la mort l'a frappé malheureusement au pied de l'édifice qu'il commençait avec tant de grandeur. Racine le fils s'est traîné faiblement sur le dessin tracé par un si grand maître. Il a mêlé dans son poème les méditations de Pascal et de Bossuet. Mais sa muse, si je l'ose dire, a été comme abattue en présence de ces deux grands hommes, et n'a pu porter tout le poids de leurs pensées. Il ébauche ce qu'ils ont peint ; il n'est qu'élégant, lorsqu'ils sont sublimes ; mais il n'en est pas moins un versificateur très habile, et, plus d'une fois, on croit entendre dans les vers du poème de la *Religion* les sons affaiblis de cette lyre qui nous charme dans *Esther* et dans *Athalie*. .

« L'auteur du *Génie du Christianisme* n'a point suivi la même route que ses prédécesseurs. Il n'a point voulu rassembler les preuves théologiques de la religion, mais le tableau de ses bienfaits ; il appelle à son secours le sentiment, et non l'argumentation. Il veut faire aimer tout ce qui est utile. Tel est son plan, comme nous avons pu le saisir dans une première lecture faite à la hâte. »

Voilà qui est très exact, avec cette réserve, toutefois, que Fontanes, quoi qu'il en dise, n'a point lu le *Génie du Christianisme* « à la hâte », puisque nous savons qu'il l'a, en quelque sorte, corrigé et remanié. Fontanes voit très bien que cet ouvrage est « moins fait pour les docteurs que pour les poètes ». Ce n'est point une apologétique, c'est un livre de polémique venu à son heure. Il est destiné à découvrir les beautés du système religieux à ceux-là même « qu'avaient prévenus les plaisanteries de l'incrédulité moderne ».

Oui ; mais, en montrant admirablement les beautés du christianisme, en célébrant le « merveilleux chrétien », Chateaubriand attaque du même coup la mythologie païenne, cette intruse qui tient une place si considérable dans les œuvres classiques, — et ici Fontanes, admirateur du XVII° siècle français, croit de son devoir de protester :

« Peut-être, dit-il, on ne trouvera pas la même justesse dans toutes les observations de M. de Chateaubriand, ou du moins quelques-unes ne seront admises qu'avec des restrictions nécessaires. *On lui accordera difficilement que les machines poétiques tirées du christianisme puissent avoir le même effet que celles de la mythologie.* Il est vrai qu'il ne se dissimule point les objections qui se présentent contre ce système. « Nous avons à combattre, dit-il, un des plus anciens préjugés de l'école. Toutes les autorités sont contre nous, et l'on peut nous citer vingt vers de l'*Art poétique* qui nous condamnent ». Après cet aveu, il compare, au point de vue poétique, le ciel des chrétiens à l'Olympe, le Tartare à notre Enfer, nos anges aux dieux subalternes du paganisme, et nos saints à ses demi-dieux.

« On ne peut, sans doute, assigner de bornes au génie. Ce que Boileau jugeait impraticable sera peut-être tenté quelque jour avec succès. Milton, à qui le goût fait tant de reproches, montre pourtant jusqu'à quel point la majesté des livres saints élève l'imagination poétique. Mais est-ce assez pour justifier l'opinion de ceux qui

> Pensent faire agir Dieu, les saints et les prophètes,
> Comme les dieux éclos du cerveau des poètes ?

« En effet, si Milton est sublime, ce n'est point quand il peint la divinité reposant dans elle-même, et jouissant de sa propre gloire au milieu des chœurs célestes qui la chantent éternellement. Alors le poète est gêné par la précision des dogmes théologiques, et son enthousiasme se refroidit. C'est dans le caractère de Satan qu'il s'est élevé au-dessus de lui-même. On en devine bientôt la raison. C'est que Satan, déchiré par l'orgueil et le remords, par les sentiments opposés de sa misère présente et de son antique gloire, a précisément, et même à un plus haut degré, toutes les passions des dieux de la mythologie. C'est un sujet rebelle qui rugit dans sa chaîne ; c'est un roi détrôné qui médite de nouvelles vengeances ; en un mot, c'est, avec des traits plus hardis, un Encelade frappé de la foudre, un Prométhée qui défie encore Jupiter sur le roc où l'enchaîne la Nécessité. Quelques traits de ce personnage avaient été indiqués dans les prophètes, mais d'une manière assez vague pour que l'auteur moderne, en le peignant, eût toute la liberté nécessaire à l'invention poétique. Satan, tel qu'il est conçu par Milton, ne prouve donc rien contre ces vers de Boileau :

> De la foi d'un chrétien les mystères terribles
> D'*ornements égayés* ne sont point susceptibles.

« Remarquez bien cette expression d'*ornements égayés*. Boileau l'a placée encore plus haut, en parlant de l'effet heureux des fables anciennes dans la poésie épique :

> Ainsi, dans cet amas de nobles fictions,
> Le poète *s'égaye* en mille inventions,
> Orne, élève, *embellit, agrandit* toutes choses,
> Et trouve sous sa main des fleurs toujours écloses.

Mais ces fleurs ne croissent que sur les autels d'une religion douce et riante. La majesté du christianisme est trop sévère pour souffrir de tels ornements. Si on veut l'*embellir*, on la dégrade. Comment *agrandir* ce qui est infini ? Comment *égayer* une religion qui a révélé toutes les misères de l'homme ? »

Et, certes, M. de Fontanes n'a pas tort en un sens ; mais Chateaubriand n'a pas tort non plus. C'est *parce qu'il est chrétien* que Boileau ne veut pas de christianisme dans la littérature. Il pousse le scrupule chrétien jusqu'à ne parler, en vers, que de Jupiter. Chateaubriand, *parce que chrétien*, repousse la mythologie de l'œuvre d'art. C'est donc qu'il abolit l'ancienne distinction entre l'art et la foi, entre le vrai et le beau ; c'est donc qu'il va demander un art chrétien. Et voilà tout l'esprit de la littérature classique heurté de front et bouleversé. Nous comprenons fort bien, dès lors, les restrictions apportées à cette théorie par le classique attardé qu'est Fontanes.

D'ailleurs, le dédaigneux novateur qu'est Chateaubriand ne va pas jusqu'à dire que, faute d'esprit chrétien, il n'y a pas eu de grande littérature en France depuis 1550 jusqu'à lui. Non ; il use même, ici, d'un détour bien ingénieux. Si les œuvres poétiques du xvii° siècle ont été si admirables, encore qu'elles ne fussent point chrétiennes, c'est, selon Chateaubriand, qu'elles l'étaient sans le savoir, et qu'elles recevaient, bon gré mal gré, l'influence indirecte mais puissante de l'esprit chrétien. Vous ne voulez point être chrétiens dans vos ouvrages, poètes français des siècles classiques, mais vous l'êtes en vos cœurs, et, quelque effort qu'on y fasse, on ne sépare point son esprit de son âme, pour donner l'un à l'art et l'autre à la foi, l'une à la vérité et l'autre au beau.

Polyeucte est chrétien, volontairement ; mais l'Auguste de *Cinna* l'est sans le savoir, parce que le poète qui l'a conçu était chrétien. Phèdre est une « pécheresse » et une « damnée », quand elle croit n'être qu'une coupable ; et Arnauld, qui s'y connaît, ne s'y trompe pas, et, s'il trouve ce drame « innocent », c'est qu'il le trouve chrétien.

Cette théorie — qui soulève la question de *l'art impersonnel* — n'est pas seulement très spirituelle, elle contient une part de vérité.

Et Fontanes n'est pas moins ingénieux, lorsqu'il défend le merveilleux païen par l'exemple du *Télémaque* : « Si la gravité du christianisme, dit-il, ne peut descendre jusqu'aux jeux de la mythologie, celle-ci, au contraire, prenant toutes les formes du génie poétique dont elle est la fille, peut imiter les effets majestueux du christianisme... L'Elysée, par exemple, tel qu'il est peint dans le *Télémaque*, n'apppartient point au système du paganisme, mais à celui d'une religion qui n'admet qu'une joie sainte et des voluptés pures comme elle. M. de Chateaubriand l'observe lui-même avec d'autres critiques. On retrouve, en effet, dans cette description, les élans passionnés d'une âme tendre, qui portait l'amour divin jusqu'à l'excès ; mais ce morceau n'est pas le seul où l'auteur a répandu l'esprit du christianisme. Je n'en indiquerai qu'un autre exemple.

« Le fils d'Ulysse, séparé quelque temps de Minerve, qui le conduit sous la figure de Mentor, est seul dans l'île de Chypre, en proie à toutes les séductions de Vénus et de son âge ; il est prêt à succomber. Tout à coup, au fond d'un bocage, paraît la figure austère de ce même Mentor, qui crie d'une voix forte à son élève : « Fuyez cette terre dangereuse ». Les accents de la divinité cachée rendent au cœur amolli du jeune homme son courage et ses vertus. Il se réjouit de retrouver, enfin, l'ami qu'il regrette depuis si longtemps ; mais Mentor lui annonce qu'il faut se quitter encore, et lui parle en ces mots :

« Le cruel Métophis, qui me fit esclave avec vous en Egypte,
« me vendit à des Arabes. Ceux-ci, étant allés à Damas en Syrie,
« pour leur commerce, voulurent se défaire de moi, croyant tirer
« une grande somme d'un voyageur nommé Hazael, qui cher-
« chait un esclave grec. Hazael m'attend ; adieu, cher Télémaque ;
« un esclave qui craint les dieux doit suivre fidèlement son
« maître. »

« Il y a des beautés de plusieurs genres dans cet épisode... », poursuit Fontanes, et il les développe assez longuement Il montre comment Fénelon a merveilleusement déguisé sous des noms mythologiques ce qu'il y a de plus élevé dans la théologie chrétienne, et comment les instructions de Mentor, puisées à la source du *vrai* et du *beau*, sont dignes d'avoir pour interprète Minerve même, c'est-à-dire l'intelligence qui gouverne l'univers.

« On peut conclure de ces réflexions, dit Fontanes, que, dans le merveilleux de l'épopée, tous les avantages poétiques sont en faveur des fables anciennes, puisqu'elles sont toujours plus riantes que le christianisme, et peuvent quelquefois être aussi graves que lui. »

Ainsi, Fontanes ne peut laisser passer les théories de Chateaubriand dans le *Génie du Christianisme*, sans rendre un hommage à Boileau. Et cela est intéressant à noter chez celui qui fut l'ami de Chateaubriand.

Quelle fut la réponse de l'auteur du *Génie du Christianisme ?* Il voulut *prouver*, par son exemple, que le merveilleux chrétien est plus beau que le merveilleux païen. Il *fallait* donc mettre ces deux merveilleux en présence : c'est ce qu'il a fait dans les *Martyrs*. Et, précisément parce que Chateaubriand est un artiste admirable pour trouver le beau partout où il est, c'est-à-dire partout, il nous donne des pages d'inspiration antique qui sont des chefs-d'œuvre (tous les premiers livres des *Martyrs*) et des morceaux animés de l'esprit chrétien qui sont merveilleux... Mais laissons là Chateaubriand, puisque aussi bien c'est Fontanes qui nous occupe.

En résumé, vous avez pu voir, par ce que nous avons lu des articles de Fontanes sur Mme de Staël et sur Chateaubriand, que ce critique possède les qualités les plus précieuses de son métier : il expose clairement chaque doctrine ; il va droit aux points faibles et les met en lumière avec beaucoup d'adresse ; il développe, dans une langue facile et souvent spirituelle, des idées presque toujours ingénieuses et originales. Fontanes aurait pu devenir un excellent critique littéraire. Il a voulu aussi être un poète, et c'est à ce titre qu'il nous faut maintenant l'examiner.

Nous diviserons ses œuvres poétiques, si vous voulez, en trois catégories : œuvres lyriques ; — œuvres didactiques ; — poésies domestiques et familières. C'est dans ces dernières que Fontanes est vraiment lui-même et qu'il a le mieux réussi.

Fontanes lyrique est curieux à étudier comme poète de transition entre le lyrisme du xviiie siècle et celui du xixe. Le lyrisme d'un Lebrun-Pindare, au xviiie siècle, est un lyrisme brillant et glacé : il ne palpite jamais ; on ne sent pas en lui les vibrations d'un cœur sensible. On peut dire que les poésies lyriques de Lebrun sont des « élévations intellectuelles » plutôt que des poésies lyriques, à proprement parler.

Fontanes, lui, fait déjà du demi-lyrisme. Et c'est, au vrai sens du mot, une « méditation » poétique que sa pièce intitulée la *Chartreuse de Paris*. Ces vers parurent, pour la première fois, en 1783, et Fontanes les a souvent retouchés depuis. On y retrouve comme un écho affaibli des *Nuits* d'Young, ou, si vous voulez, aussi, de Gessner, l'idyllique suisse. Cette pièce, dans laquelle le poète « médite » sur tout ce qui a pu se passer dans la Chartreuse, n'est dépourvue ni d'une certaine mélancolie ni d'une émotion vraie :

> Vieux cloître où de Bruno les disciples cachés
> Renferment tous leurs vœux sur le ciel attachés ;
> Cloître saint, ouvre-moi tes modestes portiques.
> Laisse-moi m'égarer dans ces jardins rustiques
> Où venait Catinat méditer quelquefois,
> Heureux de fuir la cour et d'oublier les rois.
> J'ai trop connu Paris : mes légères pensées,
> Dans son enceinte immense au hasard dispersées,
> Veulent en vain rejoindre et lier tous les jours
> Leur fil demi-formé qui se brise toujours.
> Seul, je viens recueillir mes vagues rêveries.
> Fuyez, bruyants remparts, pompeuses Tuileries,
> Louvre, dont le portique, à mes yeux éblouis,
> Vante, après cent hivers, la grandeur de Louis !
> Je préfère ces lieux où l'âme moins distraite,
> Même au sein de Paris, peut goûter la retraite :
> La retraite me plaît ; elle eut mes premiers vers.
> Déjà, de feux moins vifs éclairant l'univers,
> Septembre loin de nous s'enfuit, et décolore
> Cet éclat dont l'année un moment brille encore.
> Il redouble la paix qui m'attache en ces lieux ;
> Son jour mélancolique, et si doux à nos yeux,
> Son vert plus rembruni, son grave caractère,
> Semblent se conformer au deuil du monastère.
> Sous ces bois jaunissants j'aime à m'ensevelir ;
> Couché sur un gazon qui commence à pâlir,
> Je jouis d'un air pur, de l'ombre et du silence.

Vous le voyez, c'est l'âme d'un Lamartine s'exprimant en vers de Boileau. Il y a, çà et là, des passages assez bien venus, avec des vers heureusement frappés :

> C'est là qu'ils se cachaient, et les chrétiens fidèles,
> Que la religion protégeait de ses ailes,
> Vivant avec Dieu seul dans leurs pieux tombeaux,
> Pouvaient au moins prier sans craindre les bourreaux.
> Le tyran n'osait plus y chercher ses victimes.
> Eh ! que dis-je ? Accablé de l'horreur de ses crimes,

Souvent, dans ces lieux saints, l'oppresseur désarmé
Venait demander grâce aux pieds de l'opprimé.
D'héroïques vertus habitaient l'ermitage.
Je vois dans les débris de Thèbes, de Carthage,
Aux creux des souterrains, au fond des vieilles tours,
D'illustres pénitents fuir le monde et les cours.
La voix des passions se tait sous leurs cilices ;
Mais leurs austérités ne sont point sans délices :
Celui qu'ils ont cherché ne les oubliera pas ;
Dieu commande au désert de fleurir sous leurs pas.

— Voilà un beau vers, digne d'un vrai poète : vous vous souvenez que nous en avons souvent trouvé de pareils, çà et là, chez Delille...

Hélas ! plus d'une fois les soupirs de l'amour
S'élèvent dans la nuit du fond des monastères ;
En vain, le repoussant de ses regards austères,
La Pénitence veille à côté d'un cercueil ;
Il entre déguisé sous les voiles du deuil ;
Au Dieu consolateur, en pleurant, il se donne ;
A Comminge, à Rancé, Dieu sans doute pardonne :
A Comminge, à Rancé, qui ne doit quelques pleurs ?
Qui n'en sait les amours ? Qui n'en plaint les malheurs ?
Et toi dont le nom seul trouble l'âme amoureuse,
Des bois du Paraclet vestale malheureuse,
Toi qui, sans prononcer de vulgaires serments,
Fis connaître à l'amour de nouveaux sentiments ;
Toi que l'homme sensible, abusé par lui-même,
Se plaît à retrouver dans la femme qu'il aime,
Héloïse ! à ton nom quel cœur ne s'attendrit ?
Tel qu'un autre Abailard tout amant te chérit...

— La fin surtout a été souvent citée, à l'époque de Fontanes. Sainte-Beuve dit que, « si l'on a l'imagination sensible, et si l'on n'a pas l'esprit barré par un système, cette lecture mélodieuse et plaintive, faite à certaine heure, à demi-voix, produira toujours son effet ». Je n'irai pas jusqu'à affirmer, avec lui, qu'elle vous fera verser des pleurs...

Cloître sombre, où l'amour est proscrit par le Ciel,
Où l'instinct le plus cher est le plus criminel,
Déjà, déjà ton deuil plaît moins à ma pensée !
L'imagination vers tes murs élancée
Chercha leur saint repos, leur long recueillement ;
Mais mon âme a besoin d'un plus doux sentiment.
Ces devoirs rigoureux font trembler ma faiblesse.
Toutefois, quand le temps, qui détrompe sans cesse,
Pour moi des passions détruira les erreurs,
Et leurs plaisirs trop courts souvent mêlés de pleurs ;

Quand mon cœur nourrira quelque peine secrète ;
Dans ces moments plus doux, et si chers au poète,
Où, fatigué du monde, il veut, libre du moins,
Et jouir de lui-même et rêver sans témoins ;
Alors je reviendrai, solitude tranquille,
Oublier dans ton sein les ennuis de la ville,
Et retrouver encor, sous ces lambris déserts, *
Les mêmes sentiments retracés dans ces vers.

On ne peut nier que ces vers n'aient une couleur mélancolique et transparente à la fois ; mais vous voyez qu'ils sont de forme purement classique.

Le *Jour des Morts dans une Campagne* était déjà composé vers le temps de la *Chartreuse ;* mais il ne parut qu'après cette dernière pièce. Cependant, dès 1785 ou 1786, le *Jour des Morts* avait une sorte de publicité par les lectures qu'en faisait l'auteur, et on la citait comme la plus belle des élégies. Ce n'est pas une œuvre méprisable; il y a de la vigueur quelquefois, et, comme disent les symbolistes, des « concordances » entre l'état d'âme du poète et l'état général du paysage :

Déjà, du haut des cieux, le cruel Sagittaire
Avait tendu son arc et ravageait la terre ;
Les coteaux et les champs, et les prés défleuris,
N'offraient de toutes parts que de vastes débris :
Novembre avait compté sa première journée.
Seul alors, et témoin du déclin de l'année,
Heureux de mon repos, je vivais dans les champs.
Eh ! quel poète, épris de leurs tableaux touchants,
Quel sensible mortel des scènes de l'automne
N'a chéri quelquefois la beauté monotone !
Oh ! comme avec plaisir la rêveuse douleur,
Le soir, foule à pas lents ces vallons sans couleur,
Cherche les bois jaunis, et se plaît au murmure
Du vent qui fait tomber leur dernière verdure !
Ce bruit sourd a pour moi je ne sais quel attrait.
Tout à coup, si j'entends s'agiter la forêt,
D'un ami qui n'est plus la voix longtemps chérie
Me semble murmurer dans la feuille flétrie.
Aussi c'est dans ce temps où tout marche au cercueil
Que la religion prend un habit de deuil ;
Elle en est plus auguste, et sa grandeur divine
Croît encore à l'aspect de ce monde en ruine.

La religion du poète, toute de sensibilité et d'attendrissement, s'exhale à chaque vers ; mais elle se déclare surtout, selon Sainte-Beuve, dans le beau morceau de la pièce, au moment de l'élévation, pendant le sacrifice :

O moment solennel ! ce peuple prosterné,
Ce temple dont la mousse a couvert les portiques,
Ses vieux murs, son jour sombre et ses vitraux gothiques,
Cette lampe d'airain qui, dans l'antiquité,
Symbole du soleil et de l'éternité,
Luit devant le Très-Haut, jour et nuit suspendue ;
La majesté d'un Dieu parmi nous descendue ;
Les pleurs, les vœux, l'encens, qui montent vers l'autel,
Et de jeunes beautés qui, sous l'œil maternel,
Adoucissent encor par leur voix innocente
De la religion la pompe attendrissante ;
Cet orgue qui se tait, ce silence pieux,
L'invisible union de la terre et des cieux,
Tout enflamme, agrandit, émeut l'homme sensible ;
Il croit avoir franchi ce monde inaccessible,
Où, sur des harpes d'or, l'immortel séraphin
Aux pieds de Jéhovah chante l'hymne sans fin.
C'est alors que, sans peine, un Dieu se fait entendre :
Il se cache au savant, se révèle au cœur tendre ;
Il doit moins se prouver qu'il ne doit se sentir.
Mais du temple, à grands flots, se hâtait de sortir
La foule, qui déjà, par groupes séparée,
Vers le séjour des morts s'avançait éplorée.
L'étendard de la croix marchait devant nos pas.
Nos chants majestueux, consacrés au trépas,
Se mêlaient à ce bruit précurseur des tempêtes ;
Des nuages obscurs s'étendaient sur nos têtes ;
Et nos fronts attristés, nos funèbres concerts,
Se conformaient au deuil et des champs et des airs.

Il y avait longtemps, à cette date, que l'on n'avait entendu un poète en France moduler de tels soupirs religieux. Ce n'est pas encore Lamartine ; mais on sent que Lamartine n'est pas loin. Comme le dit Sainte-Beuve, le grand tort de Fontanes est « d'avoir récidivé si peu ». Les contemporains ont été à peu près unanimes à estimer que Fontanes avait été admirablement inspiré dans cette pièce, en se souvenant de Gray et de son *Cimetière de Campagne*. Le biographe de Fontanes, Roger, dit que « c'est du Fénelon mis en beaux vers ».

En terminant, je vous lirai quelques strophes de l'*Ode sur la mort du duc d'Enghien*. Sans doute, Fontanes n'a rien, dans cette pièce, de comparable aux beaux vers, nobles et vigoureux, de Lamartine dans la pièce intitulée *Bonaparte*. Néanmoins, on ne peut lui contester la sincérité de l'inspiration. La pièce débute par un tableau suffisamment lugubre des fossés de Vincennes, en 1804 :

    Quel bruit interrompt le silence
    De ce donjon abandonné,

Où tant de fois par la vengeance
L'innocent fut emprisonné ?
A travers une nuit épaisse,
Vers ce pont fatal qui s'abaisse,
Des soldats marchent lentement ;
Et l'écho des bois de Vincennes,
Au bruit des verrous et des chaînes,
Pousse un affreux gémissement.

D'où vient cette escorte nombreuse
Qui conduit ce jeune guerrier ?
Sous cette voûte ténébreuse
Quel forfait doit-il expier ?
Il n'a point les traits d'un coupable ;
Son front, que le malheur accable,
N'en paraît point intimidé ;
J'approche : ô douleur imprévue !
Ce guerrier découvre à ma vue
Un petit-fils du grand Condé !

Les strophes qui suivent ne manquent pas non plus d'une certaine éloquence : sans doute, Fontanes n'a rien de la verve enflammée d'un Juvénal, d'un d'Aubigné ou d'un Hugo ; mais ses accents sont profondément émus. La dernière strophe surtout vaut d'être citée, parce que Fontanes a trouvé le moyen de s'y montrer à la fois sévère et respectueux pour Bonaparte :

Celui qui t'ôta la lumière
Rétablit le culte et les lois ;
Il a dompté l'Europe entière ;
Il marche à la tête des rois ;
Vainqueur des passions coupables,
La Nymphe aux voix infatigables,
Chaque jour, le disait plus grand ;
Mais de ce règne qu'elle admire,
Les yeux baissés, elle déchire
La page teinte de ton sang !

Tout Fontanes est dans cette strophe. Nous voyons par là comment Fontanes sut toujours masquer, sous l'adresse du langage, les intentions d'un cœur fait de générosité et de bonté.

A. C.

La vie et les œuvres de Molière

Cours de M. ABEL LEFRANC,

Professeur au Collège de France.

Molière et la préciosité.

Nous avons étudié, dans notre dernière leçon, la *Prétieuse* de l'abbé de Pure ; nous avons tracé, d'après lui, le tableau si curieux des variétés du type précieux et décrit la formation de cette « perle » qu'est la précieuse, en tentant de démêler les origines de la mode mémorable qui la fit éclore. Vous avez fait connaissance avec les lois de ce beau monde, en remarquant que l'abbé de Pure ne donne que des définitions très exactes. Ensuite nous avons insisté sur les nuances de sociabilité des précieuses, qui fournirent à cet écrivain le sujet d'une véritable encyclopédie des mœurs du temps et de la société bourgeoise. Son roman a été l'objet d'un injuste dédain ; ses qualités ont été méconnues ; il est plus près de nous qu'on ne le pense généralement. En tous cas, il y a de grands rapports entre la pièce de Molière et l'ouvrage qui dévoila, avant le sien, les mystères des ruelles. Les critiques de l'abbé de Pure ont le tort d'être diluées; Molière a su condenser, ramasser les siennes. Puis nous avons parlé des ouvrages de Baudeau de Somaize, de ses attaques contre Molière ; enfin, après avoir étudié l'envers de la préciosité, nous en avons signalé les beaux côtés et conclu que ses adeptes ont beaucoup fait pour accroître le prestige de l'esprit.

Voyons, maintenant, pourquoi l'abbé de Pure a été tant maltraité. Ce fut surtout à cause des jugements défavorables de Boileau, qui, à quatre ou cinq reprises, prononça son nom pour le ridiculiser. Ainsi, dans la satire II, nous lisons :

> Souvent j'ai beau rêver du matin jusqu'au soir,
> Quand je veux dire blanc, la quinteuse dit noir.
> Si je veux d'un galant dépeindre la figure,
> Ma plume, pour rimer, trouve l'abbé de Pure ;
> Si je pense exprimer un auteur sans défaut,
> La raison dit Virgile, et la rime Quinaut.

D'autre part, si l'on se reporte à la satire VI sur les embarras de Paris, on y trouvera une nouvelle méchanceté de Boileau :

. . . . Les souris et les rats
Semblent, pour m'éveiller, s'entendre avec les chats,
Plus importuns pour moi, durant la nuit obscure,
Que jamais, en plein jour, ne fut l'abbé de Pure.

Enfin, à la satire IX : « C'est à vous, mon esprit... »

Et ne savez-vous pas que, sur ce mont sacré,
Qui ne vole au sommet tombe au plus bas degré ?
Et qu'à moins d'être au rang d'Horace ou de Voiture
On rampe dans la fange avec l'abbé de Pure ?

Dans le dialogue des *Héros de roman* se rencontrent.également des attaques dirigées contre *Ostorius*, pièce de l'abbé de Pure :
« *Ostorius*. Mon nom est Ostorius. — *Pluton*. Je ne me souviens
« point d'avoir jamais, nulle part, lu ce nom-là dans l'histoire.
« — *Ostorius*. Il y est pourtant. L'abbé de Pure assure qu'il l'y a lu.
« — *Pluton*. Voilà un merveilleux garant. Mais, dis-moi, appuyé de
« l'abbé de Pure comme tu es, as-tu fait quelque figure dans le
« monde ? T'y a-t-on jamais vu ? — *Ostorius*. Oui-da, et à la faveur
« d'une pièce de théâtre que cet abbé a faite de moi, on m'a vu à
« l'hôtel de Bourgogne. — *Pluton*. Combien de fois ? — *Ostorius*.
« Eh ! une fois. — *Pluton*. Retourne-t-y en. — *Ostorius*. Les
« comédiens ne veulent plus de moi. »
C'est là, comme on le voit, une critique assez désagréable. Avec l'abbé de Pure et Baudeau de Somaize, il nous faut parler de Ch. Sorel, dont les ouvrages permettent aussi d'étudier la langue des précieuses. Lui-même est un écrivain précieux, comme le témoignent par exemple ses lettres, écrites vers 1660. La satire la plus forte qu'il ait faite de la société précieuse se trouve dans les *Lois de la galanterie* (1644, Remeil de Sercy). Molière y a fait quelques emprunts, surtout pour ce qui concerne l'extérieur des précieuses, les détails de sociabilité précieuse, comme la manière de se présenter, de saluer, de s'asseoir, de faire des compliments, de débiter des chansons et des impromptus, de proposer la comédie, les violons, le bal, la collation. Mais il ne faudrait pas pousser trop loin cette comparaison. Cet ouvrage de Sorel dont nous parlons, comme d'autre part la *Maison des jeux* (1642) et ses œuvres diverses avec cinquante *Lettres à des dames sur divers sujets* (1663) n'ont pu fournir à Molière de nombreux éléments, sauf peut-être pour la langue, pour les mots anciens, les expressions nouvelles, les métaphores, les périphrases dans le style.

Quant aux préventions qui ont causé la chute momentanée des précieuses, nous les trouvons précisées dans la *Galerie des portraits* de Mlle de Montpensier, où ces dames sont raillées au point de vue de leur extérieur :

« Quant à la taille, il y en a qui l'ont passable, mais pas une
« fort belle, puisqu'il n'y en a point de qui la gorge le soit ; y en
« ayant dont le sein est de la grosseur des meilleures nourrices de
« la vallée de Montmorency, ce qui fait pour l'ordinaire un fort
« grand creux au-dessus du sein ; les autres l'ont plate au dernier
« point, et je vous assure que, quand leurs tailles n'auraient pas
« le désagrément que je viens de dire, leur air contraint et
« décontenancé serait capable de les gâter. Elles penchent la tête
« sur l'épaule, font des mines des yeux et de la bouche, ont une
« mine méprisante et une certaine affectation en tous leurs pro-
« cédés qui est extrêmement déplaisante. » (P. 516).

Et, plus loin, p. 517 :

« S'il arrive dans cette compagnie une autre précieuse, elles se
« rallient ensemble, et, sans songer qu'elles ne sont pas les plus
« fortes, elles chargent le prochain, et personne n'en est exempt,
« et cela fort hardiment, car ce sont des emportements à rire au
« nez des gens les plus insupportables du monde. »

En somme, les mécontentements accumulés contre les précieuses étaient considérables au moment où les *Précieuses ridicules* ont fait leur apparition.

Un autre document très intéressant sur cette question, c'est la *Rhétorique* de Bary, historiographe de Louis XIII (1663), ainsi que ses ouvrages relatifs au style. Dans la *Rhétorique*, nous apprenons à connaître un certain nombre d'expressions dont beaucoup sont entrées dans le langage courant, ce dont nous devons être reconnaissants à la société précieuse: *il est brouillé avec le bon sens ; c'est la plus naturelle des femmes ; il m'a fait mille amitiés ; il s'est embarqué en une mauvaise affaire ; faire figure dans le monde*, etc. En somme, cette mode littéraire a certainement contribué à l'enrichissement de notre langue.

D'autre part, Somaize nous apprend quelles sont les origines spéciales de beaucoup d'expressions précieuses. L'inventeur de *superfluité* est La Ménardière ; d'*ameublement bien entendu*, Mlle de Scudéry ; de *faire l'anatomie des cœurs*, de *rire d'intelligence avec nous*, de *sécheresse de la conversation*, Balzac. De même, les expressions *châtier son style*, *dépenser une heure*, sont dues aux précieuses. Il y a donc une large part à faire dans l'appoint que leur doit notre langue.

Il existe encore une série d'ouvrages de Bary que je tiens à indiquer, et qui peuvent servir surtout à ceux qui s'occupent de purisme ; qu'ils consultent, par exemple, les *Secrets de notre langue,* recueil de dissertations ingénieuses sur tous les détails du style. Les puristes d'aujourd'hui se plaignent de la monotonie de la syntaxe et de l'abus des auxiliaires *avoir* et *être,* que l'on emploie trop souvent au lieu du mot propre. Déjà Bary attirait sur ce point l'attention de ses contemporains :

« Il discourut sur l'immortalité de l'âme ; sur la communauté
« des opinions ; sur l'autorité des Ecritures ; sur le mépris de la
« vie ; sur la gloire des belles actions ; sur la récompense des
« bonnes œuvres, et sur le poinct de mourir, il témoigna, etc. »

Voici ce que dit Bary : « Il fallait donner un verbe différent
« à chaque substantif, parce que la variété des mots enrichit
« la diction et recrée l'esprit. Il fallait encore, pour une autre
« raison, donner un verbe différent à chaque substantif, parce
« que, quand un verbe se rapporte à beaucoup de choses, il bande
« non seulement l'esprit, mais oblige même quelquefois le
« lecteur à repasser sur les premiers mots. » On voit de quelle façon particulière ces ingénieuses critiques sont présentées. C'est quelque peu artificiel, mais il y a du bon.

En revanche Bary est tombé dans certaines exagérations, et il faut se défier parfois de ses allusions.

Je passe à d'autres ouvrages de cet auteur: l'*Esprit de cour* ou les *Conversations galantes* (1662), que l'on peut considérer comme une sorte d'encyclopédie de la vie de cour à cette époque. Ici surgit une difficulté qui n'a jamais été posée : Bary nous dit qu'en 1662 il ajouta à son recueil un certain nombre de développements et que le fond est bien antérieur à cette date. Il faudrait, alors, supposer qu'un certain nombre de dialogues sont des environs de 1640. Mais Bary a sensiblement vieilli son livre. L'essentiel de cet ouvrage n'a guère été écrit qu'entre 1650 et 1660, au moment où la vogue des précieuses était à son apogée.

Lisons, en effet, le dialogue *Du Bal :*

DORIMÈNE.

« Vous pouviez faire un plus beau choix ; vous voyez cent filles
« qui effacent toutes les autres.

CARILE.

« Je souffre avecque peine votre modestie ; elle offence toutes
« les grâces ; elle injurie toutes les vertus, et, si une autre

« que vous parlait contre vous, mes yeux ne lanceraient que des
« foudres, et ma bouche ne prononcerait que des impréca-
« tions.

DORIMÈNE.

« La mesme glace qui découvre mes défauts découvre vostre
« flatterie.

CARILE.

« Je ne reçoy point vostre glace pour juge ; elle n'est à mon
« advis ni assez nette ni assez unie ; je ne reçoy point non plus
« vos yeux pour le mesme office ; la fréquente veuë de vostre
« aimable personne les a rendus comme insensibles. Je reçoy,
« pour arbitres de nostre diférend, tous ceux qui se meslent de
« juger des belles choses. »
— On aimait beaucoup également à vanter les beaux cheveux;
un dialogue tout entier est consacré à cette matière...

ALCIPE.

« Scavez-vous, Mademoiselle, comment j'appelle vos cheveux?
« Je les appelle de belles chaisnes.

ALMAHIDE.

« Ce sont, à mon advis, des liens bien déliés.

ALCIPE.

« S'ils estoient forts, ils seroient foibles.

ALMAHIDE.

« Il est vray qu'un poil rude et grossier est mal propre a
« enchaisner des cœurs; mais, enfin, si vostre cœur n'estoit attaché
« à ma personne que par mes cheveux, la servitude dépendroit
« de peu de chose.

ALCIPE.

« Vous triomphez de la liberté par toutes les parties qui com-
« posent vostre visage ; mais, quand vous seriez privée de la
« plupart des grâces qui vous rendent ravissante, ces cheveux
« noirs qui adjoustent quelque éclat à la blancheur de vostre

« teint, seroient capables de réduire à vos pieds la galanterie la
« plus fière et la plus dédaigneuse. »

En réalité, on peut être à peu près sûr que Bary, tout en
ayant fréquenté les précieuses, se plaît à leur lancer pas mal
d'attaques. C'est donc faire une division factice que de partager
la société du temps en précieux et précieuses, d'un côté, et, de
l'autre, leurs adversaires. A part quelques intransigeants, la plupart des contemporains appréciaient les émules de Mlle de Scudéry
tout en critiquant leurs exagérations.

Je citerai à ce propos, pour montrer comment on s'est plu à
les représenter dans la littérature de l'époque, un texte important, qui a échappé, semble-t-il, à tous les historiens de
la société précieuse, je veux parler de la *Mascarade d'Amour
ou la Nouvelle des Précieuses Preudes* (Rec. d'*Œuvres diverses
ou Discours meslez*, Paris, 1663). C'est à l'époque de carnaval,
probablement. Beaucoup de masques circulent. Amaranthe,
précieuse de marque mais non de première jeunesse, a donné
l'ordre de ne laisser pénétrer aucun masque dans sa maison, où elle donne une soirée intime.

« Sur les onze heures du soir, après que chacun eût soupé,
« on entendit dans la rue des flûtes douces, des musettes et
« des violons, qui firent connaître que c'était ou des masques
« ou une sérénade. C'était effectivement l'une et l'autre : une
« troupe de masques et de musiciens s'arrêta devant ses fenêtres,
« et l'on ouït un fort agréable concert. Quand il fut fini, quel-
« ques masques s'avancèrent et heurtèrent à la porte si dou-
« cement qu'il semblait qu'ils eussent peur de réveiller des
« malades, mais c'était par respect de la dame du logis. » On
parlemente à la grille ; la servante cherche à les éconduire, mais
s'aperçoit qu'il n'y avait pas d'hommes, qu'il ne se trouvait là
que six jeunes filles avec leur gouvernante, « qui avaient tant
« de désir de voir Amaranthe et de la divertir par un petit
« ballet, qu'elles avaient renvoyé leurs musiciens, et qu'elles
« aimaient mieux entrer seules que de s'en retourner avec le
« déplaisir du refus. » Amaranthe finit par se décider à les
laisser entrer.

Les servantes manifestent leur goût pour les danses et les
ballets. On examine les nouvelles venues. « Mais elles leur paru-
« rent toutes d'un teint si beau et si vif au défaut du masque,
« et avec des gorges si remplies, que les domestiques ne pou-
« vaient s'imaginer qu'il y eût là autres que des filles. » On les
reçoit ; alors commencent concerts, danses, entretiens, jeux et
enjeux. « Amaranthe et ses compagnes portaient toutes de

« petits cœurs d'or émaillé, pendus à leurs bracelets, et elle en
« avait un plus gros et plus beau que les autres. C'étaient des
« présents qu'elles s'étaient faits l'une à l'autre pour marque
« de leur affection, et qu'elles prétendaient de conserver soi-
« gneusement toute leur vie ». Le jeu bat son plein. Amaranthe
« perd et son cœur d'or et ses bracelets de cheveux. Toutes
« perdent ensuite leurs petits cœurs l'une après l'autre ». En
revanche, les précieuses gagnent des boîtes où elles découvrent les portraits de quelques jeunes hommes, des plus galants
de la ville. Ensuite, on fait la collation ; les précieuses veulent
ravoir leurs cœurs. Soudain, un coup de théâtre se produit :
la dame apparaît vêtue en Vénus et trois des masques sont trois
petits amours ; trois autres sont les Grâces. Cela émeut et intrigue nos précieuses, qui sont l'objet d'une semonce sévère et
spirituelle de Vénus pour avoir méconnu l'Amour et ses lois,
c'est-à-dire, en somme, le mariage, les liens sociaux. Nous touchons ici du doigt le principal reproche que, même après 1659,
on se plaisait à adresser aux précieuses. Mais, en réalité, les trois
Amours ainsi que les trois Grâces sont de jeunes garçons. Ils
disparaissent aussitôt.

On juge de la honte et de la confusion des prudes ainsi surprises. « Après un long silence, comme sortant d'une rêverie,
« la plus jeune de nos précieuses eut la hardiesse de dire : « Ils
« sont pourtant aimables, quoique traîtres et malicieux. » Ama-
« ranthe lui fit une grosse réprimande d'avoir osé tenir un tel
« discours, dont la liberté lui semblait fort criminelle, et eût été
« capable autrefois de faire condamner à mort une vestale. On
« croit, pourtant, que plusieurs de la troupe en pensaient ce
« qu'elles n'osaient dire. La suite du temps nous en apprendra
« davantage, et nous aurons le plaisir de voir ce qui arrivera de
« gens malades qui savent en quoi consiste leur guérison et ont
« peine à y parvenir. »

Ce thème, on le voit, est piquant et imprévu ; je n'insiste
pas davantage sur ce point et j'arrive maintenant aux précieuses de province.

La préciosité s'était répandue de bonne heure en province, à
Toulouse, à Lyon, à Montpellier, à Clermont, par exemple, où
certains salons, certaines sociétés privées, avaient mis le bel
esprit à la mode. Dans Somaize, Toulouse est appelée Lacédémone ;
Lyon, Milet, et Paris, Athènes. C'est chez lui que nous trouvons
les plus anciens documents sur ce sujet. Or ce sont bien là les
précieuses que Molière a présentées dans son œuvre, en même
temps que les précieuses de Paris. Vous allez les reconnaître dans

ce récit du voyage de Chapelle : « Dans cette mesme chambre,
« nous treuvasmes un grand nombre de dames qu'on nous dit
« estre les plus jolies, les plus qualifiées et les plus spirituelles
« de la province, quoy que pourtant elles ne fussent ny trop
« belles ni trop bien mises. A leurs petites mignardises, leurs
« parlers gras et leurs discours extraordinaires, nous connusmes
« bientost que c'estoit une Assemblée de prétieuses de Montpel-
« lier ; mais, bien qu'elles fissent de nouveaux efforts à cause
« de nous, elles ne paroissoient que de vrayes prétieuses de cam-
« pagne, et n'imitoient que foiblement les nostres de Paris. Elles
« se mirent après sur le chapitre des beaux esprits, affin de
« vous faire voir ce qu'elles valloient par le commerce qu'elles
« avoient avec eux. »

Nous parlerons, tout à l'heure, des précieuses de Clermont à
propos de Fléchier. Quant aux précieuses de Lyon, Molière a dû
les connaître avant d'écrire les *Précieuses ridicules*. Il est resté
longtemps dans cette ville ; or la société précieuse y était fort
développée, très polie et très élégante, plus polie qu'à Montpellier,
par exemple, comme le témoigne l'étude de M. Baldensperger sur
la *Société précieuse de Lyon au milieu du XVII* siècle*. C'était la
ville qu'avaient habitée, au xvi* siècle, Louise Labé et Maurice
Scève ; l'esprit italien s'y était fait sentir de bonne heure ; le
marinisme y exerçait alors une grande influence ; il y avait beaucoup de tolérance dans les mœurs, beaucoup de passions, de
flirts, un goût très vif pour la culture désintéressée. Il ne faut
pas oublier que le rôle joué par Lyon dans l'histoire de la civilisation française a été considérable, au point de vue notamment des arts, de l'imprimerie, du commerce. Le mysticisme,
d'autre part, s'y est manifesté de tout temps dans une large
mesure.

Parmi les représentants de la société précieuse à cette
époque, citons Françoise Pascal, auteur dramatique, que Molière
a certainement connue ; la marquise de la Baume, nièce du
maréchal de Villeroy. C'était, paraît-il, un type étrange. « Elle
« était belle assurément, mais elle était grosse et elle n'avait
« point de cheveux, ayant coupé tous les siens un matin, qui
« étaient les plus beaux du monde, d'un blond admirable. Les
« unes disaient que c'était par caprice (car la dame est quinteuse),
« qu'un jour son mari étant entré dans sa chambre lorsqu'on la
« peignait, avait loué la beauté de sa chevelure, et, à l'instant,
« elle avait pris des ciseaux et les avait coupés. » Voilà un singulier type, et qui révèle l'existence d'un milieu précieux tout
différent de celui des villes du Midi. Citons encore une religieuse

le Sainte-Ursule, Mme Desbugné. La plupart des précieux apparte-
tenaient au monde de la magistrature judiciaire et financière.
« P..., second du nom, est un des plus galants hommes de ce
« siècle, qui, ayant dépensé une grande partie de son bien
« auprès des dames, a été contraint d'aller à Clusium pour
« éviter la persécution de ses créanciers. Mais, comme pour
« changer de lieu l'on ne change pas de naturel, il fit bientôt
« connaissance avec les dames de cette cour, et eut bientôt de
« nouvelles intrigues avec elles, ce qui l'obligea à de si grandes
« dépenses qu'un homme à qui il devait de l'argent le fit mettre
« prisonnier. » Ailleurs : « Désimante nous est présenté un
« compliment aux lèvres, musqué, enrubanné, canons plissés
« et gants parfumés, l'arbitre des élégances et la joie des ruelles
« lyonnaises. »
Pour favoriser les réunions, il y avait, en effet, alors de
nombreuses maisons de campagne, somptueuses et accueil-
lantes. Mais ce milieu précieux n'avait aucun rapport avec
l'érudition et présentait beaucoup moins d'étrangeté qu'on pourrait le croire. Le bon ton y régnait, et les précieuses lyonnaises
n'avaient rien des pecques provinciales, rien des fantoches que
nous dépeint Molière. C'était une oligarchie bourgeoise, composée
des familles consulaires, et d'une noblesse instruite et élégante.
Molière, qui a bien connu ce milieu, n'a pu le censurer dans les
Précieuses ridicules. Il s'en est pris surtout aux précieuses de 1659,
de Paris et de Montpellier.
En somme, nous devons reconnaître que la société qui vient
d'être étudiée a fait beaucoup pour développer le goût de la
littérature, pour lui attirer un public beaucoup plus vaste, par
l'extension des « conversations, des discussions, de la lecture
des romans, des lettres ou billets doux, des sonnets ou des
madrigaux et autres ouvrages pareils. Ce fut, en résumé, un
incomparable foyer de culture mondaine ; « beaucoup y apprirent
à penser délicatement, et tous à bien dire ».
J'ai déjà dit que la préciosité a constitué le type de sociabilité
qui a été une des caractéristiques de la culture française. Elle a
rendu, malgré ses inconvénients, de grands services ; le goût
moral du xviie siècle vient des *Précieuses* pour une large part ;
il est à remarquer que l'élément gaulois, son contraire, est surtout descriptif. Leurs contemporains eux-mêmes se rendaient
compte de l'heureuse influence qu'elles exerçaient, si bien
qu'au lendemain de leur disparition on se prit à les regretter ;
nous en avons une preuve dans une conversation du chevalier
de Méré avec le maréchal de Clérembault, au cours de laquelle

Méré se plaint de la perte de l'influence que les femmes exerçaient sur les sociétés savantes : « On ne veut pas, dit-il, que
« les femmes soient habiles, et je ne sais pas pourquoi. Il me
« semble qu'il n'est pas si rare de voir des dames de bon sens,
« et je leur trouve une délicatesse d'esprit qui n'est pas si com-
« mune aux hommes... » Il explique, ensuite, que la fausse galanterie qu'elles avaient amenée fut chassée par elles : « Aussi
« n'est-on jamais tout à fait honnête homme, ou du moins galant
« homme, que les dames ne s'en soient mêlées. »

Nous devons, maintenant, nous demander si les précieuses ont
exercé une influence sur le féminisme. M. Ascoli, dans une étude
bien documentée qu'il a publiée dans la *Revue de synthèse historique*, prétend que « le mouvement des *ruelles* précieuses,
« en dépit de la place importante que, grâce à lui, les femmes
« tiennent dans la société mondaine et dans la littérature du
« temps, loin d'avoir servi au progrès des idées véritable-
« ment féministes, le retarda plutôt, et qu'en particulier il ne
« fut guère favorable, à tout prendre, au développement de
« l'instruction des femmes... » J'avoue que je ne partage pas
cette opinion, et qu'il me semble, au contraire, que la préciosité
a eu plutôt comme conséquence de donner aux femmes une place
exceptionnelle qu'elles n'ont jamais perdue.

Cette question de l'instruction des femmes a été souvent
mêlée à la question de la préciosité. Rappelons à ce sujet
le célèbre passage de La Bruyère (p. 99, éd. Rébelliau, *Des
Femmes*) : « Pourquoi s'en prendre aux hommes de ce que
« les femmes ne sont pas savantes ? Par quelles lois, par
« quels édits, par quels rescrits leur a-t-on défendu d'ouvrir
« les yeux et de lire, de retenir ce qu'elles ont lu et d'en
« rendre compte ou dans leur conversation ou par leurs
« ouvrages ? Ne se sont-elles pas, au contraire, établies elles-
« mêmes dans cet usage de ne rien savoir ou par la faiblesse de
« leur complexion, ou par la paresse de leur esprit, ou par le
« soin de leur beauté, ou par une certaine légèreté qui les em-
« pêche de suivre une longue étude, ou par le talent et le génie
« qu'elles ont seulement pour les ouvrages de la main, ou par un
« éloignement naturel des choses pénibles et sérieuses, ou par
« une curiosité toute différente de celle qui contente l'esprit, ou
« par un tout autre goût que celui d'exercer leur mémoire ?
« Mais, à quelque cause que les hommes puissent devoir cette
« ignorance des femmes, ils sont heureux que les femmes, qui
« les dominent d'ailleurs par tant d'endroits, aient sur eux cet
« avantage de moins. »

Cette même question, La. Bruyère l'a étudiée encore dans le chapitre *De la Société et de la Conversation* sous un angle plus particulier : « L'on a vu, il n'y a pas longtemps, un « cercle de personnes des deux sexes, liées ensemble par la « conversation et par un commerce d'esprit. Ils laissaient au « vulgaire l'art de parler d'une manière intelligible ; une chose « dite entre eux peu clairement en entraînait une autre encore « plus obscure, sur laquelle on enchérissait par de vrais énigmes, « toujours suivies de longs applaudissements ; par tout ce qu'ils « appelaient délicatesse, sentiments, tour et finesse d'expression, « ils étaient enfin parvenus à n'être plus entendus et à ne pas « s'entendre eux-mêmes. Il ne fallait, pour fournir à ces entre- « tiens, ni bon sens, ni jugement, ni mémoire, ni la moindre « capacité : il fallait de l'esprit, non pas du meilleur, mais de « celui qui est faux, et où l'imagination a trop de part. »

Je puis, il me semble, conclure de cette étude que la société précieuse nous a intéressés. Occupons-nous, maintenant, de la question de savoir si elles ont disparu, grâce à Molière, du jour au lendemain. Elles ont persisté, soyons-en certains. Quelques années après leur prétendue disparition, elles étaient plus floris- santes que jamais. Nous reportons à la prochaine leçon l'examen de cette question. J'aborderai alors l'étude de *Sganarelle*, et je dois faire remarquer qu'en étudiant de près cette pièce, j'ai été frappé du fait que Molière, après le succès des *Précieuses ridicules*, paraît avoir éprouvé quelque remords. Aussi tâche-t-il, dès *Sganarelle*, de mettre les précieuses en meilleure posture. Nous étudierons, la prochaine fois, comment il s'y est pris.

Les classes industrielles et commerçantes en France et aux Pays-Bas aux XIVᵉ et XVᵉ siècles.

Cours de M. PFISTER,

Professeur à l'Université de Paris.

Prospérité et décadence de Bruges. — Causes économiques de la guerre de Cent Ans.

Pour compléter la dernière leçon, il nous faut signaler un article très important pour l'histoire de la draperie en Flandre : c'est la monographie d'un drapier douaisien du XIIIᵉ siècle ou du début du XIVᵉ, Jehan Boine Broke, par M. Georges Espinasse. Cette monographie est faite surtout à l'aide d'une pièce assez curieuse où sont consignées les plaintes et réclamations élevées contre Jehan Boine Broke après sa mort par ses fournisseurs, ses créanciers, ses voisins et ses serviteurs. A l'aide de cette pièce, M. Espinasse nous indique comment ce marchand capitaliste élevait des moutons en Flandre et achetait de la laine en Angleterre. Il nous le montre aussi distribuant cette laine à des maîtres qui travaillent exclusivement pour lui, qui dépendent de lui de la manière la plus étroite; car, contrairement à ce qui se passe à Gand ou à Bruges, ils ne sont pas organisés en corporation. Le document, malheureusement, ne nous apprend pas comment le drapier écoulait les draps qui n'étaient pas consommés sur place. Cette étude, très intéressante, a paru dans le *Vierteljahreschrift für Social und Wirtschaftsgeschichte,* t. II (1904).

Nous avons, dans la précédente leçon, essayé de caractériser chacune des trois révolutions qui éclatèrent en Flandre au cours du XIVᵉ siècle, en 1302, avec Pierre Cöning, de 1337 à 1345 avec Jacques Arteveld, de 1379 à 1385 avec Philippe Arteveld. Nous avons indiqué le rôle des artisans, et spécialement des tisserands, dans chacune de ces agitations. Nous avons ajouté, enfin, que, malgré ces mouvements, le xiv⁰ siècle marquait une période prospère pour l'industrie et le commerce flamand.

L'industrie de la draperie est menacée, il est vrai, par la concurrence des draps anglais ; car, par suite de la politique d'Edouard III, des métiers se sont installés dans toute l'Angleterre. Mais les Flamands empêchent l'arrivée de ces draps sur les marchés de Flandre ; et, grâce à ces mesures protectionnistes, le danger est conjuré, au moins momentanément, et l'industrie drapière peut se maintenir en Flandre et même s'y développer encore. Dans les villes, elle ne fait plus de progrès, il est vrai ; mais elle garde ses positions, elle entretient un peuple de prolétaires à Gand, à Bruges, à Ypres. En revanche, l'industrie se répand de plus en plus dans les petites cités et à la campagne.

Au début du xiv⁰ siècle, les villes de la Flandre avaient voulu dominer tout le comté ; Louis de Male opposa les campagnes aux villes et y propagea l'industrie du drap. A ce moment, on se mit à fabriquer du drap dans de petits endroits, comme Cassel, Commines, Malines, etc. Dans le cartulaire de la draperie que publient MM. Pirenne et Espinasse, une place a été faite à de toutes petites cités ; et ce développement de l'industrie à la campagne ne fut pas étranger aux troubles qui éclatèrent dans les grandes villes et à la révolution de 1379 à 1385.

Le xiv⁰ siècle fut aussi la période de la grande prospérité commerciale de la ville de Bruges. Cette ville devint, à cette époque, l'entrepôt du commerce mondial, et d'abord pour la laine. Au xiii⁰ siècle, la hanse de Londres allait chercher les laines en Angleterre, comme nous l'avons dit. Mais, sous le règne d'Edouard I⁰ʳ, les Anglais étaient devenus navigateurs ; de nombreux vaisseaux furent équipés, et ces navires portaient à Bruges les laines anglaises. Les marchands flamands, trouvant donc sur les quais de Dam la précieuse denrée, quittèrent Londres, et la hanse de Londres disparut. Quelques gildes locales gardèrent encore, en souvenir de l'ancien état de choses, le nom de gildes de Londres ; mais cette appellation est simplement historique. Les marchands italiens, lorsqu'ils désertèrent les foires de Champagne, vinrent, par la vallée du Rhin ou plutôt par mer, en franchissant le détroit de Gibraltar, se mettre en communication directe avec Bruges. Un service régulier s'établit entre Venise et Bruges, à partir de 1325. Les marchands italiens apportent les épices et les produits de l'industrie orientale. Dans le même temps, les vaisseaux de la hanse allemande apportent d'Allemagne, de Russie et de Suède, des bois de construction, du blé, des poissons fumés, des métaux. Bruges, située à mi-chemin entre le Sund et le détroit de Gibraltar, voit affluer dans son port les marchandises du Nord et du Midi ; là se feront, désormais, les échanges de l'Europe.

Bruges devient, dès lors, un port prospère. Un canal la fait communiquer avec Damme, c'est le Zwin. Des digues puissantes, que Dante a célébrées, marquent les bords du chenal ; des balises en signalent les bas-fonds, et les passes du Zwin sont connues des matelots comme celles des lagunes de Venise. Autour de Damme s'élèvent une série de villes, qui sont aujourd'hui disparues ou qui ne sont plus représentées que par un groupe de maisons : Cermuyden, Houcke, L'Ecluse ; les grosses tours de ces localités sont comme des phares pour les vaisseaux, et, au loin, le beffroi de Bruges montre aux marins le terme de leur traversée.

A Bruges même, c'est une agitation extraordinaire : on y parle toutes les langues ; toutes les nationalités y ont des comptoirs, l'Espagne, la Castille, l'Aragon, l'Italie ; on y remarque surtout le comptoir des Allemands, qui passa, en 1336, sous la direction de la hanse teutonique. A partir de 1336, Bruges devint le centre principal de cette puissante ligue maritime. Sans doute, il y eut des difficultés au début et de 1358 à 1360, et le comptoir allemand fut transféré à Dordrecht ; mais les hanséates ne tardèrent pas à revenir et restèrent à Bruges pendant tout le XIV° siècle. Les comtes de Flandre donnèrent, du reste, aux étrangers des avantages considérables : ils réduisirent les taux des entrées, supprimèrent le droit d'épave, réglèrent le droit de marque et assurèrent toute liberté de commerce en gros sur les navires, les barques et les quais.

Ce commerce attire, naturellement, à Bruges de nombreux financiers. L'ordre teutonique y a une véritable banque, où se font des opérations importantes. Là est centralisé l'argent des décimes que lève le pape. Il y a à Bruges de nombreux Lombards ; et beaucoup de lettres de change sont payables chez ces banquiers italiens. Il n'y a pas de juifs toutefois ; ils n'ont jamais été les bienvenus en Flandre.

Jadis les Flamands allaient chercher la laine avec leurs vaisseaux ; maintenant, ce sont les étrangers qui apportent à Bruges les marchandises ; les vaisseaux qui descendent ou remontent le Zwin sont tous étrangers. Les Brugeois ne sont, en somme, que des intermédiaires entre des marchands de nationalités différentes. Ce sont des courtiers, qui ont à Bruges le grand rôle social qui appartient ailleurs aux armateurs.

Des événements extérieurs devaient encore ajouter à cette prospérité commerciale de la Flandre. Le 13 décembre 1355 était mort le duc de Brabant, de la maison de Louvain, Jean III. L'aînée de ses filles, Jeanne, était mariée à Venceslas, duc de Luxembourg, frère de l'empereur Charles II ; les deux cadettes avaient pour maris le duc de Gueldre et Louis de Male, comte de Flandre. Après deux années de guerre, Venceslas dut lui céder la seigneurie de Malines, lui reconnaître le droit de porter le titre de duc de Brabant et lui donner Anvers en fief. Par l'annexion de Malines, il était le maître des deux rives de l'Escaut, et, comme Anvers dépendait de lui, il n'avait pas à craindre de rivalité pour le port de Bruges.

Ainsi, malgré les soulèvements des villes et les agitations sociales, malgré la guerre de Cent Ans à l'écart de laquelle elle reste d'ailleurs sous Louis de Male, la Flandre est, en 1384, au moment où les ducs de Bourgogne en prennent possession, dans une situation très prospère ; mais la décadence est proche.

Pourtant le tableau qu'on peut tracer de la cour des ducs de Bourgogne est des plus brillants : ils réunissent sous leur domination, par toutes sortes de combinaisons, presque tous les Pays-Bas ; ils entretiennent une cour fastueuse, et leur luxe est proverbial ; ils achètent constamment de la vaisselle d'or et d'argent, des joyaux, de riches pièces d'orfèvrerie ; ils donnent des fêtes magnifiques, par exemple, en 1454, la fête dans laquelle fut prononcé à Lille le vœu du faisan. Les entrées dans les diverses villes sont magnifiques. Les ducs et les seigneurs s'habillent avec les costumes les plus somptueux. L'art embellit ces fêtes ; et les ducs protègent les frères Van Eyck. Ce n'est pas tout : en ces Pays-Bas, ils établissent une unité administrative ; à ces contrées naguère isolées, ils donnent une même monnaie ; ils les font relever d'une même Chambre des Comptes ; ils assurent l'ordre et la sécurité.

Mais tout cela ne s'applique qu'à l'ensemble des Pays-Bas ; et, à y regarder de près, on découvrirait bien des signes de décadence ; on verrait le pays ruiné par les impôts, épuisé par les armées qu'y lèvent les ducs. En Flandre, surtout, il y eut une véritable décadence amenée par la ruine de la draperie et par les changements dans les voies commerciales.

Lorsque Calais eut été conquis par les Anglais, ceux-ci y établirent, en 1363, l'étape de laine, et ce fut une diminution pour Bruges. Mais, enfin, on pouvait encore acheter ces laines non loin de Flandre ; et l'influence flamande resta prépondérante à ce marché de Calais. Là, le tisserand trouvait encore la matière première qu'il transformait. Mais, bientôt, cette matière première, ces toisons n'arrivèrent plus. L'industrie drapière avait pris en Angleterre un développement de plus en plus grand. La laine fut, au xv° siècle, sous les Lancastres, filée et tissée sur place. Les Anglais attirèrent les marchands italiens, les hanséates, qui achetèrent du drap anglais au lieu d'acheter du drap flamand. Bruges, après la grande prospérité du xiv° siècle, va connaître la décadence au xv°. Ypres, surtout, tombera très bas.

Nous avons du xiv° siècle un certain nombre de dénombrements, qu'a étudiés M. Pirenne (*Les dénombrements de la population d'Ypres au XV° siècle*, dans le *Vierteljahreschrift für Social und Wirtschaftsgeschichte*, t. I (1901). Se servant de ces documents. M. Pirenne conclut que la population était, en 1412, de 10.736 habitants et, en 1491, de 7.626. Le déclin est profond : les tisserands, ne trouvant plus rien à gagner, sont partis. Au début du xv° siècle, il y avait encore à Ypres de trois à quatre mille métiers. A la fin du siècle, ils sont tombés à trente environ. L'industrie drapière disparaît aussi de Gand et de Bruges, et le caractère de ces villes se modifie. Les tisserands y avaient entretenu une profonde agitation politique et sociale. Les cités deviennent plus calmes ; il n'y reste plus qu'une centaine de tisserands ou de foulons, qui gagnent péniblement leur vie en fabriquant des étoffes grossières.

Pourtant ces villes se maintinrent quelque temps. A Gand se trouvait toujours l'étape des laines, et Bruges garda ses banquiers quelques années encore. L'industrie disparut des villes, mais subsista plus longtemps dans les petits centres ; là, elle n'était pas gênée par les règlements étroits de la corporation, et, de plus, l'artisan de la campagne se contentait d'un salaire modeste ; néanmoins, partout elle périclitait.

Dans cette universelle décadence, on chercha à remplacer l'industrie de la laine par d'autres industries. Au lieu de faire des draps, on fit des toiles de lin ; mais cette industrie se développa surtout à la campagne. Au xiv° siècle, les toiles de Flandre devinrent célèbres.

La tapisserie prit aussi son essor, au xiv° siècle, à Tournai. De ses ateliers sortirent les pièces remarquables qui décorèrent la tente de Charles le Téméraire, celles que les Suisses conquirent sur les champs de bataille de Grandson et de Morat.

A Hondschoote, on fabriqua, avec des laines grossières, des soies pour les manteaux. Cette soyetterie y fut prospère jusqu'au moment de la querelle avec Louis XI. Alors les artisans se réfugièrent dans les villes voisines, à Lille et surtout à Amiens.

— M. Maugis vient de raconter l'histoire de la soyetterie à Amiens de 1480-1587, dans la *Vierteljahreschrift für Social und Wirtschaftsgeschichte*.

Bruges, sans doute, garde son admirable décor ; et c'est à la fin du xɪvᵉ siècle et au xvᵉ que s'élèvent même quelques-uns des beaux monuments de la ville, l'étage supérieur du beffroi, l'hôtel des hanséates, l'église du Saint-Sépulcre ; Jean van Eyck et Memling achèvent de faire de Bruges une ville qui a une influence sur l'humanité entière. On y célèbre quelques fêtes splendides : en 1430, à l'occasion du {mariage de Philippe le Bon avec Isabelle de Portugal ; en 1468, à l'occasion du mariage de Charles le Téméraire avec Marguerite d'York. De nombreux vaisseaux du Midi viennent encore apporter à Bruges les laines espagnoles, qui ont remplacé les laines anglaises, et aussi des fruits, oranges, grenades et citrons, des tapis d'Orient, des animaux rares que les Portugais envoient de leurs établissements du golfe de Guinée. Le mariage de Philippe le Bon avec une princesse portugaise rend ces relations encore plus actives. Puis Bruges reste une ville d'argent, les Médicis y ayant une de leurs plus importantes succursales. Cependant la hanse est en pleine décadence et les hanséates ne viennent plus. Or, à qui les courtiers de Bruges vendront-ils les marchandises du Midi, si les marchands du Nord font défaut ? Sans doute, leur commerce est alimenté par le luxe de la cour de Bourgogne, mais ce débouché ne leur suffit pas. Peu à peu, les méridionaux, ne pouvant écouler leurs marchandises, s'abstiendront de venir.

Une catastrophe physique acheva de causer la décadence de Bruges. Dès le début du xvᵉ siècle, le Zwin commençait à s'ensabler, et les vaisseaux ne pouvaient remonter jusqu'au port. Charles le Téméraire voulut remédier à ce mal en ouvrant un canal secondaire, le Zwartegat : il obligea Gand et Ypres à contribuer à la dépense, ce qu'elles ne firent qu'un moment ; mais la situation ne fut pas améliorée. Le fond du canal continua à s'envaser, et bientôt, à marée basse, on put passer d'une rive à l'autre. Bruges cessait d'être un port de mer. En 1494, quatre ou cinq mille maisons étaient à louer et tombaient en ruines. Bruges devint Bruges-la-Morte.

La période des ducs de Bourgogne fut, pour les Pays-Bas, une période prospère, et, pour le comté de Flandre, une période de décadence, non pas à cause de la politique des ducs, mais par suite des transformations économiques. Puis Bruges gardait ses anciennes habitudes commerciales ; elle prétendait toujours surveiller l'étranger, l'obliger à ne vendre que dans sa halle et à avoir toujours recours à l'intermédiaire du courtier, bourgeois de la cité. Elle voulait empêcher les étrangers d'introduire à Bruges les marchandises achetées aux foires d'Anvers ou de Berg-op-Zoom. Mais toutes les conditions du commerce se sont modifiées. De grandes compagnies se sont formées avec des capitaux et sont soutenues par le crédit ; elles ne veulent pas se soumettre aux règlements minutieux d'une cité. Bruges ne sut pas le comprendre ; mais une autre ville, Anvers, le comprit, et c'est à Anvers que le commerce va se concentrer.

Les ducs de Bourgogne, qui ne pouvaient sacrifier leurs autres Etats au comté de Flandre, favorisèrent ce port. Un phénomène physique fit en partie le malheur de Bruges et la fortune d'Anvers. À la suite d'inondations en Zélande, .l'Escaut occidental s'était élargi et Anvers pouvait communiquer directement avec la mer, tandis qu'auparavant il fallait doubler l'île de Walcheren par un autre bras. Les navires vinrent dès lors à Anvers, où l'on pratiquait une politique commerciale plus libérale et plus en harmonie avec les changements économiques. Les Anglais ouvrirent la route, et les négociants italiens, espagnols, portugais, suivirent bientôt. Les banquiers ne tardèrent pas à transporter leurs comptoirs de Bruges à Anvers. En 1415, une foire est établie à Anvers, et cette foire devient vite prospère ; les affaires y sont considérables. Enfin, quand, au xvᵉ siècle, l'Amérique sera découverte, Anvers connaîtra sa grande prospérité.

Bruges et Anvers, ces deux noms évoquent deux périodes différentes et deux systèmes de commerce opposés. Nous retrouverons Anvers plus tard, quand nous parlerons du commerce et de l'industrie des Pays-Bas, en dehors de la Flandre. Revenons, pour le moment, à la France, et étudions la seconde partie de notre sujet, la période de la guerre de Cent Ans.

La guerre de Cent Ans a eu des causes économiques tout comme les guerres de Louis XIV, et c'est en exposant ces causes, en signalant la nécessité de l'alliance flamande et anglaise pour le commerce des draps, que nous nous sommes laissés entraîner à parler de l'industrie dans le comté de Flandre au xivᵉ et au xvᵉ siècle.

On peut assigner comme date à la guerre de Cent Ans les années 1339 à 1453 ; mais elle n'a pas duré pendant toutes ces 100 ou 115 années. Il y eut des périodes de répit pendant lesquelles la France put respirer.

Pour étudier cette grande époque, nous aurons recours à plusieurs subdivisions.

Nous distinguerons, tout d'abord, la période des désastres, sous Philippe VI de Valois et sous Jean le Bon (1337-1360). La France est envahie et le pays est littéralement pillé. Les villages et villes ouvertes sont mis à sac ; les Français ne peuvent que se réfugier derrière les forteresses, et ils y résistent de leur mieux. Dès lors, la campagne n'est plus cultivée et toute industrie disparaît ; il n'y a plus de commerce. La guerre commença, au Nord, par une bataille navale ; les flottes anglaise et française se livrèrent un combat devant l'Ecluse. Les Français avaient 202 bâtiments, montés par 20.000 hommes ; 160 de ces bâtiments avaient été fournis par 17 ports normands. Mais toute cette flottille sombra dans cette journée ; une trentaine de navires seulement échappèrent. Ce désastre ruina le commerce français, car comment faire du commerce sans vaisseaux ? Nous n'avions plus de marine marchande dans la Manche.

Six années après, en 1346, a lieu la grande invasion anglaise. Edouard III débarque dans le Cotentin, et alors commencent des pillages systématiques. Les Anglais trouvent devant eux Saint-Lô, « qui avait très grande draperie et grosse et grand'foison de bourgeois », écrit Jean le Bel. Ils brûlent Saint-Lô, et l'industrie drapière y est ruinée. La ville de Caen se défend, bien qu'elle ne soit qu'une ville ouverte protégée seulement par son château. Il n'y a point, en Angleterre, de ville aussi grosse, à l'exception de Londres ; elle est brûlée. Les Anglais y trouvent 40.000 pièces de drap et de serge, qui sont envoyées en Angleterre. Après la bataille de Crécy, Calais, qui avait opposé une vive résistance, se rendit au roi d'Angleterre (4 août 1347). Toute la population dut partir, moins 22 bourgeois. On distribua les hôtels aux barons anglais et on amena des bourgeois d'Angleterre. La ville de Calais devint un entrepôt commercial des Anglais, qui désormais avaient un port à proximité de la Flandre, et le commerce français en subit une diminution. Ainsi la Normandie et le Nord se trouvèrent ruinés par la première campagne d'Edouard III.

En l'année 1355, la guerre se porta vers le Midi. Le prince de Galles traversa le Languedoc et arriva jusqu'à Narbonne. Il n'y avait point de défense organisée, et les Anglais pillèrent à leur aise les villes du Midi. L'année suivante, en 1356, l'invasion pénétra jusqu'au centre du royaume, dans le Périgord, le Limousin, l'Auvergne. Le 18 septembre 1356, Jean le Bon perdait la bataille de Poitiers, et les Anglais se répandaient dans tout le pays. Or le Poitou était riche de ses produits naturels et avait des industries prospères, telles que la draperie et la métallurgie.

Toute cette activité tomba, et le pays fut ruiné. Bientôt la guerre est dans toutes les régions à la fois. Édouard III apparaît devant Reims, hiverne en Bourgogne et dévaste ce pays. Le traité de Brétigny, définitivement signé le 24 octobre 1360, rétablit la paix, mais à quelles conditions pour la France ! Cette paix, du reste, n'arrête pas les pillages. Des compagnies de gens d'armes pillent, maintenant, pour leur propre compte. La France ne connaîtra de répit qu'après que Du Guesclin aura emmené toutes ces bandes en Espagne, en 1365. Par suite de ces pillages répétés, tout travail national demeura suspendu de 1340 à 1365.

Mais la guerre ne fut pas l'unique mal qui frappa la population ; il y en eut un autre, plus terrible encore ; la peste noire, née en Asie, s'étant propagée en Égypte, gagna l'Italie et, à la fin de 1347, la France méridionale. La contagion fut effrayante : à Avignon, par exemple, 400 personnes périssaient par jour. Narbonne et Montpellier furent cruellement éprouvées, puis le Nord fut atteint. Paris perdit près de 50.000 âmes. Le fléau gagna l'Angleterre, la Flandre, l'Allemagne, puis il y eut de nouvelles crises en 1361, 1362, 1387. On peut dire que le tiers de la population de la France périt : il est facile de deviner toutes les conséquences qui découlèrent de ce fléau : d'abord exaltation religieuse poussée jusqu'au délire dans les processions des flagellants, et aussi situation économique désastreuse. La dépopulation avait surtout frappé la classe laborieuse ; il n'y avait, désormais, plus assez d'artisans. Aussi, ceux qui subsistaient élevèrent alors leurs prétentions, demandèrent des salaires inconnus précédemment et devinrent les maîtres du marché. Or, précisément, au moment où le nombre des travailleurs était ainsi considérablement diminué, il y eut des demandes nombreuses. La peste passée, il y avait comme un débordement de vie ; en voulait jouir de l'existence, s'entourer d'un luxe prodigieux. La demande étant très forte et l'offre très faible, il en résulta une hausse générale des produits du travail.

Jean le Bon crut pouvoir remédier à cette situation économique par une ordonnance royale et en reprenant les prescriptions de la grande ordonnance de Philippe le Bel du 7 juillet 1307. Cette nouvelle ordonnance du 30 janvier 1351 ne comprend pas moins de 252 articles en 62 titres : elle a été publiée dans le *Recueil des Ordonnances*, t. II, p. 350.

Racine et le théâtre français.

Cours de M. AUGUSTIN GAZIER,

Professeur à l'Université de Paris.

Racine en 1673.

Nous nous sommes arrêtés, dans notre dernière leçon, au lendemain des premières représentations de *Mithridate*, en 1673, et nous avons pu dire, vous vous en souvenez, que cette date marquait le point culminant de la carrière dramatique de Racine. Chez lui, point de fatigue, point de sénilité précoce. Les chefs-d'œuvre succèdent aux chefs-d'œuvre ; quelle que pût être son ambition, Racine ne rêvait de succès ni plus solide ni plus continu. Il était salué grand poète tragique ; on le comparait même à Molière comme poète comique, en souvenir des *Plaideurs*. Son nom était sur toutes les lèvres ; et l'Académie française consentait à lui ouvrir ses portes. Il avait alors trente-quatre ans.

Le moment est venu de nous arrêter un instant, et de chercher à connaître non le poète dramatique, non l'homme de lettres, mais l'homme, tout court, qu'était Racine en 1673, au comble de sa gloire. La chose est d'autant plus nécessaire que Racine va bientôt traverser une crise morale très intense, d'où il sortira complètement transformé.

Le 12 janvier 1673, Racine entrait à l'Académie française. Après les succès incontestables de *Britannicus*, de *Bérénice* et de *Bajazet*, Racine a cherché, évidemment, à se faire admettre au nombre des membres de la docte compagnie. Cet honneur était, alors comme aujourd'hui, fort ambitionné des littérateurs ; mais la chose n'allait pas sans quelque difficulté. *On ne se présentait pas* à l'Académie, à cette époque ; *on était présenté* par un académicien de marque ; d'où point de visites préalables à faire. Lorsqu'un académicien était mort, un de ses confrères disait : « Nous avons perdu M. un tel ; je crois que nous ne pourrions mieux faire que de jeter les yeux sur M. un tel pour le remplacer. » Et celui qui était ainsi désigné n'avait aucune peine à être admis. Evidemment, l'académicien qui prenait la parole pour faire une proposition de ce genre n'était jamais le premier venu : c'était toujours un des membres les plus influents et les plus autorisés de l'assemblée. Par suite, il était bien difficile de faire des objections à ses propositions, et l'on peut dire que les élections à l'Académie ressemblaient fort à des élections de marguilliers.

A la fin de 1672, Perrault proposa un nouveau système. Il s'agissait de remplacer trois académiciens à la fois, Lamothe le Vayer, Godeau, évêque de Vence, et l'abbé de Bourzeis. On prit des mesures « pour obvier aux désordres des brigues et faire en sorte que la compagnie choisît elle-même les sujets qu'elle croirait les plus dignes ».

Et voici comment on procéda, si nous nous en rapportons au procès-verbal de la séance du 28 novembre 1672, signé de Conrart:

« Ce lundi 28 de novembre, la Compagnie étant au nombre de vingt et six, et M. l'Archevêque Directeur présent, on procéda à la proposition pour les trois places vacantes, suivant le règlement précédent du 22 de novembre. A cette fin, chacun de Messieurs a mis son billet cacheté, contenant les noms des trois personnes qu'il entendait proposer, dans une corbeille ; cela fait, on a tiré au sort pour savoir lequel de Messieurs devrait être assistant avec Messieurs les Officiers, pour l'ouverture et l'extrait des billets. Le sort ayant donné cet emploi à M. l'abbé Talman le jeune, il s'est rangé auprès de Messieurs les Officiers, et toute la Compagnie s'est retirée un peu plus loin, et alors M. le Directeur a compté les billets, puis les a ouverts, et a lu tout bas les noms qui y étaient contenus, lesquels M. de Mézeray a écrits par colonnes sur un papier. Ensuite, ayant été bien comptés, il s'est trouvé que MM. Gallois, Fléchier et Racine avaient le plus de voix, et beaucoup plus que le règlement n'en désire, pour être admis au premier scrutin. A quoi ayant été procédé tout sur l'heure et les billets de oui et de non ayant été donnés, premièrement sur M. Gallois, puis sur M. Fléchier, et après sur M. Racine, tous trois ont eu surabondamment des suffrages pour être admis au second scrutin pour le lundi ensuivant. La chose ainsi achevée, Monsieur le Directeur a jeté au feu tous les billets de Messieurs, où étaient écrits les trois noms, et aussi la feuille sur laquelle l'extrait en avait été fait par colonnes. » Signé, Conrart.

Ainsi, plus de propositions officieuses. Dorénavant, il fallait « élire par scrutins et par billets, afin que chacun fût dans une pleine liberté de nommer qui il lui plairait » ; c'était l'introduction du scrutin secret. Le 5 décembre suivant, les trois candidats, au second scrutin, furent admis à l'unanimité :

« Ce lundi cinquième de décembre, la Compagnie étant au

nombre de vingt et un, on a procédé au scrutin pour la réception des trois proposés, savoir MM. Gallois, Fléchier et Racine. Pour cela, on a donné les billets sur chacun d'eux au même ordre qu'au premier scrutin, et tous trois ont été reçus *de toutes les voix*. Après cela, on a mis leurs trois noms dans trois billets roulés, et on les a tirés au hasard dans le chapeau, pour savoir en quel ordre ils parleraient dans leur installation et seraient couchés dans le tableau ; le nom de M. Fléchier est venu le premier, celui de M. Racine le second et celui de M. Gallois le troisième. Ainsi il a été dit que le premier a succédé à M. Godeau, évêque de Vence, le second à M. Lamothe le Vayer et le dernier à M. l'abbé de Bourzéis ; et il a été résolu qu'ils seraient avertis de venir à la quinzaine prendre leurs places dans la Compagnie. » Signé, *Conrart*.

C'est aussi à cette époque que se place l'institution des jetons de présence. Le registre de l'Académie, à la date du 2 janvier 1673, porte la mention suivante :

« M. Perrault, Chancelier, a dit que M. Colbert lui avait ordonné de faire savoir à la Compagnie que le roi avait résolu de faire un fonds tous les ans pour les menues nécessités de l'Académie, comme bois, bougies, journées de copistes pour transcrire le Dictionnaire, et autres besoins, et même aussi pour faire des jetons qui seront distribués au nombre de quarante, à chaque jour d'assemblée, aux académiciens qui s'y trouveront présents, en la manière qui sera réglée par la Compagnie. »

Racine entre donc à l'Académie à une époque où elle est en voie de transformations dans son règlement. Vous avez pu voir, par l'un des procès-verbaux qui précèdent, que ce n'est pas à lui que les préférences de l'Académie sont allées tout d'abord, puisqu'il a été « couché » le troisième et dernier sur la liste de ceux qui devaient entrer. S'il n'y avait eu que deux places vacantes, peut-être Racine eût-il couru grand risque d'attendre longtemps, avant d'être admis à l'Académie française. Quels étaient donc les hommes qu'on avait fait passer avant lui ?

L'abbé Jean Gallois (1632-1707), membre de l'Académie des Sciences, était un savant plutôt qu'un littérateur ; il rédigeait le *Journal des Savants* depuis 1666, et étonnait ses contemporains par la variété de ses connaissances dans les sciences exactes et dans toutes les branches de l'érudition. Il dut son entrée à l'Académie française à l'intervention de Colbert, qui l'aimait beaucoup et dont il était le commensal.

Quant à Esprit Fléchier, vous le connaissez un peu mieux. Né en 1632 près de Carpentras, mort en 1710, Fléchier n'était encore que l'abbé Fléchier, lorsqu'il fut reçu à l'Académie. Plus tard, en 1685, le roi le nomma à l'évêché de Lavaur, puis, en 1687, à l'évêché de Nîmes, beaucoup plus riche, et par conséquent plus. envié. En 1673, Fléchier était déjà très connu : il avait une très grande réputation d'abbé mondain, délicat et spirituel ; son titre officiel était celui de lecteur du Dauphin ; son protecteur, le duc de Montausier, lui avait procuré cet emploi en 1668. En 1672, l'abbé Fléchier avait été appelé à prononcer l'oraison funèbre de la femme de son protecteur, Mme de Montausier, la célèbre Julie d'Angennes, et il avait obtenu un très grand succès. On l'en avait récompensé en le nommant de l'Académie française.

Racine, enfin, avait été recommandé par le jeune duc de Chevreuse, gendre de Colbert, et fils de son ancien protecteur, le duc de Luynes. La réception des trois nouveaux élus, d'abord fixée à quinzaine, eut lieu le 12 janvier 1673.

Vingt-huit académiciens étaient présents, parmi lesquels Colbert, Perrault, Gomberville, Boyer, Le Clerc, Segrais, Quinault, Corneille, Cotin, Chapelain. Bossuet était absent. Voici le procès-verbal de la séance (jeudi 12 janvier 1673) :

« La Compagnie s'est assemblée au nombre de 28 pour la réception de MM. Fléchier, Racine et Gallois, le jour de cette cérémonie ayant, contre l'ordinaire, été pris à un jeudi, parce que M. Colbert n'avait point de temps les lundis ; M. l'Archevêque, Directeur, était assis au haut bout de la table dans un fauteuil, M. Colbert du côté de la cheminée dans un pareil siège, et le reste de la Compagnie sur des chaises sans bras. Les portes ont été ouvertes à plusieurs personnes de qualité et de belles-lettres. Tout l'auditoire étant dans un grand silence, M. l'Archevêque s'est découvert fort civilement, et a invité, par une inclination de tête, M. Fléchier à parler, ce qu'il a fait aussitôt. Deux ou trois moments après qu'il a eu achevé, M. le Directeur en a usé de même à l'égard de M. Racine, puis encore d'une pareille manière à l'égard de M. Gallois. Tous trois ayant ainsi parlé en son rang, il leur a répondu par un seul et même discours très obligeant pour eux, et qui était fort selon sa dignité et celle de cette Compagnie. Puis il a invité tous ceux de Messieurs qui auraient quelques pièces à la louange du roi d'en vouloir régaler l'assistance, et, sur cela, MM. Perrault, Charpentier, Talman, Le Clerc, Cotin, Boyer, Furetière ont lu plusieurs stances, sonnets et madrigaux de leur façon. Cette lecture finie, M. l'Archevêque et M. Colbert se sont levés, et M. de Mézeray leur a présenté la bourse aux jetons, où ils en ont pris chacun un pour leur droit d'assistance, puis tous les autres de Messieurs en ont fait de même. »

Et on lit un peu plus bas : *Harangue de M. Fléchier. Remercie-ment de M. Gallois. Compliment de M. Racine.*

Essayons de reconstituer par la pensée cette séance de récep-tion, telle qu'elle a dû avoir lieu au Louvre, dans la salle actuelle des Puget, au rez-de-chaussée.

L'assemblée est très brillante : il n'y a que des hommes ; les femmes ne sont pas encore admises à assister aux séances de l'Académie. Avant Racine, doit parler l'abbé Fléchier, bel esprit mondain, qu'une aussi nombreuse compagnie ne saurait effrayer, et qui est certain d'être applaudi. Le succès obtenu par Fléchier rend la tâche difficile à Racine, qui doit discourir ensuite, et la situation est d'autant plus délicate pour Racine, que les plus célèbres de ses rivaux dramatiques, ainsi que les victimes les plus fameuses de son ami Boileau, semblent s'être donné rendez-vous pour l'entendre. Il y a là Corneille, Quinault, Boyer, voire même l'abbé Cotin. De plus, Racine a bien d'autres soucis en tête : il songe à sa tragédie de *Mithridate,* que les acteurs sont impa-tients de jouer, et il se demande, non sans quelque crainte, comment cette pièce cornélienne va être accueillie.

Aussi, tandis que les périodes harmonieuses et les flatteries délicates de Fléchier « enlèvent la paille » dès le début, Racine, quand vient son tour, commence à voir trouble ; il perd tous ses moyens ; il bredouille son discours d'une voix si basse que Col-bert, venu là, paraît-il, pour l'entendre, n'en entend rien, et que ses voisins même saisissent à peine quelques mots. Il ne peut songer à s'en aller, quelle que soit sa confusion, et force lui est bien d'écouter le discours « bon enfant » de l'abbé Gallois, et même les stances variées à la louange du roi.

Le discours de l'abbé Gallois, très simple et très naturel, ne put qu'accentuer, si c'est possible, l'effet piteux produit par celui de Racine :

« Messieurs, disait l'abbé Gallois, après les éloquents (1) remerciements que vous venez d'entendre, je n'entreprendrais pas de faire un nouveau discours ; mais, désespérant de pouvoir enchérir sur ce qui a été dit par les deux personnes illustres qui ont parlé avant moi, je me contenterais de répéter quelques-unes de leurs paroles, si je ne m'apercevais que, leur condition étant tout autre que la mienne, nos discours doivent être aussi fort différents. Ils n'avaient qu'à vous remercier, Messieurs, d'avoir

(1) Gallois, ayant composé son discours, comme il est naturel, avant la cérémonie, ne pouvait prévoir que le « remerciement » de Racine serait loin d'être « éloquent » !

été reçus dans cette royale Académie, et l'un d'eux s'étant signalé par ses doctes prédications, l'autre ayant reçu tant de fois les applaudissements du théâtre, il n'était pas nécessaire qu'ils rendissent raison du choix que vous avez fait de leurs personnes. Mais, quand je jette les yeux sur cette compagnie toute composée d'excellents orateurs, de savants historiens et de fameux poètes ; quand je considère que je succède à un prédicateur célèbre qui avait ensemble une grande éloquence et une très profonde érudition, il me semble que tout le monde a sujet de demander pourquoi l'on m'a fait l'honneur de me recevoir pour remplir cette place, moi que l'on n'entend point .parler en public, qui ne prétends point à la qualité d'historien, et qui n'ai jamais fait profession de m'appliquer à la poésie. Ainsi il est nécessaire qu'avant toutes choses, Messieurs, je justifie aujourd'hui votre choix ; et, au lieu d'un remerciement que vous attendiez de moi, je me vois obligé de faire une apologie. »

Après ce discours, aisé et touchant à la fois, du savant abbé Gallois, on peut estimer que Cotin était bien audacieux de venir lire des madrigaux. Il est probable qu'il n'a pas dû lire le « sonnet à la princesse Uranie » ou le « madrigal sur un carrosse de couleur amarante ».

Et Racine dut écouter tout cela. Son unique consolation, si tant est que c'en fut une pour lui, fut de toucher son jeton à la sortie. Quant à son discours, que Conrart appelle, dédaigneusement sans doute, un « compliment », Racine refusa de le donner à l'imprimeur, et on ne l'a point trouvé dans ses papiers après sa mort. Il est à peu près certain, semble-t-il, qu'on ne le connaîtra jamais.

Boileau dut avoir fort à faire, ce jour-là, pour réconforter son ami. Quoi qu'il en soit, Racine était académicien, honneur que Boileau et La Fontaine n'obtiendront que dix ans plus tard. Puis vinrent les représentations triomphales de *Mithridate.* Tout souriait au jeune poète. Racine eut, d'ailleurs, assez de peine à s'acclimater à l'Académie. Il n'y alla pas très souvent, sans doute pour ne pas y rencontrer son rival Corneille, « jetonnier » assidu.

Le moment est venu, semble-t-il, à cette époque de la vie de Racine, de tracer de lui un portrait physique et moral, qui puisse achever de vous bien faire connaître le poète que nous étudions.

L'iconographie des grands hommes du xviie siècle, vous le savez, laisse beaucoup à désirer. Louis XIV, qui dépensait sans compter lorsqu'il s'agissait de palais à construire, de jardins à dessiner, des fêtes féeriques à organiser, n'a pas songé à faire graver pour la postérité les traits des hommes qui ont illustré son règne. Qui l'empêchait de décider que tout nouvel académicien, par exemple, devrait poser dans l'atelier d'un Lebrun ou d'un Rigaud ? Les portraits des plus célèbres contemporains du grand roi nous intéresseraient peut-être bien plus aujourd'hui que les vastes compositions mythologiques du Louvre ou de Versailles.

Pour Racine, tous les portraits connus viennent du portrait original de Santerre, appartenant à M. Auguste de Naurois, arrière-petit-fils de Racine, chez lequel il m'a été donné de le voir.

Nous ne saurions nous contenter, en effet, de l'esquisse dessinée en 1695 par le fils aîné de Racine sur la couverture d'un volume appartenant aujourd'hui à la Bibliothèque Nationale ; — pas plus que du soi-disant portrait par Rigaud qui déshonore le catalogue de peintures du Musée de Toulouse, lequel portrait ne représente pas Racine et n'est d'ailleurs pas de Rigaud.

Le portrait appartenant à M. de Naurois nous donne les traits de Racine âgé d'environ cinquante ans. Autant qu'il est permis d'en juger, Racine, à 34 ans, en 1673, devait être bien séduisant. Il n'a ni le facies rustique de Corneille, ni la figure anguleuse de Boileau, ni la face rubiconde et les gros yeux de La Fontaine, ni le visage fatigué de Molière. Avec son beau front, ses yeux vifs et limpides, son grand nez au milieu d'un ovale allongé, ses lèvres à demi pincées qui semblent toujours prêtes à l'épigramme et à la raillerie, Racine a vraiment très grand air. Sa physionomie exprime la distinction et l'intelligence, et nous comprenons fort bien que Louis XIV ait été jaloux de sa prestance à la fois majestueuse et aisée.

Valincour, ami de Racine et son successeur à l'Académie, dit assez naïvement : « Racine était de taille médiocre, la physiono-mie agréable, le visage ouvert. *Il avait le nez pointu, ce qui marque, selon Horace, un esprit porté à la raillerie* ». Le Racine peint par Santerre n'a pas « le nez pointu » ; mais, en revanche, dans son souci d'exactitude, l'artiste n'a pas oublié de mettre près de l'œil une petite cicatrice que Racine avait là depuis son enfance.

Voilà pour le portrait physique. Essayons, maintenant, de dégager le tour d'esprit et le caractère de Racine. Vous savez que La Fontaine l'a représenté sous le nom gracieux d'*Acante* dans les *Amours de Psyché et de Cupidon*, roman publié en 1669. Acante, dit La Fontaine, « aimait extrêmement les jardins, les fleurs, les ombrages ». Racine, en effet, quoi qu'on en ait dit, a le sentiment de la nature, et beaucoup de gens au xvii⁰ siècle l'ont eu comme lui. On *sentait* la nature ; mais on ne croyait pas que ce sentiment pût être un sujet de développement littéraire. On s'en rapportait à Virgile, qui dit :

Si canimus silvas, silvæ sint consule dignæ (1).

Par suite, les poètes ne croyaient pas devoir décrire les beautés de la nature, telles qu'ils les sentaient. Mais cela n'empêche pas Racine, comme nous le voyons dans *Psyché*, de s'enthousiasmer, lorsque le soir tombe, en considérant « ce gris de lin, cette couleur d'aurore, cet orangé, et surtout ce pourpre, qui environnent le roi des astres ». La Fontaine nous dit encore que Racine penchait vers le lyrique touchant. Si Racine eût vécu au début du xix° siècle, il eût pu faire les *Méditations* de Lamartine, les *Contemplations* de Victor Hugo, ou les *Nuits* d'Alfred de Musset.

Etant homme du xvii° siècle, il s'adonna à la poésie dramatique. Il écrivit des tragédies psychologiques et morales. Artiste très scrupuleux, Racine fut un poète patient, laborieux et méthodique. Sans cesse, il se répétait à lui-même, en composant : « Que diraient Homère ou Virgile, s'ils voyaient ces vers ? Que dirait Sophocle, s'il voyait cette scène ? » Aussi, selon le mot très vrai de Joubert, chez Racine, tout est « de choix », rien « de nécessité ». Les règles ne le gênent pas : il les eût plutôt inventées, si elles n'eussent point existé. Nous avons vu, dans *Andromaque*, dans *Britannicus*, que Racine est volontiers romanesque. Mais la raison intervient toujours à temps et lui dicte les conseils les plus sages.

Racine a toujours gardé l'empreinte de la discipline de Port-Royal. Formé par Antoine Le Maître, Racine est plutôt un très grand esprit qu'un génie fougueux et primesautier.

Si nous essayons de nous faire une idée de son caractère d'après ce que nous savons de sa querelle avec Port-Royal, Racine ne nous apparaît pas sous un jour très favorable. Nous sommes tentés de le tenir pour un homme ingrat, quelque peu déloyal, enclin à l'hypocrisie, susceptible à l'excès, voire même vindicatif. Mais n'oublions pas que Racine était jeune lors de son différend avec ses anciens maîtres. Il a droit à des circonstance atténuantes. Et puis, Racine est un poète, c'est-à-dire un être exceptionnel, auquel il ne faut pas appliquer la loi commune. *Genus irritabile vatum !* D'ailleurs, Racine a-t-il toujours eu tous les torts? Ne faut-il pas en donner à M. d'Andilly, le successeur d'Antoine Le Maître ; à la tante de Racine, la sœur Agnès de Sainte-Thècle ; à Molière, directeur de théâtre ; à Corneille, qui ne se résignait pas à vieillir ?

Plus tard, Racine, modéré par l'âge, a fait des choses qui lui

(1) *Egl.*, IV, vers 3.

font honneur. Il a su se repentir de ses premières fautes et retirer à temps les fameuses lettres qu'il n'eût jamais dû écrire ; il a remanié les préfaces trop virulentes qui avaient échappé à l'emportement de sa jeunesse. Il a eu pour amis l'honnête Vitart, l'intègre Boileau, le bon La Fontaine.

Son second fils, Louis, qui était très jeune à la mort de son père, mais qui l'a cependant suffisamment connu, dit de lui : « Mon père était tout sentiment et tout cœur ». Racine, en effet, était une véritable sensitive : la moindre contradiction le déprimait.

En 1673, Racine ne songeait pas encore à fonder une famille, comme l'avaient fait Corneille, Quinault et même Molière. Racine était alors tout entier aux entraînements du cœur.

« C'est peu d'être poète, il faut être amoureux », dit Boileau : Racine, fidèle à ce conseil, n'a pas manqué d'être amoureux. Ardent et passionné, il a eu deux liaisons successives, la première avec Mlle du Parc, l'autre avec Mlle Champmeslé.

Nous avons eu l'occasion de parler de Mlle du Parc, l'année dernière, à propos de Corneille. Cette actrice célèbre a eu l'étrange fortune de tourner la tête à trois des plus grands poètes du siècle de Louis XIV : Molière l'avait aimée, avant de s'attacher à la Béjart ; P. Corneille avait éprouvé pour elle une passion sénile et touchante, qui lui inspira les vers charmants de dépit et de fierté des *Stances à la Marquise* ; Racine, enfin, plus heureux, parvint à la consoler d'un veuvage récent. Elle mourut en couches, au mois de décembre 1668, après avoir créé le rôle d'Andromaque ; et, si nous en croyons le gazetier Robinet, Racine, plongé par cette mort dans un violent désespoir, suivit son convoi « à demi trépassé ». — La chronique scandaleuse n'a. pas manqué de se mêler de cette mort : au dire de la Voisin, la célèbre empoisonneuse, Racine, poussé par son extrême jalousie, se serait « défait par poison » de Mlle du Parc. Et l'on voit des écrivains composer de longs articles pour démolir cette ridicule invention, comme d'autres s'ingénient à réfuter la fable du mariage de Bossuet !

Après Mlle du Parc, Racine s'éprit de Mlle Champmeslé, femme du comédien Champmeslé. Elle avait trois ans de moins que le poète, et était entrée à l'Hôtel de Bourgogne, avec son mari, à Pâques 1670. La Fontaine fréquentait chez elle, et aussi le grave Boileau. On y soupait avec gaîté ; et Mme de Sévigné, qui appelle la Champmeslé sa « belle-fille », parce que son fils, Charles de Sévigné, était au nombre de ses amants, nous a parlé de ces petites fêtes... intimes. « Ce sont des soupers délicieux, dit-elle, c'est-à-dire des *diableries* ». Il faut croire que, puisque l'austère Despréaux y assistait, ces *diableries* n'étaient pas terribles. La liaison de Racine et de Mlle Champmeslé cessa le jour où la comédienne lui préféra le comte de Clermont-Tonnerre. Et les mauvais plaisants ne manquèrent pas de dire que « le tonnerre » avait « déraciné » Mlle Champmeslé.

Dans son testament, Racine parle des « manques » de sa vie passée ; puis, trouvant sans doute le mot trop faible, il l'a barré et a mis « scandales ». Cette fois, le mot est peut-être trop fort. Racine, en somme, n'a pas eu de vices grossiers. Il n'est ni buveur ni joueur, comme beaucoup de grands seigneurs de son temps ; il n'est ni prodigue, comme La Fontaine, ni avare, comme Corneille ou Chapelain. Il compose pour son plaisir ou pour sa gloire, non pour battre monnaie. Il ne cherche pas à se pousser dans les charges et dans les grasses sinécures. Après *Bérénice,* qui est dédiée à Colbert, il n'écrit plus une seule dédicace en tête de ses ouvrages. Racine était un sage, qui savait se contenter de cette « médiocrité dorée » dont parle Horace, *aurea mediocritas.*

Ces réflexions nous amènent tout naturellement à mieux comprendre la crise profonde que le poète va traverser en 1676, crise d'où Racine va sortir étrangement transformé, et que nous étudierons en détail dans nos prochaines leçons.

A. C.

Sujets de devoirs.

UNIVERSITÉ DE PARIS

AGRÉGATION D'HISTOIRE.

I. Le régime du principat dans l'Italie du xvᵉ siècle.

II. L'art français pendant le règne de Louis XIV.

III. La Lorraine française.

AGRÉGATION DES LANGUES VIVANTES.

Allemand.

Version

Eichendorff : *Ahnung und Gegenwart,* la poésie : « Der armen Schönheit Lebenslauf... » à la fin du 11ᵉ chapitre du IIᵉ livre.

Thème.

Romain Rolland, *Jean-Christophe*, II, Le Matin, p. 153, depuis : « Il connut, pour la première fois, l'affreux chagrin de l'ab·sence... », jusqu'à : « Maintenant, il était trop tard... »

Dissertation française.

Discuter le jugement de Taine sur le dénouement du *Faust* (*Histoire de la Littérature anglaise*, IV, pp. 381-382).

Dissertation allemande.

« Vielleicht war es der Missmut ob dem jetzigen Geldglauben, der Widerwille gegen den Egoismus, den sie überall hervorgrin-sen sahen, was in Deutschland einige Dichter von der romantis-chen Schule, die es ehrlich meinten, zuerst bewogen hatte, aus der Gegenwart in die Vergangenheit zurückzflüchten und die Restauration des Mittelalters zu befördern. »

(H. Heine, *Die romantische Schule.*)

ANGLAIS.

Version.

Spectator, n° 282, jusqu'à «... no manner of estimation ».

Thème.

La Bruyère, *Les Caractères*, des Grands, jusqu'à : «... tous sont contents ».

Dissertation française.

Quels sont les caractères communs des « Lake poets » ?

Dissertation anglaise.

An English critic says : « Rossetti should have painted his poems and written his pictures. » Comment upon the statement.

AGRÉGATION DE L'ENSEIGNEMENT SECONDAIRE DES JEUNES FILLES.

Education.

Sur cette pensée de Taine : « La psychologie doit jouer dans toutes les sciences morales le même rôle que la mécanique dans toutes les sciences physiques. »

Littérature.

La théorie de l'Art pour l'Art et les romantiques.

LICENCES ET CERTIFICATS D'APTITUDE

ALLEMAND.

Version.

Frenssen, *Jorn Uhl*, la page 522, depuis : « Du hast Schweres durchgemacht », jusqu'à : «... wenn solch schlichtes, tiefes Leben nicht erzählenswert ist ? »

Thème.

Romain Rolland, *Jean Christophe*, II, Le Matin ; la première page, jusqu'à : « Le grand-père vieillit. »

Dissertation française.

« Dans les fluctuations de ses goûts, Gœthe a successivement méprisé le siècle de Louis XIV, détesté le Moyen Age, dénaturé Shakespeare ; mais jamais,non pas même au temps de l'insolente jeunesse, il n'a renié l'antiquité. » (P. Stapfer, *Études sur Gœthe,* p. 24.)

Dissertation allemande.

« Die Leute von 1813 finden in Herrn Uhlands Gedichten den Geist ihrer zeit aufs kostbarste aufbewahrt. »
(H. HEINE, *Die romantische Schule.*)

ANGLAIS.

Version.

Spectator, n° 267, jusqu'à : « Episode to this noble poem. »

Thème.

Pascal, *Pensées*, de l'Art de persuader, depuis : « Cet art que j'appelle l'art de persuader », jusqu'à : «... géométriques de l'art de persuader. »

Composition française.

Distinguer l'élément latin et l'élément français en anglais.

Composition anglaise.

« A thing of beauty is a joy for ever. » (Keats.)

ENSEIGNEMENT SECONDAIRE DES JEUNES FILLES.

Pédagogie.

Que pensez-vous de ce jugement de Milton : « Tuer un homme, c'est tuer une créature raisonnable ; tuer un livre, c'est tuer la raison, c'est tuer l'immortalité plutôt que la vie. Les révolutions des âges souvent ne retrouvent pas une vérité rejetée et faute de laquelle des nations entières souffrent éternellement. »

Littérature.

Le rôle de l'argent dans la littérature du XVIIIe et du XIXe siècle.

Bibliographie

Le Théâtre édifiant en Espagne. — Cervantes, Tirso de Molina, Calderon, par Marcel Dieulafoy, membre de l'Institut, 1 vol. grand in-16. Prix : 3 fr. 50 ; *franco :* 4 fr. Librairie Bloud et Cie, 4, rue Madame, Paris (VIe).

Personne n'avait étudié dans ses manifestations si multiples et si captivantes, le théâtre religieux de l'Espagne et les chefs-d'œuvre enfantés durant le *Siècle d'or.* Il fallait connaître les terrains divers où s'alimenta, dès sa naissance, la civilisation de nos voisins, et découvrir les raisons qui les inclinèrent tantôt vers la France orthodoxe, tantôt vers l'Islam vaincu et repoussé. C'est le cas de M. Dieulafoy. Aussi bien les travaux qu'il a entrepris depuis de longues années sur la renaissance espagnole, aussi bien que ses belles et fructueuses recherches sur le Moyen Age en France et en Perse, l'ont-ils conduit à s'occuper des œuvres édifiantes portées à la scène de l'un ou de l'autre côté des Pyrénées. Dans quel esprit et dans quel dessein ces pièces furent-elles composées ? Quelles furent l'origine et la caractéristique de l'évolution du genre remarquée en Espagne au début du XVIIe siècle ? Quels sont les matériaux étrangers qui furent utilisés en cette circonstance ? Quel profit l'esprit public et la religion tirèrent-ils du théâtre édifiant espagnol ? Telles sont les questions posées et résolues ici avec l'ampleur qu'elles exigent et avec cette pénétration toute personnelle et cette science sûre et sans aridité qui donnent tant de prix aux travaux de M. Dieulafoy. L'éminent écrivain prouve que la pensée religieuse fut la directrice et le guide de l'évolution du théâtre édifiant ; mais il montre aussi que la traduction des *Miracles de Notre-Dame* et de la *Légende dorée* furent mis à profit, et même certaines solutions données par les docteurs musulmans de problèmes où la foi n'était pas en péril. Il établit ensuite que le théâtre ainsi transformé devint un auxiliaire précieux dans la lutte entreprise contre le luthéranisme ; il dit enfin avec quelle ardeur, quel talent, quelle sincérité, les grands poètes dramatiques, les illustres représentants du *Siècle d'or* répondirent aux intentions du pouvoir et comment ils surent allier dans leurs œuvres le charme à l'intérêt, la beauté souveraine à l'exposition des thèmes sévères.

De courtes notices relatives à trois des grands tragiques, — Cervantes, Tirso de Molina et Calderon — qui prirent part à cette sorte de croisade littéraire, et la traduction fidèle, complète' et respectueuse du *Truand béatifié*, du *Damné pour manque de confiance* et de la *Dévotion à la Croix* complètent ce travail et montrent par des exemples décisifs que le théâtre édifiant espagnol, sans rival par sa richesse, son originalité et sa supériorité littéraire, est unique par sa haute portée morale.

***

Les idées morales d'Horace, par M. VICTOR GIRAUD, professeur à l'Université de Fribourg (Suisse). Librairie BLOUD et Cⁱᵉ, 4, rue Madame, Paris (VIᵉ).

Le poète Horace n'est assurément pas un philosophe, ni même un penseur au sens rigoureux du mot, et ses idées générales sur le monde, sur l'homme et sur la vie, manquent un peu de profondeur et d'originalité. Mais, en un certain sens, elles n'en sont que plus i ntéressantes : elles nous renseignent d'abord sur le caractère du poète, qui est essentiellement un épicurien avec des velléités de stoïcisme ; ensuite, sur son temps, dont il reflète les tendances contradictoires avec une singulière fidélité ; et, enfin, sur une disposition permanente de l'humanité qu'Horace symbolise excellemment. La morale d'Horace, en effet, s'appelle de son vrai nom la *morale des jeunes gens*, et on lira avec intérêt les pages suggestives, où, en retraçant, à travers l'histoire des idées, les vicissitudes successives de cette morale, M. Victor Giraud m ontre que la fortune et le renom d'Horace en sont inséparables.

***

Les Silex taillés et l'Ancienneté de l'Homme, par A. DE LAPPARENT, de l'Académie des Sciences. 1 vol. in-12. Prix: 1 fr. 20. — Librairie BLOUD et Cⁱᵉ, 4, rue Madame, Paris (VIᵉ).

Le présent opuscule contient un exposé logiquement enchaîné des vicissitudes que la préhistoire a traversées depuis le jour où elle s'est imposée à l'attention des hommes de science. Si, dans le principe, l'auteur avait pris la plume surtout pour faire ressortir les déconvenues récemment infligées à ceux qui se plaisent à réclamer pour l'espèce humaine une antiquité fabuleuse, du moins il s'est efforcé de séparer le bon grain de l'ivraie et de distinguer avec soin ce qui peut être considéré comme acquis des affirmations où la passion a plus de part que la science proprement dite. Le savant auteur, dans une première partie, fait une revue et une mise au point des problèmes que soulève, d'une manière générale, l'étude de la préhistoire. Dans la seconde, il examine particulièrement la question de l'ancienneté de l'homme.

⁎

A.-A. Cournot, par Florian Mentré, professeur de philosophie.
1 vol. in-12. Prix : 0 fr. 60. Librairie Bloud et Cⁱᵉ, 4, rue
Madame, Paris (VIᵉ).

Depuis quelques années, Cournot est en faveur dans le monde
philosophique ; mais la plupart de ses ouvrages sont devenus
introuvables et le public ne les connaît guère que par des articles
de revue. Ce grand méconnu, dont l'œuvre égale celle d'un A.
Comte ou d'un Renouvier, attend encore un livre d'ensemble, où
ses idées soient exposées intégralement. Il était donc opportun
de résumer ses principales théories. On trouvera dans le présent
volume des vues ingénieuses, d'une actualité saisissante sur la
science, la philosophie et la religion. L'auteur s'est efforcé
d'imiter la manière de Cournot, et il le cite souvent, pour que ses
lecteurs puissent l'apprécier directement et éprouvent le désir de
méditer l'œuvre elle-même, féconde en enseignements d'un
intérêt durable.

⁎

Les Variations des théories de la Science, par le
vicomte R. d'Adhémar, 1 vol. in-12. Prix : 0 fr. 60. Librairie
Bloud et Cⁱᵉ, 4, rue Madame, Paris (VIᵉ).

La critique des sciences a été l'une des œuvres notables de
ces quinze dernières années.
Pour critiquer, il faut d'abord savoir à fond.
L'auteur montre donc, tout d'abord, avec assez de détail,
quelles sont, actuellement, les larges doctrines fondamentales de
la physique théorique.
Il montre la *Physique thermodynamique* et la *Physique de l'élec-
tron* s'opposant et se complétant.
· Il a alors établi une base suffisante pour discuter cette question:
« Qu'est-ce que la science ? » Après avoir critiqué, il faut reconstruire. C'est ce que fait le néo-positivisme, dont la doctrine naissante, touchant la science et la foi, leur hétérogénéité et leur
ressemblance, est trop profonde.
Mais remarquons bien que la philosophie nouvelle suppose
l'esprit de géométrie et l'esprit de finesse. — Faute d'une culture
assez vaste, certains n'y voient qu'une forme nouvelle de scepticisme.
Erreur totale, contre laquelle l'auteur proteste énergiquement.

Newton, par le baron Carra de Vaux, 1 vol. in-12. Prix :
0 fr. 60. Librairie Bloud et Cⁱᵉ, 4, rue Madame, Paris (VIᵉ).

Les résultats des travaux de Newton sont, pour la plupart,
entrés dans l'enseignement classique ; mais ils y sont répartis
d'une façon quelquefois un peu artificielle entre les enseignements élémentaire, spécial et supérieur, et ils n'y sont pas toujours exposés avec la méthode même de l'auteur. Dans ce livre,
tout en recherchant la simplicité autant que de pareilles questions
la comportent, M. Carra de Vaux a rendu à ces résultats leur
groupement et leur unité originels ; il a fait voir comment le
génie de Newton les avait obtenus et sur quels antécédents il
s'était appuyé. Il a d'ailleurs mis en relief la physionomie philosophique et morale du grand savant, et montré chez lui, à côté
du génie qu'on ne peut qu'admirer, des qualités comme le scrupule scientifique, l'honnêteté civique, que le plus modeste travailleur peut et doit imiter.

**

Charles Darwin, par E. Thouverez, professeur à la Faculté
des lettres de l'Université de Toulouse. 1 vol. in-12. Prix :
1 fr. 20. Librairie Bloud et Cⁱᵉ, 4, rue Madame, Paris (VIᵉ).

On trouvera dans ce volume, en même temps qu'un exposé
critique et complet du Darwinisme, une sorte de biographie
psychologique, succincte, mais singulièrement suggestive, de
Darwin. L'auteur étudie successivement l'Hérédité des Darwin,
puis l'Éducation de Charles Darwin, son Voyage autour du monde,
sa Vie pendant le Séjour a Londres, enfin les Dernières années à
Down. Passant à l'examen du système, M. Thouverez consacre un
premier chapitre aux prédécesseurs de Darwin : Érasme Darwin
en Angleterre, Gœthe en Allemagne, Lamarck et Buffon en
France. Ainsi il arrive à l'exposé et à la discussion des idées
émises par Darwin dans le livre sur l'*Origine des Espèces* et présentées analytiquement dans les *Variations*. Après un bref résumé
des ouvrages publiés postérieurement, vient l'histoire du Darwinisme chez les disciples de Darwin jusqu'à nos jours. L'auteur
termine par une critique du système, qu'il définit « une certaine
forme entre plusieurs possibles du transformisme qui est lui-
même une forme de l'évolution », et montre comment on peut
établir, sur la théorie évolutionniste, une thèse qui concilie les
exigences techniques et positives de l'intelligence spéculative
avec les exigences métaphysiques de la volonté morale.

Le gérant : E. Fromantin.

POITIERS. — SOCIÉTÉ FRANÇAISE D'IMPRIMERIE ET DE LIBRAIRIE

QUINZIÈME ANNÉE (2ᵉ Série)   N° 34   4 JUILLET 1907

REVUE HEBDOMADAIRE

DES

COURS ET CONFÉRENCES

DIRECTEUR : N. FILOZ

Poètes français du XIXᵉ siècle qui continuent la tradition du XVIIIᵉ

Cours de M. ÉMILE FAGUET,

Professeur à l'Université de Paris.

Fontanes; ses œuvres poétiques.

(Suite.)

Je continue, aujourd'hui, l'examen des œuvres poétiques de Fontanes. Nous avons eu, au cours de notre dernière leçon, l'occasion de considérer Fontanes, poète lyrique, sous un aspect qui, sans doute, ne vous a pas séduits. La *Chartreuse de Paris*, le *Jour des Morts dans une Campagne*, sont des poèmes brillants, à coup sûr, mais un peu froids. L'ingéniosité et la grâce de leur auteur ne sauraient nous faire oublier que ces pièces manquent d'une sensibilité véritablement profonde.

Bien que j'aie l'habitude de garder les meilleurs morceaux pour la fin, je me hâte de vous dire que les poèmes dont nous allons nous occuper maintenant, sont loin d'être des chefs-d'œuvre; mais ils contribueront à vous faire connaître les idées et le tour d'esprit de ce poète de transition, qui a, tout au moins, le mérite d'être un homme de goût.

Commençons, si vous le voulez bien, par l'*Ode sur l'Enlèvement du Pape* (1), composée en 1809. Elle est assez curieuse, d'abord

(1) Le pape Pie VII fut enlevé de Rome, dans la nuit du 5 au 6 juillet 1809, et conduit prisonnier à Savone.

49

parce qu'elle va nous permettre de voir l'effet produit sur
Fontanes par cette mesure... plutôt énergique ; ensuite, parce
qu'elle va nous révéler en Fontanes un ouvrier en vers et en
strophes très habile, très exercé, un bon disciple de Malherbe :

> Les temples se rouvraient, et, longtemps exilée,
> La tribu de Lévi, parmi nous rappelée,
> Relevait sur l'autel les tables de la loi ;
> Et, sous la main d'Asaph, ainsi qu'aux jours antiques,
>   Les harpes prophétiques
> Redisaient dans Sion les hymnes du saint Roi.
>
> Sion, reprends ton deuil ! Cessez, pieuses fêtes !
> Un orage nouveau gronde encor sur nos têtes ;
> Aaron est enlevé du milieu d'Israël ;
> Et le troupeau choisi, que la nuit vient surprendre,
>   Ne pourra plus entendre
> La voix de son pasteur sur le haut du Carmel.
>
> L'encensoir a perdu ses derniers privilèges ;
> Comme aux jours d'Attila, des hordes sacrilèges
> Courent assujettir la Reine des Cités ;
> Et Rome, en implorant les vengeances divines,
>   Du haut des sept collines
> Tend ses augustes bras vers les cieux irrités.

Evidemment, ces vers sont écrits par un homme qui est très
profondément pénétré de la doctrine des poètes classiques français ; par un homme qui, avant de se livrer à son inspiration
savante, n'a pas manqué de relire ceux que l'on considérait alors
comme les grands maîtres de la strophe lyrique, je veux dire
Jean-Baptiste Rousseau, Lefranc de Pompignan, Lebrun-Pindare,
et les autres. Et alors, que devient l'originalité de Fontanes ?
Peut-être faut-il la chercher dans les strophes finales, où il essaie
de prendre l'accent des prophètes :   .

> Malheur à nous ! malheur à la race naissante !
> De sa fécondité la mère gémissante
> Ne voit pour ses enfants qu'un affreux avenir ;
> L'heure approche, et le siècle, aveuglé par les sages,
>   Rit de tous nos présages,
> En niant le Dieu même armé pour nous punir.
>
> Ainsi quand Jéhovah, cessant de faire grâce,
> Voulut sur les Hébreux accomplir sa menace,
> Leur orgueil jusqu'au bout refusa de ployer ;
> La foudre en vain grondait sur le front des perfides,
>   Leurs fureurs déicides
> Méconnaissaient la main prête à les foudroyer.   .
>
> Il fut pourtant rempli, l'oracle trop fidèle !
> Le fier Juda, vaincu jusqu'en sa citadelle,

> Reçut, au jour marqué, son juste châtiment ;
> Et ses fils, dont la race est en tous lieux flétrie,
> Sans autel, sans patrie,
> Sont du courroux divin l'éternel monument.

Ces vers sont, à coup sûr, d'un homme qui connaît merveilleusement les ressources de son art. Mais, précisément, nous y voyons trop le poète de métier ; nous voudrions plus de spontanéité et de naturel dans l'inspiration.

Nous en trouvons dans les « *Stances* adressées à M. de Chateaubriand après les *Martyrs* ». Cette fois, Fontanes a réussi à imiter convenablement le mouvement lyrique. L'amitié lui a dicté des strophes sincères, qui lui assurent une place suffisamment honorable dans le chœur des poètes lyriques de toutes les époques. Sainte-Beuve n'a pas manqué de louer ces vers, et il a eu raison ; d'autant plus que les vers de Fontanes étaient, en même temps qu'un témoignage de son admiration affectueuse pour Chateaubriand, une affirmation énergique du génie de l'auteur des *Martyrs,* ce qui avait son prix à ce moment-là. Chateaubriand, vous le savez, a toujours été beaucoup discuté de son vivant, et surtout au début de sa carrière. Le *Génie du Christianisme* n'a pas obtenu le succès immédiat auquel il avait droit, et je ne sais plus quel critique s'excusait d'en parler dans un article quelques mois après son apparition. De même les *Martyrs,* en 1809, ne réussirent pas non plus. Fontanes, que le bon goût n'abandonnait jamais, a eu le grand honneur de comprendre tout le mérite de cette œuvre nouvelle et de pressentir qu'elle compterait dans l'histoire de notre littérature.

Sa pièce débute par une comparaison :

> Le Tasse, errant de ville en ville,
> Un jour, accablé de ses maux,
> S'assit près du laurier fertile
> Qui, sur la tombe de Virgile,
> Etend toujours ses verts rameaux...

C'est tout à fait la manière de Lebrun-Pindare. Tandis que Malherbe commence toujours en plaçant en avant l'idée qui doit être le centre de la pièce, Lebrun, par des symboles, des comparaisons, des anecdotes, tourne, en quelque sorte, autour de l'idée qu'il se propose de développer. Vous voyez que Fontanes use ici du procédé de Lebrun ; il prend un exemple dans la vie du Tasse pour en faire l'application à Chateaubriand...

> En contemplant l'urne sacrée,
> Ses yeux de larmes sont couverts ;

Et là, d'une voix éplorée,
Il raconte à l'ombre adorée
Les longs tourments qu'il a soufferts.

Il veut fuir l'ingrate Ausonie ;
Des talents il maudit le don ;
Quand, touché des pleurs du génie,
Devant le chantre d'Herminie
Paraît le chantre de Didon.

« Eh ! quoi ? dit-il, tu fis Armide,
Et tu peux accuser ton sort !
Souviens-toi que le Méonide,
Notre modèle et notre guide,
Ne devint grand qu'après sa mort.

« L'infortune en sa coupe amère,
L'abreuva d'affronts et de pleurs ;
Et, quelque jour, un autre Homère
Doit, au fond d'une île étrangère,
Mourir aveugle et sans honneurs.

« Plus heureux, je passai ma vie
Près d'Horace et de Varius ;
Pollion, Auguste et Livie
Me protégeaient contre l'envie
Et faisaient taire Mévius.

« Mais Enée aux champs de Laurente
Attendait mes derniers tableaux,
Quand, près de moi, la mort errante
Vint glacer ma main expirante,
Et fit échapper mes pinceaux.

« De l'indigence et du naufrage
Camoëns connut les tourments ;
Naguère les nymphes du Tage,
Sur leur melodieux rivage,
Ont redit ses gémissements.

« Ainsi les maîtres de la lyre
Partout exhalent leurs chagrins ;
Vivants, la haine les déchire,
Et ces dieux que la terre admire
Ont peu compté de jours sereins.

« Longtemps, la gloire fugitive
Semble tromper leur noble orgueil ;
La gloire enfin pour eux arrive,
Et toujours sa palme tardive
Croît plus belle au pied d'un cercueil.

« Torquato, d'asile en asile,
L'envie ose en vain t'outrager ;
Enfant des Muses, sois tranquille :
Ton Renaud vivra comme Achille ;
L'arrêt du temps doit te venger.

> « Le bruit confus de la cabale
> A tes pieds va bientôt mourir;
> Bientôt à moi-même on t'égale,
> Et, pour ta pompe triomphale,
> Le Capitole va s'ouvrir. »

Ici finit le discours de Virgile, discours fort bien composé, comme vous avez pu le remarquer. Ce n'est qu'après ce long · développement que le poète arrive à Chateaubriand :

> Virgile a dit. O doux présage !
> A peine il rentre en son tombeau,
> Et le vieux laurier qui l'ombrage
> Trois fois inclinant son feuillage
> Refleurit plus fier et plus beau.
>
> Les derniers mots que l'ombre achève
> Du Tasse ont calmé les regrets ;
> Plein de courage, il se relève,
> Et, tenant sa lyre et son glaive,
> Du destin brave tous les traits.
>
> Chateaubriand, le sort du Tasse
> Doit t'instruire et te consoler ;
> Trop heureux qui, suivant sa trace,
> Au prix de la même disgrâce,
> Dans l'avenir peut l'égaler.
>
> Contre toi du peuple critique
> Que peut l'injuste opinion ?
> Tu retrouvas la Muse antique
> Sous la poussière poétique
> Et de Solyme et d'Ilion.
>
> Du grand peintre de l'*Odyssée*
> Tous les trésors te sont ouverts,
> Et, dans ta prose cadencée,
> Les soupirs de Cymodocée
> Ont la douceur des plus beaux vers.
>
> Aux regrets d'Eudore coupable,
> Je trouve un charme différent ;
> Et tu joins, dans la même fable,
> Ce qu'Athène a de plus aimable,
> Ce que Sion a de plus grand !

La fin est vraiment très heureuse : on ne pouvait plus élégamment définir les *Martyrs*, œuvre à la fois classique et biblique, chrétienne et païenne ; et, ici, Fontanes a été vraiment aussi bien inspiré par son amitié avec Chateaubriand que par son goût littéraire très sûr et très averti.

Arrivons, maintenant, à Fontanes poète didactique et familier. Cette partie de son œuvre n'est certes pas négligeable ; en tout

cas, Fontanes ne la tenait pas pour telle, car nous savons qu'il a
sans cesse revu, corrigé et remanié la plupart de ses poèmes
d'inspiration champêtre ou domestique. J'ai eu l'occasion de vous
faire remarquer, dans mes cours des années précédentes, la
place très considérable occupée par la poésie didactique dans
notre littérature en général, et, en particulier, dans la littérature
de la deuxième moitié du xviiie siècle. Le dessein de laisser un
De Natura Rerum ou un Buffon en vers français a hanté, vous le
savez, presque toutes les imaginations littéraires de cette époque,
et il me suffit de vous citer les noms de Delille et d'André Chénier,
— toute question de mérite mise à part.

Fontanes s'est donc exercé, lui aussi, dans le genre didactique,
et il a écrit la *Maison rustique*. Ce poème, terminé par Fontanes
durant sa proscription, après fructidor, n'est qu'une refonte, ou
mieux un agrandissement en trois chants de l'ancien poème du
Verger, que Fontanes avait publié en 1788. La *Maison rustique*
est une œuvre de la même famille que les *Mois* de Roucher ou les
Saisons de Saint-Lambert. Mais, au gré de Fontanes, les vers de
Roucher et ceux de Saint-Lambert manquaient de précision, ou,
pour tout dire, d'audace. Ils étaient trop élégants et n'osaient
pas aborder franchement la *réalité* du sujet. Fontanes, lui, a
voulu déployer dans son œuvre cette franchise audacieuse. Il
s'est dit : est-ce que Virgile, dans ses *Géorgiques*, n'a pas su allier
au souci de l'élégance celui de la description minutieuse, précise,
complète, des moindres détails de la vie des champs? Essayons
de rivaliser avec cet inimitable modèle. Et, sans hésitation, il a
tenté de décrire en vers... oui, parfaitement, le *potager !* Certes, la
chose était possible ; La Fontaine lui-même avait parlé du « jar-
dinage », en vers charmants, dans la fable du *Jardinier et son
seigneur :*

> Là croissait à plaisir l'oseille et la laitue,
> De quoi faire à Margot pour sa fête un bouquet ;
> Peu de jasmin d'Espagne et force serpolet...

Ecoutons, maintenant, Fontanes nous dépeindre en majestueux
alexandrins les charmes du jardin potager :

> L'hiver fuit; le terrain prend un aspect nouveau ;
> Partout il s'aplanit sous le même niveau,
> Et de larges carrés en distances égales
> Sont d'un sentier étroit coupés par intervalles.
> Là croît le potager : sa parure est sans frais,
> Et la propreté seule en fera les apprêts.
> Apportez-moi ces grains, ces herbes, ces racines.
> Aliment et trésor des chaumières voisines ;

Longtemps l'orgueil du vers a craint de les nommer;
Aujourd'hui, je les chante et je veux les semer.

— Pourquoi donc Fontanes éprouve-t-il le besoin de se glorifier de cette innovation? Qu'il les nomme, mais qu'il ne s'en vante pas!...

Oui, sans honte, à mes yeux, que l'oseille verdisse,
Que l'épaisse laitue, en croissant, s'arrondisse,
Que la courge flexible et semblable au serpent
Erre en plis tortueux et s'allonge en rampant,
Et que l'humble lentille, autrefois si vantée,
Des champs du Levantin soit ici transplantée.
La fève, dont la tige aime l'eau des marais,
Chez moi de Pythagore a bravé les arrêts.
L'ail...

— Non, Mesdames, Fontanes n'a pas reculé devant l'ail!...

L'ail s'annonce de loin : pardonne, aimable Horace !
Thestilis (1) aux bras nus, sans craindre ta menace,
Exprime en le broyant de piquantes saveurs
Qui raniment le goût et la soif des buveurs.
Dirai-je le persil...

— Pourquoi tant tergiverser? Mais oui, Monsieur de Fontanes, *dites-le.* Vous n'avez pas autre chose à faire !...

Dirai-je le persil dont nos mets s'assaisonnent,
Et le thym qu'en leur vol les abeilles moissonnent,
Le cresson qui des eaux recherche le courant,
Et l'ache et le cerfeuil aux esprits odorants ?

Naturellement, Fontanes ne manque pas de protester contre les jardins anglais, surchargés de grottes, de sources, de ponts rustiques, de ruines factices : vous savez que ces jardins étaient alors fort à la mode. Nous avons eu l'occasion d'en parler à propos du poème de Delille. Voici ce qu'en dit Fontanes :

Montrez-nous maintenant, artistes trop vantés,
Vos bizarres jardins à la Chine inventés !
Oh! si de la nature, en vos croquis burlesques,
Vous n'égalez jamais les tableaux pittoresques,
Cherchez l'ordre, du moins, et que l'utilité
Soit de tous vos travaux la première beauté.

(1) Allusion à ces vers de Virgile (*Bucol.*, II, 11).

Thestylis et rapido fessis messoribus æstu
Allia serpyllumque herbas contundit olentes.

On sait, d'autre part, qu'Horace a composé une pièce contre l'ail.

Pourquoi dédaignez-vous les formes symétriques ?
Tout art en a besoin : regardez ces portiques,
Ces dômes saints, ce temple où résident les dieux,
Leur régularité fait le charme des yeux.
L'aimable symétrie inventa la cadence,
A mesuré les vers, et gouverne la danse.
Une nymphe veut-elle embellir ses appas ?
Au refrain de sa voix elle accorde ses pas;
Sans méthode, en chantant, Apollon ne peut plaire ;
La méthode au génie est toujours nécessaire;
Mais le caprice, aveugle en ses fréquents écarts,
Méconnaît la nature et corrompt tous les arts.

Ce passage est tout à fait caractéristique de Fontanes. Nous retrouvons ici, tout entier, ce poète pénétré de Boileau et imprégné des souvenirs de Versailles. Fontanes, qui a conservé le goût du xviiᵉ siècle, ne veut que des jardins et des parcs correctement alignés. Il oublie que la forme et la disposition des jardins dépendent, en réalité, de la nature même du terrain : il est ridicule de fabriquer des Buttes-Chaumont sur un sol complètement plat ; mais, d'autre part, les majestueux alignements de Versailles ne seraient point de mise partout.

Fontanes — c'est sans doute une gageure — s'est décidé aussi à parler des *engrais* dans son poème ! Il a compris qu'après s'être engagé dans le potager, il devait aller jusqu'au bout, et voici comment il s'est tiré de cette réelle difficulté :

De moins nobles travaux sont encor profitables :
Le fils de Jupiter nettoyait les étables,
Et leur limon fertile, entraîné par les eaux,
Portait aux champs voisins des aliments nouveaux.
Imitons cet exemple, Augias nous appelle :
De Cérès, grâce à lui, la couronne est plus belle,
Et même il a de Flore embelli les couleurs.
D'un fumier nourrissant implorons les chaleurs.
Déjà l'on nous écoute, et Palès nous seconde ;
De leurs troupeaux divers la litière est féconde.
Il est plus d'un engrais : l'art doit les essayer.
Qu'on recueille avec soin les cendres du foyer,
Et le marc des pressoirs, et ces feuilles jaunies,
Dans les bois dépouillés en monceaux réunies.
Tout sert au jardinier : qu'il ne dédaigne pas
Les plus grossiers rebuts des plus grossiers repas ;
Jadis Rome honorait une déesse immonde,
Qui vit plus d'une fois les souverains du monde,
De son cloaque impur rapportant les débris,
En prodiguer les sels à leurs champs appauvris.

Ai-je besoin de vous dire que Fontanes, toujours soucieux de son modèle latin, n'a pas oublié de faire, à son tour, son vieillard du Galèse? Vous vous y attendiez un peu, sans doute. Et quel est ce vieillard, décrit longuement par Fontanes? Tout simplement Arnauld d'Andilly, le célèbre horticulteur de Port-Royal, celui-là même qui faisait pousser de si belles poires et qui, dit-on, a inventé les espaliers. La chose allait de soi, et voici ce que Fontanes en a fait :

> Un illustre vieillard, un patriarche, un sage,
> D'un nom que ses enfants ont encore ennobli,
> Honorait autrefois le hameau d'Andilly.
> C'était le vieux Arnauld, qui des vieux solitaires
> Rappelait par ses mœurs les exemples austères.
> Il raconta leur vie, et, pour mieux l'imiter,
> Aux champs de Port-Royal il courut habiter.
> Là, ses jours s'écoulaient comme aux siècles antiques,
> Entre les livres saints et les travaux rustiques.
> Jour et nuit, de la Bible ouverte à son côté,
> Sa foi, d'un œil plus sûr, admirait la beauté,
> Cependant quelques jeux égayaient sa retraite;
> Quittant sa docte plume, il tenait la serpette,
> Et, nouveau jardinier, cultivait de ses mains
> L'art qu'enseigna Dieu même au premier des humains.
> Dieu bénit le travail du juste qui l'implore.
> Dans ce pieux enclos, tout s'empresse d'éclore ;
> Chaque arbuste a ses fleurs, chaque fleur a son fruit.
> Le vieillard est charmé, ses succès l'ont instruit.
> Un jour, des jeunes plants, qu'en ces lieux il dirige,
> Le long d'un mur voisin il fait errer la tige ;
> Le docile arbrisseau que défend ce rempart
> Brave du froid janvier le sinistre regard.
> Son progrès est rapide, et, tandis qu'il s'élève,
> Les traits d'un jour plus vif en ont mûri la sève;
> La branche a des tuteurs, le bourgeon des abris :
> Arnauld de sa richesse est lui-même surpris.
> Bientôt, par d'autres murs, de distance en distance,
> Des rayons du soleil il accrut la puissance,
> Et, pour les réunir, pour les multiplier,
> A l'espalier en face opposa l'espalier.

Je ne sais plus qui a dit que la « difficulté vaincue » était une dixième Muse : je crois bien que c'est La Harpe! A mon avis, ce jugement est un peu exagéré ; mais il contient une grande part de vérité. Rien n'était plus difficile que de décrire en vers, à la fois clairs et précis, l'espalier d'Arnauld d'Andilly. Cependant Fontanes ne mérite pas notre admiration pour y avoir réussi. La difficulté vaincue est une chose excellente, en tant qu'exercice ; mais elle n'est pas excellente en soi.

Il faut avoir fait beaucoup de vers difficiles, avant de s'abandonner à l'inspiration personnelle. Mais faire des vers difficiles pour le simple plaisir de s'en tenir là et de les proposer comme des modèles, c'est tout juste le contraire de ce que doit chercher un vrai poète.

Jeune homme qui avez dix-huit printemps, et qui m'apportez un poème où vous avez chanté un amour profond que vous éprouvez et que vous éprouverez éternellement, veuillez, je vous prie, m'en croire : retournez au logis, et là, mettez-vous devant l'automobile de Monsieur votre père ; décrivez-la-moi en cent vers, puis commencez et recommencez souvent de pareils exercices ; alors, seulement, vous pourrez vous abandonner à la sincérité de vos sentiments, et chanter en un long poème l'amour profond que vous éprouvez et que vous éprouverez éternellement !

A. C.

La Morale.

Cours de M. VICTOR EGGER,

Professeur à l'Université de Paris.

Le devoir (*suite*) ; l'intention.

J'ai parlé, dans la précédente leçon, du droit inhérent au bien en tant que bien, du devoir-être essentiel au bien, et du devoir-être j'ai passé au devoir-faire ou devoir. Pour ce passage, il faut poser l'idée et le fait de l'agent. Qu'est-ce donc qu'un agent ? C'est une volonté, non pas un acte de volonté ou des actes successifs d'une volonté discontinue, c'est une volonté continue dans la durée, un effort constant ; or remarquons que nous ne connaissons pas de volonté, d'effort, d'action, d'agent, sinon avec accompagnement de conscience ; notre conscience individuelle est pour nous le type de l'agent, de l'être qui peut agir et qui agit. D'autre part, connaissons-nous l'effort conscient dans les consciences comme périodique, intermittent ? En fait, ou bien nous sommes actif, ou bien nous nous reposons, nous nous laissons aller ; l'effort apparaît donc comme irrégulier, capricieux. Mais, quand nous ne faisons pas effort, nous devrions, nous pourrions faire effort ; nous pensons pouvoir faire effort, et que, si nous

ne faisons pas effort, c'est que nous ne le voulons pas. La conscience est donc toujours effort, soit en acte, soit en puissance ;
et, en ce sens, la conscience est effort continuellement. Ce n'est
pas assez dire ; car, si nous analysons l'effort, nous nous aper-
cevons qu'il a des applications très variées et souvent très
simples, comme, par exemple, l'attention et ses différents modes ;
et nous pouvons légitimement supposer que même l'effort en
acte est continu et qu'il ne varie dans la durée qu'en degré. Ainsi
il n'y a pas de volonté, d'effort, sans conscience ; et, d'autre part,
il n'y a pas de conscience sans volonté. Ce qui varie, ce qui
est indéterminé, capricieux, contingent, c'est le degré de l'effort
et aussi son objet.

Ces deux points étant établis, nous savons ce que c'est qu'un
agent. Rappelons, maintenant, une thèse déjà énoncée plusieurs
fois. L'effort tend au bien, est lié au bien, par une loi fondamentale de la conscience. Il en résulte que l'agent, s'il agit, s'il est
agent en fait, agira avec le bien, pour fin ; car, rappelons-le, il
n'y a pas de fin hors du bien, ni de bien qui ne soit une fin. C'est
là, du moins, la loi naturelle de l'agent ; telle sera son activité
normale. Cette activité deviendra anormale, contraire à sa loi,
s'il tend au mal, ce dont il est capable, puisque cela arrive
parfois.

Mais parler ainsi, c'est aller un peu trop vite ; c'est voir les
faits de trop haut, d'une façon trop générale et trop sommaire.
Reprenons notre phénomène B, ce fils du hasard, qui est assez
bon et possible. Si j'en ai l'idée, il est une fin pour moi. D'autre
part, je ne suis pas seulement conscience et pensée, je suis
effort, je suis agent. Il y a dans ma conscience et la fin et
l'effort ; or l'effort, — c'est la loi, — n'est pas indifférent à la fin. Je
suis en présence d'une fin posée devant ma pensée ; je la désire
spontanément, mais comment pourrai-je la réaliser ? Comment
cette idée, cette image, peut-elle devenir une réalité ? Par des
moyens, et ces moyens ne sont pas impossibles ; ils peuvent être
réalisés, puisque j'ai dit que B était possible. Entre mon moi
conscient, qui désire, et B, j'aperçois des intermédiaires, des
moyens sûrs, efficaces ; B, qui est la fin, qualifie ces moyens,
les rend désirables, objets naturels d'effort. Ces moyens conçus
entre moi, effort, et le bien, fin désirée, sont eux-mêmes des
biens, et je les désire ; mais la chaîne des moyens peut être
incomplète : le plus rapproché de moi, de mon action, peut être
encore séparé de moi par un abîme, peut être inaccessible. S'il
y a dix moyens connus de moi, entre moi et la fin, et si le quatrième et le cinquième sont inaccessibles pour moi, je désire le

sixième et les suivants comme je désire la fin, et je me borne à désirer ; mon action est suspendue.

Mais la chaîne des moyens accessibles peut être complète, peut me rejoindre, relier la fin à l'agent, à moi, constituer une liaison continue entre l'agent et la fin. Alors le moyen le plus éloigné de la fin, le plus rapproché de moi, le plus praticable pour moi est à la fois qualifié de bien comme moyen d'une fin, c'est-à-dire qualifié de fin, et connu comme effet facile, aisé, immédiat, d'un effort toujours faisable, prêt à l'actualité ? Mais, dire que je suis capable de réaliser ce moyen, c'est-dire que je suis *cause*, la cause prête pour cette fin. Si je suis capable de ce moyen, je dois le faire par mon effort, je dois l'atteindre et après lui, par de nouveaux efforts, les autres moyens, jusqu'au dernier, grâce auquel j'obtiendrai la fin.

C'est ici le lieu de dire ce qu'est la volonté et de la distinguer du désir ; car l'effort, alors, n'est plus désir, mais volonté. La volonté va à la fin par les moyens, elle s'y attarde, c'est un labeur pénible parfois ; le désir, au contraire, va droit à la fin. Nous commençons par le désir ; puis nous arrivons à la connaissance des moyens : alors nous *souhaitons* la fin qui ne dépend pas d'un agent, mais du hasard ; nous adressons une *prière* à l'agent, qui n'est pas nous et que nous croyons capable de la réaliser ; nous lui signifions un *ordre*, s'il est tel qu'il pourra admettre que nous lui donnions un ordre, s'il dépend de nous, s'il est notre instrument, notre moyen ; ou bien nous lui donnons un conseil : le *conseil* est intermédiaire entre la prière et l'ordre ou commandement. Prière, conseil, ordre, c'est toujours agir sur un agent que nous croyons plus capable que nous d'agir avec efficacité en vue de la fin que nous désirons ; *vouloir*, c'est agir nous-même ; c'est l'action personnelle qui a lieu, quand nous nous sentons capable des moyens et qui conquiert les moyens un à un en vue de la fin. L'*espoir* est autre chose : il porte sur la probabilité du succès ; c'est une simple vue de l'esprit.

Je reviens, maintenant, à la conclusion formulée tout à l'heure : je dois atteindre par mon effort le moyen le plus éloigné de la fin, le plus à ma portée. Mais pourquoi dois-je l'atteindre ? Car il ne vaut pas par lui-même. Je le dois à cause de la fin dont il est le moyen, en vue de la fin, *pour* la fin. Après lui, je dois le moyen suivant, et tous les moyens, jusqu'à la fin, qui doit être faite, réalisée, atteinte *par* eux, qui en sont les intermédiaires nécessaires. Elle les a rendus dignes d'efforts, parce que sa valeur était reflétée sur eux. Mais, si j'oublie la fin, si le moyen me retient, m'amuse et me suffit, si mon effort s'arrête ?

J'ai tort ; mon action n'a plus de sens, devient un jeu et est indifférente ; sa qualification, due à un reflet, s'est dissipée, évanouie. Si je suis arrêté en cours d'action, parce qu'un moyen m'aura échappé, devenu tout à coup irréalisable contre mon attente, ou se trouvant inefficace, parce que mon intelligence aura mal combiné, mal compris le pouvoir, la force efficace, positive, du moyen conçu, — mais si la fin est toujours présente à ma conscience, si j'ai le regret d'être arrêté par l'obstacle, le désir de le tourner, de remplacer le moyen irréalisable ou inefficace par un autre, meilleur, — la visée constante de la fin maintient aux moyens obtenus leur qualification, car ce qui les illumine brille toujours à l'horizon. C'est là ce qu'on appelle l'*intention*, distincte surtout alors que le succès est différé ou définitivement manqué, et qui est réelle même quand la chaîne des moyens est parcourue sans arrêt jusqu'à la fin. Celui qui agit *pour* une fin est *intention*, et bonne intention, puisque toute fin est un bien.

Nous pouvons tirer de ces développements deux conclusions : 1° *qui doit la fin doit les moyens ;* 2° en conséquence, l'intention est un devoir ; car l'intention est cet état de la conscience par lequel les moyens sont liés d'une part à l'effort, de l'autre à la fin ; l'intention est le moyen intérieur de faire servir l'effort à la réalisation de la fin, du bien.

Poursuivons. L'intention est dans l'agent ; c'est l'état durable de l'agent au cours de sa tentative pour réaliser la fin ; c'est le désir de la fin et l'effort vers la fin, effort intellectuel, effort émotionnel et effort d'action. Donc l'intention est la première condition ou le premier moyen de la fin. L'agent qui tend vers le bien est bon à titre de moyen primordial du bien. La qualification morale projetée par l'agent sur l'objet bon revient sur lui ; s'il pense le bien, l'aime, le cherche, le poursuit, il est bonne intention, bonne volonté, il est bon ; et il l'est plus que les moyens, lesquels sont bons transitoirement, tandis que lui, l'agent, est bon d'une manière permanente, durable, fixe, tout le temps de son effort moral, et même ensuite, car de cet effort il lui restera toujours quelque chose, en vertu de cette loi de l'âme qu'on appelle l'habitude, et de cette autre qu'on appelle la *généralisation*.

Ce dernier point, la généralisation, demande à être expliqué. Qu'est-ce que faire le bien ? C'est le viser, y tendre, par les moyens, en ayant l'intention comme point de départ, premier moyen, condition préalable. Demandons-nous, plus simplement, ce que c'est que faire, qu'agir ? Ce n'est pas agir pour agir, s'agiter, se remuer, faire de l'exercice, c'est agir en vue de quelque chose. Mais pourquoi agir ? Il faut que la fin de l'action soit qualifiée ; elle n'est une fin que si elle est bonne et grâce à cet attribut général. Toute intention a donc un caractère de généralité ; si le désir, dans l'usage le plus ordinaire du mot, a un objet particulier, l'*amour* a un objet plus général : or l'amour, c'est le désir, non plus passager, mais durable, constant, d'un objet non plus particulier, mais plus ou moins général. L'intention implique l'amour du bien ou d'un certain bien, encore général ; toute intention est générale.

Voici une autre manière de me faire comprendre : si je considère la matière de l'action, j'ai un *projet* ; ce projet est indifférent en soi ; c'est un phénomène individuel, spécial ; mais mon projet vaut par l'*intention*, qui le dépasse ; l'intention est bonne ou mauvaise, plus ou moins bonne, égoïste peut-être, en tous cas toujours générale. Le bien est un concept, une idée générale ; le bien moral est un concept général de moindre extension, mais général encore. Une idée générale, qui est dans une conscience, est dans cette conscience non pas constante, mais fréquente, revenant à toute occasion pour être appliquée aux phénomènes, pour les qualifier. En somme, l'état de l'agent, s'il est moral, bon, est tendance, tension constante vers la fin ; habitude d'agir : intérieurement et extérieurement pour la fin ; enfin, idée fréquente de la fin.

Tels sont les éléments de l'*intention* ; tel est ce qui fait qu'on est une *conscience*, au sens moral du mot, ce qui constitue l'état de moralité d'une âme qu'on peut dire *morale*, bonne.

Mais nous avons vu que le devoir-faire ou devoir se dégage du devoir-être ou droit inhérent au bonheur ; il le suppose, et il suppose autre chose : l'agent comme tel, le pouvoir personnel, l'effort efficace. Il ne faut, d'ailleurs, pas soulever ici une difficulté en disant que le devoir-être c'est déjà l'effort, puisqu'entre effort et désir il n'y a pas de différence essentielle et puisque le devoir-être, selon nous, c'est le désir éteint, le vœu, devenu concept froid, ayant perdu la forme sentimentale et pris une forme intellectuelle, glacée. C'est bien cela : le désir avorté, mort, dont un souvenir reste, transformé, apaisé, ayant perdu son caractère distinctif, car il n'est plus *tendance* ; il est devenu *souhait* et *droit*, — souhait, si on le considère dans la conscience, — droit, si on le considère dans l'objet, dans la fin, si on l'objective. Mais, si l'agent est *capable*, si l'action est praticable, si les moyens peuvent être réalisés, si la fin peut être obtenue par l'agent, le désir est continu jusqu'au succès, et il en est de même de l'effort ; effort et désir ne font qu'un, puisqu'on fait effort pour la fin visée et désirée.

L'action entretient donc le désir ; et le désir entretient l'action. Le moyen, théâtre de l'action, relie la cause ou l'effort avec la fin ou le bien. La fin, la plupart du temps, ne résulte pas d'ailleurs d'un dernier effort, d'un effort spécial et suprême ; elle arrive d'elle-même à la suite du dernier moyen voulu, réalisé, obtenu.

Formulons et précisons : l'obligation résulte de la rencontre dans une même conscience d'une fin conçue comme telle et d'une causalité efficace à l'égard de cette fin. Autrement dit, et plus analytiquement : les conditions de l'obligation sont une fin, une cause, un lien de continuité entre elles, lien constitué par des moyens efficaces et suffisants de la fin, qui soient aussi des effets normaux de la cause ; tout cela dans la même conscience, qui pose la fin, se sent cause, sait les moyens, sait ses effets, comprend ou voit le rapport de tout cela, la liaison continue entre elle-même et la fin par les moyens. Autrement dit, l'obligation résulte par une nécessité logique de la rencontre dans la conscience individuelle de ces deux éléments, l'idée du bien ou d'un bien et le sentiment du pouvoir personnel à l'égard de ce bien.

La vie et les œuvres de Molière.

Cours de M. ABEL LEFRANC,

Professeur au Collège de France.

Molière et la préciosité (*fin*). — **Etude de « Sganarelle ».**

Au début de la dernière leçon, nous nous sommes occupés des rapports de Boileau et de l'abbé de Pure. Ensuite, nous avons parlé des différents ouvrages de Ch. Sorel, qui permettent d'étudier la langue des précieuses ; des ouvrages de la Grande Mademoiselle, entre autres la *Galerie des Portraits* ; des textes curieux de Bary : sa *Rhétorique* et ses *Conversations* nous ont fourni des renseignements originaux. Cela nous a conduit à esquisser la *Mascarade d'Amour ou la Nouvelle des Précieuses prudes;* nous avons remarqué que ce qu'on reprochait surtout aux précieuses était leur hostilité contre le mariage. Puis il a été traité des précieuses de province, des résultats généraux de la préciosité pour la civilisation française, enfin des rapports du féminisme et de la préciosité. Il nous reste à répondre, maintenant, à une question précise : quels furent les résultats de la pièce de Molière? Les précieuses lui ont-elles survécu?

Pour nous renseigner, s'offrent à nous les ouvrages de l'abbé Fabre sur la jeunesse de Fléchier, qui fréquenta Mlle de Scudéry et se lia avec Mlle du Pré, cette dernière, nièce de Desmarets de Saint-Sorlin, amie de Huet, correspondante de Bussy-Rabutin, — avec Mlle de la Vigne, qui échangea avec l'abbé Cotin force énigmes et madrigaux. Les relations que Fléchier eut avec elle furent d'ailleurs irréprochables ; elles restèrent « dans la région idéale des désespoirs convenus et des sentiments arrangés ». Quant à Mme Deshoulières, elle fut, après les *Précieuses* de Molière, la continuatrice de la préciosité, vers 1665. Elle se lia avec les plus beaux esprits du siècle, Corneille, Pellisson, Benserade, Perrault, Ménage, le duc de La Rochefoucauld, etc... Elle défendit Pradon dans la cabale montée contre la *Phèdre* de Racine, qui avait eu son centre dans le clan des précieuses. Citons encore quelques noms parmi les précieuses de cette période : Mlle Deschamps, Mlle Chataignières, Mme de Gandeville, sans oublier celles qui, comme Mlle Leseville et

Mlle Bourbon, nous dit M. Bourciez, continuaient sans platonisme la tradition romanesque et n'étaient plus « les jansénistes de l'amour ». Fléchier eut aussi l'occasion de se rendre aux grands jours d'Auvergne et d'observer de près la vie des précieuses de Clermont, à laquelle Pascal s'était un peu mêlé. Je me bornerai à un court extrait, qui vous donnera néanmoins une idée suffisante de ce milieu :

« Faire des vers et venir de Paris sont deux choses qui donnent
« bien de la réputation dans ces lieux éloignés, et c'est là le
« comble de l'honneur d'un homme d'esprit. Ce bruit de ma
« poésie fit un grand éclat et m'attira deux ou trois Précieuses
« languissantes, qui recherchèrent mon amitié, et qui crurent
« qu'elles passeroient pour savantes dès qu'on les auroit vues
« avec moi, et que le bel esprit se prenoit aussi par contagion.
« L'une étoit d'une taille qui approchoit un peu de celle des
« anciens géants, et son visage n'étant point proportionné à sa
« taille, elle avoit la figure d'une laide amazone ; l'autre étoit, au
« contraire, fort petite, et son visage étoit si couvert de mouches
« que je ne pus juger autre chose, sinon qu'elle avoit un nez et
« des yeux. Je pris garde même qu'elle étoit un peu boiteuse, et
« surtout je remarquai que l'une et l'autre se croyoient belles.
« Ces deux figures me firent peur, et je les pris pour deux mau-
« vais anges qui tâchoient de se déguiser en anges de lumière ; je
« me rassurai le mieux que je pus, et ne sachant encore comme
« leur parler, j'attendis leur compliment de pied ferme. La petite
« comme plus âgée et de plus mariée, s'adressa à moi : « Ayant de
« si beaux livres que vous avez, me dit-elle, et en faisant d'aussi
« beaux vers que vous en faites, comme nous l'a dit le révérend père
« Raphaël, il est probable, Monsieur, que vous tenez, dans Paris,
« un des premiers rangs parmi les beaux esprits, et que vous êtes
« sur le pied de ne céder à aucun de Messieurs de l'Académie.
« C'est, Monsieur, ce qui nous a obligées de venir vous témoi-
« gner l'estime que nous faisons de vous. Nous avons si peu de
« gens polis et bien tournés dans ce pays barbare, que, lorsqu'il
« en vient quelqu'un de la Cour et du grand monde, on ne sauroit
« assez le considérer. » — « Pour moi, reprit la grande jeune,
« quelque indifférente et quelque froide que je paroisse, j'ai tou-
« jours aimé l'esprit avec passion, et, ayant toujours trouvé que
« les abbés en ont plus que les autres, j'ai toujours senti une in-
« clination particulière à les honorer. » — Je leur répondis, avec
« un peu d'embarras, que j'étois le plus confus du monde ; que je
« ne méritois ni la réputation que le bon père m'avoit donnée, ni la
« bonne opinion qu'elles avoient eue de moi ; que j'étois pourtant

« très satisfait de la bonté qu'il avoit eue de me flatter, et de
« celle qu'elles avoient de le croire... »

Pour vous citer une autre preuve de la persistance de ce milieu
précieux, j'ouvrirai l'*Astrate*. M. Bernardin nous dit que cette pièce
a été injustement calomniée : c'est là un miroir fidèle de la société
précieuse. L'*Astrate* parut en 1663 et fut joué, pendant trois mois de
suite, au double : ce qui prouve que le public d'alors était, comme
aujourd'hui, assez éclectique. Cette pièce s'appuie sur une nouvelle galante, *L'Amour sans faiblesse*, qui a longtemps couru manuscrite dans le monde, et où Quinault avait raconté, sous des
noms supposés, l'histoire de sa jeunesse et de son mariage. Une
précieuse, Mme d'Oradour, personne aimable et intelligente, aussi
bien accueillie à la cour qu'à la place Royale, s'enthousiasma pour
son jeune talent, célébra partout ses rares mérites et réussit à
l'introduire dans les ruelles à la mode où se faisaient alors les
réputations. Les écrivains du temps qui ont parlé de Quinault
nous le représentent comme séduisant au possible, bien fait de sa
personne, très spirituel, adroit, insinuant, tendre, passionné :
toute sa personne respirait l'amour ; d'ailleurs, il était habile, faisant de délicates allusions dans ses pièces, qui toutes montrent
à quel point l'amour était devenu le seul intérêt, le seul but, la
seule occupation d'une société oisive et raffinée. L'amour que
peint Quinault, deux ans après *Les Précieuses ridicules*, est cette
tendresse qui soupirait et souriait dans les alcôves et dans les
ruelles, un de ces amours de tête, où l'esprit a plus de part que le
cœur ; toutes les héroïnes de Quinault, a-t-on dit, sont des précieuses, tous ses héros sont des alcôvistes.

Mais nous rencontrons, maintenant, un auteur qui va nous
fournir le témoignage décisif de l'existence de ce mouvement,
malgré Molière : il s'agit de Boileau, de sa *Satire* X, qui fait
allusion à Mme Deshoulières :

> Mais qui vient sur ses pas ? C'est une précieuse,
> Reste de ces esprits jadis si renommés,
> Que d'un coup de son art Molière a diffamés.
> De tous leurs sentimens cette noble héritière
> Maintient encore ici leur secte façonnière.
> C'est chez elle, toujours, que les fades auteurs
> S'en vont se consoler du mépris des lecteurs.
> Elle y reçoit leur plainte, et sa docte demeure
> Aux Perrins, aux Corras, est ouverte à toute heure.
> Là du faux bel esprit se tiennent les bureaux.
> Là tous les vers sont bons, pourvu qu'ils soient nouveaux.
> Au mauvais goût public la Belle y fait la guerre,
> Plaint Pradon opprimé des sifflets du parterre,

Rit des vains amateurs du grec et du latin,
Dans la balance met Aristote et Cotin ;
Puis, d'une main encor plus fine et plus habile
Pèse sans passion Chapelain et Virgile,
Remarque en ce dernier beaucoup de pauvreté ;
Mais pourtant, confessant qu'il a quelques beautés,
Ne trouve en Chapelain, quoi qu'ait dit la satire,
Autre défaut, sinon qu'on ne sauroit le lire,
Et, pour faire goûter son livre à l'univers,
Croit qu'il faudrait en prose y mettre tous les vers.
A quoi bon m'étaler cette bizarre école
Du mauvais sens, dis-tu, prêché par une folle ?

Vous voyez qu'un certain nombre d'années plus tard Boileau éprouvait le besoin de partir encore en guerre contre les précieuses.

J'aurais voulu insister sur les rapports de Boileau et de Molière avec la querelle des femmes; mais nous y reviendrons. Je ne suivrai pas, d'autre part, les précieuses à travers les xvii° et xviii° siècles. Je remarque seulement que la préciosité est de toutes les époques; les salons du xviii° siècle leur ont dû beaucoup. Au xix° siècle fleurirent des cercles précieux, aux environs de 1865, par exemple; ceux-là tombaient dans l'affectation contraire : on y parlait une langue grossière, réunissant les argots particuliers du sport et des théâtres, des clubs et des faubourgs, des filles et de la bourse. A ce mouvement étrange se rattache la *La famille Benoiton* de Sardou, et, vers la même époque, *Les Précieuses du jour*. Enfin, signalons plus tard *Le monde où l'on s'ennuie*. En somme, de tout temps, le public parisien s'est montré hostile à la préciosité.

Mais revenons à Molière; je voudrais vous entretenir aujourd'hui de *Sganarelle*. Remarquons qu'entre *Les Précieuses ridicules* et *Sganarelle* ont eu lieu : la mort de Jodelet; la mort de Jean Poquelin, le jeune frère de Molière; la représentation au théâtre du Petit-Bourbon de *La vraie et fausse Précieuse*, de Gilbert, qui fut jouée neuf fois. Le 29 mai fut donnée la première du *Cocu imaginaire*, le même jour que le mariage du roi, alors que la cour et les grands seigneurs étaient absents. Cependant le succès fut prodigieux; vingt-sept représentations se succédèrent, presque sans interruption. La curiosité fut excitée au plus haut point, comme le prouve le témoignage d'un contemporain : « Presque tout Paris a souhaité de voir ce qu'une femme pourroit dire, à qui il arriveroit la même chose qu'à Sganarelle, et si elle auroit autant de sujet d'éprouver de la satisfaction. » Vous voyez qu'il se mêlait à cette curiosité une pointe de gauloiserie. Avec *Sganarelle*, nous rentrons dans la tradition réaliste rabelaisienne.

Voici le résumé de la pièce : à la première scène de l'acte I,
Célie, jeune fille tout éplorée, d'abord fiancée à Lélie qu'elle aime,
reçoit de son père, Gorgibus, l'ordre d'épouser Valère, qui est
laid, mal fait, mais beaucoup plus riche que Lélie. Doléances de
la jeune fille avec sa suivante, qui est veuve ; toutes deux expriment leurs idées sur le mariage ; la suivante insinue que Lélie
pourrait bien l'avoir oubliée ; sa maîtresse lui montre alors le
portrait du bien-aimé. Elle se pâme, et le portrait tombe par
terre. La suivante crie à l'aide. Sganarelle accourt, s'empresse autour de la jeune fille, met la main sur son sein. Sa femme l'aperçoit par la fenêtre ; elle se croit trahie. Sganarelle emporte la
jeune fille chez elle, avec un homme que la suivante amène. Sa
femme arrive, se lamente, ramasse le portrait, le contemple et
l'admire ; finalement, elle l'embrasse. Son mari rentre pendant ce
temps-là, suit les mouvements de sa femme, et entend les paroles
peu obligeantes que celle-ci fait entendre sur son compte. Il lui
arrache le portrait ; le voilà convaincu d'être trompé. Alors ont
lieu des explications orageuses. Tous deux s'accusent réciproquement d'infidélité en un langage d'ailleurs très gaulois. Arrivent Lélie et Gros-René, son valet, qui viennent d'accomplir
un long voyage ; ils sont fourbus, mourants de faim ; le valet va
se restaurer ; Lélie reste seul. Sganarelle arrive, à son tour, et
reconnaît l'original du portrait tant cajolé par sa femme. Quiproquo.
quo. Sganarelle, assez pleutre, lui apprend qu'il est époux de la
femme à qu'il a donné son portrait avant de partir. Désespoir de
Lélie, qui croit Célie mariée. Il se trouve mal ; la femme de Sganarelle arrive à propos pour le secourir. Elle le fait entrer chez
elle. Conversation de Sganarelle avec un parent de sa femme, qui
lui conseille de ne pas condamner sa femme sans toucher au
doigt la chose. Sganarelle en convient. A ce moment, Lélie sort
avec sa femme de la maison de Sganarelle. Les soupçons sont
donc confirmés. Cependant Célie a aperçu Lélie par sa fenêtre.
Elle descend et s'entretient avec Sganarelle du jeune homme
qui vient de s'éloigner. Le pauvre mari lui apprend que celui-ci
est l'amant de sa femme. Douleur de la jeune fille ; étonnement
de Sganarelle, qui cherche à la calmer. — Cette première partie
de la pièce a soulevé de nombreuses critiques : on a contesté, par
exemple, à Molière, l'emploi qu'il a fait de ce carrefour du Iᵉʳ
acte ; mais il ne faut pas perdre de vue que Molière a voulu faire
une farce et qu'il s'est conformé volontairement à la tradition de
la farce. — J'arrive à la scène XVII, qui débute par un monologue très cru de Sganarelle. Il se propose de tirer de Lélie une
vengeance terrible ; mais un revirement se produit en lui : il s'é-

loigne. Gorgibus, sa fille et la suivante le remplacent : joie de Gorgibus à la nouvelle de la résolution de sa fille d'épouser Valère. Lélie revient sur la scène ; un bref dialogue s'engage : il la croit mariée, elle le croit infidèle. Sganarelle entre armé, pendant que le dialogue entre les deux amoureux se poursuit. Il s'excite, veut frapper Lélie par derrière; cependant l'imbroglio s'éclaircit, grâce à la servante. L'histoire du portrait, racontée par Célie, finit par tout expliquer. Les jeunes gens se jurent que le mariage convenu se fera. Gorgibus, cependant, ne désarme pas. Dans la dernière scène, Villebrequin révèle un secret qui rompt la parole donnée avec Valère, qui vit depuis quatre mois avec Lise en époux. La rupture se fait, qui rend possible l'union des deux amoureux, et tout le monde est content.

C'est là un dénouement un peu gros, un peu simple. Avant de parler plus en détails de cette pièce, remarquons qu'elle parut la même année, contre le gré de Molière, chez Jean Ribou. On s'est demandé longtemps pourquoi Molière avait laissé faire cette publication clandestine. Campardon semble avoir trouvé le mot de l'énigme : Molière fit saisir une grande partie de l'édition Ribou. Néanmoins, la pièce continua à être publiée chez Ribou sous le nom de Neufvillaine, avec des arguments, un sommaire, des critiques, que Molière a laissés. On a pu croire que c'était là un prête-nom de Molière ; mais les documents que nous possédons prouvent le contraire. Molière se débarrassa de Ribou en lui prêtant de l'argent, comme il a toujours fait pour ceux qui cherchaient à lui faire tort.

La fortune de la pièce de Molière dans la presse de 1662-63 nous est connue par plusieurs documents. Citons seulement le témoignage du *Songe du Resveur*. Dans *Elomire*, nous lisons :

Le succès glorieux de ces deux grands ouvrages,
Qui m'avaient mis au port, après tant de naufrages,
Me mit le cœur au ventre et je fis un cocu,
Dont, si j'avais voulu, j'aurais pris un écu :
Je veux dire un écu par personne au parterre,
Tant j'avais trouvé l'art de gagner et de plaire.

Et, dans la préface de 1682 : « L'année suivante, il fit *Le Cocu imaginaire*, qui eut un succès pareil à celui des *Précieuses*. »

Il y eut, en effet, trente-quatre représentations ; les recettes furent très élevées. Molière trouva des protecteurs dans tous les groupes ; parmi les grands seigneurs, comme le maréchal de la Meilleraye, la Basinière, le duc de Roquelaure, le duc de Mercœur. Le roi fit jouer *Sganarelle* devant lui, dès son retour, le 31 juillet. Puis la pièce fut représentée huit fois encore devant lui. Notons

que ces faits tendent à montrer, chez Louis XIV, cet envers gaulois que l'on a toujours proscrit de son règne. On peut dire que,
malgré les.apparences, la société du xvii° siècle reste plus qu'on
ne le croit dans la vraie tradition française.

D'autre part, La Fontaine, dans une lettre à Maucroix en date
du 22 août 1661, rappelle qu'il avait « autrefois » admiré Molière,
et que c'était « son homme ». Il ne faudrait cependant pas,
comme on l'a fait souvent, prendre ce jugement pour une critique indirecte de Molière. La Fontaine, au fond, était de l'avis de
ses contemporains sur *Sganarelle*. Enfin, dans les *Nouvelles nouvelles*, de 1663, nous trouvons : « *Le Cocu imaginaire*... est, à mon
sentiment et à celui de beaucoup d'autres, la meilleure de toutes
ses pièces et la mieux écrite. » Néanmoins, il est nécessaire de
dire que Molière rencontra une certaine opposition. Voici, en effet,
ce que dit Grimarest :

« Le 28 mars 1660, Molière donna, pour la première fois, *Le
« Cocu imaginaire*, qui eut beaucoup de succès. Cependant les
« petits Auteurs comiques de ce tems-là, allarmez de la réputa
« tion que Molière commençoit à se former, fesoient tout leur
« possible pour décrier sa pièce. Quelques personnes savantes et
« délicates répandoient aussi leur critique. Le titre de cet ouvrage,
« disoient-ils, n'est pas noble ; et, puisqu'il a pris presque toute
« cette Pièce chez les Etrangers, il pouvoit choisir un sujet qui
« lui fit plus d'honneur. Le commun des gens ne lui tenoit pas
« compte de cette Pièce comme des *Précieuses ridicules* ; les carac-
« tères de celle-là ne les touchoient pas aussi vivement que ceux
« de l'autre. Cependant, malgré l'envie des Troupes, des Auteurs
« et des personnes inquiètes, *Le Cocu imaginaire* passa avec
« applaudissement dans le Public. »

Nous devons reconnaître que cette vogue continua. La pièce
fut jouée cent vingt-deux fois jusqu'en 1673 ; aucune pièce n'a été
donnée plus souvent sur le théâtre de Molière. Elle eut du succès
surtout jusqu'en 1746. Après, elle conserva un peu moins d'ad-
mirateurs ; cependant Voltaire fut du nombre. Remarquons, en
même temps, que la pruderie se manifesta surtout pendant la
seconde moitié du xviii° siècle et le commencement du xix°.

Quant au succès personnel de Molière en tant qu'acteur, nous
en trouvons plusieurs témoignages parmi ses contemporains.
« Il ne s'est jamais rien vu, dit Neufvillaine dans l'argument
« de la scène vi de son édition de *Sganarelle*, de si agréable que
« les postures de Sganarelle quand il est derrière sa femme ; son
« visage et ses gestes expriment si bien la jalousie qu'il ne serait
« pas nécessaire qu'il parlât pour paraître le plus jaloux des

« hommes. » Et, à propos de la scène XII, le voici au paroxysme
de l'admiration : « Il faudrait avoir le pinceau de Poussin, Le Brun
« et Mignard pour représenter avec quelle posture Sagna-
« relle se fait admirer dans cette scène, où il paraît avec un pa-
« rent de sa femme...L'on ne doit pas moins admirer l'auteur pour
« avoir fait cette pièce que pour la manière dont il la représente.
« Jamais personne ne sut si bien démonter son visage, et l'on
« peut dire que, dans cette pièce, il en change plus de vingt
« fois. » — J'ouvre, ici, une parenthèse : on sait que Molière, en
tant qu'acteur, n'eut pas le même succès dans *Don Garcie*. Il était, en
effet, quelque peu téméraire de sa part d'entreprendre de jouer des
rôles tragiques, après avoir brillé dans un rôle comique. Aussi le
public de *Don Garcie* se montra-t-il froid à l'égard du jeu de
Molière, ce qui prouve, une fois de plus, que les acteurs voués au
comique ont été regardés de tout temps par le public comme
inférieurs dans le tragique. Mais je reviendrai, en détail, à *Don
Garcie* dans la prochaine leçon.

Abordons, maintenant, la question de la valeur du style de *Sganarelle*. Voltaire prétend « qu'on voit, par cette pièce, que Molière
perfectionna sa manière d'écrire pendant son séjour à Paris. Le
style du *Cocu imaginaire* l'emporte de beaucoup sur celui de
ses premières pièces en vers ; on y trouve bien moins de faute
de langage. Il est vrai qu'il y a quelques grossièretés :

La bière est un séjour par trop mélancolique
Et trop malsain pour ceux qui craignent la colique.

Il y a des expressions qui ont vieilli. Il y a aussi des termes que
la politesse a bannis aujourd'hui du théâtre, comme carogne,
cocu, etc... ». — Il est permis de ne pas être tout à fait de l'avis de
Voltaire. Molière fait preuve, dans *Sganarelle*, d'une verve libre,
naturellement jaillissante, d'un style facile, aisé, divertissant,
mais moins travaillé ; le vers est coulant, naturel, mais par moment trop prosaïque, un peu plat. Il y a plutôt moins de morceaux brillants, moins de trouvailles, que dans l'*Etourdi* et le
Dépit. Certes, il y a toujours de la vie et du mouvement ; mais c'est
peut-être d'une originalité moins saisissante.

Certaines expressions sont d'une trop grande familiarité :

Si je suis affligé, ce n'est pas pour des prunes ;

des images joyeuses, rabelaisiennes :

De vingt verres de vin entourez-vous le cœur...

et plus loin :

> Dessus ses grands chevaux est monté mon courage.

Il est curieux de remarquer que Molière emploie des métaphores chères aux précieuses : les exemples abondent. Quant à la fin de la pièce, elle est digne d'un fableau :

> De cet exemple-ci ressouvenez-vous bien ;
> Et, quand vous verriez tout, ne croyez jamais rien.

Faut-il chercher, dans *Sganarelle*, une leçon morale ? Nisard le pense ; la confiance entre époux est un des principaux éléments du bonheur domestique, voilà ce qu'au dire de Nisard Molière a voulu nous montrer. Pour ma part, je ne le crois pas. Molière a simplement voulu faire une farce, amuser son public avec les tourments et déboires d'un mari vulgaire et ridicule, bien connu sur notre sol gaulois depuis des siècles. Sganarelle est tout bonnement le vilain de l'ancienne farce, toujours sous le coup d'être rossé, volé ou trompé ; et, comme dans les anciens contes et les fableaux, Molière a traité avec complaisance le problème de la femme, du mariage. Il a donc simplement continué la vieille tradition gauloise. Mais n'a-t-il pas été poussé vers ces sujets pour des raisons personnelles ? Il est probable que si : Molière resta toujours préoccupé de cette grande question de savoir si on peut rencontrer le bonheur dans le mariage. D'autre part, il est probable que l'amour qu'il éprouvait alors pour Armande Béjard avait déjà commencé à le faire souffrir, et que la jalousie le minait. La préface de 1682 nous incite à admettre cette opinion. D'ailleurs, Molière donna une suite de pièces où la jalousie joue le principal rôle : *La Jalousie du Barbouillé, Le Dépit, Sganarelle, Don Garcie, L'Ecole des Maris, L'Ecole des Femmes, Le Misanthrope,* et *Georges Dandin.*

Il est, en même temps, remarquable que Molière défend, dès cette pièce, les droits du cœur, de la passion et aussi de la nature.

Quant au titre de la pièce, il nous conduit à nous demander si ce mot *cocu* était aussi répandu au XVIIe siècle. Tout porte à croire qu'il l'était, témoin ce fait qui s'est passé dans le cercle de Louis XIV. Une bourgeoise, Mme Loiseau, se trouvait à la cour. Devant le roi, la duchesse de X. l'attaquant lui demande : « Quel est l'oiseau le plus sujet à être *cocu* ? — Le duc, Madame, répondit la bourgeoise. » Et personne, paraît-il, ne fut choqué. Voici un autre exemple à l'appui de cette affirmation : Camus, évêque de Belley, dit un jour à un mari : « J'aimerais mieux être *Cornelius*

Tacitus que Publius *Cornelius.* » Enfin l'historiette suivante, que nous conte Grimarest, conduit à la même conclusion :

« Un bon bourgeois de Paris s'imagina que Molière l'avait pris « pour l'original de son *Cocu imaginaire.* « Comment ! dit-il à « un de ses amis, un petit comédien aura l'audace de mettre im-« punément sur le théâtre un homme de ma sorte ? » L'ami, qui « était homme de bon sens, lui dit : « Eh ! Monsieur, si Molière a « eu l'intention sur vous, en faisant le *Cocu imaginaire,* de quoi « vous plaignez-vous? Il vous a pris du beau côté ; et vous seriez « bien heureux d'en être quitte pour l'imagination. » — « Le bour-« geois, ajoute Grimarest, quoique peu satisfait de la réponse de « son ami, ne laissa pas d'y faire quelque réflexion, et ne retour-« na plus au *Cocu imaginaire.* »

Mais quelles sont les sources de cette pièce ? Jusqu'ici, personne n'a réussi à découvrir la source directe. Il est probable, néanmoins, que Molière ne l'a pas inventée. Il y a bien, dans la *comedia dell' arte,* au xviiⁱ siècle, une pièce italienne intitulée *Il ritratto ovvero Arlechino cornuto per opinione,* qui fut représentée en 1716 et qui offre avec *Sganarelle* quantité de ressemblances ; mais les ennemis de Molière n'en parlèrent jamais : or, comme ils ne négligeaient aucune occasion de lui reprocher ses plagiats, il faut en conclure que *Il ritratto* est postérieur et que ce n'est pas dans cette pièce qu'il faut chercher la source de *Sganarelle.* En 1896, un texte nouveau modifia la position du débat ; mais ce texte ne nous apporte, en réalité, aucun éclaircissement nouveau. Il est probable que Molière prit l'idée de sa pièce dans les anciennes farces françaises, quoiqu'il soit encore possible qu'il ait imité un original espagnol. En tout cas, il y a certainement dans *Sganarelle* des réminiscences des *Cent Nouvelles,* des *Quinze Joyes de Mariage,* de Rabelais, de Noël du Fail. Scarron, Sorel et d'autres offrent des thèmes qui se rapprochent de celui de Molière, et ce thème doit être ancien.

En terminant cet examen de la pièce de Molière, je voudrais vous lire quelques extraits ; voici, par exemple, une partie du monologue de Sganarelle, qui se trouve à la scène xvii :

SGANARELLE, *seul.*

Que le ciel la préserve à jamais de danger !
Voyez quelle bonté de vouloir me venger !
En effet, son courroux, qu'excite ma disgrâce,
M'enseigne hautement ce qu'il faut que je fasse ;
Et l'on ne doit jamais souffrir sans dire mot
De semblables affronts, à moins qu'être un vrai sot.
Courons donc le chercher, cependant qu'il m'affronte ;
Montrons notre courage à venger notre honte.

Vous apprendrez, maroufle, à rire à nos   dépens,   ·
Et sans aucun respect, faire cocus les gens.
(*Il se retourne, ayant fait trois ou quatre pas.*)
Doucement, s'il vous plaît ; cet homme a bien la mine
D'avoir le sang bouillant et l'âme un peu mutine ;
Il pourroit bien, mettant affront dessus affront,
Charger de bois mon dos, comme il a fait mon front.
Je hais de tout mon cœur les esprits colériques,
Et porte un grand amour aux hommes pacifiques ;
Je ne suis point battant, de peur d'être battu,
Et l'humeur débonnaire est ma grande vertu !
Mais mon honneur me dit que d'une telle offense
Il faut absolument que je prenne vengeance :
Ma foi, laissons-le dire autant qu'il lui plaira ;
Au diantre qui pourtant rien du tout en fera !
Quand j'aurai fait le brave, et qu'un fer, pour ma peine,
M'aura d'un vilain coup transpercé la bedaine,
Que par la ville ira le bruit de mon trépas,
Dites-moi, mon honneur, en serez-vous plus gras ?
La bière est un séjour par trop mélancolique
Et trop malsain pour ceux qui craignent la colique.
Et quant à moi, je trouve, ayant tout compassé,
Qu'il vaut mieux être encore cocu que trépassé.
Quel mal cela fait-il ? La jambe en   devient-elle
Plus tortue, après tout, et la taille moins belle ?
Peste soit qui premier trouva l'invention
De s'affliger l'esprit de cette vision,
Et d'attacher l'honneur de l'homme le plus sage
Aux choses que peut faire une femme volage !   ·
Puisqu'on tient, à bon droit, tout crime personnel,
Que fait là notre honneur pour être criminel ?
Des actions d'autrui l'on nous donne le blâme.
Si nos femmes, sans nous, ont un commerce infâme,
Il faut que tout le mal tombe sur notre dos :
Elles font la sottise, et nous sommes les sots.
C'est un vilain abus, et les gens de police   ·
Nous devraient bien régler une telle injustice,
N'avons-nous pas assez des autres accidents
Qui nous viennent happer en dépit de nos dents ?
Les querelles, procès, faim, soif et maladie,
Troublent-ils pas assez le repos de la vie,
Sans s'aller, de surcroît, aviser sottement
De se faire un chagrin qui n'a nul fondement ?

Vous avez compris, par cet extrait, que Molière a retrouvé dans cette pièce les qualités admirables dont il avait déjà   fait   preuve dans ses premières comédies ; nous sommes seulement choqués par certaines familiarités et par quelques tours d'allure vulgaire.

La prochaine fois, nous parlerons de la place spéciale qu'occupe la farce dans l'œuvre de Molière ; ensuite, nous étudierons *Don Garcie*.

Les classes industrielles et commerçantes en France et en Allemagne, aux XIVᵉ et XVᵉ siècles.

Cours de M. PFISTER

Professeur à l'Université de Paris.

Importance de l'ordonnance de Jean le Bon. — Le commerce et l'industrie pendant le règne de Charles V.

Nous avons dit, dans notre dernière leçon, quelle était l'importance dans l'histoire industrielle de la grande ordonnance de Jean le Bon (30 janvier-2 février 1351), rendue à la suite de la crise causée par la peste noire. Cette ordonnance est pour la France ce que fut pour l'Angleterre l'ordonnance dite des travailleurs; et, peut-être, les historiens n'en n'ont-ils pas mis en lumière toute la haute portée.

A la suite de la peste, comme nous l'avons vu, les salaires des ouvriers et les prix des objets avaient subi une hausse considérable. Jean le Bon fixe ces salaires et ces prix; par exemple, il dit quel sera le salaire maximum des femmes employées à la journée (Titre 4, t. I). Pour les domestiques employés à la maison pendant toute l'année, il établit que les chambrières gagneront, à Paris, 30 sols l'an au maximum, avec leur chaussement (leurs souliers). Les nourrices auront 50 sols et non plus. Les chambrières qui, en plus, s'occuperont des vaches, auront vingt sous de la Saint-Martin à la Saint-Jean (11 novembre au 24 juin), 30 sols de la Saint-Martin à la Saint-Jean, soit 50 sols en tout. On fixe de même le salaire des batteurs en grange et des moissonneurs. Les meilleurs ouvriers seyeurs de blé, c'est-à-dire les ouvriers abattant le blé, ne pourront demander que deux sols six deniers.

Après les ouvriers des champs et les domestiques, on fixe les salaires des membres de certaines corporations. Ainsi les maçons, les couvreurs de maisons, les tailleurs de pierres et charpentiers auront, de la Saint-Martin d'hiver à Pâques, 26 deniers et leurs aides 16 deniers ; de Pâques à la Saint-Martin, où les jours s'allongent, 32 deniers, et les aides 22. Les autres artisans ne travaillent pas à la journée ; mais ils vendent les marchandises fabriquées et vivent de leur gain. D'ailleurs, les marchandises sont toutes tarifées, et les objets ordinaires ne doivent pas dépasser un prix maximum. En vertu de quel principe ce prix est-il fixé ? L'ordonnance le dit nettement : on admet que le journalier et que l'ouvrier gagnent plus qu'avant la grande mortalité ; mais cette hausse ne doit pas dépasser 1/3. Les salaires sont augmentés dans la même proportion que les prix de vente.

Ainsi on fixe un prix maximum dans l'intérêt du consommateur ; car on veut faire diminuer la cherté générale. Mais il y a une autre manière de faire diminuer ces prix, c'est d'augmenter le nombre des travailleurs, c'est de faire tomber les règlements restrictifs qui empêchent les artisans de se multiplier dans Paris. Beaucoup de statuts des arts et métiers limitaient le nombre des apprentis : c'était diminuer les concurrents dans l'avenir, car ces apprentis pouvaient être de futurs maîtres. Eh ! bien, Jean le Bon, reprenant ces principes de l'ordonnance de 1307, décrète, d'une façon générale, qu'on pourra avoir autant d'apprentis qu'on voudra (Article 51). Tous les termes de cet article sont dignes de remarque : plus de limitation du nombre des apprentis ; les règlements étroits sur la durée de l'apprentissage et le prix que l'apprenti doit payer tombent en désuétude. La même règle, qui est indiquée ici d'une façon générale, a été stipulée plus haut, titre 13, pour un métier spécial, celui des baudroyeurs, ou corroyeurs de cuir pour ceintures et semelles de souliers. « Les baudroyeurs pourront ouvrir de nuit depuis la Toussaint jusqu'à la mi-mars et pourront avoir tant d'apprentis comme ils voudront ; lesquels apprentis, au bout de deux ans, pourront avoir leur métier et gagner là où ils voudront. » Par là, nous voyons tomber une autre règle étroite des corporations : le travail de nuit est exceptionnellement autorisé, au moins dans les mois d'hiver, et cette mesure est prise pour augmenter la production et pour diminuer le prix de l'objet fabriqué.

Est-ce à dire que toutes les entraves créées pas les corporations disparaissent ? En aucune façon. On rappelle même certaines des anciennes règles : par exemple, nul ne peut exercer deux métiers différents à la fois, les marchands ne doivent pas se débaucher leurs artisans ou valets ; il n'est pas question des ouvriers dans l'ordonnance. Comme le salaire maximum des ouvriers est fixé, aucune surenchère n'est possible.

Il faut noter que l'ordonnance fixe, pour certains métiers, le nombre des maîtres ; c'est leur donner un véritable monopole. Mais observons bien quels sont ces métiers. — Il y aura 30 vendeurs de vin, qui vendront les vins des bourgeois de Paris. — Il y aura 60 courtiers de vins : ce sont les gens qui vendront les vins venus de Bourgogne. — Il y aura 50 mesureurs de bûches et non plus. — Or ces charges étaient de véritables offices, auxquels nommaient le prévôt des marchands et les échevins ou le prévôt royal de Paris, et qui n'étaient pas, par conséquent, des charges de production. Ceux qui les détenaient étaient des intermédiaires chargés d'un service public. Mais le nombre des autres maîtres, de ceux qui produisaient, orfèvres, drapiers, maçons, n'était pas limité. Tout ouvrier, qui avait fait un apprentissage, pouvait s'établir dans la ville de Paris, que son apprentissage se fût fait à Paris ou ailleurs, sans que nul pût s'y opposer. Il était simplement obligé de se soumettre aux règles générales de la corporation et de payer un droit d'entrée.

On prétend que le fils aîné de Jean le Bon, le dauphin Charles, développant cette ordonnance de son père, aurait proclamé la liberté entière du travail; et on cite de lui des lettres données, en septembre 1358; aux couturiers de Paris, alors qu'il était régent (*Ordonnances*, III, 262). — Les couturiers étaient en procès avec les doubletiers, qui avaient obtenu le monopole des doublets ou doublures. Un jugement de Charles leur avait reconnu ce droit en un temps où les doublets étaient encore chose exceptionnelle ; mais, maintenant, les doublets sont devenus chose ordinaire, et les couturiers demandent permission de les faire. Charles charge d'une enquête sur la question le prévôt de Paris; il interroge ses conseillers, et décide que les couturiers pourront désormais faire les doublets.

Le régent Charles n'a pas brisé la corporation par cette ordonnance, comme on le lit dans l'*Histoire de France* de Duruy. Il a seulement permis à l'une et à l'autre corporation de faire un travail qui leur était commun, comme la chose avait lieu très souvent. Mais, enfin, le principe de liberté du travail semble être formulé d'une façon encore plus nette que dans l'ordonnance de Jean le Bon. On oppose le bien public aux intérêts d'une corporation spéciale. On parle de règlements qui sont faits pour le profit des personnes du métier, plutôt que pour le bien commun. Mais le principe n'en subsiste pas moins, et cela est si vrai que, à un moment donné, il sera invoqué contre les corporations elles-mêmes.

Ainsi, loin que la corporation soit détruite par l'ordonnance de Jean le Bon, tout nous montre qu'elle continue de subsister. A la tête des corporations restent des maîtres jurés, qui vérifient les marchandises mises en vente. Les jurés sont choisis par les gens du métier ; mais ils sont agréés par le prévôt du roi et lui prêtent serment. Ils font des rapports au prévôt sur les contraventions qu'ils constatent. Il est vrai que ce sont les jurés eux-mêmes qui jugent ces contraventions. Cependant, en cas de falsification de deniers, le jugement appartient au prévôt. On le voit, l'ordonnance de Jean le Bon respecte le régime corporatif : il fixe seulement, dans l'intérêt du public, le prix des denrées ; il maintient dans la corporation le principe de la porte ouverte et fait disparaître certaines restrictions.

L'ordonnance contient encore d'autres articles sur le commerce, sur la vente, dans Paris. Pour que les prix maxima soient observés, il faut que les ventes soient faites en public et puissent être contrôlées ; par conséquent, on rappelle que les marchands forains ne pourront vendre qu'aux halles et marchés. Les Parisiens même qui avaient acheté, hors Paris, des objets fabriqués pour les vendre, ne pourront le faire qu'aux halles. Les maîtres des métiers inspecteront ces marchandises, et ils appelleront auprès d'eux le prévôt de Paris, un auditeur du Châtelet, le procureur du roi et le prévôt des marchands. Il est défendu aux bourgeois de Paris d'aller au devant des marchands. Le marché ne s'ouvrira qu'après un signal donné ; et, alors seulement, les transactions pourront commencer. Le poisson d'eau douce se vend, par exemple, « ès piliers du roy d'entour Chastellet et les petits ponts ». Les bourgeois doivent d'abord se fournir de ce dont ils ont besoin pour leur consommation ; ensuite les revendeurs peuvent prendre ce qui reste.

Le commerce de regrattier, pour les objets de consommation, œufs, beurre, etc., n'est pas interdit. Le bénéfice que doit faire le regrattier est même fixé : il doit gagner deux sols par vingt sous.

On voit tout l'intérêt que présente cette ordonnance. C'est la plus longue que nous ayons sur l'organisation industrielle et commerciale au xive siècle. Elle nous fait connaître bien des particularités. Pourtant, c'est une ordonnance rendue dans des circonstances exceptionnelles, pour parer à une crise terrible. On comprend que la royauté soit intervenue pour atténuer à cette crise, et ait voulu peser sur les métiers; mais on conçoit aussi que, la crise passée, l'ordonnance n'ait pas été exécutée, non plus que celle de Philippe IV de 1307. Il ne dépendait pas de la royauté de fixer pour toujours le prix des salaires et des objets manufacturiers. Puis les métiers ne voulaient pas admettre ces articles généraux, par exemple la non-limitation des apprentis. Pourtant un des buts visés fut atteint : les prix baissèrent ; mais cette baisse fut le résultat moins de l'ordonnance que des circonstances extérieures. Les malheurs publics s'aggravèrent. Survinrent les mouvements de Paris sous Etienne Marcel, la Jacquerie, les épouvantables ravages des Anglais et des grandes compagnies, Robert Knoller et Armand de Cervolles, dit l'Archiprêtre. La misère se fit plus profonde. Or, on ne recherche plus le luxe, quand le nécessaire fait défaut : la demande diminua. L'ouvrier put largement suffire à tout ce qu'on exigeait de lui ; bientôt même, l'offre dépassa la demande, et, selon la règle, les prix fléchirent, puis furent inférieurs, ce nous semble, à ce qu'ils avaient été avant la grande mortalité.

Dans les événements politiques qui éclatèrent à ce moment, il faut bien mettre en lumière le rôle que jouèrent les corporations d'arts et métiers, après la défaite de Poitiers. La ville de Paris se mit à la tête d'un mouvement dirigé, non contre la royauté elle-même, mais contre le gouvernement incapable et dépensier de Jean le Bon. Elle essaya d'organiser la résistance contre les Anglais, au moment où les Etats généraux prétendaient surveiller et contrôler l'administration royale et créaient une nouvelle administration financière. C'est alors que se manifeste le mouvement provoqué par Etienne Marcel, qui tire son plus ferme appui des corporations des arts et métiers. Nous avons déjà dit que ces corporations, à tour de rôle, faisaient le guet dans Paris. Les artisans avaient donc des armes. Après Poitiers, ces milices s'exercèrent pour défendre la capitale, et formèrent une véritable armée aux ordres d'Etienne Marcel. Au moment où l'opposition contre le dauphin devint plus vive, le jeudi 22 février 1358, Etienne Marcel réunit les corps de métiers en armes à l'abbaye de Saint-Eloi, près du palais. Il y avait là, environ, trois mille personnes. Cette foule décida, en un véritable jugement, l'exécution de Jean de Conflans, maréchal de Champagne, et de Robert de Clermont, maréchal de Normandie. Ces deux officiers furent massacrés devant le dauphin, ainsi que l'avocat Renault d'Aci. La foule, déchaînée par Etienne Marcel, fait ainsi, si l'on peut dire, son entrée sur la scène politique. Tous ces artisans étaient du reste affiliés à la grande confrérie de Notre-Dame, et par cette association avaient rendu leur association plus solide.

Mais le peuple se montra très versatile ; au premier soupçon, il abandonna Etienne Marcel. La populace approuva l'attentat de Maillart et de Pépin des Essarts du 28 juillet 1358, et elle acclama le dauphin qui avait obtenu le titre de régent, lorsqu'il revint à Paris le 3 août. Le dauphin accorda des lettres de rémission. Il n'y eut pas de réaction violente, comme il y en aura en 1383, et les corporations furent respectées.

Le règne de Charles V (1364-1380) fut un règne réparateur. Le roi de France défit les bandes du roi de Navarre, mit fin à la guerre de Cent ans, débarrassa le pays des grandes compagnies; enfin, de 1369 à 1374, chassa du royaume les Anglais, qui ne gardèrent que Bordeaux, Bayonne et Calais. Mais la situation économique du royaume ne se reconstituait pas aussi vite que le royaume même : elle restait toujours très trouble.

Pour payer la rançon du roi Jean, puis pour la défense du royaume, on avait lourdement imposé la nation. On peut dire que, de 1360 à 1380, l'impôt était devenu permanent. Ce fut, d'abord, un impôt de 12 deniers ou 8 sols par livre sur les marchandises vendues, c'est-à-dire un impôt sur le commerce : ce qui exigeait la surveillance étroite de tous les marchés et halles. Puis un impôt du treizième sur le vin et les boissons, qui était perçu à l'entrée des villes; et, quand le vin était revendu dans l'intérieur de la ville, il fallait payer un nouveau treizième sur la vente en détail. Le prix du sel fut augmenté d'un cinquième, et le roi, pour toucher cet impôt, arriva à accaparer la vente du sel, à créer en sa faveur un monopole, la gabelle. A côté de ces impôts, au moment où la guerre reprit contre les Anglais, on établit un droit de fouage. Chaque feu, dans les villes fermées, devait acquitter six francs ; dans le plat pays, deux francs. A tout cela vinrent s'ajouter les droits de douane, qui furent rattachés à l'administration des aides ou des impôts extraordinaires; l'impôt appelé la rêve frappait les marchandises dont l'exportation était permise en règle générale, droit ad valorem de quatre deniers par livre. Le droit de haut-passage frappait les marchandises dont l'exportation était prohibée en règle générale et autorisée seulement par permission spéciale. Les droits, comme au temps de Philippe le Bel, étaient acquittés pour la sortie des marchandises hors du royaume; mais on créa un troisième droit de douane sous Charles V.

Les impôts que nous venons d'énumérer étaient perçus dans les Etats de langue d'oc; les Etats de la langue d'oïl en votèrent d'autres moins durs, comme tous ceux du Midi, en général. Mais était-il juste que les marchandises allant du Nord dans le Midi, pour y être vendues, eussent un traitement privilégié? Dans le Midi, on n'exigeait pas d'impôt de douze deniers par livre de marchandises, lors des ventes; mais on imagina, en 1369, d'exiger cet impôt au moment où les marchandises quitteraient les pays du Nord pour entrer dans ceux du Midi. L'impôt prit le nom d'imposition foncière. Il y eut aussi des bureaux de douane entre les pays de langue d'oïl et les pays de langue d'oc : ce fut l'origine des douanes intérieures.

Cet ensemble d'impôts, qui étaient devenus permanents, pesait sur le peuple d'un poids très lourd et empêchait le royaume de se relever. Charles V le comprit, et, sur son lit de mort, il eut un remords d'avoir « foulé » la population, comme dit la chronique des quatre premiers Valois. Il fit « abattre le subside des feux, qui courait par son royaume sur le pauvre peuple et dont le peuple était moult grandement grevé ». Bientôt les régents de Charles VI, sous l'influence de la pression populaire, durent abolir non seulement les foùages, mais aussi les aides et la gabelle. La royauté, avec son administration compliquée, en était réduite aux ressources du domaine. Tout impôt était aboli; et les avocats pouvaient prendre comme texte de leur harangue: *Novus rex, nova lex, novum gaudium.*

A cause de ces lourds impôts perçus par Charles V, le pays ne se releva pas comme il aurait dû le faire. Puis, il faut bien le dire, la tactique si prudente qu'adopta Charles V dans la guerre contre les Anglais eut pour le royaume de fâcheuses conséquences; il évita les batailles rangées; il laissa les Anglais parcourir le pays en tous sens, vivre sur lui, l'épuiser. Quantité de maisons, de villages furent brûlés dans les campagnes de 1369 à 1373, et ne purent pas se relever très vite; la population, à la campagne, diminua, et l'industrie resta en souffrance.

Pourtant, n'allons pas croire que la population urbaine augmente; elle diminue, au contraire, dans les petits centres. Il suffit de consulter les ordonnances de Charles V pour s'en convaincre. Comme le fouage était perçu par feux, les villes faisaient constater que le nombre de leurs feux avait diminué, et se faisaient remettre une partie de l'impôt qu'elles étaient obligées de payer. La population n'augmente que dans les grandes villes fermées. On conçoit donc que l'industrie ne prenne pas grand essor et que le commerce soit languissant; à cause de l'insécurité générale, les foires ne sont plus fréquentées.

Pourtant tout ne meurt pas sous le règne de Charles V; certains progrès s'accomplissent même dans l'industrie et le commerce. On peut dire que, pour l'industrie, il y eut d'abord une sorte de diffusion des artisans, qui font connaître de nouvelles méthodes de travail; puis la royauté confirme certains règlements de métier, où elle s'efforce d'introduire des articles libéraux. Elle intervient dans l'intérieur de ces métiers, sans que cette intervention soit encore tracassière; enfin, elle favorise certaines industries de luxe. Les artisans des petites villes et de la campagne, chassés par les Anglais ou par la misère générale de leur ancien domicile, vont chercher du travail dans les villes fermées, où ils ne sont pas toujours bien reçus du reste, car on voit en eux des concurrents.

51

Cours de M. AUGUSTIN GAZIER,

Professeur à l'Université de Paris.

« Iphigénie ».

Dans notre dernière leçon, nous avons laissé Racine au lendemain de deux grands événements : le 12 janvier 1673 a eu lieu
la réception de Racine à l'Académie française, et le 13 janvier
se place la représentation triomphale de *Mithridate*. Il nous
reste à considérer, maintenant, le poète dans la suite de ses
travaux.

Racine, vous le savez, n'était pas homme à se reposer sur ses
lauriers. *Mithridate* avait été donné aux acteurs vers le milieu de
l'année 1672 ; mais, sans doute à cause de l'élection de Racine à
l'Académie, la pièce n'avait été jouée qu'au début de 1673. Racine,
semblait-il, ne pouvait manquer de faire paraître quelque chose
dans le cours de cette même année, pendant la campagne d'hiver
1673-1674. Pourtant, il n'en fut rien ; les mois passèrent, et les
Parisiens n'eurent point l'occasion d'admirer quelque nouvel
ouvrage du glorieux poète, ni à la fin de 1673, ni au début de
1674.

Les frères Parfaict et Louis Racine lui-même, le propre fils de
l'auteur de *Mithridate*, ont cru et dit que l'année 1674 ne vit
paraître aucun poème de Racine. C'est une erreur : grâce à des
recherches patiemment et minutieusement conduites, nous savons
aujourd'hui qu'une pièce de Racine intitulée *Iphigénie* fut jouée
à Versailles, le 18 août 1674; et que cette pièce, après plusieurs
mois de silence, fut enfin portée sur la scène de l'Hôtel de Bourgogne dans les derniers jours du mois de décembre 1674 ou au
début de janvier 1675.

Il s'est donc écoulé près de deux ans entre les premières répétitions de *Mithridate* et la première représentation d'*Iphigénie*.
Une telle inertie, de la part d'un poète dont nous avons pu remarquer jusqu'ici l'extraordinaire activité, a lieu de nous surprendre.
Pourquoi Racine, qui travaillait avec une si admirable rapidité,
s'est-il condamné à ce long silence ? Voilà une première question
à laquelle nous essaierons de répondre.

D'autre part, une chose nous frappe : *Iphigénie* marque un retour à l'imitation de la tragédie grecque, à laquelle l'auteur d'*Andromaq ue* revient après sept ans d'éloignement. Comment expliquer ce changement dans l'esprit de Racine? Quels ont pu être les motifs déterminants de son choix?

Ainsi envisagée, l'histoire littéraire d'*Iphigénie* paraît devoir être aussi intéressante, sinon plus, que celle des tragédies antérieures. Demandons-nous donc pourquoi Racine s'est décidé à revenir à la tragédie grecque avec *Iphigénie*; comment il s'y est pris pour adapter la pièce d'Euripide à la scène française ; cherchons, enfin, quels ont pu être les résultats immédiats de cette curieuse évolution de Racine.

Et, d'abord, pourquoi Racine a-t-il renoncé à la tragédie historique, après le beau succès de *Mithridate*? Pourquoi a-t-il résolu de traiter ce sujet d'*Iphigénie*, qui avait déjà été mis à la scène par Rotrou? Sur le choix du sujet lui-même, nous n'avons pas de renseignements. Il est probable que Racine, ayant voulu faire une tragédie athénienne à sujet mythologique, a cru, en 1673, que le moment était venu de retourner à ses premières amours. Vous savez tous — mais il convient particulièrement ici de le répéter — que Racine était un helléniste de premier ordre : il lisait Sophocle dans le texte, et les difficultés de Pindare lui-même n'avaient rien qui pût l'effrayer. Il n'était pas comme ce cardinal italien, qui, se trouvant embarrassé en présence d'un manuscrit antique, proposait, pour tout commentaire, de le jeter au feu. Racine connaissait parfaitement les tragiques grecs, et, à leur contact, il avait acquis cette admirable « simplicité », cet art merveilleux qui consiste à « faire quelque chose de rien » et à répandre sur un ouvrage cette « tristesse, majestueuse », qui fait tout l'attrait d'une tragédie. Sans cesse, vous le savez, Racine se demandait en écrivant : « Que dirait Sophocle, s'il voyait cette scène ? » Il ne perdait jamais de vue les modèles grecs en composant ses pièces ; plus que jamais, en 1672 et en 1673, il avait l'amour du grec, même après les *Femmes savantes*.

En cela, Racine différait profondément de son illustre rival, Corneille. Jamais, en effet, l'auteur du *Cid* ne se demandait ce qu'aurait dit Aristote, et non pas l'Aristote de la *Poétique*, mais un Aristote revu, corrigé et adapté par Scaliger ou Chapelain. Lorsque Corneille abordait des sujets d'origine grecque, c'est à Sénèque qu'il avait recours pour arriver à les connaître : ce fut le cas pour *Médée*, en 1635, et pour *Œdipe*, en 1659.

Quant à Racine, il est probable que, si Corneille n'eût pas été là pour le stimuler, il eût été tout Grec en quelque sorte, et il n'eût pas écrit peut-être cette brillante série de tragédies qui va de *Britannicus* à *Mithridate*. Après ses premiers essais, en effet, Racine, n'écoutant que ses préférences intimes, avait composé d'enthousiasme *Andromaque*. Mais des détracteurs, partisans du vieux Corneille, étaient venus se jeter à la traverse. C'est pour leur fermer la bouche que Racine avait essayé de battre Corneille sur son propre terrain, et qu'il avait donné une pièce romaine, *Britannicus*. Le succès de cette tragédie étant demeuré incertain, Racine avait aussitôt représenté une deuxième pièce romaine, *Bérénice*. Il avait triomphé ; mais, ses détracteurs ne se tenant point encore pour battus, il leur avait lancé comme un nouveau défi : *Bajazet* avait mis en lumière la souplesse et l'audace du génie de Racine. *Mithridate*, enfin, tragédie toute cornélienne, venait de dissiper les derniers doutes : il fallait bien reconnaître que Racine, décidément, n'était pas inférieur à son illustre devancier.

Alors Racine a commencé à se dire en lui-même, comme Néron dans *Britannicus*, qu'il pouvait désormais « cesser de se contraindre », et, n'écoutant que son propre goût, prendre des sujets de son choix. C'est ainsi que Molière, dès que ses rares loisirs le lui ont permis, a cessé parfois d'écrire à la hâte des farces, des ballets ou des pastorales, et s'est mis à travailler pour la postérité : rendu à sa libre inspiration, il a pu nous donner d'immortels chefs-d'œuvre, qui s'appellent le *Misanthrope* ou les *Femmes savantes*. — Racine a donc cru, en 1673, que le moment était enfin venu, pour lui aussi, de faire de l'art pour l'art, de poursuivre librement son idéal, et d'écrire des pièces, non plus pour ses seuls contemporains, mais pour la postérité Voilà, selon moi, comment l'on peut expliquer ce retour de Racine vers les dieux qu'il n'avait jamais cessé d'adorer au fond de son cœur.

On pourrait donner encore d'autres raisons, qui seraient subordonnées à celles que je viens de développer.

En 1673, en effet, les circonstances étaient très favorables pour une résurrection de la tragédie antique. Racine, on peut l'affirmer, était sûr de plaire à Versailles en réveillant les souvenirs de l'antiquité et de la mythologie grecques. La mythologie était alors d'actualité. N'avait-on pas vu, en 1672, deux des plus grands poètes du siècle, Molière et Corneille, se joindre à Quinault pour composer *Psyché*, pièce mythologique, commandée par le roi ? L'opéra, qui se développe alors de jour en jour, a toute la faveur de Louis XIV, et il est probable que l'influence de ce nouveau genre littéraire sur Racine fut considérable.

Quinault avait renoncé au théâtre pour se marier. Il y revint avec *Psyché* ; puis, à partir de 1672, il donna de nouvelles pièces (*Hermione, Alceste,* etc...), qu'il intitula d'abord « tragédies », puis « tragédies en musique ». On peut dire que l'opéra remit en faveur l'antiquité classique.

Puis le palais et le parc de Versailles eux-mêmes ne constituaient-ils pas un véritable musée des antiques ? Tableaux allégoriques, statues, nymphes, tritons, rappelaient sans cesse à tous les esprits les souvenirs les plus divers de la mythologie et de l'histoire. Il n'est donc pas exagéré de dire qu'une pièce d'origine grecque pouvait être alors d'actualité.

Nous comprenons, maintenant, pourquoi Racine, en 1673, dirigea son activité de ce côté. Il songea peut-être, d'abord, à faire une tragédie d'*Alceste*, puis une *Iphigénie en Tauride* (nous avons encore le plan du premier acte de cette tragédie). Enfin, il écrivit *Iphigénie en Aulide.* Pourquoi *Iphigénie* plutôt qu'*Antigone, Electre* ou *Hécube* ? Nous n'en savons rien. S'il eût fait *Antigone, Electre* ou. *Hécube,* nous pourrions nous demander de même : pourquoi pas *Iphigénie* ?

A défaut de renseignements certains, peut-être ne serait-il pas impossible de déterminer d'une manière assez vraisemblable les raisons du choix que Racine s'est décidé à faire d'*Iphigénie.* Ne serait-ce point Subligny (l'auteur de la *Folle Querelle,* l'auteur aussi de la *Réponse à la critique de la Bérénice de M. Racine*), qui aurait suggéré à Racine, dès 1671, l'idée d'adapter à la scène française cette pièce d'Euripide ? Voici, en effet, comment s'exprimait Subligny, dans un passage de sa *Réponse à la critique de la Bérénice de M. Racine,* imprimée à Paris en 1671 :

« On voit que la Bérénice de M. Racine ressemble extrêmement à cette Iphigénie [d'Euripide]. La pauvre fille se réjouit d'abord de son prétendu mariage avec Achille, comme Bérénice se réjouit de ses prétendues noces avec Titus. Iphigénie est surprise, crie et fond en larmes, quand elle apprend qu'au lieu d'épouser, il faut être sacrifiée au salut des Grecs par son propre père, comme Bérénice se décharge en lamentations et en soupirs quand on lui dit qu'il faut être sacrifiée aux lois des Romains, et qu'elle est abandonnée de ce même amant qu'elle croyait épouser; Agamemnon pleure en voyant pleurer sa fille, comme Titus pleure en voyant pleurer sa maîtresse. Le Grec ne se laisse jamais si fort attendrir qu'il en change de résolution, comme le Romain, quelque sensiblement qu'il soit touché, ne se laisse jamais fléchir. Ils disent l'un et l'autre, dans l'emportement de leur douleur, des choses fort approchantes. L'un s'entend reprocher, par sa fille et par sa femme, ses pleurs et son attachement à l'oracle et à la

satisfaction des Grecs, comme l'autre, par sa maîtresse, ses
larmes et son attachement aux lois et au contentement des
Romains. Et, enfin, la catastrophe d'Iphigénie n'est autre que la
résolution de cette généreuse fille, qui, se lassant de pleurer inutilement, fait tout d'un coup un effort sur sa faiblesse, et exhorte
elle-même son père à la sacrifier, comme le dénouement de Bérénice consiste seulement en ce changement subit de cette reine,
qui, après avoir en vain versé tant de pleurs, se résout à partir,
et exhorte elle-même son amant à vivre en repos éloigné d'elle. »
Il n'est pas impossible que Racine ait médité cette page. Toujours est-il que, une fois en possession de son sujet, il dut se
trouver bien à l'aise. Le poète n'était plus tenu ici de suivre
fidèlement l'histoire, puisque aussi bien il s'agissait de mythologie.
Il n'avait pas à faire d'efforts de reconstitution pour retrouver la
physionomie exacte du passé, comme dans *Britannicus* ou dans
Mithridate. Il lui suffisait de relire la pièce d'Euripide, qu'il connaissait bien d'ailleurs, de la juger et de l'adapter à la scène
française. Nous voudrions pouvoir suivre, pas à pas, la marche
de l'esprit de Racine durant ce travail de préparation : rien ne
serait plus intéressant pour nous qu'une étude minutieuse de
cette sorte, si nous avions le loisir de la faire ici.

Racine accepte la donnée générale de la pièce d'Euripide : chez
lui comme chez le poète grec, le sacrifice d'Iphigénie est nécessaire, pour que la flotte puisse partir vers Troie, et, à la fin,
Iphigénie échappe au fer de Calchas.

Mais Racine, dont le goût est fait de pureté et de simplicité, a
cru devoir opérer des suppressions et des modifications. Ainsi,
chez Euripide, c'est Ménélas lui-même qui réclame avec une insistance extraordinaire la mort d'Iphigénie, sa propre nièce. Racine
a pensé que les spectateurs français supporteraient mal un tel
raffinement de barbarie : il a donc supprimé le personnage de
Ménélas, et il l'a remplacé par l'artificieux Ulysse, qui offre tout
au moins l'avantage d'être absolument étranger à la famille
d'Iphigénie. Et Racine a trouvé le moyen de ne pas rendre Ulysse
odieux; car, à la fin de la pièce, c'est Ulysse que le poète a ramené
pour annoncer qu'Iphigénie est sauvée et vit encore. A Clytemnestre qui s'écrie, en le voyant paraître :

> C'est lui. Ma fille est morte ! Arcas, il n'est plus temps !

Ulysse s'empresse de répondre :

> Non, votre fille vit, et les dieux sont contents.

Racine n'a pas osé, non plus, conserver le dénouement de la pièce d'Euripide, où l'on voit une biche substituée à Iphigénie au moment du sacrifice. Supprimer Iphigénie par la mort ou par l'exil en Tauride, c'était toujours l'enlever à l'affection des siens. Aussi Racine a-t-il cherché à la sauver plus franchement, et, s'inspirant de son goût pour le romanesque (goût que nous avons eu déjà l'occasion de constater dans *Andromaque* et dans *Britannicus*), il a créé le personnage de la perfide Eriphile, fille du sang d'Hélène, qui est sacrifiée à la fin de la pièce, au lieu et place d'Iphigénie.

Racine a cru devoir modifier aussi le caractère et le rôle du bouillant Achille. Tandis que, chez Euripide, l'histoire du mariage d'Iphigénie et d'Achille est une fable inventée par Agamemnon, pour attirer plus facilement Clytemnestre et sa fille ; chez Racine, les choses se passent tout autrement : Racine a fait Achille amoureux, et vous voyez combien cela nous éloigne de « l'économie et de la fable d'Euripide ».

Ainsi compris, le drame sera d'une simplicité touchante. Les rôles principaux appartiendront à des femmes : Clytemnestre, Iphigénie, Eriphile, se trouvent naturellement au premier plan ; au-dessous d'elles, vient Agamemnon, père et roi, hésitant et troublé ; puis Achille et Ulysse, les deux adversaires, et enfin Calchas, qui agit beaucoup, bien qu'on ne le voie pas. Racine seul était capable d'écrire avec cet art merveilleux une pièce d'une délicatesse aussi exquise.

L'auteur d'*Iphigénie* dut être bien heureux, semble-t-il, d'avoir réussi à adapter à notre scène la pièce d'Euripide. Il avait lieu d'être satisfait de son travail. Pourtant, interrogeons les faits et les dates : vous allez voir qu'il ne sera pas sans intérêt pour nous d'élucider quelques petites questions qui se rattachent aux représentations d'*Iphigénie*.

Iphigénie, disions-nous tout à l'heure, a été jouée à la cour, le 18 août 1674, par les comédiens du roi, c'est-à-dire par la troupe de l'Hôtel de Bourgogne. La pièce avait donc été livrée aux acteurs, apprise, répétée sous la direction de Racine, avant le mois d'août 1674, et tout cela pour une représentation *unique* à Versailles. Puis, au lendemain du 18 août, les « grands comédiens » étaient retournés chez eux, n'avaient rien dit à personne de la pièce qu'ils venaient de jouer à Versailles, et, enfin, ne s'étaient décidés à la représenter en public que cinq ou six mois après environ. Que faut-il penser de ce long silence qui a suivi la première représentation d'*Iphigénie* à la cour, et de cet oubli où la pièce paraît être demeurée pendant la seconde partie de l'année 1674 ?

Sans doute, le public était bien indifférent, puisqu'il ne se
montrait pas avide d'entendre cette pièce nouvelle d'un auteur
.célèbre, alors que la cour en avait déjà eu la primeur ; — ou bien,
il fallait que les acteurs fussent bien négligents de leurs intérêts,
en ne donnant point une pièce qui était certaine de réussir. A
défaut de ces deux hypothèses, il est permis d'en faire une troisième : peut-être est-ce Racine lui-même qui a exigé une remise
de sa pièce. Savons-nous si l'*Iphigénie* jouée à la cour est la même
que celle que nous lisons aujourd'hui ? Peut-être Racine l'a-t-il
jugée sévèrement à la représentation, et a-t-il voulu la reprendre
et la remanier. Ou bien devons-nous chercher une autre explication ?

Quels sont les rivaux de Racine, à cette date ?

P. Corneille vient de donner *Pulchérie*, en 1672, au Marais,
dans un quartier d'où la vie se retire peu à peu. Molière est mort
le 17 février 1673. Sa troupe commence à se disloquer, et, en
1674, le théâtre du Marais, où, selon l'expression de Boileau, ne
« croassaient » même plus les rivaux de Racine, n'existe pour
ainsi dire plus qu'à l'état de souvenir : faute de spectateurs, il
fallait bien se décider à mettre la clef sur la porte. Reste l'Hôtel
de Bourgogne : en 1674, ce théâtre, qui, deux années auparavant,
vient de refuser de jouer la *Pulchérie* de Corneille, se réconcilie
avec le vieux poète, et, sans doute sur les instances très pressantes
des amis de l'auteur du *Cid*, les « grands comédiens » se décident
à jouer sa nouvelle et dernière pièce, *Suréna*.

Une fois de plus, Racine trouvait donc son vieux rival sur son
chemin ; mais les circonstances ne sont plus les mêmes qu'autrefois. Personne ne conteste plus, en 1674, la gloire de Racine : aussi
l'auteur d'*Iphigénie* a-t-il jugé prudent d'attendre ; il a estimé
que le plus sage était de laisser le vieux lion pousser son dernier
rugissement. *Suréna* ne pouvait être, en effet, qu'une machine
inoffensive dirigée contre Racine, *telum imbelle sine ictu*. Il
semble bien, en effet, que Corneille, auteur de *Suréna*, ait voulu
traiter Racine comme jadis il avait fait Mairet. *Suréna* est une
pièce évidemment inspirée par la lecture de *Mithridate*, et peut-
être même pourrait-on y démêler comme une intention secrète de
réfuter *Bajazet*. Replacée ainsi dans les circonstances mêmes qui
l'ont vu paraître, la pièce s'éclaire d'un jour entièrement nouveau.
Corneille, plus jaloux et plus aigri que jamais contre Racine,
espérait faire coup double en jouant *Suréna*. Le titre même de
sa pièce, *Suréna, général des Parthes*, fait voir que nous ne
sommes déjà pas si loin de Mithridate, roi de Pont, vieil ennemi
des Romains, comme Suréna. Et le développement du caractère

de Suréna ne nous amène-t-il point à songer à Bajazet ? Suréna, général des Parthes et vainqueur de Crassus, est placé entre deux femmes, comme Bajazet : l'une, Eurydice, qu'il aime et dont il est aimé (malheureusement, elle est fiancée au fils du roi des Parthes) ; l'autre, Mandane, fille de ce même roi des Parthes (elle ne paraît, d'ailleurs, pas sur la scène), que l'on veut lui faire épouser. Refuser la main de Mandane, c'est se perdre. Suréna le sait ; il refuse Mandane, et signe ainsi son arrêt de mort. — Les allusions aux pièces de Racine étaient évidentes.

Mais Racine ne se troubla point : il crut devoir temporiser ; il céda la place et laissa passer l'orage.

Aussi bien, les représentations triomphales d'*Iphigénie* le vengèrent-elles de ces ennuis, et Boileau pouvait dire dans son *Épitre VII* à Racine :

> Jamais Iphigénie, en Aulide immolée,
> N'a coûté tant de pleurs à la Grèce assemblée
> Que dans l'heureux spectacle à nos yeux étalé
> En a fait sous son nom verser la Champmeslé.

Au lendemain de ce beau succès, Racine fait imprimer sa pièce. Le privilège est du 28 janvier 1675. Malgré toute sa gloire, Racine ne songe pas encore à donner une édition de ses œuvres complètes. Chaque fois, il avait fait imprimer à part chacune de ses pièces, et il faut bien reconnaître que le public n' « enlevait » pas les éditions. Tirées à 3.000 exemplaires environ, les éditions des premières pièces de Racine n'étaient pas encore épuisées au bout de sept à huit années !

Racine mit en tête d'*Iphigénie* une curieuse préface, très littéraire, d'une allure presque scientifique : on pourrait la croire écrite par un membre de l'Académie des inscriptions. J'en détache les passages essentiels ; Racine a invoqué d'abord le témoignage de plusieurs auteurs anciens ; puis il ajoute :

« J'ai rapporté tous ces avis si différents, et surtout le passage de Pausanias, parce que c'est à cet auteur que je dois l'heureux personnage d'Ériphile, sans lequel je n'aurais jamais osé entreprendre cette tragédie. Quelle apparence que j'eusse souillé la scène par le meurtre horrible d'une personne aussi vertueuse et aussi aimable qu'il fallait représenter Iphigénie ? Et quelle apparence encore de dénouer ma tragédie par le secours d'une déesse et d'une machine, et par une métamorphose qui pouvait bien trouver quelque créance du temps d'Euripide, mais qui serait trop absurde et trop incroyable parmi nous ?

« Je puis dire donc que j'ai été très heureux de trouver dans

les anciens cette autre Iphigénie, que j'ai pu représenter telle
qu'il m'a plu, et qui, tombant dans le malheur où cette amante
jalouse voulait précipiter sa rivale, mérite en quelque façon d'être
punie, sans être pourtant tout à fait indigne de compassion.
Ainsi le dénouement de la pièce est tiré du fond même de la pièce.
Et il ne faut que l'avoir vu représenter pour comprendre quel
plaisir j'ai fait au spectateur, et en sauvant à la fin une princesse
vertueuse pour qui il s'est si fort intéressé dans le cours de la
tragédie, et en la sauvant par une autre voie que par un miracle qu'il n'aurait pu souffrir, parce qu'il ne le saurait jamais
croire. » Et plus loin : « Voilà les principales choses en quoi je
me suis un peu éloigné de l'économie et de la fable d'Euripide.
Pour ce qui regarde les passions, je me suis attaché à le suivre
plus exactement. J'avoue que je lui dois un bon nombre des endroits qui ont été le plus approuvés dans ma tragédie, et je l'avoue
d'autant plus volontiers que *ces approbations m'ont confirmé dans
l'estime et dans la vénération que j'ai toujours eues pour les ouvrages qui nous restent de l'antiquité.* J'ai reconnu avec plaisir, par
l'effet qu'a produit sur notre théâtre tout ce que j'ai imité ou
d'Homère ou d'Euripide, que le bon sens et la raison étaient les
mêmes dans tous les siècles. Le goût de Paris s'est trouvé conforme au goût d'Athènes : mes spectateurs ont été émus des
mêmes choses qui ont mis autrefois en larmes le plus savant
peuple de la Grèce, et qui ont fait dire qu'entre les poètes, Euripide était extrêmement tragique, *tragicôtatos,* c'est-à-dire qu'il
savait merveilleusement exciter la compassion et la terreur, qui
sont les véritables effets de la tragédie. »

Cependant les cabales ne manquèrent point contre Racine.
L'académicien Le Clerc, pour couper le succès d'*Iphigénie,* consentit à se réveiller d'un long assoupissement (sa *Virginie romaine*
datait de 1645), et il fabriqua à la hâte une contre-*Iphigénie.*
Voici quelques fragments intéressants de sa préface :

« J'avouerai de bonne foi que, quand j'entrepris de traiter le
sujet d'*Iphigénie* en Aulide, je crus que M. Racine avait choisi
celui d'*Iphigénie* dans la Tauride, qui n'est pas moins beau que le
premier. Ainsi *le hasard seul a fait que nous nous sommes rencontrés,* comme il arriva à M. de Corneille et à lui dans les deux
Bérénices (1). Son *Iphigénie* a eu tout le succès qu'il pouvait
souhaiter, et, sans doute, elle a de grandes beautés ; mais, bien
qu'elle ait eu l'avantage de la nouveauté, et qu'elle eût, ce semble,

---

(1) Notons, en passant, l'intérêt de cette déclaration pour l'histoire littéraire
de *Bérénice.*

épuisé tous les applaudissements, celle-ci néanmoins, qui a été représentée longtemps après la sienne, et qu'on avait voulu étouffer, a été encore assez heureuse pour trouver des partisans : c'est ce qui fait que, bien loin de la désavouer, je la donne au public, qui ne sera pas fâché de faire la comparaison de toutes les deux.

« On remarquera aisément que nous avons pris des routes toutes différentes, quoique nous ayons traité le même sujet. M. Racine a suivi Euripide où je l'ai quitté, et il l'a quitté où je l'ai suivi. Il peut avoir eu ses raisons, comme j'ai eu les miennes. Il a cru que le sacrifice de la véritable Iphigénie donnerait de l'horreur, et il n'a fait qu'exciter la compassion et arracher des larmes... Enfin, j'ai conservé avec Euripide une catastrophe généralement reçue, et que M. Racine traite d'absurde dans sa préface, sans songer qu'il offense Euripide, à qui il a quelque obligation...

« En faisant une préface, je ne veux pas m'engager insensiblement dans une dissertation, et je laisse au lecteur à faire ses réflexions sur tout le reste de l'ouvrage. Je lui dirai seulement, comme je ne suis point d'humeur à m'enrichir du bien d'autrui, qu'il y a dans tout le corps de cette tragédie environ une centaine de vers, épars çà et là, que je dois à M. Coras, et que j'ai choisis parmi quelques autres qu'il avait faits en quelques scènes, dont je lui avais communiqué le dessein. C'est ce qui a fait croire à celui qui nous a donné des *Remarques sur les deux Iphigénies* et à quelques autres, qu'il était l'auteur de l'ouvrage : je lui céderais volontiers toute la gloire qu'on pourrait en espérer, si je ne croyais la devoir au changement que j'y ai apporté par l'avis de personnes éclairées, et pour qui j'ai toute sorte de déférence. »

Racine, vous le savez, se vengea par une simple épigramme :

Entre Le Clerc et son ami Coras,
Deux grands auteurs rimant de compagnie,
N'a pas longtemps, sourdirent grands débats
Sur le propos de leur *Iphigénie.*
Coras lui dit : « La pièce est de mon cru ».
Le Clerc répond : « Elle est [mienne, et non vôtre ».
Mais, aussitôt que l'ouvrage a paru,
Plus n'ont voulu l'avoir fait l'un ni l'autre.

En 1674, Racine n'avait pas à se préoccuper de pareils incidents. Bien rares étaient ceux qui songeaient à lui contester le titre de prince des poètes dramatiques français.

Or, que voyons-nous ? La pièce immédiatement postérieure à *Iphigénie,* c'est-à-dire *Phèdre,* ne fut représentée qu'en janvier

1677. Vingt-huit mois se sont donc écoulés entre ces deux pièces consécutives. Cela est tout à fait extraordinaire dans la carrière de Racine. Pourquoi ce long intervalle ? On se demande si Racine n'aurait point composé une tragédie d'*Alceste* entre *Iphigénie* et *Phèdre* ; puis Racine, pour un motif que nous ignorons, aurait gardé cette pièce en portefeuille, et l'aurait ensuite anéantie.

On ne peut rien affirmer à ce sujet. Mais ce qu'il y a de certain, c'est qu'à cette date il y a quelque chose de changé dans l'esprit de Racine, et nous aurons à étudier cette curieuse évolution dans nos prochaines conférences.

A. C.

Sujets de devoirs.

UNIVERSITÉ DE PARIS

AGRÉGATION DE PHILOSOPHIE.

Dissertation.

Le phénomène inconscient.

AGRÉGATION DES LETTRES.

Composition française.

La critique du classicisme dans la *Littérature* de Mme de Staël et dans le *Génie du Christianisme*.

Thème latin.

CORNEILLE, *Examen de Nicomède*, depuis : « La représentation n'en a point déplu... », jusqu'à : «... nous jette dans l'horreur de l'ingratitude. »

Version latine.

CICÉRON, *De Oratore*, III, XIV, depuis : « Faciles enim partes... », jusqu'à : «... sed furentibus quædam arma dederimus. »

Thème grec.

LA BRUYÈRE, *Des Ouvrages de l'Esprit*, depuis : « D'où vient que l'on rit si librement... », jusqu'à : «... que de s'y morfondre. »

***

AGRÉGATION DE GRAMMAIRE.

Composition française.

Discuter cette opinion de Diderot : « Ce ne sont plus les caractères qu'il faut mettre sur la scène, mais les conditions. » (IIIe Entretien sur le *Fils naturel*.)

Thème latin.

LA FONTAINE, Préface de *Psyché*, depuis : « J'ai trouvé de plus grandes difficultés... », jusqu'à : «... c'est ce que le public m'apprendra. »

Version latine.

CICÉRON, *Rhétorique à Hérennius*, IV, 44, depuis : « Ergo hujusmodi... », jusqu'à : « ...nullum pro salute patriæ periculum vitant. »

AGRÉGATION D'HISTOIRE.

I. — L'état social et politique de la noblesse française au xᵉ siècle.

II. — Colbert et le système protecteur.

III. — Les côtes des États-Unis sur l'Atlantique.

AGRÉGATIONS DES LANGUES VIVANTES.

Allemand.

Version.

G. KELLER, *Sieben Legenden* : *Die Jungfrau als Ritter*, depuis « Als nun das Signal zum Kampfe », jusqu'à « ...und zuckend auf der Erde lag. »

Dissertation française.

Comment les écrivains du second romantisme allemand ont-ils représenté le Moyen Age ?

Dissertation allemande.

« Die Worte, die hier geredet worden, mögen auch als eine Predigt gelten über *den Geist der Zeit*... die Ansicht aber, die darin herrscht, werden selbst die Gründer der heiligen Allianz nicht missibilligen können, eben weil sie die biblische ist. »

ANGLAIS.

Version.

VANBRUGH, *The Provoked Wife*, A. I, sc. I, depuis : « Do you dine at home », jusqu'à : « ...so far as to injure him. »

Thème.

VOLTAIRE, *Lettres*, à M. de Cideville, 23 déc. 1737, depuis : « Pour montrer une docilité sans réserve », jusqu'à la fin.

Dissertation française.

La comédie de mœurs dans Johnson.

Dissertation anglaise.

The influence of the *Spectator* on English manners.

L'ENSEIGNEMENT SECONDAIRE DES JEUNES FILLES.

Pédagogie.

La conception de l'individualisme dans Nietzsche.

Littérature.

Le génie épique de Victor Hugo.

II

UNIVERSITÉ DE GRENOBLE

LICENCE ÈS LETTRES.

Composition française.

Commenter et développer ce passage du discours prononcé par M. Victor Margueritte à l'inauguration du monument de Pierre Corneille, place du Panthéon, le 27 mai 1906 :

« Qu'importe qu'il n'y ait point, dans ces tragédies, toutes les vertus qu'aime la pensée moderne et qu'il y manque cette pitié dont La Rochefoucauld faisait le vulgaire apanage du peuple ? Il y a dans Corneille une *vertu*, dans ce que le sens latin donne d'admirable au mot *virtus*. Cette vertu qu'est la force, voilà ce que Nietzsche apprécie dans Corneille par-dessus tout..... C'est *Cinna* que le dur philosophe choisit, lorsqu'il veut montrer que la générosité sort non pas d'une vaine pitié, mais de la hauteur d'âme, et que la vraie bonté vient de la force..... »

Histoire de la littérature française.

Déterminez, d'après la biographie du poète et l'histoire de ses œuvres, la position qu'a prise Alfred de Musset dans la querelle des classiques et des romantiques.

Composition latine.

« Admirabilis in suo genere Theocritus ; sed musa illa rustica et pastoralis non forum modo, verum ipsam etiam urbem reformidat. » (QUINTILIANUS, *I. O.*, X, I, 55.)

Histoire de la littérature latine.

Les deux dernières années de la vie de Cicéron : biographie et bibliographie aussi détaillées, aussi *précises*, que possible.

LICENCE PHILOSOPHIQUE.

Dissertation philosophique.

« Le plus profond savoir n'assouvit point une âme. » (P. CORNEILLE, *Imit. de J.-C.*, liv. I, ch. II.)

Histoire de la philosophie.

Principaux courants philosophiques au XVIIIe siècle, avant la *Critique de la Raison pure.*

Le gérant : E. FROMANTIN.

POITIERS. — SOCIÉTÉ FRANÇAISE D'IMPRIMERIE ET DE LIBRAIRIE

QUINZIÈME ANNÉE (2ᵉ Série)   N° 35   11 JUILLET 1907

REVUE HEBDOMADAIRE

DES

COURS ET CONFÉRENCES

DIRECTEUR : N. FILOZ

Poètes français du XIXᵉ siècle qui continuent la tradition du XVIIᵉ

Cours de M. ÉMILE FAGUET,

Professeur à l'Université de Paris.

Fontanes (*fin*) ; **ses poèmes didactiques ; ses poésies intimes et domestiques.**

Il nous reste à examiner aujourd'hui, pour en finir avec Fontanes, quelques fragments de ses poèmes du genre didactique, et ensuite ses poésies intimes et domestiques. Vous allez voir, par les citations nécessairement rapides que je vais en faire, que cette partie de l'œuvre de Fontanes mérite de retenir notre attention.

Nous nous occuperons d'abord du *Fragment d'un poème sur la nature et sur l'homme*, publié en tête des *Poésies diverses*. Ces vers sont en partie originaux, en partie imités de Lucrèce. Vous savez qu'un très grand nombre de poètes de la fin du XVIIIᵉ siècle ont été hantés par le désir d'écrire un *De Natura Rerum*. Peu après le temps où Fontanes ébauchait son poème philosophique dans le goût de Lucrèce, André Chénier tentait son *Hermès*, également inachevé. Le fragment de Fontanes, où les souvenirs de Lucrèce se rencontrent fréquemment, fait songer aussi aux admirables réflexions de Montaigne (livre I, chap. XIX) sur la nécessité de la mort et sur les pensées que doit inspirer à l'homme l'approche du terme fatal. Fontanes est moins ample

52

et moins large que Lucrèce, moins minutieux et moins enve-
loppant en quelque sorte que Montaigne; mais son fragment
n'en a pas moins le caractère d'une œuvre arrêtée et profondément méditative, qui laisse une impression très forte dans l'esprit
du lecteur.

Fontanes reprend, à sa manière, l'éloquente prosopopée de la
Nature : Lucrèce, vous vous en souvenez, a dressé en face de
nous la Nature, que nous incriminons, et c'est elle-même qui
s'élève contre l'homme en termes magnifiques. Fontanes en a fait
son profit; et voici les beaux vers, moitié originaux, moitié
imités, que cette idée lui a inspirés :

> Homme, quand de la mort les leçons t'environnent,
> Quand tes plus chers amis tous les jours t'abandonnent,
> Sur ce globe changeant prétends-tu t'arrêter ?
> Demain, comme une tente, il faudra le quitter.
> Es-tu prêt ? Tu gémis, et ton orgueil murmure
> Contre le juste arrêt qu'a porté la Nature !
> La Nature en courroux, s'élevant contre toi,
> T'accuse : « O fils ingrat, que révolte ma loi,
> Arrête, arrête enfin ta plainte illégitime !
> La mort, quand tu naquis, te marqua pour victime ;
> Tu connais ton destin : je viens redemander
> Les jours, que pour un temps je voulus t'accorder.
> Ne me reproche point l'injustice et la haine.
> Un contrat éternel tous les deux nous enchaîne.
> Je dois te concevoir, t'animer, te nourrir ;
> Mais chaque homme, à son tour, me promet de mourir.
> L'heure vient : de tes ans la course est accomplie ;
> C'en est fait ! Je m'arrête et ma tâche est remplie.
> Tous les jours, pour servir tes caprices nouveaux,
> De mes riches saisons variant les travaux,
> J'épuisais les tributs que m'apporte l'année ;
> Tous les jours ta mollesse, à se plaindre obstinée,
> Demandait à la fois, dans ses vœux inconstants,
> Les trésors de l'automne et l'espoir du printemps.
> D'abord, de l'hyménée achevant le mystère,
> Je daignai te former dans le sein de ta mère.
> Faible et nu, tu naquis assiégé de besoins.
> Au milieu des périls protégé par mes soins,
> Tu vécus : de tes pas j'affermis la faiblesse ;
> De l'essaim des plaisirs j'entourai ta jeunesse ;
> Tu pensas, tu reçus, tu rendis tour à tour
> Les soins de l'amitié, les plaisirs de l'amour.
> L'amour, jusqu'à la mort, t'a suivi dès l'enfance :
> Tes parents transportés ont béni ta naissance,
> Et tes fils adorés, comblant tes derniers vœux,
> Font revivre ton nom dans leurs jeunes neveux.
> Ouvre les yeux : regarde avec quelle tendresse
> De la mort qui te suit j'avertis ta vieillesse !

J'affaiblis en secret tes ressorts languissants ;
La vie avec lenteur s'éloigne de tes sens ;
Et par degrés, enfin, ma prudence attentive
Relâche tous les nœuds de ton âme captive.

— Voilà une idée spiritualiste que ni Montaigne ni La Fontaine n'ont exprimée, mais que Lamartine exprimera dans son poème *La Vigne et la Maison*, qui est en quelque sorte le *De Senectute* du poète...

Insensé ! vainement tu demandes des jours :
Dans un cercle uniforme ils reviennent toujours.
Un an fuit : les saisons l'une à l'autre enchaînées
De leurs mêmes couleurs reparaissent ornées.
Pour commencer encor, chaque âge doit finir.
Déjà, dans le passé, je t'ai peint l'avenir.
Viens donc, et dans mes flancs hâte-toi de descendre !
Je vieillis comme toi ; je renais de ta cendre.
Viens, ne crains point, je t'aime ; et de tous mes bienfaits
Le dernier est la mort qui t'apporte la paix.

Je vous ai lu cette page, d'abord parce qu'elle est belle, puis parce que nous y trouvons en germe quelques-uns des plus beaux vers philosophiques de Lamartine et même de Leconte de Lisle sur la mort et sur « le repos que la vie a troublé ». Ce n'est point là un mince éloge pour Fontanes.

Son mérite n'est pas moins grand dans sa traduction en vers français de l'*Essai sur l'Homme* de Pope. Comme l'a dit Villemain, « depuis les *Discours* de Voltaire, il serait difficile de citer des vers français où l'emploi judicieux de l'imagination serve mieux à parer les idées philosophiques. » Pour vous en donner une idée, je vous lirai un passage dans lequel Fontanes développe, après Pope, cette idée que les vertus et les vices se mélangent salutairement dans le cœur de l'homme. Je ne veux pas discuter ici cette théorie : mon intention est simplement de vous montrer les qualités de Fontanes poète psychologue, qualités de précision lumineuse, à la fois technique et en images : _

Oui, la vertu (que l'homme à ce mot s'humilie !)
A des vices cachés dans notre âme s'allie ;
Mais du mal vers le bien on peut les détourner :
Néron, comme Titus, aurait pu gouverner.
Ce courage fougueux, que dans Sylla j'abhorre,
Je l'aime en Décius, dans Caton je l'honore ;
La même ambition fonde ou perd les Etats,
Produit les grands exploits et les grands attentats.
Quel œil peut éclairer ce chaos de notre être ?
Le Dieu qui vit en nous, le Dieu qui nous fit naître.

D'un extrême toujours un extrême est voisin ;
Dans l'homme ils sont unis pour un sage dessein,
Et souvent l'un de l'autre ils usurpent la place ;
Comme dans un tableau se dérobe avec grâce
Le contraste insensible et de l'ombre et du jour,
Ainsi s'obscurcissant, s'éclairant tour à tour,
Le vice et les vertus dans notre âme s'unissent.
J'ignore où l'un commence, où les autres finissent ;
Leurs traits sont confondus ; sont-ils anéantis ?
Lorsque d'heureux crayons par le goût assortis
Du blanc avec le noir ont fondu la nuance,
Et du blanc et du noir nieras-tu l'existence ?
Non. Rentre dans ton cœur : là vivent tous les traits
Du bien que tu chéris et du mal que tu hais.
Crois-moi, pour les confondre il te faut plus de peine
Que pour en discerner la limite certaine :
L'esprit peut s'y tromper, l'instinct en juge mieux.

— Voilà de très bons vers didactiques, où la pensée est très nette, où l'expression est constamment brillante et correcte, à la fois hardie et sage. Fontanes est un maitre en ce genre.

Mais le temps presse et je ne voudrais pas m'attarder sur ce sujet. Laissons là Fontanes traitant des sujets de philosophie générale ; supposons-le rentrant chez lui, dans sa bibliothèque, par exemple, et écoutons-le parler en vers de ses chers classiques :

Oui, devant l'auguste image
De Racine et de Boileau,
A genoux j'offre l'hommage
D'un encens toujours nouveau.
Trop heureux qui, jeune encore,
Sur ces maitres que j'adore
Attache un œil studieux !
Muse, livre à l'anathème
Le profane qui blasphème
Leurs accords mélodieux.

Ce classique chante les louanges des classiques en vers dignes d'eux. Pas une image n'a été risquée dans la strophe que je viens de lire ; c'est, simplement, de la jolie prose oratoire mise en vers d'un tour agréable, avec un peu de mouvement.

Une palme inaltérable
Sur leur tombe reverdit,
Et leur siècle mémorable
De jour en jour s'agrandit ;
Siècle où Corneille et Molière
Font d'une scène grossière

L'école de tous les temps ;
Où Pascal, d'un vol rapide,
A quinze ans, atteint Euclide,
Et Démosthène à trente ans !

C'est tout à fait la strophe à la Jean-Baptiste Rousseau, avec une jolie chute sur une rapide antithèse.

Naturellement, Voltaire n'est pas oublié dans cette revue des classiques :

Quels grands noms, dans ma jeunesse,
Ornaient ces bords glorieux !
Là, Voltaire, en sa vieillesse,
Vint triompher à mes yeux ;
Cet astre allait disparaître ;
Plus d'un orage peut-être
Marqua son cours trop ardent ;
Mais quels feux eut son aurore !
Et qu'on admirait encore
L'éclat de son occident !

Les strophes suivantes flétrissent les obscurs envieux, qui ne craignent pas de s'attaquer aux plus grands génies. L'indignation de Fontanes est sincère, sans doute ; mais la pièce traîne un peu trop en longueur.

Fontanes réussit mieux dans la poésie intime et domestique proprement dite. Il était, avant tout, le poète des joies du foyer, de la retraite et de la maison de campagne. Fontanes, personnage officiel, a trouvé précisément dans ses solennelles fonctions un point de départ vers cette poésie intime et familière qu'il affectionnait. Il a été heureux de se reposer de ses attitudes et de ses démarches de grand-maître de l'Université dans son petit domaine de Courbevoie. Et c'est ainsi, on peut le dire, qu'il a vécu en *homo duplex*, dans le sens honorable du mot. Il y a cinq ou six de ces pièces d'inspiration intime et personnelle, que Sainte-Beuve a admirées et commentées de tout son cœur. Évidemment Sainte-Beuve, qui voyait en Fontanes un précurseur, a quelque peu exagéré son enthousiasme ; mais il est certain qu'il ne s'est pas égaré dans ses jugements. Sainte-Beuve, vous le savez, s'égare très rarement ; et ce qu'il admire le plus chez Fontanes c'est bien, en effet, ce que Fontanes a fait de meilleur.

L'ode de Fontanes sur sa maison de campagne a encore quelque chose de la solennité de la poésie lyrique :

Je revole au manoir champêtre,
A mes tilleuls, à mes ormeaux ;

Et je me sens déjà renaître
Sous la fraîcheur de leurs rameaux.
Qu'à Saint-Cloud, devançant l'aurore,
Un autre se consume encore
En vains désirs, en longs regrets ;
Moi, je reste à la cour de Flore,
Et de Pomone et de Cérès.

Ici, mes heures fugitives,
Entre l'un et l'autre soleil,
Couleront doucement oisives
Au sein des arts et du sommeil.
Je vous reprends avec ivresse,
Vieux auteurs qui de ma jeunesse
Avez eu les premiers amours !
Grands hommes qu'on relit sans cesse,
Charmez encor mes derniers jours !

Que j'aime les routes confuses,
Et l'abri de ce bois charmant,
Où le silence, ami des Muses,
L'œil baissé, marche lentement !
Sous l'ombre épaisse il se retire,
Et sans témoins, cherchant ma lyre,
Il me la rend d'un air discret :
Je chante, et des vers qu'il m'inspire
L'amitié seule a le secret.

Sainte-Beuve admirait beaucoup ces traits classiques, tout à fait dans le goût d'Horace, agréables par la concision du tour et par l'emploi de l'abstraction mêlée d'images. On peut trouver, cependant, qu'il y a là quelque chose de trop apprêté.

Voici une autre pièce, encore sur sa maison de campagne, qui me paraît plus abandonnée et plus familière en quelque sorte. C'est une « ode » — ce sont plutôt des *stances* — où le poète, au lieu de se plaindre de son oisiveté, la savoure avec délices :

Au bout de mon humble domaine,
Six tilleuls au front arrondi,
Dominant le cours de la Seine,
Balancent une ombre incertaine
Qui me cache aux feux du midi.

Sans affaire et sans esclavage,
Souvent j'y goûte un doux repos ;
Désoccupé comme un sauvage
Qu'amuse auprès d'un beau rivage
Le flot qui suit toujours les flots.

Ici, la rêveuse Paresse
S'assied les yeux demi-fermés,
Et, sous sa main qui me caresse,

Une langueur enchanteresse
Tient mes sens vaincus et charmés.

Des feuillets d'Ovide et d'Horace
Flottent épars sur ses genoux ;
Je lis, je dors, tout soin s'efface,
Je ne fais rien, et le jour passe :
Cet emploi du jour est si doux !

Tandis que d'une paix profonde
Je goûte ainsi la volupté,
Des rimeurs dont le siècle abonde
La muse, toujours plus féconde,
Insulte à ma stérilité.

Je perds mon temps, s'il faut les croire;
Eux seuls du siècle sont l'honneur ;
J'y consens : qu'ils gardent leur gloire ;
Je perds bien peu pour ma mémoire ;
Je gagne tout pour mon bonheur.

C'est là un thème que Fontanes a souvent repris, toujours avec beaucoup d'agrément et de charme ; ce genre de poésie convenait admirablement à son talent.

L'*Ode sur un buste de Vénus*, que Fontanes avait dans son cabinet, se recommande à nous par des mérites analogues :

Loin de nous, censeur hypocrite,
Qui blâmes nos ris ingénus !
En vain le scrupule s'irrite ;
Dans ma retraite favorite,
J'ai mis le buste de Vénus.

Je sais trop bien que la volage
M'a sans retour abandonné ;
Il ne sied d'aimer qu'à bel âge.
Au triste honneur de vivre en sage
Mes cheveux blancs m'ont condamné.

Je vieillis ; mais est-on blâmable
D'égayer la fuite des ans ?
Vénus, sans toi, rien n'est aimable;
Viens de ta grâce inexprimable
Embellir même le bon sens.

L'illusion enchanteresse
M'égare encor dans tes bosquets ;
Pourquoi rougir de mon ivresse ?
Jadis, les sages de la Grèce
T'ont fait asseoir à leurs banquets.

Aux graves modes de ma lyre
Mêle tes tons moins sérieux.
Phébus chante, et le ciel admire ;

> Mais, si tu daignes lui sourire,
> Il s'attendrit et chante mieux.
>
> Inspire-moi ces vers qu'on aime,
> Qui, tels que toi, plaisent toujours ;
> Répands-y le charme suprême
> Et des plaisirs et des maux même
> Que je t'ai dus dans mes beaux jours.
>
> Ainsi, quand, d'une fleur nouvelle,
> Vers le soir l'éclat s'est flétri,
> Les airs parfumés autour d'elle
> Indiquent la place fidèle
> Où le matin elle a fleuri.

Nous aimons ce sourire fin et agréable de vieillard gracieux ; et l'image finale est vraiment délicieuse.

Voici encore une pièce distinguée sur un pèlerinage fait par le poète aux lieux de son enfance. A cette époque, ce thème n'était pas encore usé, et ses contemporains ont dû lire avec une douce émotion son *Ode à la Fontaine du Vivier* (fontaine qui se trouve à Niort, ville natale de Fontanes) :

> Toi, dont l'urne féconde embellit ces prairies,
> L'été quarante fois a brillé dans les cieux,
> Depuis le dernier jour où tes Nymphes chéries
>   Ont reçu mes adieux.
>
> Elles n'ont point perdu leur riante parure ;
> Leurs bords sont aussi verts, leur cristal aussi frais ;
> Et du temps destructeur l'inévitable injure
>   Ne vieillit que mes traits.
>
> La céleste Hygia, propice à ma naissance,
> M'éleva près des lieux dont ta source est l'honneur ;
> Ah ! rends-moi cet air pur où jadis mon enfance
>   Respira le bonheur.
>
> Ranime, s'il se peut, ma vie et mes pensées,
> Comme, en ce frais vallon, cher à mon souvenir,
> On voit l'herbe et les fleurs, de ton eau caressées,
>   Tous les ans rajeunir.

C'est tout à fait l'accent de Lamartine revenant au vallon de son enfance ou à son cher village de Saint-Point. Nous pressentons déjà, en lisant ces vers, une poésie prochaine d'un charme plus attendri. La dernière strophe est d'un vrai poète du XIXᵉ siècle :

> Encor quelques moments, et la mort nous rassemble !
> Quand mes derniers soleils vont bientôt expirer,
> Aux bords de la fontaine où nous chantions ensemble
>   Il m'est doux de pleurer.

Pour terminer, je vous citerai encore l'*Ode sur la Vieillesse*. Nous en avons déjà eu un avant-goût dans la transposition de la prosopopée de la Nature de Lucrèce. Nous avons vu que Fontanes est moins âpre de ton que Lucrèce ou que Montaigne ; il est plus voisin de l'optimisme un peu fade et mou de Cicéron dans le *De Senectute*. Fontanes vieillissant, et enfin résigné à vieillir, eut dans le talent « un retour de sève verdissante et comme une seconde jeunesse » (Sainte-Beuve). Il parle agréablement de la vieillesse dans cette ode, qui commence à la manière de Malherbe :

> Quand des prés l'herbe est fanée,
> Quand les bois n'ont plus d'abris,
> La vieillesse de l'année
> Plaît encor dans ses débris ;
> Le sein profond de la terre
> Sous'le froid qui le resserre
> Concentre alors ses chaleurs,
> Et l'hiver, chargé de rides,
> De ses dépouilles arides
> Nourrit le germe des fleurs.
>
> Tel est l'emblème du sage
> Qui, dans l'arrière-saison,
> Par un long apprentissage
> Sut affermir sa raison ;
> Des erreurs désabusée,
> Son âme n'est point usée
> Dans un corps presque détruit ;
> Ses mœurs instruisent le monde,
> Et leur semence féconde
> A jamais se reproduit.
>
> Les exemples honorables
> Par ses fils sont imités ;
> Ses paroles vénérables
> Sont l'oracle des cités ;
> Je ne sais quel Dieu l'inspire ;
> Ses conseils ont plus d'empire
> Mûris sous ses cheveux blancs ;
> C'est Hécla, blanchi de neige,
> Qui, sous l'hiver qui l'assiège,
> Vomit des fleuves brûlants.
>
> Vieillards, qu'on rende à votre âge
> Des honneurs religieux ;
> Malheur à qui vous outrage !
> Il outrage aussi les cieux.
> A vos lèvres instructives
> Les siècles de leurs archives
> Ont confié le trésor ;
> Parlez; et qu'on soit docile ;

> Jadis le superbe Achille
> Se taisait devant Nestor.

Vous le voyez, c'est tout à fait la strophe classique, avec sa netteté de ligne et sa pureté architecturale.

En somme, Fontanes est un poète assez difficile à définir. Nous trouvons en lui du Lucrèce, du Malherbe, du Boileau, du Voltaire et bien d'autres encore. Ce poète de transition est éminemment composite. Par ses pièces d'inspiration intime et domestique, il est voisin de Sainte-Beuve, qui ne l'admire tant que parce qu'il se plaît à reconnaître en lui son précurseur. Certains de ses accents sont déjà lamartiniens. Fontanes est un représentant tout à fait caractéristique de cette école indécise de 1810, qui n'est déjà plus du XVIIIe siècle et qui n'est point encore romantique.

A. C.

La Morale

Cours de M. VICTOR EGGER,

Professeur à l'Université de Paris.

Le sentiment du pouvoir; le postulat du libre arbitre.

Je vais terminer, aujourd'hui, l'étude du devoir formel, c'est-à-dire du devoir, abstraction faite de la définition du bien, que je crois devoir ajourner.

J'ai dit que.le devoir ou l'obligation résulte de la rencontre de deux éléments dans une même conscience : l'idée du bien ou d'un bien, et le sentiment du pouvoir. J'emploie, ici, le mot sentiment dans le sens de fait de conscience complexe, confus, vague, susceptible d'analyse et exposé à l'illusion. Du premier de ces deux éléments nous avons suffisamment parlé. Quant au deuxième, il faut l'analyser. Le sentiment du pouvoir comprend lui-même deux éléments, — au moins deux, car l'un de ces deux éléments, peut-être, devra être décomposé : — 1° l'effort, la causalité intérieure, type de toute causalité, dont j'ai longuement parlé dans le cours de psychologie (1); l'effort est le sentiment du pouvoir d'initiative et de choix, le sentiment d'être maître de l'avenir, d'être un agent efficace de l'avenir contingent, indéterminé, ambigu; le sentiment d'être un agent libre : ce n'est là, sans doute, qu'une apparence de liberté, mais cette apparence suffit pour donner au devoir dont elle fait partie son caractère propre. 2° A cette idée s'ajoute le sentiment du *pouvoir empirique;* je l'appelle ainsi, parce qu'il porte sur des faits déterminés, connus par expérience, et dont la liaison est l'objet de lois empiriques. Ce sentiment n'est autre que celui de l'efficacité de l'effort à l'égard d'effets successifs, qui sont les moyens de la fin. Mais ce pouvoir empirique lui-même n'est pas simple : la chaîne des moyens exprime des lois, lois de nécessité ou de fréquence, lois parfaites ou imparfaites ; pour les connaître, pour concevoir la chaîne des moyens, il faut de l'intelligence et de la science ; mais une chaîne de moyens peut lier la fin à un agent qui n'est pas

(1) Voir la *Revue des Cours et Conférences*, novembre et décembre 1904.

moi; tel de mes semblables est capable d'obtenir cette fin, étant capable de faire ces moyens; tandis que, moi, je n'en suis pas capable, « je ne sais pas faire »; il faut donc que la chaîne *de mes effets* se superpose à la chaîne des moyens; il faut, par le souvenir, savoir ce que l'on *peut* faire, induire *a fuisse ad posse;* on a fait l'expérience de ses facultés pratiques, de ce qu'on peut, de ses forces, on en conclut qu'on a encore les mêmes forces et qu'on peut ce que l'on a pu : voilà un nouveau motif pour lequel j'emploie ce nom de *pouvoir empirique.*

Il faut avoir la connaissance ou distincte ou confuse de tout cela. Même confuse, indistincte, pur sentiment synthétique, elle est suffisante. Je puis, d'un seul coup d'œil, embrasser mon pouvoir et les moyens et la fin. Alors je me dis : Je puis faire ce bien, donc je dois le faire ; ou, si l'on se dit directement : *Je dois, je puis* est implicite ; c'est un intermédiaire que l'esprit a franchi sans s'y arrêter, mais par lequel il a passé.

Bref, le pouvoir est la condition et, par conséquent, la mesure du devoir. Tout cela est de sens commun (le sens commun est toujours notre critérium en matière de morale); car, selon le sens commun, « à l'impossible nul n'est tenu », et les devoirs faciles sont les plus impérieux, c'est-à-dire doivent être faits sans attendre et *avant tout.* N'est-ce pas, en effet, un motif tout spécial de blâmer un indifférent ou un égoïste que de pouvoir dire : « Il n'avait qu'à lever le doigt ; il n'est que plus coupable de n'avoir pas agi ». Ainsi le pouvoir est la mesure du devoir.

Mais on peut nous dire, en se servant de ce que j'ai indiqué récemment : le devoir être mesure le devoir faire ; le devoir être, c'est-à-dire le degré de bonté intrinsèque de la fin, sa valeur. — L'objection est spécieuse ; elle sera levée par une distinction. Les biens les plus grands et les plus difficiles à obtenir sont les plus souhaitables, les plus désirables, et, s'ils sont accessibles, ils sont l'objet des devoirs les plus impérieux ; mais *les plus impérieux* a ici un autre sens : ils doivent être faits *surtout, de préférence.* En réalité, et le sens commun est de cet avis, le degré du devoir a deux mesures : la valeur de la fin et le pouvoir de l'agent à l'égard de la fin. D'où il résulte des cas de conscience dans la vie pratique. Le pouvoir de l'agent est l'une des deux mesures du devoir; voilà ce qu'il importait d'établir aujourd'hui.

Pour confirmer ces idées, rappelons notre distinction entre A et B. — A, phénomène excellent, mais presque impossible à réaliser; B, phénomène assez bon dont la réalisation n'a rien d'impossible. — Si B peut être fait par moi, B doit être fait par moi. Mais que se passe-t-il pour A? Qu'en pense une âme morale? A doit être fait par qui le pourra ; A devrait être, doit être, puisqu'il est excellent ; personne ne peut faire A ? Pourquoi n'y a-t-il personne qui puisse faire A? Ne puis-je faire, créer l'agent, le moyen vivant et personnel de A? Il y a, dans l'histoire, des mères qui ont élevé leurs fils de manière à en faire des héros, leur répétant : « Tu vengeras ton père, tu délivreras ta patrie ». L'éducation fait donc des agents aptes à certaines fins. De même les suppliques que les désespérés adressent aux souverains absolus, que l'on croit capables de passer par-dessus les lois humaines pour réaliser leur volonté, sont un autre exemple à l'appui de la même thèse. Enfin on peut imaginer, en dehors de la nature visible, un Dieu capable de faire A par un miracle. Ce Dieu, puis-je le créer ? Non ; mais, s'il existe, je n'ai pas à le créer. Ne pourrais-je par mes mérites, mes prières, mes sacrifices, obtenir du Dieu vivant qu'il fasse le miracle ? L'âme se débat ; elle veut trouver un moyen du bien chimérique pour pouvoir se dire : « Je puis, je dois », et l'obtenir. Elle cherche l'obligation ; si elle est vaincue, elle se résigne à l'inaction, mais elle proteste par le vœu, stérile affirmation du bien et du droit à l'existence qui appartient au bien.

Je puis, désormais, considérer comme établi que le pouvoir est la mesure du devoir et que le devoir résulte de l'accord de l'idée d'un bien et du sentiment du pouvoir à l'égard de ce bien. Il nous apparaît dès lors que le devoir formel, le devoir d'un bien quelconque, indéterminé, a pu être dégagé par une analyse purement psychologique. En nous apparaît l'idée indéterminée du bien ; par nous elle est étendue, fécondée; en nous, qui sommes instruits et chercheurs, apparaissent les moyens à l'état d'idées ; en nous est le sentiment du pouvoir qui se décompose en : 1° sentiment d'être des agents, des forces actives, capables d'initiative et de choix, libres en apparence, peut-être en réalité, appelons-le *sentiment du pouvoir personnel,* — et 2° sentiment du *pouvoir empirique.* Un bien étant conçu comme tel, je sens que je le puis ; donc je le dois, je dois le faire. La conséquence est nécessaire, d'une nécessité analytique, logique, sans l'introduction d'aucun élément nouveau, sans synthèse arbitraire. C'est la logique de l'âme ou de la volonté. J'ose dire qu'il y a un syllogisme moral dont la forme générale serait : « Cela est bien, or je le puis faire, donc je dois le faire. »

Mais le domaine du bien est riche. Quel bien dois-je faire? C'est le problème de la définition du bien moral. Pour le résoudre, il faudra sortir de la psychologie, invoquer des considérations sociales, consulter l'opinion des hommes. Et alors l'obligation, plus précise, plus déterminée en compréhension, ne sera plus une vérité analytique ; la synthèse y aura été introduite, et elle sera dans l'ensemble une vérité synthétique.

Il faut, maintenant, que nous disions quelques mots du pouvoir personnel. Je l'ai posé comme une apparence. Cela suffit-il ? On peut donner au devoir formel la forme d'une loi théorique qui serait : la fin suscite la cause, s'il y a des moyens de la fin et si la cause est capable de ces moyens, s'ils sont des effets possibles de la cause. C'est une loi, semble-t-il. Est-ce une loi de contrainte, de nécessité ? S'il y a conscience de la cause, de la fin, des moyens et du pouvoir de la cause sur les moyens, la cause est-elle forcée d'agir pour la fin ? Non ; car 1° vouloir le mal n'est pas impossible ; on peut prendre l'antifin pour fin ; 2° et surtout le choix est essentiel à l'effort ; l'effort est électif et, en conséquence, directeur ; il exclut de la conscience prochaine les suites normales des états de conscience dédaignés ; la série des moyens que je fais exclut toute autre série. Il me semble que je suis une force, et une force élective libre. Tout bien réalisable par moi suscite mon effort sans exclure l'effort vers d'autres fins, et ainsi je me sens obligé, mais non pas déterminé ou contraint, par le bien fin, si je me sens capable d'aller à cette fin.

Tel est notre sentiment intime ; mais il ne suffit pas de constater que nous nous semblons être tels : il faut regarder analytiquement en nous-mêmes. En quoi consiste ce sentiment ? Revenons un peu en arrière pour y distinguer quelques éléments qu'il importe de préciser pour bien comprendre ce qu'est le pouvoir personnel, le pouvoir d'agir. Le pouvoir d'agir a deux éléments : 1° on veut ou on voudrait ; mais, parfois, on se dit avec désespoir : je ne peux pas. Il n'y a dès lors qu'un vœu impuissant, stérile. Que manque-t-il donc ? Ce n'est jamais la vision du but, de la fin, jamais la qualification en bien ou en mal, jamais le désir du bien ou l'aversion du mal : ce que la fin éveille toujours, c'est le désir ; ce qu'elle n'éveille pas toujours, c'est le sentiment du pouvoir. Pour satisfaire le désir, il faut trouver les moyens par l'intelligence qui sait les lois des phénomènes ; il faut l'effort intellectuel facilité par l'habitude intellectuelle, par la mémoire, par la science ; 2° il faut, par l'effort musculaire, aller au premier moyen, au second et aux suivants, jusqu'à la fin. Notons que l'habitude facilite, diminue, l'effort nécessaire et suffisant pour chaque acte intellectuel ou musculaire. Ainsi il faut commencer et continuer jusqu'au terme ces deux efforts, en les associant l'un à l'autre.

Mais je me sentirai impuissant dans plusieurs cas : 1° si, ayant vu une fin, je vois par l'esprit que la nécessité des choses s'oppose à cette fin, que les choses n'ont pas de souplesse, de plasticité, de contingence; qu'une nécessité de fer ou d'airain,étrangère à moi, impose la non-fin ou l'antifin. C'est le *fatum*, qui engendre la résignation. D'ailleurs, ce *fatum* peut être spécial à un ordre de phénomènes, comme les saisons, ou universel, dans la pensée de l'homme qui y croit. L'état d'esprit du stoïcien, qui croit que le *fatum* régit tout, que l'homme ne peut rien sur les choses, est exceptionnel. 2° Je me sentirai encore impuissant, si je sens que mes forces corporelles sont inférieures à l'effort nécessaire, incapables de le fournir ; 3° si, faute de science ou d'intelligence exercée, je ne sais pas ou ne découvre pas les moyens, si je sens que mes forces mentales d'attention et de réflexion ne suffiront pas à la solution théorique du problème pratique ; 4° si, faute d'habitude, le double effort intellectuel et musculaire exigeait de ma part un temps trop long, la fin devant être atteinte dans un délai maximum déterminé. Tout ‚cela, c'est du savoir particulier et confus ; ce fait de *sentir* est une prévision synthétique, une vue rapide de l'avenir, d'après la connaissance que l'on a du passé et du présent. 5° Enfin, je me sentirai impuissant, si je ne sens pas que je suis un être capable d'effort mental, puis d'effort musculaire ; un être capable de diriger par choix ma conscience et mon action vers un but ; si je me sens, me sais- ou me crois le jouet des sensations, des désirs capricieux, comme une girouette livrée aux vents imprévus, ou si je crois que ma conscience obéit dans son devenir à des lois fatales. Ce n'est pas un savoir particulier quant à son objet : c'est une opinion que j'ai ou que je n'ai pas sur ma nature intime, constante, sur l'essence de ma conscience. Je me crois déterminé ou libre.

J'ai distingué, dans cette analyse, cinq éléments, dont les deux extrêmes sont les plus importants : l'effort musculaire, en effet, prépare l'action efficace sur les choses, et l'effort mental prépare l'effort musculaire. Les éléments intermédiaires, le second, le troisième et le quatrième, complètent le premier et sont les instruments du cinquième. Il reste donc, pour agir avec efficacité: 1° être une force (pouvoir personnel), 2° que le monde s'y soumette (pouvoir empirique).Alors, si « je suis maître de moi comme de l'univers », je peux et je dois.

Remarquons que le *fatum* mahométan ou stoïcien ne nous laisse maîtres que de nous-mêmes, nous réduit à des intentions ou à des vœux. Donc la liberté intérieure ne suffit pas ; il lui faut un complément, la souplesse des choses, la contingence des choses, l'aptitude des choses à nous obéir. Mais, en fait, nous croyons à une souplesse relative des choses ; les événements ont prouvé que la terre se laisse modifier par l'action de l'homme. En réalité, nous nous sentons tantôt obligés, tantôt non obligés ; la première condition, le pouvoir empirique, est tantôt présente, tantôt absente ; la deuxième, le pouvoir personnel, est toujours présente, bien que plus ou moins présente, présente à des degrés variables, et c'est parce qu'elle n'est jamais absente que nous nous sentons et croyons des êtres essentiellement obligés, c'est-à-dire obligés d'une manière permanente, bien qu'inégale.

Reste à savoir si ce sentiment n'est pas illusoire : c'est là le problème du libre arbitre, que j'ai déjà traité longuement comme problème psychologique, et de nouveau comme problème métaphysique. Ce serait vraiment abuser de l'importance de ce problème que de le traiter encore en morale. Quelques mots doivent suffire. Le déterminisme psychologique repose sur cet argument : tout effet simple a des causes multiples ; or nous ignorons une partie des antécédents ou causes, dont l'ensemble constitue la raison suffisante de l'effet psychique ; de cette ignorance, il résulte que nous croyons créer de la force, diriger la succession de nos états intérieurs, changer la direction légale des mouvements physiques.

A cet argument je réponds : c'est là un jugement par induction, par analogie, un jugement arbitraire. Il y a du parti pris, du caprice, du choix sans motif, du choix libre, du pari ou de la foi, dans l'affirmation que les antécédents inconnus existent et sont déterminants, c'est-à-dire que l'inconnu est semblable au connu. L'inconnu reste inconnu. N'oublions pas que la conscience est linéaire, qu'elle est un enchaînement très simple de phénomènes. Est-elle déterminée? Non, disent les partisans de la liberté. Cependant tout, dans la nature, est déterminé, disent les déterministes ; pourquoi l'âme ferait-elle exception ? Son déterminisme est caché ; mais il ne peut pas ne pas être réel : donc l'âme est déterminée. Conclure ainsi, c'est parier, pas autre chose. ·

D'autre part, le déterminisme physique a été soumis, au XIXe siècle, à une critique qui a grandement affaibli son prestige ; si le déterminisme n'enchaîne pas d'une manière absolue les phénomènes physiques, la conscience libre n'est plus un scandale au milieu de la nature ; l'homme apparent peut donc être l'homme réel. Rien ne nous empêche de le croire. Croyons donc, sans crainte, que l'effort est tel qu'il nous paraît être, qu'il est insuffisamment conditionné, et qu'il comporte dans ses effets de la création, de l'innovation, des additions à la réalité antérieure. L'effort conscient, tel qu'il est, est un signe de non-détermination, de liberté ; et l'obligation, qui le suppose, est un signe indirect de la liberté de l'effort. Nous nous sentons obligés ; puisqu'il n'y a pas de raison probante de croire qu'il y a là une part d'illusion, il n'y a *pas lieu* de dire à l'homme : « Ne te crois pas un véritable agent, un pouvoir. » On devra lui dire, au contraire : « Tu n'as aucune raison de ne pas croire que tu es tel que tu parais être ; agis donc selon l'obligation, c'est-à-dire pour le bien. »

ERRATA

N° 31, du 13 juin 1907 :

Page 651, ligne 7, lire : comme *le principe moral*, au lieu de : comme *principe, le moral*.

Page 654, ligne 36, lire : le devoir-être *affirmé, le vœu*, au lieu de : le devoir-être *affirme le vœu*.

La vie et les œuvres de Molière

Cours de M. ABEL LEFRANC

Professeur au Collège de France.

La farce chez Molière. — Etude de « Don Garcie ».

Vous avez vu, par deux exemples, que l'on pouvait encore espérer trouver de l'inédit sur nos grands écrivains du XVIIᵉ siècle. J'ai retrouvé, d'autre part, un acte nous donnant de précieux renseignements sur des personnages mêlés à la vie de Molière. Nous pouvons espérer que d'autres documents encore pourront être retrouvés, qui aideront à mettre la lumière sur cette biographie du poète qui nous intéresse particulièrement.

En terminant la dernière leçon, j'ai lu une scène de poltronnerie empruntée à *Sganarelle*. Cette idée de représenter un poltron sur la scène était fort ancienne, comme en témoignent les vieilles farces et les vieux romans. Molière n'avait donc que l'embarras du choix pour esquisser une fin de ce genre. D'autre part, Sorel a tracé le même portrait : « Un jour que je trouvai le « galant auprès de ma femme, je me contentai de lui dire des « injures, et je le laissai encore aller sain et sauf. Oh ! que j'en ai eu « de regret, quand j'y ai songé ! Je lui devais jeter son chapeau « par la fenêtre ou lui déchirer ses souliers; mais quoi, je n'étais « pas à moi en cet accident ! » — De même Cyrano de Bergerac prête ce langage au paysan Gaireau dans le *Pédant joué* : « Si « j'avouas trouvé queuque ribaud lécher le morviau à ma femme, « comme cet affront-là frappe biau au cœur, peut-être que dans « le désespoir je m'emporterouas à jeter son chapiau par les « fenêtres. » Citons encore *Jodelet duelliste ou souffleté*, de Scarron, déjà utilisé dans le *Dépit amoureux* pour la poltronnerie de Mascarille, et aussi le Falstaff de l'*Henri IV* de Shakespeare, qui se rapprochent de ce même type du poltron.

Je vais maintenant, en vous lisant deux extraits de *Sganarelle*, insister sur certains points qui méritent l'examen.

A Célie, qui vient de dire : « Hélas ! » Gorgibus répond :

Hé bien ! hélas ! que veut dire ceci ?
Voyez le bel hélas qu'elle nous donne ici !
Hé ! que si la colère une fois me transporte,
Je vous ferai chanter hélas ! de belle sorte.
Voilà, voilà le fruit de ces empressements
Qu'on vous voit, nuit et jour, à lire vos romans ;
De quolibets d'amour votre tête est remplie,
Et vous parlez de Dieu bien moins que de Clélie.
Jetez-moi dans le feu tous ces méchants écrits
Qui gâtent tous les jours tant de jeunes esprits ;
Lisez-moi comme il faut, au lieu de ces sornettes,
Les quatrains de Pibrac et les doctes tablettes
Du conseiller Mathieu, ouvrage de valeur
Et plein de beaux dictons à réciter par cœur.
La *Guide des pécheurs* est encore un bon livre ;
C'est là qu'en peu de temps on apprend à bien vivre ;
Et, si vous n'aviez lu que ces moralités,
Vous sauriez un peu mieux suivre mes volontés.

Il est à remarquer que Molière parle ici en faveur des romans, puisqu'il met leur critique dans la bouche du personnage antipathique de la pièce. Il y a donc un curieux rapprochement à faire entre *Sganarelle* et les *Précieuses ridicules*. Cela fait songer à quelque velléité d'amende honorable de la part du poète. Plus loin, on retrouve dans toute sa verdeur l'empreinte de cette verve gauloise qui caractérise Molière :

Quoi ! refuser, Madame, avec cette rigueur,
Ce que tant d'autres gens voudroient de tout leur cœur !
A des offres d'hymen répondre par des larmes,
Et tarder tant à dire un oui si plein de charmes !
Hélas ! que ne veut-on aussi me marier !
Ce ne seroit pas moi qui se feroit prier ;
Et, loin qu'un pareil oui me donnât de la peine,
Croyez que j'en dirois bien vite une douzaine.
Le précepteur qui fait répéter la leçon
A votre jeune frère a fort bonne raison
Lorsque, nous discourant des choses de la terre,
Il dit que la femelle est ainsi que le lierre,
Qui croît beau tant qu'à l'arbre il se tient bien serré,
Et ne profite point s'il en est séparé.
Il n'est rien de plus vrai, ma très chère maîtresse,
Et je l'éprouve en moi, chétive pécheresse !
Le bon Dieu fasse paix à mon pauvre Martin !
Mais j'avois, lui vivant, le teint d'un chérubin,
L'embonpoint merveilleux, l'œil gai, l'âme contente ;
Et je suis maintenant ma commère dolente.
Pendant cet heureux temps, passé comme un éclair,
Je me couchois sans feu dans le fort de l'hiver ;
Sécher même les draps me sembloit ridicule :
Et je tremble à présent dedans la canicule.

A propos des lectures énumérées plus haut, il y a lieu d'observer que les ouvrages cités par Molière se retrouvent dans un autre roman de Sorel : *Le Berger extravagant*. — Un drapier, tuteur du jeune homme, dont nous avons raconté naguère les escapades, y dit : « Pour le fils d'un bon bourgeois, il ne faut point « qu'il lise autre chose que les ordonnances royaux, ou la *Civilité* « *puérile*, et la *Patience de Grisélidis*, pour se réjouir aux jours « gras. Je le disois bien à Louis ; mais il ne me vouloit pas « croire, et j'avois beau lui commander qu'il apprît par cœur « les quatrains de Pybrac ou les tablettes de Mathieu, pour « nous les venir dire quelquefois au bout de la table, quand il « y auroit compagnie, il n'en voulait point ouïr parler. »

A ce propos, je tiens à signaler une étude curieuse à entreprendre. Il serait intéressant de faire l'histoire des lectures de nos pères et de nos mères. Les livre préférés ne sont pas les plus purs chefs-d'œuvre. Quels ont été les principaux ouvrages dont se sont nourris nos pères ? Il serait extrêmement important de le savoir pour faire la psychologie de chaque époque. Nous établissons l'histoire de la littérature par les ouvrages les plus remarquables ; mais ces ouvrages n'ont certes pas été les plus lus. De telles recherches fourniraient un indice très précieux pour l'histoire de la civilisation de chaque époque.

Revenons à Molière. Il a donc fait un pas en arrière en ce qui touche la préciosité et les romans. C'est ce que nous constatons encore à propos de *Don Garcie*, qui fut composé en même temps que les *Précieuses*. En tous cas, cette pièce se rapproche évidemment du genre précieux : c'est une élégie sentimentale, pleine de romanesque et d'emphase. Ajoutez à cela que la troupe de Molière joue, au même moment, la pièce de Gilbert.

Avant d'aborder l'étude de *don Garcie*, faisons quelques remarques encore sur *Sganarelle* et le rôle de la farce dans le théâtre de Molière. *Sganarelle*, en somme, est une farce par le sujet et par le ton. Mais elle est en vers, ce qui a permis de la hausser jusqu'à la comédie. La farce, dans Molière, choque beaucoup de gens. On fait d'ordinaire deux parts dans son génie : les vraies comédies, et les bouffonneries triviales, lesquelles sont plutôt mal vues. Il ne faudrait cependant pas, sur ce point, montrer une délicatesse excessive ; en somme, le génie de la France n'est complet que si l'on tient compte de cette partie gauloise de notre tempérament national. Boileau, il est vrai, a fait à Molière un gros reproche d'avoir donné dans ce genre :

C'est par là que Molière, illustrant ses écrits,
Peut-être de son art eût remporté le prix,

Si, moins ami du peuple en ses doctes peintures,
Il n'eût pas fait souvent grimacer ses figures,
Quitté pour le bouffon l'agréable et fin,
Et sans honte à Térence allié Tabarin.
Dans ce sac ridicule où Scapin s'enveloppe,
Je ne reconnais pas l'auteur du *Misanthrope*.

En réalité, Molière n'abandonna jamais la farce ; ce fut là une partie essentielle de son activité théâtrale. On l'appela le *premier farceur de France*. Nous y voyons une injure ; mais Molière devait considérer cela comme un compliment. Nous trouvons un autre témoignage de ce fait dans les *Nouvelles nouvelles*, qui parurent en 1663 : « Il fit des farces qui réussirent un peu plus que des farces et qui furent un peu plus estimées dans toutes les villes que celles que les autres comédiens jouaient. » On voit, par là, que Molière a dû à la farce une partie de son autorité et de sa vogue.

Que reste-t-il des farces de Molière? Deux seulement nous sont parvenues; nous possédons le texte de la *Jalousie du Barbouillé*, et du *Médecin volant*. Il faut supposer que la plupart de ces pièces n'ont jamais été rédigées d'une manière définitive, comme *Gros-René écolier*, le *Fagoteux*, le *Docteur pédant*. — (Enumération des farces de Molière et des pièces de son théâtre qui se rattachent à chacune d'elles.) — Ces farces contenaient des effets grossiers, mais immédiats, sûrs, puissants sur le public, même sur la cour. On en peut juger par cette page de la *Jalousie du Barbouillé* :

LE DOCTEUR.

« Hé ! de l'argent ?

LE BARBOUILLÉ.

« Oui, de l'argent, et toute autre chose que vous pourriez « demander.

LE DOCTEUR, *troussant sa robe derrière son c...*

« Tu me prends donc pour un homme à qui l'argent fait tout « faire, pour un homme attaché à l'intérêt, pour une âme mer- « cenaire ? Sache, mon ami, que, quand tu me donnerais une « bourse pleine de pistoles, et que cette bourse seroit dans une « riche boîte, cette boîte dans un étui précieux, cet étui dans un « coffret admirable, ce coffret dans un cabinet curieux, ce cabi- « net dans une chambre magnifique, cette chambre dans un

«˓appartement agréable, cet appartement dans un château pom-
« peux, ce château dans une citadelle incomparable, cette cita-
« delle dans une ville célèbre, cette ville dans une île fertile, cette
« île dans une province opulente, cette province dans une
« monarchie florissante, cette monarchie dans tout le monde, et
« que tu me donnes le monde où seroit cette monarchie floris-
« sante, où seroit cette province opulente, où seroit cette île fer-
« tile, etc..., où seroit cette riche boîte dans laquelle seroit enfer-
« mée la bourse pleine de pistoles, que je me soucierois aussi peu
« de ton argent et de toi que de cela. » (*Il s'en va.*)

Il est certain que Molière a vu devant lui, à un certain moment
de sa carrière, deux voies différentes : celle de la comédie littéraire et celle de la farce. Il les a suivies toutes les deux. Remarquons, d'ailleurs, que la farce a été très utile pour la formation du
génie de Molière. Elle lui a permis de créer des types plus vivants,
plus réels, plus localisés, de dégager les ridicules sociaux. Ses
farces reflètent toutes un sens exact de la vie. Par tout cela, ainsi
que par le jeu expressif et vrai des acteurs qui les interprétaient,
elles exercèrent sur le peuple une action très importante. Comme
on l'a dit, le succès de la farce est éternel en France.

Ce fut par une farce, le *Docteur amoureux*, que Molière débuta
devant le roi. C'est également à la farce qu'il dut ses premiers
succès en province. Aussi resta-t-il fidèle à ce genre, et y revint-
il toujours, comme à une distraction chérie et en même temps
nécessaire : outre *Sganarelle* composé après *Don Garcie*, il
donna, après l'*Ecole des Femmes*, le *Mariage forcé* ; après le
Misanthrope, le *Médecin malgré lui* ; après *Tartufe*, donné enfin
en public, *Georges Dandin* ; après l'*Avare*, les *Fourberies de
Scapin* ; après les *Femmes savantes*, le *Malade imaginaire*.

M. Fournier, dans les *Chansons de Gaultier Garguille*, en conclut : « C'est par cette prédilection pour l'action comique, pour
« l'effet de scène, pour l'observation prise sur le fait dans la
« vie et aussitôt transportée sur le théâtre, c'est par son goût
« naturel pour toutes ces choses, parties essentielles de la farce,
« qui rendent plus vivante à la scène la réalité des ridicules saisis
« dans le monde, que Molière sut se maintenir, avec une verve
« de vérité si franche, dans la veine d'originalité à laquelle il doit
« peut-être ses qualités les plus incomparables. »

L'histoire de la farce est d'ailleurs encore assez obscure.
Presque toutes les farces du Moyen Age ne sont pas parvenues
jusqu'à nous. Néanmoins nous en possédons assez pour pouvoir
nous rendre compte de l'ancien caractère du genre. Le mot *farce*,
qui veut dire *mélange*, n'apparaît pas avant le xive siècle; mais

il est certain que l'usage de jouer de petites scènes comiques, soit dans des réunions privées, soit devant un public, n'était jamais tombé en désuétude depuis l'antiquité.

De vraies farces apparaissent au XIIIᵉ siècle : *Le Garçon et l'Aveugle*, par exemple, et quantité d'autres petites scènes comiques empruntées à l'observation de la vie réelle, mettant en évidence les travers de la maison ou du carrefour, de la vie privée et de la vie sociale, les menus détails de la vie conjugale, bourgeoise ou populaire : les maris bernés, l'entêtement des femmes, leur rage de domination ; ridiculisant aussi les pédants, les fanfarons, les hypocrites, les filous. Plusieurs types appartenaient au monde judiciaire et- étaient sortis de la basoche.

Parmi les farces qui nous restent, citons : *Maître Pathelin*, qui est citée dès 1461 ; la farce du *Calbain*, sur l'entêtement des femmes ; la farce du *Cuvier*, sur leur tyrannie domestique ; celle de la *Cornette*, sur leur frivolité ; celle de *Georges le Veau*, sur un sujet analogue à celui de *Georges Dandin*.

Aux farces se rattachent les monologues et sermons joyeux. Le meilleur type du genre nous est offert par le monologue du franc-archer de Bagnolet. « Dans l'ensemble, dit Gaston Paris, les farces, les soties et les monologues, qui se confondent souvent les uns avec les autres, et ne forment qu'une même famille, représentent certainement un des aspect les plus curieux, les plus originaux et vivants de l'esprit français au xvᵉ siècle. » La plupart de ces farces étaient d'ailleurs inspirées par la plus extrême licence. Dans la farce des xvᵉ et xvᵉ siècles, il faut chercher surtout l'expression d'une gaîté débordante, sans retour amer ou sérieux sur nous-mêmes, sur nos défauts, sur nos vices, dont elle s'amuse, sans songer à s'en plaindre ni à en corriger les hommes.

Au xvɪɪᵉ siècle, ce genre était encore florissant, tout au moins au début, avec Tabarin, qui atteignit en 1622 l'apogée de sa gloire ; avec Gauthier Garguille, Bellerose, Mondory, Jodelet. Il avait également beaucoup de succès en province. Mais, vers le milieu du siècle, la farce française tendit à disparaître ; elle fut supplantée par la farce italienne, représentée par les types de Pantalon, Arlequin, Brighella. Après les Gelosi, Scapini, Trivelin et Scaramouche, dont Molière fut l'élève. Mais on aurait tort de croire que Molière emprunta beaucoup à la farce italienne.

Sans doute, l'Italie a prêté à l'Espagne et à la France, pour constituer leur comédie moderne, l'intrigue que lui avait transmise la comédie antique ; mais ce n'est pas par l'intrigue que se sont imposées les pièces de Molière, c'est par l'observation des caractères, qui, dans les pièces italiennes, demeure souvent superficielle. Donc Molière se rattache plutôt à la vieille tradition nationale ; il maintint ou fit revivre la farce française ; il ne l'abandonna jamais, sentant bien qu'elle se trouvait en harmonie, si l'on peut dire, avec son génie, qu'elle lui fournissait d'inappréciables éléments de succès et un moyen d'action directe sur le public le plus large, et surtout parce qu'elle était pour lui l'occasion et le motif d'un renouvellement perpétuel de son observation morale.

Ces considérations terminées sur la farce, revenons à la biographie de Molière. Le 31 mai 1660, il reçut les privilèges de l'*Etourdi*, du *Dépit amoureux*, de *Sganarelle* et de *Don Garcie* ; le 30 juin, cinq cents livres pour le premier semestre de 1660. Le 21 juillet, un souper fut offert par les comédiens de Paris aux comédiens espagnols venus dans la capitale. Le 11 octobre, M. de Ratabon, surintendant des bâtiments du roi, commence, en vue de la construction de la colonnade du Louvre, à démolir le théâtre du Petit-Bourbon, sans en avertir la troupe de Molière qui se trouve sans théâtre. C'est ainsi que la salle du Palais-Royal fut accordée par le roi.

Le 26 octobre, au Louvre, chez le cardinal Mazarin, alors malade, on joua l'*Etourdi* et les *Précieuses*, devant Louis XIV, qui assista incognito à la représentation et se tint debout, appuyé sur le dossier de la chaise du cardinal. La troupe reçut, ce jour-là, trois mille livres de la part du roi. Mais notre comique était alors l'objet d'une malveillance évidente de la part de M. de Ratabon ; le roi fut saisi de la question, et ce personnage reçut l'ordre de faire de grosses réparations au théâtre du Palais-Royal. Cependant les comédiens de Bourgogne et du Marais cherchèrent à semer la division parmi les associés de Molière. Mais toute la troupe de Monsieur demeura stable ; tous les acteurs « aimaient le sieur Molière, leur chef, qui joignait à un mérite et une capacité extraordinaires une honnêteté et une manière engageante qui les obligea tous à lui protester qu'ils voulaient courir sa fortune et qu'ils ne le quitteraient jamais, quelque proposition qu'on leur fît et quelque avantage qu'ils pussent trouver ailleurs. »

Le 15 décembre, un bal fut donné chez le roi, où fut représenté le *Ballet de Baptiste*, récit turquesque. Le 4 février 1661, eut lieu la première représentation de *Don Garcie* au Palais-Royal, la cinquième pièce de Molière ; et, le 24 mai, moins de quatre mois après, la première de l'*Ecole des Maris*. On représenta *Don*

Garcie et *Gorgibus dans le sac,* qui valut à Molière la somme de quinze cent cinquante livres; mais cette « pièce nouvelle de M. de Molière » n'eut que sept représentations. C'était ce qu'on appelait, dès ce temps-là, un four. En septembre 1662, on la reprit à la cour, et, l'année suivante, Molière la joua chez le prince de Condé. Ces compensations lui firent espérer un revirement dans le public; le 4 et le 6 mai 1663, la pièce fut reprise avec l'*Impromptu.* Il y avait entre ces deux pièces un rapport voulu en ce qui touche le jeu tragique de Molière ; le public fit à don Garcie le même accueil. Nous en trouvons le témoignage dans la lettre suivante :

« Vous ne devez pas vous étonner si, après avoir voulu rendre ridicule ce que la cour, ou plutôt tout le royaume a de plus illustre, il a voulu mettre les pièces sérieuses au-dessous des comiques, puisqu'il a résolu de ne s'attaquer qu'aux choses pour lesquelles il devrait avoir beaucoup d'estime. L'on peut dire toutefois, pour le justifier en quelque sorte, qu'il a plus de raison d'attaquer les ouvrages sérieux que les marquis, et qu'il se venge sur les premiers du mauvais succès de son *Don Garcie,* et l'on peut aussi ajouter qu'il se venge en même temps des marquis qui ne l'ont pas approuvé. »

Et, dans les *Nouvelles nouvelles,* nous lisons : « Le peu de succès qu'a eu *Don Garcie* m'a fait oublier de vous en parler à son rang ; mais je crois qu'il suffit de vous dire que c'étoit une pièce sérieuse, et qu'il en avoit le premier rôle, pour vous faire connaître que l'on ne s'y devoit pas beaucoup divertir. »

Quant à Somaize, voici ce qu'il en dit : « *Le Baron.* C'est assez « parlé de sa méthode, et puisque vous avez ouï lire son *Don* « *Garcie,* dites-nous un peu ce que c'est. — *Le Poète.* Ma foi, si nous « consultons son dessein, il a prétendu faire une pièce sérieuse ; « mais, si nous en consultons le sens commun, c'est une fort « méchante comédie, car l'on y compte plus d'incidents que dans « son *Etourdi.* »

Ce qui frappe évidemment dans *Don Garcie,* c'est la monotonie dans l'intrigue, comme dans *Le Menteur,* comme dans l'*Etourdi.* Molière y traite trop exclusivement de la jalousie. D'autre part on n'y reconnaît pas toujours le style du poète ; il y a de l'obscurité, du vague, de la confusion. Cette souveraine clarté qu'on admire partout en lui fait ici parfois défaut. Il n'existe vraiment aucun lien, à ce point de vue, entre ces trois pièces qui se succédèrent : les *Précieuses, Sganarelle* et *Don Garcie.*

Je vais, maintenant, résumer *Don Garcie,* que presque personne ne lit aujourd'hui.

Acte I. Scène I.

Au moment où le rideau se lève, Done Elvire, princesse de
Léon, entretient sa confidente Elise des sentiments les plus
secrets de son cœur. Deux princes égaux en valeur, en vertu et
en naissance, se disputent sa tendresse et sa main : don Garcie,
prince de Navarre, et don Sylve, cru prince de Castille, et
qui est en réalité don Alphonse, prince de Léon. Elvire, en présence des dons si rares qui éclatent des deux côtés, serait encore
à nommer le vainqueur, si le mérite seul prenait droit sur un
cœur. Nous apprenons alors que ses préférences l'entraînent
vers don Garcie.

La princesse reconnaît cependant que, pour ne pas désespérer
don Sylve, elle a d'un dehors favorable amusé ses désirs ; mais
cette attitude n'implique plus aucune hésitation ni aucun regret
dans son choix. Du reste done Elvire sait que don Sylve avait fait
naguère hommage de sa tendresse à done Ignès, qui est son
amie.

La révélation de l'infidélité de ce soupirant lui a donc rendu
toute sa liberté. Il n'y a qu'une ombre, ou pour mieux dire un
point noir dans cette situation : l'éternelle jalousie de Don Garcie,
qui fait craindre à done Elvire quelque rupture soudaine,
toujours possible. Puis survient don Alvar, confident de don
Garcie et amant de la confidente Elise. Il annonce que don Alphonse, prince de Léon, se prépare à reconquérir le royaume de
ses pères. On investit Léon, et le soi-disant don Sylve est chargé
de commander le secours que son père, roi de Castille, fournit
pour la conquête de Léon que gouverne l'usurpateur et tyran
Mauregat. Don Garcie arrive. Il offre à celle qu'il aime son bras
pour la conquête de Léon, nouveau titre en faveur du succès de
sa passion. Il demande à la princesse de se prononcer. Celle-ci lui
promet de s'y résoudre lorsqu'il aura enfin banni ce monstre
odieux, cette jalouse humeur qui lui cause perpétuellement de
nouvelles alarmes. Elle lui fait l'aveu de sa tendresse. Joie de
don Garcie, qui promet de renoncer à jamais à ses soupçons
jaloux.

Mais voici qu'un page apporte un billet à la princesse. Le
prince interrompt son serment. Il devine un secret qui l'intrigue et le tourmente. Done Elvire finit par le forcer à lire la
lettre... qui est de done Ignès, l'amie de done Elvire, et dont le
tyran Mauregat, qui la retient prisonnière, veut faire sa femme
par la violence. Le nuage soulevé par cet incident ne dure donc

pas longtemps ; mais on sent que la moindre alerte le ramènera, peut-être plus redoutable.

Acte II.

La première scène nous met en présence de don Lope, autre confident de don Garcie et amant rebuté d'Elise. Il s'entretient avec cette dernière. C'est un autre jaloux, et nous apprenons qu'il joue un peu le rôle d'Iago, en préparant les soupçons qui égarent constamment et tristement son maître. Il flatte et excite don Garcie, cherchant tous les indices fâcheux. Elise essaie de lui faire comprendre le danger de ses manœuvres. Don Garcie reparaît ; il est plus préoccupé que jamais ; il a trouvé une lettre déchirée, dont il n'a que la moitié dans le sens de la hauteur, moitié peu intelligible, mais qui lui semble fournir la matière d'étranges accusations contre celle qu'il aime. Réponse d'Elvire, qui est comme un coup de théâtre. Don Lope avait voulu arracher la lettre des mains de Leonor, chez Elise, et l'avait déchirée en deux parties. Or c'était un message à don Garcie lui-même, lui recommandant, après un aveu non dissimulé de tendresse, de détruire l'obstacle le plus grand que rencontre sa flamme, à savoir sa jalousie toujours en éveil. — Le dialogue qui suit cette conversation est admirable. Molière s'y révèle dans toute la puissance de son style et de sa pensée.

Acte III.

Elvire et Elise. Done Elvire épanche ses sentiments ; elle a presque regret de son pardon. Retour inattendu du prétendu don Sylve, l'autre soupirant. Il a quitté son armée au moment où il allait accomplir de nouveaux exploits, pour obtenir de l'objet de sa flamme des explications sur le choix qu'elle fait de don Garcie. L'idée de la voir possédée par un autre lui est épouvantable. Mais Don Garcie se présente. Le voici en face de son rival. Dialogue ironique. Don Garcie croit le voyage de son rival concerté. Elvire se voit obligée de défendre don Sylve. Les soupçons de don Garcie se précisent. Done Elvire, indignée, défend l'indépendance et la dignité de son cœur. Elle sort. Scène de violence contenue entre les deux rivaux. Le duel est devenu inévitable.

Acte IV.

Don Alvar essaie de fléchir Elvire en faveur de don Garcie. Don Lope est chassé ; mais nous apprenons que le mystère

qui plane sur le sort de done Ignès va être éclairci. Son écuyer
arrive. Bientôt apparaît done Ignès elle-même, costumée en
homme, qui nous révèle sa fuite et son déguisement, puis se
retire aussitôt. Mais don Garcie supplie Elise de lui procurer un
moment d'entretien avec sa maîtresse. Elise sort pour aller prévenir sa maîtresse. Pendant ce temps, le prince regarde par la
porte que la confidente a laissée entr'ouverte, et qu'aperçoit-il ?
Un homme dans les bras de l'infidèle Elvire. Effondrement de
l'amoureux.

Cependant Elvire, prévenue par Elise du désir du prince,
arrive. On devine l'accueil que lui ménage celui-ci. Fierté
d'Elvire. (C'est là la scène essentielle, qui est un pur chef-d'œuvre.) Alternative cruelle : si le prince veut, sur la seule foi de
son amie, croire à son innocence, pardon complet. S'il accepte
que celle-ci se justifie, c'en sera fait de leur amour. Après cela,
Elvire est prête à tout éclaircir. On offre sa grâce au prince
lorsqu'il vient pour accuser ; on convient de tout, et il faut qu'il
ne croie à rien. Don Garcie, emporté par la passion qui le domine,
exige la lumière. Elise va chercher la personne chérie. Celle-ci
arrive : vous avez déjà deviné de qui il s'agit : c'est done Ignès,
habillée en homme. Imprécations d'Elvire. Rupture complète.
Accablement terrible de don Garcie. Il prend la résolution d'aller
combattre les ennemis de done Elvire et de sacrifier sa vie pour
elle.

Acte V.

On attend le retour de don Alphonse. On pense qu'il impo-
sera comme époux don Sylve à sa sœur. Elvire arrive avec
done Ignès, et nous voyons que la résolution extrême de don
Garcie l'a fait revenir sur son serment en désarmant son courroux. Entrevue des deux amants. Elvire rend sa tendresse à son
ami, mais lui demande d'ouvrir la ville à son frère don Alphonse,
qu'elle attend. Celui-ci disposera d'elle comme étant son souverain et son roi. Don Garcie, par sa résignation noble et touchante,
se montre digne du pardon généreux de done Elvire.

Mais don Sylve survient ; il vient d'obtenir de magnifiques
succès et de contribuer à rendre le trône de Léon au frère de
done Elvire. Celle-ci lui demande de ne pas exiger le prix de sa
victoire en lui imposant son amour. Coup de théâtre : don Sylve
révèle le secret de sa vraie personnalité, qu'il vient d'apprendre.
Il n'est autre que don Alphonse, le frère d'Elvire, qu'il aimait

d'une façon d'ailleurs un peu singulière. Il éprouve quelque
regret à connaître la réalité, et se décide à épouser done Ignès,
qui vient de se faire reconnaître par lui.

Don Garcie ignore encore cette étrange aventure, qui vient
de lui enlever un rival. Il persiste à quitter la ville et à
s'effacer devant don Sylve, qui n'est plus. Ignès et Alphonse lui
apprennent l'extraordinaire événement qui vient de se produire. Il ne s'en trouve pas moins indigne du pardon et se déclare
résolu à chercher la mort. Elvire arrête d'un mot ce dernier geste
de désespoir. Sans lui faire violence, son frère peut la donner à
don Garcie. Il n'y a plus de jaloux, mais le cœur le plus heureux
qu'on puisse imaginer. Et cependant don Alphonse rappelle qu'il
faut encore courir vers Léon, pour y donner le dernier coup au
parti des tyrans.

Ainsi se termine cette pièce, maintenant bien oubliée, sur
laquelle nous reviendrons plus tard.

(A suivre.)

Les classes industrielles et commerçantes en France et aux Pays-Bas aux XIVᵉ et XVᵉ siècles.

Cours de M. PFISTER,

Professeur à l'Université de Paris.

Influence de Charles V sur le commerce. — Premières découvertes maritimes au XIVᵉ siècle.

Nous avons vu, dans la précédente leçon, que le relèvement économique, sous le règne de Charles V, ne fut pas aussi complet qu'on aurait pu l'espérer. Il y eut une crise intérieure causée par les impôts, qui devinrent véritablement permanents de 1360 à 1380; puis les ravages systématiques des Anglais, de 1369 à 1373, avaient ruiné pour longtemps les campagnes. Pourtant l'industrie et le commerce firent quelque progrès. Pour l'industrie, nous avons vu plus haut qu'il y eut des migrations d'artisans d'une ville à une autre, et que ces artisans répandirent la connaissance des procédés de fabrication. Il nous reste à rappeler, en second lieu, que Charles V promulgua sur l'industrie une série d'ordonnances ; mais, toujours, il cherche à rendre plus forte l'autorité du roi sur la corporation. En troisième lieu, il favorisa certaines industries de luxe.

On trouve un assez grand nombre d'ordonnances de Charles V sur les métiers. En septembre 1364, il fait un règlement pour les métiers ; en février 1365, il confirme les statuts de la confrérie des drapiers et le règlement de leur métier ; en février 1367, il approuve les règlements des chapeliers de Paris ; en 1371, ceux des barbiers. Les règlements sont quelquefois assez libéraux ; d'autres fois, ils sont plus étroits. Le règlement de la poulaillerie, c'est-à-dire des marchands de volaille, porte que quiconque est poulailler à Paris peut avoir autant de valets et d'apprentis qu'il lui plaît. Celui des chapeliers porte, au contraire, que chaque maître ne pourra avoir qu'un apprenti ; et défense est faite à ce dernier de travailler pour un autre patron. La durée de l'apprentissage est fixée à 5 ans. Charles V limite parfois le nombre non seulement des apprentis, mais même des maîtres, créant ainsi, en faveur de ceux-ci, un véritable monopole. D'ailleurs, toujours, Charles V s'est efforcé d'accroître ses droits sur les corps des métiers ; c'était, pour lui, un moyen facile de donner à son prévôt la surveillance de tous les métiers de Paris.

Les barbiers de la ville relevaient du barbier du roi, qui avait dans la maison royale le rang de valet de chambre. Le barbier du roi jugeait les contraventions relevées contre la corporation ; il fut décidé qu'il ne jugerait plus qu'en première instance. Il y aura désormais appel possible de ses décisions au prévôt de Paris. Pour d'autres métiers encore, on agit de la sorte. Le panetier du roi, qui avait juridiction sur les boulangers et le maréchal de l'écurie sur les maréchaux-ferrants, furent soumis en dernier ressort au prévôt du roi. Le rôle du prévôt grandit donc singulièrement. Il est consulté sur la confection des statuts des métiers et sur les amendes ; il rend sur le métier des ordonnances exécutives dans toute la ville. Il institue les gardes jurés et reçoit leurs rapports.

Bientôt, Charles V chargea le prévôt de toute la police générale du commerce et de l'industrie à Paris. Des ordonnances furent rendues à ce sujet, en 1371, 1372 et, après lui, en 1382. La première et la dernière sont perdues ; mais nous avons celle du 25 septembre 1372 (Fagniez, p. 105, nᵒ 47). Charles V y décide que le prévôt de Paris seul pourra, dans toute l'étendue de la ville et de la banlieue, faire inspecter les métiers, les vivres et les marchandises, veiller à l'observation des statuts et des usages, en prescrivant les réformes nécessaires et en condamnant les contrevenants.

Charles V s'efforça, du reste, de faire droit aux justes demandes des corporations. Les tisserands, habitant à Paris le domaine du roi, étaient soumis au guet, et, comme autrefois les métiers riches, ils se rachetaient en fournissant des remplaçants et en payant une certaine somme au roi. Mais, appauvris par les guerres, décimés par les épidémies, ils ne pouvaient plus payer cette redevance. Aussi finirent-ils par s'établir sur les terres ecclésiastiques, qui jouissaient de l'immunité. Il ne resta plus que 16 familles de tisserands sur le domaine royal, au lieu de 3.000 qu'il y avait auparavant. En avril 1372, Charles V déclara que tous les tisserands qui viendraient s'établir sous sa juridiction immédiate seraient affranchis de cette obligation de se racheter du guet ; il leur remit les impôts qui lui étaient dus, à la condition qu'ils feraient le guet en personne comme les autres corporations. Chaque métier devait faire le guet en trois semaines une fois ; si l'un venait à manquer, les clercs du guet devaient en désigner un autre aux frais du défaillant. Puis, outre ces guets de métiers, chaque nuit devait être constitué un guet de 20 sergents à cheval et de 26 sergents à pied en compagnie d'un chevalier. En février 1368, Charles V modifie le guet royal en inscrivant 20 sergents à cheval et 40 à pied, au lieu de 26. Ils ne doivent exercer aucune autre profession, et leur solde est fixée.

Charles V exigea, du reste, le guet de métiers qui, jusqu'alors, en étaient dispensés ; mais il exempta les barbiers, parce qu'ils étaient souvent appelés la nuit auprès des malades, à défaut de médecins et chirurgiens.

Charles V confirma ainsi les statuts d'un grand nombre de corporations de Paris, en s'efforçant d'augmenter les droits du pouvoir royal sur les métiers. Mais il intervint aussi dans un grand nombre de villes du domaine : en juin 1375, il approuva un règlement pour la corporation des tourneurs de Sens (Ordon. VI, 119) ; le 16 mai 1376, il établit un règlement pour les draps fabriqués à Honfleur ; en juillet 1366, il donna des lettres réglant la mesure que devaient avoir les draps et toutes les toiles de Marvejols. Ainsi l'on voit le roi, comme Eberstadt l'a prouvé, s'immiscer de plus en plus dans des questions que réglaient seules, auparavant, les corporations.

Au début, chaque groupe d'ouvriers avait une marque de fabrication. Les tisserands, par exemple, tissaient un signe particulier sur la lisière de leurs pièces de drap ; ces signes étaient un certificat à la fois d'origine et de bonne fabrication. La corporation, après examen du drap, l'approuvait et posait sur la pièce un sceau en cire ou une marque, qui en attestait l'excellente qualité et en indiquait la provenance. Le roi commença par garantir leur marque à des artisans. Ainsi, en janvier 1365, il assura à Evrard de Boessay, marchand de couteaux, et à tous ses héritiers qui exerceraient le même métier, le droit exclusif de mettre sur ses lames une corne de cerf. Ce signe appartenait autrefois au fabricant de lames Jean de Saint-Denis, qui travaillait pour ledit Evrard, mais qui mourut sans laisser d'héritier légitime. (Fagniez, p. 97, n° 41.) Charles V défendit à tous les autres fabricants de se servir de cette marque. Il garantit de même les marques des corporations. Il avait appris qu'on mettait sur le marché, sous le nom de draps de Bruxelles, des draps qui avaient une autre provenance : il interdit cette fraude (1373) sous des peines sévères : « Le drap de Bruxelles de la grande maison (formant une grande pièce) aura les deux lisières au long du drap rayées de divers fils et disparaux. »

Mais, bientôt, il ne se borna plus à garantir ces marques : il les exigea dans l'intérêt même du public. Dans toutes ses confirmations de statuts des tisserands, il décrit la marque de la corporation. Plus tard, il prétendra que cette marque est une concession royale ; il revendiquera pour ses agents, non plus pour ceux des corporations, le droit de mettre la marque ; et, pour chaque pièce marquée, il prélèvera un léger impôt qu'on appellera le droit de marque. Ainsi, des tisserands forains de Rouen dont nous avons parlé la dernière fois, il exigera quatre deniers par « chacun drap scellé contenant 19 aunes de Paris », et un impôt proportionnel pour les draps plus petits.

Aussi l'on voit qu'il y eut, sous Charles V, des règlements corporatifs assez nombreux et qu'on peut, à bon droit, parler d'une politique industrielle de ce roi.

Mais, surtout, Charles V favorisera certaines industries de luxe ; c'est ainsi qu'il fit beaucoup bâtir. A l'est de Paris, hors de l'enceinte de Philippe-Auguste, il avait acquis plusieurs hôtels contigus : il en fit un tout admirable, avec chapelle, bains, galeries, jardins soigneusement parés, vaste cerisaie, ménagerie avec lions, volières pour oiseaux, etc. Il employa également un grand nombre d'ouvriers pour achever le donjon et la chapelle de Vincennes, qui existent encore. Il éleva le couvent des Célestins, à l'entrée duquel on voyait sa statue et celle de sa femme ; enfin, il construisit la Bastille. Sur les bords de la Marne, il fit élever une fort belle maison de campagne; si bien que, comme l'écrit Christine de Pise, « il maçonna fort ».

Ce même roi aimait beaucoup les joyaux et les bijoux. Nous en possédons un inventaire daté de 1379 et 1380, et qu'a publié M. Labarte dans ses *Documents inédits*. Ce sont des merveilles de toutes sortes conservées au Louvre, à Saint-Paul, à Vincennes ou à Saint-Germain. Le travail de nuit était interdit aux orfèvres ; mais cette interdiction était levée, quand ils étaient occupés pour le roi ou la famille royale.

Enfin, le roi Charles V fit travailler de nombreux copistes ; car il réunit au Louvre, dans la tour de la Fauconnerie, une magnifique librairie, dont le catalogue, particulièrement instructif, nous a été conservé.

Pour le commerce, Charles V prit aussi une série de mesures qu'il importe de signaler. Il rappela d'abord les juifs, comprenant la nécessité qu'il y avait à mettre en circulation des capitaux. Les juifs avaient été expulsés de nouveau du royaume en 1349, après la grande peste, à cause de la colère populaire. Charles, alors qu'il n'était encore que régent, leur permit de revenir au début de 1359. Il leur donna des privilèges et constitua le comte d'Etampes gardien de ces privilèges ; c'était, à ce moment, Louis d'Evreux. Robert d'Outrebane obtint le même titre, peu de temps après, pour les états du Languedoc. Les juifs étaient répartis en trois catégories : 1° ceux qui s'établissaient en France et qui étaient soumis à des redevances périodiques ; 2° ceux qui venaient simplement en France pour faire du commerce et qui devaient payer un droit d'entrée de quatre florins d'or par tête ; 3° enfin, ceux qui se rendaient simplement en France pour leur agrément et qui n'avaient rien à payer. Seulement, lorsqu'après le traité de Brétigny, Jean le Bon revint d'Angleterre et qu'il dut faire rentrer de l'argent pour sa forte rançon, ces droits furent augmentés. Chaque juif dut acheter la permission d'entrer en France au prix de quatorze florins d'or pour lui et sa femme et de deux gros tournois vieux pour chacun de ses enfants. Il devait payer une redevance de sept florins par an pour séjourner dans le royaume ; mais il était exempt de tous les autres impôts.

Les juifs devaient s'engager à n'exiger par semaine que quatre deniers par livre d'intérêt . cela faisait encore 86 0/0. Il est vrai qu'en échange ils obtinrent de grands privilèges. Ils pouvaient acquérir des maisons pour y habiter et des terrains pour y établir leurs cimetières ; ils n'étaient point jugés, tant au civil qu'au criminel, par les juges ordinaires, mais par le roi ou leur gardien, à moins qu'ils n'acceptassent volontairement une autre juridiction. Ils avaient le droit de faire du commerce, d'exercer tous les métiers et le courtage. Ils pouvaient, outre les conditions de prêt énoncées ci-dessus, prêter encore sur gages, mais à la condition de ne pas prendre les objets servant au culte ou les instruments servant au labourage. Leur déposition, affirmée par serment, faisait foi contre les débiteurs, sauf preuve contraire apportée par ceux-ci. Le comte d'Etampes devait leur prêter assistance pour le recouvrement de leurs créances.

Les juifs de même nationalité pouvaient s'assembler pour recueillir les collectes nécessaires aux dépenses communes : frais du culte, de cimetière, impôts royaux. Pourtant, dans la suite, le régent Charles leur retira certains avantages matériels et les obligea à porter sur leur vêtement une marque très apparente, consistant en une bande d'étoffe jaune. (Lettre du 29 décembre 1368, ordon. III, 603.)

Quand Charles V devint roi, il veilla à l'exécution de l'ordonnance de son père. Vers la fin de 1367, au moment où la guerre allait recommencer contre les Anglais, on songea à expulser les juifs. Une ordonnance fut même rédigée ; mais le roi reconnut que sa bonne foi avait été trompée et ne la promulgua pas. En 1369, le peuple du Languedoc réclamait des mesures contre les juifs ; mais Charles V renouvela leurs privilèges : car les juifs constituaient un élément de prospérité pour le royaume. (Cf. Siméon Luce, *Les Juifs sous Charles V*, dans *La France pendant la Guerre de Cent ans*, 1890.) — Les juifs seront de nouveau expulsés sous le règne de Charles VI, en l'année 1410.

Le 2 juin 1380, Charles V donne à cinq marchands allemands la permission de s'établir, pour 15 ans, dans la ville de Troyes, d'y faire le commerce et de prêter de l'argent. Ils payeront au roi douze cents francs pour leur entrée et deux cents francs par an. D'autres Allemands obtinrent, plus tard, de semblables privilèges. Du reste, à ce moment, Allemands et Français entretenaient les meilleures relations. L'empereur Charles IV, de la maison de Luxembourg, était apparenté à Charles V; et il vint lui-même à Paris, en grande pompe, en janvier 1378.

Des Espagnols et des Portugais avaient, dans la première partie du règne, obtenu des faveurs analogues. En avril 1364, Charles V, avait accordé aux marchands du royaume de Castille qui voulaient fréquenter le royaume de France, et spécialement conduire leurs marchandises à Harfleur et à Leure, un sauf-conduit général. Quelque dispute ou guerre qui dût survenir entre la France et la Castille, on ne pourrait arrêter les Castillans, ni saisir leurs biens, à moins qu'il ne s'agît de dettes par eux con-tractées. Les Castillans ne pourront être mis en prison avant d'avoir été traduits devant le juge ordinaire, et ils seront laissés en liberté s'ils donnent bonne caution. Toutes les contestations entre les Castillans seront jugées par deux ou trois mariniers ou marchands du royaume de Castille, ou par telle autre personne que les parties choisiront. Si la contestation s'élevait entre Français et Castillans, la cause serait jugée par le prévôt de Harfleur, mais à condition que deux habitants de Harfleur et deux Castillans soient présents. On ira en appel à Rouen, devant le doyen de l'église de Rouen, le bailli et le vicomte de cette ville. Ainsi il y a, pour ces marchands comme pour les juifs, une juridiction excep-tionnelle. — On promet encore de mettre en état les deux ports de Harfleur et de Leure, les chaussées et les quais, et d'établir une place sans rien demander aux Castillans. Ils pourront faire escale dans tous les ports de France sans rien payer. On supprime en faveur de leurs héritiers le droit d'aubaine ; le prix des maisons ou magasins qu'ils loueront sera fixé par des prud'hommes.

En juin 1364, Charles V confirma les privilèges des mar-chands portugais.

Ainsi les juifs et les marchands étrangers forment des colonies de négociants et de banquiers, avec des privilèges spéciaux et souvent exorbitants. Mais ces marchands font entrer de l'argent dans le trésor royal obéré ; ils créent ou développent des relations avec le dehors et soutiennent l'industrie nationale. On devine que le commerce est surtout entre leurs mains. Charles V veut refaire la France, et comme les Français, ruinés par la guerre et les impôts, manquent de capitaux, il a recours à ces colonies étrangères.

Est-ce à dire que Charles V n'ait rien fait pour développer chez les Français eux-mêmes l'esprit d'entreprise ? Nous n'avons de lui aucune ordonnance sur le commerce ; mais pourtant nous voyons, par diverses mesures, qu'il essaya de favoriser les négociants. Il s'occupa aussi des routes et des ports : il entreprit de grands travaux à Aigues-Mortes, qui s'ensablait et qui était abandonné pour Marseilles et Gênes. On évaluait ces travaux à cinquante-six mille livres : un tiers devait être fourni par le trésor royal, un tiers par les marchands de Beaucaire, un tiers par la claverie, c'est-à-dire par le bureau des recettes du port d'Aigues-Mortes. Il rappela, le 2 novembre 1364, que tous les vaisseaux qui, en naviguant, pouvaient voir la lanterne de la grande tour d'Aigues-Mortes devaient aborder à ce port et y payer les anciens droits. Mais la vie se retirait de cette ville en dépit des ordonnances ; et il en fut de même pour tous les autres ports de la Méditerranée. Montpellier et Narbonne tombèrent en décadence et virent diminuer le nombre de leurs feux dans des proportions inquiétantes ; et l'on reprit le projet de créer à Leucate un port pour remplacer Narbonne.

Les ports de l'Océan, au contraire, étaient prospères. La Rochelle recevait directement les épices de la colonie italienne établie à Nîmes. Il fallait 17 jours pour le transport, et les commerçants ne payaient d'autre droit que le denier par charge pour le pesage. D'ailleurs, les vaisseaux marchands, pour éviter les pirates, naviguaient en général de concert. Ils demandaient aux ducs de Bretagne des pilotes bretons pour les conduire le long des côtes dangereuses ; ils leur demandaient aussi des brefs de sauveté ou de victuailles : les premiers affranchissaient du droit de bris ; les seconds donnaient le droit de se ravitailler dans le pays.

De son côté, le roi favorisait la navigation. Jean de Vienne, devenu amiral, fit construire de nombreux navires sur les chantiers de Rouen, au fameux clos des Galères. Le maître du clos commandait à toute une armée de constructeurs et douaniers. Il

y avait aussi un arsenal qui renfermait tout ce qui était nécessaire pour l'armement des navires.

C'est à l'époque de Charles V que les navigateurs français
osent se lancer sur les mers lointaines et commencent les voyages
d'exploration. Les matelots de Dieppe s'aventurent sur les
côtes occidentales de l'Afrique, où les Génois et les Aragonais
les ont précédés. Dès la deuxième moitié du quatorzième siècle,
en effet, les Açores, Madère, la côte d'Afrique jusqu'au fleuve
d'Or (Sénégal), figurent dans les récits italiens et catalans. Les
Dieppois vont plus au Sud. En 1364, deux galères parties de
Dieppe avaient dépassé le cap Vert; elles en reviennent chargées
d'ivoi re et de poivre de Guinée. (Cf. Estancelin, *Recherches sur les
voyages et découvertes des navigateurs normands en Afrique et
dans les Indes Occidentales;* d'Avezac, *Notice des découvertes faites
au moyen âge dans l'Afrique;* Maigry, *Navigateurs français,*
Paris, 1867). L'année suivante, en 1365, les Dieppois s'associent
avec les Rouennais ; au lieu de deux vaisseaux, on en envoie
quatre et l'on avance un peu plus. D'autres vaisseaux suivent,
et des relations régulières s'établissent entre la Normandie et la
côte d'Afrique. Des comptoirs français s'élèvent sur les côtes
de Guinée, que l'on appelle Petit-Dieppe : le nom est significatif.
Plus loin, près du cap Palmas, un endroit prend le nom de Paris.
Mais les Normands ne devaient pas s'arrêter là.

Un certain Jean de Béthencourt, qui était né vers 1360 dans le
pays de Caux et remplissait à la cour de Charles VI les fonctions
de panetier et chambellan, pris du désir de naviguer, conçut le
dessein d'explorer les îles Canaries, dont ses compatriotes par-
laient beaucoup. Il réalisa une somme de sept mille livres, en
engageant ses fiefs de Béthencourt et de Saint-Martin-le-Gaillard,
et fréta un navire à la Rochelle. Il rencontra dans cette ville un
autre chambellan du roi, qu'il prit pour lieutenant. L'expédition
partit de la Rochelle le premier mai 1402; elle comprenait environ
250 hommes d'équipage. Mais bientôt une révolte éclata à bord :
près de 200 matelots refusèrent d'aller plus loin, et il fallut les
mettre à terre sur les côtes d'Espagne. On continua néanmoins
à faire route, et l'on débarqua aux Canaries; mais Béthencourt
reconnut qu'avec la petite troupe dont il disposait, il ne pourrait
triompher de la résistance des indigènes. Il laissa donc à son
lieutenant Gadifer de la Salle la conduite de la petite troupe,
et revint en Espagne chercher vivres et renforts. Béthencourt
obtint de Henri III, roi de Castille, ce qu'il demandait, mais
à la condition qu'il lui ferait hommage des terres à conquérir.
Quand Béthencourt revint aux Canaries, son lieutenant avait à

peu près terminé l'exploration de l'île. Un dissentiment s'éleva entre ces deux hommes, et Gadifer fut obligé de revenir en France. Béthencourt termina la conquête de l'île et imposa aux indigènes la foi chrétienne. Puis il revint à Honfleur, pour repartir bientôt avec 160 colons et quelques femmes. Le sol de l'île fut partagé entre les indigènes et les nouveaux occupants. A la fin de 1405, le conquérant quitta définitivement l'île, dont il abandonna le gouvernement à l'un de ses neveux. Nous avons un récit contemporain et détaillé de cette expédition dans un recueil de notes publiées, au jour le jour, par deux hommes d'Eglise qui suivaient l'expédition : Pierre Boutier, moine de Saint-Jean-de-Marnes, et Jean le Verrier, prêtre. Ces notes sont rédigées de façons très différentes : 1° par un serviteur de Gadifer de la Salle, très dévoué à celui-ci, et qui rapporte tout à la gloire de Gadifer. Ce texte, resté longtemps ignoré, se trouve dans un volume entré assez récemment au British Museum et qui a été reproduit en 1896, à Paris, dans un ouvrage malheureusement confus de Margry, *La Conquête et les Conquérants des Iles Canaries*, — 2° par un serviteur de Jean de Béthencourt, et alors Gadifer se trouve relégué au second plan ; on substitue même parfois à son nom celui de Jean de Béthencourt.

Les Normands ne se maintinrent pas longtemps aux Canaries. Bientôt commencèrent les voyages de découverte des Portugais. qui, envoyés par l'infant Henri, cherchèrent à communiquer avec le fameux Jean, roi d'Abyssinie. Mais ce n'en est pas moins une histoire curieuse que celle de cette conquête normande et des relations des Normands avec la côte d'Afrique, à la fin du xive et au début du xve siècle.

En même temps, de hardis navigateurs se lancèrent sur l'Océan Atlantique et abordèrent dans les régions de l'Amérique du Nord. Il faut remarquer que le Groënland était connu au Moyen Age ; il est inscrit sur le registre des cens pontificaux, où l'on voit que des fourrures étaient, chaque année, envoyées de ce pays pour le pape. Mais il semble bien qu'à la fin du xve siècle des pêcheurs de Bayonne, poursuivant la baleine qui désertait les côtes d'Europe, arrivèrent jusque sur le banc de Terre-Neuve ; seulement, ils ne se rendirent pas bien compte de ce qu'était cette île, et ils ne devinèrent pas le continent qui s'étendait en arrière.

Bibliographie.

L'Année philosophique (*dix-septième année, 1906*), publiée sous la direction de F. PILLON. 1 vol. in-8° de la *Bibliothèque de philosophie contemporaine*, 5 fr. (Félix Alcan, éditeur).

Ce volume contient, outre la bibliographie philosophique de l'année 1906, les cinq mémoires suivants :

1° *Sur le « Banquet » de Platon*, par V. BROCHARD, de l'Institut. — L'objet de ce mémoire est d'éclaircir certaines difficultés que présente l'interprétation du *Banquet* de Platon, et d'indiquer quelle idée on peut se faire de cet ouvrage et de l'intention principale dans laquelle il a été écrit.

2° *Conjecture sur le sens de la morale d'Antisthène*, par G. RODIER. — Dans cet article, M. G. Rodier montre que le fondateur du cynisme peut, d'après le sens qu'il donnait au souverain bien, être considéré comme le premier et le plus conséquent des représentants du pragmatisme.

3° *Sur un point du troisième argument de Zénon contre le mouvement*, par O. HAMELIN. — Cet article est consacré à l'argument de la flèche qui vole. M. Hamelin y explique pourquoi cet argument doit, selon lui, être maintenu sous la forme que lui a donnée Aristote.

4° *Sur la mémoire et l'imagination affectives*, par F. PILLON. — L'objet de cette étude est d'exposer le rôle important et souvent méconnu que jouent la mémoire et l'imagination affectives dans un grand nombre de phénomènes psychiques. M. Pillon y examine, en conclusion, les rapports de la psychologie affective et de la morale.

5° *Le crépuscule de la morale kantienne*, par L. DAURIAC. — Dans ce mémoire, M. L. Dauriac passe en revue les écrits divers auxquels peut être attribué le déclin actuel de la morale de Kant.

La bibliographie philosophique contient les comptes rendus de 86 ouvrages parus en France dans le cours de l'année 1906.

A NOS LECTEURS

La *Revue* paraîtra de nouveau le 14 novembre prochain. Nos lecteurs trouveront dans les premiers numéros les dernières leçons des cours de MM. Emile Faguet, Abel Lefranc, Victor Egger, Pfister, Henri Lichtenberger et Augustin Gazier. Nous espérons qu'ils voudront bien, toujours fidèles et nombreux, conserver à notre publication toute leur estime, qu'elle s'efforce du reste, chaque année, de mériter davantage.

LA DIRECTION.

Table des Matières.

XVIIIe siècle.

XIXe siècle.

LITTÉRATURE ALLEMANDE

PHILOSOPHIE

HISTOIRE DE LA PHILOSOPHIE

HISTOIRE

Histoire grecque.

Lightning Source UK Ltd.
Milton Keynes UK
UKHW011809070119
335139UK00009B/410/P